民法典

立法背景与观点全集

《民法典立法背景与观点全集》编写组 编

Legislative Background and Point on Civil Code

法律出版社
LAW PRESS · CHINA

图书在版编目(CIP)数据

民法典立法背景与观点全集/《民法典立法背景与观点全集》编写组编. -- 北京：法律出版社，2020
ISBN 978 - 7 - 5197 - 4490 - 8

Ⅰ. ①民… Ⅱ. ①民… Ⅲ. ①民法－立法－研究－中国 Ⅳ. ①D923.04

中国版本图书馆 CIP 数据核字(2020)第 076325 号

民法典立法背景与观点全集
MINFADIAN LIFA BEIJING YU GUANDIAN QUANJI

《民法典立法背景与观点全集》编写组 编

责任编辑 陶玉霞 张红蕊
装帧设计 李 瞻

出版 法律出版社
总发行 中国法律图书有限公司
经销 新华书店
印刷 天津嘉恒印务有限公司
责任印制 吕亚莉

编辑统筹 法规出版分社
开本 710 毫米×1000 毫米 1/16
印张 51.5
字数 940 千
版本 2020 年 6 月第 1 版
印次 2020 年 6 月第 1 次印刷

法律出版社/北京市丰台区莲花池西里 7 号(100073)
网址/www.lawpress.com.cn
投稿邮箱/info@lawpress.com.cn
举报维权邮箱/jbwq@lawpress.com.cn
销售热线/400 - 660 - 8393
咨询电话/010 - 63939796

中国法律图书有限公司/北京市丰台区莲花池西里 7 号(100073)
全国各地中法图分、子公司销售电话：
统一销售客服/400 - 660 - 8393/6393
第一法律书店/010 - 83938432/8433　西安分公司/029 - 85330678　重庆分公司/023 - 67453036
上海分公司/021 - 62071010/1636　深圳分公司/0755 - 83072995

书号：ISBN 978 - 7 - 5197 - 4490 - 8　**定价**：158.00 元

编辑说明

《中华人民共和国民法典》已由十三届全国人大三次会议通过。为了便于广大读者了解民法典的立法背景及其编纂过程中的有关情况和主要意见，我们将研究、编纂民法典中整理收集的部分资料汇集成《民法典立法背景与观点全集》一书。本书可供审判机关、行政机关、企事业单位、律师、法律教学研究人员在学习、研究民法典时参考。参与本书编辑的是全国人大常委会法工委民法室的同志。

编 者

2020 年 5 月 29 日

目 录

第一部分 全国人大及其常委会审议民法典草案的重要文件

第二部分　物权编

第三部分　合同编

第四部分　人格权编

第五部分　婚姻家庭编

第六部分　继承编

第七部分　侵权责任编

第一部分

全国人大及其常委会
审议民法典草案的重要文件

关于《中华人民共和国民法典（草案）》的说明

——2020年5月22日在第十三届全国人民代表大会第三次会议上

全国人民代表大会常务委员会副委员长　王　晨

各位代表：

我受全国人大常委会委托，作关于《中华人民共和国民法典（草案）》的说明。

一、编纂民法典的重大意义

编纂民法典是党的十八届四中全会确定的一项重大政治任务和立法任务，是以习近平同志为核心的党中央作出的重大法治建设部署。编纂民法典，就是通过对我国现行的民事法律制度规范进行系统整合、编订纂修，形成一部适应新时代中国特色社会主义发展要求，符合我国国情和实际，体例科学、结构严谨、规范合理、内容完整并协调一致的法典。这是一项系统的、重大的立法工程。

编纂一部真正属于中国人民的民法典，是新中国几代人的夙愿。党和国家曾于1954年、1962年、1979年和2001年先后四次启动民法制定工作。第一次和第二次，由于多种原因而未能取得实际成果。1979年第三次启动，由于刚刚进入改革开放新时期，制定一部完整民法典的条件尚不具备。因此，当时领导全国人大法制委员会立法工作的彭真、习仲勋等同志深入研究后，在八十年代初决定按照"成熟一个通过一个"的工作思路，确定先制定民事单行法律。现行的继承法、民法通则、担保法、合同法就是在这种工作思路下先后制定的。2001年，九届全国人大常委会组织起草《中华人民共和国民法（草案）》，并于2002年12月进行了一次审议。经讨论和研究，仍确定继续采取分别制定单行法的办法推进我国民事法律制度建设。2003年十届全国人大以来，又陆续制定了物权法、侵权责任法、涉外民事关系法律适用法等。总的看，经过多年来努力，我国民事立法是富有成效的，逐步形成了比较完备的民事法律规范体系，民事司法实践积累了丰富经验，民事法律服务取得显著进步，民法理论研究也达到较高水平，全社会民事法治观念普遍增强，为编纂民法典奠定了较好的制度基础、实践基础、理论基础和社会基础。随着我国社会主义现代化事业不断发展和全面依法治国深入推进，人民群众和社会各方面对编纂和出台民法典寄予很大的期盼。

党的十八大以来，以习近平同志为核心的党中央把全面依法治国摆在突出位置，推动党和国家事业发生历史性变革、取得历史性成就，中国特色社会主义已经进入新时代。在坚持和完善中国特色社会主义制度、推进国家治理体系和治理能力现代化的新征程中，编纂民法典具有重大而深远的意义。

（一）编纂民法典是坚持和完善中国特色社会主义制度的现实需要

回顾人类文明史，编纂法典是具有重要标志意义的法治建设工程，是一个国家、一个民族走向繁荣强盛的象征和标志。新中国成立70多年特别是改革开放40多年来，中国共产党团结带领中国人民不懈奋斗，成功开辟了中国特色社会主义道路，取得了举世瞩目的发展成就，中国特色社会主义制度展现出强大生命力和显著优越性。我国民事法律制度正是伴随着新时期改革开放和社会主义现代化建设的历史进程而形成并不断发展完善的，是中国特色社会主义法律制度的重要组成部分。在系统总结制度建设成果和实践经验的基础上，编纂一部具有中国特色、体现时代特点、反映人民意愿的民法典，不仅能充分彰显中国特色社会主义法律制度成果和制度自信，促进和保障中国特色社会主义事业不断发展，也能为人类法治文明的发展进步贡献中国智慧和中国方案。

（二）编纂民法典是推进全面依法治国、推进国家治理体系和治理能力现代化的重大举措

民法是中国特色社会主义法律体系的重要组成部分，是民事领域的基础性、综合性法律，它规范各类民事主体的各种人身关系和财产关系，涉及社会和经济生活的方方面面，被称为“社会生活的百科全书”。建立健全完备的法律规范体系，以良法保障善治，是全面依法治国的前提和基础。民法通过确立民事主体、民事权利、民事法律行为、民事责任等民事总则制度，确立物权、合同、人格权、婚姻家庭、继承、侵权责任等民事分则制度，来调整各类民事关系。民法与国家其他领域法律规范一起，支撑着国家制度和国家治理体系，是保证国家制度和国家治理体系正常有效运行的基础性法律规范。编纂民法典，就是全面总结我国的民事立法和司法的实践经验，对现行民事单行法律进行系统编订纂修，将相关民事法律规范编纂成一部综合性法典，不断健全完善中国特色社会主义法律体系。这对于以法治方式推进国家治理体系和治理能力现代化，更好地发挥法治固根本、稳预期、利长远的保障作

用，具有重要意义。

（三）编纂民法典是坚持和完善社会主义基本经济制度、推动经济高质量发展的客观要求

公有制为主体、多种所有制经济共同发展，按劳分配为主体、多种分配方式并存，社会主义市场经济体制等社会主义基本经济制度，是以法治为基础、在法治轨道上运行、受法治规则调整的经济制度，社会主义市场经济本质上是法治经济。我国民事主体制度中的法人制度，规范民事活动的民事法律行为制度、代理制度，调整各类财产关系的物权制度，调整各类交易关系的合同制度，保护和救济民事权益的侵权责任制度，都是坚持和完善社会主义基本经济制度不可或缺的法律制度规范和行为规则。同时，我国民事法律制度建设一直秉持“民商合一”的传统，把许多商事法律规范纳入民法之中。编纂民法典，进一步完善我国民商事领域基本法律制度和行为规则，为各类民商事活动提供基本遵循，有利于充分调动民事主体的积极性和创造性、维护交易安全、维护市场秩序，有利于营造各种所有制主体依法平等使用资源要素、公开公平公正参与竞争、同等受到法律保护的市场环境，推动经济高质量发展。

（四）编纂民法典是增进人民福祉、维护最广大人民根本利益的必然要求

中国特色社会主义法治建设的根本目的是保障人民权益。改革开放以来，我国民事法律制度逐步得到完善和发展，公民的民事权利也得到越来越充分的保护。中国特色社会主义进入新时代，随着我国社会主要矛盾的变化，随着经济发展和国民财富的不断积累，随着信息化和大数据时代的到来，人民群众在民主、法治、公平、正义、安全、环境等方面的要求日益增长，希望对权利的保护更加充分、更加有效。党的十九大明确提出，要保护人民人身权、财产权、人格权。而现行民事立法中的有些规范已经滞后，难以适应人民日益增长的美好生活需要。编纂民法典，健全和充实民事权利种类，形成更加完备的民事权利体系，完善权利保护和救济规则，形成规范有效的权利保护机制，对于更好地维护人民权益，不断增加人民群众获得感、幸福感和安全感，促进人的全面发展，具有十分重要的意义。

二、编纂民法典的总体要求和基本原则

民法典是新中国第一部以法典命名的法律，开创了我国法典编纂立法的先河，具有里程碑意义。以习近平同志为核心的党中央高度重视民法典编纂工作，将编纂民法典列入党中央重要工作议程，并对编纂民法典工作任务作出总体部署、提出明确要求。十二届、十三届全国人大常委会都高度重视这一立法工作，将编纂民法典纳入全国人大常委会立法规划和年度立法工作计划，确定为全国人大常委会的立法工作重点项目，积极持续推进。为做好民法典编纂工作，全国人大常委会党组

先后多次向党中央请示和报告，就民法典编纂工作的总体考虑、工作步骤、体例结构等重大问题进行汇报。2016 年 6 月、2018 年 8 月、2019 年 12 月，习近平总书记三次主持中央政治局常委会会议，听取并原则同意全国人大常委会党组就民法典编纂工作所作的请示汇报，对民法典编纂工作作出重要指示，为民法典编纂工作提供了重要指导和基本遵循。

编纂民法典的指导思想是：高举中国特色社会主义伟大旗帜，以马克思列宁主义、毛泽东思想、邓小平理论、"三个代表"重要思想、科学发展观、习近平新时代中国特色社会主义思想为指导，增强"四个意识"，坚定"四个自信"，做到"两个维护"，全面贯彻党的十八大、十九大和有关中央全会精神，坚持党的领导、人民当家作主、依法治国有机统一，紧紧围绕统筹推进"五位一体"总体布局和协调推进"四个全面"战略布局，紧紧围绕建设中国特色社会主义法治体系、建设社会主义法治国家，总结实践经验，适应时代要求，对我国现行的、制定于不同时期的民法通则、物权法、合同法、担保法、婚姻法、收养法、继承法、侵权责任法和人格权方面的民事法律规范进行全面系统的编订纂修，形成一部具有中国特色、体现时代特点、反映人民意愿的民法典，为新时代坚持和完善中国特色社会主义制度、实现"两个一百年"奋斗目标、实现中华民族伟大复兴中国梦提供完备的民事法治保障。

贯彻上述指导思想，切实做好民法典编纂工作，必须遵循和体现以下基本原则：一是坚持正确政治方向，全面贯彻习近平总书记全面依法治国新理念新思想新战略，坚决贯彻党中央的决策部署，坚持服务党和国家工作大局，充分发挥民法典在坚持和完善中国特色社会主义制度、推进国家治理体系和治理能力现代化中的重要作用。二是坚持以人民为中心，以保护民事权利为出发点和落脚点，切实回应人民的法治需求，更好地满足人民日益增长的美好生活需要，充分实现好、维护好、发展好最广大人民的根本利益，使民法典成为新时代保护人民民事权利的好法典。三是坚持立足国情和实际，全面总结我国改革开放 40 多年来民事立法和实践经验，以法典化方式巩固、确认和发展民事法治建设成果，以实践需求指引立法方向，提高民事法律制度的针对性、有效性、适应性，发挥法治的引领、规范、保障作用。四是坚持依法治国与以德治国相结合，注重将社会主义核心价值观融入民事法律规范，大力弘扬传统美德和社会公德，强化规则意识，倡导契约精神，维护公序良俗。五是坚持科学立法、民主立法、依法立法，不断增强民事法律规范的系统性、完整性，既保持民事法律制度的连续性、稳定性，又保持适度的前瞻性、开放性，同时处理好、衔接好法典化民事法律制度下各类规范之间的关系。

三、民法典编纂工作情况

根据党中央的工作部署，编纂民法典的起草工作由全国人大常委会法制工作委员会牵头，最高人民法院、最高人民检察院、司法部、中国社会科学院、中国法学会为参加单位。为做好民法典编纂工作，全国人大常委会法制工作委员会与五家参加单位成立了民法典编纂工作协调小组，并成立了民法典编纂工作专班。

编纂民法典不是制定全新的民事法律，也不是简单的法律汇编，而是对现行的民事法律规范进行编订纂修，对已经不适应现实情况的规定进行修改完善，对经济社会生活中出现的新情况、新问题作出有针对性的新规定。编纂民法典采取“两步走”的工作思路进行：第一步，制定民法总则，作为民法典的总则编；第二步，编纂民法典各分编，经全国人大常委会审议和修改完善后，再与民法总则合并为一部完整的民法典草案。

2015 年 3 月，全国人大常委会法制工作委员会启动民法典编纂工作，着手第一步的民法总则制定工作，以 1986 年制定的民法通则为基础，系统梳理总结有关民事法律的实践经验，提炼民事法律制度中具有普遍适用性和引领性的规则，形成民法总则草案，2016 年由十二届全国人大常委会进行了三次审议，2017 年 3 月由第十二届全国人民代表大会第五次会议审议通过。制定民法总则，完成了民法典编纂工作的第一步，为民法典编纂奠定了坚实基础。

民法总则通过后，十二届、十三届全国人大常委会接续努力、抓紧开展作为民法典编纂第二步的各分编编纂工作。法制工作委员会与民法典编纂工作各参加单位全力推进民法典各分编编纂工作，系统梳理、研究历年来有关方面提出的意见，开展立法调研，广泛听取意见建议，以现行物权法、合同法、担保法、婚姻法、收养法、继承法、侵权责任法等为基础，结合我国经济社会发展对民事法律提出的新需求，形成了包括物权、合同、人格权、婚姻家庭、继承、侵权责任等 6 个分编在内的民法典各分编草案，提请 2018 年 8 月召开的第十三届全国人大常委会第五次会议审议。其后，2018 年 12 月、2019 年 4 月、6 月、8 月、10 月，第十三届全国人大常委会第七次、第十次、第十一次、第十二次、第十四次会议对民法典各分编草案进行了拆分审议，对全部 6 个分编草案进行了二审，对各方面比较关注的人格权、婚姻家庭、侵权责任 3 个分编草案进行了三审。在此基础上，将民法总则与经过常委会审议和修改完善的民法典各分编草案合并，形成《中华人民共和国民法典(草案)》，提请 2019 年 12 月召开的第十三届全国人大常委会第十五次会议审议。经审议，全国人大常委会作出决定，将民法典草案提请本次大会审议。

民法典草案经全国人大常委会审议后，全国人大常委会办公厅将草案印发十三届全国人大代表、部署组织全国人大代表研读讨论民法典草案工作，征求代表意见。同时，法制工作委员会还将草案印发地方人大、基层立法联系点、中央有关部门征求意见，并在中国人大网公布征求社会公众意见。法制工作委员会还在北京召开多个座谈会，听取有关部门、专家的意见。各方面普遍认为，编纂民法典，对于完善中国特色社会主义法律体系,以法治方式推进国家治理体系和治理能力现代化,切实维护最广大人民的根本利益,促进社会公平正义具有重要意义。

新冠肺炎疫情发生以来,全国人大常委会高度关注,栗战书委员长多次就贯彻落实习近平总书记对疫情防控工作的重要讲话精神和党中央决策部署,为疫情防控工作提供法治保障提出明确的工作要求。我们认真学习贯彻习近平总书记重要讲话精神和党中央决策部署,结合民法典编纂工作,对与疫情相关的民事法律制度进行梳理研究,对草案作了有针对性的修改完善。

2020年4月20日、21日,全国人大宪法和法律委员会召开会议,根据全国人大常委会的审议意见、代表研读讨论中提出的意见和各方面的意见,对民法典草案作了进一步修改完善;认为经过全国人大常委会多次审议和广泛征求意见,草案充分吸收各方面的意见建议,已经比较成熟,形成了提请本次会议审议的《中华人民共和国民法典(草案)》。

为进一步做好会议审议民法典草案的准备工作,更充分听取全国人大代表的意见,4月29日,法制工作委员会将修改后的民法典草案再次发送给各省、自治区、直辖市人大常委会,请各地方以适当方式组织有关全国人大代表研读讨论,听取意见。

四、民法典草案的主要内容

《中华人民共和国民法典(草案)》共7编、1260条,各编依次为总则、物权、合同、人格权、婚姻家庭、继承、侵权责任,以及附则。

(一)总则编

第一编"总则"规定民事活动必须遵循的基本原则和一般性规则,统领民法典各分编。第一编基本保持现行民法总则的结构和内容不变,根据法典编纂体系化要求对个别条款作了文字修改,并将"附则"部分移到民法典草案的最后。第一编共10章、204条,主要内容有:

1. 关于基本规定。第一编第一章规定了民法典的立法目的和依据。其中,将"弘扬社会主义核心价值观"作为一项重要的立法目的,体现坚持依法治国与以德治国相结合的鲜明中国特色(草案第一条)。同时,规定了民事权利及其他合法权益受法律保护,确立了平等、自愿、公平、诚信、守法和公序良俗等民法基本原则(草案第四条至第八条)。为贯彻习近平生态文明思想,将绿色原则确立为民法的基本原则,规定民事主体从事民事活动,应当有利于节约资源、保护生态环境(草案第九条)。

2. 关于民事主体。民事主体是民事关系的参与者、民事权利的享有者、民事义务的履行者和民事责任的承担者,具体包括三类:一是自然人。自然人是最基本的民事主体。草案规定了自然人的民事权利能力和民事行为能力制度、监护制度、宣告失踪和宣告死亡制度，并对个体工商户和农村承包经营户作了规定（草案第一编第二章）。结合此次疫情防控工作，对监护制度作了进一步完善，规定因发生突发事件等紧急情况，监护人暂时无法履行监护职责，被监护人的生活处于无人照料状态的，被监护人住所地的居民委员会、村民委员会或者民政部门应当为被监护人安排必要的临时生活照料措施（草案第三十四条第四款）。二是法人。法人是依法成立的，具有民事权利能力和民事行为能力，依法独立享有民事权利和承担民事义务的组织。草案规定了法人的定义、成立原则和条件、住所等一般规定，并对营利法人、非营利法人、特别法人三类法人分别作了具体规定（草案第一编第三章）。三是非法人组织。非法人组织是不具有法人资格，但是能够依法以自己的名义从事民事活动的组织。草案对非法人组织的设立、责任承担、解散、清算等作了规定（草案第一编第四章）。

3. 关于民事权利。保护民事权利是民事立法的重要任务。第一编第五章规定了民事权利制度，包括各种人身权利和财产权利。为建设创新型国家，草案对知识产权作了概括性规定，以统领各个单行的知识产权法律（草案第一百二十三条）。同时，对数据、网络虚拟财产的保护作了原则性规定（草案第一百二十七条）。此外，还规定了民事权利的取得和行使规则等内容（草案第一百二十九条至第一百三十二条）。

4. 关于民事法律行为和代理。民事法律行为是民事主体通过意思表示设立、变更、终止民事法律关系的行为，代理是民事主体通过代理人实施民事法律行为的制度。第一编第六章、第七章规定了民事法律行为制度、代理制度：一是规定民事法律行为的定义、成立、形式和生效时间等（草案第一编第六章第一节）。二是对意思表示的生效、方式、撤回和解释等作了规定（草案第一编第六章第二节）。三是规定民事法律行为的效力制度（草案第一编第六章第三节）。四是规定了代理的适用范围、效力、类型等代理制度的内容（草案第一编第七章）。

5. 关于民事责任、诉讼时效和期间计算。民事责任是民事主体违反民事义务的法律后果，是保障和维护民事权利的重要制度。诉讼时效是权利人在法定期间内不行使权利，权利不受保护的法律制度，其功能主要是促使权利人及时行使权利、维护交易安全、稳定法律秩序。第一编第八章、第九章、第十章规定了民事责任、诉讼时效和期间计算制度：一是规定了民事责任的承担方式，并对不可抗力、正当防卫、紧急避险、自愿实施紧急救助等特殊的民事责任承担问题作了规定（草案第一编第八章）。二是规定了诉讼时效的期间及其起算、法律效果，诉讼时效的中止、中断等内容（草案第一编第九章）。三是规定了期间的计算单位、起算、结束和顺延等（草案第一编第十章）。

(二)物权编

物权是民事主体依法享有的重要财产权。物权法律制度调整因物的归属和利用而产生的民事关系,是最重要的民事基本制度之一。2007 年第十届全国人民代表大会第五次会议通过了物权法。草案第二编“物权”在现行物权法的基础上,按照党中央提出的完善产权保护制度,健全归属清晰、权责明确、保护严格、流转顺畅的现代产权制度的要求,结合现实需要,进一步完善了物权法律制度。第二编共 5 个分编、20 章、258 条,主要内容有:

1. 关于通则。第一分编为通则,规定了物权制度基础性规范,包括平等保护等物权基本原则,物权变动的具体规则,以及物权保护制度。党的十九届四中全会通过的《中共中央关于坚持和完善中国特色社会主义制度推进国家治理体系和治理能力现代化若干重大问题的决定》对社会主义基本经济制度有了新的表述,为贯彻会议精神,草案将有关基本经济制度的规定修改为:“国家坚持和完善公有制为主体、多种所有制经济共同发展,按劳分配为主体、多种分配方式并存,社会主义市场经济体制等社会主义基本经济制度。”(草案第二百零六条第一款)

2. 关于所有权。所有权是物权的基础,是所有人对自己的不动产或者动产依法享有占有、使用、收益和处分的权利。第二分编规定了所有权制度,包括所有权人的权利,征收和征用规则,国家、集体和私人的所有权,相邻关系、共有等所有权基本制度。针对近年来群众普遍反映业主大会成立难、公共维修资金使用难等问题,并结合此次新冠肺炎疫情防控工作,在现行物权法规定的基础上,进一步完善了业主的建筑物区分所有权制度:一是明确地方政府有关部门、居民委员会应当对设立业主大会和选举业主委员会给予指导和协助(草案第二百七十七条第二款)。二是适当降低业主共同决定事项,特别是使用建筑物及其附属设施维修资金的表决门槛,并增加规定紧急情况下使用维修资金的特别程序(草案第二百七十八条、第二百八十一条第二款)。三是结合疫情防控工作,在征用组织、个人的不动产或者动产的事由中增加“疫情防控”;明确物业服务企业和业主的相关责任和义务,增加规定物业服务企业或者其他管理人应当执行政府依法实施的应急处置措施和其他管理措施,积极配合开展相关工作,业主应当依法予以配合(草案第二百四十五条、第二百八十五条第二款、第二百八十六条第一款)。

3. 关于用益物权。用益物权是指权利人依法对他人的物享有占有、使用和收益的权利。第三分编规定了用益物权制度,明确了用益物权人的基本权利和义务,以及建设用地使用权、宅基地使用权、地役权等用益物权。草案还在现行物权法规定的基础上,作了进一步完善:一是落实党中央关于完善产权保护制度依法保护产权的要求,明确住宅建设用地使用权期限届满的,自动续期;续期费用的缴纳或者减免,依照法律、行政法规的规定办理(草案第三百五十九条第一款)。二是完善农村集体产权相关制度，落实农村承包地“三权分置”改革的要求，对土地承包经营权的相关规定作了完善，增加土地经营权的规定，并删除耕地使用权不得抵押的规定，以适应“三权分置”后土地经营权入市的需要（草案第二编第十一章、第三百九十九条）。考虑到农村集体建设用地和宅基地制度改革正在推进过程中，草案与土地管理法等作了衔接性规定（草案第三百六十一条、第三百六十三条）。三是为贯彻党的十九大提出的加快建立多主体供给、多渠道保障住房制度的要求，增加规定“居住权”这一新型用益物权，明确居住权原则上无偿设立，居住权人有权按照合同约定或者遗嘱，经登记占有、使用他人的住宅，以满足其稳定的生活居住需要（草案第二编第十四章）。

4. 关于担保物权。担保物权是指为了确保债务履行而设立的物权，包括抵押权、质权和留置权。第四分编对担保物权作了规定，明确了担保物权的含义、适用范围、担保范围等共同规则，以及抵押权、质权和留置权的具体规则。草案在现行物权法规定的基础上，进一步完善了担保物权制度，为优化营商环境提供法治保障：一是扩大担保合同的范围，明确融资租赁、保理、所有权保留等非典型担保合同的担保功能，增加规定担保合同包括抵押合同、质押合同和其他具有担保功能的合同（草案第三百八十八条第一款）。二是删除有关担保物权具体登记机构的规定，为建立统一的动产抵押和权利质押登记制度留下空间。三是简化抵押合同和质押合同的一般条款（草案第四百条第二款、第四百二十七条第二款）。四是明确实现担保物权的统一受偿规则（草案第四百一十四条）。

5. 关于占有。占有是指对不动产或者动产事实上的控制与支配。第五分编对占有的调整范围、无权占有情形下的损害赔偿责任、原物及孳息的返还以及占有保护等作了规定。（草案第二编第二十章）

（三）合同编

合同制度是市场经济的基本法律制度。1999 年第九届全国人民代表大会第二次会议通过了合同法。草案第三编“合同”在现行合同法的基础上，贯彻全面深化改革的精神，坚持维护契约、平等交换、公平竞争，促进商品和要素自由流动，完善合同制度。第三编共 3 个分编、29 章、526 条，主要内容有：

1. 关于通则。第一分编为通则，规定了合同的订立、效力、履行、保全、转让、终止、违约责任等一般性规则，并在现行合同法的基础上，完善了合同总则制度：一是通过规定非合同之债的法律适用规则、多数人之债的履行规则等完善债法的一般性规则（草案第四百六十八条、第五百一十七条至第五百二十一条）。二是完善了电子合同订立规则，增加了预约合同的具体规定，完善了格式条款制度等合同订立制度（草案第四百九十一条、第四百九十五条至第四百九十八条）。三是结合新冠肺炎疫情防控工作，完善国家订货合同制度，规定国家根据抢险救灾、疫情防控或者其他需要下达国家订货任务、指令性计划的,有关民事主体之间应当依照有关法律、行政法规规定的权利和义务订立合同(草案第四百九十四条第一款)。四是针对实践中一方当事人违反义务不办理报批手续影响合同生效的问题,草案明确了当事人违反报批义务的法律后果,健全合同效力制度(草案第五百零二条第二款)。五是完善合同履行制度,落实绿色原则,规定当事人在履行合同过程中应当避免浪费资源、污染环境和破坏生态(草案第五百零九条第三款)。同时,在总结司法实践经验的基础上增加规定了情势变更制度(草案第五百三十三条)。六是完善代位权、撤销权等合同保全制度,进一步强化对债权人的保护,细化了债权转让、债务移转制度,增加了债务清偿抵充规则、完善了合同解除等合同终止制度(草案第三编第五章、第五百四十五条至第五百五十六条、第五百六十条、第五百六十三条至第五百六十六条)。七是通过吸收现行担保法有关定金规则的规定,完善违约责任制度(草案第五百八十六条至第五百八十八条)。

2. 关于典型合同。典型合同在市场经济活动和社会生活中应用普遍。为适应现实需要,在现行合同法规定的买卖合同、赠与合同、借款合同、租赁合同等15种典型合同的基础上,第二分编增加了4种新的典型合同:一是吸收了担保法中关于保证的内容,增加了保证合同(草案第三编第十三章)。二是适应我国保理行业发展和优化营商环境的需要,增加了保理合同(草案第三编第十六章)。三是针对物业服务领域的突出问题,增加规定了物业服务合同(草案第三编第二十四章)。四是增加规定合伙合同,将民法通则中有关个人合伙的规定纳入其中(草案第三编第二十七章)。

第三编还在总结现行合同法实践经验的基础上,完善了其他典型合同:一是通过完善检验期限的规定和所有权保留规则等完善买卖合同(草案第六百二十二条、第六百二十三条、第六百四十一条至第六百四十三条)。二是为维护正常的金融秩序,明确规定禁止高利放贷,借款的利率不得违反国家有关规定(草案第六百八十条第一款)。三是落实党中央提出的建立租购同权住房制度的要求,保护承租人利益,增加规定房屋承租人的优先承租权(草案第七百三十四条第二款)。四是针对近年来客运合同领域出现的旅客霸座、不配合承运人采取安全运输措施等严重干扰运输秩序和危害运输安全的问题,维护正常的运输秩序,草案细化了客运合同当事人的权利义务(草案第八百一十五条第一款、第八百一十九条、第八百二十条)。五是根据经济社会发展需要,修改完善了赠与合同、融资租赁合同、建设工程合同、技术合同等典型合同(草案第三编第十一章、第十五章、第十八章、第二十章)。

3. 关于准合同。无因管理和不当得利既与合同规则同属债法性质的内容,又与合同规则有所区别,第三分编"准合同"分别对无因管理和不当得利的一般性规则作了规定。(草案第三编第二十八章、第二十九章)

（四）人格权编

人格权是民事主体对其特定的人格利益享有的权利，关系到每个人的人格尊严，是民事主体最基本的权利。草案第四编“人格权”在现行有关法律法规和司法解释的基础上，从民事法律规范的角度规定自然人和其他民事主体人格权的内容、边界和保护方式，不涉及公民政治、社会等方面权利。第四编共 6 章、51 条，主要内容有：

1. 关于一般规定。第四编第一章规定了人格权的一般性规则：一是明确人格权的定义（草案第九百九十条）。二是规定民事主体的人格权受法律保护，人格权不得放弃、转让或者继承（草案第九百九十一条、第九百九十二条）。三是规定了对死者人格利益的保护（草案第九百九十四条）。四是明确规定人格权受到侵害后的救济方式（草案第九百九十五条至第一千条）。

2. 关于生命权、身体权和健康权。第四编第二章规定了生命权、身体权和健康权的具体内容，并对实践中社会比较关注的有关问题作了有针对性的规定：一是为促进医疗卫生事业的发展，鼓励遗体捐献的善行义举，草案吸收行政法规的相关规定，确立器官捐献的基本规则（草案第一千零六条）。二是为规范与人体基因、人体胚胎等有关的医学和科研活动，明确从事此类活动应遵守的规则（草案第一千零九条）。三是近年来，性骚扰问题引起社会较大关注，草案在总结既有立法和司法实践经验的基础上，规定了性骚扰的认定标准，以及机关、企业、学校等单位防止和制止性骚扰的义务（草案第一千零一十条）。

3. 关于姓名权和名称权。第四编第三章规定了姓名权、名称权的具体内容，并对民事主体尊重保护他人姓名权、名称权的基本义务作了规定：一是对自然人选取姓氏的规则作了规定（草案第一千零一十五条）。二是明确对具有一定社会知名度，被他人使用足以造成公众混淆的笔名、艺名、网名等，参照适用姓名权和名称权保护的有关规定（草案第一千零一十七条）。

4. 关于肖像权。第四编第四章规定了肖像权的权利内容及许可使用肖像的规则，明确禁止侵害他人的肖像权：一是针对利用信息技术手段“深度伪造”他人的肖像、声音，侵害他人人格权益，甚至危害社会公共利益等问题，规定禁止任何组织或者个人利用信息技术手段伪造等方式侵害他人的肖像权。并明确对自然人声音的保护，参照适用肖像权保护的有关规定（草案第一千零一十九条第一款、第一千零二十三条第二款）。二是为了合理平衡保护肖像权与维护公共利益之间的关系，草案结合司法实践，规定肖像权的合理使用规则（草案第一千零二十条）。三是从有利于保护肖像权人利益的角度，对肖像许可使用合同的解释、解除等作了规定（草案第一千零二十一条、第一千零二十二条）。

5. 关于名誉权和荣誉权。第四编第五章规定了名誉权和荣誉权的内容：一是为了平衡个人名誉权保护与新闻报道、舆论监督之间的关系，草案对行为人实施新闻报道、舆论监督等行为涉及的民事责任承担，以及行为人是否尽到合理核实义务的认定等作了规定（草案第一千零二十五条、第一千零二十六条）。二是规定民事主体有证据证明报刊、网络等媒体报道的内容失实，侵害其名誉权的，有权请求更正或者删除（草案第一千零二十八条）。

6. 关于隐私权和个人信息保护。第四编第六章在现行有关法律规定的基础上，进一步强化对隐私权和个人信息的保护，并为下一步制定个人信息保护法留下空间：一是规定了隐私的定义，列明禁止侵害他人隐私权的具体行为（草案第一千零三十二条、第一千零三十三条）。二是界定了个人信息的定义，明确了处理个人信息应遵循的原则和条件（草案第一千零三十四条、第一千零三十五条）。三是构建自然人与信息处理者之间的基本权利义务框架，明确处理个人信息不承担责任的特定情形，合理平衡保护个人信息与维护公共利益之间的关系（草案第一千零三十六条至第一千零三十八条）。四是规定国家机关及其工作人员负有保护自然人的隐私和个人信息的义务（草案第一千零三十九条）。

（五）婚姻家庭编

婚姻家庭制度是规范夫妻关系和家庭关系的基本准则。1980 年第五届全国人民代表大会第三次会议通过了新的婚姻法，2001 年进行了修改。1991 年第七届全国人大常委会第二十三次会议通过了收养法，1998 年作了修改。草案第五编“婚姻家庭”以现行婚姻法、收养法为基础，在坚持婚姻自由、一夫一妻等基本原则的前提下，结合社会发展需要，修改完善了部分规定，并增加了新的规定。第五编共 5 章、79 条，主要内容有：

1. 关于一般规定。第五编第一章在现行婚姻法规定的基础上，重申了婚姻自由、一夫一妻、男女平等等婚姻家庭领域的基本原则和规则，并在现行婚姻法的基础上，作了进一步完善：一是为贯彻落实习近平总书记有关加强家庭文明建设的重要讲话精神，更好地弘扬家庭美德，规定家庭应当树立优良家风，弘扬家庭美德，重视家庭文明建设（草案第一千零四十三条第一款）。二是为了更好地维护被收养的未成年人的合法权益，将联合国《儿童权利公约》关于儿童利益最大化的原则落实到收养工作中，增加规定了最有利于被收养人的原则（草案第一千零四十四条第一款）。三是界定了亲属、近亲属、家庭成员的范围（草案第一千零四十五条）。

2. 关于结婚。第五编第二章规定了结婚制度，并在现行婚姻法的基础上，对有关规定作了完善：一是将受胁迫一方请求撤销婚姻的期间起算点由“自结婚登记之日起”修改为“自胁迫行为终止之日起”（草案第一千零五十二条第二款）。二是不再将“患有医学上认为不应当结婚的疾病”作为禁止结婚的情形，并相应增加规定一方隐瞒重大疾病的，另一方可以向人民法院请求撤销婚姻（草案第一千零五十三条）。三是增加规定婚姻无效或者被撤销的，无过错方有权请求损害赔偿（草案第一千零五十四条第二款）。

3. 关于家庭关系。第五编第三章规定了夫妻关系、父母子女关系和其他近亲属关系，并根据社会发展需要，在现行婚姻法的基础上，完善了有关内容：一是明确了夫妻共同债务的范围。现行婚姻法没有对夫妻共同债务的范围作出规定。2003 年最高人民法院出台司法解释，对夫妻共同债务的认定作出规定，近年来成为社会关注的热点问题。2018 年 1 月，最高人民法院出台新的司法解释，修改了此前关于夫妻共同债务认定的规定。从新司法解释施行效果看，总体上能够有效平衡各方利益，各方面总体上赞同。因此，草案吸收新司法解释的规定，明确了夫妻共同债务的范围（草案第一千零六十四条）。二是规范亲子关系确认和否认之诉。亲子关系问题涉及家庭稳定和未成年人的保护，作为民事基本法律，草案对此类诉讼进行了规范（草案第一千零七十三条）。

4. 关于离婚。第五编第四章对离婚制度作出了规定，并在现行婚姻法的基础上，作了进一步完善：一是增加离婚冷静期制度。实践中，轻率离婚的现象增多，不利于婚姻家庭的稳定。为此，草案规定了提交离婚登记申请后三十日的离婚冷静期，在此期间，任何一方可以向登记机关撤回离婚申请（草案第一千零七十七条）。二是针对离婚诉讼中出现的“久调不判”问题，增加规定，经人民法院判决不准离婚后，双方又分居满一年，一方再次提起离婚诉讼的，应当准予离婚（草案第一千零七十九条第五款）。三是关于离婚后子女的抚养，将现行婚姻法规定的“哺乳期内的子女，以随哺乳的母亲抚养为原则”修改为“不满两周岁的子女，以由母亲直接抚养为原则”，以增强可操作性（草案第一千零八十四条第三款）。四是将夫妻采用法定共同财产制的，纳入适用离婚经济补偿的范围，以加强对家庭负担较多义务一方权益的保护（草案第一千零八十八条）。五是将“有其他重大过错”增加规定为离婚损害赔偿的适用情形（草案第一千零九十一条第五项）。

5. 关于收养。第五编第五章对收养关系的成立、收养的效力、收养关系的解除作了规定，并在现行收养法的基础上，进一步完善了有关制度：一是扩大被收养人的范围，删除被收养的未成年人仅限于不满十四周岁的限制，修改为符合条件的未成年人均可被收养（草案第一千零九十三条）。二是与国家计划生育政策的调整相协调，将收养人须无子女的要求修改为收养人无子女或者只有一名子女（草案第一千零九十八条第一项）。三是为进一步强化对被收养人利益的保护，在收养人的条件中增加规定“无不利于被收养人健康成长的违法犯罪记录”，并增加规定民政部门应当依法进行收养评估（草案第一千零九十八条第四项、第一千一百零五条第五款）。

（六）继承编

继承制度是关于自然人死亡后财富传承的基本制度。1985 年第六届全国人民代表大会第三次会议通过了继承法。随着人民群众生活水平的不断提高,个人和家庭拥有的财产日益增多,因继承引发的纠纷也越来越多。根据我国社会家庭结构、继承观念等方面的发展变化,草案第六编“继承”在现行继承法的基础上,修改完善了继承制度,以满足人民群众处理遗产的现实需要。第六编共 4 章、45 条,主要内容有:

1. 关于一般规定。第六编第一章规定了继承制度的基本规则,重申了国家保护自然人的继承权,规定了继承的基本制度。并在现行继承法的基础上,作了进一步完善:一是增加规定相互有继承关系的数人在同一事件中死亡,且难以确定死亡时间的继承规则(草案第一千一百二十一条第二款)。二是增加规定对继承人的宽恕制度,对继承权法定丧失制度予以完善(草案第一千一百二十五条第二款)。

2. 关于法定继承。法定继承是在被继承人没有对其遗产的处理立有遗嘱的情况下,继承人的范围、继承顺序等均按照法律规定确定的继承方式。第六编第二章规定了法定继承制度,明确了继承权男女平等原则,规定了法定继承人的顺序和范围,以及遗产分配的基本制度。同时,在现行继承法的基础上,完善代位继承制度,增加规定被继承人的兄弟姐妹先于被继承人死亡的,由被继承人的兄弟姐妹的子女代位继承(草案第一千一百二十八条第二款)。

3. 关于遗嘱继承和遗赠。遗嘱继承是根据被继承人生前所立遗嘱处理遗产的继承方式。第六编第三章规定了遗嘱继承和遗赠制度,并在现行继承法的基础上,进一步修改完善了遗嘱继承制度:一是增加了打印、录像等新的遗嘱形式(草案第一千一百三十六条、第一千一百三十七条)。二是修改了遗嘱效力规则,删除了现行继承法关于公证遗嘱效力优先的规定,切实尊重遗嘱人的真实意愿。

4. 关于遗产的处理。第六编第四章规定了遗产处理的程序和规则,并在现行继承法的基础上,进一步完善了有关遗产处理的制度:一是增加遗产管理人制度。为确保遗产得到妥善管理、顺利分割,更好地维护继承人、债权人利益,草案增加规定了遗产管理人制度,明确了遗产管理人的产生方式、职责和权利等内容(草案第一千一百四十五条至第一千一百四十九条)。二是完善遗赠扶养协议制度,适当扩大扶养人的范围,明确继承人以外的组织或者个人均可以成为扶养人,以满足养老形式多样化需求(草案第一千一百五十八条)。三是完善无人继承遗产的归属制度,明确归国家所有的无人继承遗产应当用于公益事业(草案第一千一百六十条)。

(七)侵权责任编

侵权责任是民事主体侵害他人权益应当承担的法律后果。2009 年第十一届全国人大常委会第十二次会议通过了侵权责任法。侵权责任法实施以来,在保护民事主体的合法权益、预防和制裁侵权行为方面发挥了重要作用。草案第七编“侵权责任”在总结实践经验的基础上,针对侵权领域出现的新情况,吸收借鉴司法解释的有关规定，对侵权责任制度作了必要的补充和完善。第七编共10章、95条，主要内容有：

1. 关于一般规定。第七编第一章规定了侵权责任的归责原则、多数人侵权的责任承担、侵权责任的减轻或者免除等一般规则。并在现行侵权责任法的基础上作了进一步的完善：一是确立"自甘风险"规则，规定自愿参加具有一定风险的文体活动，因其他参加者的行为受到损害的，受害人不得请求没有故意或者重大过失的其他参加者承担侵权责任（草案第一千一百七十六条第一款）。二是规定"自助行为"制度，明确合法权益受到侵害，情况紧迫且不能及时获得国家机关保护，不立即采取措施将使其合法权益受到难以弥补的损害的，受害人可以在保护自己合法权益的必要范围内采取扣留侵权人的财物等合理措施，但是应当立即请求有关国家机关处理。受害人采取的措施不当造成他人损害的，应当承担侵权责任（草案第一千一百七十七条）。

2. 关于损害赔偿。第七编第二章规定了侵害人身权益和财产权益的赔偿规则、精神损害赔偿规则等。同时，在现行侵权责任法的基础上，对有关规定作了进一步完善：一是完善精神损害赔偿制度，规定因故意或者重大过失侵害自然人具有人身意义的特定物造成严重精神损害的，被侵权人有权请求精神损害赔偿（草案第一千一百八十三条第二款）。二是为加强对知识产权的保护，提高侵权违法成本，草案增加规定，故意侵害他人知识产权，情节严重的，被侵权人有权请求相应的惩罚性赔偿（草案第一千一百八十五条）。

3. 关于责任主体的特殊规定。第七编第三章规定了无民事行为能力人、限制民事行为能力人及其监护人的侵权责任，用人单位的侵权责任，网络侵权责任，以及公共场所的安全保障义务等。同时，草案在现行侵权责任法的基础上作了进一步完善：一是增加规定委托监护的侵权责任（草案第一千一百八十九条）。二是完善网络侵权责任制度。为了更好地保护权利人的利益，平衡好网络用户和网络服务提供者之间的利益，草案细化了网络侵权责任的具体规定，完善了权利人通知规则和网络服务提供者的转通知规则（草案第一千一百九十五条、第一千一百九十六条）。

4. 关于各种具体侵权责任。第七编的其他各章分别对产品生产销售、机动车交通事故、医疗、环境污染和生态破坏、高度危险、饲养动物、建筑物和物件等领域的侵权责任规则作出了具体规定。并在现行侵权责任法的基础上，对有关内容作了进一步完善：一是完善生产者、销售者召回缺陷产品的责任，增加规定，依照相关规定采取召回措施的，生产者、销售者应当负担被侵权人因此支出的必要费用（草案第一千二百零六条第二款）。二是明确交通事故损害赔偿的顺序，即先由机动车强制保险理赔，不足部分由机动车商业保险理赔，仍不足的由侵权人赔偿（草案第一千二百一十三条)。三是进一步保障患者的知情同意权,明确医务人员的相关说明义务,加强医疗机构及其医务人员对患者隐私和个人信息的保护(草案第一千二百一十九条、第一千二百二十六条)。四是贯彻落实习近平生态文明思想,增加规定生态环境损害的惩罚性赔偿制度,并明确规定了生态环境损害的修复和赔偿规则(草案第一千二百三十二条、第一千二百三十四条、第一千二百三十五条)。五是加强生物安全管理,完善高度危险责任,明确占有或者使用高致病性危险物造成他人损害的,应当承担侵权责任(草案第一千二百三十九条)。六是完善高空抛物坠物治理规则。为保障好人民群众的生命财产安全,草案对高空抛物坠物治理规则作了进一步的完善,规定禁止从建筑物中抛掷物品,同时针对此类事件处理的主要困难是行为人难以确定的问题,强调有关机关应当依法及时调查,查清责任人,并规定物业服务企业等建筑物管理人应当采取必要的安全保障措施防止此类行为的发生(草案第一千二百五十四条)。

(八)附则

草案最后部分"附则"明确了民法典与婚姻法、继承法、民法通则、收养法、担保法、合同法、物权法、侵权责任法、民法总则的关系。民法典施行后,上述民事单行法律将被替代。因此,草案规定在民法典施行之时,同步废止上述民事单行法律(草案第一千二百六十条)。需要说明的是,2014 年第十二届全国人大常委会第十一次会议通过的《全国人民代表大会常务委员会关于〈中华人民共和国民法通则〉第九十九条第一款、〈中华人民共和国婚姻法〉第二十二条的解释》,作为与民法通则、婚姻法相关的法律解释,也同步废止。

《中华人民共和国民法典(草案)》和以上说明,请审议。

关于《民法典各分编(草案)》的说明

——2018 年 8 月 27 日在第十三届全国人民代表大会
常务委员会第五次会议上

全国人大常委会法制工作委员会主任　沈春耀

委员长、各位副委员长、秘书长、各位委员：

现在，我受委员长会议的委托，作关于《民法典各分编(草案)》的说明。

一、民法典各分编编纂工作情况

编纂民法典是党的十八届四中全会提出的重大立法任务，是以习近平同志为核心的党中央作出的重大法治建设部署。编纂民法典是通过对现行民事法律规范进行系统整合、修改完善，编纂一部适应中国特色社会主义发展要求，符合我国国情，体例科学、结构严谨、规范合理、内容协调一致的法典，是一项系统工程。2016 年 6 月，十二届全国人大常委会党组向党中央汇报了关于民法典编纂工作的指导思想、基本原则、工作安排等重大问题，习近平总书记主持会议，听取并原则同意该汇报，并就民法典编纂工作作了重要指示，为编纂民法典提供了重要指导和基本遵循。按照工作安排，编纂民法典采取“两步走”的工作思路进行：第一步先出台民法总则；第二步编纂民法典各分编，适时出台民法典。在党中央的坚强领导下，2017 年 3 月十二届全国人大五次会议审议通过民法总则，完成了民法典编纂工作的第一步，为编纂民法典奠定了坚实基础。

民法总则通过后，十二届全国人大常委会和十三届全国人大常委会抓紧开展“第二步”工作，全国人大常委会法制工作委员会立即与最高人民法院、最高人民检察院、司法部、中国社会科学院、中国法学会五家民法典编纂工作参加单位全力推进民法典各分编编纂工作。系统梳理、研究近年来全国人大代表、政协委员提出的修改完善相关民事法律的议案、建议和提案，开展立法调研、深入基层了解实践情况，开展比较研究、了解国外民事立法新发展，广泛听取地方人大、有关部门和单位、基层立法联系点、人大代表、专家学者等方面的意见和建议。在此基础上，以现行民事法律为基础，结合我国社会的发展实际，形成了民法典各分编草案（征求意见稿）。2018 年 3 月 15 日，法制工作委员会将民法典各分编草案（征求意见稿）印发地方人大、中央有关部门和部分全国人大代表、法学教学研究机构和一些社会组织征求意见，并召开协调小组会议，听取协调小组各参加单位意见建议。根据各方面的意见和建议，对民法典各分编草案（征求意见稿）作了反复修改。

党中央高度重视民法典各分编编纂工作。2018 年 8 月 16 日，习近平总书记主持召开中央政治局常委会会议，听取了全国人大常委会党组关于《民法典各分编（草案）》几个主要问题的汇报，原则同意请示，并就做好民法典各分编编纂工作作了重要指示。会后，根据党中央的重要指示精神，对草案又作了进一步修改完善。经委员长会议讨论，决定将《民法典各分编（草案）》提请十三届全国人大常委会第五次会议审议。

二、关于民法典各分编的总体考虑

在民法典各分编编纂工作中，我们深入学习贯彻习近平新时代中国特色社会主义思想和党的十九大精神，紧紧围绕统筹推进“五位一体”总体布局和协调推进“四个全面”战略布局，紧紧围绕建设中国特色社会主义法治体系、建设社会主义法治国家的全面依法治国总目标，遵循和贯彻民法典编纂工作指导思想、基本原则，总结实践经验，适应时代要求，对我国现行的、制定于不同时期的民法通则、物权法、合同法、担保法、婚姻法、收养法、继承法、侵权责任法和人格权方面的民事法律规范进行全面系统的编订纂修，进一步完善以公平为核心原则的产权保护制度，进一步完善促进财产和要素自由流动的公平交易制度，进一步完善增进家庭和睦的婚姻家庭和继承制度，进一步完善自然人和其他民事主体人身权、财产权、人格权的保护救济制度，连同之前已出台的民法总则，最后形成一部完整的具有中国特色、体现时代特点、反映人民意愿的民法典，为新时代坚持和发展中国特色社会主义、实现“两个一百年”奋斗目标和中华民族伟大复兴的中国梦提供完备的民事法治保障。

在民法典各分编编纂工作中，我们注意把握以下几点：一是坚持以人民为中心，以保护民事权利为出发点和落脚点，切实回应人民的法治需求，更好地满足人民日益增长的美好生活需要，努力让民法典成为新时代保护人民民事权利的权利法典。二是坚持立足国情和实际，坚持问题导向，适应中国特色社会主义步入新时代和我国社会主要矛盾变化的需要，总结改革开放 40 年来民事立法和实践经验，以法典化方式巩固、确认和发展民事法治建设成果，提高民事法律制度的针对性、有效性、适应性，努力发挥引领、推动、保障改革的积极作用。三是坚持依法治国和以德治国相结合，将社会主义核心价值观融入民事法律规范，大力弘扬社会公德、家庭美德，贯彻和体现新发展理念。四是增强民事法律规范的系统性，既保持民事法律制度的连续性、稳定性，又保持适度的前瞻性、开放性，同时处理好衔接好法典化民事法律制度体系下各类规范之间的关系。

三、关于民法典各分编的结构安排

2016年6月在向党中央汇报民法典编纂工作时，提出民法典各分编包括：物权编、合同编、侵权责任编、婚姻家庭编和继承编等。总体考虑和工作思路是，民法典各分编的内容经编纂进入民法典，再加上之前已出台的民法总则，形成一部完整的民法典；民法典出台后，我国现行的民法通则、物权法、合同法、担保法、婚姻法、收养法、继承法、侵权责任法将被替代，不再保留。各方面对民法典各分编包括上述五编的内容，意见是一致的。同时，还有一些意见建议在五编基础上增加人格权编、知识产权编、涉外民事关系法律适用编。经研究认为，在确定哪些内容纳入民法典各分编时，应当遵循以下原则：一是内容具有基础性，是民事法律制度的基本规则；二是内容具有普遍性，是社会生活普遍适用的通用规则；三是内容具有稳定性，是经过实践证明切实有效、可以长期适用的惯常规则；四是内容具有平等自愿性，是民事主体在民事活动中依法可采用、可约定的规则。对于涉及特定群体、领域的内容，原则上由民事特别法规定；对于民法典各分编的规定难以涵盖和替代的内容，不宜纳入；对于那些还处于发展变化中、经验还不成熟、拿不准的内容，暂不纳入。

一是关于是否设立人格权编。经研究认为，人格权是民事主体对其特定的人格利益享有的权利，关系到每个人的人格尊严，是民事主体最基本、最重要的权利。保护人格权、维护人格尊严，是我国法治建设的重要任务，近年来加强人格权保护的呼声和期待较多。为了贯彻党的十九大和十九届二中全会关于“保护人民人身权、财产权、人格权”的精神，落实宪法关于“公民的人格尊严不受侵犯”的要求，综合考虑各方面意见，总结我国现有人格权法律规范的实践经验，在民法典中增加人格权编是较为妥当、可取的。人格权编这一部分，主要是从民事法律规范的角度规定自然人和其他民事主体人格权的内容、边界和保护方式，不涉及公民政治、社会等方面权利。

二是关于是否设立知识产权编。经研究认为目前条件还不成熟：1. 我国知识产权立法一直采用民事特别法的立法方式，如专利法、商标法、著作权（版权）法，还涉及反不正当竞争法等法律和集成电路布图设计保护条例、植物新品种保护条例等行政法规。我国知识产权立法既规定民事权利等内容，也规定行政管理等内容，与相关国际条约保持总体一致和衔接。民法典是调整平等民事主体之间的民事法律关系的法律，难以纳入行政管理方面的内容，也难以抽象出不同类型知识产权的一般性规则。2.知识产权制度仍处于快速发展变化之中，国内立法执法司法等需要不断调整适应。如现在就将知识产权法律规范纳入民法典，恐难以保持其连续性、稳定性。由于以上原因，我国知识产权立法仍适宜采用民事特别法的立法方式，针对不同需求，实行单项立法，已有知识产权单行法律仍将继续保留，通过知识产权单行法律健全知识产权相关制度，更有利于加强和完善知识产权保护。民法典中暂不宜设立知识产权编。

三是关于是否设立涉外民事关系法律适用编。经研究认为，涉外民事关系法律适用规则的概念体系、规范内容与民法典虽有一定联系，但二者性质不同，在法律的调整范围、立法目标、具体规则等方面存在较大差异，民法典不宜设立涉外民事关系法律适用编。涉外民事关系法律适用的问题，由现行涉外民事关系法律适用法调整。

基于上述考虑，《民法典各分编（草案）》包括六编。关于分编的顺序，原顺序为物权编、合同编、侵权责任编、婚姻家庭编、继承编。根据一些常委会组成人员和有关方面的意见，考虑到增加了人格权编，还需要把这一编放在适当的位置，经研究，将分编顺序修改为现在的物权编、合同编、人格权编、婚姻家庭编、继承编、侵权责任编，共1034条。

四、民法典各分编的主要内容

（一）关于物权编草案

物权是民事主体依法享有的重要财产权。2007年十届全国人大五次会议通过了物权法。实践证明物权法规定的中国特色社会主义物权制度是有活力的，在明晰权利归属、实现物权平等保护等方面发挥了重要作用。物权编草案在物权法的基础上，按照党中央提出的完善产权保护制度，健全归属清晰、权责明确、保护严格、流转顺畅的现代产权制度的要求，结合现实需要，进一步完善了物权法律制度。与现行物权法相比，主要修改内容有：

1.加强对建筑物业主权利的保护。第一，强化业主对共有部分共同管理的权利。实践中，一些物业服务企业未征求业主意见擅自改变共有部分的用途或者利用外墙、电梯张贴广告等营利。对此，草案增加规定，改变共有部分的用途或者利用共有部分从事经营活动应当由业主共同决定（草案第七十三条第一款）。第二，为了解决物业管理活动中业主作出决议难的问题，适当降低业主作出决议的门槛（草案第七十三条第二款）。第三，明确共有部分产生的收益属于业主共有（草案第七十七条）。

2.增加规定居住权。党的十九大报告提出，要加快建立多主体供给、多渠道保障、租购并举的住房制度，让全体人民住有所居。为落实党中央的要求，认可和保护民事主体对住房保障的灵活安排，满足特定人群的居住需求，草案在用益物权部分增加一章，专门规定居住权，居住权人有权按照合同约定并经登记占有、使用他人的住宅，以满足其稳定生活居住需要。这一制度安排有助于为公租房和老年人以房养老提供法律保障。（草案第十四章）

3.完善动产抵押和权利质押的规则。第一，补充了有关清偿顺序的规定（草案第二百零五条第二款、第二百零六条）。第二，对于抵押物价款的债权担保赋予优先效力。针对交易实践中普遍存在的借款人借款购买货物，同时将该货物抵押给贷款人作为价款的担保的情形，草案赋予了该抵押权优先效力，以保护融资人的权利，促进融资（草案第二百零七条）。第三，删除具体登记机构的规定。目前动产抵押和权利质押的登记机构较为分散，不能完全适应现代市场经济发展的需要。建立统一的动产抵押和权利质押登记制度有助于进一步发挥其融资担保功能。考虑到统一登记的具体规则宜由国务院规定，草案删除了有关动产抵押和权利质押具体登记机构的内容，为建立统一的动产抵押和权利质押登记制度留下空间（草案第二百三十二条、第二百三十四条、第二百三十五条、第二百三十六条）。

物权编草案中有两个问题需要汇报：

1.关于农村土地使用权改革相关问题。党的十八大以来，党中央提出要深化农村土地制度改革，健全农村产权保护法律制度，完善承包地“三权分置”制度；探索宅基地“三权分置”；赋予农民更多的财产权，允许承包土地的经营权和农民住房财产权抵押、担保；探索农民集体建设用地入市制度。为落实党中央的改革要求，2015年全国人大常委会先后通过两个授权决定，授权开展“两权”抵押和集体建设用地入市试点。与此同时，全国人大常委会启动了农村土地承包法的修改工作，并于2017年11月进行了初次审议。在总结有关改革试点实践经验的基础上，结合农村土地承包法修改的审议情况、各方面提出的意见和基层调研情况，草案对物权法的用益物权制度、担保物权制度作了相应修改，规定实行家庭承包的土地承包经营权人有权出让土地经营权，并对土地经营权的内容作了规定，以体现“三权分置”改革精神（草案第十一章）；修改了土地承包经营权抵押的相关规定。关于宅基地“三权分置”问题和农民住房财产权抵押问题，考虑到这两个问题主要涉及土地管理法的修改（按2018年全国人大常委会立法工作计划，应于2018年下半年由国务院提请审议），国务院有关部门正在抓紧推进起草工作。因此，物权编草案这一部分内容暂未修改，待国务院修改土地管理法的议案提请审议后，再作统筹研究和修改。

2.关于住宅建设用地使用权期间届满续期问题。2016年11月，《中共中央、国务院关于完善产权保护制度依法保护产权的意见》提出，要研究住宅建设用地等土地使用权到期后续期的法律安排，推动形成全社会对公民财产长久受保护的良好和稳定预期。根据党中央批准的有关工作安排，该项工作由国务院有关部门研究，提出方案后，国务院提出法律修改议案，修改城市房地产管理法或者物权法。目前，国务院有关部门尚未正式提出方案和修法议案。物权编草案根据现行物权法第一百四十九条、城市房地产管理法第二十二条规定，对此先作出一个原则性规定，即：住宅建设用地使用权期间届满的，自动续期。续期费用的缴纳或者减免，依照法律、行政法规的规定（草案第一百五十二条第一款）。国务院正式提出修改有关法律的议案后，再进一步做好衔接。

（二）关于合同编草案

合同制度是市场经济的基本法律制度。1999 年九届全国人大二次会议通过了合同法。合同法的实施对保护当事人合法权益、促进商品和要素自由流动、实现公平交易和维护经济秩序发挥了重要作用。贯彻全面深化改革的精神，使市场在资源配置中起决定性作用，必须坚持维护契约、平等交换、公平竞争，完善市场经济法律制度。为适应我国经济社会发展和全面深化改革的需要，落实党中央提出的完善市场经济法律制度的要求，解决合同法实施以来出现的新情况、新问题，借鉴国际立法经验，合同编草案进一步修改完善了合同制度。与现行合同法相比，主要修改内容有：

1. 完善电子合同的订立、履行规则。为适应电子商务和数字经济快速发展的需要，规范电子交易行为，草案对电子合同订立、履行的特殊规则作了规定。（草案第二百八十三条第二款、第三百零三条）

2. 强化对债权实现的保护力度。针对实践中一些合同当事人不信守合同，欠债不还等突出问题，为保障债权顺利实现，防范因违约可能导致的债务风险，构建诚信社会，草案完善了合同保全、借款合同、融资租赁合同的有关规则，并增设专章规定了保证合同。（草案第五章、第十二章、第十三章、第十五章）

3. 加大对弱势合同当事人一方的保护。草案规定了电、水、气、热力供应人以及公共承运人对社会公众的强制缔约义务，完善了格式条款制度（草案第二百八十六条第二款、第三款，第二百八十八条，第二百八十九条）。同时，为落实党中央提出的建立租购同权住房制度的要求，保护承租人利益，促进住房租赁市场健康发展，草案增加了住房承租人的优先承租权制度（草案第五百二十五条第二款）。

4. 促进生态文明建设。落实民法总则绿色原则的要求，草案规定，当事人在合同履行中应当遵循诚信原则，根据交易习惯负有节约资源、减少污染的义务，在合同终止后负有旧物回收义务（草案第三百条第二款、第三百四十八条）；还规定买卖合同的出卖人依法负有回收义务（草案第四百一十五条）。

5. 根据合同理论和实践的发展，修改了合同效力、合同履行、债权转让、合同解除和违约责任等一般规则（草案第二章至第八章）；完善了买卖合同、租赁合同、建设工程合同等典型合同的具体规则，增加了物业服务合同和合伙合同（草案第九章至第二十六章)。

6. 补充完善债法的一般规则。债法的一般规则是民法的重要内容,考虑到现行合同法总则已规定了大多数债的一般规则,这次编纂不再单设一编对此作出规定,为更好规范各类债权债务关系,草案在现行合同法的基础上,补充完善债法的一般规则:一是明确非合同之债的法律适用规则(草案第二百五十九条)。二是细化无因管理、不当得利之债的规则。在民法总则规定的基础上,草案进一步规定了无因管理、不当得利两种债的具体规则(草案第二十七章、第二十八章)。

(三)关于人格权编草案

人格权编草案坚持以人民为中心,顺应人民群众对人格权保护的迫切需求,在现行有关法律法规和司法解释基础上,对各种具体人格权作了较为详细的规定,为人格权保护奠定和提供了充分的民事请求权法律基础。这一编规定的主要内容有:

1. 人格权的一般规则。一是明确规定,民事主体的人格权受法律保护,人格权不得放弃、转让、继承,对人格权不得进行非法限制(草案第七百七十四条、第七百七十五条)。二是明确规定,民事主体可以许可他人使用姓名、名称、肖像等,但是依照法律规定或者根据其性质不得许可的除外(草案第七百七十六条)。三是明确规定人格权受到侵害后的救济方式(草案第七百七十八条至第七百八十二条)。

2. 生命权、身体权和健康权。草案规定了生命权、身体权和健康权的具体内容。同时,针对实践中反映较多的问题,草案还对法定救助义务、人体组织器官捐献、禁止性骚扰等问题作了规定。(草案第二章)

3. 姓名权和名称权。草案规定了姓名权、名称权的基本内容,并对民事主体尊重保护他人姓名权、名称权的基本义务作了规定。(草案第三章)

4. 肖像权。草案规定了肖像权的权利内容及许可使用肖像的规则,并对可以合理使用他人肖像的情形作了规定。(草案第四章)

5. 名誉权和荣誉权。草案规定了名誉权和荣誉权的内容。同时,为了平衡好保护个人权益和发挥新闻报道、舆论监督作用之间的关系,草案还规定,行为人为维护公序良俗实施新闻报道、舆论监督等行为,影响他人名誉的,不承担民事责任。但是行为人捏造事实、歪曲事实、对他人提供的事实未尽到合理审查义务或者包含过度贬损他人名誉内容的除外。(草案第五章)

6. 隐私权和个人信息。针对隐私权和个人信息保护领域存在的突出问题,在现行法律规定基础上,草案进一步强化对隐私权和个人信息的保护,并为即将制定的个人信息保护法留下衔接空间。(草案第六章)

(四)关于婚姻家庭编草案

婚姻家庭制度是规范夫妻关系和家庭关系的基本准则,关系到家家户户的利益。1980 年五届全国人大三次会议通过了婚姻法,2001 年作了修改。1991 年全国人大常委会通过了收养法,1998 年作了修改。婚姻法、收养法实施以来,对于建立和维护和谐的婚姻家庭关系发挥了重要作用。随着婚姻观念、家庭关系的变化,婚姻家庭领域出现了一些新情况。为进一步弘扬夫妻互敬、孝老爱亲、家庭和睦的中华民族传统家庭美德,体现社会主义核心价值观,促进家庭关系和谐稳定,婚姻家庭编草案以现行婚姻法、收养法为基础,在坚持婚姻自由、一夫一妻等基本原则的前提下,结合社会发展需要,修改了部分规定,并增加了一些新规定。与现行婚姻法、收养法相比,主要修改内容有:

1. 修改禁止结婚的条件。现行婚姻法规定,患有医学上认为不应当结婚的疾病者禁止结婚。这一规定在实践中很难操作,且在对方知情的情况下,是否患有疾病并不必然会影响当事人的结婚意愿。为尊重当事人的婚姻自主权,草案规定,一方患有严重疾病的应当在结婚登记前如实告知对方,不如实告知的,对方可以请求撤销该婚姻。(草案第八百三十条)

2. 增加婚姻无效的情形。为维护婚姻登记制度的权威性,保障婚姻当事人的合法权益,遏制利用伪造、变造或者冒用他人身份证件、户口簿、无配偶证明等方式骗取结婚登记的行为,草案增加了一项婚姻无效的情形,规定以伪造、变造、冒用证件等方式骗取结婚登记的婚姻无效。(草案第八百二十八条第四项)

3. 增加离婚冷静期的规定。实践中,由于离婚登记手续过于简便,轻率离婚的现象增多,不利于家庭稳定。为此,草案规定了一个月的离婚冷静期,在此期间,任何一方可以向登记机关撤回离婚申请。(草案第八百五十四条)

4. 完善离婚赔偿制度。现行婚姻法规定了四种适用离婚损害赔偿的情形,为更好地发挥离婚损害赔偿制度的预防、制裁作用,促进婚姻关系的稳定,草案增加了离婚损害赔偿的兜底条款,将其他一些确实给对方造成严重损害的情形纳入损害赔偿范围。(草案第八百六十九条第五项)

5. 不再保留计划生育的有关内容。现行婚姻法、收养法中都有关于计划生育的条款。为适应我国人口形势新变化,草案不再规定有关计划生育的内容。

关于夫妻债务问题,现行婚姻法没有具体规定夫妻关系存续期间个人债务、共同债务的认定和承担。2003 年最高人民法院出台的婚姻法司法解释(二)第二十四条,近年来引发了较大争议,一度成为社会关注的热点问题。2018 年 1 月,最高人民法院发布了《关于审理涉及夫妻债务纠纷案件适用法律有关问题的解释》,修改了此前司法解释关于夫妻债务认定的规定。目前看来,司法解释基本平息了争议和热点。因新司法解释刚出台实施不久,尚需要进一步观察实践效果,再研究如何在婚姻家庭编草案作出相关规定。草案目前对现行婚姻法的有关规定未作实质性修改。

（五）关于继承编草案

继承制度是关于自然人死亡后财富传承的基本制度。1985 年六届全国人大三次会议通过了继承法。继承法制定实施以来，随着人民群众生活水平不断提高，自然人的合法财产日益增多，因继承引发的纠纷也越来越多，情形也越来越复杂。根据我国社会家庭结构、继承观念等方面的发展变化，继承编草案在继承法的基础上，修改完善了继承制度，以满足人民群众处理遗产的现实需要，促进家庭和睦，推进老龄事业和产业发展。与现行继承法相比，主要修改内容有：

1. 增加遗产管理人制度。为确保遗产得到妥善管理、顺利分割，更好地维护继承人、债权人利益，避免和减少纠纷，草案规定了遗产管理人的产生方式、职责和权利等内容。（草案第九百二十四条至第九百二十八条）

2. 完善遗赠扶养协议制度，适当扩大了扶养人的范围，以满足养老形式多样化需求，促进老龄产业发展。（草案第九百三十七条）

3. 完善债务清偿规则。为保护债权人利益，保障国家税收应收尽收，草案规定遗产分割前，应当支付相关费用，清偿被继承人的债务，缴纳所欠税款，同时明确遗产已经分割时债务清偿、税款缴纳的具体规则。（草案第九百三十八条、第九百四十条至第九百四十二条）

4. 增加打印、录像等新的遗嘱形式，适应科学技术的发展需要（草案第九百一十五条、第九百一十六条）；修改遗嘱效力规则，删除了继承法中关于公证遗嘱效力优先的规定，切实尊重遗嘱人的真实意愿（草案第九百二十一条）。

（六）关于侵权责任编草案

侵权责任是民事主体侵害他人权益应当承担的法律后果。2009 年全国人大常委会通过了侵权责任法。侵权责任法实施以来，在保护民事主体合法权益、明确侵权责任、预防和制裁侵权行为方面发挥了重要作用。侵权责任编草案在总结侵权责任法实践经验的基础上，针对侵权领域出现的新情况，吸收借鉴司法解释的有益做法，对侵权责任制度作了必要的补充和完善。与现行侵权责任法相比，主要修改内容有：

1. 完善公平责任规则。侵权责任法规定，受害人和行为人对损害的发生都没有过错的，可以根据实际情况，由双方分担损失。实践中，该规定因裁判标准不明导致适用范围过宽，社会效果不是很好。为进一步明确该规则的适用范围，统一裁判尺度，草案将侵权责任法规定中的“根据实际情况”修改为“依照法律的规定”。（草案第九百六十二条）

2. 完善精神损害赔偿制度。根据审判实践需要，草案扩大了精神损害赔偿的适用范围，增加规定，故意侵害自然人具有人身意义的特定物品造成严重精神损害的，被侵权人有权请求精神损害赔偿。（草案第九百六十条第二款）

3. 完善网络侵权责任制度。随着互联网的快速发展，网络侵权行为越来越复杂，为了更好地保护权利人的利益，同时平衡好网络用户和网络服务提供者之间的利益，草案在侵权责任法的基础上细化了网络侵权责任的具体规则。（草案第九百七十条至第九百七十二条）

4. 完善机动车交通事故责任规则。一是明确挂靠车辆引发交通事故时的责任主体（草案第九百八十六条）。二是明确机动车强制保险和商业保险的赔偿顺序（草案第九百八十八条）。三是增加非营运机动车无偿搭乘造成损害的责任规则。实践中，无偿搭乘引发的损害赔偿问题争议较大，为了既保护受害者的权益，又鼓励大家助人为乐，草案规定，无偿搭乘人在交通事故中受到损害的，应当减轻或者免除机动车驾驶人赔偿责任（草案第九百九十二条）。

5. 完善生态环境损害责任。为了落实党的十八届三中全会提出的“对造成生态环境损害的责任者严格实行赔偿制度”要求，贯彻党的十九大报告提出的“要加大生态系统保护力度”的决策部署，结合2017年中共中央办公厅、国务院办公厅联合印发的《生态环境损害赔偿制度改革方案》，草案修改完善了生态环境损害责任制度：一是增加规定生态环境损害的惩罚性赔偿制度。草案规定，侵权人故意违反国家规定损害生态环境的，被侵权人有权请求相应的惩罚性赔偿（草案第一千零八条）。二是明确生态环境损害的修复和赔偿制度（草案第一千零一十条、第一千零一十一条）。

五、关于下一步的工作安排

民法典各分编草案条文数量较多，从提请初次审议到最后出台需要经过较长时间。为了便于民法典编纂过程中的审议和修改完善，在本次常委会初次审议时，将《民法典各分编（草案）》作为一个整体提出；之后，根据实际情况将草案各分编分拆几个单元分别进行若干次审议和修改完善；在拟提请全国人民代表大会审议时，将之前已出台的民法总则同经过常委会审议和修改完善的民法典各分编草案合并为一部完整的民法典，即《中华人民共和国民法典（草案）》，由全国人大常委会提请十三届全国人大三次会议审议。

《民法典各分编（草案）》和以上说明是否妥当，请审议。

全国人民代表大会宪法和法律委员会关于《民法典合同编(草案)》修改情况的汇报

全国人民代表大会常务委员会:

常委会第五次会议对《民法典各分编(草案)》进行了初次审议。会后,法制工作委员会将草案印发地方人大、中央有关部门、法学教学研究机构和有关社会团体征求意见,并在中国人大网全文公布草案征求社会公众意见。根据党中央和常委会确定的民法典编纂工作计划和安排,在对《民法典各分编(草案)》初次审议后,拟将各分编草案分拆为几个单元进行若干次审议和修改完善。经研究,建议本次常委会会议审议《民法典合同编(草案)》。法制工作委员会就《民法典合同编(草案)》在北京召开多个座谈会,分别听取中央有关部门和部分专家学者的意见,到浙江、重庆、陕西等地进行调研,了解实际情况,听取地方意见。宪法和法律委员会于2018年12月3日召开会议,根据常委会组成人员的审议意见和各方面意见,对草案进行了审议,最高人民法院、最高人民检察院、司法部、中国社会科学院、中国法学会等参加民法典编纂工作的单位有关负责同志列席了会议。2018年12月17日,宪法和法律委员会召开会议,再次进行审议。现就《民法典合同编(草案)》主要问题的修改情况汇报如下:

一、关于体例结构。有的常委委员、法学教学研究机构和社会公众提出,为了便于法律适用,建议在合同编之下再设分编,这样也可以使"无因管理"和"不当得利"的法律规范内容与合同编名称相匹配。宪法和法律委员会经研究认为,合同编草案的内容比较多,包括合同的一般性规则和多种典型合同,其中"无因管理"和"不当得利"两部分内容,既与合同规则同属债法性质,又与合同规则有所区别。为便于理解和适用,有必要对草案的体例结构进行一定调整。据此,建议将合同编草案设置为三个分编,分别为第一分编"通则"、第二分编"典型合同"和第三分编"准合同"。第三分编"准合同"包括"无因管理"和"不当得利"两章。

二、关于依法成立的合同受法律保护。有的法学教学研究机构和社会公众提出,实践中,任意违反合同,干涉合同订立履行的情况时有发生,不利于构建诚信社会和维护市场经济秩序,建议对此作出有针对性的规定。宪法和法律委员会经研究认为,依法成立的合同具有法定效力。为了体现对合同的保护,强化有关规定是必要的。据此,建议在草案第二百五十六条增加规定:“依法成立的合同,受法律保护。”(草案二次审议稿第二百五十六条第一款)

三、关于格式条款提供方未履行提示或者说明义务的法律后果。草案第二百八十八条规定,提供格式条款的一方未履行提示或者说明义务,致使对方没有注意或者理解与其有重大利害关系的条款的,该条款不产生效力。有的部门、法学教学研究机构和社会公众提出,本条规定旨在保护处于弱势的格式条款相对方利益,在提供格式条款的一方未履行提示或者说明义务的情形下,应当由格式条款相对方决定该条款是否成为合同的组成部分。宪法和法律委员会经研究,赞同这一意见,建议将本条中的“该条款不产生效力”修改为“对方可以主张该条款不成为合同的组成部分”。(草案二次审议稿第二百八十八条第二款)

四、关于情势变更规则。草案第三百二十三条对情势变更规则作了规定,即合同成立后,订立合同的基础发生了当事人在订立合同时无法预见的、非不可抗力造成的不属于商业风险的重大变化,人民法院或者仲裁机构应当结合案件的实际情况,根据公平原则确定变更或者解除合同。草案第三百八十条第三款规定,当事人一方因不可抗力致使继续履行合同对其明显不公平的,可以请求人民法院或者仲裁机构变更或者解除合同。有的地方、法学教学研究机构和社会公众提出,实践中,因一般情势变更导致的合同履行显失公平与不可抗力导致的合同履行显失公平很难严格区分,情势变更规则的适用没有必要强调是因非不可抗力造成的重大变化,不可抗力导致的合同履行显失公平规则也无单独规定的必要,建议将草案第三百八十条第三款规定的内容并入情势变更规则。宪法和法律委员会经研究,建议删去草案第三百八十条第三款,将其内容并入草案第三百二十三条规定的情势变更规则中。(草案二次审议稿第三百二十三条第一款)

五、关于不可撤销的赠与合同。草案第四百四十八条第二款对不可撤销的赠与情形作了规定。有的常委委员提出,为了体现对残疾人权益的保护,解决实践中存在的虚假助残捐赠问题,有必要在不可撤销的赠与情形中增加“助残”。宪法和法律委员会经研究,建议在草案第四百四十八条第二款和草案第四百五十条第一款增加“助残”情形。(草案二次审议稿第四百四十八条第二款、第四百五十条第一款)

六、关于保证方式的推定。草案第四百七十六条第二款规定,当事人在保证合同中对保证方式没有约定或者约定不明确的,按照连带责任保证承担责任,但是自然人之间的保证合同除外。有的部门、法学教学研究机构和社会公众提出,连带责任保证是一种加重保证人责任的保证方式，原则上宜由当事人明确约定；没有约定或者约定不明的，一概推定为连带责任保证，会加重实践中因互相担保或者连环担保导致资不抵债或者破产的问题，影响正常的生活和经营秩序。宪法和法律委员会经研究认为，将当事人对保证方式没有约定或者约定不明确的推定为一般保证，有利于防止债务风险的扩散，维护经济社会稳定。据此，建议将草案第四百七十六条第二款修改为："当事人在保证合同中对保证方式没有约定或者约定不明确的，按照一般保证承担保证责任。"（草案二次审议稿第四百七十六条第二款）

七、关于保理合同。保理合同是应收账款的债权人将应收账款转让给保理人，保理人提供资金支持以及应收账款管理、催收等服务的合同。有的常委委员、部门和社会公众提出，保理业务可以为实体企业提供综合性金融服务，特别是可以为中小型企业拓宽融资渠道。当前我国保理业务发展迅猛、体量庞大，但也存在一些问题，时常发生纠纷，亟须立法加以规范。宪法和法律委员会经研究认为，保理业务作为企业融资的一种手段，在权利义务设置、对外效力等方面具有典型性。对保理合同作出明确规定，有利于促进保理业务的健康发展，缓解中小企业融资难、融资贵的问题，进而促进我国实体经济发展。据此，建议设专章规定保理合同。（草案二次审议稿第十六章）

八、关于客运合同。草案第十八章第二节专门规定了客运合同。一些意见提出，近年来客运合同领域出现不少新问题，一方面，不时发生旅客霸座、强抢方向盘、不配合承运人采取安全运输措施等严重干扰运输秩序和危害运输安全的恶劣行为；另一方面，也存在因承运人履行安全运输义务不到位导致时常发生安全事故，以及承运人通过收取高额挂失补办费的名义变相再次收取票款等损害旅客合法权益的情形。建议对这些问题作出有针对性的规定。宪法和法律委员会经研究认为，为了维护正常的运输秩序，保护旅客在运输过程中的人身、财产安全，建议对草案作如下修改：一是明确旅客应当按照有效客票记载的时间、班次和座位号乘运。承运人应当按照有效客票记载的时间、班次和条件运输旅客。二是明确实名制客运合同的旅客丢失客票的，可以要求承运人挂失补办，承运人不得再次收取票款和其他不合理费用。三是明确承运人应当严格履行安全运输义务，及时告知旅客安全运输应当注意的事项。旅客对承运人为安全运输所作的合理安排应当积极协助和配合。遇有不能正常运输的特殊情形和重要事由，承运人应当及时告知旅客并采取必要的安置措施。（草案二次审议稿第六百条、第六百零四条、第六百零五条）

九、关于技术合同。一是，适应加强知识产权保护的需要，宪法和法律委员会建议在草案第六百二十九条中增加规定"应当有利于知识产权的保护"（草案二次审议稿第六百二十九条）。二是，草案第十九章第三节对技术转让合同作了规定。有的部门提出，技术转让和技术许可具有不同的法律含义，建议区分技术转让合同和技术许可合同。宪法和法律委员会经研究,建议将草案第十九章第三节的名称修改为“技术转让合同和技术许可合同”,并在草案第六百四十七条中增加规定技术许可合同的定义,有关规定也作相应修改(草案二次审议稿第二十章第三节)。

十、关于物业服务合同。各方面普遍认为,物业服务合同是现实生活中普遍存在的一类合同,明确规定这类合同很有必要,建议针对物业服务合同领域存在的突出问题,对草案的规定作进一步完善。宪法和法律委员会经研究,建议对草案有关规定作如下修改:一是,为了更好保护业主的知情权,便于业主对物业服务事项予以监督,明确规定物业服务人应当定期公布服务信息。二是,为了进一步规范业主的单方解除权,将草案第七百二十八条中的“业主依法共同决定解聘物业服务人”修改为“业主依照法定程序共同决定解聘物业服务人”。三是,考虑到物业服务合同属于混合性合同,既具有委托合同的特性,也具有承揽合同的特性,不宜笼统规定物业服务合同参照适用委托合同,建议删去草案第七百三十四条的规定。(草案二次审议稿第七百二十五条、第七百二十八条)

还有一个问题需要汇报:草案第十二章对借款合同作了规定。有的常委委员、代表、地方和部门提出,民间借贷对金融经济秩序和社会生活带来了很多负面影响,为了解决民间借贷领域存在的突出问题,防范金融风险,建议草案将借款合同区分为金融借款合同和民间借贷合同,分别进行有针对性的规定。宪法和法律委员会经研究认为,民间借贷是一个较为复杂的问题,涉及我国的金融监管体制、社会信用体系和经济政策等诸多问题。对借款合同是否区分、如何规定,需作进一步调研论证。

此外,还对草案作了其他一些完善和文字修改。

草案二次审议稿已按上述意见作了修改,宪法和法律委员会建议提请本次常委会会议继续审议。

草案二次审议稿和以上汇报是否妥当,请审议。

全国人民代表大会宪法和法律委员会
2018 年 12 月 23 日

全国人民代表大会宪法和法律委员会关于《民法典侵权责任编(草案)》修改情况的汇报

全国人民代表大会常务委员会:

常委会第五次会议对《民法典各分编(草案)》进行了初次审议。会后,法制工作委员会将草案印发地方人大、中央有关部门、法学教学研究机构和有关社会团体征求意见,并在中国人大网全文公布草案征求社会公众意见。根据党中央和常委会确定的民法典编纂工作计划和安排,在对《民法典各分编(草案)》初次审议后,拟将各分编草案分拆为几个单元进行若干次审议和修改完善。经研究,建议本次常委会会议审议《民法典侵权责任编(草案)》。法制工作委员会就《民法典侵权责任编(草案)》在北京召开多个座谈会,分别听取中央有关部门和部分专家学者的意见,到浙江、重庆、陕西、云南等地进行调研,了解实际情况,听取地方意见。宪法和法律委员会于12月3日召开会议,根据常委会组成人员的审议意见和各方面意见,对草案进行了审议,最高人民法院、最高人民检察院、司法部、中国社会科学院、中国法学会等参加民法典编纂工作的单位有关负责同志列席了会议。12月17日,宪法和法律委员会召开会议,再次进行审议。现就《民法典侵权责任编(草案)》主要问题的修改情况汇报如下:

一、关于确立"自甘风险"规则。有的部门、法学教学研究机构和社会公众提出,参加对抗性较强的体育等活动容易发生受伤等情况,实践中,对伤害由谁承担责任经常产生纠纷,建议对这个问题作出明确规定。宪法和法律委员会经研究认为,参加者自愿参与这些活动应当充分认识到其危险性,由此产生的正常风险原则上应当由参加者自己承担。确立"自甘风险"规则,对于明确学校等机构正常开展此类活动的责任界限是有利的。据此,建议增加一条规定:"自愿参加具有危险性的活动受到损害的,受害人不得请求他人承担侵权责任,但是他人对损害的发生有故意或者重大过失的除外。""活动组织者的责任适用本法第九百七十三条的规定",即活动组织者就未尽到安全保障义务承担侵权责任。(草案二次审议稿第九

百五十四条之一)

二、关于规定“自助行为”制度。一些地方、部门、法学教学研究机构和社会公众提出,自然人在自己的合法权益受到侵害,来不及请求国家机关保护的情况下,自己采取措施保护权益反被他人起诉侵权的案例时有发生,建议借鉴国外立法例,明确规定“自助行为”制度。宪法和法律委员会经研究认为,“自助行为”制度赋予了自然人在一定条件下的自我保护权利,是对国家机关保护的有益补充;明确规定“自助行为”制度,对保护自然人的人身、财产权益具有现实意义,也有利于对这种行为进行规范。据此,建议增加一条规定:“合法权益受到侵害,情况紧迫且不能及时获得国家机关保护的,受害人可以在必要范围内采取扣留侵权人的财物等合理措施。”“受害人实施前款行为后,应当立即请求有关国家机关处理。”“受害人采取的措施不当造成他人损害的,应当承担侵权责任。”(草案二次审议稿第九百五十四条之二)

三、关于完善精神损害赔偿制度。草案第九百六十条第二款规定,故意侵害自然人具有人身意义的特定物品造成严重精神损害的,被侵权人有权请求精神损害赔偿。有的法学教学研究机构和社会公众提出,将请求精神损害赔偿限于“故意”,条件过于严格。宪法和法律委员会经研究,建议将上述规定修改为:“因故意或者重大过失侵害自然人具有人身意义的特定物造成严重精神损害的,被侵权人有权请求精神损害赔偿。”(草案二次审议稿第九百六十条第二款)

四、关于规定侵犯知识产权的惩罚性赔偿。一些常委委员和社会公众提出,加强知识产权保护是完善产权保护制度最重要的内容,建议进一步加大对知识产权的保护力度。宪法和法律委员会经研究认为,为了切实加强对知识产权的保护,必须显著提高侵犯知识产权的违法成本,把法律的威慑作用充分发挥出来。据此,建议增加一条规定:“故意侵害知识产权,情节严重的,被侵权人有权请求相应的惩罚性赔偿。”(草案二次审议稿第九百六十一条之一)

五、关于因劳务关系造成损害的责任承担。草案第九百六十八条规定,个人之间形成劳务关系,提供劳务一方因劳务自己受到损害的,根据双方各自的过错承担相应的责任。有的部门、法学教学研究机构和社会公众提出,实践中,保姆等家政服务人员提供劳务的,接受劳务一方获得了利益。提供劳务一方在劳务过程中因此受到损害的,为体现公平原则,原则上应当由接受劳务的一方承担侵权责任;提供劳务的一方对损害的发生有过错的,可以相应减免接受劳务一方承担的责任。宪法和法律委员会经研究,建议将上述规定中的“根据双方各自的过错承担相应的责任”修改为“由接受劳务一方承担侵权责任;提供劳务一方有过错的,可以减轻或者免除接受劳务一方的责任”。(草案二次审议稿第九百六十八条第一款)

六、关于网络侵权责任。草案第九百七十条第四款规定,权利人因错误通知造成网络用户损害的，应当承担侵权责任。有的提出，现实中滥用“通知—删除”程序进行不正当竞争的情形经常发生，不仅给网络用户造成损害，也造成网络服务提供者的流量损失和广告收入损失，对网络服务提供者的合法权益也应当加以保护。宪法和法律委员会经研究，建议将上述规定修改为：“因错误通知造成网络用户或者网络服务提供者损害的，应当承担侵权责任。”（草案二次审议稿第九百七十条第四款）

七、关于医疗损害责任

（一）关于医务人员的说明义务。草案第九百九十四条规定，医务人员在诊疗活动中应当向患者说明病情和医疗措施。需要实施手术、特殊检查、特殊治疗的，医务人员应当及时向患者具体说明医疗风险、替代医疗方案等情况，并取得其书面同意；不宜向患者说明的，应当向患者的近亲属说明，并取得其书面同意。有的部门和社会公众提出，“不宜向患者说明”是否包括“不能向患者说明”的情形不清楚，在实践中常常引发争议，应当予以明确。宪法和法律委员会经研究认为，在患者昏迷或者由于生理、精神状态无法作出有效判断时，属于“不能”向患者说明的情形。据此，建议将规定中的“不宜向患者说明”修改为“不能或者不宜向患者说明”。（草案二次审议稿第九百九十四条第一款）

（二）关于患者隐私和个人信息的保护。草案第一千零一条规定，医疗机构及其医务人员泄露患者隐私和个人信息或者未经患者同意公开其病历资料，造成患者损害的，应当承担侵权责任。有的常委委员提出，医疗机构及其医务人员泄露患者隐私和个人信息，或者擅自公开患者病历资料，是一种较为严重的侵权行为，有可能对患者的生活、工作和学习造成重大影响。为遏制这种行为，法律应当明确规定，无论该行为对患者是否造成损害，医疗机构及其医务人员都应当承担侵权责任。宪法和法律委员会经研究，建议采纳上述意见，删去该条规定中的“造成患者损害”。（草案二次审议稿第一千零一条）

八、关于损害生态环境责任。草案第七章专章对生态环境损害责任作了规定。有的地方、部门、法学教学研究机构和社会公众提出，应当对破坏生态环境造成的社会公共利益、国家利益损害责任和造成的民事主体人身、财产损害责任进行分别规定。宪法和法律委员会经研究认为，破坏生态环境一般会造成两类损害后果，一类是对生态环境本身的损害，另一类是对民事主体的人身、财产损害。这两类损害后果在责任构成要件、请求权主体、赔偿范围等方面有所不同，中央有关文件对此作了区分。据此，建议对草案作如下修改：一是明确破坏生态环境造成他人损害的，侵权人应当承担侵权责任。二是明确违反国家规定造成生态环境损害，能够修复的，法律规定的机关或者组织有权请求侵权人承担修复责任。三是明确违反国家规定造成生态环境损害的，法律规定的机关或者组织有权请求侵权人赔偿生态环境功能永久性损害造成的损失、生态环境损害调查和鉴定评估费等损失和费用。（草案二次审议稿第一千零四条、第一千零一十条、第一千零一十一条）

还有一个问题需要汇报：草案第一千零三十条规定，从建筑物中抛掷物品或者从建筑物上坠落的物品造成他人损害，难以确定具体侵权人的，除能够证明自己不是侵权人的外，由可能加害的建筑物使用人给予补偿。该规定延续了侵权责任法第八十七条的规定，未作修改。有的常委委员、部门和社会公众提出，本条规定在实践中争议较大，执行难度也较大，建议删除或者修改该条规定。宪法和法律委员会经反复研究认为，高空抛物致人损害的责任问题是侵权责任立法中的一个突出问题，争议较大，各方也高度关注。对该规定是否修改，如何修改，还需要结合实际情况，综合考虑侵权法理、保护受害人、维护社会和谐稳定等因素后慎重决策。据此，建议对草案的规定暂不作修改，继续研究。

此外，还对草案作了其他一些完善和文字修改。

草案二次审议稿已按上述意见作了修改，宪法和法律委员会建议提请本次常委会会议继续审议。

草案二次审议稿和以上汇报是否妥当，请审议。

全国人民代表大会宪法和法律委员会
2018 年 12 月 23 日

全国人民代表大会宪法和法律委员会
关于《民法典人格权编(草案)》
修改情况的汇报

全国人民代表大会常务委员会:

2018年8月,常委会第五次会议对《民法典各分编(草案)》进行了初次审议。会后,法制工作委员会将草案印发地方人大、中央有关单位、法学教学研究机构和有关社会团体征求意见,并在中国人大网全文公布草案征求社会公众意见。根据党中央和常委会确定的民法典编纂工作计划和安排,在对《民法典各分编(草案)》整体进行初次审议后,将各分编草案分拆为几个单元进行若干次审议和修改完善;到2019年12月,将之前已出台的民法总则同经过常委会审议和修改完善的《民法典各分编(草案)》,合并为一部完整的民法典草案。2018年12月,常委会第七次会议对《民法典合同编(草案)》《民法典侵权责任编(草案)》进行了二审。经研究,建议本次常委会会议对《民法典人格权编(草案)》进行二审。法制工作委员会就《民法典人格权编(草案)》召开多个座谈会,听取中央有关部门和部分企业、专家学者的意见,到广西等地进行调研,了解实际情况,听取意见。宪法和法律委员会于4月1日召开会议,根据常委会组成人员的审议意见和各方面意见,对草案进行了逐条审议,最高人民法院、最高人民检察院、司法部、中国社会科学院、中国法学会等参加民法典编纂工作的单位有关负责同志列席了会议。4月12日,宪法和法律委员会召开会议,再次进行审议。现就《民法典人格权编(草案)》主要问题的修改情况汇报如下:

一、有的法学教学研究机构和社会公众提出,自然人因婚姻家庭关系产生的身份权利,与人格权在保护上具有一定相似性。对这些身份权利的保护,除了适用婚姻家庭编的规定外,还应当参照适用人格权保护的相关规定。宪法和法律委员会经研究,建议采纳这一意见,在草案第一章"一般规定"中增加一条规定:自然人因婚姻、家庭关系等产生的身份权利的保护,参照适用本编人格权保护的有关规定。(草案二次审议稿第七百八十二条之一)

二、草案第七百八十九条规定了对有关科研机构等为开发新药或者发展新的治疗方法进行人体试验的要求。有的常委委员、地方、部门和社会公众提出，开展人体试验活动，涉及人格权保护，必须进行严格规范，保护受试者的生命安全和身体健康。宪法和法律委员会经研究，建议采纳上述意见，对草案作如下修改：一是将此类活动的规范范围扩大为“为研制新药、医疗器械或者发展新的预防和治疗方法”的所有活动。二是增加规定，开展此类活动，除经主管部门批准外，还应取得伦理委员会的审查同意。三是删除有关禁止向受试者支付任何形式的报酬、但可以给予必要补偿的规定。（草案二次审议稿第七百八十九条）

三、有的地方、法学教学研究机构和社会公众提出，开展与人体基因、人体胚胎等有关的医学和科学研究，可能带来人体生命健康安全和伦理道德方面的风险，必须有严格的法律规范。宪法和法律委员会经研究，建议采纳这一意见，在第二章“生命权、身体权和健康权”中增加一条规定：从事与人体基因、人体胚胎等有关的医学和科研活动的，应当遵守法律、行政法规和国家有关规定，不得危害人体健康，不得违背伦理道德。（草案二次审议稿第七百八十九条之一）

四、草案第七百九十五条规定，未成年人父母离婚的，与未成年人共同生活的一方可以将未成年人的姓氏变更为自己的姓氏，但是另一方有正当理由表示反对的除外。有的常委委员、地方和法学教学研究机构提出，该条规定的初衷是为了给实践中此类案件的解决提供法律依据，但是变更未成年人姓氏涉及的问题较为复杂，这一规定并不能完全解决现实中的这类问题，建议不作规定。宪法和法律委员会经研究，建议采纳这一意见，删除这一条。

五、有的部门提出，利用信息技术手段“深度伪造”他人的肖像、声音，不仅侵害自然人的人格权益，严重的还可能造成恶劣的社会影响，危害国家安全和社会公共利益，建议法律对深度伪造技术带来的“换脸”等问题予以回应。宪法和法律委员会经研究，建议采纳这一意见，在草案第七百九十九条第一款增加规定：任何组织或者个人不得以利用信息技术手段伪造的方式侵害他人的肖像权。同时，将草案第八百零三条修改为：其他人格权的许可使用和自然人声音的保护，参照适用本章的有关规定。（草案二次审议稿第七百九十九条第一款、第八百零三条）

六、有的部门和法学教学研究机构提出，为了及时制止侵害行为，减少对受害人权益的损害，建议借鉴《出版管理条例》的相关规定，对媒体报道内容失实而侵害他人名誉权的，明确受害人有权要求媒体及时更正、删除该不实报道。宪法和法律委员会经研究，建议采纳这一意见，在草案第五章“名誉权和荣誉权”中增加一条规定：报刊、网络等媒体报道的内容失实，侵害他人名誉权的，受害人有权请求该媒体及时更正或者删除。媒体不及时履行的，受害人有权请求人民法院责令该媒体限期更正或者删除。（草案二次审议稿第八百零七条之一）

七、草案第六章规定了个人信息保护。有的法学教学研究机构和社会公众提出，应当加强对未成年人个人信息的保护，未经监护人同意，不得收集和使用这类信息。同时，还应当明确规定国家机关及其工作人员对履职过程中知悉的个人信息等的保密义务。宪法和法律委员会经研究，建议采纳上述意见，在草案第八百一十四条第一项中，对收集使用未成年人等无民事行为能力人或者限制民事行为能力人的个人信息的，增加规定应当征得其监护人同意，但是法律、行政法规另有规定的除外。同时，在该章中增加一条规定：国家机关及其工作人员对于履行职责过程中知悉的自然人隐私、个人信息，应当予以保密，不得泄露或者非法向他人提供。（草案二次审议稿第八百一十四条、第八百一十七条之一）

此外，还对草案作了一些文字修改。

草案二次审议稿已按上述意见作了修改，宪法和法律委员会建议提请本次常委会会议继续审议。

草案二次审议稿和以上汇报是否妥当，请审议。

全国人民代表大会宪法和法律委员会
2019 年 4 月 20 日

全国人民代表大会宪法和法律委员会
关于《民法典物权编(草案)》
修改情况的汇报

全国人民代表大会常务委员会:

2018年8月,常委会第五次会议对《民法典各分编(草案)》进行了初次审议。会后,法制工作委员会将草案印发地方人大、中央有关单位、法学教学研究机构和有关社会团体征求意见,并在中国人大网全文公布草案征求社会公众意见。根据党中央和常委会确定的民法典编纂工作计划和安排,在对《民法典各分编(草案)》整体进行初次审议后,将各分编草案分拆为几个单元进行若干次审议和修改完善;到2019年12月,将之前已出台的民法总则同经过常委会审议和修改完善的民法典各分编草案,合并为一部完整的民法典草案。2018年12月,常委会第七次会议对《民法典合同编(草案)》、《民法典侵权责任编(草案)》进行了二审。经研究,建议本次常委会会议对《民法典物权编(草案)》进行二审。法制工作委员会就《民法典物权编(草案)》召开多个座谈会,听取中央有关部门和部分专家学者的意见,到广西等地进行调研,了解实际情况,听取意见。宪法和法律委员会于3月29日召开会议,根据常委会组成人员的审议意见和各方面意见,对草案进行了逐条审议,最高人民法院、最高人民检察院、司法部、中国社会科学院、中国法学会等参加民法典编纂工作的单位有关负责同志列席了会议。4月12日,宪法和法律委员会召开会议,再次进行审议。现就《民法典物权编(草案)》主要问题的修改情况汇报如下:

一、有的常委委员、地方和法学教学研究机构提出,草案的条文较多,建议设置分编,以使条理更加清楚。宪法和法律委员会经研究,建议采纳这一意见,将物权编草案进一步分为五个分编,即:通则、所有权、用益物权、担保物权、占有。

二、有的常委委员、地方和部门提出,深入推进农村集体产权制度改革,是党中央作出的重大决策,草案应对农村集体所有土地的征地补偿、土地承包经营权等相关制度予以完善。据此,宪法和法律委员会建议对草案作出如下修改:一是完善征地补偿制度。在草案第三十九条第二款中增加规定:征收集体所有的土地,应当依法及时足额支付农村村民住宅的补偿费用。二是落实“三权分置”制度。根据党中央有关精神和修改后的农村土地承包法，对草案第十一章“土地承包经营权”的相关内容作了完善，明确承包期届满，由土地承包经营权人依照农村土地承包的法律规定继续承包；土地承包经营权人可以自主决定依法采取出租、入股或者其他方式向他人流转土地经营权；流转期限为五年以上的土地经营权，自流转合同生效时设立。当事人可以向登记机构申请土地经营权登记，未经登记，不得对抗善意第三人。同时，删去草案第十七章“抵押权”中关于耕地不得抵押的规定，以适应“三权分置”后土地经营权入市的需要。三是与正在常委会审议的土地管理法修正案草案相衔接，分别在有关条款中明确集体所有的土地作为建设用地的，应当依照土地管理的法律规定办理；宅基地使用权的取得、行使和转让，适用土地管理的法律和国家有关规定。（草案二次审议稿第三十九条第二款、第一百二十七条第二款、第一百三十四条之一、第一百三十四条之三、第一百九十条第二项、第一百五十四条、第一百五十六条）

三、有的常委委员、部门提出，海岛保护法明确规定，无居民海岛属于国家所有，建议草案增加规定相关内容。宪法和法律委员会经研究，建议采纳这一意见，在草案第五章“国家所有权和集体所有权、私人所有权”中增加一条规定：“无居民海岛属于国家所有，国务院代表国家行使无居民海岛所有权。”（草案二次审议稿第四十三条之一）

四、草案第六章规定了业主的建筑物区分所有权。有的常委委员、地方、部门、法学教学研究机构和社会公众提出，近年来，群众普遍反映业主大会、业主委员会成立难，公共维修资金使用难，以及物业管理不规范、业主维权难等问题，建议草案对此作出有针对性的规定。据此，宪法和法律委员会建议对该章草案作出如下修改：一是在草案第七十二条第二款中增加规定：居民委员会应当对设立业主大会和选举业主委员会给予指导和协助。二是完善公共维修资金使用的表决程序，降低通过这一事项的表决要求，将草案第七十三条规定的应当经参与表决的业主专有部分面积和人数占比“双过四分之三”同意，修改为“双过半数”同意。三是根据一些地方的实践，在草案第七十六条中增加一款规定：紧急情况下需要维修建筑物及其附属设施的，业主大会或者业主委员会可以依法申请使用维修资金。四是与合同编草案中“物业服务合同”的内容相呼应，在草案第八十条第一款中增加规定：物业服务企业或者其他管理人依照物业服务合同的规定管理建筑区划内的建筑物及其附属设施。五是加强对业主维权的保障，在草案第八十一条中增加一款规定：在建筑区划内违反规定饲养动物、违章搭建、侵占通道等的行为人拒不履行相关义务的，有关当事人可以向有关行政主管部门投诉，有关行政主管部门应当依法处理。（草案二次审议稿第七十二条第二款、第七十三条、第七十六条第二款、第八十条第

一款、第八十一条第三款)

五、草案第十四章规定了居住权。有的地方、法学教学研究机构和社会公众建议进一步完善居住权制度的相关规定,明确居住权是无偿设立的用益物权,并对居住权合同的内容进行规范。据此,宪法和法律委员会建议对该章草案作出如下修改:一是将草案第一百五十九条修改为:居住权人有权按照合同约定,对他人的住宅享有占有、使用的用益物权,以满足生活居住的需要。二是将草案第一百五十九条第二款单设一条,并增加一款规定:居住权合同的一般条款包括当事人的姓名和住所、住宅的位置、居住的条件和要求、解决争议的方法。三是在草案第一百六十条中增加规定:居住权无偿设立。(草案二次审议稿第一百五十九条、第一百五十九条之一第二款、第一百六十条)

六、有的常委委员、地方和部门提出,为进一步改善营商环境,赋予当事人更大的自主权,建议允许担保合同对担保财产只作概括性的描述。同时,建议对担保物权规定统一的优先受偿规则。据此,宪法和法律委员会建议对草案作出如下修改:一是简化规定抵押合同和质押合同的一般条款,将草案第一百九十一条规定的抵押合同包括"抵押财产的名称、数量、质量、状况、所在地、所有权归属或者使用权归属"修改为"抵押财产的名称、数量等情况";将草案第二百一十八条规定的质押合同包括"质押财产的名称、数量、质量、状况"修改为"质押财产的名称、数量等情况"。二是进一步明确实现担保物权的统一受偿规则,将草案第二百零五条第二款修改为:"其他可以登记的担保物权,清偿顺序参照适用前款规定",即已登记的,按照登记的时间先后确定清偿顺序,已登记的先于未登记的受偿,未登记的按照债权比例清偿。(草案二次审议稿第一百九十一条第二款第三项、第二百一十八条第二款第三项、第二百零五条第二款)

此外,还对草案作了一些文字修改。

草案二次审议稿已按上述意见作了修改,宪法和法律委员会建议提请本次常委会会议继续审议。

草案二次审议稿和以上汇报是否妥当,请审议。

全国人民代表大会宪法和法律委员会

2019 年 4 月 20 日

全国人民代表大会宪法和法律委员会关于《民法典婚姻家庭编(草案)》修改情况的汇报

全国人民代表大会常务委员会:

2018 年 8 月,常委会第五次会议对《民法典各分编(草案)》进行了初次审议。会后,法制工作委员会将草案印发地方人大、中央有关单位、法学教学研究机构和有关社会团体征求意见,并在中国人大网全文公布草案征求社会公众意见。根据党中央和常委会确定的民法典编纂工作计划和安排,在对《民法典各分编(草案)》整体进行初次审议后,将各分编草案分拆为几个单元进行若干次审议和修改完善。2018 年 12 月,常委会第七次会议对《民法典合同编(草案)》、《民法典侵权责任编(草案)》进行了二审。2019 年 4 月,常委会第十次会议对《民法典物权编(草案)》、《民法典人格权编(草案)》进行了二审。经研究,建议本次常委会会议对《民法典婚姻家庭编(草案)》进行二审。法制工作委员会就《民法典婚姻家庭编(草案)》召开多个座谈会,听取中央有关部门和部分专家学者的意见,到吉林、黑龙江、广东、江苏、湖北等地进行调研,了解实际情况,听取意见。宪法和法律委员会于 5 月 28 日召开会议,根据常委会组成人员的审议意见和各方面意见,对草案进行了逐条审议,最高人民法院、最高人民检察院、司法部、中国社会科学院、中国法学会等参加民法典编纂工作的单位有关负责同志列席了会议。6 月 17 日,宪法和法律委员会召开会议,再次进行了审议。现就《民法典婚姻家庭编(草案)》主要问题的修改情况汇报如下:

一、现行婚姻法没有具体规定婚姻关系存续期间有关夫妻共同债务的认定。2003 年最高人民法院曾出台婚姻法司法解释(二),其中第 24 条对此问题作了规定。2018 年 1 月,最高人民法院根据各方面意见又出台了《关于审理涉及夫妻债务纠纷案件适用法律有关问题的解释》。有的常委委员和一些地方、部门、法学教学研究机构、社会公众提出,新司法解释的规定比较妥当,建议草案加以吸收,明确夫妻共同债务的范围。宪法和法律委员会经与有关方面认真研究,建议采纳这一意见，在草案第三章第一节“夫妻关系”中增加一条，规定：夫妻双方共同签字或者夫妻一方事后追认等共同意思表示所负的债务，以及夫妻一方在婚姻关系存续期间以个人名义为家庭日常生活需要所负的债务，属于夫妻共同债务；夫妻一方在婚姻关系存续期间以个人名义超出家庭日常生活需要所负的债务，不属于夫妻共同债务，但是债权人能够证明该债务用于夫妻共同生活、共同生产经营或者基于夫妻双方共同意思表示的除外。（草案二次审议稿第八百四十条之一）

二、草案第八百五十条规定，对亲子关系有异议的，父、母或者成年子女可以向人民法院提起诉讼，请求确认或者否认亲子关系。有的地方、专家学者和社会公众提出，亲子关系问题涉及家庭稳定和未成年人的保护，作为民事基本法律，草案对此类诉讼进行规范是必要的。同时，建议进一步提高此类诉讼的门槛，明确当事人需要有正当理由才能提起，以更好地维护家庭关系和亲子关系的和谐稳定。有的地方、部门和专家学者提出，允许成年子女提起亲子关系否认之诉，可能会导致其逃避对父母的赡养义务，建议对成年子女提起此种诉讼予以限制。宪法和法律委员会经研究，建议采纳上述意见，将这一条规定修改为：对亲子关系有异议且有正当理由的，父、母可以向人民法院提起诉讼，请求确认或者否认亲子关系；对亲子关系有异议且有正当理由的，成年子女可以向人民法院提起诉讼，请求确认亲子关系。（草案二次审议稿第八百五十条）

三、草案第八百六十四条规定，父母离婚后，祖父母、外祖父母探望孙子女、外孙子女的，参照适用父母探望子女的有关规定。有的地方、法学教学研究机构和社会公众提出，为保障未成年人和直接抚养子女一方生活的稳定，隔代探望权的范围不宜规定过大。通常情况下，祖父母、外祖父母可以随同孙子女、外孙子女的父母一方探望孙子女、外孙子女，只有在特殊情况下，如其对孙子女、外孙子女尽了抚养义务或者孙子女、外孙子女的父母一方死亡的，才有必要赋予其单独的探望权。宪法和法律委员会经研究，建议采纳这一意见，将这一条规定修改为：祖父母、外祖父母探望孙子女、外孙子女，如果其尽了抚养义务或者孙子女、外孙子女的父母一方死亡的，可以参照适用父母离婚后探望子女的有关规定。（草案二次审议稿第八百六十四条）

四、草案第八百七十七条规定了收养人应当具备的四项条件。有的常委会组成人员、地方、部门和社会公众提出，为保障被收养人的健康成长，建议增加规定收养人无不利于被收养人健康成长的违法犯罪记录这一条件。宪法和法律委员会经研究，建议采纳这一意见，在这一条规定中增加一项条件，收养人应当无不利于被收养人健康成长的违法犯罪记录。（草案二次审议稿第八百七十七条第四项）

五、草案第八百八十条规定，无配偶者收养异性子女的，收养人与被收养人的年龄应当相差四十周岁以上；草案第八百八十一条第二款还规定，配偶一方为无民事行为能力人或者被宣告失踪的,可以单方收养。有的专家学者提出,有配偶者单方收养异性子女,应当与无配偶者收养异性子女的要求一致,年龄也应当相差四十周岁以上,以利于保护被收养人的合法权益。宪法和法律委员会经研究,建议采纳这一意见,将草案第八百八十条与第八百八十一条的顺序对调,并修改为:无配偶者收养异性子女或者有配偶者依据前条规定单方收养异性子女的,收养人与被收养人的年龄应当相差四十周岁以上。(草案二次审议稿第八百八十一条之一)

此外,还对草案作了一些文字修改。

草案二次审议稿已按上述意见作了修改,宪法和法律委员会建议提请本次常委会会议继续审议。

草案二次审议稿和以上汇报是否妥当,请审议。

全国人民代表大会宪法和法律委员会
2019 年 6 月 25 日

全国人民代表大会宪法和法律委员会关于《民法典继承编(草案)》修改情况的汇报

全国人民代表大会常务委员会：

2018年8月,常委会第五次会议对《民法典各分编(草案)》进行了初次审议。会后,法制工作委员会将草案印发地方人大、中央有关单位、法学教学研究机构和有关社会团体征求意见,并在中国人大网全文公布草案征求社会公众意见。根据党中央和常委会确定的民法典编纂工作计划和安排,在对《民法典各分编(草案)》整体进行初次审议后,将各分编草案分拆为几个单元进行若干次审议和修改完善。2018年12月,常委会第七次会议对《民法典合同编(草案)》、《民法典侵权责任编(草案)》进行了二审。2019年4月,常委会第十次会议对《民法典物权编(草案)》、《民法典人格权编(草案)》进行了二审。经研究,建议本次常委会会议对《民法典继承编(草案)》进行二审。法制工作委员会就《民法典继承编(草案)》召开多个座谈会,听取中央有关部门和部分专家学者的意见,到云南、天津、湖北等地进行调研,了解实际情况,听取意见。宪法和法律委员会于5月28日召开会议,根据常委会组成人员的审议意见和各方面意见,对草案进行了逐条审议,最高人民法院、最高人民检察院、司法部、中国社会科学院、中国法学会等参加民法典编纂工作的单位有关负责同志列席了会议。6月17日,宪法和法律委员会召开会议,再次进行了审议。现就《民法典继承编(草案)》主要问题的修改情况汇报如下：

一、草案第九百零四条第二款规定,对继承人遗弃被继承人、伪造或者篡改遗嘱等行为,被继承人表示宽恕或者事后在遗嘱中明确将其列为继承人的,该继承人不丧失继承权。有的地方、部门和法学教学研究机构提出,规定这一制度是必要的,但应当进一步严格限定条件,与最高人民法院有关司法解释相衔接,强调对确有悔改表现的继承人,才能予以宽恕。宪法和法律委员会经研究,建议采纳上述意见,规定继承人有遗弃被继承人、伪造或者篡改遗嘱等行为,确有悔改表现的,才能予以

宽恕,不丧失继承权。(草案二次审议稿第九百零四条第二款)

二、有的部门、法学教学研究机构提出,在继承编中,属于法定继承人范围的父母、子女和兄弟姐妹的概念具有一定特殊性,应当单独进行界定,建议对现行继承法中的相关规定予以保留。宪法和法律委员会经研究,建议采纳这一意见,在草案第九百零六条中增加三款规定:"本编所称子女,包括婚生子女、非婚生子女、养子女和有扶养关系的继子女。""本编所称父母,包括生父母、养父母和有扶养关系的继父母。""本编所称兄弟姐妹,包括同父母的兄弟姐妹、同父异母或者同母异父的兄弟姐妹、养兄弟姐妹、有扶养关系的继兄弟姐妹。"(草案二次审议稿第九百零六条第三款至第五款)

三、草案第九百一十七条规定,遗嘱人危急情况下可以立口头遗嘱,危急情况解除后,遗嘱人能够用书面或者录音录像形式立遗嘱的,所立的口头遗嘱经过三个月无效。有的常委委员提出,三个月期限的起算点不明确,且口头遗嘱仅在危急情况下才适用,危急情况消除后,遗嘱人已能够用其他形式立遗嘱,所立口头遗嘱即应无效,不必规定三个月的期限。宪法和法律委员会经研究,建议采纳这一意见,删除上述规定中三个月期限的规定,修改为"所立的口头遗嘱无效"。(草案二次审议稿第九百一十七条)

四、草案第九百一十八条第二款规定,公证机构办理遗嘱公证,应当由两个以上公证员共同办理。特殊情况下只能由一个公证员办理的,应当有一个以上见证人在场。有的地方、法学教学研究机构和社会公众提出,关于遗嘱公证的具体程序,司法部已经出台了相关细则,没有必要在民事基本法律中规定。宪法和法律委员会经研究,建议采纳这一意见,删除这一款。

五、草案第四章规定了遗产管理人制度。一些地方、法学教学研究机构认为,规定遗产管理人制度有助于妥善管理、顺利分割遗产,更好地保护相关当事人的利益,建议进一步完善这一制度,对没有继承人或者继承人均放弃继承的,增加规定村民委员会也可以担任遗产管理人,同时对遗产管理人的职责予以补充细化。宪法和法律委员会经研究,建议采纳这一意见,对草案作出如下修改:一是增加规定村民委员会担任遗产管理人,将草案第九百二十四条中的相关规定修改为:没有继承人或者继承人均放弃继承的,由被继承人生前住所地的民政部门或者村民委员会担任遗产管理人。二是在草案第九百二十六条中对遗产管理人的职责予以完善,增加规定遗产管理人应当向继承人报告遗产情况,采取必要措施防止遗产毁损,以及实施与管理遗产有关的其他必要行为等。(草案二次审议稿第九百二十四条、第九百二十六条)

此外,还对草案作了一些文字修改。

草案二次审议稿已按上述意见作了修改，宪法和法律委员会建议提请本次常委会会议继续审议。

草案二次审议稿和以上汇报是否妥当，请审议。

全国人民代表大会宪法和法律委员会
2019 年 6 月 25 日

全国人民代表大会宪法和法律委员会关于《民法典侵权责任编（草案）》修改情况的汇报

全国人民代表大会常务委员会：

2018年12月以来，常委会第七次会议、第十次会议、第十一次会议分别对民法典合同编、侵权责任编、物权编、人格权编、婚姻家庭编、继承编等各分编草案进行了二审。经研究，建议8月份常委会第十二次会议对《民法典侵权责任编（草案）》进行三审。法制工作委员会就民法典侵权责任编（草案二次审议稿）在北京召开多个座谈会，分别听取中央有关部门、部分专家学者和有关企业的意见，到山东、河北等地进行调研，了解实际情况，听取地方意见。宪法和法律委员会于7月30日召开会议，根据常委会组成人员的审议意见和各方面意见，对草案进行了审议，最高人民法院、最高人民检察院、司法部、中国社会科学院、中国法学会等参加民法典编纂工作的单位有关负责同志列席了会议。8月16日，宪法和法律委员会召开会议，再次进行审议。现就民法典侵权责任编（草案二次审议稿）主要问题的修改情况汇报如下：

一、草案二次审议稿第九百五十四条之一规定了“自甘风险”规则：自愿参加具有危险性的活动受到损害的，受害人不得请求他人承担侵权责任，但是他人对损害的发生有故意或者重大过失的除外；活动组织者的责任适用安全保障责任的规定。有的常委会组成人员、专家学者和社会公众提出，“自甘风险”规则的适用范围不宜过宽，应限定为体育比赛等具有一定风险的文体活动。同时，建议明确教育机构在组织这类活动时应当如何承担责任。宪法和法律委员会经研究，建议采纳这一意见，对上述“自甘风险”的规定作如下修改：一是自愿参加具有一定风险的文体活动，因其他参加者的行为受到损害的，受害人不得请求其他参加者承担侵权责任，但是其他参加者对损害的发生有故意或者重大过失的除外。二是如果活动组织者为学校等教育机构，应当适用学校等教育机构在学生受到人身损害时的相关责任规定。（草案三次审议稿第九百五十四条之一）

二、草案二次审议稿第九百五十四条之二规定了"自助行为"规则:合法权益受到侵害,情况紧迫且不能及时获得国家机关保护的,受害人可以在必要范围内采取扣留侵权人财物等合理措施,并在事后立即请求有关国家机关处理。有的常委会组成人员、专家学者和社会公众提出,规定"自助行为"规则,赋予自然人一定的自我保护权利是必要的,但为防止该规则被滥用,建议进一步严格限定适用条件。宪法和法律委员会经研究,建议采纳这一意见,在上述"自助行为"规则适用条件的基础上,增加规定一个条件,即"不立即采取措施将使其权益受到难以弥补的损害的",才可以实施自助行为。(草案三次审议稿第九百五十四条之二第一款)

三、草案二次审议稿第九百七十条第二款至第四款规定,网络用户利用网络服务实施侵权行为的,权利人有权通知网络服务提供者采取删除、屏蔽、断开链接等必要措施;网络服务提供者接到通知后,应当及时将该通知转送相关网络用户,并采取必要措施;因错误通知造成损害的,应当承担侵权责任。有的常委委员、部门、企业和社会公众提出,网络服务提供者的类型多样,对侵权信息的产生、储存、处理等行为的控制程度也不完全一样,情况较为复杂,宜根据提供服务类型的不同,采取不同措施,使之具有针对性。有的常委委员建议将上述三款关于网络服务提供者"避风港"原则的规定单列一条。宪法和法律委员会经研究,建议采纳这一意见,将上述三款规定单列一条,并将相关内容修改为:网络服务提供者接到通知后,应当及时将该通知转送相关网络用户,并根据服务类型的不同采取必要措施。(草案三次审议稿第九百七十条之一第二款)

四、草案二次审议稿第九百八十一条对生产者、销售者召回缺陷产品的责任作出了规定。有的专委会委员和社会公众提出,为更好地保护被侵权人的权益,建议借鉴消费者权益保护法的相关规定,明确被侵权人因相关产品被召回支出的必要费用由生产者、销售者负担。宪法和法律委员会经研究,建议采纳这一意见,在该条中增加一款规定:依照相关规定采取召回措施的,生产者、销售者应当负担被侵权人因此支出的必要费用。(草案三次审议稿第九百八十一条第二款)

五、草案二次审议稿第一千零三十条规定,从建筑物中抛掷物品或者从建筑物上坠落的物品造成他人损害,难以确定具体侵权人的,除能够证明自己不是侵权人的外,由可能加害的建筑物使用人给予补偿。该规定对现行侵权责任法的有关规定未作修改,常委会二审时作为一个问题进行了专门汇报,提出继续研究论证。近一段时间以来,"高空抛物坠物"造成他人损害的事件频发,"头顶上的安全"引发社会关注。有的常委委员、地方、部门、专家学者和社会公众提出,为保护公众安全,建议进一步明确各方责任。宪法和法律委员会经研究认为,要从根本上解决这一问题,需要综合施策。对于造成损害后果的,公安机关应当依法立案调查,对责任人依法给予治安管理处罚;构成犯罪的,应当依法追究刑事责任。同时,还需要明确建筑物管理人、施工者、作业者的责任，做到多管齐下，共同发力。从民法典编纂来看，关于民事、行政和刑事三种法律责任的关系，民法总则在第一百八十七条中已经作了规定：民事主体因同一行为应当承担民事责任、行政责任和刑事责任的，承担行政责任或者刑事责任不影响承担民事责任。这一规定将编入民法典总则编中。因此，关于“高空抛物坠物”行为应当承担行政责任和刑事责任问题，在侵权责任编中可不必再作规定。

据此，建议对草案二次审议稿第一千零三十条作如下修改：一是增加规定，禁止从建筑物中抛掷物品。二是增加规定，从建筑物中抛掷物品或者从建筑物上坠落的物品造成他人损害的，由侵权人依法承担侵权责任。三是增加规定，发生此类情形的，“有关机关应当依法及时调查，查清责任人”，并明确“经调查难以确定具体侵权人”的，才适用由可能加害的建筑物使用人给予补偿的规定。四是增加规定，可能加害的建筑物使用人补偿后发现侵权人的，有权向侵权人追偿。五是增加规定，建筑物管理人应当采取必要的安全保障措施防止此类情形的发生；未采取必要的安全保障措施的，应当依法承担未履行安全保障义务的侵权责任（草案三次审议稿第一千零三十条）。同时，将草案二次审议稿第一千零二十八条、第一千零二十九条的顺序对调，使有关高空抛物坠物侵权责任的规定衔接更为紧密。

此外，还对草案作了其他一些完善和文字修改。

草案三次审议稿已按上述意见作了修改，宪法和法律委员会建议提请本次常委会会议继续审议。

草案三次审议稿和以上汇报是否妥当，请审议。

全国人民代表大会宪法和法律委员会
2019 年 8 月 22 日

全国人民代表大会宪法和法律委员会关于《民法典人格权编(草案)》修改情况的汇报

全国人民代表大会常务委员会:

2018 年 12 月以来,常委会第七次会议、第十次会议、第十一次会议分别对民法典合同编、侵权责任编、物权编、人格权编、婚姻家庭编、继承编等各分编草案进行了二审。经研究,建议 8 月份常委会第十二次会议对《民法典人格权编(草案)》进行三审。法制工作委员会就民法典人格权编(草案二次审议稿)在北京召开多个座谈会,分别听取中央有关部门和部分专家学者的意见,到山东、河北等地进行调研,了解实际情况,听取地方意见。宪法和法律委员会于 7 月 30 日召开会议,根据常委会组成人员的审议意见和各方面意见,对草案进行了审议,最高人民法院、最高人民检察院、司法部、中国社会科学院、中国法学会等参加民法典编纂工作的单位有关负责同志列席了会议。8 月 16 日,宪法和法律委员会召开会议,再次进行审议。现就民法典人格权编(草案二次审议稿)主要问题的修改情况汇报如下:

一、有的常委会组成人员和社会公众提出,人格权是人格权编中的核心概念,建议对这一概念的定义予以界定,明确哪些权利属于人格权。宪法和法律委员会经研究,建议采纳这一意见,在草案二次审议稿第七百七十四条中增加一款规定:人格权是民事主体享有的生命权、身体权、健康权、姓名权、名称权、肖像权、名誉权、荣誉权、隐私权等权利。同时,将该条第一款关于民事主体人格权受法律保护的规定单列一条。(草案三次审议稿第七百七十四条第一款、第七百七十四条之一)

二、草案二次审议稿第七百八十七条对完全民事行为能力人生前决定无偿捐献其人体细胞、人体组织、人体器官、遗体作了规定。有的常委委员、地方、部门和专家学者提出,死后遗体捐献有利于医疗卫生事业的发展,有利于弘扬社会主义核心价值观,应当予以鼓励,建议吸收国务院《人体器官移植条例》的相关内容,明确公民生前未拒绝捐献的,其近亲属可以共同决定捐献。宪法和法律委员会经研究,建议采纳这一意见,在草案第七百八十七条中增加一款规定:自然人生前未表示不同

意捐献的，该自然人死亡后，其配偶、成年子女、父母可以采用书面形式共同决定捐献。（草案三次审议稿第七百八十七条第三款）

三、草案二次审议稿第七百八十九条之一规定，从事与人体基因、人体胚胎等有关的医学和科研活动的，应当遵守法律、行政法规和国家有关规定，不得危害人体健康，不得违背伦理道德。有的常委委员、地方提出，从事这类活动，还应当强调不得损害公共利益。宪法和法律委员会经研究，建议采纳这一意见，在该条中增加规定：从事此类活动"不得损害公共利益"。（草案三次审议稿第七百八十九条之一）

四、草案二次审议稿第八百一十一条第二款规定："本法所称隐私是具有私密性的私人空间、私人活动和私人信息等"。有的常委委员、地方、部门和专家学者建议对隐私的定义作进一步研究修改，突出"不愿意为他人知晓"这一特点。有的常委委员、专家学者和社会公众提出，应当对在宾馆房间私装摄像头进行偷拍，侵害公民隐私权的行为作出有针对性的规定。宪法和法律委员会经研究，建议采纳上述意见，将隐私的定义修改为"自然人不愿为他人知晓的私密空间、私密活动和私密信息等"；并增加规定，任何组织或者个人不得搜查、进入、窥视、拍摄他人的宾馆房间等私密空间。（草案三次审议稿第八百一十一条第二款、第八百一十二条第一项）

五、草案二次审议稿第八百一十三条第二款规定了个人信息的范围包括自然人的姓名、出生日期、身份证件号码、个人生物识别信息、住址、电话号码等。有的常委委员、地方、部门、专家学者和企业提出，个人的电子邮箱地址和行踪信息同样具有识别特定自然人的功能，也属于重要的个人信息，建议纳入个人信息的范围。有的常委委员和专家学者提出，为了加强对个人信息的保护，除了对收集、使用个人信息的行为进行规范外，还应当对加工、传输、提供、公开个人信息等行为进行规范。宪法和法律委员会经研究，建议采纳上述意见，将自然人的"电子邮箱地址"和"行踪信息"纳入个人信息的范围；同时，将第六章相关条文中的"使用"个人信息修改为"处理"个人信息，并增加规定：个人信息的处理包括个人信息的使用、加工、传输、提供、公开等。（草案三次审议稿第八百一十三条第二款、第八百一十四条、第八百一十五条第二款、第八百一十六条）

此外，还对草案作了其他一些完善和文字修改。

草案三次审议稿已按上述意见作了修改，宪法和法律委员会建议提请本次常委会会议继续审议。

草案三次审议稿和以上汇报是否妥当，请审议。

全国人民代表大会宪法和法律委员会
2019 年 8 月 22 日

全国人民代表大会宪法和法律委员会关于《民法典婚姻家庭编(草案)》修改情况的汇报

全国人民代表大会常务委员会：

2018 年 8 月，常委会第五次会议对《民法典各分编(草案)》进行了初次审议。2019 年 6 月，常委会第十一次会议对《民法典婚姻家庭编(草案)》进行了二审。经研究，建议 10 月份常委会第十四次会议对《民法典婚姻家庭编(草案)》进行三审。法制工作委员会就民法典婚姻家庭编(草案二次审议稿)在北京召开多个座谈会，分别听取中央有关部门和部分专家学者的意见，到北京、山东等地进行调研，了解实际情况，听取地方意见。宪法和法律委员会于 10 月 11 日召开会议，根据常委会组成人员的审议意见和各方面意见，对草案进行了审议，最高人民法院、最高人民检察院、司法部、中国社会科学院、中国法学会等参加民法典编纂工作的单位有关负责同志列席了会议。10 月 15 日，宪法和法律委员会召开会议，再次进行了审议。现就民法典婚姻家庭编(草案二次审议稿)主要问题的修改情况汇报如下：

一、草案二次审议稿第八百二十一条规定，应当维护平等、和睦、文明的婚姻家庭关系，明确夫妻应当互相忠实，互相尊重。有的常委委员、专家学者提出，为了更好地弘扬家庭美德，体现社会主义核心价值观，贯彻落实习近平总书记关于加强家庭文明建设的讲话精神，建议增加有关树立优良家风，弘扬家庭美德，重视家庭文明建设的规定。有的常委委员提出，夫妻之间除应互相忠实、互相尊重外，还应当互相关爱。宪法和法律委员会经研究，建议采纳上述意见，在这一条中增加一款规定：家庭应当树立优良家风，弘扬家庭美德，重视家庭文明建设。同时，在该条第二款中增加夫妻之间应当互相关爱的规定。(草案三次审议稿第八百二十一条)

二、草案二次审议稿第八百二十一条之一第一款规定，收养应当有利于被收养人的健康成长，保障被收养人和收养人的合法权益。有的部门、专家学者提出，为了更好地维护被收养的未成年人的合法权益，建议将我国已加入的联合国《儿童权利公约》中关于儿童利益最大化的原则落实到收养工作中，明确规定最有利于被收养

人的原则。宪法和法律委员会经研究,建议采纳这一意见。(草案三次审议稿第八百二十一条之一第一款)

三、草案二次审议稿第八百三十一条规定了婚姻无效或者被撤销的法律后果。有的常委委员、地方、专家学者和社会公众提出,婚姻无效或者被撤销的,还应当赋予无过错方请求损害赔偿的权利,以有利于保护无过错方的权益。宪法和法律委员会经研究,建议采纳这一意见,在这一条中增加一款规定:婚姻无效或者被撤销的,无过错方有权请求损害赔偿。(草案三次审议稿第八百三十一条第二款)

四、草案二次审议稿第八百六十四条规定了隔代探望权,明确父母离婚后,祖父母、外祖父母在对孙子女、外孙子女尽了抚养义务,或者在孙子女、外孙子女的父母一方死亡的情形下,可以参照适用离婚父母探望子女的有关规定,探望孙子女、外孙子女。有的意见提出,这样规定对隔代探望的限制,没有必要。也有的意见提出,隔代探望权范围过大,容易引发矛盾,影响未成年人和直接抚养子女一方的正常生活。还有的意见提出,法律不宜赋予祖父母、外祖父母单独的探望权,建议删除这一规定。宪法和法律委员会经研究认为,鉴于目前各方面对此尚未形成共识,可以考虑暂不在民法典中规定,祖父母、外祖父母进行隔代探望,如与直接抚养子女的一方不能协商一致,可以通过诉讼由人民法院根据具体情况加以解决。

还有一个问题需要汇报。现行婚姻法规定,结婚年龄,男不得早于二十二周岁,女不得早于二十周岁。《民法典婚姻家庭编(草案)》维持了现行法定婚龄的规定。审议中,有的建议适当降低法定婚龄,但也有的意见认为应当维持现行规定。宪法和法律委员会经与国家卫健委、司法部等有关方面研究后认为,现行法定婚龄的规定已为广大社会公众所熟知和认可,如果进行修改,属于婚姻制度的重大调整,宜在进行充分的调查研究和科学的分析评估后再定。建议民法典婚姻家庭编草案对法定婚龄暂不作修改。

此外,还对草案作了其他一些完善和文字修改。

草案三次审议稿已按上述意见作了修改,宪法和法律委员会建议提请本次常委会会议继续审议。

草案三次审议稿和以上汇报是否妥当,请审议。

全国人民代表大会宪法和法律委员会
2019年10月21日

全国人民代表大会宪法和法律委员会关于《民法典各分编（草案）》修改情况和《中华人民共和国民法典（草案）》编纂情况的汇报

全国人民代表大会常务委员会：

2018年8月，十三届全国人大常委会第五次会议对《民法典各分编（草案）》进行了初次审议。之后，2018年12月、2019年4月、2019年6月、2019年8月、2019年10月，十三届全国人大常委会第七次、第十次、第十一次、第十二次、第十四次会议对各分编草案进行拆分审议。目前，物权编、合同编、人格权编、婚姻家庭编、继承编、侵权责任编六个分编草案已经全部完成了二审，其中，人格权编、婚姻家庭编、侵权责任编三个分编草案完成了三审。根据民法典编纂工作计划，到2019年12月，将2017年3月出台的民法总则同经过常委会审议和修改完善的《民法典各分编（草案）》合并为一部完整的民法典，即《中华人民共和国民法典（草案）》。《民法典各分编（草案）》经常委会二审或三审后，法制工作委员会均通过中国人大网公开征求社会公众意见。同时，在北京召开多个座谈会，分别听取中央有关部门和部分专家学者的意见，并到北京、天津、山东、浙江等地进行调研，了解实际情况，听取意见。宪法和法律委员会于11月27日至29日召开会议，根据常委会组成人员的审议意见和各方面意见，对《民法典各分编（草案）》进行了审议，并将2017年已经出台施行的《中华人民共和国民法总则》编入草案，重新编排条文序号，形成《中华人民共和国民法典（草案）》，最高人民法院、最高人民检察院、司法部、中国社会科学院、中国法学会等民法典编纂工作参加单位的有关负责同志列席了会议。12月16日，宪法和法律委员会召开会议，再次进行审议。

12月5日，习近平总书记主持召开中央政治局常委会会议，听取全国人大常委会党组《关于〈中华人民共和国民法典（草案）〉的请示》的汇报，原则同意请示，并就做好民法典编纂工作作了重要指示。会后，根据党中央的重要指示精神，对草案又作了进一步修改完善。民法典（草案）共7编，依次为总则编、物权编、合同编、人格权编、婚姻家庭编、继承编、侵权责任编，以及附则，共1260条。现将民法典各分编草案修改情况和民法总则编入的有关情况汇报如下：

一、总则编

总则编草案共10章、204条。总则编草案基本保持民法总则的结构和内容不变；同时，根据法典编纂体系化要求进行了适当调整，对个别条款作了文字修改，并把“附则”移至法典的最后部分规定。

二、物权编

物权编草案共5个分编、20章、258条。常委会第十次会议对《民法典物权编（草案）》进行了二审，对物权编草案二次审议稿的修改情况主要是：

（一）草案二次审议稿第十四章规定了居住权制度。有的常委委员、社会公众建议对居住权合同的内容、居住权的设立和期间等规定予以进一步完善，以使这一制度在实践中发挥更大的作用。宪法和法律委员会经研究，建议采纳这一意见，对该章草案作如下修改：一是完善居住权合同的内容，增加规定“居住权期间”（民法典草案第三百六十七条第二款）。二是完善居住权设立制度，将“居住权无偿设立”修改为“居住权无偿设立，但是当事人另有约定的除外”（民法典草案第三百六十八条）。三是进一步明确居住权期间的规定，规定居住权期间届满或者居住权人死亡的，居住权消灭。居住权消灭的，应当及时办理注销登记（民法典草案第三百七十条）。

（二）草案二次审议稿第一百九十二条、第二百一十九条规定，抵押权人或者质权人在债务履行期间届满前，不得事先与抵押人或者出质人约定不履行到期债务时抵押财产、质押财产归债权人所有。有的专家学者、单位提出，为进一步优化营商环境，建议完善上述规定，明确当事人事先作出此类约定的，仍享有担保权益，但只能依法就抵押财产或者质押财产优先受偿。宪法和法律委员会经研究，建议采纳这一意见。（民法典草案第四百零一条、第四百二十八条）

三、合同编

合同编草案共3个分编、29章、526条。常委会第七次会议对《民法典合同编（草案）》进行了二审，对合同编草案二次审议稿的修改情况主要是：

（一）草案二次审议稿第三百五十三条第三款规定，合同不能履行致使不能实现合同目的，有解除权的当事人不行使解除权，构成滥用权利对对方显失公平的，人民法院或者仲裁机构可以根据对方的请求解除合同，但是不影响违约责任的承担。有的专家学者提出，这一规定的出发点在于解决实践中存在的由于合同不能履行而导致的僵局问题，但规定违约方可以申请解除合同，与严守合同的要求不符，建议删去。对个别合同僵局问题，可以考虑通过适用情势变更规则或者其他途径解决。宪法和法律委员会经研究，建议采纳这一意见，删去该款规定。

（二）草案二次审议稿第四百七十条第一款规定，借款合同约定支付利息的，借款的利率不得违反国家有关规定。有的常委委员、社会公众提出，为解决民间借贷领域存在的突出问题，维护正常的金融秩序，建议明确规定禁止高利放贷。宪法和法律委员会经研究，建议采纳这一意见，将这一款规定修改为：禁止高利放贷，借款的利率不得违反国家有关规定。（民法典草案第六百八十条第一款）

（三）有的专家学者、企业和社会公众提出，草案二次审议稿在典型合同中增加"保理合同"一章，有利于促进保理行业健康发展、解决企业融资问题、优化营商环境，建议对该章内容予以进一步完善。宪法和法律委员会经研究，建议对该章草案作如下修改：一是增加规定保理合同的主要条款内容，规定：保理合同的内容一般包括业务类型、服务范围、服务期限、基础交易合同情况、应收账款信息、转让价款、服务报酬及其支付方式等条款。保理合同应当采用书面形式（民法典草案第七百六十二条）。二是规定应收账款债务人接到保理人发出的应收账款转让通知后，应收账款债权人和债务人无正当理由协商变更或者终止基础交易合同，对保理人产生不利影响的，对保理人不发生效力（民法典草案第七百六十五条）。三是完善同一应收账款有多个保理人时的受偿规则，规定：已登记的先于未登记的受偿；均已登记的，按照登记的先后顺序受偿；均未登记的，由最先到达应收账款债务人的转让通知中载明的保理人受偿；既未登记也未通知的，按照应收账款比例清偿（民法典草案第七百六十八条）。

（四）草案二次审议稿第五百八十三条规定，除存在违法情形外，建设工程未经竣工验收而发包人擅自使用的，视为工程质量验收合格。有的单位、专家学者和社会公众提出，在实践中，未经竣工验收而使用建设工程的情况复杂，不宜一概认定为工程质量验收合格，否则不利于建设工程质量的提高，也可能导致当事人之间的不公平。宪法和法律委员会经研究，建议采纳这一意见，删去该条规定。

四、人格权编

人格权编草案共 6 章、51 条。常委会第十二次会议对《民法典人格权编（草案）》进行了三审，对人格权编草案三次审议稿的修改情况主要是：

（一）草案三次审议稿第七百九十条第二款规定，用人单位应当采取合理措施，防止和制止利用职权、从属关系等实施性骚扰。有的常委会组成人员、单位和社会公众建议明确"用人单位"包含哪些主体，以使这一规定在防止职场和校园性骚扰方面更有针对性。宪法和法律委员会经研究，建议采纳这一意见，将"用人单位"修

改为“机关、企业、学校等单位”。（民法典草案第一千零一十条第二款）

（二）草案三次审议稿第八百一十一条第二款规定，隐私是自然人不愿为他人知晓的私密空间、私密活动和私密信息等。有的常委委员、单位和专家学者提出，维护私人生活安宁、排除他人非法侵扰是隐私权的一项重要内容，建议在隐私的定义中增加这一内容。宪法和法律委员会经研究，建议采纳这一意见，将隐私的定义修改为：隐私是自然人的私人生活安宁和不愿为他人知晓的私密空间、私密活动、私密信息。（民法典草案第一千零三十二条第二款）

五、婚姻家庭编

婚姻家庭编草案共5章、79条。常委会第十四次会议对《民法典婚姻家庭编（草案）》进行了三审，对婚姻家庭编草案三次审议稿的修改情况主要是：

（一）草案三次审议稿第八百二十二条第三款规定，共同生活的公婆、岳父母、儿媳、女婿，视为近亲属。有的全国人大代表提出，“共同生活”的认定较为困难，不宜以此界定是否为近亲属，建议删除这一规定。宪法和法律委员会经研究，建议采纳这一意见，删去该款规定。

（二）草案三次审议稿第八百二十八条第四项规定，以伪造、变造、冒用证件等方式骗取结婚登记的，婚姻无效。有的专家学者和地方提出，以伪造、变造、冒用证件等方式骗取结婚登记的情形较为复杂，其中既可能有重婚、未达到婚龄等问题，也可能仅是违反结婚登记的形式要件，不宜一律认定为无效，可在实践中根据具体情况确定婚姻效力。宪法和法律委员会经研究，建议采纳这一意见，删去该项规定。

（三）草案三次审议稿第八百三十条第一款规定，一方患有重大疾病的，应当在结婚登记前如实告知另一方；不如实告知的，另一方可以向婚姻登记机关或者人民法院请求撤销婚姻。有的常委会组成人员、部门提出，由婚姻登记机关对一方在结婚登记前是否如实告知对方患病情况进行认定较为困难，建议统一由人民法院行使撤销权。宪法和法律委员会经研究，建议采纳这一意见，删去此种情况下可以向婚姻登记机关请求撤销婚姻的规定，由人民法院统一行使撤销权。（民法典草案第一千零五十三条第一款）

六、继承编

继承编草案共4章，45条。常委会第十一次会议对《民法典继承编（草案）》进行了二审，此次对继承编草案进行了一些文字修改。

七、侵权责任编

侵权责任编草案共10章、95条。常委会第十二次会议对《民法典侵权责任编

(草案)》进行了三审,对侵权责任编草案三次审议稿的修改情况主要是:

(一)草案三次审议稿第九百七十一条第二款规定,在网络用户不存在侵权行为的声明转送权利人后十五日内,网络服务提供者未收到权利人已经投诉或者提起诉讼通知的,应当及时终止所采取的措施。有的专家学者、企业提出,“十五日”的期限过于绝对,建议修改为“合理期限”,以便于司法实践中根据具体案件情况确定期限。宪法和法律委员会经研究,建议采纳上述意见,将该款中的“十五日”修改为“合理期限”。(民法典草案第一千一百九十六条第二款)

(二)草案三次审议稿第一千零三十条第二款规定,建筑物管理人应当采取必要的安全保障措施防止高空抛物坠物情形的发生。有的专家学者、单位提出,为了明确责任主体,建议规定“建筑物管理人”主要是指物业服务企业。宪法和法律委员会经研究,建议采纳这一意见,将上述规定修改为:物业服务企业等建筑物管理人应当采取必要的安全保障措施防止高空抛物坠物情形的发生。(民法典草案第一千二百五十四条第二款)

此外,还对民法典各分编草案作了其他一些完善和文字修改。

民法典各分编草案和总则编草案已按上述意见作了修改,形成《中华人民共和国民法典(草案)》,宪法和法律委员会建议提请本次常委会会议审议。

按照民法典编纂工作计划,《中华人民共和国民法典(草案)》提请本次常委会会议审议后,由全国人大常委会作出决定,将草案提请十三届全国人大三次会议审议。为了做好大会审议工作,拟于2020年1月,将《中华人民共和国民法典(草案)》印发所有全国人大代表征求意见,组织代表研读草案,同时向地方人大、各有关部门和社会公众广泛征求意见。宪法和法律委员会根据各方面意见作进一步修改完善后,由全国人大常委会依照法定程序提出将《中华人民共和国民法典(草案)》提请十三届全国人大三次会议审议的议案。

《中华人民共和国民法典(草案)》和以上汇报是否妥当,请审议。

全国人民代表大会宪法和法律委员会
2019年12月23日

第十三届全国人民代表大会宪法和法律委员会关于《中华人民共和国民法典(草案)》审议结果的报告

(2020年5月26日第十三届全国人民代表大会第三次会议主席团第二次会议通过)

十三届全国人大三次会议主席团:

5月24日下午、25日上午,各代表团小组会议审议了民法典草案。代表们普遍认为,编纂民法典是党的十八届四中全会确立的重大立法任务,是以习近平同志为核心的党中央作出的重大法治建设部署,对于坚持和完善中国特色社会主义制度,推进全面依法治国、推进国家治理体系和治理能力现代化,坚持和完善社会主义基本经济制度、推动经济高质量发展,增进人民福祉、维护最广大人民根本利益,具有重大意义。代表们一致认为,草案以习近平新时代中国特色社会主义思想为指导,适应新时代中国特色社会主义发展要求,符合我国国情和实际,反映了人民意愿,体现了民法基本原理、基本精神和民商事活动的内在规律。民法典是新中国第一部以法典命名的法律,以法典化方式确认、巩固和发展了改革开放以来所取得的法治建设成果,开创了我国法典编纂立法的先河,是全面依法治国的标志性立法,为坚持和完善中国特色社会主义制度、推进国家治理体系和治理能力现代化提供了有力的法治保障。

代表们认为,在民法典编纂过程中,充分贯彻了科学立法、民主立法、依法立法的精神。全国人大常委会先后十次进行审议,多次向社会公开征求意见,三次组织全国人大代表研读讨论,采取多种方式征求各方面意见。经过全国人大常委会广泛调研、深入研究、反复修改,草案较好地吸收了各方面的意见,积极回应了社会各界的关切,对我国现行民事法律制度规范进行了系统整合,在坚持民事法律制度连续性、稳定性的基础上,保持了适度的前瞻性、开放性,体例科学、结构严谨、规范合理、内容协调一致,已经比较成熟,建议提请本次会议审议通过。同时,代表们也对草案提出了一些修改意见。宪法和法律委员会于5月25日上午召开会议,对草案进行了认真审议,对代表提出的修改意见,并结合近期收到的部分代表在第二次研读讨论民法典草案中所提出的修改意见进行了逐条研究。同时,就提出的修改意见听取了最高人民法院、最高人民检察院、司法部、中国社会科学院、中国法学会有关负责同志的意见。根据各代表团的审议意见和有关方面的意见,对草案共作了一百余处修改,其中实质性修改四十余处。主要是:

一、草案第一百一十条第二款规定,法人、非法人组织享有名称权、名誉权、荣誉权等权利。有的代表提出,对于法人、非法人组织来说,只享有名称权、名誉权、荣誉权这三项人格权,不存在"等权利",建议修改。宪法和法律委员会经研究,建议采纳这一意见,将该款规定修改为:法人、非法人组织享有名称权、名誉权和荣誉权。

二、草案第二百八十一条第一款规定,建筑物及其附属设施的维修资金的筹集、使用情况应当公布。有的代表提出,应当强调维修资金的筹集、使用情况要定期公布,以更好地保障业主的知情权。宪法和法律委员会经研究,建议采纳这一意见,将上述规定修改为:建筑物及其附属设施的维修资金的筹集、使用情况应当定期公布。

三、草案第九条规定,民事主体从事民事活动,应当有利于节约资源、保护生态环境。一些代表提出,总则编确立的绿色原则,贯彻了习近平生态文明思想,对于加强生态环境保护意义重大,建议草案各分编进一步贯彻落实这一基本原则。宪法和法律委员会经研究,建议对草案作如下修改:一是在物权编中增加规定,业主的相关行为应当符合节约资源、保护生态环境的要求。二是与土壤污染防治法相衔接,在物权编中增加规定,不动产权利人不得违反国家规定排放土壤污染物。三是在物权编中增加规定,用益物权人行使权利应当遵守保护生态环境的规定。四是在合同编中增加规定,出卖人应当采取有利于节约资源、保护生态环境的包装方式。

四、草案第四百四十一条规定,以汇票、本票、支票等出质的,质权自权利凭证交付质权人时设立。有的代表提出,票据法等法律对汇票质押等有专门规定,建议与之相衔接。宪法和法律委员会经研究,建议采纳这一意见,在这一条中增加规定:法律另有规定的,依照其规定。

五、草案第四百九十五条第一款在预约合同的定义中列举了预约合同的常见形式,其中包括意向书。有的代表提出,实践中,意向书在大多数情况下只是表明当事人签订合同的初步意愿,还不能完全构成预约合同,建议删去。宪法和法律委员会经研究,建议采纳这一意见,删去这一款中的"意向书"。

六、有的代表提出,现行合同法第一百二十六条第二款规定,在中华人民共和国境内履行的中外合资经营企业合同、中外合作经营企业合同、中外合作勘探开发自然资源合同，适用中华人民共和国法律。同时，民事诉讼法还规定，因在中华人民共和国履行上述三类合同发生纠纷提起的诉讼，由中华人民共和国人民法院管辖。为了与民事诉讼法的规定相衔接，建议在民法典草案中保留现行合同法的上述规定。宪法和法律委员会经研究，建议采纳这一意见，在合同编中增加规定：在中华人民共和国境内履行的中外合资经营企业合同、中外合作经营企业合同、中外合作勘探开发自然资源合同，适用中华人民共和国法律。

七、草案第六百四十二条第三款规定，取回的标的物价值明显减少的，出卖人有权请求买受人赔偿损失。有的代表提出，草案合同编违约责任一章对当事人一方违反合同义务后的损失赔偿问题已有详细规定，该款可以不再规定损失赔偿的内容。宪法和法律委员会经研究，建议采纳这一意见，删除该款规定。

八、草案第七百二十六条第一款规定，出租人出卖租赁房屋的，承租人享有以同等条件优先购买的权利，但是房屋共有人行使优先购买权或者出租人将房屋出卖给近亲属的除外。有的代表提出，依照草案第三百零五条的规定，只有按份共有人才享有优先购买权，建议在这一条中对房屋共有人的范围作出限定。宪法和法律委员会经研究，建议采纳这一意见，将这一款中的“房屋共有人”修改为“房屋按份共有人”。

九、草案第九百四十二条第二款规定，对物业服务区域内违反有关治安、环保等法律法规的行为，物业服务人应当及时采取合理措施制止，报告有关行政主管部门处理。有的代表提出，在物业服务区域内，对于违反消防法律法规的行为，物业服务人也应当予以制止。宪法和法律委员会经研究，建议采纳这一意见，对这一款作相应的修改。

十、有的代表提出，实践中，有的物业服务人采取断水、断电等方式催交物业费，对业主的基本生活造成严重影响，建议予以规范。宪法和法律委员会经研究，建议采纳这一意见，在草案第九百四十四条增加一款规定：物业服务人不得采取停止供电、供水、供热、供燃气等方式催交物业费。

十一、草案第九百九十五条规定，受害人的停止侵害、排除妨碍、消除危险、消除影响、恢复名誉请求权不适用诉讼时效的规定。有的代表提出，要求侵害人赔礼道歉是保护人格权的一种重要方式，为了更好地保护自然人的人格权，建议将赔礼道歉请求权纳入这一规定之中。宪法和法律委员会经研究，建议采纳这一意见，增加相应的规定。

十二、草案第一千零一十条第一款对禁止以言语、行为等方式对他人实施性骚扰作了规定。有的代表建议将这一款修改为：“违背他人意愿，以言语、文字、图像、肢体行为等方式对他人实施性骚扰的，受害人有权依法请求行为人承担民事责任”,使规定的针对性更明确。宪法和法律委员会经研究,建议采纳这一意见,作相应的修改。

十三、草案第一千零一十二条对自然人享有姓名权作了规定。有的代表提出,自然人有权依法决定、使用、变更或者许可他人使用自己的姓名,但不得违背公序良俗。宪法和法律委员会经研究,建议采纳这一意见,将这一条修改为:自然人享有姓名权,有权依法决定、使用、变更或者许可他人使用自己的姓名,但是不得违背公序良俗。

十四、草案第一千零三十九条规定了国家机关及其工作人员对隐私和个人信息的保密义务。有的代表提出,除国家机关及其工作人员外,承担行政职能的法定机构及其工作人员也应当承担这一保密义务。宪法和法律委员会经研究,建议采纳这一意见,将这一条修改为:国家机关、承担行政职能的法定机构及其工作人员对于履行职责过程中知悉的自然人的隐私和个人信息,应当予以保密,不得泄露或者向他人非法提供。

十五、有的代表提出,草案物权编、合同编、人格权编、继承编都在“一般规定”一章中规定了物权、合同、人格权、继承权受国家或者法律保护的内容,建议在婚姻家庭编的“一般规定”一章中也增加类似规定,既有利于体现国家对婚姻家庭的重视和保护,也有利于各编体例的统一。宪法和法律委员会经研究,建议采纳这一意见,依据宪法关于“婚姻、家庭、母亲和儿童受国家的保护”的规定,在婚姻家庭编第一章“一般规定”中增加规定:婚姻家庭受国家保护。

十六、草案第一千零八十四条第三款规定了离婚后未成年子女的抚养。有的代表提出,已满八周岁的子女已有一定的自主意识和认知能力,抚养权的确定与其权益密切相关,应当尊重他们的真实意愿,以更有利于未成年人的健康成长。宪法和法律委员会经研究,建议采纳这一意见,在该款中增加规定:子女已满八周岁的,应当尊重其真实意愿。

十七、草案第一千一百三十三条对自然人立遗嘱处分个人财产作了规定。有的代表提出,设立遗嘱信托是自然人生前对自己的财产进行安排和处理的一种重要制度,建议在这一条中增加规定遗嘱信托的内容。宪法和法律委员会经研究认为,信托法对遗嘱信托已经作了规定,遗嘱信托应主要适用信托法进行规范,民法典作为民事领域基本法,可以对此作衔接性规定。据此,建议增加规定,自然人可以依法设立遗嘱信托。

十八、草案第一千一百七十九条列举了人身损害赔偿的具体赔偿项目。有的代表提出,在人身损害赔偿中,“住院伙食补助费”是受害人治疗和康复中需要支出的合理费用,建议参照司法解释的相关规定,将“住院伙食补助费”明确列为人身损害赔偿项目。宪法和法律委员会经研究,建议采纳这一意见,在这一条中增加相关内容。

十九、草案第一千一百九十五条第三款规定，因错误通知造成网络用户或者网络服务提供者损害的，应当承担侵权责任。有的代表建议对“错误通知”行为的实施主体予以明确，以使这一规定更有针对性。宪法和法律委员会经研究，建议采纳这一意见，将上述规定修改为，权利人因错误通知造成网络用户或者网络服务提供者损害的，应当承担侵权责任。

二十、草案第一千二百二十五条第一款对医疗机构及其医务人员应当履行妥善保管住院志、医嘱单、检验报告、病理资料、医疗费用等病历资料的义务作了规定。有的代表提出，根据国家关于医疗机构病历管理的有关规定，医疗费用不属于病历资料的内容，建议删除。宪法和法律委员会经研究，建议采纳这一意见，删除这一款中的“医疗费用”。

二十一、草案第一千二百五十二条对建筑物、构筑物或者其他设施倒塌造成他人损害的侵权责任作了规定。有的代表提出，实践中，有的地方发生地面塌陷致人损害问题，严重危害人民群众的人身财产安全，建议对此作出规定。宪法和法律委员会经研究，建议在这一条中明确规定，建筑物、构筑物或者其他设施倒塌、塌陷造成他人损害的，由建设单位与施工单位承担连带责任，并对因他人原因导致倒塌、塌陷的侵权责任作出了规定。

二十二、草案第一千二百五十四条第三款规定，发生从建筑物中抛掷物品或者从建筑物上坠落物品造成他人损害的，有关机关应当依法及时调查，查清责任人。有的代表提出，高空抛物或者坠物行为危害公众安全，公安机关有责任进行调查以查清责任人，建议将“有关机关”明确为“公安等机关”。宪法和法律委员会经研究，建议采纳这一意见，将上述规定中的“有关机关”修改为“公安等机关”。

此外，一些代表还提出了一些其他意见。这些意见，有的涉及具体操作问题，可以通过制定配套法律法规和司法解释予以解决；有的涉及法律之间的协调问题，需要区分不同情况，通过对相关法律进行修改完善予以解决；有的涉及执法问题，可以通过有关部门加强执法予以落实；有的问题在编纂工作中作了反复研究，存在不同意见，可在实践中不断总结经验，逐步完善。有些代表提出，民法典与人民群众的利益息息相关，建议加大宣传力度，让民法典深入人心。宪法和法律委员会经研究认为，实施民法典是一项系统工程、长期工程，应当统筹协调、常抓不懈。民法典的实施，涉及国家和社会生活的方方面面，需要各方面共同努力。民法典出台后，建议各有关方面通过多种方式加大宣传和普法力度，让全社会广泛学习民法典，进一步增强全社会成员民法意识，使民法典的精神和内容融入人民群众的日常生活，成为指导民事主体从事民事活动的行为准则。

此外，根据代表们的审议意见，还对草案作了一些文字修改。

草案修改稿已按上述意见作了修改，宪法和法律委员会建议经主席团审议通过后，印发各代表团审议。

民法典草案修改稿和以上报告，请审议。

第十三届全国人民代表大会宪法和法律委员会
2020年5月26日

第十三届全国人民代表大会宪法和法律委员会关于《中华人民共和国民法典(草案修改稿)》修改意见的报告

(2020 年 5 月 27 日第十三届全国人民代表大会第三次会议主席团第三次会议通过)

十三届全国人大三次会议主席团:

5 月 26 日下午,各代表团对民法典草案修改稿进行了审议。代表们一致赞成草案修改稿。普遍认为,草案修改稿在充分听取并认真研究代表意见的基础上,对代表意见予以充分吸收,作了许多重要修改,对未采纳的意见,也向代表们作了解释和说明,并在审议结果报告中作出积极回应;审议过程充分发扬了民主,广泛凝聚了共识,充分体现了对代表主体地位的尊重。草案内容已经成熟,一致赞成将草案提请本次大会表决通过。同时,一些代表还提出了一些修改意见。宪法和法律委员会于 5 月 26 日晚召开会议,对草案修改稿进行了认真审议,对代表们提出的意见逐条研究。同时,就提出的修改意见听取了最高人民法院、最高人民检察院、司法部、中国社会科学院、中国法学会有关负责同志的意见。宪法和法律委员会认为,草案修改稿是可行的。同时,根据各代表团的审议意见,提出以下修改意见:

一、草案修改稿第四百七十三条第一款将"债券募集说明书"规定为一种要约邀请形式。有的代表提出,公司法、证券法等法律采用的表述是"债券募集办法",本款规定有必要与相关法律的用语保持一致。宪法和法律委员会经研究,建议采纳这一意见,将"债券募集说明书"修改为"债券募集办法"。

二、草案修改稿第七百八十一条规定,承揽人交付的工作成果不符合质量要求的,定作人可以请求承揽人承担修理、重作、减少报酬、赔偿损失等违约责任。有的代表提出,定作人在请求承揽人承担违约责任时,应当本着减少浪费、节约资源的目的,合理选择要求对方承担违约责任的方式,如能修理的尽量修理。宪法和法律委员会经研究,建议采纳这一意见,将上述规定修改为:承揽人交付的工作成果不符合质量要求的，定作人可以合理选择请求承揽人承担修理、重作、减少报酬、赔偿损失等违约责任。

三、草案修改稿第一千零三十四条第二款对个人信息的范围作了规定。有的代表提出，健康信息是一种重要的个人信息，直接关系着自然人的人格尊严，应明确纳入个人信息的范围予以保护。宪法和法律委员会经研究，建议采纳这一意见，在该款中增加规定“健康信息”属于个人信息。

此外，根据代表们的审议意见，还对草案修改稿作了一些文字修改。

宪法和法律委员会经研究后建议，本法自 2021 年 1 月 1 日起施行。

草案建议表决稿已按上述意见作了修改，建议经主席团审议通过后，提请本次会议表决。

民法典草案建议表决稿和以上报告，请审议。

第十三届全国人民代表大会法律委员会
2020 年 5 月 27 日

第二部分

物权编

地方人大、中央有关部门和单位以及有关方面对民法典各分编草案（征求意见稿）物权编的意见

2018年3月中旬，法制工作委员会将民法典各分编草案（征求意见稿）印发省、自治区、直辖市的人大常委会，以及中央有关部门、有关人民团体和社会组织、部分高等院校和研究机构、基层立法联系点和一些全国人大代表征求意见。现将对物权编的主要意见简报如下：

一、总的意见

一些地方、部门和单位提出，物权编采用了“分编”体例，但是民法总则和民法典其他各编未采用“分编”体例，建议统一按章编排。有的部门建议，民法典各编按“卷”“编”“章”设计，其中“民法典物权卷”下设五编，其下“章”“节”体例不变。有的单位建议，减少物权编的结构层次，将“分编”修改为“章”，将“章”修改为“节”，将“节”修改为“分节”。

有的部门提出，注意分编与民法总则之间的衔接与协调，征求意见稿采用“财产”和“私人”的表述，但“财产”可能包括债权，民法总则未采用“私人”的表述。有的单位提出，民法总则规定“物包括不动产和动产”，建议将征求意见稿中的“不动产和动产”修改为“物”。有的单位建议，将“组织、个人”修改为“民事主体”。

有的单位建议，删除征求意见稿中的公法性规范。有的地方建议，吸收最高人民法院与物权法相关的司法解释的规定，对相关条文进行修改。

二、关于一般规定

（一）总的意见

有的地方建议，将第一分编“总则”的名称修改为“通则”。

一些地方、部门、单位和全国人大代表提出，物权法定原则是物权法律制度的基本原则，不宜删除，建议本章规定物权法定原则，并删除民法总则中的相关规定。

有的地方和单位建议，增加规定物权法定缓和原则："法律未作规定的，符合物权法的权利，视为物权"。有的地方和单位建议，增加规定习惯作为物权创设的依据。有的单位建议，将法律、行政法规作为创设物权的依据。

有的地方建议，增加规定："物权的取得和行使，应当遵守法律，尊重社会公德，不得损害公共利益和他人合法权益。"有的地方和部门提出，充分贯彻"绿色原则"，确立物权行使的环保原则。

有的单位建议，保留物权法第八条的规定："其他相关法律对物权另有特别规定的，依照其规定"，为将来可能设立的物权种类和内容留有余地。

有的地方和单位建议，增设物的定义。有的地方和部门建议，增设不动产和动产的定义。有的部门和单位建议，对"公共财产"作出规定。

（二）调整范围

征求意见稿第一条规定，因物的归属和利用而产生的民事关系，适用本编。

有的单位建议，将"归属和利用"修改为"支配"。有的单位建议，将"利用"修改为"排他性利用"，以与租赁、借用等区分。

（三）我国基本经济制度与社会主义市场经济原则

征求意见稿第二条第一款规定，国家在社会主义初级阶段，坚持公有制为主体、多种所有制经济共同发展的基本经济制度。第二款规定，国家巩固和发展公有制经济，鼓励、支持和引导非公有制经济的发展。第三款规定，国家实行社会主义市场经济，保障一切市场主体的平等法律地位和发展权利。

一些地方和单位提出，本条涉及国家基本经济制度，属于宪法内容，应纳入民法总则，从内容上看也并非直接指向物权，建议删除。有的部门建议，将第三款"市场主体"修改为"民事主体"，或者明确"市场主体"的法律含义。

（四）平等保护原则

征求意见稿第三条规定，国家、集体、私人的物权和其他权利人的物权受法律平等保护，任何组织或者个人不得侵犯。

有的地方和单位提出，民法总则第一百一十三条已规定民事主体的财产权利受法律平等保护，建议删除本条。一些地方和单位建议，将"国家、集体、私人的物权和其他权利人的物权"修改为"民事主体的物权"。

（五）物权公示原则

征求意见稿第四条规定，不动产物权的设立、变更、转让和消灭，应当依照法律规定登记。动产物权的设立和转让，应当依照法律规定交付。

一些地方和单位提出，本条与第五条、第二十条重复，建议删除。有的单位建议，将本条与第五条、第二十条重整合修改为："不动产物权的设立、移转和消灭，未经登记，不发生效力，但法律另有规定的除外。""动产物权的设立和移转，自动产交付时发生效力，但法律另有规定的除外。”

三、关于物权的设立、变更、转让和消灭

（一）总的意见

有的单位建议，将本章章名修改为“物权的设立、转移和消灭”。一些地方和单位建议，删除本章中不动产登记暂行条例已规定的程序性规则，如第七条、第八条、第九条、第十三条。

一些地方和单位建议，增加规定物权因混同而消灭的情形。有的单位建议，增加关于抛弃的规定。有的地方建议，增加放弃不动产物权的规定。

有的部门建议，建立不动产登记官制度。

（二）不动产物权登记生效及其例外

征求意见稿第五条第一款规定，不动产物权的设立、变更、转让和消灭，经依法登记，发生效力；未经登记，不发生效力，但法律另有规定的除外。第二款规定，依法属于国家所有的自然资源，所有权可以不登记。

有的单位提出，本条与第四条重复，建议删除。有的部门提出，根据不动产登记暂行条例的相关规定，区分不动产变更登记与转移登记。一些地方和单位提出，依法属于国家所有的自然资源，所有权应当登记，否则不利于国家财产权的保护，建议删除第二款。有的部门提出，生态文明体制改革总体方案明确要求自然资源统一确权登记，建议将第二款修改为：“依法属于国家所有的自然资源，依照国家有关规定进行登记。”

（三）关于登记机构与统一登记制度

征求意见稿第六条第一款规定，不动产登记，由不动产所在地的登记机构办理。第二款规定，国家对不动产实行统一登记制度。统一登记的范围、登记机构和登记办法，由法律、行政法规规定。

一些地方和单位提出，不动产登记暂行条例及实施细则已对统一登记的范围、登记机构和登记办法作了相应规定，建议删除本条。有的部门提出，根据当前不动产统一登记实践，将不动产统一登记的范围明确下来，将第二款第二句修改为：“统一登记的范围包括土地、房屋、林地、草原、海域、水流、矿产等不动产。统一登记的机构和登记办法由法律、行政法规规定。”有的地方提出，先规定不动产登记制度，再规定登记机关，更加符合逻辑，建议第一款、第二款的位置对调。

（四）登记机构的职责

征求意见稿第八条第一款规定，登记机构应当履行下列职责：(1)查验申请人提供的权属证明和其他必要材料；(2)就有关登记事项询问申请人；(3)如实、及时登记有关事项；(4)法律、行政法规规定的其他职责。第二款规定，申请登记的不动

产的有关情况需要进一步证明的，登记机构可以要求申请人补充材料，必要时可以实地查看。

有的部门建议，在第一款增加一项作为第四项："提供登记资料查询。"

有的地方建议，删除第二款，同时明确登记机构仅负责形式审查。有的单位建议，增加一款作为第三款："登记机构未履行本条规定职责的责任由其他法律、行政法规规定。"

（五）合同效力和物权效力的区分

征求意见稿第十一条规定，当事人之间订立有关设立、变更、转让和消灭不动产物权的合同，除法律另有规定或者合同另有约定外，自合同成立时生效；未办理物权登记的，不影响合同效力。

一些地方和单位建议，将本条移至第一章，并修改为："当事人订立设立、变更、转让和消灭物权的合同，除法律另有规定或者合同另有约定外，未办理登记或者未交付的，不影响合同效力。"

（六）不动产登记簿的效力

征求意见稿第十二条规定，不动产登记簿是物权归属和内容的根据。

一些地方、部门和单位提出，物权法规定了不动产登记簿的管理机构，应当保留，建议增加规定"不动产登记簿由法定登记机构管理。"一些部门和单位建议，明确不动产登记簿的推定效力，在本条后增加规定："但有相反证据证明的除外。"

（七）不动产登记簿的效力

征求意见稿第十四条规定，权利人、利害关系人可以申请查询、复制登记资料，登记机构应当提供。

有的部门建议，增加一款："有关国家机关可以依照法律、行政法规的规定查询、复制与调查处理事项有关的不动产登记资料。"

（八）不动产更正登记和异议登记

征求意见稿第十六条第一款规定，权利人、利害关系人认为不动产登记簿记载的事项错误的，可以申请更正登记。不动产登记簿记载的权利人书面同意更正或者有证据证明登记确有错误的，登记机构应当予以更正。第二款规定，不动产登记簿记载的权利人不同意更正的，利害关系人可以申请异议登记。登记机构予以异议登记的，申请人在异议登记之日起十五日内不起诉，异议登记失效。异议登记不当，造成权利人损害的，权利人可以向申请人请求损害赔偿。

一些地方、部门和单位建议，明确"利害关系人"的范围。

有的单位建议，将第一款的"或者"修改为"并且"。有的部门建议，删除第一款中的"不动产登记簿记载的权利人书面同意更正或者"。有的地方建议，明确规定对于更正登记的申请，登记机构应当进行必要的审查。

有的部门建议，对异议登记的条件再作考虑。有的单位建议，删除第二款“不动产登记簿记载的权利人不同意更正的”。有的地方建议，在第二款“十五日内不起诉”后增加规定“或者不依法申请人民政府处理”，有的部门建议，增加规定“或者不提起仲裁”。

有的单位提出，异议登记的效力应当是阻断登记的公信力，而不是限制记载的权利人的处分权，建议增加规定：“异议登记期间，不动产登记簿上记载的权利人以及第三人因处分权利申请登记的，不动产登记机构应予办理。”有的地方建议，增加不动产登记机构在为记载的权利人和第三人办理转移登记时告知存在异议登记的义务。有的部门提出，如果允许权利人处分不动产，不利于利害关系人权利的保护，建议增加规定“异议登记期间，记载于不动产登记簿的权利人处分该不动产的，不发生物权效力”。

（九）不动产预告登记

征求意见稿第十七条第一款规定，当事人签订买卖房屋或者其他不动产物权的协议，为保障将来实现物权，按照约定可以向登记机构申请预告登记。预告登记后，未经预告登记的权利人同意，处分该不动产的，不发生物权效力。第二款规定，预告登记后，债权消灭或者自能够进行不动产登记之日起三个月内未申请登记的，预告登记失效。

有的部门建议，将第一款“当事人签订买卖房屋或者其他不动产物权的协议”修改为“当事人转让、变更和消灭房屋所有权、建设用地使用权等不动产物权的”。一些地方和单位提出，开发商等主体较为强势，可能会不约定办理预告登记，建议删除第一款“按照约定”的规定。一些单位建议，将第一款“物权效力”修改为“物权变动效力”。一些地方和单位建议，对第二款“自能够进行不动产登记之日”的含义以及预告登记权利人因合理原因未办理本登记的后果进行细致规定。

有的单位提出，预告登记失效的情形还包括预告登记的权利人放弃预告登记或者放弃债权，建议予以规定。一些部门和单位建议，拓宽预告登记的适用范围，增加设立抵押权等情形。有的部门建议，增加一款规定：“当事人签订买卖房屋或者其他不动产物权协议的，应当将协议提请登记机构备案。自登记机构将协议备案之时起，买方在已经支付的合同金额范围内，就买卖的房屋或者交易的其他不动产物权享有法定抵押权。”

一些部门和单位提出，增加一款规定预告登记保全效力、预告登记的顺位效力及破产保护效力：“预告登记可以对抗嗣后于该不动产上设定的一切权利，但不妨碍顺位在后的其他权利的登记。本登记的顺位以预告登记的日期为准。”

（十）登记错误赔偿责任

征求意见稿第十八条第一款规定，当事人提供虚假材料申请登记，给他人造成损害的，应当承担赔偿责任。第二款规定，因登记错误，给他人造成损害的，登记机构应当承担赔偿责任。登记机构赔偿后，可以向造成登记错误的人追偿。

一些地方和单位提出，第一、二款的表述使登记机构和造成登记错误的人之间的责任划分不明确，建议删除第一款，并将第二款修改为："因登记机构的过错导致登记错误的，登记机构应当承担赔偿责任。登记机构赔偿后，可以向提供虚假材料等造成登记错误的人追偿。"

有的部门和单位提出，登记机构对于登记错误承担无过错责任还是过错责任，是民事责任还是国家赔偿责任，登记机构和造成登记错误的人之间是按份责任还是连带责任，建议进一步研究。一些地方和单位建议，明确登记机构对登记错误的责任为过错责任。有的单位建议，明确登记机构登记错误的赔偿责任为民事赔偿责任。自然资源部建议，对设立不动产登记赔偿基金作出规定。

有的单位建议，增加规定："不动产登记簿（包括电子介质档案）遭受毁损、破坏，导致不动产所有人权益受损，除不可抗力外，登记机构应承担法律法规规定的责任。"

（十一）登记收费

征求意见稿第十九条规定，不动产登记费按件收取，不得按照不动产的面积、体积或者价款的比例收取。具体收费标准由国务院有关部门会同价格主管部门规定。

有的部门提出，不动产登记费作为行政事业性收费与价格主管部门无必然联系，而是根据国务院部门职责分工确定主管部门，根据深化党和国家机构改革方案，行政事业性收费的职责分工有待进一步明确，物权编不宜作出涉及国务院部门职责分工的规定，建议删除最后一句。

（十二）动产物权的交付生效

征求意见稿第二十条规定，动产物权的设立和转让，自交付时发生效力，但法律另有规定的除外。

有的地方建议，在"法律另有规定"后增加规定"或者当事人另有约定。"有的部门建议，在本条后增加规定动产物权登记的内容："动产物权，可依法实施登记，动产物权登记的范围、登记机构和登记办法，由法律、行政法规规定"。

（十三）船舶、航空器和机动车等的物权登记

征求意见稿第二十一条规定，船舶、航空器和机动车等物权的设立、变更、转让和消灭，未经登记，不得对抗善意第三人。

一些地方和单位建议，对船舶、航空器和机动车等物权变动的生效要件作出明确规定，增加规定"自交付时发生效力"。一些地方、部门和单位提出，关于船舶、航空器和机动车的行政法规都尽可能要求办理登记，建议对特殊动产的物权变动采

登记生效主义。

（十四）简易交付

征求意见稿第二十二条规定，动产物权设立和转让前，权利人已经占有该动产的，物权自民事法律行为生效时发生效力。

有的地方建议，将“已经”修改为“合法”，防止恶意非法占有情形。一些地方和单位建议，将“物权自民事法律行为生效时发生效力”修改为“物权变动自民事法律行为生效时发生效力”。

（十五）指示交付

征求意见稿第二十三条规定，动产物权设立和转让前，第三人占有该动产的，负有交付义务的人可以通过转让请求第三人返还原物的权利代替交付。

一些地方和单位建议，吸收相关司法解释，增加一款规定交付的时间：“转让人与受让人之间有关转让返还原物请求权的协议生效时为动产交付之时。”

（十六）占有改定

征求意见稿第二十四条规定，动产物权转让时，双方又约定由出让人继续占有该动产的，物权自该约定生效时发生效力。

一些地方和单位建议，将“物权自该约定生效时发生效力”修改为“物权变动自该约定生效时发生效力”。

（十七）法律文书、征收决定导致的物权变动

征求意见稿第二十五条规定，因人民法院、仲裁委员会的法律文书或者人民政府的征收决定等，导致物权设立、变更、转让或者消灭的，自法律文书或者人民政府的征收决定等生效时发生效力。

有的单位建议，在“征收决定”后增加规定“经我国承认和执行的外国法院判决或仲裁裁决”。一些单位建议，将“人民政府的征收决定等生效时”修改为“征收补偿款到位时”。

有的地方和部门提出，法律文书或者征收决定未及时送达登记机构，会导致不动产物权的登记状态与实际状态不符。为保护社会交易安全，建议增加相关操作性规定。一些地方和单位建议，根据相关司法解释，界定“人民法院、仲裁委员会的法律文书”。

（十八）继承导致的物权变动

征求意见稿第二十六条规定，因继承取得物权的，自继承开始时发生效力。

有的单位建议，将“继承”修改为“法定继承”。有的地方提出，“继承开始时”在实践中有不同的理解，建议修改为“被继承人死亡时。”一些地方和单位建议，在“继承”后增加规定“受遗赠”。有的地方提出，本条表述与继承编征求意见稿第三条不一致，建议删除。

（十九）事实行为导致的物权变动

征求意见稿第二十七条规定，因合法建造、拆除房屋等事实行为设立或者消灭物权的，自事实行为成就时发生效力。

一些地方和单位提出，以合法与否对基于事实行为发生的物权变动予以限制不符合法理，建议删除“合法”。

（二十）非依法律行为取得的不动产物权的处分

征求意见稿第二十八条规定，依照本编第二十五条至第二十七条规定享有不动产物权的，处分该物权时，依照法律规定需要办理登记的，未经登记，不发生物权效力。

有的单位建议，将“物权效力”修改为“物权变动效力”。一些地方和单位建议，将本条修改为：“依照本编第二十五条至第二十七条规定取得不动产物权的，须依法办理登记后才能处分该物权。”

四、关于物权的保护

（一）总的意见

一些地方和单位提出，返还请求权、排除妨害请求权、消除危险请求权为物权保护独有，建议规定在物权编第一章，并删除有关侵权责任和程序性的规定，并取消第三章。

有的单位建议，在本章增加一条：“动物是特殊物，其保护和利用由特别法规定。在法律的特殊规定之外，对动物适用关于物的一般规定，但不允许以违背人道主义的态度残酷对待。”

（二）物权保护的救济途径

征求意见稿第二十九条规定，物权受到侵害的，权利人可以通过和解、调解、仲裁、诉讼等途径解决。

一些地方和单位提出，本条是关于程序法的规定，建议删除。

（三）物权确认请求权

征求意见稿第三十条规定，因物权的归属、内容发生争议的，利害关系人可以请求确认权利。

有的单位建议，将“确认权利”修改为“人民法院或者仲裁机构确认权利”。有的单位建议，将“权利”修改为“物权”。

有的部门建议，增加一款：“利害关系人依本条第一款请求确认物权的，不适用诉讼时效的规定。”有的部门建议，增加一款：“因自然资源物权归属发生争议的，应当先由行政机关确认。确认自然资源物权的具体办法，由行政法规规定。”一些单位提出，有关物权的主张都包含确认物权的内容，不需要单独规定确认权利请求权,建议删除本条。

(四)返还原物请求权

征求意见稿第三十一条规定,无权占有不动产或者动产的,权利人可以请求返还原物。

有的地方建议,在“返还原物”后增加规定“及其孳息”。有的单位建议,增加规定“但占有人有占有权利的除外”。

(五)停止侵害、排除妨碍、消除危险

征求意见稿第三十二条规定,妨害物权或者可能妨害物权的,权利人可以请求停止侵害、排除妨碍或者消除危险。

有的单位提出,物权法不存在排除妨碍和消除危险之外的停止侵害,在知识产权、人格权领域才可能有停止侵害的必要,建议删除“停止侵害”。有的单位建议,将“妨害、侵害、妨碍”统一规定为“妨害”。

(六)修理、重作、更换与恢复原状请求权

征求意见稿第三十三条规定,造成不动产或者动产毁损的,权利人可以依法请求修理、重作、更换或者恢复原状。

有的单位建议,将“不动产或者动产”修改为“动产或者不动产”,以便与“修理、重作、更换”和“恢复原状”相对应。一些地方和单位提出,“修理、更换、重作”和恢复原状请求权不是物权请求权的类型,建议删除本条。

(七)损害赔偿与其他民事责任

征求意见稿第三十四条规定,侵害物权,造成权利人损害的,权利人可以依法请求损害赔偿,也可以依法请求承担其他民事责任。

一些地方、部门和单位提出,本条与侵权责任有关,且仅为宣示性规定,建议删除。

(八)物权保护方式的适用与行政责任、刑事责任

征求意见稿第三十五条第二款规定,侵害物权,除承担民事责任外,违反行政管理规定的,依法承担行政责任;构成犯罪的,依法追究刑事责任。

一些地方、部门和单位提出,第二款与物权制度关系不大,建议删除。

五、关于所有权的一般规定

(一)所有权人设定他物权

征求意见稿第三十七条规定,所有权人有权在自己的不动产或者动产上设立用益物权和担保物权。用益物权人、担保物权人行使权利,不得损害所有权人的权益。

有的地方提出,用益物权人、担保物权人行使权利会涉及并影响到所有权人权

益，建议明确“损害”的含义和范围。有的地方和单位建议，将“不得损害所有权人的权益”修改为“不得违反约定或者法律规定”。

（二）征收

征求意见稿第三十九条第一款规定，为了公共利益的需要，依照法律规定的权限和程序可以征收集体所有的土地和组织、个人的房屋及其他不动产。第二款规定，征收集体所有的土地，应当依法足额支付土地补偿费、安置补助费、地上附着物和青苗的补偿费等费用，安排被征地农民的社会保障费用，保障被征地农民的生活，维护被征地农民的合法权益。第三款规定，征收组织、个人的房屋及其他不动产，应当依法给予征收补偿，维护被征收人的合法权益；征收个人住宅的，还应当保障被征收人的居住条件。

一些地方、部门和单位建议，对第一款“公共利益”进行界定。有的单位建议，在第一款增加规定“并给予被征收人公平补偿”。

有的地方建议，在第二款增加规定“农民宅基地及房屋补偿费”。有的部门提出，总结集体土地征收补偿试点经验，建议将第二款修改为：“征收集体所有的土地，应当综合考虑土地用途和区位、经济发展水平、人均收入情况，合理确定土地征收补偿标准，安排被征地农民住房、社会保障，保障被征地农民的生活，维护被征地农民的合法权益。”

有的部门建议，将第三款“征收补偿”修改为“相应的征收补偿”；有的地方建议，修改为“合理的征收补偿”；有的地方建议，修改为“公平、合理的补偿”。有的地方建议，在第三款“被征收人”后增加规定“在原址或者附近”。

有的地方建议，增加关于对补偿方案进行社会公示的规定。有的部门建议，完善征收集体所有土地过程中对土地所有权、用益物权的分别补偿机制。有的单位提出，征收征用已在特别法中具体规定，建议删除相关条文，并增加规定：“为了公共利益，或因抢险、救灾等紧急所迫，需要征收或征用集体所有的土地、私人的不动产或动产的，依照土地管理法等法律、法规规定的权限和程序办理。”

（三）保护耕地、禁止违法征地

征求意见稿第四十条规定，国家对耕地实行特殊保护，严格限制农用地转为建设用地，控制建设用地总量。不得违反法律规定的权限和程序征收集体所有的土地。

有的部门建议，将“国家对耕地实行特殊保护”修改为“国家实行国土空间用途管制制度，对耕地实行特殊保护”。

一些地方和单位提出，本条内容不属于所有权，并且土地管理法已经作出明确规定，建议删除。有的地方建议，删除本条第一句。有的地方建议，将本条第二句移至第三十九条第一款。

（四）征用

征求意见稿第四十一条规定，因抢险、救灾等紧急需要，依照法律规定的权限和程序可以征用组织、个人的不动产或者动产。被征用的不动产或者动产使用后，应当返还被征用人。组织、个人的不动产或者动产被征用或者征用后毁损、灭失的，应当给予补偿。

有的地方建议，明确返还时间和补偿主体，将“不动产或者动产使用后”修改为“不动产或者动产在紧急需要完成后”，在“应当给予补偿”前增加规定“征用单位”，并增加一款规定：“返还被征用人时，征用人应当支付合理使用费”。

六、关于国家所有权和集体所有权、私人所有权

（一）总的意见

有的地方和单位建议，将本章章名修改为：“国家所有权、集体所有权和私人所有权”；有的地方建议，修改为“国家所有权、集体所有权、私人所有权、其他权利人所有权”。有的地方和部门建议，将“私人”修改为“个人”。

有的单位建议，将本章中的“集体经济组织”修改为“农村集体经济组织”。有的地方建议，明确农民集体、乡镇集体和城镇集体的区别，增加规定“集体经济组织”的定义，并将“城镇”修改为“城市”。一些地方、部门和单位建议，对集体经济组织成员资格、成员权益等作出具体规定。

有的地方和单位提出，第四十三条至第四十九条分别规定了国家所有权，建议将这些条文合并。有的地方和单位建议，将第六十一条至第六十三条合并为一条规定：“私人对其合法的不动产和动产享有所有权。私人的合法财产权益受法律保护，任何组织或者个人不得侵犯。”

有的部门提出，征求意见稿第三条已经规定国家、集体、私人的物权受法律平等保护，建议删除本章与此重复的规定。

（二）无线电频谱的国家所有权

征求意见稿第四十七条规定，无线电频谱资源属于国家所有。

有的单位提出，无线电频谱不是物质，不宜从所有权的角度规定，建议删除本条。

（三）国家举办的事业单位的物权

征求意见稿第五十一条规定，国家举办的事业单位对其直接支配的不动产和动产，享有占有、使用以及依照法律和国务院的有关规定收益、处分的权利。

有的单位建议，增加一款规定：“科技成果、知识产权权属依其他法律规定。”

（四）国家出资的企业出资人制度

征求意见稿第五十二条规定，国家出资的企业，由国务院、地方人民政府依照

法律、行政法规规定分别代表国家履行出资人职责,享有出资人权益。

有的单位提出,国家投资问题应由公司法规制,建议删除本条。教育部建议,增加一款规定:“国家举办的事业单位出资的企业由事业单位代表国家履行出资人职责,享有出资人权益。”

(五)国有财产管理的法律责任

征求意见稿第五十四条第一款规定,履行国有财产管理、监督职责的机构及其工作人员,应当依法加强对国有财产的管理、监督,促进国有财产保值增值,防止国有财产损失;滥用职权,玩忽职守,造成国有财产损失的,应当依法承担法律责任。第二款规定,违反国有财产管理规定,在企业改制、合并分立、关联交易等过程中,低价转让、合谋私分、擅自担保或者以其他方式造成国有财产损失的,应当依法承担法律责任。

有的部门建议,在第二款“关联交易”前增加规定“资产交易”。有的地方和单位建议,删除本条,由企业国有资产法等规定。

(六)农民集体所有财产的归属

征求意见稿第五十五条规定,集体所有的不动产和动产包括:(1)法律规定属于集体所有的土地和森林、山岭、草原、荒地、滩涂;(2)集体所有的建筑物、生产设施、农田水利设施;(3)集体所有的教育、科学、文化、卫生、体育等设施;(4)集体所有的其他不动产和动产。

有的部门提出,党中央关于稳步推进农村集体产权制度改革的意见将集体资产分为资源性资产、经营性资产、非经营性资产三大类,本条将集体所有的不动产和动产分为四类,该分类是否要与党中央的表述一致,建议斟酌。

(七)农民集体所有财产的归属及重大事项的决定

征求意见稿第五十六条第二款规定,下列事项应当依照法定程序经本集体成员决定:(1)土地承包方案以及将土地发包给本集体以外的组织或者个人承包;(2)个别土地承包经营权人之间承包地的调整;(3)土地补偿费等费用的使用、分配办法;(4)集体出资的企业的所有权变动等事项;(5)法律规定的其他事项。

有的地方提出,个别人之间承包地的调整没必要由集体成员决定,建议删除第二项。有的地方建议,明确“本集体成员决定”的具体决定方式,并增加规定违法决定的惩罚性措施。

(八)农民集体所有权的行使

征求意见稿第五十七条规定,对于集体所有的土地和森林、山岭、草原、荒地、滩涂等,依照下列规定行使所有权:(1)属于村农民集体所有的,由村集体经济组织或者村民委员会依法代表集体行使所有权;(2)分别属于村内两个以上农民集体所有的,由村内各该集体经济组织或者村民小组依法代表集体行使所有权;(3)属于乡镇农民集体所有的，由乡镇集体经济组织代表集体行使所有权。

有的单位提出，应当先讲“组”再讲“队”，建议将第一项和第二项调换顺序。有的地方建议，将第二项、第三项中的村民委员会、村民小组删除，并增加一款规定：“农村集体经济组织机构不健全的，由村民委员会、村民小组依法代表其行使所有权”。有的部门建议，将第一项修改为：“属于村农民集体所有的，由村集体经济组织代表集体行使所有权，未成立集体经济组织的由村民委员会代表集体行使所有权”；第二项修改为：“分别属于村内两个以上农民集体所有的，由村内各该集体经济组织代表集体行使所有权，未成立集体经济组织的由村民小组代表集体行使所有权。”有的部门建议，对集体所有的财产的处分原则和方式作更明确的规定。

（九）公布集体财产状况

征求意见稿第五十九条规定，集体经济组织或者村民委员会、村民小组应当依照法律、行政法规以及章程、村规民约向本集体成员公布集体财产的状况。集体成员有权查阅、复制相关资料。

有的地方建议，增加规定公布集体财产是农村集体经济组织的职责，在未设立农村集体经济组织时由村民委员会、村民小组依法代表履行该职责。

（十）集体财产权的保护

征求意见稿第六十条第一款规定，集体所有的财产受法律保护，禁止任何组织或者个人侵占、哄抢、私分、破坏。第二款规定，集体经济组织、村民委员会或者其负责人作出的决定侵害集体成员合法权益的，受侵害的集体成员可以请求人民法院予以撤销。

有的单位建议，第一款增加规定“截留”。有的单位建议，增加规定“挪用”。有的单位建议，将第一款修改为：“集体所有的财产受法律保护，任何组织或者个人不得侵犯。”

有的地方建议，在第二款“村民委员会”后增加规定“村民小组”，并将“作出的决定”修改为“违法作出的决定”。有的地方建议，在第二款“撤销”后增加规定“也可以判令其承担补偿或者赔偿责任”。

一些部门和单位提出，集体成员的合法权益包括自益权和共益权，应该区分不同的类型，分别明确其效力。

（十一）私有财产范围

征求意见稿第六十一条规定，私人对其合法的收入、房屋、生活用品、生产工具、原材料等不动产和动产享有所有权。

有的单位建议，增加规定“网络虚拟财产”。有的地方建议，增加规定“文物”。

（十二）私人合法储蓄、投资和财产继承权等的保护

征求意见稿第六十二条第一款规定，私人合法的储蓄、投资及其收益受法律保

护。第二款规定,国家依照法律规定保护私人的继承权及其他合法权益。

有的单位提出,储蓄、投资不属于物权客体,保护继承权的规定也不属于物权编范畴,建议删除本条。有的部门提出,第二款不属于物权编调整范围,建议删除。

(十三)企业出资人的权利

征求意见稿第六十四条规定,国家、集体和私人依法可以出资设立有限责任公司、股份有限公司或者其他企业。国家、集体和私人所有的不动产或者动产,投到企业的,由出资人按照约定或者出资比例享有资产收益、重大决策以及选择经营管理者等权利并履行义务。

有的地方和单位提出,"投到企业的"过于口语化,建议修改为"作为资本投入企业的"。有的地方建议,将"按照约定或者出资比例"修改为"按照约定或者相关法律规定"。有的地方和单位提出,本条不是物权法的规范内容,应受公司法、合伙企业法等调整,建议删除。

(十四)法人对其不动产和动产的权利

征求意见稿第六十五条第一款规定,营利法人对其不动产和动产依照法律、行政法规以及章程享有占有、使用、收益和处分的权利。第二款规定,营利法人以外的法人,对其不动产和动产的权利,适用有关法律、行政法规以及章程的规定。

有的地方提出,民法总则已经将法人分为"营利法人"和"非营利法人",建议将"营利法人以外的法人"修改为"非营利法人"。

(十五)社会团体法人、捐助法人财产的保护

征求意见稿第六十六条规定,社会团体法人、捐助法人依法所有的不动产和动产,受法律保护。

有的地方建议,将本条修改为"非营利性法人、特别法人依法所有的不动产和动产受法律保护"。有的部门建议,明确本条中"所有"的性质是属于国家所有、集体所有还是私人所有。

有的地方和单位建议,将第六十五条与本条合并,修改为:"法人依法所有的动产、不动产,受法律保护。法律、行政法规或章程对法人行使财产权有规定的,依其规定。"

(十六)其他

有的部门建议,增加规定法人所有权、非法人组织所有权的具体内容。

有的部门建议,增加规定"公共所有权",其客体为"公共资产",主要包括部分由党政机关、人民团体、事业单位维护管理并提供给社会公众使用的资产以及部分社会团体管理的用于向社会公众提供服务的资产。

有的部门建议,增加规定"电信网码号资源属于国家所有""国家机关形成的数据资源属于国家所有"。

有的部门建议,增加规定:“法律规定属于国家所有的古生物化石,属于国家所有。”有的单位建议,对于陨石、乌木等新出现的资源,增加规定:“具有科研价值的无主天然物和新型资源归国家所有。”

有的部门建议,根据生态文明体制改革总体方案中提出的健全国家自然资源资产管理体制和探索建立分级行使所有权体制的任务,作出相应规定。

有的部门建议,增加对无主财产认定的规定,明确无主财产在通过一定程序后,归国家所有。

七、关于业主的建筑物区分所有权

(一)总的意见

一些单位建议,将“业主的建筑物区分所有权”修改为“建筑物区分所有权”。有的单位建议,将“业主”修改为“区分所有权人”。有的单位建议,将“建筑区划”修改为“住宅小区”。

(二)建筑物区分所有权的基本内容

征求意见稿第六十七条规定,业主对建筑物内的住宅、经营性用房等专有部分享有所有权,对专有部分以外的共有部分享有共有和共同管理的权利。

一些地方和单位建议,将“经营性用房”修改为“非住宅房屋”。有的部门建议,增加一款规定:“不动产统一登记,应当明确建筑物共有部分的范围、内容和权利。”

(三)业主对专有部分的所有权

征求意见稿第六十八条规定,业主对其建筑物专有部分享有占有、使用、收益和处分的权利。业主行使权利不得危及建筑物的安全,不得损害其他业主的合法权益。

有的单位建议,在“不得损害其他业主的合法权益”后增加规定“不得有害公共利益”。一些部门和单位建议,增加对专有部分界定的规定:“建筑区划内具有构造和利用上的独立性且能够登记成为特定业主所有权的客体,应当认定为建筑物的专有部分。”

(四)业主对专有部分以外的共有部分的权利义务

征求意见稿第六十九条第一款规定,业主对建筑物专有部分以外的共有部分,享有权利,承担义务;不得以放弃权利不履行义务。

一些地方、部门和单位建议,将“不得以放弃权利不履行义务”修改为“不得以放弃权利为由不履行义务”。

有的单位建议,增加一款规定:“业主可以约定由部分业主对共有部分享有专用使用权。”一些单位建议,对共有部分的范围及业主对共有部分的合理使用作出规定。

（五）建筑区划内道路、绿地、其他公共场所等的归属

征求意见稿第七十条规定，建筑区划内的道路，属于业主共有，但属于城镇公共道路的除外。建筑区划内的绿地，属于业主共有，但属于城镇公共绿地或者明示属于个人的除外。建筑区划内的其他公共场所、公用设施和物业服务用房，属于业主共有。

有的地方提出，建筑区划内的道路也可以属于私人专有，建议在“属于城镇公共道路”后增加规定“明确属于个人的”。有的地方建议，对“明示”方式做进一步明确。

（六）车位、车库

征求意见稿第七十一条第一款规定，建筑区划内，规划用于停放汽车的车位、车库应当通过出售、出租等方式，首先满足业主的需要。第二款规定，建筑区划内，规划用于停放汽车的车位、车库的归属，由当事人通过出售、附赠等方式约定。第三款规定，占用业主共有的道路或者其他场地用于停放汽车的车位，属于业主共有。

有的部门和单位提出，本条不足以维护业主利益，如果没有充足理由，建议恢复物权法的规定。

一些地方、部门和单位建议，在第一款增加“附赠”。有的地方提出，车位、车库应归业主所有，建议在第一款后增加规定：“利用共有部分车位、车库产生的收益，属于业主共有”，在第二款后增加规定：“业主有优先购买、租赁的权利。”

有的单位建议，应当“先解决归属，再解决处置问题”，建议将第二款改作第一款第一句，将第三款改作第一款第二句，原第一款作为第二款。有的单位建议，将第一款和第二款顺序互换，并规定：“建筑区划内，规划用于停放汽车的车位、车库归建设单位所有，但当事人另有约定的除外。”

有的地方建议，增加一款规定：“建设单位未出售或者未附赠的车位、车库，应当优先出租给本区域内业主。在首先满足本物业管理区域内业主的购买和承租需要后还有多余车位、车库的，可以出租给本物业管理区域外的使用人。”有的单位建议，增加规定：“住宅小区内的车位、车库不专属于某一住宅小区区分所有权人或某一特定权利人的，由全体住宅小区区分所有权人共有。”

（七）业主大会、业主委员会的设立

征求意见稿第七十二条第一款规定，业主可以设立业主大会，选举业主委员会。业主大会、业主委员会成立的具体条件和程序，依照法律、行政法规的规定。第二款规定，地方人民政府有关部门应当对设立业主大会和选举业主委员会给予指导和协助。

有的地方建议，将第二款中的“应当”修改为“可以”。有的地方建议，将第一款中的“行政法规”修改为“法规”。有的地方建议，在第二款“地方”后增加规定

“基层”。

有的部门建议，增加一款规定：“未设立业主大会或者业主委员会的，可由居民委员会代行有关职能。”

（八）业主决定建筑区划内重大事项及表决权

征求意见稿第七十三条第一款规定，下列事项由业主共同决定：(1)制定和修改业主大会议事规则；(2)制定和修改建筑物及其附属设施的管理规约；(3)选举业主委员会或者更换业主委员会成员；(4)选聘和解聘物业服务企业或者其他管理人；(5)筹集和使用建筑物及其附属设施的维修资金；(6)改建、重建建筑物及其附属设施；(7)改变共有部分的用途或者利用共有部分从事经营活动；(8)有关共有和共同管理权利的其他重大事项。第二款规定，业主共同决定事项，应当由专有部分占比三分之二以上的业主且人数占比三分之二以上的业主参加表决。决定前款第五项至第七项规定的事项，应当经参加表决专有部分面积四分之三以上的业主且参加表决人数四分之三以上的业主同意。决定前款其他事项，应当经参加表决专有部分面积过半数的业主且参加表决人数过半数的业主同意。

有的部门建议，将第一款第二项修改为：“制定和修改管理规约。”有的地方建议，将第五项修改为：“制定筹集和使用建筑物及其附属设施的维修资金的规则。”有的单位建议，将第六项修改为：“改建、重建、更新建筑物及其附属设施。”有的地方建议，将第七项修改为：“改变共有部分的用途、利用共有部分从事经营性活动或者处分共有部分。”

有的地方建议，将第二款中的“第五项至第七项”修改为“第五项、第六项”；有的地方建议，修改为“第六项、第七项”。有的地方建议，将“专有部分占比”修改为“专有部分占建筑总面积的比例”；有的地方建议，修改为“专有部分面积”。有的地方建议，将第二款中的“四分之三”都修改为“三分之二”。

有的部门建议，增加一款规定：“业主大会可以在业主大会议事规则和管理规约中，对本物业管理区域的业主决定事项和表决规则作出约定。”

有的地方建议，增加一款规定：“对业主共同决定事项，已采取合理方式通知业主进行表决，业主未参加表决的，推定该业主同意表决通过的意见。”

有的地方建议，增加一款规定：“业主表决方式可以采用集中开会的形式，也可以采用逐一书面征求意见、电子投票等方式。”

有的单位建议，增加规定：“对经由有资质的第三方机构鉴定存在安全隐患的建筑，业主主张重建的，应当经专有部分占建筑物总面积过半数的业主且占总人数过半数的业主同意。”

有的地方建议，增加规定建筑物区分所有权因故无法实施时的行政救济内容，在业主无法达成合法有效意见且情况紧急的，授权行政机关代为行使，及时有效保护业主的合法权益。

有的地方提出，由于小区住户多和人口流动性加速等原因，由业主共同决定在实践中难以操作，建议对业主委员会的权利进一步明确，明确可以由业主或业主大会授权业主委员会行使的权利、行使的程序、不当行使的责任等。

（九）住宅改为经营性用房

征求意见稿第七十四条规定，业主不得违反法律、法规以及管理规约，将住宅改变为经营性用房。业主将住宅改变为经营性用房的，除遵守法律、法规以及管理规约外，应当经有利害关系的业主一致同意。

有的单位建议，将“一致同意”修改为“一致书面同意”。有的地方建议，将“经营性用房”修改为“营利性用途”。

有的单位建议，增加一款规定：“有利害关系的业主包括，同一建筑物内的其他业主以及能够证明其房屋价值、生活质量受到或者可能受到不利影响的建筑区划内其他建筑物内的业主。”

有的单位提出，在业主不违背法律、法规以及管理规约的前提下，对专有部分变更用途不应当被限制。本条规定业主擅自变更为经营性用房给他人造成损害或妨碍时的责任即可。有的单位提出，业主“住改商”可能没有妨碍相邻业主，相邻业主却以此规定滥用权利，也侵害了“住改商”业主对房屋的使用权，建议增加规定“不同意的业主需要给出合理理由”。有的地方建议，增加规定“商改住”的相应规则。

（十）业主大会、业主委员会决定的效力

征求意见稿第七十五条第二款规定，业主大会或者业主委员会作出的决定侵害业主合法权益的，受侵害的业主可以请求人民法院予以撤销。

一些地方和单位建议，在撤销事由中增加规定“违反法律或者行政法规规定的召集程序、表决方式”，同时增加关于撤销权行使期间的规定。有的单位建议，将“受侵害的业主”修改为“受侵害的或有利害关系的业主”。有的地方建议，在本款后增加规定“造成损失的，应当依法承担赔偿责任”。

有的地方建议，增加一款规定：“业主委员会因管理需要产生的费用，由全体业主承担；因管理不当造成的损失，明确表示反对意见的业主，不予承担。”

有的部门提出，本款已成为个别业主拒绝执行业主大会或者业主委员会决定的依据，建议删除。

（十一）维修基金的归属、用途、筹集与使用

征求意见稿第七十六条规定，建筑物及其附属设施的维修资金，属于业主共有。经业主共同决定，可以用于电梯、给排水设施等共有部分的维修。维修资金的筹集、使用情况应当公布。

有的部门建议，明确维修资金的使用规则，“共同决定”在实践中难以实施，可以考虑三分之二或者二分之一多数决的方式。

有的部门提出，根据相关行政法规，供水设施的维修费用应由供水企业承担，按照住宅专项维修资金管理办法的规定，维修资金不只限于维修，还包括更新、改造，建议将“电梯、给排水设施等共有部分的维修”修改为“电梯、屋顶、外墙、无障碍设施等共有部分的维修和更新、改造”。

有的单位建议，明确规定维修资金是全体业主共有、部分楼栋的业主共有还是部分单元的业主共有，增加规定不及时维修存在重大隐患，但业主间不能形成决议时的处理办法。对维修资金的用途，建议增加规定“加装电梯”。

一些地方和单位建议，增加规定：“业主有权查阅、复制相关资料。”有的单位建议，增加规定：“维修资金的使用可以聘请第三方监管单位。”有的单位建议，增加规定：“有交存住宅专项维修资金的，应当优先使用住宅专项维修资金。”

（十二）共有部分产生收益的归属

征求意见稿第七十七条规定，建设单位、物业服务企业或者其他管理人等利用业主的共有部分产生的收益，在扣除合理成本之后，属于业主共有。

有的地方建议，在“扣除合理成本”前增加规定“有约定的从约定，无约定的”。

有的单位建议，将“在扣除合理成本之后，属于业主共有”修改为“属于业主共有，但应以共有收益向管理人支付合理成本”。

有的地方建议，增加一款规定：“建设单位、物业服务企业或者其他管理人等应当公布收益状况，业主有权查阅、复制相关资料。”

（十三）建筑物及其附属设施的费用分摊、收益分配

征求意见稿第七十八条规定，建筑物及其附属设施的费用分摊、收益分配等事项，有约定的，按照约定；没有约定或者约定不明确的，按照业主专有部分占建筑物总面积的比例确定。

有的部门提出，仅建筑物共有部分需要明确费用分摊、收益分配等问题，建议将“建筑物及其附属设施的费用分摊、收益分配等事项”修改为“建筑物共有部分的运行、维修、养护费用分摊及收益分配等事项”。

一些单位建议，将“专有部分占建筑物总面积的比例”修改为“专有部分占建筑物专有部分总面积的比例”；有的单位建议，修改为“专有部分占比”。

（十四）建设单位聘请的物业服务企业

征求意见稿第七十九条第二款规定，对建设单位聘请的物业服务企业或者其他管理人，业主有权依法更换。

有的部门提出，征求意见稿第七十三条已规定业主有权决定选聘和解聘物业服务企业或者其他管理人，无需在本款重复规定，建议删除。

(十五)业主大会、业主委员会对侵权等行为的制止

征求意见稿第八十一条第二款规定，业主大会和业主委员会，对任意弃置垃圾、排放污染物或者噪声、违反规定饲养动物、违章搭建、侵占通道、拒付物业费等损害他人合法权益的行为，有权依照法律、法规以及管理规约，请求行为人停止侵害、消除危险、排除妨碍、赔偿损失。

有的单位建议，在“业主大会和业主委员会”后面增加规定“业主”；有的地方建议，增加规定“物业服务人、其他管理人”。一些地方、部门和单位建议，删除“拒付物业费”。

有的单位提出，将业主的侵权责任与违约责任置于一个条文，过于笼统，建议作适当区分。

(十六)业主对他人侵犯自己合法权益行为的请求权

征求意见稿第八十二条规定，业主对建设单位、物业服务企业或者其他管理人以及其他业主侵害自己合法权益的行为，有权请求其承担民事责任。

有的地方建议，将“民事责任”修改为“相应法律责任”。

(十七)其他

有的部门和单位建议，增加关于业主身份界定的规定。有的地方、部门和单位建议，增加规定：“关于业主义务的规定，参照适用于专有部分的承租人、借用人等占有人。”

有的单位建议，吸收相关司法解释，增加规定业主知情权。有的地方和单位建议，增加规定区分所有建筑物的重建规则。

有的地方建议，赋予业主委员会诉讼主体资格，同时建立民事责任由业主分担的机制。有的单位建议，有限地认可业主委员会的诉讼主体地位。

有的部门建议，增加关于无障碍设施的权属、使用和管理的规定。有的地方建议，对建筑区划内的人防设施产权界定、利用、处置作出规定。

八、关于相邻关系

(一)处理相邻关系的原则

征求意见稿第八十三条规定，不动产的相邻权利人应当按照有利生产、方便生活、团结互助、公平合理的原则，正确处理相邻关系。

有的单位建议，增加规定“保护环境”原则。

(二)处理相邻关系的依据

征求意见稿第八十四条规定，法律、法规对处理相邻关系有规定的，依照其规定；法律、法规没有规定的，可以按照当地习惯。

有的单位提出，民法总则已对习惯的法源地位作出规定，建议删除本条。

（三）相邻关系中的通风、采光、日照

征求意见稿第八十八条规定，建造建筑物，不得违反国家有关工程建设标准，妨碍相邻建筑物的通风、采光和日照。

有的地方提出，建筑规划有关于容积率、建筑密度的规定，与城乡规划法等强制性规划标准相衔接，涵盖面广，建议在“工程建设标准”前增加规定“建筑规划”。有的部门提出，按照标准化改革精神，在工程建设领域将建立强制性工程规范与推荐性工程标准体制，建议将“工程建设标准”修改为“工程建设规范和标准”。

有的单位建议，增加规定违反本条的法律后果：“受到妨害的相邻权人有权请求停止侵害、排除妨碍，因此受有损害的，可以请求赔偿损失。但在其建筑竣工后，无法排除妨碍或排除不符合经济合理原则的，相邻权人只得请求损害赔偿或补偿。”

（四）使用相邻不动产时避免造成损害的义务

征求意见稿第九十一条规定，不动产权利人因用水、排水、通行、铺设管线等利用相邻不动产的，应当尽量避免对相邻的不动产权利人造成损害；造成损害的，应当给予赔偿。

有的单位提出，相邻关系分为两类，一是为行使自身权利而使用、限制相邻不动产，二是行使自身权利不当损害他人权利。前者给他人造成损害，应予“补偿”，后者应予“赔偿”，建议区分两种情形修改本条。

（五）其他

有的地方和单位建议，对特殊的相邻关系，如光反射、眺望妨害、电磁妨害、铁路声屏障等，增加规定相应的处理规则。有的单位建议，对越界建筑物、越界根枝的处理规则作出规定。

有的地方建议，增加规定允许当事人通过意思自治排除或重新安排相邻关系的内容。

九、关于共有

（一）共有物的管理

征求意见稿第九十五条规定，共有人按照约定管理共有的不动产或者动产；没有约定或者约定不明确的，各共有人都有管理的权利和义务。

有的单位建议，将本条修改为：“对共有物实施利用、改良、修缮等行为，应当经占共有份额一半以上的按份共有人同意，但按份共有人之间另有约定的除外。共有物的简易修缮及其他保存行为，按份共有人有权单独决定。”

（二）共有物的处分、重大修缮、变更性质或者用途

征求意见稿第九十六条规定，处分共有的不动产或者动产以及对共有的不动

产或者动产作重大修缮、变更性质或者用途的，应当经占份额三分之二以上的按份共有人或者全体共同共有人同意，但共有人之间另有约定的除外。

有的地方和单位建议，在“共有人之间另有约定”后增加规定“或者法律另有规定”，与其他法律规定相协调。

（三）共有物分割原则

征求意见稿第九十八条规定，共有人约定不得分割共有的不动产或者动产，以维持共有关系的，应当按照约定，但共有人有重大理由需要分割的，可以请求分割；没有约定或者约定不明确的，按份共有人可以随时请求分割，共同共有人在共有的基础丧失或者有重大理由需要分割时可以请求分割。因分割对其他共有人造成损害的，应当给予赔偿。

有的单位建议，在约定不得分割共有物以外，增加规定“法律规定不得分割、根据共有物的用途不能分割”的情形，并增加规定“按份共有人之间约定不得分割的期限不得超过五年”。

有的单位建议，限制因分割共有物而产生的损害赔偿责任，只有任意请求分割或者违反约定请求分割给其他共有人造成损失时，才应承担损害赔偿责任。

有的部门和单位建议，增加规定共有物分割的效力。有的单位建议，增加规定分割产生的费用的承担规则。

（四）共有物分割方式

征求意见稿第九十九条第一款规定，共有人可以协商确定分割方式。达不成协议，共有的不动产或者动产可以分割并且不会因分割减损价值的，应当对实物予以分割；难以分割或者因分割会减损价值的，应当对折价或者拍卖、变卖取得的价款予以分割。第二款规定，共有人分割所得的不动产或者动产有瑕疵的，其他共有人应当分担损失。

有的地方建议，在第一款增加规定：“除法律另有规定外，原则上各共有人份额应当均等，可以考虑共有人对共有财产的贡献大小，适当照顾共有人生产生活需要等情况。”

有的单位建议，在第二款增加规定：“但共有人分割共有物时另有约定的除外。”

（五）按份共有人的优先购买权

征求意见稿第一百条规定，按份共有人可以转让其享有的共有的不动产或者动产份额。其他共有人在同等条件下享有优先购买的权利。

有的地方建议，明确“同等条件”的内涵。有的单位建议，吸收相关司法解释，明确在继承、遗赠的情况下共有人无优先购买权。

（六）按份共有人优先购买权的行使

征求意见稿第一百零一条规定，按份共有人向第三人转让其享有的共有的不动产或者动产份额的，应当将转让条件及时通知其他共有人。其他共有人应当在合理期间内行使优先购买权。

有的单位建议，将“第三人”修改为“按份共有人之外的人”。有的地方建议，将“通知”修改为“书面通知”。一些地方和单位建议，明确“合理期间”的时限。

有的地方建议，在本条后增加规定：“其他共有人在合理期限内未答复的，视为放弃优先购买权。”

（七）共有物产生债权债务关系的对内对外效力

征求意见稿第一百零二条规定，因共有的不动产或者动产产生的债权债务，在对外关系上，共有人享有连带债权、承担连带债务，但法律另有规定或者第三人知道共有人不具有连带债权债务关系的除外；在共有人内部关系上，除共有人另有约定外，按份共有人按照份额享有债权、承担债务，共同共有人共同享有债权、承担债务。偿还债务超过自己应当承担份额的按份共有人，有权向其他共有人追偿。

有的地方和单位提出，“第三人知道共有人不具有连带债权债务关系”的规定，语义不明，易引发法律解释与适用疑义，建议删除。

有的地方提出，共同共有人对外赔偿后还是会回到如何区分内部责任的问题，建议将“偿还债务超过自己应当承担份额的按份共有人”修改为“偿还债务超过自己应当承担份额的共有人”，并在“共有人内部关系上，除共有人另有约定外”后增加规定“或者法律另有规定外”。

（八）共有关系不明时对共有关系性质的推定

征求意见稿第一百零三条规定，共有人对共有的不动产或者动产没有约定为按份共有或者共同共有，或者约定不明确的，除共有人具有家庭关系等外，视为按份共有。

有的单位建议，将“家庭关系等”修改为“婚姻、血缘关系等”。

（九）所有权以外的财产权利的准共有

征求意见稿第一百零五条规定，两个以上组织、个人共同享有所有权以外的财产权利的，参照本章规定。

有的部门提出，“所有权以外的财产权利”范围太大，与物权法相关规定不一致，建议恢复物权法的“用益物权、担保物权”。

（十）其他

有的单位建议，增加共有人对共有物使用、收益的规定。

有的单位建议，增加规定共有人管理共有财产的约定可以在登记后具有对抗第三人的效力，以利于共有财产的管理。

十、关于所有权取得的特别规定

(一)善意取得

征求意见稿第一百零六条第一款规定,无处分权人将不动产或者动产转让给受让人的,所有权人有权追回;除法律另有规定外,符合下列情形的,受让人取得该不动产或者动产的所有权:(1)受让人受让该不动产或者动产时是善意的;(2)以合理的价格转让;(3)转让的不动产或者动产依照法律规定应当登记的已经登记,不需要登记的已经交付给受让人。第二款规定,受让人依照前款规定取得不动产或者动产的所有权的,原所有权人有权向无处分权人请求赔偿损失。

有的部门建议,将第一款第二项、第三项中的"转让"修改为"受让",与主语"受让人"保持一致。有的单位提出,物权法中有意思主义物权变动模式,善意取得并非都在交付或者登记时才完成,建议将第一款第三项修改为:"转让的不动产或者动产依照法律规定在形式上发生了物权变动,但以占有改定方式交付的除外"。一些地方和单位建议,在第一款第三项"不需要登记的已经交付给受让人"后增加规定"但以占有改定方式交付的除外"。

有的单位提出,第二款作为债权的救济手段不需要在物权编规定,权利人不仅可以要求无权处分人赔偿损失,也可以要求返还不当得利,建议删除第二款。

有的地方和单位建议,参照相关司法解释,细化善意的要件和举证责任的分配规则。

一些地方和单位提出,动产的善意取得与不动产的善意取得有很大区别,建议参照相关司法解释,分别作出规定。

一些单位建议,根据相关司法解释,增加规定:"转让合同不存在无效、可撤销、效力待定等瑕疵。"

(二)遗失物的善意取得

征求意见稿第一百零七条规定,所有权人或者其他权利人有权追回遗失物。该遗失物通过转让被他人占有的,权利人有权向无处分权人请求损害赔偿,或者自遗失之日起二年内向受让人请求返还原物,但受让人通过拍卖或者向具有经营资格的经营者购得该遗失物的,权利人请求返还原物时应当支付受让人所付的费用。权利人向受让人支付所付费用后,有权向无处分权人追偿。

有的地方建议,明确"二年"究竟是除斥期间还是诉讼时效。一些地方、部门和单位提出,民法总则规定诉讼时效为三年,并且未登记的动产返还原物请求权可以适用诉讼时效,建议将遗失物返还期间修改为三年。有的地方和单位建议,将"自遗失之日起二年"修改为"自知道或应当知道受让人之日起两年";有的部门建议,修改为"自知道或应当知道受让人之日起三年"。

一些地方和单位建议，增加对盗赃物善意取得的规定。有的单位建议，明确规定盗赃物不能善意取得。有的单位建议，增加规定货币与无记名证券作为遗失物、盗赃物时的除外条款。

（三）动产善意取得的效果

征求意见稿第一百零八条规定，善意受让人取得动产后，该动产上的原有权利消灭，但善意受让人在受让时知道或者应当知道该权利的除外。

有的单位提出，不动产上也存在原权利是否消灭的问题，如地役权，建议增加规定“不动产”。

有的部门和单位提出，本条规定与动产抵押权在登记后取得对抗第三人的效力之间存在冲突，建议删除或者将但书修改为：“但法律另有规定，以及善意受让人在受让时知道或者应当知道该权利的除外。”

（四）有关部门收到遗失物的处理办法

征求意见稿第一百一十条规定，有关部门收到遗失物，知道权利人的，应当及时通知其领取；不知道的，应当及时发布招领公告。

有的地方提出，“不知道的”表述过于口语化，建议修改为“无法查明权利人的”。有的地方建议，明确规定“发布招领公告”时限、方式、范围等，以充分保障遗失物权利人的权利。

（五）遗失物的保管

征求意见稿第一百一十一条规定，拾得人在遗失物送交有关部门前，有关部门在遗失物被领取前，应当妥善保管遗失物。遗失物保管费用过高或者易腐烂变质的，拾得人或者有关部门可以将遗失物拍卖、变卖，保管所得的价款。因故意或者重大过失致使遗失物毁损、灭失的，应当承担民事责任。

有的单位提出，在拾得鲜活易腐物时，拾得人可向有关机关送交遗失物，如果因“保管费用过高”就允许拾得人自行处分，会加剧无因管理与侵占之间的区分难度，建议删除拾得人可以将遗失物拍卖、变卖的规定。

一些地方和单位提出，拾得人义务多责任重，权利义务不平衡，应当适当调整，建议增加规定拾得人的报酬请求权。

（六）权利人支付保管等费用以及悬赏寻找遗失物

征求意见稿第一百一十二条第一款规定，权利人领取遗失物时，应当向拾得人或者有关部门支付保管遗失物等支出的必要费用。第二款规定，权利人悬赏寻找遗失物的，领取遗失物时应当按照承诺履行义务。

有的单位建议，在第一款增加规定：“权利人领取遗失物时未支付保管费等必要费用或者报酬的，拾得人或者有关部门有权留置遗失物。”

有的单位提出，第二款是属于悬赏合同的内容，不宜放在物权编，建议删除。

(七)无人认领的遗失物的归属

征求意见稿第一百一十三条规定,遗失物自发布招领公告之日起六个月内无人认领的,归国家所有。

有的部门提出,认定财产无主程序尚需公告一年,且权利人有救济途径。遗失物属于有主物,认定为国家所有的程序保障却弱于无主物,有失妥当,建议将“六个月”修改为“一年”。有的地方建议,将“六个月”修改为“二年”。

一些地方和单位建议,将“归国家所有”修改为“归拾得人所有”。

有的部门建议,增加规定:“国家依法处置遗失物之前,原权利人可以支付必要费用后请求返还;国家依法处置遗失物之后,原权利人可以在扣除相关费用后请求返还剩余价款。”

(八)从物随主物转让

征求意见稿第一百一十五条规定,主物转让的,从物随主物转让,但当事人另有约定的除外。

有的单位提出,主从物之间的规则不应限于转让,还应当包括所有的处分,建议明确。有的单位提出,在“当事人另有约定”以外,增加规定交易习惯。

(九)天然孳息及法定孳息的归属

征求意见稿第一百一十六条第一款规定,天然孳息,由所有权人取得;既有所有权人又有用益物权人的,由用益物权人取得。当事人另有约定的,按照约定。

有的单位提出,地役权人不一定先于所有人取得天然孳息,建议将本条修改为:“天然孳息,由所有权人取得,但依性质可以由土地承包经营权人、建设用地使用权人等用益物权人取得的除外。”

有的单位建议,增加一款规定“权利的孳息参照适用本条”。

(十)添附产生的物的归属

征求意见稿第一百一十七条规定,因加工、附合、混合而产生的物的归属,有约定的,按照约定;没有约定或者约定不明确的,依照法律规定;法律没有规定的,按照充分发挥物的效用以及保护无过错的当事人的原则确定。因一方当事人的过错或者确定物的归属给另一方当事人造成损失的,应当给予赔偿或者补偿。

一些地方和单位提出,添附物的归属规则应由本条作出规定,建议删除“依照法律规定;法律没有规定的”。有的单位建议,在“法律没有规定的”后增加规定“结合能否分离、新物价值增加情况”。

有的部门提出,“充分发挥物的效用”与“保护无过错的当事人”之间可能产生冲突,如何进行价值平衡,建议明确。

有的单位提出,添附制度在于确定添附物的归属,而非确定赔偿责任,在确定物的归属时,不应当考虑过错因素,而应当按照物的价值大小这一客观标准。

一些地方、部门和单位提出，本条规定笼统模糊，实践中难以适用，建议参照比较法规则，根据添附的不同情形，分条对添附物的权属进行明确规定。

（十一）其他

一些地方、部门和单位建议，增加关于取得时效的规定。

一些地方和单位建议，增加关于先占的规定。

有的地方和部门建议，增加关于土地出产物规则的规定："土地的出产物，尚未与土地分离的，是该土地的组成部分，归属于该不动产所有权人。但土地之上已经成立用益物权的，归用益物权人所有。"

十一、关于用益物权的一般规定

（一）总的意见

有的地方和单位建议，增加规定集体建设用地使用权、国有林地使用权、国有农地使用权作为独立的用益物权类型。有的部门建议，增加一章规定"农用地使用权"，对国有农用地使用权的设立、权能、登记、转让等予以明确。

有的地方建议，在增加一章规定"未利用地使用权"，规定集体荒地使用权、国有荒地使用权。

一些地方建议，在用益物权类型中增加林权，规定为："依法取得的林权受法律保护。"

有的地方和部门建议，增加规定："依法取得的农用地使用权，草原使用权，森林、林木、林地使用权受法律保护。依法取得的湿地使用权受法律保护。"

（二）用益物权人的基本权利

征求意见稿第一百一十八条规定，用益物权人对他人所有的不动产或者动产，依法享有占有、使用和收益的权利。

有的单位建议，在"动产"后增加规定"权利"。有的地方建议，在本条后增加规定"但法律另有规定的除外"，坚持用益物权客体的开放性。

一些地方和单位提出，现行法律没有以动产作为客体的用益物权，动产价值较低且不便于登记，不宜作为用益物权的客体，建议删除"或者动产"。

（三）用益物权人因征收、征用有权获得补偿

征求意见稿第一百二十二条规定，因不动产或者动产被征收、征用致使用益物权消灭或者影响用益物权行使的，用益物权人有权依照本编第三十九条、第四十一条的规定获得相应补偿。

有的单位建议，将"相应补偿"修改为"公平、合理的补偿"，与民法总则一致。有的单位建议，明确向谁主张补偿，是征收征用人还是所有权人。有的地方和单位建议，整合本条、第一百三十三条和第一百四十九条，充分研究征收影响土地用益

物权时,对用益物权人如何补偿。

(四)海域使用权

征求意见稿第一百二十三条规定,依法取得的海域使用权受法律保护。

有些地方和部门建议,在“海域使用权”后增加规定“和无居民海岛使用权”。

(五)探矿权、采矿权、取水权和其他权利

征求意见稿第一百二十四条规定,依法取得的探矿权、采矿权、取水权和使用水域、滩涂从事养殖、捕捞的权利受法律保护。

有些地方建议,在“捕捞”后增加规定“等”字,为后续权利的扩展留下余地。

有些部门建议,将本条修改为:“依法取得的探矿权、采矿权、水资源使用权受法律保护,可以向不动产登记机构申请登记。”租赁权作为一类效力强大的债权,应当纳入不动产统一登记体系,建议增加一款:“租赁住房的,可以向房屋所在地的不动产登记机构申请登记。”

有些地方建议,增加规定:“采砂权、水能开发利用权、旅游开展权、纳污功能利用权受法律保护。”有些地方和部门建议,增加一款规定:“依法取得的碳排放权、排污权、用能权和取水权受法律保护。”

十二、关于土地承包经营权

(一)总的意见

一些地方、部门和单位建议,本章章名及内容应当呼应三权分置改革方案,并结合农村土地承包法的修改作出相应规定。一些地方和单位建议,在物权编增加规定土地经营权的内容,突出其物权属性。有些单位建议,规定承包权和经营权,研究土地经营权能否成为独立物权、能否归为次级用益物权。一些地方和单位建议,明确规定土地承包权不得依民事程序流转,允许土地经营权自由流转,受让人不限于集体经济组织成员。

有些单位提出,农村土地承包法第五条已经触及农户成员权问题,物权编无需再创设“承包权”“经营权”等概念,只需进一步明确农户成员权,同时规定在承包土地时只能是农户承包,但是在土地承包经营权转让时取消双方范围限制,建议将三权分置的表达为:集体所有权、农户成员权和土地承包经营权。

有些单位建议,规定土地经营权可以继承、抵押,明确土地经营权人在土地上修建的附属设施的归属以及土地经营权终止时附属设施的处理规则。

有些单位提出,为了解决城市化进程中出现的农村土地被抛荒弃耕的问题,建议对承包经营权人设定合理利用土地的义务。

有些单位建议,明确界定林权、草原使用权及其与土地承包经营权之间的关系。

（二）土地承包期

征求意见稿第一百二十七条第一款规定，耕地的承包期为三十年。草地的承包期为三十年至五十年。林地的承包期为三十年至七十年；特殊林木的林地承包期，经国务院林业行政主管部门批准可以延长。第二款规定，前款规定的承包期届满，由土地承包经营权人按照国家有关规定继续承包。

有些部门提出，根据十九大报告中“第二轮土地承包到期后再延长三十年”的要求，将第二款修改为：“前款规定的承包期届满后再延长三十年。”

有些地方建议，对土地承包者的主体资格、承包经营权到期如何继续承包作出规定。

有些地方提出，具体的承包经营期限可以在农村土地承包法中规定，建议删去本条。

（三）土地承包经营权的设立

征求意见稿第一百二十八条第一款规定，土地承包经营权自土地承包经营权合同生效时设立。第二款规定，县级以上地方人民政府应当向土地承包经营权人发放土地承包经营权证、林权证、草原使用权证，并登记造册，确认土地承包经营权。

一些地方和单位建议，对土地承包经营权的设立采取登记生效主义。

一些部门和单位建议，将第二款中的“县级以上地方人民政府”修改为“不动产登记机构”，将“土地承包经营权证、林权证、草原使用权证”修改为“不动产权属证书”。

（四）土地承包经营权的流转

征求意见稿第一百二十九条规定，土地承包经营权人依照农村土地承包法的规定，有权将土地承包经营权采取转包、互换、转让等方式流转。流转的期限不得超过承包期的剩余期限。未经依法批准，不得将承包地用于非农建设。

有些地方建议，明确流转的定义。有些地方和部门建议，将“抵押”“入股”列入土地承包经营权的流转方式。有些地方和单位建议，增加规定“抵押”。

有些地方建议，增加规定土地承包经营权的继承问题。有些部门建议，明确以家庭承包方式取得农村土地承包经营权，土地承包经营权人死亡的，其继承人可以在承包期内继续承包。无人继承或者继承人放弃继承的，该土地承包经营权消灭。

有些地方和单位建议，增加规定土地承包经营权的撤销与终止。有的地方建议，增加规定土地承包经营权的退出问题。

有些地方建议，增加一款规定：“土地承包经营权流转不影响土地承包合同的效力。流转到期后，承包人有权收回承包地。”

有些地方和单位建议，增加一款规定：“土地经营权的流转依照农村土地承包法等法律规定办理。”

有些地方建议，增加一款规定："公益林林木的所有权、经营权，公益林林地的使用权、经营权不得以转包、互换、转让等方式流转。"

（五）对互换、转让的土地承包经营权的登记

征求意见稿第一百三十条规定，土地承包经营权人将土地承包经营权互换、转让，当事人要求登记的，应当向县级以上地方人民政府申请土地承包经营权变更登记；未经登记，不得对抗善意第三人。

有些单位提出，基于"三权分置"的政策理念，土地承包经营权的受让方不限于某一村社内部，熟人社会中的公示方式很难被采用，建议将本条修改为："转让土地承包经营权的，自登记时发生效力。"

（六）承包地的调整

征求意见稿第一百三十一条第二款规定，因自然灾害严重毁损承包地等特殊情形，需要适当调整承包的耕地和草地的，应当依照农村土地承包法等法律规定办理。

有些单位建议，在本款增加规定"林地"。

有些单位建议，增加一款规定："经个别土地承包经营权人申请且经利害关系人同意，发包方可以对承包地予以调整。"

十三、关于建设用地使用权

（一）总的意见

有些地方和单位建议，研究建立城乡统一建设用地市场改革的试点情况，增加相关内容。有些地方建议，增加集体建设用地使用权的法律性质、权能、流转等内容。有些部门建议，将集体建设用地使用权纳入建设用地使用权，与国有建设用地使用权分别规定。

有些单位建议，增加关于建设用地使用权的最高年限以及消灭的规定。

有些单位提出，"互换"属于建设用地使用权流转中的"转让"，建议删除本章中的"互换"。

有些部门提出，理论界和实务界对建设用地使用权出让合同是民事合同还是行政合同争议很大，建议在本章予以明确。

（二）建设用地使用权的概念

征求意见稿第一百三十六条规定，建设用地使用权人依法对国家所有的土地享有占有、使用和收益的权利，有权利用该土地建造建筑物、构筑物及其附属设施。

一些地方、部门和单位提出，为吸纳农村集体经营性建设用地入市改革取得的成果，建议在"国家所有"后增加规定"或者集体所有"。

（三）建设用地使用权分层设立

征求意见稿第一百三十七条规定，建设用地使用权可以在土地的地表、地上或

者地下分别设立。设立建设用地使用权应当符合节约资源、保护生态环境的要求，不得损害已设立的用益物权。

有些地方建议，将“可以”修改为“依法”，保留物权法“设立建设用地作用权”前的“新”字。

一些地方建议，进一步明确“地表”“地上”“地下”的内涵和外延，完善地上、地下空间土地权利和确权登记等方面的内容。有些地方建议，增加规定“空间权”。

有些地方和单位建议，增加规定各层面建设用地使用权的设立规范以及发生冲突时如何协调。

（四）设立建设用地使用权的方式

征求意见稿第一百三十八条第一款规定，设立建设用地使用权，可以采取出让或者划拨等方式。第二款规定，工业、商业、旅游、娱乐和商品住宅等经营性用地以及同一土地有两个以上意向用地者的，应当采取招标、拍卖等公开竞价的方式出让。第三款规定，严格限制以划拨方式设立建设用地使用权。采取划拨方式的，应当遵守法律、行政法规关于土地用途的规定。

有些地方和单位提出，本条属于土地管理的范畴，不宜规定在物权编，建议删除。

有些地方建议，在“招标、拍卖”后增加规定“挂牌”。

（五）建设用地使用权出让合同的内容

征求意见稿第一百三十九条第二款规定，建设用地使用权出让合同一般包括下列条款：(1)当事人的名称和住所；(2)土地界址、面积等；(3)建筑物、构筑物及其附属设施占用的空间；(4)土地用途、规划条件；(5)使用期限；(6)出让金等费用及其支付方式；(7)解决争议的方法。

有些部门建议，增加一项作为第六项，表述为：“开发建设时间”，以促进土地节约集约利用。

（六）建设用地使用权的登记

征求意见稿第一百四十条规定，设立建设用地使用权的，应当向登记机构申请建设用地使用权登记。建设用地使用权自登记时设立。登记机构应当向建设用地使用权人发放建设用地使用权证书。

有些地方和单位提出，实行不动产统一登记后，不再颁发建设用地使用权证书，而是颁发不动产权证书，建议删除最后一句。

（七）建设用地使用权人建造的建筑物等的权属

征求意见稿第一百四十三条规定，建设用地使用权人建造的建筑物、构筑物及其附属设施的所有权属于建设用地使用权人，但有相反证据证明的除外。

有些单位建议，删除“建设用地使用权人建造的”。

(八)建设用地使用权的变更登记

征求意见稿第一百四十六条规定,建设用地使用权转让、互换、出资或者赠与的,应当向登记机构申请变更登记。

有些部门提出,关于完善建设用地使用权转让、出租、抵押二级市场的试点方案规定,各类导致建设用地使用权转移的行为,包括买卖、交换、赠与、出资等都视为建设用地使用权转让。建议将"转让、互换、出资或者赠与的"修改为"转让、出租、抵押的"。有些单位建议,增加规定"抵押"。一些地方和单位建议,将"变更登记"修改为"转移登记",以与不动产统一登记制度相协调。

(九)建设用地使用权提前收回及补偿

征求意见稿第一百四十九条规定,建设用地使用权期间届满前,因公共利益需要提前收回该土地的,应当依照本编第三十九条的规定,根据建设用地使用的实际年限和开发土地的实际情况给予相应的补偿。

有些部门提出,本条删除了物权法中的"退还相应的出让金",建议斟酌。有些地方建议,恢复物权法中退还出让金的规定。

有些部门建议,增加规定:"经政府收回、收购的国有建设用地使用权,纳入建设用地所有权一并行使权能。国有建设用地使用权出让人应当及时办理注销登记,登记机构应当收回建设用地使用权证书。"

(十)住宅建设用地使用权期间届满后的续期

征求意见稿第一百五十条第一款规定,住宅建设用地使用权期间届满的,自动续期。第二款规定,非住宅建设用地使用权期间届满后的续期,依照法律规定办理。该土地上的房屋及其他不动产的归属,有约定的,按照约定;没有约定或者约定不明确的,依照法律、行政法规的规定办理。

一些地方、部门和单位建议,统筹考虑社会公平、产权保护、房产税征收等因素,根据试点情况作出原则性规定,完善续期规则。

一些部门和单位提出,自动续期应当不缴纳土地出让金,但应向国家缴纳税费,如何缴纳税费应由相关法律规定,建议增加规定:"续期不支付土地出让金等费用,但法律另有规定的除外。"有些部门建议,增加规定:"续期不需补交地价,但需要每年缴纳数额极低、具有象征意义的新地税。"

一些地方和单位建议,明确规定无偿续期。有些地方建议,增加规定:"七十年使用期的住宅建设用地到期免费续期,七十年以下的住宅建设用地到期应当适当补交土地出让金。"

有些地方提出,住宅建设用地使用权期限届满后,如果住宅没有超过当地平均住房面积,应当自动廉价续期或者无偿续期。超过当地平均住房面积标准的,对于超过部分,应按照市场价格实行有偿续期。

有些单位建议,对同一建筑物部分房屋为住宅、部分房屋为商用,土地所有权期限届满后如何处理作研究。

有些地方提出,非住宅建设用地使用权期间届满,如果对土地上的房屋及其他不动产没有约定的,国家将无偿取得地上建筑物及其他附着物的所有权。此规定过于保护土地所有者的利益,建议规定土地所有权人取得土地上的建筑物时应当进行经济补偿,补偿应依照市场价值。

(十一)集体建设用地使用权

征求意见稿第一百五十二条规定,集体所有的土地作为建设用地的,应当依照土地管理法等法律规定办理。

有些单位提出,如果赋予集体建设用地使用权与国有建设用地使用权相同的法律地位,本条无保留必要,建议删除。

有些地方建议,增加一款规定:“国家建立城乡统一的建设用地市场。符合土地利用总体规划的集体经营性建设用地,集体土地所有权人可以采取出让、租赁、作价出资(入股)等方式由单位或者个人使用。”

十四、关于宅基地使用权

(一)总的意见

一些地方、部门和单位提出,深入研究宅基地流转改革试点情况,丰富、完善宅基地使用权制度,对宅基地使用权的取得、行使、转让和抵押作具体规定。有些部门建议,删除物权编中宅基地使用权不得抵押的规定,明确宅基地的抵押、流转、退出机制。有些地方建议,建立宅基地使用权有偿退出制度。

有些单位建议,按照宅基地“三权分置”的模式,采取集体土地所有权、宅基地社员权、宅基地使用权的法律结构,三者均为物权,允许宅基地使用权有条件地转让给集体经济组织之外的主体。有些地方建议,增加规定宅基地资格权的问题。

有些部门建议,增加规定:“宅基地使用权及其地上住宅、附属设施可以继承。”有些地方建议,增加规定:“宅基地使用权人建造的建筑物、构筑物及其附属设施的所有权属于宅基地使用权人,但有相反证据证明的除外。”

有些单位提出,本章没有用益物权的具体规定,也没有表现出用益物权的私权属性,更多是公法和社会保障法的内容,建议删除本章或者在用益物权的一般规定中列举宅基地使用权,具体内容可在特别法中规定。

(二)宅基地使用权的权利内容

征求意见稿第一百五十三条规定,宅基地使用权人依法对集体所有的土地享有占有和使用的权利,有权依法利用该土地建造住宅及其附属设施。

有些地方和单位建议,增加规定“收益”权能;有些单位建议,增加规定“收益、处分”权能；有些部门建议，增加规定“收益和按照国家规定处分”权能。有些单位建议，增加规定：“农户以转让等方式处分住宅时，宅基地使用权仍归属于农户，住宅受让方取得对宅基地的租赁权。”

（三）宅基地使用权取得、行使和转让的法律适用

征求意见稿第一百五十四条规定，宅基地使用权的取得、行使和转让，适用土地管理法等法律和国家有关规定。

有些单位建议，在“转让”后增加规定“消灭”。有些地方和单位提出，民法总则已将国家政策从民法渊源中移除，建议删除“国家有关规定”。

十五、关于居住权

（一）总的意见

一些地方、部门和单位提出，本章内容较为简略，建议适当扩充，对居住权的内涵、效力、期限、居住权人权益保护、居住权人的权利义务、所有权人的权利义务、居住权的消灭及违约行为的责任等内容作进一步规定。有些部门提出，居住权如何与租赁权区分，建议明确。

有些单位建议，完善居住权人与房屋所有权人的权利义务关系，增加规定“居住权人的使用权和改良修缮权”和“所有权人重大修缮义务及费用承担”。有些地方建议，增加规定居住权人的一般维护义务及费用承担义务。有些单位建议，增加规定居住权人合理使用所居住的房屋及其附属设施的义务。

有些单位建议，增加规定：“房屋所有权在居住权存续期间发生变动的，不影响居住权的效力，但当事人另有约定的除外。”有些单位建议，增加规定：“房屋虽因征收等原因而灭失，但原所有权人获得补偿房屋的，居住权继续存在于所补偿房屋之上。”

有些部门建议，增加规定：“当事人只能以其名下住宅设立居住权。”有些地方和部门建议，明确民事主体对于公有住房、保障房、公租房等享有的权利是否也纳入居住权范畴调整。

有些地方提出，居住权这种权利类型以往法律中没有规定，是否具有现实意义仍待研究，其设立范围、登记机构和公示程序还需进一步明确，草率设立居住权可能会导致不被广泛运用，建议删除本章。有些单位提出，规定居住权的必要性需要斟酌，还需进一步研究是否规定有偿无偿、如何体现与租赁的区别、未经登记的“居住权”如何处理、农村房屋的居住权是否放开、是否会突破农村房屋禁止买卖的规定等问题。

（二）居住权的设立

征求意见稿第一百五十七条第一款规定，居住权人有权按照合同约定，对他人

的住宅享有占有、使用的权利，以满足生活居住的需要。第二款规定，设立居住权，当事人应当采取书面形式订立居住权合同。第三款规定，设立居住权的，应当向登记机构申请居住权登记。居住权自登记时设立。

有些单位建议，将“住宅”修改为“建筑物”或者“房屋”，以容纳投资性居住权。有些单位建议，将“住宅”修改为“住宅的全部或者部分及其附属设施”。

一些地方和单位提出，设立居住权应当申请登记以及自登记时设立等内容与我国现存居住权的实际情况有差距，建议对居住权的设立采登记对抗主义。

有些单位建议，将第一百六十条以遗嘱方式设立居住权纳入本条一并规定，并增加一款规定：“以遗嘱方式设立的，居住权自遗嘱生效时设立。未经登记，不得对抗善意第三人。”

一些地方和单位提出，居住权本质上是人役权，依附于一定的身份关系，法律应当规定什么身份关系的人享有居住权，建议增加一些特殊人群的法定居住权。有些地方提出，一些居住权是按照地方传统习俗取得，建议研究。有些部门和单位建议，增加规定法律规定和人民法院判决两种取得居住权的方式，以保障离婚妇女、未成年人、老年人等弱势群体基本生活需要。

有些地方和部门建议，增加规定居住权的定义：“居住权人对他人所有房屋的全部或者部分及其附属设施，享有占有、使用的权利，以满足权利人生活居住的需要。”“前款所称权利，不包括因抚养、扶养、赡养、租赁、借用等享有的居住他人房屋的权利。”

有些地方建议，增加规定：“居住权的主体范围限定为特定的自然人，排除法人或者非法人组织。”

有些单位建议，增加两款规定：“居住权人可接纳其家庭成员及满足其家庭生活需要的个人共同居住，但当事人另有约定的除外。”“居住权仅及于房屋一部分的，居住权人可以使用房屋公用设施。”

有些单位建议，增加规定：“设立居住权合同一般包括下列条款：（一）当事人的姓名或者名称；（二）当事人的住所；（三）房屋的具体位置和方位；（四）居住的范围；（五）使用的期限；（六）其他与居住权相关的事项。”

（三）居住权的限制

征求意见稿第一百五十八条规定，居住权不得转让、继承，居住权涉及的住宅不得出租，但当事人另有约定的除外。

有些地方建议，将“居住权涉及的住宅”修改为“设定居住权的住宅部分”。一些地方和单位建议，增加规定居住权涉及的房屋不得抵押；有些部门建议，明确设立居住权的住宅能否转让、抵押等。有些单位提出，出租是否属于禁止范围，建议研究。

有些单位提出，居住权不得转让、继承的限制不能通过当事人另有约定排除，建议将本条分为两款。

（四）居住权的消灭

征求意见稿第一百五十九条规定，居住权自居住权人死亡时消灭，但当事人另有约定的除外。

有些单位建议，增加规定“住宅征收或者灭失”作为居住权消灭的原因。有些单位提出，居住权人死亡，并不必然产生居住权人家庭其他成员的居住权消灭的法律后果，建议将“死亡”修改为“放弃居住权、居住合同期满”。

有些单位建议，将本条修改为：“有下列情形之一的，居住权消灭：（一）居住权人抛弃权利的；（二）约定的存续期间届满的；（三）房屋灭失的；（四）居住权人死亡的；（五）法律、法规规定的其他情形。”

（五）以遗嘱方式设立的居住权

征求意见稿第一百六十条规定，以遗嘱方式设立居住权的，参照本章规定。

有些单位建议，增加规定“遗赠抚养协议”。

十六、关于地役权

（一）总的意见

一些地方和单位建议，将“地役权”修改为“不动产役权”，客体为土地及土地上的建筑物、构筑物及其他定着物等。

有些单位提出，实践中很少设立地役权，不动产登记机构中也基本没有登记的情况。建议删除本章。

有些单位建议，增加规定地役权人设置附属设施的权利、地役权人支付费用的义务、地役权人维护附属设施的义务以及供役地人使用附属设施的权利、供役地人变更利用场所及方法的请求权。

一些地方、部门和单位建议，增加规定法定地役权。

（二）地役权的定义

征求意见稿第一百六十一条第一款规定，地役权人有权按照合同约定，利用他人的不动产，以提高自己的不动产的效益。

有些单位提出，为了体现权利目的，建议增加规定“为了排水、取水、通行、铺设管线、通风、采光等特定目的”。有些部门建议，增加一款作为第三款：“为生态保护、公共基础设施建设等公共利益需要，可以依法在不具有需役地情况下，设立地役权。”

（三）地役权的效力

征求意见稿第一百六十三条规定，地役权自地役权合同生效时设立。当事人要求登记的，可以向登记机构申请地役权登记；未经登记，不得对抗善意第三人。

有些地方建议，将“可以”修改为“应当”。一些单位建议，将本条修改为地役权自登记时设立，统一、简化不动产物权变动模式。

（四）供役地权利人的义务

征求意见稿第一百六十四条规定，供役地权利人应当按照合同约定，允许地役权人利用其土地，不得妨害地役权人行使权利。

有些单位建议，将“土地”修改为“不动产”。

（五）在已设立用益物权的土地上设立地役权

征求意见稿第一百六十八条规定，土地上已设立土地承包经营权、建设用地使用权、宅基地使用权等权利的，未经用益物权人同意，土地所有权人不得设立地役权。

有些地方和单位提出，“未经用益物权人同意，土地所有权人不得设立地役权”的规定不能有效促进地役权的行使，容易造成经济资源的浪费，建议将本条修改为：“不动产上已经设立用益物权的，所有权人设立地役权不得妨碍用益物权的行使。”

（六）需役地以及需役地之上的用益物权转让的效力

征求意见稿第一百七十一条规定，需役地以及需役地上的土地承包经营权、建设用地使用权部分转让时，转让部分涉及地役权的，受让人同时享有地役权。

有些单位提出，宅基地使用权、海域使用权等用益物权上也可以设定地役权，也有部分转让情形，建议在“建设用地使用权”后增加规定“等用益物权”。

（七）地役权的消灭

征求意见稿第一百七十三条规定，地役权人有下列情形之一的，供役地权利人有权解除地役权合同，地役权消灭：(1)违反法律规定或者合同约定，滥用地役权；(2)有偿利用供役地，约定的付款期间届满后在合理期限内经两次催告未支付费用。

有些地方和单位建议，增加规定地役权消灭的情形：“(3)设立地役权的期限届满；(4)因客观情况的变化致地役权的行使不可能或者不必要；(5)地役权人抛弃地役权。”有些地方建议，增加一项“地役权无存在必要的”。

十七、关于担保物权的一般规定

（一）总的意见

有些部门建议，适当扩大担保物权的范围，为担保物权的实践创新预留空间，授权国务院对新型担保物权创新进行监管，允许在一定条件下突破法律的规定。

有些单位建议，整合第二百零二条、第二百二十六条、第二百四十三条，修改为

“担保财产折价或者拍卖、变卖后,其价款超过债权数额的部分归担保人所有,不足部分由债务人清偿”,纳入一般规定,避免繁复。

一些地方、部门和单位建议,统一动产抵押和权利质权的登记机构,吸取不动产登记制度的经验,避免因多头登记、多级登记造成混乱局面。建议增加规定:“国家对动产担保物权实行统一登记制度。统一登记的范围、登记效力、登记机构和登记办法,由法律、行政法规规定。”

一些地方、部门和单位提出,实务中大量存在对让与担保等新型担保方式的需求,司法实践也有相关案例,建议对让与担保进行规定。

有些部门建议,增加规定非典型性担保物权,对购置款、保留所有权、应收账款转让、融资租赁等附条件交易活动性质予以明确。如坚持将以上交易方式列在合同编,也要明确要求进行动产和权利担保物权登记,适用统一的优先顺位规则。

有些部门提出,将承包地经营权、农产品期权、宅基地和地上附着物、承包林地木材蓄积量增量、农业合作社集体所有的动产和不动产等,列入担保财产范围,确保农民在担保物上享有更多和城市居民平等的权利。

(二)担保物权适用范围

征求意见稿第一百七十六条规定,债权人在借贷、买卖等民事活动中,为保障实现其债权,需要担保的,可以依照本编和其他法律的规定设立担保物权。

有些地方提出,实践中部分登记机关以法律仅明确规定了“借贷、买卖”为由,仅对主合同为借贷、买卖关系而设立的抵、质押予以登记,造成其他类别的债权债务无法得到全面有效地保护,建议删除“借贷、买卖等”。有些单位提出,侵权之债等都可以设定担保,建议删除“民事活动”。

(三)担保合同的从属性

征求意见稿第一百七十七条第一款规定,设立担保物权,应当依照本编和其他法律的规定订立担保合同。担保合同是主债权债务合同的从合同。主债权债务合同无效,担保合同无效,但法律另有规定的除外。

有些地方和单位建议,在“法律另有规定的”后,增加规定“或者当事人约定”,尊重当事人合意、发挥担保合同的担保作用。

有些单位建议,增加一款规定在何种情况下独立担保有效。

(四)担保物权的担保范围

征求意见稿第一百七十八条规定,担保物权的担保范围包括主债权及其利息、违约金、损害赔偿金、保管担保财产和实现担保物权的费用。当事人另有约定的,按照约定。

有些部门和单位建议,增加两款规定对担保范围的登记公示制度:“依登记设立或取得对抗效力的担保物权,应当登记主债权及其利息的利率或者违约金、损害赔偿金计算方式，未经登记的不得对抗第三人。”“担保财产折价或者变卖、拍卖后，其价款依次清偿实现担保物权的费用、保管担保财产的费用、利息、主债权、违约金、损害赔偿金。”

有些单位建议，删除保管担保财产的费用，增加规定“当事人约定与登记记载内容不一致的，已登记记载的内容为准”。

（五）担保代位物

征求意见稿第一百七十九条规定，担保期间，担保财产毁损、灭失或者被征收等，担保物权人可以就获得的保险金、赔偿金或者补偿金等优先受偿。被担保债权的履行期未届满的，也可以提存该保险金、赔偿金或者补偿金等。

有些单位提出，担保法司法解释第十二条第一款规定，当事人约定的或者登记部门要求登记的担保期间，对担保物权的存续不具有法律约束力。现行法对什么是担保期间没有规定，本条中的“担保期间”具有解释上的障碍，建议将“担保期间”修改为“担保物权实现之前”或者“担保物权存续期间”。

有些部门建议，明确担保物权人对代位物的权利性质和顺位。有些单位提出，为了增强担保的作用，建议明确担保财产毁损、灭失或被征收后，担保物权人就保险金、赔偿金或者补偿金债权享有法定的债权质权。

（六）混合共同担保

征求意见稿第一百八十一条规定，被担保的债权既有物的担保又有人的担保的，债务人不履行到期债务或者发生当事人约定的实现担保物权的情形，债权人应当按照约定实现债权；没有约定或者约定不明确，债务人自己提供物的担保的，债权人应当先就该物的担保实现债权；第三人提供物的担保的，债权人可以就物的担保实现债权，也可以要求保证人承担保证责任。提供担保的第三人承担担保责任后，有权向债务人追偿。

有些地方和单位建议，删除“没有约定或者约定不明确，债务人自己提供物的担保的，债权人应当先就该物的担保实现债权”，赋予债权人选择权。

一些地方和单位建议，承认担保人之间的追偿权。

十八、关于抵押权

（一）总的意见

有些单位建议，增加抵押权的效力及于从物和从权利的规定，增加抵押权不可分性的规定。

有些部门建议，增加规定一节“其他抵押权”，规定建设工程价款优先受偿权等法定抵押权。

（二）抵押财产范围

征求意见稿第一百八十四条第一款规定，债务人或者第三人有权处分的下列财产可以抵押:(1)建筑物和其他土地附着物;(2)建设用地使用权;(3)以招标、拍卖、公开协商等方式取得的荒地等土地承包经营权;(4)海域使用权;(5)生产设备、原材料、半成品、产品;(6)正在建造的建筑物、船舶、航空器;(7)交通运输工具;(8)法律、行政法规未禁止抵押的其他财产。第二款规定,抵押人可以将前款所列财产一并抵押。

有些地方建议,将第一款第三项修改为"依法取得的农村土地承包经营权"。有些地方和单位建议,在第三项后增加规定一项:"土地经营权、农民住房财产权与宅基地使用权。"有些单位建议,在第四项增加规定"采矿权"。有些地方提出,海域使用权在物权法中缺乏详细规定,抵押财产包括海域使用权,可能会产生问题,建议细化可抵押的海域使用权条款。有些地方建议,将第八项修改为"法律、行政法规规定可以抵押的财产"。有些单位提出,兜底性条款在司法实践中容易被忽略,建议删除第八项,将第一款第一句修改为:"除法律、行政法规禁止抵押外,债务人或者第三人有权处分的财产可以抵押。"

有些地方和单位提出,对抵押财产范围有负面清单即可,无需再从正面列举规定,建议将第一款修改为:"债务人或者第三人有权处分的法律、行政法规未禁止抵押的财产可以抵押。"同时将第一百八十八条修改为第二款。有的单位建议,将第一款分为两款,分别规定不动产和动产作为抵押财产的范围。

有些单位建议,在第二款规定财团抵押及其公示方式,改变目前实务操作中采取的将抵押物分别办理抵押登记的状况。

一些地方和单位建议,将林权、草原使用权、探矿权、采矿权、滩涂养殖的权利列为抵押财产范围。

(三)浮动抵押

征求意见稿第一百八十五条规定,企业、个体工商户、农业生产经营者可以将现有的以及将有的生产设备、原材料、半成品、产品抵押,债务人不履行到期债务或者发生当事人约定的实现抵押权的情形,债权人有权就抵押财产确定时的动产优先受偿。

有些单位建议,将"企业、个体工商户、农业生产经营者"统称为"经营者"。有的单位提出,浮动抵押的主体不应包括无限责任的个体工商户等。

有些单位提出,实现抵押权时抵押权被确定,抵押财产亦得到确定,先前立法规定并无不妥,修改反而容易引起无谓的争议,建议将"抵押财产确定时"恢复为"实现抵押权时"。

(四)乡镇、村企业的建筑物和建设用地使用权抵押

征求意见稿第一百八十七条规定,乡镇、村企业的建设用地使用权不得单独抵押。以乡镇、村企业的厂房等建筑物抵押的,其占用范围内的建设用地使用权一并

抵押。

有些部门建议，删除本条，为集体建设用地使用权抵押创造条件。

(五)禁止抵押的财产

征求意见稿第一百八十八条规定，下列财产不得抵押：(1)土地所有权；(2)耕地、宅基地、自留地、自留山等集体所有的土地使用权，但法律规定可以抵押的除外；(3)学校、幼儿园、医疗机构等以公益为目的的组织的教育设施、医疗卫生设施和其他社会公益设施；(4)所有权、使用权不明或者有争议的财产；(5)依法被查封、扣押、监管的财产；(6)法律、行政法规规定不得抵押的其他财产。

有些地方提出，法律已经规定土地所有权不得买卖，无需再强调土地所有权不得抵押，建议删除第一项。

一些地方、部门和单位建议，结合土地承包经营权流转改革试点、构建城乡统一建设用地市场改革试点和宅基地流转改革试点的要求，删除第二项。有些单位建议，将第二项修改为："法律规定不得抵押的耕地、宅基地、自留地、自留山等集体所有的土地使用权。"有些地方和部门建议，删除"宅基地"。

一些地方、部门和单位提出，社会资本出资设立的公益机构在发展过程中有抵押需求，在严格限定适用条件的情况下应允许其抵押设施资产，建议对第三项进一步研究。有些部门建议，在第三项增加规定"但法律规定可以抵押的除外"。

有些单位提出，应当允许所有权、使用权不明或者有争议的财产抵押，只不过债权人不能对抗真正的权利人。一些地方和单位提出，虽然"所有权、使用权不明或者有争议的财产"不得设定抵押，但是无权处分不影响合同效力，实践中往往因善意取得的适用，使这类财产设定的抵押合同及抵押权有效，鉴于该项已被架空，建议删除第四项。

一些地方和单位提出，应当允许被查封、扣押、监管的财产抵押，但解除查封、扣押、监管后才能实现抵押权，并且该抵押权劣后于申请查封、扣押、监管的债权人的债权，建议删除第五项。

有些部门建议，对国家机关所使用的办公设施、设备、工具等能否设定抵押权作出明确规定。有些部门建议，增加一款规定："国家机关的动产和不动产不可以抵押。"

(六)禁止流押

征求意见稿第一百九十条规定，抵押权人在债务履行期届满前，不得与抵押人约定债务人不履行到期债务时抵押财产归债权人所有。

有些单位提出，流押是否一律禁止，建议研究。有些单位提出，没有必要对流押一概禁止，为防止出现对抵押人不利的情形，可以规定抵押权人的清算义务。同时规定，第三人提供抵押财产的，有权在抵押财产所有权转移于债权人前代为清偿债务消灭抵押权。

一些地方和单位提出，应当承认流押的效力，以尊重当事人的意思自治。为了保护第三人的利益，建议规定未经登记的流押，不得对抗善意第三人。

（七）动产抵押中对正常经营活动的买受人的保护

征求意见稿第一百九十三条规定，以动产抵押的，不得对抗正常经营活动中已支付合理价款并取得抵押财产的买受人。

有些部门建议，在本条前增加规定“除依法登记外”。有些单位提出，因为交通运输工具实行登记制度为社会公众熟知，赋予其登记对抗买受人的效力不会导致不公平；对交通运输工具之外的普通动产，则可以适用对正常经营活动的买受人的保护规则，建议将“以动产抵押的”修改为“以交通运输工具之外的动产抵押的”。有些地方建议，将“买受人”修改为“善意买受人”。

一些地方、单位和全国人大代表提出，本条规定使得动产抵押登记的效力过于弱化，将抵押权人置于不利地位，导致动产抵押、融资租赁等的融资功能降低，不利于交易的展开，也造成动产浮动抵押效果泛化，建议恢复物权法的规定。

（八）抵押权与租赁关系

征求意见稿第一百九十四条规定，抵押权设立前抵押财产已出租并转移占有的，原租赁关系不受该抵押权的影响。抵押权设立后抵押财产出租并转移占有的，抵押权不得对抗善意承租人。

有些全国人大代表提出，第一句要求抵押财产出租时必须已转移占有，限制了承租人在先的权利，建议删除第一句中的“并转移占有”。有些单位提出，在抵押权设立后抵押财产出租的情形中，不必规定“并转移占有”。

有些单位提出，“抵押权不得对抗善意承租人”的规定不符合公示原则，违背物权本质属性。一些地方、部门、单位和全国人大代表提出，本条规定过于强化对善意承租人的保护，削弱了已登记的抵押权效力，不利于抵押权人权利的保护，建议将“抵押权不得对抗善意承租人”恢复为物权法“该租赁关系不得对抗已登记的抵押权”的规定。

有些地方建议，明确判断善意承租人的标准。有些单位提出，抵押权设立需要公示，承租人不应不知道抵押登记的情况，基本上不可能出现所谓善意承租人，建议删除第二句。

（九）抵押期间转让抵押财产

征求意见稿第一百九十五条第一款规定，抵押期间，抵押人转让抵押财产的，应当通知抵押权人。当事人另有约定的，依照其约定。第二款规定，抵押财产转让的，抵押权不受影响。抵押权人能够证明抵押财产转让可能损害抵押权的，可以请求抵押人将转让所得的价款向抵押权人提前清偿债务或者提存。转让的价款超过债权数额的部分归抵押人所有,不足部分由债务人清偿。

有些地方建议,将第一款中的"通知"修改为"书面通知"。有些单位提出,第一款中的"应当通知抵押权人"使抵押权转让时未为通知的转让效力变得模糊,"当事人另有约定的,依照其约定"仅能产生债权效力,不发生物权效力。物权作为绝对权,若允许当事人任意变更抵押物转让的物权效力,会架空物权法定原则。建议删除这两句内容。

有些单位提出,本条赋予抵押权追及力,与物权法相比变化较大,其可行性和实施效果有待观察,谨慎起见,建议将第二款中的"抵押权不受影响"修改为"抵押权人可以继续行使抵押权,但法律、法规另有规定的除外"。有些部门和单位提出,本条虽然规定了抵押权的可追及性,但要求抵押权人证明损害抵押权的可能性,不易实现,建议删除第二款后两句。一些地方和单位建议,将第二款第二句修改为:"抵押权人可以对受让人行使抵押权,也可以请求抵押人将转让所得价款向其提前清偿债务或者提存。"

一些地方和部门提出,本条规定转让抵押财产应当通知抵押权人,虽赋予当事人另行约定的权利,但受让人难以探知该约定内容,如要求受让人审查会增加交易成本。抵押财产转让后,抵押权人仍享有抵押权,但还需承担举证责任,由于不了解受让人的情况,在实现抵押权时也会增加成本,甚至遇到障碍。抵押登记具有公示公信力,如果任由抵押人处置抵押物,有违物权法的公示公信原则,建议恢复为物权法的规定。

有些地方建议,将本条修改为:"抵押期间,抵押人未经抵押权人同意,不得转让抵押财产,但受让人代为清偿债务消灭抵押权的除外。"有些全国人大代表建议,将本条修改为:"抵押期间,抵押人应当经抵押权人同意方可转让抵押财产。抵押财产转让的,抵押人应当将转让所得的价款向抵押权人提前清偿债务或者提存。"

(十)抵押财产价值减少时的处理

征求意见稿第一百九十七条规定,抵押人的行为足以使抵押财产价值减少的,抵押权人有权要求抵押人停止其行为。抵押财产价值减少的,抵押权人有权要求恢复抵押财产的价值,或者提供与减少的价值相应的担保。抵押人不恢复抵押财产的价值也不提供担保的,抵押权人有权要求债务人提前清偿债务。

有些单位提出,破产时若抵押财产价值减少,减少这部分价值所担保的债权将变为普通债权,建议与破产法衔接,增加规定"法律另有规定的,从其规定"。

有些单位提出,在抵押人对抵押财产价值减少无过错时,强令其增加担保显失公平,建议将本条修改为:"抵押人对抵押物价值减少无过错的,抵押权人只能在抵押人因损害而得到的赔偿范围内要求提供担保。抵押物价值未减少的部分,仍作为债权的担保。"

(十一)抵押权实现的条件、方式和程序

征求意见稿第一百九十九条第一款规定,债务人不履行到期债务或者发生当事人约定的实现抵押权的情形,抵押权人可以与抵押人协议以抵押财产折价或者以拍卖、变卖该抵押财产所得的价款优先受偿。协议损害其他债权人利益的,其他债权人可以请求人民法院撤销该协议。第二款规定,抵押权人与抵押人未就抵押权实现方式达成协议的,抵押权人可以请求人民法院拍卖、变卖抵押财产。

有些单位提出,协议损害其他债权人利益的,可以通过民法总则和合同编的相关规定解决,建议删除第一款最后一句。一些地方和部门建议,增加规定其他债权人行使撤销权的期间为一年。

有些部门和单位建议,在第二款"拍卖、变卖"后增加规定"强制管理"。有些部门提出,民事诉讼法将申请实现担保物权的主体规定为"担保权人以及其他有权请求实现担保物权的人",相关司法解释规定申请人的范围包括"抵押权人"和"抵押人",建议在第二款"可以请求人民法院拍卖、变卖抵押财产"前增加规定"抵押人"。

(十二)同一财产上的抵押权、质权的清偿顺序

征求意见稿第二百零四条规定,同一财产既设立抵押权又设立质权的,折价或者拍卖、变卖该财产所得的价款按照登记、交付的时间先后确定清偿顺序。

有些单位提出,本条规定与第一百九十二条确立的登记对抗主义相矛盾,建议再作研究。有些地方和单位建议,删除本条,按第一百九十二条处理。

有些部门建议,本条规定的抵押和质押清偿顺序,与第二十一条关于特殊动产登记对抗制度相冲突。例如,所有权人先将特殊动产交付质押,又抵押给善意第三人并登记,如果按照第二百零四条,则质权人优先于抵押权人受偿;如果依据第二十一条特殊动产登记对抗制度,则抵押权人应优先于质权人受偿。该情况如何处理,建议明确。

有些地方建议,明确交付时间的认定标准,增加质权和抵押权同时设立的情况下清偿顺序的规定。

(十三)抵押权存续期间

征求意见稿第二百零七条规定,抵押权人应当在主债权诉讼时效期间行使抵押权;未行使的,人民法院不予保护。

有些地方提出,实践中出现许多借款人起诉银行因主债权已过诉讼时效期间,要求解除抵押、返还房产证或他项权证,因法律只规定"不予保护"而未明确解决方法,导致各地法院判决结果存在差异。有些地方提出,根据最高人民法院公报中的意见,抵押权人未在主债权诉讼时效期间行使抵押权,抵押人要求解除抵押权登记的,人民法院应予支持。据此,在主债权诉讼时效期间未行使抵押权将导致抵押权消灭,而非胜诉权的丧失,建议明确。一些地方、部门和单位建议,将"人民法院不

予保护”修改为“抵押权消灭。”

有些单位建议，将本条修改为：“担保物权人应当在主债权诉讼时效期间行使担保物权；未行使的，担保物权消灭。”同时，将本条规定在担保物权的一般规定中。

一些地方和单位建议，将本条修改为：“抵押权所担保的债权的诉讼时效结束后，抵押权人在诉讼时效结束后两年内未行使抵押权的，抵押权消灭。”

有些单位提出，过了诉讼时效期间抵押权仍处于登记状态，抵押物无法流转过户，不利于物的充分利用，建议增加规定抵押权的涂销。

（十四）最高额抵押权所担保债权的确定事由

征求意见稿第二百一十一条规定，有下列情形之一的，抵押权人的债权确定：(1)约定的债权确定期间届满；(2)没有约定债权确定期间或者约定不明确，抵押权人或者抵押人自最高额抵押权设立之日起满二年后请求确定债权；(3)新的债权不可能发生；(4)抵押权人知道或者应当知道抵押财产被查封、扣押；(5)债务人、抵押人被宣告破产或者被撤销；(6)法律规定债权确定的其他情形。

有些地方建议，将第二项中的“二年”修改为“三年”。有些单位建议，将第二项修改为：“没有约定债权确定期间或者约定不明确，抵押权人可随时请求确定债权，抵押人自最高额抵押权设立之日起满二年后方可请求确定债权。”

有些单位提出，第三项表述不够严谨，建议修改为“新的债权不再发生”或者“新的债权事实上或者法律上不能发生”。

十九、关于质权

（一）总的意见

有些单位建议，增加质权的存续期间的规定。有些单位建议，增加营业质权的规定。一些地方、部门和单位建议，参照浮动抵押制度增加规定浮动质押制度。

有些地方提出，应收账款质押登记办法中规定一个权利上可以设立多个质权，建议物权编也对此作出明确规定。

（二）质押合同

征求意见稿第二百一十五条第二款规定，质押合同一般包括下列条款：(1)被担保债权的种类和数额；(2)债务人履行债务的期限；(3)质押财产的名称、数量、质量、状况；(4)担保的范围；(5)质押财产交付的时间、方式。

有些部门建议，将第二项修改为“债权的种类、数额或数额确定方式”。有些单位建议，增加规定一项“质权担保债权的范围”。

（三）禁止流质

征求意见稿第二百一十六条规定，质权人在债务履行期届满前，不得与出质人约定债务人不履行到期债务时质押财产归债权人所有。

有些部门建议，增加规定“法律、行政法规另有规定的，从其规定”，为场外金融衍生品交易违约时对债券等权利质权的快速实现提供法律支持。

有些单位提出，禁止流质过于绝对，应当尊重当事人的意思自治。有些单位提出，没有必要对流质一概禁止，为防止出现对质押人不利的情形，可以规定质权人的清算义务。同时规定，第三人提供质押财产的，有权在质押财产所有权转移于债权人前代为清偿债务消灭质权。有些单位提出，欧洲私法共同参考框架草案明确提出除涉及消费者担保，如果“担保财产是在公认的市场上以公开价格进行交易的可替代物”或者“当事人事先约定了便于确定合理的市场价格的其他方法”，就不能适用流质条款无效的规则，建议有条件地承认流质。

（四）动产质权的设立

征求意见稿第二百一十七条规定，质权自出质人交付质押财产时设立。

有些单位提出，占有改定也是替代现实交付的方式，应该允许，第三人按照善意取得规则保护即可。一些地方和单位提出，动产质权交付设立且交付不包括占有改定是各国通行做法，建议增加一款规定：“出质人代质权人占有质押物的，质权未设立。”

有些地方和单位建议，增加规定账户特定化后可以质押：“债务人或者第三人将其金钱以特户、封金、保证金等形式特定化后，移交债权人占有作为债权的担保，债务人不履行债务时，债权人可以以该金钱优先受偿。”

（五）可以出质的权利范围

征求意见稿第二百二十八条规定，债务人或者第三人有权处分的下列权利可以出质：(1)汇票、支票、本票；(2)债券、存款单；(3)仓单、提单；(4)可以转让的基金份额、股权；(5)可以转让的注册商标专用权、专利权、著作权等知识产权中的财产权；(6)取得应收账款等收益的权利；(7)法律、行政法规规定可以出质的其他财产权利。

有些地方建议，在第四项增加规定“信托受益权”。有些部门建议，增加规定“信托收益权、可以质押的保单”。有些地方建议，增加规定“理财产品、信托受益权、具有现金价值的保险单”。有些单位建议，增加规定“中期票据、信托收益权”。

有些地方建议，在第五项增加规定“植物新品种权、集成电路布图设计专有权”。

一些地方和部门建议，可以参考应收账款质押登记办法，将第六项修改为“以合同为基础的具有金钱给付内容的付款请求权”；有些单位建议，修改为“应收账款、公路费收益等收益的权利”；有些部门建议，修改为：“取得应收账款的权利，公路桥梁、公路隧道或者公路渡口等不动产收益权。”

有些单位提出，应收账款与收费权存在较大差异，建议赋予收费权单独的可以质押的法律地位。对于“取得应收账款等收益的权利”，尽管收益权作为股权、债权的权能之一，具有财产属性，可以转让，实践中也存在以收益权为质押标的的质权，但是一些意见认为权能不等于权利，以权能出质可能导致权能与权利的分离，不符合法理，由于存在争议，建议暂不规定收益权可以质押。

一些地方、部门和单位建议，将第七项修改为“法律、行政法规未禁止出质的其他财产权利”；有些单位建议，修改为“依其性质可以转让并且法律、行政法规未禁止出质的其他财产权利”。

有些地方建议，增加一项规定“经营权”，响应正在进行的三权分置改革。有些部门建议，增加一项规定“可以转让的传统工艺方法、配方、特许经营权”。有些单位建议，增加规定债权为权利质押的客体，并规定：“以债权出质的，质权人在所担保的债权届期时，有权请求出质的债权的债务人履行债务。但出质人和质权人未事先通知债务人的除外。”

（六）以汇票、支票、本票等出质的权利质权

征求意见稿第二百二十九条规定，以汇票、支票、本票、债券、存款单、仓单、提单出质的，质权自权利凭证交付质权人时设立；没有权利凭证的，质权自办理出质登记时设立。

一些地方和单位建议，在“质权自权利凭证交付质权人时设立”后增加规定：“该权利转让依法应当背书的，质权自权利凭证交付质权人并完成质押背书时设立。”一些部门和单位建议，增加规定：“法律另有规定的除外”，以便和特别法的规定相协调。

有些地方建议，增加对于电子汇票、电子存单等权利质权设立条件的规定。

（七）出质人处分知识产权的限制

征求意见稿第二百三十二条第二款规定，知识产权中的财产权出质后，出质人不得转让或者许可他人使用，但经出质人与质权人协商同意的除外。出质人转让或者许可他人使用出质的知识产权中的财产权所得的价款，应当向质权人提前清偿债务或者提存。

有些地方和单位提出，知识产权出质后，应当允许许可他人使用，建议增加规定：“以知识产权中的财产权出质的，出质人许可他人使用出质的知识产权中的财产权，质权不受影响。”

（八）取得应收账款等收益的权利质权的设立

征求意见稿第二百三十三条第一款规定，以取得应收账款等收益的权利出质的，质权自办理出质登记时设立。第二款规定，取得应收账款等收益的权利出质后，不得转让，但经出质人与质权人协商同意的除外。出质人转让取得应收账款等收益的权利所得的价款，应当向质权人提前清偿债务或者提存。

有些地方提出,应收账款质押登记与动产抵押登记、动产浮动抵押登记性质一样,登记机构都不进行实质审查,建议将“质权自办理出质登记时设立”修改为“质权自质押合同生效时设立,未经登记不得对抗第三人”。

有些地方建议,明确规定可以出质的取得收益的权利范围以及登记机关。

有些单位提出,出质的权利不得转让缺乏正当性,建议参照抵押物的转让规则予以修改。

二十、关于留置权

(一)总的意见

有些地方和单位建议,增加规定留置权的存续期间。有些单位建议,增加规定紧急留置权。

(二)留置权的一般规定

征求意见稿第二百三十五条第一款规定,债务人不履行到期债务,债权人可以留置已经合法占有的债务人的动产,并有权就该动产优先受偿。

有些单位提出,将留置物限于债务人的动产难以满足实际需要,建议放宽到第三人的动产。

有些地方建议,增加一款规定:“权利凭证的留置,参照本章的规定。”

(三)留置财产与债权的关系

征求意见稿第二百三十六条规定,债权人留置的动产,应当与债权属于同一法律关系,但企业之间留置的除外。

一些单位建议,将“同一法律关系”修改为“牵连关系”,扩大留置权的适用范围。

有些单位建议,将“企业之间留置”修改为“企业之间因营业关系产生的留置”,限制商事留置权的无因性。有些单位建议,将“但企业之间留置的除外”修改为“在商事交易中不受同一法律关系的限制”,包含从事商事交易的自然人。

一些地方和单位建议,将本条修改为:“承揽、运输、保管、行纪等法律规定的合同债权人以及无因管理人、遗失物拾得人可留置其占有的动产,但留置因相互持续性经营关系占有的动产不受前述限制。”

(四)留置权适用范围的限制

征求意见稿第二百三十七条规定,法律规定或者当事人约定不得留置的动产,不得留置。

一些单位提出,不得留置的情形还包括:通过侵权行为占有、占有法律禁止转让的动产、留置财产与债权人承担的义务相抵触、留置财产违反债务人移交财产时的意思表示、留置财产违反公序良俗等,建议增加规定。

（五）留置财产为可分物时留置权的行使规则

征求意见稿第二百三十八条规定，留置财产为可分物的，留置财产的价值应当相当于债务的金额。

有些单位建议，增加规定留置财产为不可分物时留置权的行使规则。有些单位提出，建议增加规定："在债务人未履行全部债务前，债权人可以就留置物的全部行使留置权。"

二十一、关于占有

（一）总的意见

一些地方、部门和单位建议，在民法典中完善占有体系，规定占有的定义；直接占有人、间接占有人与占有辅助人的定义；占有权利与状态的推定；占有的变更、移转；无权占有；善意、恶意占有人的责任及费用返还；占有人及占有辅助人的自力救济权；占有保护请求权；消灭时效；共同占有；占有继承的法律效果；占有的消灭及准占有等。

有些地方和单位提出，由于占有的规则适用于绝大部分的物权，建议将占有规定在第一分编总则中。

（二）有权占有的法律适用

征求意见稿第二百四十六条规定，基于合同关系等产生的占有，有关不动产或者动产的使用、收益、违约责任等，按照合同约定；合同没有约定或者约定不明确的，依照有关法律规定。

一些地方和单位提出，本条属于债法内容，不是物权编确定占有状态及效力的根据，建议删除。

有些单位建议，将本条修改为："占有符合法律规定或当事人约定的，占有物之使用、收益和毁损灭失之责任，依照法律规定或当事人约定。"

（三）占有物损害时恶意占有人的赔偿责任

征求意见稿第二百四十七条规定，占有人因使用占有的不动产或者动产，致使该不动产或者动产受到损害的，恶意占有人应当承担赔偿责任。

有些地方和部门建议，删除"恶意"。有些单位提出，不应以善意和恶意区分损害赔偿责任，而应以是否存在过错来界定占有人的责任。

有些单位建议，对善意占有人增加过错要求，而恶意占有人无论过错与否都要承担赔偿责任。有些单位建议，明确规定"善意占有人不承担责任"。

（四）占有物产生的孳息、维护费用

征求意见稿第二百四十八条规定，不动产或者动产被占有人占有的，权利人可以请求返还原物及其孳息，但应当支付善意占有人因维护该不动产或者动产支出的相应费用。

一些地方和单位提出,“相应费用”过于模糊,建议修改为“必要费用”。

一些地方和单位提出,对于占有物的孳息应当专条规定,区分善意占有和恶意占有,善意占有人返还孳息以现存利益为限,恶意占有人对已消费、毁损灭失、怠于收取的孳息也负有返还义务。

一些单位提出,恶意占有人虽明知无占有权但仍为占有物支出的必要费用也应得到补偿,建议增加规定恶意占有人的费用返还请求权。有些单位提出,在规定善意占有人和恶意占有人均有必要费用的返还请求权的基础上,增强对善意占有人的保护,建议增加规定“善意占有人还可请求前述费用之外的合理费用”。

(五)占有保护

征求意见稿第二百五十条第二款规定,占有人返还原物的请求权,自侵占发生之日起一年内未行使的,该请求权消灭。

有些部门建议,在“返还原物”后增加规定“排除妨害或者消除危险”。有些地方建议,将“自侵占发生之日起”修改为“自知道或者应当知道侵占事实之日”。有些地方建议,将“一年”修改为“二年”。有些地方建议,适当延长返还原物请求权的行使期限,以利于物权的保护。

二十二、其他

1. 一些地方、部门和单位建议,增加关于典权的规定。
2. 有些地方建议,进一步研究网络虚拟财产的性质及其保护。
3. 有些地方建议,对特许物权专章作出规定。

地方人大、中央有关部门和单位以及有关方面对民法典各分编（草案）物权编的意见

十三届全国人大常委会第五次会议对《民法典各分编（草案）》进行了初次审议。2018 年 9 月上旬，法制工作委员会将草案印发省、自治区、直辖市的人大常委会，以及中央有关部门、有关人民团体和社会组织、部分高等院校和研究机构、基层立法联系点征求意见。现将对物权编（草案）的主要意见简报如下：

一、总的意见

有的单位提出，物权编（草案）在立法精神和理念方面贯彻了中央有关完善产权保护制度、深化农村土地制度改革等精神，回应了广大人民的现实需求，勇于直面社会矛盾，在诸多方面都有所创新，特别是在加强对业主权利的保护、增设居住权制度、建构承包地“三权分置”制度等方面。从细节规则看，在担保物权等领域也作了更精细、准确的修改。

有的部门提出，物权编编纂应注意以下几点：一是要与时俱进，具有一定的前瞻性。二是注意吸收中国传统法律文化的精髓，如传统法律文化中的物权制度。三是应当紧密结合实际，回应经济社会发展需求。四是物权编在环保方面具有基石性作用，应充分贯彻“绿色原则”，确立物权行使的环保原则。

有的部门建议，进一步充实完善物权编：一是系统整合和吸收成熟的包括司法解释在内的相关法律规范。二是将党的十八大以来对物权制度进行创新和发展的一系列重大方针政策转化为具体的法律规定。三是进一步充实改革实践中迫切需要物权法予以原则性指导的内容，充分发挥立法对改革的引领和保障作用。

有的地方建议，尽量吸收与物权编相关的司法解释。

有的单位建议，尽量减少以但书形式出现的条款，以免造成法的不确定性。

二、关于一般规定

（一）总的意见

有的单位建议，将章名修改为“通则”。

有的地方和单位建议，保留物权法定原则。有的地方建议，增加规定："物权的种类、内容和效力，由法律规定。"有的地方建议，增加规定："物权除法律或习惯外，不得创设。"有的单位建议，将行政法规、习惯纳入可创设物权的法源中。

有的地方建议，明确物与物权的概念。有的地方建议，增加规定物权客体特定、物的内容、物的分类等一般性条款。

有的地方建议，增加对下列概念的规定：物、物权、不动产、动产、主物、从物、天然孳息、法定孳息等。

（二）调整范围

草案第一条规定，因物的归属和利用而产生的民事关系，适用本编。

有的单位建议，将"利用"修改为"排他性利用"。有的地方建议，在"利用"后增加"以及物权的保护"。

有的单位建议，明确物权客体为"物"和"法定权利"。

（三）我国基本经济制度与社会主义市场经济原则

草案第二条第一款规定，国家在社会主义初级阶段，坚持公有制为主体、多种所有制经济共同发展的基本经济制度。第二款规定，国家巩固和发展公有制经济，鼓励、支持和引导非公有制经济的发展。第三款规定，国家实行社会主义市场经济，保障一切市场主体的平等法律地位和发展权利。

有的部门建议，在第二款后增加"并对非公有制经济依法实行监督和管理"。

有的单位建议，将第三款中的"市场主体"修改为"民事主体"。

有的地方和单位提出，第一款、第二款的内容属于公法范畴，建议删除。一些地方和单位提出，基本经济制度应由宪法规定，物权编没必要重申，建议删除本条。

（四）平等保护原则

草案第三条规定，国家、集体、私人的物权和其他权利人的物权受法律平等保护，任何组织或者个人不得侵犯。

一些单位提出，本条与民法总则的规定重复，建议删除。有的单位提出，民法总则没有国家、集体、私人平等主体地位的界定，国家和集体的"平等保护"缺乏总则的主体地位依据，建议删除本条。

有的地方建议，将"国家、集体、私人的物权和其他权利人的物权"修改为"民事主体的物权"；有的单位建议，修改为"依法成立的物权"。

有的单位提出，"私人"不是民法总则规定的民事主体，外延不清，同时人格权编规定了"私人空间、私人活动和私人信息"，两处"私人"含义不同，建议修改。

有的地方建议，在物权主体中增加"家庭"。

（五）物权公示原则

草案第四条规定，不动产物权的设立、变更、转让和消灭，应当依照法律规定登记。动产物权的设立和转让，应当依照法律规定交付。

一些地方和单位提出，本条与第五条、第二十条内容重复，建议删除。有的单位建议，删除第五条、第二十条，并将本条修改为两款："不动产物权的设立、移转和消灭，未经登记，不发生效力，但法律另有规定的除外。""动产物权的设立和移转，自动产交付时发生效力，但法律另有规定的除外。"

有的单位建议，在"应当依照法律规定交付"后增加"但法律另有规定的除外"。

三、关于物权的设立、变更、转让和消灭

（一）总的意见

有的单位建议，将章名修改为"物权的设立、转移和消灭"或者"物权变动"。

一些地方和单位提出，物权编中的不动产登记应当主要针对不动产物权变动、公示方法等，与不动产物权变动无直接关系的条款应当删除，以后在不动产登记法中规定。

（二）不动产物权登记生效及其例外

草案第五条第一款规定，不动产物权的设立、变更、转让和消灭，经依法登记，发生效力；未经登记，不发生效力，但法律另有规定的除外。第二款规定，依法属于国家所有的自然资源，所有权可以不登记。

有的单位建议，删除第一款中的"但法律另有规定的除外"。

有的地方建议，将第二款修改为："依法属于国家所有的自然资源、野生动植物资源、无线电频谱资源、土地、文物等，所有权可以不登记。"

有的部门建议，将第二款中的"可以不登记"修改为"可以登记"。有的部门建议，将第二款修改为："对水流、森林、山岭、草原、荒地、滩涂以及探明储量的矿产资源等自然资源的所有权统一进行确权登记。"有的部门建议，将第二款修改为："对水流、森林、山岭、草原、荒地、滩涂以及探明储量的矿产资源等自然资源的所有权应当进行登记。依法属于国家所有的其他自然资源，所有权可以不登记。"有的地方提出，国家所有的自然资源不登记，当发生纠纷时，可能会侵害其他民事主体的权利，建议斟酌。有的地方提出，为了与生态文明体制改革的总要求相适应，建议删除第二款。

有的地方建议，增加关于非自然资源是否需要登记的规定。

（三）登记机构应当履行的职责

草案第八条第一款规定，登记机构应当履行下列职责：（1）查验申请人提供的权属证明和其他必要材料；（2）就有关登记事项询问申请人；（3）如实、及时登记有关事项；（4）法律、行政法规规定的其他职责。第二款规定，申请登记的不动产的有关情况需要进一步证明的，登记机构可以要求申请人补充材料，必要时可以实地

查看。

有的地方和单位提出，对机构职责的规定属公法范畴，应由专门的行政法规进行规范，建议删除本条。

有的地方建议，将第一款第一项中的“查验”修改为“查收”。

有的地方建议，将第二款中的“可以”修改为“应当”。

(四)登记机构禁止从事的行为

草案第九条规定，登记机构不得有下列行为：(1)要求对不动产进行评估；(2)以年检等名义进行重复登记；(3)超出登记职责范围的其他行为。

一些地方和单位提出，本条属于公法规范，应由专门的行政法规进行规范，建议删除。

(五)合同效力和物权效力的区分

草案第十一条规定，当事人之间订立有关设立、变更、转让和消灭不动产物权的合同，除法律另有规定或者合同另有约定外，自合同成立时生效；未办理物权登记的，不影响合同效力。

有的单位建议，将“设立”修改为“取得”，将“转让”修改为“转移”。

有的地方和单位建议，将本条移至第一章，并将“未办理物权登记的”修改为“未办理登记或未交付”。

(六)不动产登记簿的效力

草案第十二条第一款规定，不动产登记簿是物权归属和内容的根据。

有的单位建议，将本款修改为：“不动产登记簿是权利推定的依据。”

有的单位建议，在本款后增加规定“但有相反证据证明的除外”。

(七)利害关系人妥善使用登记资料的义务

草案第十五条规定，利害关系人不得非法使用、公开权利人的登记资料。

有的地方建议，将“登记资料”修改为“不动产登记资料”。

有的地方提出，本条涉及隐私权与公众知情权的利益衡量，在没得出明确结论时，建议删除。有的单位提出，权利人的登记资料属于个人信息，个人信息已在人格权编规定，无需重复。如果规定，建议在“非法使用、公开”后增加“向他人提供”。

有的部门建议，增加规定“非法使用、公开权利人的登记资料，造成权利人损害的，应当承担赔偿责任”。

(八)不动产更正登记和异议登记

草案第十六条第一款规定，权利人、利害关系人认为不动产登记簿记载的事项错误的，可以申请更正登记。不动产登记簿记载的权利人书面同意更正或者有证据证明登记确有错误的，登记机构应当予以更正。第二款规定，不动产登记簿记载的权利人不同意更正的，利害关系人可以申请异议登记。登记机构予以异议登记的，申请人在异议登记之日起十五日内不起诉，异议登记失效。异议登记不当，造成权利人损害的，权利人可以向申请人请求损害赔偿。

有的地方和单位建议，将第一款的“或者”修改为“并且”。有的部门提出，根据第一款的规定，只要不动产登记簿记载的权利人书面同意更正，不管有没有证据证明登记确有错误，登记机关都应当予以更正，似乎与草案第十六条的立法本意相违背，建议进一步斟酌。有的部门建议，删除“不动产登记簿记载的权利人书面同意更正或者”。有的单位建议，将第一款第二句修改为：“有证据证明登记确有错误的，登记机构应当予以更正。权利人提交书面同意的，可以适当减轻登记错误的证明责任。”

有的单位建议，在第二款“不动产登记簿记载的权利人不同意更正的”前增加“没有证据证明登记确有错误且”。一些地方和单位建议，删除“不动产登记簿的权利人不同意更正的”。有的部门建议，重新考虑异议登记的条件。有的地方建议，将“予以异议登记的”修改为“应当予以登记”。有的部门建议，在“申请人在异议登记之日起十五日内不起诉”后增加“或者不提起仲裁”；有的单位建议，增加规定“不申请仲裁或者不依法申请政府调处”。有的部门建议，在“异议登记失效”后，增加“申请人已经起诉的，不适用异议登记”。

有的地方建议，将本条修改为：“权利人、利害关系人认为不动产登记簿记载的事项错误的，可以申请异议登记或更正登记。登记机构予以异议登记的，申请人在异议登记之日起十五日内不起诉，异议登记失效。异议登记不当，造成权利人损害的，权利人可以向申请人请求损害赔偿。异议登记期间，不动产登记簿记载的权利人处分标的物的，该处分行为无效。不动产登记簿记载的权利人书面同意更正或者有证据证明登记确有错误的，登记机构应当予以更正。”

有的单位建议，增加一款：“异议登记期间，不动产登记簿上记载的权利人以及第三人因处分权利申请登记的，应当予以办理。”

（九）不动产预告登记

草案第十七条第一款规定，当事人签订买卖房屋或者签订其他不动产物权的协议，为保障将来实现物权，按照约定可以向登记机构申请预告登记。预告登记后，未经预告登记的权利人同意，处分该不动产的，不发生物权效力。第二款规定，预告登记后，债权消灭或者自能够进行不动产登记之日起三个月内未申请登记的，预告登记失效。

有的部门建议，将第一款中的“当事人签订买卖房屋或者签订其他不动产物权的协议”修改为“当事人转让、变更和消灭建设用地使用权、房屋所有权等不动产物权的”；有的地方建议，修改为“当事人订立有关买卖房屋或者设立其他不动产物权的协议”。有的单位建议，将“其他不动产物权”修改为“转让其他不动产物权”。有的单位建议，删除“签订其他不动产物权的协议”中的“签订”。有的单位建议，将“实现”修改为“取得”。有的单位建议，删除“按照约定”。有的单位建议，将“处分该不动产的”修改为“转移不动产所有权，或者设定建设用地使用权、地役权、抵押权等其他定限物权的”。一些地方和单位建议，将“不发生物权效力”修改为“不发生物权变动的效力”。

有的单位建议，在第二款的“能够进行不动产登记之日”前增加“预告登记的权利人知道或应当知道”。有的地方建议，删除“或者自能够进行不动产登记之日起三个月内未申请登记的”。

有的地方建议，增加一款：“房屋买卖合同当事人根据不动产登记机关要求办理商品房买卖合同备案登记的，具有预告登记的效力。”

有的部门建议，删除本条，并在抵押权一章增加“买方法定抵押权”，具体条文为：“当事人签订买卖房屋或者其他不动产物权的协议的，应当将协议提请登记机构备案。自登记机构将协议备案之时起至不动产物权变动生效时，买方在已经支付的金额范围内，就买卖的房屋或者交易的其他不动产物权享有法定抵押权。”

有的部门建议，明确预告登记保全效力的内涵和外延、预告登记的顺位效力及破产保护效力。

(十)登记错误赔偿责任

草案第十八条第一款规定，当事人提供虚假材料申请登记，给他人造成损害的，应当承担赔偿责任。第二款规定，因登记错误，给他人造成损害的，登记机构应当承担赔偿责任。登记机构赔偿后，可以向造成登记错误的人追偿。

一些地方、部门和单位建议，明确登记机构赔偿的过错责任原则。有的单位建议，区分登记机构的责任性质，“管理登记”为行政责任，适用国家赔偿程序；“权利登记”为民事责任，适用民事赔偿程序。

有的地方建议，将第二款中的“可以”修改为“应当”。有的地方建议，将“可以向造成登记错误的人追偿”修改为“可以向因该登记错误不当得利的人和造成登记错误的责任人追偿”。

有的地方建议，增加一款：“权利受让人既可以向提供虚假材料的当事人主张赔偿权，也可以向形成物权错误登记的登记机构主张赔偿权。”有的单位建议，增加规定房屋登记机构工作人员与第三人恶意串通违法登记时，房屋登记机构与第三人承担连带赔偿责任。

(十一)登记收费

草案第十九条规定，不动产登记费按件收取，不得按照不动产的面积、体积或者价款的比例收取。

有的地方建议，细化“按件收取”的规定，增加明确具体的收费标准。

有的部门和单位提出，本条属于公法范畴，建议删除。

（十二）动产物权的交付生效

草案第二十条规定，动产物权的设立和转让，自交付时发生效力，但法律另有规定的除外。

有的地方建议，将本条修改为："动产物权的设立、变更、转让和消灭，自交付时发生效力，但法律另有规定或当事人另有约定的除外。"

（十三）船舶、航空器和机动车等的物权登记

草案第二十一条规定，船舶、航空器和机动车等物权的设立、变更、转让和消灭，未经登记，不得对抗善意第三人。

有的单位建议，删除"等"字。一些地方和单位建议，在"未经登记"前增加"自交付时发生物权变动的效力"。有的地方建议，将"不得对抗善意第三人"修改为"不得对抗善意且已经取得物权利益的第三人"；有的单位建议，修改为"不发生法律效力"。有的地方建议，在"不得对抗善意第三人"后增加"法律另有规定的除外"。

有的单位提出，特殊动产的交易应该基于不同的交易习惯由特别法规定，有第二十条的但书即可，建议删除本条。

（十四）简易交付

草案第二十二条规定，动产物权设立和转让前，权利人已经占有该动产的，物权自民事法律行为生效时发生效力。

有的单位建议，将"权利人"修改为"将享有该物权的人"。有的地方建议，将"已经占有该动产的"修改为"已经合法占有该动产的"。有的单位建议，将"发生效力"修改为"发生物权变动的效力"。

（十五）指示交付

草案第二十三条规定，动产物权设立和转让前，第三人占有该动产的，负有交付义务的人可以通过转让请求第三人返还原物的权利代替交付。

有的单位建议，将"返还原物"修改为"返还标的物"。

有的单位建议，增加一款："当事人以前款方式交付动产的，转让人与受让人之间有关转让返还原物请求权的协议生效时为动产交付之时。但该协议未书面通知占有该动产的占有人的，不得对抗善意第三人。"

（十六）占有改定

草案第二十四条规定，动产物权转让时，双方又约定由出让人继续占有该动产的，物权自该约定生效时发生效力。

有的单位建议，将本条修改为："双方约定，动产物权转让后，仍由出让人继续占有该动产的，物权自该约定生效时发生效力。"

有的地方建议，明确出让人将动产转让给善意第三人时的处理规则。

（十七）法律文书、征收决定导致的物权变动

草案第二十五条规定，因人民法院、仲裁委员会的法律文书或者人民政府的征收决定等，导致物权设立、变更、转让或者消灭的，自法律文书或者人民政府的征收决定等生效时发生效力。

有的地方建议，将“法律文书”修改为“形成判决和确认判决”；有的单位建议，修改为“形成性的法律文件”；有的地方建议，修改为“特定的法律文书”，具体法律文书类型留待司法解释明确。

有的单位提出，为了防止实践中地方政府在发布征收决定后就批量注销被征收人不动产登记的情形，建议删除“人民政府的征收决定”。

有的地方建议，将法律文书和征收决定导致物权变动的情形分两条或者两款进行规定。

有的单位提出，本条涉及公法性规范，建议删除。

（十八）继承导致的物权变动

草案第二十六条规定，因继承取得物权的，自继承开始时发生效力。

有的地方建议，将本条修改为：“因继承取得物权的，自遗产分割完成时发生效力，由所有继承人共有，遗产管理人管理。”

有的地方提出，不宜删除受遗赠的情形。有的地方建议，增加一款：“因遗赠取得物权的，适用本条第一款的规定。”

（十九）事实行为导致的物权变动

草案第二十七条规定，因合法建造、拆除房屋等事实行为设立或者消灭物权的，自事实行为成就时发生效力。

有的单位建议，将“因合法建造、拆除房屋”修改为“因拆除、合法建造房屋”。有的地方建议，在“拆除”后增加“毁灭”。有的地方建议，删除“合法建造、拆除房屋等”。有的单位建议，将“成就”修改为“完成”。

（二十）非依法律行为取得的不动产物权的处分

草案第二十八条规定，依照本法第二十五条至第二十七条规定享有不动产物权的，处分该物权时，依照法律规定需要办理登记的，未经登记，不发生物权效力。

有的地方建议，将“需要办理登记”修改为“应当办理登记”。有的地方建议，在“需要办理登记的”后增加“登记机关应当予以登记”。有的单位建议，将“不发生物权效力”修改为“不发生物权变动的效力”。

（二十一）其他

有的地方建议，增加对不动产物权放弃的规定。

有的单位建议，增加规定物权混同规则。

四、关于物权的保护

（一）总的意见

有的单位建议，删除本章，并将本章中关于物权请求权的内容，修改后规定在第一章通则中。

有的地方建议，将本章中的物权请求权转变为侵权责任规定在侵权责任编中。有的地方建议，将本章所有涉及请求赔偿的条款，并入侵权责任编。

一些地方和单位提出，物权保护旨在为物权人根据其物受损害的状态提供不同的救济方式，第三十条至第三十四条中的“依法”二字容易产生法律指代不明的问题，建议删除“依法”。有的单位建议，将“依法请求”修改为“依照侵权责任法的规定请求”。

（二）物权保护的救济途径

草案第二十九条规定，物权受到侵害的，权利人可以通过和解、调解、仲裁、诉讼等途径解决。

一些地方和单位建议，删除本条。

有的单位建议，在“权利人”后增加“有权径直向侵权人主张权利，也”。

（三）物权确认请求权

草案第三十条规定，因物权的归属、内容发生争议的，利害关系人可以请求确认权利。

有的单位提出，确认物权不是一个独立请求权，并且本条属于诉讼法的内容，建议删除。

有的部门建议，增加一款：“利害关系人依本条第一款请求确认物权的，不适用诉讼时效的规定。”

（四）返还原物请求权

草案第三十一条规定，无权占有不动产或者动产的，权利人可以请求返还原物。

有的单位建议，将本条修改为：“权利人可以请求不动产或者动产的占有人返还原物，但占有人有权占有的除外。”有的单位建议，将本条修改为：“权利人可以请求占有人返还原物，但占有人证明自己为有权占有的除外。”

有的地方建议，增加一款：“占有人为善意的，在现存利益范围内返还原物、原物的孳息及其他收益。占有人为恶意的，应返还恶意开始时的原物、原物孳息及其他收益。恶意开始后原物、原物孳息及其他收益增加的，按照增加后的状态返还。”

（五）停止侵害、排除妨碍、消除危险

草案第三十二条规定，妨害物权或者可能妨害物权的，权利人可以请求停止侵害、排除妨碍或者消除危险。

有的单位建议，在“妨害物权”前增加“对于”。

有的单位提出，停止侵害与排除妨碍、消除危险在涵盖范围上有重叠，建议删除“停止侵害”。

（六）修理、重作、更换与恢复原状请求权

草案第三十三条规定，造成不动产或者动产毁损的，权利人可以依法请求修理、重作、更换或者恢复原状。

一些地方和单位建议，删除“修理、重作、更换”。有的单位建议，本条属于债权方式的救济路径，建议删除。

（七）损害赔偿与其他民事责任

草案第三十四条规定，侵害物权，造成权利人损害的，权利人可以依法请求损害赔偿，也可以依法请求承担其他民事责任。

一些单位提出，本条属于债权法的内容，建议删除。有的地方建议，将“其他民事责任”修改为“其他侵权责任”。

（八）物权保护方式的适用与行政责任、刑事责任

草案第三十五条第一款规定，本章规定的物权保护方式，可以单独适用，也可以根据权利被侵害的情形合并适用。第二款规定，侵害物权，除承担民事责任外，违反行政管理规定的，依法承担行政责任；构成犯罪的，依法追究刑事责任。

有的单位建议，在第一款“权利被侵害的情形”后增加规定“与其他物权保护方式”。

有的地方和单位建议，删除第二款。有的地方提出，本条规定与民法总则重复，建议删除。

五、关于所有权的一般规定

（一）所有权的基本内容

草案第三十六条规定，所有权人对自己的不动产或者动产，依法享有占有、使用、收益和处分的权利。

有的地方建议，在“占有、使用、收益和处分”后增加规定“以及排除他人干涉”。有的单位建议，将“的权利”修改为“等不受限制的独占支配权利，但法律规定的限制除外”。

（二）征收

草案第三十九条第一款规定，为了公共利益的需要，依照法律规定的权限和程序可以征收集体所有的土地和组织、个人的房屋及其他不动产。第二款规定，征收集体所有的土地，应当依法足额支付土地补偿费、安置补助费、地上附着物和青苗

的补偿费等费用，安排被征地农民的社会保障费用，保障被征地农民的生活，维护被征地农民的合法权益。第三款规定，征收组织、个人的房屋及其他不动产，应当依法给予征收补偿，维护被征收人的合法权益；征收个人住宅的，还应当保障被征收人的居住条件。第四款规定，任何组织或者个人不得贪污、挪用、私分、截留、拖欠征收补偿费等费用。

有的单位建议，将作为被征收对象的组织和个人统称为被征收人。

有的单位建议，在第一款“为了公共利益的需要”前增加“国家”；有的地方建议，增加“县级以上人民政府”。一些地方和部门建议，明确“公共利益”的内涵。有的单位建议，增加规定由司法机关界定公共利益。有的地方建议，将“征收集体所有的土地和组织、个人的房屋及其他不动产”修改为“征收组织和个人的不动产和动产”。有的单位建议，将“组织、个人”修改为“其他主体”。有的单位建议，在第一款后增加“并给予被征收人公平补偿”。有的地方提出，第一款规定了“依照法律规定的权限和程序”，但是目前对于集体土地上的房屋的征收没有相应的法律规范，对于国有土地上房屋的征收主要适用行政法规，建议对本条修改完善，并统筹考虑其他法律法规的立改废。

有的部门建议，将第二款中的“土地补偿费”修改为“土地所有权补偿费”。有的部门建议，在“安排被征地农民的社会保障费用”前增加“足额”。有的部门提出，“安排被征地农民的社会保障费用”和“保障被征地农民的生活”的规定不够明确，建议完善相关表述。

有的单位建议，将第三款中的“应当依法给予征收补偿”修改为“应当依法根据市场价值给予征收补偿”；有的地方建议，修改为“应当依法给予公平合理征收补偿”。

有的部门建议，删除第四款口号性的表述。

有的地方建议，增加一款：“征收补偿完成前，不得强制被征收人搬迁，不得采取暴力、威胁或者断水、断电、封路等非法方法侵害被征收人的合法权益。”有的部门建议，增加一款：“安置补助费、属于个人的地上附着物和青苗的补偿费、个人房屋及其他不动产补偿费等费用，应当直接支付给被征收人。”

（三）保护耕地、禁止违法征地

草案第四十条规定，国家对耕地实行特殊保护，严格限制农用地转为建设用地，控制建设用地总量。不得违反法律规定的权限和程序征收集体所有的土地。

有的单位建议，将“控制建设用地总量”修改为“保障基本农地总量”。

有的单位提出，耕地保护是土地管理法的内容，建议删除本条。

（四）征用

草案第四十一条规定，因抢险、救灾等紧急需要，依照法律规定的权限和程序可以征用组织、个人的不动产或者动产。被征用的不动产或者动产使用后,应当返还被征用人。组织、个人的不动产或者动产被征用或者征用后毁损、灭失的,应当给予补偿。

有的单位建议,将作为被征用对象的组织和个人统称为被征用人。有的单位建议,将“组织、个人”修改为“集体、组织、个人”。

有的地方建议,增加规定征用的使用费用。有的地方和单位建议,明确规定征用补偿,并对征用补偿和损失补偿予以区分。

六、关于国家所有权和集体所有权、私人所有权

(一)总的意见

有的单位建议,将章名修改为国家所有权、集体所有权和私人所有权。有的单位建议,将章名修改为“特别所有权”或者“公共所有权”,并只保留国家所有权和集体所有权的内容。

有的单位建议,将关于国家所有权客体的规定合并为一个条文。

有的单位提出,草案第五十三条、第六十条、第六十二条均对禁止实施侵害的行为进行了列举,建议统一用“侵害”取代对相关行为的列举。

有的部门建议,明确规定法人所有权、非法人组织所有权。

(二)国家所有权的行使

草案第四十二条第二款规定,国有财产由国务院代表国家行使所有权;法律另有规定的,依照其规定。

有的部门建议,将“国务院”修改为“国务院或者国务院有关部门”。

(三)矿藏、水流、海域的国家所有权

草案第四十三条规定,矿藏、水流、海域属于国家所有。

有的地方建议,在“海域”后增加“等自然资源”。有的地方和部门建议,增加规定“空域”。有的地方建议,增加一款:“乌木、狗头金等类似矿藏物属于国家所有。陨石等天体陨落物属于国家所有。”

(四)属于国家所有的森林、草原等自然资源

草案第四十五条规定,森林、山岭、草原、荒地、滩涂等自然资源,属于国家所有,但法律规定属于集体所有的除外。

有的地方建议,增加规定“湿地”。

(五)属于国家所有的野生动植物资源

草案第四十六条规定,法律规定属于国家所有的野生动植物资源,属于国家所有。

有的地方建议,将“野生动植物资源”修改为“野生动物资源和国家重点保护的

野生植物资源”。

有的单位建议，删除本条。

（六）属于国家所有的基础设施

草案第四十九条第二款规定，铁路、公路、电力设施、电信设施和油气管道等基础设施，依照法律规定为国家所有的，属于国家所有。

有的地方建议，在“铁路、公路”后增加“航道”。

（七）国家出资的企业出资人制度

草案第五十二条规定，国家出资的企业，由国务院、地方人民政府依照法律、行政法规规定分别代表国家履行出资人职责，享有出资人权益。

有的地方建议，将“地方人民政府”修改为“国务院授权的地方人民政府”。

有的部门建议，增加一款：“国务院和地方人民政府根据需要，可以授权有关部门代表本级人民政府进行出资并履行出资人职责。”

有的部门建议，增加一款：“国家举办的事业单位出资的企业由事业单位代表国家履行出资人职责，享有出资人权益。”

（八）国有财产的保护

草案第五十三条规定，国家所有的财产受法律保护，禁止任何组织或者个人侵占、哄抢、私分、截留、破坏。

有的单位提出，本条与宪法重复，建议删除。

（九）国有财产管理的法律责任

草案第五十四条第一款规定，履行国有财产管理、监督职责的机构及其工作人员，应当依法加强对国有财产的管理、监督，促进国有财产保值增值，防止国有财产损失；滥用职权，玩忽职守，造成国有财产损失的，应当依法承担法律责任。第二款规定，违反国有财产管理规定，在企业改制、合并分立、关联交易等过程中，低价转让、合谋私分、擅自担保或者以其他方式造成国有财产损失的，应当依法承担法律责任。

有的部门和单位提出，本条已有企业国有资产法规定，建议删除。

（十）农民集体所有财产的归属及重大事项的决定

草案第五十六条第二款规定，下列事项应当依照法定程序经本集体成员决定：(1)土地承包方案以及将土地发包给本集体以外的组织或者个人承包；(2)个别土地承包经营权人之间承包地的调整；(3)土地补偿费等费用的使用、分配办法；(4)集体出资的企业的所有权变动等事项；(5)法律规定的其他事项。

有的部门建议，将第三项修改为“土地所有权补偿费、属于集体所有的地上附着物和青苗的补偿费等费用的使用、分配办法”。

一些地方和单位建议，就各事项的表决规则作出规定。有的地方建议，明确集体成员可否委托他人参与决定、委托是否要求书面等问题。

有的地方和部门建议，增加规定集体经济组织成员资格的取得和丧失、成员权的内涵、行使和救济等内容。有的单位建议，明确成员集体作为民事主体的组织形式和集体成员的界定标准和依据。有的部门建议，增加一款："在农村集体经济组织所在地具有长期、固定的生产生活，依法登记为常住户口，或符合法律法规规定的其他情形的，具有农村集体经济组织成员资格。"有的单位建议，增加规定："在认定集体成员资格时，以户籍为首要标准，也应当尊重集体长期形成的习惯法。"

（十一）农民集体所有权的行使

草案第五十七条规定，对于集体所有的土地和森林、山岭、草原、荒地、滩涂等，依照下列规定行使所有权：(1)属于村农民集体所有的，由村集体经济组织或者村民委员会依法代表集体行使所有权；(2)分别属于村内两个以上农民集体所有的，由村内各该集体经济组织或者村民小组依法代表集体行使所有权；(3)属于乡镇农民集体所有的，由乡镇集体经济组织代表集体行使所有权。

有的地方提出，第二项中的"农民集体"概念不清，建议修改。

有的地方提出，第三项中的乡镇农民集体所有的财产权，需要核查是否存在、还有多少以及有无存在的必要性等，建议删除第三项。

（十二）公布集体财产状况

草案第五十九条规定，集体经济组织或者村民委员会、村民小组应当依照法律、行政法规以及章程、村规民约向本集体成员公布集体财产的状况。集体成员有权查阅、复制相关资料。

有的单位建议，删除"村民委员会、村民小组"。

有的单位建议，明确集体成员查阅、复制相关资料的条件和程序。

（十三）集体财产权的保护

草案第六十条第一款规定，集体所有的财产受法律保护，禁止任何组织或者个人侵占、哄抢、私分、破坏。第二款规定，集体经济组织、村民委员会或者其负责人作出的决定侵害集体成员合法权益的，受侵害的集体成员可以请求人民法院予以撤销。

有的单位建议，将第二款中的"集体成员合法权益"修改为"集体组织或者成员合法权益"；有的单位建议，修改为"集体成员土地承包经营权、宅基地使用权、集体土地补偿费分配权或者集体收益分配权等受益权利"。有的地方建议，增加规定"造成损失的，恶意决策人应当承担赔偿责任"。

有的部门建议，将本条修改为："集体经济组织、村民委员会作出的决定侵害个人合法权益的，受侵害人可以请求乡镇人民政府依法责令改正，也可以依法申请仲裁，或直接向人民法院起诉。"

有的单位提出，侵害集体成员合法权益的决议应当无效，若决议违反议事规则或程序，应为可撤销，同时应当规定撤销的除斥期间。

有的部门提出，本条属于公法的范畴，建议删除。

(十四)私有财产范围

草案第六十一条规定，私人对其合法的收入、房屋、生活用品、生产工具、原材料等不动产和动产享有所有权。

有的地方建议，将"私人"修改为"自然人"，并将网络虚拟财产纳入本条保护范围。

有的单位提出，将私人所有的财产进行罗列已不能适应现实情况，建议删除本条。

(十五)私有财产的保护

草案第六十二条规定，私人的合法财产受法律保护，禁止任何组织或者个人侵占、哄抢、破坏。

有的部门提出，本条属于公法范畴，建议删除。

(十六)企业出资人权利

草案第六十三条规定，国家、集体和私人依法可以出资设立有限责任公司、股份有限公司或者其他企业。国家、集体和私人所有的不动产或者动产，投到企业的，由出资人按照约定或者出资比例享有资产收益、重大决策以及选择经营管理者等权利并履行义务。

有的单位建议，将"投到企业的"修改为"作为资本投入企业的"。

一些地方和单位提出，本条属于公司法的内容，建议删除。

(十七)法人对其不动产和动产的权利

草案第六十四条第一款规定，营利法人对其不动产和动产依照法律、行政法规以及章程享有占有、使用、收益和处分的权利。第二款规定，营利法人以外的法人，对其不动产和动产的权利，适用有关法律、行政法规以及章程的规定。

有的地方建议，将第二款中的"营利法人以外的法人"修改为"非营利法人"。有的单位建议，将非法人组织纳入本条。

有的单位提出，本条属于公司法的内容，建议删除。

(十八)社会团体法人、捐助法人财产的保护

草案第六十五条规定，社会团体法人、捐助法人依法所有的不动产和动产，受法律保护。

有的地方提出，本条与第六十四条第二款含义相同，建议合并。有的地方建议，将"捐助法人"修改为"财团法人"。

有的部门建议，明确本条中"所有"的性质是属于国家、集体还是私人所有，或

者明确判定其所有权性质的方法。

有的地方建议，恢复物权法第六十九条的规定，为无权利能力社团从事民事活动提供法律支持。有的地方提出，第六十四条、第六十五条未对非法人团体或社会组织依法所有的动产及不动产权利进行规定，建议完善。

有的单位提出，本条属于公司法的内容，建议删除。

七、关于业主的建筑物区分所有权

（一）总的意见

有的单位建议，将本章与第八章“共有”互换位置。有的地方建议，将第八章“共有”置于本章前，其他章向后顺延。

有的单位建议，删除章名中“业主的”，以“区分所有权人”取代“业主”。有的地方建议，将“业主的建筑物区分所有权”修改为“业主权”。

（二）业主对专有部分的所有权

草案第六十七条规定，业主对其建筑物专有部分享有占有、使用、收益和处分的权利。业主行使权利不得危及建筑物的安全，不得损害其他业主的合法权益。

一些部门和单位建议，增加对专有部分的界定。

有的地方建议，将“行使权利”修改为“行使专有部分权利”。有的部门建议，将第二句修改为：“业主行使权利不得妨碍建筑物的正常使用，或者损害区分所有权人共同利益。”

有的部门建议，增加一款：“前款规定，准用于区分所有权人以外的专有部分占有人。”

（三）业主对专有部分以外的共有部分的权利义务

草案第六十八条第一款规定，业主对建筑物专有部分以外的共有部分，享有权利，承担义务；不得以放弃权利不履行义务。

有的单位建议，增加对共有部分的界定。

有的地方建议，对“不得以放弃权利不履行义务”作适当修改；有的地方和单位建议，修改为“不得以放弃权利为由不履行义务”；有的单位建议，修改为“不得以放弃权利而不履行义务”。

（四）建筑区划内道路、绿地、其他公共场所等的归属

草案第六十九条规定，建筑区划内的道路，属于业主共有，但属于城镇公共道路的除外。建筑区划内的绿地，属于业主共有，但属于城镇公共绿地或者明示属于个人的除外。建筑区划内的其他公共场所、公用设施和物业服务用房，属于业主共有。

有的地方建议，将“业主共有”修改为“业主共同支配”。有的单位建议，删除

“城镇”。有的部门建议，明确“城镇公共道路”的概念。

（五）车位、车库的归属

草案第七十条第一款规定，建筑区划内，规划用于停放汽车的车位、车库的归属，由当事人通过出售、附赠或者出租等方式约定。第二款规定，占用业主共有的道路或者其他场地用于停放汽车的车位，属于业主共有。

有的单位建议，将第一款中的“汽车”修改为“车辆”。有的地方建议，将“由当事人通过出售、附赠或者出租等方式约定”修改为“归合法建造人所有，法律、行政法规另有规定的除外”；有的单位建议，修改为“由当事人约定进行出售、附赠或者出租”。有的单位建议，删除“或者出租”。

有的地方建议，将第二款中的“业主共有”修改为“业主共同支配”。

有的地方建议，进一步明确住宅小区内车位、车库的所有权。有的地方建议，增加规定住宅商品房小区内的地下车库、地面车位的权属规则。

（六）车位、车库与业主需求的关系

草案第七十一条规定，车位、车库应当首先满足业主的需要。

有的地方建议，将本条修改为：“业主对车位、车库享有优先购买、优先承租的权利。”有的地方建议，将本条与第七十条合并，修改为：“建筑规划内车位、车库应当满足业主的需要，具体条件依照法律、法规的规定。”

有的部门建议，增加一款：“车位、车库的占有、使用情况应当定期公布。”

有的单位建议，增加规定出售与出租的决定规则。

（七）业主大会、业主委员会的设立

草案第七十二条第一款规定，业主可以设立业主大会，选举业主委员会。业主大会、业主委员会成立的具体条件和程序，依照法律、行政法规的规定。第二款规定，地方人民政府有关部门应当对设立业主大会和选举业主委员会给予指导和协助。

有的单位建议，将第一款中的“可以”修改为“应当”。

有的单位建议，明确业主大会可以以一栋或数栋区分所有建筑物为基础而成立。

有的地方建议，增加规定业主大会、业主委员会的民事主体地位。

有的部门建议，增加一款：“未设立业主大会或者业主委员会的，可由居民委员会代行有关职能。”

（八）业主决定建筑区划内重大事项及表决权

草案第七十三条第一款规定，下列事项由业主共同决定：（1）制定和修改业主大会议事规则；（2）制定和修改管理规约；（3）选举业主委员会或者更换业主委员会成员；（4）选聘和解聘物业服务企业或者其他管理人；（5）筹集和使用建筑物及其附属设施的维修资金;(6)改建、重建建筑物及其附属设施;(7)改变共有部分的用途或者利用共有部分从事经营活动;(8)有关共有和共同管理权利的其他重大事项。第二款规定,业主共同决定事项,应当由专有部分占比三分之二以上的业主且人数占比三分之二以上的业主参加表决。决定前款第五项至第七项规定的事项,应当经参加表决专有部分面积四分之三以上的业主且参加表决人数四分之三以上的业主同意。决定前款其他事项,应当经参加表决专有部分面积过半数的业主且参加表决人数过半数的业主同意。

有的地方建议,将第一款中的"由业主共同决定"修改为"由全体业主共同决定",并增加一款作为第二款:"上述事项仅与部分业主有利害关系的,由有利害关系的业主共同决定。有利害关系的业主无法确定的,由全体业主共同决定。"有的地方建议,增加部分业主对能够独立分割、独立使用的部分建筑物的维修、改建、利用等事项单独表决的内容。

有的单位建议,在第一款增加一项"有关改善和提升小区公共环境质量或业主共同环境权益的事项"。有的地方建议,增加一项"新建建筑物及其附属设施"。

有的地方建议,将第二款中的"占比"修改为"占建筑物总面积"。有的单位建议,将第二款中的"业主且"修改为"业主或"。有的地方建议,明确"参加表决"包括亲自参与和书面参与两种形式。

有的单位提出,第二款中两个三分之二的标准过于严格,保留一个三分之二即可。有的地方建议,将第二款中的"三分之二"修改为"过半数",将"四分之三"修改为"三分之二"。一些地方和单位提出,草案提高了业主决议门槛,建议恢复现行物权法的规定。有的地方提出,实践中为了达成有效决议,各地已经形成一些有效的做法,如果对业主表决规则调整过大,可能会给实际工作带来混乱。

有的单位建议,增加规定在业主委员会成立前,由业主代表和物业服务公司等共同参与管理。有的地方建议,增加规定业主无法达成合法有效决议且情况紧急时,授权行政机关在既定规则下代为行使。

(九)住宅改为经营性用房

草案第七十四条规定,业主不得违反法律、法规以及管理规约,将住宅改变为经营性用房。业主将住宅改变为经营性用房的,除遵守法律、法规以及管理规约外,应当经有利害关系的业主一致同意。

有的单位建议,明确"有利害关系的业主"的范围或者修改"一致同意"的规定。有的地方建议,将"有利害关系的业主"修改为"楼栋业主及可能受经营行为影响的业主"。

有的单位提出,住改商需经有利害关系的业主一致同意过于严苛,建议将本条纳入第七十三条由业主共同决定的事项。有的地方建议,明确禁止住改商。

（十）业主大会、业主委员会决定的效力

草案第七十五条第二款规定，业主大会或者业主委员会作出的决定侵害业主合法权益的，受侵害的业主可以请求人民法院予以撤销。

有的地方建议，增加规定“造成损失的，恶意决策人应当承担赔偿责任”。

有的单位提出，侵害业主合法权益的决议应当无效，若决议违反议事规则或程序，应为可撤销，同时应当规定撤销的除斥期间。

（十一）维修基金的归属、用途、筹集与使用

草案第七十六条规定，建筑物及其附属设施的维修资金，属于业主共有。经业主共同决定，可以用于电梯、屋顶、外墙、无障碍设施等共有部分的维修、更新和改造。维修资金的筹集、使用情况应当公布。

有的地方建议，将“经业主共同决定”修改为“经利益相关的业主共同决定”。

有的地方建议，增加一款：“建筑物的电梯、屋顶、外墙、无障碍设施等共有部分毁损影响到共有人正常使用的，该共有人有权向物业管理部门或政府维修资金管理部门申请维修资金进行维修。物业管理部门或政府维修资金管理部门应当及时查验建筑物共有部分的毁损情况。对确需维修的，申请人及时向全体业主发布维修公告，按照本章第七十三条规定的程序决定使用建筑物及其附属设施的维修资金。物业管理部门或政府维修资金管理部门应当及时进行维修。”

（十二）共有部分产生收益的归属

草案第七十七条规定，建设单位、物业服务企业或者其他管理人等利用业主的共有部分产生的收益，在扣除合理成本之后，属于业主共有。

有的地方建议，明确“合理成本”的组成并规定具体的计算方法。

有的地方建议，在“在扣除合理成本之后”前增加“管理人与业主约定收益分配方式的，不得损害业主合法权益；没有约定或约定不明的”。

有的地方建议，增加规定：“对于共有部分产生的收益，建设单位、物业服务企业或者其他管理人等不得侵占、挪用。”有的地方建议，增加一款：“建设单位、物业服务企业或者其他管理人等应当定期公布收益状况，业主有权查阅、复制相关资料和提出质询。”

（十三）建筑物及其附属设施的费用分摊、收益分配

草案第七十八条规定，建筑物及其附属设施的费用分摊、收益分配等事项，有约定的，按照约定；没有约定或者约定不明确的，按照业主专有部分所占比例确定。

有的地方建议，将“收益分配”修改为“收益使用和分配”。有的单位建议，将“专有部分所占比例”修改为“专有部分所占建筑物总面积的比例”。

（十四）业主义务

草案第八十一条第二款规定，业主大会和业主委员会，对任意弃置垃圾、排放

污染物或者噪声、违反规定饲养动物、违章搭建、侵占通道、拒付物业费等损害他人合法权益的行为，有权依照法律、法规以及管理规约，请求行为人停止侵害、消除危险、排除妨碍、赔偿损失。

有的地方提出，“拒付物业费”属于对物业服务企业的违约行为，应由物业服务企业主张，建议删除“拒付物业费”。

有的地方建议，将第七十四条涉及的“住改商”明确纳入本条，有助于业委会维权有“法”可依。

（十五）其他

一些部门和单位建议，规定“业主”的概念，并将与建设单位签订购房合同并合法占有建筑物专有部分但尚未办理登记的人也认定为业主。

有的单位建议，增加规定：“关于业主义务的规定，参照适用于专有部分的承租人、借用人等占有人。”

有的单位建议，增加区分建筑物重建的规定。

有的部门建议，增加无障碍设施的权属、建造、使用和管理的规定。

八、关于相邻关系

（一）总的意见

有的部门建议，贯彻绿色原则，完善相邻关系，对传统物权制度进行绿色改造。

有的地方建议，增加规定合意规则，允许当事人通过意思自治排除或重新安排相邻关系的具体内容。

（二）处理相邻关系的依据

草案第八十四条规定，法律、法规对处理相邻关系有规定的，依照其规定；法律、法规没有规定的，可以按照当地习惯。

有的地方建议，将“习惯”修改为“善良风俗”或“公序良俗”。

有的地方建议，民法总则已经规定习惯的适用，建议删除本条。

（三）使用相邻不动产时避免造成损害的义务

草案第九十一条规定，不动产权利人因用水、排水、通行、铺设管线等利用相邻不动产的，应当尽量避免对相邻的不动产权利人造成损害。

有的地方和单位建议，增加规定“造成损害的，应当予以赔偿”。有的地方建议，增加一款：“对相邻的不动产权利人造成损害的，不动产权利人有权追偿。”有的地方建议，增加规定“不动产权利人因向相邻权利人提供便利而产生损失的，有权向相邻权利人主张补偿”。

九、关于共有

（一）共有物的管理

草案第九十五条规定，共有人按照约定管理共有的不动产或者动产；没有约定或者约定不明确的，各共有人都有管理的权利和义务。

有的单位建议，区分不同情况赋予共有人之间约定的对外效力。

（二）按份共有人的优先购买权

草案第一百条规定，按份共有人可以转让其享有的共有的不动产或者动产份额。其他共有人在同等条件下享有优先购买的权利。

一些单位建议，在“其他共有人在同等条件下享有优先购买的权利”后增加“但是继承和遗赠份额的除外”。

有的单位建议，吸收相关司法解释，对什么是同等条件、向其他共有人转让时另外的共有人能否行使优先购买权等问题作出规定。

（三）按份共有人优先购买权的行使

草案第一百零一条第一款规定，按份共有人转让其享有的共有的不动产或者动产份额的，应当将转让条件及时通知其他共有人。其他共有人应当在合理期间内行使优先购买权。

一些地方和单位建议，将“合理期间”具体化。

有的地方建议，增加一款：“按份共有人未及时通知其他共有人的，应承担损害赔偿责任。”

十、关于所有权取得的特别规定

（一）善意取得

草案第一百零六条第一款规定，无处分权人将不动产或者动产转让给受让人的，所有权人有权追回；除法律另有规定外，符合下列情形的，受让人取得该不动产或者动产的所有权：（1）受让人受让该不动产或者动产时是善意的；（2）以合理的价格转让；（3）转让的不动产或者动产依照法律规定应当登记的已经登记，不需要登记的已经交付给受让人。第二款规定，受让人依照前款规定取得不动产或者动产的所有权的，原所有权人有权向无处分权人请求赔偿损失。

有的单位建议，分别规定动产善意取得和不动产善意取得。有的单位建议，将善意取得制度仅适用于动产，删除关于不动产善意取得的内容。

有的部门建议，对第一款第一项中的“善意”作更加具体的表述。有的单位建议，将“善意”明确为“非基于重大过失而不知道转让人无处分权”。有的地方建议，将“受让该不动产或者动产时”修改为“依法完成不动产物权转移登记或者动产交付时”。

有的单位建议，将第一款第二项修改为“在公开市场上转让的”。

有的地方建议，将第三项修改为“依法完成不动产物权转移登记或者动产交付”。有的单位建议，将“交付”修改为“实际交付”，排除占有改定。

有的单位提出，若转让合同无效或者效力待定，受让人不能主张善意取得。有的地方建议，增加一项作为第四项：“转让合同不存在被认定无效或者因受让人存在欺诈、胁迫或者乘人之危等法定事由被撤销的情形。”

有的单位提出，第二款作为债权的救济手段不需要在物权编规定，并且不仅可以要求赔偿损失，也可以要求返还不当得利，建议删除第二款。

（二）遗失物的善意取得

草案第一百零七条规定，所有权人或者其他权利人有权追回遗失物。该遗失物通过转让被他人占有的，权利人有权向无处分权人请求损害赔偿，或者自知道或者应当知道受让人之日起二年内向受让人请求返还原物，但受让人通过拍卖或者向具有经营资格的经营者购得该遗失物的，权利人请求返还原物时应当支付受让人所付的费用。权利人向受让人支付所付费用后，有权向无处分权人追偿。

有的单位建议，在“遗失物”后增加“盗赃物”。

一些地方和单位建议，将“二年”修改为“三年”。有的地方提出，权利人请求返还原物的权利，如果是物权请求权，则不适用诉讼时效，如果是债权请求权，应为三年。

有的单位建议，增加一款：“依照前款规定，请求返还的遗失物、盗赃物为货币或者无记名有价证券的，不得请求返还原物。”

（三）动产善意取得的效果

草案第一百零八条规定，善意受让人取得动产后，该动产上的原有权利消灭，但善意受让人在受让时知道或者应当知道该权利的除外。

有的部门建议，对“善意受让人”作更加具体的表述。有的地方建议，将第二个“善意受让人”修改为“受让人”。

（四）遗失物的保管

草案第一百一十一条规定，拾得人在遗失物送交有关部门前，有关部门在遗失物被领取前，应当妥善保管遗失物。因故意或者重大过失致使遗失物毁损、灭失的，应当承担民事责任。

有的地方建议，将“民事责任”修改为“损害赔偿责任”。

一些地方和单位建议，增加规定拾得人的报酬请求权。

有的地方建议，增加规定：“遗失物保管费用过高或者易腐烂变质的，拾得人或者有关部门可以将遗失物拍卖、变卖，保管所得的价款。”

（五）无人认领的遗失物的归属

草案第一百一十三条规定，遗失物自发布招领公告之日起一年内无人认领的，归国家所有。

有的地方建议，将“发布招领公告”修改为“当事人知道或者应当知道”。

有的单位建议，恢复现行物权法“六个月”的规定。

一些地方和单位建议，将“归国家所有”修改为“归拾得人所有”。

有的单位建议，在本条后增加“但原物仍存在，且在有关机关通过合法程序处分给第三人之前，原权利人仍可认领”。

有的地方建议，增加规定：一是遗失物物主因客观障碍未能在公告发布一年内认领的，若其主张返还遗失物，应予支持；如遗失物因国家处置、使用等原因灭失、毁损的，应予合理补偿。二是遗失物物主同时主张返还或补偿孳息的，不予支持。三是公告发布超过三年的，返还请求权消灭。

（六）添附

草案第一百一十七条规定，因加工、附合、混合而产生的物的归属，有约定的，按照约定；没有约定或者约定不明确的，依照法律规定；法律没有规定的，按照充分发挥物的效用以及保护无过错的当事人的原则确定。因一方当事人的过错或者确定物的归属给另一方当事人造成损失的，应当给予赔偿或者补偿。

一些地方、部门和单位建议，现行法律没有对添附的归属作规定，物权编应当根据不同情形对添附物的所有权归属作出详细规定，不应指引到其他法律。

一些地方和单位提出，添附物的所有权归属规则与当事人的过错无关，建议修改“保护无过错的当事人的原则”。

有的地方建议，增加一款：“因前款规定丧失权利的人，有权依照不当得利的规定，请求因所有权变动而得利的人偿还价款。”

有的单位提出，添附应该是无因管理或者侵权问题，在此处规定意义不大，建议删除。

（七）其他

有的地方建议，明确遗失物、埋藏物、漂流物等的定义。

有的地方和单位建议，对赃物的返还以及赃物是否适用善意取得予以明确。有的单位建议，增加规定盗窃物不适用善意取得制度。有的地方建议，比照遗失物的规定，增加对盗抢物合理流转和交易安全保护的规定。

一些地方和单位建议，增加规定先占制度。

一些地方、部门和单位建议，增加规定取得时效制度。

有的部门建议，增加规定土地的出产物规则。

有的部门建议，增加对无主财产进行认定的条款，明确无主财产在履行一定的程序后归国家所有。

有的单位建议,增加货币与有价证券所有权取得与丧失的规定。

十一、关于用益物权一般规定

(一)总的意见

有的地方建议,将用益物权有关内容由分章规定修改为分节规定,逻辑结构更加明确。

(二)用益物权人的基本权利

草案第一百一十八条规定,用益物权人对他人所有的不动产或者动产,依法享有占有、使用和收益的权利。

有的单位建议,删除"所有"。

有的单位提出,物权编规定的用益物权类型都是以不动产为客体,把动产规定为用益物权的客体不切实际。一些单位建议,删除"动产"。

有的地方建议,将"收益"修改为"收益和处分";有的单位建议,修改为"收益和依法处分"。

有的单位提出,没必要规定定义性规范,建议删除本条。

(三)用益物权人的权利行使

草案第一百二十一条规定,用益物权人行使权利,应当遵守法律有关保护和合理开发利用资源的规定。所有权人不得干涉用益物权人行使权利。

有的单位建议,在"合理开发利用资源的规定"后增加"保护生态环境"。

(四)海域使用权

草案第一百二十三条规定,依法取得的海域使用权受法律保护。

有的部门建议,在"海域使用权"后增加"无居民海岛使用权"。

有的单位提出,海域使用管理法对海域使用权已有详尽规定,建议删除本条。

(五)合法探矿权等受法律保护

草案第一百二十四条规定,依法取得的探矿权、采矿权、取水权和使用水域、滩涂从事养殖、捕捞的权利受法律保护。

有的单位建议,删除本条。

有的单位提出,司法实践中关于收回采矿权的纠纷很多,建议增加规定什么情况下可以收回采矿权以及如何补偿。

(六)其他

有的地方建议,增加规定:"对依法取得的林权的法律保护。"

有的部门建议,增加三条规定:"依法取得的农用地使用权,草原使用权,森林、林木、林地使用权受法律保护。""依法取得的湿地使用权受法律保护。""依法取得碳排放权、排污权、用能权和用水权受法律保护；但无偿取得的碳排放权、排污权、用能权和用水权不适用征收征用补偿的规定。”

十二、关于土地承包经营权

（一）总的意见

有的地方提出，党的十八大以来我国推行的农村土地制度改革，尤其是三权分置改革等成果应当在民法典中体现。

有的单位提出，“三权分置”下的“经营权”概念尚未得到统一认识，建议将其规定为承包权下的子物权类型，可采“土地经营权”概念。

有的地方建议，对“三权分置”予以确认，明确土地承包权和土地经营权，确认土地经营权作为一项物权，可以依法流转。

有的地方提出，土地经营权的设置值得商榷。一是在农村土地承包经营权上再设立“土地经营权”，造成物权权利构造的复杂和用益物权权利体系的失衡。二是实现放活土地经营权，可选择更低成本的立法路径，如修改农村土地承包法，放宽农村土地的出租、入股、抵押、互换等流转路径。

（二）双层经营体制

草案第一百二十五条第一款规定，农村集体经济组织实行家庭承包经营为基础、统分结合的双层经营体制。第二款规定，农民集体所有和国家所有由农民集体使用的耕地、林地、草地以及其他用于农业的土地，依法实行土地承包经营制度。

有的单位提出，第一款从法律关系的性质看，不属于民事法律规范，无法用于指导具体的民事法律关系，由宪法规定即可，不需要也不宜再行在民法典中重复规定，建议删除。

有的单位建议，增加一款：“以家庭承包方式取得的土地承包经营权在流转中分为土地承包权和土地经营权。”

（三）土地承包期

草案第一百二十七条第一款规定，耕地的承包期为三十年。草地的承包期为三十年至五十年。林地的承包期为三十年至七十年；特殊林木的林地承包期，经国务院林业行政主管部门批准可以延长。

有的部门提出，国务院常务会议已经审议通过取消“特殊林木的林地承包延长审批”，建议删除“特殊林木的林地承包期，经国务院林业行政主管部门批准可以延长”。

（四）土地承包经营权的设立

草案第一百二十八条第一款规定，土地承包经营权自土地承包经营权合同生效时设立。第二款规定，登记机构应当向土地承包经营权人发放权属证书，确认土地承包经营权。

有的部门建议，将第一款中的“土地承包经营权合同”修改为“土地承包合同”；有的地方建议，修改为“承包经营合同”。

有的单位建议，将第一款修改为“土地承包经营权自登记时发生变动的效力”。有的单位建议，修改为：“土地承包经营权的设立、变更或者终止应当依法办理登记，非经登记不发生物权变动效力。”

有的地方建议，明确规定向土地承包经营权人发放权属证书的“登记机构”。有的地方建议，将第二款中的“权属”修改为“土地承包经营权”。

有的部门建议，第二款增加规定：“土地承包权属证书应当将具有土地承包权的全部家庭成员列入。”

（五）土地承包经营权的流转

草案第一百二十九条规定，实行家庭承包的土地承包经营权人依照农村土地承包法的规定，有权将土地承包经营权互换、转让或者出让土地经营权。出让的期限不得超过承包期的剩余期限。未经依法批准，不得将承包地用于非农建设。

有的单位建议，将“出让土地经营权”修改为“出让”；有的单位建议，修改为“将其土地经营权进行流转”。有的地方和部门建议，将“出让”修改为“流转”；有的单位建议，修改为“设立”。

有的单位建议，将“出让的期限”修改为“流转的期限”；有的单位建议，修改为“互换、转让或者出让的期限”。

有的单位提出，最后一句土地管理法、农村土地承包法已有规定，建议删除。

有的地方建议，增加规定债权性质的流转方式，如出租、转包、抵押、入股等方式。

（六）互换、转让或者流转进行登记

草案第一百三十条规定，土地承包经营权人将土地承包经营权互换、转让或者出让土地经营权，当事人可以向登记机构申请登记；未经登记，不得对抗善意第三人。

有的单位建议，将“出让土地经营权”修改为“出让”。

有的部门建议，将“出让”修改为“流转”。

（七）土地经营权人的权益

草案第一百三十一条规定，土地经营权人有权根据合同约定在一定期限内占有农村土地，自主开展农业生产经营并取得收益。

有的单位建议，将“根据合同约定在一定期限内”修改为“根据合同在约定期限内”。

有的地方建议，明确规定土地承包经营权人有权在转让期限届满后收回土地，同时规定土地经营权人有严重违反转让合同行为的,土地承包经营权人有权提前收回。

（八）承包地调整

草案第一百三十二条第一款规定,承包期内发包人不得调整承包地。第二款规定,因自然灾害严重毁损承包地等特殊情形,需要适当调整承包的耕地和草地的,应当依照农村土地承包法等法律规定办理。

有的单位建议,在第一款后增加一款:“经个别土地承包经营权人申请且经利害关系人同意,发包方可以对承包地予以调整。”

有的部门和单位建议,将第二款中的“耕地和草地”修改为“耕地、草地和林地”。

（九）国有农用地实行承包经营的法律适用

草案第一百三十六条规定,国家所有的农用地实行承包经营的,参照本法的有关规定。

有的部门建议,增加一章规定“国有农用地使用权”。

（十）其他

有的单位建议,增加规定:“本法所指的农村集体经济组织,主要指村民小组、村民委员会或村民自发组织设立的以农业生产、经营为目的农业项目开发公司、专业合作社等。”

有的地方建议,增加规定:“土地承包经营权人在保留承包权的前提下,可以通过协议将土地的经营权以租赁、入股或其他方式让渡给其他法人、自然人或组织。”

十三、关于建设用地使用权

（一）总的意见

有的地方建议,将建设用地使用权进一步细化为空间地下权、空间地上权和地表权,并以地表权为中心一体化规范建设用地使用权,促进土地资源的优化利用。

有的地方建议,对城乡建设用地使用权的属性作出一般规定。

（二）建设用地使用权的概念

草案第一百三十七条规定,建设用地使用权人依法对国家所有的土地享有占有、使用和收益的权利,有权利用该土地建造建筑物、构筑物及其附属设施。

一些部门和单位建议,依据《中共中央关于全面深化改革若干重大问题的决定》中关于“建立城乡统一的建设用地市场。在符合规划和用途管制前提下,允许农村集体经营性建设用地出让、租赁、入股,实行与国有土地同等入市、同权同价”的要求,将“国家所有”修改为“国家所有和集体所有”。有的单位建议,将“国家所有的土地”修改为“建设用地”。

有的部门建议，在“有权利用该土地建造建筑物、构筑物及其附属设施”前增加规定“在符合国土空间规划的前提下”。

（三）建设用地使用权分层设立

草案第一百三十八条规定，建设用地使用权可以在土地的地表、地上或者地下分别设立。

有的单位建议，将“分别”修改为“分层”。

（四）建设用地使用权设立原则

草案第一百三十九条规定，设立建设用地使用权应当符合节约资源、保护生态环境的要求，应当遵守法律、行政法规关于土地用途的规定，不得损害已设立的用益物权。

有的部门建议，将“法律、行政法规”修改为“法律、行政法规和国土空间规划”。

有的单位提出，本条内容为自明之理，且环境保护方面的规则当然适用于建设用地使用权的设立，建议删除本条。

（五）建设用地使用权出让方式

草案第一百四十条第一款规定，设立建设用地使用权，可以采取出让或者划拨等方式。第三款规定，严格限制以划拨方式设立建设用地使用权。

有的部门建议，将第一款“出让或者划拨”修改为“划拨、出让、作价出资或入股等方式”。

有的单位建议，第三款恢复物权法第一百三十七条第三款“采取划拨方式的，应当遵守法律、行政法规关于土地用途的规定”的表述。

（六）建设用地使用权出让合同

草案第一百四十一条第一款规定，采取招标、拍卖、协议等出让方式设立建设用地使用权的，当事人应当采取书面形式订立建设用地使用权出让合同。第二款规定，建设用地使用权出让合同一般包括下列条款：(1)当事人的名称和住所；(2)土地界址、面积等；(3)建筑物、构筑物及其附属设施占用的空间；(4)土地用途、规划条件；(5)使用期限；(6)出让金等费用及其支付方式；(7)解决争议的方法。

有的单位建议，将第一款“招标、拍卖、协议等”修改为“招标、拍卖、挂牌、协议等”。

有的部门建议，第二款增加规定一项“开发建设时间”。

（七）土地用途

草案第一百四十三条规定，建设用地使用权人应当合理利用土地，不得改变土地用途；需要改变土地用途的，应当依法经有关行政主管部门批准。

有的部门建议，在本条后增加规定：“签订建设用地使用权有偿使用合同变更协议或者重新签订建设用地使用权有偿使用合同，以划拨方式设立建设用地使用权的，重新核发划拨决定书。”

（八）建设用地使用权人建造的建筑物等的权属

草案第一百四十五条规定，建设用地使用权人建造的建筑物、构筑物及其附属设施的所有权属于建设用地使用权人，但有相反证据证明的除外。

有的单位建议，删除“建设用地使用权人建造的”的表述，使其有更广阔的适用范围。

（九）建设用地使用权流转方式

草案第一百四十六条规定，建设用地使用权人有权将建设用地使用权转让、互换、出资、赠与或者抵押，但法律另有规定的除外。

有的部门提出，根据关于完善建设用地使用权转让、出租、抵押二级市场的试点方案的规定，各类导致建设用地使用权转移的行为都视为建设用地使用权转让，包括交换、赠与、出资等，建议将“转让、互换、出资、赠与或者抵押”修改为“转让、出租、抵押”。

（十）处分建设用地使用权的合同形式和期限

草案第一百四十七条规定，建设用地使用权转让、互换、出资、赠与或者抵押的，当事人应当采取书面形式订立相应的合同。使用期限由当事人约定，但不得超过建设用地使用权的剩余期限。

有的部门建议，将“转让、互换、出资、赠与或者抵押”修改为“转让、出租、抵押”。

（十一）建设用地使用权的变更登记

草案第一百四十八条规定，建设用地使用权转让、互换、出资或者赠与的，应当向登记机构申请变更登记。

有的部门提出，为与不动产统一登记有关规定和工作惯例一致，建议将本条修改为：“建设用地使用权转让或者抵押的，应当向登记机构申请转移登记或者抵押登记。”

有的地方提出，根据《不动产登记暂行条例实施细则》第二十六条、第二十七条的规定，不动产变更登记并不涉及权利主体的变化，不动产物权的取得和丧失应属于转移登记范畴，建议将“变更登记”修改为“转移登记”。

（十二）建筑物等设施随建设用地使用权的流转而一并处分

草案第一百四十九条规定，建设用地使用权转让、互换、出资或者赠与的，附着于该土地上的建筑物、构筑物及其附属设施一并处分。

有的部门建议，将“转让、互换、出资或者赠与”修改为“转让”。

有的单位提出，“一并处分”含义不明，建议将本条修改为：“建筑物、构筑物及其附属设施转让、互换或者出资的，其效力及于该建筑物、构筑物及其附属设施占用范围内的建设用地使用权。”

（十三）建设用地使用权提前收回及补偿

草案第一百五十一条规定，建设用地使用权期间届满前，因公共利益需要提前收回该土地的，应当依照本法第三十九条的规定对该土地上的房屋及其他不动产给予补偿，并退还相应的出让金。

有的部门建议，将“对该土地上的房屋及其他不动产给予补偿，并退还相应的出让金”修改为“根据建设用地使用权的实际年限和开发土地的实际情况给予相应的补偿”。

有的单位建议，将“并退还相应的出让金”修改为“并补偿剩余年限的土地使用权价值”。

有的地方提出，如果土地上已建好房屋并出售，土地使用权随着房屋所有权的转移而转移，土地出让金补偿给原来支付土地出让金的开发商不合理，建议明确房屋补偿中不包括土地使用权补偿费用。

有的单位建议，删除本条。

（十四）住宅建设用地使用权期间届满后的续期

草案第一百五十二条第一款规定，住宅建设用地使用权期间届满的，自动续期。续期费用的缴纳或者减免，依照法律、行政法规的规定。

有的单位提出，随着农村土地制度改革的深化，将来可能会出现集体土地上的住宅建设用地使用权的情形，建议将“住宅建设用地使用权”修改为“国有土地上的住宅建设用地使用权”。

有的地方建议，对“自动续期”的续期时间予以明确。有的地方建议，在“自动续期”后增加“续期不低于三十年，续期的最高年限为七十年”。

一些地方和单位提出，住宅建设用地使用权续期问题，事关重大，涉及国计民生，也涉及国有资产管理，应该通过立法决定，建议删除“行政法规”。建议，删除“续期费用的缴纳或者减免，依照法律、行政法规的规定”。

有的地方建议，明确规定住宅建设用地使用权期间届满的，无偿自动续期。有的单位建议，将本条修改为：“住宅建设用地使用权期间届满的，自动续期，续期不受次数限制，至房屋正常居住止；续期不支付土地使用权出让金等费用，但法律另有规定的除外。”

有的部门建议，明确住宅建设用地使用权期间届满自动续期的收费问题。对于住宅建设用地使用权，届满后自动续期，不再收取土地使用权出让金，或者明确规定续期的时间，根据时间段逐步降低收费标准，使用权人与国家的权利义务平衡可以通过土地税等税收方式进行调节。非住宅建设用地的续期问题依照法律的规定办理。

有的地方提出，本条规定未解决涉及广大人民群众切身利益的续期问题，且规定续期要缴纳费用，相较于物权法有倒退的嫌疑，建议尽量明确，并与房地产税法的制定衔接，否则造成住宅所有人既要交纳建设用地使用权续期费用，又要交纳房地产税。

有的部门建议，续期问题由民法典作出细化规定。有的地方提出，续期期限、是否有次数限制，是否收费、如何收费等问题，建议直接在物权编中予以规定。

（十五）建设用地使用权注销登记

草案第一百五十三条规定，建设用地使用权消灭的，出让人应当及时办理注销登记。登记机构应当收回权属证书。

有的部门建议，将“消灭”修改为“消灭或经所有权人收回、收购的”。

十四、关于宅基地使用权

（一）总的意见

有的单位建议，丰富、完善宅基地使用权制度，体现宅基地使用权三权分置精神。

有的单位建议，删除本章，由特别法予以规定。如果在物权编规定，建议在用益物权的一般规定中列举。

（二）宅基地使用权的权利内容

草案第一百五十五条建议，宅基地使用权人依法对集体所有的土地享有占有和使用的权利，有权依法利用该土地建造住宅及其附属设施。

有的单位建议，将“占有和使用”修改为“占有、使用、收益和依法处分的权利”。

有的单位建议，在宅基地使用权能中增加规定“收益权”。

有的部门建议，在“有权依法利用该土地建造住宅及其附属设施”前增加“在符合国土空间规划的前提下”。

（三）宅基地使用权取得、行使和转让的法律适用

草案第一百五十六条规定，宅基地使用权的取得、行使和转让，适用土地管理法等法律和国家有关规定。

有的部门建议，将“转让”修改为“转让和退出”。

有的地方提出，根据物权法定原则，建议将“法律和国家有关规定”修改为“法律规定”。

有的部门建议，从权利内容及保护方面细化宅基地使用权的具体规定。

（四）宅基地灭失后重新分配

草案第一百五十七条规定，宅基地因自然灾害等原因灭失的，宅基地使用权消

灭。对失去宅基地的村民,应当重新分配宅基地。

有的部门建议,将“对失去宅基地的村民”修改为“对因自然灾害失去宅基地的村民”。

有的单位建议,将“村民”修改为“宅基地使用权人”。

(五)宅基地使用权的变更登记和注销登记

草案第一百五十八条规定,已经登记的宅基地使用权转让或者消灭的,应当及时办理变更登记或者注销登记。

有的部门建议,将“变更登记”修改为“转移登记”。

有的部门建议,增加一款作为第一款:“登记机关应当向宅基地使用权人发放权属证书,确认宅基地使用权。宅基地使用权属证书应当将具有宅基地使用权的全部家庭成员列入。”

(六)其他

一些地方和单位建议,增加规定有关宅基地使用权申请条件和审批程序的规定,明确宅基地使用权的行使和转让规则,明确宅基地使用权的收回、退出条件等。

有的地方建议,增加规定:“在人均耕地少、不能保障一户一宅的地区,县级以上人民政府应当采取措施,保障农村村民实现户有所居的权利。”

十五、关于居住权

(一)总的意见

有的单位提出,居住权是制度创新,但仅规定四个条文能否解决实际问题。

一些地方建议,进一步明确居住权的内涵,厘清居住权合同与住房租赁合同的区别。

有的地方建议,将居住权制度的规定与继承编的有关规定衔接起来。

一些地方和单位建议,明确规定居住权人的范围是否包含家庭成员及必要的服务人员、居住权人的权利义务、居住权的限制、费用的承担、房屋转让对居住权的影响、居住权消灭时返还房屋的义务、所有权人的义务、纠纷的解决等问题。

(二)居住权的设立

草案第一百五十九条第一款规定,居住权人有权按照合同约定,对他人的住宅享有占有、使用的权利,以满足生活居住的需要。第二款规定,设立居住权,当事人应当采取书面形式订立居住权合同。第三款规定,设立居住权的,应当向登记机构申请居住权登记。居住权自登记时设立。

有的地方建议,将第一款“合同约定”修改为“合同约定、遗嘱等方式”;有的地方建议,修改为“合同约定或者法律规定”。有的地方提出,居住权的取得是否只有合同约定,能否列举因婚姻等其他情况而取得的合法居住权。

有的地方建议，明确规定居住权的设立是否必须以某种主法律关系为基础，如租赁、遗嘱、占有等；居住权与不动产上的其他和各项物权及占有出现冲突如何处理。

有的单位建议，将第二款、第三款单列一条，与前述各种用益物权定义和形式、公示分条规定的体例相一致。

有的地方和单位建议，在第二款后增加规定："居住权合同应当包括下列条款：（一）当事人的姓名和住所；（二）房屋的具体位置；（三）居住的范围；（四）使用的期限；（五）争议解决的方法；（六）其他与居住权相关的事项。"

有的地方提出，居住权的设立要求向登记机构申请登记，可能导致大量承租人因未进行居住权登记而不享有居住权，建议删除第三款。有的地方提出，居住权的内容是基于双方当事人合同约定形成的，不需要公权力再作确认，建议删除第三款。有的地方建议，居住权的生效以合同生效为要件。有的单位建议，设立居住权不以登记为条件。

有的地方和单位提出，以遗嘱方式设立居住权，在立遗嘱人死亡时，遗嘱始得发生效力。有的地方建议，第三款增加"法律另有规定的除外"。

有的地方建议，明确规定居住权的登记机构，申请居住权登记的主体，进一步厘清居住权与担保物权的关系。

有的地方建议，增加规定："已经设立抵押权的房屋，未经抵押权人同意，不得设立居住权。已经被人民法院查封的房屋，未经申请查封人同意，不得设立居住权。租赁房屋在承租人依据租赁合同占有期间发生居住权设立的，不影响租赁合同继续履行。"

有的单位建议，增加一款："登记机关不得收取或变相收取除工本费外的其他任何登记费用。"

有的部门建议，增加一款："前款规定的居住权，不包括因抚养、扶养、赡养、租赁等享有的居住他人房屋的权利。"

（三）居住权的限制

草案第一百六十条规定，居住权不得转让、继承。居住权涉及的住宅不得出租，但当事人另有约定的除外。

有的单位建议，将本条修改为："居住权不得继承，非经居所所有权人、管理权人同意，居住权人不得私自转让居住权。"

有的地方建议，明确规定是否允许居住权抵押，并将本条修改为："居住权可以转让、继承和出租，但当事人另有约定的除外。"

有的单位建议，将第二句修改为："居住权人不能就居住权所涉及的住宅从事经营活动。"

有的地方和单位提出，居住权涉及的住宅不得出租是对所有权人的限制，还是对居住权人的限制，或是对双方的限制，建议明确。

有的单位提出，出借是否属于居住权禁止的范围。

(四)居住权的消灭

草案第一百六十一条规定，居住权人死亡，居住权消灭，但当事人另有约定的除外。

有的单位建议，将“居住权人死亡，居住权消灭”修改为“居住权自居住权人放弃居住权、居住合同期满时消灭”；有的单位建议，修改为“居住权自居住权人死亡时消灭”。

有的地方建议，居住权消灭的原因仅限定为居住权人死亡值得商榷，建议补充完善。

有的地方和单位建议，将本条修改为：“出现下列情形，居住权消灭，但当事人另有约定的除外：(一)居住权人放弃权利的；(二)约定的居住期间届满，或约定的解除条件已成就；(三)居住权人死亡；(四)标的物的灭失；(五)法律、法规规定的其他情形。”

(五)以遗嘱方式设立的居住权

草案第一百六十二条规定，以遗嘱方式设立居住权的，参照本章规定。

有的单位建议，将“遗嘱方式”修改为“遗嘱、遗赠抚养协议等方式”。

有的单位建议，在本条后增加规定“但居住权自遗嘱生效(或立遗嘱人死亡)之时设立”。

有的单位建议，将本条修改为：“当事人以遗嘱方式设立居住权，或者人民法院判决设立居住权的，参照本章规定。”

(六)其他

有的部门建议，增加规定：“居住权人对他人所有房屋的全部或者部分及其附属设施，享有占有、使用的权利，以满足权利人生活居住的需要。”

有的地方建议，增加规定居住权的概念，并增加裁判文书设定居住权以及其他法律事实取得居住权的规定。

有的地方建议，增加规定：“通过司法判决设立居住权的，居住权自判决生效之日发生效力。居住权人应持生效判决办理居住权登记，未经登记的，不得对抗善意第三人。”

有的地方和单位建议，增加规定法定居住权。

有的地方建议，明确规定当事人设立居住权后能否变更或者撤销。

十六、关于地役权

（一）总的意见

有的单位建议，将“地役权”修改为“不动产役权”。

（二）地役权的效力

草案第一百六十五条规定，地役权自地役权合同生效时设立。当事人要求登记的，可以向登记机构申请地役权登记；未经登记，不得对抗善意第三人。

一些单位建议，地役权采登记生效主义。

（三）在已设立用益物权的土地上设立地役权

草案第一百七十条规定，土地上已设立土地承包经营权、建设用地使用权、宅基地使用权等权利的，未经用益物权人同意，土地所有权人不得设立地役权。

有的单位提出，土地所有权人设定以该不动产为需役不动产的不动产役权并不妨害其他用益物权人的利益，无禁止必要，建议将“不得设立地役权”修改为“不得设立以该不动产为供役不动产的不动产役权”。

（四）地役权变动后登记

草案第一百七十六条规定，已经登记的地役权变更、转让或者消灭的，应当及时办理变更登记或者注销登记。

有的部门建议，将“变更登记或者注销登记”修改为“变更登记、转移登记或者注销登记”。

（五）其他

一些地方和单位建议，增加规定法定地役权。

有的单位建议，增加规定公共不动产役权：“为了建设、维持电力、石油、天然气、热力、通信等公用工程或公益设施，可以依法在他人的不动产权利之上设立不动产役权。”“法律、行政法规对公共不动产役权另有规定的，依照其规定，没有规定的，适用本节规定。”

十七、关于担保物权一般规定

（一）总的意见

有的单位提出，物权编担保物权的规定与保证合同存在重复的地方，为了保持民法典的体系性，建议增加担保的一般规定。

（二）担保合同的从属性

草案第一百七十九条第一款规定，设立担保物权，应当依照本法和其他法律的规定订立担保合同。担保合同是主债权债务合同的从合同。主债权债务合同无效，担保合同无效，但法律另有规定的除外。

一些地方和单位建议，将第一款“但法律另有规定的除外”修改为“但法律另有规定或当事人另有约定的除外”，尊重当事人合意以及发挥担保合同的担保作用。

有的单位建议，增加规定：“当事人约定独立担保的依其规定。”

（三）担保物权的担保范围

草案第一百八十条规定，担保物权的担保范围包括主债权及其利息、违约金、损害赔偿金、保管担保财产和实现担保物权的费用。当事人另有约定的，按照约定。

有的部门建议，增加两款：“依登记设立或取得对抗效力的担保物权，应当登记主债权及其利息的利率或者违约金、损害赔偿金计算方式，未经登记的不得对抗第三人。”“担保财产折价或者变卖、拍卖后，其价款依次清偿实现担保物权的费用、保管担保财产的费用、利息、主债权、违约金、损害赔偿金。”

有的地方提出，实践中登记部门并不登记担保范围，担保范围的认定是依照合同还是登记存在很大争议，建议明确担保范围必须登记且优先受偿范围以登记为准。

（四）担保物权物上代位性

草案第一百八十一条规定，担保期间，担保财产毁损、灭失或者被征收等，担保物权人可以就获得的保险金、赔偿金或者补偿金等优先受偿。被担保债权的履行期未届满的，也可以提存该保险金、赔偿金或者补偿金等。

有的单位建议，将“补偿金等”修改为“补偿金等请求权”。

有的地方建议，将“也可以提存”修改为“应当提前清偿或者提存”；有的单位建议，修改为“担保物权人有权要求提存”。

有的单位建议，增加规定担保财产被征用毁损的赔偿。

（五）未经担保人同意允许债务人转移债务的法律后果

草案第一百八十二条规定，第三人提供担保，未经其书面同意，债权人允许债务人转移全部或者部分债务的，担保人不再承担相应的担保责任。

有的单位建议，增加规定“若加重了第三人担保责任的”的限定条件。

（六）混合共同担保

草案第一百八十三条规定，被担保的债权既有物的担保又有人的担保的，债务人不履行到期债务或者发生当事人约定的实现担保物权的情形，债权人应当按照约定实现债权；没有约定或者约定不明确，债务人自己提供物的担保的，债权人应当先就该物的担保实现债权；第三人提供物的担保的，债权人可以就物的担保实现债权，也可以要求保证人承担保证责任。提供担保的第三人承担担保责任后，有权向债务人追偿。

一些地方和单位建议，增加规定共同担保内部追偿规则。有的单位建议，将“有权向债务人追偿”修改为“有权向债务人追偿，或按照担保比例向其他担保人追偿”。

有的部门建议,增加一款:“当事人对保证或者物的担保范围没有约定或者约定不明的,提供担保的第三人承担担保责任后,有权请求其他担保人清偿其应当承担的份额,但不得损害债权人的利益。”

(七)其他

有的部门建议,在本章规定担保物权按登记时间先后确定清偿顺序。

有的部门建议,增加规定:“国家建立统一的动产抵押和权利质押登记制度。”有的单位建议,增加规定:“国家对动产担保物权实行统一登记制度。统一登记的范围、登记效力、登记机构和登记办法,由法律、行政法规规定。”

有的部门建议,明确动产和权利担保物权的统一登记制度,增加规定:“动产和权利担保物权,由国务院动产和权利担保登记部门实施统一登记,未经登记的,不得对抗善意第三人。登记范围和办法由国务院另行规定,国务院动产和权利担保登记部门对申报资料进行形式审查。”并对机动车、船舶、航空器的登记作为统一登记的例外情形予以规定:“以交通运输工具或正在建造的船舶、航空器抵押的,在交通运输工具登记部门办理抵押登记。”

十八、关于抵押权

(一)抵押财产范围

草案第一百八十六条第一款规定,债务人或者第三人有权处分的下列财产可以抵押:(1)建筑物和其他土地附着物;(2)建设用地使用权;(3)海域使用权;(4)生产设备、原材料、半成品、产品;(5)正在建造的建筑物、船舶、航空器;(6)交通运输工具;(7)法律、行政法规未禁止抵押的其他财产。

有的地方建议,在第二项后增加一项“以招标、拍卖、公开协商等方式取得的荒地等土地承包经营权”。一些地方和单位建议,增加一项“土地经营权”。有的单位建议,增加规定农民住房财产权与宅基地使用权、土地经营权。

有的单位建议,规定动产抵押的清单制度,规定哪些动产可以抵押。

有的部门提出,在动产融资租赁中,为了预防租赁物被承租人擅自出售,出现了变通的做法,即由出租人授权承租人将租赁物抵押给出租人,并在登记机关办理抵押登记。但出租人既是所有权人又是抵押权人,能否同时享有所有权和抵押权存在争议,建议对动产融资租赁物的抵押登记作出规定,可考虑扩展抵押人的主体身份或者对“处分”的内涵予以明确。

(二)乡镇、村企业的建筑物和建设用地使用权抵押

草案第一百八十九条规定,乡镇、村企业的建设用地使用权不得单独抵押。以乡镇、村企业的厂房等建筑物抵押的,其占用范围内的建设用地使用权一并抵押。

有的地方建议,将“村企业的建设用地使用权”修改为“村企业的集体建设用地使用权”。

有的单位提出,乡镇、村企业的建设用地使用权不得单独抵押与目前中央政策不匹配,应当允许乡镇企业建设用地使用权等集体经营性建设用地使用权单独抵押。

(三)禁止抵押的财产

草案第一百九十条规定,下列财产不得抵押:(1)土地所有权;(2)耕地、宅基地、自留地、自留山等集体所有的土地使用权,但法律规定可以抵押的除外;(3)学校、幼儿园、医疗机构等以公益为目的的组织的教育设施、医疗卫生设施和其他公益设施;(4)所有权、使用权不明或者有争议的财产;(5)依法被查封、扣押、监管的财产;(6)法律、行政法规规定不得抵押的其他财产。

有的单位提出,党的十八届三中全会指出,赋予农民对承包地占有、使用、收益、流转及承包经营权抵押、担保权能,慎重稳妥推进农民住房财产权抵押、担保、转让。第二项的禁止性规定不符合改革精神,建议修改。有的部门建议,将第二项修改为“法律规定不得抵押的集体所有的土地使用权”。

有的单位建议,删除第二项中的“宅基地”。有的部门提出,承包主体与经营主体分离,是顺应现代农业发展趋势和农户保留承包权、愿意流转经营权的需要,自留山的农户也存在同样的需要,建议删除第二项中的“自留山”。

有的部门建议,在第三项后增加规定“但营利性的民办教育和医疗机构以自有产权的土地、房产或大型设备作抵押的除外”。有的单位建议,明确规定营利性的学校、幼儿园、医疗机构等组织,可以以其有偿取得的教育设施、医疗卫生设施和其他设施进行抵押。

有的单位建议,草案第一百八十六条和本条分别规定了可以抵押与不得抵押的财产,建议将本条移至第一百八十六条后。

(四)禁止流押

草案第一百九十二条规定,抵押权人在债务履行期届满前,不得与抵押人约定债务人不履行到期债务时抵押财产归债权人所有。

有的单位提出,实践中以物抵债、让与担保等情形较为普遍,不宜直接否定流质、流押的效力。有的单位建议,建立公平审查制度或者个人清算制度,并删除本条。有的单位建议,仅在损害担保人及其他债权人利益时,方禁止流押。

有的单位建议,将本条修改为:“抵押权人在债务履行期届满前与抵押人约定债务人不履行到期债务时抵押财产归债权人所有的,实行抵押权时债务人可以抵押财产价值过分高于债务数额为由要求清算。”

(五)动产抵押效力

草案第一百九十四条规定,以动产抵押的,抵押权自抵押合同生效时设立;未经登记,不得对抗善意第三人。

有的单位建议,将本条修改为:“以动产抵押的,应当办理抵押登记,抵押权自登记时设立。”

(六)动产抵押中对正常经营活动的买受人的保护

草案第一百九十五条规定,以动产抵押的,不得对抗正常经营活动中已支付合理价款并取得抵押财产的买受人。

有的地方和单位提出,动产抵押制度的现实意义本身受到较大质疑,允许动产浮动抵押中的抵押物进行买卖等,是为了保障特定主体企业、个体工商户、农业生产经营者的正常经营活动。草案扩大允许动产抵押的范围,动产抵押制度的现实意义将进一步丧失,不利于保障抵押权人的权利,建议将“以动产抵押的”修改为“根据第一百八十七条之规定以动产抵押的”。

有的单位建议,增加规定动产浮动抵押的除外条款。

(七)抵押权与租赁关系

草案第一百九十六条规定,抵押权设立前抵押财产已出租并转移占有的,原租赁关系不受该抵押权的影响。

有的单位提出,为防止实务中倒签租赁合同,建议在“原租赁关系”前增加“已经登记备案的”的限定。

有的单位建议,将“不受该抵押权的影响”修改为“继续有效”。

(八)抵押期间转让抵押财产

草案第一百九十七条第一款规定,抵押期间,抵押人转让抵押财产的,应当通知抵押权人。当事人另有约定的,按照其约定。第二款规定,抵押财产转让的,抵押权不受影响。抵押权人能够证明抵押财产转让可能损害抵押权的,可以请求抵押人将转让所得的价款向抵押权人提前清偿债务或者提存。转让的价款超过债权数额的部分归抵押人所有,不足部分由债务人清偿。

有的地方建议,将第一款“应当通知抵押权人”修改为“应当经抵押权人同意”;有的地方建议,修改为“应当征得抵押权人同意”。

有的地方提出,第一款没有规定不通知抵押权人的法律后果。

有的地方提出,第二款对抵押权人的证明义务分配不尽合理,加重了抵押权人的负担,建议修改。

(九)抵押权转让或者作为其他债权担保

草案第一百九十八条规定,抵押权不得与债权分离而单独转让或者作为其他债权的担保。债权转让的,担保该债权的抵押权一并转让,但法律另有规定或者当事人另有约定的除外。

有的单位建议,在但书前增加规定“被转让的抵押权虽未办理移转登记,也可对抗债务人、原抵押权人”。

(十)抵押财产价值减少时的处理

草案第一百九十九条规定,抵押人的行为足以使抵押财产价值减少的,抵押权人有权要求抵押人停止其行为。抵押财产价值减少的,抵押权人有权要求恢复抵押财产的价值,或者提供与减少的价值相应的担保。抵押人不恢复抵押财产的价值也不提供担保的,抵押权人有权要求债务人提前清偿债务。

有的单位建议,增加一款:“抵押物的价值因不可归责于抵押人的事由减少时,抵押权人有权请求抵押人在因此所受的利益范围内提供担保。”

有的单位建议,抵押人和债务人不同时,抵押权人要求债务人提前清偿债务前,应先要求债务人增加担保,否则债务人并无违约时也需承担提前清偿的责任。

(十一)抵押权实现的条件、方式和程序

草案第二百零一条第一款规定,债务人不履行到期债务或者发生当事人约定的实现抵押权的情形,抵押权人可以与抵押人协议以抵押财产折价或者以拍卖、变卖该抵押财产所得的价款优先受偿。协议损害其他债权人利益的,其他债权人可以请求人民法院撤销该协议。第二款规定,抵押权人与抵押人未就抵押权实现方式达成协议的,抵押权人可以请求人民法院拍卖、变卖抵押财产。

有的地方建议,将第一款“可以请求人民法院撤销该协议”修改为“可以在知道或者应当知道撤销事由之日起一年内请求人民法院撤销该协议”。有的地方建议,明确是否准用其他法律关于除斥期间的规定。有的单位建议,增加规定“撤销的期间适用本法第三百三十条的规定”。

有的部门建议,在第一款后增加两款:“抵押权人与抵押人未就抵押权实现方式达成协议的,抵押权人实现担保物权的行为未受到抵押人明确反对或阻挠的,抵押权人可以自行实现抵押权。”“抵押权人实现抵押权的行为受到抵押人明确反对或阻挠的,抵押人应当请求人民法院拍卖、变卖抵押财产。”

有的部门建议,在第二款后增加规定:“抵押财产无法拍卖或者变卖的,经抵押权人同意,且不损害其他债权人合法权益和社会公共利益的,人民法院可以将该项财产作价后交付抵押权人管理。”

(十二)数个抵押权清偿顺序

草案第二百零五条第一款规定,同一财产向两个以上债权人抵押的,拍卖、变卖抵押财产所得的价款依照下列规定清偿:(1)抵押权已登记的,按照登记的时间先后确定清偿顺序;(2)抵押权已登记的先于未登记的受偿;(3)抵押权未登记的,按照债权比例清偿。第二款规定,其他登记的担保物权,清偿顺序参照前款规定。

有的单位建议,第一款第一项增加规定“顺序相同的,按照债权比例清偿”。有的地方建议,明确抵押权同时登记的,应按何种顺序清偿,同时明确何种情形属于同时登记。

有的部门建议，将第二款中的“登记的担保物权”修改为“以登记作为公示方式的担保物权及其他担保权利”。

（十三）既设立抵押权又设立质权的清偿顺序

草案第二百零六条规定，同一财产既设立抵押权又设立质权的，拍卖、变卖该财产所得的价款按照登记、交付的时间先后确定清偿顺序。

有的地方提出，本条规定与实践中动产以占有为权利表征的传统不一致，在我国动产登记制度不完备、查询困难的情形下，将引发大量的不诚信行为，不具有现实可行性。

（十四）抵押物价款的债权担保优先效力

草案第二百零七条规定，动产抵押担保的主债权是抵押物的价款，标的物交付后十日内办理抵押登记的，该抵押权优先于其他担保物权受偿，但留置权除外。

有的地方建议，将“标的物交付后”修改为“标的物交付抵押人后”。

有的地方提出，本条规定虽有利于保障出卖动产的债权人的利益，但如果在出卖动产时该动产即存在抵押，在先的抵押与该动产价款债权所设定的抵押之间的清偿顺序，应适用草案第二百零五条还是本条，建议进一步明确。

有的单位提出，本条体系上突兀，与合同编相关规则冲突，建议移至合同编关于所有权保留的部分。

（十五）以土地承包经营权、土地经营权或乡镇、村企业建设用地使用权抵押的特别规定

草案第二百零九条规定，以土地承包经营权、土地经营权抵押的，或者以乡镇、村企业的厂房等建筑物占用范围内的建设用地使用权一并抵押的，实现抵押权后，未经法定程序，不得改变土地所有权的性质和土地用途。

有的单位建议，将“或者以乡镇、村企业的厂房等建筑物占用范围内的建设用地使用权一并抵押的”修改为“或者以建设用地使用权抵押的”。

有的部门提出，“以土地承包经营权、土地经营权抵押”的规定，与目前正在修改的农村土地承包法的修改原则不一致，建议再研究。

（十六）抵押权存续期间

草案第二百一十条规定，抵押权人应当在主债权诉讼时效期间行使抵押权；未行使的，人民法院不予保护。

一些地方和单位建议，将“人民法院不予保护”修改为“抵押权消灭”。

有的单位建议，将本条修改为：“通过抵押所担保的债权诉讼时效结束后，抵押权人在诉讼时效结束后二年内行使担保物权的，抵押权消灭。”

有的单位建议，将本条修改为：“担保物权所担保的债权的诉讼时效结束后，担

保权人在诉讼时效结束后两年内行使担保物权的,人民法院应予支持。”

有的单位建议,将本条移至第十六章并修改为:“担保物权人未在主债权诉讼时效期间行使担保物权的,担保物权消灭,但法律另有规定的除外。”

(十七)最高额抵押权

草案第二百一十一条第一款规定,为担保债务的履行,债务人或者第三人对一定期间内将要连续发生的债权提供担保财产的,债务人不履行到期债务或者发生当事人约定的实现抵押权的情形,抵押权人有权在最高债权额限度内就该担保财产优先受偿。

有的部门建议,在本款后增加规定:“债权利息、迟延利息、违约金,与前项债权合计不超过最高限额范围的,亦属抵押权的担保范围。”

(十八)最高额抵押权所担保债权的确定事由

草案第二百一十四条规定,有下列情形之一的,抵押权人的债权确定:(1)约定的债权确定期间届满;(2)没有约定债权确定期间或者约定不明确,抵押权人或者抵押人自最高额抵押权设立之日起满二年后请求确定债权;(3)新的债权不可能发生;(4)抵押权人知道或者应当知道抵押财产被查封、扣押;(5)债务人、抵押人被宣告破产或者被撤销;(6)法律规定债权确定的其他情形。

有的单位建议,将第五项中的“被撤销”修改为“解散”。

(十九)其他

有的单位提出,抵押权的登记除了标的物外,还应包括利息、违约金等,否则当利息、违约金约定过高时,权利人只能查询到主债权,不利于权利人的保护。

有的地方和单位建议,将“浮动抵押”设节并细化规定。有的部门建议,进一步完善动产浮动抵押制度,增加规定动产浮动抵押的实行、抵押人破产及其与其他担保物权的竞合的处理规则。

十九、关于质权

(一)质押合同

草案第二百一十八条第二款规定,质押合同一般包括下列条款:(1)被担保债权的种类和数额;(2)债务人履行债务的期限;(3)质押财产的名称、数量、质量、状况;(4)担保的范围;(5)质押财产交付的时间、方式。

有的部门提出,场外金融衍生品交易因自身特点,在最终交付时按照市场价值确定债权金额,建议将第一项修改为“被担保债权的种类、数额或数额确定方式”。

(二)禁止流质

草案第二百一十九条规定,质权人在债务履行期届满前,不得与出质人约定债务人不履行到期债务时质押财产归债权人所有。

有的部门建议，不禁止流质，并明确规定质权人享有自行处分质押财产并对处分款项优先受偿的自行处分权和获得质押财产的所有权以折价抵债的折价抵债权。

有的单位建议，将本条修改为："在债务履行期届满前，债权人与出质人约定债务人不履行到期债务时质押财产归债权人所有，该约定的履行损害当事人或者其他债权人利益的，当事人或者其他债权人可以在知道或者应当知道撤销事由之日起一年内请求人民法院或者仲裁机构撤销。当事人或者其他债权人自合同订立之日起五年内没有行使撤销权的，撤销权消灭。""法律、行政法规对典当经营另有规定的，依照其规定。"

有的单位建议，仅在损害担保人及其他债权人利益时，方禁止流质。

（三）质权人对质物使用限制及法律责任

草案第二百二十二条规定，质权人在质权存续期间，未经出质人同意，擅自使用、处分质押财产，给出质人造成损害的，应当承担赔偿责任。

有的单位建议，将本条修改为："质权人在质权存续期间，未经出质人同意转质，造成质押财产毁损、灭失的，应当向出质人承担违约或侵权赔偿责任。"

有的单位建议，将本条修改为："在质权存续期间，质权人经出质人同意，以其所占有的质押财产转质于第三人的，转质权的效力优于原质权。""在质权存续期间，质权人未经出质人同意转质的，转质财产毁损、灭失的风险由质权人承担。"

（四）质物保全

草案第二百二十四条规定，因不能归责于质权人的事由可能使质押财产毁损或者价值明显减少，足以危害质权人权利的，质权人有权要求出质人提供相应的担保；出质人不提供的，质权人可以拍卖、变卖质押财产，并与出质人通过协议将拍卖、变卖所得的价款提前清偿债务或者提存。

有的单位提出，本条违反担保物恒定的原理，建议删除。

有的单位建议，增加规定提存费用负担主体。

（五）可以出质的权利范围

草案第二百三十一条规定，债务人或者第三人有权处分的下列权利可以出质：（1）汇票、支票、本票；（2）债券、存款单；（3）仓单、提单；（4）可以转让的基金份额、股权；（5）可以转让的注册商标专用权、专利权、著作权等知识产权中的财产权；（6）取得应收账款、不动产收益的权利；（7）法律、行政法规规定可以出质的其他财产权利。

有的地方建议，将第六项修改为"应收账款"。有的单位建议，将第六项中的"不动产收益的权利"修改为"收益权"，并增加"应收账款质押应通知债务人，否则不对债务人发生效力"。

有的部门建议,将第七项修改为“法律、行政法规未禁止质押的其他财产”;有的地方和单位建议,修改为“法律、行政法规未禁止出质的其他财产权利”;有的单位建议,修改为:“其他财产权利,但法律、行政法规禁止出质的除外”;有的地方建议,修改为“法律、行政法规允许合理流转的其他财产性权利”;有的单位建议,修改为:“法律、行政法规未禁止转让、其他财产权利。出质的财产权利有担保的,质权的效力及于该从权利。”

有的地方建议,适当放宽权利质权的客体范围,将实践中出现的数据权利质押、账户质押、收费权质押等行为纳入调整范围,并将第七项修改为“法律、行政法规未禁止出质的其他权利”。

(六)以汇票、支票、本票等出质的权利质权

草案第二百三十二条规定,以汇票、支票、本票、债券、存款单、仓单、提单出质的,质权自权利凭证交付质权人时设立;没有权利凭证的,质权自办理出质登记时设立。

一些地方和单位提出,票据法规定票据的质押应当采取背书形式生效,而不仅是交付票据,建议本条与票据法第三十五条第二款的规定相统一。

有的单位建议,将“质权自权利凭证交付质权人时设立;没有权利凭证的,质权自办理出质登记时设立”修改为“依法需要背书的,质权自背书时设立;无需背书的,质权自权利凭证交付质权人时设立”;有的单位建议,修改为“质权自权利凭证交付质权人时设立;该权利转让依法应当背书的,质权自权利凭证交付质权人并完成质押背书时设立”;有的单位建议,修改为“当事人应当订立书面合同。除法律另有规定外,质权自权利凭证交付质权人时设立”;有的地方建议,修改为“当事人应当订立书面合同。以汇票、支票、本票出质的,质权自背书时设立;其他质权自权利凭证交付质权人时设立;没有权利凭证的,质权自有关部门办理出质登记时设立”。

(七)以基金份额、股权出质的权利质权出质人处分基金、股权的限制

草案第二百三十四条第二款规定,基金份额、股权出质后,不得转让,但经出质人与质权人协商同意的除外。出质人转让基金份额、股权所得的价款,应当向质权人提前清偿债务或者提存。

有的单位建议,增加规定:“出质人擅自转让基金份额、股权的,质权不受影响。”

(八)以应收账款的权利质权设立和出质人转让应收账款的限制

草案第二百三十六条第一款规定,以取得应收账款、不动产收益的权利出质的,质权自办理出质登记时设立。第二款规定,取得应收账款、不动产收益的权利出质后,不得转让,但经出质人与质权人协商同意的除外。出质人转让取得应收账款、不动产收益的权利所得的价款,应当向质权人提前清偿债务或者提存。

有的部门提出，人民银行征信中心依据物权法的规定建立了动产融资统一登记系统，建议在第一款“办理出质登记”前增加“金融信用信息基础数据库运行机构”。

有的单位建议，第二款增加规定：“出质人擅自转让应收账款的，质权不受影响。”

（九）权利质权适用动产质权的规定

草案第二百三十七条规定，权利质权除适用本节规定外，适用本章第一节动产质权的规定。

有的单位建议，将本条修改为：“权利质权除适用本章规定外，参照本法关于抵押权的规定。”

有的单位建议，增加一款：“权利质权的设立，除本节规定外，参照适用关于该种权利转让的规定。”

（十）其他

有的部门建议，增加规定浮动质押条款：“经当事人书面协议，出质人可以将现有的以及将来拥有的动产或权利质押，债务人不履行到期债务，债权人有权就约定实现质权时的动产或权利优先受偿。”

二十、关于留置权

（一）留置权的一般规定

草案第二百三十八条第一款规定，债务人不履行到期债务，债权人可以留置已经合法占有的债务人的动产，并有权就该动产优先受偿。

有的单位建议，将“债务人的动产”修改为“债务人的动产、债务人基于法律关系占有的第三人的动产”。

（二）留置财产与债权的关系

草案第二百三十九条规定，债权人留置的动产，应当与债权属于同一法律关系，但企业之间留置的除外。

有的单位建议，将“但企业之间留置的除外”修改为“但在商事交易中不受同一法律关系的限制”。

一些单位建议，将本条修改为：“债权人留置的动产，应当与债权具有牵连关系。”

（三）实现留置权

草案第二百四十四条第一款规定，留置权人与债务人应当约定留置财产后的债务履行期间；没有约定或者约定不明确的，留置权人应当给债务人两个月以上履行债务的期间，但鲜活易腐等不易保管的动产除外。债务人逾期未履行的，留置权人可以与债务人协议以留置财产折价，也可以就拍卖、变卖留置财产所得的价款优先受偿。

有的部门提出，现代社会通信发达，交通便利，两个月时间过长，不仅动产的价格会发生较大的波动，而且要求债权人长时间保管被留置的动产对债权人过于苛刻，建议将“两个月”修改为“一个月”。

二十一、关于占有

（一）有权占有的法律适用

草案第二百四十九条规定，基于合同关系等产生的占有，有关不动产或者动产的使用、收益、违约责任等，按照合同约定；合同没有约定或者约定不明确的，依照有关法律规定。

有的单位提出，本条是基于债权的占有，规定在物权编中没有意义，有合同从约定是合同法的原则，也是整个民法典应该秉持的意思自治的基本原则，且本编主要涉及无权占有，建议删除本条。

（二）恶意占有人应承担的赔偿责任

草案第二百五十条规定，占有人因使用占有的不动产或者动产，致使该不动产或者动产受到损害的，恶意占有人应当承担赔偿责任。

有的地方提出，“占有人”与“恶意占有人”重复，建议删去“占有人因”。有的地方建议，删除“恶意”。

有的单位建议，明确善意占有人是否需要承担民事责任。

有的单位建议，将本条修改为：“占有人因使用占有的不动产或者动产，因可归责于自己的事由致使该不动产或者动产受到损害毁损、灭失的，恶意占有人应当承担赔偿责任；善意占有人仅以毁损或者灭失所受的利益为限承担赔偿责任。”

（三）占有物产生的孳息、维护费用

草案第二百五十一条规定，不动产或者动产被占有人占有的，权利人可以请求返还原物及其孳息，但应当支付善意占有人因维护该不动产或者动产支出的必要费用。

有的单位建议，增加规定：“善意占有人为该不动产或者动产支出了必要费用以外的费用，使该不动产或者动产价值增加的，权利人应当在请求返还时价值增加的限度内向善意占有人返还该费用。”

（四）不动产或者动产毁损、灭失时占有人的责任

草案第二百五十二条规定，占有的不动产或者动产毁损、灭失，该不动产或者动产的权利人请求赔偿的，占有人应当将因毁损、灭失取得的保险金、赔偿金或者补偿金等返还给权利人；权利人的损害未得到足够弥补的，恶意占有人还应当赔偿

损失。

有的地方建议,在“毁损、灭失,该不动产”前增加“非因占有人的过错”。

有的单位建议,删除“权利人的损害未得到足够弥补的,恶意占有人还应当赔偿损失”,或者将“毁损、灭失”修改为“因不可归责于占有人的原因毁损、灭失的”,以区别草案第二百五十条。

(五)占有保护

草案第二百五十三条第一款规定,占有的不动产或者动产被侵占的,占有人有权请求返还原物;对妨害占有的行为,占有人有权请求停止侵害、排除妨碍或者消除危险;因侵占或者妨害造成损害的,占有人有权请求损害赔偿。第二款规定,占有人返还原物的请求权,自侵占发生之日起一年内未行使的,该请求权消灭。

有的单位建议,将第一款“因侵占或者妨害造成损害的”修改为“因侵占或者妨害致使无权占有人不能向权利人返还而造成损害的”。

有的部门建议,在第一款后增加规定:“侵害人以其对该不动产或者动产享有所有权为由进行抗辩的,不构成占有保护的障碍,但当事人另有约定或者法律另有规定的除外。”

有的地方建议,侵占发生之日很多情况下属于各方皆难以举证证明的事实,且占有人在基于法定或者约定的信赖情形下,也很难在侵占发生之日起一年内及时发现并提出抗辩,建议将第二款“侵占发生之日起”修改为“自占有人知道或者应当知道侵占发生之日起”。

有的地方提出,原物返还请求权为物权请求权,不应受诉讼时效限制,且一年期限过短,建议删除一年诉讼时效的规定。

(六)其他

有的单位建议,增加规定占有要件,强调“为自己利益之意思”和“事实上的支配力”两个要素。

有的部门和单位建议,增加规定占有的定义;占有辅助人的定义;占有权利与状态的推定。有的单位建议,增加规定占有的变更、移转;无权占有;善意、恶意占有人的责任及费用返还;占有人及占有辅助人的自力救济权;占有保护请求权;消灭时效;共同占有;占有的消灭及准占有。

二十二、其他

1.有的单位提出,为与民法总则表述一致,建议将“组织、个人”修改为“民事主体”;有的单位建议,修改为“自然人、法人、非法人组织”;有的地方建议,修改为“组织、自然人”。

2.有的地方建议,进一步研究网络虚拟财产的性质及其民法保护,如所有权、抵押权或者质权的适用规则等。

3. 一些地方、部门和单位建议，增加规定典权制度。

4. 一些地方、部门和单位建议，增加规定让与担保制度。

5. 有的地方建议，增加规定营业质权制度。

6. 有的单位建议，增加规定："动物是受特别法保护的特殊物，在特殊法规定之外，适用有关物的一般规定。不得以违背人道主义的方式残忍对待动物。"

地方人大、中央有关部门和单位以及有关方面对民法典（草案）物权编的意见

2020 年 1 月，法制工作委员会将《中华人民共和国民法典（草案）》印发省、自治区、直辖市的人大常委会，以及中央有关部门、有关人民团体和社会组织、基层立法联系点征求意见。现将对物权编的主要意见简报如下：

一、关于总的意见

有的部门提出，草案第一编总则关于民事主体的表述为自然人、法人和非法人组织，第二编物权关于民事主体的表述为国家、集体和私人或者个人，建议统一两编中的相关表述。

有的地方提出，草案应与国家政策、改革发展要求和相关法律保持一致，同时吸收和提炼司法解释及最新改革的成熟做法。

有的地方建议，增加规定物尽其用的原则。有的地方建议，增加规定物权法定的原则："物权除法律或习惯外，不得创设。"

二、关于通则的一般规定

1. 调整范围

草案第二百零五条规定，本编调整因物的归属和利用而产生的民事关系。

有的部门建议，在"归属"后增加"保护"。

2. 基本经济制度

草案第二百零六条第一款规定，国家在社会主义初级阶段，坚持公有制为主体、多种所有制经济共同发展的基本经济制度。

有的地方建议，与十九届四中全会关于基本经济制度的表述相衔接，增加规定："国家坚持按劳分配为主体、多种分配方式并存，社会主义市场经济体制。"

3. 平等保护原则

草案第二百零七条规定，国家、集体、私人的物权和其他权利人的物权受法律

平等保护。

有的地方提出,“私人”不属于法律专有名词,建议斟酌。

4. 物权公示原则

草案第二百零八条规定,不动产物权的设立、变更、转让和消灭,应当依照法律规定登记。动产物权的设立和转让,应当依照法律规定交付。

有的单位提出,物权公示原则不具有普适性,易引起误解,建议删除。

有的地方建议,将“交付”修改为“占有或者转移占有”。

三、关于物权的设立、变更、转让和消灭

1. 不动产物权登记生效

草案第二百零九条第一款规定,不动产物权的设立、变更、转让和消灭,经依法登记,发生效力;未经登记,不发生效力,但是法律另有规定的除外。第二款规定,依法属于国家所有的自然资源,所有权可以不登记。

有的地方建议,在第一款后增加规定:“其他可以登记的财产权利,参照适用本节规定。”

有的部门建议,将第二款中的“可以不登记”修改为“可以登记”。

2. 不动产统一登记

草案第二百一十条第一款规定,不动产登记,由不动产所在地的登记机构办理。第二款规定,国家对不动产实行统一登记制度。统一登记的范围、登记机构和登记办法,由法律、行政法规规定。

有的地方建议,将第二款中的“国家对不动产实行统一登记制度”移至第一款。

3. 不动产物权登记生效时间

草案第二百一十四条规定,不动产物权的设立、变更、转让和消灭,依照法律规定应当登记的,自记载于不动产登记簿时发生效力。

有的单位建议,将“自记载于不动产登记簿时发生效力”修改为:“自登记事项记载于不动产登记簿时完成登记。不动产物权的变动效力溯及至登记机构受理登记申请之时。”

4. 不动产登记簿的效力

草案第二百一十六条第一款规定,不动产登记簿是物权归属和内容的根据。

有的单位建议,在本条后增加“但能够提出不同证据的除外”。

5. 利害关系人妥善使用登记资料的义务

草案第二百一十九条规定,利害关系人不得公开、非法使用权利人的不动产登记资料。

有的地方提出,本条规定涉及隐私权与公众知情权的利益衡量,建议暂不作

规定。

6. 不动产更正登记和异议登记

草案第二百二十条第一款规定了权利人、利害关系人可以申请更正登记，权利人书面同意更正或者有证据证明登记确有错误的，登记机构应当予以更正。第二款规定了利害关系人可以申请异议登记，自异议登记之日起十五日内不起诉的，异议登记失效。

有的地方建议，将第一款“书面同意更正或者有证据证明”中的“或者”修改为“并且”。

有的部门建议，在第二款中的“不起诉”后增加“也不申请人民政府处理”。有的地方建议，将“十五日”修改为“三个月”。

7. 不动产预告登记

草案第二百二十一条第一款规定了签订买卖房屋协议或者其他不动产物权协议可以申请预告登记。

有的地方建议，增加规定：“出卖人未按照约定申请预告登记的，买受人可以单方申请预告登记。”

有的地方建议，明确预告登记是否具有准物权的效力。

8. 登记错误赔偿责任

草案第二百二十一条第一款规定，当事人提供虚假材料申请登记，造成他人损害的，应当承担赔偿责任。第二款规定，因登记错误，造成他人损害的，登记机构应当承担赔偿责任。登记机构赔偿后，可以向造成登记错误的人追偿。

有的地方建议，删除第一款，并将第二款中的“可以向造成登记错误的人追偿”修改为“可以按照登记错误原因向相关责任方追偿，过错方应当承担赔偿责任”。

有的部门建议，在第二款中明确因过错导致登记错误才承担赔偿责任。有的地方建议，将第二款中的“因登记错误”修改为“因疏于审查当事人提供的材料等原因造成登记错误”。有的单位建议，在第二款中增加规定“登记机构能够证明已经尽到合理审查义务的，不承担责任”。有的地方建议，在第二款后增加规定“当事人提供虚假材料造成他人损害的，受害人可以直接请求当事人承担赔偿责任”。

9. 登记收费

草案第二百二十三条规定，不动产登记费按件收取，不得按照不动产的面积、体积或者价款的比例收取。

有的地方提出，本条规定不属于民法调整范围，建议删除。

10. 船舶、航空器和机动车等的物权登记

草案第二百二十五条规定，船舶、航空器和机动车等的物权的设立、变更、转让

和消灭,未经登记,不得对抗善意第三人。

有的地方建议,明确物权的设立和转让自交付时起生效。

有的部门建议,增加“铁路机车车辆”。

有的单位建议,在“未经登记”前增加“应当办理登记”。

11. 指示交付

草案第二百二十七条规定,动产物权设立和转让前,第三人占有该动产的,负有交付义务的人可以通过转让请求第三人返还原物的权利代替交付。

有的部门建议,增加一款:“物权自达成转让返还原物请求权的协议,且由转让人通知第三人时发生效力。”

12. 法律文书、征收决定导致的物权变动

草案第二百二十九条规定,因人民法院、仲裁机构的法律文书或者人民政府的征收决定等,导致物权设立、变更、转让或者消灭的,自法律文书或者征收决定等生效时发生效力。

有的部门建议,在“仲裁机构”后增加“监察机关”。

有的地方建议,将法律文书限定为直接创设或者变动物权的法律文书。有的地方建议,将法院的法律文书限定为形成判决和确认判决。

有的地方建议,规定法律文书或征收决定等具有公示效力。

有的地方提出,物权变动的时间节点应当是签订补偿协议或作出补偿决定时,而不应当是征收决定生效时。

有的部门建议,增加一条,对证券权利变动作出规定:“证券可以采用纸面形式或者簿记形式,簿记形式证券的设立、变更、转让和消灭,经登记后发生效力。”

13. 继承导致的物权变动

草案第二百三十条规定,继承取得物权的,自继承开始时发生效力。

有的地方建议,将“继承开始时”修改为“被继承人死亡时”。

一些地方和单位建议,在“继承”后增加“或者受遗赠”。

14. 事实行为导致的物权变动

草案第二百三十一条规定,因合法建造、拆除房屋等事实行为设立或者消灭物权的,自事实行为成就时发生效力。

有的地方建议,增加因自然灾害等事件消灭物权的规定。

四、关于物权的保护

有的地方建议,增加一条:“因动产、不动产物权的归属、占有等发生争议的,权利人不得自行强制改变动产、不动产的占有。”

五、关于所有权一般规定

1. 征收

草案第二百四十三条第一款规定了为了公共利益的需要，可以征收集体土地和组织、个人的房屋及其他不动产。第二款规定了征收集体土地应当支付土地补偿费、安置补助费等补偿费用，并安排被征地农民的社会保障费用。第三款规定了征收房屋及其他不动产应当给予征收补偿。

有的地方建议，明确第一款中的“公共利益”的概念和范围，并在第三款中明确征收房屋的补偿不得低于市场价格。

有的地方建议，将“个人”修改为“自然人”。有的地方建议，对“农民”“村民”的表述应再斟酌。

有的单位建议，在第二款中增加规定：“在补偿费用中专款安排被征地农民的教育、就业、医疗、养老等事项，保障被征地农民的生活水平不因土地被征收而下降。”

有的地方建议，增加征收宅基地使用权、土地承包经营权、林权、建设用地使用权的规定。

2. 保护耕地、禁止违法征地

草案第二百四十四条规定，国家对耕地实行特殊保护，严格限制农用地转为建设用地，控制建设用地总量。不得违反法律规定的权限和程序征收集体所有的土地。

有的地方建议，删除“不得违反法律规定的权限和程序征收集体所有的土地”的表述，或者移至第二百四十三条。

3. 征用

草案第二百四十五条规定了因抢险、救灾等紧急需要可以征用组织、个人的不动产或者动产。

有的部门建议，在“救灾”后增加“应急救援”。

六、关于国家所有权和集体所有权、私人所有权

1. 无居民海岛的国家所有权

草案第二百四十八条规定，无居民海岛属于国家所有，国务院代表国家行使无居民海岛所有权。

有的地方建议，删除“国务院代表国家行使无居民海岛所有权”的规定。

2. 国家所有土地范围

草案第二百四十九条规定，城市的土地，属于国家所有。法律规定属于国家所

有的农村和城市郊区的土地,属于国家所有。

有的单位建议,在“城市”后增加“市区”。

3. 属于国家所有的基础设施

草案第二百五十四条第一款规定,国防资产属于国家所有。第二款规定,铁路、公路、电力设施、电信设施和油气管道等基础设施,依照法律规定为国家所有的,属于国家所有。

有的地方建议,将第一款中的“国防资产”修改为“国防动产或者不动产”。

有的部门建议,在第二款中增加“水利工程”。有的部门建议,增加“广播电视设施”。

4. 国家举办的事业单位的物权

草案第二百五十六条规定,国家举办的事业单位对其直接支配的不动产和动产,享有占有、使用以及依照法律和国务院的有关规定收益、处分的权利。

有的单位建议,在“不动产和动产”前增加“法律规定为国家所有的”,同时增加一款:“事业单位依法享有的其他财产权益受法律保护。”

5. 农民集体决定的重大事项

草案第二百六十一条第二款规定了应当由农民集体决定的五项重大事项。

有的地方建议,在第四项“集体出资的企业的所有权变动等事项”中增加“股权变动”。

6. 农民集体所有权的行使

草案第二百六十二条规定了集体行使所有权的三项规则,其中第一项为:属于村农民集体所有的,由村集体经济组织或者村民委员会依法代表集体行使所有权。

有的单位建议,将第一项修改为:“已确权为村民小组、村集体经济组织、村民委员会的集体财产,由各权利主体代表集体行使权利。”

7. 集体财产权的保护

草案第二百六十五条第二款规定,农村集体经济组织、村民委员会或者其负责人作出的决定侵害集体成员合法权益的,受侵害的集体成员可以请求人民法院予以撤销。

有的地方建议,增加“并要求侵害人承担赔偿责任”的规定。

有的地方建议,增加一款规定集体成员代位诉讼权。

8. 企业出资人权利

草案第二百六十八条规定了国家、集体和私人所有的不动产或者动产投到企业的,出资人享有相关权利并履行义务。

有的地方提出,“投到企业”的表述过于口语化,建议斟酌。

有的单位建议,允许“其他可作为出资的财产”投到企业。

9. 社会团体法人、捐助法人财产的保护

草案第二百七十条规定,社会团体法人、捐助法人依法所有的不动产和动产,受法律保护。

有的部门建议,明确社会团体法人、捐助法人的所有权形式和资产管理要求。

有的部门建议,增加规定:"社会公共财产包括社会团体法人、捐助法人的财产。社会公共财产由其所属的社会团体法人、捐助法人行使所有权;法律另有规定的,依照其规定。"

10. 其他

有的部门建议,增加一条:"全民所有的自然资源资产,由国务院授权国务院自然资源主管部门具体代表统一行使所有者职责。"

七、关于业主的建筑物区分所有权

1. 业主对专有部分以外的共有部分的权利义务

草案第二百七十三条第一款规定,业主对建筑物专有部分以外的共有部分,享有权利,承担义务;不得以放弃权利不履行义务。第二款规定,业主转让建筑物内的住宅、经营性用房,其对共有部分享有的共有和共同管理的权利一并转让。

一些地方和部门建议,在第一款中的"不得以放弃权利"后增加"为由"。

有的地方建议,将第二款中的"住宅、经营性用房"修改为"专有部分"。

2. 建筑区划内道路的归属

草案第二百七十四条规定了建筑区划内的道路属于业主共有,但是属于城镇公共道路的除外。

有的部门建议,明确"城镇公共道路"的范围。

有的部门建议,增加一款:"业主共有的供水、管道燃气设施,应当依法移交供水企业、管道燃气经营企业进行管理。"

3. 车位、车库的归属

草案第二百七十五条第一款规定,建筑区划内,规划用于停放汽车的车位、车库的归属,由当事人通过出售、附赠或者出租等方式约定。第二款规定,占用业主共有的道路或者其他场地用于停放汽车的车位,属于业主共有。

有的地方建议,明确规定车位、车库的归属。有的地方建议,明确车位、车库归合法建造人所有。

有的地方建议,在第一款后增加"但法律另有规定的除外"。有的地方建议,增加"当事人没有约定或者约定不明确的,属于业主共有"。有的地方建议,增加"但车库门前区域属业主共有"。

有的地方建议,在第二款后增加"不得收取费用"。

有的地方建议，将本条中的“汽车”修改为“机动车”，并对非机动车的车位问题作出规定。

4. 车位、车库应当首先满足业主需要

草案第二百七十六条规定，建筑区划内，规划用于停放汽车的车位、车库应当首先满足业主的需要。

有的部门建议，增加规定“并设置无障碍停车位”。

5. 业主大会、业主委员会的设立

草案第二百七十七条第一款规定，业主可以设立业主大会，选举业主委员会。第二款规定，地方人民政府有关部门、居民委员会应当对设立业主大会和选举业主委员会给予指导和协助。

有的地方建议，将第一款中的“可以”修改为“应当”，并增加规定地方政府、居民委员会组织和督促的职责。

一些地方和部门建议，在第二款中增加规定，街道办事处、乡镇人民政府应当对设立业主大会等给予指导和协助。有的地方建议，增加规定：“街道办事处（乡镇人民政府）、居民委员会对业主大会和业主委员会给予指导、评议、管理，建设单位、物业服务企业给予配合。”

有的地方建议，增加规定：“地方政府有关部门、居民委员会怠于履行法定职责，致使业主大会或者业主委员会无法成立，造成严重后果的，应当承担相应的赔偿责任。”

6. 业主决定建筑区划内重大事项及表决权

草案第二百七十八条第一款规定了业主共同决定的 9 项事项；第二款规定了业主共同决定事项的参与比例为专有部分面积占比三分之二以上的业主且人数占比三分之二以上，决定重大事项的比例为参与表决专有部分面积四分之三以上的业主且参与表决人数四分之三以上，决定其他事项的比例为参与表决专有部分面积过半数的业主且参与表决人数过半数。

有的地方建议，删除第一款第四项“选聘和解聘物业服务企业或者其他管理人”。有的部门建议，将第一款第五项和第六项合并规定为“续筹和使用建筑物及其附属设施的维修资金”。

有的地方建议，在第二款中对业主大会难以作出决议时的解决办法作出规定。

一些地方提出，本条规定的表决比例过于严格，建议适当降低。

有的部门建议，增加一款：“法律、法规另有规定的除外。”有的部门建议，增加一款：“业主大会可以在议事规则和管理规约中，确定业主共同决定事项和表决规则。”

7. 住宅改为经营性用房

草案第二百七十九条规定，业主将住宅改变为经营性用房的，除遵守法律、法规以及管理规约外，应当经有利害关系的业主一致同意。

有的地方建议，将“应当经有利害关系的业主一致同意”修改为“给其他业主正常生活造成影响的，应当经有利害关系的业主一致同意，未造成影响的无需其他业主同意”。

有的地方建议，明确“有利害关系的业主”的含义。

8. 维修基金的归属、用途、筹集与使用

草案第二百八十一条第一款规定，建筑物及其附属设施的维修资金，可以用于电梯、屋顶、外墙、无障碍设施等共有部分的维修、更新和改造。第二款规定，紧急情况下需要维修建筑物及其附属设施的，业主大会或者业主委员会可以依法申请使用维修资金。

有的地方建议，增加规定“进行无障碍设施改造或维修”为使用维护资金的情形。

有的地方建议，细化第二款紧急情况下使用维修资金的规定，并对未成立业主大会的小区维修资金的使用作出规定。

有的部门建议，将第二款修改为：“紧急情况下使用维修资金的，可以不适用第二百七十八条第二款关于表决比例的规定。”

9. 共有部分产生收益的归属

草案第二百八十二条规定，建设单位、物业服务企业或者其他管理人等利用业主的共有部分产生的收入，在扣除合理成本之后，属于业主共有。

有的地方建议，增加向业主公示的规定。

有的部门建议，增加规定：“业主应当明确共有部分产权的权利行使和义务履行的代表人，业主大会或者业主委员会是法定的代表人。”

10. 建筑物及其附属设施的费用分摊、收益分配

草案第二百八十三条规定，建筑物及其附属设施的费用分摊、收益分配等事项，有约定的，按照约定；没有约定或者约定不明确的，按照业主专有部分面积所占比例确定。

有的地方建议，将“收益分配”修改为“收益使用和分配”。

有的地方提出，按照专有部分面积所占比例确定费用分摊不够合理，建议研究。有的地方和部门建议，修改为按照业主实际利用面积所占比例确定。

11. 业主义务

草案第二百八十六条第二款规定了业主大会或者业主委员会对违章搭建、拒付物业费等行为，有权请求停止侵害、排除妨碍、赔偿损失等。第三款规定了拒不履行相关义务的，有关当事人可以向主管部门投诉，主管部门应当依法处理。

有的地方建议，删除第二款中的“拒付物业费”。有的部门建议，增加“高空

抛物”。

有的部门建议，将第三款修改为：“业主对侵害自己合法权益的行为可以向法院起诉。”有的地方建议，在第三款后增加规定：“有关主管部门未依法处理的，应当承担相应责任。”有的地方建议，在第三款后增加规定：“业主、业主委员会或者物业公司对正在建造的违章建筑可以向法院申请临时禁令。”

12. 业主的权利

草案第二百八十七条规定，业主对建设单位、物业服务企业或者其他管理人以及其他业主侵害自己合法权益的行为，有权请求其承担民事责任。

有的地方建议，增加一款：“业主大会或者业主委员会对侵犯全体业主共同合法权益的行为，有权请求承担民事责任。”

八、关于相邻关系

草案第二百九十二条规定，不动产权利人因建造、修缮建筑物以及铺设电线、电缆、水管、暖气和燃气管线等必须利用相邻土地、建筑物的，该土地、建筑物的权利人应当提供必要的便利。

有的部门建议，增加规定“进行无障碍改造”的情形。

九、关于共有

草案第三百一十条规定，两个以上组织、个人共同享有用益物权、担保物权的，参照适用本章的有关规定。

有的地方和部门建议，将“组织、个人”修改为“民事主体”。

有的地方建议，将“用益物权、担保物权”修改为“所有权以外的财产权”。

十、关于所有权取得的特别规定

1. 善意取得

草案第三百一十一条第一款规定了受让人善意取得不动产或者动产的情形，其中第一项为：受让人受让该不动产或者动产时是善意的。第三项为：转让的不动产或者动产依照法律规定应当登记的已经登记，不需要登记的已经交付。

有的地方建议，明确第一项中的“善意”的判断标准。

有的地方建议，将第三项中的“已经登记”修改为“已经完成登记”。

有的地方提出，第三百一十三条关于善意取得的规定应移至本条后。

2. 无人认领的遗失物的归属

草案第三百一十八条规定，遗失物自发布招领公告之日起一年内无人认领的，归国家所有。

有的地方建议，将“归国家所有”修改为“归拾得人所有”。

3. 拾得漂流物、发现埋藏物或者隐藏物

草案第三百一十九条规定，拾得漂流物、发现埋藏物或者隐藏物的，参照适用拾得遗失物的有关规定。法律另有规定的，依照其规定。

有的地方建议，增加规定：“拾得无主天然物、发现零星矿藏物的，归拾得人或发现人所有。”

4. 天然孳息及法定孳息归属

草案第三百二十一条规定了天然孳息和法定孳息的取得原则。

有的地方建议，对人工孳息的取得原则作出规定。

5. 添附

草案第三百二十二条规定，因加工、附合、混合而产生的物的归属，有约定的，按照约定；没有约定或者约定不明确的，依照法律规定；法律没有规定的，按照充分发挥物的效用以及保护无过错当事人的原则确定。因一方当事人的过错或者确定物的归属造成另一方当事人损害的，应当给予赔偿或者补偿。

有的地方建议，将添附物归属的确定原则修改为“综合添附行为使物升值的情况、添附物本身的价值、物之效用的发挥、当事人的主观过错等因素确定”。

有的地方建议，对添附导致的物权变动作出详细规定。有的地方建议，对添附专设一节作出规定。

十一、关于用益物权的一般规定

1. 用益物权人的基本权利

草案第三百二十三条规定，用益物权人对他人所有的不动产或者动产，依法享有占有、使用和收益的权利。

有的地方建议，将信托法律关系中受托人的权利定义为用益物权，并增加一款：“受托人基于信托合同对他人所有的不动产或动产，准用前款的规定，法律另有规定的除外。”

2. 海域使用权

草案第三百二十八条规定，依法取得的海域使用权受法律保护。

有的部门建议，在“海域使用权”前增加“国有农地使用权”。

十二、关于土地承包经营权

1. 土地承包经营权人享有的基本权利

草案第三百三十一条规定，土地承包经营权人依法对其承包经营的耕地、林地、草地等享有占有、使用和收益的权利，有权从事种植业、林业、畜牧业等农业生产。

有的地方提出，修改后的农村土地承包法中取得土地承包经营权的主体仅为农户，建议将本条中的“土地承包经营权人”修改为“农村承包经营户”。

2. 土地承包期

草案第三百三十二条第二款规定，前款规定的承包期限届满，由土地承包经营权人依照农村土地承包的法律规定继续承包。

有的地方提出，目前延包主要通过政策调整，建议在“依照农村土地承包的法律”后增加“和国家规定”。

3. 土地承包经营权的设立

草案第三百三十三条第一款规定，土地承包经营权自土地承包经营权合同生效时设立。第二款规定，登记机构应当向土地承包经营权人发放土地承包经营权证、林权证等证书，并登记造册，确认土地承包经营权。

有的地方建议，将第一款中的“自土地承包经营权合同生效时”修改为“自登记时”。

有的部门建议，将第二款中的“发放土地承包经营权证、林权证等证书”修改为“发放权属证书”。

4. 土地经营权的流转

草案第三百三十九条规定，土地承包经营权人可以自主决定依法采取出租、入股或者其他方式向他人流转土地经营权。

有的单位建议，增加规定：“土地经营权流转，当事人双方应当签订书面流转合同。”

5. 土地经营权人的权益

草案第三百四十条规定，土地经营权人有权在合同约定的期限内占有农村土地，自主开展农业生产经营并取得收益。

有的部门建议，将本条中的“自主”修改为“依法”。

6. 土地经营权的设立与登记效力

草案第三百四十一条规定，流转期限为五年以上的土地经营权，自流转合同生效时设立。当事人可以向登记机构申请土地经营权登记；未经登记，不得对抗善意第三人。

有的部门提出，本条规定可能产生歧义，认为只有流转期限五年以上的土地经营权才是流转合同生效时设立，建议斟酌。

7. 其他

有的地方提出，当前农村土地实行三权分置改革，建议只规定核心内容，保留本章第三百三十条、第三百三十一条、第三百三十三条、第三百三十四条、第三百四十三条的规定，其余删除，以保持民法典稳定性。

有的地方建议，在本章增加规定："承包人不经营、丢荒土地的，国家或者集体有权收回土地并统一经营。"

十三、关于建设用地使用权

1. 建设用地使用权的概念

草案第三百四十四条规定，建设用地使用权人依法对国家所有的土地享有占有、使用和收益的权利，有权利用该土地建造建筑物、构筑物及其附属设施。

有的地方建议，将"国家所有"修改为"国家或者集体所有"。

有的地方建议，将本条修改为："建设用地使用权人有权在公有土地上拥有建筑物不动产所有权，并在限定期限内和限定条件下排他性地使用土地。"

2. 严格限制以划拨方式设立建设用地使用权

草案第三百四十七条第三款规定，严格限制以划拨方式设立建设用地使用权。

有的地方建议，在本款后增加规定"采取划拨方式的，依照法律法规的规定处理"。

3. 建设用地使用权的变更登记

草案第三百五十五条规定，建设用地使用权转让、互换、出资或者赠与的，应当向登记机构申请变更登记。

有的部门建议，将"变更登记"修改为"转移登记"。

4. 住宅建设用地使用权期限届满后的续期

草案第三百五十九条第一款规定，住宅建设用地使用权期限届满的，自动续期。续期费用的缴纳或者减免，依照法律、行政法规的规定办理。

有的单位提出，本款增加续期费用的规定，是否会引起不必要的解读，建议慎重考虑。有的地方提出，对本款第二句作进一步研究，尽量在法典中明确可行的方案。有的地方建议，增加住宅建设用地使用期限届满后免费自动续期的原则性规定。

5. 集体所有建设用地使用权

草案第三百六十一条规定，集体所有的土地作为建设用地的，应当依照土地管理的法律规定办理。

一些地方建议，将本条修改为："集体所有的土地作为建设用地的，适用本章规定。土地管理法等法律另有规定的，依照其规定。"

十四、关于宅基地使用权

1. 宅基地使用权的权利内容

草案第三百六十二条规定，宅基地使用权人依法对集体所有的土地享有占有和使用的权利，有权依法利用该土地建造住宅及其附属设施。

一些地方和部门建议，将“占有和使用”修改为“占有、使用和收益”。

有的地方建议，删除本条。

有的单位建议，增加一款：“宅基地使用权人应当按照经批准的规划方案实施建设。”

2. 宅基地使用权的消灭

草案第三百六十四条规定，宅基地因自然灾害等原因灭失的，宅基地使用权消灭。对失去宅基地的村民，应当重新分配宅基地。

有的地方建议，在“应当重新分配宅基地”后增加“或者以其他方式实现户有所居”。

3. 其他

有的地方建议，在本章增加一条：“宅基地使用权人可以自主决定依法采取出租或者其他方式向他人流转宅基地使用权。”

有的地方提出，为了解决国有农场、林场等的宅基地使用权问题，建议在本章增加一条：“依法利用国家所有的农村土地建造住宅及其附属设施的，参照适用本章的有关规定。”

十五、关于居住权

1. 居住权的设立

草案第三百六十八条规定，居住权无偿设立，但是当事人另有约定的除外。设立居住权的，应当向登记机构申请居住权登记。居住权自登记时设立。

有的地方提出，允许当事人通过约定来有偿设立居住权，不符合居住权制度的内在要求，建议明确规定居住权只能无偿设立。有的部门建议，删除“但是当事人另有约定的除外”。

有的地方建议，在“居住权自登记时设立”后增加“但通过遗嘱设立的自继承开始时设立”。

有的地方提出，宅基地使用权及宅基地上的房屋所有权并未市场化，如果允许当事人有偿设立居住权，容易出现规避法律，通过设立居住权的方式使农村宅基地及房屋市场化。

2. 居住权的限制

草案第三百六十九条规定，居住权不得转让、继承。设立居住权的住宅不得出租，但是当事人另有约定的除外。

有的地方建议，将“居住权不得继承”单列，并对“不得继承”增加“当事人另有约定的除外”。

有的地方提出，应当明确规定设立居住权的住宅不得出租，当事人不得作例外约定。

3. 居住权的消灭

草案第三百七十条规定，居住权期间届满或者居住权人死亡的，居住权消灭。居住权消灭的，应当及时办理注销登记。

有的地方建议，在居住权的消灭事由中增加规定“设立居住权的住宅因自然灾害等原因灭失的”。

4. 其他

有的部门提出，居住权制度的适用面较窄，且存在争议，建议不作规定。

有的地方提出，订立合同、遗嘱等足够解决多位亲属之间对房屋居住使用权的保护，再规定居住权，且需要登记后才设立，并且不得转让、继承和出租，已无必要，建议对居住权制度再予完善或者暂时不作规定。

有的地方提出，草案规定的居住权适用范围有限，居住权还应当包括保障房居住权，建议在本章增加一条：“保障房居住权的设立，按照相关法律、行政法规办理。”

十六、关于地役权

1. 地役权的权利内容

草案第三百七十二条第一款规定，地役权人有权按照合同约定，利用他人的不动产，以提高自己的不动产的效益。

有的单位建议，在本款后增加规定“但不得违反国家环境标准或规定，损害生态环境”。

2. 其他

有的地方建议，在本章最后增加一条：“公共地役权的设定，参照适用本章的有关规定。”

十七、关于担保物权的一般规定

1. 总的意见

有的地方和部门建议，明确规定建立动产和权利担保统一登记制度，在本章增加一条：“国家对动产和权利担保实行统一登记制度。统一登记的范围、登记机构和登记办法，由国务院另行规定。”有的部门建议，就不动产抵押、动产抵押、权利质押和其他具有担保性质的交易建立统一的担保登记制度，在本章增加规定：“国家建立统一的担保登记制度。登记范围、登记机构和登记办法，由国务院另行规定。”

有的部门建议，全面认可各类浮动担保，允许当事人设定浮动质押。

有的部门建议，明确规定担保权利设立和对抗的统一规则，统一规定动产担保权自担保合同生效时设立,登记或交付仅作为对抗善意第三人的要件。

有的部门建议,明确赋予担保权人自行实现担保权的权利,允许当事人在担保合同中事先约定实现担保权利的方式,建立担保财产快速处置机制。

有的部门建议,删去草案第四百一十四条和第四百一十五条,在本章规定涵盖抵押、质押以及其他担保权利清偿顺序的统一规则,增加规定:"同一财产上同时存在多个法律规定的或当事人约定的担保权利的,拍卖、变卖担保财产所得的价款依照下列规定清偿:(一)担保权利已登记、交付的,按照登记、交付的时间先后确定清偿顺序;(二)担保权利已登记、交付的先于未登记、交付的受偿;(三)担保权利未登记、交付的,按照债权比例清偿。"

有的地方建议,增加规定:"担保合同双方当事人可就担保物权的存续期限进行约定。"

有的地方和单位建议,增加独立担保或者保函的规定。

有的地方和部门建议,认可让与担保的效力,增加关于让与担保的原则性规定。

有的部门建议对于非典型担保或新类型担保的法律效力予以明确。

2. 担保合同

草案第三百八十八条规定,设立担保物权,应当依照本法和其他法律的规定订立担保合同。

有的部门建议,删除第四百条和第四百二十七条,并增加一款:"担保合同应当通过书面形式订立,内容一般包括被担保债权的种类、数额或数额确定方式、债务人履行债务的期限、担保的范围以及可以合理识别担保财产的描述。担保财产需转移占有的,还应当包括担保财产交付的时间、方式。"

3. 担保物权的担保范围

草案第三百八十九条规定,担保物权的担保范围包括主债权及其利息、违约金、损害赔偿金、保管担保财产和实现担保物权的费用。当事人另有约定的,按照其约定。

有的部门建议,增加一款:"依登记设立或取得对抗效力的担保物权,应当登记主债权及其利息的利率或者违约金、损害赔偿金计算方式,未经登记的不得对抗第三人。"

4. 担保的物上代位性

草案第三百九十条规定,担保期间,担保财产毁损、灭失或者被征收等,担保物权人可以就获得的保险金、赔偿金或者补偿金等优先受偿。被担保债权的履行期未届满的,也可以提存该保险金、赔偿金或者补偿金等。

有的部门建议,将"也可以提存该保险金、赔偿金或者补偿金等"修改为"担保物权人可以请求债务人提存该保险金、赔偿金或者补偿金等”。

5. 混合共同担保

草案第三百九十二条规定，被担保的债权既有物的担保又有人的担保时，提供担保的第三人承担担保责任后，有权向债务人追偿。

有的地方建议，明确提供担保的第三人承担担保责任后能否向其他担保人追偿的问题。有的部门建议，在“有权向债务人追偿”后增加“但无权向其他担保人追偿”。有的部门建议，增加一款：“当事人对保证或者物的担保范围没有约定或者约定不明的，提供担保的第三人承担担保责任后，有权请求其他担保人清偿其应当承担的份额，但不得损害债权人的利益。”

十八、关于抵押权

1. 抵押权的权利内容

草案第三百九十四条规定了为担保债务的履行，可以在债务人或者第三人的财产上设立抵押权。

有的单位建议，将“为担保债务的履行”修改为“为保障债权的实现”。

2. 可以抵押的财产范围

草案第三百九十五条规定了可以抵押的财产范围。

有的地方建议，增加一项“土地承包经营权”。

3. 浮动抵押

草案第三百九十六条规定，企业、个体工商户、农业生产经营者可以在现有的以及将有的生产设备、原材料、半成品、产品上设定浮动抵押。

有的地方提出，“生产设备、原材料、半成品、产品”四类抵押财产范围过窄，建议增加概况性的描述。

4. 乡镇、村企业的建筑物和建设用地使用权抵押

草案第三百九十八条规定，乡镇、村企业的建设用地使用权不得单独抵押。以乡镇、村企业的厂房等建筑物抵押的，其占用范围内的建设用地使用权一并抵押。

有的地方建议，将本条修改为：“以乡镇、村企业的建设用地使用权或者以乡镇、村企业的厂房等建筑物抵押的，适用第三百九十七条的规定。”

5. 不得抵押的财产

草案第三百九十九条规定，下列财产不得抵押：(1)土地所有权；(2)宅基地、自留地、自留山等集体所有土地的使用权，但是法律规定可以抵押的除外；(3)学校、幼儿园、医疗机构等以公益为目的成立的非营利法人的教育设施、医疗卫生设施和其他公益设施；(4)所有权、使用权不明或者有争议的财产；(5)依法被查封、扣押、监管的财产；(6)法律、行政法规规定不得抵押的其他财产。

有的部门提出，第二项是否涵盖农村土地承包经营权，建议明确。自留山使用权的抵押问题应当与土地承包经营权一并考虑，作出统一规定。有的地方提出，集体所有土地的使用权应该允许其抵押，建议删除第二项。有的部门建议，删除第二项中的“宅基地”。

有的部门提出，为了维护教育秩序和社会稳定，建议修改第三项，将营利性民办学校及幼儿园的教育设施纳入不得抵押的财产范围。

有的部门提出，在不影响执行债权人债权实现的前提下，可以发挥查封财产的融资功能，建议删除第五项。

6. 流押条款的效力

草案第四百零一条规定，抵押权人在债务履行期限届满前，与抵押人约定债务人不履行到期债务时抵押财产归债权人所有的，只能依法就抵押财产优先受偿。

有的单位建议，将“只能依法就抵押财产优先受偿”修改为“该约定只发生依照本法第四百一十条规定在担保范围内就抵押财产优先受偿的效力”。

有的地方建议，将本条修改为：“抵押权人与抵押人可以约定债务人不履行到期债务时抵押财产归债权人所有，但该约定损害国家利益、社会公共利益或者第三人利益的除外。”

7. 不动产抵押登记

草案第四百零二条规定，以本法第三百九十五条第一款第一项至第三项规定的财产或者第五项规定的正在建造的建筑物抵押的，应当办理抵押登记。抵押权自登记时设立。

有的地方提出，签订抵押协议后，因抵押人的原因或者不可抗力等导致未办理抵押登记的，抵押权人应当对抵押物享有优先受偿权。

8. 抵押权与租赁关系

草案第四百零五条规定，抵押权设立前抵押财产已出租并转移占有的，原租赁关系不受该抵押权的影响。

有的地方建议增加规定：“抵押权设立后抵押财产出租的，该租赁关系不得对抗已登记的抵押权。”

9. 抵押期间转让抵押财产

草案第四百零六条第一款规定，抵押期间，抵押人可以转让抵押财产。当事人另有约定的，按照其约定。抵押财产转让的，抵押权不受影响。第二款规定，抵押人转让抵押财产的，应当及时通知抵押权人。抵押权人能够证明抵押财产转让可能损害抵押权的，可以请求抵押人将转让所得的价款向抵押权人提前清偿债务或者提存。转让的价款超过债权数额的部分归抵押人所有，不足部分由债务人清偿。

有的地方建议，第一款保留物权法规定的抵押人未经抵押权人同意不得转让抵押财产的立法原则。

有的地方建议，将第二款中的“抵押权人能够证明抵押财产转让可能损害抵押权的”修改为“抵押人未能就抵押权的行使向抵押权人提供连带责任担保的”。有的地方建议，将第二款第二句修改为：“抵押权人可以对受让人行使抵押权，也可以请求抵押人将转让所得价款向其清偿债务或者提存。”

有的单位建议，在第二款后增加规定：“抵押权人的提前清偿请求权应自抵押人通知之日起三个月内行使，如抵押人未通知的，上述时限自抵押权人知道或应当知道抵押财产转让事实之日起算。”

10. 抵押财产价值减少时的处理

草案第四百零八条规定了抵押财产价值减少的，抵押人不恢复抵押财产的价值也不提供担保的，抵押权人有权请求债务人提前清偿债务。

有的单位建议，将“提前清偿债务”修改为“提前清偿抵押财产价值减少部分对应的债务”。

11. 以建设用地使用权抵押的特别规定

草案第四百一十七条规定了建设用地使用权抵押后，该土地上新增的建筑物不属于抵押财产，处分新增建筑物所得的价款，抵押权人无权优先受偿。

有的地方建议，将本条修改为：“建设用地使用权抵押的，担保责任范围应当及于新增的建筑。”

12. 抵押权存续期间

草案第四百一十九条规定，抵押权人应当在主债权诉讼时效期间行使抵押权；未行使的，人民法院不予保护。

有的部门提出，“未行使的，人民法院不予保护”的规定会使有关抵押法律关系以及该抵押物上的其他抵押法律关系陷入不稳定状态，建议修改为“未行使的，抵押权消灭”。

十九、关于质权

1. 流质条款的效力

草案第四百二十八条规定，质权人在债务履行期限届满前，与出质人约定债务人不履行到期债务时质押财产归债权人所有的，只能依法就质押财产优先受偿。

有的单位建议，将“只能依法就质押财产优先受偿”修改为“该约定只发生依照本法第四百三十六条规定在担保范围内就质押财产优先受偿的效力”。

有的地方建议，将本条修改为：“质权人与出质人可以约定债务人不履行到期债务时质押财产归债权人所有，但该约定损害国家利益、社会公共利益或者第三人利益的除外。”

2. 未经出质人同意转质的法律责任

草案第四百三十四条规定，质权人在质权存续期间，未经出质人同意转质，造成质押财产毁损、灭失的，应当承担赔偿责任。

有的部门建议，明确规定经出质人同意，质权人可以依法转质。

3. 质权的实现方式

草案第四百三十六条第二款规定，债务人不履行到期债务或者发生当事人约定的实现质权的情形，质权人可以与出质人协议以质押财产折价，也可以就拍卖、变卖质押财产所得的价款优先受偿。

有的部门建议，在本款后增加规定“或者按照双方依法事先约定的其他处置方式实现质权”。

4. 可以出质的权利范围

草案第四百四十条规定了可以出质的权利范围，其中第四项为可以转让的基金份额、股权，第六项为现有的以及将有的应收账款，第七项为法律、行政法规规定可以出质的其他财产权利。

有的地方建议，将第四项修改为“可以转让的合伙份额、基金份额、股权”。有的部门建议，将第四项修改为“可以转让的基金份额、股权、存托凭证等证券”。

有的地方建议，将第六项修改为“现有的以及将有的债权”并提前至第一项。有的地方建议，将第六项修改为“现有的以及将有的应收账款、收益权、不动产收费权”。有的部门建议，将第六项修改为“现有的以及将有的金钱债权，包含应收账款、收益权等特定化财产权利”。

有的地方和部门建议，将第七项修改为“法律、行政法规未禁止出质的其他财产权利”。

有的地方建议，在权利质权的标的范围中增加股东分红款、寿险保单、信托收益、商铺承租权及经营权、银行理财产品、出租车经营权、碳排放交易权等，以回应实践情况。

有的部门建议，增加一款：“法律、行政法规对前款规定的财产权利的质押条件、期限等另有规定的，依照其规定。”

5. 以汇票、支票、本票等出质的权利质权

草案第四百四十一条规定，以汇票、本票、支票、债券、存款单、仓单、提单出质的，质权自权利凭证交付质权人时设立；没有权利凭证的，质权自办理出质登记时设立。

有的地方建议，在“质权自权利凭证交付质权人时设立”后增加“该权利转让应当背书的，质权自权利凭证交付质权人并完成质押背书时设立”。

有的地方建议，在“质权自办理出质登记时设立”后增加“当事人可以依据其他

法律的规定来设立票据权利质权”。

6. 以应收账款的权利质权设立和出质人转让应收账款的限制

草案第四百四十五条第一款规定，以应收账款出质的，质权自办理出质登记时设立。第二款规定，应收账款出质后，不得转让，但是经出质人与质权人协商同意的除外。出质人转让应收账款所得的价款，应当向质权人提前清偿债务或者提存。

有的地方建议，将本条修改为：“以债权出质的，质权自质押合同生效之时起设立。同一债权重复出质或者转让，均已办理出质登记或者转让登记的，登记在先的质权或者转让优先；已登记的质权或者转让优先于未登记的质权或者转让；均未登记的，生效在先的质权或者转让优先，但各质权人间的质权顺序相同，按债权比例受偿。未登记的质权或者转让不得对抗质权人或者受让人以外的第三人。”

7. 权利质权适用动产质权的规定

草案第四百四十六条规定，权利质权除适用本节规定外，适用本章第一节的有关规定。

有的地方建议，增加规定权利质权还可参照适用抵押权以及权利转让的规则，以适应司法实践需要。

8. 其他

有的地方建议，对草案第四百四十三条至第四百四十五条以基金份额、股权、知识产权中的财产权以及应收账款出质的，原则上不得转让和使用的规定进一步研究。理由：一是通过权利公示以及担保物权追及力的结合，可以做到既保障质权实现，又做到物尽其用。二是草案关于抵押物的流转已放开，禁止出质权利的转让可能造成担保物权法律体系内部的不协调。

有的部门建议，明确规定以股权、基金份额质押的登记机关。

有的地方和单位建议，增加规定保证金质押的内容。

二十、关于占有

1. 恶意占有人应承担的赔偿责任

草案第四百五十九条规定，占有人因使用占有的不动产或者动产，致使该不动产或者动产受到损害的，恶意占有人应当承担赔偿责任。

有的地方建议修改为：“占有人因使用占有的不动产或者动产，因可归责于自己的事由致使该不动产或者动产受到损害毁损、灭失或者不能返还的，恶意占有人应当承担赔偿责任；善意占有人仅以所受的利益为限承担赔偿责任。”

2. 占有物产生的孳息、维护费用

草案第四百六十条规定，不动产或者动产被占有人占有的，权利人可以请求返还原物及其孳息；但是，应当支付善意占有人因维护该不动产或者动产支出的必要费用。

有的地方建议，增加一款：“善意占有人为该不动产或者动产支出了必要费用以外的费用，使该不动产或者动产价值增加的，权利人应当在请求返还时向善意占有人返还价值增加限度内的合理费用。”

3. 占有保护

草案第四百六十二条第二款规定，占有人返还原物的请求权，自侵占发生之日起一年内未行使的，该请求权消灭。

有的地方建议，将“自侵占发生之日起”修改为“自占有人知道或者应当知道侵占发生之日起”。

4. 其他

有的地方建议，增加因占有人怠于行使权利导致所有人权利受损时所有人如何救济的规定。

二十一、关于其他

有的单位建议，确认无形环境资源的公共财产地位。

有的地方建议，增加无主物的相关制度，包括无主物的先占取得、时效取得等方面的规定。

有的地方建议，增加规定先占、取得时效制度。

民法典物权编内蒙古自治区调研简报

2017 年 11 月，民法室同志就民法典物权编和继承编修改，赴内蒙古自治区呼和浩特市、呼和浩特市和林格尔县、包头市土默特右旗调研，召开座谈会，实地走访，了解情况，听取人大、政府部门、法院、企业等有关方面意见。现将有关物权编的调研情况简报如下：

一、关于总则

（一）物权法定原则

有的法官提出，传统的物权法定已与现实脱节，由于经济的发展，新的社会现象层出不穷，传统的物权客体范围和内容范围都不能满足现实需求，建议物权法定原则根据情况适当缓和。有的同志提出，民法总则第十条规定，法律没有规定的，可以适用习惯。根据本条规定，除了依据法律，还可以依据习惯创设物权，建议缓和物权法定原则。

（二）登记错误

有的同志提出，物权法第二十一条对不动产登记错误赔偿责任只作了原则性规定，但是实践中登记错误的原因多种多样，缺少化解风险和责任的体制、机制，建议区分对待各种登记错误，减轻登记机构的赔偿风险。

二、关于所有权

（一）集体所有权

有的法官提出，既然农村集体经济组织具有法人资格，它就应该是农民集体所有的不动产和动产的所有权人，只有在未设立农村集体经济组织的农村，才由村民委员会代行集体经济组织的职能，农民作为集体经济组织法人的成员，应该享有成员权，建议明确相关规定。

（二）业主的建筑物区分所有权

有的同志、法官提出，物权法对车位、车库归属的规定过于笼统，建议明确当事人未作约定的车位、车库的归属问题。

有的同志提出，物权法第七十六条规定业主共同决定使用维修资金，应当经专有部分占建筑物总面积三分之二以上的业主且占总人数三分之二以上的业主同意。实际操作过程中很难实施上述双三分之二的规定，比如多层住宅中，顶楼发生漏水，一楼、二楼的业主就可能不同意使用维修资金，无法达到双三分之二的要求，维修资金就无法启动，建议完善维修资金的使用规定。有的同志建议，明确建筑物的外墙面、楼顶天台及突出部分平台属于共有部分还是专有部分，完善维修资金的缴纳、管理和使用规定。

有的同志提出，一是物权法的业主共有份额的计算标准有问题，目前规定为“专有部分占建筑物总面积”的比例，但是建筑物的总面积中包含很多共有部分面积，将之作为分母不科学，建议统一修改为“专有部分占建筑物专有部分总面积”的比例。二是自1978年我国改革住房分配制度以来，我国商品房住宅的建设迄今已有近四十年的时间，商品房的重建在我国将成为不可避免的重大社会问题，建议对重建作出更加细化的规定。

（三）善意取得

有的法官、同志提出，实务中对盗赃物“一追到底”的做法不利于交易安全，尤其是买受人自公开市场或者经拍卖而善意购得盗赃物时，不承认其善意取得不合理，建议对盗赃物的善意取得作出规定，允许公开交易方式下的善意取得。

有的同志提出，实践中国有企业未按规定履行决策程序或者超越授权范围对外转让企业生产设备、房产、在建工程等资产的现象时有发生，物权法善意取得规则保护了善意第三人取得的所有权，从国资监管角度看，就会涉及国有资产损失的问题，建议考虑如何在善意取得和国有资产保护之间进行有效的衔接。

有的法官提出，不动产的实际买受人有时候由于开发商的原因无法办理登记，夫妻一方私自将房屋出售，买受人已经装修并居住多年，但未办理登记，此时能否构成善意取得，建议明确。

三、关于用益物权

（一）住宅建设用地使用权续期

有的同志提出，物权法第一百四十九条规定了住宅建设用地使用权期间届满自动续期。我国不同历史时期的不同政策，导致许多短期出让住宅建设用地使用权到期，建议明确如何处理。

有的同志提出，由于实践中已经开始出现续期的问题，建议增加住宅建设用地的期限续期的规定，包括申请续期的时间、续期的期限、土地出让金等方面内容。

（二）集体经济组织成员资格

有的同志提出，在城镇化进程中，有些农村集体经济组织成员资格的判定较为复杂,而资格的合法性对于诉权的实现至关重要,建议进一步细化集体经济组织成员资格的条件。

四、关于担保物权

（一）流质禁止

有的同志提出,物权法第二百一十一条规定,质权人在债务履行期届满前,不得与出质人约定债务人不履行到期债务时质押财产归债权人所有。该规定不符合知识产权出质的现实需求,会导致知识产权权利质权的现实适用意义大大减弱,不利于市场经济的发展,建议废除该规定。

（二）共同担保

有的同志提出,物权法和最高人民法院担保法司法解释在共同担保的问题上存在适用冲突,且存在大量规定的漏洞,建议制定物权编时进行整合和统一。

（三）动产抵押登记

有的同志提出,物权法第一百八十九条规定工商行政管理部门办理动产抵押登记,但是实践中很多地方的工商行政管理部门以无办理相应登记的具体办法或者未收到办理相应登记的具体文件为由拒绝办理上述登记,建议对相应登记事项进行更加明确、细化的规定。

（四）抵押权与租赁权

有的同志提出,物权法第一百九十条规定的“抵押不破租赁规则”在实践中常被人恶意利用,如故意与第三人签订虚假租赁合同,将租赁合同的生效日期倒签在抵押登记之前,以逃脱抵押担保责任,导致农村信用社抵押权难以顺利实现,建议立法完善该制度,避免前述道德风险。

（五）权利质权客体范围

有的同志提出,物权法第二百二十三条规定了权利质权的客体范围,除列举的几项外,规定“法律、行政法规规定可以出质的其他财产权利”。实践中存在 PPP 项目社会资本方将所享有的限期经营权质押的情况,如果严格依据物权法则不属于可以出质的范围,建议扩大权利质权的客体范围。

有的同志提出,物权法对抵押客体和质押客体采取了不同的方式:凡是法律没有禁止的都可以抵押,只有法律明确规定可以质押的才可以质押。对质押客体范围的限制已经不能满足现在的金融实践需求,建议放开权利质权的客体范围,和抵押采取一致的规定。

（六）在建工程抵押权与建设工程优先受偿权

有的法官提出,实践中在建工程抵押权、建设工程优先受偿权、消费者房屋登记过户请求权常常发生冲突,法律没有提供明确的优先顺位规则,建议明确规定。

五、其他

1. 有的法官提出，由于历史原因存在一些违章建筑，有的是私自建的，有的是经村里负责人口头同意建的，建好后且居住多年也没人管，建房人都认为自己是合法的财产，但是这样的房屋却有时因邻里纠纷被邻居私自拆除了，引起很大矛盾，此时是否可以寻求法律保护，建议明确。

2. 有的同志提出，取得时效是取得物权的一种方法，建议增加规定取得时效制度。

3. 有的同志提出，先占是生活中经常发生的事情，如拾取废旧物品、采集野生药材等，在没有先占制度的情形下，都存在所有权的不确定性，建议增加规定先占制度。

4. 有的同志提出，现实中大量发生签订"以房抵债"协议的情况，建议明确"以房抵债"的法律性质，尤其是明确能否发生物权效力。

民法典物权编海南省调研简报

2017年11月，民法室同志就民法典物权编和继承编修改，赴海南省海口市、琼中黎族苗族自治县、文昌市调研，召开座谈会，实地走访，了解情况，听取人大、政府部门、法院、企业等有关方面意见。现将有关物权编的调研情况简报如下：

一、关于总则编

（一）物权法定原则

有的同志提出，物权法确定的物权法定原则过于绝对化，限制了物权法领域的私法自治，社会生活尤其是商事交易活动中已经出现的新型物权难以获得确认。物权的种类和内容本身会随着社会生活的发展而不断更新，物权法定原则应适当缓和，但不宜过度宽泛化，建议结合民法总则第十条“处理民事纠纷，应当依照法律；法律没有规定的，可以适用习惯，但是不得违背公序良俗”，将物权法第五条修改为：“物权的种类和内容，由法律规定；法律没有规定的，依照习惯符合物权特征且有稳定的公示方法的权利，视为物权。”

（二）国家所有的自然资源可以不登记

有的同志提出，物权法第九条第二款规定：“依法属于国家所有的自然资源，所有权可以不予登记。”而《中共中央、国务院关于加快推进生态文明建设的意见》提出：“建立健全自然资源资产产权制度和用途管制制度。对水流、森林、山岭、草原、荒地、滩涂等自然生态空间进行统一确权登记，明确国土空间的自然资源资产所有者、监管者及其责任。”该意见旨在将国家所有的和集体所有的自然资源分别登记，建议在编纂民法典物权编时本着与时俱进的精神及时修改完善，确保中央有关政策精神及时体现在法律上。

有的同志提出，对国家所有的自然资源不登记，就意味着所有权主体不明确、产权不清晰。在行政管理实践中，确有明确自然资源产权主体和行使代表的必要性，各地实际上也都在对自然资源的产权登记进行探索。为加强对国有自然资源的产权保护，建议在民法典物权编中规定对所有自然资源均应进行登记，同时规定统一的登记标准和登记内容，包括明确产权主体和行使主体等，以弥补立法空白。

（三）预告登记

有的法官提出，物权法虽规定了预告登记，但实践中当事人进行预告登记的较少，一般都是到住房和城乡建设部门办理备案登记，在审判实践中法院也一般将备案登记等同于预告登记。建议民法典物权编明确备案登记与预告登记的关系，规定备案登记能够产生预告登记的效力。

（四）登记错误赔偿责任

有的同志提出，从事不动产登记的工作人员普遍反映物权法第二十一条"因登记错误，给他人造成损害的，登记机构应当承担赔偿责任"的规定，在执行中被认为是无过错责任原则，只要登记错误，不论有无过失，都要承担赔偿责任，不太合理。建议修改该条文，明确登记机关只有在有过错时才承担赔偿责任。

（五）法律文书导致的物权变动

有的同志提出，物权法对因人民法院、仲裁委员会的法律文书导致物权变动的情形作了规定，但法律文书在实践中种类多样，有的能对实体权利变动造成影响，如判决书、调解书、仲裁书等，有的仅具有程序上的效力，如执行文书等。本条规定的法律文书范围不明确，司法实践中也存在混乱，建议对法律文书的范围加以限定。

（六）非依法律行为而发生的物权变动的公示方式

有的同志提出，物权法第六条确立了物权的公示原则，然而第二十八条至第三十条规定的非依法律行为而发生的物权变动，不需要经过公示便可取得物权。虽然物权法第三十一条规定，依照本法第二十八条至第三十条规定享有不动产物权的，处分该物权时，依照法律规定需要办理登记的，未经登记，不发生物权效力，但该条款只要求基于上述原因取得物权的当事人再处分物权时应当公示。这样规定违背公示原则，在实践中会危及交易安全，不利于保护第三人利益。建议将第三十一条修改为：依照本法第二十八条至第三十条规定享有不动产物权的，未经登记不得对抗善意第三人，享有动产物权的，未经交付不得对抗善意第三人；物权人处分该不动产物权时，依照法律规定需要办理登记的，未经登记，不发生物权效力。

二、关于所有权编

（一）征收中的公共利益

有的法官和同志建议，对征收中的公共利益进行界定，明确其内容和具体情形，并增加规定由司法机关介入评定，以确保和维持其公正性。

（二）违法征收集体土地的法律后果

有的同志提出，物权法第四十三条规定，不得违反法律规定的权限和程序征收集体所有的土地，但是缺乏对法律后果的规定，影响立法质量和效果。建议补充规定:违反法律规定的权限和程序的征收行为无效,应当将征收的土地返还给集体,并且应恢复土地原状,不能恢复原状的,应当赔偿损失。

(三)建筑区划的含义

有的同志提出,物权法第六章使用的是“建筑区划”,而物业管理条例第三十四条使用的是“物业管理区域”,两者是什么关系法律并未明确,也未明确在建筑区划内是只能有一个物业管理区域,还是可以有多个物业管理区域。这个问题直接涉及业主大会成立的规模要求和难易程度,建议进一步研究。

(四)业主大会、业主委员会

一些法官和同志建议,赋予业主委员会独立的诉讼主体资格,但其法律后果归属于全体业主。此外,修改业主大会以小区为单位而成立的规定,可以以分区、楼栋为单位设立业主大会。

有的同志提出,业主大会召开难、业主委员会成立难是全国普遍性问题,该问题在海南省部分投资型、候鸟型业主较多的小区尤为突出。住建部颁布的业主大会和业主委员会指导规则第五十八条规定:“因客观原因未能选举产生业主委员会或者业主委员会委员人数不足总数的二分之一的,新一届业主委员会产生之前,可以由物业所在地的居民委员会在街道办事处、乡镇人民政府的指导和监督下,代行业主委员会的职责。”建议物权法参照此规定,增加对业主委员会因故无法成立时的救济措施,对于业主因客观原因无法作出决定且情况紧急的事项,授权行政机关代为行使,以保护物权人的合法权益。

有的同志提出,非商品住宅小区中有很多违章建筑,因此无法办理产权登记,无法形成法律意义上的业主大会和业主委员会,在业主大会的召开、表决等方面也存在较多复杂因素,需要进一步明确。

(五)维修资金的使用

有的同志提出,实践中存在维修资金使用难的问题,物权法规定维修资金的使用需要经专有部分占建筑物总面积三分之二以上的业主且占总人数三分之二以上的业主同意,不便于操作,建议维修资金以楼栋为单位来管理使用。

(六)建筑物的重建

有的法官提出,我国商品房住宅的建设已近四十年,商品房住宅的重建将成为不可避免的重大社会问题,建议编纂民法典物权编时对建筑物的重建规则作出完善的规定。

(七)相邻关系

有的同志建议,在相邻关系中增加合意规则,允许当事人通过意思自治排除或重新安排相邻关系的具体内容,贯彻物权法领域的意思自治。

(八)所有权取得的特别规定

有的法官建议,在制定民法典物权编时对一些重要的物权规则,如取得时效、添附等作出规定。

三、关于用益物权编

（一）海域使用权

有的同志提出，物权法规定依法取得的海域使用权受法律保护，然而海域使用权的地位却低于建设用地使用权，这一方面是对海域使用权性质的不正确认识，另一方面是实际执行中海域使用权的价值远远低于相邻土地的价值。建议在物权编中增加有关海域使用权属于用益物权的规定，明确其享有与土地使用权同等的法律地位。

（二）农村集体土地"三权分置"

有的同志建议，在物权编中专章规定农村集体土地所有权、土地承包权、土地经营权，吸收"三权分置"实践改革成果，指导改革方向，明确三权中各个权利的性质和边界，增加农村集体土地经营权流转规则，并明确三权登记取得规则，未经登记，不得对抗第三人。

（三）土地承包经营权的登记

有的同志提出，物权法第一百二十七条第二款规定："县级以上地方人民政府应当向土地承包经营权人发放土地承包经营权证、林权证、草原使用证，并登记造册，确认土地承包经营权。"按照中央关于不动产登记改革部署，国务院和国土资源部先后制定了不动产登记暂行条例和实施细则，其中不动产登记暂行条例实施细则第四十七条明确了耕地、林地、草原等集体所有或者国家所有依法由农民集体使用的农用地统一按"土地承包经营权"这一权利类型申请登记，不再细分林地使用权、草原使用权等权利类型，建议在编纂民法典物权编时进行修改完善。此外，不动产登记暂行条例规定，不动产登记由不动产所在地的县级人民政府不动产登记机构办理，建议在物权编中将涉及不动产登记和证书发放的主体统一修改为"不动产登记机构"。

（四）建设用地使用权的提前收回

有的同志提出，物权法第一百四十八条规定，建设用地使用权期间届满前，因公共利益需要提前收回该土地的，应当依照本法第四十二条的规定对该土地上的房屋及其他不动产给予补偿，并退还相应的出让金。国家提前收回建设用地使用权，对地上建筑物进行征收补偿，而对建设用地使用权只退还相应的出让金，这表明"收回"与"征收"有区别，不按照征收程序处理建设用地使用权本身的补偿问题，实际上等于说国家作为出让人可以提前解除出让合同。以出让方式取得的建设用地使用权与地上建筑物一样，都属于私人财产，物权法不应区别对待，建议在民法典物权编中规定：建设用地使用权的提前收回应当按照国家征收程序处理，不应当按照合同解除处理。

（五）住宅建设用地使用权期满续期

有的同志提出，物权法中住宅建设用地使用权期满自动续期的规定，仅仅确立了基本原则，对续期是有偿或者无偿、续期时限、次数以及是否需要重新签订续期合同等问题没有涉及。建议在制定民法典物权编时，补充完善自动续期制度的具体实施细则。

（六）宅基地使用权

有的法官提出，目前有关宅基地使用权的规定在物权法中仅有四条，其他大量规定散见于部门规章及规范性文件中，系统性差、法律层级低，还存在矛盾。由于宅基地引发的家庭纠纷、邻里纠纷及征地拆迁纠纷经常发生，且容易引发社会治安问题，建议物权法对宅基地相关问题作出系统规定。

有的同志和法官提出，基于农村宅基地的福利属性，宅基地使用权的主体原则上只能是本集体经济组织内部成员。因经济发展、人口流动等原因，农村宅基地闲置和低效利用的现象较为普遍，一些农民对抵押或者出售自己房屋的愿望强烈，建议对宅基地使用权的有偿使用和流转作进一步研究。

有的同志提出，目前立法对于宅基地能否继承、继承人的资格等问题没有规定，建议予以明确。

（七）法定地役权

有的同志提出，物权法规定了地役权，但是没有规定法定地役权，而关乎国计民生的基础设施建设，如架设高压线等若采取征收的方式则成本过高，建议以规定法定地役权的方式合理解决，可对补偿方面另作规定。

四、关于担保物权编

（一）抵押财产范围

有的同志和法官建议，修改并完善抵押财产的范围，将农村土地承包经营权、农村房屋所有权等明确列为可以抵押的财产，从城乡一体化的高度，盘活承包经营的土地、农村房屋的经济价值。

（二）动产抵押登记范围

有的同志提出，目前物权法仅规定了对船舶、航空器、机动车等动产的抵押登记。为解决融资难问题，政府需要鼓励创新担保方式，如以设施设备、生产工具、贵重金属、农作物等进行抵押贷款。由于这类动产缺乏物权登记和评估机制，影响了其物权价值，在实践中不易被金融机构所接受。建议在民法典物权编中进一步完善动产抵押登记的范围。

（三）在建工程的抵押

有的法官提出，实践中开发商通常会将在建工程进行抵押，并在开发房地产过程中将商品房出售给购房者，在此期间如果开发商未偿还借款，就会产生抵押权与购房者的权利冲突，由于涉及人数众多、情况复杂，处理较为困难。《最高人民法院关于建设工程价款优先受偿权问题的批复》规定："一、人民法院在审理房地产纠纷案件和办理执行案件中，应当依照《中华人民共和国合同法》第二百八十六条的规定，认定建筑工程的承包人的优先受偿权优于抵押权和其他债权。二、消费者交付购买商品房的全部或者大部分款项后，承包人就该商品房享有的工程价款优先受偿权不得对抗买受人。"建议物权法吸收该司法解释的规定。

（四）权利质权标的范围

有的同志建议，扩展和完善权利质权标的范围，增加资产收益权等作为权利质权标的，以兜底条款方式规定"其他可以有效评估并可依法转让的财产性权利可以作为质押标的，但法律、行政法规规定禁止出质的除外"。

五、关于占有

有的同志建议，完善占有制度，如增加占有变更规则、转移占有规则、占有合并规则、占有的物上请求权规则、共同占有规则、占有的自力救济规则等。同时区分善意占有人和恶意占有人，明确相关的占有保护规则和责任规则。

六、其他

1. 有的同志建议在民法典物权编的制定过程中，吸收《最高人民法院关于审理建筑物区分所有权纠纷案件具体应用法律若干问题的解释》和《最高人民法院关于审理物业服务纠纷案件具体应用法律若干问题的解释》中的成熟内容。

2. 有的同志提出，目前各地政府出台房地产限售、限购政策均缺乏物权法上的支持。物权法第三十九条规定："所有权人对自己的不动产或者动产，依法享有占有、使用、收益和处分的权利。"但是各地的限售、限购政策限制了所有权人的处分权以及对物权的取得权，与物权法的规定不协调。然而各地的限售、限购政策对调控房地产市场和房价发挥了有效作用，建议在民法典物权编中授权政府在必要时可以制定相应的物权调控措施。

3. 有的法官建议，对网络涉及的虚拟物权等新型物权种类进一步界定，并明确规定其权利内容及救济手段。

4. 有的同志提出，目前对于无居民海岛的物权属性缺乏规定。根据海岛保护法的规定，开发利用无居民海岛，可以由省人民政府审批，经批准开发利用无居民海岛的，应当依法缴纳使用金。这种对无居民海岛的使用权是什么样的权利，该权利与岛上的土地使用权、林地使用权、探矿权、采矿权等物权之间的关系如何，建议明确。

部分学者对《民法典物权编(草案)》的意见

十三届全国人大常委会第五次会议对《民法典各分编(草案)》进行了初次审议。2019年2月20日,民法室召开座谈会,听取部分学者对《民法典物权编(草案)》的意见和建议。现将主要意见简报如下:

一、关于一般规定

(一)总的意见

有的学者提出,物权法定原则是物权法最基本的原则之一,将其提取到民法总则会使物权编体系不完整,建议在物权编一般规定中规定物权法定原则。有的学者提出,民法总则中的物权法定原则过于严格,建议在物权编中适当缓和。

有的学者提出,为保持物的经济效能,做到珍惜资源、避免糟蹋浪费,建议在一般规定中增加“物尽其用”原则。

(二)调整范围

草案第一条规定,因物的归属和利用而产生的民事关系,适用本编。

有的学者提出,“利用”的表述不准确,租赁也属于因物的利用而产生的民事关系,但不适用物权编。

有的学者提出,物权法第一条规定了立法宗旨,物权编因法典编纂立法技术的需要没有吸收该条,立法宗旨应当外显化,建议在本条增加第二款规定“物尽其用”“有利民生”等立法宗旨。

(三)平等保护原则

草案第三条规定,国家、集体、私人的物权和其他权利人的物权受法律平等保护,任何组织或者个人不得侵犯。

有的学者提出,“国家、集体、私人”的主体分类,没有反映法人这一重要的民事主体,建议适当体现法人的主体地位。有的学者提出,民法总则规定的民事主体中有自然人、法人,但物权编并未明确规定自然人、法人的物权主体地位,建议研究能否将“私人”修改为“自然人、法人”。

有的学者提出,民法总则已经规定了民事主体的财产权利受法律平等保护,建议将本条中的“物权”适当拓宽范围，涵盖占有等其他权益。

（四）物权公示原则

草案第四条规定，不动产物权的设立、变更、转让和消灭，应当依照法律规定登记。动产物权的设立和转让，应当依照法律规定交付。

有的学者提出，本条是对物权变动方式理论上的概括和总结，不是裁判规范和行为规范，并且上述物权变动方式还都存在例外，建议删除本条。有的学者提出，民法典作为民事关系的基本法律，总是出现“依照法律”的规定不妥。本条还与第五条、第二十条存在内容重复的问题，建议删除本条。

二、关于物权的设立、变更、转让和消灭

（一）不动产物权登记生效及其例外

草案第五条第一款规定，不动产物权的设立、变更、转让和消灭，经依法登记，发生效力；未经登记，不发生效力，但法律另有规定的除外。第二款规定，依法属于国家所有的自然资源，所有权可以不登记。

有的学者提出，第一款规定了不动产物权基于民事法律行为发生的物权变动采取统一的登记生效模式，建议将物权编中关于土地承包经营权、宅基地使用权、地役权的设立、变更、转让和消灭也均修改为登记生效模式。

有的学者建议，将第二款中的“所有权”修改为“所有权的取得”。

（二）不动产统一登记

草案第六条第二款规定，国家对不动产实行统一登记制度。统一登记的范围、登记机构和登记办法，由法律、行政法规规定。

有的学者提出，目前不动产统一登记已基本完成，本款已无保留必要，如果要保留，建议修改为“国家对财产实行统一登记制度”或者“国家对动产、不动产实行统一登记制度”。有的学者提出，不动产统一登记已经实现，物权编无重申必要，建议在本款明确登记机关可以依照法律权限和程序办理登记。有的学者提出，实践中不动产统一登记还未完全实现，尤其是在农村土地这方面还是由不同部门登记，本款应保留。

（三）登记机构禁止从事的行为

草案第九条规定，登记机构不得有下列行为：(1)要求对不动产进行评估；(2)以年检等名义进行重复登记；(3)超过登记职责范围的其他行为。

有的学者提出，登记机构不得要求评估、年检的问题已基本解决，建议将本条抽象表述，修改为“登记机构不得损害当事人的民事权利”。

（四）不动产登记簿的效力

草案第十二条第一款规定，不动产登记簿是物权归属和内容的根据。

有的学者提出，草案第二十五条至第二十八条都构成本款的例外情形，建议在本款增加衔接性的条款。

有的学者建议，明确不动产登记簿的权利推定效力。有的学者建议，在本款后增加规定："法院在司法裁判中应以不动产登记簿为依据。登记有错误的，应当首先撤销登记。"

（五）不动产预告登记

草案第十七条第一款规定，当事人签订买卖房屋或者签订其他不动产物权的协议，为保障将来实现物权，按照约定可以向登记机构申请预告登记。预告登记后，未经预告登记的权利人同意，处分该不动产的，不发生物权效力。

有的学者建议，明确规定预告登记的顺位效力。

（六）登记错误赔偿责任

草案第十八条第一款规定，当事人提供虚假材料申请登记，给他人造成损害的，应当承担赔偿责任。第二款规定，因登记错误，给他人造成损害的，登记机构应当承担赔偿责任。登记机构赔偿后，可以向造成登记错误的人追偿。

有的学者建议，明确登记机构的赔偿责任为民事赔偿责任。

有的学者建议，明确登记机构的赔偿责任为过错责任。有的学者建议，明确登记机构的赔偿责任为无过错责任。

（七）船舶、航空器和机动车等的物权登记

草案第二十一条规定，船舶、航空器和机动车等物权的设立、变更、转让和消灭，未经登记，不得对抗善意第三人。

有的学者建议，明确规定船舶、航空器和机动车等物权的设立、变更、转让和消灭的生效要件。

有的学者提出，实践中船舶、航空器和机动车以外的动产哪些可以适用本条不够明确，建议明确可以被列入"等"的动产的判断标准。

（八）指示交付

草案第二十三条规定，动产物权设立和转让前，第三人占有该动产的，负有交付义务的人可以通过转让请求第三人返还原物的权利代替交付。

有的学者建议，将"返还原物"修改为"返还动产"。

有的学者提出，草案第二十二条和第二十四条都规定了物权变动发生效力的时间，但本条并未规定，建议吸收司法解释的规定，明确规定以本条方式交付动产的，物权自转让人与受让人之间有关转让返还原物请求权的协议生效时发生变动效力。

（九）法律文书、征收决定导致的物权变动

草案第二十五条规定，因人民法院、仲裁委员会的法律文书或者人民政府的征收决定等，导致物权设立、变更、转让或者消灭的，自法律文书或者人民政府的征收决定等生效时发生效力。

有的学者建议，对于因征收导致的物权变动，以征收补偿协议的签订或者是补偿款的到位作为物权变动生效的时间，以更好地保护被征收人的权利。

（十）非依法律行为取得的不动产物权的处分

草案第二十八条规定，依照本法第二十五条至第二十七条规定享有不动产物权的，处分该物权时，依照法律规定需要办理登记的，未经登记，不发生物权效力。

有的学者建议，将“不发生物权效力”修改为“不发生物权变动效力”。

三、关于物权的保护

（一）返还原物请求权

草案第三十一条规定，无权占有不动产或者动产的，权利人可以请求返还原物。

有的学者建议，将“无权占有不动产或者动产的”修改为“不动产或者动产被无权占有的”。

（二）停止侵害、排除妨碍、消除危险

草案第三十二条规定，妨害物权或者可能妨害物权的，权利人可以请求停止侵害、排除妨碍或者消除危险。

有的学者建议，将“妨害物权或者可能妨害物权的”修改为“物权被妨害或者可能被妨害的”。

（三）修理、重作、更换与恢复原状请求权

草案第三十三条规定，造成不动产或者动产毁损的，权利人可以依法请求修理、重作、更换或者恢复原状。

有的学者建议，将“造成不动产或者动产毁损的”修改为“不动产或者动产被毁损的”。

有的学者提出，“修理、重作、更换”不是物权法的救济方式，建议删除。有的学者提出，“修理、重作、更换”实际上属于恢复原状，也是一种物权请求权，点出“修理、重作、更换”可以让老百姓更容易理解。

有的学者建议，增加规定“无法恢复原状的，可以依法请求赔偿损失”，将财产被毁损的赔偿责任与草案第三十四条中的“造成权利人损害的”赔偿责任区别开来。

（四）损害赔偿与其他民事责任

草案第三十四条规定，侵害物权，造成权利人损害的，权利人可以依法请求损害赔偿，也可以依法请求承担其他民事责任。

一些学者建议，将“可以依法请求损害赔偿”修改为“可以依照侵权责任法请求损害赔偿”。

有的学者提出，本条是关于侵权责任编的内容，建议删除。有的学者提出，删除本条更能体现物权编和侵权责任编的分工，不删除可以为老百姓寻求救济方式起到提示作用。有的学者提出，本章章名为“物权的保护”，应该全面地列举保护物权的各种方式，建议保留本条。

四、关于国家所有权和集体所有权、私人所有权

（一）总的意见

有的学者提出，要区分主权意义的国家所有权和具体所有权人的所有权。如一些大学等事业单位，虽然在国家所有权的名义下，但是这种主权意义上的控制和支配，与民法上的所有权意义上的控制和支配完全不同，建议明确事业单位等对其名下财产的所有权，以适应将来体制改革的需要。

有的学者建议，明确国家作为国有企业的出资人以及国有企业的财产所有权等问题，明确国有资产和国家所有权的关系。

有的学者建议，增加规定“集体成员资格的享有和变动依照法律、行政法规或者章程由集体成员共同决定”。

有的学者提出，目前宗教财产体量很大，但是法律中对宗教财产怎么保护鲜有提及，建议在本章点出宗教财产的保护。

（二）农民集体所有权的行使

草案第五十七条规定，对于集体所有的土地和森林、山岭、草原、荒地、滩涂等，依照下列规定行使所有权：（1）属于村农民集体所有的，由村集体经济组织或者村民委员会依法代表集体行使所有权；（2）分别属于村内两个以上农民集体所有的，由村内各该集体经济组织或者村民小组依法代表集体行使所有权；（3）属于乡镇农民集体所有的，由乡镇集体经济组织代表集体行使所有权。

有的学者提出，村民委员会对于集体所有的财产只是在未设立村集体经济组织的情况下，依法代行村集体经济组织的职能，建议对本条第一项作出修改。

（三）法人对其不动产和动产的权利

草案第六十四条第一款规定，营利法人对其不动产和动产依照法律、行政法规以及章程享有占有、使用、收益和处分的权利。第二款规定，营利法人以外的法人，对其不动产和动产的权利，适用有关法律、行政法规以及章程的规定。

有的学者建议，明确规定法人的财产所有权。

五、关于业主的建筑物区分所有权

(一)建筑区划内道路、绿地、其他公共场所等的归属

草案第六十九条规定,建筑区划内的道路,属于业主共有,但属于城镇公共道路的除外。建筑区划内的绿地,属于业主共有,但属于城镇公共绿地或者明示属于个人的除外。建筑区划内的其他公共场所、公用设施和物业服务用房,属于业主共有。

有的学者提出,实践中一些小区的公共场所、公用设施等属于开发商所有,并不属于业主共有,建议规定公共场所、公用设施的权属通过合同等形式约定。

(二)车位、车库的归属

草案第七十条第一款规定,建筑区划内,规划用于停放汽车的车位、车库的归属,由当事人通过出售、附赠或者出租等方式约定。

有的学者建议,将本款修改为:“建筑区划内规划用于停放汽车的车位、车库,建设单位有权出售、附赠或者出租。”有的学者提出,如果修改为“建设单位有权出售、附赠或者出租”容易引起纷争,建议不作修改。

(三)业主大会、业主委员会的设立

草案第七十二条第一款规定,业主可以设立业主大会,选举业主委员会。业主大会、业主委员会成立的具体条件和程序,依照法律、行政法规的规定。

有的学者建议,赋予业主委员会法人资格或者是非法人组织资格。

有的学者提出,实践中业主参加业主大会、业主委员会的意愿较低,造成业主共同的权利行使困难,建议将业主共同的权利让渡给业主委员会,在法律中明确规定业主委员会为建筑物区分所有权共有部分的权利人。

六、关于共有

草案第九十五条规定,共有人按照约定管理共有的不动产或者动产;没有约定或者约定不明确的,各共有人都有管理的权利和义务。

有的学者提出,共有人对内有共有份额,对外有代表权,不能因为某个共有人违反了共有人之间的约定,对外行为的效力被否定,建议明确共有人对外行为的效力。

七、关于所有权取得的特别规定

(一)权利人悬赏寻找遗失物

草案第一百一十二条第二款规定,权利人悬赏寻找遗失物的,领取遗失物时应当按照承诺履行义务。

有的学者建议，将“承诺”修改为“允诺”。

（二）添附

草案第一百一十七条规定，因加工、附合、混合而产生的物的归属，有约定的，按照约定；没有约定或者约定不明确的，依照法律规定；法律没有规定的，按照充分发挥物的效用以及保护无过错的当事人的原则确定。因一方当事人的过错或者确定物的归属给另一方当事人造成损失的，应当给予赔偿或者补偿。

有的学者提出，本条关于添附的规则过于简单，建议将加工、附合、混合而产生的物的归属规则，分为三条分别予以规定。

八、关于建设用地使用权

（一）建设用地使用权的提前收回

草案第一百五十一条规定，建设用地使用权期间届满前，因公共利益需要提前收回该土地的，应当依照本法第三十九条的规定对该土地上的房屋及其不动产给予补偿，并退还相应的出让金。

一些学者提出，允许提前收回建设用地使用权给了政府很大的权力，建议删除本条，政府需要收回建设用地使用权的，都走征收并补偿的程序。

（二）住宅建设用地使用权期间届满后的续期

草案第一百五十二条规定，住宅建设用地使用权期间届满的，自动续期。续期费用的缴纳或者减免，依照法律、行政法规的规定。

有的学者提出，住宅建设用地使用权期间届满续期是缴纳续期费用还是由未来的房地产税法解决还不明确，本条的修改应与房地产税改革协调起来。

九、关于居住权

草案第一百六十条规定，居住权不得转让、继承。居住权涉及的住宅不得出租，但当事人另有约定的除外。

有的学者建议，对居住权的转让留下余地，以不得转让为原则，当事人另有约定的除外，以满足一些特别的需要。

十、关于质权

（一）动产质权的设立

草案第二百二十条规定，质权自出质人交付质押财产时设立。

有的学者提出，质权应该在实际交付质押财产时设立，且该交付不包括占有改定的方式，建议在本条增加规定：“但以本法第二十四条规定的方式交付的除外。”

（二）可以出质的权利的范围

草案第二百三十一条规定，债务人或者第三人有权处分的下列权利可以出质：

(1)汇票、支票、本票;(2)债券、存款单;(3)仓单、提单;(4)可以转让的基金份额、股权;(5)可以转让的注册商标专用权、专利权、著作权等知识产权中的财产权;(6)取得应收账款、不动产收益的权利;(7)法律、行政法规规定可以出质的其他财产权利。

有的学者建议,适当扩大可以出质的权利的范围,将银行业务实践中可以用于质押的新型权利纳入本条。

十一、关于占有

(一)总的意见

有的学者建议,增加规定占有的权利推定规则。有的学者提出,关于占有的规则过于简单,建议补充完善。

(二)占有保护

草案第二百五十三条第一款规定,占有的不动产或者动产被侵占的,占有人有权请求返还原物;对妨害占有的行为,占有人有权请求停止侵害、排除妨碍或者消除危险;因侵占或者妨害造成损害的,占有人有权请求损害赔偿。第二款规定,占有人返还原物的请求权,自侵占发生之日起一年内未行使的,该请求权消灭。

有的学者提出,占有人不是所有权人,不能要求返还原物,建议将本条中的“返还原物”修改为“恢复占有”。

十二、其他

有的学者提出,对于数字经济产生的数字财产,可以设定物权,也可以适用物权法的制度,建议在物权编中对数字财产予以规定。

有的学者建议,对取得时效制度作出规定。

部分学者对民法典物权编(草案)二次审议稿的意见

2019年10月29日,民法室举办座谈会,听取部分学者对民法典物权编(草案)的意见。简报如下:

一、关于一般规定

(一)总的意见

一些学者提出,物权法定原则是物权法最基本的原则之一,将其提取到民法总则会使物权编体系不完整,应当将其回归到物权编的一般规定中。

一些学者提出,行使物权也要保护生态环境,虽然民法总则规定了绿色原则,但比较宽泛,建议在物权编的“一般规定”中增加关于保护生态环境的一般性要求。

(二)平等保护原则

草案二次审议稿第三条规定,国家、集体、私人的物权和其他权利人的物权受法律平等保护,任何组织或者个人不得侵犯。

有的学者建议规定法人的物权主体地位。有的学者提出,本条中的“其他权利人”包括法人等民事主体。

(三)物权公示原则

草案二次审议稿第四条规定,不动产物权的设立、变更、转让和消灭,应当依照法律规定登记。动产物权的设立和转让,应当依照法律规定交付。

有的学者建议增加规定,动产以占有作为推定物权归属的依据。同时,本条与第五条在表述上容易造成混淆,建议二者之间增加一些条款,如物权的解释、物的分类、物权的行使应遵循的原则等。

二、关于物权的设立、变更、转让和消灭

(一)登记机构不得从事的行为

草案二次审议稿第九条规定,登记机构不得有下列行为:(1)要求对不动产进

行评估;(2)以年检等名义进行重复登记;(3)超出登记职责范围的其他行为。

有的学者提出,本条可以删除。目前登记机构已经没有本条所禁止的年检等行为了。有的学者提出,保留本条可以防止登记机构今后再出现违规行为。

(二)不动产登记簿的效力

草案二次审议稿第十二条第一款规定,不动产登记簿是物权归属和内容的根据。

有的学者建议在本条末尾增加"但是有依法认定的相反证据的除外"。

(三)预告登记的效力

草案二次审议稿第十七条第一款中规定,预告登记后,未经预告登记的权利人同意,处分该不动产的,不发生物权效力。

一些学者建议增加规定预告登记的权利顺位保全效力,更好地发挥预告登记的作用。

(四)登记错误的赔偿责任

草案二次审议稿第十八条第一款规定,当事人提供虚假材料申请登记,给他人造成损害的,应当承担赔偿责任。第二款规定,因登记错误,给他人造成损害的,登记机构应当承担赔偿责任。登记机构赔偿后,可以向造成登记错误的人追偿。

有的学者建议将本条两款合二为一:"当事人提供虚假材料申请登记,给他人造成损害的,应当承担赔偿责任。但是,登记机关因自己的过错给他人造成损害的,由登记机构承担赔偿责任。"

有的学者提出,登记错误在实践中情况很复杂。当事人提供虚假材料但是登记机构审查不严造成登记错误的,算不算登记机关的过错,实践中有争议。本条可以规定得笼统一点,留待不动产登记法再作具体规定。

(五)船舶、航空器和机动车等的登记

草案二次审议稿第二十一条规定,船舶、航空器和机动车等的物权的设立、变更、转让和消灭,未经登记,不得对抗善意第三人。

有的学者建议,适当扩大本条的适用范围,明确纳入"火车车皮"等有登记的特殊动产。

(六)简易交付

草案二次审议稿第二十二条规定,动产物权设立和转让前,权利人已经占有该动产的,物权自民事法律行为生效时发生效力。

有的学者建议将"发生效力"修改为"发生变动效力"。有的学者建议将本条修改为:"动产物权的设立和转让,权利人已经占有该动产的,自民事法律行为生效时发生效力。"

(七)指示交付

草案二次审议稿第二十三条规定,动产物权设立和转让前,第三人占有该动产的,负有交付义务的人可以通过转让请求第三人返还原物的权利代替交付。

有的学者建议,将"返还原物"修改为"返还占有"。有的学者提出,民法上一般的提法都是"返还原物",不必修改。

(八)处分通过其他方式取得的不动产物权

根据草案二次审议稿第二十八条的规定,处分通过其他方式取得的不动产物权,未经登记,不发生物权效力。

有的学者建议,删去"不发生物权效力"中的"物权",改为"不发生效力"。有的学者提出,规定"不发生物权效力"比较好,以免误解为连合同也无效。

三、关于物权的保护

(一)救济途径

草案二次审议稿第二十九条规定,物权受到侵害的,权利人可以通过和解、调解、仲裁、诉讼等途径解决。

有的学者建议,将"物权受到侵害的"修改为"因物权受到侵害而产生的争议"。有的学者建议修改为"物权受到侵害或者发生其他纠纷的"。

(二)侵权责任

草案二次审议稿第三十四条规定,侵害物权,造成权利人损害的,权利人可以依法请求损害赔偿,也可以依法请求承担其他民事责任。

有的学者建议,将"依法"修改为"依据侵权责任编"。

四、关于业主的建筑物区分所有权

草案二次审议稿第七十二条第一款规定,业主可以设立业主大会,选举业主委员会。业主大会、业主委员会成立的具体条件和程序,依照法律、法规的规定。

有的学者建议进一步明确业主大会、业主委员会是独立民事主体,可以将物业服务用房等小区共有财产登记在其名下。

有的学者建议细化规定业主大会、业主委员会成立的具体条件、程序和法律地位。有的学者提出,各个地方的做法千差万别,法律规定过细会引发争议。

五、关于所有权取得的特别规定

(一)善意取得

草案二次审议稿第一百零六条第一款规定了善意取得必须同时具备的三项情形,其中第二项是"以合理的价格转让。"

一些学者提出,无论价格是否合理,只要受让人还没有支付或者只支付了很少的价款的,就不能善意取得。建议将该项改为"已支付合理的价款"。

（二）加工、附合、混合

草案二次审议稿第一百一十七条规定了加工、附合、混合后，物的归属最终按照充分发挥物的效用以及保护无过错的当事人的原则确定。

有的学者提出，有充分发挥物的效用作为原则就够了，有过错的问题可以另外通过损害赔偿来解决，建议删去“保护无过错的当事人”。有的学者提出，规定保护无过错当事人，可以防止恶意添附，不宜删除。

六、关于用益物权

（一）特许物权

草案二次审议稿第一百二十四条规定，依法取得的探矿权、采矿权、取水权和使用水域、滩涂从事养殖、捕捞的权利受法律保护。

有的学者建议将“使用水域、滩涂从事养殖、捕捞的权利”修改为渔业权，后面再加“等”字，为特许物权的发展留出空间。

（二）土地经营权

草案二次审议稿第一百三十四条之一，第一百三十四条之二，第一百三十四条之三和第一百三十五条对土地经营权作了规定。

有的学者建议删去第一百三十四条之二，第一百三十四条之三和第一百三十五条。农村土地承包法中对土地经营权已有规定。本章章名只涉及土地承包经营权，不宜过多规定土地经营权。有的学者提出，需要保留这些规定。有的学者建议将章名相应修改为“土地承包经营权与土地经营权”。

（三）居住权

草案二次审议稿第一百五十九条之一规定了订立居住权合同。第一百五十九条之二规定了居住权自登记时设立。第一百六十条规定了居住权无偿设立，不得转让、继承。

普遍认为应当拓展居住权的制度功能，规定得活一些，更好地适应保障性住房、“以房养老”等现实需要。有的学者提出，除了订立居住权合同，还应当增加规定通过法院判决等其他方式设立居住权。一些学者建议删去居住权无偿设立的限制性规定。有的学者提出，居住权可以转让和继承。有的学者提出，应当限制转让和继承。

有的学者提出，不宜严格规定居住权自登记时设立，只要规定未经登记不得对抗善意第三人就可以。有的学者提出，还是规定登记设立为好。

七、关于担保物权

（一）担保合同

草案二次审议稿第一百七十九条第一款规定了担保合同是主债权债务合同的

从合同，主债权债务合同无效，担保合同无效。

有的学者提出，主债权债务合同与担保合同不构成主从关系，主债权债务合同无效，不应导致担保合同无效。

（二）抵押财产

草案二次审议稿第一百八十六条第一款列举了可以抵押的财产。

有的学者建议明确土地承包经营权和土地经营权可以抵押。有的学者建议明确宅基地使用权的抵押。

（三）抵押权与主债权诉讼时效的关系

草案二次审议稿第二百一十条规定，抵押权人应当在主债权诉讼时效期间行使抵押权；未行使的，人民法院不予保护。

有的学者提出，应当明确在主债权诉讼时效期间内未行使的，抵押权是否消灭，抵押人能否要求涂销登记。

八、其他

1. 有的学者建议，增加规定数据构成资产的，准用物权编的相关规定。有的学者提出，数据资产的情况较为复杂，有些构成财产，有些带有人格权性质，涉及隐私权的保护，不能一概而论。

2. 有的学者建议增加规定对无主物的先占取得。一些学者提出，规定先占取得可能带来侵犯国家所有权的问题。

3. 一些学者建议增加关于公共役权的原则性规定。使国家可以通过公共役权利用集体土地，实现生态环境保护等公共目的。

4. 有的学者建议规定让与担保，在担保物权的一般规定中增加，以买卖转让等方式担保债务履行的，准用本编规定。

5. 有的学者建议增加规定，国家推动建立统一的动产和权利担保登记公示系统。

部分民法学者对民法典(草案)物权编的意见

2019年12月,十三届全国人大常委会第十五次会议对《民法典(草案)》整体进行了审议。为进一步做好草案的修改完善工作,2020年1月19日,民法室召开座谈会,听取部分民法学者对民法典(草案)物权编的意见。现将主要意见简报如下:

一、关于一般规定

(一)调整范围

草案第二百零五条规定,本编调整因物的归属和利用而产生的民事关系。

有的学者建议,将物权法第一条中的“明确物的归属,发挥物的效用”等立法宗旨在本条中予以体现。

有的学者建议,删去本条中的“而”字,与其他编第一条的表述保持一致。

(二)物权公示原则

草案第二百零八条规定,不动产物权的设立、变更、转让和消灭,应当依照法律规定登记。动产物权的设立和转让,应当依照法律规定交付。

有的学者提出,本条无法作为司法裁判和物权变动的依据,建议删除。

二、关于物权的设立、变更、转让和消灭

(一)总的意见

有的学者建议,增加规定取得时效、无主物先占取得。

(二)不动产登记簿的效力

草案第二百一十六条第一款规定,不动产登记簿是物权归属和内容的根据。

有的学者建议,将“不动产登记簿”修改为“不动产登记簿的记载”。

(三)不动产权属证书

草案第二百一十七条规定,不动产权属证书是权利人享有该不动产物权的证明。

有的学者提出,不动产权属证书是物权的证明,建议对不动产权属证书丢失、灭失的补救措施作出规定。

（四）登记错误的赔偿责任

草案第二百二十二条第二款规定，因登记错误，造成他人损害的，登记机构应当承担赔偿责任。登记机构赔偿后，可以向造成登记错误的人追偿。

有的学者建议，明确本条规定属于民事赔偿还是行政赔偿。

有的学者建议，对登记机构登记错误明确适用过错责任原则。

（五）占有改定

草案第二百二十八条规定，动产物权转让时，当事人又约定由出让人继续占有该动产的，物权自该约定生效时发生效力。

有的学者建议，将"物权自该约定生效时发生效力"中的"物权"修改为"物权变动"或者"物权转让"。

三、关于物权的保护

草案第二百三十五条规定，无权占有不动产或者动产的，权利人可以请求返还原物。

有的学者提出，本条至第二百三十八条的表述缺少主语，建议增加"他人"作为主语。有的学者建议将这几条的表述修改为被动句式。

四、关于所有权一般规定

（一）征收

草案第二百四十三条第三款规定了征收组织、个人的房屋及其他不动产应当依法给予征收补偿。

有的学者提出，"组织"的表述不清楚，建议将本条及相关条文中的"组织、个人"修改为"民事主体"。

有的学者建议，将本条中的"征收补偿"修改为"合理征收补偿"。

（二）征用

草案第二百四十五条规定了征用组织、个人的动产或者不动产应当给予补偿。

有的学者提出，总则编规定，征收、征用不动产或者动产应当给予公平、合理的补偿，建议本条与总则编相衔接。

五、关于国家所有权和集体所有权、私人所有权

（一）国家机关的物权

草案第二百五十五条规定，国家机关对其直接支配的不动产和动产，享有占有、使用以及依照法律和国务院的有关规定处分的权利。

有的学者提出，不应当排除国家机关对其直接支配的财产享有一定的收益权。

（二）国有财产管理

草案第二百五十九条规定了履行国有财产管理、监督职责的机构及其工作人员，应当依法加强对国有财产的管理、监督。

有的学者建议，在“国有财产管理”后增加“和国有出资人职责的机构”。

（三）农民集体重大事项的决定

草案第二百六十一条第二款规定了应当经本集体成员决定的五项事项，其中第四项是“集体出资的企业的所有权变动等事项”。

有的学者提出，第四项中的所有权变动，是指企业归属的变动还是企业拥有的财产的变动不清楚，企业财产的变动应由企业自主决定，不应由集体成员决定。

（四）集体财产权保护

草案第二百六十五条第二款规定，农村集体经济组织、村民委员会或者其负责人作出的决定侵害集体成员合法权益的，受侵害的集体成员可以请求人民法院予以撤销。

有的学者提出，本条的规定是否适用于集体经济组织负责人对外实施的民事法律行为，建议明确。

（五）法人对其不动产和动产的权利

草案第二百六十九条规定了营利法人、营利法人以外的法人享有的权利。

有的学者提出，非法人组织也可以是所有权的主体，建议对非法人组织享有的权利作出规定。

六、关于业主的建筑物区分所有权

（一）建筑物区分所有权

草案第二百七十一条规定，业主对建筑物内的住宅、经营性用房等专有部分享有所有权，对专有部分以外的共有部分享有共有和共同管理的权利。

有的学者提出，共同管理权利不应当只限于共有部分，对专有部分，基于业主公约、法律和行政法规，业主也应当拥有共同管理的权利，建议增加这方面的规定。

（二）紧急情况下维修资金的使用

草案第二百八十一条第二款规定，紧急情况下需要维修建筑物及其附属设施的，业主大会或者业主委员会可以依法申请使用维修资金。

有的学者建议，明确业主大会或者业主委员会可以向谁申请使用维修资金。

（三）业主义务

草案第二百八十六条第二款规定了业主大会或者业主委员会对违章搭建等损害他人合法权益的行为，有权请求行为人停止侵害、排除妨碍、消除危险、恢复原状、赔偿损失。

有的学者提出，除了业主大会或者业主委员会，其他业主也应当享有本条规定的权利；同时，建议对业主不得私搭乱建作出明确规定。

七、关于相邻关系

草案第二百九十六条规定，不动产权利人因用水、排水、通行、铺设管线等利用相邻不动产的，应当尽量避免对相邻的不动产权利人造成损害。

有的学者建议，保留物权法关于给相邻不动产权利人造成损害给予赔偿的规定。

八、关于共有

（一）共有物的处分或者重大修缮

草案第三百零一条规定，处分共有的不动产或者动产以及对共有的不动产或者动产作重大修缮、变更性质或者用途的，应当经占份额三分之二以上的按份共有人或者全体共同共有人同意，但是共有人之间另有约定的除外。

有的学者建议，对未经共有人同意进行处置的后果作出规定。

（二）按份共有人的优先购买权

草案第三百零六条第一款规定，按份共有人转让其享有的共有的不动产或者动产份额的，应当将转让条件及时通知其他共有人。其他共有人应当在合理期限内行使优先购买权。

有的学者建议，明确共有人行使优先购买权的条件，并明确无需重新签订合同。

（三）共有债权债务的承担

草案第三百零七条规定了因共有的不动产或者动产产生的债权债务，在对外关系上，共有人享有连带债权、承担连带债务，但是法律另有规定或者第三人知道共有人不具有连带债权债务关系的除外。

有的学者提出，"第三人知道共有人不具有连带债权债务关系"的含义不清，实践中也鲜有案例，建议进一步明确。

九、关于所有权取得的特别规定

（一）善意取得

草案第三百一十一条第一款规定，无处分权人将不动产或者动产转让给受让人的，所有权人有权追回；除法律另有规定外，符合下列情形的，受让人取得该不动产或者动产的所有权：(1)受让人受让该不动产或者动产时是善意的；(2)以合理的价格转让；(3)转让的不动产或者动产依照法律规定应当登记的已经登记，不需要登记的已经交付给受让人。

有的学者建议,区分无处分权人是否合法占有财物,盗赃物等不合法占有的财物,不宜适用善意取得。

有的学者建议,在第三项中增加规定“不需要登记或者不需要交付的除外”。

(二)添附

草案第三百二十二条规定了因加工、附合、混合而产生的物的归属,有约定的按照约定;没有约定或者约定不明确的依照法律规定;法律没有规定的,按照充分发挥物的效用以及保护无过错当事人的原则确定。

有的学者提出,发挥物的效用与保护无过错当事人的原则存在冲突,建议删去保护无过错当事人的原则,通过损害赔偿保护当事人的合法权益。

有的学者建议对添附问题作出更加详细的规定。

十、关于土地承包经营权

草案第三百四十一条规定,流转期限为五年以上的土地经营权,自流转合同生效时设立。当事人可以向登记机构申请土地经营权登记;未经登记,不得对抗善意第三人。

有的学者提出,不应当根据土地经营权的期限长短,确定是否可以登记为物权,建议根据流转方式确定土地经营权的性质。有的学者建议将土地经营权统一明确为物权。

十一、关于建设用地使用权

(一)建设用地使用权人建造的建筑物等设施的权属

草案第三百五十二条规定,建设用地使用权人建造的建筑物、构筑物及其附属设施的所有权属于建设用地使用权人,但是有相反证据证明的除外。

有的学者提出,“但是有相反证据证明的除外”是司法解释中的表述,建议修改为“法律另有规定或者当事人另有约定的除外”。

(二)住宅建设用地使用权期间届满后的续期

草案第三百五十九条第一款规定,住宅建设用地使用权期限届满的,自动续期。续期费用的缴纳或者减免,依照法律、行政法规的规定办理。

有的学者提出,续期费用缴纳的规定与自动续期的规定相冲突,建议删除。

有的学者提出,续期问题不宜再拖下去,建议明确规定。

十二、关于居住权

(一)居住权

草案第三百六十六条规定,居住权人有权按照合同约定,对他人的住宅享有占有、使用的用益物权，以满足生活居住的需要。

有的学者建议，增加规定居住权人"收益"的权利，同时将本条中的"用益物权"修改为"权利"，与其他条款的表述相一致。

有的学者建议，删去"以满足生活居住的需要"的表述，与其他条款的表述相一致。

（二）居住权的限制

草案第三百六十九条规定，居住权不得转让、继承。设立居住权的住宅不得出租，但是当事人另有约定的除外。

有的学者建议，将"继承"后的句号修改为逗号，允许当事人可以对居住权的转让、继承作出约定。

有的学者提出，应当保持居住权设立的初衷，设立居住权应限定在亲属内部，设立和使用应当无偿。有的学者提出，允许居住权有偿使用是否合适，需要再作研究。

（三）以遗嘱方式设立居住权

草案第三百七十一条规定，以遗嘱方式设立居住权的，参照适用本章的有关规定。

有的学者建议，增加规定"裁判方式"作为居住权设立的方式。

十三、关于担保物权的一般规定

草案第三百八十八条第一款规定，设立担保物权，应当依照本法和其他法律的规定订立担保合同。担保合同是主债权债务合同的从合同。主债权债务合同无效，担保合同无效，但是法律另有规定的除外。

有的学者建议，明确"法律另有规定的除外"的具体情形。

有的学者建议，在本条及相关条文中增加担保人享有抗辩权、撤销权等规定。

有的学者提出，在主债权债务合同无效的情况下，要保障担保人的权利，赋予其相应的抗辩权，当事人应及时变更登记，质押物应及时返还。

十四、关于抵押权

（一）房地产抵押关系

草案第三百九十七条第一款规定，以建筑物抵押的，该建筑物占用范围内的建设用地使用权一并抵押。以建设用地使用权抵押的，该土地上的建筑物一并抵押。

有的学者提出，有的情况下建筑物的价值远远超过担保的债权的价值，没必要要求建设用地使用权一并抵押，实现抵押权时一并转让即可。

（二）抵押权的实现

草案第四百一十条第一款规定，债务人不履行到期债务或者发生当事人约定的实现抵押权的情形,抵押权人可以与抵押人协议以抵押财产折价或者以拍卖、变卖该抵押财产所得的价款优先受偿。协议损害其他债权人利益的,其他债权人可以请求人民法院撤销该协议。

有的学者提出,实践中双方达成协议的情形较少,建议赋予抵押权人直接请求法院拍卖抵押财产的权利,或者规定双方未在“合理期限内”达成协议的,抵押权人可以请求法院拍卖抵押财产。

(三)数个抵押权的清偿顺序

草案第四百一十四条第一款规定了数个抵押权的清偿顺序:(1)抵押权已登记的,按照登记的时间先后确定清偿顺序;(2)抵押权已登记的先于未登记的受偿;(3)抵押权未登记的,按照债权比例清偿。

有的学者提出,第二项的规定与动产抵押未经登记不得对抗善意第三人的规定如何适用,建议研究。

(四)既设立抵押权又设立质权的清偿顺序

草案第四百一十五条规定,同一财产既设立抵押权又设立质权的,拍卖、变卖该财产所得的价款按照登记、交付的时间先后确定清偿顺序。

有的学者提出,有的抵押权的设立不需要交付,有的质权的设立不需要登记,本条的规定可能会引起歧义。

十五、关于权利质权

(一)可以出质的权利范围

草案第四百四十条规定了可以出质的权利范围,其中第六项是“现有的以及将有的应收账款”。

有的学者建议,将“将有的应收账款”限定为“有实现可能的应收账款”。

(二)以应收账款出质的权利质权设立

草案第四百四十五条第二款规定,应收账款出质后,不得转让,但是经出质人与质权人协商同意的除外。出质人转让应收账款所得的价款,应当向质权人提前清偿债务或者提存。

有的学者提出,第四百零六条允许抵押人可以转让抵押财产,本条不允许出质后的应收账款转让,二者需要做好衔接;同时,建议将应收账款转让登记从保理合同一章移至本条,并对通知债务人等内容作出规定。

十六、关于占有

(一)总的意见

有的学者提出,草案关于占有分编的规定过于简单,建议进一步充实丰富。

（二）恶意占有人应承担的赔偿责任

草案第四百五十九条规定，占有人因使用占有的不动产或者动产，致使该不动产或者动产受到损害的，恶意占有人应当承担赔偿责任。

有的学者建议，明确占有人适用过错责任原则还是无过错责任原则。

有的学者建议，善意占有人使用占有的财物获得的利益也应当返还。

（三）无权占有人的返还义务及善意占有人的必要费用返还请求权

草案第四百六十条规定，不动产或者动产被占有人占有的，权利人可以请求返还原物及其孳息；但是，应当支付善意占有人因维护该不动产或者动产支出的必要费用。

有的学者建议，区分恶意占有人和善意占有人，对恶意占有人返还维护的必要费用，对善意占有人返还添附的收益及维护的必要费用。

（四）占有物损毁、灭失的赔偿

草案第四百六十一条规定，占有的不动产或者动产毁损、灭失，该不动产或者动产的权利人请求赔偿的，占有人应当将因毁损、灭失取得的保险金、赔偿金或者补偿金等返还给权利人；权利人的损害未得到足够弥补的，恶意占有人还应当赔偿损失。

有的学者建议，区分善意占有人和恶意占有人，善意占有人仅就获得的利益负返还义务，恶意占有人应当对权利人的损失负全部赔偿义务。

第三部分

合同编

地方人大、中央有关部门和单位以及有关方面对民法典各分编草案(征求意见稿)合同编的意见

2018年3月中旬,法制工作委员会将民法典各分编草案(征求意见稿)印发省、自治区、直辖市的人大常委会,以及中央有关部门、有关人民团体和社会组织、部分高等院校和研究机构、基层立法联系点和一些全国人大代表征求意见。现将对合同编的主要意见简报如下:

一、总的意见

一些地方和单位提出,合同编的整体框架应当完善,建议设置三个分编,包括第一分编“合同总则编”、第二分编“典型合同编”、第三分编“无因管理与不当得利编”。

有的部门建议进一步协调好合同编与民法总则等各编的关系。在不规定债法总则的情况下,不当得利与无因管理、单方允诺、多数人之债等内容是放在合同编还是总则编,需要进一步考虑。此外,建议增加劳务合同、保理合同、自然资源出让合同,以适应司法实践的需要。

有的单位提出,为了保持民法典体系的完整性、和谐性和增强具体规则的可适用性,建议设立债法总则,并将无因管理和不当得利作为债法总则的内容。

有的单位提出,合同编第三章“合同的效力”与民法总则构成重复,建议删除。合同编的一些章节在结构体系上应作适当调整,建议将“违约责任”规定在“合同的保全”之前。此外,建议增加雇佣合同。

有的部门提出,实践中利用合同损害国家利益、社会公共利益的情形仍时有发生,行政监管是平衡契约自由与社会公正冲突的有效手段,建议保留现行合同法第一百二十七条关于有关行政部门对利用合同危害国家利益、社会公共利益的违法行为进行监督处理的职责,不宜删除。

一些单位建议将“中介合同”的名称改回“居间合同”。一是可以保持法律的延

续性,二是中介合同从广义上包括行纪和代理等。

一些地方和单位提出要增加有名合同类型,包括旅游合同、保险合同、保理合同、劳务合同、服务合同、医疗合同、电信合同、网购合同、演出合同、培训合同、金融领域合同、商业代理合同、和解合同等。

二、关于一般规定

(一)总的意见

有的地方和单位建议将征求意见稿第五十七条至第六十二条关于多数债权人与多数债务人的规定在第一章“一般规定”中。这样规定一方面可以充实第一章的内容,另一方面也更加符合逻辑。

(二)合同的定义

征求意见稿第一条第一款规定,本编所称合同是自然人、法人、非法人组织之间设立、变更、终止民事法律关系的协议。第二款规定,婚姻、收养、监护等有关身份关系的协议,适用其他编和其他法律的规定;没有规定的,可以根据其性质参照适用本编规定。

有的地方建议第一款增加“平等主体”的内容。有的单位建议第一款写明合同编调整的是财产性民事权利义务关系。有的地方建议将第一款中的“民事法律关系”修改为“债权债务关系”。

有的单位建议将第二款修改为:“婚姻、收养、监护等有关设立、变更、终止身份关系的合同适用其他编或者其他法律的规定。”

(三)合同的相对性

征求意见稿第二条规定,依法成立的合同,对当事人具有法律约束力;对第三人仅在法律有特别规定时具有法律约束力。

有的单位提出,本条规定与民法总则第一百一十九条重复,建议删除。

有的地方建议将“对第三人仅在法律有特别规定时具有法律约束力”修改为“但是法律另有规定的除外”,使本条规定更加简明,有的部门建议修改为:“对第三人仅在法律与行政法规有特别规定时具有法律约束力。”有的单位则建议修改为:“法律有特别规定时效力及于第三人。”

(四)非典型合同的法律适用

征求意见稿第四条规定,本编或者其他法律没有明文规定的合同,适用本编第一章至第八章的规定,并可以参照适用本编或者其他法律最相类似合同的规定。

一些单位建议将本条修改为:“本编或者其他法律没有明文规定的合同,参照适用本编或者其他法律规定的最相类似的合同的规定,并可以适用本编第一章至第八章的规定。”

有的部门提出，考虑到我国证券、期货以及衍生品等金融产品交易中合同的特殊性，为给金融市场的平稳运行和创新发展预留空间，建议增加一款作为第二款：“其他法律、行政法规、部门规章、合法交易场所制定的交易规则，对相关合同的成立、效力、履行等有特殊规定的，从其规定。”

（五）非合同之债的法律适用

征求意见稿第五条规定，非因合同产生的债权债务，适用有关该债权债务关系的法律规定；没有规定的，可以根据其性质参照适用本编规定。

有的单位提出，本编第四章至第八章规定，实际上是债法总则的规定，是“适用”而不是“参照适用”于非合同之债。同时非合同之债不可能适用本编全部规定。建议将“可以根据其性质参照适用本编规定”修改为：“适用本编第四章至第八章规定。”

有的单位提出，类推适用是强制性规定，法院没有自由裁量的余地，建议删除“可以”一词。

三、合同的订立

（一）合同订立的形式

征求意见稿第六条第一款规定，当事人订立合同，有书面形式、口头形式和其他形式。第二款规定，书面形式是合同书、信件和数据电文等可以有形地表现所载内容并可以调取查看的形式。第三款规定，本法所称数据电文，包括电报、电传、传真、电子数据交换、电子邮件、客户端等。

有的单位建议将本条移至民法总则，可在民法总则编设最后一章“其他规定”，规定不可抗力、书面形式等通用于整部法典的概念。

有的单位建议第一款增加规定：“但法律、行政法规规定或者当事人要求采用特定形式的除外。”有的单位提出，第一款与民法总则第一百三十五条重复，建议删除，并将第二款和第三款移至民法总则第一百三十五条中。

有的单位建议将数据电文和传统的合同书分开，单独进行定义。

一些单位提出，客户端本身是程序，客户端本身并不是数据电文，其上面显示的数据才是数据电文，建议删除第三款中的“客户端”。

（二）合同当事人的资格推定

征求意见稿第七条规定，通过互联网等信息网络签订电子合同的当事人推定其具有相应的民事行为能力，但有相关证据足以推翻的除外。

一些单位认为，通过互联网等信息网络签订电子合同时，面临的只是身份管理的问题，即通过网络来识别订立合同的当事人是谁，而没有必要推定民事行为能力。建议删除本条。

一些单位建议将本条修改为:“在电子交易场合,电子账户的持有人推定其为交易的当事人,但有相关证据足以推翻的除外。”

(三)订立合同的方式

征求意见稿第九条规定,当事人订立合同,采取要约、承诺方式。

有的单位提出,订立合同除了要约、承诺方式外,还包括采取书面形式或合同书形式,建议将本条修改为:“当事人订立合同,可采取要约、承诺或者其他方式。”有的地方建议修改为:“合同的订立可以采取要约、承诺方式或者法律规定、当事人约定的其他方式。”

(四)要约邀请

征求意见稿第十一条第一款规定,要约邀请是希望他人向自己发出要约的意思表示。寄送的价目表、拍卖公告、招标公告、招股说明书、商业广告等为要约邀请。

一些单位提出,要约邀请不是“意思表示”,建议将“意思表示”改为“表示”。

(五)承诺期限的计算方法

征求意见稿第二十条规定,要约以信件或者电报作出的,承诺期限自信件载明的日期或者电报交发之日开始计算。信件未载明日期的,自投寄该信件的邮戳日期开始计算。要约以电话、传真、电子邮件等快速通讯方式作出的,承诺期限自要约到达受要约人时开始计算。

有的地方提出,当前邮政局几乎没有电报业务,在订立合同过程中使用电报较为罕见,建议删除电报作为要约的方式。

有的单位和代表建议将“承诺期限自信件载明的日期或者电报交发之日开始计算”修改为“承诺期限自信件投寄的邮戳日或电报发出之日开始计算”。现实生活中信件载明的日期并不一定准确,而以电报或信件发出的日期或投寄的邮戳日期计算承诺期限可以避免争议。

有的单位提出,“电传”未出现在本条中,与本编其他条文不一致。此外,建议增加微信、QQ等新出现的方式。

(六)承诺生效的时间

征求意见稿第二十二条第一款规定,承诺通知生效的时间适用总则编第一百三十七条的规定。第二款规定,承诺不需要通知的,根据交易习惯或者要约的要求作出承诺的行为时生效。

有的部门提出,生效的是承诺,通知只是承诺的一种方式,建议将第一款修改为:“以通知方式作出的承诺,其生效时间适用总则编第一百三十七条的规定。”

一些单位提出,第一款内容在民法总则第一百三十七条中已有规定,建议删除。同时建议增加一款规定:“承诺未采用要约所要求的形式的,除要约人及时提出异议的以外,产生承诺的效果。”目的是让承诺尽量有效。

（七）确认书及电子合同的成立

征求意见稿第三十条第一款规定，当事人采用信件、数据电文等形式订立合同的，可以在合同成立之前要求签订确认书。签订确认书时合同成立。第二款规定，当事人一方通过互联网等信息网络发布的商品或者服务信息符合要约条件的，对方选定商品或者服务并提交订单成功时合同成立，但当事人另有约定或者另有交易习惯的除外。

有的单位建议第一款修改为："当事人采用信件、数据电文等形式订立合同并约定签订确认书的，自签订确认书时合同成立。"

有的单位提出，电子商务法草案已经对电子合同的成立时间作出规定，没有必要将新的特别法规定纳入民法典中，建议删除第二款。有的单位建议第二款内容应当与电子商务法草案的规定保持一致。有的单位建议将第二款修改为："其他法律对当事人通过互联网等信息网络订立合同有特别规定的，依照其规定。"

（八）强制缔约

征求意见稿第三十五条第一款规定，国家根据需要下达指令性任务或者国家订货任务的，有关法人、非法人组织之间应当依照有关法律、行政法规规定的权利和义务订立合同。第二款规定，依照法律、行政法规的规定负有发出要约义务的当事人应当及时发出合理的要约。第三款规定，依照法律、行政法规的规定负有承诺义务的当事人不得拒绝对方合理的订立合同要求。

有的部门和地方提出，本条内容体现了特定的历史背景和行政色彩，与民法典合同编定位不符，应予以删除。如确有需要，可另于特别法或者各有名合同中规定。

有的单位建议将第三款中的"合理的订立合同要求"修改为"合理的要约"。

有的单位建议将第二款和第三款合并，单列为一条，修改为："依照法律、行政法规的规定负有缔约义务的当事人不得拒绝对方合理的订立合同要求。"

（九）预约合同

征求意见稿第三十六条第一款规定，当事人约定在将来一定期限内订立合同的认购书、订购书、预订书、意向书等，构成预约合同。第二款规定，当事人一方不履行预约合同约定的订立合同义务的，对方有权请求其承担预约合同的违约责任。

一些地方、部门和单位提出，预约合同是否需要规定，如果规定其与普通合同的差别何在，违反预约合同后追究何种责任以及能否请求继续履行等，建议予以明确。

一些单位建议将"预约合同"改为"预约"，因为预约本身已含合同的意思。

有的单位建议第一款修改为："当事人约定在将来订立本约的，当事人一方未依约履行订立义务的，对方有权请求其承担损害赔偿的责任。"第二款修改为："当事人一方不履行预约约定的订立本约义务，对方有权请求损害赔偿。"预约不能强制实现，只能用损害赔偿来解决。

（十）格式条款提供方的义务

征求意见稿第三十七条第一款规定，采用格式条款订立合同的，提供格式条款的一方应当遵循公平原则确定当事人之间的权利和义务，并采取合理的方式提请对方注意免除或者限制其责任等与对方有重大利害关系的条款，按照对方的要求，对该条款予以说明。提供格式条款的一方未履行提示和说明义务，导致对方没有注意到与其有重大利害关系的条款的，对方有权请求人民法院或者仲裁机构撤销该格式条款。第二款规定，格式条款是当事人为了重复使用而预先拟定，并在订立合同时未与对方协商的条款。

一些地方、部门和单位提出，第一款中“与其有重大利害关系的条款”的表述内涵不清，导致格式条款规制过于宽泛，易被滥用，背离规制的目的，进而影响交易安全，建议删除。

有的单位提出，对于格式条款提供方未尽提示和说明义务的内容，是视为未订入合同还是赋予相对方撤销权，建议再作研究。

一些地方和单位建议将“撤销该格式条款”修改为“该格式条款没有订入合同”或“该格式条款不作为合同的条款”。

（十一）格式条款的无效情形

征求意见稿第三十八条规定，格式条款具有本编第四十八条和总则编第六章关于无效规定情形的，或者提供格式条款一方不合理地免除或者减轻其责任、加重对方责任、排除或者限制对方主要权利的，该条款无效。

有的单位建议将本条修改为：“格式条款具有本编第四十八条和总则编第六章关于无效规定情形的，或者提供格式条款一方免除其责任、排除对方主要权利，或者不合理地减轻其责任、加重对方责任、限制对方主要权利的，该条款无效。”

有的地方建议将第三十八条“或者提供格式条款一方不合理地免除或者减轻其责任、加重对方责任、排除或者限制对方主要权利的”的情形，纳入第三十七条作为对方有权请求撤销的情形之一。

（十二）格式条款之争

征求意见稿第四十条规定，当事人在订立合同时各自都提供了格式条款的，合同根据当事人一致同意的内容及实质上相同的格式条款内容订立，但当事人一方事先明确表示或者事后及时通知对方其不愿意接受合同约束的除外。

一些地方和单位建议删除本条规定。合同应当在当事人达成一致的情况下签订，对于实质上相同的格式条款不一定就可推定为双方协商一致进而促成合同成立。此外，目前本条规定没有太大实践价值。

有的单位建议将本条修改为：“双方当事人在订立合同时都使用格式条款并对

格式条款以外的条款达成一致,则合同应根据已达成一致的条款以及在实质内容上相同的格式条款订立,除非一方当事人事先明确表示或者事后及时通知另一方当事人其不愿意接受此条款的约束。"

有的地方和单位建议修改为:"如果双方当事人均使用标准条款并对标准条款以外的条款达成一致,则合同应根据已达成一致的条款以及在实体内容上相同的标准条款订立,除非一方当事人已事先明确表示或者事后毫不迟延地通知另一方当事人其不愿受这种合同的约束。"

(十三)悬赏广告

征求意见稿第四十一条规定,悬赏人以公开方式声明对完成特定行为的人支付报酬的,完成该行为的人有权请求其支付。

有的单位建议增加两款规定:"数人先后分别完成前款行为的,由最先完成该行为的人,取得报酬请求权;数人共同或同时分别完成行为时,由行为人共同取得报酬请求权。广告人善意向最先通知的人给付报酬给时,其给付报酬的义务消灭。"第三款规定:"前两款规定,准用于不知有广告而完成广告指定行为的人。"

一些地方和单位建议进一步就悬赏广告的撤回、多个行为人的情形以及优等悬赏广告、不知悬赏广告等情形作出明确规定。

(十四)信息保护义务

征求意见稿第四十三条规定,当事人在订立合同过程中知悉的商业秘密或者其他未公开的信息,无论合同是否成立,不得泄露或者不正当地使用。泄露或者不正当地使用该商业秘密或者信息给对方造成损失的,应当承担损害赔偿责任。

有的单位认为,本条对商业秘密的保护进行规定即可,增加"未公开信息",不仅概念模糊,而且徒增责任风险,没有必要。建议删除本条中的"未公开信息"。

有的单位提出,"其他未公开的信息"范围过广,建议将"其他未公开的信息"修改为"具有保密性质的信息"或者"对方要求保密的信息"。

四、关于合同的效力

(一)总的意见

有的部门提出,对于无处分权合同,若无其他效力方面的瑕疵,可考虑根据相对人的善意或恶意,对合同效力作出区分规定。

有的单位提出,本章内容与民法总则第六章"民事法律行为"的内容构成重复。除本章第四十六条因与民法总则第六十一条第三款构成重复而应被删除之外,其余规定都可以整合到民法总则之中。

有的单位建议在本章增加一条规定:"无处分权的人处分他人财产,经权利人追认或者无处分权的人订立合同后取得处分权的,该处分有效。"

有的意见建议承继合同法第五十二条第三项规定的“以合法形式掩盖非法目的的合同无效”,同时建议增设合同背离法律制度的根本目的无效和无效法律行为的转换规则。

有的地方提出,对于刑民交叉案件中合同效力的问题,实践中的做法不一,建议对刑民交叉案件中的合同效力予以明确规定。

(二)合同的生效

征求意见稿第四十四条第一款规定,依法成立的合同,自成立时生效。第二款规定,法律、行政法规规定应当办理批准、登记等手续生效的,依照其规定。当事人未办理批准、登记等手续的,该合同不生效,但不影响合同中当事人履行报批、登记等义务条款以及相关条款的效力。有义务办理申请批准或者登记等手续的当事人一方未履行该义务的,应当向对方承担违反该义务的责任。第三款规定,法律、行政法规规定合同的变更、转让、解除等情形应当办理批准、登记等手续生效的,依照前款规定处理。

一些单位提出,一是现行法上已经没有经办理登记手续才能生效的合同,建议删除第二款和第三款中的“登记”。二是建议将第二款修改为:“法律、行政法规规定应当办理批准手续生效的,依照其规定。有义务办理申请批准手续的当事人一方未履行该义务的,应当向对方承担违反该义务的责任。”

有的单位建议将第二款中“应当向对方承担违反该义务的责任”明确为违约责任。

(三)法定代表人越权行为的效力

征求意见稿第四十六条规定,法人的法定代表人或者非法人组织的负责人超越权限订立的合同,除相对人知道或者应当知道其超越权限的以外,该合同对法人或者非法人组织发生效力。

一些地方和单位提出,本条规定与民法总则第六十一条重复,建议删除。

(四)超越经营范围订立合同的效力

征求意见稿第四十七条规定,当事人超越经营范围订立的合同的效力,应当依照本编和总则编第六章的规定确定,不得仅以超越经营范围确认合同无效。

有的单位提出,本着私法自治的原则,除非存在合同无效的明确规定,合同原则上都有效,并且实践中此类案少,没有必要专门规定。建议删除本条。

有的地方和单位建议将本条修改为:“当事人超越经营范围订立的合同有效,但违反国家限制经营、特许经营以及法律、行政法规禁止经营规定的除外。”

有的单位建议修改为:“当事人超越经营范围订立的合同的效力,应当依照本编和总则编第六章的规定确定,不得仅以超越经营范围确认合同无效。但违反国家限制经营、特许经营以及法律、行政法规禁止经营规定的除外。”

有的单位建议修改为："当事人超越经营范围订立的合同的，不得仅以超越经营范围确认合同无效，但违反法律、行政法规有关禁止经营的强制性规定或者违背公序良俗的除外。"

（五）解决争议条款的效力

征求意见稿第四十九条规定，合同不生效、无效、被撤销或者终止的，不影响合同中独立存在的有关解决争议方法的条款的效力。

有的单位提出，如果欺诈、胁迫对方，导致对方接受有关解决争议方法的条款，不因该条款独立而有效。建议将本条修改为："合同中有关解决争议方法的条款的效力，不因合同不生效、无效、被撤销或者终止而当然失去效力。"有的地方建议增加规定"一方当事人受胁迫、欺诈等签订的合同除外"。

有的单位提出，法律适用条款与争端解决条款具有同质性，建议本条增加"法律适用条款"。

五、关于合同的履行

（一）总的意见

有的单位提出，债权人和债务人达成以物抵债协议，债权人可否诉请债务人履行，在实践中争议较大，建议本章对以物抵债协议的效力作出规定。

有的单位建议将第五十七条至第六十二条关于多数人之债的内容移至民法总则。

有的地方建议增加规定种类之债和补充之债。

（二）合同内容的补充确定

征求意见稿第五十一条规定，合同生效后，当事人就质量、价款或者报酬、履行地点等内容没有约定或者约定不明确的，可以协议补充；不能达成补充协议的，按照合同有关条款或者交易习惯确定。

有的单位建议合同内容的补充确定加入合同性质、目的等考虑因素，以与民法总则有关意思表示解释规则的表述相一致。

有的单位建议修改为："合同生效后，当事人就质量、价款或者报酬、履行地点等内容没有约定或者约定不明确，不能达成补充协议的，按照合同有关条款、合同的性质、目的或者交易习惯确定。"

（三）电子合同标的的交付时间

征求意见稿第五十三条第一款规定，通过互联网等信息网络签订的电子合同的标的为交付商品并采用快递物流方式交付的，收货人的签收时间为交付时间。电子合同的标的为提供服务的，生成的电子凭证或者实物凭证中所载明的时间为交付时间，但前述凭证没有载明时间或者载明时间与实际提供服务时间不一致的，实际提供服务的时间为交付时间。第二款规定，电子合同的标的采用在线传输方式交付的，承担交付义务的当事人一方将合同标的发送至对方指定的特定系统并且能够检索识别的时间为交付时间。第三款规定，电子合同当事人对交付时间另有约定的，从其约定。

有的单位提出，对于电子合同有关交付时间的问题，适宜由电子商务法等单行法予以规定，并由单行法统一界定快递物流的概念以及电子凭证的内涵或类型。建议本条修改为："对于通过互联网等信息网络签订的电子合同的履行，其他法律有特别规定的，依照其规定。"

一些部门、地方和代表提出，在实践中，电子合同约定标的为交付商品并采用快递物流方式交付的，快递员常常并不会直接与收货人接触，收货人也并不总是会实际签收商品，而是把商品放在小区楼下的"速递易"、"e 栈"或"丰巢"等寄放箱，再由收货人根据密码自行提取，此时并不会出现规定的"收货人的签收时间为交付时间"情况，建议对第一款作进一步研究完善。有的地方建议规定"以收货人从该寄存柜中取出时间为交付时间"。

有的单位建议将第一款中"生成的电子凭证或者实物凭证中所载明的时间为交付时间"修改为"生成的电子凭证或者实物凭证中所载明的提供服务的时间为成果交付时间"。将第二款中"能够检索识别"修改为"到达指定系统"。

(四)选择之债

征求意见稿第五十六条第一款规定，合同标的有多项而债务人只需履行其中一项的，债务人享有选择权，但法律另有规定、当事人另有约定或者另有交易习惯的除外。第二款规定，债务人行使选择权，确定合同标的后，应当及时通知对方。确定后的合同标的不得变更，但经对方同意的除外。第三款规定，可选择的合同标的之中发生不能履行情形的，债务的履行从剩余的可履行标的中选择。第四款规定，享有选择权的当事人一方在约定期间内或者履行期限届满未作选择的，选择权转移至对方。

有的单位建议将"合同标的"均改为"债务标的"。本条属于债法总则的内容，不应限于合同标的。

有的单位提出，合同标的应当自债务人行使选择权的通知达到对方时确定，建议作相应修改。

有的地方和单位提出，如果履行不能系由于无选择权的当事人的原因产生的，强制将合同标的限于剩余标的，不仅对选择权人不公平也损害了其选择权，建议第三款末尾增加规定"但不能履行情形是因无选择权的一方当事人原因发生的除外"。有的单位建议第三款修改为："可选择的合同标的之中发生不能履行的情形，且不可归责于无选择权的当事人的，债务的履行从剩余的可履行标的中选择。"有的单位建议第三款修改为:“如果因可归责于债权人的原因导致的一项给付履行不能,则债务人可以从债中解放出来,除非其选择不履行他种给付而要求损害赔偿。”

有的部门提出,由于选择权对于当事人的权利义务影响重大,建议在第四款为选择权转移设置一个缓冲期或催告程序。有的单位建议第四款修改为:“有选择权的当事人一方迟延选择的,另一方可以催告有选择权的当事人在合理期限内选择。有选择权的当事人未及时选择的,选择权在期限届满后转移至对方。”

(五)连带债务人的份额确定及追偿

征求意见稿第五十九条第一款规定,连带债务人之间的份额难以确定的,份额相同。第二款规定,实际承担债务超过自己份额的连带债务人,有权就超出部分在其他连带债务人未履行的份额范围内向其追偿,并相应地享有债权人的权利,但不得损害债权人的利益。

有的单位提出,在实际承担债务超过自己份额的连带债务人向其他连带债务人进行追偿时,如果从其中一个或数个连带债务人处无法获得偿还,则可以就无法获得偿还的部分与剩下的有能力偿还的债务人按各自份额的比例再一次进行分摊。同时建议将第一款移至第五十八条作为第三款,以与第五十七条体例保持一致。

有的单位认为,由于追偿权人在清偿范围内相应地享有债权人权利,与之相对,其他连带债务人也可向其主张对债权人享有的抗辩。建议在第二款末尾增加一句:“其他连带债务人可向该债务人主张对债权人享有的抗辩。”

(六)连带债务消灭事由

征求意见稿第六十条第一款规定,部分连带债务人合法履行、抵销债务或者提存标的物的,其他债务人对债权人的债务在相应范围内消灭;该债务人可以依照前条规定向其他债务人追偿。第二款规定,部分连带债务人的债务被债权人免除的,其他债务人对债权人的债务在相应范围内消灭。第三款规定,部分连带债务人的债务与债权人的债权同归于一人的,在扣除该债务人所应承担的份额后,债权人对其他债务人的债权继续存在。

有的单位建议删除第一款中“合法”二字。

有的单位建议第二款修改为:“部分连带债务人被债权人免除债务的,其他连带债务人对债权人的债务仅在该债务人应承担份额的范围内相应消灭。”

有的单位建议第二款修改为:“部分连带债务人的债务被债权人免除的,除债权人确有对全体债务人消灭债务的意思外,只就受免除的债务人应分担的部分内发生绝对效力。”同时建议增加一款作为第四款:“债权人与连带债务人之一发生债务变更的,在对其他连带债务人有利的情形内发生效力。”

有的单位建议在本条后增加一条无涉他效力事由范畴的规定。有的单位建议增加规定:“通知终止、迟延、过错、连带债务人一人自身的给付不能、诉讼时效中断或者完成、有既判力的判决等,只对存在该种事由的债务人发生效力”。有的单位建议增加规定:“除前条规定或者当事人另有约定的以外,部分连带债务人与债权人之间发生迟延履行、法律上或者事实上不能履行以及诉讼时效中断或者届满等情形,对其他债务人不发生效力。”

(七)连带债权的内外部关系

征求意见稿第六十二条第一款规定,连带债权人的份额难以确定的,份额相同。第二款规定,实际受领超过自己份额的连带债权人,应当按比例向其他连带债权人返还。第三款规定,连带债权参照适用本编关于连带债务的有关规定,但部分连带债权人免除债务人债务的,不影响其他连带债权人的债权。

有的地方提出,按照第三款规定,即使部分债权人免除了债务人的债务,其他债权人也有权要求该债务人承担全部的债务,存在不妥之处。建议将第三款但书部分修改为“但部分连带债权人可以在自己应当享有的债权份额范围内免除债务人债务,债务的免除不得影响其他连带债权人的债权”。

有的地方建议增加不可分债权债务的内容,规定:“数个债务人负担的合同标的为不可分的,参照适用连带债务人的责任承担方式。”“债权人有数人而合同标的不可分的,债务人只能向全体债权人给付,各债权人也只能要求债务人向全体债权人给付。”

(八)向第三人履行的合同

征求意见稿第六十三条第一款规定,当事人约定由债务人向第三人履行债务的,债务人未向第三人履行债务或者履行债务不符合约定,应当向债权人承担违约责任。第二款规定,法律规定或者当事人约定第三人可以直接请求债务人向其履行债务,第三人未在合理期间内明确拒绝的,债务人未向第三人履行债务或者履行债务不符合约定,第三人也可以请求债务人承担违约责任;债务人可以向第三人主张其对债权人的抗辩。

有的部门提出,第二款“第三人未在合理期间内明确拒绝的”中的“合理期间”具体含义不明确,有必要作出更为细化的规定。有的单位建议将第二款中的“承担违约责任”改为“承担不履行义务的责任”,因为受益人并非合同当事人。

有的单位建议将第二款修改为:“法律规定或者当事人约定第三人可以直接取得债务人向其履行债务的请求权,债务人未向第三人履行债务或者履行债务不符合约定的,第三人也可以请求债务人承担违约责任;债务人可以向第三人主张其对债权人的抗辩。第三人明确拒绝的,其自始不取得该权利。”

有的单位建议将本条修改为三款,第一款:“法律规定或者当事人约定第三人可以直接请求债务人向其履行债务的,第三人可以直接请求债务人向其履行债务;

债务人可以向第三人主张其对债权人的抗辩。”第二款：“当事人可以约定第三人取得权利的条件，并可以在第三人接受权利或者为行使权利作准备工作前变更或者撤销有关第三人权利的约定。”第三款：“当事人约定由债务人向第三人履行债务，有关第三人是否直接取得权利约定不明的，债务人未向第三人履行债务或者履行债务不符合约定，应当向债权人承担违约责任。”

有的地方和单位建议增加一款作为第三款：“债务人在不履行债务时，债权人和第三人均请求债务人承担违约责任的，债务人只向先向其主张违约责任的一方承担违约责任，不承担双重违约责任。”

有的地方建议增加两款作为第三款、第四款：“债务人不履行债务时，如第三人请求其履行并承担违约责任，债务人向第三人履行后，债权人不能再要求其履行或承担违约责任。第三人未请求债务人承担违约责任的，债权人仍可以向债务人主张违约责任。”“债务人向第三人履行债务或违约责任时，第三人明示拒绝的，债务人仍向第三人履行的，债权人有权要求债务人对其履行债务和违约责任。”

（九）不安抗辩权

征求意见稿第六十七条第一款规定，应当先履行债务的当事人，有确切证据证明对方有下列情形之一的，可以中止履行：（1）经营状况严重恶化；（2）转移财产、抽逃资金，以逃避债务；（3）丧失商业信誉；（4）有丧失或者可能丧失履行债务能力的其他情形。

征求意见稿第六十八条规定，当事人依照本编第六十七条的规定中止履行的，应当及时通知对方。对方提供适当担保时，应当恢复履行。中止履行后，对方在合理期限内未恢复履行能力并且未提供适当担保的，视为以自己的行为表明不履行合同义务。

有的单位提出，要求债务人有逃避债务的意图，与同款第四项的“有丧失或者可能丧失履行债务能力的其他情形”不匹配。建议删除第一款第二项中的“转移财产、抽逃资金，以逃避债务”。

一些单位建议将第六十八条“视为以自己的行为表明不履行合同义务”恢复为合同法“中止履行的一方可以解除合同”的规定，以避免引起争议。

有的单位提出，两条规定强调的是债务人的支付能力，过于狭隘。建议增加履行能力欠缺、意愿松动、瑕疵履行等情形，以涵盖其他应引发抗辩权的情形。

（十）情势变更

征求意见稿第七十三条第一款规定，合同成立后，订立合同的基础发生了当事人在订立合同时无法预见的、非不可抗力造成的、不属于商业风险的重大变化，继续履行合同对于当事人一方明显不公平或者不能实现合同目的的，受不利影响的当事人一方可以请求与对方重新协商；在合理期限内协商不成的，当事人有权请求人民法院或者仲裁机构变更或者解除合同。第二款规定,人民法院或者仲裁机构应当结合案件的实际情况,根据公平原则和诚信原则确定变更或者解除合同。

有的单位提出,不可抗力与情势变更各有分工,并非互相排斥的关系。建议将第一款中的“非不可抗力造成的、不属于商业风险的重大变化”修改为“无法预见、不可控制的重大变化”。有的单位建议删除第一款中非不可抗力的内容。

有的单位提出,一是将本条和第一百三十二条第三款分开规定,人为割裂了情势变更制度;二是由于“不能实现合同目的”属于履行不能,与情势变更性质不符,应予删除;三是因“重新协商义务”没有意义且无法操作,也应删除;四是因为情势变更制度的基础是公平原则,而诚信原则要求的是遵守合同,这和情势变更制度的调整合同宗旨相冲突,诚信原则应予删除。建议将本条和第一百三十二条第三款合并,并作相应修改。

一些地方、单位和代表建议删除本条中“可以变更合同”的规定,以与民法总则的规定保持一致。有的单位建议将“变更”修改为“调整”。

六、关于合同的保全

(一)章名

有的单位提出,合同无所谓保全问题,建议将本章章名修改为“合同债权的保全”。

有的地方提出,本章章名“合同的保全”与规定的内容不符,建议修改为“合同代位履行和撤销”。

(二)代位权

征求意见稿第七十四条第一款规定,因债务人怠于行使其到期权利,对债权人造成损害的,债权人可以向人民法院请求以自己的名义代位行使债务人的权利,但该权利专属于债务人自身的除外。第二款规定,代位权的行使范围以债权人的债权为限。债权人行使代位权的必要费用,由债务人负担。

有的单位提出,本条将现行合同法规定的“到期债权”修改为“到期权利”,扩张了代位权的客体范围,可以包括某些撤销权、解除权等形成权等,而形成权并无到期问题,建议删除第一款中的“到期”一词。

有的单位提出,行使代位权的前提未必是债务人的行为对债权人已经造成损害,而是为了保全债权。建议将第一款修改为:“因债务人怠于行使权利,致使债权人的到期债权未能实现的,债权人可以向人民法院请求以自己的名义代位行使债务人的权利,但该权利专属于债务人自身的除外。”

有的部门和单位提出,为了便于实践操作,建议增加一款作为第二款:“前款所称专属于债务人自身的权利,是指基于身份关系的给付请求权和劳动报酬、退休金、养老金、抚恤金、安置费、人寿保险金、人身伤害赔偿金等请求权。”

有的单位和代表建议将第二款中的“代位权的行使范围以债权人的债权为限”修改为“代位权的行使范围以债权人的债权及债务人的相对人的债务为限”。

（三）怠于行使其到期权利的界定

征求意见稿第七十五条规定：“债务人不履行对债权人的到期债务，又不以诉讼方式或者仲裁方式向相对人主张其享有的到期权利的，构成债务人怠于行使其到期权利。”

有的单位提出，本条所规定的内容是对草案第七十四条中“债务人怠行使其到期债权”的具体说明，建议将本条并入第七十四条，作为第七十四条的第二款加以规定。

有的地方提出，实践中存在债务人虽起诉或仲裁但以和解、撤诉等形式怠于行使到期权利，逃避向债权人履行债务的情形，建议在诉讼或仲裁的基础上综合主观意图、外在行为和客观结果来认定。有的地方建议增加一款作为第二款：“债务人虽然以诉讼方式或仲裁方式向相对人主张其享有的到期权利，但又在债权未完全实现的情况下撤回起诉或撤回仲裁申请的，视为债务人怠于行使相应的到期债权。”

有的单位提出，本条系出于实务操作方便考虑所作规定，过于僵硬且不合理，建议删除。

（四）直接偿还规则

征求意见稿第七十七条规定，债权人向债务人的相对人提起的代位权诉讼经人民法院审理后认定代位权成立的，由债务人的相对人向债权人履行义务，债权人接受履行后，债权人与债务人、债务人与其相对人之间相应的权利义务关系终止。

一些地方和部门提出，基于债权平等的原理，建议将代位权行使中的直接偿还规则改为“入库原则”，“入库”的财产在取得执行依据的债权人之间进行分配。

有的地方提出，如果债务人进入破产程序的，对于代位权行使的效果应当例外地采用“入库原则”，以保障债权的公平实现。建议在本条末尾增加但书条款：“但是，债务人被宣告破产、进入破产重整或者破产和解程序的除外。”

有的地方和单位建议在本条末尾增加规定：“但债务人的其他债权人已经请求债务人履行债务的，也有权请求该相对人向自己清偿债务。”

有的单位提出，依照法定抵销的逻辑，应当考虑抵销适格的问题。故建议代位权制度限制在债权人对债务人享有到期债权，债务人和次债务人之间享有到期债权的情形。

（五）无偿处分时的撤销权行使

征求意见稿第七十八条规定，因债务人以放弃其债权、放弃债权担保、无偿转让财产等方式无偿处分财产权益,或者恶意延长到期债权的履行期限,对债权人造成损害的,债权人可以请求人民法院撤销债务人的行为。

有的单位提出,撤销权的行使应当限制在无偿处分范畴,不应包括负担行为,建议删除"或者恶意延长到期债权的履行期限"。

有的单位提出,一是本条和第七十九条均属于撤销权行使条件问题,建议将两条合并为一条,分两款规定。二是建议在本条末尾增加但书规定:"但债务人能证明其并非恶意的除外。"

(六)不合理价格交易时的撤销权行使

征求意见稿第七十九条规定,债务人以明显不合理的低价转让财产、以明显不合理的高价受让他人财产或者为他人的债务提供担保,对债权人造成损害,债务人的相对人知道或者应当知道债务人的行为有害于债权人的利益的,债权人可以请求人民法院撤销债务人的行为。

有的单位提出,"或者应当知道"将大大增加担保交易成本,不利于交易的稳定性,也背离了"诈害债权人行为"的本义,建议删除。有的地方建议删除"债务人的相对人知道或者应当知道债务人的行为有害于债权人的利益"。

有的地方提出,行使撤销权应当明确规定以相对人的恶意为前提或明确何种程度的恶意。

有的地方提出,一是应当考虑"为他人债务提供担保"被撤销后善意相对人的保护问题;二是建议区分有偿担保和无偿担保。

有的单位建议明确由主张撤销的债权人举证证明价格明显偏低、明显偏高,同时明确由受让人举证证明价格适当。

(七)行使撤销权的法律效果

征求意见稿第八十二条第一款规定,债权人请求人民法院撤销债务人损害其利益的行为,人民法院依法撤销的,该行为自始无效。第二款规定,债权人请求人民法院撤销债务人行为的,可同时依法以自己的名义代位行使债务人在其行为被撤销后对相对人所享有的权利。

有的单位提出,撤销之后的行为,没有必要明确其效果。建议删除本条。

有的单位提出,第二款规定债权人可以直接获得清偿,与撤销权规范目的不相符合。建议规定行使撤销权后,应返还给债务人,使所有债权人的利益得到同等保护。

有的地方提出,第二款应当明确是否在同一诉讼中提出两个诉讼请求,即一个撤销权诉讼和一个代位权诉讼。

七、关于合同的变更和转让

(一)债权转让及其限制

征求意见稿第八十五条第一款规定,债权人可以将合同的权利全部或者部分转让给第三人,但有下列情形之一的除外:(1)根据合同性质不得转让;(2)按照当事人约定不得转让;(3)依照法律规定不得转让。第二款规定,当事人约定债权不得转让的,不得对抗善意第三人。

有的单位建议,一是将第一款第一项中的“合同性质”改为“债权性质”,以便适用于非合同之债。二是区分金钱债权和非金钱债权,是当代立法通例,有助于适应债权融资交易的发展,建议第二款修改为:“当事人约定金钱债权不得转让,债权人让与金钱债权的,该让与有效,但不影响让与人对债务人的违约责任。当事人约定非金钱债权不得转让的,不得对抗善意第三人。”

有的单位提出,为明确本条旨在规范债权人和第三人的转让协议,建议句首修改为:“债权人可以通过协议将合同债权全部或者部分转让给第三人。自协议成立时起,第三人取得受让人的地位。”

有的单位建议删除第一款第二项,并将第二款修改为:“当事人约定债权不得转让的,对第三人不生效力。”此外,是否区分金钱债权、非金钱债权而作不同对待,仍可斟酌。

有的单位建议修改第二款,有两种方案:一是删除该款,留待司法实践解决;二是将“不得对抗善意第三人”修改为“不得对抗善意的受让人”。

(二)债权转让的通知

征求意见稿第八十六条第一款规定,债权人转让权利的,应当通知债务人。未经通知,该转让对债务人不发生效力,但债务人明知该债权转让的除外。第二款规定,债权转让的通知可以由让与人或者受让人发出。受让人发出转让通知的,应当附债权转让的必要证据;未附必要证据的,债务人有权拒绝向受让人履行。第三款规定,债权转让的通知不得撤销,但经受让人同意的除外。

一些地方和单位提出,一是如果允许受让人发出债权转让的通知,将增大债务人的审验难度和清偿风险,建议第二款修改为:“债权转让的通知应由让与人发出。”二是建议删除第一款中“但债务人明知该债权转让的除外”。

有的地方建议细化债权转让的必要证据的内容,防止受让人滥用权利。

有的单位建议,一是将第一款第二句修改为:“未经通知,债务人得视原债权人为债权人。”二是建议第二款将让与人通知和受让人通知分开规定,规定:“受让人以诉讼或非诉讼方法向债务人主张权利的,视为通知。”三是建议第三款修改为:“债权转让的通知未经受让人同意不得撤销。债权人已将债权的让与通知债务人的，即使未为让与或者让与无效，债权人仍应对债务人承受其已通知让与的效力。”

（三）债权多重让与的处理规则

征求意见稿第八十七条规定，债权人将同一债权转让给数人，债权转让可以登记的，债务人应当向最先登记的受让人履行；债权转让未登记或者无法登记的，债务人应当向最先收到的债权转让通知中载明的受让人履行。

有的部门建议删除债权转让的登记规则或修改其内容，以与第八十六条关于债权转让通知的规定相协调。本条将登记作为确定清偿优先权的依据，而第八十六条规定债权转让通知对债务人是生效的唯一依据，两者之间的法律效力发生混淆。同时如何界定登记的法律效力以及受让人通知与转让人通知是否具有同等效力尚需要进一步研究。

有的单位提出，本条中“债权转让可以登记的”是指债权转让本身可以登记的情形，还是包括附有担保物权的债权转让时担保物权的转让可以登记的情形不明确，建议明确包括后者。

有的地方和单位提出，在债权多重转让的情况下，立法规定债务人应当向最先登记的受让人履行，不符合客观情况。无论登记与否，债务人向最先收到的债权转让通知中载明的受让人履行义务即可。

有的单位提出，我国尚没有成熟的债权转让登记系统，而且强加债务人审查义务也不妥，建议再考虑。

有的地方和单位建议将本条修改为：“债权人将同一债权转让给数人，债权转让可以登记的，债务人应当向最先登记的受让人履行；债权转让未登记或者无法登记的，除债务人知道或者应当知道最先取得债权的受让人外，债务人应当向最先收到的债权转让通知中载明的受让人履行。”

（四）让与抗辩和表见让与

征求意见稿第八十九条第一款规定，债务人接到债权转让通知时，债务人对让与人的抗辩，可以向受让人主张。第二款规定，债权未转让，但债务人有理由相信债权已经转让给受让人的，债务人对受让人的抗辩，可以向让与人主张。

一些地方、部门和单位提出，第二款要解决的问题可以参照适用民法总则规定的表见代理制度，且表见让与在实践中非常难以认定。建议删除第二款。

有的地方提出，债权转让应当具有一定的外观形式，主观标准难以保证债权的合理实现，建议细化“有理由相信”，防止债权人利益受损。

有的单位建议将第二款修改为：“债权未转让，但债务人有理由相信债权已经转让给受让人的，债务人于受让通知后，知道未转让前所取得的对受让人的抗辩，可以向让与人主张。”

有的单位建议将第二款修改为：“债权未转让，但债权人就债权让与通知债务人的,不得以债权未转让为由对抗善意的债务人。"

(五)债务加入

征求意见稿第九十五条规定,第三人向债务人或者债权人表示愿意加入债务,债权人在合理期限内未明确表示拒绝的,第三人在其愿意承担的债务范围内和债务人共同承担履行义务。

有的地方提出,第三人向债务人表示愿意加入债务,没有实际上的对外效力,债务加入的表示应当仅限于第三人向债权人的表示。建议将本条修改为:"第三人向债权人表示愿意加入债务的,债权人在合理期限内未明确表示拒绝的,第三人在其愿意承担的债务范围内和债务人共同承担履行义务。"

有的地方和单位提出,债务加入人与债务人向债权人负担连带债务,无害于债权人债权的实现,建议删除"债权人在合理期限内未明确表示拒绝的"。

有的地方建议将本条修改为:"第三人向债权人表示愿意加入债务,债权人在合理期限内未明确表示拒绝的,第三人在其愿意承担的债务范围内和债务人共同承担履行义务,但应当告知债务人。第三人对愿意承担的债务范围未作明确表示的,应当视为对全部债务愿意承担履行义务。"

有的单位建议将本条改为三款,第一款:"第三人与债权人订立债务承担合同的,第三人代替原债务人承受债务关系。"第二款:"第三人向债权人发出代替原债务人承担债务的要约,债权人未作表示,但无异议地接受第三人履行的,视为承诺。"第三款:"第三人与债权人订立债务承担合同,关于债务人是否完全退出债务关系约定不明的,第三人在约定范围内和债务人共同承担履行义务。"

有的单位建议,一是增加一款作为第一款:"仅于债权人有明示意思表示时,移转方解除原债务人的债务;否则原债务人与新债务人将负连带责任。"二是第二款增加但书规定:"但约定第三人在债务人无力承担时才承担债务的,依照其约定。"

八、关于合同的权利义务终止

(一)总的意见

有的单位建议将本章标题"合同权利义务终止"修改为"债权债务终止",有利于合同法总则发挥债法总则的作用。

一些地方和单位建议在本章增加代物清偿、代为清偿制度以及新债清偿规则。

(二)合同的权利义务终止情形

征求意见稿第九十八条规定,有下列情形之一的,合同的权利义务终止:(1)债务已经按照约定履行;(2)合同解除;(3)债务相互抵销;(4)债务人依法将标的物提存;(5)债权人免除债务;(6)债权债务同归于一人;(7)法律规定或者当事人约定终止的其他情形。

有的单位建议对本条作以下修改：一是将句首修改为“通过下列情形，债权债务关系可以依法终止”；二是第一项“已经按照约定履行”并不等于债权得到完全实现，建议修改为“已经按照约定清偿”；三是第二项只针对合同关系，建议放在后面单独一款规定；四是第三项规定的抵销属于处分行为，建议修改为“债权相互抵销”；五是第四项的提存并不直接导致合同权利义务终止，应予完善。有的代表建议将第一项中的“履行”修改为“履行完毕”。

有的单位提出，本条规定未解决合同权利义务的终止与合同解除的关系问题，建议进一步修改完善。

（三）表见受领

征求意见稿第一百零一条规定，债务人按照合同约定履行债务，没有受领权的第三人以债权人的名义受领债权，债务人有理由相信其具有受领权并向其作出履行的，合同的权利义务终止。

一些地方、部门和代表提出，本条针对的问题完全可以用民法总则的表见代理制度解决，无单独规定的必要，而且可能造成实践中的不公。建议删除本条。

有的单位提出，在保护债务人信赖利益的同时，不应让债权人承受过多的不利益，建议对债权人的可归责性作出相应规定，并与表见代理制度相衔接。

有的单位建议在“没有受领权的第三人”后增加“持有债权凭证”，进一步严格限制本条的适用条件。

有的单位建议将“受领债权”修改为“受领给付”，有的单位建议修改为“受领标的”。

（四）债务履行顺序

征求意见稿第一百零二条第一款规定，债务人对同一债权人负担数个债务，给付的种类相同，债务人的给付不足以清偿全部债务的，由债务人在清偿时指定其履行的债务。第二款规定，债务人未作指定的，应当优先履行已到期的债务；几项债务均到期的，优先履行对债权人缺乏担保或者担保数额最少的债务；担保数额相同的，优先履行债务负担较重的债务；负担相同的，按照债务到期的先后顺序履行；到期时间相同的，按比例履行。

有的地方提出，本条针对的是同一债权人和同一债务人，建议取消债务人的债务履行指定权，这样并不会影响双方的权利义务，并可以减少环节，促进及时清偿。

有的地方建议删去第二款中的“债务人未作指定的，应当优先履行已到期的债务”，并将“担保数额最少的债务”修改为“担保最少的债务”。

（五）合意解除合同

征求意见稿第一百零四条第一款规定，当事人协商一致，可以解除合同。第二款规定，当事人可以约定一方解除合同的条件。解除合同的条件成就时，解除权人可以解除合同。

有的单位建议将第二款中"解除合同的条件"修改为"解除合同的事由"，并将"条件成就"修改为"事由发生"，以避免和附解除条件合同相混淆。

有的地方提出，对约定解除权不加任何限制，容易导致权利滥用，建议进一步研究。

（六）法定解除合同

征求意见稿第一百零五条规定，有下列情形之一的，当事人可以解除合同：(1)因不可抗力或者其他客观原因致使不能实现合同目的；(2)在履行期限届满之前，当事人一方明确表示或者以自己的行为表明不履行主要债务；(3)当事人一方迟延履行主要债务，经催告后在合理期限内仍未履行；(4)当事人一方迟延履行债务或者有其他违约行为致使不能实现合同目的；(5)法律规定的其他情形。

有的地方和单位提出，第一项规定的"其他客观原因"过宽，可能会影响到合同信守原则，而且在适用中容易产生解释上的困难；第二项的规定应注意与征求意见稿第六十七条关于不安抗辩权的规定相衔接。

有的地方建议，一是明确法定解除权应当由非违约方享有，不可抗力情形下各方均享有合同解除权。二是将第五项"法律规定的其他情形"修改为"不能实现合同目的以及法律规定的其他情形"。

有的单位提出，在具体解除事由的设计上，应尽量采用客观化的表述，首先，规定履行不能；其次，在履行时间特别重要的情况下，到期不履行就应引发解除权；最后，对于一般的迟延履行，原则上宜要求债权人为债务人提供后续履行设定合理期限，期限经过而无结果的，构成重大违约，债权人享有解除权。基于此，建议删除法定解除事由的"不能实现合同目的"要件。

有的单位建议增加一项规定"依合同性质或者合同约定，不在一定期限履行即不能实现合同目的，当事人一方迟延履行的"。

有的地方建议增加一项规定"合同双方当事人都存在违约，致使合同无法履行，不能实现合同目的"。

有的单位建议增加一款规定："未约定期限的继续性合同，当事人可以随时解除，但应当在合理期限之前通知对方。"或者表述为"以持续给付为内容的不定期合同，当事人可以随时解除，但应当在合理期限之前通知对方"。

有的部门建议，对于无法履行的合同，应当允许违约方解除合同并承担责任，这样有利于及时了结纠纷，促进经济运转。有的地方和单位建议增加第二款规定："在合同不能履行或者履行极不公正的情况下，违约方有权解除合同，但须向守约方承担违约责任。"

（七）解除合同的程序

征求意见稿第一百零七条规定，当事人一方依法主张解除合同的，应当通知对方。合同自通知到达对方时解除;但通知载明债务人在一定期限内不履行债务则合同自动解除,债务人在该期限内仍未履行债务的,合同自通知载明的期限届满时解除。对方对解除合同有异议的,任何一方当事人均可以请求人民法院或者仲裁机构确认解除合同的效力。

有的地方和部门建议增加规定对方当事人对解除通知的异议期限,期限超过即视为合同解除,无需再通过诉讼或仲裁的方式进行认定。

有的地方建议明确规定当事人对解除合同提出异议的期间。有的地方和单位建议增加一款规定:“解除权行使的通知到达对方当事人之后,三个月未提异议的,发生合同解除的效力。”

一些部门、单位和代表提出,建议明确当事人有权直接提起解除合同的形成之诉,即“当事人一方依法主张解除合同的,也可以直接请求人民法院或者仲裁机构解除合同”。有的地方提出,在守约方未行使解除权的情形下,赋予违约方承担违约责任后的解除权,会更加维护合同交易的稳定性以及合理性。建议将第二款修改为:“合同因违约应当解除,当事人行使解除权的,有权请求违约方承担违约责任;当事人不行使解除权的,违约方在依法承担违约责任后,有权行使合同解除权。但当事人另有约定的除外。”

(八)合同解除的法律效果

征求意见稿第一百零八条第一款规定,合同解除后,尚未履行的,终止履行;已经履行的,根据履行情况和合同性质,当事人可以要求恢复原状、采取其他补救措施,并有权要求赔偿损失。第二款规定,合同因违约解除的,当事人有权请求违约方承担违约责任,但当事人另有约定的除外。第三款规定,主合同解除后,担保人对债务人应当承担的民事责任仍应承担担保责任,但担保合同另有约定的除外。

有的地方和部门建议明确区分有溯及力和无溯及力的合同解除,并明确各自的适用范围。

有的单位提出,合同解除后债务人所承担的未必是民事责任,也可能是返还原物等义务,建议将第三款中的“担保人对债务人应当承担的民事责任仍应承担担保责任”修改为“担保人对债务人应当承担的义务仍应承担担保责任”。

有的单位建议将第一款修改为:“合同解除后,尚未履行的,终止履行;已经履行的,根据履行情况和合同性质,当事人可以要求恢复原状。”第二款修改为:“合同因违约解除的,当事人有权请求违约方承担损害赔偿责任,但当事人另有约定的除外。”第三款修改为:“主合同解除后,担保人的担保责任不受影响,但当事人另有约定的除外。”

(九)法定抵销

征求意见稿第一百一十条第一款规定,当事人互负债务,该债务的标的物种类、品质相同的，任何一方可以将自己的债务与对方的到期债务抵销，但根据合同性质、按照当事人约定或者依照法律规定不得抵销的除外。第二款规定，当事人主张抵销的，应当通知对方。通知自到达对方时生效。抵销不得附条件或者附期限。

有的单位建议，一是将第一款中的“合同性质”修改为“债务性质”，以便适用于非合同之债。二是删除第二款中的“通知自到达对方时生效”，民法总则已规定了意思表示到达生效的一般规则，本条没有必要重复规定。

有的单位提出，“抵销不得附条件或者附期限”的规定，在若干情形下极不合适，建议设置但书规定：“但是所附条件已经对方当事人同意，或者条件的成就与否纯由对方当事人决定的除外。”

（十）提存的成立

征求意见稿第一百一十三条第一款规定，债务人将合同标的物或者将标的物依法拍卖、变卖所得款项交付提存部门时，提存成立。第二款规定，提存成立的，视为债务人在其提存范围内已经履行债务。

有的单位提出，提存物如有瑕疵，债务人仍应承担瑕疵担保责任，并不能认为已经履行债务，只是履行了交付标的物的义务而已。建议将第二款修改为：“提存成立的，视为债务人在其提存范围内已经交付标的物。”

（十一）提存通知

征求意见稿第一百一十四条规定，标的物提存后，除债权人下落不明的以外，债务人应当及时通知债权人或者债权人的继承人、遗产管理人、监护人。

有的单位提出，根据民法总则的规定，下落不明时的提存通知应该通过公告方式作出。建议删除“债权人下落不明”的内容。

有的单位建议在“监护人”后增加“失踪人的财产代管人”。

有的地方建议将本条修改为：“标的物提存后，债务人应当及时通知债权人或者债权人的继承人、遗产管理人、监护人，但债权人下落不明且没有继承人、遗产管理人、监护人的除外。”

（十二）免除债务

征求意见稿第一百一十七条规定，债权人免除债务人部分或者全部债务的，合同的权利义务部分或者全部终止，但债务人在知道或者应当知道债权人免除债务之日起合理期限内拒绝的除外。

有的单位提出，现在规定的免除是单方行为还是双方契约不清楚，一般会理解为契约说，建议进一步明确。有的单位提出，本条采契约说，与我国通说不符，建议删除但书。

有的地方提出，依照本条规定，债权人免除债务人义务的同时有权不履行本应由其履行的义务，这属于变相擅自更改合同的行为，明显对另一方当事人不利。建议删除本条或者修改为:“债权人可以免除债务人部分或者全部债务,但债权人在原合同中的义务仍应履行。”

有的单位提出,本条使用了“应当知道”与“合理期限”两个不确定概念,在法律适用中必然会存在不明晰之处,平添法律解释的问题。建议将“免除”修改为“合意免除”,则债务人的意思得到了尊重,有利于法律适用。

九、关于违约责任

(一)总的意见

有的单位建议本章章名修改为“违约救济”;在本章增加违约解除的规定;规定违约责任和侵权责任在损害赔偿上的竞合。

有的地方建议在故意违约的情况下,增加精神损害赔偿或者惩罚性赔偿的规定。

(二)违约形态和责任种类

征求意见稿第一百一十九条规定,当事人一方不履行合同义务或者履行合同义务不符合约定的,应当承担继续履行、采取补救措施或者赔偿损失等违约责任。

有的单位建议将“不符合约定”修改为“不适当”。“不适当”不仅包括“不符合约定”,也包括其他违反诚信的行为,更为周延。

有的单位建议删除“采取补救措施”。因为在学理上和司法实践中均认为继续履行和采取补救措施都主要是指修理、更换等,两者存在重叠,不应予以并列规定。

有的部门提出,承担违约责任的前提是不存在法定的免责事由或者当事人约定的免责条款,建议加上但书规定:“但法律另有规定或者当事人另有约定的除外。”

(三)非金钱债务的违约责任

征求意见稿第一百二十二条规定,当事人一方不履行非金钱债务或者履行非金钱债务不符合约定的,对方可以要求履行,但有下列情形之一的除外:(1)法律上或者事实上不能履行;(2)债务的标的不适于强制履行或者履行费用过高;(3)债权人在合理期限内未要求履行。

有的单位建议将第二项修改为:“债务的标的不适于强制履行或者履行费用过高,并提出抗辩的。”

有的单位建议增加一项作为第四项:“法律、行政法规规定的其他情形。”

(四)替代履行

征求意见稿第一百二十三条规定,债务人不履行债务或者履行债务不符合约定的,依债务的性质不得强制债务人履行的,债权人可以请求人民法院判决债务人负担费用,由第三人替代履行。

有的地方提出，在由第三人代为履行的情况下，不确定因素较多，不宜由法院直接判决，且该种情况完全可以通过债权人自主决定是否继续该交易，或选择第三人另行交易，由债务人承担违约责任的方式解决。建议将“债权人可以请求人民法院判决债务人负担费用，由第三人替代履行”修改为“债权人可以主张相应的违约损失”。

有的部门建议增加一款规定：“债务人不履行债务，依债务的性质不得强制债务人履行，也不能由第三人替代履行的，债权人可以请求人民法院判决债务人赔偿因此造成的损失。”

（五）履行不符合约定的违约责任

征求意见稿第一百二十四条规定，履行不符合约定的，应当按照当事人的约定承担违约责任。对违约责任没有约定或者约定不明确，依照本编第五十一条的规定仍不能确定的，受损害方根据标的的性质以及损失的大小，可以合理选择要求对方承担修理、更换、重作、退货、减少价款或者报酬等违约责任。

有的单位提出，退货属于解除合同的效果，不是违约责任方式，建议删除“退货”。

有的单位提出，修理、更换、重作与退货、减少价款或者报酬并不在同一顺位，对于瑕疵问题，应该优先考虑修理、重作、更换的救济手段，只有无法或者没有必要继续履行以及在合理期限内继续履行没有效果等情况下，才可以要求退货、减价等。

有的单位提出，履行的时间地点不符也属于履行不符合约定，建议将“履行不符合约定的”修改为“瑕疵履行的”。

（六）违约金

征求意见稿第一百二十七条第一款规定，当事人可以约定一方违约时应当根据违约情况向对方支付一定数额的违约金，也可以约定因违约产生的损失赔偿额的计算方法。第二款规定，约定的违约金低于造成的损失的，人民法院或者仲裁机构可以根据当事人的请求予以增加；约定的违约金过分高于造成的损失的，人民法院或者仲裁机构可以根据当事人的请求予以适当减少。第三款规定，当事人就迟延履行约定违约金的，违约方支付违约金后，还应当履行债务。

一些地方和单位提出，第二款违约金过低可以请求增加的规定，一是欠缺可归责性的内容，二是实务中要证明违约金低于损失较为困难，三是违约金过低当事人仍可以要求相应的损害赔偿，建议删除该规定并将第二款修改为：“违约金是损害赔偿额的预定，约定的违约金过分高于造成的损失的，人民法院或者仲裁机构可以根据当事人的请求或依职权予以适当减少。”

一些地方建议对逾期付款违约金约定过高的情形予以调整的标准和范围予以明确。实践中各地法院做法不一，有必要予以统一、明确。

有的地方提出,认可商事主体为自身设置惩罚性违约金的效力,可以更大限度的保证商事领域的交易安全,建议增加规定商事主体的惩罚性违约金条款。有的地方建议第二款末尾增加规定"但企业之间约定的违约金除外",以避免对违约金的过多干预。

有的地方和代表建议增加一款作为第三款:"当事人约定的违约金超过实际损失的百分之三十的,一般可以认定为过分高于所造成的损失。"

(七)定金罚则

征求意见稿第一百二十九条规定,债务人履行债务后,定金应当抵作价款或者收回。给付定金的一方不履行约定的债务的,无权要求返还定金;收受定金的一方不履行约定的债务的,应当双倍返还定金。

有的单位和部门提出,在债务履行完毕后,不存在定金再额外抵作价款的情况,建议删除本条中的"抵作价款",并增加规定:"债务人履行债务时,可以将定金抵作价款的一部分。"

有的单位建议明确适用定金罚则后,还是否可以继续要求履行合同。

有的地方建议增加两款,第二款规定:"当事人一方不完全履行合同的,应当按照未履行部分所占合同约定内容的比例,适用前款规则。"第三款规定:"双方违约的,当事人均可依据定金条款向对方当事人主张违约责任。"

(八)拒绝受领和迟延受领

征求意见稿第一百三十一条第一款规定,债务人按照合同约定履行债务,债权人无正当理由拒绝受领的,债务人有权请求债权人赔偿增加的费用和所受到的损失。第二款规定,在债权人受领迟延期间内,债务人无需支付利息。

有的单位建议将第一款中的"赔偿增加的费用和所受到的损失"修改为"赔偿因此而增加的费用和受到的损失"。

有的单位建议第一款修改为:"债务人按照合同约定履行债务或提出给付的,债权人无正当理由拒绝受领或不能受领的,不可归责于债务人。债务人仅对故意或者重大过失造成的损害负赔偿责任。"第二款修改为:"债务人有权请求债权人偿还增加的费用。在债权人受领迟延期间内,债务人仅就其收取的孳息负返还义务。"

(九)不可抗力

征求意见稿第一百三十二条第一款规定,当事人一方因不可抗力不能履行合同的,根据不可抗力的影响,部分或者全部免除责任,但法律另有规定的除外。因不可抗力不能履行合同的,应当及时通知对方,以减轻可能给对方造成的损失,并应当在合理期限内提供证明。第二款规定,当事人迟延履行后发生不可抗力的,不免除其违约责任。第三款规定,当事人一方因不可抗力导致继续履行合同对其明显不公平的，有权请求人民法院或者仲裁机构变更或者解除合同。

有的地方建议增加因不可抗力不能履行合同的，除应及时通知对方外，还应采取适当措施以减轻或防止损失扩大的规定。

有的单位建议删除第三款中的“变更”，以与民法总则的规定一致。有的单位提出，第三款属于情势变更的内容，建议删除第三款，并恢复规定合同法中不可抗力的定义。

（十）因第三人原因造成的违约

征求意见稿第一百三十六条规定，当事人一方因第三人的原因造成违约的，应当依法向对方承担违约责任。当事人一方和第三人之间的纠纷，依照法律规定或者按照约定解决。

有的单位建议将本条修改为履行辅助人条款。

有的地方和单位提出，第三人与债务人之间存在不同形式的连接方式，本条将第三人引致的违约不加区分地归责于债务人显非妥当，建议删除。

（十一）其他

一些地方、部门和单位建议增设与有过失规则，以弥补违约损害赔偿范围计算中的规则缺失：“合同当事人一方违约造成对方损失，对方对损失的发生也有过错的，违约方可以主张相应扣减损失赔偿额。”

十、关于买卖合同

（一）总的意见

有的单位建议本章分为一般规定、所有权保留、特种买卖、其他合同的参照适用共四节。

有的部门提出，一是为了规避法律强制性规定或保障交易安全，实践中有很多交易会嵌套买卖交易的形态，目前尚无相应规定，建议增加两条担保型买卖合同效力条款，具体条文为：第一条：“买受人与出卖人订立买卖合同的意思表示均为虚假的，该买卖合同无效”；第二条第一款：“买受人与出卖人订立买卖合同作为其他合同的担保的，该买卖合同不发生效力。但所担保的其他合同履行期届满后当事人同意买卖合同生效的除外。”第二款：“前款规定中，买卖合同生效并履行后将损害第三人利益的，第三人可以主张撤销该买卖合同。”二是建议增加关于买回制度的规定。

（二）买卖合同的标的物

征求意见稿第一百四十条第一款规定，出卖人应当对出卖的标的物享有所有权或者处分权。因出卖人未取得所有权或者处分权致使标的物所有权不能转移的，买受人可以解除合同并要求出卖人承担违约责任。第二款规定，法律、行政法规禁止或者限制转让的标的物,依照其规定。

有的地方建议将第一款中的"所有权或者处分权"修改为"处分权"。有的地方建议删除第一款中的"出卖人应当对出卖的标的物享有所有权或者处分权",因为无所有权或者处分权不影响合同的效力。

有的单位提出,一是因解除后不能要求继续履行,建议将要求出卖人承担违约责任修改为损害赔偿等具体的违约责任。二是建议将无权处分放在合同编总则中规定。

有的单位提出,第一款规定的是出卖人处分权问题而非限制流通物问题,第二款规定的是限制流通物买卖,建议删除第二款,另设条文予以规定。

(三)质量瑕疵担保

征求意见稿第一百六十条规定,出卖人交付的标的物不符合质量要求的,买受人可以依照本编第一百二十四条、第一百二十六条的规定要求承担违约责任。但是买受人在订立合同时知道或者应当知道该标的物存在不符合质量要求的瑕疵,且存在该瑕疵不违反法律、行政法规强制性规定的除外。

有的部门和地方提出,质量瑕疵担保责任的制度功能已经被违约责任所覆盖,建议整体删除。即使不整体删除,也应当删除第二句中的"应当知道",因为这对一般消费者过于苛刻。

有的部门建议将最后一句修改为"且该瑕疵不违反强制性标准的除外"。

有的单位提出,将违法性瑕疵规定为必须担保的内容不合逻辑,比如黑心棉小作坊明知采购的是黑心棉仍然采购并进行加工转售,如果认为该小作坊可以向其出卖人主张违反质量担保义务的违约责任,显然不妥。建议将但书修改为:"但是买受人在订立合同时知道或者应当知道标的物不符合质量要求的除外。"

(四)买受人检验标的物的异议通知

征求意见稿第一百六十四条第一款规定,当事人约定检验期间的,买受人应当在检验期间内将标的物的数量或者质量不符合约定的情形通知出卖人。买受人怠于通知的,视为标的物的数量或者质量符合约定。第二款规定,当事人没有约定检验期间的,买受人应当在发现或者应当发现标的物的数量或者质量不符合约定的合理期间内通知出卖人。买受人在合理期间内未通知或者自标的物收到之日起两年内未通知出卖人的,视为标的物的数量或者质量符合约定,但对标的物有质量保证期的,适用质量保证期,不适用该两年的规定。第三款规定,出卖人知道或者应当知道提供的标的物不符合约定的,买受人不受前两款规定的通知时间的限制。

有的单位提出,关于质量异议期间及其法律效果的规定,最好将其适用范围限缩为商事买卖,一般的民事买卖合同不适用该规定。

有的地方建议将第二款但书修改为"但对标的物有质量保证期的,以其作为质量检验期间”。数量检验期和质量检验期的识别难度不同，应分别予以规定。

（五）异议期间的确定

征求意见稿第一百六十五条第一款规定，当事人约定的检验期间过短，根据标的物的性质和交易习惯，买受人在检验期间内难以完成全面检验的，该期间仅视为买受人对外观瑕疵提出异议的期间。第二款规定，约定的检验期间或者质量保证期间短于法律、行政法规规定的检验期间或者质量保证期间的，应当以法律、行政法规规定的检验期间或者质量保证期间为准。

有的地方建议将第一款最后一句修改为“该期间仅视为买受人对外观瑕疵或数量提出异议的期间”。

有的单位建议增加一款作为第二款：“买受人对隐蔽瑕疵提出异议的合理期间，应当综合交易性质、交易习惯、标的物的种类、瑕疵的性质、买受人应尽的合理注意义务以及其他合理因素，依据诚实信用原则进行判断。最长的合理期间为两年。该期间为不变期间，不适用诉讼时效中止、中断或者延长的规定。”

有的单位提出，有关检验期间、通知期间、质量保证期的规定在司法实践中比较混乱，需要在立法上予以澄清，建议将第一百六十三条至第一百六十五条统一修改为四款，第一款：“买受人收到标的物后应当及时检验，并在发现或者应当发现标的物的数量或者质量不符合约定的合理期间内通知出卖人。买受人怠于通知的，推定标的物交付时数量或者质量符合约定。”第二款：“当事人约定的异议期间过短，依照标的物的性质和交易习惯，买受人在该期间内难以完成全面检验或者形成异议的，视为有关标的物外观的异议期间。”第三款：“消费者在标的物质量保证期内或者在质量保证期经过后立即将标的物的质量或者数量不符合约定的情形通知经营者的，视为在合理期间内通知。”第四款：“出卖人知道或者应当知道提供的标的物不符合约定的，买受人不受前三款规定的时间限制。”

（六）分期付款买卖

征求意见稿第一百七十七条第一款规定，分期付款的买受人未支付到期价款的金额达到全部价款的五分之一，经催告后在合理期限内仍未支付已到期价款的，出卖人可以要求买受人支付全部价款或者解除合同。第二款规定，出卖人解除合同的，可以向买受人要求支付该标的物的使用费。

有的部门建议第一款的句首增加规定“当事人可以在买卖合同中约定”。变法定为约定，有助于平衡双方当事人的利益。

有的单位提出，第一款中“买受人未支付到期价款的金额达到全部价款的五分之一”足以维护出卖人与买受人的利益平衡，建议删除“经催告后在合理期限内仍未支付已到期价款的”的要求。

有的单位建议第一款第一句修改为“分期付款的买受人为消费者的，当其未支付到期价款的金额达到全部价款的五分之一”，以限制适用范围，避免过多争议。

有的单位提出，在满足合同解除一般条款的前提下，迟延支付的价款尚未达到全部价款五分之一时，出卖人可否行使解除权，建议予以明确。

有的地方和代表建议增加一款作为第三款：“对于买受人未支付到期的货款，经双方同意把未付款转为借款的，约定的借款期限届满，买受人仍未支付价款的，出卖人有权按照买卖合同主张债权。”

（七）所有权保留

征求意见稿第一百八十五条第一款规定，出卖人对买卖合同的标的物保留的所有权，不得对抗正常经营活动中已支付合理价款并取得标的物的买受人；未经所有权保留登记，不得对抗善意第三人。第二款规定，出卖人将标的物交付给买受人后二十日内完成所有权保留登记的，可以对抗买受人的担保物权人，但留置权人除外。

一些地方提出，本条第一款中的“买受人”指代不明，建议明确为买受人取得标的物后又通过正常经营活动出售出去的其他买受人，避免与第二款中的“买受人”混淆。

有的单位建议修改所有权保留登记的法律效果为：“出卖人对买卖合同的标的物保留所有权，未经所有权保留登记，不得对抗善意第三人。”目前的规范设计对登记的法律效果限制较大，对相关交易中债权人的交易安全影响较大，还需慎重。

有的地方和单位提出，鉴于动产所有权保留登记事项较为复杂，建议增加一款作为第三款：“国家对动产的所有权保留登记的范围、机关等由法律、行政法规规定。”

十一、关于供用电、水、气、热力合同

征求意见稿第一百九十九条规定，用电人应当按照国家有关规定和当事人的约定及时交付电费。用电人逾期不交付电费的，应当按照约定支付违约金。经催告用电人在合理期限内仍不交付电费和违约金的，供电人可以按照国家规定的程序中止供电。

有的单位和地方提出，电水气热力等为生活、生产经营所必需，而供应企业又具垄断性，且所欠电费与中止供电造成的损失之间多不匹配，为平衡当事人之间的利益，建议增设供电人的事先通知义务，增加一款作为第二款：“供电人依前款规定中止供电的，应当事先通知用电人。因未事先通知用电人中止供电，造成用电人损失的，应当承担损害赔偿责任。”

有的地方认为，对于提供水、电、气的公共事业型单位应当承担相应义务，即使因此有部分经济损失，但为了保护困难群体的生活必需，也不应当中止提供水、电、

气,这样才有利于维护当事人的地位平等。

十二、关于赠与合同

(一)赠与的撤销及例外

征求意见稿第二百零三条第一款规定,赠与人在赠与财产的权利转移之前可以撤销赠与。第二款规定,具有救灾、扶贫等社会公益、道德义务性质的赠与合同或者经过公证的赠与合同,不适用前款规定。

有的单位建议在第二款不得撤销的赠与范围中加上"其他法律另有规定的情形",以与公益事业捐赠法规定的范围相一致。

有的单位提出,为有利于解决实践中存在的虚假助残捐赠问题,建议第二款修改为:"具有救灾、扶贫、助残等社会公益、道德义务性质的赠与合同或者经过公证的赠与合同,不适用前款规定。"

有的单位提出,本条规定不利于赠与法律关系的稳定,建议将赠与合同规定为法定要式合同,并且形式以书面而非公证为宜,同时明确社会公益、道德义务性质的赠与可以不用书面形式。

(二)撤销赠与的情形

征求意见稿第二百零八条第一款规定,受赠人有下列情形之一的,赠与人可以撤销赠与:(1)严重侵害赠与人或者赠与人近亲属的合法权益;(2)对赠与人有扶养义务而不履行;(3)不履行赠与合同约定的义务。

有的单位建议在句首增加"无论赠与财产权利是否已经转移",以明确本条的适用范围,便于实践操作。

有的单位建议删除第一项中"的合法权益"。现行合同法限于侵害赠与人近亲属的人身利益,征求意见稿本条规定将财产利益也包含在内,没有充分理由。

有的地方建议第一项修改为"受赠人侵害赠予人或者赠予人近亲属的合法权益,应承担刑事责任的"。

有的地方建议对第一项中"严重侵害"的认定标准予以明确。有的地方建议,一是将第一项修改为"故意侵害赠与人的合法权益"。"严重侵害"可能存在理解差异化,司法实践中缺乏可操作性。二是增加一项,作为第四项:"(四)赠与人认为应当撤销赠与的其他行为。"

十三、关于借款合同

(一)总的意见

有的单位建议,一是本章以银行借款为基本原型,区分商业借款合同和民间借贷,分作两节加以规定;二是专节规定委托贷款法律制度。有的部门和地方建议本章分为“一般规定”、“金融借款合同”和“民间借款合同”三节加以规定。

有的地方和单位建议规定复利的规则,明确复利的计算标准。

有的部门建议增加认可企业间借款行为的规定,并对民间借款合同无效情形作出列举性规定。

(二)自然人之间借款合同的生效

征求意见稿第二百二十五条规定,自然人之间的借款合同,自贷款人提供借款时生效。

有的单位建议将本条放在第二百一十二条之后规定。

有的单位提出,自然人之间的借款合同为要物合同,建议将“生效”修改为“成立”。

一些地方和单位提出,为便于实践操作,并与司法实践保持一致,建议本条修改为:“自然人之间的借款合同,自贷款人提供借款时生效。具有下列情形之一,可以视为具备自然人之间借款合同的生效要件:(一)以现金支付的,自借款人收到借款时;(二)以银行转账、网上电子汇款或者通过网络贷款平台等形式支付的,自资金到达借款人账户时;(三)以票据交付的,自借款人依法取得票据权利时;(四)出借人将特定资金账户支配权授权给借款人的,自借款人取得对该账户实际支配权时;(五)出借人以与借款人约定的其他方式提供借款并实际履行完成时。”

(三)非金融借款合同的利率

征求意见稿第二百二十六条第一款规定,金融机构以外的其他组织贷款的借款合同约定支付利息的,借款的利率不得违反国家有关借款利率的规定;对支付利息没有约定或者约定不明确的,按照中国人民银行公布的同期贷款基准利率支付利息。第二款规定,自然人之间的借款合同约定支付利息的,借款的利率不得违反国家有关借款利率的规定;对支付利息没有约定或者约定不明确的,视为不支付利息。

有的地方建议将“其他组织”修改为“法人和非法人组织”。有的地方提出,本条遗漏了自然人作为贷款人向企业或者其他组织放贷的情形,建议将“其他组织”修改为“金融机构以外的其他组织之间或其他组织与自然人之间”。

有的部门和单位建议将第一款中“对支付利息没有约定或者约定不明确的,按照中国人民银行公布的同期贷款基准利率支付利息”的表述修改为“对支付利息没有约定或者约定不明确,出借人主张利息的,按照当地或者当事人的交易方式、交易习惯、市场利率等因素确定利息”。

有的部门和单位建议第二款增加规定:“借款人逾期还款的或者借期不明时经贷款人主张还款而不还款的,贷款人可以按照中国人民银行公布的同期贷款基准利率主张逾期利息。”

有的地方和单位建议将本条合并到第二百一十九条中,第一款规定金融机构的利率,第二款规定金融机构以外其他组织的利率。

有的地方和代表建议参照最高人民法院发布的《关于审理民间借贷案件适用法律若干问题的规定》第二十六条规定,明确具体的利率标准。

十四、关于保证合同

(一)总的意见

有的单位建议本章不设节,并调整至合同编倒数第二章。

一些地方和单位建议将标题"保证合同"修改为"担保合同",并增加关于抵押、质押、留置、定金的相关规定,这样从体系上更为完整。

有的部门建议,一是增加担保法中保证责任免除情形的规定:"有下列情形之一的,保证人不承担民事责任:(一)主合同当事人双方串通,骗取保证人提供保证的;(二)主合同债权人采取欺诈、胁迫等手段,使保证人在违背真实意思的情况下提供保证的。"二是明确债权人放弃债务人自己提供物的担保的,保证人可免除相应的保证责任,以与物权编第一百八十一条的规定相衔接。

(二)保证合同的效力

征求意见稿第二百二十八条第一款规定,保证合同是主债权债务合同的从合同。主债权债务合同无效,保证合同无效,但法律另有规定或者当事人另有约定的除外。第二款规定,保证合同被确认无效后,债务人、保证人、债权人应当根据其过错各自承担相应的民事责任。

有的地方建议增设一款,有条件地承认独立保证。

有的地方建议将第一款中的"主债权债务合同"修改为"主合同",有的单位建议将"主债权债务合同"中的"合同"二字删除,因为法定之债也可能设保证。

(三)不得担任保证人的范围

征求意见稿第二百二十九条规定,下列组织不得担任保证人:(1)机关法人,但经国务院批准为使用外国政府或者国际经济组织贷款进行转贷的除外;(2)以公益为目的的法人、非法人组织;(3)法人的职能部门;(4)法人的分支机构。第二款规定,法人的分支机构取得法人书面授权的,可以在授权范围内提供保证。

有的单位提出,一是法人的职能部门并非组织,建议删除第一款第三项;二是法人的分支机构是否能够订立保证合同,与订立其他合同规则相同,无需在此作特别规定,民法总则已有规定,建议删除第一款第四项和第二款。有的单位建议删除第一款第四项。

有的单位建议将第二款与第一款第四项合并,修改为"(四)法人的分支机构,但取得法人书面授权的除外"。

有的单位建议第一款增加一项作为第五项“(五)法律、行政法规规定的其他法人或者组织”,为供销合作社等特别法人或者有关组织是否适合担任保证人留有空间,也有利于与其他法律、行政法规相衔接。

有的单位建议在第二款末尾增加一句:“授权范围不明的,在保证合同约定的担保范围内承担保证责任。”

(四)保证方式

征求意见稿第二百三十二条第一款规定,保证的方式包括一般保证和连带责任保证。第二款规定,当事人在保证合同中对保证方式没有约定或者约定不明确的,按照连带责任保证承担保证责任,但自然人之间的保证合同除外。

一些单位提出,将连带责任保证作为保证的典型形态不符合保证责任的补充性原理,不利于保护保证人。建议第二款规定,对保证方式没有约定或者约定不明确的,推定为一般保证。

有的地方建议删除第二款中的“但自然人之间的保证合同除外”。保证方式约定不明或没有约定时的法律推定,不应当以主体组织形态为区分依据,才有利于市场主体的平等保护。

有的地方建议将第二款修改为:“当事人在保证合同中对保证方式没有约定或者约定不明确的,按照一般保证承担保证责任,但法人、非法人组织之间的保证合同除外。”

(五)一般保证的定义及效力

征求意见稿第二百三十三条第一款规定,当事人在保证合同中约定,债务人不能履行债务时,由保证人承担保证责任的,为一般保证。第二款规定,一般保证的保证人在就债务人的财产依法强制执行仍不能履行债务前,有权拒绝承担保证责任。第三款规定,有下列情形之一的,保证人不得行使前款规定的权利:(1)债务人下落不明或者移居境外,且无财产可供执行;(2)人民法院受理债务人破产案件,中止执行程序;(3)债权人有证据证明债务人的财产不足以履行全部债务或者明显缺乏履行债务能力;(4)保证人明确放弃前款规定的权利。

有的地方建议明确规定,保证人在就债务人的财产依法强制执行仍不能履行债务时,承担保证责任的,为一般保证。

一些部门和单位建议删除第三款第一项中的“或者移居境外”。

有的单位提出,第三款第三项规定不利于保护一般保证人的利益,同时在举证上会出现困难,建议删除第三款第三项中的“的财产不足以履行全部债务或者”。有的地方建议删除第三款第三项,以防止债权人与债务人恶意串通,骗取保证人承担保证责任的情形。

(六)保证债务诉讼时效的起算

征求意见稿第二百三十九条第一款规定,一般保证的债权人在保证期间届满前对债务人提起诉讼或者申请仲裁的，从判决或者仲裁裁决生效之日起，开始计算保证债务的诉讼时效。第二款规定，连带责任保证的债权人在保证期间届满前要求保证人承担保证责任的，从债权人要求保证人承担保证责任之日起，开始计算保证债务的诉讼时效。

有的单位提出，不管一般保证、连带保证，只要在保证期间内债权人要求承担保证责任，就应开始起算保证债务的诉讼时效。

有的地方提出，按照本编二百三十三条规定，只有在对债务人经过强制执行程序后，才会涉及一般保证的保证人责任。在判决书或仲裁裁决书生效之日，债权人尚不能向一般保证人主张权利，此时开始计算诉讼时效不利于保护债权人的合法权益。建议第一款修改为："一般保证的债权人在保证期间届满前对债务人提起诉讼或者申请仲裁的，从债权人依法可以要求保证人承担保证责任之日起，开始计算保证债务的诉讼时效。"

（七）保证债务诉讼时效的中断和中止

征求意见稿第二百四十条第一款规定，一般保证中，主债务诉讼时效中断，保证债务诉讼时效中断；连带责任保证中，主债务诉讼时效中断，保证债务诉讼时效不中断。第二款规定，一般保证和连带责任保证中，主债务诉讼时效中止的，保证债务的诉讼时效同时中止。

一些地方和单位建议删除本条以及第二百三十九条。保证债务诉讼时效属于诉讼时效的一般性问题，两条规定混淆了主债务诉讼时效与保证期间。

有的代表提出，就连续性合同需明确每一期或每一笔的诉讼时效的计算方式。建议增加一款作为第三款："当事人约定同一债务分期履行的，对分期履行合同及同一债权人与同一债务人之间，一段期间内基于同一个整体的意思表示而连续发生的多笔交易的，每一期债务或每一笔债务发生争议的，诉讼时效期间自该期或该笔债务履行期届满之日的次日起算，但分期履行和多笔交易具有整体性，诉讼时效应当从最后一笔交易履行期限届满之日起算。"

十五、关于租赁合同

（一）总的意见

有的单位建议规定不动产租赁权登记制度，未登记的不能对抗善意第三人。

有的地方建议将第二百五十五条、第二百七十八条、第二百八十二条第一款关于不定期租赁的三种情形整合为一条。

有的单位建议参照德国的做法，对租赁合同规定租金管制。

（二）买卖不破租赁

征求意见稿第二百七十三条规定，租赁物在承租人依据租赁合同占有期间发生所有权变动的，不影响租赁合同的效力。

一些部门和单位建议将本条规定限于房屋租赁或住宅租赁，并规定经登记备案的租赁合同才具有使买受人承受租赁负担的效力。

有的单位建议明确在租赁物所有权变动后，新的所有权人替代原出租人成为租赁合同当事人，原出租人作为保证人对不履行租赁合同所发生的债务承担补充责任。

有的单位建议增加第二款："承租人因不可归责于其自身的原因丧失占有的，适用前款规定。"

（三）承租人的优先购买权

征求意见稿第二百七十四条第一款规定，出租人出卖租赁房屋的，应当在出卖之前的合理期限内通知承租人，承租人享有以同等条件优先购买的权利，但房屋共有人行使优先购买的权利或者出租人将房屋出卖给近亲属的除外。第二款规定，出租人履行通知义务后，承租人在十五日内未明确表示购买的，视为承租人放弃优先购买的权利。

有的部门和单位提出，承租人的优先购买权制度是弱者保护理念的典型体现，具有特定的时代色彩，现代社会弱者保护主要靠社会保障实现，建议取消该项制度。

一些单位提出，共有人优先购买权的标的是共有物的份额，而承租人优先购买权的标的是物本身，两者不存在冲突。建议删除"但房屋共有人行使优先购买的权利"。

有的地方建议明确"出卖之前的合理期限"，以便于实践操作。

有的单位建议第二款修改为："承租人自知道或者应当知道出租人与第三人之间的最终交易条件后，在十五日内未表示购买的，视为承租人放弃优先购买的权利。"

（四）侵害优先购买权的救济

征求意见稿第二百七十五条规定，出租人未通知承租人或者有其他侵害承租人优先购买权情形的，承租人有权请求出租人承担损害赔偿责任。除法律另有规定外，出租人与第三人订立的房屋买卖合同的效力不受影响。

有的单位建议将"侵害"修改为"妨害"。有的地方建议在"侵害承租人优先购买权情形的"之后增加"造成承租人损失的"内容，避免产生只要侵害承租人优先购买权，出租人即应当赔偿承租人的歧义。

有的单位建议删除"除法律另有规定外"表述，因为现行法律中不存在例外规定。

有的地方建议明确在仅丧失优先购买权没有其他实际经济损失时的赔偿标

准,并增加承租人明确表示购买后又放弃购买时的违约责任。

十六、关于融资租赁合同

征求意见稿第二百九十二条第一款规定,出租人享有租赁物的所有权。承租人破产的,租赁物不属于破产财产。第二款规定,出租人对租赁物享有的所有权,未经融资租赁登记的,不得对抗善意第三人。

有的部门建议本条修改为两款,第一款:“出租人享有租赁物的所有权,但未经融资租赁登记不得对抗善意第三人,承租人破产时也不能行使取回权。”第二款:“融资租赁合同租赁物的登记机关和登记办法,由法律或者行政法规另行规定。”

有的单位提出,出租人对于租赁物的所有权本质上为担保权,建议第二款修改为:“出租人对租赁物享有的所有权,参照适用本法关于动产抵押权的规定。”

十七、关于建设工程合同

(一)总的意见

有的单位提出,建设工程合同领域阴阳合同效力问题特别普遍,建议作针对性的规定。

有的地方和单位建议对“施工人”“承包人”等概念予以明确和统一。

有的地方建议参考司法解释,规定发包人或者承包人单方解除权的适用情形。

(二)建设工程合同无效的处理

征求意见稿第三百四十八条第一款规定,建设工程施工合同无效,但建设工程经竣工验收合格的,可以参照合同的约定支付工程价款。第二款规定,建设工程施工合同无效,且建设工程经竣工验收不合格的,按照以下情形处理:(1)修复后的建设工程经竣工验收合格的,发包人可以要求承包人承担修复费用;(2)修复后的建设工程经竣工验收不合格的,承包人不能要求支付工程价款。第三款规定,发包人对因建设工程不合格造成的损失有过错的,应当承担相应的责任。

有的单位建议对第一款再斟酌。合同无效时按照合同的约定支付工程款,可能使合同无效不再具有法律意义。

有的单位建议将第一款中的“可以参照合同的约定支付工程价款”修改为“承包人可以请求参照合同的约定支付工程价款”。有的单位建议在第二款第一项末尾加上“可以参照本编有关不当得利的规定”。

(三)工程质量验收

征求意见稿第三百五十五条规定,建设工程未经竣工验收,发包人擅自使用的,除存在违反法律、行政法规强制性规定的情形以外,视为工程质量验收合格,但承包人应当在建设工程的合理使用寿命内对地基基础工程和主体结构质量承担责任。

一些地方和单位提出，现行建筑方面法律法规明确规定建设工程未经竣工验收不得交付使用，为防止本条立法目的落空，建议删除“除存在违反法律、行政法规强制性规定的情形以外”。

有的单位建议本条修改为：“建设工程未经竣工验收，发包人擅自使用的，推定发包人使用时建设工程质量符合合同要求，但承包人应当在建设工程的合理使用寿命内对地基基础工程和主体结构质量承担民事责任。”

有的地方建议增加一款作为第二款：“建设工程尚未完工，承包人中途停工，发包人擅自更换施工人继续施工的，承包人已完成的工程质量适用前款规定。”

（四）承包人的优先受偿权

征求意见稿第三百六十五条第一款规定，发包人未按照约定支付价款的，承包人可以催告发包人在合理期限内支付价款。发包人逾期不支付的，除按照建设工程的性质不宜折价、拍卖的以外，承包人可以与发包人协议将该工程折价，也可以申请人民法院将该工程依法拍卖。建设工程的价款就该工程折价或者拍卖的价款优先受偿。第二款规定，前款所指的建设工程的价款包括承包人为建设工程应当支付的工作人员报酬、材料款、装修款等实际支出的费用。

有的部门建议，一是明确规定权利对抗的顺位与范围，并建立登记制度。建设工程价款优先受偿权制度在我国广泛拖欠建筑工程款的背景下，具有广泛的适用空间。最高人民法院《关于建设工程价款优先受偿权问题的批复》规定，建设工程价款优先受偿权可以对抗抵押权，但是不能对抗交付了全部或大部分房款的房屋买受人，需要进一步明确顺位。此外，建设工程价款优先受偿权也缺乏公示制度的支持。二是删除第二款。尽管该款吸收了最高人民法院《关于建设工程价款优先受偿权问题的批复》的规定，但与建设工程造价计算规则方法不符，实践中不具有可操作性，批复内容实际已被废止。

有的部门建议在建设工程折价或者拍卖后，明确对工程价款优先受偿权、抵押权、商品房买受人和拆迁安置户相关权利的保护顺序。

有的地方建议增加规定建设工程承包人就工程价款的法定优先受偿权，应当以登记为成立要件，并在工程竣工验收后六个月内行使。

有的部门提出，为了彻底解决农民工劳务报酬问题，建议增加一款作为第三款：“实行工作人员报酬与其他工程价款分账管理制度，承包人在工程项目所在地银行开设工资（劳务费）专用账户，专项用于支付工作人员报酬。发包人应按照建设工程合同约定的比例或承包人提供的人工费用数额，将应付工程价款中的人工费单独拨付到承包人设立的工资（劳务费）专用账户。发包人或承包人违法发包、转包导致工作人员报酬被拖欠的，由发包人和承包人承担连带责任。”

十八、关于运输合同

(一)旅客应当持有效客票乘运

征求意见稿第三百七十三条第一款规定,旅客应当持有效客票乘运。旅客无票乘运、超程乘运、越级乘运或者持失效客票乘运的,应当补交票款,承运人可以按照规定加收票款。旅客不交付票款的,承运人可以拒绝运输。第二款规定,实名制客运合同的旅客丢失客票的,可以要求承运人挂失补办,承运人不得再次收取票款。

有的部门提出,如果允许承运人按照规定加收票款,因未明确按照什么规定什么标准收取,实践中容易引发纠纷。建议删除"承运人可以按照规定加收票款"的规定。

有的地方提出,承运人虽不得收取票款,但现实中要收取手续费,且手续费的收取是合理的。建议第二款末尾增加规定:"但按相关规定收取手续费的除外。"

有的地方建议第二款修改为:"实名制客运合同的旅客丢失客票的,可以凭身份证明乘坐,也可以要求承运人挂失补办,承运人不得再次收取票款或者其他费用。"

(二)承运人向旅客的告知义务

征求意见稿第三百七十七条规定,承运人应当向旅客及时告知有关不能正常运输的重要事由和安全运输应当注意的事项。

有的部门和地方提出,现行法律对旅客安全运输义务的规定仅限于所携带的物品不得造成或增加运输的危险,特别是法律已规定船长、机长等特定主体的安全统筹权力,建议增加规定旅客的安全配合义务:"旅客对承运人为安全运输所作的安排应当积极协助配合。"

十九、关于技术合同

(一)总的意见

有的单位建议,一是将本章"技术成果"的表述统一改为"科技成果",体现与促进科技成果转化法等科技立法表述的一致性;二是将第三节"技术转让合同"修改为"技术转移合同",能够更好地概括该节所规范的内容。

有的部门建议,一是在第一节"一般规定"的最后增加一个条文,规定相关法律的适用顺位:"法律、行政法规对专利、专利申请合同、集成电路布图设计、植物新品种许可使用、转让合同、计算机软件开发、许可使用和转让等合同另有规定的,依照其规定。"二是将第三节的标题修改为"技术转让合同和技术许可合同",并对与技术转让相关的条款及用语,按照区分技术转让和技术许可的标准进行调整。

(二)技术合同无效的情形

征求意见稿第四百零八条规定,非法垄断技术、妨碍技术进步或者侵害他人技术成果的技术合同无效。

有的地方建议明确“非法垄断技术”的含义。有的单位建议删除本条,具体内容可由反垄断法、侵权责任法进行规制。有的部门建议本条修改为:“非法垄断技术、妨碍技术进步的技术合同无效。侵害他人技术成果订立的技术合同无效,但经权利人追认或者无处分权的人订立合同后取得处分权的除外。”

有的单位认为,侵害他人技术成果的技术合同的效力可能是待定的或者可撤销的。将其作为无效对待不仅与民法总则的内容冲突,而且不利于促进技术的进步。

二十、关于保管合同

征求意见稿第四百五十三条规定,保管期间,因保管人保管不善造成保管物毁损、灭失的,保管人应当承担损害赔偿责任,但保管是无偿的,保管人证明自己没有故意或者重大过失的,不承担损害赔偿责任。征求意见稿第四百五十四条规定,寄存人寄存货币、有价证券或者其他贵重物品的,应当向保管人声明,由保管人验收或者封存。寄存人未声明的,该物品毁损、灭失后,保管人可以按照一般物品予以赔偿。

有的单位建议,一是将第四百五十三条“保管人证明自己没有故意或者重大过失的”修改为“除非寄存人证明保管人存在故意或者重大过失的”。二是将第四百五十四条中的“按照一般物品予以赔偿”修改为“依法进行限额赔偿”。

有的部门建议对第四百五十四条中“一般物品”的含义予以明确,同时建议区分无偿保管和有偿保管并作出相应规定。

二十一、关于仓储合同

(一)仓储合同的生效

征求意见稿第四百六十一条规定,仓储合同自成立时生效。

一些单位提出,如果规定仓储合同为实践合同,则当存货人不交付货物仅承担缔约过失责任,保管人只能主张信赖利益的损失赔偿,这将使保管人的营业处于极不确定的状态,影响整个仓储行业的发展,因此应当明确仓储合同的诺成性。建议本条修改为:“仓储合同自保管人和存货人协商一致时成立。”

(二)保管人给付收货凭证

征求意见稿第四百六十四条规定,存货人交付仓储物的,保管人应当给付仓单、入库单等收货凭证。

有的单位建议明确仓单的法律性质。

有的地方提出，本条增加了“入库单”，实务中是否需要将“仓单”和“入库单”一同提交，建议斟酌。

有的地方和单位建议修改为：“存货人交付仓储物的，保管人应当给付仓单。”本条规定易混淆仓单和入库单的性质、作用，在实践中容易造成保管人依法只向存货人提供入库单的误解，导致存货人无法行使仓单中的各项权利。

二十二、关于委托合同

（一）贸易代理制度

征求意见稿第四百八十一条规定，受托人以自己的名义，在委托人的授权范围内与第三人订立的合同，第三人在订立合同时知道受托人与委托人之间的代理关系的，该合同直接约束委托人和第三人，但有确切证据证明该合同只约束受托人和第三人的除外。征求意见稿第四百八十二条对委托人的介入权和第三人的选择权作出了规定。

有的部门提出，这两条是在我国特定外贸代理体制背景下制定的，时过境迁，该制度的现实基础已不复存在，而且实践中这两个条文引发了很多纠纷和司法裁判争议，反而增加了交易风险，并且行纪合同部分已规定了间接代理。建议删除第四百八十一条、第四百八十二条。

有的地方提出，本条系借鉴英美法上委托合同制度设立，但实际上英美法并不区分委托与代理的关系。我国民法制度对委托合同与代理关系作出了明确的区分，代理行为应当仅仅限于直接代理。但本条实际上将隐名代理和间接代理杂糅在一起，从委托合同的角度突破了合同的相对性，从代理的角度又规定了第三人的选择权，结合了直接代理和间接代理特点，无法和现行代理制度在理论上契合。建议删除第四百八十二条。

（二）委托合同的解除

征求意见稿第四百八十九条规定，委托人或者受托人可以随时解除委托合同。因解除合同给对方造成损失的，除不可归责于该当事人的事由以外，无偿委托合同的解除方应当赔偿因解除时间不当造成的直接损失，有偿委托合同的解除方应当赔偿对方的直接损失和可以获得的利益。

有的部门建议将“委托人或者受托人可以随时解除委托合同”修改为：“无偿的委托合同，委托人或者受托人可以随时解除合同。有偿的委托合同，委托人或者受托人解除合同的，应在合理期限内通知对方。”

有的单位建议规定无偿委托合同的委托人或者受托人可以随时解除委托合同，而对于有偿委托合同没有必要赋予双方当事人任意解除权。德国民法典所称的委托合同是指无偿委托,有偿的委托称为"事务处理合同",当事人不享有任意解除权。

有的单位提出,损失不一定是解除时间不当造成的,建议将"解除时间不当"修改为"解除不当"。

有的单位提出,本条争议较大,合同解除之后究竟是赔偿还是补偿,不宜一概而论。建议恢复现行合同法第四百一十条的表述。

二十三、关于物业服务合同

(一)总的意见

有的部门建议积极回应实践需求,对物业服务人的违约、违法行为应承担的法律责任作出明确规定。

有的单位提出,本章的合同主体表述上有些乱,有时是当事人,有时是业主,有时是业主委员会或业主大会,这些主体在合同中是否都具有一定的法律地位,建议进一步研究。

(二)物业服务合同的定义

征求意见稿第四百九十三条第一款规定,物业服务合同是物业服务人在物业服务区域内,为业主持续提供房屋和配套设施设备的维修养护、环境卫生和相关秩序的维护等物业服务,业主支付报酬的合同。第二款规定,物业服务人包括物业服务企业或者其他物业管理人。

有的部门提出,根据物业服务的现实需要,并结合草案第四百九十七条第一款规定,物业服务人应当采取必要的措施维护业主的人身财产安全。建议在第一款中的"环境卫生"后增加"人身财产安全"。有的单位建议将第一款中的"相关秩序的维护"修改为"业主安全保障"。

有的单位提出,在物业服务中有前期物业服务合同这一类型,而前期物业服务合同是由建设单位与物业服务人订立的,建设单位是该合同的当事人,在前期物业服务合同生效之日至出售房屋交付之日的当月发生的物业服务费用,通常是由建设单位承担。建议将第一款中的"业主支付报酬的合同"修改为"由建设单位或业主支付报酬的合同"。

有的地方和单位建议将第一款中的"房屋和配套设施设备"与物权编(草案)第七十九条、第八十条中的"建筑物及其附属设施"的表述相统一。

有的单位建议将第二款的"或者"改为"和"。

(三)物业服务合同的内容

征求意见稿第四百九十四条第一款规定,物业服务合同的内容包括服务事项、服务质量、服务费用的标准和收取办法、维修资金及服务用房的管理和使用、服务期限、服务交接等条款。第二款规定,物业服务合同应当采用书面形式。物业服务人公开作出的有利于业主的服务承诺及制定的服务细则,为物业服务合同的组成部分。

一些地方和单位建议在第一款物业服务合同的内容中增加合同双方权利义务、合同期限和违约责任等规定。

有的单位建议合同内容中补充日常交易公示制度,以有利于解决物业服务中各项交易缺乏配套的财务制度和公示制度、票据伪造、支出项目造假等问题。

（四）物业服务人的义务

征求意见稿第四百九十七条第一款规定,物业服务人应当根据合同约定和物业的使用性质,妥善维修、养护、清洁、绿化和经营物业服务区域内的业主共有部分,维护物业服务区域内的基本生活秩序,采取合理措施保障业主的人身财产安全。第二款规定,对物业服务区域内违反有关治安、环保等法律法规的行为,物业服务人应当及时采取合理措施制止、向相关行政管理部门报告并协助处理。

有的部门提出,对于物业服务区域内的涉嫌犯罪行为,物业服务人应当及时采取合理措施制止并履行报告、协助等义务。建议在第二款"环保等法律法规的行为"后增加"以及涉嫌犯罪行为"。

有的单位建议第二款增加规定:"物业服务人违反此项义务的,应当对业主承担损害赔偿责任。"有的地方提出,第二款的内容属于行政法规的表述,建议修改或者删除。

（五）业主的支付报酬义务

征求意见稿第四百九十九条第一款规定,业主应当按照约定向物业服务人支付报酬。物业服务人已经按照约定和相关规定提供服务的,业主不得以未接受或者无需接受相关物业服务为由拒绝支付报酬。第二款规定,业主违反约定逾期不支付报酬的,物业服务人可以催告其在合理期限内支付;逾期仍不支付的,物业服务人可以向人民法院提起诉讼。

有的单位建议在本条中增加"建设单位"这一报酬支付义务人,并将第二款中"物业服务人可以向人民法院提起诉讼"改为"物业服务人可要求其承担相应的违约责任"。

有的地方提出,物业服务合同也属于仲裁法规定的受案范围,建议在第二款末尾增加"或者向仲裁机构申请仲裁"。

（六）物业服务费标准的确定

征求意见稿第五百条规定,物业服务费的收取标准和收取方式,由业主和物业服务人参照当地政府规定的收费标准或者同类物业服务收费标准约定。

有的部门建议将本条修改为:"物业服务收费纳入地方定价目录的,依法实行政府定价或者政府指导价。物业服务收费实行市场调节价的，由业主和物业服务人协商约定。”

有的单位提出，目前政府已经不对物业服务规定政府指导价，当前的规定未必符合改革的方向。

(七)业主的义务

征求意见稿第五百零一条第一款规定，业主装饰装修房屋的，应当事先告知物业服务人，遵守物业服务人告知的注意事项，配合物业服务人对装饰装修房屋情况进行必要的现场检查。第二款规定，业主转让、出租物业或者依法改变共有部分用途的，应当及时将相关情况告知物业服务人。

有的单位建议将第二款中的“业主转让、出租物业”修改为“业主转让、出租物业专有部分”。有的地方建议在“业主转让、出租物业”后增加“设立居住权”。

有的单位建议明确违反告知义务的责任后果。

有的单位建议增设一款作为第三款：“物业服务人有权制止业主私搭乱建、违规装修的行为。”

(八)业主的解除权

征求意见稿第五百零三条规定，业主依法共同决定解聘物业服务人的，可以解除物业服务合同。因解除合同给物业服务人造成损失的，除不可归责于业主的事由外，业主应当赔偿损失。决定解聘的，应当于合同期限届满六十日前书面通知物业服务人，但合同对通知期限另有约定的除外。

有的单位提出，如果合同期限届满，就谈不上解聘的问题，只有在合同期内才存在解除权的行使与限制。建议将“应当于合同期限届满六十日前书面通知物业服务人”修改为“应当提前六十日书面通知物业服务人”。

有的单位提出，业主轻易解除合同容易产生纠纷，建议规定重大事由时才有解除权。

(九)物业服务合同的续聘

征求意见稿第五百零四条第一款规定，物业服务期限届满前，业主依法共同决定续聘的，应当与原物业服务人在合同期限届满前签订物业服务合同。第二款规定，物业服务期限届满前，物业服务人不愿续聘的，应当在物业服务合同期限届满九十日前书面通知业主或者业主委员会，但合同对通知期限另有约定的除外。

有的单位建议将第一款中的“签订”改为“续订”。

有的地方建议第二款增加“报告街道办事处、乡镇人民政府”的内容。

(十)不定期物业服务合同及其解除

征求意见稿第五百零五条第一款规定，物业服务期限届满后，业主没有依法作出续聘或者另聘物业服务人的决定，物业服务人按照原合同继续提供物业服务的，原物业服务合同继续有效,但服务期限为不定期。第二款规定,当事人可以随时解除不定期物业服务合同,但物业服务人解除合同应当在合理期限之前书面通知业主或者业主委员会。

有的单位提出,建议将第一款中的"业主没有依法作出续聘或者另聘物业服务人的决定"改为"业主未与物业服务人续订合同的"。

有的地方提出,业主可以随时解除合同,而物业服务人不可以随时解除合同,显失公平。建议将第二款中的"当事人可以随时解除不定期物业服务合同,但物业服务人解除合同应当在合理期限之前书面通知业主或者业主委员会"修改为"当事人可以随时解除不定期物业服务合同,但应当在合理期限之前书面通知对方"。有的地方建议将"合理期限"明确为"提前六十日"。有的地方则建议将"合理期限"明确为三个月,并要求报告街道办事处、乡镇人民政府。

（十一）物业服务人的合同终止后义务

征求意见稿第五百零七条第一款规定,物业服务合同终止后,原物业服务人应当在合理期限内退出物业服务区域,将物业服务用房、相关设施、物业服务所必需的相关资料和代管的维修资金等交还给业主委员会或者其指定的人,配合新的物业服务人做好交接工作,并如实告知物业的使用和管理状况。第二款规定,原物业服务人违反前款规定的,不得请求业主支付物业服务合同终止后的报酬。

一些地方和单位建议第二款增加责任承担的规定,修改为:"原物业服务人违反前款规定的,不得请求业主支付物业服务合同终止后的报酬,如物业服务人拒不按期办理移交手续给业主造成损失的依法赔偿。"

有的地方建议将本条与第五百零八条合并,或者将本条第二款作为第五百零八条第二款,并相应修改为:"原物业服务人违反第五百零七条或者本条第一款规定的,不得请求业主支付物业服务合同终止后的报酬。"

（十二）原物业服务人的合同终止后义务

征求意见稿第五百零八条规定,物业服务合同终止后,在业主选定的新物业服务人接管之前,原物业服务人应当继续处理物业服务事务,并有权请求业主支付该期间的报酬。

有的单位建议调换本条和第五百零七条的位置。

有的地方和单位提出,实践中,许多物业服务合同解除后,原物业服务人对其继续提供的服务难以收费的情况时有发生,但法律没有规定具体的报酬标准。建议将最后一句修改为"并有权参照原物业服务合同请求报酬"。

有的地方建议增加一款作为第二款:"原物业服务人拒绝继续处理物业服务事务给业主造成损失的,应当承担赔偿责任。"

二十四、关于中介合同

(一)总的意见

不少单位和地方提出,居间合同的概念自合同法1999年颁布以来,理论界和实务界都已熟悉,不宜贸然改动,建议恢复合同法居间合同的表述。

(二)中介人的如实报告义务及责任

征求意见稿第五百二十一条第一款规定,中介人应当就有关订立合同的事项向委托人如实报告。第二款规定,中介人故意隐瞒与订立合同有关的重要事实或者提供虚假情况,损害委托人利益的,不得要求支付报酬并应当承担损害赔偿责任。

有的部门建议,一是增加一款作为第二款:"以居间为营业的,应就订约事项及当事人的履约能力或缔约能力尽相应的调查义务。"二是将现有第二款作为第三款:"居间人因过错未提供与订立合同有关的重要事实或者提供虚假情况,损害委托人利益的,不得要求支付报酬并应当承担损害赔偿责任。"有的单位建议第一款末尾增加:"商业居间人应按照合理的注意标准进行积极调查。"

有的地方建议最后一句修改为:"损害委托人利益的,不得要求委托人支付报酬并应当承担损害赔偿责任。"

(三)居间人的报酬

征求意见稿第五百二十二条第一款规定,中介人促成合同成立的,委托人应当按照约定支付报酬。对中介人的报酬没有约定或者约定不明确,依照本编第五十一条的规定仍不能确定的,根据中介人的劳务合理确定。因中介人提供订立合同的媒介服务而促成合同成立的,由该合同的当事人平均负担中介人的报酬。第二款规定,中介人促成合同成立的,中介活动的费用,由中介人负担。

有的地方建议删除第一款中"因中介人提供订立合同的媒介服务而促成合同成立的,由该合同的当事人平均负担中介人的报酬"的规定。该规定明显不是强制性规定,当事人可以通过约定变更。同时,媒介居间并非必然属于三方合同,如果合同成立的当事人一方并非居间合同的当事人,则要求该当事人平均分担报酬则又与合同相对性规则不符。

有的地方和单位提出,现实中存在较多约定报酬过高导致显失公平的情形,为克服约定报酬规定的弊端,应增加法院可以根据委托人的申请酌情减少约定报酬数额的规定。

有的单位建议增加规定:"婚姻居间中,如果约定报酬的,该约定无效,居间人不得请求支付报酬。"婚姻结合应该遵照当事人自由意思,维护公益。

(四)未促成合同成立时的费用承担

征求意见稿第五百二十三条规定,中介人未促成合同成立的,不得要求支付报酬,但可以要求委托人支付从事中介活动支出的必要费用。

有的单位提出,居间合同是有偿行为,居间人自己为履行合同所支出的费用不应由他方承担,除非双方另有约定。建议删除本条中“可以要求委托人支付从事中介活动支出的必要费用”。有的地方建议修改为,中介人可以按照“合同约定”要求委托人支付从事中介活动支出的必要费用。

二十五、关于合伙合同

(一)总的意见

有的部门提出,合伙合同中,契约型合伙与组织性合伙的具体区别有哪些,应否在区分的基础上设定不同的规则,建议进一步研究。

有的单位提出,本章的规则是按照民事主体法来设计条文,而合伙合同是民事主体之间的权利义务合同,并不是一个独立的民事主体,建议把本章中的民事主体法规则删掉,按照民事合伙来写。

有的地方和单位建议进一步厘清合伙合同与合伙企业、非法人组织的关系,重新对合伙财产等问题进行规定,并按照合伙的紧密程度作出不同的制度安排。建议本章规定的范围应限于没有设定合伙组织的纯粹的合伙合同,并对自然人的合伙合同单独作出规制。

有的部门提出,本章合伙合同仅规定一般合伙,未规定有限合伙。实践中有限合伙形式越来越普遍,并作为基金投资的一种重要形式,建议作出规定。

有的地方建议增加合伙解除和合伙清算人的相关规定。

(二)合伙合同的定义

征求意见稿第五百二十五条规定,合伙合同是二人以上为了共同的事业目的,订立的共享利益、共担风险的协议。

有的地方提出,鉴于本编为合同编,本章为合伙合同,建议将句尾的“协议”修改为“合同”。有的单位提出,考虑无因管理、不当得利都可以纳入合同编,将“合伙合同”改为“合伙协议”更为合理,这样也符合之前的立法语言表述。

(三)合伙财产

征求意见稿第五百二十七条第一款规定,合伙人的出资、合伙经营取得的收益和合伙依法取得的其他财产,属于合伙财产。第二款规定,合伙合同终止前,合伙人不得请求分割合伙财产,但本章另有规定的除外。

有的单位建议借鉴大多数国家或者地区的立法例,增加“合伙财产属于全体合伙人共同共有”的规定。

有的地方和单位建议第一款末尾增加“但当事人另有约定或者法律另有规定的除外”。

(四)合伙债务的承担

征求意见稿第五百三十二条第一款规定,合伙的债务应当先以全部合伙财产进行清偿。第二款规定,合伙人对合伙财产不足以清偿的合伙债务,承担无限连带责任。清偿合伙债务超过自己应当承担数额的合伙人,有权向其他合伙人追偿。

有的部门建议第二款修改为:“合伙人对合伙财产不足以清偿的合伙债务,承担无限责任,但法律另有规定或经债权人同意的除外。清偿合伙债务超过自己应当承担数额的合伙人,有权向其他合伙人追偿。”以便于和合伙企业法规定的有限责任合伙以及当事人意思自治下的合伙人限定责任相衔接。

有的单位提出,在合伙合同中,由于各合伙人承担的是无限连带责任,并无组织体的中间层面,作为责任财产的合伙财产并无优先清偿的必要性,此与合伙企业有别。建议删除第一款中的“先”字。

(五)合伙合同的参照适用

征求意见稿第五百三十七条规定,本章对合伙合同的内容没有规定的,参照适用《中华人民共和国合伙企业法》的相关规定。

有的部门提出,本条规定违背了民事基本法与特别法之间法律适用的基本法理,建议修改为:“其他法律对合伙合同另有规定的,适用其他法律的相关规定。”

有的地方提出,合伙企业法涉及合伙的解散、清算和破产清算等事项,简单规定合伙合同参照适用该法,不太合适。有的单位提出,合伙企业法规定的有限合伙、有限企业合伙、登记等都不能适用于合伙合同,建议把可参照的规范都写出来。

有的单位提出,本章涉及许多参照适用合伙企业法的规定,实际上关于合伙并不仅限于参照合伙企业法。而民事合伙有很多规范不受合伙企业法限制,合伙合同的订立应考虑民事合伙的需要,建议修改为:“本章对合伙合同的内容没有规定的,参照其他法律的规定。”

二十六、关于无因管理和不当得利

(一)无因管理人的义务

征求意见稿第五百三十九条第一款规定,无因管理人管理他人事务,应当采取有利于受益人的方法,中断管理对受益人更为不利时,无正当理由不得中断管理。第二款规定,管理人管理他人事务时,能够通知受益人的,应当尽快通知受益人。管理的事务不需要紧急处理的,应当等待受益人的指示。

有的地方建议将第一款中“中断管理对受益人更为不利时,无正当理由不得中断管理”修改为“无正当理由不得中断管理,但不中断管理将对无因管理人造成重大损失的除外”。

有的单位建议明确紧急无因管理的规则以及无因管理的注意义务是否是善良

管理人注意义务。

有的单位建议将第二款中的“尽快”改为“及时”。

（二）无因管理行为的费用承担

征求意见稿第五百四十一条第一款规定，无因管理人管理事务符合本编第五百三十八条规定的，对因管理行为所支出的必要费用，受益人应当偿还。管理人因管理行为所受到的损失，受益人应当给予适当补偿。第二款规定，无因管理人的管理行为不符合本编第五百三十八条规定或者未采取有利于受益人方法，但受益人在客观上已享有管理利益的，受益人应当在所得利益范围内向管理人承担前款规定的责任。

有的单位建议将第一款中的“受益人应当给予适当补偿”修改为“受益人应当承担赔偿责任”。如果不作修改，将会出现受益人比有委托合同的情形还赔的少的情况。

一些地方、部门和单位建议在本条末尾增加规定：“管理人故意或者重大过失给受益人造成损害时应当承担损害赔偿责任。”

（三）无因管理事务经追认后的法律适用

征求意见稿第五百四十二条规定，无因管理人管理事务经受益人事后追认的，从管理事务开始时起，适用委托合同的规定。

有的单位提出，不能因受益人单方追认，即发生委托合同关系。如果管理人不愿意发生合同关系，则不能因此单方追认而强使管理人受合同约束。建议增加但书“但当事人另有意思表示的除外”。

有的地方提出，如果适用委托合同，则无因管理人可能因不当的管理行为向受益人承担赔偿损失的义务。建议将本条中“事后追认的，从管理事务开始时起，适用委托合同的规定”修改为“事后追认的，且受益人接受由此产生的损失等全部法律后果的，从管理事务开始时起，适用委托合同的规定”。有的单位建议在末尾增加“但对管理人不利的除外”。

（四）不当得利的返还及例外

征求意见稿第五百四十三条第一款规定，没有法律根据，取得不当利益，造成他人损失的，得利人应当将获得的不当利益返还受损失的人。第二款规定，有下列情形之一的，受损失的人不得请求得利人返还利益：（1）为了履行道德义务进行的给付；（2）债务到期之前的清偿；（3）明知无给付义务而进行的债务清偿。

有的部门建议将第一款中关于不当得利的表述按照民法总则第一百二十二条的表述进行修改，以保持法律规定的一致性。

一些地方和单位建议在第二款中增加一项作为第四项：“因不法原因而给付，但不法原因仅存在于受领人一方时除外。”

有的地方建议删除第二款第二项“债务到期之前的清偿”。债务清偿是合同履行的规则，不属于不当得利的范畴，不应当在不当得利中进一步规范。

(五)得利人的责任承担

征求意见稿第五百四十四条规定，得利人不知道或者不应当知道获得利益没有法律根据，所得利益已不存在的，不承担返还利益的责任。征求意见稿第五百四十五条规定，得利人知道或者应当知道获得利益没有法律根据的，受损失的人有权请求得利人返还其获得的利益并赔偿损失。

有的部门提出，在不当得利中是否有必要区分得利人的过错，作出这种区分是否符合不当得利制度的本旨，建议进一步研究。同时，就第五百四十四条的规定，如果得利人已经从中获益，建议规定得利人应当给予受损失人补偿，否则有违公平原则。

有的地方建议在第五百四十五条之后增加一条规定：“受领人因受领而违反法律禁止规定或者善良风俗的，受领人负返还责任，但该违反亦因由给付人负责的除外。”

(六)第三人无偿受让时的责任承担

征求意见稿第五百四十六条规定，得利人已经将所获利益无偿转让给第三人的，第三人应当在相应范围内承担返还责任。

有的单位建议修改为：“得利人已经将所获利益无偿转让给第三人的，得利人因此无力偿还时，第三人应当在受赠利益范围内承担返还责任。”

有的单位建议将本条作为第二款，增补第一款规定：“得利人已将取得的动产或者不动产的物权转移给第三人，且无法复原的，有义务将其所获对价返还给受损失的人。”

有的单位建议增加规定，第三人恶意取得或者无偿取得的，应当返还。有的单位则提出本条要注意与善意取得制度“支付合理对价”的衔接。

(七)误信管理的法律适用

征求意见稿第五百四十七条规定，误将他人事务当作自己事务管理的，适用本章关于不当得利的规定。

有的地方建议修改为：“明知或误将他人事务当做自己事务管理的，除该他人追认外，适用本章不当得利的规定。”

有的单位提出，有时候误信管理会违背事务所属人的真实意思，对事务所属人造成损害或者妨碍，此时事务所属人虽然客观上得利，但可以基于侵权请求恢复原状或者请求损害赔偿，不一定仅依照不当得利的规定。建议在“适用本章关于不当当得利的规定”之前加上“可以”。

地方人大、中央有关部门和单位以及有关方面对民法典各分编（草案）合同编的意见

十三届全国人大常委会第五次会议对《民法典各分编（草案）》进行了初次审议。2018年9月上旬，法工委就《民法典各分编（草案）》书面征求各地方、中央有关部门、部分法学教学研究机构、基层立法联系点和部分全国人大代表的意见。各方面对合同编（草案）总体赞成，并提出了一些完善意见。现将对合同编（草案）主要意见简报如下：

一、总的意见

一些单位提出，合同编的整体框架应当进一步完善，建议设置三分编，分别为“总则编”、“分则编”和“准合同编”。

一些地方和单位认为，无因管理和不当得利不属于合同编的内容，建议放到民法总则编规定。

有的部门建议，增加保理合同、劳务合同和自然资源出让合同，以适应司法实践的现实需要。

有的部门提出，合同立法应当兼顾对当事人意思自治的尊重和对正常市场交易秩序的维护，建议在合同编第一章“一般规定”中保留合同法第一百二十七条关于合同管理的规定。

一些部门、地方和单位建议增加规定旅游合同、政府采购合同、政府和社会资本合作项目合同、服务合同、劳务合同、互联网服务合同、网购合同等有名合同。

二、关于一般规定

（一）合同编调整对象

草案第二百五十四条规定，本编调整民事主体之间产生的合同关系。

一些单位提出，民法总则第二条已经明确了调整对象，无需重申，建议删除。有

的地方建议修改为“因合同产生的民事法律关系，适用本编”，与其他各编保持一致。

（二）合同的定义

草案第二百五十五条第一款规定，本编所称合同是自然人、法人、非法人组织之间设立、变更、终止民事法律关系的协议。第二款规定，婚姻、收养、监护等有关身份关系的协议，适用其他编和其他法律的规定；没有规定的，可以根据其性质参照适用本编规定。

有的单位建议将第一款中的“自然人、法人、非法人组织”修改为“民事主体”。

有的单位建议，将第二款规定中“可以根据其性质参照适用本编规定”修改为“可以参照适用本编规定，但依其性质不可参照适用的除外”，以凸显本编在调整民事协议上的基本法地位。

（三）合同的相对性

草案第二百五十六条规定，依法成立的合同，仅对当事人具有法律约束力，但是法律另有规定的除外。

有的单位和地方建议将“但是法律另有规定的除外”修改为“但是，法律另有规定或者当事人另有约定的除外”。

有的部门建议修改为：“依法成立的合同，对当事人具有法律约束力，但是法律、行政法规另有规定的除外。”

有的单位建议修改为：“依法成立的合同，对当事人具有法律约束力，非依当事人协商同意或者法律许可的原因，不得变更或者解除；对第三人仅在法律有特别规定时具有法律约束力。”

（四）合同解释

草案第二百五十七条第二款规定，合同文本采用两种以上文字订立并约定具有同等效力的，对各文本使用的词句推定具有相同含义。各文本使用的词句不一致的，应当根据合同的目的予以解释。

有的单位和地方建议修改为：“合同文本采用两种以上语言订立的，具有同等效力。各文本使用的词句含义不一致的，应当根据合同性质和目的、诚实信用原则予以解释。”

有的单位建议修改为：“合同文本采用两种以上文字订立并约定具有同等效力的，对各文本使用的词句推定具有相同含义。各文本使用的词句不一致的，应当根据合同的整体、交易语境以及目的予以解释。”

三、关于合同的订立

（一）合同订立的形式

草案第二百六十条第一款规定，当事人订立合同，可以采用书面形式、口头形式或者其他形式。第二款规定，书面形式是合同书、信件等可以有形地表现所载内容的形式。第三款规定，能够以电报、电传、传真、电子数据交换、电子邮件等方式有形地表现所载内容，并可以随时调取查用的数据电文，视为书面形式。

有的单位提出，第一款内容已被民法总则第一百三十五条所涵盖，没有第二款、第三款的规定，也不会产生问题，建议删除。

有的地方提出，“查用”不是常用词汇，字面意思不够明确，建议用“调取查看使用”替换“调取查用”。

（二）订立合同的方式

草案第二百六十二条规定，当事人订立合同，可以采取要约、承诺或者其他方式。

有的单位提出，要约和承诺相结合成为缔约方式，条文用并列的表述方式，容易让人误认为要约、承诺和其他方式三者是并列的。建议修改为：“当事人订立合同，可以采取要约、承诺的方式或者其他方式。”

（三）要约邀请

草案第二百六十四条第一款规定，要约邀请是希望他人向自己发出要约的意思表示。寄送的价目表、拍卖公告、招标公告、招股说明书、商业广告等为要约邀请。第二款规定，商业广告的内容符合要约规定的，视为要约。

有的单位和地方提出，要约邀请不属于“意思表示”，建议删除第一款中的“意思”二字，规定为“要约邀请是希望他人向自己发出要约的表示”。

有的部门建议，在要约邀请的情形中增加列举债券募集说明书，以进一步明确其法律性质。

有的单位提出，商业广告的内容符合要约规定的，理所当然构成要约，根本不需要“视为”。建议将“视为”改为“构成”。

（四）要约的撤销

草案第二百六十七条规定，要约可以撤销。但是有下列情形之一的，要约不得撤销：（1）要约人以确定承诺期限或者以其他形式表明要约不可撤销；（2）受要约人有理由认为要约是不可撤销的，并已经为履行合同作了合理准备工作。

有的单位建议，将“要约可以撤销。但是有下列情形之一的，要约不得撤销”修改为“要约可以撤销，但是有下列情形之一的除外”。这样修改后原则与例外之间的关系，简单明确，一目了然。

（五）要约失效

草案第二百六十九条规定，有下列情形之一的，要约失效：（1）拒绝要约的意思表示生效；（2）要约人依法撤销要约；（3）承诺期限届满，受要约人未作出承诺；（4）受要约人对要约的内容作出实质性变更。

有的单位提出,拒绝要约不是一种意思表示,只是一种观念通知。建议将第一项修改为“要约被拒绝”。

(六)单方允诺

草案第二百八十一条规定,当事人一方在订立合同前向对方所作的允诺内容具体确定,对合同的订立有重大影响,对方有理由相信其为合同内容的,该允诺视为合同条款。

一些部门、单位和地方提出,本条规定在法律逻辑与规范内容上具有非常大的歧义性、不确定性,很难操作,建议删除。

有的单位提出,“允诺”的概念在英美法中使用,在我国合同法中未曾出现,而“承诺或者表述”更能够清楚地表达条文意思,且更具有周延性,建议将“允诺”修改为“承诺或者表述”。有的地方建议,将“允诺”修改为“意思表示”,以符合目前我国民法的通行表述。

(七)强制缔约

草案第二百八十六条第一款规定,国家根据需要下达指令性任务或者国家订货任务的,有关法人、非法人组织之间应当依照有关法律、行政法规规定的权利和义务订立合同。第二款规定,依照法律、行政法规的规定负有发出要约义务的当事人应当及时发出合理的要约。第三款规定,依照法律、行政法规的规定负有承诺义务的当事人不得拒绝对方合理的订立合同要求。

有的单位和地方提出,按照指令性计划订立的合同,属于行政合同,而不是民事合同,不应在民法典中规定,建议删除第一款。

有的单位和地方建议,明确违反强制缔约义务的法律后果,便于实践操作。

(八)预约合同

草案第二百八十七条第一款规定,当事人约定在将来订立合同的认购书、订购书、预订书、意向书等,构成预约合同。第二款规定,当事人一方不履行预约合同约定的订立合同义务的,对方可以请求其承担预约合同的违约责任。

有的单位提出,第一款中“意向书”不属于预约合同,建议删除。

有的单位和地方提出,预约合同一方不履行义务,意味着其不愿意按照预约合同的约定订立本合同,而强制要求继续履行,有违当事人自愿订立合同的原则,建议将本条第二款修改为:“当事人一方不履行预约合同约定的订立合同义务的,对方可以请求其承担除继续履行外的预约合同违约责任。”

有的单位和地方提出,违反预约的违约责任与违反本约的违约责任存在很大差异,特别是不适宜采用强制实际履行,只有损害赔偿才是可行的、也是唯一的救济方式。建议将第二款相应修改为:“当事人一方不履行预约约定的订立合同义务的,对方可以请求其承担违约损害赔偿责任。”

有的地方建议，对消费者保护和公共利益保护等特殊情形，规定权利人可以请求强制订立本约，防止以前在房价快速上涨期曾发生的房地产开发商故意撕毁房屋认购合同侵犯购房消费者利益的行为。

（九）格式条款

草案第二百八十八条第一款规定，采用格式条款订立合同的，提供格式条款的一方应当遵循公平原则确定当事人之间的权利和义务，并采取合理的方式提请对方注意免除或者减轻其责任等与对方有重大利害关系的条款，按照对方的要求，对该条款予以说明。提供格式条款的一方未履行提示或者说明义务，致使对方没有注意或者理解与其有重大利害关系的条款的，该条款不产生效力。第二款规定，格式条款是当事人预先拟定，并在订立合同时未与对方协商的条款。

有的部门和单位提出，第一款中"与对方有重大利害关系的条款"的规定过于抽象，会把价格条款包含在内，导致格式条款规制过于宽泛，建议删除。同时建议将第一款中的"该条款不产生效力"修改为"该条款视为未订入合同"。

有的地方建议将第二款中的"在订立合同时"修改为"在订立合同前"。此外，"与对方有重大利害关系的条款"存在漫无边际之虞，界定较为困难，建议删除。

有的单位建议恢复征求意见稿中规定的"格式之争"条款。

（十）悬赏广告

草案第二百九十一条规定，悬赏人以公开方式声明对完成特定行为的人支付报酬的，完成该行为的人可以请求其支付。

有的单位提出，仅从本条的规定来看，悬赏的法律性质无法确定为是合同抑或单方法律行为。明确规定其为单方法律行为有三大便利：(1)根据悬赏广告单方性的特点，广告人在发出悬赏广告后，就会产生法律上的债权债务关系，而不需要行为人的承诺即可；(2)有利于保护相对人的利益；(3)在现实生活中更具有可操作性。建议明确规定悬赏为单方法律行为。

（十一）缔约过失

草案第二百九十二条第一款规定，当事人在订立合同过程中有下列情形之一，给对方造成损失的，应当承担损害赔偿责任：(1)假借订立合同，恶意进行磋商；(2)故意隐瞒与订立合同有关的重要事实或者提供虚假情况；(3)有其他违背诚信原则的行为。

有的单位建议，将本条规定中的"损失"修改为"损害"。

有的地方建议将第一款修改为："下列情形中，当事人因过错违反前条规定的义务，致使合同不成立、无效、被撤销或者不被追认而给他方造成损失的，应当承担损害赔偿责任：（一）故意隐瞒或者虚假提供与订立合同有关的重要事实；（二）泄露或者不当使用持有或者知悉的他方的商业秘密；（三）显然无正当理由而中断缔约或者进行恶意磋商的;(四)违反保护义务,致使他方的人身或者财产遭受损害的;(五)致使合同不成立或者无效而他方当事人却非因过失而合理信赖合同能够成立或者生效的;(六)其他显然违反诚实信用原则的情形。”

有的地方建议增加规定,缔约过失责任的方式为损害赔偿,其范围为当事人一方信赖合同有效但因对方的过失而不成立、无效、被撤销或者不被追认所受的损失,包括为缔约所支付的必要费用和因丧失另外订立合同的机会所受的损失。

四、关于合同的效力

(一)总的意见

有的单位建议合同编不再设置“合同的效力”章,相关内容可增补到民法总则中。

有的地方提出,本章缺少效力待定合同、无效合同和可变更合同的一般规定,也没有适用总则编的相关提示,不利于法律工作者之外的人适用,建议增加一条规定:“本章对合同效力未作规定的,适用总则编有关民事法律行为效力的相关规定。”

(二)合同的生效

草案第二百九十四条第一款规定,依法成立的合同,自成立时生效,但是法律另有规定或者当事人另有约定的除外。第二款规定,法律、行政法规规定应当办理批准、登记等手续生效的,依照其规定。当事人未办理批准、登记等手续的,该合同不生效,但是不影响合同中履行报批、登记等义务条款以及相关条款的效力。应当办理申请批准或者登记等手续的当事人未履行该义务的,对方可以请求其承担违反该义务的责任。第三款规定,法律、行政法规规定合同的变更、转让、解除等情形应当办理批准、登记等手续生效的,依照前款规定处理。

有的单位提出,登记的规范功能已被民法总则所涵盖、所提取,保留“登记”反而容易导致司法实践中将作为权利变动要件的登记混淆为合同生效要件;同时,现行法中已没有将“登记”作为生效要件的规定。建议删除本条中的三个“登记”。

有的地方提出,“未生效”一词更易被法官、大众接受,而且本条中合同不生效不是合同无效的意思,而是指合同尚未生效。建议将本章中的“合同不生效”修改为“合同未生效”。

(三)超越经营范围订立合同的效力

草案第二百九十七条规定,当事人超越经营范围订立的合同的效力,应当依照总则编第六章和本编的规定确定,不得仅以超越经营范围确认合同无效。

有的单位和地方提出,由于法人须经由法定代表人实施法律行为,所以法人越权实际上也表现为法定代表人越权。因此,法人越权完全可以纳入民法总则第六十一条越权代表制度予以统一构成；从比较法角度看，这样的规定罕见其例。建议删除。

五、关于合同的履行

（一）附随义务

草案第三百条第一款规定，当事人应当按照约定全面履行自己的义务。第二款规定，当事人应当遵循诚信原则，根据合同的性质、目的和交易习惯履行通知、协助、保密和节约资源、减少污染等义务。

有的单位建议删除“和节约资源、减少污染”，因为与民法总则第九条重复。

有的地方提出，第二款中“节约资源、减少污染等义务”的内容不属于诚信原则的要求，建议修改。

（二）电子合同的交付

草案第三百零三条第一款规定，通过互联网等信息网络签订的电子合同的标的为交付商品并采用快递物流方式交付的，收货人的签收时间为交付时间。电子合同的标的为提供服务的，生成的电子凭证或者实物凭证中载明的时间为交付时间，但是前述凭证没有载明时间或者载明时间与实际提供服务时间不一致的，实际提供服务的时间为交付时间。第二款规定，电子合同的标的采用在线传输方式交付的，承担交付义务的当事人将合同标的发送至对方指定的特定系统并且能够检索识别的时间为交付时间。

有的单位提出，本条规定应当与电子商务法的规定保持一致。

有的单位建议，将“通过互联网等信息网络签订的电子合同的标的为交付商品并采用快递物流方式交付的，收货人的签收时间为交付时间”修改为“通过互联网等信息网络签订的电子合同的标的为交付商品并采用快递物流方式交付的，收货人或收货人认可的其他个人、单位的签收时间为交付时间”，以避免对收货人的签收时间产生歧义，更贴合生活实际。

（三）连带债务和连带债权

草案第三百零九条第一款规定，债权人为二人以上，部分或者全部债权人均可以请求债务人履行债务的，为连带债权；债务人为二人以上，债权人可以请求部分或者全部债务人履行债务的，为连带债务。

有的单位提出，无论是连带债权还是连带债务，均以同一可分债权债务为前提；连带债权的关键在于各债权人均可主张债务人作出全部给付，债务人可以向任一债权人作出全部给付；连带债务的关键在于债权人可向任何债务人主张全部给付，但债权人仅能得到一次满足。建议将第一款修改为：“二个以上债权人就同一可分给付享有债权，当任一债权人均可要求债务人全部履行，且债务人可向任一债权人履行时，为连带债权。二个以上债务人就同一给付均对债权人负有全部给付义务，且债权人得请求其中任何债务人履行该债务，直至其全部债权得到实现的，为连带债务。"

(四)连带债务的内部效力

草案第三百一十条第一款规定，连带债务人之间的份额难以确定的，视为份额相同。第二款规定，实际承担债务超过自己份额的连带债务人，有权就超出部分在其他连带债务人未履行的份额范围内向其追偿，并相应地享有债权人的权利，但是不得损害债权人的利益。其他连带债务人可向该债务人主张对债权人享有的抗辩。

有的单位提出，在司法实践中，常有做出清偿行为的连带债务人无法实现其追偿权的情况，此时如何处理，需有明文规定。建议增加两款规定："连带债务人之一不能偿还其分担额的，其不能偿还部分，由求偿权人与其他债务人按比例分担。但因求偿权人的过失导致追偿不能的，不得请求其他债务人分担。""在前款情形，债务人之一的应分担额已消灭时，仍应就其他债务人不能偿还部分按比例分担。"

(五)不安抗辩权

草案第三百一十七条第一款规定，应当先履行债务的当事人，有确切证据证明对方有下列情形之一的，可以中止履行：(1)经营状况严重恶化；(2)转移财产、抽逃资金，以逃避债务；(3)丧失商业信誉；(4)有丧失或者可能丧失履行债务能力的其他情形。第二款规定，当事人没有确切证据中止履行的，应当承担违约责任。

有的单位提出，第一款第一项至第三项规定的情形，只是导致丧失或者可能丧失履行债务能力的原因，它们本身不能作为不安抗辩权的发生条件。故建议将"有确切证据证明对方有下列情形之一的"修改为"有确切证据证明对方有丧失或者可能丧失履行债务能力的下列情形之一的"，并将第四项"有丧失或者可能丧失履行债务能力的其他情形"修改为"其他情况"。

有的单位提出，本条第一款应当仅规定不能履行的情形，不应规定不愿履行的情形，因为后者属于法定解除的情形。

(六)不安抗辩权的行使

草案第三百一十八条规定，当事人依照前条规定中止履行的，应当及时通知对方。对方提供适当担保时，应当恢复履行。中止履行后，对方在合理期限内未恢复履行能力并且未提供适当担保的，视为以自己的行为表明不履行合同义务。

有的单位建议，将本条第三句规定中的"不履行合同义务"修改为"不履行主要债务"或者"不履行合同主要义务"。因为预期违约必须以根本违约为条件。

有的单位和地方提出，本条未规定不履行义务的法律后果，不利于实践操作。建议将本条修改为："当事人依照前条规定中止履行的，应当及时通知对方。对方提供适当担保时,应当恢复履行。中止履行后,对方在合理期限内未恢复履行能力并且未提供适当担保的,视为以自己的行为表明不履行合同义务,先履行一方可以解除合同并请求损害赔偿。”

(七)情势变更

草案第三百二十三条第一款规定,合同成立后,订立合同的基础发生了当事人在订立合同时无法预见的、非不可抗力造成的不属于商业风险的重大变化,继续履行合同对于当事人一方明显不公平的,受不利影响的当事人可以请求与对方重新协商;在合理期限内协商不成的,当事人可以请求人民法院或者仲裁机构变更或者解除合同。第二款规定,人民法院或者仲裁机构应当结合案件的实际情况,根据公平原则确定变更或者解除合同。

有的单位和地方建议,将本条与第三百八十条第三款合并,修改为:“合同成立后,订立合同的基础发生了当事人在订立合同时无法预见的、不属于商业风险的重大变化,继续履行合同对于当事人一方明显不公平的,受不利影响的当事人可以请求与对方重新协商;在合理期限内协商不成的,当事人可以在合理期限届满之日起一年内请求人民法院或者仲裁机构解除合同。”“人民法院或者仲裁机构应当结合案件的实际情况,根据公平原则确定是否解除合同。”理由有:(1)因情势变更而解除应有除斥期间限制;(2)民法总则已经删除变更权,情势变更情况下亦应删除变更权;(3)第二款解除合同前没有“是否”二字,容易使人误认为法院只能变更或者解除,不符合情势变更的法理;(4)情势变更中的“情势”,包含不可抗力且广于不可抗力。

有的单位建议本条第一款与第三百八十条第三款合并,删除第一款中的“非不可抗力造成的”,因为情势变更和不可抗力有着明确的不同职能,前者适用于履行不公情形,而后者适用于履行不能情形。

有的单位建议第一款修改为:“合同成立后,订立合同的基础发生了当事人在订立合同时无法预见的、非不可抗力造成的不属于商业风险的重大变化,继续履行合同对于当事人一方明显不公平的,受不利影响的当事人可以请求与对方重新协商;在合理期限内协商不成的,当事人可以请求有管辖权的高级人民法院或有的部门解除合同。”第二款修改为:“高级人民法院或有的部门应当结合案件的实际情况,根据公平原则确定是否解除合同。”

六、关于合同的保全

(一)代位权的定义

草案第三百二十四条第一款规定,因债务人怠于行使其权利,影响债权人的债权实现的,债权人可以向人民法院或者仲裁机构请求以自己的名义代位行使债务人的权利,但是该权利专属于债务人自身的除外。第二款规定,代位权的行使范围以债权人的债权为限。债权人行使代位权的必要费用,由债务人负担。

有的单位提出,根据代位权的性质,仲裁机构不应当有处理代位权争议的权力,建议删除"仲裁机构"。

有的单位建议,将"债权人的债权"修改为"债权人的权利",避免构成语义重复。有的单位建议将"以债权人的债权为限"修改为"以保全债权人债权的必要为限"。

(二)撤销的法律后果

草案第三百三十一条第一款规定,债权人请求人民法院撤销债务人损害其利益的行为,人民法院依法撤销的,该行为自始没有法律约束力。

有的单位提出,本条旨在规定撤销的法律后果,没有必要反复提到人民法院。建议第一款修改为:"债务人损害债权利益的行为被依法撤销的,债务人的行为视为自始没有法律约束力。"

七、关于合同的变更和转让

(一)债权的转让及例外

草案第三百三十四条第一款规定,债权人可以将债权全部或者部分转让给第三人,但是有下列情形之一的除外:(1)根据债权性质不得转让;(2)按照当事人约定非金钱债权不得转让;(3)依照法律规定不得转让。第二款规定,当事人约定非金钱债权不得转让的,不得对抗善意第三人。

有的单位提出,债权转让刻意区分金钱债权与非金钱债权是没有意义的,当事人之间应当可以约定禁止金钱债权转让,这种约定主要是在当事人之间的对内效力,在对外方面,规定不得对抗善意第三人即可。建议删除两款中的"非金钱"。

有的单位建议将第二款修改为:"受让人非法催收债务,造成债务人损害的,让与人与受让人承担连带责任。"

(二)债权转让的通知

草案第三百三十五条第一款规定,债权人转让权利的,应当通知债务人。未经通知,该转让对债务人不发生效力,但是债务人明知该债权转让的除外。第二款规定,债权转让的通知不得撤销,但是经受让人同意的除外。

有的单位和地方建议,将第一款修改为:"债权人转让权利的,应当通知债务人。未经通知,该转让不得对抗债务人。"一来可以避免将通知债务人误认为债权转让的生效要件,二来可以避免增加债务人的风险。

有的地方建议将第二款修改为:"债权转让的通知不得撤销,但是经债务人和受让人同意的除外。"有的地方建议将第二款建议修改为:"债权转让的通知应由让与人发出。债权转让的通知不得撤销,但是经债务人和受让人同意的除外。”

(三)债权多重转让

草案第三百三十六条规定,债权人将同一债权转让给数人,债权转让可以登记的,最先登记的受让人优先于其他受让人;债权转让未登记或者无法登记的,债务人最先收到的债权转让通知中载明的受让人优先于其他受让人。

有的单位提出,将通知债务人作为债权让与优先于第三人的要件,不仅容易使通知混淆为债权让与生效要件,而且将严重妨害非通知型保理(隐蔽型保理)等情形。建议修改为:“债权人将同一债权转让给数人,债权转让可以登记的,最先登记的受让人优先于其他受让人;债权转让未登记或者无法登记的,转让生效在先的受让人优先于其他受让人。”

有的部门提出,债权转让中采取登记对抗主义有利于保护交易,避免受让债权在后的第三人对债务人主张债权,建议平衡好其与效率之间的关系,否则难以执行,并建议明确登记机构。

有的地方提出,鉴于我国并无债权登记制度,已登记债权的优先性将对债务人权利义务产生重大影响,建议明确本条登记的范围。

有的部门提出,本条是保理合同的核心规则,不应作为合同总则的一般规则加以规定,建议规定在独立的保理合同章节中。

(四)债务的转移

草案第三百四十一条第一款规定,债务人将合同的义务全部或者部分转移给第三人的,应当经债权人同意。第二款规定,债务人或者第三人可以催告债权人在合理期限内同意,债权人未作表示的,视为拒绝同意。

有的单位提出,本条实为债法总则的规则,不限于合同义务,建议第一款修改为:“债务人将债务全部或者部分转移给第三人的,应当经债权人同意。”

有的单位建议第二款修改为:“债务人或者第三人可以催告债权人在与其约定的期限内同意,由于债权人的原因而未在约定的期间内作表示的,视为拒绝同意。”因为从保护债权人利益角度来看,以事先约定的催告期限,更为合理。

(五)债务加入

草案第三百四十四条规定,第三人与债务人约定加入债务并通知债权人或者向债权人表示愿意加入债务,债权人在合理期限内未明确表示拒绝的,第三人在其愿意承担的债务范围内和债务人共同履行义务。

有的单位和地方建议修改为:“第三人与债务人约定加入债务并通知债权人或者向债权人表示愿意加入债务,债权人在合理期限内未明确表示拒绝的,第三人在其愿意承担的债务范围内和债务人承担连带给付责任。”以有利于加强对债权人的保护。

有的地方提出，不区分金钱债务和非金钱债务，可能损害债权人利益，并加重债权人责任。建议将本条修改为两款："第三人与债务人约定加入金钱债务并通知债权人或者向债权人表示愿意加入金钱债务，债权人在合理期限内未明确表示拒绝的，第三人在其表示承担的债务范围内成为连带债务人。""第三人与债务人约定加入非金钱债务并通知债权人或者向债权人表示愿意加入非金钱债务的，应当经债权人同意。并不得损害债务人利益。"

有的地方建议修改为："第三人与债务人约定加入债务并通知债权人或者向债权人表示愿意加入债务，债权人在合理期限内未明确表示拒绝的，第三人在其愿意承担的债务范围内和债务人共同承担履行义务。第三人对愿意承担的债务范围未作明确表示的，应视为对全部债务愿意承担履行义务。"

（六）债权债务的一并转让

草案第三百四十五条规定，当事人一方经对方同意，可以将自己在合同中的权利和义务一并转让给第三人。草案第三百四十六条规定，权利和义务一并转让的，适用债权转让、债务转移的规定。

有的单位提出，两条实为债法总则的规则，不限于合同的权利义务。建议将两条中有关合同的权利义务，修改为"债权和债务"。

八、关于合同的权利义务终止

（一）后合同义务

草案第三百四十八条第一款规定，合同的权利义务终止后，当事人应当遵循诚信原则，根据交易习惯履行通知、协助、保密、旧物回收等义务。

一些地方和单位提出，通知、协助、保密等是遵循诚信原则的通常体现，而"旧物回收"通常取决于当事人的约定，并不属于诚信原则的范畴，建议删除。

（二）债务清偿的顺序

草案第三百五十条第一款规定，债务人对同一债权人负担的数个债务种类相同，债务人的给付不足以清偿全部债务的，由债务人在清偿时指定其履行的债务。第二款对债务人未作指定时的债务清偿顺序作出规定。

有的单位提出，债务清偿的顺序，应当是约定优先、指定次之、最后法定，建议本条对此予以明确。

（三）合同的法定解除

草案第三百五十三条第一款规定，有下列情形之一的，当事人可以解除合同：(1)因不可抗力或者其他客观原因致使不能实现合同目的；(2)在履行期限届满之前，当事人一方明确表示或者以自己的行为表明不履行主要债务；(3)当事人一方迟延履行主要债务，经催告后在合理期限内仍未履行；(4)当事人一方迟延履行债务或者有其他违约行为致使不能实现合同目的;(5)法律规定的其他情形。第三款规定,合同不能履行致使不能实现合同目的,解除权人不解除合同对对方明显不公平的,对方可以向人民法院或者仲裁机构请求解除合同,但是不影响其承担违约责任。

有的单位提出,一是不能履行才是合同法定解除的事由,建议第一款第一项修改为"因不能履行致使无法实现合同目的",第五项修改为"其他不能履行的债务"。二是允许违约方解除合同,会发生激励违约的不良后果,建议删除第三款。

有的单位提出,赋予违约方解除权,可能导致违约方滥用此规定,建议删除第三款。但是对于实践中的合同僵局,即违约方无能力继续履行而守约方不解除合同的情形,也应当作出有针对性的规定。

(四)债务抵销

草案第三百五十八条第一款规定,当事人互负债务,该债务的标的物种类、品质相同的,任何一方可以将自己的债务与对方的到期债务抵销,但是根据债务性质、按照当事人约定或者依照法律规定不得抵销的除外。第二款规定,当事人主张抵销的,应当通知对方。通知自到达对方时生效。抵销不得附条件或者附期限。

有的单位建议,将第二款中的"通知自到达对方时生效"修改为"抵销自通知到达对方时生效"。

有的单位建议增加一款作为第三款:"当事人之间有多个债务适于抵销的,主张抵销的一方可以指定所抵销的债务;主张抵销的一方未指定或者对方立即提出异议的,参照适用本法第三百五十条的规定。主张抵销的一方除履行主债务之外,还应当支付利息和实现债权的有关费用的,参照适用本法第三百五十一条的规定。"

(五)提存

草案第三百六十一条第一款规定,债务人将标的物或者将标的物依法拍卖、变卖所得价款交付提存部门时,提存成立。第二款规定,提存成立的,视为债务人在其提存范围内已经交付标的物。

有的单位建议,在第一款中明确提存部门。

有的单位提出,提存成立不是终局性的,建议将第二款中的"视为"修改为"推定"。

(六)债权债务混同

草案第三百六十六条规定,债权和债务同归于一人的,合同的权利义务终止,但是损害第三人利益的除外。

有的单位提出,本条实为债法总则的规则,不限于合同的权利义务,建议将"合同的权利义务"修改为"债权债务"。

九、关于违约责任

(一)总的意见

有的单位建议增加损失的计算方法,因为违约金的调整、损害赔偿的计算都需要以损失的计算为前提。

(二)守约方不能要求履行的情形

草案第三百七十条规定,当事人一方不履行非金钱债务或者履行非金钱债务不符合约定的,对方可以要求履行,但是有下列情形之一的除外:(1)法律上或者事实上不能履行;(2)债务的标的不适于强制履行或者履行费用过高;(3)债权人在合理期限内未要求履行。

有的单位提出,在实践中,存在金钱债务无法继续履行的情形,在相对方不主张解除的前提下,合同陷入僵局,建议删除本条中的两个“非金钱”,由法院或者仲裁机构认定合同终止。

(三)损失赔偿额

草案第三百七十四条第一款规定,当事人一方不履行合同义务或者履行合同义务不符合约定,给对方造成损失的,损失赔偿额应当相当于因违约所造成的损失,包括合同履行后可以获得的利益,但是不得超过违反合同一方订立合同时预见到或者应当预见到的因违反合同可能造成的损失。第二款规定,经营者对消费者提供商品或者服务有欺诈行为的,依照《中华人民共和国消费者权益保护法》《中华人民共和国食品安全法》等法律的规定承担损害赔偿责任。

有的单位建议,在第一款“给对方造成损失的”之后,增补“应当给予赔偿”的内容,以确立“有损害应赔偿”的一般原则。

有的单位提出,食品安全法规定只要有违法行为即可主张惩罚性赔偿,第二款的规定不当,建议在“有欺诈行为”后增加“或者其他违法行为”。

有的地方提出,特别法优先适用是法律适用的基本原则,第二款没有必要专门规定,建议删除。

(四)违约金的调整

草案第三百七十五条第二款规定,约定的违约金低于造成的损失的,人民法院或者仲裁机构可以根据当事人的请求予以增加;约定的违约金过分高于造成的损失的,人民法院或者仲裁机构可以根据当事人的请求予以适当减少。

有的地方提出,为防止一方当事人通过许诺高额违约金吸引相对方签订合同,而后违背诚信以违约金过高为由向人民法院申请进行调整,建议在第二款中规定,商事合同中违约金过高不可进行调整。有的地方建议将第二款中的“过分高于”修改为“显著高于”。

有的单位提出，违约金的调整通常会由当事人自己主张，但司法救济权具有公共属性，在极端情况下，法院也可以未经当事人请求而主动予以调整，建议删除第二款中的“可以根据当事人的请求”。

（五）不可抗力造成的履行合同不公平

草案第三百八十条第三款规定，当事人一方因不可抗力致使继续履行合同对其明显不公平的，可以请求人民法院或者仲裁机构变更或者解除合同。

有的单位建议删除第三款，以避免与草案第三百二十三条关于情势变更的规定构成重复。

（六）双方违约和与有过失

草案第三百八十二条第一款规定，当事人都违反合同的，应当各自承担相应的责任。第二款规定，当事人一方违约造成对方损失，对方对损失的发生有过错的，可以减少相应的损失赔偿额。

有的单位提出，合同编关于违约责任的规定，是立足于行为而不是人，无论哪一方有不履行合同义务或者履行不符合约定的行为，皆构成违约，第一款纯属事实描述性规定，无任何规范价值，建议删除。

有的单位提出，为避免与违约责任无过错责任的归责原则相混淆，建议将第二款中的“过错”修改为“责任”。

十、关于买卖合同

（一）总的意见

有的单位提出，买卖合同一章内容多且重要，建议分四节，即一般规定、所有权保留、特种买卖、其他合同的参照适用。

（二）出卖人未取得处分权的法律后果

草案第三百八十七条第一款规定，出卖人应当对出卖的标的物享有处分权。因出卖人未取得处分权致使标的物所有权不能转移的，买受人可以解除合同并要求出卖人承担违约责任。

有的单位和地方提出，民事主体缔结买卖合同是债权行为，出卖人可以在缔结合同时对标的物不享有处分权，甚至可以尚不存在标的物，建议删除本款中的“出卖人应当对出卖的标的物享有处分权”。

有的单位建议，本款增加规定：“出卖人不享有标的物处分权的，不影响买卖合同的效力。”

（三）出卖人多交标的物

草案第四百一十九条规定，出卖人多交标的物的，买受人可以接收或者拒绝接收多交的部分。买受人接收多交部分的，按照约定的价格支付价款；买受人拒绝接收多交部分的,应当及时通知出卖人。

有的单位提出,本条有四个“接收”,但条文本意应该有接受和接收有两种不同的意思。建议将第三个“接收”改为“接受”。

(四)所有权保留登记

草案第四百三十一条第二款规定,出卖人对标的物保留的所有权,未经登记,不得对抗善意第三人。

有的单位建议,将第二款修改为:“出卖人对标的物保留的所有权,不得对抗正常经营活动中已支付合理价款并实际占有标的物的买受人;未经所有权保留登记,不得对抗善意第三人。”

有的地方建议,增加规定:“车辆、船舶、航空器等特殊动产的所有权保留登记机关为该类动产的登记部门;企业设备及其他动产的所有权保留登记机关为买受人所在地的工商行政管理部门。”

十一、关于供用电、水、气、热力合同

(一)总的意见

有的部门建议,在本章供用电、水、气、热力合同的基础上,增加电信服务合同的有关规定。

有的部门提出,供水的重要性在一些紧急情况下可能高于供电、供气、供热。建议对供用水合同是否完全适合参照供用电合同的规定,进一步斟酌。

(二)供用电合同的内容

草案第四百三十九条规定,供用电合同的内容包括供电的方式、质量、时间,用电容量、地址、性质,计量方式,电价、电费的结算方式,供用电设施的维护责任等条款。

有的部门建议,增加一款作为第二款:“供用电合同约定采用预收电费的,供电方除自营渠道外,应当设置两种以上的代收渠道供用户选择,并且不得设置最低预收金额限制。”

十二、关于借款合同

(一)总的意见

有的部门和单位提出,金融借款合同和民间借贷合同在放贷主体、监管、利率、成立要件等方面存在明显区别,建议分三节予以规定,即一般规定、金融借款合同和民间借贷合同。

有的地方建议,将本章章名修改为“借贷合同”,并区分一般借贷、民间借贷和互联网借贷,分别予以细化规定。有的地方建议区分一般性放贷和经营性放贷。

（二）自然人之间借款合同的成立

草案第四百六十九条规定，自然人之间的借款合同，自贷款人提供借款时成立。

有的地方和单位建议，将本条修改为："具有下列情形之一，可以视为具备自然人之间借款合同的生效要件：（一）以现金支付的，自借款人收到借款时；（二）以银行转账、网上电子汇款或者通过网络贷款平台等形式支付的，自资金到达借款人账户时；（三）以票据交付的，自借款人依法取得票据权利时；（四）出借人将特定资金账户支配权授权给借款人的，自借款人取得对该账户实际支配权时；（五）出借人以与借款人约定的其他方式提供借款并实际履行完成时。"

（三）借款利息的确定

草案第四百七十条第一款规定，借款合同约定支付利息的，借款的利率不得违反国家的有关规定；对支付利息没有约定或者约定不明确的，按照当地或者当事人的交易方式、交易习惯、市场利率等因素确定利息。

有的部门提出，一是依照目前的通常做法，除自然人之间借款外，借款合同未约定利息的，视为不支付利息，建议本款据此作出修改。二是目前借款最高利率实际上由最高人民法院的司法解释规定，有失严肃性和专业性，建议立法规定借款最高利率。

十三、关于保证合同

（一）总的意见

有的单位建议，将本章第一节"一般规定"节名修改为"保证和保证方式"。有的地方提出，本章的分节标准与其他章不同，建议统一考虑。

（二）保证合同的效力

草案第四百七十二条第一款规定，保证合同是主债权债务合同的从合同。主债权债务合同无效，保证合同无效，但是法律另有规定的除外。

有的地方建议，将第一款中"但是法律另有规定的除外"修改为"但是法律另有规定和当事人另有约定的除外"，以有利于维护当事人的意思自治。

（三）保证人资格

草案第四百七十三条第一款规定，下列组织不得担任保证人：(1)机关法人，但是经国务院批准为使用外国政府或者国际经济组织贷款进行转贷的除外；(2)以公益为目的的法人、非法人组织；(3)法人的分支机构。

有的单位提出，一是保证人并非某种职务，无所谓"担任"；二是第三项中的"法人的分支机构"只是"组织"的一部分，不应单独列项，建议删去。

有的单位建议，将第三项中的"法人的分支机构"修改为"营利性法人的分支机构”，以与民法总则的法人分类保持一致。

（四）保证方式的推定

草案第四百七十六条第二款规定，当事人在保证合同中对保证方式没有约定或者约定不明确的，按照连带责任保证承担保证责任，但是自然人之间的保证合同除外。

有的部门和单位建议将第二款修改为：“当事人在保证合同中对保证方式没有约定或者约定不明确的，按照一般保证承担保证责任。”

有的地方提出，保证方式的推定不因保证人是自然人还是法人而有区别，实践中大部分保证人都是自然人。如果规定“但是自然人之间的保证合同除外，”可能导致第二款虚设，建议删除该但书规定。

（五）保证债务诉讼时效的起算

草案第四百七十七条第二款规定，一般保证的保证人在就债务人的财产依法强制执行仍不能履行债务前，有权拒绝承担保证责任。草案第四百八十三条第一款规定，一般保证的债权人在保证期间届满前对债务人提起诉讼或者申请仲裁的，从判决或者仲裁裁决生效之日起，开始计算保证债务的诉讼时效。

有的单位和地方提出，按照草案第四百七十七条第二款规定，只有在对债务人经过强制执行程序后，才会涉及一般保证的保证人责任。裁判文书生效后未经过强制执行程序前，一般保证的保证人仍有权拒绝承担保证责任，从判决或者仲裁裁决生效之日起计算诉讼时效，对于债权人没有任何积极意义。建议将第四百八十三条第一款关于保证债务的诉讼时效起算点修改为“从债权人依法可以要求保证人承担保证责任之日起”。

（六）最高额保证

草案第四百九十三条第一款规定，保证人与债权人可以协商设立最高额保证。第二款规定，最高额保证除适用本章规定以外，参照适用物权编关于最高额抵押权的规定。

有的单位提出，一是应当对最高额保证作出阐释，建议将第一款修改为：“保证人与债权人可以协商设立最高额保证，约定在最高债权额限度内就一定期间连续发生的债权订立一个保证合同。”二是应当吸收担保法第二十七条有别于最高额抵押的规定，增加一款，作为第二款：“最高额保证未约定保证期间的，保证人可以随时书面通知债权人终止保证合同，但保证人对于通知到债权人前所发生的债权，承担保证责任。”原第二款作为第三款。三是最高额保证并非关于保证责任的规定，而是保证方式的规定，建议将本条移至保证合同一章第一节“一般规定”。

十四、关于租赁合同

（一）总的意见

有的部门提出，本章对房屋等租赁物在多次转租时存在的社会管理风险未引起足够重视，建议对多次转租作出明确限制。

有的地方建议在本章增加规定“出租人不履行维修义务时承租人享有解除权”以及“承租人未经出租人同意转租的合同效力”的相关内容。

（二）租赁期限

草案第四百九十六条第一款规定，租赁期限不得超过二十年。第二款规定，租赁期间届满，当事人可以续订租赁合同，但是约定的租赁期限自续订之日起不得超过二十年。

有的单位和部门建议，恢复现行合同法的规定，在第一款末尾增加“超过二十年的，超过部分无效”。有的单位建议在第一款末尾增加“约定超过二十年的，超过期限对当事人没有约束力”。

有的地方提出，自然人之间或者自然人与法人之间的当事人完全可以在租赁期限到二十年时重新签订合同，致使法律规定流于形式，而且司法实践中租赁期限超过二十年的判例几乎为零。基于此，建议删除第一款中“租赁期限不得超过二十年”的禁止性规定。

（三）买卖不破租赁

草案第五百一十六条规定，租赁物在承租人依据租赁合同占有期间发生所有权变动的，不影响租赁合同的效力。

有的单位提出，买卖不破租赁制度应当仅限于房屋租赁或住宅租赁，建议修改。

有的地方建议，将本条修改为：“租赁物在承租人依据租赁合同占有期间发生所有权变动的，租赁合同关系自所有权变动之日起转移至承租人与所有权受让人。”

（四）承租人的优先购买权

草案第五百一十七条第一款规定，出租人出卖租赁房屋的，应当在出卖之前的合理期限内通知承租人，承租人享有以同等条件优先购买的权利，但是房屋共有人行使优先购买的权利或者出租人将房屋出卖给近亲属的除外。

有的单位和地方提出，共有人优先购买权的标的是共有物的份额，承租人优先购买权的标的是物本身，两者不存在冲突，建议删除“但是房屋共有人行使优先购买的权利”。

有的地方建议，对租赁合同中行使优先购买权的“同等条件”进行细化，以利于实践操作。

有的地方提出，第一款规定在实践中难以操作，建议将“应当在出卖之前的合理期限内通知承租人”修改为“应当及时通知承租人”。

（五）妨害承租人行使优先购买权的救济

草案第五百一十八条规定，出租人未通知承租人或者有其他妨害承租人行使优先购买权情形的，承租人可以请求出租人承担损害赔偿责任，但是出租人与第三人订立的房屋买卖合同的效力不受影响。

有的地方建议明确，在出租人尚未将房屋过户至第三人名下之前，承租人是只可以请求出租人承担损害赔偿责任，还是仍然可以主张优先购买权。

有的单位建议增加一款：“在第三人为恶意时，应当允许承租人行使优先购买权。”

有的地方建议，将本条分作两款规定：“出租人未通知承租人或者有其他妨害承租人行使优先购买权的情形，出租人与第三人订立的房屋买卖合同的效力不受影响。但第三人知道或者应当知道前述情形的，承租人可以请求注销第三人的房屋登记。”“第三人不知道且不应当知道出租人未通知承租人或者有其他妨害承租人行使优先购买权的情形，并已经办理房屋登记的，承租人可以请求出租人承担损害赔偿责任。”

（六）优先承租权

草案第五百二十五条第二款规定，租赁期间届满，房屋承租人享有以同等条件优先承租的权利。

有的单位建议，将第二款修改为：“租赁期间届满，房屋承租人享有以同等条件优先承租的权利，但有下列情形之一的除外：（一）出租人不同意继续出租或者无法继续出租；（二）承租人条件与其他承租人不对等；（三）承租人未向出租人表示同意继续承租的；（四）承租人违约的；（五）法律、法规规定的承租人不享有优先承租权的其他情形。”这样规定有利于平衡出租人和承租人的权益。

有的地方建议，细化优先承租权的成立条件、同等条件的确定、优先承租权的顺位、优先承租权的消灭及时效等，以便于实践操作。

十五、关于建设工程合同

（一）总的意见

有的部门建议，增加关于“建设工程”的概念界定和“开工日期”的确定条款，以便于实践操作。

（二）建设工程合同无效的处理

草案第五百七十六条第一款规定，建设工程施工合同无效，但是建设工程经竣工验收合格的，承包人可以请求参照合同的约定支付工程价款。

有的部门和单位提出，本条规定给人无效合同作有效合同对待的印象，在导向上存在偏差，应当按照不当得利规则加以规定。建议将第一款修改为："建设工程施工合同无效，但是建设工程经竣工验收合格的，承包人可以请求参照合同关于工程价款的约定支付价款。"

有的地方建议将第一款中"承包人可以请求参照合同的约定支付工程款"修改为"发包人和承包人均可请求参照合同约定支付工程款"，以贯彻平等原则。有的地方建议，将参照合同约定的事项予以明确，避免滥用。

（三）承包人的法定优先权

草案第五百九十二条规定，发包人未按照约定支付价款的，承包人可以催告发包人在合理期限内支付价款。发包人逾期不支付的，除按照建设工程的性质不宜折价、拍卖的以外，承包人可以与发包人协议将该工程折价，也可以申请人民法院将该工程依法拍卖。建设工程的价款就该工程折价或者拍卖的价款优先受偿。

有的部门提出，一是法定优先权的立法初衷与实践操作出现了背离，建议设立承包人法定优先权登记制度，同时明确权利对抗的顺位和范围，以便于实践操作。二是条文中"申请"一词容易令人误解，建议修改为"请求"。

有的单位提出，承包人的法定优先权原则上应仅限于工人工资和建筑材料款，建议对此作出明确规定。

（四）其他

有的部门提出，在建设工程领域拖欠农民工工资问题仍较为严重。为切实维护农民工劳动报酬权益，建议增加规定："发包人违法发包或者承包人转包、违法分包，导致拖欠施工人员劳动报酬的，由发包人和承包人承担连带责任。"

十六、关于运输合同

（一）总的意见

有的单位提出，为解决残疾人、老年人等弱势群体交通出行存在的障碍和不便，建议在客运合同部分增加一条规定："承运人应当为残疾人、老年人等旅客提供合理便利和必要帮助。残疾人、老年人等旅客可以免费携带随身必备的辅助器具。残疾人旅客携带辅助犬的，应当遵守国家有关规定。"

（二）客运合同的成立

草案第五百九十九条规定，客运合同自承运人向旅客交付客票时成立，但是当事人另有约定或者另有交易习惯的除外。

有的地方提出，随着现代社会的发展，打车软件、网约车等出行方式日益多样，电话购票、网上购票等也越来越多，立法对此应有回应。建议增加一款规定："客票可以是纸质或者电子信息等表现形式，交付包括现场交付以及网络信息传输等交付方式。”

（三）客运合同的变更

草案第六百零六条规定，承运人擅自变更运输工具而降低服务标准的，应当根据旅客的要求退票或者减收票款；提高服务标准的，不应当加收票款。

有的单位提出，本条中“不应当”的表述不符合用语规范，建议修改为“不得”。

十七、关于技术合同

（一）总的意见

一些部门、单位和地方提出，技术转让合同和技术许可合同在法律含义、使用语境及有关程序上均有明显不同，本章第三节不仅包括技术转让合同，还包括技术许可合同，应当进行区分。建议将第三节的节名由“技术转让合同”修改为“技术转让合同与技术许可合同”，并修改相关条文表述。

（二）技术合同的定义

草案第六百二十八条规定，技术合同是当事人就技术开发、转让、咨询或者服务订立的确立相互之间权利和义务的合同。

有的部门建议，在本条的“转让”后面加上“许可”，以符合客观实际，也与专利法的规定协调一致。

（三）技术合同的内容

草案第六百三十条第一款规定，技术合同的内容由当事人约定，一般包括以下条款：……（五）风险责任的承担……

草案第六百四十三条第一款规定，在技术开发合同履行过程中，因出现无法克服的技术困难，致使研究开发失败或者部分失败的，该风险责任由当事人约定。没有约定或者约定不明确，依照本法第三百零一条的规定仍不能确定的，风险责任由当事人合理分担。

有的单位建议，将第六百三十条第一款第五项以及第六百四十三条第一款中的“风险责任”修改为“风险”。

（四）技术转让合同的类型

草案第六百四十七条第三款规定，技术转让合同包括专利权转让、专利申请权转让、技术秘密转让、专利实施许可合同。

有的部门和单位提出，技术秘密许可使用合同与专利实施许可合同性质相同，后者既然被列入技术转让合同的概念范畴，前者也应纳入。建议将第三款修改为两款：“技术转让合同包括专利权转让、专利申请权转让、技术秘密转让。”“技术许可合同包括专利实施许可、技术秘密许可使用合同。”

有的部门提出,集成电路布图设计专有权、植物新品种权和计算机软件著作权是除专利权之外的知识产权类型,在技术交易中广泛存在,将其纳入技术转让合同类型,有利于鼓励涉及各类知识产权的技术成果转移转化。建议在第三款后增加规定:"计算机软件著作权、植物新品种权、集成电路布图设计专有权等其他知识产权的转让合同可参照技术转让合同的规定。法律、行政法规另有规定的,依照其规定。"

(五)专利实施许可合同当事人的权利义务

草案第六百五十条规定,专利实施许可合同的让与人应当按照约定许可受让人实施专利,交付实施专利有关的技术资料,提供必要的技术指导。

草案第六百五十一条规定,专利实施许可合同的受让人应当按照约定实施专利,不得许可约定以外的第三人实施该专利;并按照约定支付使用费。

有的部门和单位提出,两条中"让与人"与"受让人"的表述与技术许可合同的性质不符合,建议修改为"许可人"与"被许可人"。

(六)技术中介、技术培训合同

草案第六百七十条规定,法律、行政法规对技术中介合同、技术培训合同另有规定的,依照其规定。

有的部门提出,草案中未明确技术中介合同、技术培训合同可以参照技术服务合同的规定,不利于实践操作。建议本条修改为:"技术中介合同、技术培训合同可以参照技术服务合同的规定。法律、行政法规另有规定的,依照其规定。"

十八、关于保管合同

草案第六百八十条对保管人的赔偿责任作出规定:保管期间,因保管人保管不善造成保管物毁损、灭失的,保管人应当承担损害赔偿责任,但是保管是无偿的,保管人证明自己没有故意或者重大过失的,不承担损害赔偿责任。

有的单位和地方建议本条修改为:"保管期间,保管物毁损、灭失的,保管人应当承担赔偿责任,但由不可抗力引起或者由托管人原因造成的除外;如保管是无偿的,保管人证明自己没有故意或者重大过失的,不承担损害赔偿责任。"

有的部门提出,很多商场、超市等公共场所存在大量的无偿保管行为,为广大消费者提供了重要的购物便利,但是草案对无偿保管人的免责条款不利于寄存者,建议进一步修改完善,平衡好保管人与寄存人的权利义务关系。

十九、关于委托合同

(一)受托人以自己名义和第三人订立合同的约束力

草案第七百零八条规定,受托人以自己的名义,在委托人的授权范围内与第三人订立的合同,第三人在订立合同时知道受托人与委托人之间的代理关系的,该合同直接约束委托人和第三人,但是有确切证据证明该合同只约束受托人和第三人的除外。

有的部门和单位提出,本条是在我国特定外贸代理制背景下制定的,相应的现实基础已不复存在,继续保留反而会增加交易风险,建议删除本条规定或者将本条适用范围限于国际贸易合同。

(二)委托人的介入权和第三人的选择权

草案第七百零九条第一款规定,受托人以自己的名义与第三人订立合同时,第三人不知道受托人与委托人之间的代理关系的,受托人因第三人的原因对委托人不履行义务,受托人应当向委托人披露第三人,委托人因此可以行使受托人对第三人的权利,但是第三人与受托人订立合同时如果知道该委托人就不会订立合同的除外。第二款规定,受托人因委托人的原因对第三人不履行义务,受托人应当向第三人披露委托人,第三人因此可以选择受托人或者委托人作为相对人主张其权利,但是第三人不得变更选定的相对人。

有的部门和地方提出,间接代理来源于我国计划经济时代的外贸代理制度,随着外贸代理权的放开,已经失去其存在的必要性。同时,大陆法系传统中规定间接代理需遵循合同相对性,而美国法中的间接代理则在委托人与第三人之间直接建立法律关系,两种制度一并规定会产生适用难题,建议删除本条规定。

有的单位建议,在第一款和第二款受托人不能或无法履行的情形中,加上“破产”情形。

(三)委托人支付报酬的义务

草案第七百一十一条规定,受托人完成委托事务的,委托人应当向其支付报酬。因不可归责于受托人的事由,委托合同解除或者委托事务不能完成的,委托人应当向受托人支付相应的报酬。当事人另有约定的,按照其约定。

有的单位和地方提出,本条与委托合同委托人预付委托事务费用的规定存在冲突,建议删除“受托人完成委托事务的,委托人应当向其支付报酬”。

(四)任意解除权

草案第七百一十六条规定,委托人或者受托人可以随时解除委托合同。因解除合同给对方造成损失的,除不可归责于该当事人的事由以外,无偿委托合同的解除方应当赔偿因解除时间不当造成的直接损失,有偿委托合同的解除方应当赔偿对方的直接损失和可以获得的利益。

有的单位提出,德国民法规定有偿委托合同的当事人并无任意解除权,无偿委托合同的当事人才享有任意解除权。建议本条修改为:“无偿委托合同的委托人或者受托人可以随时解除委托合同。因解除合同给对方造成损失的,除不可归责于该当事人的事由以外,解除方应当赔偿因解除时间不当造成的直接损失。”

有的单位提出,赔偿责任不因是无偿委托或者有偿委托而有所区别。建议本条修改为:“委托人或者受托人可以随时解除委托合同。因解除合同给对方造成损失的,除不可归责于解除方的事由以外,解除方应当向对方承担损害赔偿责任。”

有的地方建议规定:“有偿委托合同的解除方应当赔偿对方的直接损失,并就对方可以获得的利益承担赔偿责任,但该责任对解除方明显不公平的情形除外。”

二十、关于物业服务合同

(一)总的意见

有的地方建议对业主决议的表决程序、表决人数比例等作出具体规定,以便于实践操作。

有的地方认为,本章对业主的保护偏弱,对业主的维权规定偏少,建议增加相应规定。

(二)物业服务合同的定义

草案第七百二十条第一款规定,物业服务合同是物业服务人在物业服务区域内,为业主持续提供建筑物及其附属设施的维修养护、环境卫生和相关秩序的维护等物业服务,业主支付报酬的合同。

有的单位提出,物业服务合同中存有前期物业服务合同这一类型,而前期物业服务合同是由建设单位与物业服务人订立的,建设单位是该合同的当事人。建议将第一款修改为:“物业服务合同是物业服务人在物业服务区域内,持续提供房屋和配套设施设备的维修养护、环境卫生和相关秩序的维护等物业服务,由建设单位或业主支付报酬的合同。”

(三)业主的知情权

草案第七百二十五条规定,物业服务人应当及时将服务项目及负责人员、服务质量要求、服务收费项目、服务收费计算标准、服务履行情况、维修资金管理与使用情况、业主共有部分的经营与收益情况、服务项目收支情况和预算方案等事项以合理方式向业主公开或者向业主大会、业主委员会报告。

有的部门建议,将本条中的“及时”修改为“定期”,以便于实践中操作。

有的地方提出,现实中很多小区没有成立业主委员会,也没有开过业主大会,为更好地保护业主利益,建议将“或者向业主大会、业主委员会报告”中的“或者”修改为“并且”。

(四)业主的报酬支付义务

草案第七百二十六条第一款规定,业主应当按照约定向物业服务人支付报酬。物业服务人已经按照约定和有关规定提供服务的,业主不得以未接受或者无需接受相关物业服务为由拒绝支付报酬。第二款规定，业主违反约定逾期不支付报酬的，物业服务人可以催告其在合理期限内支付；逾期仍不支付的，物业服务人可以提起诉讼或者申请仲裁。

有的单位提出，一是建设单位是前期物业服务合同的报酬支付义务人，建议将本条中的“业主”均修改为“建设单位或业主”；二是将第二款中的“物业服务人可以向人民法院提起诉讼或者申请仲裁”修改为“物业服务人可要求其承担相应的违约责任”。

（五）业主的任意解除权

草案第七百二十八条规定，业主依法共同决定解聘物业服务人的，可以解除物业服务合同。决定解聘的，应当提前六十日书面通知物业服务人，但是合同对通知期限另有约定的除外。因解除合同造成物业服务人损失的，除不可归责于业主的事由外，业主应当赔偿损失。

有的单位建议，将“业主依法共同决定解聘物业服务人的，可以解除物业服务合同”修改为：“具有约定或者法定的解除物业服务合同情形的，业主可以依法定的程序共同决定是否解聘物业服务人。”有的单位建议修改为：“经业主共同决定，可以解除物业服务合同。”有的部门建议修改为“业主依照法定程序共同决定解聘物业服务人的，可以解除物业服务合同”。

有的地方提出，“因解除合同造成物业服务人损失的，除不可归责于业主的事由外，业主应当赔偿损失”的规定，没有体现物业服务人的过错责任，建议删去。

（六）不定期物业服务合同

草案第七百三十条第一款规定，物业服务期限届满后，业主没有依法作出续聘或者另聘物业服务人的决定，物业服务人按照原合同继续提供物业服务的，原物业服务合同继续有效，但是服务期限为不定期。第二款规定，当事人可以随时解除不定期物业服务合同，但是物业服务人解除合同应当在合理期限之前书面通知业主或者业主委员会。

有的单位提出，本条中“业主没有依法作出续聘或者另聘物业服务人的决定”，仅是业主大会的决定，并不意味着业主已和物业服务人续订合同。建议将第一款中“业主没有依法作出续聘或者另聘物业服务人的决定”修改为“业主未与物业服务人续订合同的”。

有的部门建议将第二款中的“合理期限之前”修改为“六十日之前”，以便于实践操作，也与草案第七百二十八条的规定保持一致。

有的单位建议，将第二款修改为：“当事人可以随时解除不定期物业服务合同，但是应当给对方必要的准备时间。”

（七）物业服务人的后合同义务

草案第七百三十三条第二款规定，原物业服务人违反前款规定的，不得请求业主支付物业服务合同终止后的报酬。

有的部门建议在第二款末尾加上:“造成业主损失的,应当赔偿损失。”

(八)参照适用委托合同的规定

草案第七百三十四条规定,本章没有规定的,参照适用委托合同的有关规定。

有的单位提出,物业服务合同和委托合同有本质区别,尤其是物业服务合同为有偿合同,不太适合参照委托合同的规定,建议删除本条。

二十一、关于中介合同

(一)总的意见

一些地方和单位提出,“中介合同”不是规范术语且不准确,没有必要作出更改,建议将章名改回“居间合同”。

(二)适用委托合同的规定

草案第七百五十条规定,本章没有规定的,适用委托合同的有关规定。

有的单位提出,中介合同不是委托合同,将委托合同的规定适用于中介合同欠缺法理依据,也没有此种立法例,建议删除。

二十二、关于合伙合同

(一)总的意见

有的单位提出,隐名合伙是合伙制度中的重要组成部分,建议增加。

有的地方建议,进一步厘清合伙合同与合伙企业、非法人组织的关系,重新对合伙财产等问题进行规定,并按照合伙的紧密程度作出不同的规定。

有的地方建议增加退伙的规定。

(二)合伙的定义

草案第七百五十一条规定,合伙合同是二人以上为了共同的事业目的,订立的共享利益、共担风险的协议。

有的地方建议删除“事业”一词。有的地方建议将“共同的事业目的”修改为“共同的经营目的”。

有的部门提出,考虑到合伙合同与合伙企业具有密不可分的关系,为了避免无照经营,建议增加一款规定:“法律、行政法规规定从事相关活动须办理市场主体登记的,当事人应当在签订合伙合同后及时办理登记。”

(三)合伙财产

草案第七百五十三条第一款规定,合伙人的出资、因合伙事务依法取得的收益和其他财产,属于合伙财产。第二款规定,合伙财产由全体合伙人共有。合伙合同终止前,合伙人不得请求分割合伙财产。

有的单位提出，条文中仅规定财产共有而未明确属于按份共有还是共同共有，可能导致司法实践中的混乱。建议将“合伙财产由全体合伙人共有”修改为“合伙财产由全体合伙人共同共有”。

有的单位提出，第二款笼统规定“合伙财产由全体合伙人共有”不妥，比如合伙人中用“技艺”出资，则无法形成共有。

（四）利润分配和亏损分担

草案第七百五十六条规定，合伙的利润分配和亏损分担，按照合伙合同的约定办理；合伙合同没有约定或者约定不明确的，由合伙人协商决定；协商不成的，由合伙人平均分配、分担。

有的单位建议，在协商不成时，应当先按合伙人的实缴出资比例分配和分担；无法确定出资比例的，才平均分配和分担。草案第七百六十二条的剩余财产返还，也应参照本条规定处理。

（五）不定期合伙合同

草案第七百六十条第一款规定，当事人对合伙期限没有约定或者约定不明确，依照本法第三百零一条的规定仍不能确定的，视为不定期合伙。第三款规定，当事人可以随时解除不定期合伙合同，但是应当在合理期限之前通知其他合伙人。

有的单位提出，一是合伙合同中用“合伙人”一词更加清晰明了，而且与上下文用词保持一致，建议将第一款中的“当事人”修改为“合伙人”。二是合伙合同不存在解除合同问题，退伙就可，建议删除第三款。

二十三、关于无因管理

（一）无因管理人的权利

草案第七百六十三条第一款规定，管理人没有法定或者约定的义务，为避免他人利益受损失而管理他人事务，并且符合其知道或者应当知道的受益人真实意思的，可以请求受益人偿还因管理行为而支出的必要费用；管理人因管理行为受到损失的，可以请求受益人适当补偿。第二款规定，管理行为不符合受益人真实意思的，管理人不享有前款规定的权利，但是为维护公序良俗的除外。

有的单位建议，一是将第一款中“受益人适当补偿”修改为“受益人应当承担赔偿责任”。二是将第二款修改为：“管理行为不符合受益人真实意思的，管理人不享有前款规定的权利，但是为维护受益人的意思违背公序良俗的除外。”

有的单位建议本条修改为：“管理人没有法定或者约定的义务，为避免他人利益受损失而管理他人事务，并且符合其知道或者应当知道的受益人真实意思的，可以请求受益人偿还因管理行为而支出的必要费用或有益费用；管理人因管理行为受到损失或负担债务的，可以请求受益人赔偿或清偿债务。”“管理行为不符合本人真实意思,造成损害的,应当承担损害赔偿责任,但是尽公益上的义务,或为其履行法定扶养义务,或本人的意思违反公序良俗的除外。”

(二)适用委托合同的规定

草案第七百六十七条规定,无因管理人管理事务经受益人事后追认的,从管理事务开始时起,适用委托合同的规定,但是无因管理人另有意思表示的除外。

有的单位提出,条文中“追认”一词不够全面且存在意思重复,同时管理人的待遇不应低于委托合同中的受托人,建议本条修改为:“管理人管理事务经本人承认的,从管理事务开始时起,适用委托合同中有利于管理人的规定,但是管理人另有意思表示的除外。”

二十四、关于不当得利

(一)不当利益返还义务

草案第七百六十八条规定,得利人没有法律根据取得不当利益的,受损失的人可以请求得利人返还获得的利益,但是有下列情形之一的除外:(1)为了履行道德义务进行的给付;(2)债务到期之前的清偿;(3)明知无给付义务而进行的债务清偿。

有的单位建议,将“受损失的人”修改为“利益受损的人”。

有的单位建议增加一款作为第二款:“基于不法原因作出的给付,不得请求返还,但不法原因仅限于受领给付者一方的除外。”

有的单位建议将第二项修改为“合法债务到期前本金与实际发生利息的清偿”,以便于实践操作。

(二)得利人为恶意时的责任承担

草案第七百七十条规定,得利人知道或者应当知道获得的利益没有法律根据的,受损失的人可以请求得利人返还其获得的利益并赔偿损失。

有的单位提出,本条提到的赔偿损失,混淆了不当得利和侵权损害赔偿的关系,相关侵权的赔偿损失没必要在不当得利中规定。建议本条修改为:“得利人知道或者应当知道获得的利益没有法律根据的,利益受损失的人可以请求得利人返还其获得的利益并附加利息。”

有的单位提出,因侵权而发生的不当得利的赔偿损失,应当适用侵权责任编的规定,建议本条修改为:“得利人知道或者应当知道获得的利益没有法律根据的,受损失的人可以请求得利人返还其获得的利益并请求赔偿侵权损失。”

地方人大、中央有关部门和单位以及有关方面对民法典(草案)合同编的意见

2020年1月,法制工作委员会将《中华人民共和国民法典(草案)》印发省、自治区、直辖市的人大常委会,以及中央有关部门、有关人民团体和社会组织、基层立法联系点征求意见。现将对合同编的主要意见简报如下:

一、关于总的意见

有的地方建议将合同编、侵权责任编合并修改为债权编。有的地方和部门提出,不当得利、无因管理和合同在发生原因、构成要件、义务承担等方面并不相同,将两者纳入准合同,有可能导致债权关系模糊不清,建议进一步研究第三分编准合同的合理性。

有的部门和地方建议增加对教育培训合同、信托合同、劳务合同、劳动合同的规定。

有的部门建议合同编保留合同法第一百二十六条第二款关于"在中华人民共和国境内履行的中外合资经营企业合同、中外合作经营企业合同、中外合作勘探开发自然资源合同,适用中华人民共和国法律"的规定。

二、关于一般规定

1. 合同相对性

草案第四百六十五条第二款规定,依法成立的合同,仅对当事人具有法律约束力,但是法律另有规定的除外。

有的地方提出,涉及第三人利益的合同主要基于当事人约定,建议将本款中的"但是法律另有规定的除外"修改为"但是法律另有规定或者当事人另有约定的除外"。

2. 合同条款的解释

草案第四百六十六条第一款规定，当事人对合同条款的理解有争议的，应当依据本法第一百四十二条第一款的规定，确定争议条款的含义。

有的地方提出，当事人对合同条款有争议的，应当结合合同的文字、含义及目的综合判断。

3. 无明文规定合同的参照适用

草案第四百六十七条规定，本法或者其他法律没有明文规定的合同，适用本编通则的规定，并可以参照适用本编典型合同或者其他法律最相类似合同的规定。

有的地方建议修改为，本法或者其他法律没有明文规定的合同，参照适用本编典型合同中最相类似合同的规定；如果没有最相类似的合同，则适用本编通则的规定。

三、关于合同的订立

1. 合同的形式

草案第四百六十九条第一款规定，当事人订立合同，可以采用书面形式、口头形式或者其他形式。第三款规定，以电报、电传、传真、电子数据交换、电子邮件等方式能够有形地表现所载内容，并可以随时调取查用的数据电文，视为书面形式。

有的单位建议在第一款末尾增加规定：法律、行政法规规定或者当事人约定采用特定形式的，应当采用特定形式。

有的部门建议在第三款中增加“网上签约”的内容。

2. 要约邀请

草案第四百七十三条第一款规定，商业广告和宣传为要约邀请。第二款规定，商业广告和宣传的内容符合要约规定的，构成要约。

有的单位建议删除“和宣传”。

3. 承诺的到达期限

草案第四百八十一条第二款第一项规定，要约以对话方式作出的，应当即时作出承诺。

有的地方建议在该项末尾加上“当事人另有约定的除外”。

4. 承诺期限的计算

草案第四百八十二条规定，要约以信件或者电报作出的，承诺期限自信件载明的日期或者电报交发之日开始计算。信件未载明日期的，自投寄该信件的邮戳日期开始计算。要约以电话、传真、电子邮件等快速通讯方式作出的，承诺期限自要约到达受要约人时开始计算。

有的部门提出，根据实践情况，建议增加规定：无邮戳或者无法确定邮戳日期的，自收寄该信件的日期开始计算。

5. 合同成立的时间

草案第四百八十三条规定，承诺生效时合同成立，但是法律另有规定或者当事人另有约定的除外。

有的单位提出，本条的但书规定非常不合理，与第一百三十四条、第四百七十一条和第四百七十九条的规定难以保持一致，建议删除。

6. 新要约

草案第四百八十六条规定，受要约人超过承诺期限发出承诺，或者在承诺期限内发出承诺，按照通常情形不能及时到达要约人的，为新要约；但是，要约人及时通知受要约人该承诺有效的除外。

有的单位建议删除本条的但书规定。

7. 合同成立的具体要求

草案第四百九十条第一款规定，当事人采用合同书形式订立合同的，自当事人均签字、盖章或者按指印时合同成立。在签字、盖章或者按指印之前，当事人一方已经履行主要义务，对方接受时，该合同成立。第二款规定，法律、行政法规规定或者当事人约定合同应当采用书面形式订立，当事人未采用书面形式但是一方已经履行主要义务，对方接受时，该合同成立。

有的地方建议删去第一款中的“按指印”。

有的单位建议将本条修改为四款：第一款规定，法律、行政法规规定或者当事人约定合同应当采用书面形式订立的，当事人应当签字、盖章或者按指印，合同自当事人皆签字、盖章或者按指印时成立。第二款规定，签字应当由当事人亲笔签署。以按指印替代签字的，应当由二人签字证明。第三款规定，数据电文应采用电子签名方式，电子签名适用电子签名法的规定。第四款规定，在签字、盖章或者按指印之前，当事人一方已经履行主要义务，对方接受时，该合同成立。

8. 依照指令性任务订立的合同

草案第四百九十四条第二款规定，依照法律、行政法规的规定负有发出要约义务的当事人，应当及时发出合理的要约。第三款规定，依照法律、行政法规的规定负有作出承诺义务的当事人，不得拒绝对方合理的订立合同要求。

有的地方建议删去第二款和第三款的规定。有的地方建议删去第二款，因为实践中几乎没有强制要约的情形。

9. 预约合同

草案第四百九十五条第一款规定，当事人约定在将来一定期限内订立合同的认购书、订购书、预订书、意向书等，构成预约合同。第二款规定，当事人一方不履行预约合同约定的订立合同义务的，对方可以请求其承担预约合同的违约责任。

有的单位提出，在涉外交往中经常采用意向书（MOU）等形式，实践中并无实质性约束力，建议删除第一款规定的“意向书”。

有的地方建议在第二款中增加具体“违约责任”的内容。

有的地方建议明确预约合同与本约合同的概念。

10. 格式条款

草案第四百九十六条第二款规定，提供格式条款的一方未履行提示或者说明义务，致使对方没有注意或者理解与其有重大利害关系的条款的，对方可以主张该条款不成为合同的内容。

有的单位建议删除“对方可以主张”表述，简化规定为“该条款不成为合同的内容”；有的地方提出“可以主张”的后果不明确，建议修改为“该条款无效，对方认可的除外”，保留对方一定的选择权；有的单位建议末尾修改为：“对方可以主张该条款不具备法律效力。”

有的地方建议明确“与其有重大利害关系”的具体情形。

11. 格式条款无效情形

草案第四百九十七条规定，有下列情形之一的，该格式条款无效：（1）具有本法总则编第六章第三节和本法第五百零六条规定的无效情形；（2）提供格式条款一方不合理地免除或者减轻其责任、加重对方责任、限制对方主要权利；（3）提供格式条款一方排除对方主要权利。

有的地方建议，删除第二项中的“限制对方主要权利”，在第三项中的“排除对方主要权利”前增加“限制”。

12. 悬赏

草案第四百九十九条规定，悬赏人以公开方式声明对完成特定行为的人支付报酬的，完成该行为的人可以请求其支付。

有的部门建议在本条之后增加一条规定：“行为人以公开方式作出承担义务的允诺的，一经向公众作出立即生效，相关权利人可以依法请求其履行。”

13. 缔约过失

草案第五百条第二项规定，故意隐瞒与订立合同有关的重要事实或者提供虚假情况。

有的地方建议将“虚假情况”修改为“虚假信息”。

14. 总的意见

有的单位提出，为解决拖欠中小企业账款问题，同时参考域外经验，建议在本章增加一条规定：“合同当事人一方是中小企业，对方并非消费者时，当事人应当在合同中约定明确、合理的价款支付期限，约定支付期限不得超过货物、工程、服务交付之日起六十日。”

四、关于合同的效力

1. 合同生效时间

草案第五百零二条第二款规定，法律、行政法规规定应当办理批准等手续生效的，依照其规定。未办理批准等手续的，该合同不生效，但是不影响合同中履行报批等义务条款以及相关条款的效力。应当办理申请批准等手续的当事人未履行义务的，对方可以请求其承担违反该义务的责任。第三款规定，法律、行政法规规定合同的变更、转让、解除等情形应当办理批准等手续生效的，适用前款规定。

有的部门提出，现行立法中没有规定合同应办理批准手续才生效，建议将第二款规定的“应当办理批准等手续生效的”修改为“应当办理批准等手续的”。

有的单位建议将对法律、行政法规规定应当办理批准等手续生效但未办理的，规定该合同不生效，但是合同中约定有履行报批等义务的当事人应当履行申请批准等手续，未履行义务的，对方可以请求其承担因过错致使合同未生效的责任。

有的部门建议删去第三款。

有的部门建议增加一款规定：“法律、行政法规规定应当办理合同备案手续的，依照其规定。”

2. 合同的追认

草案第五百零三条规定，无权代理人以被代理人的名义订立合同，被代理人已经开始履行合同义务或者接受相对人履行的，视为对合同的追认。

有的单位提出，该条是对无权代理制度中被代理人追认规则的扩张解释，建议修改本条，并规定在草案第一百七十一条第三款：“被代理人已经履行义务或者接受相对人的履行的，视为追认。”

3. 代表行为的效力

草案第五百零四条规定，法人的法定代表人或者非法人组织的负责人超越权限订立的合同，除相对人知道或者应当知道其超越权限外，该合同对法人或者非法人组织发生效力。

有的部门提出，为避免混淆代理和代表，建议将最后一句修改为“该代表行为有效”。

有的单位和地方提出，本条与草案第六十一条第三款重复，建议合并。

有的部门建议进一步完善越权签订合同效力相关规定，在本条增加一款规定：“法律、行政法规对法人的法定代表人或者非法人组织的负责人签订合同权限或者内部决策程序等有明确规定的，视为相对人知道或者应当知道其权限或者内部决策程序，法人的法定代表人或者非法人组织的负责人超越权限或者没有履行内部决策程序订立的合同，对法人或者非法人组织不发生效力。”

4. 其他

一些部门、地方和单位建议恢复现行合同法第五十一条关于无处分权人订立合同的相关规定:“无处分权的人处分他人财产,经权利人追认或者无处分权的人订立合同后取得处分权的,该合同有效。”

五、关于合同的履行

1. 合同履行中的义务

草案第五百零九条第三款规定,当事人在履行合同过程中,应当避免浪费资源、污染环境和破坏生态。

有的地方建议将“应当避免浪费资源、污染环境和破坏生态”修改为“要尽到保护环境义务”。

2. 质量要求不明时的确定

草案第五百一十一条第一项规定,质量要求不明确的,按照强制性国家标准履行;没有强制性国家标准的,按照推荐性国家标准履行;没有推荐性国家标准的,按照行业标准履行;没有国家标准、行业标准的,按照通常标准或者符合合同目的的特定标准履行。

有的单位建议将“按照符合合同目的的特定标准履行”列到“按照强制性国家标准履行”之前。

3. 连带债权与连带债务

草案第五百一十八条规定了连带债权和连带债务的定义。

有的地方建议在本条之后增加两条规定,分别为:“数个债务人负担的合同标的为不可分的,适用连带债务人的责任。”“债权人有数人而合同标的不可分的,债务人只能向全体债权人给付,各债权人也仅得要求债务人向全体债权人给付。”

4. 向第三人履行的合同

草案第五百二十二条第二款规定,法律规定或者当事人约定第三人可以直接请求债务人向其履行债务,第三人未在合理期限内明确拒绝,债务人未向第三人履行债务或者履行债务不符合约定的,第三人可以请求债务人承担违约责任。

有的地方提出,该规定违反了合同相对性,也不利于防范合同双方借助第三人制造虚假诉讼。

5. 由第三人履行的合同

草案第五百二十三条规定,当事人约定由第三人向债权人履行债务,第三人不履行债务或者履行债务不符合约定的,债务人应当向债权人承担违约责任。

有的地方建议在本条末尾增加规定,第三人应当承担连带责任。

6. 不安抗辩权

草案第五百二十七条第一款规定，应当先履行债务的当事人，有证据证明对方有法定情形之一的，可以中止履行。

有的地方建议将“有证据证明”修改为“有确切证据证明”。

7. 中止履行的情形

草案第五百二十九条规定，债权人分立、合并或者变更住所没有通知债务人，致使履行债务发生困难的，债务人可以中止履行或者将标的物提存。

有的地方建议删除“中止履行”的规定。

8. 情势变更

草案第五百三十三条第一款规定，合同成立后，合同的基础条件发生了当事人在订立合同时无法预见的、不属于商业风险的重大变化，继续履行合同对于当事人一方明显不公平的，受不利影响的当事人可以与对方重新协商；在合理期限内协商不成的，当事人可以请求人民法院或者仲裁机构变更或者解除合同。

有的地方建议将“受不利影响的当事人可以与对方重新协商”修改为“双方当事人应重新协商”，同时增加“如订立合同的基础条件发生了当事人在订立合同时可以预见的、属于商业风险的重大变化，则应由当事人各自承担遭受的损失”的规定。

有的部门建议将“合同成立后，合同的基础条件发生了当事人在订立合同时无法预见的”修改为“合同成立后，合同履行的基础条件发生了当事人在订立合同时无法预见的”。

六、关于合同的保全

草案第五百三十六条规定，债权人的债权到期前，债务人的权利存在诉讼时效期间即将届满或者未及时申报破产债权等情形，影响债权人的债权实现的，债权人可以代位向债务人的相对人请求其向债务人履行、向破产管理人申报或者作出其他必要的行为。

有的地方建议将“债务人的相对人”修改为“债务人的次债务人”。

有的单位建议删除“影响债权人的债权实现”，并修改为：“债权人的债权到期前，债务人的权利存在诉讼时效期间即将届满或者未及时申报破产债权等情形，债务人未向相对人主张权利的，债权人可以代位向债务人的相对人请求其向债务人履行、向破产管理人申报或者作出其他必要的行为。”

七、关于合同的变更和转让

1. 债权转让应当通知债务人

草案第五百四十六条第一款规定，债权人转让债权的，应当通知债务人。未经通知，该转让对债务人不发生效力。

有的部门和地方建议在本款末尾增加规定“但债务人明知该债权转让的除外”。

2. 自然债权的抵销

草案第五百四十九条规定了债务人可以向受让人主张抵销的情形。

有的地方提出，对超过诉讼时效的债权能否抵销的问题，实践中有疑义，建议作出明确规定：“债权的请求权虽已超过诉讼时效期间，如在诉讼时效期间内其债务已适于抵销的，仍可以主张抵销。”

3. 其他

有的地方提出，债权让与和其他权利让与制度欠缺衔接性规范，建议在本章末尾增加一条规定：“其他权利的让与，参照适用债权让与的规定。”

八、关于合同的权利义务终止

1. 合同的终止情形

草案第五百五十七条第一款规定，有下列情形之一的，债权债务终止：(1)债务已经履行……第二款规定，合同解除的，该合同的权利义务关系终止。

有的地方建议将第一款第一项“债务已经履行”修改为“债务已经按照约定履行”。

有的单位建议将第二款修改为：“合同解除的，合同约定的权利义务终止。”

2. 后合同义务

草案第五百五十八条规定，债权债务终止后，当事人应当遵循诚信等原则，根据交易习惯履行通知、协助、保密、旧物回收等义务。

有的地方建议本条末尾增加规定：“当事人一方违反上述义务，给对方当事人造成损失，应当承担赔偿责任。”

3. 债务人不同债务清偿顺序的确定

草案第五百六十条第一款规定，债务人对同一债权人负担的数个债务种类相同，债务人的给付不足以清偿全部债务的，除当事人另有约定外，由债务人在清偿时指定其履行的债务。第二款规定，债务人未作指定的，应当优先履行已到期的债务；几项债务均到期的，优先履行对债权人缺乏担保或者担保最少的债务；担保数额相同的，优先履行债务负担较重的债务。

有的单位建议将第一款中的“由债务人在清偿时指定其履行的债务”修改为“由债务人在清偿时指定债务的履行顺序”。有的地方建议将第二款的“担保数额相同的”修改为“担保相同的”。

有的地方建议将“履行”改为“抵充”。

4. 合同的协商解除

草案第五百六十二条规定了合同的协商解除。

有的部门建议引入合同更新制度，增加一款作为第三款规定：“当事人协商一致，可以通过与第三人签订替代合同的方式解除合同。”

5. 合同的法定解除

草案第五百六十三条第一款规定，有下列情形之一的，当事人可以解除合同：(1)因不可抗力致使不能实现合同目的……

有的单位建议将第一款第一项修改为：因法律上或者事实上不能履行致使不能实现合同目的。

有的部门建议增加一款作为第三款规定：“当事人约定多个合同构成交易双方之间单一的、完整的协议的，除非另有约定，当事人一方未履行其中任一合同的义务均构成其未按照约定履行所有合同。构成第一款情形的，对方可以解除所有合同。”

有的地方建议，增加规定在出现合同僵局时违约方请求解除合同的条款。

6. 解除权行使期限

草案第五百六十四条第一款规定，法律规定或者当事人约定解除权行使期限，期限届满当事人不行使的，该权利消灭。第二款规定，法律没有规定或者当事人没有约定解除权行使期限，自解除权人知道或者应当知道解除事由之日起一年内不行使，或者经对方催告后在合理期限内不行使的，该权利消灭。

有的地方建议第一款末尾增加“但是损害公共利益的除外”的表述。

有的单位建议第二款规定的“一年内”的解除权行使期限修改为“合理期限内”。

7. 债务的抵销

草案第五百六十八条第二款规定，当事人主张抵销的，应当通知对方。通知自到达对方时生效。抵销不得附条件或者附期限。

有的单位建议将本款拆分为两款，一款规定：“当事人主张抵销的，应当通知对方。通知以对话方式作出的，对方知道通知的内容时，抵销生效；通知以非对话方式作出的，通知到达对方时，抵销生效。抵销一经生效，其效力溯及自抵销条件成就之时，双方互负债务在同等数额内消灭。”另一款规定：“抵销不得附条件或者附期限。”

8. 债权人免除债务

草案第五百七十五条规定，债权人免除债务人部分或者全部债务的，债权债务部分或者全部终止，但是债务人在合理期限内拒绝的除外。

有的地方建议将“终止”修改为“消灭”。

有的地方提出，但书规定将使债务免除不再是一个单方法律行为，建议进一步研究。

9. 债权债务混同

草案第五百七十六条规定，债权和债务同归于一人的，债权债务终止，但是损害第三人利益的除外。

有的地方建议将“终止”修改为“消灭”。

九、关于违约责任

1. 违约责任的种类

草案第五百七十七条规定，当事人一方不履行合同义务或者履行合同义务不符合约定的，应当承担继续履行、采取补救措施或者赔偿损失等违约责任。

有的单位建议将“应当承担继续履行、采取补救措施或者赔偿损失等违约责任”修改为“对方可以请求继续履行、赔偿损失、支付违约金等”。

2. 非金钱债务的违约责任

草案第五百八十条规定，当事人一方不履行非金钱债务或者履行非金钱债务不符合约定的，对方可以请求履行，但是有下列情形之一的除外：(1)法律上或者事实上不能履行；(2)债务的标的不适于强制履行或者履行费用过高；(3)债权人在合理期限内未请求履行。

有的单位建议，将“债权人可以合理作出替代交易”明确规定为限制继续履行请求权的一个法定事由。同时建议将第三项修改为“债权人在知道或者应当知道债务人违约后的合理期限内未请求履行”。

有的地方建议将第二项拆分为两项，即“债务的标的不适于强制履行”和“履行费用过高，继续履行将使自己遭受重大经济损失”。

3. 履行不符合约定的违约责任

草案第五百八十二条规定，履行不符合约定的，应当按照当事人的约定承担违约责任。

有的单位建议将“履行不符合约定的”扩充规定为“当事人一方履行合同义务不符合约定的”，以前后条文表述一致。

4. 违约金

草案第五百八十五条第二款规定，约定的违约金过分高于造成的损失的，人民法院或者仲裁机构可以根据当事人的请求予以适当减少。

有的地方建议对“过分高于造成的损失”范围予以明确。

5.定金

草案第五百八十八条第二款规定，约定的定金不足以弥补一方违约造成的损失的，对方可以请求赔偿超过定金数额的损失。

有的地方建议增加关于押金、保证金的规定。

6.多方违约应承担的责任

草案第五百九十二条第一款规定，当事人都违反合同的，应当各自承担相应的责任。

有的单位建议将“相应的责任”修改为“违约责任”。

7.其他

有的单位建议在本章增加一条规定：“当事人一方未支付价款或者报酬的，对方可以要求支付价款或者报酬。对中小企业迟延履行金钱债务且债务人并非消费者的，应当按照每日万分之五支付逾期利息。支付逾期利息，不影响债权人就其他损失主张赔偿。”

十、关于买卖合同

1.出卖人的权利担保义务

草案第六百一十二条规定，出卖人就交付的标的物，负有保证第三人对该标的物不享有任何权利的义务，但是法律另有规定的除外。第六百一十三条规定，买受人订立合同时知道或者应当知道第三人对买卖的标的物享有权利的，出卖人不承担前条规定的义务。

有的地方建议两条合并修改为：“出卖人就交付的标的物，负有保证第三人对该标的物不享有任何权利的义务。但是，法律另有规定或者买受人订立合同时知道或者应当知道第三人对买卖的标的物享有权利的除外。”

2.试用买卖的风险承担

草案第六百四十条规定，标的物在试用期内毁损、灭失的风险由出卖人承担。

有的地方建议在本条末尾增加规定：“但是根据本法第六百三十八条规定视为买受人购买或同意购买的情形除外。”

十一、关于赠与合同

草案第六百六十条规定，经过公证的赠与合同或者依法不得撤销的赠与合同，赠与人不交付赠与财产的，受赠人可以请求交付。

有的地方建议将“受赠人可以请求交付”修改为“受赠人可以要求履行”。

十二、关于借款合同

1. 逾期还款的责任

草案第六百七十六条规定，借款人未按照约定的期限返还借款的，应当按照约定或者依照国家有关规定支付逾期利息。

有的地方建议增加规定：“借款人未按照约定期限返还借款给贷款人造成损失的，应当赔偿损失。”

2. 借款的利率和利息

草案第六百八十条第一款规定，禁止高利放贷，借款的利率不得违反国家有关规定。第二款规定，借款合同对支付利息没有约定的，视为没有利息。第三款规定，借款合同对支付利息约定不明确，当事人不能达成补充协议的，按照当地或者当事人的交易方式、交易习惯、市场利率等因素确定利息；自然人之间借款的，视为没有利息。

有的地方建议将第一款修改为：“禁止高利放贷，借款合同约定的利率按年利率计算超过12%的部分无效，法律另有规定的依照其规定。”

有的地方建议在第二款后增加规定：“借款人逾期还款的，应比照银行同期贷款利率支付利息。”防止不诚信的借款人故意长期拒不归还借款。

有的地方建议删除第三款规定的“自然人之间借款的，视为没有利息”。有的地方建议区分生活性借贷和经营性借贷。

十三、关于保证合同

1. 保证方式的推定

草案第六百八十六条第二款规定，当事人在保证合同中对保证方式没有约定或者约定不明确的，按照一般保证承担保证责任。

有的地方建议“一般保证”修改为“连带保证”，以有利于维护债权人的权益。

2. 保证责任份额的确定

草案第六百九十九条规定，同一债务有两个以上保证人没有约定保证份额的，债权人可以请求任何一个保证人在其保证范围内承担保证责任。

有的地方建议增加规定，没有约定保证份额的保证人在保证范围内承担保证责任后，如何向另一保证人进行追偿。

3. 其他

有的单位建议，对独立担保予以明确规范。

十四、关于租赁合同

1. 租赁合同最长期限

草案第七百零五条第一款规定，租赁期限不得超过二十年。超过二十年的，超过部分无效。第二款规定，租赁期间届满，当事人可以续订租赁合同；但是，约定的租赁期限自续订之日起不得超过二十年。

有的部门提出，为满足农村土地长期租赁的客观需要，建议修改为："租赁期限一般不得超过二十年。但是法律另有规定的除外。租赁期间届满，当事人可以续订租赁合同，但是约定的租赁期限自续订之日起一般不得超过二十年。"

2. 租赁合同登记备案

草案第七百零六条规定，当事人未依照法律、行政法规规定办理租赁合同登记备案手续的，不影响合同的效力。

有的部门建议删去本条。理由：合同效力不受登记备案手续影响，已经在司法实践中得到明确，不建议在民法典中专门规定。

3. 承租人可以解除合同的情形

草案第七百二十四条规定，有下列情形之一，因出租人原因致使租赁物无法使用的，承租人可以解除合同：(1)租赁物被司法机关或者行政机关依法查封……。

有的部门提出，根据监察法的规定，监察机关可以查封财物，建议将第一项修改为"租赁物被司法机关或者行政有关机关依法查封"。

有的部门建议，将"下列情形之一，因出租人原因致使租赁物无法使用的，承租人可以解除合同"修改为"有下列情形之一，致使承租人无法使用租赁物，且非因承租人原因导致的，承租人可以解除合同"。

4. 房屋承租人的优先购买权草案第七百二十六条第一款规定，出租人出卖租赁房屋的，应当在出卖之前的合理期限内通知承租人，承租人享有以同等条件优先购买的权利；但是，房屋共有人行使优先购买权或者出租人将房屋出卖给近亲属的除外。

有的地方建议"房屋共有人"修改为"房屋按份共有人"。

5. 其他

有的部门提出，为配合国务院制定出台《住房租赁条例》，建议增加衔接性条款规定："法律、行政法规对住房租赁合同另有规定的，从其规定。"

十五、关于融资租赁合同

1. 融资租赁合同无效

草案第七百三十六条规定，当事人以虚构租赁物等方式订立融资租赁合同掩盖非法目的的,融资租赁合同无效。

有的地方提出,总则中已规定了合同无效的条件,没有必要在分则中再次规定。建议删去本条。

2. 租赁物经营使用的行政许可

草案第七百三十八条规定,依照法律、行政法规的规定,承租人对于租赁物的经营使用应当取得行政许可的,出租人未取得行政许可不影响融资租赁合同的效力。

有的部门建议,将"承租人对于租赁物的经营使用应当取得行政许可的"修改为"对于租赁物的经营使用应当取得行政许可的"。

3. 融资租赁登记

草案第七百四十五条规定,出租人对租赁物享有的所有权,未经登记,不得对抗善意第三人。

有的地方建议修改为:"出租人对租赁物享有的所有权,未经法定权属登记机关登记,不得对抗善意第三人。无法定权属登记机关的,参照中国人民银行动产融资统一登记公示系统的信息予以确认。"同时,建议增加一款规定:"承租人破产的,租赁物不属于破产财产。"

4. 出租人权利

草案第七百五十二条规定,承租人应当按照约定支付租金。承租人经催告后在合理期限内仍不支付租金的,出租人可以请求支付全部租金;也可以解除合同,收回租赁物。

有的地方建议将本条修改为:"承租人应当按照约定支付租金和履行合同约定的其他义务。承租人经催告后在合理期限内仍不支付租金或不纠正违约行为的,出租人可以要求支付全部租金,并以事先或事后约定的租赁物价值折价或者以拍卖、变卖租赁物所得的价款予以受偿;也可以解除合同,收回租赁物,并要求承租人赔偿损失。"

十六、关于保理合同

1. 虚构应收账款的法律后果

草案第七百六十三条规定,应收账款债权人与债务人虚构应收账款作为转让标的,与保理人订立保理合同的,应收账款债务人不得以应收账款不存在为由对抗保理人,但是保理人明知虚构的除外。

有的单位提出,一是"保理人明知虚构"规定不明确,建议删去;二是建议增加规定:"虚构应收账款造成保理人损失的,债权人与债务人应承担连带赔偿责任。"

2. 基础交易合同的变更或者终止

草案第七百六十五条规定，应收账款债务人接到应收账款转让通知后，应收账款债权人和债务人无正当理由协商变更或者终止基础交易合同，对保理人产生不利影响的，对保理人不发生效力。

有的单位提出，如果允许债权转让后，原债权人仍有权对债权进行相应变更，将冲击债权转让基本规则，不利于保护保理人。建议删去本条中的“无正当理由”和“对保理人产生不利影响的”，同时增加“但是保理人同意的除外”。

3. 多重保理

草案第七百六十八条规定，应收账款债权人就同一应收账款订立多个保理合同，致使多个保理人主张权利的，已登记的先于未登记的受偿；均已登记的，按照登记的先后顺序受偿；均未登记的，由最先到达应收账款债务人的转让通知中载明的保理人受偿；既未登记也未通知的，按照应收账款比例清偿。

有的地方建议，建立保理合同中应收账款的登记制度，以稳健运行保理业，保护保理人的合法权益。

十七、关于承揽合同

1. 承揽主要工作的完成

草案第七百七十二条第一款规定，承揽人应当以自己的设备、技术和劳力，完成主要工作，但是当事人另有约定的除外。

有的部门建议对以承揽合同为名逃避劳动法律义务的情形，作出排除性规定，在第一款的“但是”后面加上“法律法规另有规定或者”。

有的地方建议，删去第二款中的“也”字。

2. 定作人的任意解除权

草案第七百八十七条规定，定作人在承揽人完成工作前可以随时解除合同，造成承揽人损失的，应当赔偿损失。

有的地方提出，根据司法实践，民事合同的定作人享有随时解除合同的权利，商事合同的定作人除了另有约定外，一般不享有任意解除权。建议在本条中将民事活动和商事活动分别作出规定。

有的地方建议，在“应当赔偿损失”后增加“但应当扣减因此节省的费用”。

十八、关于建设工程合同

1. 总的意见

有的部门建议，就草案第十七章、第十八章有关承揽合同和建设工程合同的规定，与建筑和招标投标法律制度作进一步衔接，并为下一步相关领域改革和修法留出空间,对于适宜由建筑法或者招标投标法等规定的事项,可不在民法典中作具体规定。要求“设备、技术和劳力”三者都由承揽人提供,对于建设工程而言过于严格,招标投标法仅规定了项目主体、关键性工作不得分包。

有的部门建议,按照建设工程合同的订立履行的一般规律,即定义、形式、招投标、合同签订与履行、竣工验收、质量责任、结算与支付、优先受偿权顺序,安排本章条款顺序。

有的地方建议增加建设工程优先受偿权备案、挂靠施工、实际施工人、“黑白合同”方面的规定。

有的地方提出,2004 年 7 月国务院出台《关于投资体制改革的决定》,对非经营性政府投资项目加快推行代建制,即通过招标等方式,选择专业化的项目管理单位负责建设实施,竣工验收后移交使用单位。但委托代建法律关系的性质究竟是委托合同关系,还是民事代理关系、房地产开发合同关系,在理论界和实务界均存在重大争议,建议对代建合同的性质、权利义务、责任承担专门作出规定。

一些地方和部门建议,将“支解”修改为“肢解”,以与建筑法的用词表述保持一致。

2. 禁止分包

草案第七百九十一条第三款规定,禁止承包人将工程分包给不具备相应资质条件的单位。禁止分包单位将其承包的工程再分包。建设工程主体结构的施工必须由承包人自行完成。

有的部门提出,本款规定虽然与现行建筑法、招标投标法等规定相同,但与国际咨询工程师联合会(FIDIC)合同条款并不一致,并且可能产生对工程总承包项目的二次分包一概禁止的理解,不符合工程总承包项目分包的现状和需求。此外,该款中“建设工程主体结构的施工必须由承包人自行完成”,由建筑法作出规定为宜,民法典作出规定容易挂一漏万。

3. 建设工程合同的定义

草案第七百八十八条第二款规定,建设工程合同包括工程勘察、设计、施工合同。

有的部门和地方提出,工程总承包是国际通行的建设项目组织实施方式,具有自身特点,应当单独作为建设工程合同的类别,建议将本款修改为“建设工程合同包括工程勘察、设计、施工和工程总承包合同”,并相应地对草案第七百九十一条作修改。

4. 国家重大建设工程合同的订立

草案第七百九十二条规定,国家重大建设工程合同,应当按照国家规定的程序和国家批准的投资计划、可行性研究报告等文件订立。

有的地方提出，当前国有资金工程结算多数得不到法律保障，由此带来的结算纠纷较多。建议将条尾的“订立”修改为“订立和结算”。

5. 建设工程施工合同无效后的处理

草案第七百九十三条第一款规定，建设工程施工合同无效，但是建设工程经验收合格的，可以参照合同关于工程价款的约定折价补偿承包人。第二款规定，建设工程施工合同无效，且建设工程经验收不合格的，按照以下情形处理：(1)修复后的建设工程经验收合格的，发包人可以请求承包人承担修复费用；(2)修复后的建设工程经验收不合格的，承包人不能请求参照合同关于工程价款的约定补偿。第三款规定，发包人对因建设工程不合格造成的损失有过错的，应当承担相应的责任。

有的部门提出，施工合同无效往往由施工方无资质、借用资质或超越资质施工所导致。本条规定客观上承认施工合同无效情形下施工方的求偿权，与建筑法等法律法规确立施工企业资质管理制度的立法本意不一致，建议删去。

有的地方提出，一是除经验收合格认定工程质量外，还可以通过委托第三方质量鉴定等其他方式来认定工程质量合格，建议将第一款、第二款中的“建设工程经验收”修改为“建设工程质量”。二是建议将第一款中的“工程价款的约定折价补偿”修改为“工程价款的约定结算折价补偿”。三是建议将第二款中“修复”修改为“整修”。四是第三款关于发包人的责任按照草案关于合同及侵权的基本条文和法理可以推出，没有必要单独规定。

有的地方提出，虽然资质欠缺导致合同无效存在过错，但是如果工程质量达标，验收合格且按期交付，双方亦应履行合同的约定，如果再行规定“折价补偿”，似对守约但欠缺资质方不太公平，建议将第一款中的“折价补偿”修改为“补偿”。

6. 勘察、设计、施工合同的内容

草案第七百九十四条、第七百九十五条分别对勘察、设计合同、施工合同的内容作了规定。

有的部门建议这两条规定与公布施行的建设工程勘察、设计合同及施工合同示范文本的表述保持一致。

有的地方建议在施工合同条款内容中增加“监理人权限、风险分担、隐蔽工程检查、工程变更”。

7. 作业进度、质量进行检查

草案第七百九十七条规定，发包人在不妨碍承包人正常作业的情况下，可以随时对作业进度、质量进行检查。

有的部门建议，将“进度、质量进行检查”修改为“进度、质量和安全进行检查”。

有的地方提出，工程总承包合同不适合由发包人对工程进度进行过多干预，建议增加规定“但是合同另有约定的除外”。

8. 隐蔽工程检查

草案第七百九十八条规定，隐蔽工程在隐蔽以前，承包人应当通知发包人检查。发包人没有及时检查的，承包人可以顺延工程日期，并有权请求赔偿停工、窝工等损失。

有的地方提出，工程日期的含义不明确，建议将“工程日期”修改为“工程工期”。

9. 建设工程验收

草案第七百九十九条规定，建设工程竣工后，发包人应当根据施工图纸及说明书、国家颁发的施工验收规范和质量检验标准及时进行验收。

有的地方建议，在“发包人应当根据”后加上“合同约定”。

有的地方建议修改为：“建设工程完工后，发包人应当根据施工图纸及说明书、国家颁发的施工验收规范和质量检验标准及时组织设计、施工、监理等单位进行验收。”

10. 勘察人、设计人的责任

草案第八百条规定，勘察、设计的质量不符合要求或者未按照期限提交勘察、设计文件拖延工期，造成发包人损失的，勘察人、设计人应当继续完善勘察、设计，减收或者免收勘察、设计费并赔偿损失。

有的部门建议在条首加上“因勘察人、设计人的原因致使”。

11. 建设工程的合理使用期限

草案第八百零二条规定，因承包人的原因致使建设工程在合理使用期限内造成人身损害和财产损失的，承包人应当承担赔偿责任。

有的地方提出，“合理使用期限”的表述容易在司法实务中产生歧义。建议将“合理使用期限”修改为“保修期”。

12. 建设工程合同解除后的法律效果

草案第八百零六条第三款规定，合同解除后，已经完成的建设工程质量合格的，发包人应当按照约定支付相应的工程价款。

有的地方提出，合同解除后，合同有关付款期限的约定应当不再适用。建议将“按照约定支付相应的工程价款”修改为“按照合同关于工程价款的折价补偿承包人”。

13. 建设工程价款优先权

草案第八百零七条规定，发包人未按照约定支付价款的，承包人可以催告发包人在合理期限内支付价款。发包人逾期不支付的，除根据建设工程的性质不宜折价、拍卖外，承包人可以与发包人协议将该工程折价，也可以请求人民法院将该工程依法拍卖。建设工程的价款就该工程折价或者拍卖的价款优先受偿。

有的部门建议,规定权利对抗的顺位、优先受偿权的范围,并增加规定登记手续。

有的部门提出,优先受偿权作为建设工程合同纠纷常见争议事项,其受偿主体、起算时间、行使期限和范围等均为司法实践中的争议焦点。建议将本条中的"建设工程的价款"修改为"建设工程合同约定的价款",并增加一款规定:承包人主张优先受偿的期限为六个月,自建设工程应付价款之日起计算。

有的地方建议,增加三款规定:"建筑工程的承包人的优先受偿权优于抵押权和其他债权。但消费者交付购买商品房的全部或者大部分款项后,承包人就该商品房享有的工程价款优先受偿权不得对抗买受人。""建筑工程价款包括承包人为建设工程应当支付的工作人员报酬、材料款等实际支出的费用,不包括承包人因发包人违约所造成的损失。""建设工程承包人行使优先权的期限为六个月,自建设工程竣工之日或者建设工程合同约定的竣工之日起计算。"

十九、关于运输合同

1. 客运合同的定义

草案第八百一十四条规定,客运合同自承运人向旅客交付客票时成立,但是当事人另有约定或者另有交易习惯的除外。

有的地方建议,增加一款规定:客票可以是纸质或者电子信息等表现形式,交付包括现场交付以及网络信息传输等交付方式。

2. 按照座位号乘坐

草案第八百一十五条规定,旅客应当按照有效客票记载的时间、班次和座位号乘坐。草案第八百二十条规定,承运人应当按照有效客票记载的时间、班次和座位号运输旅客。

有的部门建议,将这两条中"座位号"修改为"座(席)位号",以符合铁路运输实际情况。

3. 旅客不得携带危险物品或者违禁物品

草案第八百一十八条第一款规定,旅客不得随身携带或者在行李中夹带易燃、易爆、有毒、有腐蚀性、有放射性以及有可能危及运输工具上人身和财产安全的危险物品或者违禁物品。第二款规定,旅客违反前款规定的,承运人可以将违禁物品卸下、销毁或者送交有关部门。旅客坚持携带或者夹带违禁物品的,承运人应当拒绝运输。

有的部门建议,明确本条中"危险物品""违禁物品"的定义和标准,并统一第一款"危险物品或者违禁物品"和第二款中"违禁物品"的表述。

4. 货物运输到达后的处理

草案第八百三十条规定，货物运输到达后，承运人知道收货人的，应当及时通知收货人，收货人应当及时提货。收货人逾期提货的，应当向承运人支付保管费等费用。

有的地方建议在“收货人应当及时提货”后面增加规定：“承运人不知道收货人的，应当及时通知托运人自行提货或指定收货人提货。收货人逾期提货的，承运人应当妥善保管并可以向托运人收取保管费等费用。如果承运人已通知托运人表明无保管条件或者在合理时间内提货，托运人仍不作处理或提货，由此给托运人造成货物损失的，由托运人自行承担。”

5. 收货人检验货物

草案第八百三十一条规定，收货人在约定的期限或者合理期限内对货物的数量、毁损等未提出异议的，视为承运人已经按照运输单证的记载交付的初步证据。

有的地方提出，在证据使用中很少用“初步证据”，如果有其他更为优势的证据，自然推翻已有证据，建议删除“初步”两个字。

有的地方建议，将最后一句修改为“视为承运人已经按照运输单证的记载交付货物，托运人提出确切证据证明承运人交付货物不符合约定的除外”。

6. 承运人赔偿责任

草案第八百三十二条规定，承运人对运输过程中货物的毁损、灭失承担赔偿责任，但是承运人证明货物的毁损、灭失是因不可抗力、货物本身的自然性质或者合理损耗以及托运人、收货人的过错造成的，不承担赔偿责任。

有的地方提出，货物交运后，承运人有审慎保管和安全送达的义务，建议将“不承担赔偿责任”修改为“相应减轻承运人的赔偿责任”。

7. 多式联运经营人的赔偿责任和责任限额

草案第八百四十二条规定，货物的毁损、灭失发生于多式联运的某一运输区段的，多式联运经营人的赔偿责任和责任限额，适用调整该区段运输方式的有关法律规定。

有的部门建议，在责任限额后增加规定“诉讼时效”，以避免争议。

8. 其他

有的部门建议，在客运合同中增加以下规定：“承运人应当为残疾人、老年人等旅客提供合理便利和必要帮助。残疾人、老年人等旅客可以免费携带随身必备的辅助器具和导盲犬等工作犬。”

有的部门提出，考虑到目前客运多式联运的快速发展及其对立法的需求，建议在第四节“多式联运合同”中比照货运多式联运的规定，对客运多式联运的损害赔偿责任作出规定，明确不同运输方式承运人的责任划分。

二十、关于技术合同

1. 职务技术成果

草案第八百四十七条规定，职务技术成果的使用权、转让权属于法人或者非法人组织的，法人或者非法人组织可以就该项职务技术成果订立技术合同。

有的单位建议本条增加规定：“法人或者其他组织应当从使用和转让该项职务技术成果所取得的收益中提取一定比例，对完成该项职务技术成果的个人给予奖励或者报酬。”

2. 技术合同无效

草案第八百五十条规定，非法垄断技术、妨碍技术进步或者侵害他人技术成果的技术合同无效。

有的单位提出，对无效合同的认定可依据总则编及合同通则部分，且非法垄断技术的合同可通过反垄断法处理，侵害他人技术成果的合同可通过侵权责任处理，建议删去本条规定。

3. 就科技成果实施转化订立的合同

草案第八百五十一条第四款规定，当事人之间就具有实用价值的科技成果实施转化订立的合同，参照适用技术开发合同的有关规定。

有的单位提出，科技成果转化合同不宜全部参照适用技术开发合同。直接以技术转让作为科技成果转化形式的，应认定为技术转让合同。为与促进科技成果转化法相衔接，建议将该款修改为：“当事人之间就具有实用价值的科技成果实施转化订立的合同，涉及新产品、新工艺和新材料开发的，参照技术开发合同的规定。”

4. 技术开发合同约定不明时的处理

草案第八百六十一条规定，委托开发或者合作开发完成的技术秘密成果的使用权、转让权以及利益的分配办法，由当事人约定；没有约定或者约定不明确，依据本法第五百一十条的规定仍不能确定的，在没有相同技术方案被授予专利前，当事人均有使用和转让的权利。

有的单位提出，根据专利法第八条和草案第八百五十九条第一款规定，对于合作研发或委托研发形成的发明创造，如果当事人对其权属问题没有约定，申请专利的权利属于研究开发人。本条规定，委托人可以转让该发明创造，与专利法的立法精神不一致。建议将“使用和转让”修改为“使用”。

5. 技术转让合同和技术许可合同的定义

草案第八百六十二条第一款规定，技术转让合同是合法拥有技术的权利人，将现有特定的专利、专利申请、技术秘密的相关权利让与他人所订立的合同。第二款规定，技术许可合同是合法拥有技术的权利人，将现有特定的专利、技术秘密的相关权利许可他人实施、使用所订立的合同。

有的单位提出，一是将合同当事人设定为合法拥有技术的权利人，为相对人增加了不合理风险，不利于技术交易；二是技术转让合同并不对除合同当事人之外的第三人产生效力，因此定义中不宜出现“他人”概念。建议将第一款修改为“技术转让合同是让与人将相关专利权利和技术秘密权益转移给受让人，或者许可受让人实施、使用所订立的合同”，并相应修改第二款对当事人的相应表述。

6. 技术许可合同的类型

草案第八百六十三条第二款规定，技术许可合同包括专利实施许可、技术秘密使用许可等合同。

有的部门建议，增加一款：技术许可合同可以采取独占使用许可、排他使用许可、普通使用许可，具体许可方式由合同各方约定；无约定或者约定不明确的，视为采取普通使用许可。

7. 受让人和被许可人的义务

草案第八百六十九条规定，技术秘密转让合同的受让人和技术秘密使用许可合同的被许可人应当按照约定使用技术，支付使用费，承担保密义务。

有的单位提出，技术秘密转让合同对应的是转让费，建议将“支付使用费”修改为“支付合同价款”，以涵盖转让费和许可使用费，并相应修改草案第八百七十二条、第八百七十三条中的表述。

8. 让与人的义务

草案第八百七十条规定，技术转让合同的让与人应当保证自己是所提供的技术的合法拥有者，并保证所提供的技术完整、无误、有效，能够达到约定的目标。

有的单位建议删除“并保证所提供的技术完整、无误、有效”，由当事人约定为宜。

有的单位提出，一是本条规定与《技术进出口管理条例》对技术进口合同让与人的要求不一致，限缩了技术转让合同的当事人范围。二是受专利权人委托、由专门机构托管承担专利许可事项并签订专利许可合同，是当前国际主流的专利运营和管理方式，将让与人限制为“合法拥有者”不利于高价值专利中介服务的发展。“合法拥有技术”的表述也与我国有关法律的表述不一致，易导致在如何理解“合法拥有”方面存在障碍。三是“能够达到约定的目标”是合同约定义务，不应当设定为法定义务，且约定目标的达成是合同当事人共同的义务，不是让与人单方面的义务。建议将本条修改为“技术转让合同的让与人应当保证自己有权转让该技术，并保证技术方案完整、无误、有效”。

9. 让与人和许可人的违约责任

草案第八百七十二条第一款规定，让与人未按照约定转让技术的，应当返还部分或者全部使用费，并应当承担违约责任。第二款规定，许可人应当承担违约责任的，参照适用前款规定。

有的部门建议，将第一款中的“让与人未按照约定转让技术的”修改为“许可人未按照约定许可技术的”，将第二款中的“许可人”修改为“让与人”。

10. 受让人和被许可人的违约责任

草案第八百七十三条第一款对受让人的违约责任作了规定。第二款规定，被许可人应当承担违约责任的，参照适用前款规定。

有的部门建议，将第一款中的“受让人”修改为“被许可人”，将“让与人”修改为“许可人”，将第二款中的“被许可人”修改为“受让人”。

11. 后续改进的技术成果的分享

草案第八百七十五条规定，当事人可以按照互利的原则，在合同中约定实施专利、使用技术秘密后续改进的技术成果的分享办法；没有约定或者约定不明确，依据本法第五百一十条的规定仍不能确定的，一方后续改进的技术成果，其他各方无权分享。

有的地方建议，将“其他各方无权分享”修改为“适用相关的法律确定归属”，以与促进科技成果转化法的相关规定衔接。

二十一、关于保管合同

1. 第三人对保管物主张权利的情形

草案第八百九十六条第一款规定，第三人对保管物主张权利的，除依法对保管物采取保全或者执行措施外，保管人应当履行向寄存人返还保管物的义务。

有的地方建议，将本款修改为：“保管人应当履行向寄存人返还保管物的义务，第三人依法对保管物采取保全或者执行措施的除外。”

2. 保管期间约定不明时的处理

草案第八百九十九条第二款规定，约定保管期间的，保管人无特别事由，不得请求寄存人提前领取保管物。

有的地方建议对“特别事由”予以明确。

二十二、关于仓储合同

1. 危险物品的储存

草案第九百零六条第三款规定，保管人储存易燃、易爆、有毒、有腐蚀性、有放射性等危险物品的，应当具备相应的保管条件。

有的部门建议将“具备相应的保管条件”修改为“具备相应的确保安全的保管条件”。

2. 仓单的定义

草案第九百一十条规定，仓单是提取仓储物的凭证。

有的部门建议修改为：“仓单是仓单持有人对仓储物的所有权凭证。”

二十三、关于委托合同

草案第九百二十六条对间接代理作了规定。

有的地方提出，本条实际上将隐名代理和间接代理糅在一起，从委托合同的角度来看，突破了合同的相对性；从代理的角度来看，又规定了第三人的选择权，结合了直接代理和间接代理特点。该制度无法和我国的代理制度在理论上相契合，建议删去本条。

二十四、关于物业服务合同

1. 物业服务合同的定义

草案第九百三十七条规定，物业服务合同是物业服务人在物业服务区域内，为业主提供建筑物及其附属设施的维修养护、环境卫生和相关秩序的管理维护等物业服务，业主支付物业费的合同。

有的部门建议，在“管理维护”后面加上“协助做好物业管理区域内的安全防范”，以与物业管理条例的相关规定保持一致。

有的地方建议，在业主后面增加“和其他合法居住者”，以保障其他合法居住者的权益。

2. 物业服务合同的订立主体

草案第九百三十九条规定，建设单位依法与物业服务人订立的前期物业服务合同，以及业主委员会与业主大会依法选聘的物业服务人订立的物业服务合同，对业主具有法律约束力。

有的部门建议将“业主大会依法选聘的物业服务人”修改为“业主大会依照本法物权编规定选聘的物业服务人”，并增加第一款规定：物业服务合同的内容，不得违反管理规约的约定。

3. 物业服务人的基本义务

草案第九百四十二条第二款规定，对物业服务区域内违反有关治安、环保等法律法规的行为，物业服务人应当及时采取合理措施制止、向有关行政主管部门报告并协助处理。

有的部门建议，在该款“环保”后面加上“消防”，以与消防法的相关规定保持协调。

4. 物业服务合同的续订

草案第九百四十七条第一款规定，物业服务期限届满前，业主依法共同决定续聘的，应当与原物业服务人在合同期限届满前续订物业服务合同。

有的部门提出，根据权利义务对等原则，业主决定续聘的，也应提前九十日通知物业服务人。

5. 物业服务合同终止

草案第九百四十九条规定，物业服务合同终止的，原物业服务人应当在约定期限或者合理期限内退出物业服务区域。

有的部门建议将“合理期限内”修改为“九十日内”。

6. 其他

有的地方建议，增加物业服务人员和业主在物业服务合同中的权利义务，对物业服务的质量通过赋予业主权利来进行量化。

有的部门建议增加规定：“物业服务企业未能履行物业服务合同约定，应当支付违约金或减免物业费用。”

二十五、关于行纪合同

草案第九百五十一条规定，行纪合同是行纪人以自己的名义为委托人从事贸易活动，委托人支付报酬的合同。

有的部门建议，将“贸易活动”修改为“交易活动”，以便将证券、期货的经纪关系纳入其中。

二十六、关于中介合同

草案第九百六十五条规定，委托人在接受中介人的服务后，利用中介人提供的交易机会或者媒介服务，绕开中介人直接订立合同的，应当向中介人支付报酬。

有的地方建议在条尾增加规定“但应当扣除节省的费用”。

二十七、关于合伙合同

1. 合伙合同终止后的处理

草案第九百七十八条规定，合伙合同终止后，合伙财产在支付因终止而产生的费用以及清偿合伙债务后有剩余的，依据本法第九百七十二条的规定进行分配。

有的地方提出，对于只有一方合伙人退出合伙而其他合伙人还愿意继续经营的情况如何处理，本条没有作出明确规定。另外，在合伙事务没有完成的情况下，合伙人产生纠纷，如何对合伙财产进行处理也没有作出明确规定，建议对上述问题加以明确。

2. 其他

有的地方建议，增加就合伙人一人之意思瑕疵是否影响合伙协议效力的规定，即："就合伙人一人存在意思表示无效或可撤销的原因时，亦不妨碍合伙协议在其他合伙人之间的效力。"

二十八、关于无因管理

1. 管理方法

草案第九百八十一条规定，管理人管理他人事务，应当采取有利于受益人的方法。中断管理对受益人更为不利的，无正当理由不得中断。

有的地方建议增加一款："管理人为避免本人遭受紧迫危险而实施管理行为的，仅就因故意或者重大过失给本人造成的损失承担责任。"

2. 经受益人事后追认的法律效果

草案第九百八十四条规定，管理人管理事务经受益人事后追认的，从管理事务开始时起，适用委托合同的有关规定，但是管理人另有意思表示的除外。

有的地方建议，将本条修改为"管理人管理事务经受益人事后追认的，且受益人接受由此产生的损失等全部法律后果的，从管理事务开始时起，适用委托合同的规定，但是管理人另有意思表示的除外"。

二十九、关于不当得利

1. 得利人不必返还利益的情形

草案第九百八十六条规定，得利人不知道且不应当知道获得的利益没有法律根据，获得的利益已经不存在的，不承担返还该利益的义务。

有的地方提出，本条规定容易产生歧义，建议删去。

2. 得利人应当返还利益的情形

草案第九百八十七条规定，得利人知道或者应当知道获得的利益没有法律根据的，受损失的人可以请求得利人返还其获得的利益并依法赔偿损失。

有的地方提出，本条规定混淆了不当得利和侵权损害赔偿的关系，建议修改为："得利人知道或者应当知道获得的利益没有法律根据的，利益受损的人可以请求得利人返还全额利益，并附加利息。"

民法典合同编广东、福建调研简报

2017年10月,全国人大常委会法工委领导带领民法室的有关同志,就民法典合同编的有关问题赴广东省广州市、深圳市和福建省厦门市、福州市调研,召开座谈会,实地走访,了解情况,听取人大、政府部门、法院、企业等有关方面意见。现将调研情况简报如下:

一、关于合同编总则

1. 一般规定

有的地方提出,考虑到民法典没有债编,建议合同编总则应当承担债的总则作用。

有的地方和专家建议,对于民法总则中已经规定的民事基本原则,合同编不必再重复规定。

有的地方认为,合同法虽然规定了平等原则,但当有政府部门参与合同关系时,由于有公权力的介入,如何确保平等原则得到落实在实践中是一个难题,建议合同编对此作出明确规定。有的法官提出,合同编应注重规定诚信原则,比如在房屋买卖时,由于房价飞涨,当事人钻法律空子,宁愿承担违约金也不愿依约转让房屋,对这种严重违背诚信原则的违约行为,应当加重违约方的违约责任。

有的法官和专家认为,合同法第一百二十五条关于合同解释的规则偏简单,建议作出更详细的规定。

2. 合同的订立

一些法官提出,要考虑到当前网络环境对合同法现有订立规则的挑战,应明确网络交易平台在订立合同中的地位及其责任承担。对于通过微信等网络聊天形式所达成的借款协议等合同,应进一步具体与细化其形式及效力方面的内容。

一些法官建议,应完善书面合同的订立形式,对于实践中存在的“按手印”等做法的效力应予以承认;明确订立合同过程中法定代表人签名的效力问题,明确区分由法定代表人承担责任、由公司承担责任和由两者承担连带责任的不同情形。

一些法官提出,合同法对未采取法定形式订立合同的法律后果未作规定,各地法院对此处理不一，建议应予以明确。此外，现实中已经出现用短信验证码、交易密码订立合同的情形，司法实践中对短信验证码、交易密码是否属于数据电文有争议，建议对数据电文的概念进一步明确。

有的专家和地方建议完善预约制度，区分预约与意向书、本约等概念，明确违反预约时是否可强制执行和赔偿的范围。有的法官建议明确在预约合同中，一方违约是承担违约责任，还是强制违约方缔结本约。

有的单位认为，合同法虽规定了格式条款的提供方对条款内容的提示义务，但对未履行提示义务的后果没有明确规定，这导致审判实践对未尽提示义务的格式条款的效力认定不一。建议采纳最高人民法院合同法司法解释的规定，明确提供格式条款一方未尽合理说明义务应当承担的责任。有的法官还建议将网络平台提供的合同条款作格式条款对待。

3. 合同的效力

有的法官认为，民法总则对民事法律行为效力的规定，已包含了双方法律行为，合同编无需再对此进行规定。

一些法官、单位和专家认为，目前买卖合同司法解释第三条已在实质上改变了合同法第五十一条的规定，主张不应轻易认定合同无效。有的专家建议，在符合合同其他成立要件的情况下，应从合同法的高度而不仅是买卖合同司法解释的层面确认无处分权人订立的合同有效。

一些法官提出，合同法第四十九条关于表见代理的规定过于原则，为便于实践中操作，建议适当考虑相对人的过错，同时明确被代理人的可归责要件。有的法官认为，实践中对现行合同法第五十一条关于无权处分合同效力的规定理解不一。但经过多年的实践和反复研究，无权处分不影响合同效力已在学界和实务界形成基本共识，故有必要对现行合同法第五十一条进行修改，明确合同当事人对合同标的物无处分权不影响合同效力。

有的专家认为，在恶意串通中，由于利益被损害的第三人不是合同的当事人，往往较难举证合同双方当事人的主观恶意，因此建议对恶意串通的认定不一定要求合同双方当事人主观上处于故意的心理状态，可考虑合同当事人知悉某种事实或者情势即可，由此降低恶意串通的认定难度，有效保障第三方利益。

有的地方和法官认为，对合同法第五十二条中的国家利益和社会公共利益，应当作出明确界定，尤其是应当明确国有企业的出资人身份是否影响认定。

有的单位、法官和专家认为在认定合同无效时对于“强制性规定”难以准确界定。建议在民法典合同编修订过程中进一步明确效力性强制性规定与管理性强制性规定的区分标准，以给裁判者和社会公众一个明确的裁判标准和法律预期。

有的法官认为，合同法第五十七条只规定了合同无效、被撤销或者终止情形中合同中有关解决争议方法的条款的效力，建议增加列明成立但未生效合同中争议解决条款的有效性。

4. 合同的履行

有的单位、法官和专家建议在合同编中明确情势变更制度。他们认为，情势变更制度虽已由合同法司法解释二确立，但需要进一步在立法中明确规定该制度的构成要件、法律效力，以及与不可抗力、商业风险的区分等，以在推进立法完善的同时，防止制度的滥用。

有的法官认为，目前网络购物合同纠纷较多，其中一个争论的焦点问题就是网络购物合同没有约定履行地时如何确定履行地，建议明确网络购物合同的履行地究竟是接受货币所在地，还是在买受人所在地。

有的专家提出，合同法司法解释将可被代位的权利类型限制为具有金钱给付义务的债权，不利于对债权人的保护，亦不利于对怠于行使债权的债务人的惩戒，建议将可代位的权利范围扩大。

5. 合同的转让

有的单位和法官认为，合同法第八十条从文义解释来看是由债权人负通知义务，受让人向债务人发出转让通知的效力存在争议。有的法官建议明确债权转让通知仅由债权人发出时才发生法律效力，这有利于维系债权流转关系的稳定，并避免因债权转让给债务人带来的额外负担和风险。

有的法官认为，在实践中大量存在第三人在不免除债务人债务的情况下自愿承担债务的情形，这不同于债务的转让，合同法缺少对此的规定，常导致争议，因此建议增加有关债务加入的规定。

6. 合同的权利义务终止

有的专家认为，现行合同法第六章的标题为“合同的权利义务终止”，且第九十一条规定了合同解除是合同权利义务终止的原因之一，但租赁、雇佣合同等继续性合同的中途解除应当不具有溯及力，此时应为继续性合同的“终止”。据此，建议在编纂民法典合同编时，将该章标题修改为“合同的权利义务消灭”，同时区分有溯及力的“解除”和无溯及力的“终止”。

有的法官认为，合同法关于解除合同的规定存在以下问题：一是合同法第九十五条没有就解除合同的“合理期限”作出明确规定，容易在实践中引起争议，建议作出限制；二是如果因法律上或事实上不能履行，守约方又不解除合同的，依据现在的规定，合同将迟迟不能被解除，对另一方的利益有可能会造成重大影响，建议赋予法院依职权解除合同；三是合同法规定了合同解除的异议制度，但没有明确提出异议的期限，这有可能使当事人解除合同的效力长期处于一种不确定状态，建议吸收最高人民法院合同法司法解释二中关于解除异议期的规定。有的法官还建议明确解除合同是否必须有通知程序、可否直接起诉解除以及违约方可否解除合同等问题。

有的法官建议,合同法第九十四条第一款规定的“不可抗力”事由无法涵盖所有合同无法继续履行的情形,因此应在合同法第九十四条第一款加入“合同在事实上和法律上已无法继续履行”这一解除事由,并吸收消费者权益保护法中关于七天无理由退货这一法定解除权的规定及企业破产法中关于破产管理人法定解除权的规定。

有的法官建议,对于合同法第九十四条规定的合同法定解除的事由,应明确具体是合同哪一方主体享有该法定解除权,以避免因“当事人”指向不明带来的违约方据此提起解除合同等不必要争议。

有专家提出,在实践中,一般商业主体在发现违约方存在合同解除情形时,通常做法是发函告知违约方并要求其限期整改,逾期不整改的,合同解除,守约方一般不会在函告期限届满后再行发送解除通知,因此应考虑到实践中守约方的通常做法,建议立法明确附期限的合同解除有效。

有的法官认为,当事人在诉讼前未尽到解除合同的通知义务而直接诉请要求解除合同的,应当视为当事人未尽到通知义务,不赞成实务中采用的以法院的通知应诉视为原告已尽解除合同通知义务的做法,建议立法明确此种情形下人民法院不予受理的法律后果。有专家认为,合同法第九十六条的规定应该一分为二,第一款可规定合同解除程序及合同解除的时间点,第二款可规定合同解除的异议权。有的专家认为,无论对方当事人是否超过异议期对合同解除提出异议,人民法院都应当进行实质性审查。

有的法官建议在合同法第九十一条中增加“第三人已代为履行债务”的情形,并对第三人主动代为履行债务后,第三人与债务人之间的债权债务关系作出规定。

有的法官建议参考域外经验,增加人民法院为提存所,以便于债务履行。

7.违约责任

有的法官建议对违约责任制度作以下完善:一是在合同法第一百零七条中增加规定:损失后果是由非违约方的过错造成的,可以减轻或者免除违约方的违约责任。二是依违约金性质区分补偿性违约金和惩罚性违约金,对惩罚性违约金人民法院不宜进行调整;对补偿性违约金,为增强可操作性,可吸收最高人民法院合同法司法解释的相关内容,明确规定:当事人主张约定的违约金过高请求予以适当减少的,人民法院应当以实际损失为基础,兼顾合同的履行情况、当事人的过错程度以及预期利益等综合因素,根据公平原则和诚实信用原则予以衡量。当事人约定的违约金超过造成损失的百分之三十的,一般可以认定为“过分高于造成的损失”。

有的地方建议,明确预期违约的构成要件、法律后果等内容。

有的地方、法官、专家提出，惩罚性赔偿不仅应在消费者权益保护法中体现，在合同编也应建立比较完善的惩罚性赔偿制度。

有的法官建议，增加违约的精神损害赔偿责任形式。

有的专家和法官认为，可得利益的赔偿不具有可操作性，建议立法在其构成条件、适用原则等方面予以明确。有的专家建议应明确守约方损失范围的具体计算方法，包括确定市场价格的时间点、直接损失与具体损失的计算范围等；同时，明确存在损失而具体金额无法计算时，应赋予法官在一定范围内界定损失的自由裁量权。

有的法官和专家建议，在债务人下落不明或者债务人明确表示其不存在违约故而未提出违约金调整的抗辩的情况下，我国应当采取法官依职权酌减违约金的立法例，以避免实质的不正义。有的地方认为，合同法司法解释的规定使当事人通过意思自治约定违约责任的部分目的落空，因守约方往往很难举证证明实际损失，难以获得充分赔偿，故建议在进行合同编修订时考虑尊重当事人的意思自治，调整双方约定违约金的条款，维护交易诚信体系。

8. 其他

有的法官建议删除合同法中与民法总则重复的内容。

有的法官建议制定债法总则。

有的地方认为，现行合同法第一百二十七条关于工商机关对于合同的监督管理职能，实践中很少使用，意义不大，建议删除该条。

二、关于合同编分则

1. 有名合同的类型

一些地方、法官、专家提出，当前我国合同法分则规定的有名合同的类型较少，建议在当前分类的基础上根据市场经济的需要予以适当扩容。但应采取审慎态度，新增的有名合同应当兼具广泛性和特殊性，对实践中比较重要、必要且成熟的合同形式，应纳入法律规定。

一些地方、法官、专家建议增设合伙合同。有的法官建议，合同编中有关合伙的规定要与合伙企业法中对合伙的规定存在区别：其一，前者是一般规定，后者是特殊规定；其二，前者侧重规定合同主体，即合伙人的权利义务，后者侧重于规定合伙作为非法人组织的权利义务；其三，前者应侧重于保障意思自治，管理型规范较多，后者侧重于维护交易安全，效力性规范较多；其四，在合伙的决议、合伙人的代理权等方面可作出与现行合伙企业法不同的规定。有的法官建议，合伙合同的制定可借鉴民法通则及司法解释中关于“个人合伙”的规定；且针对实践中出现的形式多样的合伙类型均应当作出规定。有的法官认为，合伙合同应重点规定以下四个方面:一是区分普通合伙与有限合伙;二是退伙制度,注意退伙与入伙的衔接;三是清算制度;四是隐名合伙,明确隐名合伙人的权利与责任。有的专家建议,在合伙合同中对合伙人的资质、出资方式、合伙人权利义务、合伙事务执行、财务制度、利润分配、责任承担等作为重点进行规定。有的地方认为,合伙合同中应重点规定合伙责任承担,尤其要明确合伙的内外部责任承担机制;合伙企业内部协议只能约束彼此,不可对抗善意第三人。

一些地方、法官、专家提出,目前关于物业服务合同的主要规范散见于《物业管理条例》及司法解释中,考虑到近年来各地关于物业服务合同的纠纷不断出现,建议增加该项有名合同。有的法官和专家认为,物业管理合同主要涉及业主在物业管理活动中权利与义务、召集业主大会的条件、业主委员会的组成人员及其职责、业主委员会的法律地位、业主委员会登记问题、物业服务企业的资质及职责、物业管理办公用房和经营用房的产权登记问题、物业的使用与维护等。重点在于以下四个方面:一是业主大会与业主委员会的关系;二是物业管理区域内的安全责任划分,最重要的是须明确物业管理企业的治安责任是承担一般普通注意义务还是最大谨慎注意义务,以及物业管理企业的治安责任具体是由法规统一规定还是允许当事人通过物业管理合同约定;三是物业维修基金的征收、使用与管理;四是经济型住宅物业管理服务费是采取政府定价还是允许当事人协商确定。

一些法官和专家建议在合同编中考虑增加担保合同。有的法官认为,应明确最高额保证担保中的"最高额"标准;对于实践中争议较大的未经股东会决议对外提供担保效力的问题,也应当进一步明确。有的专家建议,应对目前法律未明确规定但实践中大量存在的让与担保等非典型担保方式进行明确规定,以及明确人保与物保的关系等问题。

一些地方、法官、专家建议增设委托理财合同。有的地方建议通过立法规范委托理财行为,明确意思自治和法律保护的界限,正确区分行为人的过错与市场风险,把握证券交易在主体、规则、系统风险等方面的特点,准确界定当事人的民事责任。有的法官建议从以下四个方面进行立法完善:一是关于委托理财合同委托人的资格及权利义务;二是关于委托理财合同受托人的资质和职责;三是关于委托理财合同设立的程序设置,例如委托人应当提供哪些资料进行审查及受托人的审查义务限度;四是关于委托理财合同中的风险条款效力,此类条款基于双方意思表示应认定为有效。有的法官认为,保理合同的相关纠纷案件呈不断增长趋势,合同法未作出专门规定,导致实践中处理原则混乱,且保理合同涉及保理商、应收账款债权人与债务人三方主体和保理合同、购销合同两个合同,法律关系复杂,审理难度大,有必要作为有名合同来具体规定各方的权利义务和责任。

有的地方建议增设互联网服务合同。有的地方认为,诸如互联网服务合同以及电信运营商与客户之间签订的电信服务合同等实践中比较重要、必要且成熟的合同形式，应纳入法律规定。有的地方提出，现行法律对网络合同的规范及虚拟财产保护存在立法空白，建议对互联网服务合同进行规范，主要应涉及如下问题：一是互联网服务合同的概念和范围；二是有无必要将其单独列为一项有名合同，若有必要，在立法过程中应如何协调其与网络安全法、消费者权益保护法等相关法律的关系；三是如何确定互联网服务合同的相对人，须关注该合同的成立与生效规则；四是格式合同条款在互联网服务领域的特殊规制；五是在合同编的框架下互联网服务如何有效地保护个人信息权。

有的法官和专家建议增设"服务合同"一章。有的法官认为，当前社会，医疗服务、管理或投资咨询服务、家政服务等服务业的形式多样且在不断发展中，其标的、履行方式等具有特殊性，目前合同法仅规定技术咨询和服务合同显然无法适应新经济形势的需要，故建议参考国际上服务合同的立法成果，对合同法分则加以充实。

一些法官建议增设旅游合同。

2. 买卖合同

有的法官建议将买卖合同章分为一般规定、商事买卖合同、消费者买卖合同和特种买卖合同四节；并建议将租赁合同标的物从物扩大到权利。

一些专家认为，商品房买卖合同是合同体系有机组成部分，在商品房欺诈的情形，商品房买卖合同司法解释第八条、第九条与消费者权益保护法第五十五条关于消费者可主张的损害赔偿的规定不一致，既然将商品房欺诈进行限缩解释，则应相应提高赔付标准与一般欺诈齐平方才合理。

有的法官建议在买卖合同中增加网络购物的相关规定。

有的法官认为，对于名为买卖、实为借贷的合同，在买卖或者借款合同中规定其效力及法律后果。

3. 借款合同

一些法官提出，借款合同可分为金融借款合同和民间借贷合同，二者适用的规则是不完全一样的：例如，金融借款合同的主体是受到严格限制的，而民间借贷合同的主体一般不作限制；又如，金融借款合同是诺成合同，而民间借贷合同原则上是实践合同。考虑到适用规则的不同，建议将借款合同分为金融借款合同和民间借贷合同加以规定。此外，考虑到银行贷款的利率已逐渐放开，建议对合同法第二百零四条作出相应修改。有的法官还建议明确复利的计算标准和房地产企业关联公司向购房者发放贷款的效力。

有的法官建议，关于自然人之间的借款合同和其他民间借款合同，应吸收最高人民法院关于民间借贷司法解释的相关内容。

有的法官认为,对于借款合同中出现的约定借款用途与事实不符的问题,由于改变借款用途对于出借人而言属于重大风险,仅赋予出借人以主张违约责任的权利可能导致对其保护不足,故建议考虑该种情形下赋予出借人以法定解除合同的权利。

4. 租赁合同

有的法官建议,在租赁合同中专门分节规定"不动产租赁"。

有的专家建议,应明确租赁合同中出租人所负维修义务的限度。同时,实践中出租人诉讼请求承租人腾退房屋时,承租人却将租赁房屋不停转租,这导致诉讼中被告或者第三人不确定,建议租赁合同中明确对该问题的解决方案。

5. 融资租赁合同

有的法官建议,应明确在因承租人违约、出租人提前收回租赁物的情况下违约责任及损失赔偿额的认定问题。

6. 建设工程合同

一些专家建议,明确在合作开发房地产项目中,没有对外签订合同的合作方应否承担连带责任。

有的法官建议在建设工程合同中对非法转包、分包明确规制措施;此外,有的法官还建议,对于实践中实际施工人挂靠施工应当规定相应的规制措施,并且增加是否必须以财政评审作为结算依据的规定。

民法典合同编物业服务合同
浙江省调研简报

2018 年 9 月，民法室就合同编物业服务合同的有关问题赴浙江省杭州市进行调研，召开座谈会听取人大常委会、法院、住建、城管、市场监管等部门以及人大代表、律师等对物业服务合同的意见和建议。现将有关情况简报如下：

一、关于杭州市物业服务行业的基本情况

杭州市目前共有 1200 家物业服务企业，从业人员达 12 万。为保障杭州市物业服务行业良好运转，杭州市相关部门制定了《杭州市物业管理条例》《杭州市物业服务收费管理实施办法》《杭州市普通住宅小区物业服务收费等级评分标准》《杭州市人民政府办公厅关于加快发展现代物业服务业的实施意见》，根据不同物业的性质和特点、物业服务的不同阶段，分别实行政府指导价和市场调节价。

普通住宅小区前期物业服务收费实行政府指导价，根据前期物业服务方案确定的服务内容、水平，实行分等级定价（甲、乙、丙、丁 4 个等级），目前指导标准为：有电梯住宅每月每平方米建筑面积（下同）甲级 2.20 元，乙级 1.70 元，丙级 1.25 元，丁级 0.95 元；无电梯住宅甲级 1.80 元，乙级 1.30 元，丙级 0.95 元，丁级 0.75 元。非住宅物业（含车位）、别墅、排屋以及业主委员会成立后的普通住宅物业服务收费实行市场调节价，标准由业主与物业服务企业协商确定，收费的构成包括服务成本、法定税费和经营利润。

《杭州市物业服务收费管理实施办法》对物业费的确定作了具体规定：（1）普通住宅小区物业服务收费实行等级评分标准（分甲级、乙级、丙级、丁级）。（2）具体收费标准可在 25% 幅度内确定；各等级收费标准不包括电梯、增压水泵、小区水系、中央空调等高能耗设施设备运行消耗的能耗费。能耗费可以包含在物业费中按包干列支，也可以向业主另行分摊。（3）保障性住房物业服务收费不得高于丙级收费标准。（2017 年 5 月 1 日，杭州市物价局和住建局联合发文，对市区普通住房前期物业服务收费和保障性住房物业服务收费的甲级、乙级、丙级、丁级作出具体规定。）

另外，杭州市人民政府办公厅关于加快发展现代物业服务业的实施意见规定，前期物业费超出政府指导价最高限价的部分由开发商承担50%。

针对业主无正当理由不缴纳物业费以及物业服务企业追讨成本过高的问题，杭州市住保房管局出台了《关于报送逾期不缴纳物业费有关信息通知》，该文件规定，业主违反物业服务合同约定逾期不缴纳物业费，且经生效法律文书确认的信息纳入《杭州市公共信用信息分类登记管理目录（2017年版）》。积极营建依法缴纳物业费的社会氛围，促进物业服务行业的健康发展。

二、关于物业服务合同的常见纠纷及解决思路

一些地方、部门、法官和代表介绍，物业服务过程中的常见纠纷有：（1）物业服务企业催收物业费纠纷；（2）物业服务是否符合约定标准纠纷；（3）业主拒不承认物业服务合同对其具有约束力纠纷；（4）业主违反小区公约纠纷；（5）物业服务企业违反保障业主人身财产安全纠纷；（6）物业服务企业擅自提高物业费纠纷；（7）物业服务企业利用公用部分出租收益纠纷；（8）前期物业移交或房屋质量问题纠纷；（9）确认物业服务合同无效纠纷；（10）业主拒不承认集体决议纠纷；（11）业主要求物业服务企业公布账册等知情权纠纷；（12）物业使用人和业主责任不清产生的纠纷。杭州市为解决物业服务领域的纠纷，在实践中作了如下探索：（1）将违约信息纳入征信系统；（2）通过社区调解，市场监管局和消费者权益保护委员会接受投诉及调解，12345市长热线处理，人民法院诉讼及调解等方式解决纠纷；（3）设法引入第三方对物业服务企业的服务质量进行评估；（4）建立具有履职能力的业主委员会；（5）健全物业管理和物业服务两方面的规则。

三、关于物业费的确定及收取

一些部门、代表和法官认为，物业费的确定应考虑以下因素：（1）管理服务人员人力成本；（2）物业共用设施设备的日常运行和维护费用；（3）清洁卫生费用；（4）绿化养护费用；（5）秩序维护费用；（6）办公费用；（7）物业管理企业固定资产折旧；（8）责任保险费用；（9）物业的地段和服务等级质量；（10）其他。有的学者认为，物业费的确定没有必要在民法典中规定，费用规制应属于行政法规。

有的部门认为，业主的物业费应从物业交付通知书约定的最后交付日之次月1日起计收。有的部门认为，物业费应从业主在《物业管理合同》中签字确认收楼之日起开始计算，之前的物业费由建设单位承担。有的法官认为，在司法实践中，如果建设单位未完成交房义务，业主未实际收到房屋，则业主无需承担物业费。有的法官建议从实际交付房屋之日起计算，具体可采用双方之间签订的交房单落款时间为准。有的部门主张物业费应从实际交楼时起算，但因业主自身原因逾期收楼的

除外。有的法官认为，业主承担的物业费，应从商品房转移交付开始计算。有的代表提出，基层意见倾向于从实际收楼交钥匙开始计算业主的物业费。有的代表认为，对已收房但实际未入住的业主，不应当按100%的标准收取，建议按收费标准的70%交纳为宜，是否入住的判断标准当以业主开始装修或虽未装修但已实际入住时开始计算。

有的部门认为，提高物业费需开发商或业主委员会同意，并经专有部分占建筑物总面积二分之一以上的业主且占总人数过半数以上业主同意。有的法官认为，应当经专有部分占建筑物总面积过半数的业主且占总人数过半数的业主同意，未出售的住房面积也应考虑在内。有的法官认为，应当由业主委员会召开业主大会以投票表决的方式决定为妥，到会业主应超过二分之一并超过三分之二以上投票通过。有的部门认为，物业费提价程序应当包括向业主委员会提出提价提案、向业主征询意见、制定初步提价方案、公示、业主代表大会表决、公布实施六个步骤。表决权应遵循两个三分之二原则，未出售部分物业应从占三分之二建筑面积的表决权计算部分扣除。有的代表认为提价需要经全体业主代表大会通过，若通过以业主委员会发表格征求全体业主意见，基层群众认为应达到百分之八九十同意才可以。

有的专家认为，在实践中，物业费首次确定后，物业服务水平明显下降时业主难以维权，建议增加一条规定：在物业合同履行期间，如果业主认为物业服务人所提供的服务明显低于物业服务合同约定标准的，或者服务水平与服务费对价明显不相称的，则业主可以通过仲裁或者诉讼方式请求适当降低服务费。

四、关于物业服务企业与建设单位达成的提价协议对业主的约束力

一些地方、法官和代表认为，按照《杭州市物业管理条例》的规定，前期物业协议（包括提价协议）对业主具有约束力，除非物业服务企业经征得物业管理区域内专有部分面积占建筑总面积过半数且人数占总人数过半数的业主同意后，提前终止前期物业服务合同。

一些部门、法官、代表和专家认为，前期物业服务合同的提价，除开发商同意外，还需专有部分占建筑物总面积二分之一以上的业主且占总人数过半数以上（或者两个三分之二）业主同意，否则对业主不具有约束力。

有的代表指出，目前的实际情况是，物业公司和建设单位私下达成协议提价，对业主形成了事实上的压力，没法不缴，否则就以不提供车位等作制约。

五、关于业主的任意解除权

有的地方、部门和法官认为，由于物业服务合同与一般委托合同存在不同，属

于有偿的民商事协议，赋予业主任意解除权可能有损契约必须遵守的合同法价值，损害物业服务企业的利益，因此有必要区分前期物业服务合同和一般的物业服务合同。前者由于业主客观上无法参与合同订立过程，赋予业主全体任意解除权有一定的必要性。一般物业服务合同，经既定程序由业主委员会通过决议后签订，若赋予任意解除权，可能不利于物业服务企业利益的保护。

有的部门和专家认为，为保障业主权益，可赋予业主任意解除权，但需设置前置条件以保障物业服务的稳定性。

一些部门、法官、代表和学者认为，业主个人不应有解除合同的权利，需经专有部分占建筑物总面积过半数的业主且占总人数过半数的业主同意并经法定程序，才可以解除合同，同时给予物业服务人退出物业服务的合理期限并给予相应赔偿。

六、关于物业服务合同存在的其他问题

（一）对于物业服务合同草案条文的修改建议

1. 草案第七百二十条第一款规定，物业服务合同是物业服务人在物业服务区域内，为业主持续提供建筑物及其附属设施的维修养护、环境卫生和相关秩序的维护等物业服务，业主支付报酬的合同。第二款规定，物业服务人包括物业服务企业和其他物业管理人。

有的部门建议合同主体应当增加物业使用人，同时应当规定前期物业服务合同的定义。有的学者建议，将第一款中的“为业主持续提供建筑物及其附属设施的维修养护”修改为“为业主持续提供建筑物、附属设施设备及相关场地的维修养护”，以与物业管理条例保持一致，也更加准确。同时建议删去第二款中的其他物业管理人。有的部门认为，物业服务中所涉及的电梯作为特种设备，事关公共安全，建议在本条增加一款规定：“对电梯等涉及公共安全的特种设备的维护保养、修理及改造，可以在物业服务合同中予以特别约定。”

2. 草案第七百二十二条规定，建设单位依法与物业服务人签订的前期物业服务合同，以及业主委员会与业主大会依法选聘的物业服务人签订的物业服务合同，对业主具有约束力。

有的学者认为，前期物业服务合同在没有任何前提条件下对业主具有约束力，会产生一些问题，建议就前期物业服务合同规定对业主生效的要件，比如充分的公示和说明等。

3. 草案第七百二十三条第一款规定，物业服务人将物业服务区域内的部分专项物业服务委托给专业性服务组织或者其他第三人的，应当就该部分专项物业服务向业主负责。第二款规定，物业服务人不得将其应提供的全部物业服务转委托给第三人，或者将全部物业服务肢解后分别转委托给第三人。

有的专家建议增加一款作为第三款规定，物业服务人转委托服务事项的，应当在转委托前十五日以公告等方式向全体业主告知转委托事项，且除非经合法程序，不得因转委托而增加物业费。

4. 草案第七百二十六条第一款规定，业主应当按照约定向物业服务人支付报酬。物业服务人已经按照约定和有关规定提供服务的，业主不得以未接受或者无需接受相关物业服务为由拒绝支付报酬。第二款规定，业主违反约定逾期不支付报酬的，物业服务人可以催告其在合理期限内支付；逾期仍不支付的，物业服务人可以提起诉讼或者申请仲裁。

有的代表认为，报酬和物业费两个表述并用，容易产生法解释上的分歧，加之有地方对物业服务实行包干制或者报酬制，因此建议修改。有的学者认为，第二款规定逾期支付物业费时提起诉讼或者申请仲裁，不符合民事实体法的一般规则。有的部门建议，为防止物业费收缴纠纷而导致的业主与物业服务人之间矛盾激化，共建和谐社会，建议增加一款规定："合同期限内，物业服务人不得以业主未支付报酬为由，拒绝提供物业服务。"

5. 草案第七百二十七条第一款规定，业主装饰装修房屋的，应当事先告知物业服务人，遵守物业服务人提示的注意事项，并配合其进行必要的现场检查。第二款规定，业主转让、出租物业专有部分、设立居住权或者依法改变共有部分用途的，应当及时将相关情况告知物业服务人。

有的地方认为，因装饰对房屋和周边环境影响较小，建议删除装饰。有的部门认为应当增加装修申报登记的内容。有的法官和学者认为，本条仅有正向指引，没有规定违反该规定的不利后果，应结合立法目的，设定违反的不利后果，如业主转让物业专有部分未告知物业服务人的，不得以其已转让物业为由拒不承担物业费。

6. 草案第七百二十八条规定，业主依法共同决定解聘物业服务人的，可以解除物业服务合同。决定解聘的，应当提前六十日书面通知物业服务人，但是合同对通知期限另有约定的除外。因解除合同造成物业服务人损失的，除不可归责于业主的事由外，业主应当赔偿损失。

有的法官认为，赋予业主解除合同的权利将不利于物业服务合同的履行，建议将"业主"改为"业主委员会"。

7. 草案第七百二十九条第一款规定，物业服务期限届满前，业主依法共同决定续聘的，应当与原物业服务人在合同期限届满前续订物业服务合同。第二款规定，物业服务期限届满前，物业服务人不同意续聘的，应当在物业服务合同期限届满前九十日书面通知业主或者业主委员会，但是合同对通知期限另有约定的除外。

有的法官认为，本条涉及通知义务，建议不要用"通知业主"的表述，通知全体业主义务的履行用公告方式比较好，否则通知义务要求过高。

8. 草案第七百三十条第一款规定，物业服务期限届满后，业主没有依法作出续聘或者另聘物业服务人的决定，物业服务人按照原合同继续提供物业服务的，原物业服务合同继续有效，但是服务期限为不定期。第二款规定，当事人可以随时解除不定期物业服务合同，但是物业服务人解除合同应当在合理期限之前书面通知业主或者业主委员会。

有的地方认为，本条未区分前期物业服务合同和一般物业服务合同，建议加上通知建设单位的内容。有的法官建议直接明确合理期限，物业服务人要求解除的合理期限长一点，如 60 天；业主或者业主委员会要求解除的合理期限可以适当缩短，如 30 天、45 天。有的学者建议与第七百二十八条规定保持一致，明确合理期限为 60 天。

9. 草案第七百三十一条规定，建设单位依法与物业服务人订立的前期物业服务合同约定的服务期限届满前，业主或者业主委员会与新物业服务人订立的物业服务合同生效的，前期物业服务合同终止。

有的法官建议，将“业主或者业主委员会与新物业服务人订立的物业服务合同生效的”修改为“业主或者业主委员会与物业服务人订立的新的物业服务合同生效的”。因为业主或业主委员会也可能与原物业服务人签订新的物业服务合同，此处无必要排除原物业服务人的签约资格。同时建议给予原物业服务人合理的退出时间，如 30 天、45 天。

10. 草案第七百三十二条规定，物业服务合同终止后，在业主选定的新物业服务人接管之前，原物业服务人应当继续处理物业服务事务，并可以请求业主支付该期间的报酬。

有的法官建议，对业主选定新物业服务人的最长期限作出规定，以免原物业服务人要求退出，业主拖延履行选定新物业服务人的义务，导致原物业服务人无法退出的局面。

11. 草案第七百三十三条第一款规定，物业服务合同终止后，原物业服务人应当在合理期限内退出物业服务区域，将物业服务用房、相关设施、物业服务所必需的相关资料和代管的维修资金等交还给业主委员会或者其指定的人，配合新的物业服务人做好交接工作，并如实告知物业的使用和管理状况。第二款规定，原物业服务人违反前款规定的，不得请求业主支付物业服务合同终止后的报酬。

有的学者认为第二款仅仅规定不得要求报酬并不合理，应当同时规定，“违反前款规定，给业主造成损失的，应当赔偿损失”。

12. 草案第七百三十四条规定，本章没有规定的，参照适用委托合同的有关规定。

有的法官认为，物业服务合同是有名合同，与委托合同的性质、法律责任均不同,更类似于服务合同。有的学者认为物业服务合同与委托合同、承揽合同、劳务合同之间的关系很复杂,不是简单的参照可以解决,建议删去本条规定。

13. 草案其他条文

有的专家建议,(1)赋予业主委员会对业主的集体代表权,具体条文表述为:"在征得三分之二多数业主同意后,业主委员会有权代表全体业主与物业服务人就物业合同进行协商变更合同。经业主委员会依程序协商签订的物业合同,对全体业主有约束力。"(2)物业服务合同应当备案,具体条文表述为:"物业服务格式合同,应当向当地市场监管部门或消费者权益保护协会进行审查备案。"(3)增加物业服务合同对物业使用权人具有约束力的规定。具体条文表述为:"在物业所有权人与物业使用人不一致的情况下,物业所有权人与物业服务人签订的物业服务合同的权利与义务应概括地转让给物业使用权人。但是,物业所有权人与物业使用人有特别约定的,从其约定。"(4)限制物业服务人的私力救济方式,具体条文表述为:"物业服务人不得以部分业主违约对抗全体业主。以停水、停电、停止垃圾清运或其他妨碍全体业主合法权益的方式对抗全体业主的,物业服务人需承担违约责任。"

(二)其他有关问题

有的地方认为,物业服务合同领域存在民商事规范和管理规范并存的现象,物业服务合同违反管理性规定的效力如何,应当作出明确规定。

有的部门提出,物业服务存在一些新的问题,如建筑物幕墙的维护,以及维护不力发生的高空坠物伤害事件;高层房屋的消防责任和高空抛物问题;群租、改变房屋用途的(网红在家直播)扰民问题;限制欠费业主进入小区,停水、停电等侵害业主权益问题;装修垃圾随意堆放的问题;物业管理尺度问题(乱封阳台的拆除、家门口电瓶车充电、不允许乱停车辆进入小区、违建拆除、不按规定装修)等,建议在立法中加以关注。

有的部门认为,物业服务合同领域还应解决合同履行期间业主委员会和物业服务企业的责权利问题,以及业主委员会通过物业服务企业侵害业主合法权益问题;另外,物业服务合同应明确合同履行期间业主委员会对物业服务企业的权利和义务,如赋予业主委员会决策权、物业服务企业执行权、业主委员会决议损害赔偿权等。

有的部门建议,增加规定物业服务人将物业费中所包含的电梯费单独收取,收取的电梯费中的基础费用(不包括能耗费用)应当单独立账、专款专用、结转滚存用于电梯的修理、改造和更新。并建议简化紧急事项发生时物业维修资金的申请程序。

有的法官认为,在实践中,物业服务合同领域最难以解决的还是业主委员会的主体性质、地位和法律责任的承担问题;其次是业主大会改变了原楼盘的规划等问题,引发业主和业主委员会之间的冲突,难以解决。尤其是业主委员会本身存在的尴尬地位,建议法律作出具体规定。

有的法官认为,在实践中,物业服务合同存在如下突出问题:(1)业主权利的保障渠道复杂,权利义务不对等,通常情况下业主无法就物业服务存在瑕疵主张抗辩权;(2)经济适用房小区按照政府指导价计收物业费,但业主委员会一直未成立,物业服务公司的人力物力成本均大幅上涨,物业费难以调整。

有的代表认为,物业服务合同应如同买卖合同那样,明确物业服务合同的主要条款。建议物业服务企业建立服务等级考核标准,相应等级的物业服务企业按相应的收费标准收取物业费,以避免完全由物业服务企业自由定价、无序管理的局面,进一步规范物业服务企业的经营活动。此外,业主委员会未经业主大会决议,擅自将小区内的公共区域出租给他人并造成业主或承租户经济损失的,业主委员会应当承担相应的民事赔偿责任,业主委员会在赔偿后有权向相关责任人追偿。

有的代表建议,公开共用部位、共用设施设备经营收支情况等,应当在物业服务合同中予以规定。

民法典合同编山东省调研简报

2019年5月，民法室有关同志就民法典合同编赴山东省调研，在青岛市召开座谈会，听取全国部分法院对《民法典合同编(草案)》的意见建议，并赴海尔集团进行实地调研，听取意见建议；在济南市召开座谈会，听取山东人大有关专委会、政府有关部门、山东省部分法院、人民银行、银保监局、中国银行、中国建设银行以及相关商业保理公司等单位和人大代表、专家学者、律师对合同编(草案)的意见建议，并实地走访了齐鲁银行、山东润华物业管理公司，与有关同志座谈听取意见建议。现将主要情况简报如下：

一、关于借款合同

(一)是否区分金融借款合同和民间借贷合同

在调研中，对于是否在民法典合同编中区分金融借款合同和民间借贷合同存在较大争议。

一些地方、部门、法官和专家认为，尽管金融借款合同和民间借贷合同在贷款主体、受监管程度、利率限制等方面存在不同，但是两类合同涉及的民事权利义务并无本质区别，基本制度和需要遵循的规则是相同的，没有必要在民法典合同编中区分金融借款合同和民间借贷合同。从司法实践看，民间借贷审理中面临的突出问题，例如虚假诉讼、“套路贷”、民刑交叉等问题，并不能通过在民法典中分别制定民间借贷和金融借款规则而解决。两类合同审理中的最大差别主要在于案件事实的查明方面，归结于对证明标准和证明责任的把握不同，更多体现在民事诉讼法或者证据法方面的区别。

一些单位、部门、法官和专家认为，金融借款和民间借贷在贷款主体、受监管程度、利率限制、交易习惯、主体举证能力、司法审查的标准等方面存在不同，有必要将借款合同区分为金融借款合同和民间借贷合同，并在充分吸收司法实践经验的基础上，对民间借贷建立稳定的法律规则体系。

(二)是否区分经营性借款合同和一般性借款合同

在调研中，绝大部分意见建议不进一步区分经营性借款合同和一般性借款合同。理由是:第一,是否以营利为目的、是否具有经营性的区分标准不易把握,难以做到精确区分,操作难度大,区分的可行性不足。第二,区分的实践意义不大。司法实践中,即使民间借贷纠纷,也是经营投资性借贷占绝对比重,而一般性借款合同引发的纠纷较少,争议也不大。有的专家提出,人民银行一直在推动制定《非存款类放贷组织条例》,拟禁止个人从事经营性放贷行为,并对所有经营性放贷行为设置行政许可审批。对于放贷行为有必要区分经营性还是非经营性,对于借款合同没有必要作此区分。民法典中只要作原则性规定即可,其他宜留待特别法或者司法解释加以规定。

个别意见支持将借款合同区分为经营性借款合同和一般性借款合同。理由是,这种分类对主体的区分性更强,有利于从主体上区分有无经营权,解决是否以营利为目的的问题,同时对非以营利为目的的一般性借款合同作有区分、针对性的规定,可以兼顾我国传统的互帮互助、救急救难的社会公德,更具备合理性。

(三)借款利率限制

有的法官提出,最高人民法院关于民间借贷司法解释规定的利率上限过高,不利于实体经济的发展,应当降低。有的法官建议规定年利率标准不得高于15%。有的单位建议民间借贷最高利率应规定为银行同期贷款利率的一倍到二倍。

有的法官和专家建议,将司法解释中关于民间借贷利率的规定上升到法律层面。

(四)其他

有的学者建议对金融消费借贷合同与自然人之间借贷合同作区分性规定。

有的地方和法官提出,借款纠纷中,“利滚利”的危害已经显现,鉴于借款逾期罚息已经加重了违约人的还款责任,建议明确规定借款合同不得计算复利。

有的法官建议规定如何认定职业放贷人以及认定后的溯及力,并明确刑民交叉情形下的借贷效力是可撤销还是无效。

有的法官建议增加规定,没有贷款资质但以放贷为业者订立的民间借贷合同无效。有的专家认为,职业放贷人订立的合同并不一定无效,建议区分情形作出规定。

有的法官建议,吸收司法解释的规定,就互联网金融、让与担保、借名借款、夫妻债务等作出适当规定。

有的法官、专家和单位建议增加规定,借款人为已婚自然人的,放贷人可以要求借款人提供配偶知悉借款情况的证明。

有的法官提出,实践中存在高利贷转为购房款以获得优先受偿地位的现象,可能导致非法利益合法化,建议立法对此引起注意。

二、关于保理合同

(一)定义

草案第五百五十二条之一第一款规定,保理合同是应收账款债权人将应收账款转让给保理人,保理人提供资金融通、应收账款管理或者催收、应收账款债务人付款保证等服务的合同。第二款规定,应收账款包括已经发生的和将来发生的债权。

有的专家和部门提出,根据现行法律以及国际惯例,应收账款的内涵主要由物权法、应收账款质押登记管理办法、国际保理通则等予以规定,但存在一定差异,建议厘清保理业务中应收账款的法律内涵,并明确未来债权的范围、定义以及标的瑕疵是否影响保理合同的效力。

有的法官提出,一是草案对应收账款的部分转让是否成立保理不明确,建议在“转让”前增加“全部或者部分”。二是回购型保理、附条件回转型保理是否具有债权转让的性质,存在一定争议,建议将“保理合同是应收账款债权人将应收账款转让给保理人”修改为“保理合同是应收账款债权人与保理人约定将应收账款的有关权利让渡给保理人”。三是将“应收账款债务人付款保证”修改为“应收账款坏账风险承担”,表述更为准确。

有的法官建议,明确保理人提供的服务至少要有第一款列举的四项服务中的两项。

有的法官建议,一是对第一款列举的保理人提供的四项服务的具体含义作出解释性规定;二是对第二款中的“将来发生的债权”作适当的限制。

有的法官建议第二款增加除外规定,即“已使用票据支付的应收账款除外”。有的单位建议,将第二款中“将来发生的债权”界定为明确、可期待、可实现的债权。有的法官建议,将“将来发生的债权”修改为“将来预期发生的债权”。

有的专家建议,一是明确应收账款包括对不特定对象的未来收费权益,并规定只要该未来收费权益在“动产融资统一登记公示系统”完成转让登记,即可认定为该应收账款已经转让给保理公司。二是明确只要是经市场监管部门合法登记的商事主体,即使没有经银保监会作出明确的商业保理行业准入批复,其签订的符合保理特征的合同,也应认定属于商业保理合同。

(二)虚构转让标的的法律后果

草案第五百五十二条之二规定,应收账款债权人与债务人虚构应收账款作为转让标的,与保理人订立应收账款转让合同的,应收账款债务人不得以应收账款不存在为由对抗保理人,但是保理人明知虚构的除外。

有的法官提出,实践中存在应收账款未达约定数额的情况,建议将“应收账款不存在”修改为“应收账款不实”。

有的部门建议，将本条中的“与保理人订立应收账款转让合同”修改为“与保理人订立保理合同”。

有的法官提出，应当明确规定保理人有审慎审查义务。有的法官建议，将“但是保理人明知虚构的除外”修改为“但是保理人有故意或者重大过失的除外”，有的法官建议修改为“但是保理人明知或者应知虚构的除外”。

有的法官建议对债权人的责任进行明确规定。有的法官建议明确本条中债务人责任的性质是违约责任还是侵权责任。有的法官建议明确债务人是独立承责还是连带承责。

有的法官建议，处理好本条规定与民法总则第一百四十六条关于“行为人与相对人以虚假的意思表示实施的民事法律行为无效”之间的关系。

有的法官提出，本条确立的虚假债权的债务人不能对抗保理人的规则，本质上是通谋虚假的意思表示不能对抗善意第三人的民事基本规则，建议将该规则放到民法总则第一百四十六条或者合同编（草案）关于债权转让的基本规则中。

（三）应收账款转让的通知

草案第五百五十二条之三规定，保理人向应收账款债务人发出转让通知的，应当表明保理人身份并附有必要凭证。

有的法官提出，向债务人发出通知是一般性问题，可将本条内容合并进合同编通则关于债权转让的规定中。

有的专家和法官建议增加债权人也有通知权的内容，避免误以为只有保理人才有权通知。

有的法官建议，明确规定由债权人发出通知，且保理人首次对应收账款管理或催收时应表明其身份。

有的法官建议明确由债权人发出转让通知为一般情形，由保理人发出通知只是例外情形。

有的法官提出，不要突破债的相对性，作为保理人不应有权发出通知，否则不仅交易不便捷，而且可能增加债务人的审核成本和风险。

有的专家提出，在集合债权或者循环债权的情况下，逐个通知难度极大，建议允许公告通知。

一些法官和专家建议进一步明确“必要凭证”的具体范围。

有的法官建议将本条修改为：应收账款债权人可与保理人在保理合同中约定，由任一方通知债务人债权转让的事实。保理人按照保理合同约定向应收账款债务人发出转让通知的，应当表明保理人身份并附有必要凭证。

（四）有追索权的保理

草案第五百五十二条之四规定，当事人约定有追索权保理的，保理人有权选择向应收账款债权人主张返还保理融资款本息或者回购应收账款债权，或者向应收账款债务人主张应收账款债权。保理人向应收账款债务人主张应收账款债权，在扣除保理融资款本息和相关费用后有剩余的，剩余部分应当返还给应收账款债权人。

有的法官建议，将本条中的“回购”修改为“反转让”。

有的法官提出，本条“保理融资款本息”中“息”的概念不当，可以修改为“保理款项及收益”。

有的法官提出，就有追索权保理的性质，有“借贷 + 让与担保”和“债权转让 + 放弃先诉抗辩权的一般保证”两种观点，本条采用选择之债的表述，不太符合保理业务实践，建议不要规定得太死，用“可以……也可以”的表述代替“二者选一”。

有的专家建议，将本条选择之债的规定修改为保理人享有双向追索权，即保理人有权向应收账款债权人主张返还保理融资款本息或者回购应收账款债权，同时向应收账款债务人主张应收账款债权。

有的法官提出，本条规定更接近于担保，表明保理人一旦选择了向债权人或者债务人主张权利就无权更改，建议本条可以采用“选择之债 + 补充赔偿”的模式，保理人先选择债权人或者债务人之一主张权利，再就未受清偿的部分向另一方主张。

有的法官建议增加规定，保理合同另有约定可同时主张权利的，保理人可同时或先后向债务人或者应收账款债权人主张权利。

有的部门、专家和法官提出，保理人同时起诉债务人和应收账款债权人时，债务人和债权人应当如何承责，责任形式如何，二者之间承责是否存在层次上的区分，建议进一步明确。

（五）无追索权的保理

草案第五百五十二条之五规定，当事人约定无追索权保理的，保理人应当向应收账款债务人主张应收账款债权，保理人取得超过保理融资款本息和相关费用的部分，无需向应收账款债权人返还。

有的法官提出，本条规定太刚性，建议增加规定“当事人另有约定的除外”。

有的专家建议，对无追索权保理转为有追索权保理的情形作出规定。

（六）应收账款的重复转让

草案第五百五十二条之六规定，应收账款债权人将同一应收账款重复转让，致使多个保理人主张权利的，已登记的先于未登记的受偿；均已登记的，按照登记的先后顺序受偿；均无登记的，由应收账款债务人最先收到的转让通知中载明的保理人受偿。

有的法官提出，当同一债权被债权人多次转让，第二次之后的转让均属于无权处分，不能发生转让的法律效果。此时，各保理人均主张债权的，应当根据转让的先后顺序确定有权向债务人主张债权的保理人。

有的法官建议规定，既未登记亦未通知的，按各保理人受让的应收账款所占的比例受偿。

有的法官提出，一是保理人均登记的，按比例受偿可能更好；二是建议将本条“债务人最先收到的转让通知”的规定修改为“转让通知最先到达债务人”，使判断标准更为明确。

有的法官建议，将本条中的“最先收到的转让通知”修改为“按收到转让通知的先后顺序”。

有的法官提出，本条引入登记规则对保护交易秩序具有积极意义，但如果同一债权被重复转让给保理人和非保理人，又如何处理？是修改债权转让的一般规则，还是将保理统一于现在的一般规则之下，建议研究。此外，债务人没有查询登记的义务，建议增加规定：“债务人向最先收到的转让通知中载明的保理人清偿债务的，其债务即消灭。”

（七）其他

有的专家建议在保理合同章明确规定明保理和暗保理的分类。

有的专家提出，一是目前没有保理合同涉及的应收账款转让的法定登记部门，建议明确规定“应收账款转让登记应按照中国人民银行的相关规定办理”，以减少登记方面的争议。二是建议明确规定，保理人有权要求应收账款债务人支付约定的逾期付款违约金。

一些法官和单位提出，应收账款保理和应收账款质押、抵押、保证等发生冲突时，应当有解决冲突的规则，建议作出相应规定。

有的法官建议增加基础合同能否变更、变更后如何承责的规定。

有的法官建议，明确保理合同约定的利润、违约金、相关费用的总和上限不应超过年利率24%。

有的法官认为，保理合同可以适用债权转让和担保的一般规则，无独立成章的必要。

三、关于物业服务合同

（一）定义

草案第七百二十条第一款规定，物业服务合同是物业服务人在物业服务区域内，为业主持续提供建筑物及其附属设施的维修养护、环境卫生和相关秩序的维护等物业服务，业主支付报酬的合同。

有的部门提出，本条中的“建筑物及其附属设施的维修养护、环境卫生和相关秩序的维护等物业服务”不准确，物业服务区域中的道路、广场、绿地、水系、构筑物不是都可归为建筑物的附属设施。

(二)物业服务合同的效力

草案第七百二十二条规定,建设单位依法与物业服务人订立的前期物业服务合同,以及业主委员会与业主大会依法选聘的物业服务人订立的物业服务合同,对业主具有法律约束力。

有的单位提出,建设单位与物业服务人签订的物业服务合同,需要得到业主的同意才有效。

有的法官提出,建设单位与物业服务人签订的高价物业服务合同,业主可请求确定合同无效。

(三)前期物业服务合同的终止

草案第七百二十二条之一规定,建设单位依法与物业服务人订立的前期物业服务合同约定的服务期限届满前,业主委员会或者业主与新物业服务人订立的物业服务合同生效的,前期物业服务合同终止。

有的部门提出,本条没有说明对物业服务人损失的救济,有失公允,建议删去本条规定。

(四)物业服务人的义务

草案第七百二十四条第二款规定,对物业服务区域内违反有关治安、环保等法律法规的行为,物业服务人应当及时采取合理措施制止、向相关行政管理部门报告并协助处理。

有的部门提出,物业服务人没有强制执法权,建议将“制止”改为“规劝”。

(五)业主的知情权

草案第七百二十五条规定,物业服务人应当定期将服务的事项、负责人员、质量要求、收费项目、收费计算标准、履行情况,以及维修资金使用情况、业主共有部分的经营与收益情况等以合理方式向业主公开或者向业主大会、业主委员会报告。

有的法官提出,应当将“定期”修改为“每半年”,同时将“或者”修改为“并”,即要求物业服务人向业主公开并向业主大会、业委会报告。

有的法官建议,将本条中的“公开”修改为“公示、公开”。

有的部门提出,本条中的“收费计算标准、履行情况”,属于物业服务人内部经营事项,没有向业主报告的必要,建议删除。

(六)业主的支付报酬义务

草案第七百二十六条第二款规定,业主违反约定逾期不支付报酬的,物业服务人可以催告其在合理期限内支付;逾期仍不支付的,物业服务人可以提起诉讼或者申请仲裁。

有的法官和部门提出,对合同当事人通过诉讼、仲裁解决纠纷增设前置条件,有失公允，建议删除第二款中“物业服务人可以催告其在合理期限内支付；逾期仍不支付的”的规定。

有的法官提出，本条规定诉讼前有催告程序合理，也可以缓解诉讼的压力。建议明确催告的具体方式，是否可以采用公告形式还是只能用点对点的形式。有的法官建议明确，物业服务人的催告应当实际到达业主。

有的法官建议，将人民调解程序规定为物业纠纷诉讼的前提条件，有利于纠纷的化解，有利于疏导矛盾。

有的法官建议，一是明确规定业主可抗辩的具体理由，并进一步明确何种服务瑕疵可以不交或者少交物业费；二是明确规定个别业主抗辩成立的，可否适用于全体业主，物业费已经交付的如何处理。

（七）业主的告知义务

草案第七百二十七条第二款规定，业主转让、出租物业专有部分、设立居住权或者依法改变共有部分用途的，应当及时将相关情况告知物业服务人。

有的法官提出，业主未将相关情况通知物业服务人的，如何承责，建议对本款规定的可行性作进一步研究。

（八）原物业服务人的后合同义务

草案第七百三十二条规定，物业服务合同终止后，在业主或者业主大会选聘的新物业服务人或者决定自行管理的业主接管之前，原物业服务人应当继续处理物业服务事项，并可以请求业主支付该期间的报酬。

有的专家建议明确，物业服务人继续处理物业服务事项的，可以请求业主按照原合同标准支付报酬，以避免引起争议。

有的法官提出，应当明确规定原物业服务人应当在一定期限内继续处理物业服务，不得撤离，否则要承担违约责任。

（九）物业服务人的交接

草案第七百三十三条第一款规定，物业服务合同终止后，原物业服务人应当在约定期限或者合理期限内退出物业服务区域，将物业服务用房、相关设施、物业服务所必需的相关资料等交还给业主委员会、决定自行管理的业主或者其指定的人，配合新的物业服务人做好交接工作，并如实告知物业的使用和管理状况。第二款规定，原物业服务人违反前款规定的，不得请求业主支付物业服务合同终止后的报酬；给业主造成损失的，应当赔偿损失。

有的法官提出，实践中新老物业服务人交接中容易发生纠纷，建议将第一款中的“合理期限”修改为“业主或者业主委员会指定的期限”。有的专家建议，明确规定当事人没有约定交接时限时的最长期间，同时建议增加规定政府部门介入交接的条款。

有的法官提出，在物业服务人已经提供了主要物业服务的前提下，不支付相应物业服务费理论上难以成立，建议第二款修改为，物业服务人在履行上述义务之前，业主有拒付物业服务费用的抗辩权。

（十）其他

一些法官建议就以下内容作出规定：一是明确物业服务人的安全保障义务；二是细化业主行使任意解除权的规定；三是明确对服务区域内的会所、人防工程等如何收取物业费。有的部门建议，对空置物业的物业服务收费作出规定。

有的法官建议，物业服务酬金制和包干制的类型不同，业主的知情权应当有所区别，包干制时业主不应有太细的知情权。

有的地方和专家建议，明确物业服务合同中物业服务人与供水、供电、供气、供热等单位的责任边界，增加规定："供水、供电、供气、供热、通信、有线电视等单位，依法对物业管理区域内相关管线和设施设备进行维修、养护，物业服务人应当提供必要的协助和便利。"

有的法官提出，应当精简物业服务合同章的内容，删去管理性的规定。

民法典合同编北京市调研简报

2019年9月，法制工作委员会民法室有关同志就民法典合同编的有关问题赴北京市进行调研，在北京市人大召开座谈会，听取市人大有关专工委、市政府有关部门、市妇联、人民银行、银保监局、人大代表及律师的意见建议；在北京市通州区人民法院召开座谈会，听取法官的意见建议；赴中国外商投资企业协会租赁业工作委员会听取对合同编融资租赁合同的意见建议。现将有关情况简报如下：

一、关于借款合同

（一）将借款合同区分为金融借款和民间借贷、营利性借贷和生活性借贷的必要性

草案二次审议稿在“借款合同”一章未将借款合同区分为金融借款和民间借贷。一些代表、部门和法官提出，金融借款和民间借贷在出借主体、适用法律法规、监管要求、利率和合同生效等方面均不同，有必要作区分。

一些代表、部门、法官和专家提出，营利性借贷和生活性借贷并非法律上的概念，而且还本付息的借贷普遍具有营利性，不好区分也没有必要区分，可以个案把握，无需上升到立法层面。

有的法官建议，在借款合同一章中设立民间借贷专节，并将民间借贷进一步区分为“一般性民间借贷”和“经营性民间借贷”。在区分标准上，可以以是否具有营利目的、营业性特征作为区分标准。一般性民间借贷一般风险不大，但对于经营性民间借贷要加强监管，并要求取得主管部门颁发的牌照。

（二）借款利率

草案二次审议稿第四百七十条第一款规定，借款合同约定支付利息的，借款的利率不得违反国家的有关规定。一些代表、部门、法官和专家提出，民法典中不宜规定具体明确的利率，可以作原则性规定，或者授权国务院或者金融监管机构规定具体利率，也可以通过司法解释规制利率过高问题。

（三）提前还款利息

有的部门提出，对于提前还款的利息可以由合同进行约定。

有的法官提出，提前偿还的应按照实际借款期间计算利息，但对于借款人提前还款给出借人增加的额外费用，可以考虑由借款人赔偿。

二、关于融资租赁合同

（一）定义

草案二次审议稿第五百二十六条第一款规定，融资租赁合同是出租人根据承租人对出卖人、租赁物的选择，向出卖人购买租赁物，提供给承租人使用，承租人支付租金的合同。第二款规定，承租人将其自有物出卖给出租人，再通过融资租赁合同将租赁物从出租人处租回的，承租人和出卖人系同一人不影响融资租赁合同的成立。

有的单位和专家提出，售后回租只是融资租赁的一种形式，从融资租赁行业发展来看，在发达国家融资租赁交易中，完全以融资为目的的回租交易逐渐减少，售后回租并不代表融资租赁行业的发展方向，而为企业提供包括金融、设备等一体化服务的融资租赁逐渐发展成为主流，可以更好地帮助、服务实体生产企业。草案增加对于售后回租的定义，可能会反向催生更多的回租交易，不利于融资租赁行业的发展，建议删除第二款。

有的专家提出，售后回租是小微企业的主要融资渠道之一，国际上融资租赁成熟的市场，回租所占比例超过五成，售后回租定义很有必要，建议保留第二款并修改为："售后回租是指承租人将自有标的物先出卖给出租人，同时与出租人签订融资租赁合同，再将该标的物从出租人处租回的另一种融资租赁形式。"

有的部门建议，增加融资租赁物范围的界定，融资租赁物应为用于生产经营的非消费品，不包括货币、有价证券。

（二）融资租赁合同的效力

草案二次审议稿第五百二十七条规定，当事人以虚构租赁物等方式订立融资租赁合同掩盖非法目的的，融资租赁合同无效。

有的专家提出，合同效力评价可以使用民法总则的规定，建议删除该条规定。

（三）租赁物经营许可

草案二次审议稿第五百二十九条规定，依照法律、行政法规的规定，承租人对于租赁物的经营使用应当取得行政许可的，出租人未取得行政许可不影响融资租赁合同的效力。

有的专家建议，将本条修改为："依照法律、行政法规的规定，经营或使用租赁物应当取得行政许可的，出租人不需取得行政许可。"

有的专家建议，将"出租人未取得行政许可不影响融资租赁合同的效力"修改为"但因融资租赁之故，出租人成为租赁物之所有权人时，虽出租人未取得租赁物经营使用之行政许可,不影响融资租赁合同的效力”。

(四)承租人的索赔权

有的专家提出,融资租赁合同涉及三方当事人(出卖人、出租人、承租人)、两个合同(出卖人与出租人之间的买卖合同、出租人与承租人之间的租赁合同),合同编(草案)仅规定承租人享有与受领标的物有关的买受人的权利,且仅在三方当事人有共同约定的情形下,承租人方可对出卖人行使索赔权。该规定在合同正常履行时较为容易操作,但在合同因无法正常履行而被解除时,三方当事人应如何索赔和行使权利困扰着实践,建议进一步打破合同相对性,直接对出卖人和承租人之间的权利义务作出规定,借鉴《国际统一私法协会租赁示范法》,明确规定:除当事人另有约定外,出卖人应当按照约定向承租人交付标的物,承租人享有买卖合同项下买受人的权利,但未经出租人同意,承租人不得变更、终止或解除买卖合同。

(五)融资租赁登记

草案二次审议稿第五百三十六条规定,出租人对租赁物享有的所有权,未经登记,不得对抗善意第三人。

调研中普遍赞成本条规定的融资租赁登记制度,同时建议明确登记机关和登记效力。

有的专家和部门建议,恢复现行合同法关于租赁物不属于破产财产的规定,并明确融资租赁物不是承租人承担法律责任的财产。

(六)出租人的民事责任

草案二次审议稿第五百三十九条规定,出租人应当保证承租人对租赁物的占有和使用。第五百四十条列举规定了出租人不当影响承租人对租赁物的占有和使用的具体情形及其责任。

有的专家建议,在第五百三十九条增加规定“但法律另有规定或当事人另有约定的除外”,并在该条中增加第二款规定:“出租人不当影响承租人对租赁物的占有和使用的,承租人有权要求出租人赔偿损失。”有的专家提出,第五百四十条对于出租人违约情形的列举过于细致,建议删除。

有的专家提出,承租人违约时,出租人应可以限制或停止承租人的使用和占有。

(七)承租人擅自处分租赁物

草案二次审议稿第五百四十五条规定,承租人未经出租人同意,将租赁物转让、转租、抵押、质押、投资入股或者以其他方式处分的,出租人可以解除融资租赁合同。

有的专家和部门提出,为了有利于对承租人进行正面引导,建议本条先规定承租人未经同意不得处分租赁物,然后再规定擅自处分的法律后果及救济。

(八)融资租赁合同的解除

草案二次审议稿第五百四十六条规定,有下列情形之一的,出租人或者承租人可以解除融资租赁合同:(1)出租人与出卖人订立的买卖合同解除、被确认无效或者被撤销,且未能重新订立买卖合同;(2)租赁物因不可归责于当事人的原因毁损、灭失,且不能修复或者确定替代物;(3)因出卖人的原因致使融资租赁合同的目的不能实现。

有的专家提出,出租人是根据承租人对供货人和租赁物的选择购买租赁物,租赁物通常具有特定性,有必要同时增加融资租赁合同的不可解除性规定,建议增加规定:"融资租赁合同项下,出租人已经支付租赁物购买价款后,承租人不得解除融资租赁合同。除非因出租人的行为造成承租人无法使用租赁物,并且经向出租人催告后仍无法解决。"

有的法官提出,在厂商租赁模式中,出租人与出卖人可能有长期合作关系,甚至属于同一控制人,出租人不承担质量责任,可能导致出租人可以收取租金全身而退,而承租人只能按照本条第三项通过解除合同进行救济,导致救济不力,建议直接赋予厂商租赁中承租人的质量瑕疵拒付租金抗辩权。

(九)出租人的赔偿请求权

草案二次审议稿第五百四十六条之一第一款规定,融资租赁合同因买卖合同解除、被确认无效或者被撤销而解除,但是出卖人及租赁物系由承租人选择的,出租人有权要求承租人赔偿相应损失。

有的专家建议,增加"或因供货人原因致使合同目的不能实现而解除的",同时将"出租人有权要求承租人赔偿相应损失"修改为"出租人有权要求承租人或供货人返还已经支付的租赁物取得价款及相应资金占用利息并赔偿损失,且承租人与供货人对此承担连带责任"。

有的专家提出,法律没有规定承租人或出租人违约时,出卖人向出租人或承租人主张权利的情况,建议增加规定:"买卖合同因融资租赁合同订立的,融资租赁合同解除、被确认无效或者被撤销,出租人或出卖人可以解除买卖合同。买卖合同解除造成出卖人损失的,出卖人有权要求承租人赔偿,但三方当事人另有约定的除外。"

(十)租赁物意外毁损、灭失情形下的补偿

草案二次审议稿第五百四十七条规定,融资租赁合同因租赁物交付承租人后意外毁损、灭失等不可归责于当事人的原因解除的,出租人可以要求承租人按照租赁物折旧情况给予补偿。

有的专家提出,本条规定的折旧补偿不具有可行性,首先,设备灭失无法确认标的物折损情况;其次,折旧在实践中多作为会计记账概念,与标的物真实价值的确认无关，实践中法院参照会计折旧概念裁判容易造成标的物残值计算与实际情况严重不符，建议删除本条规定，改由商事主体通过合同约定解决。有的专家建议，本条增加规定："但合同双方另有约定者，从其约定。"

有的专家提出，租赁物是租赁债权的担保，合同解除时应发挥其担保功能，建议本条修改为："融资租赁合同因任何原因解除的，承租人均应返还出租人已经支付的租赁物取得价款及相应资金占用利息，出租人有权以租赁物折价或者处置所得价款进行受偿。双方有其他损失的，按照法律规定及双方约定进行损失赔偿。"

（十一）租赁期间届满租赁物的归属

草案二次审议稿第五百五十条规定，出租人和承租人可以约定租赁期间届满租赁物的归属。对租赁物的归属没有约定或者约定不明确，依照本法第三百零一条的规定仍不能确定的，租赁物的所有权归出租人。草案二次审议稿第五百五十一条规定，当事人约定租赁期间届满，承租人仅需向出租人支付象征性价款的，视为约定的租金义务履行完毕后租赁物的所有权归承租人。

有的法官提出，出租人通常不以获得租赁物为目的，且租金已包含利润，售后回租的情况中更是应该归承租人，建议草案第五百五十条改为，约定不明时，租赁物的所有权归承租人。

有的专家提出，草案第五百五十一条中，支付象征性价款并不能当然视为承租人自然取得所有权，租赁物期满的购买环节不应被取代，建议删除本条规定。

有关单位对《民法典合同编(草案)》的意见和建议

2018年10月26日下午,民法室召开座谈会,听取最高人民法院、最高人民检察院、司法部、中国社会科学院、中国法学会、住房城乡建设部、中国人民银行、中国银行保险监督管理委员会等单位对《民法典合同编(草案)》中借款合同、建设工程合同和物业服务合同等内容的意见和建议。现将主要意见简报如下:

一、关于借款合同

(一)总的意见

有的部门建议,一是在立法上明确规定借款利率上限。当前关于借款利率上限,仅是最高人民法院在民间借贷司法解释中作出了“两线三区”的规定,即借贷双方约定的利率未超过年利率24%,出借人有权要求借款人按照约定的利率支付利息;借贷双方约定的利率超过年利率36%,超过部分的利息约定无效;对于年利率24%—36%之间部分的利息,借款人有权拒绝支付,但如果借款人已经实际支付给出借人,借款人不得以不当得利为由要求出借人返还。该规定仅适用于民间借贷领域,并且面临较大争议。而中国人民银行认为要实行利率市场化,没有对此作出规定。二是将借款合同一章分为三节,即一般规定、金融借款、其他借款。目前对金融借款的界定,是依据有无银保监会发放的放贷业务牌照为标准,还是实际具有的从事放贷业务的功能为标准,并不清晰。这就导致实践中大量存在的从事融资租赁业务的机构、小贷公司、典当行提供贷款的合同难以纳入金融借款合同中进行规范,成为金融借贷和民间借贷之外的中间性借贷,法律规定有所缺失,而这些借贷实际利率往往非常高,产生的纠纷也非常多,应当予以规范。建议对借款合同的规范可以采取“两分法”,即区分为民事借贷和商事借贷。民间借贷应当定位为民事借贷,商事借贷具有经营性质,要持有拍照,二者在利率限制、是否排除职业放贷等方面有所不同。

(二)定义

草案第四百五十七条规定,借款合同是借款人向贷款人借款,到期返还借款并支付利息的合同。

有的部门提出，一是从称谓上来说，“贷款人”更多是指金融机构，而本章调整的内容还包括民间借贷，建议将“贷款人”修改为“出借人”。二是“到期返还借款”容易让人理解为仅指“到期一次性还本付息”，建议修改。

有的部门提出，依据草案第四百七十条规定，自然人之间的借款合同对支付利息约定不明或者约定不明确的，视为不支付利息，因此借款合同定义中“并支付利息”的表述不够严谨。

（三）借款利率

草案第四百七十条第一款规定，借款合同约定支付利息的，借款的利率不得违反国家的有关规定；对支付利息没有约定或者约定不明确的，按照当地或者当事人的交易方式、交易习惯、市场利率等因素确定利息。第二款规定，自然人之间的借款合同对支付利息没有约定或者约定不明确的，视为不支付利息。

有的部门提出，第一款中“借款的利率不得违反国家的有关规定”是针对所有类型的借款合同，而“对支付利息没有约定或者约定不明确的”是指除自然人之间借款以外的借款合同，二者主体不一致，容易产生歧义。建议将“借款合同约定支付利息的，借款的利率不得违反国家的有关规定”单列一款予以规定。

有的部门提出，对第二款自然人之间的借款合同约定不明确的，也要根据实际情况进行判断，不宜直接视为不支付利息。

二、关于建设工程合同

（一）定义

草案第五百七十一条第一款规定，建设工程合同是承包人进行工程建设，发包人支付价款的合同。第二款规定，建设工程合同包括工程勘察、设计、施工合同。

有的部门提出，实践中对管线铺设、装饰装修等是否可以归入建设工程合同，存在分歧，建议对建设工程合同适用的范围作进一步明确。

（二）发包和分包

草案第五百七十四条第一款规定，发包人不得将应当由一个承包人完成的建设工程肢解成若干部分发包给几个承包人。第三款规定，禁止承包人将工程分包给不具备相应资质条件的单位。禁止分包单位将其承包的工程再分包。建设工程主体结构的施工必须由承包人自行完成。

有的部门提出，一是建议将第一款中的“应当由一个承包人完成的建设工程”修改为“单位工程”；二是应当允许分包单位将其所承包工程的劳务部分再分包，以符合实践发展需要；三是建议实行工程总承包制，与国际接轨。

有的部门提出，分包单位将其所承包工程的劳务部分再分包，在实践中大量存在,如果法律仍然作禁止性规定,法院据此判定再分包合同无效,反而会损害农民工利益。

(三)建设工程施工合同无效情形下的工程价款支付

草案第五百七十六条规定,建设工程施工合同无效,但是建设工程经竣工验收合格的,承包人可以请求参照合同的约定支付工程价款。

有的部门提出,一是草案规定的"参照合同的约定支付工程价款"从性质上是归属于不当得利返还,还是指无效合同按照有效合同进行处理,建议明确。二是建设工程施工合同无效的,承包人的停工、窝工损失也应予以赔偿。

(四)发包人擅自使用建设工程的法律后果

草案第五百八十三条规定,建设工程未经竣工验收,发包人擅自使用的,除存在违反法律、行政法规强制性规定的情形以外,视为工程质量验收合格,但是承包人应当在建设工程的合理使用期限内对地基基础工程和主体结构质量承担责任。

有的部门建议,在"未经竣工验收"后增加"或者验收不合格"。

有的部门建议,一是明确建设工程未经竣工验收但进行试运行的,是否属于"擅自使用";二是对"合理使用期限"进一步具体化。

(五)建设工程价款的优先受偿权

草案第五百九十二条规定,发包人未按照约定支付价款的,承包人可以催告发包人在合理期限内支付价款。发包人逾期不支付的,除按照建设工程的性质不宜折价、拍卖的以外,承包人可以与发包人协议将该工程折价,也可以申请人民法院将该工程依法拍卖。建设工程的价款就该工程折价或者拍卖的价款优先受偿。

有的部门建议明确规定建设工程价款优先受偿权的行使期限及其起算点。

有的部门提出,一是建设工程价款的优先受偿权是否要以建设工程合同有效为前提,建议明确;二是"申请人民法院将该工程依法拍卖"容易让人理解为要走民事诉讼法规定的担保物权实现程序,建议修改;三是建议对建设工程价款优先受偿权的性质作进一步明确,增强规范的可操作性。

(六)其他

有的部门建议,明确建设工程合同无效的具体情形以及开工日期的认定。

有的部门提出,实践中发包方压缩工期问题突出,影响施工安全。为避免这种现象的出现,建议明确即使发包方压缩工期,工程价款也应当按照定额工期结算。

三、关于物业服务合同

(一)定义

草案第七百二十条规定,物业服务合同是物业服务人在物业服务区域内,为业主持续提供建筑物及其附属设施的维修养护、环境卫生和相关秩序的维护等物业服务,业主支付报酬的合同。

有的单位建议参考物业管理条例第二条的规定,在本条“附属设施”后增加“道路和相关场所”,并把“相关秩序的维护”修改为“生活秩序的维护”。

(二)物业服务合同对业主的约束力

草案第七百二十二条规定,建设单位依法与物业服务人签订的前期物业服务合同,以及业主委员会与业主大会依法选聘的物业服务人签订的物业服务合同,对业主具有约束力。

有的部门和单位建议明确,物业服务合同对物业转让后的受让人以及物业的实际使用人具有法律约束力。

有的部门建议规定,没有组织召开业主大会,业主委员会擅自变更、解除物业服务合同的,对业主不产生效力。

(三)物业服务人的安全保障等义务

草案第七百二十四条第一款规定,物业服务人应当按照约定和物业的使用性质,妥善维修、养护、清洁、绿化和经营物业服务区域内的业主共有部分,维护物业服务区域内的基本生活秩序,采取合理措施保障业主的人身财产安全。

有的部门提出,不宜加重物业服务企业的安全管理义务,一是保障业主的人身财产安全是公安机关的职责,物业服务人作为民事主体,不具有执法权和强制力,要求其承担应当由公共安全机构承担的义务和责任,超出了物业服务企业的能力,有转嫁政府责任之嫌。二是物业服务人作为一般商业主体,物业服务人的义务和责任应当通过物业服务合同由当事人双方自愿约定,而非法律规定。三是物业服务收费普遍不高,房改房、老旧小区、保障性住房物业服务收费较低,在物业服务人没有取得与高风险相匹配的对价的情况下,要求物业服务人“保障业主的人身财产安全”,不符合公平合理的合同法立法原则。四是运输合同、仓储合同、保管合同等涉及群众人身财产安全的合同章节,均未出现“保障”一词。五是物业服务是一种双务有偿的合同行为,物业服务人只有在违反合同约定义务,不履行或拒绝履行合同义务而造成业主利益受损的,才应当承担相应责任,因此应沿用物业管理条例第三十五条第二款的规定。六是“维护基本生活秩序”适用于住宅小区,但不适用于办公楼、商场、学校、医院、工业园区、体育场馆等物业服务项目。基于此,建议将“维护物业服务区域内的基本生活秩序,采取合理措施保障业主的人身财产安全”修改为“维护物业服务区域内的基本秩序。物业服务人未能履行物业服务合同的约定,导致业主人身、财产安全受到损害的,应当依法承担相应法律责任”。

有的单位提出,“采取合理措施保障业主的人身财产安全”中的“采取合理措施”容易产生理解上的分歧,建议删除。

有的部门建议规定,物业服务人出租、出借公共设施给他人使用,例如允许他人在小区举办活动等，应当经业主同意。

（四）物业服务人的服务信息公开义务

草案第七百二十五条规定，物业服务人应当及时将相关服务事项以合理方式向业主公开或者向业主大会、业主委员会报告。

有的单位建议将本条中的“及时”修改为“每年定时”。

有的部门提出，业主对于物业服务人公开的物业服务信息存在疑义的，应当有权查询账目。

（五）物业服务报酬的支付

草案第七百二十六条规定，业主违反约定逾期不支付报酬的，物业服务人可以催告其在合理期限内支付；逾期仍不支付的，物业服务人可以提起诉讼或者申请仲裁。

有的部门提出，对于物业服务报酬等民事纠纷，应当避免过分集中于法院，加大审判压力，也可以通过行政调解等行政方式予以分流。

有的部门建议规定，业主改变物业服务用途，造成物业服务企业成本增加的，物业服务企业可以要求增加物业服务报酬。

（六）业主的单方任意解除权

草案第七百二十八条规定，业主依法共同决定解聘物业服务人的，可以解除物业服务合同。因解除合同造成物业服务人损失的，除不可归责于业主的事由外，业主应当赔偿损失。

有的部门提出，赋予业主单方任意解除权不妥，建议删除。一是单方面赋予业主随时解除物业服务合同的权利不符合双方主体平等的合同法精神，并且可能造成合同任意解除权被少数业主操纵并滥用，使物业服务合同关系长期处于不确定状态，影响物业服务合同的严肃性和稳定性，不利于物业服务人的合理预期和长远安排，并可能最终导致业主共同利益的受损。二是业主的单方解除权只应限定于前期物业服务合同，不应普遍适用于所有的物业服务合同。三是虽然该条款规定了解约损失赔偿的内容，但考虑到目前业主大会和业主委员会的成熟度和实际履约能力，业主赔偿损失的法律责任在实践中基本难以落实。

有的部门提出，一是业主的单方任意解除权应当作进一步限制，不能随时解除物业服务合同。二是建议对“解聘”物业服务人与“解除”物业服务合同的关系作进一步研究，改为直接“解除”物业服务合同即可。

有的单位建议，将“因解除合同造成物业服务人损失的，除不可归责于业主的事由外，业主应当赔偿损失”修改为“物业服务合同终止造成物业服务人损失的，全体业主应当赔偿损害，但是解聘物业服务人的事由不可归责于业主的除外”。

（七）不定期物业服务合同

草案第七百三十条第一款规定，物业服务期限届满后，业主没有依法作出续聘或者另聘物业服务人的决定，物业服务人按照原合同继续提供物业服务的，原物业服务合同继续有效，但是服务期限为不定期。第二款规定，当事人可以随时解除不定期物业服务合同，但是物业服务人解除合同应当在合理期限之前书面通知业主或者业主委员会。

有的部门提出，不定期物业服务合同属于新成立的物业服务合同，第一款中的“原物业服务合同继续有效”表述不准确。

有的部门和单位提出，第二款中不适宜采用“当事人”的表述，有的单位建议修改为“业主委员会和物业服务人”。

（八）参照适用委托合同

草案第七百三十四条规定，本章没有规定的，参照适用委托合同的有关规定。

有的部门提出，物业服务合同不宜参照适用委托合同，建议删除本条。物业服务合同所具有的准公共性（集合性）、有偿性、持续性的要式合同特征，都决定了在物业管理司法实践中简单适用委托合同的局限性，在民法典设专章对物业服务合同作出专门规定的情况下，“参照适用委托合同”的规定反而淡化了物业服务合同的特殊性。

有的单位建议将本条修改为：“本章没有规定的，可以参照承揽合同、委托合同的有关规定，但依其性质不可参照的除外。”

有的部门提出，为了防止立法上挂一漏万，本条“参照适用委托合同”的规定也没有太大问题。

（九）其他

有的部门建议明确业主委员会的法律地位。有的单位建议本章对“业主”“业主大会”与“业主委员会”在不同情境下的使用作进一步的规范。

有的部门建议，一是明确管理规约的地位和效力。管理规约是明确业主行使共有物权和让渡共有管理权的共同契约，是处理好物业服务合同内外部关系的关键。二是参照最高人民法院关于审理物业服务纠纷案件的司法解释，对物业服务合同的格式条款予以明确规制。

部分学者对民法典(草案)合同编的意见

2019 年 12 月,十三届全国人大常委会第十五次会议对《中华人民共和国民法典(草案)》整体进行了审议。为进一步做好草案的修改完善工作,2020 年 1 月 16 日上午,民法室召开座谈会,听取部分学者对民法典(草案)合同编的意见和建议。现将主要意见简报如下:

一、总的意见

有的学者提出,民法典草案中的“民事关系”和“民事法律关系”应当尽量统一。同时,有关各典型合同的定义条文,大多在末尾表述为“合同”,但有的表述为“协议”,建议统一。

有的学者提出,民法典草案中有的条文写了“法律另有规定的除外”或“当事人另有约定的除外”,有的条文没写,建议在通则部分作统一性的规定。

有的学者提出,当责任财产不足以清偿的时候,清偿顺序需要利息之债的规则,建议增加。同时,各典型合同应该都有风险负担的内容,建议在通则部分作统一化处理。

有的学者提出,应当将保证合同放在典型合同的最后规定,倒数第二个典型合同应当是保理合同。

二、关于一般规定

民法典草案第四百六十八条规定,非因合同产生的债权债务关系,适用有关该债权债务关系的法律规定;没有规定的,适用本编通则的有关规定,但是根据其性质不能适用的除外。

有的学者提出,非因合同产生的债权债务关系,有的时候应直接适用总则编,建议将“适用本编通则的有关规定”修改为“适用总则编或者本编通则的有关规定”。

三、关于合同的订立

（一）合同成立的时间

民法典草案第四百九十条第二款规定，法律、行政法规规定或者当事人约定合同应当采用书面形式订立，当事人未采用书面形式但是一方已经履行主要义务，对方接受时，该合同成立。

有的学者提出，如果对方接受另一方当事人的履行但附带异议的话，并不能导致合同成立。建议将“对方接受”改为“对方完全接受”或“对方接受未表示异议”。

有的学者建议修改为，法律、行政法规规定或者当事人约定合同采用书面形式才成立的，当事人未采用书面形式，但是一方已经履行主要义务，对方接受时，该合同成立。

（二）预约合同

民法典草案第四百九十五条第一款规定，当事人约定在将来一定期限内订立合同的认购书、订购书、预订书、意向书等，构成预约合同。

有的学者提出，“意向书”与预约合同的性质不符，建议删去。

有的学者建议，在“构成预约合同”之前加上“根据意思表示的内容”。

（三）格式条款

民法典草案第四百九十六条第一款规定，格式条款是当事人预先拟定，并在订立合同时未与对方协商的条款。

有的学者建议，格式条款的定义，应当加上“为了重复使用”，否则格式条款的范围会太宽。

（四）悬赏

民法典草案第四百九十九条规定，悬赏人以公开方式声明对完成特定行为的人支付报酬的，完成该行为的人可以请求其支付。

有的学者提出，悬赏的性质到底是合同还是单方法律行为，不够明确，建议明确是不是要适用违约责任等合同规则。

四、关于合同的效力

（一）总的意见

现行合同法第五十一条规定，无处分权的人处分他人财产，经权利人追认或者无处分权的人订立合同后取得处分权的，该合同有效。

有的学者认为，民法典（草案）合同编删除现行合同法第五十一条是正确决定，既符合法理，也符合中国实践，更与国际通行规则一致，而且和善意取得制度相衔接。

（二）合同的生效

民法典草案第五百零二条第二款规定，法律、行政法规规定应当办理批准等手续生效的，依照其规定。未办理批准等手续的，该合同不生效，但是不影响合同中履行报批等义务条款以及相关条款的效力。应当办理申请批准等手续的当事人未履行义务的，对方可以请求其承担违反该义务的责任。

有的学者建议将本款中的“法律、行政法规规定应当办理批准等手续生效的”修改为“法律、行政法规规定合同应当办理批准等手续生效”；同时，建议将本款最后一句修改为“对方可以请求其承担违反该义务的违约责任”。

有的学者认为，有的批准手续虽未明确是合同生效要件，但本身与合同效力相关联，需要具体情形具体判断；此外，本款最后一句的责任不应当写成违约责任。

有的法官提出，目前没有法律法规规定要办理批准等手续后合同才生效的情形，建议将“法律、行政法规规定应当办理批准等手续生效的”修改为“法律、行政法规规定应当办理批准等手续的”。

有的学者建议，将“法律、行政法规规定应当办理批准等手续生效的”修改为“依照法律、行政法规的规定，合同应当办理批准等手续生效的”。

（三）无效的免责条款

民法典草案第五百零六条规定，合同中的下列免责条款无效：（1）造成对方人身损害的；（2）因故意或者重大过失造成对方财产损失的。

有的学者提出，本条表达不清，建议将“合同中的下列免责条款无效”修改为“合同规定的以下情形的免责条款无效”。

五、关于合同的履行

（一）电子合同的交付

民法典草案第五百一十二条第二款规定，电子合同的标的为采用在线传输方式交付的，合同标的进入对方当事人指定的特定系统并且能够检索识别的时间为交付时间。

有的学者提出，实践中存在密钥已交付但不告知密码的问题，本款规定无法处理这种情形，建议将“检索识别”修改为“支配使用”或者“控制使用”。

有的学者认为“交付”一词不妥，同时建议将“标的”改为“标的物”。

（二）金钱之债

民法典草案第五百一十四条规定，以支付金钱为内容的债，除法律另有规定或者当事人另有约定外，债权人可以请求债务人以实际履行地的法定货币履行。

有的学者建议，将“实际履行地”修改为“接受货币一方的所在地”。

（三）按份之债

民法典草案第五百一十七条规定，债权人为二人以上，标的可分，按照份额各自享有债权的，为按份债权；债务人为二人以上，标的可分，按照份额各自负担债务的，为按份债务。

有的学者提出，当标的不可分时，该如何认定，建议作出规定。

（四）情势变更

民法典草案第五百三十三条第一款规定，合同成立后，合同的基础条件发生了当事人在订立合同时无法预见的、不属于商业风险的重大变化，继续履行合同对于当事人一方明显不公平的，受不利影响的当事人可以与对方重新协商；在合理期限内协商不成的，当事人可以请求人民法院或者仲裁机构变更或者解除合同。

有的学者提出，受不利影响的当事人可以与对方重新协商，该再磋商义务实际上是强制性的法定义务，也就是出现情势变更之后合同当事人必须要履行再磋商义务。现在的表述程度偏轻，建议将本条中的“当事人可以与对方重新协商”表述为“有权请求对方”或者其他表述。

有的学者提出，为解决合同僵局问题，建议在“明显不公平”后面加上“或者明显不必要”；同时在第一款的末尾再加上“因继续履行对合同当事人一方明显不必要导致合同变更或者解除的，由此给债权人造成的损失，受不利影响的一方应当承担赔偿责任”。

有的学者建议，对提出变更或者解除合同的期限作出规定。

六、关于合同的保全

民法典草案第五百四十二条规定，债务人影响债权人的债权实现的行为被撤销的，自始没有法律约束力。

有的学者提出，为减少当事人的诉讼成本，建议恢复合同编二审稿本条第二款的相关内容，即“债权人请求人民法院撤销债务人行为的，可同时依法以自己的名义代位行使债务人在其行为被撤销后对相对人所享有的权利”。

七、关于合同的变更和转让

（一）债权转让的通知

民法典草案第五百四十六条第一款规定，债权人转让债权的，应当通知债务人。未经通知，该转让对债务人不发生效力。

有的学者提出，债权转让是不是以通知债务人为生效条件存在争议，建议直接规定没有通知对债务人不发生法律效力。

（二）债权转让后从权利的实现

民法典草案第五百四十七条第二款规定，受让人取得从权利不因该从权利未履行转移登记手续或者未转移占有而受到影响。

有的学者提出，本款的规定很有必要，但为周延稳妥起见，建议增加“从权利未办理公示手续不得对抗第三人”的内容。

(三)债务转移

民法典草案第五百五十一条第一款规定,债务人将债务的全部或者部分转移给第三人的,应当经债权人同意。

有的学者建议增加规定,债权人不同意的,债务转移不发生法律效力。

(四)债务加入

民法典草案第五百五十二条规定,第三人与债务人约定加入债务并通知债权人,或者第三人向债权人表示愿意加入债务,债权人未在合理期限内明确拒绝的,债权人可以请求第三人在其愿意承担的债务范围内和债务人承担连带债务。

有的学者建议增加第三人和债权人约定加入债务的情形。

八、关于合同的权利义务终止

(一)合同的法定解除

民法典草案第五百六十三条第一款规定,有下列情形之一的,当事人可以解除合同:(1)因不可抗力致使不能实现合同目的;(2)在履行期限届满之前,当事人一方明确表示或者以自己的行为表明不履行主要债务;(3)当事人一方迟延履行主要债务,经催告后在合理期限内仍未履行;(4)当事人一方迟延履行债务或者有其他违约行为致使不能实现合同目的;(5)法律规定的其他情形。第二款规定,以持续履行的债务为内容的不定期合同,当事人在合理期限之前通知对方后可以解除。

有的学者提出,为解决实践中客观存在的合同僵局问题,建议恢复合同编二审稿本条第三款的规定,即“合同不能履行致使不能实现合同目的,有解除权的当事人不行使解除权,构成滥用权利对对方显失公平的,人民法院或者仲裁机构可以根据对方的请求解除合同,但是不影响违约责任的承担”。如果不恢复,可以考虑参照最高人民法院九民会议纪要中的表述,或者在民法典草案第五百八十条将相关内容表现出来。

有的学者提出,合同解除是一种对违约行为的救济,建议将第一款第一项和第四项合并规定,只要合同目的不能实现,都是合同法定解除的原因,与是否因不可抗力导致没有关系。此外,第一款中迟延履行的表述,与违约责任一章中的不履行和不完全履行的表述不一致,建议统一。

(二)解除权行使期限

民法典草案第五百六十四条第二款规定,法律没有规定或者当事人没有约定解除权行使期限,自解除权人知道或者应当知道解除事由之日起一年内不行使,或者经对方催告后在合理期限内不行使的,该权利消灭。

有的学者建议将本款中的“一年”期限再放宽一点,或者不写具体期限留给个案解决。

（三）解除合同的方式和效力

民法典草案第五百六十五条第一款规定，当事人一方依法主张解除合同的，应当通知对方。合同自通知到达对方时解除；通知载明债务人在一定期限内不履行债务则合同自动解除，债务人在该期限内未履行债务的，合同自通知载明的期限届满时解除。对方对解除合同有异议的，任何一方当事人均可以请求人民法院或者仲裁机构确认解除行为的效力。

有的学者建议增加规定，解除权人通知解除合同后，对方超过异议期限提出异议的，视为合同已经解除，人民法院或者仲裁机构无需再进行审理。

（四）主张抵销的要件

民法典草案第五百六十八条第二款规定，当事人主张抵销的，应当通知对方。通知自到达对方时生效。抵销不得附条件或者附期限。

有的学者建议增加规定抵销具有溯及力的内容。

九、关于违约责任

（一）违约金调整

民法典草案第五百八十五条第二款规定，约定的违约金低于造成的损失的，人民法院或者仲裁机构可以根据当事人的请求予以增加；约定的违约金过分高于造成的损失的，人民法院或者仲裁机构可以根据当事人的请求予以适当减少。

有的学者提出，违约金过低时，通过调整违约金的办法不如通过损害赔偿精确，建议允许在约定违约金过低时赔偿实际损失，以使受害人能够得到完全的补救。

有的学者提出，对于缺席庭审而约定的违约金又明显过高的情况，是否可以进行主动调整，建议作出明确的规定。有的学者认为必须由当事人提出；有的学者认为可以主动调整。

（二）与有过失

民法典草案第五百九十二条第二款规定，当事人一方违约造成对方损失，对方对损失的发生有过错的，可以减少相应的损失赔偿额。

有的学者提出，我国的违约责任是以严格责任为原则，以过错责任为例外，为避免误解，建议将“过错”改成“有可归责事由”。

十、关于典型合同

（一）买卖合同

有的学者建议对一物两卖或者多卖的情形作出规定。

民法典草案第六百零六条规定，出卖人出卖交由承运人运输的在途标的物，除当事人另有约定外，毁损、灭失的风险自合同成立时起由买受人承担。有的学者建议增加规定，出卖人在合同成立时知道或者应当知道标的物已经毁损、灭失却未告知买受人的，标的物毁损、灭失的风险由出卖人承担。

（二）租赁合同

民法典草案第七百一十六条第二款规定，承租人未经出租人同意转租的，出租人可以解除合同。有的学者建议进一步规定，出租人解除了前面的租赁合同，后面的转租合同无效。

民法典草案第七百二十五条规定，租赁物在承租人依据租赁合同占有期间发生所有权变动的，不影响租赁合同的效力。有的学者提出，实践中存在租赁物所有人恶意订立租赁合同影响买受人权益的情况，建议增加规定买卖不破租赁的例外情形，以平衡各方当事人的利益。

民法典草案第七百二十八条规定，出租人未通知承租人或者有其他妨害承租人行使优先购买权情形的，承租人可以请求出租人承担损害赔偿责任。但是，出租人与第三人订立的房屋买卖合同的效力不受影响。有的学者建议，将“损害赔偿责任”修改为“赔偿责任”，以与合同编的其他条款保持一致。

（三）融资租赁合同

民法典草案第七百三十五条第二款规定，承租人将其自有物出卖给出租人，再通过融资租赁合同将租赁物从出租人处租回的，承租人和出卖人系同一人不影响融资租赁合同的成立。有的学者提出，本款系司法解释规定的售后回租，不属于融资租赁的常态，不适合在民法典里规定，建议删去。

民法典草案第七百三十六条规定，当事人以虚构租赁物等方式订立融资租赁合同掩盖非法目的的，融资租赁合同无效。有的学者提出，本条规定没有必要，相关情形适用民法总则的虚伪意思表示无效或者违法无效即可，建议删去。

民法典草案第七百三十八条规定，依照法律、行政法规的规定，承租人对于租赁物的经营使用应当取得行政许可的，出租人未取得行政许可不影响融资租赁合同的效力。有的学者提出，对于承租人未取得行政许可时是否影响租赁合同的效力，建议明确。

（四）保理合同

有的法官建议在本章中明确，当应收账款债务人对应收账款债权人有权抗辩时，是否应当在收到应收账款转让通知时告知保理人及相应的法律后果。

民法典草案第七百六十一条规定，保理合同是应收账款债权人将现有的或者将有的应收账款转让给保理人，保理人提供资金融通、应收账款管理或者催收、应收账款债务人付款担保等服务的合同。有的学者提出，保理合同的定义里只规定了保理人的义务，没有规定应收账款债权人的义务，建议相应增加。

（五）建设工程合同

民法典草案第七百九十三条规定，建设工程施工合同无效，但是建设工程经验收合格的，可以参照合同关于工程价款的约定折价补偿承包人。第七百九十九条规定，建设工程竣工后，发包人应当根据施工图纸及说明书、国家颁发的施工验收规范和质量检验标准及时进行验收。验收合格的，发包人应当按照约定支付价款，并接收该建设工程。建设工程竣工经验收合格后，方可交付使用；未经验收或者验收不合格的，不得交付使用。

有的学者提出，实践中普遍存在拒绝验收的情况，为方便司法裁判，建议增加规定拒绝验收的法律后果。

（六）技术合同

民法典草案第八百五十条规定，非法垄断技术、妨碍技术进步或者侵害他人技术成果的技术合同无效。

有的学者提出，技术合同的效力如何，应当具体情况具体判断，建议将本条修改为："技术合同不得非法垄断技术、妨碍技术进步或者侵害他人技术成果。"

（七）保管合同和仓储合同

民法典草案第八百九十条规定，保管合同自保管物交付时生效，但是当事人另有约定的除外。第九百零五条规定，仓储合同自保管人和存货人意思表示一致时成立。

有的学者提出，保管合同未必是交付保管物时就生效，是否生效应当根据合同效力的规则来进行判断，建议将第八百九十条修改为，保管合同自保管物交付时成立，但是当事人另有约定的除外。此外，第九百零五条关于仓储合同成立的规定没有实质意义，建议删除。有的学者提出，规定仓储合同的成立是为了与保管合同的成立相区别。

民法典草案第九百一十条规定，仓单是提取仓储物的凭证。存货人或者仓单持有人在仓单上背书并经保管人签字或者盖章的，可以转让提取仓储物的权利。有的学者建议删除其中的"并经保管人签字或者盖章"。

（八）中介合同

民法典草案第九百六十六条规定，本章没有规定的，参照适用委托合同的有关规定。

有的学者认为中介合同参照适用委托合同不妥。

（九）合伙合同

民法典草案第九百六十八条第二款规定，一个或者数个合伙人不履行出资义务的，其他合伙人不能因此拒绝出资。

有的学者认为，合伙是建立在相互信任的基础上的，有人不履行出资义务时，从信任关系来讲应该给其他合伙人抗辩权，建议本款规定其他合伙人有权拒绝出资。

十一、关于准合同

民法典草案第九百七十九条第一款规定，管理人没有法定的或者约定的义务，为避免他人利益受损失而管理他人事务，并且符合受益人真实意思的，可以请求受益人偿还因管理事务而支出的必要费用；管理人因管理事务受到损失的，可以请求受益人给予适当补偿。第二款规定，管理事务不符合受益人真实意思的，管理人不享有前款规定的权利，但是受益人的真实意思违背公序良俗的除外。

有的学者提出，受益人的真实意思违法的，也应纳入第二款但书范围，例如应该交税但是不交，建议强调违反法律或者违背公序良俗的除外。有的学者建议增加规定，管理人违反义务的，应当承担赔偿责任。

民法典草案第九百八十四条规定，管理人管理事务经受益人事后追认的，从管理事务开始时起，适用委托合同的有关规定，但是管理人另有意思表示的除外。有的学者建议将本条中的“管理人另有意思表示的除外”修改为“受益人或者管理人另有意思表示的除外”。

第四部分

人格权编

地方人大、中央有关部门和单位以及有关方面对民法典各分编草案（征求意见稿）人格权编的意见

2018年3月中旬，法制工作委员会将民法典各分编草案（征求意见稿）印发省、自治区、直辖市的人大常委会，以及中央有关部门、有关人民团体和社会组织、部分高等院校和研究机构、基层立法联系点和一些全国人大代表征求意见。现将对人格权编的主要意见简报如下：

一、总的意见

不少单位和地方提出，征求意见稿单独设立人格权编具有重要意义。一是符合以人为本的理念和时代精神，是对十九大报告的贯彻落实，是落实宪法人权保护原则的必然要求，也顺应了新时代尤其是信息时代人民群众对人格尊严和人格权保护的需求；二是科学立法的充分体现，可避免在侵权责任编规定人格权而产生体系违反，其是对民法典体系与时俱进的重要发展，也顺应了民法发展的世界趋势；三是有利于促进人格权的司法保护，顺应了人格权制度从消极保护到积极确权的发展趋势，通过立法清晰界定人格权的内容、权利边界、行使方式、保护规则，特别是完善人格权请求权基础规范，对人格权司法保护有效实施提供明确依据，有利于更好地保护人格权、发展人格权；四是将使我们民法典真正成为一部科学的、能够屹立于世界民法典之林的、面向21世纪的民法典。征求意见稿的具体内容正体现了前述精神，其全面和科学地总结了我国人格权领域相关的民事立法、单行法、行政法规和司法解释的经验。征求意见稿立足于我国的现实国情以及实现中华民族伟大复兴历史使命的宏伟愿景，结合比较法最新发展，作了既务实又富有前瞻性的诸多创新，值得肯定。

一些单位和地方认为，民法总则中已有人格权的一般规定，未来民法典中也有专编规定侵权责任，而人格利益主要由侵权责任保护。此外，人格权编中有的内容与侵权责任编和其他法律的一些规定有重合，有可能打乱其他法律、行政法规、规

章已形成的合理规范体系，也使人格权编与总则编、侵权责任编、婚姻家庭编等分编之间的关系理不清。因此，建议人格权不单独成编。

一些地方和单位建议将人格权编置于民法典分则第一编。

一些单位和地方提出，人身自由是宪法和民法总则规定的重要人格权类型，民法典分则应予以回应，征求意见稿将人身自由纳入身体权并不合适，建议增设人身自由权规范。一些地方和单位建议对是否通过身体权规定人身自由权再作研究。

一些地方和单位建议将信用权从名誉权中独立出来，作为一项独立的具体人格权规定。

一些单位和地方提出，个人信息是否应当被确认为一项独立的人格权值得研究。有的单位认为，在实践与研究还不深入的情况下，将有关个人信息的规定单列一章作为一项人格利益予以保护更为妥当。有的部门建议将个人信息权单列一章，与隐私权区分保护，以提高对个人信息权的保护意识和力度。

有的部门建议增加规定环境权益。具体条文建议为："民事主体享有通风、采光、清洁空气、清洁水等环境权益。"

一些单位建议增加婚姻自主权。有的单位和地方建议增加性自主权。有的地方建议增加性自主权与生育权。

有的部门建议将条文中的"任何组织和个人"修改为"任何组织或者个人"，以与民法总则的表述一致。

二、关于一般规定

（一）一般人格权

征求意见稿第一条规定，民事主体的人格权益受法律保护，任何组织和个人不得侵犯。第七条规定，除本编规定的人格权益外，自然人享有基于人格尊严产生的其他人格权益。

不少单位和地方建议规定一般人格权的概念，以保持人格权体系的完整性和开放性。有的单位和地方建议将第七条与第一条合并，并将民法总则第一百零九条的内容纳入其中。有的部门建议规定："民事主体享有人格独立、人格平等、人格尊严和人格自由，任何组织和个人不得侵犯。"有的单位建议在第七条中增加人身自由、人格独立的一般人格权的内容。

（二）人格权的限制

征求意见稿第二条第一款规定，人格权益不得放弃、转让、继承，但法律另有规定的除外。第二款规定，对人格权益不得进行非法限制，但为了公共利益的需要，国家机关可以依照法律规定予以限制。

有的单位、地方和全国人大代表提出，对人格权的限制必须由法律明确规定，而不能由公权力机关随意作出限制。有的地方和单位认为,应当明确国家机关在对人格权益进行限制时应当遵循法定的权限和程序,同时,对人格权益的限制应在合理范围内进行。

有的单位和地方认为,第二款中“为了公共利益的需要”这一限制在实务中有可能被滥用,这对保护人格权益未必有利。建议删除“为了公共利益的需要”的表述,或者删除第二款。有的单位认为,第一款中“不得放弃”的表述直接否定了安乐死的可能性,建议删除。

(三)人格权的内容

征求意见稿第三条规定,民事主体对与其人格利益有关的事务享有决定权,任何组织和个人不得干涉,但行使决定权不得违反法律,不得违背公序良俗。

有的地方和单位认为,本条重点在于强调与人格利益有关事务的决定权的行使不能违反法律和公序良俗,在民法总则已经明确了“民事主体从事民事活动,不得违反法律,不得违背公序良俗”的情况下,本条是否还有必要保留值得商榷。

有的单位认为,应在本条中强调人格权属于支配权、绝对权的权利特点。有的单位建议将本条的“人格利益”改为“人格权益”,以与第二条的规定相协调。有的地方和单位建议本条增加规定行使决定权“不得损害他人合法权益”。有的地方提出,决定权不是规范用语,建议修改。

(四)特定人格权益的许可使用

征求意见稿第四条规定,民事主体对其名称、肖像、个人信息等具有经济利益内容的人格权益享有支配的权利,可以许可他人使用,但根据其性质或者依照法律规定不得许可的除外。

有的地方和单位认为,自然人对其姓名也可许可他人使用,建议可将本条修改为:“民事主体有权将姓名、名称、肖像、个人信息等许可他人使用,但根据其性质或者依照法律规定不得许可的除外。”有的单位建议将本条中的“支配”改为“排除他人干涉”。

(五)死者人格利益保护

征求意见稿第五条规定,侵害死者的姓名、肖像、名誉、荣誉、隐私等,损害其近亲属合法权益的,其配偶、子女、父母可以依法请求行为人承担民事责任;死者没有配偶、子女或者父母死亡的,其他近亲属可以依法请求行为人承担民事责任。

一些单位、地方和全国人大代表认为,“损害其近亲属合法权益”这个要件没有必要,且客观上加重了近亲属的举证责任,建议删除。有的单位认为,死者的个人信息也应当受到保护,建议列明规定。

有的部门和地方建议吸收《最高人民法院关于确定民事侵权精神损害赔偿责任若干问题的解释》的规定,将擅自利用、损害死者遗体、遗骨的行为也明确列为侵害死者人格利益的情形。有的部门建议增加生命被非法剥夺的情形。

有的单位和地方提出，为避免误解，建议对“死者没有配偶、子女或者父母死亡的”的表述再作研究。有的单位认为，应增加规定在配偶、子女、父母本身就是侵害死者利益之人时，其他近亲属或者关系密切之人可以请求行为人承担民事责任。有的地方认为，不应限制请求权人的顺位。

（六）英雄烈士人格利益保护

征求意见稿第六条第一款规定，英雄烈士的姓名、肖像、名誉、荣誉受法律保护，任何组织和个人不得以侮辱、诽谤、丑化或者其他方式侵害。第二款规定，侵害英雄烈士的姓名、肖像、名誉、荣誉，损害社会公共利益的，法律规定的机关可以依法请求行为人承担民事责任。

一些单位、地方和全国人大代表提出，本条与民法总则第一百八十五条、英雄烈士保护法第二十五条规定重复，建议删除。

一些单位和地方提出，本条与民法总则第一百八十五条的保护范围不一致，建议在“英雄烈士”后加“等”字。

（七）行为禁令

征求意见稿第十条规定，民事主体有证据证明他人正在实施或者即将实施侵害其人格权益的行为，如不及时制止将会使其合法权益受到难以弥补的损害的，可以依法向人民法院申请采取责令停止有关行为的措施。

有的部门认为本条内容既涉及人身保护令范围、法院保护职责问题，又涉及与相关行政权协调的问题。一概向人民法院起诉可能达不到预期效果，且可能引发有关机关推卸责任。此外，本条的表述过于宽泛，建议参照目前审判实践中较成熟的人身保护令制度对本条进行改造，将“人格权益”限缩为“人身安全”。

有的地方建议参考反家庭暴力法中的人身保护令有关内容，进一步丰富禁令规定。有的地方建议将可申请采取措施的对象由“人民法院”扩大为“司法机关或其他相关机关”。

有的地方认为，司法权本身具有谦抑性的特征，因此行为保全不宜由法院处理，可考虑改为公安机关或其他法定机关，建议将第一句中“有证据证明”改为“有初步证据证明”，降低证明标准；同时增加规定申请错误时的责任问题。

（八）请求权竞合情形中的精神损害赔偿

征求意见稿第十二条规定，因当事人一方的违约行为，损害对方人格权益造成严重精神损害，受损害方选择请求其承担违约责任的，有权要求精神损害赔偿。

有的部门建议参照其他国家和地区的立法例，转引到侵权责任精神损害赔偿的规定，一是明确适用精神损害赔偿的前提仍然为侵权责任，二是此规定主要是为了合并处理赔偿问题而非创设新规则。

有的单位提出，本条只是规定了违约责任与侵权责任竞合且都造成严重精神损害时，受害人可通过违约责任要求精神损害赔偿。但是并未解决如果仅是违约行为，不构成侵权，却造成了严重精神损害的情形能否在违约损害赔偿责任中主张精神损害赔偿，建议对此予以规定。有的地方建议将“有权要求精神损害赔偿”修改为“不影响其请求精神损害赔偿”。

有的单位建议限制可请求精神损害赔偿的情形为“违约方故意或重大过失”，同时应引入违约责任的可预见性规则，避免违约方责任的无限扩大。有的地方建议区分合同约定的违约责任是否足以弥补受损害方的精神损害的情形，如果合同约定时已考虑弥补精神损害问题，则不必另行主张精神损害赔偿。有的单位认为，应严格界定本条的适用条件，避免被滥用。

有的单位建议增加刑事附带民事诉讼中受害人可主张精神损害赔偿的规定。

一些单位建议将本条移至合同编中加以规定。有的地方建议在侵权编加以规定。

（九）其他

有的部门建议增加规定：“人格权行使时应当按照以下规定受到依法限制或者负有相应容忍义务：（一）不得违反法律，不得违背公序良俗；（二）不得滥用权利损害国家利益、社会公共利益或者他人合法权益；（三）国家机关为执行公务、保障公共安全等依法在必要范围内限制人格权的行使；（四）对人格利益轻微损害的社会通常容忍；（五）对时事新闻报道等在媒体中合理使用人格权的容忍；（六）公众人物对公众和传媒对其人格权适度妨害的容忍。”

有的单位和地方建议增加关于未成年人人格权的保护规则。例如，为防止儿童的信息泄露，应当要求对儿童个人信息的收集必须取得其监护人的同意。对未成年人器官捐赠问题，也应当有专门的规范。有的地方还建议增加保护妇女人格权的条款。有的单位建议规定：“任何组织和个人不得利用残疾人的身体、心理等特征侮辱、诽谤、丑化、歧视或者以其他方式侵害残疾人权益。”“违反前款规定侵害残疾人权益的，法律规定的机关和残疾人组织可以依法支持残疾人起诉或者提起公益诉讼”。

有的单位建议增加规定：“行为人故意侵害他人人格权益，造成严重后果的，被侵权人有权请求相应的惩罚性赔偿。”有的单位认为请求惩罚性赔偿应以“侵权人故意”和“因侵权而获有利益”为条件。

有的地方和单位建议增加禁止克隆的规定，但是治疗性克隆人体组织或者器官的除外。

有的单位建议增加安乐死、临终关怀等问题的立法规定。有的单位还建议增加胎儿人格利益保护的特殊规定。

三、关于生命权、身体权和健康权

（一）生命权

征求意见稿第十三条规定，自然人享有生命权，有权依法保护自己的生命利益。任何组织和个人不得侵害他人生命。

有的地方建议在“侵害”前增加“非法”二字。

（二）健康权和身体权

征求意见稿第十四条规定，自然人享有身体权和健康权，有权依法维护自己的身体完整和身心健康，依法享有行动自由。任何组织和个人不得侵害他人身体或者健康。

有的单位建议将本条分为两条，分别对身体权和健康权作出规范。同时，在界定身体权时，将人身自由纳入其中；在界定健康权时，明确健康既包括生理健康也包括心理健康。有的地方建议将“行动自由”修改为“人身自由”。

有的地方建议在“侵害”前增加“非法”二字。

（三）紧急救助

征求意见稿第十五条规定，自然人的生命权、身体权、健康权受到侵害或者处于其他危难情形的，负有法定救助义务的机构和人员应当立即施救。

有的单位提出，第一，为避免与现行法律法规所规定的负有法定救助义务主体履行救助义务应遵循的救助程序相矛盾，建议将“立即施救”修改为“依法及时施救”；第二，建议增加第二款：“在上述情形下，自愿实施救助的救助人不得妨碍负有法定救助义务的机构和人员的施救行为”；第三，建议增加关于法定救助义务的免责条款。

有的单位建议增加一款规定：“违反前款规定，造成他人损害的，负有法定救助义务的机构和人员应当承担相应的民事责任。”

（四）人体捐献

征求意见稿第十六条第一款规定，自然人有权依法自主决定无偿捐献其人体细胞、人体器官、人体组织、遗体。任何组织和个人不得强迫、欺骗或者利诱自然人捐献。第二款规定，因捐献人体细胞、人体器官、人体组织所实施的提取或者摘取行为不得危及自然人的生命，也不得损害除提取或者摘取行为产生的直接后果之外的正常生理功能。第十七条规定，自然人同意捐献的意思表示应当采用书面形式或者有效的遗嘱形式，并且可以随时撤销该同意。

有的单位、地方和全国人大代表提出，捐献的主体应限于“具有完全民事行为能力”的自然人。有的单位建议删掉第十六条第一款中的“无偿”。有的地方建议增加“可以主张合理的费用”，如“健康营养费”。

有的单位提出，第十六条第一款中的“利诱”的解释空间过大，建议删除。第一款中的“强迫、欺骗”并非法律术语，建议改为“胁迫、欺诈”。

有的单位建议将第十六条第二款中“也不得损害除提取或者摘取行为产生的直接后果之外的正常生理功能”改为“也不得严重损害其健康”，以使条文措辞更为简洁，在解释上也留有更大的空间和余地。

有的部门建议在第十六条增加一款规定：“无民事行为能力人或者限制民事行为能力人所作的同意捐献或者解剖的意思表示应当经其法定代理人同意。”

有的部门和单位建议增加规定遗体的处置和捐献。有的单位建议在第十六条之后增加两条规定：(1)“对遗体的处置和安葬，应当尊重自然人生前意愿，但不能违反法律，不得违背公序良俗。”“自然人生前未作表示的，其近亲属有权处置遗体。”(2)“自然人生前表示不同意捐献其人体细胞、人体器官、人体组织或者遗体的，应当尊重其意愿。”“自然人生前未拒绝捐献的，其近亲属可以以书面形式共同决定捐献。”

有的部门建议明确第十七条中的“捐献”是否仅限为无偿捐献。有的单位建议将第十七条后半句修改为：“本人可以随时撤销其同意。监护人于不违反被监护人明示或可得推知的真实意思的情况下，可以撤销被监护人的同意。”有的部门建议将第十七条后半句修改为：“捐献行为尚未履行或者如果终止履行，不会造成受捐献人身体受到严重损害，捐献人可以书面形式或者有效遗嘱形式撤销该同意。”

(五)禁止人体买卖

征求意见稿第十八条第一款规定，禁止以任何形式买卖人体细胞、人体器官、人体组织、遗体。第二款规定，违反前款规定的民事法律行为无效。

有的部门提出，在医疗器械中有“同种异体骨”，是重建肿瘤切除后骨缺损的重要方式之一，在骨科领域应用广泛。如用目前“禁止以任何形式买卖”的表述，可能影响此类医疗器械的合法性。建议考虑“禁止以任何形式买卖”表述的合理性。有的地方建议将“禁止以任何形式买卖”修改为“禁止以任何非法的形式买卖”。

(六)人体试验

征求意见稿第十九条规定，有关科研机构开发新药或者发展新的治疗方法，需要在人体上进行实验的，依法经相关主管部门批准后，还应当向接受试验的本人或者其监护人告知可能产生的损害等详细情况，并经其书面同意，但本人或者其监护人可以随时撤销该同意。

有的部门和单位提出，本条中的“实验”应改为“试验”，前者更常用于动物实验。有的部门建议将“依法经相关主管部门批准后”修改为“依法经伦理委员会审查通过、并经相关主管部门批准后”。

有的地方和单位提出，第一，开发新药或者发展新的治疗方法不能涵盖所有情形，应增加“等”字；第二，主体应当开放，不限于科研机构；第三，告知的内容除可能有的损害外，试验目的及用途也应纳入考虑。

有的部门和地方认为，关于科研机构进行人体试验的规定，不应仅依据“自甘冒险”理论对实验机构予以完全免责，建议从公平的角度考虑，对造成超过预测范围的严重损害，应当给予被实验者适当补偿。

有的单位提出，基于人体商业化利用的禁止原则，建议增加第二款：“有关科研机构对接受实验者可给予必要补偿，但禁止对其支付任何形式的报酬。”

有的单位建议借鉴联合国残疾人权利公约第十五条的规定，增设第二款：“接受试验的人无法表达意见的，应当经监护人书面同意，监护人可以随时撤销该同意。试验可能造成人体永久性、不可逆转等重大风险的，科研机构应当将相关情况通报民政部门，民政部门可以随时撤销监护人的同意。”

有的单位提出，对于是否给予监护人同意权的问题应慎重对待。有的单位建议直接删除“或者其监护人”的表述。有的地方建议对未成年人或限制民事行为能力人参与人体试验作特殊保护规定。

（七）性侵害

征求意见稿第二十条第一款规定，任何人不得以言语、行动等方式对他人实施性骚扰等性侵害行为。第二款规定，用人单位应当在工作场所采取合理措施，防止性侵害行为的发生。

有的地方和单位认为关于禁止性骚扰的规定过于原则，建议作出更加细化的规定。有的部门和地方建议增加规定解决教育场所、公共交通工具等其他场所的性侵害问题。

有的单位建议将本条修改为：任何人不得以言语、行动等方式，对他人实施下列性骚扰行为：（1）向他人发送具有性内容或性暗示的文字、语音或视频资料；（2）利用从属关系以明示或暗示方式对他人施加压力，向他人索取性服务；（3）以给予他人工作上的利益或便利为条件，诱使他人提供性方面的回报；（4）其他形式的性骚扰行为。用人单位应当在工作场所采取必要措施，预防、制止和处罚性骚扰行为。

一些单位认为，性骚扰仅是性侵害中较轻微的情形，将不同程度的性侵害行为混在一起规定并不妥当，建议区分规定侵害性自主权和性骚扰。有的地方和单位认为，本条规定的侧重点是性骚扰，建议将“等性侵害行为”删掉。

有的地方和单位建议明确相应的法律后果。本条第二款修改为：“用人单位、学校应当建立预防、投诉、处置性骚扰的工作机制，防止性侵害行为的发生。用人单位、学校等未采取有效措施，造成职工、学生等受到性骚扰等侵害的，应当依法予以赔偿。”有的单位认为，用人单位未采取合理措施防止性侵害行为发生的，应承担补充责任。有的单位建议添加“重大过失”作为单位承担责任的要件。

（八）其他

有的地方建议增加规定：“为了查找传染病病因、犯罪侦查等公共利益的需要，可以依照法律、行政法规的规定解剖自然人的遗体。”

有的地方和单位建议增加规定：“自然人的遗传基因、胚胎、精子、卵子以及受精卵等受法律保护，禁止任何人非法获取、利用。”有的地方建议对自愿保存的受精卵、干细胞等器官或组织的问题予以规范，建议明确器官、组织到底是人格权的客体还是物。

有的单位建议增加规定：“如果人的生命处于危险状态或者其身体完整受到威胁，在合理时间内无法取得本人的同意，则无需要求本人的同意。如果对患者进行非常规或者没有实质意义的治疗，或者治疗后果非常人所能承受，则治疗必须征得本人的同意。”

有的单位建议增加规定：“因目睹近亲属的生命权、身体权或健康权受到他人正在进行的侵害而遭受严重精神痛苦或生命权、身体权、健康权受到损害的，有权要求侵权人承担赔偿责任。”

四、关于姓名权和名称权

（一）姓名权

征求意见稿第二十二条第一款规定，自然人享有姓名权，有权依法决定、使用、变更或者许可他人使用自己的姓名。第二款规定，具有一定社会知名度，为相关公众所知悉的笔名、艺名、网名等，被他人使用足以导致公众混淆的，与姓名受到同等保护。

有的部门和单位建议本条增加一款：“自然人行使姓名权，应当尊重社会公德，不得违反公序良俗。”

有的地方建议对姓氏和名字区分规定。有的单位认为笔名、艺名等辅助性姓名应与姓名权受到同等保护，不因知名度不同而区分保护。

（二）名称权

征求意见稿第二十三条第一款规定，法人、非法人组织、个体工商户享有名称权，有权依法决定、使用、变更、转让或者许可他人使用自己的名称。第二款规定，具有一定社会知名度、为相关公众所知悉的简称、字号等，被他人使用足以导致公众混淆的，与名称受同等保护。第二十六条规定，民事主体可以依法转让其名称，但根据性质或者依照法律规定不得转让的除外。

有的部门和单位认为，法人、非法人组织、个体工商户享有名称转让权，但名称须与营业一同转让。有的部门建议在第二十七条后增加一条：“名称可以随法人、非法人组织或者其一部分一并转让。转让后,转让方不得继续使用已转让的名称。”有的地方和单位认为,关于民事主体可转让其名称的规定,易引起消费者混淆,损害消费者权益,且实务中几乎没有案例,故建议删除第二十三条第一款中的“转让”,同时删除第二十六条。

有的单位认为,实践中不存在名称转让,只存在授权使用或企业转让,许可使用的也只能是商号或者商标,不可能是名称,因此建议将第二十三条第一款修改为“法人、非法人组织、个体工商户享有名称权,有权依法决定、使用、变更自己的名称”。

一些地方和单位认为,特别法人、事业单位法人的名称是依照公法确定的,法人自身无权决定、变更、转让或许可他人使用自己的名称,建议在第二十三条第一款后增加但书:“但依其性质或法律规定不得自主决定、变更、转让或者许可他人使用的除外”,同时删除第二十六条。

有的地方建议将第二十三条第二款修改为“商号和字号与名称受同等保护”。有的单位认为反不正当竞争法第六条比本条第二款规定得更为完善,建议删除本条第二款。

有的单位提出,名称权规定涉及诸多与姓名权规定无法兼容的内容,建议单独设立一章予以规定。

(三)姓名的决定

征求意见稿第二十五条规定,未成年人父母离婚的,与未成年人共同生活的一方可以请求将该未成年人的姓氏变更为自己的姓氏,但另一方有正当理由明确表示反对的除外。

有的部门和地方建议增加一款规定:“对于八周岁以上未成年子女改名的,应当征求其本人的意见”,更符合子女利益保护原则。

有的地方提出,“有正当理由”过于宽泛,在司法实践中不易操作,建议修改为“但双方另有约定或者另一方明确表示反对并能够提供变更姓氏对未成年人不利证据的除外。”有的地方建议删除“但另一方有正当理由明确表示反对的除外”。有的地方建议对“正当理由”作细化规定。

有的单位认为未成年人的姓名权变更属于监护的内容,应置于民法总则监护条款之下。

(四)姓名和名称的登记

征求意见稿第二十七条规定,民事主体决定、变更自己的姓名、名称,或者转让自己的名称的,应当依法向有关机关进行登记,但法律另有规定的除外。

有的单位提出,要求民事主体决定、变更自己的姓名必须向有关机关进行登记不妥当。建议将本条修改为“法人、非法人组织、个体工商户决定、变更或转让自己的名称的，应当依法向有关机关进行登记”，同时并入第二十三条。有的地方提出，对名称的许可使用亦须登记。

（五）其他

有的部门建议在第二十七条后增加规定：“民事主体姓名、名称的变更，不影响变更前其实施的民事法律行为的效力。”

有的单位提出，应当增加姓名权、名称权与署名权、商标权冲突的解决规则。另有单位建议将《全国人民代表大会常务委员会关于〈中华人民共和国民法通则〉第九十九条第一款、〈中华人民共和国婚姻法〉第二十二条的解释》中有关姓名决定权的内容在本章规定。

五、关于肖像权

（一）肖像的界定

征求意见稿第二十八条第二款规定，本法所称肖像是通过摄影、雕塑、录像、电影等方式在一定载体上所反映的特定自然人可被识别的外部形象。

有的部门和单位认为，对肖像界定的中心词应该由“外部形象”改为“面部形象”。有的部门、地方和单位建议在本条中增加“绘画”这种方式。有的单位建议将“录像”“电影”合并为“摄像”。

（二）肖像权

征求意见稿第二十八条第一款规定，自然人享有肖像权，有权依法制作、使用、许可他人使用或者公开自己的肖像。第二十九条第一款规定，任何组织和个人不得以歪曲、污辱或者其他方式侵害他人的肖像。未经肖像权人同意，他人不得制作、使用、公开自然人的肖像，但法律另有规定的除外。第二款规定，未经肖像权人同意，肖像作品的著作权人不得实施将肖像作品发表、复制、发行、出租、展览等涉及使用或者公开肖像的行为。

有的部门认为，第二十八条第一款的规定易产生两种理解，即“许可他人公开自己的肖像”或“自然人有权公开自己的肖像”。建议对第一款的表述再予斟酌。

有的部门和单位认为应对合照中肖像权的行使加以规定，即“对合照的使用，应当尊重合照人的肖像权，但合照人的肖像难以识别的除外”。

有的地方建议将对第二十九条第一款中的“污辱”改为“侮辱”。有的地方提出，民法通则第一百条规定，未经本人同意，不得以营利为目的使用公民的肖像，本款未限制“以营利为目的”，可能对肖像权的保护过于宽泛。

有的部门建议在有关使用或公开肖像的行为中增加“放映”。有的地方建议对肖像权和著作权冲突时该如何处理进一步细化。

（三）肖像的许可

征求意见稿第三十条、第三十一条规定了肖像的许可。第三十条第一款规定，肖像许可使用合同中就肖像使用的范围、方式等约定不明确的,应当作出有利于肖像权人一方的解释。第二款规定,肖像许可使用合同中肖像权人未明确许可使用的权利,未经肖像权人同意,另一方当事人不得行使。第三十一条第一款规定,当事人对肖像许可使用期限没有约定或者约定不明确的,任何一方当事人可以随时解除肖像许可使用合同,但应当在合理期限之前通知对方。第二款规定,当事人对肖像许可使用期限有明确约定,肖像权人有正当理由的,可以解除肖像许可使用合同,但应当提前通知对方。因解除合同造成对方损失的,除不可归责于肖像权人的事由以外,应当赔偿损失。第三款规定,其他人格权益的许可使用参照适用本章关于肖像许可使用的规定。

有的单位建议将第三十一条第一款最后一句改为"但应当在合理期限内提前通知对方"。

有的单位认为,其他人格权益的许可使用并不仅仅参照第三十一条有关许可使用期限的规定,还包括参照第三十条许可使用范围、方式的解释规则,建议将第三款单列一条加以规定。

有的单位认为,在肖像许可使用合同中,如果肖像权人违约,另一方不能要求肖像权继续履行合同,因为涉及人格利益的维护问题,只能要求赔偿损失。此种情形属于合同法第一百一十条规定的法律上履行不能,建议对此作出明确规定。

(四)肖像权的限制

征求意见稿第三十二条规定,实施下列行为的,可以不经肖像权人同意:(1)为个人学习、艺术欣赏、课堂教学或者科学研究,使用他人已经公开的肖像;(2)为报道时事新闻,在报刊、电视台、网络等媒体中不可避免地使用、公开他人肖像;(3)国家机关为执行公务、保障公共安全等在必要范围内使用、公开他人肖像;(4)拍摄特定公共环境下不可避免地使用、公开他人肖像;(5)其他维护公序良俗的行为。

有的部门建议在"可以不经肖像权人同意"后加上"但不得侵犯肖像权人依照本法享有的其他权利"。

有的部门和地方建议对第四项"拍摄特定公共环境下不可避免地使用、公开他人肖像"进行一定限制,如规定拍摄的他人肖像不得成为贯穿作品始终的核心画面,防止合理使用的方式被滥用。

有的单位提出,第五项兜底条款的规定太过宽泛,建议删除。

(五)其他

一些单位建议增加规定"声音利益的保护准用肖像权保护的相关规定"。有的单位建议将本章标题改为"肖像权与声音权",并增加规定:"自然人享有声音权;权利人可许可他人使用其声音。未经权利人许可,他人不得擅自录制、模仿或使用其声音以造成混淆或侵害其人格利益。"有的地方建议增加规定形象权、声音权。有的地方建议增加对死者人格利益商业化利用的内容。

六、关于名誉权和荣誉权

(一)名誉权

征求意见稿第三十三条第一款规定,民事主体享有名誉权。任何组织和个人不得以侮辱、诽谤、诋毁或者其他方式侵害他人的名誉。第二款规定,本法所称名誉是他人对民事主体的品德、声望、才能、信誉、信用等的社会评价。

有的单位建议明确规定机关法人、农村集体经济组织法人、基层群众性自治组织法人不享有名誉权。有的单位建议将民事主体修改为自然人,法人的商誉另行规定。

有的部门认为,第二款中关于"品德、声望、才能、信誉、信用"等表述存在交叉,信誉和信用的区别不明确,信誉、信用是否属于品德、声望的组成部分也不明确,建议对这些表述再予斟酌。

有的部门建议在第三十三条增加一款规定:"本法所称信用是指债权债务关系及其涉事主体偿付债务能力的综合评价;信用信息主要是指企业、事业单位等组织和个人的负债历史记录以及偿债履约能力判断信息。"

(二)名誉权的限制

征求意见稿第三十四条规定,行为人对他人的产品质量或者服务质量进行正当批评、评论,或者实施其他新闻报道、舆论监督等维护公序良俗行为的,不承担民事责任。但是另一方当事人能够证明行为人捏造事实、歪曲事实、对他人提供的事实未尽到合理审查义务或者包含侮辱等过度贬损他人名誉内容的除外。

有的部门建议删除"或者实施其他新闻报道、舆论监督等维护公序良俗行为的"中的"其他"。有的部门提出,行为人对他人的产品质量等予以正当的批评、评论等行为是其享有的权利和自由,不存在民事责任的承担问题;而本条"不承担民事责任"的表述容易被理解为"应当承担民事责任,但依法可以不承担"。建议将第一句的表述修改为"行为人有权对他人的……或者实施其他维护公序良俗的行为"。有的部门建议将第三十四条与第三十六条整合,系统规定名誉权侵权抗辩规则,包括公正评论、真实和特权抗辩等规则。

(三)行为人的合理审查义务

征求意见稿第三十五条第一款规定,行为人对他人提供的事实是否尽到合理审查义务,应当根据以下因素确定:(1)事实来源的可信性;(2)行为人对明显可能引发争议的内容是否进行了必要的调查;(3)事实的时效性和与公序良俗的关联性;(4)受害人名誉贬损的程度;(5)审查的成本。第二款规定,行为人应当承担自己已尽到合理审查义务的证明责任,但法律另有规定的除外。

有的单位提出，实践中，尤其在多次转载的情况下，受害人往往不起诉新闻源，而是挑选若干具有经济实力的转载者来提起诉讼，此时如何确认转载者的注意义务也至关重要，建议对此予以规定。

有的部门建议增加“行为人审查能力”这一因素。

有的单位建议删除本条。有的单位建议将第三十五条与第三十四条合并，作为第三十四条第二款、第三款。

（四）文学作品侵犯名誉权

征求意见稿第三十六条第一款规定，民事主体发表的文学作品的作品情节与特定人的情况相似，但不是以该特定人为描写对象的，不承担民事责任。第二款规定，民事主体发表的文学作品描写真人真事，或者虽未写明特定人，但以该特定人或者其特定事为描写对象，损害该特定人名誉的，应当依法承担民事责任。

有的单位提出，如果作品内容真实，原则上不应承担责任，除非作者使用了不必要的侮辱性言辞。建议将第二款中“损害该特定人名誉的”修改为“但使用了不必要的侮辱性言辞的”。有的单位认为，第二款应增加“虽未以该特定人或者特定事为描写对象，但公众有理由误认为系描写特定人或其特定事，损害该特定人名誉的”情形。

有的地方建议将第一款中“文学作品的作品情节”修改为“文学作品中的情节”。

有的单位建议第二款增加“恶意”的限制条件。

（五）信用评价

征求意见稿第三十七条规定，民事主体可以依法查询自己的信用评价；发现信用评价错误或者侵害自己合法权益的，有权提出异议并要求采取更正、删除等必要措施。信用评价人应及时核查，经核查属实的，应当及时采取必要措施。第三十八条规定，民事主体与依法可以收集或者持有其信用信息的征信机构等信用信息收集人、持有人之间的关系，适用本编有关个人信息的规定和其他法律、行政法规的相关规定。

有的部门、地方和单位提出，第三十七条涉及“信用评价人”的概念，但对其资质、条件未作规定，建议对此予以明确，或授权其他法律法规作出规定。有的部门建议将第三十七条修改为：“民事主体可以依法向征信机构查询自己的信用评价，发现信用评价错误或者侵害自己合法权益的，有权向征信机构提出异议并要求采取更正、删除等必要措施。征信机构应及时核查，经核查属实的，征信机构应当及时采取必要措施。未经国务院征信业监督管理部门批准的其他任何主体不得开展对民事主体的信用评价。”

有的地方建议增加规定信用评价人侵害他人合法权益的法律后果。

有的部门提出，只有依法成立的征信机构才能收集信用信息，持有信用信息的可以是征信机构或在业务活动中产生信用信息的信息提供者。建议将第三十八条前半句修改为“民事主体与依法可以收集其信用信息的征信机构以及持有其信用信息的信息提供者之间的关系……”

有的地方认为，信用评价与名誉权无必然联系，建议将第三十七条、第三十八条归入第六章“隐私和个人信息权”。

（六）其他

有的单位建议增设回应权的规定：“如报刊、网络等媒体的报道直接涉及他人名誉，权利人认为其中的事实部分存在错误，可以请求该媒体及时免费刊载其针对相关事实的回应。有下列情形之一的，媒体可以拒绝刊载权利人的回应，但应及时告知回应人拒绝刊载的理由：（一）权利人在知道或者应当知道该信息后一个月内，或者自该信息被刊载后三个月内没有提出请求的；（二）权利人的回应缺乏相关性、明显失实或者违背公序良俗。如果报道涉嫌侵害特定死者名誉，其近亲属或受遗赠人有权作出回应。”“媒体自收到回应时起，应在三日内决定是否刊载；如决定刊载，应在此后三日内刊出。媒体应保证所刊载的回应内容的完整性，不得进行修改或者删减。媒体可以拒绝篇幅过长的回应。媒体应在与报道相同的版面和栏目刊载回应。”同时建议增加更正权的规定：“如新闻媒体所刊载的报道内容失实或有明显错误，侵害他人人格的，受害人有权要求媒体及时更正。如媒体拒绝更正，权利人有权请求人民法院责令其限期作出更正。”

有的单位建议吸收司法解释的合理因素，对名誉权侵权中事实和评论的区分作出规定。

七、关于隐私权和个人信息权

（一）隐私权的界定

征求意见稿第四十一条第一款规定，自然人享有隐私权。任何组织和个人不得以侵扰、泄露、公开或者其他方式侵害他人的隐私。第二款规定，本法所称隐私是具有私密性的私人空间、私人活动和私人信息等。

有的单位建议在第一款增加“刺探”。有的单位建议将第二款修改为“本法所称隐私是具有私密性的、与公共利益无关的私人空间、私人活动和私人信息等”。有的单位建议在“私人空间”之后增列“私人物品”。有的单位建议将“私人信息”改为“私生活信息”，以便于作出更灵活的解释与发展。有的部门和地方建议对“私人信息”予以明确界定，以与第四十五条的“个人信息”相区分。

（二）隐私权的保护边界

征求意见稿第四十一条第一款，第四十二条划定了隐私权的边界，第四十二条规定,民事主体从事民事活动,不得实施下列行为:(1)非法搜查、侵入、窥视他人住宅等私人空间;(2)非法拍摄、录制、泄露、公开、跟踪、窃听他人的私人活动;(3)非法拍摄、窥视他人的身体;(4)非法获取、隐匿、扣留、检查、毁弃、删除、泄露、公开、买卖他人的私人信息;(5)非法以短信、电话、传单、电子邮件等方式侵扰他人生活安宁;(6)以其他方式侵害他人隐私的行为。

有的单位认为,本条列举的每一种行为前均有"非法"的限定语并无必要且不明确。建议将本条第一句修改为"任何组织、个人未经隐私权人同意或者依据法律规定,不得实施下列行为:……"并删除每一项前的"非法"二字。

有的单位认为,本条应修改为裁判规范,具体可表述为"民事主体有下列行为之一的,应承担侵权责任……"

有的单位认为,当民事主体威胁实施侵犯隐私权的行为时,可能足以令权利人处于持续不安状态、导致高度紧张致安宁与安全感丧失,因此,建议将本条第一句修改为"民事主体从事民事活动,不得实施或者威胁实施下列行为:……"

(三)通信秘密

征求意见稿第四十三条规定,民事主体的通信秘密受法律保护。任何组织和个人不得侵害他人通信秘密。

有的单位建议增加但书:"但法律另有规定的除外。"

有的单位认为,通信秘密属于隐私权的保护范围,本条规定无必要,建议删除。

有的地方提出,在婚姻家庭纠纷中,一方为证明对方未履行夫妻忠诚义务而提交的对方的短信、微信聊天记录、通话记录等是否可作为非法证据予以排除是一个有争议的问题,建议对此予以明确。

有的地方建议增加因国家安全或追查刑事犯罪的需要限制民事主体通信秘密的相关规定,以与宪法保持一致。

(四)个人信息权

1.个人信息权的一般规定

征求意见稿第四十五条第一款规定,自然人的个人信息受法律保护。任何组织和个人不得侵害他人的个人信息。第二款规定,本法所称个人信息是以电子或者其他方式记录的能够单独或者与其他信息结合识别特定自然人或者反映特定自然人活动情况的各种信息,包括姓名、出生日期、身份证件号码、通讯联系方式、住址、婚姻家庭状况、财产状况、账号、密码、基因信息、行踪轨迹等。

有的部门和单位提出,基因信息和指纹共同构成自然人的常见个人生物识别信息。建议在第二款"基因信息"之后增列"指纹""上网记录"。有的部门建议增加"病历资料""健康检查资料"。有的部门建议在"姓名"之前增列"民族"。有的部门建议增列"身体健康信息、生物识别信息、个人金融信息、生活经历、信用情况、社会关系信息、网络行为信息、计算机终端设备信息等”。

2. 个人信息的收集、使用

征求意见稿第四十六条第一款规定，收集、使用自然人个人信息的，应当遵循合法、正当、必要原则，并应当符合以下条件：(1)征得被收集者同意；(2)公开收集、使用信息的规则；(3)明示收集、使用信息的目的、方式和范围；(4)不违反法律、行政法规的规定和当事人之间的约定。第二款规定，信息收集人、持有人对收集或者持有的个人信息应当保密，并采取必要措施确保个人信息安全。除法律另有规定外，未经被收集者同意，不得非法加工、篡改、毁损、传输、买卖、提供或者公开其收集和持有的个人信息，但经过处理无法识别特定自然人且不能复原的除外；在发生或者可能发生个人信息泄露、毁损、丢失的情况时，应当及时采取补救措施。

对第一款收集、使用自然人个人信息的条件，一些单位建议区分一般信息和敏感信息。有的单位认为应禁止收集敏感个人信息，建议在第一款第三项、第四项之间增加一项：“不得收集、使用自然人的种族、健康状况、宗教信仰、性取向等敏感信息。”有的单位认为，对于自然人的健康、残疾、基因等敏感信息，只能由法定机构基于法定事由按照法定程序收集和使用。有的单位认为，对于隐私信息、敏感信息的收集，应征得被收集者的明示同意。有的单位认为，对于隐私信息、敏感信息的收集，应征得权利人的明确同意，且仅得由经法定授权的特定机构依照法律规定的特定程序进行。

有的地方建议第一款第一项增加“收集、使用无行为能力人和限制行为能力人的个人信息的，应当经过其监护人同意”。

有的部门和地方建议将第一款第三项修改为：“明示收集、使用信息的目的、方式、范围和期限。”

有的部门建议增加规定“信息使用者应当告知本人其使用的个人信息的来源”。有的地方建议应明确规定“不得收集与提供的服务无关的个人信息”。

有的单位建议将第一款第四项由否定性陈述改为肯定性陈述：“符合法律、行政法规的规定和当事人之间的约定。”

有的单位建议将第二款最后一句改为“应当及时采取补救措施并应及时通知个人信息权人”。有的部门建议将第二款中的“除法律另有规定外”改为“除法律、行政法规另有规定外”。有的单位提出，从国外最新研究来看，对信息进行完全的匿名化处理是不可能的，建议将第二款中的“且不能复原的除外”修改为“且不能以合理方式复原的除外”。

有的单位建议增加第三款：“信息收集人、持有人对其收集、使用个人信息行为的合法性承担证明责任。”以解决个人信息被侵害情形下受害人举证难的问题。

有的部门提出，应当明确被收集者失踪、死亡等情形出现后，其个人信息收集、处理、提供、公开、撤销同意等的处理方式。

有的单位认为，本条作为行为规范的意义不大，网络安全法已有类似规定，故建议删除。

3. 个人信息主体的权利

征求意见稿第四十七条第一款规定，自然人可以向信息持有人依法查阅、抄录或者复制其个人信息；发现信息有错误的，有权提出异议并要求及时采取更正等必要措施。第二款规定，信息持有人有下列情形之一的，自然人有权要求其及时采取删除等必要措施：(1)存在非法收集、使用信息的行为；(2)持有侵害自然人合法权益的信息；(3)持有的信息储存期限依法已经届满；(4)根据收集或者使用的特定目的，信息持有人持有信息已经没有必要；(5)其他没有正当理由继续持有信息的情形。

有的部门认为，若信息持有人没有进一步的使用行为，仅凭持有行为本身则难以证明信息主体的合法权益已受到侵害，信息主体将面临举证方面的困难，建议将第二款第二项修改为"信息持有人不能说明其持有的个人信息的合法来源"。

有的部门建议增加一款规定："因履行法律规定的职责而持有的、与国家秘密相结合无法分割的个人信息，自然人要求查阅、抄录或者复制的，信息持有人可以拒绝提供。"

有的单位建议增加信息持有人未及时删除导致损害的法律责任。

4. 责任的限制

征求意见稿第四十八条规定，实施收集、使用、加工、传输、买卖、提供或者公开自然人个人信息等行为，有下列情形之一的，行为人不承担民事责任：(1)在自然人同意的范围内实施的行为；(2)个人信息属于自然人自行公开的或者其他已合法公开的信息，但使用该信息侵害该自然人重大利益或者自然人明确拒绝他人使用的除外；(3)学校、科研机构等为学术研究或者统计目的在合理范围内合法实施的行为；(4)为维护公序良俗而实施的必要行为；(5)法律、行政法规规定的其他适当情形。第四十九条第一款规定，国家机关依法行使职权的，可以在必要范围内实施收集、使用、加工、传输或者提供个人信息等行为。第二款规定，国家机关依职权向社会公开的信息中包含个人信息的，应当对个人信息进行匿名化处理，但法律、行政法规另有规定的除外。

对第四十八条，有的部门建议将第一项规定的"自然人同意"修改为"向自然人明确提示说明相关法律后果并取得其同意的"。有的单位建议在第三项"学术研究"前增加"课堂教学"。

有的单位提出，个人信息是直接或间接指向特定个人的身份信息，此类信息本身不能成为买卖交易的标的，否则即构成对尊严的侵犯。建议删除第四十六条、第四十八条中“买卖(个人信息)”的措辞。

有的地方建议第四十九条第二款增加医院、学校等主体。

5. 其他

有的部门建议在个人信息相关立法中明确对未成年人等弱势群体的保护,建议增加规定自然人死亡后个人信息的保护要求。

有的单位建议增加规定信息收集人、持有人对个人信息进行匿名化处理后形成的大数据的权利归属问题。

地方人大、中央有关部门和单位以及有关方面对民法典各分编（草案）人格权编的意见

十三届全国人大常委会第五次会议对《民法典各分编（草案）》进行了初次审议。2018年9月，法制工作委员会将草案书面征求中央有关部门、有关单位、地方人大、部分法学教学研究机构、基层立法联系点和一些全国人大代表的意见。现将主要意见简报如下：

一、总的意见

（一）总体评价

普遍认为，人格权制度单独成编贯彻落实了党的十九大报告精神和宪法精神，回应了全社会加强人格权保护的诉求，满足了司法实践的需要，也适应了民法典体系化的需要，体现了立法机关对人格权保护的高度重视。草案针对人格权保护领域中的突出问题和普遍现象，在现行立法和司法解释的基础上，借鉴国外经验，吸收专家学者的建议和意见，对人格权制度作了较为全面的规定。草案的体例和内容总体上是可行的。

有的单位提出，草案的一些内容与侵权责任编（草案）的规定重复，有的内容应当由单行法规定，建议草案处理好与侵权责任编和单行法的关系。

（二）体例安排

一些单位和地方建议将人格权编置于民法典分编的第一编。一方面，能够与民法总则第二条的规定相一致；另一方面，可充分体现对个人的终极关怀。

有的单位认为，民法典（草案）各分编的编排顺序与民法总则的规定不完全一致，建议进一步研究斟酌。

（三）人格权的种类

有的部门提出，人身自由权应当是一个非常重要的具体人格权类型，是宪法上人身自由在民法上的具体化，且在民法总则第一百零九条有明确规定，有必要在此

基础上对人身自由权及其保护在人格权编中明确规定,建议单独规定人身自由权。

有的单位提出,将禁止性骚扰写入草案顺应了人民群众对加强人格权保护的期待,但尚不够全面,建议专门对自然人享有性自主权作出规定,为性自主权保护提供充分的民事请求权法律基础,更好落实宪法中关于“公民的人格尊严不受侵犯”的要求。

有的地方和单位建议将声音权作为独立的人格权予以规定。有的单位还建议增加规定“自然人就其声音所享有权益的行使和保护,准用本法关于肖像权的规定。”

一些单位和地方建议增设信用权。

有的地方和单位建议增设婚姻自主权,以协调草案与民法总则和婚姻家庭编的关系。

(四)其他

有的单位建议,第一,人格权规范应确保民法典作为民事基本法的地位,并与特别法有所区分。第二,人格权规范整体上应按照一般人格权和特别人格权的结构设计,特别人格权应按照物质性人格权和精神性人格权的顺序编排。草案对人格权结构的安排总体符合这一原则,值得赞同。第三,任何人格权都具有积极权能和消极权能,草案仅需从一个方面确认即可,无需正反两方面都规定。

有的部门提出,草案规定的姓名、名称、肖像许可使用,实质上属于合同编调整的财产权许可使用合同,将这些内容放在人格权编中规定是否合适值得研究。

有的地方建议将本编的名称修改为“人格权和身份权”。

有的单位提出,本编关于权利的规定,有将积极肯定和消极防御规定于同一条,有的分两条进行规定,有的通过一个条文分两款规定,建议予以统一。

二、关于一般规定

(一)调整范围

草案第七百七十三条规定,本编调整因人格权产生的民事关系。

有的部门建议将本条修改为:“本编调整因人格权益产生的民事关系。”

有的单位提出,民法总则第二条已经规定了民法调整对象,无需再在每编规定各编调整对象。建议删除本条。

有的地方和单位建议统一各分编第一条的表述方式。

(二)一般人格权

草案第七百七十四条第一款规定,民事主体的人格权受法律保护。第二款规定,除本编规定的人格权外,自然人享有基于人身自由、人格尊严产生的其他人格权益。

有的部门建议将本条修改为:“民事主体享有人格独立、人格平等、人格尊严和人格自由,任何组织和个人不得侵犯。”

有的单位建议在第二款“人身自由”后增加“人格独立”。有的地方建议在“人身自由、人格尊严”后加“等”字。有的地方建议将“人身自由”改为“人格自由”。

有的单位建议增设人格尊严保护条款,强调人格尊严是绝对不可克减的权利,任何情况下不得受到限制或者剥夺。

有的单位建议删除本条。有的地方和单位提出,民法总则已经规定了人身自由、人格尊严受法律保护,没有必要重复,建议删除本条第一款。有的单位建议将民法总则第一百零九条与第一百一十条移至本编,作为第一条与第二条,并将“人身自由”修改为“人格自由”;同时,将草案的第七百七十四条第一款移至民法总则处,删去第二款。

(三)人格权的限制

草案第七百七十五条第一款规定,人格权不得放弃、转让、继承,但是法律另有规定的除外。第二款规定,对人格权不得进行非法限制。

一些单位和地方提出,后续有关条文已经规定了对人格权限制的具体条件,建议删除本条第二款。有的地方建议在第二款后增加:“在公众人物的人格权受到妨害时,公众人物负一定限度的容忍义务。但行为人出于恶意的除外。”

有的地方提出,本条第一款的规定含义不清,建议再斟酌。有的单位提出,本条第一款中的“不得放弃”直接否定了安乐死的可能性,建议删除,以保持本条的开放性。

(四)人格权的许可

草案第七百七十六条规定,民事主体可以许可他人使用姓名、名称、肖像等,但是依照法律规定或者根据其性质不得许可的除外。

有的地方和单位建议增列“个人信息”。有的单位建议但书后增加列举生命权、身体权、健康权。

(五)死者人格利益保护

草案第七百七十七条规定,死者的姓名、肖像、名誉、荣誉等受到侵害的,其配偶、子女、父母可以依法请求行为人承担民事责任;死者没有配偶、子女和父母的,其他近亲属可以依法请求行为人承担民事责任。

有的部门建议将本条修改为:“自然人生命被非法剥夺或者其死亡后姓名、肖像、名誉、荣誉等受到侵害的,其配偶、父母、子女可以依法请求侵权人承担民事责任。死者没有配偶、子女或者父母死亡的,其他近亲属可以依法请求侵权人承担民事责任。”有的部门建议将本条中的“死者没有配偶、子女和父母的”修改为“没有配偶、子女或者配偶、子女、父母均死亡的”;有的单位建议将其修改为“死者没有配偶、子女或者父母已亡的”。

有的单位提出，死者的人格权益受到侵害时，在既无配偶、子女、父母又无近亲属的情况下，如何依法请求行为人承担民事责任不清楚。建议增加相关内容。有的单位建议将本条修改为：“死者的姓名、肖像、名誉、荣誉等受到侵害的，其配偶、子女、父母可以依法请求行为人承担民事责任；死者没有配偶、子女、父母或者其配偶、子女、父母不请求行为人承担民事责任的，其他近亲属可以请求行为人承担民事责任。”

有的地方和单位建议在“姓名、肖像、名誉、荣誉”后增加列举“隐私、遗体、遗骨”。

有的地方建议将“姓名、肖像、名誉、荣誉”修改为“姓名权、肖像权、名誉权、荣誉权”，同时将“行为人”修改为“侵权人”。

（六）侵害人格权的责任形式

草案第七百七十八条第一款规定，侵害民事主体人格权的，应当依照本法和其他法律的规定承担停止侵害、排除妨碍、消除危险、赔偿损失、消除影响、恢复名誉、赔礼道歉等民事责任。第二款规定，民事主体依照前款规定提出的停止侵害、排除妨碍、消除危险、消除影响、恢复名誉、赔礼道歉请求权不受诉讼时效的限制。

有的部门和地方提出，民法总则已对所有侵权行为责任承担方式进行了统一规定，本条无需重复。建议将第一款修改为“侵害民事主体人格权的，应当依照本法和其他法律的规定承担民事责任”，同时删除第二款中“依照前款规定”。

有的地方提出，侵害人格权的主要责任方式是“精神损害赔偿”，建议明确规定“精神损害赔偿”。

有的地方和单位提出，消除影响、恢复名誉、赔礼道歉，实际是要就已经发生的损害提供救济，这属于侵权损害赔偿请求权的具体形式，应适用诉讼时效。

（七）侵害人格权的责任认定

草案第七百七十九条第一款规定，认定行为人承担侵害人格权的民事责任，应当考虑下列因素：(1)人格权的类型；(2)行为人和受害人的职业、社会身份、影响范围等；(3)行为的目的、方式、地点、时间、后果等具体情节。第二款规定，行为人为维护公序良俗实施新闻报道、舆论监督等行为的，可以在必要范围内合理使用民事主体的姓名、名称、肖像、隐私、个人信息等。

有的单位建议在第一款第三项中增加“过错程度”。

有的单位提出，第一款第一项过于含糊，不具备裁判规范应有的构成要件和法律效果。第二项、第三项规定与现行法不符。在民法上，民事责任的构成只需具备侵权责任法规定的侵权行为要件，而不考虑、也不应考虑行为目的、方式、地点、时间、后果等具体情节。建议删除本条第一款。有的单位建议将第二项中的“影响范围”移至第三项。

有的地方提出，建议将本条第二款作为单独一条，移至第七百七十六条之后，分别规定人格权的许可使用和强制合理使用。

有的地方提出，公众人物的财产状况、言行举止以及他们所从事的活动关系到公共利益，理应受到社会舆论监督。建议本条增加对公众人物的人格权适当限制的条款。一些地方提出，新闻报道、舆论监督是否是为维护公序良俗在实践中很难界定，并且新闻报道、舆论监督的权利受法律保护是国际上通行做法。建议将“为维护公序良俗”删除。

有的地方提出，“公共利益”相较于“公序良俗”更具有客观性，在实践中易于判断。建议将本条及第八百条、第八百零五条、第八百零六条、第八百一十六条中的“公序良俗”均修改为“公共利益”。

（八）行为保全

草案第七百八十条规定，民事主体有证据证明他人正在实施或者即将实施侵害其人格权的行为，如不及时制止将会使其合法权益受到难以弥补的损害的，可以在起诉前依法向人民法院申请采取责令停止有关行为的措施。

有的单位提出，本条有两处需要完善：一是有些侵害是合法的，如受害人同意、正当防卫、攻击性紧急避险等，此时无法适用人格权请求权，本条未强调“违法性”要件，不利于该制度的准确适用。二是就人格权请求权的行使，仅强调可通过诉讼的方式进行，未明确权利人也可通过诉讼之外的方式行使。有的地方建议增加规定，对于向法院申请禁令来不及制止难以弥补的损害的情形，民事主体可以采取适当必要措施制止侵害行为，同时明确该民事主体应当及时向法院起诉。

有的单位建议扩大诉前禁令适用的情形，将本条中的“受到难以弥补的损害”修改为“受到严重的或难以弥补的损害”。有的地方建议本条增加申请“禁止令”的情形，即民事主体有证据证明他人正在实施侵犯其人格权的行为的，可以申请法院颁发禁止令以禁止行为人的侵权行为，并非只是在起诉前才能申请。

（九）消除影响、赔礼道歉或者恢复名誉的责任形式

草案第七百八十一条规定，侵权人依法承担消除影响、恢复名誉或者赔礼道歉等民事责任的，应当与侵权的具体方式和造成的影响范围相当。侵权人拒不履行的，人民法院可以采取在报刊、网络等媒体上发布公告或者公布生效裁判文书等方式执行，产生的费用由侵权人负担。

有的地方建议将“侵权的具体方式”修改为“侵权行为的具体方式”；将“产生的费用”修改为“由此产生的费用”。

（十）违约的精神损害赔偿

草案第七百八十二条规定，因当事人一方的违约行为，损害对方人格权造成严

重精神损害，受损害方选择请求其承担违约责任的，不影响受损害方请求精神损害赔偿。

一些单位建议对刑事附带民事诉讼中的精神损害赔偿责任作出规定。

有的单位建议对确定精神损害赔偿数额的考量因素、法人是否可以享有精神损害赔偿请求权等问题作出细化规定。

有的单位提出，我国现行合同法并不排斥违约的精神损害赔偿，没有本条规定并不影响案件处理。如果确有必要规定，也应置于合同编。

有的地方建议明确对违约行为同时造成他人精神损害的，受损害方是在违约之诉中一并主张精神损害抚慰金，还是应另诉。

有的单位建议将本条修改为："因当事人一方故意或重大过失导致违约，损害对方人格权益造成严重精神损害，受损害方选择请求其承担违约责任的，有权要求精神损害赔偿。但不得超过违反合同一方订立合同时预见到或者应当预见到的因违反合同可能造成的损失。因故意或重大过失使具有人格象征意义的特定纪念物品永久性灭失或毁损，造成物品所有人严重精神损害的，受害人有权要求精神损害赔偿。"

（十一）其他

有的部门建议增加一条规定人格权行使的限制："人格权行使时应当按照以下规定受到依法限制或者负有相应容忍义务：（一）不得违反法律，不得违背公序良俗；（二）不得滥用权利损害国家利益、社会公共利益或者他人合法权益；（三）国家机关为执行公务、保障公共安全等依法在必要范围内限制人格权的行使；（四）对人格利益轻微损害的社会通常容忍；（五）对时事新闻报道等在媒体中合理使用人格权的容忍；（六）公众人物对公众和传媒对其人格权适度妨害的容忍。"

一些单位提出，回应权是对抗新闻侵权最有效的救济手段之一，有助于将争议解决在萌芽阶段，从而最大限度地减少诉讼，节约司法资源。建议增设回应权。有的单位还提出，回应必须简明扼要，必须直接针对系争报道所涉事实；若回应的事实显然不正确，违反法律或公序良俗，则媒体有权拒绝刊发。如果所报道的事实系公权力机构所组织的公共活动，则被报道者无回应权。回应须在知晓系争报道后20 天之内作出，最迟应在该报道刊发后 3 个月之内提出。媒体在收到回应之日起，3 日内告知是否刊载；如决定刊载，应在此后 3 日内安排。

有的单位提出，更正权是指新闻媒体、网站所刊载的报道内容失实或者有明显错误，侵害他人人格权的，受害人有权要求新闻媒体、网站及时更正。通过及时更正，可将对受害人的损害降至最低限度。建议增设更正权。

有的单位建议草案增加规定，通过故意侵害他人人格权益获取不当经济利益的，不仅应当返还所获得的利益，而且还应允许受害人主张惩罚性赔偿。

有的单位建议增加一条规定："身份权的行使与保护，准用本编关于人格权行使与保护的规则。"

三、关于生命权、身体权和健康权

（一）生命权

草案第七百八十三条规定，自然人享有生命权，有权维护自己的生命安全。任何组织或者个人不得侵害他人的生命权。

有的单位建议丰富生命权及身体权、健康权内涵的相关内容。有的地方和单位建议将关于生命权、身体权、健康权三条规定的相关内容合并。

有的单位建议删除本条中"有权维护自己的生命安全"的表述。有的单位认为，生命权的义务主体通常指向国家，建议明确国家负有采取积极措施的义务保障公民的生命权。此外，建议将本条及第七百八十四条、第七百八十五条中"不得侵害"改为"不得非法侵害"。

（二）紧急救助

草案第七百八十六条规定，自然人的生命权、身体权、健康权受到侵害或者处于其他危难情形的，负有法定救助义务的机构和人员应当依法及时施救。

有的单位建议将本条后半句修改为："负有救助义务的组织和个人应当依法及时施救。"理由是，第一，机构和人员不太常用，草案使用较多的是组织和个人；第二，救助义务不仅可能是法定的义务，还可能是约定的义务。

有的单位建议本条明确救助费用的承担，尤其是探险救援。

（三）人体捐献

草案第七百八十七条第一款规定，完全民事行为能力人有权依法自主决定无偿捐献其人体细胞、人体器官、人体组织、遗体。任何组织或者个人不得欺诈、胁迫自然人捐献。第二款规定，自然人同意捐献的意思表示应当采用书面形式或者有效的遗嘱形式，并且可以随时被撤销或者撤回。

有的部门提出，该表述不能涵盖人体所有组成部分，还包括血液、骨髓等。建议对本条中的"人体细胞、人体器官、人体组织、遗体"的表述作进一步斟酌。

一些单位和地方提出，对非完全民事行为能力人的器官捐赠问题，应当专门予以规定。有的单位建议增加规定："监护人有权依法决定无偿捐献被监护人人体细胞、人体器官、人体组织、遗体，但不得违反被监护人最大利益原则。"

有的单位提出，对于死者器官组织的捐献，如果死者生前没有作出表示的，法律应当明确其近亲属是否可以决定捐献。

有的单位建议对器官捐献增加两个限制条件：一是器官捐赠不得严重损害自身的身体健康；二是防止出现"职业捐献者"群体和变相的买卖器官。

有的单位建议将本条中的“人体器官”“人体组织”的位置对调，由小到大，符合生物学常识。

有的地方建议将“无偿”删除；同时将“任何组织或者个人不得欺诈、胁迫自然人捐献”修改为“任何组织或者个人不得采取欺诈、胁迫等方式违背自然人的真实意思表示捐献”。

有的单位建议删除第二款中的“同意”，因为“同意”内含意思表示的合意，而主要是单方法律行为；同时，建议对允许随时撤回的规定再做研究，因为可能损害被捐献者的利益。

有的单位建议，第一，在第一款具体列举后加上“等”字，同时明确列举“血液”；第二，将“任何组织或者个人不得欺诈、胁迫自然人捐献”修改为“任何组织或者个人不得妨碍自然人的捐献自由”；第三，可借鉴赠与合同的生效规则，在“物”移转占有即人体构成部分与本人实际分离之前，自然人可行使任意撤销权；但分离实施之后，任意撤销权就应当自然丧失。

（四）禁止人体买卖

草案第七百八十八条第一款规定，禁止以任何形式买卖人体细胞、人体器官、人体组织、遗体。第二款规定，违反前款规定的买卖行为无效。

有的单位建议将第一款中的“买卖”修改为“有偿转让”；同时，在第一款末尾加“等”字；将第二款中的“买卖行为”修改为“民事法律行为”。

有的单位提出，第二款规定的买卖行为效力问题可由民法总则第一百五十三条第一款的规定调整，建议删除。

有的地方提出，法律如果认可自然人的身体权，就应当尊重在自愿原则的前提下有偿处分细胞、组织、器官、遗体的权利。这种需求在现实中也大量存在，尤其对科学研究、医疗、生育等领域非常重要，在立法上采取“一刀切”的办法，易导致这些需求转入地下。应当寻求从完善程序、规范化管理入手，真正把这一领域纳入法治化轨道上来。据此，建议删除本条。

（五）人体试验

草案第七百八十九条第一款规定，有关科研机构等开发新药或者发展新的治疗方法，需要在人体上进行试验的，依法经相关主管部门批准后，还应当向接受试验的本人或者其监护人告知试验目的、用途和可能产生的损害等详细情况，并经其书面同意。本人或者其监护人可以随时撤销该同意。第二款规定，禁止向接受试验者支付任何形式的报酬，但是可以给予其必要的补偿。

有的部门提出，现行法律法规尚无对新治疗方法的人体实验设置行政许可，在民法典中新增该项许可是否合适建议再做斟酌。

有的单位建议删除第一款中的“或者其监护人”，并在两款中间增加一款：“接受试验的人无法表达意见,而试验必须经过此类人群试验时,应当经监护人书面同意,并将相关情况通报民政部门;监护人可以随时撤销该同意,民政部门可以随时撤销监护人的同意。”有的地方建议将试验对象限于完全民事行为能力人。

有的部门建议在本条基础上增加“变更人体试验方案的,应当经本人或者其监护人书面同意”的规定。

有的地方提出,主管机关应规定一定的级别,建议将“依法经相关主管部门批准后”修改为“依法经卫生等省级主管部门批准后”。

有的单位建议,第一,在“开发新药或者发展新的治疗方法”后加“等”字以向社会生活开放;第二,应当强调是活人的人体试验,而非在人体上进行试验;第三,告知的信息应该是和试验相关的所有信息。

有的地方和单位提出,本条第二款的规定应在鼓励创新试验与保护试验者正当权益之间保持平衡。建议草案增加关于给接受试验者购买保险、对造成严重损害的予以赔偿等内容。

一些单位和地方提出,实践中报酬和必要的补偿很难区分,建议第二款的规定再做斟酌。有的地方建议将第二款中的“可以给予其必要的补偿”修改为“可以依照法律或者行政法规规定的标准给予一定的补偿”,防止以“补偿”的方式变相开展有偿人体试验。有的地方建议删除第二款。

(六)性骚扰

草案第七百九十条第一款规定,违背他人意愿,以言语、行动或者利用从属关系等方式对他人实施性骚扰的,受害人可以依法请求行为人承担民事责任。第二款规定,用人单位应当在工作场所采取合理的预防、投诉、处置等措施,预防和制止性骚扰行为。

有的部门建议本条增加有关防止托幼机构、学校、公共交通工具等其他场所性骚扰和性侵害行为的规定。

一些单位和地方提出,“利用从属关系”不是与“言语、行动”相并列的行为方式,建议表述上再斟酌。一些地方和单位建议删除“利用从属关系”。有的地方建议将表述修改为“以言语、行动等方式或者利用从属关系对他人实施性骚扰的”。

有的单位建议将“第二款”中的“处置”改为“处罚”;同时,建议增加规定:“用人单位不得以任何方式歧视或者惩罚性骚扰事件的受害人及举报人。”

有的地方建议将第一款修改为“违背他人意愿,利用从属关系以言语、行动等方式对他人实施性骚扰,造成他人身心损害严重后果的,受害人可以依法请求行为人承担民事责任”。

有的单位建议将本条第二款修改为:“有关组织应当在工作、学习等场所采取合理的预防、投诉、处置等措施,预防和制止性骚扰行为。”

有的地方建议将本条第一款修改为:“违背他人意愿,以言语、行动或者利用从属关系等方式对他人实施强奸、猥亵或者性骚扰的,受害人可以依法请求行为人承担民事责任。用人单位应当在工作场所采取合理的预防、投诉、处置等措施,预防和制止性骚扰行为。”

有的单位和地方建议增加第三款:“用人单位未采取有效措施预防和制止性骚扰的,受害人可向用人单位请求赔偿。”

(七)人身自由

草案第七百九十一条规定,自然人的人身自由不受侵犯。任何组织或者个人以非法拘禁等方式剥夺、限制他人的行动自由,或者非法搜查他人身体的,受害人可以依法请求行为人承担民事责任。

有的单位提出,现行草案仅将侵犯人身自由视为侵犯身体权,与人身自由作为一般人格权地位不符。建议将本条移到草案第一章规定。

有的地方建议将本条中的“行动自由”修改为“人身自由”。有的地方建议将“人身自由”修改为“人身自由权”。

(八)其他

有的单位建议将本章标题修改为“生命权、身体权、健康权和自由权”。

有的单位建议增加规定处于临终阶段的患者有权拒绝纯粹为延续生命的无意义治疗。

有的单位建议增加规定:“对人体的尊重不因死亡而终止。死者的遗骨,包括火化后的骨灰,应以具有尊重、尊严和体面的方式来处理;法官得采取一切必要措施,防止或责令停止对人体的不法侵害或对人体的组成或产品的不法行为,包括在他人死亡之后。”

有的单位提出,依据现实需求应允许无偿的代孕,禁止商业代孕。建议增加关于代孕的规定。

有的单位提出,人体胚胎是介于“人”和“物”之间的一种特殊存在。对人体胚胎的处置同样应遵循尊严原则,而不能以对待物的方式去交易、随意抛弃或销毁等。建议对人体胚胎的法律地位及其保护予以规定。

有的单位建议规定设立专门的死亡赔偿基金,对因为犯罪行为而丧失生命的受害者家属,如果犯罪人未能就死亡赔偿金进行赔付的,由基金进行赔付。

有的单位建议增加“禁止克隆”条款:“禁止克隆任何人的人体。禁止旨在对人进行有选择的任何优生学活动;禁止对人的遗传特征进行任何改造或通过遗传特征对人进行鉴别,但为预防与治疗遗传性疾病之目的进行的研究不在此限。”

有的地方建议增加规定对遗传基因的保护:“自然人的遗传基因受法律保护,禁止任何人非法获取、利用自然人的遗传基因。”

四、关于姓名权和名称权

(一)姓名权和名称权

草案第七百九十二条第一款规定,自然人享有姓名权,有权依法决定、使用、变更或者许可他人使用自己的姓名。第二款规定,法人、非法人组织享有名称权,有权依法使用、变更、转让或者许可他人使用自己的名称。

一些单位和地方建议本条增加一款规定:“自然人行使姓名权,应当尊重社会公德,不得违反公序良俗。”

有的单位建议删除本条第二款中的“转让”,理由:一是名称是法人、非法人组织区别于其他组织的标志,是其人格的象征,是其与相对人或其他主体进行交易、发生法律关系、接受公法上的管理的基础,关系到交易安全的保护。若允许法人、非法人组织转让名称,可能引起交易和国家管理的混乱。二是规定名称权可以转让还会产生其他问题,如名称是否可质押,是否可成为法院强制执行的客体。三是非企业法人的名称不可转让,且不得许可他人使用,否则与其功能及目的不符。

(二)姓氏的确定

草案第七百九十四条第一款规定,自然人原则上应当随父姓或者母姓。有下列情形之一的,可以在父姓和母姓之外选取姓氏:(1)选取其他直系长辈血亲的姓氏;(2)因由法定扶养人以外的人扶养而选取扶养人姓氏;(3)有不违反公序良俗的其他正当理由。第二款规定,少数民族自然人的姓氏可以从本民族的文化传统和风俗习惯。

有的部门建议本条规定的内容交由法律行政法规处理。

一些单位和地方建议对如何处理好本条与婚姻家庭编第八百四十五条的关系再作研究。有的部门认为,本条规定自然人原则上应随父姓或者母姓,同时规定了三种例外情形,但第八百四十五条未规定例外情形,两条规定不一致,建议再研究。

有的单位建议将本条第二款中的“从”改为“遵从”。

有的地方建议将第一款第二项的表述修改为:“选取父母之外的其他扶养人的姓氏。”

有的单位建议删除第一款中的“原则上”;同时,建议将第二款“本民族的文化传统和风俗习惯”修改为“本民族习惯”,以符合法律语言习惯。

(三)父母离婚后未成年人姓氏的变更

草案第七百九十五条第一款规定,未成年人父母离婚的,与未成年人共同生活的一方可以将该未成年人的姓氏变更为自己的姓氏,但是另一方有正当理由表示反对的除外。第二款规定,父或者母变更未成年子女姓氏的,应当根据未成年子女的年龄和智力状况,尊重其真实意愿。

有的地方和单位建议将本条置于婚姻家庭编。

有的单位建议将本条修改为："除非有正当理由，与该未成年人共同生活的一方不可将未成年人的姓氏变更为自己的姓氏。"有的地方建议将本条第一款修改为"未成年人父母离婚的，与未成年人共同生活的一方经与另一方协商一致可以将该未成年人的姓氏变更为自己的姓氏。"有的单位提出，父母离婚的，不应赋予任何一方单方变更未成年人姓氏的权利，否则可能激化争夺抚养权的战争。有的地方建议删除该条款，改由父母协商变更姓名。

有的地方建议将"但是另一方有正当理由表示反对的除外"修改为"但是另一方明确表示反对的除外"。

有的地方建议将请求变更的主体修改为"与未成年人共同生活的一方或者享有抚养权的一方"。

有的单位认为不仅姓氏，名字的变更也应尊重另一方的意见。

（四）姓名和名称的登记

草案第七百九十六条规定，民事主体决定、变更自己的姓名、名称，或者转让自己的名称的，应当依法向有关机关办理登记手续，但是法律另有规定的除外。

有的单位建议本条后增加两条规定："民事主体姓名、名称的变更，不影响变更前其实施的民事法律行为的效力。""名称可以随法人、非法人组织一并转让。转让后，转让方不得继续使用已转让的名称。"

有的单位建议对名称权转让中的营业转让和债权人保护问题作出规定。

（五）笔名、艺名等的保护

草案第七百九十七条规定，具有一定社会知名度、为相关公众所知悉的笔名、艺名、网名、简称、字号等，被他人使用足以致使公众混淆的，与姓名和名称受同等保护。

有的单位提出，实践中，一些具有较高知名度的艺名、网名往往是专业的演艺公司专门进行设计、包装和推广的，因此，在演艺公司与艺人之间往往有协议约定其归属和使用条件。其归属问题比较复杂，常常涉及反不正当竞争法，不能"一刀切"比照姓名权进行处理。

有的地方建议将本条修改为："擅自使用他人有一定影响的，为相关公众所知悉的笔名、艺名、网名、简称、字号等，造成混淆的，与姓名和名称受同等保护。"以与反不正当竞争法第六条用语保持一致。

有的单位提出，对于笔名、艺名，不仅是禁止混淆问题，还包括许可他人使用等积极用途；此外，同等保护的表述不太严谨。建议将条文修改为："具有一定社会知名度、为相关公众所知悉的笔名、艺名、网名、简称、字号等，参照姓名或名称保护。"

五、关于肖像权

（一）肖像权的保护

草案第七百九十九条第一款规定，任何组织或者个人不得以歪曲、污辱等方式侵害他人的肖像权。未经肖像权人同意，他人不得制作、使用、公开肖像权人的肖像，但是法律另有规定的除外。第二款规定，未经肖像权人同意，肖像作品的权利人不得实施将肖像作品发表、复制、发行、出租、展览等涉及使用或者公开肖像的行为。

有的部门建议明确“肖像作品”是指专门针对自然人的肖像创作作品如人像素描、摄影、塑像等，还是指作品中出现的自然人的肖像。

有的地方建议将第一款中的“污辱”修改为“侮辱”。

有的地方建议本条增加一款规定：“肖像权人许可他人使用自己的肖像，应当尊重肖像作品的权利人的合法权益。”

（二）肖像权的限制

草案第八百条规定，实施下列行为的，可以不经肖像权人同意：(1)为个人学习、艺术欣赏、课堂教学或者科学研究，使用他人已经公开的肖像；(2)为报道时事新闻，在报刊、电视台、网络等媒体中不可避免地使用、公开他人肖像；(3)国家机关为执行公务、保障公共安全等目的在必要范围内使用、公开他人肖像；(4)拍摄特定公共环境不可避免地使用、公开他人肖像；(5)维护公序良俗的行为。

有的单位建议将第四项中“使用、公开他人肖像”改为“摄入他人肖像”。同时，应将本条的合理使用限于特定范围，且禁止用于营利性目的。

有的地方建议增加一项：“维护肖像权人利益的行为。”

（三）肖像许可使用合同的解除

草案第八百零二条第一款规定，当事人对肖像许可使用期限没有约定或者约定不明确的，任何一方当事人可以随时解除肖像许可使用合同，但是应当在合理期限之前通知对方。第二款规定，当事人对肖像许可使用期限有明确约定，肖像权人有正当理由的，可以解除肖像许可使用合同，但是应当在合理期限之前通知对方。因解除合同造成对方损失的，除不可归责于肖像权人的事由外，应当赔偿损失。

有的地方建议对“合理期限”予以明确。

有的单位建议将第二款修改为肖像权人有权随时解除合同。

（四）其他人格权许可的参照适用

草案第八百零三条规定，其他人格权的许可使用，参照适用本章的有关规定。

有的单位建议将本条放在第一章“一般规定”下。

（五）其他

有的单位提出，应当借鉴国外规定，为肖像利益的保护设定时间限制，建议可采取著作权的模式，时间设定为死后50年。有的单位建议对死者肖像上财产利益的继承问题作出规定，同时适当限定死者的继承人权利，例如，规定仅在自然人死后的30年或50年内，其继承人可以享有这些利益。

有的地方建议将某些特定自然人如领袖人物、英雄人物以及已经亡故的历史人物的肖像使用纳入调整范围，明确这类自然人的肖像的使用不受法律限制，但不得以歪曲、丑化或者侮辱的方式使用。

六、关于名誉权和荣誉权

（一）名誉权

草案第八百零四条第一款规定，民事主体享有名誉权。任何组织或者个人不得以侮辱、诽谤等方式侵害他人的名誉权。第二款规定，本法所称名誉是他人对民事主体的品德、声望、才能、信誉、信用等的社会评价。

有的部门提出，品德、声望、信誉、信用等概念相互交叉，信誉和信用的区分不明确，信誉、信用是否属于品德、声望的组成部分也不明确。建议对“信誉、信用”的表述再做斟酌。

有的部门建议本条增加一款规定：“本法所称信用是指债权债务关系及其涉事主体偿付债务能力的综合评价；信用信息主要是指民事主体的负债历史记录以及偿债履约能力判断信息。”

（二）名誉权的限制

草案第八百零五条规定，行为人为维护公序良俗实施新闻报道、舆论监督等行为，影响他人名誉的，不承担民事责任。但是行为人捏造事实、歪曲事实、对他人提供的事实未尽到合理审查义务或者包含过度贬损他人名誉内容的除外。

有的部门提出，实施新闻报道、舆论监督应依照相关法律、行政法规的规定开展，建议将本条第一句修改为“行为人为维护公序良俗依法实施新闻报道、舆论监督等行为……”

有的地方建议将本条与草案第八百零七条整合，系统规定名誉权侵权的抗辩规则，包括公正评论、真实和特权抗辩等。

有的地方建议删除“为维护公序良俗”。

有的地方建议将本条中的“过度贬损”修改为“明显贬损”。有的地方建议将其修改为“恶意贬损”。

（三）行为人的合理审查义务

草案第八百零六条第一款规定，行为人对转载的或者他人提供的事实是否尽到合理审查义务，可以根据以下因素确定：（1）信息来源的可信度；（2）对明显可能引发争议的内容是否进行必要的调查；（3）事实的时效性和与公序良俗的关联性；

(4)受害人名誉贬损的可能程度;(5)审查能力和审查成本。第二款规定,行为人应当就自己已尽到合理审查义务承担举证责任,但是法律另有规定的除外。

有的单位提出,本条规定只是为法官裁判案件提供了审查和权衡时应充分考虑的要素,是否符合中国民事立法传统值得考虑。建议删除本条。有的单位建议第一款增加一项“行为人的社会影响力”。有的单位建议第一款增加第六项“其他可以认定的情形”。

有的地方提出,本条对转载人的义务限定得过于严苛,转载人在被侵权人提出异议后及时删除的,不应承担侵权责任。

一些地方建议将本条作为第八百零五条的第二款。

(四)文学作品侵犯名誉权

草案第八百零七条第一款规定,民事主体发表的作品中的情节与特定人的情况相似,但是不以该特定人为描述对象的,不承担民事责任。第二款规定,民事主体发表的作品描述真人真事,或者以特定人为描述对象,包含侮辱性内容,侵害他人名誉权的,被侵权人可以依法请求侵权人承担民事责任。

一些单位和地方提出,为使逻辑上更为合理,建议调换本条第一款和第二款的顺序。

有的单位建议将第一款修改为:“民事主体发表的作品中的情节与特定人的情况相似,但是不以该特定人为描述对象,不足以使特定人的身份被识别出来的,不承担民事责任。”

有的单位提出,基于保护言论自由,建议将第二款中的“包含侮辱性内容”修改为“包含不必要或过分的侮辱性内容”,以与第八百零五条中的“过度贬损”保持一致。

有的地方建议在第二款“包含侮辱性内容”后增加“透露他人隐私”。

有的单位提出,第二款规定对名誉权的保护过于宽泛,建议增加“恶意”,限制该条的适用。

(五)信用评价

草案第八百零八条规定,民事主体可以依法查询自己的信用评价;发现信用评价错误或者侵害自己合法权益的,有权提出异议并要求采取更正、删除等必要措施。信用评价人应及时核查,经核查属实的,应当及时采取必要措施。

有的部门建议明确征信机构是作出信用评价的唯一合法主体,并增加规定“未经国务院征信业监督管理部门批准的其他任何主体不得开展对民事主体的信用评价”。

有的地方建议明确信用评价的主体和范围。

有的地方提出,准确无误的负面信用评价,也会有损被评价人的权益,但对这种信用评价信息如可以更正或删除，则有悖立法初衷，更不利于诚信社会的建设。建议将“发现信用评价错误或者侵害自己合法权益的”修改为“发现信用评价错误或者不实的”。有的地方建议本条增加规定“确因信用评价错误给民事主体造成损害的，信用评价人应当承担相应的民事责任”的内容。

有的地方建议增加一款规定：“信用评价主体因故意或者重大过失导致民事主体信用评价错误，侵害民事主体合法权益的，应当依法承担赔偿责任。”

（六）荣誉权

草案第八百一十条第一款规定，民事主体享有荣誉权。任何组织或者个人不得非法剥夺他人的荣誉称号或者诋毁、贬损他人的荣誉。第二款规定，获得的荣誉称号应当记载而没有记载或者记载错误的，民事主体可以要求记载或者更正。

有的单位提出，人格权具有固有性，而荣誉权并不符合这一特点。就荣誉权制度所要解决的问题，如剥夺他人的荣誉称号、诋毁他人荣誉等，可以通过其他制度来解决。建议删除关于荣誉权的规定。有的单位提出，荣誉权的客体为荣誉称号，只有颁发此称号的主体可能实施侵害其称号的行为。条文所称“诋毁、贬损他人的荣誉”，例如污蔑某人的五一劳动奖章为欺骗所得，侵犯的是民事主体的名誉权而非荣誉权。因此，建议删除第一款中“或者诋毁、贬损他人的荣誉”。

（七）其他

有的地方建议本章增加关于虚拟身份名誉权保护的规定。

七、关于隐私权和个人信息

（一）隐私及隐私权

草案第八百一十一条第一款规定，自然人享有隐私权。任何组织或者个人不得以刺探、侵扰、泄露、公开等方式侵害他人的隐私权。第二款规定，本法所称隐私是具有私密性的私人空间、私人活动和私人信息等。

一些单位和地方建议对“私人信息”的概念予以明确界定，厘清私人信息与个人信息概念之间的关系。有的地方建议将“私人信息”修改为“个人信息”。

有的单位建议将第二款中的“私人信息”改为“私生活信息”，因为后者范围更加广泛，是被国际法与国内法普遍接受的基本概念，并且私人信息与个人信息容易混淆。

有的部门建议将第二款修改为：“本法所称隐私是指自然人不愿向他人透露、公开的具有私密性的私人空间、私人活动和私人信息等。”有的地方建议将第二款修改为：“本法所称隐私是权利人不愿他人知晓的有关私人空间、私人活动和私人信息等。”

（二）隐私权的保护

草案第八百一十二条规定，除法律另有规定或者权利人同意外，任何组织或者个人不得实施下列行为:(1)搜查、侵入、窥视他人住宅等私人空间;(2)拍摄、录制、泄露、公开、跟踪、窃听他人的私人活动;(3)拍摄、窥视他人的身体;(4)获取、隐匿、扣留、检查、毁弃、删除、泄露、公开、买卖他人的私人信息;(5)以短信、电话、即时通讯工具、传单、电子邮件等方式侵扰他人的生活安宁;(6)以其他方式侵害他人的隐私权。

有的单位提出,为使本条成为裁判规范,建议将本条第一句修改为:“民事主体有下列行为之一的,应承担侵权责任……”

有的单位认为,本条不少表述在文义上具有相似性,如拍摄和录制、泄露和公开、毁弃与删除等。建议所列举的侵害行为进行更精确、严谨的表述。

有的单位提出,本条关于侵犯隐私权的列举过于详尽,部分条款所列举的行为也并非属于同一逻辑层次。例如,第五项中的“传单”与其他方式并非同一属性,建议删除。

有的地方建议在第五项中增加“微信”;同时建议增加一项规定“窃听或者监控他人的私人电话、短信、即时通讯、电子邮件等”。

有的单位建议增加违反后的法律责任。

(三)个人信息的一般规定

草案第八百一十三条第一款规定,自然人的个人信息受法律保护。第二款规定,本法所称个人信息是以电子或者其他方式记录的能够单独或者与其他信息结合识别自然人个人身份的各种信息,包括自然人的姓名、出生日期、身份证件号码、个人生物识别信息、住址、电话号码等。

一些单位建议对本条第二款个人信息的范畴作进一步扩展,将对个人信息的界定修改为:“以电子或者其他方式记录的能够单独或者与其他信息结合识别特定自然人身份或者反映特定自然人活动情况的各种信息。”

有的部门建议第二款增列“个人金融信息”。

有的单位提出,无需强调信息的记录方式,建议删除“以电子或者其他方式记录的”。

有的单位建议删除本条第一款,以避免与民法总则第一百一十条重复。

(四)个人信息的收集、使用

草案第八百一十四条规定,收集、使用自然人个人信息的,应当遵循合法、正当、必要原则,并应当符合以下条件:(1)征得被收集者同意;(2)公开收集、使用信息的规则;(3)明示收集、使用信息的目的、方式和范围;(4)不违反法律、行政法规的规定和当事人之间的约定。

有的单位提出,应将个人信息分为公开信息和非公开信息、敏感信息和非敏感信息,针对个人信息的不同类型,设计不同的个人信息保护规则。另外,对不同类型的个人信息，还应有不同的同意规则。有的单位认为，敏感信息通常包括个人的种族、生物信息、健康状况、政治或宗教信仰、性取向、性生活等敏感领域的信息。有的单位建议区分一般信息和敏感信息，对于自然人的健康、残疾、基因等敏感信息，只能由法定机构基于法定事由按照法定程序收集和使用。

有的部门和单位提出，为防止儿童的信息泄露，对儿童个人信息的收集必须取得其监护人的同意。建议增加对未成年人个人信息的特殊保护规则。

有的单位提出，对自然人个人信息的收集、使用，应实行“最小化利用”原则，即在从事某一特定活动时可使用也可不使用个人信息时，在必须使用并征得权利人许可时，要尽量少使用。

有的地方建议对使用个人信息的主体应当承担何种责任予以明确。

有的部门建议第一项增加但书：“但法律、行政法规另有规定的除外。”有的单位建议第一项增加但书“但信息的收集是为国防、公共安全、侦破严重刑事犯罪、科学及历史研究、统计等公共利益，必须收集的除外。”

有的单位建议在第一项增加规定“收集隐私信息、敏感信息等应当征得被收集者的明示同意，并进行有效提示，突出表明相关的个人信息条款”。

有的地方建议第一项增加“收集、使用无行为能力人和限制行为能力人的个人信息的，应当经过其监护人的同意”。第三项增加“期限”。

有的单位提出，为在数据利用和个人信息保护之间取得平衡，“同意”只应作为个人信息处理的正当化事由之一，不宜作为必要条件。建议将该条修改为：“收集、使用自然人个人信息的，应当遵循合法、正当、必要原则，并至少应当符合以下条件：（一）公开收集、使用信息的规则；（二）明示收集、使用信息的目的、方式和范围；（三）不违反法律、行政法规的规定和当事人之间的约定。”

有的地方提出，从草案第八百一十六条规定来看，当事人同意并非使用个人信息的前提条件，而是认定违法性的标准之一，因此，不宜将当事人同意和其他利用原则并列。建议删除本条第一项。

有的单位提出，本条已经比较清楚地表明，通过公开的规则，在告知自然人目的、方式和范围之后，可以通过其意思自治取得其同意，收集、使用自然人个人信息，无需再赘言“当事人之间的约定”。建议删除第四项中的“和当事人之间的约定”。

（五）个人信息主体的权利

草案第八百一十五条第一款规定，自然人可以向信息持有人依法查阅、抄录或者复制其个人信息；发现信息有错误的，有权提出异议并要求及时采取更正等必要措施。第二款规定，有下列情形之一的，自然人可以请求信息持有人及时删除其个人信息：（1）存在非法收集、使用信息的行为；（2）持有侵害自然人合法权益的信息；（3）持有的信息储存期限依法已经届满；（4）根据收集或者使用的特定目的，信息持有人持有信息已经没有必要;(5)其他没有正当理由继续持有信息的情形。

有的部门提出,根据网络安全法等相关法律法规,网络运营者需依法履行信息留存义务,为公安机关溯源打击违法犯罪提供支撑。据此,建议将第二款第一句修改为:“有下列情形之一的,自然人可以请求信息持有人及时删除其个人信息,但法律、行政法规另有规定的除外。”有的单位建议将第二款第一句修改为:“信息持有人有下列情形之一的,应及时采取删除等必要措施。”

有的单位建议增加规定信息持有人未及时采取必要措施的法律责任。

(六)个人信息的限制

草案第八百一十六条规定,实施收集、使用或者公开个人信息等行为,有下列情形之一的,行为人不承担民事责任:(1)在自然人同意的范围内实施的行为;(2)使用自然人自行公开的或者其他已合法公开的信息,但是使用该信息侵害该自然人重大利益或者自然人明确拒绝他人使用的除外;(3)为学术研究、课堂教学或者统计目的在合理范围内实施的行为;(4)为维护公序良俗而实施的必要行为;(5)法律、行政法规规定的其他适当实施情形。

有的单位建议将第一项中的“自然人同意”修改为“向自然人明确提示说明相关法律后果并取得其同意的”,以突出对人格权的保护。

有的部门建议将第二项中的“侵害该自然人重大利益”修改为“侵害该自然人合法权益”;将第三项修改为“为学术研究、课堂教学或者统计目的,在合理范围内且不侵害自然人合法权益的情况下实施,并对所使用的个人信息采取适当保密措施的行为”。

(七)其他

一些单位和地方建议明确使用“个人信息权”的概念。

有的单位建议增加规定,国家机关基于行使职权的需要,要求网络服务提供者或者其他信息持有者提供网络用户基本信息的,信息持有者负有提供的义务。

有的单位提出,要注意处理好草案关于个人信息的规定与将来的个人信息保护法之间的衔接,既要避免条文的重复与矛盾,也要避免在立法精神和价值取向上的冲突。

一些单位和地方建议将本章名称改为“隐私权和个人信息权”。有的单位建议将其修改为“隐私权和个人信息保护”。有的地方建议修改为“隐私权和个人信息控制权”。有的地方建议将章名修改为“隐私权”,并在本章基于保护自然人的隐私权而对个人信息的保护作原则性规定,其他具体内容则由个人信息保护法规定。

有的单位建议增加关于安宁权的规定:“自然人享有安宁权。任何组织和个人不得以侵入他人住宅等私人空间,或者借助短信、电话、电子邮件、广告等信息媒介,或者以其他方式非法侵扰他人生活安宁。但法律另有规定或者权利人同意的除外。”

地方人大、中央有关部门和单位以及有关方面对民法典(草案)人格权编的意见

2020年1月,法制工作委员会将《中华人民共和国民法典(草案)》印发省、自治区、直辖市的人大常委会,以及中央有关部门、有关人民团体和社会组织、基层立法联系点征求意见。现将对人格权编的主要意见简报如下:

一、关于总的意见

有的地方提出,法人、非法人组织是否享有人格权存在较大争议,建议仅对自然人的人格权作出规定。

有的地方建议,删除本编中涉及侵权、合同的规定。

有的地方建议,将本编移作第二编。

二、关于一般规定

1. 调整范围

草案第九百八十九条规定,本编调整因人格权的享有和保护产生的民事关系。

有的地方建议,在"人格权"后增加"和人格权益"。

2. 一般人格权

草案第九百九十一条规定,民事主体的人格权受法律保护,任何组织或者个人不得侵害。

有的地方提出,总则编对此已作规定,建议删除本条。

3. 人格权的限制

草案第九百九十二条规定,人格权不得放弃、转让、继承。

有的部门和地方建议,在本条后增加"法律、行政法规另有规定的除外"。

有的地方提出,本条规定与第一千零一十三条关于法人、非法人组织有权使用、变更、转让或者许可他人使用自己名称的规定相冲突,建议研究。

4. 死者人格利益的保护

草案第九百九十四条规定，死者的姓名、肖像、名誉、荣誉、隐私、遗体等受到侵害的，其配偶、子女、父母有权依法请求行为人承担民事责任；死者没有配偶、子女并且父母已经死亡的，其他近亲属有权依法请求行为人承担民事责任。

有的地方建议，在“近亲属”后增加“司法机关”。有的地方建议，在“死者没有配偶、子女并且父母已经死亡”后增加“或者其不请求行为人承担民事责任”。

有的地方建议，增加一款：死者没有近亲属的，检察机关或者法律规定的其他组织有权依法请求行为人承担民事责任。

有的单位建议，增加一款：对侵害英雄烈士的姓名、肖像、名誉、荣誉的行为，英雄烈士没有近亲属或者近亲属不提起诉讼的，人民检察院有权依法提起诉讼。

5. 侵犯人格权的民事责任

草案第九百九十五条第一款规定，人格权受到侵害的，受害人有权依照本法和其他法律的规定请求行为人承担民事责任。第二款规定了停止侵害、排除妨碍、消除危险、消除影响、恢复名誉请求权不适用诉讼时效的规定。

有的地方建议，将第一款“依照本法和其他法律”中的“和”修改为“或者”，并删除第二款中的“停止侵害、排除妨碍、消除危险”。

有的地方建议，删除第二款中的“消除影响、恢复名誉”，或者增加“但时间久远难以查清且影响轻微的除外”。

有的地方提出，本条的规定在侵权责任编、总则编已有体现，建议删除。

6. 违约的精神损害赔偿

草案第九百九十六条规定了因违约损害人格权并造成严重精神损害，承担违约责任不影响受损害方请求精神损害赔偿。

有的地方建议，将“受损害方”修改为“受害人”。

有的单位提出，在违约之诉中追索作为侵权责任的精神损害赔偿缺乏法理基础，建议删除这一条。

7. 人格权保护令

草案第九百九十七条规定了民事主体有证据证明正在实施或者即将实施侵害其人格权的行为，有权申请法院责令停止。

有的单位建议，在本条后增加规定：申请错误的，申请人应当承担民事法律责任。

有的单位建议，将本条中的“人格权”修改为“人身安全”。

8. 姓名、名称、肖像、个人信息等的合理使用

草案第九百九十九条规定，实施新闻报道、舆论监督等行为的，可以合理使用民事主体的姓名、名称、肖像、个人信息等；使用不合理的，应当依法承担民事责任。

有的地方建议，在“使用不合理”后增加“导致侵害民事主体人格权益”。

有的单位建议，在本条后增加“使用中造成民事主体人身或财产损失的，应当依法承担民事责任”。

有的地方建议，对公众人物的人格权作适当限制。

9. 侵犯人格权的民事责任

草案第一千条第一款规定了因侵害人格权承担民事责任，应当与具体方式和造成的影响范围相当。第二款规定了法院可以采取发布公告或者公布生效裁判文书等方式执行。

有的地方建议，在第一款中的“影响范围”前增加“后果”。

有的地方提出，公布生效裁判文书已成为常态，不应作为执行方式，建议删除第二款中的“公布生效裁判文书”。

三、关于生命权、身体权和健康权

1. 身体权

草案第一千零三条规定了自然人享有身体权，任何组织或者个人不得侵害他人的身体权。

有的地方建议，将假肢等身体附加部分纳入身体权保护范围。

有的地方提出，本条及相关条文中关于自然人享有生命权、身体权、健康权的规定，应当由宪法进行规定。

有的地方建议，删除本条及相关条文中的“任何组织或者个人不得侵害他人的身体权”等类似表述。

2. 紧急救助

草案第一千零五条规定，自然人的生命权、身体权、健康权受到侵害或者处于其他危难情形的，负有法定救助义务的组织或者个人应当及时施救。

有的地方建议，增加规定“造成侵害或者其他危害情形的组织或者个人”应当及时施救。

有的地方提出，其他法律已对法定救助义务作出规定，建议删除本条规定。

3. 人体捐献

草案第一千零六条第一款规定了任何组织或者个人不得强迫、欺骗、利诱他人捐献人体细胞、组织、器官、遗体。第三款规定了自然人生前未表示不同意捐献的，其配偶、成年子女、父母可以共同决定捐献。

有的地方建议，在第一款“利诱”后增加“或者误导”，并增加一款：捐献人可以随时撤销捐献，无需承担民事责任。

有的地方建议，删除第三款。

4. 禁止人体买卖

草案第一千零七条第一款规定了禁止买卖人体细胞、组织、器官、遗体。第二款规定，违反前款规定的买卖行为无效。

有的地方提出，违反第一款的禁止性规定属当然无效；第二款不必重复，建议删除。

5. 人体试验

草案第一千零八条第一款规定，为研制新药、医疗器械或者发展新的预防和治疗方法，需要进行临床试验的，应当依法经相关主管部门批准并经伦理委员会审查同意，向受试者或者受试者的监护人告知试验目的、用途和可能产生的风险等详细情况，并经其书面同意。第二款规定，进行临床试验的，不得向受试者收取试验费用。

有的单位建议，在第一款后增加规定：受试者无法表达意见的，应当经监护人书面同意，并通报民政部门；临床试验正式开始前，受试者可以退出临床试验。有的地方建议，增加一款：受试者可随时终止试验且不承担法律责任。

有的部门建议，将第一款中的“新药”修改为“药品”，在“临床试验”后增加“临床研究”，在“批准”后增加“备案”，将“书面同意”修改为“书面知情同意”。

有的地方建议，在第一款试验目的增加“医学研究”，批准机构增加“医疗科研机构”，告知内容增加“替代医疗方案”，同时增加一款：受试者受到损害的，由申办方承担责任；医疗机构有过错的，依照过错程度承担责任。

有的单位建议，在第一款试验目的增加“诊断、护理、康复等技术”，在第二款中增加规定：临床试验给受试者造成损害的，应当予以赔偿。

有的地方建议，在第二款后增加规定：应当为受试者购买临床试验保险。

6. 从事与人体基因、人体胚胎等有关的医学和科研活动

草案第一千零九条规定了从事与人体基因、人体胚胎等有关的医学和科研活动应当遵守的规则。

有的单位建议，将“人体基因”修改为“人类基因”。

7. 性骚扰

草案第一千零一十条规定了性骚扰的受害人有权请求承担民事责任，机关、企业、学校等单位应当采取措施防止和制止性骚扰。

有的地方提出，本条规定可操作性不强，建议修改为：因性权力的保护而产生的民事法律关系适用本法，性骚扰、性侵害等行为造成受害人身体、精神损害的受害人有权提出赔偿请求。性骚扰是指违背他人意愿以文字、声音、图像行为等方式对他人实施与性有关的不受欢迎的行为。

有的地方建议，增加“文字”的骚扰方式。

四、关于姓名权和名称权

1. 法人、非法人组织的姓名权

草案第一千零一十三条规定，法人、非法人组织享有名称权，有权依法使用、变更、转让或者许可他人使用自己的名称。

有的地方建议，在“使用”前增加“决定”。

2. 姓名、名称的决定和变更

草案第一千零一十六条第一款规定了民事主体决定、变更姓名或名称应当向有关机关办理登记手续。第二款规定了民事主体在姓名、名称变更前实施的行为对其具有法律约束力。

有的部门建议，明确“有关机关”是否包括驻外使领馆。

有的地方建议，删除第二款。

有的地方建议，增加对被收养人姓氏变更方式的规定。

3. 笔名、艺名等的保护

草案第一千零一十七条规定，具有一定社会知名度的笔名、艺名、网名、字号、姓名和名称的简称等，被他人使用足以造成公众混淆的，与姓名和名称受同等保护。

有的地方建议，增加一款：民事主体可以就笔名、艺名、网名、字号、姓名或名称的简称等的所有权、使用权进行约定。

4. 肖像权的保护

草案第一千零一十九条第一款规定了任何组织或者个人不得以丑化、污损或者伪造等方式侵害他人的肖像权。

有的地方建议，在“伪造”后增加“变造”。

五、关于肖像权

1. 肖像许可使用合同争议

草案第一千零二十一条规定了当事人对肖像使用条款的理解有争议的，应当作出有利于肖像权人的解释。

有的地方提出，肖像许可使用合同争议应当适用合同编的规定，建议删除本条规定。

2. 对自然人声音的保护

草案第一千零二十三条第二款规定，对自然人声音的保护，参照适用肖像权保护的有关规定。

有的单位建议，在“声音”前增加“其他形象”。

六、关于名誉权和荣誉权

1. 名誉权的限制

草案第一千零二十五条规定了行为人实施新闻报道、舆论监督需要承担民事责任的情形:(1)捏造事实、歪曲事实;(2)对他人提供的失实内容未尽到合理审查义务;(3)使用侮辱性言辞等贬损他人名誉。

有的单位建议,在第二项中“失实内容”前增加“严重”,在第三项中增加“超越正当批评意见”。

有的单位建议,将“舆论监督”限定为“为促进社会公共利益且在必要范围内实施舆论监督”,同时增加一款:对他人提供的失实内容已尽到合理审查义务的,不需要承担赔偿责任,但应当承担消除影响、恢复名誉等责任。

有的部门建议,将“新闻报道、舆论监督”修改为“新闻监督、报道”。

2. 行为人的合理审查义务

草案第一千零二十六条第一款规定了认定行为人实施新闻报道等行为是否尽到合理审查义务时应当考虑的六项因素。第二款规定,行为人应当就其尽到合理审查义务承担举证责任。

有的地方建议,将第一款中的“认定”修改为“判断”,并删除第二款。有的单位建议,在第一款中增加一项:是否与受害人核实。

有的单位建议,删除本条规定。

3. 文艺作品侵犯名誉权

草案第一千零二十七条第一款规定了文艺作品以真人真事或者特定人为描述对象,含有侮辱诽谤内容,受害人有权请求承担民事责任。第二款规定了文艺作品不以特定人为描述对象,仅其中的情节与该特定人情况相似的,不承担民事责任。

有的地方建议,增加规定:虽然不以特定人为描述对象,但是基本事实和主要情节与该特定人情况高度近似,足以对其名誉荣誉造成负面影响的,受害人有权请求承担民事责任。

有的单位建议,增加一款:行为人发表的文学、艺术作品足以使公众相信是以真人真事或者特定人为描述对象的,适用第一款的规定。

4. 更正权

草案第一千零二十八条规定了媒体报道内容失实,侵害他人名誉权的,受害人有权请求及时更正或者删除;媒体不及时采取措施的,受害人有权请求法院责令其履行。

有的单位建议,在本条后增加规定:除故意或者重大过失外,媒体及时采取更正或者删除等措施的,应当减轻或者免除侵权责任。

5. 信用评价

草案第一千零二十九条规定了民事主体有权更正、删除错误的信用评价。

有的部门建议，明确“信用评价”的内涵和外延。有的部门提出，“信用评价”目前难以准确定义，不宜使用该表述，同时将信用评价的主体限定为“非行使公权力的机构”。

有的地方建议，增加规定：信用评价人因延迟采取必要措施引起民事主体损害的，应当承担民事责任。

有的地方建议，对信用权设专章作出规定。

6. 荣誉权

草案第一千零三十一条规定了民事主体享有的荣誉权。

有的地方提出，荣誉权并非民事权利，建议删除本条规定。

7. 其他

有的地方建议，增加一条规定：胎儿名誉权受法律保护，侵害胎儿名誉权的，应当承担民事责任。

七、关于隐私权和个人信息保护

1. 总的意见

有的单位建议，将第六章章名“隐私权和个人信息保护”中的“个人信息保护”修改为“个人信息权”。

有的地方建议，将第六章分为两章，并对侵害个人信息的民事责任的归责原则、构成要件，侵权责任的承担方式等作出具体规定。

有的单位建议，在本章增加两条，分别对通信秘密保护和未经允许发送商业性信息作出规定。

有的地方建议，在本章增加侵害他人隐私权须承担法律责任的规定。

有的部门建议，本章中“信息收集者”“信息控制者”的表述应与个人信息保护法草案的表述相统一。有的地方建议，将“信息控制者”修改为“信息使用者”。

2. 隐私的界定

草案第一千零三十二条第一款规定了任何组织或者个人不得以刺探、泄露等方式侵害他人的隐私权。第二款规定，隐私是自然人的私人生活安宁和不愿为他人知晓的私密空间、私密活动、私密信息。

有的部门建议，在第一款“侵害他人的隐私权”前增加“非法”。

有的地方建议，按照先形式后本质的表达逻辑，将“私人生活安宁”移至“私密信息”后。

3. 个人信息的一般规定

草案第一千零三十四条第二款规定，个人信息是以电子或者其他方式记录的能够单独或者与其他信息结合识别特定自然人的各种信息，包括自然人的姓名、出生日期、身份证件号码、生物识别信息、住址、电话号码、电子邮箱地址、行踪信息等。

有的部门建议，将“自然人的各种信息”修改为“自然人身份或者反映特定自然人活动情况的各种信息”，将“电话号码、电子邮箱地址”修改为“通信通讯联系方式”，并增加“账号密码、财产状况”。

有的单位建议，增加“微信号、QQ 号码等电子信息”。有的地方建议，增加“健康信息”。有的地方建议，增加“账号、密码、财产状况”。

4. 个人信息的收集、使用

草案第一千零三十五条第一款规定了收集、处理自然人个人信息应当符合的四项条件。第二款规定，个人信息的处理包括个人信息的使用、加工、传输、提供、公开等。

有的部门建议，在第一款中增加一项：不得收集、处理与所提供服务无关的个人信息。

有的部门建议，在第二款中增加“收集、存储”。

有的地方建议，将本条及本章相关条文中的“处理”修改为“使用”。

5. 个人信息主体的权利

草案第一千零三十六条第二款规定了自然人发现信息控制者违法收集个人信息有权要求删除。

有的部门提出，第二款是否需要考虑基于个人意愿删除已同意被收集的信息的情形，建议研究。

有的单位建议，增加一款：自然人停止使用网络服务时，有权要求信息收集者和控制者删除收集、存储的个人信息。

有的部门建议，在“自然人”后增加“或者其代理人”。

6. 个人信息的限制

草案第一千零三十七条规定了收集、处理自然人个人信息不需要承担民事责任的 3 种情形，其中第二项为：处理该自然人自行公开的或者其他已经合法公开的信息，但是该自然人明确拒绝或者处理该信息侵害其重大利益的除外。

有的地方建议，对第二项中的“公开”作出限制。

有的单位建议，在第二项“该自然人明确拒绝”后增加“或者处理该信息超出原信息公开的范围、目的”。

7. 信息收集者、控制者的义务

草案第一千零三十八条第一款规定了信息收集者、控制者未经同意不得向他人非法提供个人信息，但是经过加工无法识别特定个人且不能复原的除外。第二款规定了信息收集者、控制者应当采取措施，确保其收集、存储的个人信息安全。

有的部门建议，在第一款“但是”后增加“在不危害国家安全、公共利益的前提下”。有的单位建议，在“特定个人”后增加“及特定团体人群”。

有的部门建议，在第二款“收集、存储”后增加“以及采取其他方式处理”。

有的地方建议，增加一款：信息收集者、控制者泄露、篡改、丢失、出售、非法提供个人信息的，应当承担民事责任。

8. 国家机关及其工作人员的保密义务

草案第一千零三十九条规定了国家机关及其工作人员对在履职中知悉的自然人的隐私和个人信息负有保密义务。

有的地方建议，将“国家机关”修改为“任何单位和组织”。有的地方建议，增加“接受国家机关授权、委托的组织及其工作人员”。

有的单位建议，明确规定允许国家机关收集处理个人信息。

民法典人格权编广西调研简报

2019年2月,民法室有关同志就《民法典人格权编(草案)》赴广西壮族自治区调研,在南宁市、柳州市召开座谈会;听取全国人大代表、地方人大、法院、检察院、有关部门,医院、物业服务、电力电信等相关单位,以及基层社区工作人员、小区业主代表、律师和有关专家等各方面的意见建议,并实地走访了广西农垦阳明农场公司、柳州市城中区静兰街道环江村、柳州市鱼峰区人民法院,与有关同志座谈听取意见。现将主要情况简报如下:

一、性骚扰问题

有的意见提出,性骚扰问题在司法实践中的难点在于:一是举证难。性骚扰的行为往往具有隐蔽性、突发性,绝大多数并未直接伤害他人的身体,受害者举证非常困难。二是获得赔偿难。性骚扰给受害者造成的伤害主要是精神上的痛苦,难以客观衡量。有的意见提出,性骚扰的认定需要有符合大众认知的细化标准。不同的人在主观感受上存在差异,如果以"违背他人意愿"为标准,很容易出现"受害人"认为受到性骚扰,但却不符合大众认知的情况。

有的意见提出,应当对什么是性骚扰进行明确界定。性骚扰包括不发生身体接触的情况,例如通过语言、文字、图像及各种信息手段进行性骚扰。另外,对性骚扰的规定不应当放在"生命权、身体权、健康权"一章,应当放在一般人格权中规定。

有的意见提出,发生性骚扰的,用人单位应当承担责任。有的意见提出,认定责任要看用人单位是否尽到审慎义务,用人单位只能在证明其已采取合理的预防和制止措施的情况下,才可以不承担责任。有的意见提出,用人单位未尽到预防保护义务的,应当承担补充责任。有的意见提出,性骚扰发生在用人单位的情况较多,用人单位也很难管理,不能都由用人单位承担责任。

二、保护隐私和个人信息问题

有的意见提出,现实中侵犯他人隐私的情形有:"人肉搜索"他人私人信息;未经他人同意通过网络、微信等传播个人隐私的图片、视频等;侵犯个人信息的情形有:经过认证、注册方式填写个人信息安装软件或者申请会员,个人身份信息和通讯方式被获取后未得到有效保管或合理使用等。有的意见提出,从公安掌握的情况来看,侵犯隐私的主要情形主要是偷窥,偷拍。侵犯个人信息主要是一些相关部门的员工,如金融、医疗、电信、交通,甚至包括警务人员,利用工作便利,非法获取公民个人信息。在非法获取公民个人信息罪入刑后,这类行为明显减少。

有的意见提出,司法实践中,侵犯个人信息主要有个人信息的不合理收集、不当传播、不法使用、不当存储等。审判实践中基本上采取过错责任原则。但往往面临调查难、取证难、认定难、赔偿难。

有的意见提出,应当进一步完善措施,制止个人信息泄露。有的意见提出,应当严禁未经依法获得许可的单位和个人进行收集活动,避免其利用强势地位收集个人信息、规避法律责任。有的意见提出,可以加重个人信息收集、保存、持有单位的管理责任,还可以由公安机关加大打击力度。有的意见提出,掌握个人信息的企业应当加强对员工的管理,签订保密协议,防止泄露个人信息。

有的意见建议实现个人信息保护与数据流通共享的协调,主要做法有:(1)采取技术保护措施,通过系统筛选和系统协议,确保公民身份证号码、具体家庭住址、婚姻、未成年人等信息内容不会公开,同时限制未经同意浏览相关的信息。(2)加强政府监管,有关部门发现企业在收集和使用个人信息中有违法行为的,应当及时责令改正并进行处罚。(3)强化企业责任,例如在信息采集之前,应当告知用户需要采集的信息,采集的用途,征询被采集者意见等;在信息的存储和使用环节,企业采取相应的数据保护技术,例如数据等级保护、数据加密访问和访问控制技术;在大数据交易前对个人信息数据进行脱敏处理等。

有的意见提出,对于企业利用强制关注公众号等强势地位侵犯不特定多数人隐私的情况,应当纳入公益诉讼解决。

三、网上侵犯名誉权问题

有的意见提出,网上侵犯名誉权的行为主要是通过网络捏造、散布某种虚假事实,或对某种事实随意评论,败坏公民、法人或者其他组织的名誉。

有的意见提出,为预防和化解纠纷,实现社会共同治理,可以采取三方面措施:一是要将《最高人民法院关于审理利用信息网络侵害人身权益民事纠纷案件适用法律若干问题的规定》和司法实践中的一些成功经验及时转化为法律规定。二是开展网络环境整治专项行动,对部分侵权言论频发的新媒体平台进行治理整顿,营造良好的网络环境。建立网络言论“黑名单”制度,逐步完善实时监测机制,加强对网民的教育和引导,自觉保护他人名誉权。三是强化媒体平台的作用,严格规范新闻媒体及其网站、微博、微信、新闻客户端等新媒体平台的运营管理,落实网络服务提供者在提供服务时进行必要提示的义务,通过技术手段对涉嫌侵权的言论进行监控,及时采取删除、屏蔽、断开链接等措施制止侵权。

有的意见提出,对于网络或者公共媒体出现地域歧视、民族歧视、宗教歧视等侵犯不特定多数人名誉权的情况,应当赋予检察院提起公益诉讼的权利。

四、对人格权编(草案)的其他意见

有的意见提出,医院应尊重患者本人的意愿,患者不具备医疗自主能力或不宜向患者说明并征得其同意时,近亲属才能参与医疗决定。有的意见提出,如果患者家属作出不当医疗决定,危及患者生命权益,医院要解释告知。有的意见提出,患者出现昏迷等情况,也需要根据不同情况来处理。通常医院要制作告知书(重点就病情情况,治疗措施进行告知),由亲属选择方案并签署意见。如果亲属决定放弃相关治疗,医院会告知相关后果并要求其明确意愿。如果第一顺序继承人意见不完全一致,要求其讨论达成一致意见。有的意见提出,患者近亲属的放弃治疗决定是非法无效的,医疗机构不能接受并执行这样的决定。有的意见提出,对于近亲属放弃病人治疗的情况,涉及伦理关系,不应当通过立法来干预;如果涉及生命权,应当尊重病人决定权,只有在病人陷入昏迷等不能表达意见时,才应当考虑家属的意见。

有的意见提出,在实践中患者也可以选择使用预嘱,提前安排自己在某些特定情形下的医疗决策。有的意见提出,预嘱必须符合自愿、不伤害他人、不违反法律禁止性条款等前提,实践中还要区分不同情况:其一,特定条件出现时,患者意识清醒能表达意见的,应再次获取患者本人的意见。其二,特定条件出现时,病人失去意识无法表述意见的,该预嘱必须让近亲属知晓并作出书面同意。对无近亲属或者近亲属拒绝参加医疗过程的,可以由医院负责人或者社会特定机构(如社区、行政部门等)行使该预嘱。病人事先授权某一亲属在特定条件出现时代替病人做出放弃治疗决定并签署意见,符合程序条件的,该预嘱有效;被授权的亲属没有作出决定的,医院仍需对病人进行治疗。有的意见提出,从司法角度来看,生前预嘱的效力应当是有特定条件的:一是病人头脑清醒时的真实意思表示,而非近亲属的意思。二是只能在生命末期、病情不可逆转的情况下才能生效。生命末期、病情不可逆转的标准应参考最严格的医学标准。三是预嘱需得到近亲属的一致同意。有的意见提出,对病人预先做出的特定条件下放弃治疗的预嘱,只是当事人想表达放弃治疗的一种意愿,一般不具备法律效力。

有的意见提出,实践中人体器官、组织、细胞捐献的问题有:(1)可否指定接受者(可能为近亲属或者其他人员);(2)在做出捐献意愿后,捐献者反悔拒绝捐献而导致受捐者遭受损失,是否要补偿;(3)死后捐献的,应按心脏死亡还是脑死亡确定可以分离器官;(4)捐献者同意死后捐献人体器官,其家属拒绝捐献的怎么办;(5)捐献者生前未明确拒绝捐献,死后亲属对是否捐献意见不一致怎么办;(6)捐献后,近亲属索要补偿的怎么办;(7)器官捐献者及家属可否指定接受者(目前大部分是哪个医院获取,就由哪个医院排队的病人优先接受);(8)捐献者亲属可否优先接受捐献;(9)捐献后,接受捐献者要求知晓捐献者的怎么办;(10)接受者是否应该付费,向谁付费。有的意见提出,捐献遗体器官的遗嘱,应当有第三方见证,以减少纠纷。

有的意见提出,为回应民法总则将人身权放在财产权之前的立法意图,体现人格权的重要性以及我国民法典的时代性,建议将人格权编提前到物权编之前。现代民法人身权重于财产权,还可以将婚姻家庭编也提前。

民法典人格权编山东省调研简报

2019 年 5 月，民法室有关同志就民法典人格权编赴山东省调研，在青岛、济南召开座谈会，听取全国部分法院、山东省人大常委会法工委、政府有关部门、山东省部分法院和人大代表、专家学者、律师等对民法典人格权编草案（二次审议稿）的意见建议。现将主要情况简报如下：

一、总的意见

有的意见提出，民法总则第二条规定，民法调整平等主体的人身关系和财产关系，将人身关系置于财产关系之前。为彰显以人为本的理念，并与民法总则第二条相呼应，建议将民法典人格权编置于物权编之前。

有的意见提出，人格权编应当协调好与侵权责任编的关系，如人格权编第七百七十八条等关于责任承担的条文应放到侵权责任编中。

有的意见建议增加民事主体网络虚拟身份的名誉权保护相关规定。

有的意见提出，人格权编应当增加对未成年人整体利益的保护。

二、关于姓名等许可使用

草案第七百七十六条规定，民事主体可以许可他人使用姓名、名称、肖像等，但是依照法律规定或者根据其性质不得许可的除外。

有的意见提出，人格权人许可他人就自己的姓名、名称、肖像等人格要素进行使用，会产生一定收益。就收益归属没有约定或者约定不明时，应当由人格权人享有对收益的权利。建议本条增加一款规定："根据前款规定使用姓名、名称、肖像等产生的收益归属由当事人约定，没有约定或者约定不明的，归人格权人所有。"

三、关于新闻报道中对姓名、肖像等的合理使用

草案第七百八十一条之一规定，实施新闻报道、舆论监督等行为的，可以合理使用民事主体的姓名、名称、肖像、个人信息等。行为人未合理使用的，应当依法承担民事责任。

有的意见提出，本条中“行为人未合理使用的”表述不准确，建议修改为“行为人使用不合理的”。

有的意见建议，进一步确立、细化合理利用和权利冲突规则以及权利人的合理容忍义务。

四、关于生命权

草案第七百八十三条规定，自然人享有生命权，有权维护自己的生命安全和生命尊严。任何组织或者个人不得侵害他人的生命权。

有的意见建议增加规定“自然人享有对自己生命利益的支配权”，为将来“安乐死”的合法化预留空间。

有的意见提出，生命权的立法应当回应现代生物技术的发展需要，对于受精卵、代孕等问题作出回应。

五、关于人体组织、器官等捐献

草案第七百八十七条第一款规定，完全民事行为能力人有权依法自主决定无偿捐献其人体细胞、人体组织、人体器官、遗体。任何组织或者个人不得欺诈、利诱、胁迫其捐献。第二款规定，自然人依照前款规定同意捐献的，应当采用书面形式或者有效的遗嘱形式。

有的意见建议将“应当采用书面形式或者有效的遗嘱形式”修改为“应当签订书面捐献协议”。

有的意见建议对未成年人的器官捐献问题作出规定。有的意见建议增加规定，未成年人死亡且生前未表示不同意捐赠器官、遗体的，其法定代理人有权共同决定是否捐赠。

有的意见建议在第二款增加公证形式，确保当事人意思表示真实。

有的意见建议，一是在第二款末尾增加规定“自然人可以随时撤销或者撤回”；二是在本条后增加一条规定：“自然人生前表示不同意捐献其人体器官的，任何组织或者个人不得捐献、摘取其人体器官；自然人生前未表示不同意捐献其人体器官的，该自然人死亡后，其配偶、子女、父母可以以书面形式共同表示同意捐献该自然人人体器官的意愿。”

有的意见提出，在人体器官捐献过程中，客观上会产生一定的费用。建议明确对捐献的人体器官等再利用时，按照“谁受益谁负担”的原则，相关个人和机构应当承担由此产生的必要费用，国家相关部门对费用的项目和标准进行规定。

六、关于姓名权

草案第七百九十二条规定，自然人享有姓名权，有权依法决定、使用、变更或者许可他人使用自己的姓名。

有的意见提出，一是建议明确规定行使姓名权的限制，增加规定："自然人行使姓名权，应当尊重社会公德，不得损害社会公共利益。"二是，实践中，有的艺人的艺名为公司所起，在与公司解约时，公司提出艺人不得再使用该艺名而产生纠纷，建议对艺人的艺名归属问题作出规定。

七、关于名称权

草案第七百九十二条之一规定，法人、非法人组织享有名称权，有权依法使用、变更、转让或者许可他人使用自己的名称。

有的意见提出，本条内容无法涵盖现实中的淘宝网店、公众号等，如何对待网店、公众号的名称，建议作出规定。

八、关于名誉权

（一）关于新闻报道侵害名誉权的情形

草案第八百零五条规定，实施新闻报道、舆论监督等行为，影响他人名誉的，不承担民事责任，但是有下列情形之一的除外：(1)行为人捏造事实、歪曲事实；(2)对他人提供的失实内容未尽到合理审查义务；(3)相关内容过度贬损他人名誉。

有的意见提出，从本条中无法看出侵权行为的一般构成要件，第一项、第二项分别规定了故意行为和过失行为，第三项又仅以结果的严重性为依据，似乎属于无过错责任，建议进一步厘清与侵权责任编的关系。

有的意见提出，本条适用范围存在过窄的问题，实践中可能存在多种不需要承担民事责任可能影响他人名誉的行为，如对所购商品或服务的正当评价、对法人或者非法人组织内部事务进行公开监督评价等。但是，若将本条第一句中的"等"字理解成兜底性规定，可能又存在被不当扩张的可能性，建议进一步研究。

（二）其他

有的意见提出，名誉权纠纷案件60%是网络领域案件，网络服务提供者如何承责也应作出规定。此外，就名誉侵权纠纷，建议立法设立举证责任倒置规则，建立惩罚性赔偿制度。

有的意见提出，侵害名誉权的行为发生后，如何对受害人进行赔偿，尤其是如何计算精神损害赔偿数额，建议作出相应规定。

有的意见提出，现实生活中，微博上大V"粉丝"上百万、上千万，影响力很大，存在很多侵害他人名誉权的问题，建议在立法上作出严格规定。

九、关于隐私权

草案第八百一十一条第一款规定，自然人享有隐私权。任何组织或者个人不得以刺探、侵扰、泄露、公开等方式侵害他人的隐私权。第二款规定，本法所称隐私是具有私密性的私人空间、私人活动和私人信息等。

有的意见建议扩大个人隐私的保护范围及力度，将个人信息自决纳入隐私权保护范围，并加大对泄露个人隐私行为的惩罚力度。

十、关于个人信息保护

(一)总的意见

有的意见提出，个人信息保护在大数据时代尤为重要，但是最严格的保护并不一定是最佳的选择。建议结合我国发展实际以及各地区发展不平衡的特点，对争议比较大的前沿问题作原则性规定，为产业发展和便民服务预留必要空间。

有的意见提出，人格权编没有对个人信息采用“个人信息权”的概念值得斟酌。许多国家都承认了个人信息权，个人信息权有自己独立的权利内核，无法被其他权利所涵盖，建议在立法上规定独立的个人信息权。

有的意见提出，在个人信息保护方面，应当增加有关未成年人隐私及其信息保护的内容。

有的意见建议，对个人信息实行分级、分类保护模式，一方面可以增加实施个人信息保护的可操作性，另一方面可以兼顾数据流通的需要。

有的意见提出，个人信息保护应处理好与数据流通共享之间的关系，建议从两个方面着手：一是充分保障个人的知情权，信息收集、使用的同意规则应充分体现个人意愿；二是数据流通不超越原始信息来源者的合理预期。

(二)个人信息的定义

草案第八百一十三条第二款规定，本法所称个人信息是以电子或者其他方式记录的能够单独或者与其他信息结合识别特定自然人的各种信息，包括自然人的姓名、出生日期、身份证件号码、个人生物识别信息、住址、电话号码等。

有的意见建议在本条关于个人信息的范围中增加“通讯账户”；有的意见建议增加“银行账户、收入和财产状况、健康状况、消费情况”；有的意见建议增加“账号密码、财产状况、行踪轨迹”；有的意见建议增加“银行账号、财产状况、健康状况、个人行踪”，并在“识别特定自然人”后增加“或者反映自然人活动”。

有的意见提出，个人信息的定义应当表明信息包括敏感信息和一般信息，建议将第二款修改为：“本法所称个人信息是以电子或者其他方式记录的能够单独或者与其他信息结合识别特定自然人的各种信息，包括自然人的姓名、出生日期、身份证件号码、个人生物识别信息、住址、电话号码等敏感个人信息，以及个人网络浏览信息、GPS 定位信息等一般个人信息。”

(三)个人信息的收集、使用

草案第八百一十四条规定，收集、使用自然人个人信息的，应当遵循合法、正当、必要原则，并应当符合下列条件：(1)征得该自然人或者其监护人同意，但是法律、行政法规另有规定的除外；(2)公开收集、使用信息的规则；(3)明示收集、使用信息的目的、方式和范围；(4)不违反法律、行政法规的规定和双方的约定。

有的意见提出，一是第一项“同意”规则笼统而不明确，即不明确是明示同意还是默示同意，是抽象性、概括性的同意还是明确性、具体性的同意，建议根据个人信息敏感程度的不同，对“同意”规则作区分、细分规定。二是第三项缺乏时限的规定，建议明确收集者、持有者负有定期清理个人信息的义务。

有的意见提出，收集、使用个人信息在遵循合法、正当、必要原则外，建议增加最小化原则，要求对个人信息的收集和使用以满足使用的目的为限，不得超出该范围。

(四)个人信息的更正、删除

草案第八百一十五条第一款规定，自然人可以向信息持有者依法查阅、抄录或者复制其个人信息；发现信息有错误的，有权提出异议并要求及时采取更正等必要措施。第二款规定，自然人发现信息持有者违反法律、行政法规的规定或者双方的约定收集、使用其个人信息的，有权要求信息持有者及时删除其个人信息。

有的意见建议增加第三款规定：“未及时采取更正、删除等必要措施的，信息持有者应当承担民事责任。”

(五)个人信息的合理使用

草案第八百一十六条规定，收集、使用或者公开自然人个人信息，有下列情形之一的，行为人不承担民事责任：(1)在该自然人同意的范围内实施的行为；(2)使用该自然人自行公开的或者其他已合法公开的信息，但是使用该信息侵害该自然人重大利益或者自然人明确拒绝他人使用的除外；(3)为维护公共利益或者该自然人合法权益，合理实施的其他行为。

有的意见提出，日常生活中，保险到期前，不同的保险公司不停地打电话咨询，这种“信息营销”是否属于维护自然人合法权益，建议对第三项中的“自然人合法权益”作进一步明确。

有的意见提出，身份信息用于合同服务，在合同服务结束后不得再使用身份信息，建议增加规定，合同服务结束后应当销毁身份信息或者限制使用的时间。

民法典人格权编河北调研简报

2019 年 7 月，法工委民法室有关同志就《民法典人格权编（草案）》赴河北省调研。调研期间，在石家庄市、雄安新区召开座谈会，听取全国人大代表、省人大有关专工委、法院、检察院、政府有关部门、医院、红十字会、物业服务企业，以及律师和有关专家学者的意见建议，并到石药控股集团有限公司中央药物研究院、雄安新区规划展示中心进行了实地调研。现将有关情况简报如下：

一、关于人体组织器官捐献

有的意见提出，对遗体的捐献，主要是把握如下原则：一是生前留有拒绝捐献书面材料的不捐献；二是捐献者的配偶、成年子女、父母中有人不同意的不捐献；三是捐献程序上要有医生默哀、遗容恢复、缅怀纪念等要求，并对家属给予人道关怀。目前，河北省正在起草相关地方立法，明确捐献应当遵循自愿、无偿、和谐的原则。

有的意见提出，目前对捐献者家属的救助标准较低，一定程度影响了捐献积极性。另外，发起捐献、器官维护、提供救助等需要支付相关费用，目前都由受捐人负担，没有全国统一的标准。

有的意见提出，应当提倡无偿捐献，但捐献人及其家属应当享有一定的权利和优待，有必要规定受捐者的相应义务。

有的意见提出，对于死者生前没有拒绝捐献的，是否家属同意就可以捐献，需要法律明确规定。

有的意见建议增加规定：“限制民事行为能力人愿意捐献遗体的，应当征得其监护人的书面同意，捐献人的近亲属应当尊重捐献人的意愿。”

有的意见提出，应当明确捐献人及其亲属是否具有撤销权。现实中往往出现捐献人生前已经同意无偿捐献，但亲属不同意的情况，建议明确捐献人及其三代以内直系血亲有撤销权。

有的意见建议增加规定，自然人同意捐献后可以随时撤回该同意。如果由于该撤回造成损失的，不承担民事责任，但当事人具有故意或重大过失的除外。有的意见建议规定，撤回捐献给受捐赠人造成损失的，可以由捐献人作出补偿。

有的意见建议增加规定："自然人同意捐献的意思表示不得违背法律或公序良俗。"

有的意见建议增加规定："任何组织或者个人不得摘取未满18周岁公民的活体器官用于移植。"

有的意见建议完善捐献协议执行程序，确立捐献协议执行人制度。

有的意见提出，在医学研究中，以研究经费支付报酬的方式收集人体组织样本，是否也属于买卖人体组织，是否都要禁止，建议明确规定。

有的意见提出，人体器官捐献问题比较复杂，建议不在人格权编中规定，将这一问题留给专门立法。

二、关于临床试验

有的意见提出，临床试验应当经主管部门批准并经伦理委员会审查同意。同时向接受试验者或者其监护人告知试验目的、作用效果和可能产生的风险等详细情况，必须有书面同意意向书。进行临床试验时还要注意：一是必须以科学为基础，在充分的实验室研究、动物试验结果反复验证并对科学文献全面了解掌握的基础上开展进行，每一项试验方案都应当明确具体实施步骤。二是临床试验中进行的任何医学研究，都应当向每一名受试者具体告知研究的目的、研究方法、预期的受益比例、可能存在的风险及不适，并告知受试者有权拒绝参加或者随时退出。涉及新的治疗方法的，还应当对比现有的最佳治疗方法，详细说明新方法在可能价值、危险和不适等方面的优缺点。三是临床试验的重要性与受试者承担的风险应当基本平衡，并应当重视受试者的利益，一旦发现继续试验对受试者弊大于利，就应当马上停止。四是应当尊重受试者的隐私权，对受试者个人信息要予以保密，不得泄露或者非法向他人提供，要将对受试者的身体、精神以及人格等方面的影响降到最低。五是应当保证对参加临床试验的每一位病人，都提供业已证实的最佳诊疗方法。

有的意见建议增加规定，临床试验中如果出现可预见的损伤，可以给予适当的补偿；如果出现事先没有预见的损害，应当给予赔偿。

有的意见提出，人体试验要最大限度地尊重接受试验者的真实意愿，对于接受试验者是未成年人的，不能只有监护人同意，还应当征求该未成年人的意见。

有的意见建议增加规定，临床试验取得书面同意后，接受试验者本人或者其监护人可以随时撤销该同意。如果由于该撤回造成损失的，不承担民事责任，但当事人具有故意或重大过失的除外。

有的意见提出，临床试验问题复杂，需要对医疗技术进步和个人身体健康权做出价值衡量，明确批准程序、操作程序等方面的具体规则，带有一定的公法色彩，不完全属于民法的调整范围,不适合在人格权编中规定。

有的意见提出,在生物医学研究中,除了受试者直接参与的临床试验,还要收集正常诊疗过程中的数据做进一步的分析研究,其中有的问题也存在争议,具体包括:一是符合什么条件的临床研究可以不取得病人同意,而直接使用相关医疗信息、组织样本等。二是对于储存的病人信息及样本,可能多次进行研究利用时,是必须向病人明确告知全部可能用途,并取得其同意,还是可以做大体说明,笼统取得"泛知情"同意。三是因医学研究的风险而带来的损害赔偿与补偿问题。四是大数据背景下,医疗数据的流通是否都需要患者授权。五是对常规诊疗下的病人做观察研究的,病人是否有权要求从研究成果中获益。建议将草案中关于临床试验的规定扩大到整个生物医学研究的领域,并针对相关问题增加具体内容,其中要明确因参与研究造成受试者伤害,即使已经明确告知受试者风险,也应予以积极救治并给予一定的赔偿、补偿。

三、关于个人信息保护与数据流通共享

有的意见提出,目前一些网络服务提供的 APP 软件,往往要求提供很多个人信息,不提供就用不了,对这一问题立法应予解决。

有的意见建议将"个人信息保护"改为"个人信息权",在收集、使用自然人个人信息的原则中增加"透明"原则。

有的意见建议明确界定收集个人信息的"必要"范围,对数据共享的形式、数据共享的范围等作出具体规定,并明确再次共享仍应先取得授权,并确立个人信息匿名化处理的规则。

有的意见提出,过分强调知情同意才能利用,会限制个人信息的流通开发和创新使用。建议区分敏感信息和一般信息,禁止收集、处理诸如宗教信仰、基因、指纹、血型、疾病和病史信息等个人敏感信息,支持一般信息的合法流动。

有的意见建议将属于隐私的"私人信息"改为"个人秘密"。

有的意见提出,应当进一步加强对未成年人个人信息的保护,建议增加规定:不得直接收集使用未成年人的敏感个人信息,确需收集的,须取得监护人明示同意,但是法律、行政法规另有规定的除外;同时明确监护人有权了解相关情况、阻止进一步收集或者使用未成年人的个人信息。

有的意见建议增加两条规定:一是民事主体的通信秘密受法律保护;二是任何组织或者个人未经接收者同意或者请求,不得以电子信息方式向其发送广告等商业性信息。以电子信息方式发送广告等商业性信息的,应当明示发送者的真实身份和联系方式,并向接收者提供拒绝继续接收的方式,且不得收取任何费用或增加接收者的任何义务。

有的意见建议进一步规定信息收集者在发生信息泄露时的通知制度，明确具体的通知对象、时限与程序要求。

有的意见提出，对于个人信息保护问题更适合单独立法。

有的意见建议民法典对数据权属相关问题作出回应，明晰政府数据的公开边界、企业数据的商业应用边界和个人数据的隐私保护边界，对数据收集、访问、交易、匿名化脱敏处理等问题作出规定，平衡权利保护与科技创新的关系，鼓励企业在不违反法律、社会伦理的前提下对数据进行分析、利用和再开发。

四、其他意见

1. 有的意见建议将人格权编作为民法典分则的第一编，紧跟总则之后。

2. 有的意见建议增加规定，性骚扰的受害人有权向所在单位、公安机关及相关部门报告，受理的单位和部门应当作出处理。同时，公共服务场所的管理者和经营者应当采取措施防止对受害人的性骚扰；在公共服务场所发生性骚扰时，受害人有权向公共服务场所的管理者或经营者求助，公共服务场所的管理者和经营者应当立即采取措施，保护受害人，保存相关证据，并向公安机关报案。

3. 有的意见提出，网络转载他人的不实报道是否构成侵犯人格权，建议研究。

4. 有的意见提出，关于承担民事责任的规定应放在侵权责任编中规定，不宜放在人格权编。

《民法典人格权编(草案)》部门座谈会简报

2019年1月18日,民法室召开座谈会,听取最高人民法院、司法部、工业和信息化部、中国人民银行、新闻出版署、全国妇联、中华全国律协、北京市积水潭医院、阿里巴巴集团公司、腾讯公司等单位对《民法典人格权编(草案)》的意见。现将主要意见简报如下:

一、总的意见

有的单位建议,在人格权编最后增加一章"其他人格权",明确规定平等就业权、生育权、性自主权和集体人格权等内容,以更好地落实宪法中"公民的人格尊严不受侵犯"的要求。关于集体人格权的问题,比如,侮辱、诽谤、丑化、歧视或者以其他方式侵害残疾人或者女性等特定群体的集体人格权,危害社会公共利益的,立法应当有所回应,并建立集体人格权的公益诉讼制度,允许法律规定的机关和组织依法支持受害群体维权。

有的单位提出,网络环境下人格权的保护规定散落在不同的法律法规、司法解释当中,建议将这些内容集中起来作系统化规定。

有的部门建议增设信用权。

二、关于一般规定

(一)调整范围

草案第七百七十三条规定,本编调整因人格权产生的民事关系。

有的部门建议将"人格权"修改为"人格权益"。

(二)一般人格权

草案第七百七十四条第一款规定,民事主体的人格权受法律保护。第二款规定,除本编规定的人格权外,自然人享有基于人身自由、人格尊严产生的其他人格权益。

有的部门建议将本条修改为:"民事主体享有人格独立、人格平等、人格尊严和人格自由,任何组织和个人不得侵犯。"

有的部门建议对人格权的内涵进行界定。

(三)人格权的限制

草案第七百七十五条第一款规定,人格权不得放弃、转让、继承,但是法律另有规定的除外。第二款规定,对人格权不得进行非法限制。

有的部门建议将第一款中的“法律”修改为“法律、行政法规”。

(四)死者人格利益的保护

草案第七百七十七条规定,死者的姓名、肖像、名誉、荣誉等受到侵害的,其配偶、子女、父母可以依法请求行为人承担民事责任;死者没有配偶、子女和父母的,其他近亲属可以依法请求行为人承担民事责任。

有的部门建议将“死者没有配偶、子女和父母的”修改为“死者没有配偶、子女或者配偶、子女、父母均死亡的”。

(五)侵害人格权的责任认定

草案第七百七十九条第一款规定,认定行为人承担侵害人格权的民事责任,应当考虑下列因素:(1)人格权的类型;(2)行为人和受害人的职业、社会身份、影响范围等;(3)行为的目的、方式、地点、时间、后果等具体情节。第二款规定,行为人为维护公序良俗实施新闻报道、舆论监督等行为的,可以在必要范围内合理使用民事主体的姓名、名称、肖像、隐私、个人信息等。

有的部门提出,第二款规定的新闻报道、舆论监督是否一定要以“维护公序良俗”为前提条件,建议斟酌。

有的单位提出,民事责任的认定和行为人应当承担责任、承担责任的尺度是两个概念,将第一款中的三项作为民事责任的认定依据不合适。

有的单位提出,应当处理好隐私和个人信息的关系,第二款将隐私和个人信息并列不妥当。对两者的使用限制应该是不一样的,现实生活中使用个人信息的场景非常普遍,而隐私的使用则应限定在很小的范围内。

(六)其他

有的单位建议增加一条规定:“人格权行使时应当按照以下规定受到依法限制或者负有相应的容忍义务:(一)不得违反法律,不得违背公序良俗;(二)不得滥用权利损害国家利益、社会公共利益或者他人合法权益;(三)国家机关为执行公务、保障公共安全等依法在必要范围内限制人格权的行使;(四)对人格利益轻微损害的社会通常容忍;(五)对时事新闻报道等在媒体中合理使用人格权的容忍;(六)公众人物对公众和传媒对其人格权适度妨害的容忍。”

有的单位建议对通信秘密作出规定。

三、关于生命权、身体权和健康权

（一）生命权

草案第七百八十三条规定，自然人享有生命权，有权维护自己的生命安全。任何组织或者个人不得侵害他人的生命权。

有的单位建议明确生命权、身体权、健康权的概念。

（二）禁止人体买卖

草案第七百八十八条第一款规定，禁止以任何形式买卖人体细胞、人体器官、人体组织、遗体。第二款规定，违反前款规定的买卖行为无效。

有的单位提出，对于是否完全禁止头发等特殊的可再生人体组织，以及脱离人体后可以作为药物的胎盘等人体组织的买卖，建议再研究。

（三）人体试验

草案第七百八十九条第一款规定，有关科研机构等开发新药或者发展新的治疗方法，需要在人体上进行试验的，依法经相关主管部门批准后，还应当向接受试验的本人或者其监护人告知试验目的、用途和可能产生的损害等详细情况，并经其书面同意。本人或者其监护人可以随时撤销该同意。第二款规定，禁止向接受试验者支付任何形式的报酬，但是可以给予其必要的补偿。

有的单位提出，人体试验过程中造成接受试验者的身体损害，如果是新药品或者新的治疗方法存在的可预知的风险，这种情况下医疗机构是否有赔偿的义务，建议进一步明确。此外，对试验过程中操作不当或者失误造成的身体损害责任，要注意与侵权责任编中的医疗损害责任的区分和协调。

有的部门提出，现行法律法规尚无对新治疗方法的人体试验设置行政许可，在民法典中新增该项许可是否合适，建议斟酌。

（四）性骚扰

草案第七百九十条第一款规定，违背他人意愿，以言语、行动或者利用从属关系等方式对他人实施性骚扰的，受害人可以依法请求行为人承担民事责任。第二款规定，用人单位应当在工作场所采取合理的预防、投诉、处置等措施，预防和制止性骚扰行为。

有的单位提出，对于性骚扰，用人单位如果没有采取合理的预防、投诉、处置等措施的，应当承担什么责任，建议明确。

有的单位建议将第二款修改为："用人单位和学校应当采取合理的预防、投诉、处置等措施，预防和制止性骚扰行为。"并增加一款规定："未采取有效措施预防和制止性骚扰造成损害后果的，应当承担民事责任。"

（五）其他

有的部门提出，对基因编辑、人类辅助生殖技术、代孕等问题，立法要有所考虑。

有的单位建议增加死亡赔偿金的规定，明确请求权主体以及具体的赔偿范围。

有的单位提出，自然人出生和死亡以什么为判断标准，学术界和实务界还存在争议。目前不少国家都以脑死亡为判断标准，如加拿大、瑞典、美国、芬兰、印度、英国，还有不少国家采用混合脑死亡立法模式，即心肺死亡和脑死亡都作为死亡的判断标准，包括西班牙、新西兰、日本、罗马尼亚、挪威、德国。之所以规定脑死亡标准，是因为脑死亡是不可逆的。基于此，建议规定脑死亡为自然人死亡判断标准。此外，现在生物医学技术越来越发达，包括基因编辑、冷冻胚胎、辅助生殖的法律地位和相关法律问题，在临床过程当中面临诸多的难题；还有生前预嘱，也就是尊严死的问题，现在很多人都在呼吁。建议对这些问题是否规定作进一步研究。

四、关于姓名权和名称权

（一）姓名权和名称权

草案第七百九十二条第一款规定，自然人享有姓名权，有权依法决定、使用、变更或者许可他人使用自己的姓名。第二款规定，法人、非法人组织享有名称权，有权依法使用、变更、转让或者许可他人使用自己的名称。

有的单位建议增加一款规定："自然人行使姓名权，应当遵守社会公德，不得违反公序良俗。"

（二）姓名和名称的登记

草案第七百九十六条规定，民事主体决定、变更自己的姓名、名称，或者转让自己的名称的，应当依法向有关机关办理登记手续，但是法律另有规定的除外。

有的单位提出，实践中，自然人改变姓名逃债、用人单位更名后拒不承担劳动合同权利义务的现象屡见不鲜，尤其在执行过程当中，当事人通过变更姓名和名称逃避执行的行为经常发生。建议在本条后增加一条规定："民事主体姓名、名称的变更，不影响变更前其实施的民事法律行为的效力。"此外，考虑到允许名称权转让有可能会导致实践中大量出现营业与名称分离转让的情形，影响交易秩序，建议增加一条规定："名称可以随法人、非法人组织或者其一部分一并转让。转让后，转让方不得继续使用已转让的名称。"

（三）其他

有的单位建议增加关于姓名的使用规范，明晰自然人对姓名的使用规则，比如规定自然人对其姓名的使用，包括使用姓名彰显身份，使用姓名文字形成其他标识以及获得财产利益，自然人对其姓名文字的其他标识性使用不得损害他人与社会公共利益等内容。

五、关于肖像权

（一）肖像权的保护

草案第七百九十九条第一款规定，任何组织或者个人不得以歪曲、污辱等方式侵害他人的肖像权。未经肖像权人同意，他人不得制作、使用、公开自然人的肖像，但是法律另有规定的除外。第二款规定，未经肖像权人同意，肖像作品的权利人不得实施将肖像作品发表、复制、发行、出租、展览等涉及使用或者公开肖像的行为。

有的部门建议明确第二款中的“肖像作品”是指专门针对自然人的肖像创作的作品如人像素描、摄影、雕像等，还是指作品中出现的自然人的形象。

（二）其他人格权许可的参照适用

草案第八百零三条规定，其他人格权的许可使用，参照适用本章的有关规定。

有的部门建议将本条修改为：“声音等其他人格利益的使用，参照本章的规定。”

六、关于名誉权和荣誉权

（一）总的意见

有的部门建议将本章章名修改为“名誉权、信用权和荣誉权”。

（二）名誉权

草案第八百零四条第一款规定，民事主体享有名誉权。任何组织或者个人不得以侮辱、诽谤等方式侵害他人的名誉权。第二款规定，本法所称名誉是他人对民事主体的品德、声望、才能、信誉、信用等的社会评价。

有的部门提出，品德、声望、信誉、信用等概念相互交叉，信誉和信用难以区分，信誉、信用是否属于品德、声望的组成部分不太明确，建议对第二款的表述再作斟酌。

有的部门建议增加一款规定：“本法所称信用是指债权债务关系及其涉事主体偿付债务能力的综合评价；信用信息主要是指民事主体的负债历史记录以及偿债履约能力判断信息。”

（三）信用评价

草案第八百零八条规定，民事主体可以依法查询自己的信用评价；发现信用评价错误或者侵害自己合法权益的，有权提出异议并要求采取更正、删除等必要措施。信用评价人应及时核查，经核查属实的，应当及时采取必要措施。

有的部门建议明确征信机构是作出信用评价的唯一合法主体，并增加规定“未经国务院征信业监督管理部门批准的其他任何主体不得开展对民事主体的信用评价”。

（四）其他

有的单位提出，名誉、荣誉已经具有了一定的经济属性，对民事主体不实的负面评价有可能对其经济利益造成损害，需要建立消除负面评价的基本制度，督促各相关机构研究和发展消除负面评价的具体方法。

七、关于隐私权和个人信息

（一）隐私权

草案第八百一十一条第一款规定，自然人享有隐私权。任何组织或者个人不得以刺探、侵扰、泄露、公开等方式侵害他人的隐私权。第二款规定，本法所称隐私是具有私密性的私人空间、私人活动和私人信息等。

有的单位提出，隐私权和个人信息是不同的人格权类型，但在实践当中私人信息和个人信息又很难截然区分，建议进一步斟酌相关的用词。

有的部门建议把“私人信息”放到个人信息中去，缩小隐私权的范围。

（二）个人信息的一般规定

草案第八百一十三条第一款规定，自然人的个人信息受法律保护。第二款规定，本法所称个人信息是以电子或者其他方式记录的能够单独或者与其他信息结合识别自然人个人身份的各种信息，包括自然人的姓名、出生日期、身份证件号码、个人生物识别信息、住址、电话号码等。

有的部门提出，金融与个人信息联系紧密，现在金融信息的获取渠道很多，包括银行和线上的公司，比如P2P、现金贷等，但对于个人金融信息的保护还不够。建议在第二款中增列“个人金融信息”。

有的单位提出，自然人的健康档案、病历资料、体检报告、基因信息等对每个人来说都很重要，尤其是现在医疗机构的个人健康档案都已经联网，这些信息很多掌握在网络公司手中，可能被倒卖或者泄露出去，甚至可能提供给国外用于研究中国人的健康现状，对这些行为有必要进行规范。建议明确规定这些信息为受保护的个人信息。

有的单位提出，从个人信息保护法的法律体系来看，如果做了充分的匿名化，应该不再属于个人信息，不论在哪个环节，都不受个人信息保护法的调整，包括删除权等权利都不应该支持。建议增加规定个人信息充分匿名化后不再属于个人信息，并对草案第八百一十七条作相应修改。

（三）个人信息的收集、使用

草案第八百一十四条规定，收集、使用自然人个人信息的，应当遵循合法、正当、必要原则，并应当符合以下条件：(1)征得被收集者同意；(2)公开收集、使用信息的规则；(3)明示收集、使用信息的目的、方式和范围；(4)不违反法律、行政法规的规定和当事人之间的约定。

有的部门建议第一项中增加除外规定“但法律、行政法规另有规定的除外”，以使在合法合规的前提下对个人信息的收集和使用，可以不征得被收集者同意。此外，还建议增加规定未成年人个人信息的特殊保护规则，对未成年人个人信息的收集必须取得其监护人的同意。

有的单位提出，互联网技术能够给传统医疗行业带来两个帮助，一是解决医疗行业信息不对称的问题，二是可以用新技术帮助增加医疗资源尤其是优质医疗资源，让更多的人民群众受益。例如，医疗AI技术可以把好的经验沉淀下来，帮助基层医院、社区医院提升水平，减少误诊率。但医疗AI毕竟是一个医疗诊断的辅助工具，需要运用大量含有个人信息的数据。本章规定对收集、使用个人信息等都要求以自然人同意为基础，可能使大量的数据都没有办法被应用，这会阻碍行业和技术的发展，甚至影响整个产业的发展。建议对个人信息的收集、使用作一些分层研究，例如不同场景下需要的个人信息数据是不一样的，处理方式也应是不一样的。

有的单位提出，在社会生活中存在大量不经被收集者同意的场景，比如央行的征信中心、执法机构、司法机构等收集数据的情形。网络安全法以公法的角度对此作了规定，现在人格权编可以跳出这种公法的视角，把它还原到真实的社会生活场景里。欧盟的GDPR（通用数据保护条例）只是把数据主体同意作为六个合法理由之一。本条规定要征得被收集者同意，对于个人信息的收集、使用限定过于严格，建议修改。

（四）个人信息主体的权利

草案第八百一十五条第一款规定，自然人可以向信息持有人依法查阅、抄录或者复制其个人信息；发现信息有错误的，有权提出异议并要求及时采取更正等必要措施。第二款规定，有下列情形之一的，自然人可以请求信息持有人及时删除其个人信息：(1)存在非法收集、使用信息的行为；(2)持有侵害自然人合法权益的信息；(3)持有的信息储存期限依法已经届满；(4)根据收集或者使用的特定目的，信息持有人持有信息已经没有必要；(5)其他没有正当理由继续持有信息的情形。

有的单位建议，第一，将第一款中的“复制”修改为“获取”。第二，第二款第二项中的“持有侵害自然人合法权益的信息”表述过于模糊，建议明确。第三，第二款和草案第八百一十七条中的“信息持有人”概念是否准确恰当，建议斟酌。

（五）个人信息的限制

草案第八百一十六条规定，实施收集、使用或者公开个人信息等行为，有下列情形之一的，行为人不承担民事责任：(1)在自然人同意的范围内实施的行为；(2)使用自然人自行公开的或者其他已合法公开的信息，但是使用该信息侵害该自然人重大利益或者自然人明确拒绝他人使用的除外；(3)为学术研究、课堂教学或者统计目的在合理范围内实施的行为;(4)为维护公序良俗而实施的必要行为;(5)法律、行政法规规定的其他适当实施情形。

有的单位建议将第一项修改为"在向自然人明确提示说明相关法律后果并取得其同意的范围内实施的行为",以突出对人格权的保护。

(六)信息收集人、持有人的义务

草案第八百一十七条第一款规定,信息收集人、持有人不得泄露、篡改、毁损其收集、存储的个人信息;未经被收集者同意,不得向他人提供个人信息。但是经过处理无法识别特定个人且不能复原的除外。第二款规定,信息收集人、持有人应当采取技术措施和其他必要措施,确保其收集、存储的个人信息安全,防止信息泄露、毁损、丢失。在发生或者可能发生个人信息泄露、毁损、丢失的情况时,应当及时采取补救措施并告知被收集者。

有的单位提出,对匿名化处理后的个人信息数据收集、使用等如果不加以限制,可能会涉及信息化安全问题,比如威胁国家安全或者损害公共利益,建议规定一个准入门槛。

(七)其他

有的单位建议明确信息持有者的信息提供义务,增加规定,国家机关基于行使职权的需要,要求网络服务提供者或者其他信息持有者提供网络用户基本信息的,信息持有者负有提供的义务。

有的单位提出,现在互联网公司一般不会主动把数据泄露出去,而是通过其技术分析能力,直接把算法引入到数据库里面,从中提取有价值的信息,但这需要立法为这种行为提供一定的空间。

八、其他意见

有的单位提出,关于数据安全的问题,十三届全国人大常委会立法规划中,除了人格权编涉及这个问题,还有个人信息保护法和数据安全法也涉及这个问题,这些立法从不同角度回应了数据保护问题。应当处理好人格权编与另两部立法的关系,特别是私法规范与公法规范之间的关系。此外,目前世界上的主流做法是把个人信息问题交给行政法来规范,欧盟 28 个成员国和美国都设立了独立监管机构,个人信息相关权利受到侵害时,一般都是通过这些监管机构解决,而不是通过司法途径。

部分学者和单位对民法典人格权编(草案)二次审议稿的意见

十三届全国人大常委会第十次会议对《民法典人格权编(草案)》进行了二次审议。2019 年 7 月 9 日,法制工作委员会民法室召开会议,听取部分学者、有关单位对人格权编(草案)二次审议稿的意见和建议。现将主要意见简报如下:

一、关于总的意见

有的学者提出,人格权编应当尽量处理好与侵权责任编的关系,有的条文可以直接归入侵权责任编,如草案第七百八十一条之一、第七百八十二条、第七百九十四条、第七百九十九条等规定。此外,本编主要是关于自然人人格权的规定,建议在第一章单列一条规定,有关法人、非法人组织的人格权参照本编有关规定处理。

二、关于一般规定

(一)调整范围

草案二次审议稿第七百七十三条规定,本编调整因人格权产生的民事关系。

有的学者提出,本条规定与汉语的表达习惯不符,建议修改为"本编调整因人格权的确认、享有和保护产生的民事关系"。

有的学者建议删去本条规定。

(二)一般人格权

草案二次审议稿第七百七十四条第一款规定,民事主体的人格权受法律保护,任何组织或者个人不得侵害。第二款规定,除本编规定的人格权外,自然人享有基于人身自由、人格尊严产生的其他人格权益。

有的学者建议,在本条增加一款规定人格权的定义,把人格权排除他人干涉的效力体现出来。

有的学者建议,将本条的"人格权"修改为"人格权益",以使其内涵包括更多内容,更加周延。

(三)死者人格利益保护

草案二次审议稿第七百七十七条规定,死者的姓名、肖像、名誉、荣誉、遗体等受到侵害的,其配偶、子女、父母有权依法请求行为人承担民事责任;死者没有配偶、子女并且父母已经死亡的,其他近亲属有权依法请求行为人承担民事责任。

有的学者提出,本条请求权人的范围过窄,建议扩大至“共同生活之人”。此外,本条关于顺位规定的意义不清,建议明确规定,如果前顺位的主体不请求的,后顺位的主体也可以主张。

有的学者提出,为满足实践需要,建议在“遗体”后面加上“遗骨”。

(四)侵害人格权的民事责任

草案二次审议稿第七百七十八条第一款规定,人格权受到侵害的,受害人有权依照本法和其他法律的规定请求行为人承担民事责任。第二款规定,依照前款规定提出停止侵害、排除妨碍、消除危险、消除影响、恢复名誉请求权的,不适用诉讼时效的规定。

有的学者提出,本条第二款直接确立了人格权请求权,也有别于民法总则的规定,意义重大,建议保留。

(五)姓名、名称、肖像、个人信息等的合理使用

草案二次审议稿第七百八十一条之一规定,实施新闻报道、舆论监督等行为的,可以合理使用民事主体的姓名、名称、肖像、个人信息等。行为人未合理使用的,应当依法承担民事责任。

有的单位提出,业界对新闻报道有共识,但舆论监督的范围很大,在实际操作过程中可能会遇到问题而发生争议,建议对舆论监督的表述作进一步研究。

(六)身份权利的参照适用

草案二次审议稿第七百八十二条之一规定,自然人因婚姻、家庭关系等产生的身份权利的保护,参照适用本编人格权保护的有关规定。

有的学者提出,本条应当首先明确适用婚姻家庭编的规定,在婚姻家庭编没有规定的情况下,才参照适用人格权保护的有关规定。

三、关于生命权、身体权和健康权

(一)总的意见

有的学者提出,本编第七百九十条规定的性骚扰和第七百九十一条规定的行动自由,其本质上都属于独立的人身自由权,建议本章章名单列出“人身自由权”。

(二)生命权

草案二次审议稿第七百八十三条规定,自然人享有生命权,有权维护自己的生命安全和生命尊严。任何组织或者个人不得侵害他人的生命权。

有的学者提出，每个人对自己的生命都应享有自决的权利，都享有有尊严地活着的权利。基于此，为了减少没有任何救治希望的病人或者老人临终前的痛苦，让其有尊严地离开，减轻家庭和社会的负担，建议在立法上增加“临终关怀和生前预嘱”的相关内容。

（三）紧急救助

草案第七百八十六条规定，自然人的生命权、身体权、健康权受到侵害或者处于其他危难情形的，负有法定救助义务的组织或者个人应当及时施救。

有的学者提出，本条是关于救助义务的规定，放在民法总则规定更加合适。

（四）人体捐献

草案二次审议稿第七百八十七条第一款规定，完全民事行为能力人有权依法自主决定无偿捐献其人体细胞、人体组织、人体器官、遗体。任何组织或者个人不得欺诈、利诱、胁迫其捐献。第二款规定，自然人依照前款规定同意捐献的，应当采用书面形式或者有效的遗嘱形式。

有的学者提出，器官和遗体的捐赠对社会有益，而且是善举，目前我国主要是死后捐献，对此应当鼓励，建议明确规定，自然人生前未明确拒绝捐献其器官的，其死亡后，近亲属可以共同作出捐献决定。

有的学者提出，基于现实需要，不能回避未成年人器官捐献的问题。此外，还应当鼓励遗体捐献，但遗体捐献应当受善良风俗和未成年人遗嘱的限制。

（五）禁止人体买卖

草案二次审议稿第七百八十八条第一款规定，禁止以任何形式买卖人体细胞、人体组织、人体器官、遗体。第二款规定，违反前款规定的买卖行为无效。

有的学者建议在本条增加“人类遗传资源”。

（六）人体试验

草案二次审议稿第七百八十九条规定，为研制新药、医疗器械或者发展新的预防和治疗方法，需要进行临床试验的，应当依法经相关主管部门批准并经伦理委员会审查同意，向接受试验者或者其监护人告知试验目的、用途和可能产生的风险等详细情况，并经书面同意。

有的学者建议，明确伦理委员会具体是干什么的；同时，为与相关的法律行政法规用词一致，建议将“新药”改为“药品”，将“接受试验者”改为“受试者”，将“书面同意”修改为“签署知情同意书”。

（七）性骚扰

草案二次审议稿第七百九十条第一款规定，违背他人意愿，以言语、行为等方式对他人实施性骚扰的，受害人有权依法请求行为人承担民事责任。第二款规定，用人单位应当在工作场所采取合理的预防、投诉调查、处置等措施，防止和制止利用从属关系等实施性骚扰。

有的学者提出，用人单位违反义务后是否承担责任，承担什么样性质的责任，建议加以明确。

四、关于姓名权和名称权

草案二次审议稿第七百九十二条规定，自然人享有姓名权，有权依法决定、使用、变更或者许可他人使用自己的姓名。

有的学者提出，多大的年龄以及什么样的人才可以许可他人使用，建议作出相应规定。

有的学者提出，姓名本来的功能就是为了让人使用的，姓名权人的权利只能是要求他人正确使用，而不应是禁止他人使用，建议删除本条中的“许可他人使用”规定。

五、关于肖像权

（一）肖像权的保护

草案二次审议稿第七百九十九条第一款规定，任何组织或者个人不得以丑化、污损，或者利用信息技术手段伪造等方式侵害他人的肖像权。未经肖像权人同意，不得制作、使用、公开肖像权人的肖像，但是法律另有规定的除外。第二款规定，未经肖像权人同意，肖像作品权利人不得以发表、复制、发行、出租、展览等方式使用或者公开肖像权人的肖像。

有的单位建议将本条中的“伪造”修改为“恶意伪造”，以与丑化、污损平行。

（二）肖像权的限制

草案二次审议稿第八百条规定，实施下列行为的，可以不经肖像权人同意：(1)为个人学习、艺术欣赏、课堂教学或者科学研究，在必要范围内使用肖像权人已经公开的肖像；(2)为实施新闻报道，不可避免地使用、公开肖像权人肖像；(3)为依法履行职责，国家机关在必要范围内使用、公开肖像权人肖像；(4)为展示特定公共环境，不可避免地使用、公开肖像权人肖像；(5)为维护公共利益或者肖像权人合法权益，合理使用、公开肖像权人肖像的其他行为。

有的学者提出，为和肖像权第七百九十八条的定义相一致，建议本条的第二项和第三项在“使用”之前增加“制作”。

六、关于名誉权和荣誉权

（一）总的意见

有的学者提出，现代社会，信用权有独立存在的价值，应该从本章的名誉权中独立出来，建议将第五章的章名由“名誉权和荣誉权”修改为“名誉权、信用权和荣誉权”即可。

有的单位提出，对于信用权，各方并无定论，实践中无范本，美国的信用体制机制发展了一百多年，也没有信用权的概念，建议在民法典里不规定“信用权”为宜。

（二）信用评价

草案第八百零八条规定，民事主体可以依法查询自己的信用评价；发现信用评价错误的，有权提出异议并要求采取更正、删除等必要措施。信用评价人应当及时核查，经核查属实的，应当及时采取必要措施。

有的单位提出，信用评价不存在对错，只能说哪种信用评价的模型更好或者更加科学，否则可能动摇信用评价的根基，建议删除本条规定。

七、关于隐私权和个人信息保护

（一）总的意见

有的学者和单位提出，如果不明确规定个人信息为一种权利，那么个人信息是不是人格权都会有问题，建议在综合考虑业界意见的基础上，将“个人信息”表述为“个人信息受保护权”，这样规定更有利于保护公民的个人信息，且与欧盟的做法一致，也可达到各方利益的平衡。

有的单位建议，在本章就侵害个人信息的责任作出一般性规定。

有的学者提出，在目前的司法实践中，已经有不少关于个人信息的纠纷案件，例如运营第三方 APP 软件的主体究竟应该对保护个人信息负有何种义务，承担什么样的责任，责任的归责原则如何，目前没有明确规定，建议在本章对这些问题作出规定。

（二）隐私及隐私权

草案二次审议稿第八百一十一条第一款规定，自然人享有隐私权。任何组织或者个人不得以刺探、侵扰、泄露、公开等方式侵害他人的隐私权。第二款规定，本法所称隐私是具有私密性的私人空间、私人活动和私人信息等。

有的单位提出，隐私权和个人信息在同一章规定，但二者存在一定的交叉重合，特别是个人信息中的敏感信息部分，如何与隐私权中的隐私信息进行区分，建议在立法中予以明确。

（三）隐私权的保护

草案二次审议稿第八百一十二条规定，除法律另有规定或者权利人同意外，任何组织或者个人不得实施下列行为：（1）搜查、进入、窥视他人住宅等私人空间；（2）拍摄、录制、公开、窥视、窃听他人的私人活动；（3）拍摄、窥视他人身体的私密部位；（4）获取、删除、公开、买卖他人的私人信息；（5）以短信、电话、即时通讯工具、电子邮件、传单等方式侵扰他人的生活安宁;(6)以其他方式侵害他人的隐私权。

有的学者提出,本条的规定只是宣示性规定,在实际生活中,大量的宾馆被安装了摄像头,严重侵犯旅客的隐私权,建议明确规定宾馆有预防和制止的义务,并明确不履行该义务的民事责任。

有的学者提出,第四项属于个人信息,与其他几项隐私不同,建议该内容放在第八百一十三条规定。

有的单位提出,为便于区分,建议将本条第四项中的"私人信息"修改为"私密信息"。

(四)个人信息的收集、使用

草案二次审议稿第八百一十四条规定,收集、使用自然人个人信息的,应当遵循合法、正当、必要原则,并应当符合下列条件:(1)征得该自然人或者其监护人同意,但是法律、行政法规另有规定的除外;(2)公开收集、使用信息的规则;(3)明示收集、使用信息的目的、方式和范围;(4)不违反法律、行政法规的规定和双方的约定。

有的学者提出,本条中"使用"一词太窄,建议参照欧盟 GDPR 的表述,将"使用"修改为"处理"。

有的单位提出,考虑到征信的特殊情况,对于一些不良的信息以及逾期信息的收集,无法做到征得被收集者的同意;同时,根据欧盟和德国等域外的做法,只要基于正当利益的需要,可以强制征信,无需经被收集者同意。只有在收集敏感信息时,才应当征得被收集者同意。

(五)个人信息主体的权利

草案二次审议稿第八百一十五条第一款规定,自然人可以向信息持有者依法查阅、抄录或者复制其个人信息;发现信息有错误的,有权提出异议并要求及时采取更正等必要措施。第二款规定,自然人发现信息持有者违反法律、行政法规的规定或者双方的约定收集、使用其个人信息的,有权要求信息持有者及时删除其个人信息。

有的单位建议将"信息持有者"修改为"信息控制者"。

有的单位提出,本条中"持有者"的表述不是很准确,对象过于广泛,无法确定,建议修改为"收集者或者控制者",若采用控制者的表述,建议对控制者进行具体界定。

(六)信息收集人、持有人的义务

草案二次审议稿第八百一十七条第一款规定,信息收集者、持有者不得泄露、篡改、毁损其收集、存储的个人信息;未经被收集者同意,不得向他人非法提供个人信息。但是经过处理无法识别特定个人且不能复原的除外。第二款规定,信息收集者、持有者应当采取技术措施和其他必要措施，确保其收集、存储的个人信息安全，防止信息泄露、毁损、丢失。发生或者可能发生个人信息泄露、毁损、丢失的情况的，应当及时采取补救措施，依照规定告知被收集者并向有关主管部门报告。

有的单位建议，将“信息持有者”修改为“信息控制者”，这样会使概念更加准确。

有的学者和单位建议删除本条中“毁损”的规定。

部分学者对民法典人格权编(草案)三次审议稿的意见

2019年10月31日上午,民法室召开座谈会,听取中国人民大学、中国政法大学、清华大学、北京航空航天大学、对外经济贸易大学有关专家学者对民法典人格权编(草案)三次审议稿的意见。专家学者普遍认为,人格权编(草案)修改得越来越好,已经比较成熟。现将主要意见简报如下:

一、总的意见

有的专家建议与民法总则的相关表述保持一致,将人格权编置于各分编之首。

有的专家者建议,规定禁止通过排名、排行榜等方式损害别人的荣誉、名誉。有的专家建议,对滥用黑名单等信用评价处置不当的情形作出限制性或禁止性规定。有的专家建议,增加规定"隐私信息不得交易"。有的专家建议,隐私信息交易"至少应当获得明示同意"。

二、关于人格权的定义

草案三次审议稿第七百七十四条第一款规定,人格权是民事主体享有的生命权、身体权、健康权、姓名权、名称权、肖像权、名誉权、荣誉权、隐私权等权利。第二款规定,除前款规定的人格权外,自然人享有基于人身自由、人格尊严产生的其他人格权益。

有的专家提出,草案第一款以列举方式定义人格权,但是外延不封闭,建议修改为:"人格权是以人格利益为内容的民事权利,包括……"有的专家提出,第二款"人身自由"与宪法规定的"人身自由"内涵不同,指的应该是人格自由。

三、关于人格权的处分限制

草案三次审议稿第七百七十五条规定,人格权不得放弃、转让、继承。

有的专家提出,草案二审稿中,本条有"法律另有规定的除外"的但书条款,三审稿删除但书后,对于荣誉的放弃、名称的转让无法解释。

四、关于姓名、名称、肖像的许可使用

草案三次审议稿第七百七十六条规定,民事主体可以将自己的姓名、名称、肖像等许可他人使用,但是依照法律规定或者根据其性质不得许可的除外。

有的专家建议,将“民事主体可以”中的“可以”修改为“有权”。

五、关于死者人格利益保护

草案三次审议稿第七百七十七条规定,死者的姓名、肖像、名誉、荣誉、隐私、遗体等受到侵害的,其配偶、子女、父母有权依法请求行为人承担民事责任;死者没有配偶、子女并且父母已经死亡的,其他近亲属有权依法请求行为人承担民事责任。

有的专家建议,在“遗体”后增加“遗骨”,并应对死者名誉保护进行适当限制。有的专家建议,增加规定侵害行为违反公序良俗,但没有本条规定的请求权人时,人民检察院有权为维护公益提起诉讼。

六、关于身份权利规定的法律使用顺序

草案三次审议稿第七百八十二条之一规定,对自然人因婚姻家庭关系等产生的身份权利的保护,适用本法总则编、婚姻家庭编和其他法律的相关规定;没有规定的,参照适用本编人格权保护的有关规定。

有的专家建议,在适用的排序上先适用婚姻家庭编和其他法律的规定;没有规定的,再参照适用本编人格权保护的规定,最后适用总则。

七、关于身体权

草案三次审议稿第七百八十四条规定,自然人享有身体权,有权维护自己的身体完整和行动自由。任何组织或者个人不得侵害他人的身体权。

有的专家提出,将“行动自由”置于本条规定不合适。

八、关于法定救助义务

草案三次审议稿第七百八十六条规定,自然人的生命权、身体权、健康权受到侵害或者处于其他危难情形的,负有法定救助义务的组织或者个人应当及时施救。

有的专家建议,明确负有法定救助义务的组织或者个人未履行义务的责任。

九、关于对临床试验和医学科研活动的要求

草案三次审议稿第七百八十九条第一款规定,为研制新药、医疗器械或者发展

新的预防和治疗方法,需要进行临床试验的,应当依法经相关主管部门批准并经伦理委员会审查同意,向受试者或者其监护人告知试验目的、用途和可能产生的风险等详细情况,并经书面同意。第七百八十九条之一规定,从事与人体基因、人体胚胎等有关的医学和科研活动的,应当遵守法律、行政法规和国家有关规定,不得危害人体健康,不得违背伦理道德,不得损害公共利益。

有的专家建议,一是在第七百八十九条第一款"需要进行临床试验的"后增加规定:"不得危害人体健康,不得违背伦理道德,不得损害公共利益"。二是将第七百八十九条之一中的"不得危害人体健康,不得违背伦理道德,不得损害公共利益"移至"应当遵守法律、行政法规和国家有关规定"之前。

十、关于防止和制止性骚扰

草案三次审议稿第七百九十条第二款规定,用人单位应当采取合理的预防、受理投诉、调查处置等措施,防止和制止利用职权、从属关系等实施性骚扰。

有的专家提出,该款没有明确违反义务的法律后果,也没有体现单位和单位领导应当承担责任的要求。

十一、关于隐私权的定义

草案三次审议稿第八百一十一条第一款规定,自然人享有隐私权。任何组织或者个人不得以刺探、侵扰、泄露、公开等方式侵害他人的隐私权。第二款规定,隐私是自然人不愿为他人知晓的私密空间、私密活动和私密信息等。

有的专家建议,在第一款"自然人享有隐私权"后增加规定"私生活安宁受法律保护"。有的专家提出,用"生活安宁"保护隐私比用私密信息保护更为有利,建议将"生活安宁"写入第二款隐私权定义。

十二、关于私密信息与个人信息的区分

有的专家建议,隐私信息和一般的个人信息在保护程度上应有所区分,重要的隐私信息应当强化保护。

有的专家建议,对个人信息区分"敏感信息、非敏感信息,隐私信息、非隐私信息"的层次,在保护程度上有所区分。同时,可以在免责事由上将隐私权和个人信息进行区分。

部分学者对民法典(草案)人格权编的意见

2019 年 12 月,十三届全国人大常委会第十五次会议对民法典(草案)整体进行了审议。为进一步做好草案的修改完善工作,2020 年 1 月 16 日下午,民法室召开座谈会,听取部分学者对民法典(草案)人格权编的意见和建议。现将主要意见简报如下:

一、总的意见

有的学者提出,民法总则提前出台,民法典(草案)基本保持了其原样,使总则编第五章民事权利部分和人格权编有些条文重合,由此引发了两方面问题:一是如果总则编和人格权编中的不同规定的表述相同,从立法技术角度看,必定有一方显得多余;二是同样内容出现两个法条,二者表述不同,则出现法律适用和解释问题。建议将总则编中的人格权内容与人格权编适当协调。另外,在措辞方面,建议将人格权编中没有实质意义的 11 处"任何组织或者个人"删除;同时建议将人格权编中的 10 处"有权依法"改为"有权"。

二、关于一般规定

(一)人格权编调整范围

民法典草案第九百八十九条规定,本编调整因人格权的享有和保护产生的民事关系。

有的学者提出,人格权享有不是确认问题,不属于民法范畴,建议进一步研究。有的学者认为人格权享有产生的民事关系当然是由民法调整的。

有的学者建议将本条的"人格权"修改为"人格权益"。

(二)一般人格权

民法典草案第九百九十条第二款规定,除前款规定的人格权外,自然人享有基于人身自由、人格尊严产生的其他人格权益。

有的学者提出,人格权编只有本条第二款提到"人格权益",其他方面涉及人格利益保护的,是不是都可以适用人格权保护的规定,建议明确。

（三）死者的人格利益保护

民法典草案第九百九十四条规定，死者的姓名、肖像、名誉、荣誉、隐私、遗体等受到侵害的，其配偶、子女、父母有权依法请求行为人承担民事责任；死者没有配偶、子女并且父母已经死亡的，其他近亲属有权依法请求行为人承担民事责任。

有的学者提出，死者的隐私应当弱于姓名、肖像、名誉等的保护。有的学者提出，死者的遗体应当首先得到保护。

有的学者提出，从世界各国的惯例来看，对活着的人的保护肯定要强于对死者的保护，本条似乎没有设置前提条件就赋予了死者近亲属的请求权，有别于司法解释只有对近亲属造成损害才赋予其请求权的做法，建议进一步完善。

（四）侵害人格权的民事责任

民法典草案第九百九十五条第一款规定，人格权受到侵害的，受害人有权依照本法和其他法律的规定请求行为人承担民事责任。第二款规定，依据前款规定提出的停止侵害、排除妨碍、消除危险、消除影响、恢复名誉请求权，不适用诉讼时效的规定。

有的学者提出，如果侵害的危险一直存在，时效还没有开始，不存在诉讼时效的问题，所以消除危险、消除影响、恢复名誉请求权不存在适用诉讼时效的问题。

有的学者建议，第二款不适用诉讼时效的请求权应当加上赔礼道歉。有的学者建议第二款修改为，受害人主张停止侵害、排除妨碍、消除危险、消除影响、恢复名誉的，不适用诉讼时效的规定。有的学者建议删去第二款规定，因为与民法总则条文重复。

有的学者建议本条两款合并规定为，人格权受到侵害，受害人有权依法请求行为人承担民事责任；提出的停止侵害、排除妨碍、消除危险、消除影响、恢复名誉请求权，不适用诉讼时效的规定。

（五）人格权保护令

民法典草案第九百九十七条规定，民事主体有证据证明行为人正在实施或者即将实施侵害其人格权的行为，不及时制止将使其合法权益受到难以弥补的损害的，有权依法向人民法院申请采取责令行为人停止有关行为的措施。

有的学者提出，本条中“难以弥补”的表述不合适，建议修改。

有的学者提出，本条规定可能会被西方利用称我国存在新闻审查制度，建议作相应修改完善。

（六）人格权的合理使用

民法典草案第九百九十九条规定，实施新闻报道、舆论监督等行为的，可以合理使用民事主体的姓名、名称、肖像、个人信息等；使用不合理的，应当依法承担民事责任。

有的学者建议删除本条“姓名、名称”，增加“隐私”；同时认为承担责任的落脚点落在合理或者不合理，不利于法律适用。

有的学者建议，加上“新闻媒体”作为主语；同时明确新闻报道和舆论监督是什么关系，并列规定是否合适。

（七）侵害人格权的责任承担

民法典草案第一千条第一款规定，行为人因侵害人格权承担消除影响、恢复名誉、赔礼道歉等民事责任的，应当与行为的具体方式和造成的影响范围相当。第二款规定，行为人拒不承担前款规定的民事责任的，人民法院可以采取在报刊、网络等媒体上发布公告或者公布生效裁判文书等方式执行，产生的费用由行为人负担。

有的学者提出，第二款规定的内容不是民事责任，而是拒不执行法院判决，不适合放在人格权编规定，建议删除。有的学者认为第二款不仅仅是执行的问题，实质上是解决了赔礼道歉的实现方式，是对司法实践经验的很好总结，不能删除。

三、关于生命权、身体权和健康权

（一）生命权、身体权和健康权

民法典草案第一千零二条规定，自然人享有生命权，有权维护自己的生命安全和生命尊严。任何组织或者个人不得侵害他人的生命权。第一千零三条规定，自然人享有身体权，有权维护自己的身体完整和行动自由。任何组织或者个人不得侵害他人的身体权。第一千零四条规定，自然人享有健康权，有权维护自己的身心健康。任何组织或者个人不得侵害他人的健康权。

有的学者建议，一是将规定身体权的第一千零三条和规定健康权的第一千零四条顺位对调；二是将第一千零二条和第一千零三条中的“不得侵害”修改为“不得非法侵害”。

有的学者建议将第一千零二条修改为，自然人享有生命权。自然人的生命安全和生命尊严受法律保护，任何组织或者个人不得侵害他人的生命权。

（二）人体器官捐献

民法典草案第一千零六条第一款规定，完全民事行为能力人有权依法自主决定无偿捐献其人体细胞、人体组织、人体器官、遗体。任何组织或者个人不得强迫、欺骗、利诱其捐献。第二款规定，完全民事行为能力人依据前款规定同意捐献的，应当采用书面形式或者有效的遗嘱形式。第三款规定，自然人生前未表示不同意捐献的，该自然人死亡后，其配偶、成年子女、父母可以共同决定捐献，决定捐献应当采用书面形式。

有的学者建议，将第二款和第一款合并为一款规定，完全民事行为能力人有权依法自主决定无偿捐献其人体细胞、组织、器官或者遗体。捐献应当采用书面形式或者有效的遗嘱形式。任何组织或者个人不得强迫、欺骗、利诱其捐献。将第三款作为第二款修改规定为,生前未表示不同意捐献的,自然人的配偶、成年子女、父母可以共同决定捐献,决定应当采用书面形式。

有的学者建议删去第二款中的"有效的"。

(三)人体器官买卖

民法典草案第一千零七条第一款规定,禁止以任何形式买卖人体细胞、人体组织、人体器官、遗体。第二款规定,违反前款规定的买卖行为无效。

有的学者提出,第二款的规定在实践中容易引起纠纷,比如精子等的买卖无效后,无法返还精子的怎么办,建议删去。

(四)有关人体医学科研活动的要求

民法典草案第一千零九条规定,从事与人体基因、人体胚胎等有关的医学和科研活动的,应当遵守法律、行政法规和国家有关规定,不得危害人体健康,不得违背伦理道德,不得损害公共利益。

有的学者提出,人体基因、人体胚胎不是人,自然不具有人格,更谈不上人格权保护,因此不属于民法范畴。有的学者认为属于人格权保护的范畴,应当加以规范。

(五)性骚扰

民法典草案第一千零一十条第一款规定,违背他人意愿,以言语、行为等方式对他人实施性骚扰的,受害人有权依法请求行为人承担民事责任。

有的学者提出,行为包括了言语,建议将"行为"修改为"动作"。

四、关于姓名权和名称权

(一)姓名和名称的决定、变更或者转让

民法典草案第一千零一十六条第一款规定,民事主体决定、变更自己的姓名、名称,或者转让自己的名称的,应当依法向有关机关办理登记手续,但是法律另有规定的除外。第二款规定,民事主体变更姓名、名称的,变更前实施的民事法律行为对其具有法律约束力。

有的学者提出,由于第一千零一十三条没有规定法人、非法人组织的名称决定权,建议将第一款修改为,民事主体决定、变更自己的姓名,或者变更、转让自己的名称的,应当依法向有关机关办理登记手续,但是法律另有规定的除外。

有的学者建议将第二款修改为,民事主体变更姓名或者名称的,变更前实施的民事法律行为对其具有法律约束力。

(二)笔名、艺名等的保护

民法典草案第一千零一十七条规定,具有一定社会知名度的笔名、艺名、网名、字号、姓名和名称的简称等,被他人使用足以造成公众混淆的,与姓名和名称受同等保护。

有的学者提出,笔名、艺名等是无法和姓名同等保护的,建议将“与姓名和名称受同等保护”修改为“受法律保护”。

五、关于肖像权

(一)肖像权侵害方式

民法典草案第一千零一十九条第一款规定,任何组织或者个人不得以丑化、污损,或者利用信息技术手段伪造等方式侵害他人的肖像权。未经肖像权人同意,不得制作、使用、公开肖像权人的肖像,但是法律另有规定的除外。

有的学者建议删去“利用信息技术手段”。

(二)肖像的许可使用

民法典草案第一千零二十一条规定,当事人对肖像许可使用合同中关于肖像使用条款的理解有争议的,应当作出有利于肖像权人的解释。第一千零二十二条规定,当事人对肖像许可使用期限没有约定或者约定不明确的,任何一方当事人可以随时解除肖像许可使用合同,但是应当在合理期限之前通知对方。

有的学者提出,这两条属于合同范畴的问题,建议不在人格权编规定。有的学者提出,许可使用是人格权行使非常重要的方面,如果没有这一规定,将来各类信息在法律上的保护和利用,就没有合法的手段和形式,大数据产业就会受到影响,因此有必要在人格权编中作出规定。

六、关于名誉权和荣誉权

(一)新闻报道影响名誉应承担责任的情形

民法典草案第一千零二十五条规定,行为人实施新闻报道、舆论监督等行为,影响他人名誉的,不承担民事责任,但是有下列情形之一的除外:(1)捏造事实、歪曲事实;(2)对他人提供的失实内容未尽到合理审查义务;(3)使用侮辱性言辞等贬损他人名誉。

有的学者建议将第一项修改为“捏造、歪曲事实”。有的学者建议第二项修改为“对他人提供的严重失实内容未尽到合理审查义务”。

(二)尽职审查的考虑因素

民法典草案第一千零二十六条第一款规定,行为人是否尽到前条第二项规定的合理审查义务,应当考虑下列因素:(1)内容来源的可信度;(2)对明显可能引发争议的内容是否进行了必要的调查;(3)内容的时效性;(4)内容与公序良俗的关联性;(5)受害人名誉受贬损的可能性;(6)审查能力和审查成本。第二款规定,行为人应当就其尽到合理审查义务承担举证责任。

有的学者建议对第一款第四项的公序良俗作必要限定；同时，第二款的举证责任过于绝对，建议进一步研究。

有的学者建议第一款增加一个考虑因素：内容是否基本属实。

七、关于隐私权和个人信息保护

（一）总的意见

有的学者建议将“个人信息保护”改为“个人信息权”。

（二）隐私的定义

民法典草案第一千零三十二条第二款规定，隐私是自然人的私人生活安宁和不愿为他人知晓的私密空间、私密活动、私密信息。

有的学者建议修改为，隐私是自然人的私人生活安宁、私密空间和不愿为他人知晓的私密活动、私密信息。

（三）隐私权的保护

民法典草案第一千零三十三条规定，除权利人明确同意外，任何组织或者个人不得实施下列行为：（1）以短信、电话、即时通讯工具、电子邮件、传单等方式侵扰他人的私人生活安宁；（2）进入、窥视、拍摄他人的住宅、宾馆房间等私密空间；（3）拍摄、录制、公开、窥视、窃听他人的私密活动；（4）拍摄、窥视他人身体的私密部位；（5）收集、处理他人的私密信息；（6）以其他方式侵害他人的隐私权。

有的学者建议在第一项的列举中将“电话”放在第一位。

有的学者建议本条条首加上“除法律另有规定外”。

（四）个人信息的定义

民法典草案第一千零三十四条第一款规定，自然人的个人信息受法律保护。第二款规定，个人信息是以电子或者其他方式记录的能够单独或者与其他信息结合识别特定自然人的各种信息，包括自然人的姓名、出生日期、身份证件号码、生物识别信息、住址、电话号码、电子邮箱地址、行踪信息等。第三款规定，个人信息中的私密信息，同时适用隐私权保护的有关规定。

有的学者建议，在第一款规定内容后面加上“有权决定其个人信息的收集、处理”。

有的学者建议第二款修改为，个人信息是以电子或者其他方式记录的能够单独或者互相结合识别特定自然人的各种信息，包括自然人的姓名、出生日期、身份证件号码、生物识别信息、住址、电话号码、电子邮箱地址、行踪信息等。

有的学者提出，第三款规定个人信息中的私密信息保护和隐私权保护的关系问题很有必要，但应当规定得更明确，以便于操作适用。

有的学者认为，私密信息就是隐私，相应的保护就是隐私权的保护，所以第三款可以不作规定。

（五）个人信息的知情权

民法典草案第一千零三十六条第一款规定，自然人可以向信息控制者依法查阅、抄录或者复制其个人信息；发现信息有错误的，有权提出异议并请求及时采取更正等必要措施。第二款规定，自然人发现信息控制者违反法律、行政法规的规定或者双方的约定收集、处理其个人信息的，有权请求信息控制者及时删除。

有的学者建议删去第一款中的“抄录”。

（六）收集、处理个人信息免予承责的情形

民法典草案第一千零三十七条规定，收集、处理自然人个人信息，有下列情形之一的，行为人不承担民事责任：（1）在该自然人或者其监护人同意的范围内实施的行为；（2）处理该自然人自行公开的或者其他已经合法公开的信息，但是该自然人明确拒绝或者处理该信息侵害其重大利益的除外；（3）为维护公共利益或者该自然人合法权益，合理实施的其他行为。

有的学者提出，本条规定的内容不是不承担民事责任的问题，而是收集、处理个人信息需要同意的例外情形，应该和草案第一千零三十五条收集、处理信息需要同意的规定协调起来。

有的学者建议增加第四项规定，法律、行政法规规定的其他情形。

对个人信息保护立法有关问题的意见

个人信息保护是社会普遍关注的一个重要问题,也是民法典人格权编编纂立法中的一个重大课题。对于在人格权编(草案)中如何对个人信息保护涉及的几个重要问题作出规定,学术界和实务界提出了不少意见。现将主要意见简报如下:

一、关于是否赋予个人信息权利地位

目前多数观点都主张个人信息利益是一项独立的权利,其主要理由是:第一,个人信息利益完全具备被认定为权利的条件。依照传统民法理论,某项利益只要同时具备归属效能、排除效能和社会典型公开性时就能上升为独立权利。具体到个人信息利益,其可归属于特定主体且能排除他人非法干涉,并且包含清晰、确定、多样的内容,如知情、删除、许可他人使用,完全具备成为一项独立权利的条件。第二,赋予个人信息利益权利地位更加契合我国既有立法的规定。民法总则中关于"个人信息"的规定位于"民事权利"一章,该章除"个人信息"之外的生命权、身体权、健康权、姓名权、肖像权、名誉权、荣誉权、隐私权、婚姻自主权、物权、债权、知识产权、股权等民事利益都具有独立的权利地位,如无特别充分的理由,应当承认位于同一章的"个人信息"也具有同样的地位。消费者权益保护法第十四条规定:"消费者在购买、使用商品和接受服务时,享有人格尊严、民族风俗习惯得到尊重的权利,享有个人信息依法得到保护的权利。"这显然是将个人信息作为一项独立的民事权利。民法典分编的相关规定应尽量与这些规定协调一致。第三,赋予个人信息利益的权利地位与大陆法系国家和地区的通行做法一致。在域外,个人信息被认为是基本权利与自由的内容。如欧盟的《一般数据保护条例》(GDPR)明确指出:"本条例保护自然人的基本权利和自由,尤其是保护自然人个人数据的权利。"在德国,个人信息首先获得权利地位的领域是宪法领域而非私法领域。考虑到我国民法历来都深受大陆法系的影响,欧盟和德国的立法更应受到重视。第四,赋予个人信息利益的权利地位具有极为重要的意义。首先,从价值层面来看,认可个人信息利益的权利地位更能彰显个人信息的权利属性,这对权利观念相对淡薄的我国尤为必要。其次,从受害人的视角来看,认可个人信息利益的权利地位可为受害人提供更全面的法律救济。最后，从法律体系视角看，认可个人信息利益的权利地位能为其他法律保护个人信息提供基础和依据。

也有意见提出，不宜赋予个人信息利益独立的权利地位，主要理由是：第一，从客体上看，个人信息并不具备充当权利客体的条件。具备适当的客体是某项利益上升为权利的前提。个人信息具有非排他性、可反复使用性和可共享性等特点，其在技术上不宜归属于特定的主体，不适宜作为某项权利的客体。第二，从效果上看，个人信息不适合由民法规制。在大数据背景下，个人信息具有数量大、价值密度低、智能化处理以及信息获得与使用结果间相关性弱等特征，这导致个人无法以民事权利为工具对个人信息的产生、存储、转移和使用进行符合自己意志的控制。对个人信息的使用予以治理的主体应为政府专门机构而非私主体，治理依据应为公法而非私法，治理的目的应是维护公共利益和公共安全而非私人利益。第三，从后果上看，赋予个人信息利益权利地位可能会阻碍正常的信息交流。在信息社会，信息能否自由流动关乎正常社会交往的顺利进行。认可个人信息利益具有独立权利地位，有可能会阻碍交流、禁锢思想。

此外，还有观点既不认同权利说也不反对权利说，而是持一种相对中立的态度。此种观点认为，立法机关在人格权编（草案）中对个人信息“谨慎处理”的做法是妥当的，因为这一问题非常复杂，学术界目前并未形成共识。

二、关于个人信息权的权利属性

目前多数观点都是在人格权的范围内讨论个人信息的保护问题。主张个人信息权是人格权的主要理由是：第一，个人信息最为根本的特征在于“可识别性”，即某项信息只有在具备“可识别性”的情况下，才能被称为“个人信息”。由于该“可识别性”内在的要求使信息指向特定权利主体，这导致个人信息与主体人格之间存在必然联系。可见，任何个人信息都必然会体现出人格利益，不体现人格利益的信息不可能被纳入个人信息的范围。第二，对于绝大多数普通民众而言，其个人信息的财产价值极小，但一旦被泄露或者未经其同意被公开，却有可能对其人格尊严和人身自由造成极大的损害。第三，主张个人信息权是人格权并不影响对其中的财产利益进行保护。主张个人信息权为人格权的观点普遍承认个人信息中包含有利用收益的权能。在这一点上，个人信息权与姓名权、名称权、肖像权等具体人格权极为类似。正如将姓名权、名称权、肖像权界定为人格权并不影响对其中所蕴含的财产利益进行妥善保护一样，将个人信息权界定为人格权也不会影响对其中所蕴含的财产利益予以保护。

也有意见认为，个人信息权应为财产权，其主要理由是：第一，个人信息权的财产价值日益凸显。随着信息时代的到来，个人信息日益成为一种财富。近些年来，非法出售他人信息的事件时有发生，这足以证明个人信息所具有的财产性。第二，将个人信息权界定为财产权更符合平等保护的要求。由于时间和劳动投入不同，不同主体的个人信息权的财产价值差异巨大。基于这种差异，法律应该对不同主体的个人信息权进行有差别的保护。将个人信息权界定为天然要求予以平等保护的人格权，显然就会与差别保护的现实相矛盾。

三、个人信息权与隐私权的关系

个人信息权与隐私权既有联系又有区别。一方面，从保护对象上看，很多处于个人信息权保护范围之内的私人信息同时处于隐私权的保护范围之内。另一方面，从侵害方式上看，很多侵害个人信息权的行为与侵害隐私权的行为极为类似；从司法实践看，不少法院都是借助隐私权实现对个人信息权利人的救济。但二者仍是两种不同的权利，具有以下主要区别：

第一，权利性质不同。个人信息权是一种综合性的权利，同时包括精神利益和财产利益；尤其是随着信息技术的不断发展，其中所蕴含的财产利益与日俱增。与之明显不同的是，隐私权主要蕴含的是精神利益，其基本不具有财产价值。

第二，客体范围不同。由于隐私权更强调“隐”，其客体主要是私密性信息，如个人的婚姻状况、家庭状况和身体状况。事实上，凡是个人不愿公开披露的、公共利益之外的信息都处于隐私权的保护范围之内。个人信息权并不关注信息的“隐”与否，而只关注此项信息是否能够识别“个人”。换言之，对于已经公开且无法继续获得隐私权保护的个人信息仍可获得个人信息权的保护。

第三，权利内容不同。隐私权的主要内容包括维护个人私生活的安宁、个人秘密不被公开、个人私生活自主决定等；但个人信息权主要内容是指对个人信息的自主决定和支配。

第四，侵害方式不同。由于个人信息权同时保护个人通过使用个人信息而形成的社会形象，故而对个人信息进行删除、修改也会对权利人的利益造成损害。但对个人信息进行删除和修改不仅不会构成对隐私权的侵害，甚至会促成对隐私权保护的事实。

第五，保护方式不同。隐私权主要涉及精神利益，所以对于隐私权主要采用精神损害赔偿的方式予以救济；而对于个人信息权还可同时采用财产损害赔偿的方式予以救济。此外，由于隐私权主要是一种消极的、防御性权利，个人信息权主要是一种积极的、能动性权利，所以后者被侵害的，权利人可以采取更为“积极”的救济方式，如要求更正、更新。

正是由于上述区别的存在，全国人大常委会于 2012 年 12 月 8 日出台的《关于加强网络信息保护的决定》才将个人信息和隐私作为两种不同的权利，人格权编草案也才在规定隐私权的同时规定了个人信息。

四、个人信息与数据的区别

由于个人信息和数据都与网络社会密切相关,所以两者之间联系紧密。有观点甚至认为信息和数据仅是观察和表述视角不同而做的区分,个人信息就是指可直接或间接识别特定自然人的一切数据。还有观点虽然并未明确指出两者形二实一,但从"个人数据信息"这一行文用语及其给该用语所做的定义可知,其并无意区分两者。尽管电子数据通常与个人信息具有天然的共生性,但结合现有研究可知,二者仍存在以下不同:

第一,主体不同。数据一般就是指网络信息系统里传输的电磁记录,只强调其客观性而并不关注其对主体的意义,故而其主体既包括自然人,也包括法人或者非法人组织。而个人信息一般是指主体对业已存在的事物经过认知后所解读的讯息,非常强调其对主体的意义,故而其主体范围较为严格,仅限于自然人。

第二,客体不同。数据是指记载信息内容的数字符号,而个人信息是指被数据等各种载体记载的内容。有的学者提出,个人信息属于内容层而数据属于文件层,两者在不少情况下是一一对应的。但信息载体还可为数据文件之外的纸张、画布,且在内容层面上属于同一信息的数据文件可分别存储于两台电脑或一台电脑中的不同文件之中,所以两者还存在相互分离的情形。

第三,两者的法律地位不同。对于个人信息和数据,民法总则第一百一十一条和第一百二十七条分别对其作了规定。尽管从内容上看,这两条规定较为原则,但现有规定所体现出的对两者进行区分规定而不是统一规定,对两者进行差异保护而不是一体保护的倾向是非常明显的。

第五部分

婚姻家庭编

地方人大、中央有关部门和单位以及有关方面对民法典各分编草案（征求意见稿）婚姻家庭编的意见

2018 年 3 月中旬，法制工作委员会将民法典各分编草案（征求意见稿）印发省、自治区、直辖市的人大常委会，以及中央有关部门、有关人民团体和社会组织、部分高等院校和研究机构、基层立法联系点和一些全国人大代表征求意见。现将对婚姻家庭编的主要意见简报如下：

一、总的意见

有的部门提出，要把握好民法典分编编纂的契机，对婚姻家庭法进行全面系统的修改完善。21 世纪以来，无论是国际社会还是中国的婚姻家庭观念和婚姻家庭关系均发生了重大变化，而现行婚姻法是 2001 年在对 1980 年婚姻法进行过渡性、阶段性修正的基础上形成的，其立法理念、体例结构和主要制度内容基本因循 1980 年婚姻法，早已落后于时代需求。与同为民法典分编立法基础的侵权责任法、物权法和合同法相比，婚姻法在法律规范的科学性、系统性、全面性、实用性、先进性、前瞻性等方面存在较多不足，亟待利用此次民法典分编编纂的契机加以全面系统的修改完善。同时，要把握婚姻家庭编立法的粗疏与细密之间的关系，摒弃婚姻法多年来“宜粗不宜细”的立法传统，在完善现行法律规定的基础上，增加具体制度、具体规定、具体措施，实现立法的科学性与可操作性。婚姻家庭编在体例架构上要解决我国传统婚姻家庭立法重婚姻关系、轻家庭关系的状况，要强化亲属制度、家庭关系的内容，建构起体系完整、逻辑严密的婚姻家庭法体系。

有的部门建议，将婚姻家庭编修改为亲属编，扩充规定亲属间权利义务内容。我国过去受前苏联民事立法和理论的影响，将亲属法称为“婚姻法”“婚姻家庭法”而单独立法，基本不承认家庭的经济属性、文化属性。随着经济的发展、社会的进步、人民群众生活的改善，家庭的经济职能日益突出，家庭内部的财产关系越来越复杂，基于家庭产生的亲权关系、文化传承越来越重要。将婚姻家庭编改为亲属编，

扩充亲属权利义务关系的内容，分类规定一般亲属关系、夫妻关系、结婚离婚、父母子女关系、家庭财产关系、监护等制度，可以有效适应新时代家庭建设的需要。特别是要重点规定亲属的权利义务，规定在特定条件下旁系血亲之间的抚养、赡养义务以及儿媳、女婿对公婆、岳父母的赡养义务，积极构建以家庭为核心、其他亲属关系为补充，互相帮扶的新型社会主义亲属关系。

有的地方建议，将婚姻家庭编修改为亲属编。一是增加“亲属关系”一章，规定亲属的权利义务，规定在特定条件下旁系血亲之间（如叔伯舅姑和侄子侄女之间）的抚养、赡养义务以及儿媳、女婿对公婆、岳父母的赡养义务，构建以家庭为核心、其他亲属关系为补充，亲属之间互相帮扶的新型亲属关系；二是将家庭财产独立成章，对家庭财产制、债务认定及清偿等作出详细规定，夯实婚姻家庭的基石。

有的单位建议，将本编名称修改为亲属编。

一些单位提出，本编在立法体例上存在较多问题：首先，章节安排不协调。征求意见稿设有五章，其中仅“收养”章分节，其余各章，包括条文数量与“收养”章相差不多的“家庭关系”章和“离婚”章均未分节，各章之间存在不协调。其次，与婚姻家庭编的名称不一致。征求意见稿延续了现行婚姻法“重婚姻关系，轻家庭关系”的特点，直接涉及父母子女关系或其他家庭成员关系的条文数量仅 14 条。如果说这一特点的形成与婚姻法的名称定位有关的话，那么当本编名称拟定为婚姻家庭编以后，体例结构就不宜再固守婚姻法的做法，而应与名称定位相吻合。再次，逻辑不严密。征求意见稿“家庭关系”章割裂了夫妻人身关系与夫妻财产关系，将有关父母子女关系和其他近亲属关系的规定置于前二者之间，缺乏逻辑性。复次，不利于民法典条文编排的稳定。立法技术是民法典质量的重要保证，体系完整、逻辑严密的立法体例对民法典编纂至关重要。如果没有科学合理的立法体例，日后对条文进行修改、增删时就可能导致大量条文的重新排序，而对原法典的逻辑化、体系化格局造成影响，给相对稳定的正常私法秩序带来干扰。最后，婚姻家庭编立法体例的修改既能展示新时代立法技术的进步，也能在提高婚姻家庭编逻辑性、体系化的同时，与民法典的逻辑体系以及民法典各编的体例结构相一致，且不影响维持婚姻家庭编现有法律规定的稳定性。

有的部门建议，将婚姻家庭编的立法体例修改为：第一章一般规定；第二章结婚；第三章夫妻关系，第一节夫妻人身关系，第二节夫妻财产关系；第四章离婚，第一节登记离婚，第二节诉讼离婚，第三节离婚的法律后果；第五章父母子女及其他近亲属关系，第一节父母子女关系，第二节其他近亲属关系；第六章收养，第一节收养关系的成立，第二节收养的效力，第三节收养关系的解除；第七章监护，第一节未成年人监护，第二节成年人监护。有的单位建议，将婚姻家庭编的立法体例修改为：第一章一般规定；第二章结婚，第一节结婚的条件，第二节结婚的程序，第三节结婚的效力;第三章夫妻关系,第一节夫妻人身关系,第二节夫妻财产关系;第四章离婚,第一节登记离婚,第二节诉讼离婚,第三节离婚效力,第四节离婚救济;第五章父母子女及其他近亲属关系,第一节亲生父母子女,第二节养父母子女与继父母子女,第三节父母子女的权利与义务,第四节离婚后父母子女的权利义务,第五节其他近亲属间的权利义务;第六章收养,第一节收养关系的成立,第二节收养的效力,第三节收养关系的解除;第七章监护,第一节未成年人监护,第二节成年人监护。

有的地方提出,本编体例安排不太科学,特别是在第三章家庭关系中,夫妻关系、父母子女关系交替规定,缺乏一定的逻辑性。建议将第二章至第四章整合为两章,具体为:第二章夫妻关系,第一节结婚,第二节夫妻人身关系和财产关系,第三节离婚;第三章父母子女及其他亲属关系,第一节父母子女关系,第二节其他亲属关系。有的单位建议修改为:第二章婚姻,第一节结婚,第二节夫妻间的权利义务,第三节离婚;第三章父母子女关系与其他家庭关系,第一节父母子女关系的成立,第二节父母子女间的权利义务,第三节其他家庭成员关系。

有的地方提出,本编在立法体系上存在不和谐之处:如第五章分为三节较好,而其他章却未分节,不利于后续该法的修订。

有的单位提出,本编内容过于粗放,规范供给不足,体现为第一章至第四章条文数量稀少,甚至不足以撑起“节”的立法结构。这一点在第五章的映衬下,格外显眼突兀。有必要增加前四章的规范供给,使之细化、具有可操作性。

有的地方建议,增加家庭财产制的有关内容,规定家庭财产权主体、行使及家庭财产的分割等内容。

一些地方和部门建议,将相对成熟的婚姻法司法解释内容吸收整合进婚姻家庭编。

二、关于一般规定

1. 调整范围

征求意见稿第一条规定,因婚姻家庭产生的民事关系,适用本编。

有的单位建议,将本条修改为:“婚姻家庭民事法律关系适用本编规定。”

有的单位建议,将本条修改为:“本编调整夫妻、父母子女及其他近亲属之间的人身关系和财产关系。”

有的单位建议,将本条修改为:“本编规定结婚的条件和程序,离婚和宣告婚姻无效的条件和程序,确认父母子女身份的程序,收养及解除收养的条件和程序,夫妻之间、父母子女之间以及其他近亲属之间的人身关系和财产关系。”

有的地方建议删除本条。

2. 基本原则

征求意见稿第二条第一款规定，实行婚姻自由、一夫一妻、男女平等的婚姻制度。第二款规定，保护妇女、儿童和老人的合法权益。

有的单位建议，将第一款修改为："婚姻家庭生活，应遵循婚姻自由、一夫一妻、男女平等原则。"

有的单位建议，增加规定未成年人的权利和利益受法律优先保护。在处理涉及未成年人的事务时，应以未成年人的最大利益为首要考虑。有的地方和单位建议增加"未成年人利益最大化"的规定。

一些地方和单位建议，将本编中有关"儿童"的表述统一修改为"未成年人"。一些地方和单位建议，将"老人"统一修改为"老年人"。

一些地方、部门和单位建议，将第二款中的"妇女、儿童和老人"修改为"未成年人、老人和妇女""未成年人、妇女、老人""儿童、残疾人、老年人和妇女"。

3. 禁止性规定

征求意见稿第三条第一款规定，禁止包办、买卖婚姻和其他干涉婚姻自由的行为。禁止借婚姻索取财物。第二款规定，禁止重婚。禁止有配偶者与他人同居。第三款规定，禁止家庭暴力。禁止家庭成员间的虐待和遗弃。

有的地方建议，删除第一款中的"禁止借婚姻索取财物"。

有的单位建议删除本条。

有的地方和单位建议，增加禁止有配偶者与他人生育子女的规定。

4. 夫妻及家庭成员间的倡导性规定

征求意见稿第四条规定，夫妻应当互相忠实，互相尊重；家庭成员间应当敬老爱幼，互相帮助，维护平等、和睦、文明的婚姻家庭关系。

有的地方和单位建议，将"文明"修改为"幸福"。

有的单位建议，规定"家庭成员应当传承和弘扬家庭美德"。

5. 亲属、近亲属及家庭成员

征求意见稿第五条第一款规定，亲属包括配偶、血亲和姻亲。第二款规定，配偶、父母、子女、兄弟姐妹、祖父母、外祖父母、孙子女、外孙子女为近亲属。第三款规定，共同生活的公婆、岳父母、儿媳、女婿，具有近亲属地位。第四款规定，配偶、父母、子女和其他共同生活的近亲属为家庭成员。

有的部门建议，明确第一款中"血亲""姻亲"的内涵。

有的代表建议，在"血亲"后增加"（包括拟制血亲）"，并将第三款修改为"共同生活的公婆与儿媳、岳父母与女婿，相互具有近亲属地位"，语义更准确。

有的地方建议，将第三款修改为："共同生活或者形成赡养、扶养、扶助关系的公婆、岳父母、儿媳、女婿，具有近亲属地位。"有的地方建议修改为："形成事实扶养关系的公婆、岳父母、儿媳、女婿,具有近亲属地位。”

有的地方建议,删除第三款中的“共同生活的”。

有的地方建议,明确“共同生活的公婆、岳父母、儿媳、女婿”与法定近亲属享有同等权利、履行同等义务,并明确“共同生活”的时间范围。有的地方提出,第三款规定的意图不甚明确,若确立了近亲属地位,他们之间是否具有法律上的权利义务关系?儿媳对公婆、女婿对岳父母是否有法定赡养义务?儿媳对公婆、女婿对岳父母是否享有法定继承权?建议予以明确。

有的地方建议,对第三款中的“具有近亲属地位”的表述再作斟酌,并考虑与继承编相关内容的衔接。有的地方、单位建议,将“具有近亲属地位”修改为“视为近亲属”。

一些地方和单位建议删除第三款。

有的地方建议,将第四款修改为:“配偶、父母、子女及其他共同生活的血亲和姻亲为家庭成员。”

有的单位建议删除第四款。

有的地方建议,将第四款单独规定为一条。

6. 其他

有的地方建议,保留“实行计划生育”的规定。

一些单位建议,增加规定:“婚姻家庭受国家的保护和扶持。”

有的单位建议,增加血系、亲等、同性伴侣法律地位等的规定。

一些单位建议,增加亲属关系亲疏远近的计算方法以及法律适用的规定。

三、关于结婚

1. 法定结婚年龄

征求意见稿第七条规定,结婚年龄,男不得早于22周岁,女不得早于20周岁。

一些地方、部门和单位建议,适当降低法定结婚年龄,并取消男女年龄差。有的建议将结婚年龄统一降为“不得早于二十周岁”,有的建议将结婚年龄统一降为“不得早于十八周岁”,有的建议将结婚年龄统一降为“不得早于十九周岁”,有的建议将结婚年龄降为“男不得早于二十周岁,女不得早于十八周岁”。理由是:

第一,设定当前法定婚龄的因素和环境已经发生了根本变化。1950年我国第一部婚姻法曾规定男20岁,女18岁始得结婚。从通过限制早婚早育来有效控制人口的角度考虑,1980年颁布的婚姻法修改为现行规定。40年来,我国现实的人口过快增长问题已经发生根本性改变,呈现出低自然增长率、人口老龄化的特征。为此,我国相应改变了控制人口生育的政策,党的十八届五中全会作出实施全面二胎政策的决定。降低现行法定婚龄,能够产生政策上的积极引导效应,缓解我国老龄化程度,调整我国的人口结构,为社会发展注入新的人力资源和动力。

第二,符合我国实际情况。在我国广大农村地区和少数民族地区,很多男女青年有早结婚的意愿,降低法定婚龄有利于满足其需求,减少因不能结婚而形成的同居现象,符合婚姻自由的观念。

第三,法定婚龄过高违背了人的生长发育规律。随着我国经济社会发展以及生活水平的提高,我国青年的身体发育较以前有了很大提高,法定婚龄过高有违人的身心发育的自然规律和生理需要,不利于社会的稳定和发展。从国际上看,世界上绝大多数国家法定婚龄都等于或者低于 18 周岁。

第四,全国各民族实行统一的法定婚龄的基础已经具备。据统计,包括内蒙古、西藏、宁夏、新疆在内的 34 个民族自治地方制定了执行婚姻法的变通或补充规定,作出了法定婚龄比全国低两岁的规定。按照习近平总书记强调的"尽可能减少同一地区中民族之间的公共服务政策差异"的要求,应尽早研究实行全国统一的无差别的法定婚龄标准,最直接的途径就是降低法定婚龄。

第五,男女法定婚龄差理由不充分。结婚年龄男女差异没有现实依据和合法性基础。从法律的引导后果来看,结婚年龄男女差异在男女两性之间会形成结婚对象资源分配的不平等,导致对女性的歧视,也有对"男大女小"的传统择偶观的肯定之嫌。

2. 禁止结婚的情形

征求意见稿第八条规定,直系血亲或者三代以内的旁系血亲禁止结婚。

有的地方提出,"旁系血亲"指代不明确,建议予以明确。有的地方建议,对"直系血亲"和"三代内旁系血亲"的范围作出界定,方便广大民众理解和运用。

有的地方建议,增加规定:"拟制直系血亲、直系姻亲禁止结婚,关系解除同样适用。"

有的地方建议,在一定范围内禁止曾存在姻亲关系的当事人结婚。有的单位建议,增加规定:"直系姻亲间,禁止结婚。在姻亲关系消灭后亦同。"

有的单位建议,增加规定:"收养关系解除的,养子女及其晚辈直系亲属与养父母及其长辈直系亲属禁止结婚。"

有的地方建议,增加规定:"禁止收养人与被收养人结婚。禁止继父母和有抚养教育关系的继子女结婚。禁止公公与儿媳、岳母与女婿结婚。"

3. 结婚登记

征求意见稿第九条第一款规定,要求结婚的男女双方应当亲自到婚姻登记机关进行结婚登记。符合本编规定的,予以登记,发给结婚证。取得结婚证,即确立夫妻关系。

有的地方建议,将"夫妻关系"修改为"婚姻关系"。

一些地方和单位提出，婚姻登记是通过国家行政权力确认民事主体的结婚法律行为，登记完成即可标志着结婚行为的完成。结婚证只不过是登记的证明文书而已。建议将“取得结婚证，即确立夫妻关系”修改为“完成结婚登记，即确立夫妻关系。结婚证是夫妻关系的证明文件”，或者将“予以登记，发给结婚证。取得结婚证，即确立夫妻关系”修改为“予以登记，确立夫妻关系，并发给结婚证”。

4. 事实婚姻的补办登记

征求意见稿第九条第二款规定，未办理结婚登记的，应当补办登记，婚姻关系的效力从双方以夫妻名义共同生活且符合本编规定的结婚条件时起算。

有的单位提出，当事人没有登记而同居生活，一般是发生纠纷时才关注到婚姻法，此时要求当事人去补办登记，于事理不合，可操作性很差。

有的地方提出，实践中事实婚姻的夫妻双方如果办理离婚，按此规定必须补办登记才能离婚，过于机械，建议区分处理，规定特殊情况下可由法院确认婚姻关系代替补办登记。

有的单位建议，删除最后一句中的“以夫妻名义共同生活”。该要求过于严格，在实际生活中难以证明，而且共同生活的标准多样，难以确定，容易造成司法实务的不一致，采取明确的标准更具有可操作性。

有的地方建议，将最后一句修改为“婚姻关系的效力从双方领取结婚证时起算”。

有的地方建议，删除最后一句。婚姻关系的起算日期涉及社会生活的方方面面，如领取准生证、确定是否为婚生子女、孩子落户、购房资格、确定夫妻共同财产、夫妻共同债权债务的分担等，均是以结婚证为准。本款规定虽然借鉴了婚姻法司法解释，但实践中容易产生分歧。

有的单位建议，删除最后一句。婚姻关系就应当从领取结婚证时开始成立。举证以夫妻名义共同生活一是难度很大，二是与 1994 年开始确认不存在事实婚姻的立法精神存在冲突。

有的地方提出，本款规定等同于承认事实婚姻，与我国婚姻法律制度相悖，建议删除。

5. 男女结婚后组成家庭

征求意见稿第十条规定，登记结婚后，根据男女双方约定，女方可以成为男方家庭的成员，男方可以成为女方家庭的成员。

有的地方提出，登记结婚后，双方能否成为对方家庭成员，并非仅仅由双方自行约定，且第五条已规定家庭成员的范围。这两条规定应结合考虑。

有的单位提出，家庭成员关系应当是法定的，不应适用约定。结合第五条规定，建议将本条修改为：“登记结婚后，女方为男方家庭的成员，男方为女方家庭的成员。"

有的单位提出,本条规定存在很多问题:第一,本条与第五条第三款有关共同生活的直系姻亲视为近亲属的规定相互矛盾;第二,家庭关系具有事实先在性,不宜由当事人加以约定;第三,即使家庭关系可以约定,夫妻一方成为对方的家庭成员会给对方家庭成员的权利义务造成影响,应与对方家庭成员共同协商,而非夫妻双方便可自行约定。事实上,本条意图规定的是夫妻对婚姻住所的商定权,建议修改后规定在"家庭关系"一章中。

有的地方、单位提出,本条规定的内容实际是婚姻住所的选择,而非结婚制度的具体内容,建议调整至第三章"家庭关系"中。

6. 无效婚姻的情形

征求意见稿第十一条规定,有下列情形之一的,婚姻无效:(1)重婚的;(2)有禁止结婚的亲属关系的;(3)未到法定婚龄的;(4)以伪造、变造、冒用证件等方式骗取婚姻登记的。

有的部门建议,将第四项中的"婚姻"修改为"结婚"。

有的单位提出,第四项对于解决实践中因瑕疵结婚登记产生的纠纷、保障当事人的结婚权益具有积极意义。但本项为违反结婚程序的情形,可能兼有违反结婚条件的情形,将其与前三项并列,在逻辑上不合理,建议单列为一条。

一些地方和单位建议删除第四项。这属于登记瑕疵,应通过行政复议和行政诉讼方式解决。有的地方、代表建议修改为婚姻可撤销情形。

有的单位提出,以伪造、变造、冒用证件等方式骗取婚姻登记的,其导致的直接结果是登记错误,因此登记机关在发现错误后,应撤销该登记。这一规范在逻辑上属于结婚登记制度的规范,而非婚姻无效的规范。建议删除第四项,并在第九条增加一款:"以伪造、变造、冒用证件等方式骗取婚姻登记的,登记机关应当撤销该结婚登记。"

有的单位建议,增加一项无效情形:"不具有婚姻生活的目的,仅为取得中国永久居留和国籍的。"

有的地方建议,对无民事行为能力者不得缔结婚姻作出规定。

一些地方和单位建议,吸收最高人民法院司法解释有关内容,明确规定宣告婚姻无效的程序和主体,更便于司法实践具体操作。有的部门建议,增加一款:"婚姻当事人、当事人的近亲属及人民检察院,可以向法院请求确认婚姻无效。"有的单位建议,增加一款:"有上述情形的,婚姻当事人、利害关系人可以请求人民法院宣告婚姻无效。"

一些地方和单位建议,参考最高人民法院司法解释,增加规定如果申请宣告婚姻无效时,法定的无效婚姻情形已经消失的,不得宣告该婚姻无效。

有的部门建议，增加一款："无效婚姻的利害关系人可以向婚姻登记机关或者人民法院请求撤销婚姻登记。"

有的地方建议，增加一款："当事人及利害关系人对婚姻是否无效存在争议的，可以请求人民法院确认。"

有的地方建议，增加婚姻无效责任主体的法律责任，包括行政责任、民事责任和刑事责任。

7. 胁迫婚姻

征求意见稿第十二条第一款规定，因胁迫结婚的，受胁迫的一方可以向婚姻登记机关或者人民法院请求撤销该婚姻。第二款规定，撤销婚姻的请求，应当自结婚登记之日起一年内提出。第三款规定，被非法限制人身自由的当事人请求撤销婚姻的，应当自恢复人身自由之日起一年内提出。

一些单位提出，本条和第十三条对撤销婚姻程序的规定仍是"双轨制"，即"可以向婚姻登记机关或者人民法院请求撤销该婚姻"，建议修改为"撤销婚姻应当经人民法院依诉讼程序办理"。撤销已存在的婚姻并非单纯事关婚姻的效力，往往还涉及共同财产分割、未成年子女抚养等与当事人及其子女基本民事权益有关的诸多事项，作为国家行政机关的婚姻登记机关对此不仅无能为力，而且它插手其中也有越俎代庖、剥夺人民法院审判职能之嫌。国外有关可撤销婚姻的立法，也均无行政程序之先例。

有的地方提出，现实中存在"自结婚登记之日起一年内胁迫行为仍然存在"的情形，建议参照民法总则第一百五十二条第一款的规定，将第二款修改为："撤销婚姻的请求，应当自胁迫行为终止之日起一年内提出。"

有的地方提出，完善婚姻可撤销情形的规定，增加欺诈和乘人之危等可撤销的民事行为。有的地方、部门建议，增加欺诈为可撤销情形。有的地方建议，增加规定"一方故意隐瞒身份、婚史、子女和财产状况"这一婚姻可撤销情形。有的单位认为，不宜增加其他婚姻可撤销情形。

8. 隐瞒疾病的可撤销婚姻

征求意见稿第十三条第一款规定，一方患有严重的传染病、精神病或者遗传性疾病等疾病时，应当在结婚登记前如实告知另一方；故意隐瞒的，另一方可以向婚姻登记机关或者人民法院请求撤销该婚姻。第二款规定，撤销婚姻的请求，应当自知道或者应当知道撤销事由之日起一年内提出。

有的单位提出，根据残疾人保障法和联合国《残疾人权利公约》第二十三条的规定，将"精神病"单独列举出来不妥，精神病对婚姻家庭的影响目前亦无充分有效的科学数据支撑，建议删除。

有的地方提出，本条规定的疾病种类过于宽泛，不利于婚姻的稳定性。有的单位建议，限缩疾病的范围，将第一款第一句修改为“一方患有医学上认为不宜生育或者共同生活的严重传染病、精神病或者遗传性疾病”。有的地方建议修改为“一方患有严重的传染病、精神病或者遗传性疾病等不宜结婚的疾病时”。

有的单位建议，将第一款最后一句修改为：“隐瞒的，另一方可以向婚姻登记机关或者人民法院请求撤销该结婚行为。但是另一方当事人在结婚前知道或者应当知道的除外。”

有的地方提出，对于“故意隐瞒”的举证较为困难，建议将“故意隐瞒”修改为“未尽到合理的如实告知义务的”。

有的单位建议，增加一款：“婚后一方上述疾病已治愈的，另一方不得请求撤销婚姻。”

有的地方建议，删除本条，保留现行婚姻法中有关“禁止患有医学上认为不应当结婚的疾病的人结婚”的规定。

9. 婚姻无效和被撤销的法律后果

征求意见稿第十四条规定，无效或者被撤销的婚姻自始没有法律约束力。当事人不具有夫妻的权利和义务。同居期间所得的财产，由当事人协议处理；协议不成时，由人民法院根据照顾无过错方的原则判决。对重婚导致的婚姻无效的财产处理，不得侵害合法婚姻当事人的财产权益。当事人所生的子女，适用本编有关父母子女的规定。

有的单位建议，将本条按照有关法律后果的一般性规定、重婚导致婚姻无效的后果和对子女的后果分列为三款。

有的单位提出，在法律后果上，应当区分婚姻可撤销与婚姻无效，设立两种制度，以示公平。对恶意重婚者，“自始无效”是拣了个便宜，反而没有了教育、惩罚意义。

有的单位建议，将“协议不成时，由人民法院根据照顾无过错方的原则判决”修改为“协议不成时，由人民法院根据财产贡献大小以及照顾无过错方原则判决”。有的地方建议修改为“协议不成时，按共同共有财产处理，由人民法院根据照顾无过错方的原则判决”。

有的单位提出，婚姻无效或被撤销所造成的财产后果不应一概而论，而应当根据其是否符合当事人的意志加以判断，建议规定：“同居期间所得的财产，由当事人协议处理；协议不成时，由人民法院根据如下原则处理：(一)有禁止结婚的亲属关系，或未达法定婚龄的，所得财产按共同共有处理，但属本编第三十二条的除外；(二)其他情形的，依照顾无过错方的原则，判决予以财产返还或折价补偿；由于婚姻无效或被撤销而造成的财产损失，由双方根据各自的过错予以承担。”

一些地方、部门和单位建议，增加规定，因婚姻无效或被撤销而受到损害的无过错一方，有权向有过错的相对方请求损害赔偿。

有的地方建议，增加规定婚姻宣告无效时，生活困难的一方有请求另一方提供必要经济补偿的权利。

10. 其他

一些地方建议，对同居制度作出规定。有的单位提出，现实生活中，男女双方未办理结婚登记而像夫妻一样同居生活的现象大量存在，因同居引发的纠纷也大量涌进法院。基于身份关系的事实先在性，本编对此不应回避，应作出回应。但同居关系的情形非常复杂，对同居关系的调整需要在条件成熟时通过单行法来实现，目前可在“结婚”一章最后作原则性规定：“双方未经结婚登记自愿共同生活的，其财产关系有约定的，依照约定；没有约定的，适用按份共有的规定。”有的地方建议，增加规定：“同居期间因双方共同投入而取得的财产归共同所有。”

一些地方和单位建议，增加规定婚约及其解除的后果。

一些地方和单位建议，对彩礼返还问题作出明确规定。

四、关于家庭关系

1. 总的意见

有的地方建议，将本章分为“夫妻关系”和“父母子女及其他家庭成员关系”两章。有的单位建议，将本章分为“夫妻关系”和“亲子关系以及其他亲属关系”两章。

有的地方、单位提出，家庭关系中，应先谈夫妻，再谈子女，再谈祖孙兄弟姐妹，建议将第三十一条至第三十四条调整到第二十条后面。

有的部门建议，细化和充实“家庭关系”一章，将家庭人身关系和家庭财产关系独立成节，充实家庭财产制的相关内容。理由是：第一，结构上，“收养”一章占二十六条，分为三节；前四章共占五十二条，均不分节。而实践中从数量上看，与收养纠纷案件相比，属于前四章，尤其是“家庭关系”和“离婚”的案件在家事纠纷中占绝大多数，其中财产纠纷又占绝对多数。比如2014年，全国法院共审结一审离婚后财产纠纷案件23,848件，2015年共审结26,533件，2016年共审结34,086件，家事案件往往最终演变成财产争夺战。因此，征求意见稿在条款比重上与实践需要不甚相符，建议再调整，细化和充实“家庭关系”一章，对家庭财产关系作出详细规定。第二，从调研的情况看，理论上和实践中争议比较大的问题，比如夫妻婚后所得共同财产“共同所有”的含义、夫妻约定财产制和赠与之间的关系、夫妻债务的清偿等，都属于家庭财产制的内容，建议专章规定夫妻财产关系的内容，积极回应当前社会发展夫妻关系存续期间财产关系日益复杂的实际，对夫妻财产关系的内容以细化全面的规定，从而真正在供给侧给司法裁判以明确规则，给人民群众以具体指引。

有的地方建议，进一步完善夫妻财产制度的有关内容。

2. 夫妻地位平等

征求意见稿第十五条规定，夫妻在婚姻家庭关系中地位平等。

有的单位建议，将本条修改为："家庭成员在家庭生活中地位平等。"

有的单位建议，删除本条。第二条已经明确规定了婚姻家庭编的基本原则包括男女平等，夫妻在婚姻家庭关系中地位平等即为男女平等原则的应有之义。

3. 夫妻各用自己姓名的权利

征求意见稿第十六条规定，夫妻双方都有各用自己姓名的权利。

有的单位建议删除本条。人格权编第二十二条已经明确规定了自然人的姓名权，本条内容可以被该规定所涵盖，无单独规定之必要。

4. 父母对子女的抚养、教育和保护

征求意见稿第十八条规定，夫妻双方平等享有和承担对未成年子女抚养、教育和保护的权利和义务。

有的单位建议，将本条修改为："夫妻双方平等享有对未成年子女抚养、教育和保护的权利；平等承担对未成年子女抚养、教育和保护的义务。"

有的地方建议，增加规定："一方不履行对未成年子女抚养、教育和保护义务时，另一方有权请求人民法院责令其承担相应责任。"

一些地方、部门和单位提出，本条与第二十二条、民法总则第二十六条内容有交叉重复，建议进行整合。

5. 夫妻互相扶养义务

征求意见稿第十九条第一款规定，夫妻有互相扶养的义务。第二款规定，一方不履行扶养义务时，需要扶养的一方，有要求对方付给扶养费的权利。

有的单位建议，将第一款修改为："夫妻应当互相忠实，共同生活，有互相扶养的义务。"

6. 家事代理

征求意见稿第二十条第一款规定，夫妻一方因家庭日常生活需要而实施的民事法律行为，对夫妻双方发生效力，但夫妻一方与相对人另有约定的除外。第二款规定，夫妻之间对一方可以实施的民事法律行为范围的限制，不得对抗善意相对人。

有的单位建议，在第一款前面增加规定："在日常家庭事务范围内，夫妻互为代理人，有关家庭生活中的重大事项，应当由双方协商决定。"

有的地方建议，在第一款增加"夫妻享有平等的日常家事代理权"的内容。同时，将第二款修改为："夫妻之间对一方因家庭日常生活需要可以实施的民事法律行为范围的约定，不得对抗善意相对人。"

有的单位建议，将第二款修改为："夫妻一方滥用其因家庭日常生活需要而可实施民事法律行为的权利或有不适宜行使该权利的情形时，他方可予以限制，但不得对抗善意相对人。”

一些地方和单位建议，将第二款中的“相对人”改为“第三人”。

有的单位建议，增加一款，界定“家庭日常生活需要”的概念和范围：“家庭日常生活需要是指家庭在日常生活中必须发生的各种事项，包括日常生活基本开支、家庭日用品购买、医疗服务、子女抚养和教育、父母赡养等。”

有的地方建议，增加一款：“涉及不动产买卖、生产经营投资等重大民事法律行为时，夫妻双方应平等协商，共同实施。以夫或者妻一方名义实施的，夫妻的约定不得对抗善意相对人。”

有的单位建议删除本条。

7. 父母的抚养义务和子女的赡养义务

征求意见稿第二十一条第一款规定，父母不履行抚养义务时，未成年子女或者不能独立生活的成年子女，有要求父母付给抚养费的权利。第二款规定，成年子女不履行赡养义务时，无劳动能力或者生活困难的父母，有要求成年子女付给赡养费的权利。

有的地方建议，在第一款前增加一款：“父母对子女有抚养的义务，子女对父母有赡养的义务。”

有的单位建议，在第一款前增加规定：“父母有抚养子女的义务。”

有的地方建议，将第一款中的“不能独立生活”修改为“丧失劳动能力的不能独立生活”，有的单位建议修改为“不具有劳动能力”，有的代表建议修改为“不具备独立生活能力”。

有的地方建议，将第二款最后一句修改为“有要求成年子女付给赡养费或者履行生活照料义务的权利”。

有的地方提出，第二款中对于成年子女的赡养义务不应仅限于物质范畴，许多老年人的需求是行为意义上的精神赡养，建议增加定期探视等内容。

有的地方、单位提出，第二款应当与老年人权益保护法中对赡养义务的规定保持一致，建议在第二款前增加规定：“成年子女对无劳动能力或者生活有困难的父母，有经济上供养、生活上照料和精神上慰藉的义务。”有的单位建议，增加规定：“子女应当尊重和关心父母。成年子女应当履行对父母经济上供养、生活上照料和精神上慰藉的义务，照顾父母的特殊需要。”

有的地方建议，增加一款：“依法履行了赡养义务的成年子女，有权请求未履行赡养义务的其他成年子女履行对父母的赡养义务。”

有的部门提出，本条删除了现行婚姻法第二十一条有关“禁止溺婴、弃婴和其他残害婴儿的行为”的规定，建议再作斟酌。

8. 父母的保护和教育义务

征求意见稿第二十二条规定，父母有保护和教育未成年子女的权利和义务。未成年子女造成他人损害的，父母应当依法承担民事责任。

一些地方和单位建议删除本条后一句。该规定与侵权责任编第二十五条关于监护人责任的规定不衔接。

9. 子女的姓名权

征求意见稿第二十三条规定，子女原则上应当随父姓或者母姓。有下列情形之一的，可以在父姓和母姓之外选取姓氏：(1)选取其他长辈直系血亲的姓氏；(2)因由法定扶养人以外的人扶养而选取扶养人姓氏；(3)有不违背公序良俗的其他正当理由。

一些地方、部门和单位提出，根据全国人大常委会2014年11月的立法解释，建议增加一款："少数民族自然人的姓氏可以从本民族的文化传统和风俗习惯。"

有的单位建议，增加一款："子女成年后有权依法更改自己的姓名，父母不得干涉和限制。"

有的单位建议，将本条调整到人格权编中有关自然人姓名权的规定一章中。

10. 保障老年人婚姻权利

征求意见稿第二十四条规定，子女应当尊重父母的婚姻权利，不得干涉父母再婚以及婚后的生活。子女对父母的赡养义务，不因父母的婚姻关系变化而终止。

有的地方、单位建议，在"再婚"前增加"离婚"。

有的地方建议，将"婚后的生活"修改为"婚后生活"。

11. 父母子女间的遗产继承权

征求意见稿第二十五条第一款规定，夫妻有相互继承遗产的权利。第二款规定，父母和子女有相互继承遗产的权利。

一些地方和单位建议，将本条移到继承编规定。

有的地方建议，对本条进行拆分，其中第一款单独作为一条，放在第十九条后，第二款作为独立一条。

12. 非婚生子女的权利

征求意见稿第二十六条第一款规定，非婚生子女享有与婚生子女同等的权利，任何组织、个人不得加以危害和歧视。第二款规定，不直接抚养非婚生子女的生父或者生母，应当负担子女的抚养费，直至子女能独立生活为止。

有的地方建议，将第二款修改为："不直接抚养非婚生子女的生父或生母，应当按照本编第二十一条之规定负担子女的抚养费"，一方面与婚生子女抚养费的表述一致，另一方面也体现了非婚生子女与婚生子女同等权利的精神。

有的地方提出，第二款中的"能独立生活为止"不好界定，建议修改为"年满十八周岁”或者“成年为止”。

有的地方建议，增加探望权的规定：“不与子女共同生活的生父或者生母，对非婚生子女的抚养或者探望，适用离婚的有关规定”。

有的地方建议，对“婚生子女”概念作出明确界定。

13. 继父母和继子女间的权利义务关系

征求意见稿第二十七条第一款规定，继父母与继子女间，不得虐待或者歧视。第二款规定，继父或者继母和受其抚养教育的继子女间的权利义务关系，适用法律关于父母子女关系的规定。

有的部门建议，明确继父母和继子女之间“形成抚养教育关系”的认定标准；明确形成抚养关系的形式和种类，形成抚养教育关系的继父母继子女之间的权利义务，与生父母之间的权利义务；明确继父母婚姻关系终止时继父母继子女关系变化的法律后果。理由是：第一，随着近年来离婚率的年年走高，再婚家庭的数量日趋上升，有关继父母与继子女之间的纠纷也越来越多。婚姻法对继父母与继子女的关系问题规定得太过简单和笼统，造成审判实践中认定困难，标准不一且认识混乱，基层法院反映强烈。比如，在何种情形下可以认定继父母和继子女之间成立拟制血亲关系？一个继子女可以有几个继父母？继子女在哪些情形下可以有继承权？继父母和生父母离婚后，继父母可否解除和继子女之间的父母子女关系？对上述问题，亟须立法予以明确或完善。第二，继父母与继子女之间关系可以分为三种类型：名分型，即继父母与继子女间不存在扶养关系，双方只是一种姻亲关系。共同生活型，即生父与继母或者生母与继父结婚时，继子女尚未成年，其与继父母共同生活，继父母尽了抚养教育义务达到一定年限，视为有扶养关系的继父母子女。继子女与生父母的权利义务关系仍然存在，故继子女与生父母和继父母在法律上形成了双重父母子女关系。收养型，即继父或继母通过收养程序收养了继子女，双方转化成养父母子女关系。上述第二种类型中，如何认定“尽了抚养教育义务达到一定年限”，从权利义务相一致的角度考虑，应规定一个时间标准。一方面，要产生拟制血亲的法律关系，在抚养教育的时间上不应太短，避免权利义务关系的失衡。比如继父或继母只抚养教育继子女一年时间，继子女随后就参加工作自食其力，如果认定为双方形成抚养教育关系，将来继子女应尽的赡养义务时间可能会很长。另一方面，为防止因父母多次再婚，在未成年人成年之前出现多个继父或继母，也应规定一个较长的年限。第三，是否“形成抚养教育关系”，除了考虑有无进行抚养教育（有无共同生活）以及年限外，还要考虑一个因素：双方的合意，即继父母与继子女之间有没有形成父母子女关系的意愿。有鉴于此，我们建议可参照收养的相关规定，规定继父母可以通过办理不完全收养的法定形式收养继子女，即继父母与继子女收养关系成立后，继子女与亲生父母之间的关系依然存在。第四，除了形成拟制血亲的认定标准外，其他有关人身权利、财产权利的内容，因现行立法中没有规定，在实践中又产生了非常大的争议，建议均予以完善。

有的单位提出，“受其抚养教育”在司法实践中非常难以判断，建议明确标准，即“共同生活的继父母与继子女互相扶养五年以上的”，但允许继父母或成年继子女以明确的意思表示排除父母子女权利义务的适用。有的地方建议，明确为“抚养教育八年以上”。有的单位建议，修改为“形成了实际抚养关系”。有的地方建议，规定须满足以下三个条件：双方之间存在合意、共同生活、共同生活达到一定的时间。

有的地方建议，明确继父母子女关系的解除方式。

14. 亲子关系的确认及否认

征求意见稿第二十八条第一款规定，对亲子关系有异议时，利害关系人可以向人民法院提起诉讼，请求确认或者否认亲子关系。第二款规定，生父确认未成年子女的，应当征得子女生母同意；生父确认成年子女的，应当征得子女本人同意。第三款规定，未成年子女的生母可以请求生父确认亲子关系，成年子女可以请求生父确认亲子关系。

一些地方、部门和单位建议，明确第一款中的“利害关系人”的范围。有的地方、单位建议明确为“未成年子女的生父或生母、成年子女”。

有的地方提出，第二款中“生父确认未成年子女的，应当征得子女生母同意”的规定是否合理，是否有利于保障未成年子女的利益，建议斟酌。有的地方建议，修改为“生父确认未成年子女的，应当征得子女生母同意，但有利于未成年子女成长的除外”。有的单位提出，赋予生母单方面否认权有悖于男女平等原则，也可能与未成年人的利益发生冲突。在欧洲人权法院的相关判决作出后，包括德国在内的立法例纷纷在近几年删除了“生母同意”规定，转而采用“未成年人最大利益”标准。有的地方建议，将第二款修改为：“生父可以请求未成年子女的生母确认亲子关系，生父可以请求成年子女确认亲子关系。”

一些地方提出，考虑到实践中存在生父母共同要求确认子女的情况，如寻找失散子女。建议将第二款中的“生父确认成年子女的，应当征得子女本人同意”修改为“生父或生母确认成年子女，应当征得子女本人同意”。

有的地方建议，明确第二款中不同意确认亲子关系的法律后果。

一些地方和部门提出，第二款、第三款使用了“生父”的概念，但在亲子关系尚未明确前，“生父”也难以明确，此时使用“生父”这一概念似有不妥，建议再作斟酌。

一些地方建议，将第三款中的“成年子女可以请求生父确认亲子关系”修改为“成年子女可以请求生父或生母确认亲子关系”。

一些地方和单位建议，删除第二款、第三款。

有的地方建议，对父母认定亲子关系特别是否认亲子关系的诉讼时限作出规定，具体年龄可再行研究，但不宜过大。

有的地方、单位建议，参考最高人民法院婚姻法司法解释，增加规定："当事人一方已提供必要证据予以证明，另一方没有相反证据又拒绝做亲子鉴定的，人民法院可以推定请求确认或否认亲子关系一方的主张成立。"

15. 祖父母、外祖父母与孙子女、外孙子女间的抚养赡养义务

征求意见稿第二十九条第一款规定，有负担能力的祖父母、外祖父母，对于父母已经死亡或者父母无力抚养的未成年的孙子女、外孙子女，有抚养的义务。第二款规定，有负担能力的孙子女、外孙子女，对于子女已经死亡或者子女无力赡养的祖父母、外祖父母，有赡养的义务。

有的地方提出，既然有负担能力的祖父母、外祖父母有抚养未成年子女的义务，建议同样可以抚养不能独立生活的成年子女。

16. 兄、姐与弟、妹的抚养赡养义务

征求意见稿第三十条第一款规定，有负担能力的兄、姐，对于父母已经死亡或者父母无力抚养的未成年的弟、妹，有扶养的义务。第二款规定，由兄、姐扶养长大的有负担能力的弟、妹，对于缺乏劳动能力又缺乏生活来源的兄、姐，有扶养的义务。

有的地方提出，家庭成员之间的扶养不应等价交换，应当从伦理和血缘关系设定扶养关系。建议删除第二款中的"由兄、姐扶养长大的"这一条件。

17. 夫妻共同财产

征求意见稿第三十一条第一款规定，夫妻在婚姻关系存续期间所得的下列财产，为夫妻的共同财产，归夫妻共同所有：(1)工资、奖金和其他劳务报酬；(2)生产、经营、投资的收益；(3)知识产权的收益；(4)继承或者赠与所得的财产，但本编第三十二条第三项规定的除外；(5)其他应当归共同所有的财产。第二款规定，夫妻对共同财产，有平等的处理权。

有的单位建议，在第一款第一项后增加"以及福利待遇"。

有的地方建议，参考最高人民法院的司法解释，第一款第二项中的"投资"区分共同财产的投资和个人财产的投资。

有的地方建议，将第一款第二项修改为"生产、经营、投资形成的资产及其收益"。

有的地方建议，将第一款第三项修改为"知识产权的财产权及其收益"。河南建议修改为"知识产权中的财产权益"。

有的单位、代表提出，遗嘱和赠与所得的财产与夫妻的劳动无关，与其他几类情形存在明显的区别，应当归入个人财产，建议将第一款第四项修改为"遗嘱或者赠与合同中确定归夫妻双方的财产"，相应将第三十二条第三项修改为"继承或者

赠与所得的财产,但本编第三十一条第四项规定的除外”。

有的单位建议,第一款增加一项“债权、投资、具有财产价值且权属明确的虚拟财产”。

有的地方建议,对企业年金、职业年金、发放给军人的一次性费用等是否属于共同财产予以明确。

有的单位提出,第一款和第三十二条都有一个条款兜底,因此逻辑上存在障碍,未列举的到底是兜底到哪一个条款上。建议只列举哪些属于个人财产,其余的都是夫妻共同财产。

有的单位建议,在第一款后增加一款:“以上财产,均指在婚姻关系存续期间内实际取得或者已经明确可以取得的财产。”

有的单位建议,将第一款修改为:“夫妻在婚姻关系存续期间所得的财产为夫妻共同财产。法律另有规定或当事人另有约定的除外。”

有的单位建议,将第二款修改为:“夫妻对共同财产享有平等的权利。”

有的单位提出,第二款的规定较为笼统。完善的夫妻共同财产管理规则,对于规范夫妻双方对于共同财产的使用和处分行为,减少因夫妻一方单独行为给对方或第三人造成损害,均有十分重要的意义。因此,应对夫妻一方或双方管理夫妻共同财产的具体权限、家事代理权、特殊管理行为的范围,以及在管理共同财产时所负有的忠实义务等问题作出规定。

有的单位建议,删除第二款,并增加有关夫妻对共同财产的权利之规定。

有的部门提出,关于“夫妻共同所有”如何理解,一向争议很大。现行婚姻法及本条规定使用的词语均为“共同所有”,是否等同于物权法中的“共同共有”,需要明确。一种观点认为,应和物权法保持一致,不动产物权的设立、变更、转让和消灭,必须依法登记,否则不能对抗第三人;另一种观点认为,我国实行法定婚后财产所得共同制,婚姻法该条规定应属于物权法第九条第一款规定的“法律另有规定的除外”,所以只要属于婚后财产,无论登记在夫妻哪一方名下,都属于共同共有。如果认为属于共同共有,根据物权法相关规定,处分共有财产需要经过所有共有人同意,那么对于以一方名义持有的公司股权,在转让时是否需要经过其配偶的同意?如何与公司法协调?对此,建议增加规定:“夫妻一方以个体工商户、个人独资企业、有限责任公司的股权等方式独立经营夫妻共同财产的,有权在正常生产经营范围内处分夫妻共同财产。”即便认为婚后财产属于共同共有,为了实现外在形式与内在权属的一致性,建议增加规定:“夫妻共同财产,应及时办理变更登记。”

18. 夫妻个人财产

征求意见稿第三十二条规定,下列财产为夫妻一方的个人财产:(1)一方的婚前财产;(2)一方因受到人身损害获得的损害赔偿和补偿;(3)遗嘱或者赠与合同中确定只归夫或者妻一方的财产；(4)一方专用的生活用品；(5)其他应当归一方的财产。

有的部门建议，将第一项修改为“一方的婚前财产及其在婚后产生的孳息和增值，但配偶的个人劳动对增值有贡献的部分除外”。

有的单位建议，在第一项后增加“及其价值变形物”。

有的单位建议，删除第二项“损害赔偿”中的“损害”二字。

有的地方建议，删除第四项。有的单位建议，将第四项修改为“一方专用的生活用品，但价值较大的除外”。

有的地方、单位建议，删除第五项。夫妻在婚姻关系存续期间所得的财产凡未明确列举的，都应推定为共同共有。

19. 婚内析产

征求意见稿第三十三条规定，婚姻关系存续期间，夫妻双方可以协议分割共同财产；协议不成，有下列情形之一的，夫妻一方可以向人民法院请求分割共同财产：(1)一方有隐藏、转移、变卖、毁损、挥霍夫妻共同财产或者伪造夫妻共同债务等严重损害夫妻共同财产利益行为的；(2)一方负有法定扶养义务的人患重大疾病需要医治，另一方不同意支付相关医疗费用的。

有的部门建议，将本条修改为：“婚姻关系存续期间，夫妻一方不得请求分割夫妻共同财产，但有下列情形的除外：……”理由是：第一，夫妻共同财产属于共同共有，共同共有不分份额，各共有人行使的权利及于整个共有财产，因此根据物权法第九十九条规定，共同共有人只有在共有的基础丧失或者有重大理由需要分割时才可以请求分割共有财产。故对于夫妻共同财产，在婚姻关系存续期间，共同共有的基础依然存在，应以不分割为原则，分割为例外。第二，如果夫妻双方达成一致，协议分割，则自然允许，没有必要专门规定，专门予以规定反而会有鼓励分割的导向。

有的单位建议，增加规定分割财产损害债权人利益的除外。

有的部门提出，第二项限于“重大疾病”是否范围过窄，重大事故以及其他需要较大经济支出的情况都不能纳入该范围是否适当。

一些地方、部门和单位建议，增加下列情形：“一方患有重大疾病”，“一方要求用夫妻共同财产从事投资经营活动，另一方不同意的”，“夫妻因感情不和分居满一年的”，“一方实施家庭暴力，受害方要求分割的”，“一方财产不足清偿其个人债务，或者其在共同财产中的应有部分已被人民法院采取强制执行措施的”，“一方的个人债务超过其个人财产及其共同财产份额总和的”，“一方不履行夫妻扶养义务满一年的”，“具有本法第五十一条规定的情形之一的”，“一方基于其他重大理由需要分割共同财产”。

有的地方建议，规定夫妻关系协议分割财产应当采取书面形式。

有的单位建议，增加一款："请求分割的财产，可以是夫妻共同财产的一部或者全部。"同时，为保护弱势群体利益，还应规定法院在对全部共同财产进行分割时必须保留必要的家庭生活费用。

有的地方建议，增加一款："一方有隐藏、转移、变卖、毁损、挥霍夫妻共同财产，造成夫妻共同财产严重损失的，另一方有权要求赔偿。"

有的单位建议，增加规定："实施共同财产制的夫妻，夫妻一方有下列情形之一，且夫妻另一方行为造成或可能造成其财产利益受损的，该方的近亲属可以向人民法院请求分割共同财产：（一）被人民法院认定为无民事行为能力人或者限制民事行为能力人的；（二）被宣告失踪的。"

有的地方建议，以本条为基础，进一步确立分别财产制。

20. 约定财产制

征求意见稿第三十四条第一款规定，男女双方可以约定婚姻关系存续期间所得的财产以及婚前财产归各自所有、共同所有或者部分各自所有、部分共同所有。约定应当采用书面形式。没有约定或者约定不明确的，适用本编第三十一条、第三十二条的规定。第二款规定，夫妻对婚姻关系存续期间所得的财产以及婚前财产的约定，对双方具有约束力。第三款规定，夫妻对婚姻关系存续期间所得的财产约定归各自所有的，夫或者妻一方对外所负的债务，第三人知道该约定的，以夫或者妻一方的个人财产清偿。

有的单位建议，将第一款第一句修改为："男女双方可以在婚姻缔结时或婚姻存续期间内约定和变更婚前财产及婚内所得财产的归属。"

有的代表建议，在第一款的"部分共同所有"后增加"全部归一方所有"。

一些地方和单位建议，明确规定约定财产制"未经登记，不得对抗善意第三人"。

有的单位建议，明确约定应采用公证形式。

有的地方建议，明确第三款中"第三人知道"与否的举证责任、时间点以及异议制度。

有的单位建议，删除第三款。在规定清楚日常家事代理权或者债务条款的情况下，没有必要再作此规定。

有的地方建议，进一步细化夫妻约定财产制，包括约定的时间、标的、内容、条件、形式、变更、废止、效力、无效和撤销等内容。

有的部门提出，第一，对于夫妻之间有关财产的约定，现行婚姻法及本条第一款均规定"应当采用书面形式"，没有规定公示程序。如果仅是书面形式，无法公示，则第三人几乎不可能知道该财产约定，所以第三款的规定在实践中几乎没有适用的可能。夫妻间财产关系的约定,虽属于婚姻当事人之间的内部关系,但夫妻与第三人交易,即涉及第三人利益的保护和交易安全。故建议对于夫妻间的财产契约,不必以公示程序作为生效要件,但应当赋予其公示的形式供当事人选择。如果夫妻将财产契约予以公示且第三人可以查询的,则有关财产的约定可以对抗第三人;如果没有公示或者虽然公示了但第三人查询不到的,则有关财产的约定仅在夫妻之间产生法律效力。第二,对于约定财产制和赠与之间的关系,实践中争议非常大。一方面,本条第二款规定"夫妻对婚姻关系存续期间所得的财产以及婚前财产的约定,对双方具有约束力";另一方面,合同法第一百八十六条第一款规定"赠与人在赠与财产的权利转移之前可以撤销赠与"。如果认为有关一方婚前财产归另一方所有或者婚后所得财产均归一方所有的财产约定性质上是赠与,则在赠与财产权利转移之前,赠与一方就享有任意撤销权,"财产约定对双方具有约束力"的规定就没有意义;如果认为不是赠与,则性质上非常相似,如何区分?第三,夫妻财产契约作为一种与身份关系相联系的契约,除了具备一般契约的有效要件外,还应具备特殊的有效要件,婚姻法及本条对此未作明确规定。依据夫妻财产契约的性质,其特殊有效要件有:(1)婚姻须为有效。婚前订立,但订立后双方当事人并未结婚的,则财产契约不生效力;结婚时或结婚后订立,但婚姻被确认无效或被撤销的,财产契约也为无效。(2)须为婚姻当事人亲自订立。为了平衡夫妻双方的利益,在婚姻没有缔结或无效、被撤销等特定情形下,应当赋予一方请求人民法院予以撤销的权利。

21. 其他

有的单位建议,规定婚姻住所商定权。

有的单位建议,规定夫妻之间的知情权:"在婚姻关系存续期间,夫妻均有权知悉涉及婚姻、家庭利益以及共同财产的重要信息。有关部门应当予以协助。"

有的代表建议,增加夫妻财产知情权的相关规定:"夫妻一方持身份证和结婚证明等证明夫妻关系的有效证件,可以向银行、证券登记部门、工商行政管理部门、房地产行政管理部门、车辆管理部门等机构申请查询另一方的财产状况,有关行政管理部门或者单位应当受理,并且为其出具相应的书面材料。"

一些地方、部门和单位建议,明确规定夫妻双方平等享有生育权。

有的单位建议,明确规定夫妻之间的同居义务。有的地方建议,增加有关夫妻同居权利行使的规定,明确禁止婚内强奸。

有的单位建议,增加规定:"夫妻一方将婚前财产赠与给另一方,或者将夫妻共同财产约定给一方,自约定生效时,物权发生变动。但双方当事人另有约定的除外。由约定所获得的物权,处分该物权时,适用物权编(草案)第二十八条规定。"

有的单位建议,增加规定亲子关系的推定。

一些地方和单位建议，明确规定采用人工生殖技术生育的子女的法律地位。

有的地方建议，明确有关代孕生育亲子关系认定规则。

有的单位提出，出于弘扬优良家风的目的，建议增加“子女应当孝敬父母”“承担与其年龄、体力和健康状况相适应的家务劳动”等规定。

有的地方提出，第五条中将共同生活的公婆、岳父母、儿媳、女婿规定为具有近亲属地位，建议在本章中增加规定这些主体间权利义务的内容。

有的单位建议，增加规定：“具有集体成员身份的家庭成员平等享有家庭承包经营权、宅基地使用权、集体经济组织收益分配权、土地征用补偿分配权等家庭共有财产权益。”

五、关于离婚

1. 离婚登记的审查期

征求意见稿第三十六条第一款规定，自婚姻登记机关收到离婚登记申请之日起一个月内，任何一方不愿意离婚的，可以向婚姻登记机关撤回离婚申请。第二款规定，前款规定期间届满一个月内，双方应当亲自到婚姻登记机关申请发给离婚证；未申请的，视为撤回离婚登记申请。

有的地方建议，将第一款中“一个月”的期间延长到“三个月”。

有的地方建议，在第一款后增加例外条款“但是因另一方有严重过错或者严重人身危险性而离婚的除外”。

有的地方建议，在第一款后增加规定：“婚姻登记机关应当在三日内通知申请离婚登记的另一方当事人。”

有的地方建议，将第一款修改为：“自婚姻登记机关收到离婚登记申请之日起三个月内，申请离婚的双方必须到登记地民政部门接受婚姻辅导。在三个月内，双方可修改离婚协议；任何一方不愿意离婚的，可以撤回离婚申请。”

有的单位建议，在第二款的“前款规定期间届满”后增加“后”字。

有的单位建议，将第二款中的“一个月”修改为“二个月”。

有的地方建议，对本条规定进一步加大调研，论证其可行性；或者增加“但书”条款，即双方坚持办理离婚手续的除外。

有的地方提出，本条规定对于降低离婚率、维持婚姻稳定有一定益处，但限制了当事人的自主权，且可能导致诸多新的法律问题，例如，冷静期内获得的夫妻财产分割问题等。建议再作斟酌。

一些地方和单位建议删除本条。

2. 离婚登记

征求意见稿第三十七条规定，婚姻登记机关查明双方确实是自愿离婚，并已对子女抚养、财产及债务处理等事项协商一致时，予以登记，发给离婚证。

有的地方建议，将“确实是”修改为“确系”。

有的单位建议，明确规定：“婚姻登记机关对申请离婚登记的男女双方，应当进行调解。”

有的地方建议，增加对夫妻离婚协议内容适当审查的规定，以防止权利义务严重失衡。

有的地方、单位建议，明确规定凡有八周岁以下未成年子女者应当经过诉讼程序离婚而不能采取登记离婚。

3. 判决离婚

征求意见稿第三十八条第一款规定，男女一方要求离婚的，可由有关部门进行调解或者直接向人民法院提出离婚诉讼。第二款规定，人民法院审理离婚案件，应当进行调解；如感情确已破裂，调解无效，应准予离婚。第三款规定，有下列情形之一，调解无效的，应准予离婚：(1)重婚或者与他人同居的；(2)实施家庭暴力或者虐待、遗弃家庭成员的；(3)有赌博、吸毒等恶习屡教不改的；(4)因感情不和分居满二年的；(5)其他导致夫妻感情破裂的情形。第四款规定，一方被宣告失踪，另一方提出离婚诉讼的，应准予离婚。第五款规定，经人民法院判决不准离婚后，又分居满一年，一方再次提出离婚诉讼的，应准予离婚。

有的地方建议，将第一款修改为：“男女一方要求离婚的，应当先由有关部门进行调解；调解不成的，再向人民法院提出离婚诉讼。”有的地方建议，在第一款强化司法诉前调解程序，明确诉前调解效力。

一些地方、部门和单位建议，将离婚标准由“感情破裂”修改为“婚姻关系破裂”或者“夫妻关系破裂”。

有的部门建议，将离婚标准由“感情确已破裂”修改为“婚姻关系确已无法继续维持”。将“感情确已破裂”作为离婚的法定标准并不妥当。首先，法律并没有规定结婚要以感情为基础，只是规定：“结婚必须男女双方完全自愿，不许任何一方对他方加以强迫或任何第三者加以干涉。”至于“完全自愿”背后是什么动机，法律是不过问的，那么离婚为何要将“感情确已破裂”作为法定标准呢？其次，夫妻感情不能包括婚姻生活的全部，仅仅是其中的一部分，婚姻生活还包括物质生活和性生活；最关键的问题还是，“感情确已破裂”成为一种法官可以任意解释的标准，在审判实践中形成混乱，所谓“离婚案件无错案”，每个人看问题的角度都可能有所不同。最后，感情本身并不是法律调整的对象，其属于心理范畴，缥缈且难以把握。法律应当调整的是婚姻关系，故将“婚姻关系确已无法继续维持”作为离婚的法定标准比较适宜，在立法技术上更准确。

有的单位建议，在第三款第一项增加“或者其他违反夫妻忠实义务的行为”。

有的地方建议增加"等违背夫妻忠实义务的"。有的单位建议,增加"一方发生合意婚外性行为"为离婚法定情形。

有的地方建议,将第三款第二项修改为"夫妻一方对另一方实施家庭暴力或者虐待的",第三项修改为"有赌博、吸毒、酗酒等恶习屡教不改的"。

有的地方建议,对第三款第四项和第五款中的"分居"情形予以明确。

有的地方建议,在第三款增加下列情形"患严重疾病难以治愈的""一方有恶习,不履行家庭义务,屡教不改的""一方被判徒刑,或者其违法、犯罪行为严重伤害夫妻感情的"。

有的地方建议,将第五款中的"不准离婚后"修改为"驳回离婚的诉讼请求后"。有的地方建议,将"又分居满一年"修改为"满六个月"。有的单位建议,将第五款修改为:"经人民法院判决不准离婚后,一方再次提出离婚诉讼,人民法院经审理认定夫妻感情确已破裂的,应准予离婚。"

有的单位、代表建议删除第五款。

有的地方建议,参照第三十六条,设立离婚诉讼诉前冷静期制度和诉中冷静期制度。

4. 婚姻关系的解除

征求意见稿第三十九条规定,取得离婚证,或者离婚判决书、调解书生效,即解除婚姻关系。

有的单位建议,将"取得离婚证"修改为"经离婚登记"。

有的地方建议,增加规定:"人民法院作出的生效离婚判决书、调解书,应当在生效后的十五日内移送给婚姻登记机构。"

5. 军婚的保护

征求意见稿第四十条规定,现役军人的配偶要求离婚,应当征得军人同意,但军人一方有重大过错的除外。

有的地方建议,将"重大过错"修改为"过错"。

有的地方建议,对"重大过错"应采用列举等方式明确规定。有的地方建议,参考最高人民法院司法解释,明确为"第三十八条第三款前三项情形"。

有的地方提出,限制性保护军婚的规定是否适当,建议斟酌。

6. 不得提出离婚的情形

征求意见稿第四十一条规定,女方在怀孕期间、分娩后一年内或者中止妊娠后六个月内,男方不得提出离婚。但女方提出离婚或者人民法院认为确有必要受理男方离婚请求的除外。

有的地方建议,明确"人民法院认为确有必要受理男方离婚请求"的具体情形。有的地方建议,在"人民法院认为确有必要受理男方离婚请求"前增加"男方遭受家庭暴力等严重伤害男方合法权益”。

7. 离婚后子女的抚养

征求意见稿第四十三条第一款规定,父母与子女间的关系,不因父母离婚而消除。离婚后,子女无论由父或者母直接抚养,仍是父母双方的子女。第二款规定,离婚后,父母对于子女仍有抚养、教育和保护的权利和义务。第三款规定,离婚后,不满两周岁的子女,以随母亲抚养为原则。已满两周岁的子女,如双方因抚养问题发生争执不能达成协议时,由人民法院根据双方的具体情况,按照最有利于未成年子女的原则判决。

有的地方建议,将第三款中的“两周岁”修改为“三周岁”。

有的单位提出,第三款“以随母亲抚养为原则”意在保护子女和母亲的权益,但这是一把“双刃剑”,可能加剧女性离婚后的经济贫困和加大其再就业困难。而且基于“儿童最大利益”原则的要求和父母同等履行抚育责任的考虑,对离婚后子女的直接抚养归属也不宜作此原则性规定。建议仅规定:“离婚后,子女的抚养应由父母双方协议。”

一些地方、部门和单位建议,参考最高人民法院司法解释,在第三款最后增加规定:“八周岁以上的子女,应征求并考虑其意见。”

8. 离婚后子女抚养费的负担

征求意见稿第四十四条第一款规定,离婚后,一方抚养的子女,另一方应负担必要的抚养费的一部或者全部,负担费用的多少和期限的长短,由双方协议;协议不成时,由人民法院判决。第二款规定,关于子女抚养费的协议或者判决,不妨碍子女在必要时向父母任何一方提出超过协议或者判决原定数额的合理要求。

有的地方建议,将第一款中的“一方抚养的子女”修改为“一方直接抚养的子女”,同时明确将教育费用纳入子女抚养费的范围。

有的单位建议,删除第一款中的“必要”二字。目前因离婚带来的未成年子女抚养问题较为突出,主要表现为子女抚养费数额较低和抚养费执行难问题。如全国妇联系统 2015—2017 年受理离婚投诉 89,465 件次,其中子女抚养问题投诉 20,862 件次,占离婚投诉的 23.32%。男方不付、少付抚养费问题比较突出。草案“必要”用语对抚养费的数额作了限制,含有最基本的意思,这也是导致当前抚养费标准过低的主要原因,不符合儿童优先的保护原则。

有的地方建议,将第一款中的“一部”修改为“一部分”。

有的地方、单位建议,将第一款中的“由人民法院判决”修改为“由人民法院根据子女的实际需要、父或母的负担能力及当地生活水平等判决”。此外应增加第三款,规定抚养费的给付方式和期限。

9. 父母的探望权

征求意见稿第四十五条第一款规定，离婚后，不直接抚养子女的父或者母，有探望子女的权利，另一方有协助的义务。第二款规定，行使探望权利的方式、时间由当事人协议；协议不成时，由人民法院判决。第三款规定，父或者母探望子女，不利于子女身心健康的，由人民法院依法中止探望的权利；中止的事由消失后，应当恢复探望的权利。

有的地方建议，明确第三款终止和恢复探望权利应当是依申请进行。有的地方建议，将第三款最后一句话修改为“应当申请法院恢复探望的权利”。

10. 祖父母、外祖父母的探望权

征求意见稿第四十六条规定，祖父母、外祖父母探望孙子女、外孙子女的，参照适用前条规定。

有的单位建议，将本条修改为：“祖父母、外祖父母探望孙子女、外孙子女，有利于孙子女、外孙子女身心健康的，享有探望权。”

有的地方认为，对隔代探望权应有所限制，祖父母、外祖父母只有代替已经死亡或者无力抚养、未尽抚养义务的子女承担了一定的抚养未成年孙子女、外孙子女义务的，方可主张探望权。

有的单位建议，将本条修改为祖孙、兄弟姐妹间的会面交往权。探望权只是长辈对晚辈单方面的权利，会面交往则是主体相互之间的，更符合平等观念。同时，本条的主体范围仍然过窄，应扩展至祖孙之间和兄弟姐妹之间。

有的单位建议删除本条。

11. 离婚时共同财产的处理

征求意见稿第四十七条第一款规定，离婚时，夫妻的共同财产由双方协议处理；协议不成时，由人民法院根据财产的具体情况，照顾子女和女方权益的原则判决。第二款规定，夫或者妻在家庭土地承包经营中享有的权益等，应当依法予以保护。

一些地方和单位建议，在第一款中的“照顾子女和女方权益的原则判决”前增加“按照”二字。

一些地方和单位建议，将第一款中的“照顾子女和女方权益的原则判决”修改为“照顾子女、女方和无过错方权益的原则判决”、或者“照顾子女和无过错方的原则判决”、或者“按照有利于子女和抚养子女一方权益的原则”、或者“依照顾弱势一方和直接抚养子女一方的原则判决”、或者“照顾直接抚养子女一方权益的原则判决”、或者“在平均分割的前提下，照顾子女和女方权益的原则判决”。

有的单位建议，首先明确“分割夫妻共同财产一般应当均等”，同时增加“婚姻关系存续时间长短”“离婚原因”这两个酌定因素。

有的单位建议，明确规定："协议不成时，由人民法院根据以下情况进行判决：（一）双方对财产积累的贡献；（二）婚姻关系存续时间的长短；（三）双方的健康状况；（四）财产的来源；（五）双方的工作能力与收入状况；（六）夫妻一方对家庭及对方所做的贡献；（七）子女抚养权归属；（八）夫妻一方有无过错等。"

有的地方建议，将第二款修改为："夫或妻在家庭土地承包经营中享有的权益等，属于夫妻共有财产部分，应当依法予以分割，以便于生产为原则。"

有的地方、单位建议删除第二款。

12. 离婚经济补偿

征求意见稿第四十八条规定，一方因抚育子女、照料老人、协助另一方工作等付出较多义务的，离婚时有权向另一方请求补偿，另一方应当予以补偿。具体办法由双方协议；协议不成时，由人民法院判决。

有的单位建议，在一方付出较多义务请求另一方补偿的情形中，增加列举"家务劳动"的情形。有的地方建议，增加列举"生育"的情形。有的单位建议，增加列举"资助或者协助另一方获得学位、职业资格"的情形。

有的单位建议，恢复现行婚姻法第四十条规定，即"夫妻书面约定婚姻关系存续期间所得的财产归各自所有"的前提。

有的地方提出，在一方扶养子女、照料老人、协助工作等不外出工作的情形下，另一方收入作为夫妻共同财产分割，相当于一方已获得相应补偿，要求再作补偿不甚妥当。建议增加限制性规定，比如可将"应当予以补偿"修改为"可根据另一方收入水平及离婚时夫妻共同财产状况等因素，视情况予以补偿"这一较为原则的规定。

有的地方建议，在"离婚时有权向另一方请求补偿"前增加"无法通过分割共同财产得到补偿的"。

有的单位建议，明确补偿标准，按照"双方经常居住地（就高的一方）上年度城镇居民（农村居民）人均可支配收入×一定年限"来保证全职在家一方在再次就业前这段过渡时间的生活以及技能的学习，以便解决该方的生存以及再就业问题。同时，可以考虑划分年龄段，年龄越大补偿的年限越长。

13. 夫妻债务偿还

征求意见稿第四十九条规定，离婚时，夫妻共同债务，应当共同偿还。共同财产不足清偿或者财产归各自所有的，由双方协议清偿；协议不成时，由人民法院判决。

有的部门提出，有关夫妻债务偿还的规定应予以细化、完善和明确。建议：一是取消"离婚时"这个时间限制，共同债务不仅存在于离婚的情形，在婚姻关系存续期间依然存在债务清偿问题；二是明确夫妻共同债务和夫妻一方债务的认定标准；三是明确责任财产的范围。建议对此重点研究。

一些地方和单位建议，将2018年年初《最高人民法院关于审理涉及夫妻债务纠纷案件适用法律有关问题的解释》的内容明确规定在本法中。

有的地方建议，将“夫妻共同债务”明确为“夫妻共同生活所负债务”。有的单位提出，夫妻共同债务应当以用于“夫妻共同生活”为基本考量，辅以“夫妻同意”“日常家事代理”“有限责任”等。

一些地方和部门建议，增加关于细化夫妻共同债务的认定及承担的内容。

有的代表建议，增加夫妻共同债务的定义。有的单位建议，对“夫妻共同债务”进行明确界定：“夫妻为共同生活、共同经营和履行法定扶养义务所负的债务，是夫妻共同债务，应当由夫妻承担连带清偿责任。夫妻双方共同签字或者夫妻一方事后追认等共同意思表示所负的债务，应当认定为夫妻共同债务。”有的部门建议界定为：“夫妻基于双方合意，或者为共同生活、共同生产、经营和履行扶养、赡养义务所负的债务，是夫妻共同债务。”

有的单位建议，增加规定：“以下债务为夫妻共同债务：（一）基于夫妻双方共同意思表示所负的债务；（二）债权人有理由相信，债务系为家庭日常生活需要所负的；（三）债务用于夫妻共同消费的，但夫妻非举债方能够证明其不具有享受债务利益意愿的除外；（四）债务用于个人经营投资、其收益主要归入夫妻共同财产或用于共同消费的，但夫妻非举债方能够证明其未享受该收益的除外；（五）个体工商户、农村承包经营户所负债务，但夫妻非举债方能够证明其未参与生产经营，或债务未用于生产经营和生活的除外；（六）依物权法、公司法、合伙企业法等其他法律，应由夫妻双方共同承担的债务。”

有的单位建议，增加规定：“夫或者妻一方超出家庭日常生活需要范围负债的，为个人债务，但夫妻双方共同签字、夫妻另一方事后追认的，或者债权人能够证明该债务用于夫妻共同生活、共同生产经营的除外。”“婚姻关系存续期间以夫妻共同财产清偿个人债务，或者以个人财产清偿夫妻共同债务的，离婚时可以追偿，夫妻双方另有约定的除外。”

有的地方建议，将本条修改为：“夫妻双方约定婚后财产共同所有的，婚姻关系存续期以一方名义所负债务由夫妻共同财产偿还，不足部分，由一方的婚前财产偿还；离婚时，一方负有大额债务的，债权人可就另一方在离婚时分得的共同财产范围内清偿债务。”

有的地方建议，明确夫妻共同债务和个人债务的确定标准，增加规定债权人对夫妻双方清偿有关债务的协议侵害其债权实现的救济途径：“前款规定的夫妻共同债务，指婚姻关系存续期间所负的以下债务：夫妻双方为了家庭共同生活所负债务；经夫妻双方同意并签字所负债务；就共同财产投资经营或改良、修缮、管理所负债务；事后经夫妻一方追认的债务等。”“夫妻一方以个人财产清偿共同债务的，离婚时可以要求以共同财产得到相应的补偿。”

有的单位建议,增加夫妻共同债务、个人债务认定和偿还规则的规定:“下列债务属于夫妻共同债务:(一)夫妻双方共同签字或者夫妻一方事后追认等共同意思表示所负的债务;(二)夫妻一方在婚姻关系存续期间以个人名义为家庭日常生活需要所负的债务;(三)债权人能够证明用于夫妻共同生活或共同生产经营的夫妻一方在婚姻关系存续期间以个人名义超出家庭日常生活需要所负的债务。对于第(一)、(二)项债务,夫妻双方应承担连带责任;对于第(三)项债务,债权人应以夫妻共同财产及以个人名义负债之夫妻一方的个人财产为限受偿。”“下列债务属于夫妻一方的个人债务:(一)一方婚前所负债务,但债务用于婚后家庭共同生活的部分除外;(二)一方在婚姻期间以自己名义负担的不属于法定共同债务的合同之债;(三)一方在婚姻期间因实施侵权或犯罪行为所生之债;(四)一方以个人名义或财产为他人提供担保所生之债;(五)其他应当由夫或妻一方承担的债务。夫妻一方的个人债务,由负债一方个人偿还。”

有的单位提出,应在“家庭关系”一章首先明确夫妻共同债务和个人债务的范围,即:“下列债务属于夫妻共同债务:(一)夫妻双方合意所负的债务;(二)夫妻因共同生活所负的债务;(三)夫妻因共同财产的维护所负的债务;(四)夫妻因共同侵权所负的债务;(五)夫妻因被监护人侵权所负的债务。夫妻一方在婚姻关系存续期间以个人名义为家庭日常生活需要所负的债务,视为夫妻共同债务。”“下列债务属于夫妻一方的债务:(一)夫妻一方婚前所负的债务;(二)夫妻一方在婚姻关系存续期间以自己名义负担的合同之债,但法律另有规定的除外;(三)夫妻一方在婚姻关系存续期间引起的侵权之债;(四)其他应当由个人承担的债务。”其次,在本条增加两款:“夫妻共同财产不足以清偿债务的,由导致该债务产生的一方以个人财产清偿,另一方仅以夫妻共同财产为限承担清偿责任,但抚养费、赡养费、医疗费等人身性的共同债务除外。夫妻双方对该债务的产生都负有责任的,夫妻共同财产不足清偿的,由夫妻双方以个人财产清偿。”“夫妻一方清偿共同债务超出协议约定或法院判决其应当承担的份额部分,有权向另一方追偿。”

有的单位建议,增加规定:“婚姻关系存续期间,下列债务为夫妻共同债务:(一)由夫妻双方同意而共同负担的债务;(二)夫或妻在日常家事范围内负担的债务;(三)夫或妻为家庭利益而负担的债务;(四)在夫或妻为取得、管理、保有共同财产所负担的债务。夫或妻一方的财产投资、不动产交易与大额消费借贷行为等所负债务,以及夫妻处于分居状态所负债务不适用该条规定。”“夫或妻的个人财产优先用个人债务的清偿,夫妻共同财产优先用于夫妻共同债务的清偿。当各个清偿之后有剩余财产时,才可用于另一债务的清偿。”

有的单位建议,增设夫妻债务的具体规则:“下列债务为夫妻共同债务:(一)夫妻双方共同形成的债务;(二)由夫妻一方为家庭日常生活需要所负的债务;(三)为抚养子女所负的债务;(四)夫妻一方因管理夫妻共同财产所负的债务;(五)夫妻一方从事职业活动所负的债务;(六)为取得本编第三十一条第一款第四项规定情形(指因继承或者赠与所得归属于共同财产的情形)下的财产所负的债务;(七)不能证明为夫妻个人债务的,推定为夫妻共同债务。”“下列债务为夫妻个人债务:(一)一方婚前所负的债务,但债权人能证明所负债务用于婚后家庭共同生活的除外;(二)婚姻关系存续期间,因取得本编第三十二条第三项规定情形下的财产(指因继承或者赠与所得归属于个人财产的情形)所负的债务;(三)因夫妻个人财产所负的债务;(四)性质上专属于夫妻一方的债务。”“夫妻共同债务应以共同财产进行清偿,共同财产不足以清偿的,由夫妻中导致该债务产生的一方的个人财产清偿。夫妻双方对该债务的产生都负有一定责任的,夫妻共同财产不足清偿时,由夫妻双方的个人财产清偿。”“夫妻一方的个人债务可由以下财产清偿:(一)负债一方的个人财产;(二)负债一方从事职业活动所得的工资、奖金及其他收益;(三)负债一方对于夫妻共同财产的贡献份额。因夫妻一方侵权或犯罪所产生的债务,先以第(一)项、第(二)项所规定的财产清偿,不足清偿的,由夫妻共同财产中的一半份额清偿。”

有的单位建议,明确规定夫妻共同债务和个人债务的认定:“有下列情形之一的,为夫妻共同债务:(一)夫妻双方共同产生的债务;(二)由夫妻一方为家庭日常生活需要所产生的债务;(三)为抚养子女所产生的债务;(四)夫妻一方因管理夫妻共同财产所产生的债务;(五)夫妻一方从事职业活动所产生的债务;(六)为取得本编第三十一条第四项所规定情形下的财产所产生的债务;(七)不能证明为夫妻个人债务的,推定为夫妻共同债务。”“有下列情形之一的,为夫妻个人债务:(一)一方婚前所负债务,但债权人能证明所负债务用于婚后家庭共同生活除外;(二)婚姻关系存续期间,因取得本编第三十二条第(三)项所规定情形下的财产所产生的债务;(三)因夫妻个人财产所产生的债务;(四)性质上专属于夫妻一方的债务。”

14. 离婚经济帮助

征求意见稿第五十条规定,离婚时,如一方生活困难,有负担能力的另一方应当以住房、财物、提供劳务等方式给予适当帮助。具体办法由双方协议;协议不成时,由人民法院判决。

有的部门建议,明确“一方生活困难”的含义。

一些地方和单位建议,将“一方生活困难”修改为“一方生活困难或者生活水平显著下降”。

有的地方建议删除“提供劳务”。一则劳务本身难以界定;二则若夫妻双方难以沟通,法院如何判决、如何执行都是难题。

有的单位建议，将“以住房、财物、提供劳务等方式给予适当帮助”修改为“给予适当的资助或者帮助”。

有的单位建议，对于婚姻关系存续期间存在重大过错的一方请求经济帮助的，明确不予支持。

15. 离婚损害赔偿

征求意见稿第五十一条规定，有下列情形之一，导致离婚的，无过错方有权请求损害赔偿：(1)重婚的；(2)与他人同居的；(3)实施家庭暴力的；(4)虐待、遗弃家庭成员的；(5)有其他重大过错的。

有的单位建议，将第一项、第二项合并为一项“配偶一方在婚姻中有不贞的行为”，并进一步明确损害赔偿金额为无过错方居住地当年人均可支配收入的三倍。

有的单位建议，将第二项修改为“与他人通奸的”。

有的地方建议，增加关于同居认定标准的规定，同时增加一项“有违反夫妻忠实义务的”。

有的单位建议，删除第五项。有的单位提出，第五项为兜底条款，但“有其他重大过错的”表述能够涵盖的范围过于广泛，应该通过过错与夫妻关系破裂之间的因果关系予以适当限制。

有的代表建议，增加一项“与他人通奸婚外生子”。

有的单位建议，增加一款规定：“符合上述第(一)、(二)项情形的，无过错方可以要求重婚人、同居人承担连带责任。”

有的地方提出，损害赔偿在实践中作用不大，建议修改为有过错方少分共有财产。一些地方提出，无过错方除了有权请求损害赔偿外，在离婚时财产分配上也应得到相应的照顾，过错方应当按照过错大小少分或者不分得财产。

有的地方建议，增加规定：“在婚姻关系存续期间，夫或者妻一方对配偶实施侵权行为的，受害人可以根据侵权责任编的有关规定请求人民法院追究侵权人的民事责任。”

16. 一方侵犯夫妻共同财产时的责任

征求意见稿第五十二条规定，离婚时，一方隐藏、转移、变卖、毁损夫妻共同财产，或者伪造债务企图侵占另一方财产的，分割夫妻共同财产时，对隐藏、转移、变卖、毁损夫妻共同财产或者伪造债务的一方，可以少分或者不分。离婚后，另一方发现有上述行为的，可以向人民法院提起诉讼，请求再次分割夫妻共同财产。

有的单位建议，增加一款：“法院在审理离婚案件时，夫妻双方应向法庭如实披露自己名下或由自己控制的财产。”

有的单位建议删除“离婚时”。

17. 其他

有的单位建议,规定离婚的一般效力:“登记离婚或判决离婚生效后,当事人的配偶身份消灭,基于配偶身份而产生的人身关系和财产关系即行终止。”规定诉讼离婚的苛刻条款:“如判决离婚对未成年子女有明显不利,或者对不同意离婚一方造成严重伤害的,即使婚姻关系确已破裂,人民法院也可以判决不准离婚。”

有的地方建议,引入离婚财产申报制度,双方必须如实申报所有财产,明确需要法院处理的财产部分。申报的财产可作为今后主张一方转移、隐匿财产的判断依据。

六、关于收养

(一)总的意见

有的地方建议,一是增加不完全收养;二是适当放宽收养条件,并适当放宽收养子女的数量限制;三是严格规范收养程序,进一步加强对收养的审查监督,完善收养登记机关实质审查的内容和程序,并强化当事人和收养登记机关在收养登记中的法律责任;四是完善违法收养的相关规定,如补充增加宣告收养无效制度。

有的单位建议,删除本章,将相关内容在家庭关系中加以规定即可。

(二)收养关系的成立

1. 收养的基本原则

征求意见稿第五十三条第一款规定,收养应当有利于被收养人的健康成长,保障被收养人和收养人的合法权益。第二款规定,禁止借收养名义买卖儿童。

有的部门建议,将本条移至本编第一章规定。

有的单位建议,将“有利于被收养人的健康成长”修改为“有利于实现未成年被收养人的最佳利益”。

有的单位建议,增加“收养不得违背国家有关生育的法律、法规”的规定。

有的部门建议,增加规定:“禁止个人长期抚养身份不明的儿童。”

一些地方、部门和单位提出,收养法第二条中收养应当“遵循平等自愿的原则,并不得违背社会公德”的规定非常重要和必要,建议将该原则性规范在草案中予以吸收、重申。

有的单位建议,增加一款:“国家依法对收养关系实施必要的监督。”

2. 被收养人的条件

征求意见稿第五十四条规定,下列未成年人,可以被收养:(1)丧失父母的孤儿;(2)查找不到生父母的儿童;(3)生父母有特殊困难无力抚养的子女。

有的单位建议,在“下列未成年人”后增加“和有严重残疾、严重智力缺陷的成年人”。

有的地方、单位建议，将列举项修改为：“（一）丧失父母的；（二）查找不到生父母的；（三）生父母有特殊困难无力抚养的。”

有的部门建议，一是将第二项修改为“儿童福利机构抚养的查找不到生父母的儿童”，同时明确是否包括打拐解救儿童；二是将第三项修改为“父母有特殊困难无力抚养的子女”，以赋予养父母再次送养子女的权利；三是增加一项“监护人资格被人民法院判决撤销、由民政部门担任监护人的儿童”。

有的地方建议，增加一项：“存在严重虐待、遗弃等行为，不适宜继续由生父母抚养的子女。”

3. 送养人的条件

征求意见稿第五十五条规定，下列个人、组织可以作送养人：(1)孤儿的监护人；(2)儿童福利机构；(3)有特殊困难无力抚养子女的生父母。

有的地方、单位建议，将本条修改为：“下列个人、组织可以作送养人：（一）有特殊困难无力抚养子女的生父母；（二）丧失父母的孤儿的监护人；（三）享有监护权的儿童福利机构或者其他机构。”

有的部门提出，送养人与被收养人的规定应一一对应。

有的单位建议，增加一项：“被收养人所在地的基层组织或者民政部门。”

4. 特殊情形下未成年人的送养

征求意见稿第五十六条规定，未成年人的父母均不具备完全民事行为能力的，该未成年人的监护人不得将其送养，但父母对该未成年人有严重危害可能的除外。

有的部门建议，将本条修改为：“未成年人的父母均不具备完全民事行为能力的，经未成年人的其他抚养义务人同意，未成年人的监护人可以将其送养。”

有的地方建议，将本条修改为：“未成年人的父母均不具备完全民事行为能力的，该未成年人的监护人送养孩子应当经民政部门同意。”

5. 生父母送养子女

征求意见稿第五十八条规定，生父母送养子女，应当双方共同送养。生父母一方不明或者查找不到的，可以单方送养。

有的单位建议，将“查找不到”修改为“被宣告死亡”。

有的单位建议，将本条修改为：“生父母送养子女，应当双方共同送养。具有下列情形之一的，可以单方送养：（一）生父母一方被宣告失踪的；（二）生父母一方被宣告死亡的；（三）未缔结婚姻关系的生父母一方未与子女建立抚养关系且拒绝承担抚养义务的。”

有的部门建议，增加生父母一方可以单方送养的情形，比如，生父母一方长期不履行监护责任、恶意推卸责任，既不抚养照顾子女又拒绝或故意不作出送养同意的表示或者一方强奸所生育子女的。

有的单位建议，增加规定："养父母无力对养子女进行抚养、教育、保护时，可以转送养。"

6. 收养人的条件

征求意见稿第五十九条规定，收养人应当同时具备下列条件：(1)无子女或者只有一名子女；(2)有抚养、教育和保护被收养人的能力；(3)未患有在医学上认为不应当收养子女的疾病；(4)年满三十周岁。

一些地方、部门和单位建议删除第一项。

有的部门建议，明确第三项中"不应当收养子女的疾病"种类。

有的部门建议，增加有关收养人年龄上限或收养人与被收养人年龄差的规定，以确保被收养人得到稳定、持久的抚养教育。

有的单位建议，增加一项："无犯罪前科或家庭暴力、吸毒、赌博、偷盗等违法行为。"

有的地方建议，增加两项："经过专业心理评估，未发现可能不利于抚养、教育和保护被收养儿童的心理倾向。""无侵害儿童合法权益类的违法犯罪记录。"

有的地方建议，增加收养的负面清单条款："有下列情形之一的，不具备收养条件：(一)因犯罪受过刑事处罚的；(二)有赌博、吸毒、酗酒等不良嗜好的；(三)有家庭暴力记录的；(四)其他不适合作为收养人的情形。"

7. 收养三代以内旁系血亲子女

征求意见稿第六十条第一款规定，收养三代以内同辈旁系血亲的子女，可以不受本编第五十四条第三项、第五十五条第三项、第六十二条的限制。第二款规定，华侨收养三代以内同辈旁系血亲的子女，还可以不受收养人无子女或者只有一名子女的限制。

有的地方建议，旁系血亲间的收养不区分是否为华侨，第二款的规定也应适用于华侨以外的收养人。

一些地方、部门和单位建议删除第二款。

有的部门建议，增加一款："近亲属间收养，收养人应当无子女，且只能收养一名同辈亲属的子女，不得隔代收养。"

8. 收养子女的人数

征求意见稿第六十一条第一款规定，无子女的收养人可以收养两名子女；有一名子女的收养人只能收养一名子女。第二款规定，收养孤儿、残疾儿童或者儿童福利机构抚养的查找不到生父母的儿童，可以不受收养人有无子女和收养人数的限制。

有的地方、部门建议，删除第一款对收养子女人数的限制。

有的地方建议删除第二款。

有的单位建议删除本条。

有的部门提出，对于被收养人是同胞或多胞生育的，应当允许同时收养。同时建议增加规定，对于收养人无子女的，同等条件下可以优先收养。

9. 无配偶者收养异性子女

征求意见稿第六十二条规定，无配偶者收养异性子女的，收养人与被收养人的年龄应当相差四十周岁以上。

有的地方、单位建议，将年龄差确定为二十五周岁以上。

有的单位建议，将年龄差确定为三十周岁以上。

有的单位建议删除“异性”二字。

有的地方建议删除本条。

10. 有配偶者收养子女

征求意见稿第六十三条第一款规定，有配偶者收养子女，应当夫妻共同收养。第二款规定，配偶一方为无民事行为能力人或者被宣告失踪的，可以单方收养。

有的单位建议，在第一款增加有配偶者收养子女应当共同收养的除外规定。

一些地方和单位建议，在第二款增加规定，收养异性子女的，收养人与被收养人的年龄应当相差四十周岁以上。

有的单位建议，删除配偶一方被宣告失踪，另一方可单方收养的规定。

11. 收养与送养自愿

征求意见稿第六十五条规定，收养人收养与送养人送养，应当双方自愿。收养年满八周岁以上未成年人的，应当征得被收养人的同意。

有的部门建议，删除“收养年满八周岁以上未成年人的，应当征得被收养人的同意”的规定，或者将需征得其同意的被收养儿童的年龄适当提高。

12. 收养登记

征求意见稿第六十六条第一款规定，收养应当向县级以上人民政府民政部门登记。收养关系自登记之日起成立。未办理收养登记的，应当补办登记。第二款规定，收养查找不到生父母的儿童的，办理登记的民政部门应当在登记前予以公告。

有的部门建议，将第一款中的“收养关系自登记之日起成立”修改为“收养关系自登记之日起生效”。

有的部门建议，删除第一款中“未办理收养登记的，应当补办登记”的规定，同时删除第二款，并增加一款：“办理收养登记的民政部门应当对收养人抚养、教育和保护被收养人的能力进行评估。”

有的部门建议，明确补办收养登记收养关系效力的起算时间。有的单位建议，增加规定补办收养登记后，收养关系自双方符合收养条件并共同生活之日起成立。有的地方建议，将第一款中的“未办理收养登记的，应当补办登记”修改为“未办理收养登记的,且仍符合收养登记条件的,应当补办登记,收养关系自补办之日起生效”。

有的单位建议,在第一款后增加一款:“未办理收养登记,但收养人与被收养人长期以养父母子女名义共同生活,且收养符合本编规定的收养条件的,视为收养关系成立。”

有的地方建议,增加审核程序,对于不符合收养要求的,不予登记。

有的地方建议,增加规定,被收养人年满 8 周岁以上的,办理收养登记的民政部门应当直接征求被收养人是否愿意被收养的意见。

有的地方建议删除本条规定。

13. 孤儿及生父母无力抚养的子女的抚养

征求意见稿第六十八条第一款规定,孤儿或者生父母无力抚养的子女,可以由生父母的亲属、朋友抚养。第二款规定,抚养人与被抚养人的关系不适用收养关系。

有的部门建议,增加对抚养制度的规范,如抚养人的年龄、婚姻、受教育程度、职业、财产、健康状况、居住状况、信用状况、有无暴力倾向、是否受过刑事处罚等限制,以增加对未成年人的保护,建立与民法总则监护制度的衔接机制。

有的地方建议删除本条规定。

14. 配偶一方死亡时未成年子女的送养

征求意见稿第六十九条规定,配偶一方死亡,另一方送养未成年子女的,死亡一方的父母有优先抚养的权利。

有的地方建议,增加规定死亡一方的近亲属符合收养条件的,有优先收养的权利。

有的地方建议删除本条规定。

15. 涉外收养

征求意见稿第七十条对外国人在中国收养子女作了规定。

有的部门提出,本条删除了收养法有关外国人收养涉外公证的规定,建议再作斟酌。

有的部门建议,将本条修改为:“外国人、华侨依法可以在中华人民共和国境内收养子女。外国人、华侨在中华人民共和国境内收养子女的实施办法由国务院另行制定。”

有的部门建议,增加除外规定:“中华人民共和国与有关国家缔结或共同参加的国际条约对免除认证另有规定的除外。”

有的部门建议,增加民政部门和送养人对收养人的监督、固定联系机制,以进一步加强对外国人收养中国人的规范,保护未成年人利益。

16. 收养保密

征求意见稿第七十一条规定，收养人、送养人要求保守收养秘密的，其他人应当尊重其意愿，不得泄露。

有的地方建议，增加规定因泄露收养秘密损害收养人、送养人、被收养子女利益的，应当承担赔偿责任。

有的部门建议，增加除外规定“但侵害被收养人合法权益的除外”。

一些地方和单位建议，增加规定未成年被收养人年满 18 周岁，要求查阅收养登记信息的，收养登记机关应当予以披露。

（三）收养的效力

1. 养子女与近亲属权利义务关系的消除

征求意见稿第七十二条第二款规定，养子女与生父母及其他近亲属间的权利义务关系，因收养关系的成立而消除。

有的单位建议，增加规定：“收养人为继父或者继母时，养子女和与其共同生活的亲生父母一方及其近亲属间的权利义务关系不受影响。”

有的单位建议，增加除外规定“但养父母与生父母、养子女与生父母另有约定的除外”。

有的单位建议，增加除外规定“但收养成年子女或者继父母收养继子女的除外”。同时增加规定：“本法关于禁止结婚的亲属关系的规定，仍适用于养子女与生父母及其近亲属。”

2. 收养行为无效

征求意见稿第七十四条第一款规定，违反本法总则编关于民事法律行为无效的规定以及本编规定的收养行为无效。第二款规定，无效的收养行为自始没有法律约束力。

有的部门建议，将第一款修改为：“违反本编规定或者本法总则编关于民事法律行为无效规定的收养行为无效。”

有的地方建议，将第一款修改为：“违反本法总则和本编规定的收养行为无效。”

有的单位建议，将本条修改为：“违反本章收养人、被收养人条件的行为无效。”同时建议将“借收养名义买卖未成年人的”增加规定为收养无效的情形。

有的地方建议，将本条修改为：“具有下列情形之一的，收养行为无效，但认定该收养无效会严重损害被收养人利益的除外：（一）具有本法总则规定的无效民事行为情形的；（二）违反本章收养人、被收养人条件的；（三）借收养名义买卖未成年人的。”“收养无效必须由当事人向人民法院提出申请，由人民法院予以宣告。当事人依据本条向人民法院申请宣告收养无效时，收养行为无效的情形已经消失的，人民法院不予支持。收养行为被人民法院宣告无效的，自始无效。”

（四）收养关系的解除

1. 解除收养关系登记

征求意见稿第七十七条规定，当事人协议解除收养关系的，应当到民政部门办理解除收养关系的登记。

有的部门建议，增加一款：“法院判决解除收养关系的，应当在三十个工作日内将判决书副本送达办理收养登记的民政部门。”

有的部门建议，增加送养人可以要求解除收养关系的规定。

有的地方建议，增加规定：“夫妻共同收养子女的，协议解除收养关系时，应经夫妻双方同意。夫妻一方为无民事行为能力人或者被宣告失踪的，可以单方解除收养，但对被宣告失踪的一方无法律约束力。”

2. 收养关系解除后的法律后果

征求意见稿第七十八条规定，收养关系解除后，养子女与养父母及其他近亲属间的权利义务关系即行消除，与生父母及其他近亲属间的权利义务关系自行恢复。但成年养子女与生父母及其他近亲属间的权利义务关系是否恢复，可以协商确定。

有的地方建议，将本条修改为：“收养关系解除后，养子女与养父母及其他近亲属间的权利义务关系即行消除，未成年养子女与生父母及其他近亲属间的权利义务关系自行恢复。”

3. 收养关系解除后养父母的权利

征求意见稿第七十九条第一款规定，收养关系解除后，经养父母抚养的成年养子女，对缺乏劳动能力又缺乏生活来源的养父母，应当给付生活费。因养子女成年后虐待、遗弃养父母而解除收养关系的，养父母可以要求养子女补偿收养期间支出的抚养费。第二款规定，生父母要求解除收养关系的，养父母可以要求生父母适当补偿收养期间支出的抚养费，但因养父母虐待、遗弃养子女而解除收养关系的除外。

有的部门建议，将第一款中“缺乏劳动能力又缺乏生活来源”修改为“无劳动能力或者生活困难”。

有的地方建议，将“因养子女成年后虐待、遗弃养父母而解除收养关系的，养父母可以要求养子女补偿收养期间支出的抚养费”单独作为一款，并增加规定：“养父母缺乏劳动能力又缺乏生活来源的，养父母可以选择要求养子女给付生活费或者补偿收养期间支出的抚养费。”

（五）其他

有的地方建议，扩大收养人、被收养人的范围。

有的地方建议，增加规定成年子女收养。

有的单位建议，增加有配偶者解除收养关系须合意解除的规定。

有的单位建议，增加试养期和收养监督的规定。

有的部门建议，增加规定收养前评估制度、收养后回访制度。

有的单位建议，增加对老年人收养成年子女的规定："七十周岁以上、无子女的老年人，可以收养具有完全民事行为的成年人，并可以不受本编第五十四条、第五十九条第二项、第六十二条的限制。"

七、其他

有的地方建议，统一本编中有关抚养的表述，现在的表述中，有的是直接抚养，有的是共同生活，有的是随母亲抚养，相对于"直接抚养"与"间接抚养"来说，"共同生活"与"不共同生活"更客观，建议统一为"共同生活"与"不共同生活"。

有的地方建议，设立"分居登记制度"，以便在审判实践中认定分居时间、分居后财产、债权债务归属。

一些地方和部门建议，将现行婚姻法中关于救助措施的内容结合当前国情作进一步修改完善，补充到本编中。有的地方建议，增设"法律责任"一章。

有的地方提出，为了便于管理、及时了解婚姻状况，建议在公安、法院、民政三个部门之间，建立婚姻状况信息共享平台，在本编中对此作出强制性的规定。

有的地方建议，将民法总则中"自然人"一章的"监护"一节移至婚姻家庭编。

有的部门提出，民法总则仅对监护作了原则性规定，本编宜作具体性规定。虽然民法总则规定的监护人并非一定是被监护人的亲属，监护人与被监护人之间的身份关系并非一定是亲属法上的身份关系，但未成年人的监护是亲权的补充或延长，成年人的监护又通常为被监护人的近亲属，与亲属制度有密切的关系，因此，宜在本编中规定涉及监护的具体内容。监护制度下，分别规定人身监护和财产监护、对未成年人的监护和对成年人的监护、委托监护和指定监护等，体现近亲属监护和非近亲属监护的区别等。

有的单位建议，在本编中进一步完善监护制度，进一步厘清监护责任的性质和范围，特别是应当进一步研究解决成年人的监护责任、监护监督人设立等问题。

有的单位提出，父母照护与监护在性质、发生基础、主体范围、权利义务内容等方面存在显著区别，监护无法涵盖父母照护的内容。为强调父母照顾、保护未成年子女的首要职责，提升对未成年人的保护水平，建议将父母照护从未成年人监护中分离出来，规定于"父母子女及其他近亲属关系"章"父母子女关系"节中，而在其后的"监护"章"未成年人监护"节中规定以不在父母照护之下的未成年人为对象的"未成年人监护"，作为父母照护的补充与延伸。

一些地方建议，设立亲权制度，进一步细化父母对未成年子女的责任，不仅包括现有的对未成年子女的抚养教育、保护教育权利义务，还应当包括对父母使用、收益、处分未成年子女财产权利的限制，以及明确规定对不当行使亲权或滥用亲权者中止或剥夺其行使亲权，但不免除其给付子女抚养费的义务。

地方人大、中央有关部门和单位以及有关方面对民法典各分编（草案）婚姻家庭编的意见

十三届全国人大常委会第五次会议对《民法典各分编（草案）》进行了初次审议。会后，法制工作委员会将草案印发省、自治区、直辖市的人大常委会，以及中央有关部门、有关人民团体和社会组织、部分高等院校和研究机构、基层立法联系点征求意见。现将对婚姻家庭编的意见简报如下：

一、总的意见

有的部门提出，草案从中国国情出发，吸收了各方面的意见，将家庭关系分节，修改了禁止结婚的条件，增加了离婚冷静期、离婚损害赔偿的兜底条款等内容，不再规定计划生育的有关内容，体现了维护民事法律关系的稳定性与立法时代性的结合。但在内容、个别条文规定方面还需要进一步论证和完善：一是我国即将面临老龄化问题，实践中子女不赡养老人致使老人生活困难的报道时有出现，农村地区尤为突出，建议增加规定有关老年人权益保护的内容。二是建议进一步细化和充实“家庭关系”一章，分别规定家庭人身关系和财产关系，充实家庭财产制的相关内容。

有的单位提出，草案考虑了婚姻家庭领域的实际情况与存在的问题，体现了保护婚姻家庭关系的价值理念，在体例上将收养法纳入婚姻家庭编，在具体制度中增加了近亲属与家庭成员、日常家事代理、亲子关系的确认与否认、婚内析产、登记离婚审查期等规定，扩大了探望权的主体范围，修改了婚姻无效和可撤销的情形，取消了家务补偿制度的适用前提等；将“家庭关系”一章分为两节，结构更趋合理，逻辑更为严密，条文表述上也更加严谨规范。但同时，草案还没有充分反映21世纪的时代需要和时代特征，对人工生育子女的法律地位、同居关系等现实突出问题未予回应。应当抓住编纂民法典的契机，在婚姻家庭编的科学性、逻辑性、前瞻性、可操作性、时代精神上再作进一步努力。

有的单位提出，草案针对我国婚姻家庭领域的实际情况，注意吸纳学术研究成果和司法实务中形成的成熟经验，结合我国民众婚姻家庭观念的变化和经济社会的现实发展，其内容与前两稿相比有较大改观，许多条文值得肯定。如废除计划生育的有关内容、修改禁止结婚的条件、增加婚姻无效的情形、增加离婚冷静期的规定、完善离婚赔偿制度等。同时，以下内容值得进一步考虑：一是关于本编名称，建议修改为“亲属编”。采用这一编名能够真正做到法律名称与调整对象的协调一致，有利于实现法律体系内部的逻辑自洽，也有着大陆法系诸多民法典的先例。二是关于本编结构体例。建议将第三章家庭关系拆分为夫妻关系、亲子关系及其他近亲属关系两章，以强化民法对不同亲属关系的调整力度。

二、关于一般规定

1. 调整范围

草案第八百一十八条规定，因婚姻家庭产生的民事关系，适用本编。

一些单位建议，将本条修改为：“婚姻家庭民事法律关系，适用本编。”

有的单位建议，将本条修改为：“本编调整夫妻、父母子女及其他近亲属之间的人身关系和财产关系。”

有的单位建议，将本条修改为：“本编规定结婚的条件和程序，离婚和宣告婚姻无效的条件和程序，确认父母子女身份的程序，收养及解除收养的条件和程序，夫妻之间、父母子女之间以及其他近亲属之间的人身关系和财产关系。”

2. 基本原则

草案第八百一十九条第一款规定，实行婚姻自由、一夫一妻、男女平等的婚姻制度。第二款规定，保护妇女、儿童和老人的合法权益。

一些单位建议，将第二款修改为：“保护未成年人、老年人和妇女的合法权益。”

有的单位建议，将第二款修改为：“保护儿童、残疾人、老年人和妇女的合法权益。”

有的单位建议，增加两款规定：“未成年人的权利和利益受法律优先保护。”“在处理涉及未成年人的事务时，应以未成年人的最大利益为首要考虑。”

3. 婚姻家庭的禁止性规定

草案第八百二十条第一款规定，禁止包办、买卖婚姻和其他干涉婚姻自由的行为。禁止借婚姻索取财物。第二款规定，禁止重婚。禁止有配偶者与他人同居。第三款规定，禁止家庭暴力。禁止家庭成员间的虐待和遗弃。

有的部门建议，将第三款最后一句修改为“禁止家庭成员间的歧视、侮辱、虐待和遗弃”。

有的单位提出，本条属于宣示性条款，建议删除。

4. 婚姻家庭的倡导性规定

草案第八百二十一条规定,夫妻应当互相忠实,互相尊重;家庭成员间应当敬老爱幼,互相帮助,维护平等、和睦、文明的婚姻家庭关系。

有的单位建议,将“夫妻应当互相忠实,互相尊重”修改为“夫妻应当相互尊重,互负忠实和扶助的义务”。

有的单位建议,增加“家庭成员应当传承和弘扬家庭美德”的规定。

有的部门建议,增加“家庭成员应当尊重、关心和照料老年人”的规定。

有的单位建议,将本条修改为:“国家保护婚姻、父母子女关系和其他家庭关系。”

5. 亲属、近亲属及家庭成员

草案第八百二十二条第一款规定,亲属包括配偶、血亲和姻亲。第二款规定,配偶、父母、子女、兄弟姐妹、祖父母、外祖父母、孙子女、外孙子女为近亲属。第三款规定,共同生活的公婆、岳父母、儿媳、女婿,视为近亲属。第四款规定,配偶、父母、子女和其他共同生活的近亲属为家庭成员。

关于第一款,有的地方建议,明确“血亲”“姻亲”的含义,并对“血亲”“姻亲”“近亲属”的关系作出界定。一些单位建议,对配偶、血亲、姻亲的概念作进一步阐释,或者删除本款,直接列举亲属的具体范围。

关于第二款,有的单位建议修改为:“配偶、父母子女、兄弟姐妹、祖父母孙子女、外祖父母外孙子女为近亲属。”

关于第三款,有的单位建议修改为:“共同生活的公婆儿媳、岳父母女婿,视为近亲属。”有的地方提出,共同生活的“姑妹”“弟媳”“妯娌”等是否属于“其他共同生活的家庭成员”,建议进一步斟酌。一些地方和单位建议删除本款。

关于第四款,有的单位建议修改为:“配偶、父母子女及其他共同生活的近亲属为家庭成员。”有的单位建议删除本款。

一些单位建议,增加规定亲等的计算方法。

有的地方建议,进一步充实关于亲属关系的规定,增加规定亲属的内涵、亲等及其计算方法、亲属的发生、终止以及亲属的效力等内容。

有的单位建议,明确近亲属、家庭成员的权利义务。

6. 其他

一些单位建议,增加规定:“婚姻家庭受国家的保护和扶持。对于遭受权利侵害的婚姻家庭,国家应当予以保护;对于遇到困难的婚姻家庭,国家应当予以扶持。”

一些单位建议,增加规定:“本法总则以及其他各编或其他法律的规定与本编规定相抵触的,适用本编规定。”

三、关于结婚

1. 结婚自愿

草案第八百二十三条规定，结婚应当男女双方完全自愿，禁止任何一方对他方加以强迫或者任何组织、个人加以干涉。

有的单位建议，将本条修改为："结婚应当男女双方完全自愿，禁止任何组织、个人加以强迫或干涉。"

有的单位建议，将本条修改为："结婚应当男女双方完全自愿。禁止任何一方对他方加以强迫，禁止任何组织、个人干涉他人婚姻自由。不得基于婚约提起缔结婚姻的诉讼。"

2. 结婚年龄

草案第八百二十四条规定，结婚年龄，男不得早于22周岁，女不得早于20周岁。

一些地方、部门和单位建议，降低法定结婚年龄，并取消男女年龄差，有的建议降为18周岁，有的建议降为20周岁，有的建议降为18周岁或者20周岁，有的建议降为20周岁或者21周岁。有的建议，将结婚年龄降为"男不得早于二十周岁，女不得早于十八周岁"。主要理由有：

第一，设定当前法定婚龄的因素和环境已经发生了根本变化。1950年我国第一部婚姻法曾规定男20岁，女18岁始得结婚。从通过限制早婚早育来有效控制人口的角度考虑，1980年颁布的婚姻法修改为现行规定。40年来，我国现实的人口过快增长问题已经发生根本性改变，呈现出低自然增长率、人口老龄化的特征。为此，我国相应改变了控制人口生育的政策，党的十八届五中全会作出实施全面二胎政策的决定。降低现行法定婚龄，能够产生政策上的积极引导效应，缓解我国老龄化程度，调整我国的人口结构，为社会发展注入新的人力资源和动力。

第二，符合我国实际情况。在我国广大农村地区和少数民族地区，很多男女青年有早结婚的意愿，降低法定婚龄有利于满足其需求，减少因不能结婚而形成的同居现象，符合婚姻自由的观念。

第三，法定婚龄过高违背了人的生长发育规律。随着我国经济社会发展以及生活水平的提高，我国青年的身体发育较以前有了很大提高，法定婚龄过高有违人的身心发育的自然规律和生理需要，不利于社会的稳定和发展。从国际上看，世界上绝大多数国家法定婚龄都等于或者低于18周岁。

第四，全国各民族实行统一的法定婚龄的基础已经具备。据统计，包括内蒙古、西藏、宁夏、新疆在内的34个民族自治地方制定了执行婚姻法的变通或补充规定，作出了法定婚龄比全国低两岁的规定。按照习近平总书记强调的"尽可能减少同一地区中民族之间的公共服务政策差异"的要求,应尽早研究实行全国统一的无差别的法定婚龄标准,最直接的途径就是降低法定婚龄。

第五,男女法定婚龄差理由不充分。结婚年龄男女差异没有现实依据和合法性基础。从法律的引导后果来看,结婚年龄男女差异在男女两性之间会形成结婚对象资源分配的不平等,导致对女性的歧视,也有对"男大女小"的传统择偶观的肯定之嫌。

有的单位建议,增加规定"男女双方应当具有完全民事行为能力"。

3. 禁止结婚的情形

草案第八百二十五条规定,直系血亲或者三代以内的旁系血亲禁止结婚。

有的单位建议,增加规定:"直系姻亲间,禁止结婚。姻亲关系消灭后亦同。"

4. 结婚登记

草案第八百二十六条规定,要求结婚的男女双方应当亲自到婚姻登记机关申请结婚登记。符合本法规定的,予以登记,发给结婚证。完成结婚登记,即确立婚姻关系。未办理结婚登记的,应当补办登记。

一些地方建议,在"未办理结婚登记的,应当补办登记"后增加规定"否则不发生婚姻效力",进一步明确登记效力。

有的地方建议,将本条修改为:"要求结婚的男女双方应当亲自到婚姻登记机关申请结婚登记。符合本编规定的,予以登记,确立夫妻关系,并发给结婚证。"

有的单位建议,增加规定"登记时作出的结婚的表示不得附带条件或者期限"。

有的单位建议,明确未办理结婚登记至补办登记期间的婚姻关系效力。

有的部门建议,承认特殊情形下仪式婚的法律效力。

5. 男女结婚后组成家庭

草案第八百二十七条规定,登记结婚后,根据男女双方约定,女方可以成为男方家庭的成员,男方可以成为女方家庭的成员。

一些单位建议删除本条。

有的单位建议,将本条调整至第三章"家庭关系"。

6. 无效婚姻的情形

草案第八百二十八条规定,有下列情形之一的,婚姻无效:(1)重婚的;(2)有禁止结婚的亲属关系的;(3)未到法定婚龄的;(4)以伪造、变造、冒用证件等方式骗取结婚登记的。

有的单位建议删除第四项。有的单位建议,将第四项修改为可撤销婚姻的情形。有的单位建议,将第四项单列为一条。

有的单位建议,增加一项情形"夫妻为婚姻之外的目的虚假缔结婚姻的,但婚姻缔结后夫妻双方确实作为夫妻共同生活的除外"。

一些单位建议，吸收司法解释有关内容，明确规定宣告婚姻无效的程序和请求权人。

有的单位建议，增加规定："法定的无效婚姻情形已经消失的，当事人及利害关系人无权依据前款规定向人民法院申请宣告婚姻无效。"

有的地方建议，增加规定："婚姻当事人、利害关系人、基层群众性自治组织及检察机关可以向人民法院申请宣告婚姻无效。"

有的地方建议，将第二项与第三项调换顺序，以对应草案第八百二十四条与第八百二十五条的顺序。同时将本条与草案第八百二十九条和第八百三十条可撤销婚姻的规定调换顺序。

7. 胁迫婚姻

草案第八百二十九条第一款规定，因胁迫结婚的，受胁迫的一方可以向婚姻登记机关或者人民法院请求撤销该婚姻。

一些地方和单位建议，本款对撤销婚姻程序的规定仍是"双轨制"，即"可以向婚姻登记机关或者人民法院请求撤销该婚姻"，建议删除"婚姻登记机关"。撤销已存在的婚姻并非单纯事关婚姻的效力，往往还涉及共同财产分割、未成年子女抚养等与当事人及其子女基本民事权益有关的诸多事项，作为国家行政机关的婚姻登记机关对此不仅无能为力，而且它插手其中也有越俎代庖、剥夺人民法院审判职能之嫌。国外有关可撤销婚姻的立法，也均无行政程序之先例。

有的单位建议，增加规定"一方在结婚登记前未如实告知另一方性倾向的"作为可撤销婚姻的情形。

8. 隐瞒疾病的可撤销婚姻

草案第八百三十条第一款规定，一方患有严重疾病的，应当在结婚登记前如实告知另一方；不如实告知的，另一方可以向婚姻登记机关或者人民法院请求撤销该婚姻。第二款规定，撤销婚姻的请求，应当自知道或者应当知道撤销事由之日起一年内提出。

一些地方和部门建议，删除第一款中的"婚姻登记机关"。婚姻登记员在实际办理过程中，对"严重疾病"程度的鉴别以及一方是否"如实告知另一方"的取证核实有相当大的难度，此类撤销婚姻登记应当通过民事诉讼由法院办理。

一些地方和单位提出，第一款中的"严重疾病"概念不明确，建议修改为"严重的传染性、遗传性等疾病"，或者"严重的传染病、精神病或者遗传性疾病等疾病"，或者"医学上认为不应当结婚的严重疾病"。有的单位建议，适当保留对严重疾病的规范列举，一方面有利于对法律的理解，另一方面有利于司法裁判的统一。

有的部门建议，在第一款中的"不如实告知"后增加"且婚后尚未治愈的"。

有的地方建议，在第二款增加规定："自结婚登记时起五年内没有提出的，该撤销权消灭。”

有的地方、单位建议，恢复现行婚姻法有关禁婚疾病的规定。

有的单位建议删除本条。

9. 无效或者被撤销婚姻的处理

草案第八百三十一条规定，无效的或者被撤销的婚姻自始没有法律约束力。当事人不具有夫妻的权利和义务。同居期间所得的财产，由当事人协议处理；协议不成时，由人民法院根据照顾无过错方的原则判决。对重婚导致的婚姻无效的财产处理，不得侵害合法婚姻当事人的财产权益。当事人所生的子女，适用本法有关父母子女的规定。

一些单位建议，将本条按照有关法律后果的一般性规定、重婚导致婚姻无效的后果和对子女的后果分列为三款。

有的地方提出，目前婚姻家庭编仍采取婚姻无效和婚姻可撤销的二元效力瑕疵体系，但对二者未作实质意义上的区分，其后果都是婚姻自始无效。建议进一步细化二元效力体系的架构，明确哪些关于公共利益的瑕疵需要法律干涉，哪些涉及私人利益的瑕疵可由当事人选择撤销。

有的地方建议，将“不得侵害合法婚姻当事人的财产权益”修改为“不得侵害合法婚姻当事人及无过错方的财产权益”。

有的地方建议，明确同居期间的所得财产是否按共同共有处理。有的单位建议，规定“同居期间所得财产，参照本法关于夫妻财产的规定”。

有的地方建议，增加规定宣告婚姻无效时赋予生活困难的一方有请求另一方提供必要经济补偿的权利。

一些地方、部门和单位建议，增加规定婚姻无效和可撤销情形下无过错方的损害赔偿请求权。理由：第一，根据草案的规定，导致婚姻无效或者婚姻可撤销的情形，均是由一方或者双方过错导致。婚姻被认定无效或者被撤销，当事人的人身利益和财产利益均会遭受损害，理应由过错方予以赔偿。第二，从现实来看，由于法律没有规定对过错方的惩罚措施，导致无效和可撤销婚姻现象不能得到有效制止。第三，现行婚姻法确立的在处理同居期间所得财产时照顾无过错方的原则，受到当事人同居期间所得财产多少的限制，而且体现的是照顾，而非对过错行为的制裁，因此无法实现对受害人的充分救济。

10. 其他

有的部门建议，增加非婚同居者的权利保护制度。在身份权利方面，同居者相互有扶养义务，非婚同居者具有有限的家事代理权；在财产权利方面，总体上收入归各自所有，共同承担生活费用。在消极权利保护方面，可以部分参照配偶权利保护规定。如对于一方欺诈、胁迫等的非婚同居，无过错方可以向法院申请损害赔偿；

同居期间，一方出现重大过错如遗弃、虐待的，无过错方可以向法院申请损害赔偿；预防、制止家庭暴力所有保护性规定，适用于非婚同居者等。

有的单位建议，对同居关系作原则性规定："双方未经结婚登记自愿共同生活的，其财产关系有约定的，依照约定；没有约定的，适用按份共有的规定。"

有的地方建议，对形成同居关系的条件、同居双方的权利义务、同居关系转化为婚姻关系、同居关系的解除等作出具体规定。

一些单位建议，增加规定婚约效力和婚约解除的法律后果。

有的单位建议，专门规定因婚约可能产生的财产返还问题。

有的地方建议，增加短期婚姻合理退还彩礼的规定。

有的地方建议，增加关于彩礼纠纷的规定。

四、关于家庭关系

（一）总的意见

有的部门建议，进一步细化和充实"家庭关系"一章，分别规定家庭人身关系和财产关系，充实家庭财产制的相关内容。理由：第一，结构上，草案婚姻家庭编共分5章，分别为一般规定、结婚、家庭关系、离婚、收养，其中第五章"收养"占27条，分为3节；前4章共占53条，仅第三章分两节。而实践中从数量上看，与收养纠纷案件相比，属于前4章，尤其是"家庭关系"和"离婚"的案件在家事纠纷中占绝大多数，其中财产纠纷又占绝对多数。第二，从调研的情况看，理论上和实践中争议比较大的问题，比如夫妻婚后所得共同财产"共同所有"的含义、夫妻约定财产制和赠与之间的关系、夫妻债务的清偿等，都属于家庭财产制的内容，建议充实夫妻财产关系的内容，积极回应当前社会发展夫妻关系存续期间财产关系日益复杂的实际，对夫妻财产关系的内容以细化全面的规定，从而真正在供给侧给司法裁判以明确规则，给人民群众以具体指引。

有的单位提出，尽管草案已将本章分为两节，但仍不能满足进一步完善现有制度（夫妻人身权、夫妻财产制、父母子女间的权利义务），填补制度空白（建立夫妻债务制度、亲子关系确认制度等）的现实需求。建议将本章拆分为"夫妻关系"和"亲子关系及其他近亲属关系"两章，以强化民法对不同亲属关系的调整力度。理由：（1）法律以调整社会关系为己任。将民法对三类亲属关系的调整合为一章，淡化了法律的重心，难以在有限的条文数量下，对夫妻人身权制度、夫妻财产制、夫妻债务制度、亲子关系确认制度、亲属扶养制度等作出满足社会发展需求的制度建构；（2）夫妻关系、亲子关系、其他近亲属关系是性质不同的亲属关系，法律对它们的调整侧重点不同。在一章之中分节规定，降低了它们在法典中的重要性，更难以凸显各自特点，作出体系化的制度安排。

有的单位建议，将本章分为“夫妻关系”和“父母子女及其他近亲属关系”两章，有的地方建议分为“夫妻关系”和“父母子女及其他家庭成员关系”两章。

(二)夫妻关系

1. 参加社会活动的自由

草案第八百三十四条规定，夫妻双方都有参加生产、工作、学习和社会活动的自由，一方不得对他方加以限制或者干涉。

有的单位建议，在“社会活动”后增加“等”字。

有的单位建议，增加规定：“夫妻双方在选择和从事职业时，应当适当考虑夫妻另一方和家庭的利益。”

2. 父母对子女的抚养、教育和保护

草案第八百三十五条规定，夫妻双方平等享有对未成年子女抚养、教育和保护的权利，共同承担对未成年子女抚养、教育和保护的义务。

有的地方建议，将“未成年子女”修改为“未成年子女或者不能独立生活的成年子女”。

有的地方提出，本条与草案第八百四十四条存在表述重复问题，建议进一步调整。

3. 夫妻互相扶养义务

草案第八百三十六条第一款规定，夫妻有相互扶养的义务。第二款规定，一方不履行扶养义务时，需要扶养的一方，有要求对方给付扶养费的权利。

一些单位建议，将第一款修改为：“夫妻有互相忠实，共同生活，互相扶养的义务。”

有的单位建议，将第二款修改为：“夫妻应当共同生活，履行互相扶养的义务。”

有的单位建议，删除第二款“需要扶养的一方”后的逗号。

有的单位建议，增加一款规定：“如需要扶养一方不能自行行使权利，由其他亲属代为主张。”

4. 家事代理

草案第八百三十七条第一款规定，夫妻一方因家庭日常生活需要而实施的民事法律行为，对夫妻双方发生效力，但是夫妻一方与相对人另有约定的除外。第二款规定，夫妻之间对一方可以实施的民事法律行为范围的限制，不得对抗善意相对人。

有的地方建议，在第一款前增加限定条件“夫妻共同生活期间”。有的单位建议，增加规定：“夫妻分居的，不适用第一款规定。”

有的单位建议，将第二款修改为：“夫妻一方滥用其因家庭日常生活需要而可实施民事法律行为的权利或有不适宜行使该权利的情形时，他方可予以限制，但不得对抗善意相对人。”

有的单位建议，增加一款规定“家庭日常生活需要”的概念和范围：“家庭日常生活需要是指家庭在日常生活中必须发生的各种事项，包括日常生活基本开支、家庭日用品购买、医疗服务、子女抚养和教育、父母赡养等。”

5. 夫妻间的遗产继承权

草案第八百三十八条规定，夫妻有相互继承遗产的权利。

一些地方、部门和单位建议，删除本条，继承编已有相关规定。

6. 夫妻共同财产

草案第八百三十九条第一款规定，夫妻在婚姻关系存续期间所得的下列财产，为夫妻的共同财产，归夫妻共同所有：(1)工资、奖金和其他劳务报酬；(2)生产、经营、投资的收益；(3)知识产权的收益；(4)继承或者受赠所得的财产，但是本法第八百四十条第三项规定的除外；(5)其他应当归共同所有的财产。第二款规定，夫妻对共同财产，有平等的处理权。

有的单位建议，将第一款第二项修改为“生产、经营、投资的收益，但孳息和自然增值除外”。

有的单位建议，将第一款第四项修改为“继承或受赠财产原则上为个人财产，另有约定的除外”。

有的单位建议，增加规定婚后所得推定共有规则：“婚姻关系存续期间夫妻一方取得的财产，不能证明为夫妻特有财产的，推定为夫妻共有财产。”同时，将第二款修改为：“夫妻对共有财产享有平等的占有、使用、收益和处分的权利。”并增设两款规定：“因日常生活需要而处理夫妻共同财产的，夫妻任何一方均有权决定。”“非因日常生活需要对夫妻共同财产做重要处理决定的，夫妻双方须协商一致。夫妻一方擅自处分的，另一方可以主张处分行为无效，但不得对抗善意相对人。”

有的单位建议，将第二款修改为：“夫妻对共同财产，有平等的控制权和管理权。夫妻一方对共同财产的处分应当与对方协商。”

有的单位建议，删除第二款，并增设一条规定：“夫妻对共同所有的财产有平等的权利。有约定的，依照约定；没有约定的，由双方共同行使。”“夫妻一方对共同财产行使下列权利时，必须征得对方的同意：(一)向第三人赠与；(二)以共有资金购买或者出卖不动产的所有权、用益物权或者价值较大的动产；(三)受让或者转让股权；(四)为第三人设定抵押权、质权或者提供保证担保；(五)处分对家庭生活有较大影响的生活用品；(六)其他应当征得对方同意的情形。”

有的地方建议，吸收婚姻法司法解释中关于共同财产的规定，进一步明确夫妻共同财产的范围。

有的地方建议，以夫妻对财产的贡献程度及共同利益等为基本立场，灵活处置对夫妻财产的认定。

有的单位建议，增加规定："夫妻在婚姻关系存续期间所得的财产，归夫妻共同所有，双方另有约定的除外。"

有的单位建议，增加规定夫妻对共同财产的知情权："在婚姻关系存续期间，夫妻双方对夫妻共同财产享有知情权，一方有权了解财产状况，另一方不得隐瞒。夫妻一方查询夫妻关系存续期间登记在另一方名下财产状况的，有关部门应当予以协助。"夫妻知情权基于夫妻忠实义务产生，是夫妻关系的重要内容。平等地享有知情权有利于防止夫妻一方向另一方隐匿重大事项，侵害对方合法权益，也可以督促夫妻相互关心、照顾，促进家庭和谐稳定。在共同财产夫妻知情权立法上，地方已有实践，《广东省妇女权益保障条例》《河北省妇女权益保障条例》《江苏省妇女权益保障条例》都已作出相关规定。

有的地方建议，应当赋予夫妻一方对另外一方名下财产的知情权。有的地方、单位建议，增加规定夫妻就其婚后财产互负报告义务。

7. 夫妻个人财产

草案第八百四十条规定，下列财产为夫妻一方的个人财产：(1)一方的婚前财产；(2)一方因受到人身损害获得的损害赔偿和补偿；(3)遗嘱或者赠与合同中确定只归夫或者妻一方的财产；(4)一方专用的生活用品；(5)其他应当归一方的财产。

有的单位建议，将第一项修改为"一方的婚前财产及其在婚后产生的孳息和增值，但配偶的个人劳动对增值有贡献的部分除外"。

有的地方建议，明确第二项中"损害赔偿"的范围。有的单位建议，删除第二项"损害赔偿"中的"损害"。

有的单位建议，将第四项修改为"一方专用的生活用品，但价值较大的除外"。有的单位建议，将第四项修改为"一方专用的生活用品、工作学习工具"。

一些单位建议删除第五项。

有的地方建议，增加一款规定："婚姻关系持续二十年以上的，一方的婚前房产视为夫妻共同财产。"

8. 约定财产制

草案第八百四十一条第一款规定，男女双方可以约定婚姻关系存续期间所得的财产以及婚前财产归各自所有、共同所有或者部分各自所有、部分共同所有。约定应当采用书面形式。没有约定或者约定不明确的，适用本法第八百三十九条、第八百四十条的规定。第二款规定，夫妻对婚姻关系存续期间所得的财产以及婚前财产的约定，对双方具有约束力。第三款规定，夫妻对婚姻关系存续期间所得的财产约定归各自所有的，夫或者妻一方对外所负的债务，相对人知道该约定的，以夫或者妻一方的个人财产清偿。

有的单位建议，在第一款中增加规定“约定应当遵守诚信原则，不得违背社会良俗”。在第二款的“对双方具有约束力”前增加“经婚姻登记机关备案后”。删除第三款。

有的单位建议，将第一款中的“书面形式”修改为“公证形式”。

有的地方建议，删除第一款中的“没有约定或者约定不明确的，适用本法第八百三十九条、第八百四十条的规定”。对于没有约定或约定不明确的，自然适用第八百三十九条、第八百四十条一般规定，无需另行规定。

有的地方提出，第二款中的“约束力”如何理解有待明确，如夫妻间有关财产的约定是否产生物权变动效力等内容需要作出明确规定。

有的单位建议，在第三款增加规定“但法律另有规定的除外”。

有的部门建议，对当事人愿意公示的财产约定赋予登记等公示形式，明确约定财产制和赠与之间的关系，规定在特定情形下一方有权请求撤销。

有的单位建议，规定夫妻财产协议应当采取公证形式。同时，增加一条规定约定的登记与公示：“夫妻可以自愿选择办理夫妻财产约定的登记。夫妻财产约定未经登记，不能对抗第三人。夫妻财产约定的登记机关和登记程序，由法律另行规定。”

有的地方建议，增加一款规定夫妻财产约定的登记制度，明确登记后具有对抗效力。

有的单位建议，将本条移至第八百三十九条之前。

9. 婚内析产

草案第八百四十二条规定，婚姻关系存续期间，有下列情形之一的，夫妻一方可以向人民法院请求分割共同财产：(1)一方有隐藏、转移、变卖、毁损、挥霍夫妻共同财产或者伪造夫妻共同债务等严重损害夫妻共同财产利益行为的；(2)一方负有法定扶养义务的人患重大疾病需要医治，另一方不同意支付相关医疗费用的。

有的单位建议，在“夫妻一方可以向人民法院请求分割共同财产”后增加“但损害债权人利益的除外”，并增加两项法定情形：“一方要求用夫妻共同财产从事投资经营活动，另一方不同意的”；“一方实施家庭暴力，受害方要求分割的”。

有的地方、单位建议，将第二项修改为“一方本人或者其负有法定扶养义务的人患重大疾病需要医治，另一方不同意支付相关医疗费用的”。

有的部门建议，增加“一方以无理方式拒绝给予处分共同财产的必要同意、一方拒绝向另一方报告其债务或共同财产状况、一方严重威胁到另一方或婚姻共同生活利益的其他情形”等情形。

有的地方建议，增加一项情形：“其他应当分割共同财产的情形。”有的单位建议，增加一项情形：“一方基于其他重大理由需要分割共同财产。”

10. 其他

草案第八百三十二条规定了夫妻地位平等，草案第八百三十三条规定夫妻各用自己姓名的权利。有的单位建议删除这两条规定。

一些单位建议，增加规定婚姻住所商定权、夫妻知情权。

一些地方、部门和单位建议，增加规定生育权。

有的单位建议，增加规定："夫妻互负同居义务，应当维持共同生活关系。"有的单位建议，增加规定："夫妻有共同生活的责任。"

有的地方建议，在本章中设立亲权制度，强化父母对未成年子女的责任。

（三）父母子女关系和其他近亲属关系

1. 父母的抚养义务和子女的赡养义务

草案第八百四十三条第一款规定，父母不履行抚养义务的，未成年子女或者不能独立生活的成年子女，有要求父母给付抚养费的权利。第二款规定，成年子女不履行赡养义务的，无劳动能力或者生活困难的父母，有要求成年子女给付赡养费的权利。

有的地方、单位建议，增加一款作为第一款："父母对未成年子女有抚养教育的义务，成年子女对父母有赡养扶助的义务。"

有的地方建议，将第一款中的"未成年子女或者不能独立生活的成年子女"修改为"未成年子女或者因疾病等原因不能独立生活的成年子女"，以防止成年子女"啃老"现象。

有的地方建议，将第二款修改为"成年子女不履行赡养义务的，父母有要求成年子女给付赡养费的权利"，或者"成年子女不履行赡养义务的，无劳动能力且生活困难的父母有要求成年子女给付赡养费的权利"。

有的单位建议，在第二款增加规定，"成年子女应当对父母履行经济上供养、生活上照料和精神上慰藉的义务"，和老年人权益保障法的规定保持一致。

2. 子女的姓名权

草案第八百四十五条规定，子女可以随父姓，可以随母姓。

有的单位建议，增加一款规定："子女成年后有权依法更改自己的姓名，父母不得干涉和限制。"

一些地方、部门和单位建议删除本条，人格权编已有相关规定，没必要重复。

3. 保障老年人婚姻权利

草案第八百四十六条规定，子女应当尊重父母的婚姻权利，不得干涉父母离婚、再婚以及婚后的生活。子女对父母的赡养义务，不因父母的婚姻关系变化而终止。

有的单位建议，将"婚姻权利"修改为"婚姻自由"。

有的单位建议，增加“子女应当孝敬父母，承担与其年龄、体力和健康状况相适应的家务劳动”等规定。

4. 父母子女间的遗产继承权

草案第八百四十七条规定，父母和子女有相互继承遗产的权利。

一些地方、部门和单位建议删除本条，继承编已有相关规定。

5. 非婚生子女的权利

草案第八百四十八条规定，非婚生子女享有与婚生子女同等的权利，任何组织、个人不得加以危害和歧视。不直接抚养非婚生子女的生父或者生母，应当负担未成年子女或者不能独立生活的成年子女的抚养费。

有的部门建议，取消“非婚生子”称谓，制定统一的自然血亲子女制度，以子女认领制度作为确立无婚姻的父母与自然血亲子女关系的证明方法，保护未成年人的合法权益。

有的单位建议，将“不直接抚养非婚生子女的生父或者生母”修改为“不与非婚生子女共同生活的生父或者生母”。

6. 继父母和继子女间的权利义务关系

草案第八百四十九条规定，继父母与继子女间，不得虐待或者歧视。继父或者继母和受其抚养教育的继子女间的权利义务关系，适用法律关于父母子女关系的规定。

有的部门建议，明确继父母和继子女之间“形成抚养教育关系”的认定标准，明确形成抚养关系的形式和种类，形成抚养教育关系的继父母继子女之间的权利义务，与生父母之间的权利义务，明确继父母婚姻关系终止时继父母继子女关系变化的法律后果。

有的单位提出，有必要对拟制父母子女的权利义务作出概括规定，不仅包括继父母子女，也应包括对养父母子女的概括性规定。同时，形成事实扶养关系的继父母子女在司法实践中非常难以判断，建议增加明确标准。

有的单位建议，增加规定：“有扶养关系的继兄弟姐妹间的权利义务关系，适用法律关于兄弟姐妹关系的规定。”

7. 亲子关系的确认及否认

草案第八百五十条规定，对亲子关系有异议的，父、母或者成年子女可以向人民法院提起诉讼，请求确认或者否认亲子关系。

一些单位建议，对亲子关系的确认制度作出具体规定，包括亲子关系的推定、亲子关系的否认和子女的认领等。

有的单位建议，具体规定亲子关系的推定和否认制度。

有的单位建议，细化本条规定并在主体、时间上加以限制。

有的地方建议，将否认亲子关系的申请主体限于父母。从司法实践来看，成年子女否认亲子关系往往是基于不想履行赡养义务而提起，赋予成年子女否认亲子关系的诉权容易导致新的家庭矛盾，不利于社会稳定。

8. 兄、姐与弟、妹的扶养义务

草案第八百五十二条规定，有负担能力的兄、姐，对于父母已经死亡或者父母无力抚养的未成年的弟、妹，有扶养的义务。由兄、姐扶养长大的有负担能力的弟、妹，对于缺乏劳动能力又缺乏生活来源的兄、姐，有扶养的义务。

有的地方建议，取消限定条件，将本条修改为："兄、姐对于父母已经死亡或者父母无力抚养的未成年的弟、妹，有扶养的义务。弟、妹对于缺乏能力又缺乏生活来源的兄、姐，有扶养的义务。"

9. 其他

有的单位建议，整合并充实有关父母子女之间权利义务的规定。

有的单位建议，增加并细化父母对子女的照顾、保护的权利和义务。

一些单位建议，将父母照护从未成年人监护中分离出来，规定于"父母子女及其他近亲属关系"章"父母子女关系"节中，而在其后的"监护"章规定以不在父母照护之下的未成年人为对象的"未成年人监护"，作为父母照护的补充与延伸。

有的部门提出，近年来的法律实践显示，一些亲生父母与子女间也存在虐待和歧视现象，比如殴打、残害、遗弃等，有的甚至造成非常严重的后果。建议增加规定："父母与子女之间，不得虐待或者歧视。"

有的地方建议，增加有关人工授精子女的父母认定的规定。

五、关于离婚

1. 协议离婚

草案第八百五十三条第一款规定，男女双方自愿离婚的，准予离婚。第二款规定，双方应当订立书面离婚协议，并亲自到婚姻登记机关申请离婚登记。第三款规定，离婚协议书应当载明双方自愿离婚的意思表示以及对子女抚养、财产及债务处理等事项协商一致的意见。

有的地方建议，将第一款中的"男女双方"修改为"夫妻双方"。

有的地方建议，在第二款后增加规定"离婚协议书具有法律效力"。

有的单位建议，将第二款和第三款合并修改为："男女结婚满六个月，且无八周岁以下未成年子女的，双方可亲自到婚姻登记机关申请离婚登记。双方应当订立书面离婚协议，离婚协议书应当载明双方自愿离婚的意思表示以及对财产及债务处理等事项协商一致的意见。"

2. 离婚冷静期

草案第八百五十四条第一款规定，自婚姻登记机关收到离婚登记申请之日起一个月内，任何一方不愿意离婚的，可以向婚姻登记机关撤回离婚申请。第二款规定，前款规定期间届满一个月内，双方应当亲自到婚姻登记机关申请发给离婚证；未申请的，视为撤回离婚登记申请。

有的部门提出，“一个月”的概念不准确，实践中操作存在不同的标准，建议修改为“三十日”。

有的地方建议，将第一款中的“一个月”修改为“二个月”。

有的地方建议，根据不同的家庭情况设置不同的冷静期，以1个月为基础，每有一名共同生育子女增加1个月，最长不超过6个月。

有的地方、单位建议，增加规定：“申请离婚时，双方可自愿选择是否适用冷静期条款，只要有一方愿意适用的，则双方均须适用本条。”

有的地方建议，应当考虑规定除外情况，如一方正在遭受家庭暴力或者矛盾已尖锐到不可调解的其他情况，更有利于保护弱势一方。建议分类规定：对有子女的夫妻，冷静期为3个月，无子女的夫妻，冷静期为1个月。同时借鉴韩国民法典、我国台湾地区“民法典”规定，增加“二人以上的成年证人以言词或署名的书面形式进行证明”的内容，防止草率离婚、假离婚。

有的地方建议，增加一款例外规定，如果夫妻一方具有暴力倾向严重威胁另一方生命安全的，不受离婚冷静期的限制。

有的地方提出，离婚冷静期的内容是各地多有尝试后的结果，但在实践中，有观点认为离婚冷静期实际上干涉了婚姻自由，而且期间容易出现转移财产或者家暴行为。对此，四川省安岳县人民法院在《关于离婚案件冷静期设置的操作流程（试行）》中规定，在冷静期内，存在家庭暴力等行为，应当终止离婚冷静期。针对社会担心的离婚冷静期内转移财产的问题，2018年7月中旬，广东省高级人民法院发布《广东法院审理离婚案件程序指引》，明确“财产申报”等制度，在办理离婚案件过程中，如不实申报财产，将面临少分或者不分的后果。建议在本编中增加相应条款，或者允许地方根据实际情况出台相应的规定指导实践。

有的地方提出，离婚自由与结婚自由一样是婚姻自由的重要内容，与本条规定的登记离婚冷静期相比，诉讼离婚冷静期制度的设立、施行是一个循序渐进的过程，并不是所有离婚案件都会设置冷静期，还是需要双方当事人同意。而且在冷静期内，法院同时可以根据案件情况开展调解、家事调查、心理疏导等工作。从本条规定来看，登记离婚冷静期中，民政部门没有相应的职能，也没有规定是否可以提前终止。设立和实施登记离婚冷静期，需要完善相关的配套制度及实施规则，例如是否应对离婚人群区别对待、规避一些风险因素等。

一些地方和单位建议删除本条。理由是：首先，现在国家提倡简政放权，尽量少跑腿、少折腾，越来越多的行政审批一次性即可办理，而婚姻登记却逆流而上。其次，将导致大量协议离婚的当事人无法快速办理离婚登记，且任何一方均可反悔。按照这样的制度设计，可以反复反悔拖延时间，助长了不诚信思维。再次，将导致大量婚姻纠纷到法院诉讼，浪费大量的司法资源。最后，会造成当事人离婚困难，将导致结婚比例降低、社会同居现象增加，同居关系的法律纠纷又将大增。

3. 离婚登记

草案第八百五十五条规定，婚姻登记机关查明双方确实是自愿离婚，并已对子女抚养、财产及债务处理等事项协商一致时，予以登记，发给离婚证。

有的部门提出，婚姻登记机关无实质审查的义务和手段，"查明双方确实是自愿离婚，并已对子女抚养、财产及债务处理等事项协商一致"有难度，且协议离婚本身也是双方当事人自愿离婚，并已对子女抚养、财产及债务处理等事项协商一致后，由登记机关予以离婚登记的过程。建议将本条修改为："离婚冷静期满三十日内，男女双方亲自到婚姻登记机关申请发给离婚证，并对子女抚养、财产及债务处理等事项协商一致时，婚姻登记机关予以登记，发给离婚证。"

有的地方建议，删除"财产及债务处理等"，离婚和财产处理应当区别对待，登记机关也很难查明财产处理情况。

4. 判决离婚

草案第八百五十六条第二款规定，人民法院审理离婚案件，应当进行调解；如感情确已破裂，调解无效，应准予离婚。第三款规定，有下列情形之一，调解无效的，应准予离婚：(1)重婚或者与他人同居的；(2)实施家庭暴力或者虐待、遗弃家庭成员的；(3)有赌博、吸毒等恶习屡教不改的；(4)因感情不和分居满二年的；(5)其他导致夫妻感情破裂的情形。第五款规定，经人民法院判决不准离婚后，又分居满一年，一方再次提起离婚诉讼的，应准予离婚。

有的部门建议，将法定离婚标准由"感情确已破裂"修改为"婚姻关系确已无法继续维持"。

有的单位建议，将第三款第五项修改为"其他导致婚姻确已破裂的情形"或者"其他不可期待婚姻关系继续维持的情形"。

有的地方、单位建议，将第五项中的"一年"修改为"六个月"。

有的单位建议，规定诉讼离婚的苛刻条款："如判决离婚对未成年子女有明显不利，或者对不同意离婚一方造成严重伤害的，即使婚姻关系确已破裂，人民法院也可以判决不准离婚。"

有的单位建议，增加规定"分居"的概念："夫妻双方之间不存在家庭共同生活，并且一方拒绝接受共同生活的，双方为分居。"

有的地方建议，增加规定："离婚判决、调解书不得低于自立案之日起的三个月内作出。"

5. 军婚的保护

草案第八百五十八条规定，现役军人的配偶要求离婚，应当征得军人同意，但是军人一方有重大过错的除外。

有的单位建议，将"重大过错"修改为"过错"。从人权角度出发，对军婚的过度保护不利于对军人配偶一方的人权保障，应当平衡双方利益。

有的单位建议删除本条。

6. 不得提出离婚的情形

草案第八百五十九条规定，女方在怀孕期间、分娩后1年内或者中止妊娠后6个月内，男方不得提出离婚，但是女方提出离婚或者人民法院认为确有必要受理男方离婚请求的除外。

有的地方建议，将"人民法院认为确有必要受理男方离婚请求"修改为"人民法院认为男方遭受家庭暴力等严重伤害男方合法权益、确有必要受理男方离婚请求"。

有的单位建议，增加规定"女方具有重大过错"为一种除外情形，以保护男方的合法权益。

7. 复婚登记

草案第八百六十条规定，离婚后，男女双方自愿恢复婚姻关系的，应当到婚姻登记机关进行复婚登记。

有的部门提出，"复婚"并无明确界定，在实践中也是按照重新办理结婚登记程序操作。建议将"复婚登记"修改为"重新办理结婚登记"。

有的单位建议，将"复婚"修改为"结婚"，婚姻登记的类型只包括结婚登记和离婚登记两种，不存在复婚登记。

8. 离婚后子女的抚养

草案第八百六十一条第一款规定，父母与子女间的关系，不因父母离婚而消除。离婚后，子女无论由父或者母直接抚养，仍是父母双方的子女。第二款规定，离婚后，父母对于子女仍有抚养、教育和保护的权利和义务。第三款规定，离婚后，不满两周岁的子女，以由母亲直接抚养为原则。已满两周岁的子女，如双方因抚养问题发生争执不能达成协议时，由人民法院根据双方的具体情况，按照最有利于未成年子女的原则判决。

有的单位建议，将第一款修改为："父母与其共同子女之间的关系，不因父母离婚而消除。"

一些地方和单位提出，第三款的原则性规定是一把"双刃剑"，可能加剧女性离婚后的经济贫困和加大其再就业困难，现实中也可能出现由母亲直接抚养对儿童不利的情况，基于“儿童最佳利益”原则的要求，建议将第三款修改为：“离婚后，子女的抚养应由父母双方协议。协议不成时，由人民法院根据双方的具体情况，按照有利于子女的原则判决。”

有的地方建议，将第三款修改为：“离婚后，如双方因抚养问题发生争执不能达成协议时，不满两周岁的子女，以随母亲抚养为原则。已满两周岁不满八周岁的子女，由人民法院根据双方的具体情况，按照最有利于未成年子女的原则判决。八周岁以上的子女，人民法院应征求并充分考虑其意见，结合具体情况，按照最有利于未成年子女的原则判决。”

9. 祖父母、外祖父母的探望权

草案第八百六十四条规定，祖父母、外祖父母探望孙子女、外孙子女的，参照适用前条规定。

有的单位建议，将“探望权”修改为“会面交往权”，并将本条规定移至“父母子女及其他近亲属关系”部分。

有的单位建议，增加规定：“下列条件下，祖父母、外祖父母对孙子女、外孙子女有探望权：祖父母、外祖父母对孙子女、外孙子女尽了抚养义务的，或者孙子女、外孙子女的父母死亡、无力抚养，或者与孙子女、外孙子女在一起共同生活的。”

有的地方建议，将本条修改为：“祖父母、外祖父母尽到抚养义务或者父母死亡的，可按照前条规定行使探望权。”

有的单位建议，将本条修改为：“祖父母、外祖父母在父母死亡或父母不能行使探望权的情况下，参照适用前条规定。”

有的地方建议，将本条作为前一条的第四款。

一些单位建议，将本条规定扩展至兄弟姐妹的探望权。

10. 离婚时的财产处理

草案第八百六十五条第一款规定，离婚时，夫妻的共同财产由双方协议处理；协议不成时，由人民法院根据财产的具体情况，照顾子女、女方和无过错方权益的原则判决。第二款规定，夫或者妻在家庭土地承包经营中享有的权益等，应当依法予以保护。

有的单位建议，在第一款增加婚姻关系存续时间长短、离婚原因两个酌定因素，并明确“分割夫妻共同财产一般应当均等”的原则。

有的地方建议，删除第一款中的“女方”。

有的单位建议，删除第一款中的“无过错方”和第二款。

有的单位建议，在第一款中的“照顾子女、女方和无过错方权益的原则”前增加“按照”二字。

有的单位建议，将第一款修改为："离婚时，夫妻的共同财产由双方协议处理；协议不成时，由人民法院根据财产的具体情况，照顾子女和女方权益的原则判决。离婚时，分割夫妻共同财产，应参酌以下因素：（一）双方对财产积累的贡献；（二）婚姻关系存续时间的长短；（三）双方的健康状况；（四）财产的来源；（五）双方的工作能力与收入状况；（六）夫妻一方对家庭及对方所做的贡献；（七）子女抚养权归属；（八）一方有无过错等。"

有的单位建议，增加一款，规定离婚时不动产分割问题："婚前一方支付首付款，婚后用夫妻共同财产偿还贷款的不动产，离婚时，该不动产由双方协议处理。协议不成的，由人民法院根据首付款占总款项的比例、夫妻对偿还贷款的贡献等因素和照顾子女、女方权益原则，判决该不动产的产权归属，尚未归还的贷款为取得不动产所有权人的个人债务。双方婚后共同还贷支付的款项及其相对应财产增值部分，离婚时由取得不动产所有权一方对另一方进行补偿。"

11. 离婚经济补偿

草案第八百六十六条规定，一方因抚育子女、照料老人、协助另一方工作等付出较多义务的，离婚时有权向另一方请求补偿，另一方应当予以补偿。具体办法由双方协议；协议不成时，由人民法院判决。

有的地方建议，将"一方因抚育子女"修改为"一方因生育和抚养子女"。

有的地方提出，应当考虑共同财产制与分别财产制的区别，毕竟共同财产制本身就包含了对一方家务劳动付出的补偿。建议将"离婚时有权向另一方请求补偿"修改为"离婚时通过共同财产分割无法得到适当补偿的，有权向另一方请求补偿"。

有的单位建议删除本条。

12. 夫妻债务偿还

草案第八百六十七条规定，离婚时，夫妻共同债务，应当共同偿还。共同财产不足清偿或者财产归各自所有的，由双方协议清偿；协议不成时，由人民法院判决。

有的单位提出，本条基本沿袭现行婚姻法的相关规定，未充分采纳从司法实践与学理争议中得出的基本共识，无法满足司法实践的需求。

有的地方提出，关于夫妻债务问题，草案目前对婚姻法的有关规定未作实质性修改，建议细化。

一些地方和部门建议，2018 年最高人民法院出台了《关于审理涉及夫妻债务纠纷案件适用法律有关问题的解释》，对夫妻共同债务的认定规则作出了规定，实践证明效果较好，婚姻家庭编可以予以吸收，以确立夫妻共同债务具体认定标准，统一司法适用尺度。

有的部门建议，一是取消"离婚时"这个时间限制，共同债务不仅存在于离婚的情形，在婚姻关系存续期间依然存在债务清偿问题；二是明确夫妻共同债务和夫妻一方债务的认定标准,明确夫妻共同债务共签的原则;三是明确责任财产的范围。

有的地方建议,明确夫妻共同债务的具体范围。有的单位提出,本条规定的夫妻共同债务范围过大。有的地方建议,借鉴司法经验,将“夫妻共同债务”明确为“夫妻共同生活所负债务”。

有的单位建议,增加规定:“夫或者妻一方超出家庭日常生活需要范围负债的,为个人债务,但夫妻双方共同签字、夫妻另一方事后追认的,或者债权人能够证明该债务用于夫妻共同生活、共同生产经营的除外。”

一些单位建议,一是明确夫妻共同债务和个人债务的范围,平衡配偶、债权人及法定债务的履行等多种利益考虑:“下列债务属于夫妻共同债务:(一)夫妻双方合意所负的债务;(二)夫妻因共同生活所负的债务;(三)夫妻因共同财产的维护所负的债务;(四)夫妻因共同侵权所负的债务;(五)夫妻因被监护人侵权所负的债务。”“下列债务属于夫妻一方的债务:(一)夫妻一方婚前所负的债务;(二)夫妻一方在婚姻关系存续期间以自己名义负担的合同之债,但法律另有规定的除外;(三)夫妻一方在婚姻关系存续期间引起的侵权之债;(四)其他应当由个人承担的债务。”二是明确除基于抚养、赡养、医疗费等产生的人身性债务外,对于夫妻以个人名义所负的其他共同债务应引入有限清偿责任规则,即对非举债的一方,只以夫妻共同财产为限对外承担责任,以保障夫妻中非举债方的权益。

有的单位提出,应当体系化构建夫妻债务制度,有两种方案。方案一:“婚姻关系存续期间,夫妻双方或一方与相对人形成的下列债务为夫妻共同债务:(一)为日常家事所负债务;(二)履行法定扶养义务所负债务;(三)共同合意所负债务;(四)管理维护夫妻共同财产所负债务;(五)其他与共有财产取得行为相关的债务。夫妻共同债务以夫妻共同财产偿还为原则;共同财产不足清偿或财产归夫妻各自所有的,夫妻以各自财产均等偿还。”“下列债务属于夫妻一方的个人债务:(一)一方婚前所负债务,但债务用于婚后家庭共同生活的除外;(二)除法律另有规定的外,一方在婚姻期间以自己名义负担的不属于法定共同债务的合同之债;(三)一方在婚姻期间因实施侵权或犯罪行为所生之债;(四)一方以个人名义或财产为他人提供担保所生之债;(五)其他应当由夫或妻一方承担的债务。夫妻一方的个人债务,由个人偿还;个人财产不足以偿还的,可以用夫妻共同财产或者对方的个人财产偿还。”“婚姻关系存续期间,一方以夫妻共有财产清偿个人债务的,离婚时另一方可以请求补偿。婚姻关系存续期间,一方以个人财产清偿夫妻共同债务的,除本编第×条(‘夫妻共同债务认定’一条)第(一)、(二)项外,离婚时可以请求补偿。”

方案二:“下列债务属于夫妻共同债务:(一)夫妻双方共同签字或者夫妻一方事后追认等共同意思表示所负的债务;(二)夫妻一方在婚姻关系存续期间以个人名义为家庭日常生活需要所负的债务;(三)债权人能够证明用于夫妻共同生活或

共同生产经营的夫妻一方在婚姻关系存续期间以个人名义超出家庭日常生活需要所负的债务。对于第(一)、(二)项债务,夫妻双方应承担连带责任;对于第(三)项债务,债权人应以夫妻共同财产及以个人名义负债之夫妻一方的个人财产为限受偿。""下列债务属于夫妻一方的个人债务:(一)一方婚前所负债务,但债务用于婚后家庭共同生活的部分除外;(二)一方在婚姻期间以自己名义负担的不属于法定共同债务的合同之债;(三)一方在婚姻期间因实施侵权或犯罪行为所生之债;(四)一方以个人名义或财产为他人提供担保所生之债;(五)其他应当由夫或妻一方承担的债务。夫妻一方的个人债务,由负债一方个人偿还。"在此基础上,将本条修改为:"离婚时,夫妻共同财产不足清偿夫妻共同债务或财产归各自所有的,由双方协议清偿;协议不成时,由人民法院判决。双方协议或人民法院判决不影响债权人根据第×条('夫妻共同债务认定'一条)向夫妻双方或一方主张债权。"

有的地方建议,增加对夫妻债务的规定:"夫妻双方共同签字或者夫妻一方事后追认等共同意思表示所负的债务,应当认定为夫妻共同债务;夫妻一方在婚姻关系存续期间以个人名义为家庭日常生活需要所负的债务,应当认定为夫妻共同债务;夫妻一方在婚姻关系存续期间以个人名义超出家庭日常生活需要所负的债务,除债权人能够证明该债务用于夫妻共同生活、共同生产经营或者基于夫妻双方共同意思表示的情形外,应当认定为夫妻一方的个人债务。"

有的单位建议,明确规定夫妻共同债务和个人债务的认定:"有下列情形之一的,为夫妻共同债务:(一)夫妻双方共同产生的债务;(二)由夫妻一方为家庭日常生活需要所产生的债务;(三)为抚养子女所产生的债务;(四)夫妻一方因管理夫妻共同财产所产生的债务;(五)夫妻一方从事职业活动所产生的债务;(六)为取得本编第八百三十九条第一款第四项规定情形下的财产所产生的债务;(七)不能证明为夫妻个人债务的,推定为夫妻共同债务。""有下列情形之一的,为夫妻个人债务:(一)一方婚前所负债务,但债权人能证明所负债务用于婚后家庭共同生活除外;(二)婚姻关系存续期间,因取得本编第八百四十条第(三)项规定情形下的财产所产生的债务;(三)因夫妻个人财产所产生的债务;(四)性质上专属于夫妻一方的债务。"

有的地方提出,连带债务中的共同债务区分为依性质、依用途而成的共同债务;个人债务涉及家庭共同利益时,责任财产范围为负债方个人财产及全部共同财产;其他类型的个人债务,责任财产范围为负债方个人财产及共同财产中的贡献份额。

13. 离婚经济帮助

草案第八百六十八条规定,离婚时,如一方生活困难,有负担能力的另一方应当给予适当帮助。具体办法由双方协议;协议不成时,由人民法院判决。

有的地方、部门建议，明确“一方生活困难”的含义。

一些地方和单位建议，将“一方生活困难”修改为“一方生活困难或者生活水平显著下降”。

有的地方、单位建议，将离婚经济帮助的适用条件从绝对困难调整为相对困难标准。

有的单位建议，在“给予适当帮助”后增加规定“以个人财产中的住房对生活困难者进行帮助的，可以是房屋的居住权或者房屋的所有权”。

一些地方和单位建议，增加规定对于婚姻关系存续期间存在重大过错的一方请求经济帮助的，不予支持。

14. 离婚损害赔偿

草案第八百六十九条规定，有下列情形之一，导致离婚的，无过错方有权请求损害赔偿：(1)重婚的；(2)与他人同居的；(3)实施家庭暴力的；(4)虐待、遗弃家庭成员的；(5)有其他重大过错的。

有的单位建议，将第五项修改为“有其他导致夫妻关系破裂的重大过错的”。

有的部门建议，增加一项情形“违背忠实义务”。

有的地方建议，增加规定：“一方因重婚或者与他人同居、实施家庭暴力等给对方造成损失的，应当承担精神损害赔偿责任。”

15. 其他

有的单位建议，增设离婚障碍制度。因离婚将导致未成年人抚养遇重大困难的(例如孩子有严重健康问题，单方抚养极为困难的)或者离婚对夫妻一方显著不公平的，可以暂缓准予离婚。

有的单位建议，增加规定离婚对夫妻的一般效力：“登记离婚或判决离婚生效后，当事人的配偶身份消灭，基于配偶身份而产生的人身关系和财产关系即行终止。”

六、关于收养

(一)收养关系的成立

1. 收养原则

草案第八百七十一条第一款规定，收养应当有利于被收养人的健康成长，保障被收养人和收养人的合法权益。第二款规定，禁止借收养名义买卖儿童。

有的单位建议，将第一款中的“有利于被收养人的健康成长”修改为“有利于实现未成年被收养人的最佳利益”。

有的地方建议，在第一款中增加“收养不得违反社会公德”的规定。

有的单位建议删除第二款。

有的部门建议，一是增加规定“收养应当坚持被收养儿童利益优先原则”。理由是：儿童利益优先是联合国《儿童权利公约》和《跨国收养方面保护儿童及合作公约》中明确的重要原则，为国际社会普遍认可和遵行。我国收养领域还普遍存在重视满足收养人需求、对被收养儿童需求重视不足的问题，不利于被收养儿童权益保障。建议明确被收养儿童利益优先原则，以更好指导收养实践。二是增加一款规定：“任何个人或者机构发现来历不明儿童后，应及时向公安机关报案。严禁个人或者民间机构收留抚养来历不明的儿童。”理由是：如对来历不明儿童不报案查找其生父母或其他监护人而收留抚养，将导致对儿童的生父母或其他监护人、民政部门监护权的侵害。同时，也将使该儿童脱离合法监护人的监护，侵害该儿童的人身和财产权益，并直接影响儿童教育、医疗等权益。此外，还将滋生买卖儿童等违法犯罪行为。

有的单位建议，明确收养不得违背计划生育相关法律法规。

有的部门建议，将本条移至本编第一章中。

2. 被收养人

草案第八百七十二条规定，下列未成年人，可以被收养：(1)丧失父母的孤儿；(2)查找不到生父母的儿童；(3)生父母有特殊困难无力抚养的子女。

有的部门建议，将第二项修改为“查找不到生父母或者父母被依法剥夺监护权一年以上，且无其他监护人或其他监护人不愿意履行监护义务的儿童”。

有的地方建议，增加一项“因生父母虐待被剥夺监护权而无人抚养的子女”。

3. 送养人

草案第八百七十三条规定，下列个人、组织可以作送养人：(1)孤儿的监护人；(2)儿童福利机构；(3)有特殊困难无力抚养子女的生父母。

有的单位建议，废除送养人的概念，将收养关系的当事人仅限于收养人和被收养人。

有的单位建议，将本条修改为：“下列个人、组织可以作送养人：(一)有特殊困难无力抚养子女的生父母；(二)丧失父母的孤儿的监护人；(三)享有监护权的儿童福利机构或其他机构。”

4. 未成年人监护人送养的限制

草案第八百七十四条规定，未成年人的父母均不具备完全民事行为能力的，该未成年人的监护人不得将其送养，但是父母对该未成年人有严重危害可能的除外。

有的单位建议，将最后一句修改为“但是父母对该未成年人的人身权益有严重危害的除外”。

有的地方建议，将本条修改为：“未成年人的父母均不具备完全民事行为能力的，该未成年人的监护人可以将其送养。”

5. 生父母送养子女

草案第八百七十六条规定,生父母送养子女,应当双方共同送养。生父母一方不明或者查找不到的,可以单方送养。

有的部门提出,实践中,生父母一方不明不易认定,不具可操作性,容易让不愿履行法定抚养义务的人借此钻法律空子。建议将"生父母一方不明或者查找不到的"修改为"生父母一方被宣告失踪或者查找不到的"。

有的单位建议,将本条修改为:"生父母送养子女,应当双方共同送养。具有下列情形之一的,可以单方送养:(一)生父母一方无民事行为能力;(二)生父母一方死亡或被宣告死亡、宣告失踪;(三)未有婚姻关系的生父母一方未与子女建立抚养关系且拒绝承担抚养义务。"

有的地方建议,增加规定:"生父母一方对送养子女未尽抚养义务,视为放弃权利,可以单方送养。"

6. 收养人的条件

草案第八百七十七条规定,收养人应当同时具备下列条件:(1)无子女或者只有一名子女;(2)有抚养、教育和保护被收养人的能力;(3)未患有在医学上认为不应当收养子女的疾病;(4)年满30周岁。

有的地方提出,从本质上来讲,收养人是否有子女、收养人有几名子女、收养人能收养几名子女并不能当然影响收养的积极效益。真正应当考虑的是收养人是否具有收养能力,包括经济能力、健康状况、个人品性等多方面。随着国家全面二孩政策的实施,越来越多的家庭步入"二孩时代",家庭关系将呈现一个全新的面貌。建议收养条件在设置时能紧跟国家最新人口政策的要求,不断与时俱进。

一些地方和部门建议删除第一项。

有的地方建议,将第四项修改为"年满三十五周岁"。

有的地方建议,增加两项条件:"经过专业心理评估,未发现可能不利于抚养、教育和保护被收养儿童的心理倾向"和"无侵害儿童合法权益类的违法犯罪记录"。

有的单位建议,增加一项条件"无不利于收养人健康成长的违法犯罪记录"。

7. 华侨收养

草案第八百七十八条第一款规定,收养三代以内同辈旁系血亲的子女,可以不受本法第八百七十二条第三项、第八百七十三条第三项和第八百八十条规定的限制。第二款规定,华侨收养三代以内同辈旁系血亲的子女,还可以不受本法第八百七十七条第一项规定的限制。

有的部门建议,将本条修改为:"收养三代以内同辈旁系血亲的子女,收养人应当无子女,可以不受本法第八百七十二条第三项、第八百七十三条第三项和第八百八十条规定的限制。""收养双胞胎或者多胞胎的,可以一并收养。"

8. 收养人数

草案第八百七十九条第一款规定，无子女的收养人可以收养两名子女；有一名子女的收养人只能收养一名子女。第二款规定，收养孤儿、残疾儿童或者儿童福利机构抚养的查找不到生父母的儿童，可以不受前款和本法第八百七十七条第一项规定的限制。

有的部门建议删除第一款。

9. 无配偶者收养异性子女的年龄限制

草案第八百八十条规定，无配偶者收养异性子女的，收养人与被收养人的年龄应当相差40周岁以上。

一些单位建议，将"四十周岁"修改为"三十周岁"。

有的地方建议删除"异性"。

10. 共同收养和单方收养

草案第八百八十一条第一款规定，有配偶者收养子女，应当夫妻共同收养。第二款规定，配偶一方为无民事行为能力人或者被宣告失踪的，可以单方收养。

有的单位建议，将本条修改为："有配偶者收养子女，应当夫妻共同收养。但有下列情形之一的，可以单方收养：（一）夫妻一方收养对方子女的；（二）夫妻一方无民事行为能力的；（三）夫妻一方被宣告失踪的。"

11. 收养、送养的自愿和同意

草案第八百八十三条规定，收养人收养与送养人送养，应当双方自愿。收养八周岁以上未成年人的，应当征得被收养人的同意。

有的单位建议，增加除外规定："被收养人属于无民事行为能力人的除外。"

有的部门建议，删除"收养八周岁以上未成年人的，应当征得被收养人的同意"的规定，或者将需征得其同意的被收养儿童的年龄适当提高。

12. 收养登记

草案第八百八十四条第一款规定，收养应当向县级以上人民政府民政部门登记。收养关系自登记之日起成立。未办理收养登记的，应当补办登记。第二款规定，收养查找不到生父母的儿童的，办理登记的民政部门应当在登记前予以公告。第三款规定，收养关系当事人愿意订立收养协议的，可以订立收养协议。第四款规定，收养关系当事人各方或者一方要求办理收养公证的，应当办理收养公证。

有的部门建议，将第一款中的"成立"修改为"生效"，同时增加规定补办收养登记的效力起算时间。

有的地方建议，删除第一款中的"未办理收养登记的，应当补办登记"。理由：一是在收养法实施前的收养登记，通过协议公证的方式进行处理更加妥当；二是在收养法实施后，当事人提出收养申请时符合收养条件的可以直接申请办理收养登记;当事人提出收养申请时不符合收养条件要求补办的,登记机关很难有充足的人力和技术手段进行调查核实,进而为其补办收养登记;三是未办理收养登记的有很多已经成年,若允许为其补办则与被收养人应为未成年人的规定相冲突。

有的部门建议,删除第一款中的"未办理收养登记的,应当补办登记"。这样规定容易诱导收养人选择补办时间,导致收养登记后延,不利于保护被收养儿童的权益。

有的地方建议,在第二款中明确规定公告的期限和方式。

有的单位建议,将第三款修改为:"收养关系当事人可以订立书面收养协议。"

13. 被收养人的户口登记

草案第八百八十五条规定,收养关系成立后,公安部门应当依照国家有关规定为被收养人办理户口登记。

有的单位建议,删除本条。

14. 对孤儿或者生父母无力抚养的子女的抚养

草案第八百八十六条第一款规定,孤儿或者生父母无力抚养的子女,可以由生父母的亲属、朋友抚养。第二款规定,抚养人与被抚养人的关系不适用收养关系。

有的地方提出,抚养亲属、朋友的子女的抚养人与被抚养人之间本就不适用收养关系,建议删除本条。

有的单位建议,将第二款修改为:"抚养人与被抚养人的关系不适用本章规定。"

15. 死亡配偶一方父母的优先抚养权

草案第八百八十七条规定,配偶一方死亡,另一方送养未成年子女的,死亡一方的父母有优先抚养的权利。

有的地方建议,将本条修改为:"配偶一方死亡,另一方送养未成年子女的,死亡一方符合收养条件的近亲属有优先收养的权利,有多名近亲属欲收养的,按遗产法定继承的顺序进行。"

有的单位建议,将最后一句话修改为"死亡一方的父母在同等条件下有优先抚养的权利"。

有的单位提出,本条规定的死亡一方的父母对孙子女、外孙子女的优先抚养权并非收养制度的内容,而是祖孙关系的一部分,置于本章不妥,建议移至"家庭关系"章"父母子女关系和其他近亲属关系"一节。

16. 外国人收养中国子女

草案第八百八十八条对外国人收养中国子女作了规定。

有的部门提出,考虑到我国加入《关于取消外国公文书认证要求的公约》的可能性,为做好草案与公约的衔接,避免发生矛盾,建议增加规定:"中华人民共和国与有关国家缔结或共同参加的国际条约对认证另有规定的除外。"

有的单位建议放开涉外收养。

17. 保守收养秘密

草案第八百八十九条规定，收养人、送养人要求保守收养秘密的，其他人应当尊重其意愿，不得泄露。

一些单位提出，被收养人成年后，应有知悉自己出生信息及生父母的知情权。建议增加规定："被收养人成年后，知悉被收养事实的，要求获得真实情况的，收养人有如实告知的义务。"

（二）收养的效力

1. 养子女与生父母及其他近亲属权利义务关系的消除

草案第八百九十条第二款规定，养子女与生父母及其他近亲属间的权利义务关系，因收养关系的成立而消除。

一些单位提出，本款规定没有考虑到继父母收养继子女的特殊情况，建议增加规定继父母收养继子女对解消效力的部分阻却效果，即："收养人为继父或者继母时，养子女和与其共同生活的亲生父母一方及其近亲属间的权利义务关系不受影响。"

有的单位建议，将本款修改为："养子女与生父母及其他近亲属间的权利义务关系，因收养关系的成立而消除，但生父母一方因其再婚配偶收养子女的除外。"

有的单位建议，将本款修改为："养子女与生父母及其近亲属间的权利义务关系，因收养关系的成立而解除，但继父母收养继子女的除外。有下列情形之一，当事人另有约定的，从其约定：（一）收养四亲等以内同辈旁系血亲的子女；（二）继父母收养继子女。"

2. 收养行为无效

草案第八百九十二条规定，有总则编关于民事法律行为无效规定情形或者违反本法规定的收养行为无效。无效的收养行为自始没有法律约束力。

一些单位提出，一是并非违反本法规定的收养行为都会导致无效的后果，建议将"违反本法规定的收养行为无效"修改为"违反本章收养人、被收养人条件的行为无效。"二是建议将"借收养名义买卖未成年人的"规定为收养无效的情形。三是增加收养无效的请求权人、宣告无效程序等内容的规定："具有收养无效情形之一的，当事人可以向人民法院申请宣告收养无效。当事人向人民法院申请宣告收养无效的，申请时，法定无效情形已经消失的，人民法院不予支持。""收养被人民法院宣告无效的，自始没有法律约束力。因送养人、收养人的过错导致收养无效，给另一方造成人身或者财产损害的，受害一方有权要求损害赔偿。"

（三）收养关系的解除

1. 送养人解除收养关系

草案第八百九十三条第二款规定，收养人不履行抚养义务，有虐待、遗弃等侵害未成年养子女合法权益行为的,送养人有权要求解除养父母与养子女间的收养关系。送养人、收养人不能达成解除收养关系协议的,可以向人民法院起诉。

有的部门提出,第一,本款规定只有在收养人不履行抚养义务、虐待、遗弃养子女时,送养人才可要求解除收养关系,而如果收养人本身面临重大变故,无力抚养养子女时,此时也应赋予送养人要求解除收养的权利。第二,司法实践中发生较多的收养人夫妻离异时,不直接抚养养子女的一方要求解除收养的情形,建议增加有关规定。

2. 解除收养关系登记

草案第八百九十五条规定,当事人协议解除收养关系的,应当到民政部门办理解除收养关系的登记。

有的单位建议,增加规定:"完成解除收养关系的登记,或者解除收养关系的判决书、调解书生效,即解除收养关系。"

3. 养父母的抚养费补偿请求权

草案第八百九十七条第二款规定,生父母要求解除收养关系的,养父母可以要求生父母适当补偿收养期间支出的抚养费,但是因养父母虐待、遗弃养子女而解除收养关系的除外。

有的地方提出,补偿适当与否不好把握,建议删除"适当"二字。

(四)其他

有的部门建议,一是增加规定收养评估制度:"在收养登记时,收养登记机关应当对收养人的婚姻状况、家庭生活、受教育程度、人格品性、经济收入、居住条件、生育或收养子女等情况进行实地严格考察,作出综合评判。对符合收养条件,且证件齐全有效的,予以登记;对于不符合收养条件的,不予登记,并将孤残儿童送交当地福利机构收留抚养。"民政部已开展的收养评估试点工作成效良好,但收养评估目前没有基本法律层面上的依据,建议明确收养评估制度,为民政部门开展的收养评估工作提供法律依据,切实保障被收养人利益。二是增加规定收养监督制度:"收养登记后,收养登记机关应定期通过探望、家访等方式进行回访,监督被收养人的生活状况与生活环境,收养登记机关认为收养人有遗弃、虐待被收养人情节,或疏于履行对被收养人的抚养教育义务的,有权解除收养关系。"现行收养法中并未对收养后的情况建立反馈机制,导致收养关系一经登记成立之后,民政部门和收养关系当事人之间便再无联系。收养人是否尽到了抚养教育的父母责任、被收养人是否受到了虐待或遗弃等情况,对于当事人权利保障和收养秩序稳定影响颇大。为了确保被收养人的正常生活与健康成长,防止虐待、遗弃养子女,剥夺养子女受教育权等不法行为的发生,在立法上应当建立收养后的监督制度。

有的部门建议,增加规定:"办理登记前,民政部门应当对收养人抚养、教育和保护被收养人的能力进行评估。”理由是：第一，现有模式已经不可持续。当前，党中央、国务院正在推进简政放权、简化各类证明，现有模式要求当事人所在单位以及由村（居）民委员会出具或提供的证明均可能会被取消。相应证明取消后，如不进行评估，登记机关无法把握并审查收养人对收养人抚养、教育和保护被收养人的能力，难以保障被收养儿童的权益。第二，评估更具科学性。收养人抚养、教育和保护被收养人的能力包括当事人教育、成长背景、送养动机、家庭、性格、心理等诸多方面，只有通过相关具有专业背景人员的综合评估才能把握。第三，实践已经证明收养评估的实效性。当前其他主要国家均采用评估制度，我国香港、澳门、台湾地区也采用评估制度。民政部自2012年开始推行收养评估试点，全国已有30个省开展了收养能力评估试点工作，取得了较好成效。

有的单位建议，增加夫妻须合意解除与养子女收养关系的规定：“夫妻共同收养子女的，须夫妻双方合意解除收养，但有下列情形之一的，夫妻一方可以单方解除其本人与养子女的收养关系：（一）夫妻另一方无民事行为能力或者被宣告失踪的；（二）夫妻另一方在收养后死亡的；（三）夫妻已经离婚的。夫妻一方依前项规定单方解除收养关系的，其效力不及于他方。”

一些部门和单位建议，增加规定试收养。

有的地方建议，增加规定不完全收养。

七、其他

一些单位建议，在民法总则有关监护的原则性规定之外，在本编单设“监护”一章，分“未成年人监护”和“成年人监护”两节作出更加具体、细化的规定。

有的单位建议，进一步完善监护制度，厘清监护责任的性质和范围，特别是应当进一步研究解决成年人的监护责任、监护监督人设立等问题。

有的部门建议，酌情增加亲属间扶助制度和亲属在未成年人监护制度中的作用等内容。

有的地方提出，第一，针对现实生活中出现的事实婚姻、同居、收养主体及被收养人范围过窄等现象，增加相应的规定，增强法的可操作性。第二，将现行婚姻法的“救助措施”一章的相关内容，结合当前国情作进一步修改完善，补充规定到婚姻家庭编中。

有的单位提出，草案完全取消了有关计划生育的内容，与宪法当前规定相违背，建议统筹考虑。

有的地方提出，本编有关抚养的表述，有的是表述为“直接抚养”，有的表述为“共同生活”，建议统一以“共同生活”或者“不共同生活”来加以表述。

地方人大、中央有关部门和单位以及有关方面对民法典(草案)婚姻家庭编的意见

2020 年 1 月,法制工作委员会将《中华人民共和国民法典(草案)》印发省、自治区、直辖市的人大常委会,以及中央有关部门、有关人民团体和社会组织、基层立法联系点征求意见。现将对婚姻家庭编的主要意见简报如下:

一、关于一般规定

1. 基本原则

草案第一千零四十一条第二款规定,保护妇女、未成年人和老年人的合法权益。

有的地方建议,将本款修改为:“国家保护未成年人、老年人、残障人士和妇女的合法权益。”

有的地方建议,将本款修改为:“保护妇女、未成年人、残疾人和老年人的合法权益。”

有的单位建议,将本款修改为:“保护未成年人、老年人和妇女的合法权益;依法坚持最有利于未成年人的原则。”

有的单位建议,将本款修改为:“保护未成年人、残疾人、老年人和妇女的合法权益。”并增加一款规定:“婚姻家庭受国家的保护和扶持。”

有的部门建议,增加规定:“保障计划生育家庭的合法权益。”

2. 禁止性规定

草案第一千零四十二条第一款规定,禁止包办、买卖婚姻和其他干涉婚姻自由的行为。禁止借婚姻索取财物。第二款规定,禁止重婚。禁止有配偶者与他人同居。

有的部门建议,将第一款中的“索取财物”修改为“索取、骗取财物或者谋取不当利益”。

有的地方建议，将第一款中的“禁止借婚姻索取财物”修改为“禁止任何个人、组织借婚姻索取任何财物”。同时，删除第二款中的“禁止有配偶者与他人同居”。

3. 收养原则

草案第一千零四十四条规定，收养应当遵循最有利于被收养人的原则，保障被收养人和收养人的合法权益。禁止借收养名义买卖未成年人。

有的地方建议，将本条移至“收养”一章。

4. 亲属和近亲属

草案第一千零四十五条第一款规定，亲属包括配偶、血亲和姻亲。第二款规定，配偶、父母、子女、兄弟姐妹、祖父母、外祖父母、孙子女、外孙子女为近亲属。

有的地方建议，进一步完善亲属、近亲属的认定条件，并恢复“共同生活的公婆、岳父母、儿媳、女婿视为近亲属”的规定。

有的地方建议，扩大近亲属的范围，将直系亲属纳入近亲属。

有的地方建议，将曾祖父母、外曾祖父母、曾孙子女、外曾孙子女列为近亲属。

5. 其他

有的地方建议，增加有关同居关系的规定。

二、关于结婚

1. 结婚自愿

草案第一千零四十六条规定，结婚应当男女双方完全自愿，禁止任何一方对另一方加以强迫或者任何组织、个人加以干涉。

有的地方建议，将本条修改为：“申请结婚的男女双方应当完全自愿，任何一方不得强迫另一方同其结婚。禁止任何组织、个人干涉他人的结婚自由。”

2. 法定结婚年龄

草案第一千零四十七条规定，结婚年龄，男不得早于22周岁，女不得早于20周岁。

有的地方建议，适当降低法定婚龄。

有的地方建议，将本条修改为：“结婚年龄，男女均不得早于二十周岁。”

有的地方建议，将“结婚年龄”修改为“申请结婚的男女应当达到结婚年龄”。

3. 结婚登记

草案第一千零四十九条规定，要求结婚的男女双方应当亲自到婚姻登记机关申请结婚登记。符合本法规定的，予以登记，发给结婚证。完成结婚登记，即确立婚姻关系。未办理结婚登记的，应当补办登记。

有的地方建议，将“亲自”修改为“共同”。

有的地方、单位建议，删除“未办理结婚登记的，应当补办登记”。

有的地方建议，将“未办理结婚登记的，应当补办登记”修改为“符合结婚条件但未办理结婚登记的，应当补办登记”。

一些地方建议，在本条最后增加规定：“依法补办登记的婚姻关系的效力从双方以夫妻名义共同生活且符合本编规定的结婚条件时起算。”

4. 男女结婚后组成家庭

草案第一千零五十条规定，登记结婚后，按照男女双方约定，女方可以成为男方家庭的成员，男方可以成为女方家庭的成员。

有的地方建议，将“女方可以成为男方家庭的成员，男方可以成为女方家庭的成员”修改为“一方可以成为另一方家庭的成员”。

有的地方建议删除本条。

5. 无效婚姻的情形

草案第一千零五十一条规定，有下列情形之一的，婚姻无效：(1)重婚；(2)有禁止结婚的亲属关系；(3)未到法定婚龄。

有的地方建议，增加一项情形“欠缺结婚合意等其他情形”。

有的地方建议，明确申请婚姻无效的主体。

有的部门建议，增加一款规定：“无效婚姻由人民法院根据当事人或者利害关系人申请，通过民事诉讼依法宣告无效。”

有的地方建议，增加一款规定：“无民事行为能力人、限制民事行为能力人婚姻无效时，与无民事行为能力人、限制行为能力人一起生活的近亲属有权提出确认婚姻无效。”

6. 胁迫婚姻

草案第一千零五十二条第一款规定，因胁迫结婚的，受胁迫的一方可以向婚姻登记机关或者人民法院请求撤销婚姻。

一些地方、部门和单位建议，删除“婚姻登记机关或者”。

有的地方建议，增加“欺诈结婚”“重大误解结婚”为可撤销婚姻的情形。

有的地方建议，增加“欺诈结婚”为可撤销婚姻的情形。

7. 隐瞒重大疾病的可撤销婚姻

草案第一千零五十三条第一款规定，一方患有重大疾病的，应当在结婚登记前如实告知另一方；不如实告知的，另一方可以向人民法院请求撤销婚姻。第二款规定，请求撤销婚姻的，应当自知道或者应当知道撤销事由之日起1年内提出。

有的地方建议删除本条。

有的部门提出，重大疾病的判断属于医学上的专业问题，婚姻登记机关和法院均无力作出，而且婚姻的撤销涉及人们的基本权利，如果重大疾病的类型不细化，势必导致适用上的混乱，建议删除本条。如果予以保留，则建议将民政部门和法院均作为受理撤销婚姻的主体。

有的部门提出，是否告知的事实在司法实践中难以证明，本条亦未对重大疾病的范围予以明确，且在夫妻实行共同财产制的情况下，婚姻因隐瞒重大疾病被撤销可能损害第三人利益。建议对本条再作研究。

有的地方建议，恢复原婚姻法将相关疾病列为禁止结婚情形的规定。

有的地方建议，进一步明确"重大疾病"的含义。

有的地方建议，将本条修改为："一方患有符合医学认定的重大疾病的，应当在结婚登记前如实告知另一方；不如实告知的，经专业医学机构判断，确认为重大疾病的，另一方可以向人民法院请求撤销婚姻。"

有的部门建议，增加一款规定："鼓励男女双方在结婚登记前，主动接受婚前医学检查等婚前保健服务。"

8. 婚姻无效和被撤销的法律后果

草案第一千零五十四条第一款规定，无效的或者被撤销的婚姻自始没有法律约束力，当事人不具有夫妻的权利和义务。同居期间所得的财产，由当事人协议处理；协议不成的，由人民法院根据照顾无过错方的原则判决。对重婚导致的无效婚姻的财产处理，不得侵害合法婚姻当事人的财产权益。当事人所生的子女，适用本法关于父母子女的规定。

有的地方建议，将"同居期间所得的财产，由当事人协议处理；协议不成的，由人民法院根据照顾无过错方的原则判决"修改为"同居期间所得的财产，由当事人协议处理；能证明个人所有的，归个人，不能证明的，则等额共有。协议不成的，由人民法院根据照顾子女、女方和无过错方的原则判决"。

有的单位建议，将本款拆分为四款，分别为："无效的或者被撤销的婚姻自始没有法律约束力，当事人不具有夫妻的权利和义务。""同居期间所得的财产，由当事人协议处理；能证明个人所有的，归个人，不能证明的，则等额共有。协议不成的，由人民法院根据照顾子女、女方和无过错方的原则判决。""对重婚导致的无效婚姻的财产处理，不得侵害合法婚姻当事人的财产权益。""当事人所生的子女，适用本法有关父母子女的规定，依法坚持最有利于未成年人的原则。"

9. 其他

有的地方建议，增加对伪造、变造、冒用证件等方式骗取结婚登记行为的定性，以及由此引起的后果和处罚。

有的地方建议，增加规定："一方通过伪造身份、假冒他人身份等方式骗取结婚登记的，另一方可以向婚姻登记机关或者人民法院请求撤销婚姻登记。"

三、关于家庭关系

1. 父母对子女的抚养、教育和保护

草案第一千零五十八条规定，夫妻双方平等享有对未成年子女抚养、教育和保护的权利，共同承担对未成年子女抚养、教育和保护的义务。

有的地方建议，将“未成年子女”修改为“未成年子女和不能独立生活的成年子女”。

2. 夫妻相互继承遗产

草案第一千零六十一条规定，夫妻有相互继承遗产的权利。

有的地方和单位建议删除本条。

3. 夫妻共同财产

草案第一千零六十二条第一款规定，夫妻在婚姻关系存续期间所得的下列财产，为夫妻的共同财产，归夫妻共同所有：(1)工资、奖金和其他劳务报酬；(2)生产、经营、投资的收益；(3)知识产权的收益；(4)继承或者受赠的财产，但是本法第一千零六十三条第三项规定的除外；(5)其他应当归共同所有的财产。

有的单位建议，将本款修改为：“夫妻在婚姻关系存续期间所得的财产，为夫妻共同财产，归夫妻共同所有。但下列财产除外：(一)一方的婚前财产；(二)一方因受到人身损害获得的赔偿和补偿；(三)继承或受赠的财产；(四)一方专用的生活用品；(五)其他应当归一方的财产。”同时，删除第一千零六十三条的规定。

有的地方建议，将第三项修改为“知识产权及其产生的收益”。

有的地方建议，明确第三项中的收益为预期收益还是既得收益。

有的地方建议，将第四项修改为“遗嘱或者赠与合同中确定归夫妻双方的财产”；与此相应，将第一千零六十三条第三项修改为“继承或者受赠的财产，但是本法第一千零六十二条第四项规定的除外”。

有的地方建议删除第四项，同时在第一千零六十三条第三项中增加“遗嘱或者赠与人指名属于或者赠与双方的除外”。

4. 夫妻个人财产

草案第一千零六十三条规定，下列财产为夫妻一方的个人财产：(1)一方的婚前财产；(2)一方因受到人身损害获得的赔偿和补偿；(3)遗嘱或者赠与合同中确定只归一方的财产；(4)一方专用的生活用品；(5)其他应当归一方的财产。

有的部门建议，将第三项修改为：“一方因继承或者赠与所得的财产归一方所有，遗嘱或者赠与合同中确定归双方的除外。”

有的地方建议，在第四项增加“但价值较大的除外”的规定。

5. 夫妻共同债务

草案第一千零六十四条第一款规定，夫妻双方共同签字或者夫妻一方事后追认等共同意思表示所负的债务，以及夫妻一方在婚姻关系存续期间以个人名义为家庭日常生活需要所负的债务，属于夫妻共同债务。第二款规定，夫妻一方在婚姻关系存续期间以个人名义超出家庭日常生活需要所负的债务，不属于夫妻共同债务；但是，债权人能够证明该债务用于夫妻共同生活、共同生产经营或者基于夫妻双方共同意思表示的除外。

有的部门建议，将本条修改为："在婚姻关系存续期间，夫妻合意举债或者一方举债用于夫妻共同生活（包括共同生产经营）的，应当认定为夫妻共同债务。"即对于夫妻一方的单方举债，在不能适用双方约定的合意规则时，只要符合夫妻共同生活的用途规则，无论是否属于日常家事代理的范围，均应被认定为夫妻共同债务。

有的地方建议，将本条修改为："婚姻关系存续期间，夫妻合意或为夫妻共同生活所负的债务，为夫妻共同债务。有下列情形之一的，属于夫妻共同债务：（一）为家庭日常生活需要所负的债务；（二）夫妻双方共同签字或者一方明确追认等共同意思表示所负的债务；（三）其他应当属于夫妻共同债务的情形。""夫妻合意或为夫妻共同生活所负的举证责任，由主张属于夫妻共同债务的一方承担。"

有的地方建议，将第一款修改为："夫妻为共同生活所负的债务，夫妻双方共同签字或者……属于夫妻共同债务，应当共同偿还。"在第二款"债权人"后增加"举债人。"同时，在本条后增加规定："婚姻关系存续期间，夫妻一方对外所负的债务，债权人、举债方无法证明债务为夫妻共同债务的，先由举债方负责偿还，举债方无力偿还的，非举债配偶应以夫妻共同财产为限对外承担偿还责任，但举债方和债权人约定债务为举债方的个人债务或者法律另有规定的除外。""债务偿还后，夫妻双方之间可以根据债务性质、夫妻双方约定或者法律规定向对方追偿。"

有的单位建议，进一步明确夫妻共同债务的范围及清偿规则。对于夫妻共同债务的认定，应加强债权人或者举债一方的举证责任，同时明确非举债方承担有限责任，以其所分得的夫妻共同财产的份额为限清偿债务。

有的部门提出，本条第二款将举证责任分配给了债权人，但对夫妻之间的意思表示，以及借款是否用于夫妻共同生活，债权人的举证难度过大，不尽合理，建议对此进一步修改完善。

有的地方提出，司法实践中，债权人因客观原因往往很难举证证明债务是否用于夫妻共同生活、共同生产经营或者基于双方共同合意。同时，超过日常生活所需的债务以及单方举债推定为个人债务，但该债务所得资金或者购置的物品却属于夫妻共同财产，显然债务认定与财产认定失衡。共债共签的规定增加了交易成本，妨碍了市场活力。建议删除本条，并根据夫妻共同财产制的法律性质，从夫妻债务的不同类型、责任基础、责任财产角度,制定夫妻债务的认定与清偿规则。

有的地方建议,增加侵权之债的清偿规则:"夫妻一方因实施侵权行为致使他人遭受损害而承担侵权赔偿责任的,另一方以其在夫妻共同财产中的份额为限,对受害人承担共同赔偿责任,但惩罚性赔偿责任除外。在夫妻内部关系中,侵权方配偶应对其侵权行为所生债务负全部责任,除非该债务基于无过错责任而发生且与夫妻共同生活相关。夫妻共同财产或非侵害方个人财产已就前款侵权责任作出赔偿的,在离婚时,非侵权方可向侵权方追偿。"

6. 夫妻约定财产制

草案第一千零六十五条第一款规定,男女双方可以约定婚姻关系存续期间所得的财产以及婚前财产归各自所有、共同所有或者部分各自所有、部分共同所有。约定应当采用书面形式。第二款规定,夫妻对婚姻关系存续期间所得的财产以及婚前财产的约定,对双方具有法律约束力。

有的地方建议,将第一款修改为:"男女可以对婚前财产和婚姻关系存续期间所得财产的归属、管理、使用、收益、处分以及家庭生活费用的负担,夫妻债务的清偿,婚姻终止时夫妻财产的清算和分割问题等作出约定。约定应当采用公证或者双方律师见证的形式。"

有的地方建议,在第一款"部分共同所有"后增加"或者全部归一方所有"。

有的地方建议将第二款修改为:"夫妻对婚姻关系存续期间所得的财产以及婚前财产的约定,对双方具有约束力。一方或者双方请求变更、撤销约定的,由双方协议;协议不成的,由人民法院判决。约定被变更后,变更后的约定对双方具有约束力;约定被撤销后,自始没有约束力。"

有的地方建议,在第二款最后增加"不受任意撤销权限制"的规定。

有的地方建议,增加一款作为第四款:"夫妻一方持身份证和结婚证明等证明夫妻关系的有效证件,可以向银行、证券登记部门、企业登记部门、不动产登记部门、车辆登记部门等机构申请查询另一方的财产状况,有关行政管理部门或者单位应当受理,并且为其出具相应的书面材料。"

7. 婚内析产

草案第一千零六十六条规定,婚姻关系存续期间,有下列情形之一的,夫妻一方可以向人民法院请求分割共同财产:(1)一方有隐藏、转移、变卖、毁损、挥霍夫妻共同财产或者伪造夫妻共同债务等严重损害夫妻共同财产利益的行为;(2)一方负有法定扶养义务的人患重大疾病需要医治,另一方不同意支付相关医疗费用。

有的地方建议,对婚内分割共同财产,增加"不损害债权人利益"的前提条件,避免出现夫妻串通故意损害债权人利益的行为。同时,建议对第一项中"挥霍"的含义予以界定。

有的地方建议，将第二项修改为："一方或者一方负有法定扶养义务的人患重大疾病需要医治，另一方不同意支付相关医疗费用。"

8. 父母的抚养义务和子女的赡养义务

草案第一千零六十七条第一款规定，父母不履行抚养义务的，未成年子女或者不能独立生活的成年子女，有要求父母给付抚养费的权利。

有的地方建议，增加规定："成年子女有权追索未履行抚养义务的父母在其未成年期间应承担的抚养费，该项请求权不受二年诉讼时效的限制。"

9. 父母的保护和教育义务

草案第一千零六十八条规定，父母有教育、保护未成年子女的权利和义务。未成年子女造成他人损害的，父母应当依法承担民事责任。

有的地方建议，将"教育、保护"修改为"教育、保护、探视"。

有的地方建议，将"教育、保护"修改为"抚养、教育和保护"。

有的地方建议，删除"未成年子女造成他人损害的，父母应当依法承担民事责任"。

10. 父母子女间的遗产继承权

草案第一千零七十条规定，父母和子女有相互继承遗产的权利。

一些地方和单位提出，鉴于继承编已有相应规定，建议删除本条。

11. 非婚生子女的权利

草案第一千零七十一条第一款规定，非婚生子女享有与婚生子女同等的权利，任何组织或者个人不得加以危害和歧视。第二款规定，不直接抚养非婚生子女的生父或者生母，应当负担未成年子女或者不能独立生活的成年子女的抚养费。

有的单位建议，将第一款中的"非婚生子女享有与婚生子女"修改为"各个子女享有"；删除第二款中的"非婚生"。

12. 继父母和继子女间的权利义务关系

草案第一千零七十二条第一款规定，继父母与继子女间，不得虐待或者歧视。第二款规定，继父或者继母和受其抚养教育的继子女间的权利义务关系，适用本法关于父母子女关系的规定。

有的地方、单位建议，增加一款规定："继子女与继父母共同生活三年以上，受继父母抚养教育或者赡养继父母的，与继父母形成父母子女关系。"

13. 亲子关系的确认及否认

草案第一千零七十三条第一款规定，对亲子关系有异议且有正当理由的，父或者母可以向人民法院提起诉讼，请求确认或者否认亲子关系。第二款规定，对亲子关系有异议且有正当理由的，成年子女可以向人民法院提起诉讼，请求确认亲子关系。

有的地方、单位建议,增加规定亲子关系推定制度。有的单位建议规定为:“婚姻关系存续期间或同居期间或基于双方合意出生的子女视为双方的子女。”

有的部门建议,增加规定:“自然人出生时的亲子关系以出生证明记载的信息为准。有其他证据足以推翻以上记载信息的,以该证据证明的信息为准。”

有的地方建议,将第二款最后一句话修改为“请求确认或者否认亲子关系”。同时,增加两款规定:“未成年的非婚生子女可以提起确认生父之诉。”“夫妻双方协商一致,妻子使用捐赠的卵子或者捐赠的精子培育成的胚胎,辅助生育的子女,应视为夫妻双方的婚生子女。没有血缘关系的父或母不得提起否认子女之诉。”

14. 祖父母、外祖父母对孙子女、外孙子女间的抚养义务

草案第一千零七十四条第一款规定,有负担能力的祖父母、外祖父母,对于父母已经死亡或者父母无力抚养的未成年孙子女、外孙子女,有抚养的义务。

有的地方建议,将“未成年孙子女、外孙子女”修改为“未成年或者不能独立生活的孙子女、外孙子女”。

15. 其他

有的单位建议,增加夫妻对共同财产知情权的规定。

有的单位建议,增加婚姻住所商定权的规定。

有的地方建议,增加夫妻同居义务的规定。

有的地方建议,增加人工生育子女法律地位认定的规定。

四、关于离婚

1. 离婚冷静期

草案第一千零七十七条第一款规定,自婚姻登记机关收到离婚登记申请之日起 30 日内,任何一方不愿意离婚的,可以向婚姻登记机关撤回离婚登记申请。第二款规定,期间届满后 30 日内,双方应当亲自到婚姻登记机关申请发给离婚证;未申请的,视为撤回离婚登记申请。

有的地方建议,将本条中的“30 日”修改为“5 日”或者“7 日”。

有的地方建议,将本条修改为:“自婚姻登记机关收到离婚申请之日起三十日内,双方不愿意离婚的,可以共同向婚姻登记机关撤回离婚登记申请。前款规定期间届满后三十日内,双方未申请撤回的,离婚自登记申请之日生效。”

一些地方和部门建议,增加离婚冷静期制度不适用重婚、家暴、遗弃、恶习等情形的规定。

有的地方提出,本条规定过于简单,实践中因配偶一方家庭暴力、吸毒、赌博等原因申请离婚的情况时有发生,离婚时如何获得法律救济、如何保护婚姻关系中受害一方当事人的合法权益是规定离婚冷静期制度应慎重考虑的因素。建议进一步

修改完善此条规定。

有的地方提出,冷静期制度对于避免当事人轻率冲动、维护婚姻关系稳定具有积极意义。但是,对于感情确已破裂的夫妻而言,这一规定可能在一定程度上增加离婚难度和成本,建议对冷静期的适用作原则规定,是否适用、适用期限等可由登记机关根据实际情况确定。

有的地方建议删除本条。

2. 登记离婚

草案第一千零七十八条规定,婚姻登记机关查明双方确实是自愿离婚,并已对子女抚养、财产及债务处理等事项协商一致的,予以登记,发给离婚证。

有的部门、地方建议,将"婚姻登记机关查明双方确实是自愿离婚"修改为"双方自愿离婚"。

3. 诉讼离婚

草案第一千零七十九条第一款规定,男女一方要求离婚的,可以由有关组织进行调解或者直接向人民法院提起离婚诉讼。第二款规定,人民法院审理离婚案件,应当进行调解;如果感情确已破裂,调解无效的,应当准予离婚。第三款规定,有下列情形之一,调解无效的,应当准予离婚:(1)重婚或者与他人同居;(2)实施家庭暴力或者虐待、遗弃家庭成员;(3)有赌博、吸毒等恶习屡教不改;(4)因感情不和分居满二年;(5)其他导致夫妻感情破裂的情形。第五款规定,经人民法院判决不准离婚后,双方又分居满一年,一方再次提起离婚诉讼的,应当准予离婚。

有的地方建议,将第一款修改为:"男女一方要求离婚的,向人民法院起诉前,必须经当地相关人民调解组织调解。"

有的地方建议,删除第二款中的"如果感情确已破裂,调解无效的,应当准予离婚"。

有的地方建议,在第三款中增加两项情形:"一方起诉判决不准离婚后另一方起诉离婚的"和"一方连续起诉两次判决不准离婚又第三次起诉的"。

有的地方建议,将第五款中的"双方又分居满一年"修改为"双方因感情不和分居满一年"。

有的地方建议,增加一款规定:"男女双方均拒绝抚养未成年子女的,人民法院应当不准予离婚。"

4. 军婚的特别保护

草案第一千零八十一条规定,现役军人的配偶要求离婚,应当征得军人同意,但是军人一方有重大过错的除外。

有的地方建议,将本条修改为:"现役军人的配偶要求离婚,应当征求军人意见,如要求方坚决要求,应予办理离婚。"

有的部门建议，增加一款规定："国家综合性消防救援队伍的消防救援人员适用前款规定。"

有的地方建议，增加保护配偶权益的规定。

5. 男方离婚请求的限制

草案第一千零八十二条规定，女方在怀孕期间、分娩后一年内或者终止妊娠后六个月内，男方不得提出离婚；但是，女方提出离婚或者人民法院认为确有必要受理男方离婚请求的除外。

有的地方建议，增加一款规定："在婚姻关系存续期间，一方患精神病、间歇性精神病或者其他重大疾病需要治疗，且未治愈，另一方起诉请求离婚的，人民法院应当判决不予准许，但患病方同意离婚的除外。未患病方坚持起诉时，如果未患病方同意给患病方提供住房等居住生活设施、支付必需的医疗和扶养费用，且符合本法有关规定情形的，人民法院可以判决准予离婚，并同时判决由未患病方给患病方提供住房等居住生活设施、支付必需的医疗费和扶养费；否则，人民法院应当判决不予准许。"

6. 离婚后子女抚养

草案第一千零八十四条第一款规定，父母与子女间的关系，不因父母离婚而消除。离婚后，子女无论由父或者母直接抚养，仍是父母双方的子女。第三款规定，离婚后，不满两周岁的子女，以由母亲直接抚养为原则。已满两周岁的子女，父母双方对抚养问题协议不成的，由人民法院根据双方的具体情况，按照最有利于未成年子女的原则判决。

有的单位建议，在第一款第一句话后增加"离婚后，可由一方直接抚养子女，也可以由双方共同抚养子女"。

一些地方和单位建议，在第三款中增加规定："如果子女年满八周岁，父母双方对抚养问题协议不成的，人民法院应当听取未成年子女的意见。"

有的单位建议，增加一款规定："离婚时，任何一方不得采取藏匿未成年子女的方式争夺抚养权。法院判决抚养权归属时，可以作出不利于藏匿一方的判决。"

有的地方建议，增加两款规定："离婚后，直接抚养未成年子女一方的父或母存在家庭暴力、虐待、遗弃等损害未成年子女身心健康行为、无法或无力履行抚养职责、以及怠于或不能正确履行监护职责等侵害未成年子女合法权益、不利于未成年人子女身心健康情形的，不直接抚养未成年子女一方有权要求变更抚养关系。""人民法院审理涉及未成年人抚养关系案件应当征求有表达能力未成年人的意见。"

7. 离婚后抚养费支付

草案第一千零八十五条第一款规定，离婚后，子女由一方直接抚养的，另一方应当负担部分或者全部抚养费，负担费用的多少和期限的长短，由双方协议；协议不成的，由人民法院判决。

有的单位建议，在“另一方应当负担部分或者全部抚养费”后增加规定“双方共同抚养的子女，双方应当共同负担抚养费”。

8. 父母探望权

草案第一千零八十六条第一款规定，离婚后，不直接抚养子女的父或者母，有探望子女的权利，另一方有协助的义务。

有的地方、单位建议，将第一款修改为：“未与未成年子女共同生活的父或者母，有探望子女的权利和义务，另一方有协助的义务。”同时，增加一款规定：“父或者母探望子女，不利于子女身心健康，情节严重的，由人民法院依法撤销探望的权利。”

有的地方建议，增加一款规定：“祖父母、外祖父母尽到抚养义务或者父母死亡的，可按照本条规定行使探望权。”

有的地方建议，进一步完善祖父母、外祖父母、兄弟姐妹以及曾与未成年人共同生活的其他亲属探望权的规定，以体现儿童利益最大化的要求。

9. 离婚共同财产分割

草案第一千零八十七条第一款规定，离婚时，夫妻的共同财产由双方协议处理；协议不成的，由人民法院根据财产的具体情况，按照照顾子女、女方和无过错方权益的原则判决。

有的地方建议，在“由人民法院根据财产的具体情况”后增加“在平均分割的前提下”。

有的地方建议，删除“和无过错方权益”。

10. 离婚经济帮助

草案第一千零九十条规定，离婚时，如一方生活困难，有负担能力的另一方应当给予适当帮助。具体办法由双方协议；协议不成的，由人民法院判决。

有的地方建议，将“应当给予适当帮助”修改为“应当以住房、财物等方式给予适当帮助”。

有的单位建议，将本条修改为：“离婚时，如一方生活困难或者生活水平显著下降，有负担能力的另一方应当以住房、财物等方式给予适当帮助。具体办法由双方协议；协议不成时，由人民法院判决。”同时，增加两款规定：“婚姻关系存续期间存在重大过错的一方，请求经济帮助的，不予支持。”“有下列情形之一的，经济帮助应当终止：（一）受帮助方已再婚的；（二）帮助方丧失负担能力的；（三）原定经济帮助执行完毕的；（四）帮助方有证据证明不需要给予经济帮助的其他情形。”

11. 其他

一些地方建议，本章增加彩礼返还的规定。有的地方建议，可规定为：“当事人请求返还按照习俗给付的彩礼的,如果查明属于以下情形,人民法院应当予以支持:(一)双方未办理结婚登记手续的;(二)双方办理结婚登记手续但确未共同生活的;(三)婚前给付并导致给付人生活困难的。”“适用前款第二、三项的规定,应当以双方离婚为条件。”

有的地方建议,增加诉讼离婚冷静期的规定。

五、关于收养

1. 被收养人的范围

草案第一千零九十三条规定,下列未成年人,可以被收养:(1)丧失父母的孤儿;(2)查找不到生父母的未成年人;(3)生父母有特殊困难无力抚养的子女。

有的地方建议,将第一项中的“丧失父母”修改为“父母双亡”。

有的地方、部门建议,对第三项作进一步细化规定,严格限制“特殊困难”的适用情形,防止出现以收养之名行贩卖之实的行为。

有的地方建议,增加一项作为第四项:“(四)遭受虐待、遗弃的子女。”

有的地方建议,增加一项作为第四项:“(四)由国家长期监护的未成年人。”

有的地方提出,未成年人父母虽有抚养能力,但自愿与申请人达成收养协议的,也应当允许收养。

2. 送养人的范围

草案第一千零九十四条规定,下列个人、组织可以作送养人:(1)孤儿的监护人;(2)儿童福利机构;(3)有特殊困难无力抚养子女的生父母。

有的地方建议,将第一项修改为“监护人”。

3. 监护人送养

草案第一千零九十五条规定,未成年人的父母均不具备完全民事行为能力且可能严重危害该未成年人的,该未成年人的监护人可以将其送养。

有的部门建议,增加规定:“父母被依法剥夺监护权的,人民法院指定民政部门担任监护人、且经判决不予恢复监护人资格的,可以由承担抚养职责的儿童福利机构送养。”

4. 生父母送养子女

草案第一千零九十七条规定,生父母送养子女,应当双方共同送养。生父母一方不明或者查找不到的,可以单方送养。

有的单位建议,将“查找不到”修改为“被宣告死亡”。

5. 收养人条件

草案第一千零九十八条规定,收养人应当同时具备下列条件:(1)无子女或者只有一名子女;(2)有抚养、教育和保护被收养人的能力;(3)未患有在医学上认为不应当收养子女的疾病;(4)无不利于被收养人健康成长的违法犯罪记录;(5)年满30周岁。

有的部门建议,对本条第二项、第三项的必要性和可行性再作研究。此外,第四项条件为"无不利于被收养人健康成长的违法犯罪记录",但目前没有行政机关能够证明收养人是否有犯罪记录。如果本条作此规定,则收养程序会极为繁杂,建议删除,可考虑在收养登记时增加"有性犯罪、暴力犯罪等不利于被收养人健康成长的违法犯罪记录的收养人申请的,不予登记"的规定。

北京建议,将第四项中的"被收养人"修改为"未成年人"。

有的单位建议,将第五项中的"30周岁"修改为"25周岁"。

6. 收养人数

草案第一千一百条第一款规定,无子女的收养人可以收养两名子女;有一名子女的收养人只能收养一名子女。

有的地方、部门建议,删除收养子女数量的限制。

7. 继父母收养继子女

草案第一千一百零三条规定,继父或者继母经继子女的生父母同意,可以收养继子女,并可以不受本法第一千零九十三条第三项、第一千零九十四条第三项、第一千零九十八条和第一千一百条第一款规定的限制。

有的地方建议,增加规定:"继父或者继母收养继子女的,可以书面约定,收养关系建立后,养子女与生父母之间的关系仍然适用父母子女关系。"

有的单位建议,在"继父或者继母经继子女的生父母同意"后增加"或者在生父或生母一方不履行抚养义务的情况下,继父或继母经继子女的生父或生母任何一方的同意"。

8. 收养登记、收养协议及收养公证

草案第一千一百零五条第一款规定,收养应当向县级以上人民政府民政部门登记。收养关系自登记之日起成立。第三款规定,收养关系当事人愿意订立收养协议的,可以订立收养协议。

有的地方建议,在第一款后增加规定:"办理收养登记的民政部门在登记前,应当对收养人的收养能力进行评估。收养三代以内同辈旁系血亲的子女、继子女的除外。"

有的地方建议,将第三款中的"订立收养协议"修改为"订立书面收养协议"。

9. 收养行为无效

草案第一千一百一十三条第一款规定,有本法总则编关于民事法律行为无效规定情形或者违反本编规定的收养行为无效。第二款规定,无效的收养行为自始没有法律约束力。

有的地方建议，将第一款中的“违反本编规定的收养行为”修改为“违反本编关于收养条件规定的收养行为”。

有的地方建议，在第二款后增加一款规定：“不符合本编规定的条件，收养人骗取收养登记的，办理登记的民政部门可以撤销该收养登记”，并将第二款修改为：“无效的或者被撤销的收养行为自始没有法律约束力。”同时，增加一款作为第四款：“收养行为无效或被撤销的，查找不到生父母的被收养人由其住所地民政部门担任监护人。”

10. 收养关系的解除

草案第一千一百一十四条第二款规定，收养人不履行抚养义务，有虐待、遗弃等侵害未成年养子女合法权益行为的，送养人有权要求解除养父母与养子女间的收养关系。送养人、收养人不能达成解除收养关系协议的，可以向人民法院提起诉讼。

有的部门建议，将“送养人、收养人不能达成解除收养关系协议的，可以向人民法院提起诉讼”修改为“不能达成解除收养关系协议的送养人、收养人或者人民检察院可以向人民法院提起诉讼”。

有的地方建议，增加规定：“送养人不提起诉讼的，民政部门和人民检察院可以依法作出支持起诉决定，支持未成年养子女提起解除收养关系的诉讼。”

11. 收养关系解除的后果

草案第一千一百一十八条第一款规定，因养子女成年后虐待、遗弃养父母而解除收养关系的，养父母可以要求养子女补偿收养期间支出的抚养费。第二款规定，生父母要求解除收养关系的，养父母可以要求生父母适当补偿收养期间支出的抚养费，但是因养父母虐待、遗弃养子女而解除收养关系的除外。

有的单位建议，将第一款中的“虐待、遗弃养父母”修改为“虐待、遗弃等侵害养父母权益行为”；将第二款中的“虐待、遗弃养子女”修改为“虐待、遗弃等侵害养子女权益行为”。

12. 其他

有的单位建议，增加规定不完全收养、试养期以及收养监督的规定，同时明确无效收养行为的范围及其法律后果。

有的地方建议，增加试收养的规定：“收养人收养被收养人应当办理试收养手续，六个月内出现任何不适合收养的情形，即解除收养关系。六个月内未出现不适合收养的情形即办理正式收养手续。”

有的地方建议，增加收养关系解除生效的规定：“完成解除收养关系的登记，或者解除收养关系的判决书、调解书生效，即解除收养关系。”

有的地方建议，增加中国人收养外国子女的程序规定。

民法典婚姻家庭编重庆调研简报

2017年8月，法工委有关同志就民法典婚姻家庭编编纂的有关问题赴重庆调研，召开座谈会，听取民政、司法、妇联、卫计委、法制办、法院及专家学者等对民法典婚姻家庭编的意见和建议，并实地走访重庆市沙坪坝区覃家岗街道凤天路社区居委会、重庆市沙坪坝区民政局婚姻登记处等。现将有关情况简报如下：

一、关于通则

有的提出，我国现行婚姻法规定了保护妇女、儿童和老人合法权益的基本原则，但没有确立“儿童最大利益原则”。建议增加规定：“凡处理一切涉及未成年人的婚姻家庭问题时，应当首先考虑符合未成年人的最大利益。”

一些意见提出，应专门规定亲属，并明确近亲属的范围。有的建议将亲属分为配偶、血亲和姻亲。近亲属范围包括：配偶，父母子女，兄弟姐妹，祖父母，外祖父母，孙子女，外孙子女，同居一家的儿媳与公婆、女婿与岳父母。有的建议将近亲属限定在三代以内的旁系血亲。

二、关于结婚

（一）结婚登记

1. 登记审查的性质

有的提出，婚姻家庭编应当明确规定结婚登记以当事人的自我声明为主，登记机关仅作形式审查。因声明不实产生的法律后果，由当事人负责。

有的提出，婚姻登记机关应加强对婚姻登记的形式及实质审查。同时，应建立健全全国联网的婚姻登记档案数据管理系统，实现人民法院与民政部门的信息共享。

2. 瑕疵登记婚姻的处理

有的提出，应当区分当事人是否符合登记结婚的实质要件与形式要件而作区别处理。对于不符合结婚条件弄虚作假骗取结婚登记、隐瞒情况欺骗对方登记结婚，如果当事人双方均符合登记结婚的实质要件，仅仅不符合形式要件的（如不符合登记机关的管辖要求、婚姻登记人员为非持证的婚姻登记员等），原则上承认其结婚登记有效;凡当事人双方或者一方不符合结婚登记的实质要件,且不符合形式要件的,原则上应当认定该婚姻登记无效,撤销该婚姻登记。对于受胁迫的登记结婚,应当按可撤销婚姻处理。

有的提出,婚姻家庭编应当进一步明确规定,对于因瑕疵婚姻登记引起的诉讼案件,由法院直接判决无效或者撤销,而不由登记机关撤销。

(二)禁婚疾病

有的提出,婚姻家庭编有关禁婚疾病的规定,应当注意与母婴保健法的规定相衔接。有的建议明确哪些疾病属于"医学上认为不应当结婚的疾病"。有的建议明确不宜结婚的疾病包括严重传染疾病、严重性病、严重精神疾病、严重遗传疾病;不宜生育的疾病包括严重心脏病、肾脏病和高血压。有的建议对患有艾滋病等传染性较强的传染病的禁止结婚;对患有严重遗传疾病的,禁止生育。

(三)婚检

有的提出,1995 年起施行的母婴保健法第十二条规定,男女双方在结婚登记时,应当持有婚前医学检查证明。但是,2003 年起施行的婚姻登记条例并没有要求结婚须持有婚前医学检查证明。因此,母婴保健法关于结婚登记须持有婚前医学检查证明的规定与婚姻登记条例对结婚登记须持有证件的规定不一致。婚前医学检查的目的,是为保护婚姻双方当事人的健康,以促进婚姻家庭的幸福。建议由婚姻登记机关向申请办理结婚登记的当事人就婚检的目的作出说明,由婚姻当事人自行决定是否进行婚检。有的提出,根据现行规定,婚检应当自愿进行。但婚检有利于优生优育,提高民族素质,因此立法可采用鼓励性、激励性的语言引导结婚当事人进行婚检。有的建议恢复强制婚检的规定。

(四)借婚姻索取财物

有的提出,对于借婚姻索取财物,没有结成婚或者短暂结婚又离婚的,应当区别处理:如果借婚姻索取财物又没有结成婚的,索取的财物构成不当得利,原则上应当全部返还,但双方已经共同消费的除外;如果短暂结婚又离婚的,应当根据有关司法解释规定的精神处理,即:借婚姻关系索取的财物,离婚时,如结婚时间不长,或者因索要财物造成对方生活困难的,可酌情返还。

有的提出,应当区别自愿给付彩礼与借婚姻索取财物。如可以确定为借婚姻索取财物,未办理结婚登记的,应当返还财物,结婚又离婚的,酌情返还财物。

三、关于夫妻关系

(一)人身关系

1. 未登记以夫妻名义同居

有的提出,我国以结婚登记为婚姻成立的法定形式要件。根据最高人民法院有关司法解释规定，凡1994年2月1日民政部婚姻登记管理条例公布实施后，未登记而以夫妻名义共同生活的，属于同居关系，而不是婚姻关系。但必须明确的是，双方无配偶者的同居并不是“非法”的，它是人们自愿选择的一种家庭生活方式，法律对此应当予以尊重。对于有配偶者未登记而与他人以夫妻名义同居是否构成重婚的问题，由于结婚登记为婚姻成立的唯一法定形式要件，因此不应构成重婚。对于有配偶者与他人以夫妻名义同居的，如果已造成婚姻关系破裂而离婚的，其配偶可以主张离婚损害赔偿。

有的提出，对于未登记而以夫妻名义共同生活，应按同居关系对待，不应认可事实婚姻关系。对于财产问题，可参照个人合伙进行处理，对未成年子女的抚养问题可参照婚生子女予以处理。对于有配偶者与他人未登记以夫妻名义共同生活的，应当按照重婚处理，以维护一夫一妻的婚姻制度以及公序良俗。

2. 家事代理

有的建议婚姻家庭编规定家事代理，并将家事代理的范围限定于“日常家事”。有的建议将“日常家事”的范围限定于三个方面，即家庭生存需要，家庭保健娱乐需要以及家庭、个人的发展需要。

有的提出，家事代理权是基于夫妻特定身份的法定代理，在夫妻生活所需的合理范围内代理无需专门授权，但配偶对家事代理权应当享有双重抗辩保护，包括对被代理实施的民事法律行为是否存在效力瑕疵，代理行为是否超越基于夫妻共同生活所需的代理权限。同时，应当赋予被代理方对代理人与相对人双方存在恶意串通的抗辩权。

（二）财产关系

1. 夫妻财产制

有的建议在夫妻财产制中引入公证制度。

2. 夫妻共同债务与个人债务

有的提出，对于夫妻一方在婚姻关系存续期间以个人名义所欠的非日常生活所需的债务，除夫妻双方签字、夫妻另一方事后追认或者能够举证证明确实用于家庭共同生活或者夫妻共同受益的，都应认定为个人债务。

有的提出，离婚诉讼中，主张某项债务为共同债务的一方除举证证明债务的真实合法性外，还应举证证明该债务用于夫妻共同生活。实践中，对于夫妻一方以个人名义举债，即使推定为夫妻共同债务，也应增加除外情形，即非举债一方如举证证明债务未用于夫妻共同生活的，不属于共同债务。

有的提出，夫妻共同债务应指夫妻为共同生活、共同经营或者为履行抚养、赡养义务而形成并应由夫妻共同偿还的债务。夫妻个人债务，根据相关司法解释的规定，应当包括以下几种情况：一是夫妻双方约定由个人负担的债务，但以逃避债务为目的的除外；二是未经夫妻协商一致，擅自资助与其没有抚养、赡养义务的亲朋所负的债务；三是一方未经对方同意，独自筹资从事经济活动，而其收入也未用于共同生活所负的债务；四是由一方个人使用的不合理开支所负的债务，比如一方的吸毒、嫖娼、赌博等引起的债务。

有的提出，界定夫妻共同债务和个人债务，要区分债务属于侵权之债还是合同之债。合同之债应限定在为家庭共同生活范围内所产生的债务，具体看债务是否用于家庭共同生活，举证责任由夫妻双方承担。侵权之债要区分侵权行为发生的原因，是属于经营活动导致的侵权还是非经营性活动导致的侵权。经营性活动导致的侵权之债，如果用于共同生活和共同经营，则认定为共同债务，举证责任在夫妻双方；非经营性活动导致的侵权之债，比如因犯罪行为和违反公序良俗产生的债务，不应属于共同债务。

有的提出，为保护民间借贷关系中非举债方配偶的合法权益，债务应以非举债方是否知晓和同意为判断标准。如果未经其知晓并同意，应为举债方的个人债务。有的提出，法院在审理夫妻一方以个人名义对外借款，债权人请求夫妻共同偿还的案件时，如夫妻非举债方对借款的事实有异议的，应当严格审查借贷发生的原因、时间、地点、款项来源、交付方式、款项去向以及借贷双方的关系、经济状况等客观事实，认真甄别是否存在虚假诉讼。

针对夫妻债务问题，有的提出五点建议：一是要将夫妻共同债务区分为日常生活所负债务和非日常生活所负债务。对于后者，必须夫妻双方共同决定、共同认可才能确定为夫妻共同债务；二是应修改此类案件的举证责任分配规则，明确由债权人承担债务人夫妻有共同举债合意的证明责任；三是夫妻关系存续期间，若只有夫妻一人签名的借贷关系，应由借贷一方个人承担，并以个人的财产进行偿还，与配偶无关；四是各级法院在审判此类案件时，要坚持保护妇女儿童合法权益的婚姻法价值取向；五是进一步加强法治宣传教育，特别是婚前培训。

四、关于离婚

（一）登记离婚

一些意见提出，在登记离婚中设置“冷静期”或者“审查期”。有的建议借鉴法国经验，具体期限规定为 3 个月，有的建议为 3 至 6 个月，有的建议为 15 天至 30 天。

（二）诉讼离婚

有的提出，如果离婚会给另一方造成严重伤害，或者对于未成年子女明显不利，从保护婚姻关系中弱势一方及未成年子女的权益出发，建议可以判决不准离婚。

有的提出,对于是否规定诉讼离婚中的"苛刻条款",应当慎重考虑。理由包括:第一,无论结婚还是离婚,都应强调双方自愿。第二,实践中,对于离婚可能造成一方严重伤害以及对未成年子女明显不利的标准难以认定。第三,从实际效果看,如果法院判决不离婚,有可能造成更大的次生危害,比如更严重的家庭暴力。

(三)离婚财产分割与救济

1. 离婚经济补偿

有的提出,关于离婚经济补偿,现行婚姻法的规定范围过窄。建议除分别财产制外,实行共同财产制的,也可以适用离婚经济补偿。具体可作如下规定:"实行共同财产制的夫妻,夫妻一方因抚育子女、照料老人、支持或者协助另一方学习或工作等付出较多义务的,如果离婚时可供分割的共同财产数额较少或者无共同财产的,有权向另一方请求补偿,另一方应当予以补偿。"

有的提出,离婚诉讼中,如何对从事更多家务劳动一方进行补偿涉及个案的具体裁判,不宜设定统一标准。

2. 离婚经济帮助

有的提出,我国现行法律及司法解释关于离婚经济帮助的适用标准,强调的是离婚当时有经济困难且为绝对困难,因此在司法实践中适用较少。建议适当放宽离婚经济帮助的条件,强化离婚经济帮助义务履行的保障措施,并规定离婚经济帮助的免除、限制、变更、终止的法定情形。

有的提出,离婚经济帮助的标准应以保障社会平均生活水平为原则,并可根据实际情况进行调整。

3. 离婚损害赔偿

有的对于离婚损害赔偿制度提出五点建议:一是关于适用范围。协议离婚与判决离婚仅仅是终止夫妻关系的不同程序,应当给予同样保护。建议继续维持现行司法解释的规定,即协议离婚的无过错方可以在登记离婚后一年的法定期限内提起离婚损害赔偿请求,但协议离婚时明示放弃的除外。二是关于法定原因。应该坚持严格限定的列举主义,仅对破坏一夫一妻制的婚姻家庭秩序以及侵害基本人权的严重过错行为者才可以适用,防止司法实践的随意扩张。三是关于请求权主体。应当继续坚持请求权主体为无过错方的标准,更好发挥离婚损害赔偿制度的预防功能。四是关于义务主体。对于破坏他人家庭的第三者,如果其行为构成犯罪的,应依法追究其刑事责任,但不追究民事责任;对于未构成犯罪的,不纳入义务主体范围。五是关于证明标准。在离婚损害赔偿案件的事实认定中,法院应当从离婚案件的具体情况出发,适用优势证据规则,以盖然性法律事实的证成支持受害当事人的请求,保护其合法权益,以发挥离婚损害赔偿的制度功能。

有的提出,离婚损害赔偿的范围应当进一步扩大,一些特殊情形也可以纳入离婚损害赔偿的范围中来，如夫妻间的冷暴力、对一方名誉权的严重侵害等。

五、关于父母子女关系

（一）亲子关系

1. 亲子关系确认

有的提出，在全面推进依法治国的背景下，为便于人民法院在司法实践中依法确认亲子关系，应当在婚姻家庭编中规定亲子关系的推定与否认制度以及亲子自愿认领和强制认领制度。有的提出，为加强儿童权益保护，借鉴外国有益的立法经验，应当取消“非婚生子女”的称谓。对于子女，不作“婚生”与“非婚生”的区别，无论其父母有无婚姻关系，均统一称为“子女”。而对于父母，则可依其有无婚姻关系，分别称为“有婚姻关系的父母”与“无婚姻关系的父母”。有的建议规定亲子关系的推定与否认制度，但对于亲子的自愿认领和强制认领目前不宜作出规定。

2. 人工生育子女的法律地位

一些意见提出，在人工辅助生育技术应用日益广泛的当今社会，法律应当对人工生育子女的法律地位作出专门规定，以保护依法使用人工辅助生育技术的当事人及其人工生育子女的合法权益。有的建议可作如下规定：夫妻关系存续期间，双方一致同意进行人工授精包括异质人工授精的，所生子女视为夫妻双方的婚生子女。在异质人工授精的情况下，未经夫妻双方协议的，所生子女视为实施人工生育方法夫妻一方的婚生子女；同时，该子女为不同意实施人工生育的父母一方的继子女，他们相互间无父母子女的权利义务，但如该子女被该方父母收养为养子女的，则具有与父母子女相同的权利义务。

（二）子女的抚养教育

有的提出，对于留守儿童，灾害事故后的孤儿，遭虐待、遗弃的儿童，查找不到生父母的孩子以及父母离婚的未成年子女，国家应当承担起监护监督和社会保障的职责，最大限度地保护未成年人的利益。

有的提出，目前在子女抚养教育方面存在的突出问题包括：一是家庭监护缺失导致儿童教育、抚养等权益保障难。二是对监护失职父母处理难度大。三是公民私自收养儿童屡禁不止。四是家庭教育有待加强。为切实保障未成年人的合法权益，建议：一是强化监护责任。对于灾害事故后丧失父母的孤儿，要严格按照相关法律规定确定监护人；对于监护人虐待、遗弃儿童的，要按照法定程序另行指定监护人；对于查找不到生父母的未成年人子女，应当由公安机关送交儿童福利机构抚养。二是加强对监护失职行为的责任追究。父母或者其他监护人有侵害未成年子女合法权益行为且屡教不改的，由相关部门按照法律规定撤销其监护人资格，涉嫌虐待、遗弃的，依法追究刑事责任。三是严格禁止公民私自收养弃婴、儿童。对于查找不到生父母的弃婴、儿童，应当严格执行国家有关规定，由发现地公安机关在多方查找生父母未果后，将弃婴、儿童就近送至儿童福利机构抚养，绝不能交由捡拾孩子的公民送儿童福利机构或者私自抚养。为消除私自收养现象，明确规定禁止公民私自收留抚养弃婴、儿童。建立发现弃婴、儿童的强制报告制度，发现公民私自收留抚养弃婴、儿童或者来历不明儿童的，强制报告人应当立即向公安机关报告，由公安机关分类处置。四是建立家庭教育常态化机制。以家庭为单位建立台账，对每个家庭开展家庭教育培训，提高监护人的监护能力和社会责任意识。五是全面建立监护失职征信制度。将失职父母或者其他监护人的失职行为纳入征信体系，使其在劳动就业、社会福利、社会活动等领域处处受限，倒逼其依法承担监护责任。

有的提出，应当强化父母对于留守儿童的教育和抚养义务，如强制其每年与留守儿童共同生活一定时间等；对孤儿、被遗弃儿童以及查找不到生父母的儿童，应由政府的社会福利机构进行抚养教育，也可广泛倡导相关教育与抚养方面的自愿者通过提供服务的方式帮助孤儿、被遗弃儿童；对虐待、遗弃儿童的，应加大对行为人的惩处力度，必要时，可由相关部门申请法院判决撤销其监护人资格；对离婚后的未成年子女，抚养权的分配应当最大限度体现对未成年人子女利益的保护。

有的提出，对于特殊群体的未成年人权益保护，应当进一步强化对父母、学校、社会、国家的职责规定。一要引导社会各方共同参与，营造良好环境。二要多方联动，齐抓共管，民政、妇联、教育、卫生、共青团、公安、残联等部门要探索建立有效机制，解决特殊群体的未成年人生活、健康、教育、安全等各方面问题。三要加强沟通，建立家校联动机制。

六、关于收养

（一）收养条件

一些意见提出，为有利于未成年人的健康成长，在我国提倡生育二孩的背景下，对于收养应当适当放宽条件，收养人可以不受无子女及只能收养一名子女的限制。有的建议被收养人的年龄可以放宽至十八周岁。有的建议放宽收养人无子女的限制，但被收养人的年龄不应放宽，仍规定为不满十四周岁为宜。

（二）收养的效力

1. 不完全收养

有的建议立法对于亲属间及继父母子女间的收养，可以不解除被收养人与其生父母间的亲子关系。有的建议亲属间收养、继父母子女间收养应解除被收养人与其亲生父母间的亲子关系，否则将使法律关系更为复杂，引发更多矛盾纠纷。

2. 事实收养

有的提出，现实中未登记的收养关系，法律不应认可其效力。因为收养涉及被收养人和养父母双方的利益,国家对于收养关系的成立设定了法定的条件和程序,以更好地监督收养关系,保护收养关系当事人尤其是被收养人的合法权益。因此,收养必须履行法定程序,以便审查收养当事人是否符合法定条件。有的提出,实践中未登记的事实收养较为普遍,法律应当认可其效力。

3. 成年子女收养

有的提出,为满足老年人的养老需求,应当允许老年人收养成年子女。有的提出,老年人收养成年子女与收养的基本精神不符,有可能引发社会伦理风险,建议不作规定。

(三)收养监督

有的提出,为保护收养关系当事人尤其是被收养人的合法权益,国家对于收养关系应当加强。建议按照现行收养法的规定,严格履行收养登记程序,依法审查收养当事人是否符合法定条件。

有的建议将对收养家庭进行评估纳入法定程序,以便登记机关能更好地对收养人及收养家庭进行了解和判定,从而更好地维护被收养人的权益。

有的提出,收养监督应当是多方面的:一是对收养人进行充分的资格审查,核实其是否符合收养标准;二是相关机构要定期对收养家庭进行回访;三是进一步发挥社会监督的功能,如邻居、单位同事、亲属等的监督等。

有的提出,应当进一步加强对收养关系的监督,充分发挥共青团、妇联、残联等群团组织和基层组织的作用。

七、其他

有的对于婚姻家庭编立法还提出以下建议:一是为更好地调整同居关系当事人的人身关系和财产关系,保护其合法权益,建议制定非婚同居法。二是婚姻家庭编立法应当明确规定优先保护婚姻家庭住房权。三是婚姻家庭编立法应当进一步细化、完善监护制度的规定,对未成年人监护及成年人监护作出具体规定。四是进一步完善我国的家事纠纷调解机制。

民法典婚姻家庭编山西调研简报

2017 年 9 月，法律委员会及民法室有关同志，就民法典婚姻家庭编编纂的有关问题到山西省阳泉市、晋中市调研。在阳泉市召开座谈会，听取山西省、太原市、晋中市、临汾市、阳泉市有关部门、单位和人大代表、法学专家、律师等对民法典婚姻家庭编的意见。参观考察阳泉市桃林沟村新农村建设，晋祥养老院、安康苑医疗养老中心，走访晋阳县大寨村，听取大寨村村民对民法典婚姻家庭编的意见。现将有关意见简报如下：

一、总的意见

一些意见认为，目前婚姻家庭方面存在以下主要问题：一是婚外恋、婚外情的情况突出。有的说，信访投诉近三年由 23% 上升到 39%。婚外情不仅严重影响夫妻感情，还伤及其他家庭成员。二是家庭暴力投诉居高不下。有的说，家庭暴力是导致离婚的一个重要原因。通过信访投诉家庭暴力的占婚姻家庭投诉的 30%。有的说，家庭暴力不仅严重而且难以认定，法律的相关规定在实践中很难操作。三是离婚率居高不下，纠纷处理越来越复杂。有的说，临汾市 2001 年 3000 多对登记离婚，2016 年 7000 多对登记离婚，增长率为 120%。离婚人群越来越年轻，90 后离婚的越来越多。有的说，农村妇女因离婚导致土地承包权娘家、夫家两头落空；离婚妇女对子女的探视权得不到保障。婚姻家庭编应重视中国传统文化、伦理道德、家教家风，符合十八大以来中国的制度设计。

有的说，审判实践中婚姻家庭方面最大的问题是离婚时的财产分割，比如房产的分割，如果夫妻双方收入不高且只有一套住房，这套住房又无法进行分割居住，住房确定给一方后，另一方也无力再购置住房，到何处居住？这个问题不解决会产生很大的社会问题。

有的认为，家庭是社会的细胞，家稳天下定，要倡导社会主义核心价值观以及正确的婚恋观、家庭观，全社会形成合力解决家事纠纷。婚姻家庭具有人身因素、情感因素，处理婚姻家事应从偏重财产分割、财产利益保护转变到重视身份利益和人格利益。法官在审理案件时，应把保护当事人人身权益放到首位。

有的认为，民法典婚姻家庭编应当规定体现婚姻家庭特点的基本原则，如婚姻自由、一夫一妻、遵守善良风俗等，除婚姻法第二条第二款规定的“保护妇女、儿童和老人的合法权益”外，建议借鉴《儿童权利公约》，增加保护儿童利益最大化原则。

有的认为，监护制度是一项基本的民事法律制度，虽然民法总则专门规定了“监护”一节，但鉴于监护制度内容庞杂，从立法的科学性、体系化出发，建议民法典婚姻家庭编对监护制度的内容作专章规定，在民法总则规定的基础上设立国家监护制度、监护监督制度，扩大被监护人范围，将身体障碍者和智力、体力衰退的老年人纳入被监护人范围。将未成年人监护与成年人监护分开规定。在临时监护中列入“暂时查找不到未成年人的监护人”和“未成年人的监护人暂时无法行使监护权”两种情形。

有的认为，现行婚姻法、收养法的规定明确具体，充分发挥了调整婚姻家庭关系的作用，不宜作大的修改，建议保持法律的稳定性、连续性，同时针对现实生活中出现的新情况、新问题作出相应规定。婚姻家庭是社会发展与稳定的基础，实现中国梦与家庭的和谐稳定是分不开的。民法典婚姻家庭编的制定，要考虑地区差异，不宜规定得过死，要给地方立法留下空间，以利于法律的具体落实。

二、关于夫妻财产

（一）夫妻财产制

有的说，婚姻法确定的夫妻财产制符合我国国情，不应轻易修改。

有的建议，明确规定夫妻约定财产制的几种财产形式，由当事人选择确定。

有的认为，为维护家庭关系的稳定，应恢复司法解释有关夫妻生活一定年限后，婚前个人财产自动转化为夫妻共同财产的规定。

有的建议，明确夫妻双方在结婚登记后，以书面形式订立的夫妻财产约定，对夫妻双方有效；经过公证机关公证的，从公证之日起，产生对外效力。

（二）夫妻共同财产

有的建议，婚姻家庭编设专章或者专节规定夫妻财产。现行婚姻法采取列举方式规定夫妻共同财产，但对财产的种类列举较少。随着社会的发展，不断出现一些新型财产，如婚姻关系存续期间的保险利益、商铺的承租权和转租权等。建议准确表述法定夫妻共同财产的范围，使夫妻财产的规定得到有效实施，保护夫妻双方合法权益及第三人权利。

（三）夫妻共同债务

一些意见提出，符合以下情形之一的，即可认定为夫妻共同债务：（1）夫妻有共同举债的合意。如果夫妻有共同举债的合意，不论该债务所带来的利益是否为夫妻共享，均为共同债务。例如，夫妻双方共同向债权人借款，都在借款协议上签字，即为夫妻共同债务。建议规定大额债务须夫妻双方共同签字。(2)夫妻分享了债务所带来的利益。尽管夫妻事先或事后没有共同举债的合意,但该债务发生后,夫妻双方分享了该债务所带来的利益,也应视为夫妻共同债务。有的认为,用于夫妻共同生活的债务为夫妻共同债务,由夫妻一方以个人名义所借未用于夫妻共同生活的债务为夫妻一方的个人债务。有的建议,夫妻一方从事吸毒、赌博等非法行为的债务应属于个人债务。

有的建议,以是否用于家庭开支或者家庭消费为标准认定夫妻共同债务。但夫妻一方所借债务未经另一方同意或者另一方不知情,借款数额明显高于正常家庭开支,或用于个人消费、经营,且个人经营的成果并未用于家庭开支的,属于夫妻一方个人债务。

有的建议明确夫妻债务的清偿原则。

不少意见提出,应当规定家事代理制。有的认为,婚姻法司法解释二第二十四条"债权人就婚姻关系存续期间夫妻一方以个人名义所负债务主张权利的,应当按夫妻共同债务处理"的规定瑕疵很多。司法实践中不少法院不分情况地一律把婚姻关系存续期间夫妻一方在外单独举债(包括赌博、吸毒、恶意借贷、为第三者购置房产等)作为共同债务处理,给虚假债务洞开方便之门,严重损害了婚姻关系中不知情一方的合法权益,此问题已经受到社会各界广泛关注。为维护婚姻当事人的权益,减少婚姻家庭矛盾纠纷,既维护另一方配偶的合法权益,也维护财产交易安全,建议在婚姻家庭编中规定家事代理制度,明确夫妻日常事务代理的主体、家事代理的范围以及除外情形,如处分不动产、明显过分的开支、用途不明的大额借款等对家庭生活有重大影响的法律行为不属于家事代理的范围,不能主张夫妻连带责任。有的认为,夫妻一方因日常家事与善意第三人所为的法律行为,另一方对此承担连带责任,不能以不知道或者不同意为由不承担责任。有的建议同时规定对家庭重大财产处置、对外举债等方面要有夫妻双方的书面意思表示,无书面意思表示的一方不承担责任。

有的认为,应该根据各地经济发展水平确定一定的财产额度作为夫妻家事代理的权限范围。比如在山西,可以规定1万元以内(或者以年度城镇职工收入的30%为标准)夫妻互有代理权。对于数额较大的借款应由夫妻双方共同在借据上签字,才可以认定为夫妻共同债务。在民间借贷中,一方对外举债,超过一定数额,应当由双方共同确认,并在程序上明确规定出借人负有举证责任。

三、关于结婚

(一)对事实婚的认定和处理

一些意见认为,结婚既要符合法律规定的实质要件,也要符合形式要件。未登记而以夫妻名义共同生活即俗称的事实婚,不符合法律规定的形式要件,不应按登记婚姻对待。有的认为应按照非法同居关系处理,同居期间的财产按共同财产处理。有的认为,可以倡导非婚同居者以书面财产约定的方式规范双方的财产权利,减少诉争。有的认为,对于未登记同居时间较长(如20年以上)的老年人,在财产分割时应考虑平衡双方利益,对财产差异较大的弱势一方适当给予经济补偿。

有的认为,对于未登记而以夫妻名义共同生活的,建议按照婚姻法司法解释一第四条的规定处理,只要双方补办了结婚登记手续,婚姻关系的效力从双方均符合结婚实质要件时起算。财产和未成年子女问题按婚姻法的规定处理。对于双方或一方不符合结婚实质要件的,或者双方均符合结婚实质要件,但未补办结婚登记手续的,按非法同居对待,个人财产归个人所有,对共同财产应按普通共有财产处理;在处理未成年子女的抚养问题上,从有利于未成年子女健康成长的角度确定未成年子女随哪一方共同生活。

有的提出,根据婚姻法司法解释一的规定,对没有办理结婚登记以夫妻名义同居的,以1994年2月1日为时间界限,以法定结婚实质要件为判断标准,如果1994年2月1日之前男女双方符合结婚实质要件的,或者1994年2月1日之后男女双方符合结婚实质要件且在人民法院受理案件前补办结婚登记的,按离婚案件进行审理。如果起诉时男女双方不符合结婚实质要件没有补办结婚登记的,按照解除同居关系处理。有的说,司法解释对未登记而以夫妻名义共同生活的问题已有明确规定,符合实践需要。对同居期间的财产已办理登记或者双方有约定的,按登记或者约定处理。没有登记或者约定按共同共有处理。对子女的抚养及抚养费等问题依据婚姻法有关子女的规定处理。

有的说,我国现行法律不承认事实婚,但事实婚是确实存在的,人民法院一般按同居处理,这对当事人不公平。

有的认为,未登记而以夫妻名义共同生活的,许多情况下应按婚姻对待,尤其在农村贫困地区,这种事实婚通常需要得到认可,其财产和未成年子女抚养问题的处理同婚姻关系;如果一方或双方另外有婚姻,应按非法同居对待,在涉及处理财产和未成年子女抚养问题时,要体现保护弱者和未成年子女权益的立法目的。

有的认为,处理同居期间所得的财产,应遵循以下几项原则:(1)尊重当事人自己的选择,按照私权自治的原则,在不侵害他人利益的前提下,当事人可以自由处分自己的财产。如果当事人能够就同居期间所得财产的归属达成协议,应当按照协议处理。(2)视为共同共有。如果当事人不能就同居期间所得财产达成协议,由人民法院按照处理共同共有财产的原则进行判决,但有证据证明为当事人一方所有的财产除外。(3)照顾无过错方。当事人不能就同居期间所得财产达成协议时,人民法院判决处理财产时,应当照顾无过错的一方。(4)不得侵害合法婚姻当事人的财产权益。对重婚导致的婚姻无效的财产处理，无论由当事人协议解决，还是人民法院进行判决，都不得侵害合法婚姻当事人的财产权益。

（二）有婚姻又有事实婚是否构成重婚

一些意见认为，对已登记结婚又与他人未登记而以夫妻名义共同生活的，符合刑法重婚罪构成要件的，应当认定为重婚罪。有的说，1994年12月最高人民法院就婚姻登记管理条例对四川省高级人民法院的答复明确指出，有配偶的人与他人以夫妻名义同居生活的，或者明知他人有配偶而与之以夫妻名义同居生活的，按重婚罪定罪处罚。

有的认为，如果同时存在登记婚和与他人未登记而以夫妻名义共同生活的，只要没有重复登记行为，不建议按重婚认定和处理。

（三）对同居的处理

一些意见认为，年轻人不登记同居、老年人为避免财产纠纷不登记同居，属于道德范畴的问题，法律不宜作规定。有的说，这类案件应依照1989年11月21日颁布的《最高人民法院关于人民法院审理未办结婚登记而以夫妻名义同居生活案件的若干意见》处理。

四、关于借婚姻索取财物

有的说，在大寨通常情况下娶媳妇要花10万元，支付6万元给女方家，4万元办婚礼。有的提出，现行婚姻法没有对彩礼作规定，不能满足实践需要。一些意见提出，承认彩礼并对彩礼的返还作出规定。

一些意见提出，婚姻法司法解释二第十条规定："当事人请求返还按照习俗给付的彩礼的，如果查明属于以下情形，人民法院应当予以支持：（一）双方未办理结婚登记手续的；（二）双方办理结婚登记手续但确未共同生活的；（三）婚前给付并导致给付人生活困难的。适用前款第（二）、（三）项的规定，应当以双方离婚为条件。"这个司法解释已施行了十多年，实践证明切实可行，能够解决借婚姻索取财物的问题，建议将这一规定写入婚姻家庭编。有的建议在上述司法解释规定的三种可以请求返还彩礼情形的基础上，进一步放宽退还彩礼的标准和条件。有的建议增加规定结婚时间较短的情形。收受彩礼的一方如有证据证明彩礼已用于夫妻共同生活或者转化为夫妻共同财产的，应在返还总额中予以扣除。

有的说，晋中市两级法院已经突破婚姻法司法解释二第十条的规定，按照双方共同生活时间的长短确定是否返还彩礼。共同生活满两年的，不再返还彩礼。不满两年的，根据共同生活时间长短，按比例返还。不区分是否领取结婚证，是否给付彩礼导致生活困难，返还的金额还要扣除彩礼的实际花销。有的建议，以双方共同生活的时间为标准综合其他情形确定彩礼返还的比例，如未结成婚的不考虑过错一律返还；已经生育孩子的不返还；已经开始共同生活的根据共同生活时间的长短，扣除相关费用后返还。有的认为，未结成婚或者结婚时间较短的应当返还彩礼。有的认为，借婚姻索取财物的成因较为复杂，既有传统因素，又有经济因素和观念因素。不管是何种因素，法律都应当禁止，包括借举办婚礼请客收受礼金行为。对索取的财物，没有结成婚的应当全部退还，短暂结婚又离婚的原则上应扣除合理支出后酌情退还。

五、关于离婚

有的提出，婚姻登记条例简化了离婚手续，容易造成冲动离婚。一些意见提出，为防止闪婚闪离，建议民法典婚姻家庭编在离婚登记中设置审查期。有的建议审查期为 1 个月。有的建议审查期为 3 个月。有的认为审查期应为 2 ~ 6 个月，阻止本不该离婚的家庭的解体，有利于未成年子女的成长。

有的认为，防止闪婚闪离、冲动离婚，可以适用审查期或者冷静期，但不能搞“一刀切”，机械适用。有的建议，在婚姻登记处设立婚姻家庭辅导室。申请离婚登记的当事人经辅导室劝解、辅导无效后方可办理。给申请办理离婚登记的当事人预留5 ~ 15 日的冷静期，冷静期后坚持离婚登记的再予办理。

有的认为，婚姻登记管理机关的工作人员在接受当事人离婚登记申请时，应当向当事人讲清婚姻法及婚姻登记管理条例的规定并进行审查：（1）离婚申请人是否合法夫妻；（2）离婚双方申请人是否具有完全民事行为能力；（3）离婚是否确实出于双方自愿；（4）对子女问题的处理是否妥当；（5）对财产问题的处理是否妥当；等等。如登记机关发现离婚的当事人有违反婚姻法的行为，应给予批评教育或不准予登记。违反刑法的，交由司法机关依法追究刑事责任。为防止轻率离婚和假离婚，工作人员应对感情尚未完全破裂的当事人进行调解。但对符合离婚申请条件的不能强制设置审查期，不予离婚。

有的认为，无论是闪婚闪离，还是冲动离婚，某种程度上都应看作当事人的真实意愿，体现的是公民的婚姻自由，以不设障碍为宜。有的说，婚姻法确定的基本原则是结婚离婚自由，是否设置离婚冷静期要慎重。有的说，离婚冷静期在司法和行政领域都已经有所尝试，实践证明没有设置的必要，浪费本已紧缺的司法与行政资源，而行政权介入公民私权利，出力不讨好。有的说，夫妻双方离婚时矛盾已到不可调和的程度，设置审查期，会更加激化矛盾，不利于保护弱势一方的人身、财产安全，如一方利用审查期转移财产，将会给另一方带来不可弥补的损失。

六、关于亲属

（一）是否专门规定亲属、近亲属

一些意见提出，亲属制度是婚姻家庭法不可或缺的重要组成部分，婚姻家庭法中各种主体的关系都是以特定的亲属身份为根据的，亲属的一般规定对完善婚姻家庭法是必要的，同时其他法律部门也涉及亲属制度。现行婚姻法对亲属制度未作明确系统的规定，涉及亲属关系的范围、效力由各个相关法律或司法解释自行规定，不仅削弱了婚姻法作为调整婚姻家庭关系基本法律的权威性，也造成相关法律规定之间的矛盾冲突，造成司法实务中的混乱与立法资源的浪费。婚姻法、民法通则、继承法、刑事诉讼法及相关司法解释对亲属、近亲属均有相关规定，但并不统一。婚姻法规定相互间有权利义务关系的亲属包括夫妻、父母、子女、祖父母、外祖父母、孙子女、外孙子女、兄弟姐妹。民事诉讼中的近亲属，包括配偶、父母、子女、兄弟姐妹、祖父母、外祖父母、孙子女、外孙子女。刑事诉讼中的近亲属较窄，仅限于夫、妻、父、母、子、女、同胞兄弟姐妹。由于对近亲属范围规定不一，造成法律认知上的混乱。根据我国的实际情况和多年司法实践经验，现行婚姻法将夫妻、父母、子女、祖孙、兄弟姐妹规定为具有权利义务关系的亲属是适宜的，符合我国目前以核心家庭和直系家庭为主的家庭模式。近亲属的范围不宜过广，近亲属的概念、范围在各相关法律上应是一致和统一的。婚姻家庭法编应明确规定亲属的概念、种类、范围、亲系、亲等以及法律效力等问题，并将夫妻、父母、子女、祖孙、兄弟姐妹明确规定为近亲属。

有的建议近亲属以三代以内直系血亲为宜，合法的收养关系和人工生育子女可视同血亲关系。有的说，亲属范围在我国过宽，没有必要规定，但应对近亲属作出规定。近亲属原则上包括配偶、父母、子女、兄弟姐妹、祖父母、外祖父母、孙子女、外孙子女。

有的说，我国民法没有明确家庭成员的概念，实践中出现了一些由于相关法律依据不足导致难以执行的情况。如反家庭暴力法将家庭暴力界定在家庭成员间发生的暴力行为，但什么是家庭成员亟须明确定义，以利于法律的贯彻执行。

（二）亲子关系的认定

有的认为，应在保护当事人隐私、有利于未成年人健康成长、有利于婚姻家庭稳定的前提下，规定亲子关系推定、否认以及自愿认领和强制认领制度。

有的提出，婚姻法司法解释三已经以司法解释的形式确立了亲子关系推定、亲子关系否认以及亲子自愿认领和强制认领制度。从保护未成年人合法权益角度考虑，婚姻家庭编应规定相关制度。关于亲子关系推定，建议规定当事人一方请求确认亲子关系的，婚姻关系存续期间出生的子女一般应认定为婚生子女。对于当事人一方请求认领非婚生子女的，应提供必要的人证、物证等证实生父母有同居的事实的证据证明。在这一系列证据能够形成证据链条的基础上，如果另一方否认亲子关系的存在，可以进行亲子鉴定。另一方既无证据，又拒绝做亲子鉴定的，可以推定请求确认亲子关系一方的主张成立。关于亲子关系否认制度，建议将有权否认亲子关系的人限制在较小范围内，请求确认亲子关系不存在。提起婚生子女否认之诉的权利人只能是夫或妻，不宜赋予子女否认权，因为子女未成年时需由其父母代理，而当子女成年后，即便父母与其没有血缘关系，但对付出心血将其抚养成人的父母而言，允许子女行使否认权有失公允。

有的说，在亲子关系认定方面比较突出的三类人群是：一是为违反计划生育政策生育的子女；二是通过人类辅助生殖技术生育的子女（试管婴儿）；三是代孕生育的子女。确定亲子关系推定制度在一定程度上可以解决相关的问题。为斩断代孕的利益链条，建议以客观事实推定亲子关系为普遍原则，以生物学鉴定亲子关系为例外。

有的说，可以规定亲子关系推定制度，但是不能规定亲子关系否认制度，因为从孩子的角度出发，否认亲子关系对孩子的心理影响太大。亲子的认领不能强制，应综合各方的意愿。

有的说，为促进社会和谐，建议规定亲子关系推定制度。亲子认领危害公序良俗，不规定为好。

（三）人工生育子女的法律地位

一些意见认为，鉴于人工辅助生育技术的不断发展，有必要对人工生育子女的法律地位作专门规定。有的说，人工生育的子女具有与婚生子女同样的法律地位，不用专门规定。

七、关于收养

有的认为，收养法在贯彻计划生育基本国策、打击拐卖儿童犯罪、保障未成年人权益等方面起到了积极作用，但过于刚性，包容度有限，以致现实生活中大部分收养不符合登记条件，民间收养大量存在。没有在民政部门办理收养登记的，均不受法律保护，但被收养人如何安置、如何确定监护等问题无法解决。建议在保障被收养人权利方面作出规定。

（一）是否放宽收养条件

一些意见认为，在放开二胎政策的前提下，可以放开收养人无子女以及只能收养一名子女的限制。

一些意见提出，对收养人无子女、只能收养一名子女、被收养人年龄的限制等收养条件可以适当放宽，但要从有利于被收养人健康成长的角度考量。

有的建议，放宽被收养人年龄到不满 18 岁。

有的提出，我国已经进入老龄社会，建议适当放宽收养三代以内同辈旁系血亲子女的年龄。有的认为，三代以内同辈旁系血亲的被收养人可以是成年人。有的认为，为有利于养老，建议规定老年人可以收养成年子女。有的建议规定失独老年人可以收养成年子女。有的说，老年人能否收养成年人，应由当事人的意思自治来决定，法律应少些干涉。有的说，对老年人收养成年子女问题多，要慎重。

（二）亲属间收养是否解除被收养人与其生父母的关系

有的认为，亲属间的收养、继父母子女之间的收养，应当解除被收养人与其亲生父母的亲子女关系，体现其唯一性。有的说，如果继父母子女之间成立收养关系，就应该遵循完全收养原则，使继子女与生父母的父母关系在法律上消灭。

有的认为，亲属间的收养、继父母子女之间的收养可以不解除被收养人与其亲生父母的关系，有利于特殊家庭如重组家庭中儿童的成长。有的认为，在协商一致的基础上允许拟制血亲亲子关系与自然血亲亲子关系并存，有利于应对社会老龄化、不婚不育人群增多的社会现实。

（三）是否承认事实收养

有的认为，现实中存在的民间抱养或私自收养行为，应该说都是非法收养，对这些事实收养行为，建议明确承认收养人与被收养人的法律关系以及被收养人与收养人亲生子女的兄弟姐妹关系等。有的说，不符合收养条件的被收养人，不能上户口，形成社会潜在矛盾，建议立法解决。

有的认为，对于未登记的收养关系，不能认定养父母子女关系。对未登记的收养关系中未成年人的户籍问题，建议由公安部门登记在事实收养人名下，与户主关系为非亲属关系的监护人。

有的提出，现实中大量存在未登记的收养关系，如一概认定无效，否认养父母子女关系，不利于保护未成年养子女或年老养父母的合法权益。建议适当承认事实收养，认可共同生活一段时间（比如5年以上）的事实收养，双方当事人之间具有类似于父母子女关系的法律效力，可以考虑赋予法院一定的审查权，由法院通过司法审查确定事实收养关系是否成立。有的说，对未办理收养登记的，要具体情况具体分析，不宜全部否定。有的认为，事实收养关系类似于事实婚姻，规定进行补充登记承认收养关系，更利于保护被收养人利益。

（四）收养监督

一些意见认为，应当强化收养的监督。有的提出，目前我国对收养缺乏及时有效的监督，儿童被收养后遭受虐待的情况时有发生，建议在确立儿童利益最大化的原则下，规定收养后的监督制度。有的说，国外相关行政部门对收养相关情况半年或一年定期进行审查核实，通过登门检查、询问被收养人、询问邻居社区、到学校核实等，了解被收养人的实际生活情况，对收养进行有效的监督。

八、其他意见建议

1. 有的建议，取消“非婚生子女”称谓，将子女规定为亲生子女、养子女、继子女。

2. 有的提出，婚姻法第三十二条将因感情不和分居满二年，规定为准予离婚的情形。但这一规定在司法实践中很难落地，建议规定婚内分居制度，这对解决子女抚育、离婚难、财产分割、人身安全保护等都有积极意义。

3. 有的提出，婚姻法司法解释三第十八条规定："离婚后，一方以尚有夫妻共同财产未处理为由向人民法院起诉请求分割的，经审查该财产确属离婚时未涉及的夫妻共同财产，人民法院应当依法予以分割。"当事人是否有权在离婚后随时提起诉讼，建议明确定规定。

4. 有的提出，婚姻法司法解释一第九条规定婚姻效力一审终审制，不利于保护当事人权利。

5. 有的认为，婚姻法"感情确已破裂，调解无效，应准予离婚"的规定是主观标准，法官难以认定，建议明确离婚的客观标准，符合条件的应当判决离婚，不能一拖再拖不判离婚。

6. 有的建议对婚约作出规定。

7. 有的建议，明确规定民政部门办理离婚登记应当进行调解。

民法典婚姻家庭编吉林调研简报

2018 年 11 月,法制工作委员会民法室有关同志就民法典婚姻家庭编有关夫妻财产制及夫妻债务有关问题赴吉林省长春市调研,先后在长春市、吉林大学召开座谈会,听取人大有关专工委、政府司法、民政、妇联、法院、律师、专家学者及人大代表的意见建议。现将有关情况简报如下:

一、关于夫妻财产制

有的提出,我国的法定夫妻财产制是共同财产制,同时婚姻法第十九条还规定了约定财产制。但在实践中,夫妻双方很少采用约定财产制的形式,这导致在离婚时对共同财产的分割和共同债务的承担比较复杂。由于双方未对财产进行特别约定,往往会出现婚前个人财产较多的人,在婚后通过这部分财产创造的收益离婚时被对方分走一半的情况,不太公平。因此,法律对共同财产范围的界定应更加合理,以维护婚姻关系稳定,避免产生纠纷。可以考虑在法律当中规定夫妻双方适用约定财产制的前提条件,并由有关机关在婚前进行针对性引导,明示双方实行约定财产制的法律意义。

有的提出,实践中,夫妻采用约定财产制的情况很少,但其实这对于规范两者的财产关系很有好处,法律对此应当加以引导。

有的提出,改革开放 40 多年以来,随着经济的快速发展和财产种类的日趋多样,约定财产制应当得到越来越多的关注。同时,需要反思现行婚姻法关于共同财产范围的规定。比如,一方因投资产生的收益、一方接受继承或者赠与的财产等,作为一方的个人财产更为合理。

有的提出,现行婚姻法对于夫妻共同财产和个人财产的范围有规定,但立法对于财产性质的规定不宜过细。在个案中,某一财产到底属于共同财产还是个人财产,需要根据具体情况加以判定。法律对此应留有空间,便于法官自由裁量。

二、关于夫妻债务

有的提出,婚姻家庭关系的情况比较复杂,实践中对夫妻债务的认定往往"一刀切”，不太公平。建议区分不同情形，对夫妻债务的类型及清偿责任予以限定。以一方个人侵权为例，行为人从事某一行为引发侵权，但其从事该行为的目的有可能是为家庭共同生活，如保姆照顾孩子把孩子烫伤，出租车司机驾驶车辆造成交通肇事等，在这些情况下，仅让行为人个人承担责任是否公平？再如，一方对其未共同生活的非婚生子女有法定抚养义务，需要支付抚养费，但其配偶是否也应当承担这一义务？如果作为夫妻共同债务承担，是否应有一定限度？类似情形还有很多，民法典婚姻家庭编需要对此加以区分规定。

有的提出，司法实践中，认定夫妻共同债务和个人债务的情况十分复杂，大致归纳为以下类型：可以认定为夫妻共同债务的情形包括：双方为家庭共同生活所负债务；一方因治疗疾病所负债务；一方因履行法定抚养义务所负债务；因双方共同生产经营所负债务。可以认定为夫妻一方个人债务的情形包括：一方婚前所负债务；一方未经对方同意，私自资助他人所负债务；因遗嘱或赠与合同中确定财产只归一方所有而产生的附随债务。除此之外，关于侵权所产生的债务，共同形成的，应作为共同债务由双方共同偿还；一方形成的，如果能够证明另一方从中受益，则应共同偿还。关于被监护人侵权之债，审判实践中将被监护人作为被告，父母作为法定代理人参与诉讼，按侵权责任法的规则判决责任承担，不在父母双方之间再作责任的细分；关于因履行法定扶养、赡养义务所负债务，应作为共同债务；关于夫妻一方以个人名义借贷或者对外提供担保，另一方从中受益的，一般需要结合夫妻双方是否有举债合意、所负债务是否用于共同生活等加以判断，具体情况具体分析。

有的提出，实践中对于债务性质的认定存在困难，主要原因在于举证责任的分配。现行婚姻法及婚姻法司法解释二的规定，实际上将举证责任分配给了举债方配偶，而最新的司法解释则将举证责任分配给了债权人。事实上，针对不同类型案件，应当确定不同的举证责任分配规则。比如，在民间借贷案件中，如果债权人主张明显超过日常生活需要的大额举债属于夫妻共同债务，债权人就需要证明该债务用于共同生活、共同生产经营或者夫妻共同合意举债，这其实很难做到；而对于借款数额虽小，但被推定为共同债务的情形，非举债方配偶也难以举证否认债务用于共同生活。此外，夫妻关系存续期间双方已实际分居的，一方主张因生产经营大额举债，是否应当认定为共同债务，实践中也有不同看法。

有的提出，夫妻合意之债、共同侵权之债、被监护人侵权之债，都应作为夫妻共同债务，由双方共同承担。一方以个人名义借贷或者对外提供担保，另一方获益的，不能一概认定为共同债务。立法需要明确“获益”的标准，在责任承担方面，非举债方仅在获益的范围内承担按份责任。

有的提出，夫妻关系存续期间，一方因违法产生的债务属于个人债务，不应由另一方承担。假如一方举债用于生产经营或者创业，应当作为共同债务。此外，一方因履行法定赡养义务所负债务，当然应当属于共同债务，由双方共同偿还。

有的提出，第一，夫妻债务的产生原因多种多样，要根据不同情况进行区分。支持现行婚姻法第四十一条关于夫妻共同债务的认定标准，即如果有证据证明债务用于或者部分用于共同生活，就应当认定为共同债务。第二，夫妻关系虽然存续但双方已实际分居时一方举债是否可以作为共同债务，法律应当有所规定。第三，一方因履行法定赡养义务所负债务，从法律上讲应当属于个人债务，由个人承担。但这样规定所引发的不良道德倾向，需要慎重考虑。第四，在当前民间借贷很普遍的情况下，关于债务性质的判断，应当加重债权人的举证责任，以更好地保护非举债方配偶的合法权益。

有的提出，夫妻共同债务的范围界定，涉及责任的最终承担，不能一概而论。具体而言，共同侵权产生的债务属于共同债务，由双方共同承担；被监护人侵权产生的债务，谁担任监护人由谁承担；一方因承担法定抚养、赡养义务的情况不能一概而论。从道德层面，可以倡导双方共同承担，但不宜上升为法定义务；夫妻一方借贷或者对外提供担保，另一方获益的，另一方仅承担按份责任，且份额不宜过大。

有的提出，夫妻债务问题一方面指向夫妻共同生活，具有封闭性、伦理性特征；另一方面又指向外部，涉及债权人利益保护。对于夫妻共同债务的认定，应当把握几个标准：一是用于共同生活。即只要为了共同生活，没有特别约定的，都应认定为共同债务。二是共同合意。即夫妻共同合意举债，应当作为共同债务。三是基于对共有财产的合法处分。即基于对共有财产合法处分产生的债务，属于共同债务。一方借贷或者对外提供担保产生的债务以及共同生产经营产生的债务，不应作为共同债务。以共同生产经营为例，其实际范围很窄，仅限于个体工商户、农村承包经营户、合伙等情形。这些情形都有相应的规则处理，不宜通过夫妻共同债务的规则解决。

有的提出，现行婚姻法第四十一条规定，离婚时，原为共同生活所负债务，应当共同偿还。“用于共同生活”应当是认定共同债务的原则，不可动摇。在这一标准之下，日常家事之债、夫妻共同合意之债、共同侵权之债、被监护人侵权之债、夫妻一方对外借款或者提供担保而另一方获益之债等，均可看作为共同生活所负债务，都应归入夫妻共同债务。此外，一方因承担法定赡养义务所负债务，必须是法定的范围且有必要，才可作为共同债务；一方对与前妻或者第三者所生子女的抚养费支出，必须现任配偶同意才属于共同债务。关于共同生产经营所负债务，因“共同生产经营”的范围是特定的，应分别适用民法总则、个人独资企业法、合伙企业法等规则解决，不应在婚姻家庭编中解决。关于共同债务的清偿，婚姻家庭编仍然应当关注债务清偿的内部关系问题，涉及外部关系的，只要给债权人一个指引就可以了。

有的提出，从形式上，夫妻共同债务的产生可以大致分为两种，即夫妻合意举债以及夫或妻一方举债。第一，合意举债。主要包括共债共签和共同经营所负债务，不宜通过婚姻家庭编解决，而应该由其他相关法律解决。总的来说，可以按照多数人之债的方式来处理，双方共同承担无限连带责任。第二，夫或妻一方以个人名义举债。能否作为共同债务，首先，要看此项债务是否属于法律明确规定的事项范围。比如，一方以个人名义举债，用于日常家庭生活的，都应属于共同债务；而对于一方赡养老人的支出以及一方对前妻或者第三者所生子女的抚养费支出等，则不应属于夫妻共同债务，应由举债人个人承担。其次，一方以个人名义举债，超出日常家庭生活需要的，如果有利于共同财产的增益，也应属于共同债务。比如，一方婚前所负债务，婚后用于共同生活的，应视为共同债务。

有的提出，夫妻债务问题实际涉及四方面内容：一是债务的真假；二是共同债务的确认；三是共同债务的承担；四是共同债务的内部分配。这四方面内容中，只有共同债务的内部分配属于婚姻家庭编应当规范的范畴，前三方面内容均属于债的范畴，可以考虑在债的总则中加以规定。婚姻法司法解释二第二十四条之所以引发很大争议，就在于把前三方面的内容直接规定在婚姻家庭领域。关于共同债务的范围，最高人民法院关于夫妻债务的最新司法解释应当说规定得较为全面，可以考虑吸收规定到法律中。

有的提出，在基层法院审判实践中，涉及夫妻共同债务的问题本应属于婚姻家事案件的范畴，但因离婚案件不能加入第三人，因此，除非离婚案件的双方当事人认可债务的存在，否则对于夫妻一方举债而另一方不予认可的，法院都会告知当事人另诉解决。基层法院较为常见的涉及夫妻共同债务认定的案件，基本集中在民间借贷纠纷。在民间借贷案件的审判实践中，认定是否构成共同债务，总的原则是：是否有夫妻共同举债的合意、是否用于家庭共同生活、生产经营或者虽为举债方的个人经营行为，但夫妻另一方是否从中获益。符合这一原则的，应认定为夫妻共同债务。关于所负债务是否用于家庭日常生活，如债务金额较小、举债具有合理性、债权人已尽到审慎义务的，通常可以认定债务系用于家庭日常生活，应作为共同债务；如举债金额较大、债务发生时夫妻关系不睦且债权人明知、债权人在先前借款未及时清偿时仍多次向债务人一方借款、明知债务人负债较多仍多次出借的，一般不应认定为共同债务。关于所负债务是否用于共同生产经营，一般认为负债期间购置资产、投资等行为后形成夫妻共同财产的、所负债务资金直接流入夫妻双方共同从事的经营活动中的、所负债务用于夫妻一方个人的生产经营活动但夫妻另一方从中受益的，可以认定为共同债务。

三、对夫妻财产制及夫妻债务的立法建议

有的提出，最高人民法院关于夫妻债务的最新司法解释出台后，社会反响强

烈。部分当事人要求按照新司法解释的精神,推翻已生效判决,更改判决结果。对此,我们专门请示了最高人民法院,对此类案件,原则上按法不溯及既往的原则处理。从立法的角度考虑,司法解释本身的规定具有合理性,可以吸收规定到法律中。考虑到实践中的复杂情况,立法可以对此作原则性规定,给司法解释的制定留出空间,便于适用。

有的提出,家庭既是人的结合,又是财产的结合,在共同共有的法定财产制之下,立法对于夫妻债务问题也应模糊处理,仅作原则性规定,不作过细区分。

有的提出,对于夫妻债务的立法选择,不应采取列举的方式,而是用"共同生活""家庭利益"等标准作原则性规定。同时,为平衡保护债权人利益,法律上可以规定对债权人提示的义务,这样不会产生太大的问题。

有的提出,夫妻债务立法需要处理好以下几种关系:一是法律和司法解释的关系。在目前保留法律和司法解释各自分工的前提下,法律应仅对这一问题采取总括性规定。如果事无巨细地进行列举,则列举得越多,出错的概率就越大,被规避的概率也越大。二是立法和司法的关系。立法的特点是确定宏观方向,司法则需要在适用法律的过程中不断具体、细化。诸如"共同生活""共同生产经营""共同受益"这样的词汇,法律本身很难界定其内涵,需要司法实践不断加以明确。立法只要把握好大方向,就不会出问题。三是原则与例外的关系。关于共同债务的认定,存在不同的推定规则。婚姻法司法解释二第二十四条之所以引发巨大争议,就在于没有区分原则和例外而对债务作同一推定。应当根据债务涉及不同利益关系时,在立法上确定不同的推定规则,体现原则与例外。

有的提出,民法典婚姻家庭编关于夫妻债务的立法选择,概括性规定与列举式规定都是可以的,但从我们的立法传统看,概括规定的方式更容易被接受,列举的方式容易引发争议。从这个角度考虑,建议保留现行婚姻法第四十一条的规定,即仍然采用"是否用于共同生活"作为判断夫妻共同债务的标准。当然,在这一前提下,可以设置必要的例外规定。

有的提出,首先,婚姻家庭编有关夫妻债务的立法仍然是在民法典的框架内进行。因此,需要考虑债务发生的一般原理,尊重债的相对性。其次,在法定之债的情形下,债权人没有权利选择债务人。因此,规则的设计需要考虑技术上的可行性。再次,在民法典编纂的背景下,可以考虑将夫妻债务问题作为债法的特殊问题加以处理并设置规则。最后,对夫妻债务问题的立法应将重点集中在裁判规则的设计上,规则应具有更强的可适用性。同时,要准确把握好立法与司法的分工,有些问题应该交由司法解决,补充立法的不足。

有的提出,考虑到夫妻债务的规则设计与夫妻财产制密切相关,建议在夫妻财产制的部分规定夫妻债务的范围及清偿规则。同时,增加债权人审慎义务以及家庭财产登记的规定。

有的提出，最高人民法院关于夫妻债务的最新司法解释针对是否有夫妻共同举债合意、未超出家庭日常生活所需负债、超出家庭日常生活所需负债三种情形明确了举证责任主体，使审判规则更加明确，平衡保护了债务人与非举债配偶的利益，取得了较好的效果。夫妻债务立法应当明确夫妻共同债务的认定标准，同时赋予法官一定的自由裁量权。

有的提出，为避免不合理的债务风险，婚姻家庭编在夫妻债务立法方面可以考虑将双方签字作为共同债务的必要条件，以事前防范的措施对夫妻双方和债权人进行规范。

民法典婚姻家庭编黑龙江调研简报

2018 年 11 月，法制工作委员会民法室有关同志就民法典婚姻家庭编有关夫妻财产制及夫妻债务有关问题赴黑龙江省哈尔滨市调研，先后在黑龙江省人大、律师事务所召开座谈会，听取人大有关专工委、政府司法、民政、妇联、法院、律师、专家学者及人大代表的意见建议。现将有关情况简报如下：

一、关于夫妻财产制

有的提出，实践中夫妻财产有两类问题，应考虑如何作出规定。一是一方个人财产生产、经营、投资所得的收益，与个人财产的孳息和自然增值之间是什么关系，前者是否能包含后者，个人财产的孳息和自然增值是否作为夫妻共同财产。二是婚前取得的知识产权，在婚姻存续期间获得的收益，是否都作为共同财产。婚姻关系存续期间取得的知识产权，如果一方的贡献明显大于另一方的，如何规定。夫妻关系终止后取得的知识产权收益，另一方也有贡献的，是否确定为共同财产。

有的提出，关于夫妻共同财产和个人财产的界定，在实践中，有以下几个问题比较突出，需要进一步明确：一是购买房屋等不动产的归属问题；二是购买车辆等动产的归属问题；三是公司股权的归属问题；四是婚前财产婚后的孳息和自然增值的归属问题；五是知识产权的收益问题，笼统规定为共同财产太绝对；六是继承或者赠与所得财产原则上应该属于个人财产。建议草案第八百三十九条第二款增加规定“夫妻对共同债务，有共同承担的义务”，共同债务是消极财产，应该夫妻共担。建议将草案第八百四十条第一项修改为“一方的婚前财产及其婚后产生的收益”。建议吸收婚姻法解释一第十九条的规定，作为草案第八百四十条的第二款：“夫妻一方所有的财产，不因婚姻关系的延续而转化为夫妻共同财产。但是当事人另有约定的除外。”建议吸收婚姻法解释二第十一条、第十三条和婚姻法解释三第五条关于夫妻共同财产和关于个人财产的规定。

有的建议，将婚姻关系存续期间夫妻一方的人力资本纳入夫妻共同财产的范围。从全省三级法院审理婚姻家庭类案件的情况分析来看，将人力资本纳入夫妻共同财产的范围，在离婚时予以分割，更能体现夫妻共同财产分配的公平公正。例如，妻子放弃自己接受教育和培训的机会，并负担全部或者大部分家务劳动支持丈夫接受教育和培训，而一旦丈夫在毕业或者获得学位、职业资格后提出离婚，丈夫所取得的能够带来高收入的文凭、执照、资格证书等无形财产，因其尚未转化为有形财产而不能作为夫妻共同财产进行分割。此时，夫妻双方可能几乎没有其他财产，可供分割的共同财产微乎其微，这显然对妻子一方是极不公平的。从投资的角度来看，丈夫所获得的人力资本也是属于夫妻双方以共同财产进行投资所获得的收益。还有对于婚前男女同居期间共同经营所得是否作为夫妻共同财产，有些财产权利如经营酒类的代理权等能否评估作价作为共同财产等问题，有待进一步明确。另外，目前规定对于继承所得的财产，是以归共同财产为原则，建议修改为以归个人财产为原则、归共同财产为例外。

有的提出，一方婚前取得的财产和权益、婚后获得收益的怎么处理，比如知识产权。现在这种原则性的规定，已经不太符合实际。建议规定："夫妻一方婚前取得知识产权或者进行投资等活动，另一方没有参与，婚后取得相应的收益，归个人所有。另一方有共同参与的，按共同财产处理。"

有的提出，草案第八百三十九条规定的"投资"概念不明确。储蓄、理财、基金、股票、期货、保险、购买商品等，哪些属于投资，很难合理分清。如果一方用婚前个人财产储蓄，购买国库券、企业债券，所生孳息，是否属于投资收益？购买房屋的增值，是属于自然增值还是投资收益，也不好定性。因此，不能以投资、投资收益、孳息、自然增值等有重叠且外延不清的概念，来区分夫妻共同财产或者个人财产。建议规定个人财产进行投资所生收益、自然增值、孳息等属于个人财产，这样不仅规定十分清晰，而且有利于提高个人财产的效用。

有的提出，男方婚前购买的房产，婚后应女方的要求在办理产权证时，将女方登记为共有人或者登记在女方名下的，应当作为夫妻共同财产。这既符合物权法关于所有权方面的有关规定，也能体现诚实信用、意思自治，减少因规定不明确产生的纠纷。建议建立夫妻财产约定备案制度，在婚姻登记机关备案并可供依法查询。

二、关于夫妻债务

（一）共同债务与个人债务的认定

有的提出，夫妻共同债务的认定，决定债务的性质与清偿的路径。采取双向规定的方式，更易于明确债务的性质。建议规定："下列债务属于夫妻共同债务：（一）夫妻共同约定所负的债务；（二）夫妻因共同生活所负的债务；（三）夫妻因共同财产的维护所负的债务；（四）夫妻因共同侵权所负的债务；（五）夫妻因被监护人侵权所负的债务。""下列债务属于夫妻一方的债务：（一）夫妻一方婚前所负的债务;(二)夫妻一方在婚姻关系存续期间以自己名义负担的合同之债,但法律另有规定的除外;(三)夫妻一方在婚姻关系存续期间引起的侵权之债;(四)其他应当由个人承担的债务。"

有的提出,夫妻债务的法律规则,应涵盖以下类型化后的情形:1. 意定之债。(1)以夫妻双方名义所负债务,原则上属于夫妻共同债务(债务用于一方生产经营的,属于个人债务)。(2)以夫妻一方名义所负债务。为家庭日常生活需要所负的,属于夫妻共同债务;用于共同生活、共同生产经营的,按夫妻共同债务处理(能认定该部分债务数额的,夫妻就该部分债务共同承担清偿责任;不能认定该部分数额的,另一方就该债务的二分之一承担清偿责任);用于一方生产经营,收益用于共同生活的,属于一方个人债务;一方签署、另一方明示追认或者默示承认的,属于夫妻共同债务;一方签署、另一方以证明人身份签署的,属于一方个人债务;另一方明知或者应知配偶以个人名义负债,未在合理期间内表示反对的,属于一方个人债务。2. 法定之债。(1)侵权行为之债。单独侵权行为之债,属于一方个人债务;共同侵权行为之债,属于夫妻共同债务。(2)不当得利之债。所得之利用于夫妻共同生活或者共同生产经营的,属于夫妻共同债务;未用于夫妻共同生活或者共同生产经营的,属于一方个人债务。(3)无因管理之债。所管理事务使夫妻共同受益的,属于夫妻共同债务;仅使一方受益的,属于一方个人债务。(4)扶养、监护之债。对父母、共同子女的扶养义务之债,属于夫妻共同债务;夫妻作为共同监护人所负债务,属于夫妻共同债务;一方作为监护人,被监护人与另一方未形成抚养关系的继子女的抚养监护所负债务,属于一方个人债务。(5)其他法定之债,如税收、执行遗赠等所生债务,由其他法律加以规定。

有的提出,建议界定一下共同债务和个人债务,共同债务的内涵外延、具体事项要规定清楚。需要关注几个问题:一是婚姻关系和合伙关系是不同的。在目前中国婚姻家庭理念中,婚姻强调团体性。婚姻和合伙还是有很大差异的,不能画为等号。二是要关注夫妻的共同债务和夫妻的经营性债务也不一样。有的是一方经营,有的是共同经营,有的是公司、两户等,应该按照不同的情形来区分。三是日常家事代理产生的债务,和经营性产生的债务也要区分。家事主要围绕共同生活、家庭延续、赡老育幼,是否以家事为限,能否适用表见代理。四是可能要根据债的不同性质来认定是否为共同债务。有的法定之债,是基于共同生活利益的维持,是共同债务。有的意定之债,另一方或者家庭共同体没有受益,是否属于共同债务就存疑,应该具体问题具体分析。

有的提出,夫妻共同合意举债,日常家事之债,夫妻共同侵权之债,夫妻一方因承担法定抚养、赡养义务产生的债务都属于夫妻共同债务,夫妻双方承担无限连带责任。对于夫妻一方以个人名义借债或为他人提供担保,另一方获益的,可否作为夫妻共同债务，应该区分来看。要考虑借债或者担保的债务，与另一方的收益之间是否平衡。依据具体情形进行区分，可以是双方均承担连带责任，也可以是举债方承担无限责任，另一方承担补充清偿责任，但仅以共同财产中归其所有的部分为限承担责任较为合适。

有的提出，夫妻共同侵权之债，被监护人侵权之债，以及夫妻一方因承担法定抚养、赡养义务产生的债务，属于夫妻共同债务，夫妻双方应承担无限连带责任。夫妻一方以个人名义借债或者为他人提供担保，另一方获益的，另一方仅以共同获益部分为限承担连带清偿责任，但是超出获益部分已经清偿的应受保护；如果获益不能确定的，承担的责任份额不超过二分之一。

有的提出，司法实践中判断所负债务是否为夫妻共同债务的标准主要看该债务是否为夫妻共同生活所负的债务，即夫妻有无共同举债的合意和夫妻是否分享了该债务带来的利益。具体来说，区分以下几种情形：1. 一般情况。夫妻一方或双方为维持家庭生活和共同生产经营而进行的必要的支出和投入，由此设定的债务以及夫妻双方从所负债务中获取利益的债务，属于夫妻共同债务。对夫妻共同债务承担偿还责任时，债务人配偶的责任财产范围限于婚姻存续期间的夫妻共同财产，与夫妻共同生活无关的个人财产应排除在外。2. 夫妻共同侵权之债，可以认定为共同债务。3. 被监护人侵权之债，实践中一般直接判决监护人承担赔偿责任，而未重视被监护人是否存在财产，或者在判决时未成年、判决生效后已成年的情况，是否应对其成年后承担责任予以表述。4. 夫妻一方因承担法定的抚养、赡养义务所产生的债务，应当属于夫妻共同债务。夫妻经法律确定缔结婚姻关系后即存在患难与共的身份属性，法定的抚养与赡养义务是基于血亲或拟制血亲关系而产生，夫妻之间的姻亲关系亦是亲属关系之一种。另外，从继承的角度，夫妻共同继承亲属财产亦可反证基于亲属关系的法定义务不可免除。5. 夫妻一方以个人名义借款或者为他人提供担保，另一方获益的，应限定在其获益部分范围内承担清偿责任。

有的提出，夫妻债务应当区分具体情形进行认定：1. 夫妻共同侵权之债、被监护人侵权之债，可以作为夫妻共同债务，因为夫妻关系存续期间的权利义务是一致的，而且这个债应当是承担无限连带责任之债。2. 夫妻一方因承担法定抚养、赡养义务产生的债务不宜作为夫妻共同债务，因为一方承担的法定抚养、赡养义务既具有特定的身份关系属性，也具有法定义务性，而夫妻关系建立后，并不必然与另一方被抚养、被赡养的人形成了直接的法定义务关系，况且如果双方离婚，即与另一方抚养、赡养的人没有了任何关系。3. 夫妻一方以个人名义借债或为他人提供担保，另一方获益的，可否作为夫妻共同债务。这要区分情况：一是如果一方以个人名义借债，用于家庭生活或者用于家庭经营，属于夫妻共同债务；如果债权人明知借债人借款并不是用于家庭生活或生产经营，不宜作为夫妻的共同债务。二是以个人名义担保，是基于担保人个人的名义、信誉，被担保人、债权人在设立担保时对相互之间的权利义务关系是明确、具体的，责任应当由担保人自行承担，属于个人债务。

有的提出，2018 年 1 ~ 10 月，我们收到 996 件投诉，婚姻家庭纠纷占比 53.6%。妇联收到的信访件中，很多都是来自“反 24 条联盟”的，就是反映“被负债”的问题。立法应该具有前瞻性，建议把“共债共签”的司法解释上升到立法。在全国他们不是一个小的群体，应该照顾到。实践中很多案件都是虚构的债务，甚至有很多是用于违法犯罪的。建议原则性规定，夫妻债务方面应当共同决策，权利义务对等。

有的建议，吸收并改造司法解释，规定：“夫妻双方共同签字或者夫妻一方事后追认等共同意思表示所负的债务，为夫妻共同债务。夫妻一方在婚姻关系存续期间以个人名义为家庭日常生活需要所负的债务，为夫妻共同债务。夫妻一方超出家庭日常生活需要范围所负的债务为个人债务，由夫妻一方以个人财产及夫妻共同财产归其所有的部分清偿；债权人能够证明该债务用于夫妻共同生活、共同生产经营的，夫妻另一方明知或者应当知道的情况下，以共同财产归其所有的部分为限承担连带清偿责任。”

有的提出，当债务人配偶主张该债务系虚假债务或者违法债务，不应当认定为共同债务时，由债务人配偶举证证明。但为了平衡债务人配偶的举证难度和保护其合法权益，可以降低证明标准。如果债务人配偶不能证明，法院也无法查明债务为虚假债务或者违法债务的，由债务人配偶承担证明不能的不利后果。对于经营性债务，如果举债方配偶否认系共同债务，债权人应当举证证明夫妻双方存在合意、债务用于共同经营或者共享经营利益的事实；举债方认为属于共同债务的，也需要承担举证责任，并以举债方配偶的受益范围确定其承担的共同债务责任。

（二）债务的清偿规则

有的提出，草案第八百六十七条关于夫妻共同债务的清偿规定，仅为原则性、指导性规定，不足以解决我国司法实践中日益复杂的夫妻共同债务纠纷问题。建议增加条款，以解决夫妻共同债务的清偿与追偿问题，规定：“夫妻对共同债务负有连带清偿责任。夫妻一方清偿共同债务超出协议约定或者法院判决其应当承担的份额部分，有权向另一方追偿。”“夫妻个人债务应以夫妻个人财产清偿，夫妻双方另有约定的除外。”“婚姻关系存续期间以夫妻共同财产清偿个人债务，或者以个人财产清偿夫妻共同债务的，离婚时可以追偿，夫妻双方另有约定的除外。”

有的提出，草案对夫妻一方个人债务如何清偿没有规定，而各国立法多在夫妻非常财产制中加以规定。建议草案第八百四十二条中增设一项“（三）一方个人财产不足以清偿个人债务，需要以夫妻共同财产清偿的”。

有的提出，在债务清偿上，要解决清偿的原则问题。比如，在目前的共同财产制和个人财产制相结合的背景下，要有清偿的逻辑顺序。个人财产和共同财产，应当分别先用于清偿个人债务和共同债务。如果不足，再用其他财产清偿。除此之外，还应该设计和这些制度相关联的制度格局。例如，草案中的婚内析产，对于应对婚内的债务清偿是有好处的，考虑是否要增加其他事项。

有的提出，夫妻一方侵权形成的债务，应当区分具体情况。在婚姻存续期间，夫妻一方因侵权造成他人损害的，如果侵权人的配偶对于侵权行为的发生不存在过错的，应当由侵权人的个人财产清偿；如果侵权人的个人财产不足以清偿的，可以用夫妻共同财产连带清偿；侵权人的配偶承担连带清偿责任后，在主张夫妻共同财产分割时向侵权人主张追偿的，人民法院应当支持。在婚姻存续期间，夫妻一方因侵权造成他人损害的，如果侵权行为与夫妻共同利益或家庭共同生活有必然因果联系的，应当用夫妻共同财产清偿；如果夫妻共同财产不足以清偿的，可以用夫妻个人财产清偿。另外，不当得利之债、无因管理之债的处理可以参照侵权之债的规则。

有的提出，夫妻共同债务应当由“夫妻共同财产 + 举债方的个人财产”清偿，如果举债方配偶没有参与共同债务的缔结，即没有举债的合意，不应以其个人财产为夫妻共同债务负责。保障债权人利益和保护夫妻一方的个人财产不可偏废。应当将夫妻一方的个人财产与非本人行为所造成的债务进行隔离，举债方配偶的责任财产范围与共同财产制对应，其责任财产应限于共同财产，不能扩大到其个人财产。夫妻共同债务清偿规则的设置应当考虑以下因素：第一，夫妻共同债务应当先以夫妻共同财产清偿，个人债务先以个人财产清偿。第二，举债方配偶以夫妻共同财产为限承担有限责任仅具有形式合理性，而欠缺现实合理性。在夫妻共同财产制下，尽管夫妻一方的个人财产与夫妻共同财产在理论和逻辑上是清晰的，但在实践中两者往往难以区分。夫妻共同债务的清偿规则应倾向于保护债权人，否则对交易安全的保护过于不利。第三，在婚姻关系内部，在以夫妻共同财产清偿夫妻一方的个人债务，或者以夫妻一方的个人财产清偿夫妻共同债务之后，夫妻一方有权就超出其应承担责任的部分向另一方追偿相应的财产价值或者数额。但是考虑到维持夫妻共同生活关系的需要，可以规定在离婚之前，或者夫妻关系存续期间进行分割财产之前，夫妻之间的内部追偿权可以不受时效制度的影响。

（三）夫妻债务司法解释的实施效果

有的提出，根据夫妻债务司法解释第二条、第三条的规定，负债是否超出“家庭日常生活需要”是判断是否构成夫妻共同债务的重要标准。按照通常理解，“家庭日常生活需要”是指夫妻双方及共同生活的子女在日常生活中的必要开支事项，包括正常的衣食住行消费、日用品购买、医疗保健、子女教育、老人赡养、文化消费等。审理中，判断负债是否超出“家庭日常生活需要”，可以结合负债金额大小、家庭经济情况、夫妻关系是否和谐、当地经济水平及交易习惯、借贷双方的关系、借款名义、资金流向等因素综合予以认定。

有的提出，夫妻债务司法解释充分保障了婚姻当事人对共同债务的决定权和同意权，有效防范了无辜者被负债现象，较好地平衡了婚姻安全与交易安全。但在适用过程中仍存在一定的问题，例如，未明确如何界定"家庭日常生活需要"标准，导致审判实践中对"超出家庭日常生活需要所负的债务"的考量因素标准不一。在日常家事代理中，夫妻一方可代理的范围仍旧不好把握，即在无法查明借款用途的情况下，以何种标准确定借款用于夫妻共同生活、借款多大数额需要"共债共签"以及多大数额可以在家事代理的范围之内。

有的提出，夫妻债务司法解释的出台，使以往会被认定为夫妻共同债务的，现在大量认定为一方个人债务，超出了债权人对法律的合理预期，引起一些判决的剧情反转。该司法解释显然注意到了双方利益的平衡，没有采取极端的做法，而是两害相权取其轻。虽然将举证责任分配给债权人一方，但是债权人可以在债务发生时要求"共债共签"，有事前预防和事后救济的机会。该司法解释的夫妻债务认定规则，总体方向上是正确的，立法应当加以肯定和改进吸收。另外，"家庭日常生活需要"的标准不明确，法官的自由裁量空间较大。对于"家庭日常生活需要"的概念，不能片面考查负债金额大小，每个家庭中均有与其家庭经济状况相适应的特定需求范围，应当根据个案进行具体分析。该司法解释还存在以下缺陷：一是只解决了意定之债问题，忽略了法定之债，如侵权之债、不当得利、无因管理、抚养监护等所生债务，没有规范可用。二是该司法解释没有必要的细化，即使是意定之债的规定，也没有涵盖各种类型，例如，债务部分用于共同生活、部分用于生产经营的如何处理。

有的提出，夫妻债务司法解释出台后，对于进一步明确发起共同债务的范围，保障未举债夫妻一方的知情权、同意权和决定权以及有效督促债权人审慎注意的义务，都具有明显的效果。"共签共债"这一点作为法律条文规定是可行的。

有的提出，夫妻债务司法解释第三条在适用方面存在法律效果与社会效果不统一的问题，有些债权人无法通过该解释维护自身合法权益，也使一些想恶意逃债的债务人利用该司法解释逃避还款义务。实践中很多这样的案例，只有夫妻一方在借条上签字，借款后夫妻双方为了逃避债务而办理离婚手续，在债权人起诉要求夫妻双方承担还款责任时，另一方便主张双方已办理离婚手续，借款是以一方个人名义所负债务，超出日常生活所需，不属于夫妻共同债务，不承担还款责任，债权人又难以举证证明该笔债务用于夫妻共同生活、共同生产经营或基于夫妻双方共同的意思表示，因为债务用于夫妻共同生活、共同生产经营或基于夫妻双方共同意思表示的证据都在债务人处，要求债权人来承担这样的举证责任在现实生活中存在很大的困难，致使债权人的合法权益无法得到有效保护，难以通过诉讼方式实现债权。关于夫妻共同债务的认定方面，能否在举证责任的分配方式上，要求债务人也承担一定的举证责任，要求债务人举证证明债务用途，证明债务所涉及资金的去向。

三、其他意见

有的提出，婚内析产，符合民众的生活需要，有助于实现夫妻共同财产向夫妻个人财产的转化，体现夫妻共同财产的一般规则与特殊处理相结合的原则。建议草案第八百四十二条增加两项：“（三）一方要求用夫妻共同财产从事投资经营活动，另一方不同意的；（四）一方实施家庭暴力，受害方要求分割的。”建议增加两款规定：“请求分割的财产，可以是夫妻共同财产的一部或者全部。但是，应当保留双方依法履行法定抚养义务的相应费用和承担家庭生活日常开支的费用。”“请求分割夫妻共同财产的，应当由双方协议，双方达成的协议不得损害债权人的利益。协议不成时，当事人可以请求人民法院裁决。”

有的建议，将本编的名称修改为亲属编；删除草案第八百三十八条和第八百四十七条关于夫妻间、父母子女间继承权的规定；删除第八百八十六条中的“朋友”；有条件地承认事实收养的效力；规定试养期；将收养人与被收养人的最低年龄差为二十周岁以上作为收养条件。

有的建议，规定同居关系；建立不完全收养制度。

有的建议，在草案第八百二十六条增加规定“为补办结婚登记的，按同居关系处理”。建议吸收婚姻法解释三第十四条的规定，作为草案第八百五十三条的第四款：“当事人达成的以登记离婚或者到人民法院协议离婚为条件的离婚协议书，如果双方协议离婚未成，一方在离婚诉讼中反悔的，该离婚协议书对双方不具有约束力。”离婚协议应该是附条件的，以离婚为前提。

有的提出，在婚姻家庭中，如一方存在可以依法继承的财产，但是其放弃继承权，此时如果另一方存在疾病或者家庭内部存在生活困难，该笔财产的继承可以用于治疗或者缓解家庭生活困难的，继承权是否可以单方放弃，能否认定继承人存在法定义务不能放弃继承。建议加强对个人财产的保护，要在婚姻家庭编中规定得清晰明确，以便于司法的裁决，实现法律的公平化。要强调男女之间的平等，保护夫妻双方的个人独立和权利意识。另外，对夫妻通过离婚等方式恶意逃避债务的问题作出规定。

有的提出，草案第八百二十六条要求男女双方“亲自”到婚姻登记机关申请结婚登记，要求过于苛刻。实践中存在一些特殊情况可能无法亲自到登记机关办理登记，比如卧病在床的人、服刑人员等。建议规定特殊情况可以不用本人亲自到婚姻登记机关申请结婚登记。草案第八百九十三条第二款中规定“收养人不履行抚养义务,有虐待、遗弃等侵害未成年养子女合法权益行为的,送养人有权要求解除养父母与养子女间的收养关系”。建议扩大有权解除的主体,包括民政部门等组织,因为送养人可能对收养人侵害被收养人合法权益的行为并不知情。

有的建议,把草案第八百四十二条第二项中的“相关医疗费用”修改为“必要的(或者合理的)医疗费用”。草案第八百五十三条第二款规定“亲自”办理结婚登记过于绝对,实践中可能有特殊情况。删除草案第八百六十五条中的“女方”。

有的建议,删除草案第八百五十六条中的“分居”这一限定条件。建议草案第八百六十九条增加一项“与婚外异性长期保持不正当性关系的”。

有的提出,应注意解决以下问题:一是为逃避债务假离婚,把财产通过离婚协议或调解书的方式过到一方名下,但仍然离婚不离家,一起生活。债务人故意隐瞒离婚的事实,是否应当作为共同债务对待?二是双方因感情不和长期分居的,一方所负的债务,应当区分不同情况确定是否为夫妻共同债务:因正常生活医疗等支出的费用和为共同子女支付的必要的教育医疗费用所负的债务,属于共同债务,其他债务则不应视为夫妻共同债务。建议规定,双方分居期间一方主张其所负债务为共同债务,另一方提出合理质疑的,应当由主张共同债务的一方对债务的真实性、合理性承担举证责任。

有的建议规定,夫妻分割共同财产时应充分体现家事劳动的价值。

有的建议,把监护写到婚姻家庭编里面。在草案第八百二十二条增加一款规定家庭成员之间的权利义务关系,比如应当互相关爱等。禁止家庭暴力可以放在一起。

民法典婚姻家庭编广州、深圳调研简报

2018年12月,法工委民法室同志就民法典婚姻家庭编有关夫妻财产制及夫妻债务问题赴广州、深圳调研,在广东省人大、中山大学、广州市越秀区人民法院、平安集团召开座谈会,听取人大、政府有关部门、妇联、法院、检察院和律师、专家学者、公司法务人员以及人大代表的意见建议,并实地考察了深圳市福田区民政局婚姻登记处。现将有关情况简报如下:

一、关于夫妻财产制

有的提出,关于夫妻共同财产和个人财产界定,在广州的司法实践中,比较突出的问题是股权归属如何界定。以个人财产投资收益的归属问题争议较大,建议明确规定婚后财产的公示制度,采取书面形式,并在婚姻登记机关备案,以解决通过恶意约定逃避债务、转移资产问题。

有的提出,需要司法援助的妇女面临的最大问题是房产如何处理,婚姻家庭法应偏重保护弱者。分别财产制对全职妈妈保护不力,全职妈妈对家庭付出就是在工作。安心做全职妈妈,就是给国家培养人才。一个国家要保证妇女能安心照料孩子培养人才,所以婚姻家庭法要侧重保护妇女。

有的提出,共同财产界定存在以下几个问题:一是新类型财产的界定。比如股权期权,争议比较大。我们在实践中更多倾向保护妇女的利益,考虑到妇女的家庭贡献,按比例分配。二是网络作品的收益。网络作品在婚后形成并发表,可获得的财产权益还不明确,但是离婚后取得大量收益的,是否属于夫妻共同财产有一定的争议。三是境外财产的处理。双方对境外财产的存在没有争议的我们会在诉讼中处理,如果有争议,一般不进行处理。这涉及不同法域判决的认可与执行,直接送达效果不好,外事送达十分复杂,耗时很长。四是养老金、企业年金。有的认为,养老金、企业年金和个人人身关系密切,不能作为共同财产在离婚时进行分割。也有的认为,对于一方养老金、企业年金的取得,另一方也是有贡献的,应当分割。五是投资收益与孳息。孳息与自然增值,属于原物的所有人。现在的草案规定投资收益属于共同财产,如果婚前进行投资,婚后不再操作所取得的收益,属于投资收益还是孳息？在婚姻家庭编中对所有情形作出规定难度太大，比如虚拟货币等，目前还难以界定，建议作兜底性规定。

有的提出，如果双方结婚不到一年，共同生活才20多天，离婚时是否需要返还彩礼？按规定是不能返还，但是实践中往往根据公平原则返还一部分。现在草案规定赠与或者继承，是以归夫妻共同所有为原则。我针对同事朋友做了小范围调研，基本上都是认为赠与应当属于夫妻一方，除非明确表示赠与夫妻双方。

婚姻家庭编需要关注夫妻共同处分原则和公示公信的冲突。夫妻对共同财产应当共同处分，但是一方处分的，另一方主张处分无效如何处理，特别是房产和股权。还有夫妻对共同财产的知情权和隐私权也存在一定的冲突。《广州市妇女权益保障规定》规定夫妻一方可以持有效证件查询另一方的财产。知情权是共同财产的基础，其和隐私权的冲突又应当如何处理？

有的建议，一是规定法定继承的财产属于夫妻一方个人财产。继承法规定子女是第一顺位继承人，但是没有规定子女的配偶为法定继承人。而按照婚姻法的规定，子女的配偶是事实上的继承人。二是进一步明确规定夫妻关于共同财产的权利义务，包括夫妻对共同财产的使用、管理、处分、收益等方面的权利。三是增加规定约定财产制的内容、公示制度和变更程序等。

有的提出，应当完善夫妻财产登记制度，夫妻财产约定应当登记，并在婚姻登记机关公示。没有公示制度，由债权人承担举证责任是不公平的。

有的提出，我们集团的业务会涉及夫妻财产方面的问题，比如购买信托产品取得的信托受益权与夫妻财产有关。还有，保单是不是属于夫妻共同财产，保险金的分配是不是要考虑是否以共同财产投保的问题。

有的提出，信托所得收益是属于投资收益，还是属于法定孳息？夫妻一方用财产设立信托，是否需要配偶同意？信托可以分为自益信托和他益信托。实践中，对于他益信托我们会尽量要求客户配偶签订知情函或者同意函。信托结束后，资产可能会发生减损。这时如果委托人的配偶提出异议，以自己对信托不知情或者不同意为由主张信托无效，对于信托公司而言是非常不公平的，这很不利于信托业务的开展，不利于金融秩序的稳定。

如果一方婚前或者婚后以个人财产设立自益信托，取得信托受益权，在其婚姻关系存续期间所得的信托收益，属于个人财产还是共同财产？父母在子女婚前或者婚后为子女设立他益信托，子女取得信托受益权，在其婚姻关系存续期间获得的收益，属于个人财产还是共同财产？如果受益人将这些信托受益权转让，转让所得利益是否属于夫妻共同财产？这些问题都需要进一步明确。

有的提出，现在有的客户给情妇或者第三者办理信托，可能会因为违反公序良俗被判无效。客户会说是拿自己的婚前个人财产来办理信托，难道也要配偶同意吗？客户很容易造假欺骗我们，我们没有办法去审查，这使得我们很被动，造成交易的不稳定性。

有的提出，人身保险与财产保险相比有很多特殊性，主要体现在以下几个方面：一是人身保险周期非常长，很多都是终身的，或者长达三四十年，很有可能在保险期间离婚，这时就需要对保单进行分割。二是分期支付保险费的，保险费的交费期可能很长。比如前十期是用个人财产交的，后面则是用共同财产来交，个人财产和共同财产混同。如果保险期间投保人退保，投保人拿到的现金价值，属于共同财产还是个人财产？三是人身保险涉及的权利义务关系非常复杂。保险金是支付给受益人，但受益人不是合同的一方当事人；被保险人可以决定受益人，但也是独立于合同当事人的第三方。保险法规定只要被保险人同意就可以投保，但是我们在实践中都是控制在父母子女等近亲属范围内。投保人投保时不需要配偶同意，所以配偶很有可能是不知情的，配偶可能因此主张保险合同无效。这会影响交易的稳定性，不利于维护交易秩序。四是人身保险类型多样化，有寿险、重疾险等，还有各种投资型理财型的新型产品。现在人身保险保费超过 100 万元的很多，可能涉及重大财产处置。投保多大数额或者什么类型的保险产品属于家事代理范围，或者需要配偶同意，需要进一步明确。

父母投保人身保险以自己为被保险人、子女为受益人的，父母发生保险事故后，保险金是否属于子女共同财产？我们倾向于属于子女个人财产。客户用共同财产购买大额保险，受益人可能是私生子或者情人等，共同财产就会从家庭流失。保险事故发生，投保人的配偶或者继承人可能主张保险合同无效。在这种情况下，保险公司对保险金应当如何处置？实践中我们只能让他们去法院起诉，但这存在很大的不稳定性，保险公司要承担很大的风险。

二、关于夫妻债务

（一）夫妻债务的认定规则

有的提出，最高人民法院 2018 年出台的夫妻债务司法解释规定得比较细，实施效果很好，具有指导意义。实践中对于如何界定家庭日常生活需要，争议较大，发达地区和落后地区认识不一致。司法实践中存在两种倾向：一是过于保护债权人权利；二是过于保护夫妻双方的利益，对于双方恶意串通逃避债务，不能很好地防范。如何平衡债权人和债务人及其配偶的利益，立法上还是要以公平公正为原则，不能有失偏颇。

有的提出，夫妻债务认定问题，建议参照夫妻债务司法解释的规定，不能拘泥于共同居住的形式要件，而是要结合共同生产经营的实质要件。建议区分夫妻合意举债和对一方举债负连带责任的债务。夫妻合意举债是共同债务，当然应当以双方共同财产和个人财产承担清偿责任。

广东省高级人民法院对信访件进行了专项审查,最高人民法院转来的信访件有49件,省妇联转来的有128件,省高院自己接收的有30件,其中有所重合。夫妻债务方面民一庭没有信访案件,信访案件都在审理金融案件的民二庭。夫妻债务司法解释确实解决了一些问题,具有科学性、合理性,对审判实践有比较好的指引作用,对于平衡债权人和非举债方的利益有不错的效果,但是在具体适用中还存在以下几个问题:一是如何界定家庭日常生活需要。浙江省高级人民法院《关于妥善审理涉夫妻债务纠纷案件的通知》(浙高法〔2018〕89号)将“单笔举债或对同一债权人举债金额在20万元(含本数)以下”作为认定“为家庭日常生活需要所负债务”的考量因素之一。而全国各地发展不均衡,广东省内各地区发展也很不均衡,不能“一刀切”。二是如何界定共同生产经营。对于共同经营或者投资,夫妻双方投资合伙企业,从事农村土地承包经营或者个体工商户等,具体如何界定?三是举证责任的分配。加大债权人的举证责任是合理的。很多国家都有家事诉讼程序,加大调查取证的力度,主要为了保护未成年人利益,保护弱势一方的权利。很多妇女要求法院调查取证,但是法院做不到。希望处理这类案件时可以加大调查取证的力度,促进实体正义。

有的提出,根据省妇联掌握的情况,2018年对婚姻法司法解释二第二十四条,有11批52位信访人,44位女性,8位男性,都已经离婚。涉及案件118宗,共需要承担债务1.22亿元,其中超过100万元以上负债的有23人。债务最多的一人,涉及15宗案件,负债2000多万元。这些人当中有27人生活非常困难。有几个情况需要注意:一是全部信访人都表示事前对债务是不知情的。二是他们都表示没有因为负债而受益。三是在执行过程中,执行财产的范围包括个人财产。离婚前共同财产和个人财产很难区分,但是离婚之后所得的个人财产,也一直都在被执行。支持夫妻债务司法解释的共债共签原则。

有的提出,关于共同债务的范围,共同侵权之债和被监护人侵权之债,按侵权责任法的规定处理即可,婚姻家庭编可不作规定。夫妻一方因法定抚养、赡养义务产生的债务比较复杂,是家庭义务的延伸,另一方也要承担相应的责任。老年人权益保护法规定,赡养人的配偶应当协助赡养人履行赡养义务。一方举债或者提供担保,另一方默认或者追认的,应当认定为共同债务;如果另一方对该举债或者担保不知情且未追认,虽然可能受益,但是不知道自己因此受益的,不应当认定为共同债务。

有的提出,共签之债、日常生活支出以及用于共同生产经营和双方共同受益的,属于夫妻共同债务。一方履行法定抚养、赡养义务产生的债务如何认定,要看夫妻采取哪种财产制:如果是共同财产制,属于共同债务;如果是分别财产制,属于个人债务。被监护人侵权之债，如果被监护人是双方的子女，属于共同债务，不论是共同财产制还是分别财产制。如果被监护人仅是夫妻一方的近亲属，在共同财产制的情况下，属于共同债务；在分别财产制的情况下，属于个人债务。在夫妻一方的合同之债中，夫妻一方因管理法人所负债务，如果被债权人揭开面纱，是否为夫妻共同债务，要看“三个共同”，即债务是否用于夫妻共同生活、共同生产经营或者基于夫妻双方共同意思表示。夫妻一方因管理非法人组织所负债务，除了要考虑“三个共同”，还要考虑夫妻是否共同受益。关于侵权之债，如果是夫妻共同侵权，按共同侵权的原理，属于夫妻共同债务。如果是一方侵权，要看侵权的原因、主观追求的效果、受益人，非为家庭原因或者利益的，属于个人债务。

有的提出，目前的规定在界定夫妻债务时是从结果来看，把夫妻财产制作为夫妻债务认定的基础。应当从原因上来看，夫妻债务是基于什么而发生，是否为了家庭利益。债务用于共同生活往往属于共同债务，而用于共同生产经营要区分具体情况，立法上最好不要用“共同生产经营”。夫妻债务的认定规则中证明责任的承担，如果是为家庭日常生活需要所负债务，由债务人或者其配偶举证；如果为非日常生活需要的家庭利益所负债务，由债权人进行举证。司法解释对夫妻共同债务可以列举，但是民法典“宜粗不宜细”，宜作原则性的规定，以免挂一漏万。建议将婚姻法第四十一条中的“夫妻共同生活”修改为“家庭利益”，即规定“离婚时，原为家庭利益所负的债务，应当共同偿还”。

有的提出，现在实践中争议比较大的是，夫妻债务司法解释出台之前已经生效的判决，要如何处理。夫妻债务纠纷很多发生在民间借贷案件中，而商事审判规则和民事审判规则，在取证、证明责任的分配等方面都有所不同。借贷发生的时间跨度可能很长，有些离婚案件审判时没有涉及借贷纠纷，离婚后才发生纠纷。夫妻债务司法解释也可能产生新的问题，需要一定的时间，积累一定数量的案件，才能体现出来。

制定婚姻法的时候，家庭财产和产生的债务主要就是用于共同生活，这个共同生活应该作广义理解。婚姻法司法解释二第二十四条是阶段性的产物，当时夫妻一致对外逃避债务的问题比较突出，该条是为了解决这个问题提出的。而现在的情况发生了很大变化，很多夫妻中的一方和第三人串通损害另一方的利益。夫妻债务涉及人合的问题，如果简单从债务合意的话，不能完全体现出夫妻债务的特性。

民法典立法应该进行原则性规定，对夫妻债务的认定，要从以下三个方面考虑：一是产生债务的性质。被监护人侵权之债，如果发生在婚姻关系存续期间，属于共同债务。离婚后，如果要夫妻共同承担是不合适的，应该看是谁在承担监护义务。交通事故侵权，如果是一方行为，属于个人债务。但是，如果侵权人的职业是出租车司机或者货车司机，其行为的目的就是家庭共同生活，应该属于共同债务。二是合意性。对家庭日常生活产生的债务，应该规定家事代理制度。如何界定家庭日常生活，不是立法上要解决的问题，而是在司法实践中进行明确。三是利益的归属。不能仅从形式上看是否共同生产经营，也要看利益的归属。举证责任是一个动态规则，不是必然由哪一方来进行举证。这三个因素是层层递进的，先看债务性质，再看合意性，最后看利益归属，综合判断是否属于共同债务。

有的提出，家庭不是一个周延的法律概念，没有明确的法律义务，还涉及家庭伦理，这些交织在一起，容易产生矛盾。新旧司法解释都基于一个考虑，夫妻涉及债务的时候，基本相当于一个合伙组织的形态，导致连带责任的承担。夫妻债务纠纷案件的主要困惑，就是“家庭日常生活需要”比较抽象，没有明确的标准。

有的提出，很多案例都是离婚在先，借贷纠纷在后。在离婚诉讼中，如果没有债权人提出主张，是不对债务进行处理的。我们会问当事人是否存在共同债务，但是处不处理由法官决定。我们的困惑主要在于，债务是否超出家庭日常生活需要很难界定。例如对父母的赡养，什么属于合理范围，很难把握。荔湾区老龄化现象比较严重，很多年轻人都去越秀区、天河区，赡养案件比较多。赡养费、抚养费是有一定优先性的，我们在执行赡养、抚养案件的时候（不论是前妻或者前夫的孩子还是第三者的），发现被执行人有财产的，直接从银行账户里执行，但不会直接执行新配偶的财产。

有的提出，实践中处理离婚案件，涉及夫妻债务的，由举债一方来进行举证。如果第三人提出主张，一般不作处理，由第三人另案起诉。夫妻一方对外借款或者提供担保，另一方获益的，可以认定为共同债务，双方承担连带清偿责任。如果债务人能证明婚前债务用于共同生活的，需要共同清偿，另一方的清偿责任以共同财产为限。一方个人债务可以用共同财产中归其所有的部分进行清偿。合理的赡养抚养费用需要双方共同承担。共同生产经营是指夫妻双方共同投资、决策等，如果一方经营独资企业、合伙企业等，收益转化为共同财产的，另一方应当共同承担。建议吸收夫妻债务司法解释的规定，适当扩充即可。

有的提出，对夫妻债务纠纷，法官反映困难在于如何合理分配举证责任，需要举证到什么程度，什么情况下举证责任要进行转化。在认定夫妻共同债务时，要考虑一个因素，即是否为了家庭利益。一方侵权，另一方是否需要承担责任，交通事故中很多这种案件，认定是否为共同债务主要看另一方是否进行了参与，交通运营收入是否投入了家庭生活等。共同生产经营如何界定，主要考虑是否有共同性：一是共同生产经营的合意；二是共同参与，比如存在双方签名等初步证据。另外，还要考虑收益是否用于家庭生活中。

有的提出，对夫妻债务问题采取原则性规定，还是详细列举夫妻共同债务的范围，要从民法典通篇的立法风格来考虑，和其他内容协调一致。对共同债务的种类进行列举对法官来说会比较好操作。

有的提出，共同侵权之债肯定是共同债务，一方侵权之债属于个人债务。被监护人侵权之债属于共同债务。法定扶养、赡养义务产生的债务属于个人债务。一方对外借款或者提供担保，另一方获益的，可以理解为债务用于夫妻共同生活，属于共同债务。夫妻债务司法解释第三条规定的共同生产经营不好界定，例如丈夫为公司董事长，妻子为股东和监事的，单纯看工商登记，就是双方共同生产经营。但是妻子主张其被登记为监事只是为了丈夫成立公司的需要，自己是一名小学老师，并没有实际参与生产经营，这种情况要如何处理。婚姻法规定的用途论，是绝对的共同财产制、相对的共同责任制，是不是权利义务有些不对等。

有的提出，对于夫妻共同债务立法应以什么思想来指导及体现怎样的价值观，将影响着夫妻债务制度立法的成败。婚姻家庭编应体现正义、公平的价值取向。从法的价值取向上，任何法律均不得使公民无辜受害、被负债，这是基本准则，即使是夫妻关系也不例外。

夫妻共同债务一般考虑以下两个判断标准：一是夫妻有无共同举债的合意；二是夫妻是否分享了债务所带来的利益。在现实中，界定是否属于夫妻共同债务最大的难点在于怎样平衡债权人与不知情、未举债配偶一方的利益。夫妻共同债务如果被轻易认定，不知情、未举债配偶可能根本没有任何防范措施。而对于债权人而言，在经济交往之中，债权有可能得不到实现是可以预见的，也是经济关系中必须承受的风险；同时，债权人可以要求举债人夫妻双方确认债务或者提供担保，在举债人夫妻串通转移财产时可依法提起确认无效之诉或撤销之诉等多种防范和救济措施，其权益可得到有效保护。婚姻家庭编应当体现对弱者的保护功能，因为一旦被负债，不论对于个人情感还是对于社会的正义都是非常严重的伤害。所谓“两害相权取其轻，两利相权取其重”，应尽量严格规范、限制夫妻共同债务的范围，不能扩大。

对于夫妻债务规则的设计，建议采取例示性立法方式，用原则界定、举例说明加兜底条款的方式规定。建议规定：“婚姻关系存续期间，夫妻合意或为夫妻共同生活所负的债务，为夫妻共同债务。有下列情形之一的，属于夫妻共同债务：（一）为家庭日常生活需要所负的债务；（二）夫妻双方共同签字或者一方明确追认等共同意思表示所负的债务；（三）其他应当属于夫妻共同债务的情形。”“夫妻合意或为夫妻共同生活所负的举证责任，由主张属于夫妻共同债务的一方承担。”另外，不能直接将“共同生产经营”所负债务认定为夫妻共同债务。夫妻“共同生产经营”在实践中争议很大，容易产生歧义。有些所谓“共同生产经营”所负债务并没有用于夫妻共同生活，将导致不知情、未受益配偶被负债的情形出现。在没有准确界定

“共同生产经营”的情况下，将有较大争议的情形直接列入法律规定是非常危险的。在实践中，夫妻共同生产经营所负之债如果符合“为夫妻共同生活所负”的基本要求，完全可以适用“兜底条款”中的“其他应当属于夫妻共同债务的情形”认定为夫妻共同债务。

夫妻债务还应当区分以下具体情况：(1)夫妻共同侵权之债，基于夫妻共同侵权行为或夫妻合意，属于夫妻共同债务。(2)被监护人侵权之债，如夫妻关系正常的，一般属于共同监护不力导致，可以作为夫妻共同债务。但如夫妻关系不正常，比如一方抢夺子女、分居期间或离婚后，拒绝另一方亲近、探视子女，导致另一方无法正常行使监护职责的，则不属于夫妻共同债务。(3)夫妻一方因承担法定抚养义务产生的债务，原则上不能作为夫妻共同债务。在特殊情况下，与夫妻共同居住的一方父母承担了家庭劳务、协助携带孙子女或者外孙子女的，另一方可以承担有限清偿责任，以夫妻共同财产为限。(4)夫妻一方对外借款，另一方获益的，是否作为夫妻共同债务的考虑，在于是否用于夫妻共同生活，或者另一方是否直接分享了债务所带来的全部利益。(5)夫妻共同生产经营所负债务，认定为夫妻共同债务，始终要体现夫妻合意或用于夫妻共同生活。共同生产经营应同时具备两个条件：一是共同性，体现为共同决策、共同经营、共同投资等特征；二是所负债务实际用于生产经营活动当中。(6)夫妻一方婚前所负债务，原则上不能作为夫妻共同债务。如果该债务用于婚后夫妻共同生活，为公平起见，当举债方个人财产不足以偿还时，另一方可以夫妻共同财产为限承担补充清偿责任。

有的提出，在夫妻债务问题上，既要保护婚姻中无辜的一方，也要保护债权人。有几个因素需要考虑：一是严格个人人格和权利的独立性。二是考虑家庭和社会组织的特殊性，不能完全独立。三是考虑传统文化，不能脱离传统。四是考虑价值取向，要促进婚姻家庭的和谐稳定。被监护人侵权之债，属于共同债务，离婚后不能行使监护职责的一方也要承担责任，体现对外关系优先，然后再处理内部关系。夫妻一方承担的法定义务，应当考虑价值取向，考虑是否符合中国的传统文化和社会主义核心价值观。孝敬老人、赡养父母是中华民族的传统美德，应当倡导，夫妻双方都有赡养对方父母的义务。抚养子女要分情况，如果是和第三者生育的子女，只能由一方承担，不鼓励婚外生育子女；如果是和前妻或者前夫的子女，也不应该属于共同债务，不鼓励离婚。夫妻一方婚前所负债务，婚后用于共同生活的，应该属于共同债务，可以理解为财产发生转移或者转化，否则对债权人很不利。对于夫妻债务规则的设计，原则性规定加适当列举和兜底性规定比较合适。

有的提出，判断是否属于夫妻共同生产经营所负债务应当考虑以下几个因素：一是经营主体的性质，比如法人的独立性和非法人组织的非独立性，非法人组织的财产和家庭财产很难区分；二是举债方配偶是否对债务知情或应当知情；三是家庭是否对负债或经营所得受益；四是兼顾举债方配偶与债权人的利益平衡；五是要区分是否存在虚构夫妻共同债务损害举债方配偶权益的情形。具体区分以下几种情况：(1)个体工商户和农村承包经营户，经营所产生的债务除非能证明系个人债务，否则属于夫妻共同债务。(2)合伙企业的普通合伙人因企业经营所负债务，合伙企业财产不足以清偿时，其应分担比例部分的债务范围属于夫妻共同债务；超出其应分担比例部分的债务，有权向其他合伙人追偿，不宜认定为夫妻共同债务。合伙人作为借款人借款，并将款项用于合伙企业经营，不能直接作为夫妻共同债务，如配偶一方对债务没有合意，并不知情，也未从中受益，不应认定为夫妻共同债务。(3)个人独资企业投资人因企业经营所负的债务，不宜直接认定为夫妻共同债务，除非个人独资企业在申请设立登记时明确以其家庭共有财产出资的，或有其他证据证明另一方参与经营、管理该个人独资企业的，方可认定为夫妻共同债务。(4)公司股东可能承担责任的情形主要有五种。一是股东出资不到位，应在出资范围内为公司债务承担责任，如果所持股权系该股东夫妻共同财产，而出资是取得股权的对价，则应认定为夫妻共同债务。二是股东个人财产与公司财产混同，因此要为公司债务承担连带清偿责任。比如，长期以个人账户收取公司款项，一人有限公司股东无法证明个人财产独立于公司财产等。应当厘清是个人财产与公司财产混同，还是家庭财产与公司财产混同，从而判断是否属于夫妻共同债务。三是公司股东因为损害公司或其他股东利益承担的损害赔偿责任。因侵权人配偶一方并未构成共同侵权，不应认定为夫妻共同债务。四是公司股东为夫妻二人，或者夫妻双方均系公司控股股东，俗称“夫妻档企业”。当公司对外产生负债时，除非债权人能够证明夫妻二人有滥用公司法人独立地位和股东有限责任，逃避债务，且严重损害公司债权人利益，否则不能认定股东夫妻承担连带清偿责任；即使夫妻双方承担责任，也属于公司法规定的股东连带之债，而非夫妻共同债务。五是股东个人为公司或他人提供担保，配偶一方不知情的，也不宜认定为夫妻共同债务。总之，夫妻共同生产经营的情形很复杂，难以穷尽列举。建议立法不用“夫妻共同生产经营”的标准，而以是否属于家庭共同生活所负债务、是否基于夫妻合意的标准来进行判断。

有的提出，除夫妻一方或双方在婚姻关系存续期间，为共同生活、共同经营所负的债务外，因夫妻共同侵权、共同监护责任、为履行共同的抚养赡养义务所负的债务，也应当认定为夫妻共同债务。根据权利与义务相一致的原则，夫妻一方所负的债务，如果只有一方获益，应当认定为一方的个人债务；如所产生的主要利益为夫妻双方共同享有或者作为共同财产的，可以认定为夫妻共同债务。在立法体例上，由于实践中夫妻共同债务发生的原因十分复杂，采用列举的方式进行立法，不可能穷尽。在“用途论”的基础上予以适当扩充，共同意思表示、共同生活、共同经营，共同受益、共同抚养、共同侵权等，以权利与义务相一致的原则，对夫妻共同债务的承担与清偿进行原则性的立法,应该更具有可行性。

实践中有一些特殊的案例。例如,在认定夫妻共同债务的时候,举债人都是用配偶的账户来收款,再以借条等形式予以固定,法院很难查清或者不愿意去查资金去向,往往直接认定为夫妻共同债务。又如,现在有些人用信用卡套现,用信用卡套现的钱还之前的个人借款,消费主要是酒店、超市或者奢侈品等,信用卡消费的钱很难认定为不是用于夫妻共同生活。以后还会出现一些新型的财产形式和交易方式,立法要作出回应或者预留空间,进行原则性的规定,并作排他性的列举。

有的提出,设立夫妻的日常家事代理权制度,明确家事代理的范围,超出日常家事的范围,债权人就有必要的注意义务,否则,夫妻一方的个人举债只能是个人之债。日常生活需要是指家庭日常生活中的必要事项,包括日用品购买、医疗服务、子女教育、日常文化消费等。在我国还应包括赡养双方父母等。通过这样的规定,就可以将日常家事之外的大额借贷排除在夫妻共同债务的范围外。此外,因每个家庭的状况不同,日常家事范围也存在一定的差异,建议采用概括性立法,适当赋予法官在一定限度内的自由裁量权。

不能以另一方是否获益作为共同债务的认定标准。一方经营企业,资金短缺对外借款,企业有盈利,另一方获益就认定为夫妻共同债务;如果亏损了,另一方并未获益就认定为个人债务,显然是不妥当的。况且另一方有无获益,实践中很难确定。应当以借款的用途、目的为认定标准。超过日常家事代理的范围,债权人应当清楚其中的风险,尽到审慎的注意义务,如要求举债人的配偶签名,举债人配偶未签名的,应认定为个人债务。

夫妻一方因履行法定抚养义务产生的债务,一般情况下属于夫妻共同债务。一是这些义务通常产生于结婚之前,配偶对另一方的这些义务一般情况下是知情的,如此仍然愿意结婚,可以视为同意共同履行这些义务。二是我国夫妻共同对双方的父母尽赡养义务,是优良的民族传统,法律应予鼓励。但也应设定一些例外:一是法定扶养义务以外的负债,如资助前夫或者前妻的子女出国留学。二是一方婚前隐瞒所负扶养义务的。三是双方明确约定为个人债务的。

有的提出,在夫妻债务认定问题上,应当遵循一个基本规则:履行个人义务所产生的债务属于个人债务,履行共同义务所产生的债务属于共同债务。赡养父母是子女的义务,子女的配偶并没有这个义务。在婚姻家庭法里面,父母与子女的关系是“抚养—赡养—继承”,跟子女的配偶没有关系。如果让妻子去承担赡养公婆的债务,权利义务不对等。同理,夫妻共同侵权就是共同债务,个人侵权就是个人债务。被监护人侵权所产生的债务,如果双方都是监护人,属于夫妻共同债务。与他人所生子女的扶养义务,是一方个人义务,属于个人债务。

认定夫妻共同债务主要看三个标准:一是婚姻关系存续期间产生的,二是夫妻合意举债，三是用于夫妻共同生活。这三个标准加上“家事代理权”制度作为辅助认定是否具有合意，再加上现在有的“债权人代位析产”制度解决个人债务的清偿，主张共同债务的一方负举证责任，基本就可以解决夫妻债务认定和清偿的疑惑，并能指引解决日常生活中产生的各类债务问题。对于一方婚前所负债务，应当只在一种情形下为共同债务，就是另一方事后追认或约定为共同债务的。与“用于夫妻共同生活”相应的是“夫妻受益”。一个是“用途论”，一个是“受益论”。“用途论”经得起法理推敲，而“受益论”则无法体现夫妻共同债务的本质特征，在运用过程中会逻辑不通，产生很多争议。“受益论”比“用途论”宽泛太多，几乎可以涵盖婚姻关系存续期间的所有债务。采用“用于夫妻共同生活”的“用途论”，就是为了控制债务严格用于夫妻共同生活中，强调另一方要直接受益。

“用于夫妻共同生产经营”不应成为夫妻共同债务的认定标准。这个标准是司法解释没经过深思熟虑独创出来的概念，发达国家的婚姻法都没有这个认定标准，其逻辑不通表现在：一是无法解释“个体工商户、个人独资企业和合伙企业”在什么情况下算共同经营，实务中也难以产生相应证据，缺乏可操作性。二是无法区分公司这类独立法人里的各种债务的性质，以至于凡是公司控股股东、高管的夫妻均被视为共同生产经营，共同承担债务。这个标准和概念是模糊的，既容易产生争议，又不能区分债务性质，反而给司法实务带来众多困扰，不宜写进民法典之中。而这些看似逻辑混乱的疑难问题，大多可以通过“合意举债”“用于共同生活”的标准来解决。

（二）夫妻债务的清偿规则

有的提出，关于夫妻共同债务的责任财产范围，上海市高级人民法院出台的《关于执行夫妻个人债务及共同债务案件法律适用若干问题的解答》（沪高法执〔2005〕9 号）规定，对于夫妻共同债务案件，男女双方均是被执行人，可以执行夫妻双方的共同财产和各自的个人财产。江苏省高级人民法院 2016 年发布江苏法院婚姻家庭典型案例，其中江苏省高级人民法院再审的一个案例提出，未举债的配偶一方偿还夫妻共同债务仅以夫妻共同财产为限承担有限连带责任，其个人财产不应作为偿还夫妻共同债务的责任财产。这个规定操作起来难度太大，在实践中往往无法区分哪些是共同财产，哪些是个人财产。不经审判，不能划定共同财产和个人财产的范围。现在正在推行审执分离，执行上是没有权力认定共同财产和个人财产的，需要另行提起诉讼来认定。而且这可能导致夫妻通过只保留未举债方的个人财产来逃避夫妻共同债务。因此建议规定，一旦认定为夫妻共同债务，夫妻双方都要以共同财产和个人财产来承担偿还责任，不能等到执行时再来区分共同财产或者个人财产。

有的提出，关于承担共同债务的责任财产范围问题，要先搞清楚夫妻共同债务的原理、法理基础是什么，是特殊的人身关系，比如人身关系的耦合性，还是利益的一致性。从这个角度来讲，要以共同财产为限承担责任较为合理。夫妻债务司法解释实施效果挺好，对第三条中的“夫妻共同生活”要作广义理解，只要分享了共同利益，就应当认定为债务用于夫妻共同生活，属于夫妻共同债务。

有的提出，共同债务原则上承担无限连带责任。特殊情形为，一方举债被认定为共同债务时，另一方承担补充清偿责任。夫妻债务认定和清偿规则的设置既要考虑到公平，也要考虑到交易安全。

有的提出，夫妻债务的清偿规则和夫妻财产制密切相关。由于没有财产约定登记制度，对第三人就推定共有财产制，除非夫妻能够证明债权人对夫妻的财产约定知情。夫妻对共同债务承担无限连带责任，只要是以家庭利益为前提所负的债务，都应该共同承担。

有的提出，在夫妻共同债务严格规定的基础上，如果依法界定为共同债务的，原则上应承担无限连带责任，因为共同清偿责任是夫妻共同债务的本质。但是在特定情形下，为了保护不知情、未举债配偶的利益，可以考虑有限清偿责任，以夫妻共同财产为限。另外，建议删除该条中的“离婚时”三个字，因为夫妻共同债务的偿还并不限于离婚时，在夫妻关系存续期间也应当共同偿还。

有的提出，在清偿夫妻共同债务时，应首先以夫妻共同财产承担连带清偿责任。当夫妻共同财产不足以清偿债务时，应当以举债方的个人财产承担清偿责任，非举债方承担的责任可以以夫妻共同财产及从中获益的部分进行清偿。

有的提出，关于夫妻债务的清偿规则，建议规定：“夫妻共同债务共同清偿，个人债务个人清偿。夫妻个人财产不足以清偿夫妻的个人债务，法院可以依债权人或债务人配偶的请求分割夫妻共同财产，以债务人所得份额予以清偿。”

有的提出，赡养父母、抚养未成年子女或扶助无生活能力的人，既是法律义务，也是道德义务，应当属于夫妻共同债务。在法院判决夫妻一方应当赡养父母或抚养未成年子女或扶助无生活能力的人的情况下，一方拒绝履行生效判决，或者另一方配合转移财产的，可以强制以夫妻共同财产履行生效判决义务，但应当以夫妻共同财产为限。对与第三者所生子女的抚养费支出，有夫妻合意时属于共同债务。例如，对第三者所生子女的一次性抚养费支出，夫妻应共同签字同意，否则，单方签字可能会导致另一方对夫妻共同财产的追偿。法院判决生父或生母对第三者所生子女或跟随其生活的子女承担抚养责任的情况下，另一方拒绝履行生效判决义务并协助转移财产的，仍可对夫妻共同财产强制执行。协助转移财产的证据，可根据执行义务人无财产或财产不足以履行生效判决义务，而夫妻另一方有财产或财产超出其正常个人收入的，可作为立案执行依据。在夫妻另一方提出执行异议时，能够举证证明其财产来源不属于转移夫妻共同财产的，执行异议方可成立。

三、其他意见

有的提出,我们没有手段和方法查明离婚协议,对离婚协议只作形式审查,大部分当事人也不会在协议中写所负债务。希望民法典对离婚协议的审查有更加细致的规定,比如是否能通过法院或者律师事务所来审查离婚协议的内容。

有的提出,2018 年截至 12 月 21 日,福田区民政局婚姻登记处共办理结婚登记 16, 423 对,离婚登记 6427 对;2017 年度共办理结婚登记 16, 508 对,离婚登记 6089 对;2016 年度共办理结婚登记 15, 766 对,离婚登记 6212 对;2015 年度共办理结婚登记 15, 741 对,离婚登记 5922 对;2014 年度共办理结婚登记 15, 987 对,离婚登记 4083 对;2013 年度共办理结婚登记 14, 102 对,离婚登记 4177 对。近五年来,离婚登记数量上升速度明显快于结婚登记。

离婚时,夫妻共同财产的分割方式,可以是实物分割,也可以变卖后进行分割,还可以由一方取得财产所有权,给予对方相应的经济补偿。婚姻登记属于行政行为,依法确立或者终止当事人之间的婚姻关系,对当事人的离婚协议不具有实质审查的条件和能力,对离婚协议中所处理的财产是否属实并无把握,因此在办理离婚登记时,只能适当提醒当事人认真核实,避免出现错误、遗漏、易产生误解之处,具体分割方式方法由当事人自行决定。实践中,离婚协议一般都要写对财产、债务和子女抚养问题没有争议。

有的提出,婚姻家庭编(草案)第八百二十九条和第八百三十条分别规定因胁迫结婚、一方患有严重疾病婚前未如实告知另一方的,可以向婚姻登记机关请求撤销,这样规定不太妥当,会给婚姻登记机关增加很大压力,实际上也难以操作。如果是婚姻登记机关操作失误等原因登记错误的,可以给婚姻登记机关撤销的权力。

民法典婚姻家庭编江苏调研简报

2019年3月，法制工作委员会民法室有关同志就民法典婚姻家庭编有关夫妻财产制、夫妻债务以及亲子关系认定等有关问题赴江苏省调研，先后在徐州市、南京市、无锡市召开座谈会，听取人大有关专工委、政府司法、民政、公安、妇联、法院、律师、专家学者及人大代表的意见建议，并实地走访了徐州市贾汪区人民法院、南京红十字血液中心司法鉴定所、南京市鼓楼区婚姻登记中心等。现将夫妻财产制、夫妻债务及婚姻家庭编其他修改意见的有关情况简报如下：

一、关于亲子关系认定

1. 亲子鉴定机构的有关情况

调研组在南京调研期间，实地走访了解了南京红十字血液中心司法鉴定所。该所成立于2002年，是经江苏省司法厅首批审核批准设立的省内第一家司法鉴定所。其业务范围为法医物证鉴定(包括亲子鉴定)。目前，该所建立了以DNA测序为基础的STR方法，使用最先进的鉴定技术，亲子鉴定的父权关系指数可以达到99.999%以上。

据该所负责人介绍，目前鉴定所接受委托开展亲子鉴定的情形有两类，一类是司法鉴定，另一类是个人鉴定。所谓司法鉴定，是指在诉讼活动中鉴定人运用科学技术或者专门知识对诉讼涉及的专门问题进行鉴别和判断并提供鉴定意见的活动。比如，法院在审理离婚纠纷、探望权纠纷、抚养费纠纷等案件过程中，有时需要委托鉴定机构进行亲子鉴定并将鉴定结论作为证据用以裁判案件。这种鉴定要求的程序非常严格，需要当事人到现场；提供有效证件；由鉴定所的专业采样人员亲自采样；采样过程要拍照；被鉴定人要如实填写委托鉴定书、鉴定协议书、检材登记表，并签字捺手印。鉴定结果出来后，报告书中要有鉴定机构的印章和钢印，要有2名以上鉴定师的签字并附职业资格证。所谓个人鉴定，是鉴定机构对个人的遗传基因所作的生物学鉴定，不需要法院出具委托书，程序相对简单。实践中，申请人大多是为了办理户口登记、海外移民等目的而申请鉴定。对于个人申请鉴定的，鉴定所在受理申请前会严格审核申请人的身份情况、鉴定动机等，并告知其鉴定有可能给家庭关系带来的影响，提醒其谨慎选择。从近十年受理的案件数量看，每年不超过100件。其中，大多数案件系接受法院委托进行的司法鉴定。该司法鉴定所隶属于南京红十字血液中心这一公益性的医疗卫生机构，鉴定收费直接上缴地方财政。

2. 法院审理涉亲子关系案件的有关情况及相关建议

有的提出，亲子鉴定的启动应当慎重，无论是请求确认亲子关系还是否认亲子关系，当事人都应承担一定的举证责任。对当事人提供的证据，人民法院经审查并结合相关事实，确信待证事实存在高度可能性的，才根据当事人申请启动亲子鉴定。当事人未提交必要证据，仅凭怀疑或者猜测申请亲子鉴定的，一般不予准许。确认亲子关系多出现在家事案件中，应以真实血缘关系为基础，兼顾亲子关系的稳定性。关于提起亲子关系否认之诉的主体，建议限定在父母为宜。

有的提出，近几年来，涉及亲子关系认定的，一般是离婚案件、探望权纠纷案件及抚养费纠纷案件。在这些案件中，亲子鉴定的结论会被作为案件证据使用。此外，提起亲子关系确认或否认之诉的主体，应该限于父母。有的提出，实践中遇到过父母之外的第三人以子女生父身份要求否认亲子关系的，对此都是裁定驳回起诉，认为其不具备诉讼主体资格。

有的提出，没有遇到过单独起诉请求确认或者否认亲子关系的案件，一般在离婚、抚养、赡养、继承、损害赔偿纠纷等案件中涉及亲子关系的认定。当事人提出亲子鉴定申请后，由当事人共同选定具有相关鉴定资质的司法鉴定机构进行鉴定。实践中，提起亲子关系确认或否认的主体一般为父母、子女，但是也存在例外情况。考虑到亲子关系的稳定性，建议将提起否认亲子关系的主体限制在较小的范围内。从保护未成年人合法权益的角度出发，可将父母、子女及近亲属作为确认亲子关系的主体。

有的法院提出，近三年本院没有受理过单独起诉确认或者否认亲子关系的案件，而在离婚、抚养、继承纠纷案件中，涉及亲子关系确认或者否认的逐渐增多。2018年，本院共有4起继承案件涉及亲子关系确认。建议法律对涉及亲子关系确认或者否认的案件，明确其举证责任分配、证据证明力等，并将确认或者否认亲子关系作为该类案件的前置程序。此外，实践中经常出现一方当事人没有任何理由对鉴定结论表示不服、请求重新鉴定的情况，考虑到亲子鉴定的准确率较高，建议法律明确在鉴定程序不违反规定的情况下，不得再次启动鉴定程序。

有的法院提出，2016年以来，本院没有受理过单独提起确认或者否认亲子关系之诉的案件。从统计的情况看，一般在家事案件中会涉及亲子关系的认定。在此类案件中，当事人往往一并提出主张，作为诸多诉讼请求中的一项，或者仅仅为了支持其诉讼请求而主张亲子关系的确认或否认。从案件审理情况来看，否认亲子关系一般在离婚、抚养费纠纷案件中提出；确认亲子关系一般在继承、分家析产纠纷案件中提出。作为认定亲子关系重要证据的亲子鉴定,在实践中操作困难,另一方当事人往往不同意鉴定或者不配合到鉴定机构采样,导致鉴定程序无法进行。近三年来,本院委托鉴定机构进行亲子鉴定并顺利作出鉴定结论的案件不足10件。尽管最高人民法院相关司法解释规定一方提供必要证据,另一方拒绝做亲子鉴定的,可以作出不利于拒绝鉴定一方的推定,但实践中适用起来却困难重重。对于一方私下带子女去做亲子鉴定的,法院对鉴定结论采信的很少。草案规定成年子女可以作为诉讼主体提起确认或者否认亲子关系之诉。在否认亲子关系之后,父母的赡养、继承等权利可能得不到保障,对付出心血将其抚养成人的父母而言很不公平,建议对此再作斟酌。

有的法院提出,由于亲子鉴定事关重大,涉及夫妻双方、子女以及他人的人身关系和财产关系,因此请求确认或者否认亲子关系的一方要承担与其诉讼请求相适应的举证责任。建议规定对一方收集到的证据达不到"必要"标准的当事人申请亲子鉴定的,法院如认为必须启动亲子鉴定才能查明案件事实的,可以采取强制鉴定的方法。要严格限制提起诉讼的主体范围,应仅限于父母。

有的法院提出,本院没有受理过单独提起确认或否认亲子关系的诉讼。近两年在离婚诉讼中遇到五六件涉及亲子关系认定的,但最终都没有申请鉴定。建议草案不对亲子关系确认或否认之诉作规定,这个问题可以通过其他手段解决,规定了反而不好操作。

3. 对婚姻家庭编(草案)有关亲子关系认定条文的意见

婚姻家庭编(草案)第八百五十条规定,对亲子关系有异议的,父、母或者成年子女可以向人民法院提起诉讼,请求确认或者否认亲子关系。

有的提出,从维护子女和妇女合法权益的角度,本条需要明确与生母无婚姻关系的男子不得依本条请求确认亲子关系。此外,建议增加亲子关系的推定规则,即"娩出胎儿的自然人是母亲","婚姻关系存续期间怀孕或者娩出的胎儿推定为丈夫的子女",并将提起亲子关系否认之诉的主体限于丈夫和生母。

有的提出,关于亲子关系认定,目前草案的规定太过简单,应单设一节加以规定。要首先明确亲子关系形成的基础,才有提起确认或否认之诉的可能。此外,关于提起亲子关系确认或否认之诉的主体、诉讼时效等也应作出规定。对于未成年人提起亲子关系确认或否认之诉的,还应有更有力的保护性规定。

有的建议充实细化本条,分别对亲子关系的推定、否认、确认等作出规定。具体条款可规定为:"生自己者为自己的母亲。""妻子在婚姻期间怀胎之子女推定为丈夫之子女。""对亲子关系有异议的,父或母可以向人民法院提起诉讼,请求否认亲子关系。""未成年子女的生母可以请求与其无婚姻关系的生父确认亲子关系,成年子女可以请求与生母无婚姻关系的生父确认亲子关系。""与生母无婚姻关系的生父请求确认未成年子女的，应当征得子女生母同意；生母去世的，人民法院应当遵循未成年人利益最大原则作出确认与否的判决。与生母无婚姻关系的生父确认成年子女的，应当征得子女本人同意。”

有的提出，从域外法的规定看，都是规定了亲子关系的推定之后，再赋予相关主体提起否认之诉的权利。未成年子女可以提起否认之诉，由其母亲代理，成年子女同样也应该有知晓自己血统或者亲生父母的权利。此外，应扩大提起确认或否认之诉的主体范围，如果不赋予子女的生父提起诉讼的权利，对子女而言也是不公平的。这也符合国际上保护实质性家庭关系的趋势。

有的提出，本条关于亲子关系确认或否认之诉的规定应予以保留，但要进行适当修改，附加一些条件限制，不能允许随意提起。对于亲子否认之诉，应不允许成年子女提起。

有的提出，本条确立了法院受理亲子关系确认或者否认之诉的依据，事实上法律不作规定，法院也可以受理此类案件。如果对这个问题作规定，可能会有不好的导向。实践中，关于亲子关系的认定，大多数通过鉴定就可以解决。真正向法院提起诉讼的案件不是很多。如果能够严格控制启动亲子鉴定的主体和程序，法律对亲子关系确认或否认之诉可以不作规定。

有的提出，本条规定的导向不好，有悖于社会主义核心价值观。一般而言，成年子女如果提起否认亲子关系之诉，目的就是逃避赡养义务，建议删除。

有的提出，法律对于亲子关系确认或否认的问题，还是不作规定为宜。家庭关系不能通过法律予以维系，如果进行亲子关系的确认或否认，家庭关系就乱了。

有的提出，涉及亲子鉴定的案件数量不多，建议婚姻家庭编对此问题不作规定。主要有以下几点因素：一是亲子鉴定不利于夫妻关系和社会秩序的稳定，不利于构建和谐社会，价值导向不好。二是与夫妻之间的知情权相比，保护子女的隐私权更为重要。三是从功利主义的角度考虑，亲子鉴定的结论如果否定了亲子关系，社会福利并未因此增加，社会成本反而上升。如果要对亲子关系确认或否认之诉作出规定，必须严格限定主体范围，并且要具备初步证据才可提起。

二、关于夫妻财产制

1. 夫妻共同财产的范围

草案第八百三十九条第一款规定，夫妻在婚姻关系存续期间所得的下列财产，为夫妻的共同财产，归夫妻共同所有：(1)工资、奖金和其他劳务报酬；(2)生产、经营、投资的收益；(3)知识产权的收益；(4)继承或者受赠所得的财产，但是本法第八百四十条第三项规定的除外；(5)其他应当归共同所有的财产。

有的建议将第五项修改为第六项，增加一项作为第五项：“用上述财产通过合同等方式转化的或对外投资等财产。”

有的提出，人身损害赔偿中的误工费应当属于共同财产，建议法律予以明确。

有的法院提出，夫妻在长期分居期间，一方父母为帮助自己子女购买的房屋是否属于夫妻共同财产有待明确。此外，建议规定分居期间一方亲属赠与的财产归个人所有。

2. 夫妻财产约定的效力

草案第八百四十一条第二款规定，夫妻对婚姻关系存续期间所得的财产以及婚前财产的约定，对双方具有约束力。

有的建议，将本款修改为：“夫妻对婚姻关系存续期间所得的财产以及婚前财产的约定，对双方具有约束力，约定的财产需要办理登记变更等手续的，未办理变更登记前，不得对抗善意第三人。”

有的建议增加规定，夫妻的约定财产制对双方具有法律约束力，当夫妻双方对不动产物权产生争议时，应当尊重夫妻之间的真实意思表示，按照双方达成的夫妻财产制契约履行，优先保护事实物权人，但不登记不得对抗善意第三人。

有的提出，实践中，夫妻财产制约定会有与忠诚义务捆绑在一起的情况，比如一方如违背忠诚义务，则净身出户等。这种约定是否有效力，建议予以明确。

有的学者、法院提出，夫妻之间有关财产的约定需要一定的配套制度，比如到婚姻登记机关进行登记等，还要每年进行更新。

三、关于夫妻债务

草案第八百六十七条规定，离婚时，夫妻共同债务，应当共同偿还。共同财产不足清偿或者财产归各自所有的，由双方协议清偿；协议不成时，由人民法院判决。

有的建议将本条修改为：“婚姻关系存续期间，夫妻合意或为夫妻共同生活所负的债务，为夫妻共同债务。有下列情形之一的，属于夫妻共同债务：(一)为家庭日常生活需要所负的债务；(二)夫妻双方共同签字或者一方明确追认等共同意思表示所负的债务；(三)形成夫妻共同财产或者配偶获得债务的利益超过一定比例的；(四)其他应当属于夫妻共同债务的情形。”“夫妻合意或为夫妻共同生活所负的举证责任，由主张属于夫妻共同债务的一方承担。”

有的建议，增加但书规定：“但是该协议或者判决不影响债权人就该共同债务向夫妻一方或者双方主张权利。”

有的提出，在夫妻债务的问题上，要考虑一方举债的现实可能性、必要性，法院也要根据债务的性质和合理性予以认定，否则对非举债方太不公平。

有的法院提出，夫妻共同债务一般包括以下几种情形：(1)为家庭生活所负债务；(2)双方共同从事生产经营活动，或者一方从事生产经营活动、经营收入用于家庭生活或者另一方获得利益所负的债务;(3)夫妻一方治疗疾病所负债务;(4)抚养子女、赡养老人所负债务;(5)协议约定为共同债务的债务;(6)其他应当认定为夫妻共同债务的债务。对于夫妻一方侵权之债,应以此债务的产生是否以家庭生活为基础加以区分。对于被监护人侵权之债,因共同监护人对被监护人均有抚养教育义务,可认定为夫妻共同债务。对于夫妻一方以个人名义借贷或者对外提供担保、另一方获益的,应合理分配举证责任,在获益范围内可以认定为夫妻共同债务。对于共同债务,夫妻应承担无限连带责任。

有的法院提出,夫妻共同债务的认定应当把握以下原则:一是当事人合意;二是合同相对性;三是用于共同生活和共同经营;四是符合法定或者约定的义务。具体来说:(1)夫妻一方以个人名义借款或者为他人提供担保,原则上应当界定为个人债务,即使另一方受益的,亦不应当然认定为共同债务,否则违反了合同相对性原则和当事人合意原则。(2)夫妻一方侵权之债,属于个人债务。(3)不当得利之债,原则上属于个人债务;不当得利全部用于夫妻日常生活支出或者共同经营的,可认定为夫妻共同债务。(4)无因管理之债,原则上属于夫妻共同债务。(5)被监护人侵权之债,对外按夫妻共同债务处理,对内应根据双方的经济状况、过错程度及侵权原因确定按份责任。(6)夫妻一方因承担法定抚养、赡养义务形成的债务,属于夫妻共同债务。

有的法院提出,夫妻共同债务的范围主要包括夫妻合意举债和家庭日常生活需要所负的债务。具体来说:(1)一方侵权之债不应作为夫妻共同债务。侵权之债系侵权人自己的过错造成,一般不应将该责任扩大到其配偶。(2)抚养义务需要具有一定的身份关系,如果仅是夫妻一方负有的法定抚养义务,不应认定为夫妻共同债务。尊老敬老是中华民族的优良传统,赡养老人的支出应当是家庭生活支出的一部分,由此产生的债务应当认定为夫妻共同债务。(3)认定一方以个人名义提供担保所负债务是否属于夫妻共同债务时,应综合考量三个方面,即配偶是否知情、所获利益大小及所获利益是否用于家庭生活。

有的提出,婚姻家庭编对于夫妻债务的规定需要平衡好债权人与非举债配偶一方的利益。婚姻关系存续期间一方为家庭日常生活需要举债应属共同债务;一方因侵权产生的债务属于个人债务;一方以个人名义对外提供担保,如果因担保获益且用于家庭生活,则所负债务属于共同债务。如果一方无偿提供担保,则因此产生的债务应属于个人债务。

有的提出,婚姻家庭编关于夫妻共同债务清偿的规定,应体现照顾子女和女方利益的原则。

有的提出,一方因侵权产生的债务,如果侵权行为与家庭生活没有任何关系,则应认定为个人债务;如果与家庭生活有关,可以认定为共同债务。

有的提出,第一,夫妻一方的侵权之债应属于个人债务。第二,被监护人侵权之债是否属于共同债务,要区分情况。如果被监护人是未成年子女,则应属于共同债务;如果夫或妻一方因为一方父母为无民事行为能力人,夫或妻一方与其兄弟姐妹协商或经有关部门指定为监护人的,被监护人侵权之债是否属于共同债务要综合考量夫或妻一方是否尽到监护职责、被监护人自身是否有财产可供清偿、其他子女是否要连带赔偿等因素。第三,夫妻一方因承担法定抚养义务而产生的债务是否属于共同债务也要区分情况。如果是夫或妻为了承担前次婚姻所生子女而产生的债务,应属于个人债务。夫妻一方因承担法定赡养义务产生的债务属于共同债务。

有的提出,夫妻共同合意之债、日常家事之债应属于夫妻共同债务;夫妻一方的侵权之债属于个人债务;被监护人侵权之债,要视监护人的情况而定,如果夫妻双方都是监护人,应属于共同债务;夫妻一方因承担法定抚养、赡养义务产生的债务,要视夫妻双方是否均为法定抚养、赡养义务人,均为义务人的,应属于共同债务。

有的提出,为日常生活所负债务,属于共同债务;一方侵权之债,应当属于个人债务;被监护人侵权之债,属于共同债务;一方因承担法定抚养、赡养义务所负债务,从弘扬中华民族传统美德及提倡社会主义核心价值观的角度考虑,应属于共同债务;夫妻一方以个人名义借款或者对外提供担保的,应属于个人债务,承担无限连带责任。

有的提出,认定夫妻共同债务的主要标准是以共同生活为目的,或者是否具有共同举债的合意。(1)一方侵权之债,应认定为个人债务,除非另一方对该侵权行为知道或者支持。(2)一方因履行法定赡养义务产生的债务,应认定为个人债务,否则扩大了儿媳、女婿的赡养义务范围。(3)一方经营产生的债务,以另一方是否获得收益为标准,另一方在其获益的范围内承担有限责任,而且是现实的获益,不包含期待受益权。

有的提出,夫妻债务问题情况太复杂,法律只能作原则性规定,其他应交给司法解释予以规范。

有的建议将"共债共签"作为认定夫妻共同债务的基本原则。

有的指出,夫妻债务问题的根源在于夫妻财产制。因此,认定夫妻债务的规则,也应当建立在夫妻财产制的基础上。婚姻家庭编规定了日常家事代理权,在这一规定的基础上,适当吸收最高人民法院司法解释的合理成分,就可以解决夫妻债务问题,无需单独规定共同债务如何承担,法律没有必要也不可能规定得过细。从目前司法解释的施行效果来看,社会导向很好。如果司法解释对有的情形未作规定,就交由法官在具体个案中解决。

四、其他修改意见

1. 亲属范围

草案第八百二十二条第一款规定，亲属包括配偶、血亲和姻亲。

有的建议明确血亲和姻亲的含义。

2. 法定婚龄

草案第八百二十四条规定，结婚年龄，男不得早于22周岁，女不得早于20周岁。

一些意见建议降低法定婚龄。

有的建议将法定最低婚龄规定为20周岁。

有的建议将法定最低婚龄统一为男女均22周岁。

3. 无效婚姻

草案第八百二十八条规定，有下列情形之一的，婚姻无效：（1）重婚的；（2）有禁止结婚的亲属关系的；（3）未到法定婚龄的；（4）以伪造、变造、冒用证件等方式骗取结婚登记的。

有的提出，本条第四项在法理上有问题。以伪造、变造、冒用证件等方式骗取结婚登记的，婚姻行为本身就不成立，而不是无效。

有的建议，将"未到法定婚龄"作为婚姻可撤销的事由。有的建议，将"伪造、变造、冒用证件等方式骗取结婚登记的"作为可撤销婚姻的事由。

4. 因疾病撤销婚姻

草案第八百三十条第一款规定，一方患有严重疾病的，应当在结婚登记前如实告知另一方；不如实告知的，另一方可以向婚姻登记机关或者人民法院请求撤销该婚姻。

有的提出，严重疾病的范围太大，建议限于医学上认为不适宜结婚的疾病。

有的提出，本条关于严重疾病的范围不明确。目前实践中，登记机关没有因为申请人患有疾病而拒绝登记的情况。如果规定一方因对方未告知患病情况而可以撤销婚姻，是否与目前的实践不符，建议考虑。同时，婚姻登记机关没有调查取证的能力，登记时只进行形式审查，对于一方是否告知、何时告知等都无法认定。如果允许当事人在这种情况下撤销婚姻，建议向法院提起。

5. 婚内析产

草案第八百四十二条规定，婚姻关系存续期间，有下列情形之一的，夫妻一方可以向人民法院请求分割共同财产：（1）一方有隐藏、转移、变卖、毁损、挥霍夫妻共同财产或者伪造夫妻共同债务等严重损害夫妻共同财产利益行为的；（2）一方负有法定抚养义务的人患重大疾病需要医治，另一方不同意支付相关医疗费用的。

有的建议，在第二项中增加本人患病、另一方不同意支付相关医疗费用的，也可以请求分割共同财产的规定。并增加一款规定："夫妻一方的债权人可凭生效法律文书向人民法院请求分割该夫妻的共同财产。"

6. 父母的赡养费给付请求权

草案第八百四十三条第二款规定，成年子女不履行赡养义务的，无劳动能力或者生活困难的父母，有要求成年子女给付赡养费的权利。

有的法院提出，实践中，存在父母无劳动能力但是有退休工资或者其他生活来源的情况，此时父母是否可以要求成年子女给付赡养费，建议明确。

7. 子女随父姓或母姓

草案第八百四十五条规定，子女可以随父姓，可以随母姓。

有的提出，本条关于子女姓氏的规定，要考虑到文化的传承，需要对其施加一定的限制。

8. 父母子女相互继承遗产

草案第八百四十七条规定，父母和子女有相互继承遗产的权利。

有的提出，本条由继承编规定更合适，建议删除。

9. 离婚冷静期

草案第八百五十四条第一款规定，自婚姻登记机关收到离婚登记申请之日起一个月内，任何一方不愿意离婚的，可以向婚姻登记机关撤回离婚申请。第二款规定，前款规定期间届满一个月内，双方应当亲自到婚姻登记机关申请发给离婚证；未申请的，视为撤回离婚登记申请。

一些意见提出，本条规定的离婚冷静期与离婚自由的原则不符，也与国家提倡简政放权的精神不一致，将导致大量协议离婚的当事人不能及时办理离婚登记，会使大量离婚当事人通过诉讼离婚的途径实现离婚目的，浪费司法资源。

有的提出，是否一律适用离婚冷静期的规定，建议再作斟酌。如果一方当事人存在家暴、虐待等情形的，建议不适用这一规定。

有的提出，协议离婚中关于冷静期的规定还是必要的，但其适用的前提必须是双方同意。

有的建议，可以考虑在诉讼离婚中增加类似冷静期的规定，这一期间可以设定为 3 个月，并不计入审限。

10. 复婚登记

草案第八百六十条规定，离婚后，男女双方自愿恢复婚姻关系的，应当到婚姻登记机关进行复婚登记。

有的提出，实践中登记机关没有复婚登记这个项目，建议修改为"结婚登记"。

11. 隔代探望权

草案第八百六十四条规定，祖父母、外祖父母探望孙子女、外孙子女的，参照适用前条规定。

有的提出，探望权应仅赋予父母，不应扩大至祖父母、外祖父母，除非后者代替父母履行了对孙子女、外孙子女的抚养义务。根据权利义务对等的原则，祖父母、外祖父母如果没有履行对孙子女、外孙子女的抚养义务，就不应被赋予探望权。同时，祖父母、外祖父母探望孙子女、外孙子女，可以通过父母的探望权来实现。法律如果这样规定，会导致纠纷大量增加。

有的提出，在父母还健在的情况下给祖父母、外祖父母探望权，这样的规定只会带来更多的矛盾和冲突。

有的建议将本条修改为："祖父母、外祖父母无法通过子女探望孙子女、外孙子女的，参照适用前条规定。"

12. 离婚时共同财产的分割原则

草案第八百六十五条第一款规定，离婚时，夫妻的共同财产由双方协议处理；协议不成时，由人民法院根据财产的具体情况，照顾子女、女方和无过错方权益的原则判决。

有的法院建议，离婚时分割财产，还应当考虑对财产的贡献、财产的时间因素等，防止为财产而短暂结婚的行为。

13. 离婚经济补偿

草案第八百六十六条规定，一方因抚育子女、照料老人、协助另一方工作等付出较多义务的，离婚时有权向另一方请求补偿，另一方应当予以补偿。具体办法由双方协议；协议不成时，由人民法院判决。

有的建议将"付出较多义务"修改为"承担较多义务"。

14. 离婚财产分割

草案第八百七十条规定，一方隐藏、转移、变卖、毁损夫妻共同财产，或者伪造债务企图侵占另一方财产的，在离婚分割夫妻共同财产时，对隐藏、转移、变卖、毁损夫妻共同财产或者伪造债务的一方，可以少分或者不分。离婚后，另一方发现有上述行为的，可以向人民法院提起诉讼，请求再次分割共同财产。

有的建议本条分两款规定，将第二句作为第二款，修改为："离婚后，另一方发现对方有前款行为的，可以向人民法院提起诉讼，请求赔偿并再次分割共同财产。"

15. 收养登记

草案第八百八十四条规定，收养应当向县级以上人民政府民政部门登记。收养关系自登记之日起成立。未办理收养登记的，应当补办登记。

有的提出，本条关于补办登记的规定，是否意味着承认事实收养？收养法实施以后,所有收养都要进行登记,事实收养是不存在的,因而也就没有所谓事实收养的补办登记。这一规定可能会变相将非法收养合法化,建议删除。

16. 收养关系解除的法律后果

草案第八百九十六条规定,收养关系解除后,养子女与养父母及其他近亲属间的权利义务关系即行消除,与生父母及其他近亲属间的权利义务关系自行恢复。但是成年养子女与生父母及其他近亲属间的权利义务关系是否恢复,可以协商确定。

有的提出,本条应当明确对于成年养子女与生父母及其他近亲属间的权利义务关系是否恢复协商不成的,是否可以向法院起诉。

17. 其他

一些个人和单位建议,在婚姻家庭编中增加夫妻共同财产知情权的规定。有的提出,可以从以下三个方面规定知情权:一是扩大夫妻忠实义务的范围,将夫妻共同财产知情权纳入忠实义务的范畴,明确婚内财产共同享有,夫妻双方不得为第三人利益牺牲和损害配偶另一方利益;二是明确规定婚姻关系存续期间,夫妻均有权知悉涉及婚姻、家庭利益以及共同财产的重要信息;三是赋予夫妻双方相互查询权,推行夫妻财产联名登记制,增加夫妻财产登记制。

一些单位和个人建议增加关于彩礼的规定。有的建议增加关于同居关系的规定。

有的提出,婚姻家庭立法有其特殊性,每个家庭的情况都不一样,立法不可能穷尽每一种情况。要多从正面、积极的角度加以引导,具体问题可以交给司法解释加以解决。

有的建议增加欺诈婚姻可撤销的规定。

民法典婚姻家庭编湖北调研简报

2019年5月，法工委民法室同志就《民法典婚姻家庭编（草案）》赴湖北省调研，在湖北省人大、恩施州人大、宜城市人民法院等地召开座谈会，听取人大、政府有关部门、妇联、法院、人大代表以及基层群众的意见建议，并实地考察了恩施市和宜城市民政局婚姻登记处、湖北同济法医学司法鉴定中心、恩施市人民法院屯堡法庭以及武汉市江岸区百步亭社区。现将有关情况简报如下：

一、关于无效婚姻和可撤销婚姻问题

草案第八百二十八条规定了无效婚姻的四种情形。有的建议增加无效情形的兜底性规定。有的提出，实践中存在未以夫妻名义但长期同居的，是否可作重婚对待，建议作出具体规定。有的提出，“未达法定婚龄的”的无效婚姻情形多数是通过伪造证件骗取登记的，应当将这两种情形予以合并。有的提出，现实生活中，为获得政府某项权益，时常存在虚假结婚和离婚行为，建议增加一项无效婚姻情形：一方或者双方，有明显谋取第三方权益而采取形式上结婚登记的。有的建议增加三项无效婚姻情形：婚前患有医学上认为不应当结婚的疾病，婚后尚未治愈的；因欺诈、胁迫结婚，破坏社会公共秩序的；有其他不应当结婚情形的。

草案第八百二十九条、第八百三十条规定了可撤销婚姻。有的提出，为提高办事效率，婚姻登记机关可以行使婚姻撤销权，并建议婚姻登记机关信息和户籍登记信息实现共享，以预防不法婚姻的发生。

有的建议，一是将欺诈作为可撤销婚姻的情形；二是无效婚姻和可撤销婚姻中的未成年子女抚养问题，参照适用离婚的有关规定；三是在建立夫妻关系并共同生活一定时间之后（如一年），如果瑕疵得到弥补，可撤销婚姻转变为有效婚姻。

有的建议，扩大可撤销婚姻的情形，变通其适用效力，比如存在“虚伪表示和重大误解”的情形。同时，婚姻被宣告无效或撤销后，原则上可溯及自始无效，但是对于善意一方仍然发生有效婚姻的效力，对子女的效力不受影响。

有的法院提出，对于婚姻登记机关是否行使婚姻撤销权，本院内部有两种不同意见：一是不宜由婚姻登记机关行使撤销权；二是认为登记机关行使撤销权，符合行政法上关于行政主体有作出决定的权力。

有的提出，立法应扩大可撤销婚姻的范围，将隐瞒对家庭关系产生严重影响的不良嗜好或者性取向，规定为可撤销婚姻情形。

有的提出，草案将“患有严重疾病”由婚姻无效修改为可撤销，社会效果可能不好，建议保留对无行为能力的精神病人的结婚限制。同时，婚姻登记机关对于婚姻登记这一行政行为有权自行纠错，可以行使婚姻撤销权。有的认为，婚姻登记机关可以行使婚姻撤销权，建议对婚姻登记机关行使婚姻撤销权的程序、申请人、法律责任等，作出明确规定。

有的提出，“未达法定婚龄”不应作为婚姻无效的情形，应是可撤销的要件。

一些意见提出，对于导致可撤销婚姻的“严重疾病”范围，应当限定为影响正常夫妻生活、对方身体健康、具有遗传性的疾病，但在婚姻撤销前已治愈的不能作为理由。

一些意见提出，婚姻登记机关在结婚登记过程中进行的是形式审查，撤销婚姻需要认定事实，并需要对子女的监护和抚养、财产的分割作出处理，婚姻登记机关难以承担，建议不赋予婚姻登记机关婚姻撤销权，规定由人民法院统一行使婚姻撤销权。

二、关于婚姻中的经济补偿问题

一些意见提出，我国的夫妻法定财产制为婚后所得共有制，能够为在婚姻关系中承担较多义务的一方提供一定的保障，建议离婚经济补偿的范围不宜扩大。同时，建议对无效和可撤销婚姻中的无过错方给予经济补偿，以利于妥善保护善意配偶及子女的利益。

一些同志建议，扩大离婚经济补偿的适用范围，对婚姻关系存续期间承担较多家务劳动等尽了主要义务的夫妻给予离婚经济补偿，可以平衡夫妻双方在婚姻期间所得的经济利益。同时，建议对无效和可撤销婚姻中的无过错方给予经济补偿，以利于妇女和子女权益的保护，也与民法总则的内容相衔接。

一些意见提出，对无效和可撤销婚姻中无过错方应当给予赔偿，而不仅是补偿。建议明确过错方的损害赔偿责任，不仅可以保护无过错方的合法权益，还可以通过承担损害赔偿责任制裁违法者，更好地维护婚姻家庭法律秩序。

三、关于夫妻财产、家事代理和债务问题

1. 夫妻财产

一些意见提出，就夫妻关系存续期间的财产，应赋予一方对另一方的财产享有知情权。

一些意见提出,建议增加规定婚前财产登记制度,不因婚姻关系的建立、解除而发生变化。

有的建议,将草案第八百四十一条第三款约定财产中的"相对人知道该约定的"修改为"相对人知道或者应当知道该约定的",以利于保护夫妻非举债方的利益,也为将来可能的夫妻财产分别登记制度留下空间。有的提出,确定是夫妻共同财产还是个人财产,建议采用一个统一的标准对共同财产和个人财产进行概括性规定。

有的建议,婚姻家庭编应当列举不同种类的夫妻财产制模式供当事人选择,以此限定夫妻财产制的类型。为保护交易安全,可规定夫妻之间的财产约定自生效时发生物权的变动,未经登记不得对抗善意第三人。有的建议对夫妻分居和离婚诉讼期间的财产、婚前创造的知识成果婚后取得知识产权、婚后共同创造的知识成果离婚后取得知识产权等的归属予以明确。

有的建议,完善约定财产制,明确夫妻财产协议的形式、效力、变更、终止、解释和公示。有的提出,对于夫妻财产制度,建议尽量列举夫妻法定财产的特殊情形,设立夫妻约定财产的公示制度,可在婚姻登记机关办理登记或者公证机关公证,也可以通过律师见证或者双方建立家庭财产档案。有的提出,一方在婚前购房,婚后共同还贷,离婚时对婚后共同还贷及其增值部分如何计算,应列明计算方法。

2. 家事代理

草案第八百三十七条规定,夫妻一方因家庭日常生活需要而实施的民事法律行为,对夫妻双方发生效力。一些同志建议,细化家事代理制度,对于消费数额明显过大的消费性债务,应实行"共债共签原则";明确投资经营性债务不适用家事代理;对于有证据证明夫妻一方存在欺诈或与债权人恶意串通情形的,无论属于何种债务,均不适用家事代理规则。

一些同志建议,细化日常家事代理权的范围,从目的和手段两个方面予以考虑,目的可概括为"旨在维持家庭日常消费、养育子女以及医疗服务等交易行为",为满足该目的的手段应当具有适当性。有的提出,对于家事代理,宜概括不宜具体,可界定为"家庭生活通常必需的事项",建议对日常家事代理权的效力、日常家事的范围、日常家事代理权的权利主体、义务承担、滥用代理权的约束等问题作出具体规定。

有的建议增加规定:合理界定日常家事的范围,将不动产等价值巨大的财产转让、具有人身属性的事务、风险较大的投资等排除在家事代理范围之外;设立家事代理的限制条款,比如一方与第三人串通损害另一方或重大过失损害另一方时。

有的提出,家事代理应当明确规定由夫妻双方承担连带责任。

3. 共同债务

一些意见提出，关于夫妻共同债务认定问题，建议吸纳最高人民法院关于夫妻债务司法解释，作出相应规定。有的提出，该司法解释是目前工作的依据，建议对什么是“家庭日常生活所负的债务”作出进一步规定。

有的提出，夫妻任何一方在婚姻关系存续期间形成的债务，需要夫妻共同偿还的，应适用“谁主张，谁举证”的原则，向法院提交债务形成是用于家庭生活的证据。有的提出，没有证据证明用于家庭生活的债务、非法债务以及假债务不属于共同债务，只有夫妻双方均认可的债务才是共同债务。有的提出，对于夫妻共同债务，主要应当是共债共签、事后追认和家庭共同生活的支出。

有的提出，界定夫妻共同债务，共债共签可作为认定夫妻共同债务的一般规则，而债权人有证据证明债务系用于夫妻共同经营、共同生活开支的，当事人无反驳证据或者反驳证据不足以推翻对方主张的，也应认定为夫妻共同债务。对共同债务，应当以夫妻双方的共同财产为限来清偿。

有的提出，如果认定是夫妻共同债务，对夫妻双方而言，应当是无限责任，即由两人的全部财产偿还。

有的建议，对于夫妻共同债务，可以进一步完善家事代理制度，建立夫妻约定财产登记公示制度，合理分配举证责任，综合多种因素对共同债务予以认定。有的建议明确规定共同债务包括：共同意思表示的债务；家庭生活需要的债务；子女抚养产生的债务；使用或管理共同财产产生的债务；共同财产赠与产生的债务；不能证明属于个人债务的债务。

有的提出，对于夫妻共同债务，要把握不同阶段夫妻债务的不同认定标准，采取审慎原则加以处理。

四、关于亲子关系诉讼问题

草案第八百五十条规定，对亲子关系有异议的，父、母或者成年子女可以向人民法院提起诉讼，请求确认或者否认亲子关系。

一些意见提出，亲子关系涉及个人隐私，从维护夫妻感情、子女健康成长以及婚姻家庭的和睦角度出发，父、母和成年子女以外的其他组织和个人不具有提起诉讼的资格。同时建议，将确认和否认的有效期间定为一年，从知道或者应当知道事由之日起计算。至于本条中的“父”，当法律上的父亲和血缘上的父亲不一致时，为追求血缘真实，可能损害未成年子女的利益或者破坏稳定的家庭关系，应当慎重。

有的提出，立法一定要慎重，要体现现代立法对家庭安定和子女利益双重价值的追求和保护，建议修改为：第一款，对亲子关系有异议的，法定父、生母或者成年子女可以向人民法院提起亲子关系否认之诉。第二款，生母或者子女可以向人民法院提起亲子关系确认之诉。另外,有可能为生父的人不宜针对健全家庭的孩子提起亲子关系确认之诉,以维护家庭安定。同时,对成年子女提起亲子关系否认之诉要进行限制,如设定除斥期间,以避免借此逃避赡养义务。在此基础上,完善亲子关系确认制度,包括亲子关系的推定制度、自愿认领制度、强制认领制度(即依裁判的方式确认亲子关系)、人类辅助生殖情况下的亲子关系的确认制度、父亲身份的否认制度等。

有的提出,对于亲子关系的确认和否认诉讼,建议要注意两点:一是要做好对未成年子女的保护,不得侵害未成年子女的权益;二是在特定情况下,应当允许未成年人提起诉讼。另外,应当防止成年子女利用亲子诉讼,解除亲子关系,拒绝赡养逃避责任。有的提出,赋予成年子女有起诉资格,有潜在风险,可能影响其对父母应承担的义务。

一些同志建议增加"有充分证据的利害关系人"作为提起诉讼的主体。有的建议增加规定未成年子女为诉讼主体。有的建议增加未成年子女以及有抚养关系的祖父母、外祖父母、兄姐可提起诉讼。

有的提出,应当对亲子关系的推定和亲子关系的确认作出明确具体的规定,并充分体现对未成年人权益的保护。

有的介绍,目前通过 DNA 技术进行单、双亲亲子关系鉴定已十分成熟,准确率接近 100% 。技术规范也日益完善,这方面的规范主要有:《法庭科学 DNA 亲子鉴定规范》、《法庭科学 DNA 实验室检验规范》、《亲权鉴定技术规范》和《生物学全同胞关系鉴定实施规范》。因婚姻状态改变、孩子监护以及财产分割继承等情况出现时,当事人希望明确亲子关系作为处理的依据。

有的介绍,湖北省现有鉴定机构 133 家,鉴定人 1083 名,其中法医物证鉴定机构 18 家(有权进行亲子鉴定),鉴定人 74 名。2018 年共办理亲子鉴定 6316 件,其中办案机关委托 350 件,律师事务所、法人或个人委托 5966 件。2019 年,截至 3 月底共办理亲子鉴定 770 件,其中办案机关委托 37 件,律师事务所、法人或个人委托 733 件。司法部曾在 2016 年 6 月 21 日下发了《关于规范司法鉴定机构开展亲子鉴定业务有关工作的通知》,具体业务工作按此执行。

有的介绍,该中心接受的亲子鉴定委托,个人委托占多数,程序上要求当事人必须到场,签订司法部统一的司法鉴定委托书,明确项目和目的等,同时查验身份证和户口本,并要求委托过程有合影,然后存档。

五、关于收养问题

一些同志建议认可事实收养,对于仅欠缺形式要件的事实收养,宜肯定其效力;对符合收养法实质要件的,允许收养当事人补办登记,补正收养形式上的瑕疵。

对于不符合收养条件而事实收养的，也应作出相应规定。

有的提出，建议放宽收养条件，删除草案第八百七十七条第一项关于收养人必须无子女或者只有一名子女的规定。同时，建议进一步严格限制无配偶者收养子女，明确无论是否收养的是异性子女，都应相差40周岁以上。有的提出，对于因配偶一方为无民事行为能力人或者宣告失踪，而可以单方收养的，应当增加规定“收养异性子女相差40周岁以上”的限制。

有的建议增加规定收养人收养年龄的上限，同时将草案第八百七十六条规定的“生父母一方不明或者查找不到的”修改为“生父母一方身份不明或者查找不到的”。

有的提出，应当明确具有性侵犯罪、家庭暴力违法犯罪行为前科的，不得作为收养人。

有的提出，草案第八百七十七条规定收养人的年龄应年满30周岁，建议适当予以提高。

不少意见提出，应当建立收养评估制度。湖北省从2012年6月开始在襄阳、孝感和武汉三市开展评估试点工作；2017年12月，湖北省民政厅出台了《湖北省收养评估工作规范（试行）》，收养评估工作在全省铺开。

六、其他

1. 婚姻登记基本情况

有的提出，襄阳市从2010年至今，结婚数量每年下降2万多对，而离婚数量大幅度增加，从2010年的778对离婚，上升到2018年的16,766对，建议在立法上对症下药，加以遏制。

有的提出，离婚登记必须要适当遏制上升趋势，恩施作为县级市，自2014年到2018年的离婚数据分别为：1870对、2013对、2231对、2306对、2467对。建议适当增加离婚成本。

有的提出，目前，农村的离婚率也很高，主要原因是男方外出打工，夫妻长期分居，以及早婚导致的婚姻不稳定。

2. 离婚协议的效力

一些同志建议，对离婚协议进行司法确认，从源头上保障离婚协议的强制执行。

有的提出，对于离婚后的探视权，实践中存在执行障碍，建议如果直接抚养一方不配合，对方有权起诉变更抚养权。

3. 离婚冷静期

一些同志建议，离婚冷静期制度应当增加除外条款，规定配偶一方遭受严重的家庭暴力或者受人身安全保护令保护的，另一方无权撤回离婚登记申请。

有的提出，离婚冷静期的规定，可以在一定程度上防止冲动型离婚，但是也剥夺了普通人的婚姻自由，可能造成离婚难。

4. 离婚证明书

有的建议增加规定，在人民法院作出生效离婚判决后，由婚姻登记机关出具离婚证明书。

有的提出，对于有关离婚的法院判决书或调解书，在实践中不好用，建议应该出具“离婚证明”，既保护当事人隐私，也方便使用。

5. 事实婚姻、非婚同居与结婚年龄

一些意见提出，现实中大量存在非婚同居关系、事实婚姻现象，建议增加对“同居关系（事实婚姻）”的规定，以利于解决实际问题。

一些意见提出，为应对老龄化现象，建议适当降低结婚年龄。

6. 婚姻家庭编的结构

有的提出，婚姻家庭编的结构应当进一步优化，在“一般规定”一章之外，设“婚姻”和“父母子女关系和其他家庭关系”二章，在各章内部，按法律关系的产生、法律关系的内容以及法律关系的消灭三项内容进行整合。

民法典婚姻家庭编部门座谈会简报

2017年7月14日,法工委民法室召开座谈会,听取最高人民法院、最高人民检察院、国务院法制办、民政部、公安部、司法部、国家卫生计生委和全国妇联等部门对起草民法典婚姻家庭编的意见和建议。现将主要意见简报如下:

一、关于通则

(一)总的意见

有的提出,婚姻家庭关系是非常重要的民事法律关系。中国人很注重家庭、亲属,这是维系整个社会的基础,是国家稳定、人民安居乐业的纽带。婚姻家庭立法的指导思想应当进一步强调中华民族传统伦理道德。

有的提出,婚姻家庭立法要贯彻的基本理念包括:第一,要始终坚持和强调男女平等的原则。第二,要强调保护妇女儿童的合法权益。第三,民法总则确立的理念、原则,特别是弘扬社会主义核心价值观等对分则具有统领作用。婚姻家庭立法要充分体现民法总则的这些要求。

有的提出,婚姻家庭立法应当进一步体现社会主义核心价值观中关于家庭文明的要求,比如强调家庭成员之间的责任、亲情,同时应更多体现儿童优先和儿童利益最大化原则。比如,在确定子女抚养权归属时,应当把父母的品行作为考量因素,防止父母对儿童的伤害以及一些不良行为的代际传递。

有的建议,增设儿童最大利益优先原则。在所有涉及亲子关系的制度设计中,均应当以未成年子女利益保护为基本原则。

(二)亲属

1. 亲属的一般规定

有的提出,现行婚姻法、收养法等规定了"直系血亲""三代以内旁系血亲"等概念,但没有完整民法意义上的亲属概念。建议在婚姻家庭编中对亲属、亲等等概念予以明确,具体内容可以再作进一步研究,确实是一个很复杂的问题。

有的提出,婚姻家庭编应该对亲属的定义、种类和法律效力等作出规定。关于亲属的定义,可表述为:"亲属是自然人之间基于婚姻、血缘和法律拟制而发生的身份关系。”关于亲属的种类，可以分为配偶、血亲和姻亲。男女因结婚互称为配偶，配偶关系因一方死亡或者双方离婚而终止。血亲可因生育和法律拟制而产生。生育自己和自己所生育的上下各代人之间的关系是直系血亲；与己身出于同源的血亲，除直系血亲外均为旁系血亲。拟制血亲关系因收养的成立或者继子女受继父、继母抚养教育达五年以上而发生，因一方死亡或者所拟制的血亲关系依法解除而终止。姻亲包括配偶的血亲和血亲的配偶。关于亲属的法律效力，亲属间有关禁婚、扶养、监护等亲属法上的权利义务，应适用婚姻家庭编的相关规定。亲属在其他法律上的权利义务关系，适用其他法律的规定；但其他法律与婚姻家庭编规定相抵触的，应适用婚姻家庭编的规定。

有的建议，明确界定亲属的定义，并将亲属分为配偶、血亲和姻亲。

有的提出，对亲属的范围进行法律上的界定，不仅是民事法律规范的重要内容，也涉及和程序法以及其他相关法律的协调衔接。比如，监狱法规定罪犯在服刑期间可以会见亲属和监护人，如果不对这里的亲属范围加以界定，就会在实践中带来许多问题。

有的提出，现行法律关于亲属的规定基本限定在三代以内，主要考虑子女收养、财产继承等问题。但从整个民事活动来看，拓宽亲属的范围没有问题，对维系亲属的大概念有好处，二胎政策出台以后再过二十年亲属关系会逐渐扩大。

2. 亲属关系的计算方法

有的建议，规定亲等及其计算方法。亲等是表示血亲间血缘联系远近的单位。亲等计算方法是：直系血亲的亲等，从己身上数或者下数，一世代为一亲等；旁系血亲的亲等，从己身数至双方同源的直系血亲，再从同源的直系血亲数至计算亲等的对方，世代数之和为亲等数。

3. 近亲属

有的提出，民法意义上的近亲属涉及许多权利的享有和取得，也涉及义务的承担。根据中国的传统及老百姓的认知，宜将近亲属的范围统一规定为配偶、父母、子女、兄弟姐妹、祖父母、外祖父母、孙子女、外孙子女。

二、关于结婚

（一）禁婚疾病

有的提出，综观当代立法例，如美国、英国、德国、法国、瑞士、日本等，在关于婚姻实质要件的禁止性规定中，均无禁婚疾病的规定。因患某种疾病而禁止结婚，是对结婚权利的剥夺。因此，建议删除禁婚疾病的规定。对于患有医学上认为不宜结婚疾病的人，是否结婚的决定权属于双方当事人，即在相互知晓对方身体健康状况的情况下自主决定。患病一方负有婚前向对方如实告知的义务，违反此告知义务、隐瞒病情而与对方结婚的,将构成婚姻欺诈,对方有权请求人民法院撤销其婚姻。

有的提出,关于禁婚疾病,有两个修改方案。方案一:将婚姻法第七条第二项规定的“因患有医学上认为不应当结婚的疾病而禁止结婚”修改为“患有医学上认为不宜结婚的疾病者,应当根据婚前医学检查医师的建议,决定其是否结婚”。方案二:删除婚姻法第七条第二项规定的“因患有医学上认为不应当结婚的疾病而禁止结婚”,并分别在无效婚姻制度和可撤销婚姻制度的事由中规定:“配偶一方于结婚时无行为能力或者无意识或者一时的精神障碍状态者,其婚姻无效。”“配偶一方于结婚时患有影响婚姻生活的严重疾病,故意隐瞒对方的,另一方可请求撤销婚姻。”

有的提出,禁婚疾病的问题法律上只有笼统的表述,我们和卫生部门沟通,他们认为很难采用列举的方式确定不应当结婚的疾病。我们在工作中一直想尝试把这个问题说清楚,但是一直没有解决。目前像传染病、遗传病等实际上是不宜生育的疾病,要不要列到不宜结婚的层面,还有很大争议,所以婚姻法的规定目前无法执行。建议如果要规定禁婚疾病,要明确是哪些疾病,具有可操作性。如果不能明确的话建议删除关于禁婚疾病的内容。

有的提出,现行母婴保健法只是规定了婚检项目和暂缓结婚的情形,没有明确规定禁婚疾病的目录。在实际操作中禁婚疾病的情况比较复杂,科学性和专业性比较强,建议不在法律中对禁婚疾病的目录作出具体规定,可以授权卫生部门作出规定。

有的提出,禁婚疾病的问题,实际上是跟生育结合在一起的。哪些疾病禁止结婚能列出来最好,当然操作起来可能涉及医学进步的问题,究竟影响多大要有评估,评估以后才能确定下来。

(二)无效婚姻

有的建议,将无效婚姻的情形缩小为两类:一是重婚;二是有禁止结婚的亲属关系。

有的建议,将无效婚姻的情形缩小为三类:一是重婚;二是有禁止结婚的亲属关系;三是配偶一方于结婚时因精神病无婚姻行为能力。并明确规定婚姻当事人、当事人的近亲属,可以向法院请求确认婚姻无效。

(三)可撤销婚姻

1. 可撤销婚姻的范围

有的提出,明确两种情形为可撤销婚姻,一是因欺诈、胁迫而结婚,二是结婚时一方或者双方未达法定婚龄。应明确的是,对欺诈婚姻的认定上,一方当事人“故意告知对方虚假情况”或者“故意隐瞒真实情况”,仅指与法定结婚实质要件相关联的情况,如是否达到法定最低结婚年龄、有无配偶、有无不宜结婚的疾病等。对一般事实的隐瞒和虚构,比如虚构自己是富二代、婚后男方发现女方的漂亮是因为整过容等,不构成婚姻欺诈。

有的建议,增加可撤销婚姻的情形,规定:"有下列情形之一的,撤销权人可以向人民法院请求撤销婚姻:(一)因受欺诈、胁迫而结婚;(二)因结婚时一方未达到法定婚龄。因受欺诈、胁迫结婚的,受欺诈、胁迫的一方有撤销权。未达到法定婚龄的,双方均有撤销权。"

2. 可撤销婚姻的处理机关

有的建议,在婚姻的撤销程序上,采取单一的诉讼程序。婚姻登记机关的职能,仅限于对自然人结婚登记或者离婚登记的审查,难以对各种业已成立的婚姻是否符合法定结婚要件、应否予以撤销作出判断。撤销婚姻还可能涉及财产分割、子女抚养等一系列问题,婚姻登记机关无力解决这些问题,同时也缺乏相应的权限。国外有关可撤销婚姻的立法,均无行政程序的先例。

有的提出,关于婚姻登记机关撤销胁迫婚姻的问题,婚姻登记条例第九条规定,婚姻登记机关经审查认为受胁迫结婚的情况属实且不涉及子女抚养、财产及债务问题的,应当撤销该婚姻,宣告结婚证作废。从了解的情况看,近几年实践中婚姻登记机关几乎就没有撤销过婚姻登记的,这个规定基本上是形同虚设。婚姻可撤销权的执行问题上,建议还是由司法机关来承担比较合适。因为撤销婚姻不仅仅是一个行政确认的问题,大部分会涉及对婚姻关系存续期间的财产以及婚姻家庭关系的调整,由司法机关行使这个权力比较合适。另外,根据婚姻登记条例的规定,对当事人是否符合结婚离婚条件是进行形式审查,这导致实践中婚姻登记机关认定婚姻是否受胁迫需要司法机关或者公安机关出具相关证明,婚姻登记机关不具备对婚姻是否可撤销进行实质审查的条件和能力。

(四)事实婚姻

有的提出,我国确立的婚姻登记制度在保障婚姻的合法性和当事人的合法权益方面发挥了巨大作用,深入人心,应当加以维护和强化。对于未办理结婚登记而以夫妻名义同居生活的,应当视为婚姻不成立,不发生夫妻间权利义务关系;同时给当事人以补正的机会,可以补办登记或者申请法院确认,对于补办登记或者经法院确认的,婚姻关系的效力可以追溯到双方均符合法律规定的结婚实质要件时。

有的建议,对事实婚姻关系作出调整,增加规定:"男女未办理结婚登记即以夫妻名义同居生活的,为事实婚姻关系。事实婚姻关系,符合本章各项结婚实质要件的,可以补办结婚登记,成为有效婚姻,婚姻效力溯及于双方均符合结婚实质要件之时。"

有的提出,在一定期限内、有条件地承认事实婚姻关系,是符合实际情况的。而且刑法规定了事实婚姻构成重婚,刑事、民事司法活动对社会民事活动的评价、引导应该相一致。婚姻法司法解释一第五条对事实婚姻问题作了明确规定:"未按婚姻法第八条规定办理结婚登记而以夫妻名义共同生活的男女，起诉到人民法院要求离婚的，应当区别对待：（一）1994年2月1日民政部《婚姻登记管理条例》公布实施以前，男女双方已经符合结婚实质要件的，按事实婚姻处理；（二）1994年2月1日民政部《婚姻登记管理条例》公布实施以后，男女双方符合结婚实质要件的，人民法院应当告知其在案件受理前补办结婚登记；未补办结婚登记的，按解除同居关系处理。”从这些年的审判实践看，上述司法解释第五条第一项执行得比较好，当事人也比较容易接受。但第二项缺乏可操作性，没有实际意义。因为起诉到法院要求离婚的当事人，考虑到认定为事实婚姻与认定为同居关系在财产分割方面的巨大差异，一方往往不愿意配合对方再去补办结婚登记。因此，建议将该条司法解释上升为法律规定，同时删除其中要求当事人补办结婚登记的无实际意义的内容。

有的提出，民事法律上从来没有明确出现过事实婚姻的概念，只是在2001年婚姻法中有补办登记的内容。如果在法律中对事实婚姻予以明确可能对现行婚姻制度是一个很大的冲击。还有一个问题是事实婚姻和同居的区别怎么把握，如果承认事实婚姻，承认不承认同居，甚至承认不承认同性同居。因此，建议对事实婚姻的问题慎重对待，法律中不明确、不承认。

有的提出，不主张在法律中规定事实婚姻。解放初期的情况是很多人结婚没有登记，长期以夫妻名义生活，大家都知道。现在已经不是那个情况，现在主要是年轻人不结婚同居，还有很多老年人年老了找个伴一起扶持一下，不是婚姻关系，而是同居互相照顾的关系，但是子女不愿意，如果确定为事实婚姻就会有问题。实践中只要双方定好协议，明确财产问题怎么解决就可以，不用通过确认事实婚姻的方式解决，这样会有很多麻烦。

（五）同居关系

有的提出，随着社会的发展和婚姻家庭道德观念的转变，同居被越来越多的人认同和接受，日益成为人们自主选择的一种“家庭”生活方式。《中国民生发展报告2013》数据显示，2000年以来结婚的夫妇婚前同居的比例上升到了32.6%。2012年《中国流动人口发展报告》数据显示，在已婚且有子女的新生代农民工中，第一胎为婚前怀孕的比例占42.7%，比老一代农民工高16个百分点。2013年《中国流动人口发展报告》显示，新生代流动人口婚前同居、婚前怀孕、生殖健康问题比较突出。全国妇联信访系统2014—2016年共受理恋爱/同居纠纷、配偶与他人同居信访投诉共计47,716人次，占婚姻家庭权益类信访的11.16%。从全国妇联接待的案例来看，同居关系纠纷涉及子女抚养、同居财产分割、家庭暴力，还涉及一方经济困难、另一方有无经济帮助义务等诸多问题，与妇女儿童权益的维护密切相关。

在民法典婚姻家庭编立法时建议：一是，专设一章非婚同居关系。反家庭暴力法中已经将同居关系纳入法律调整范围，建议婚姻家庭编立法也适应当前形势发展需要，明确同居的概念，将不为法律所禁止的，无配偶的男女双方自愿、长期、公开生活在一起，但又没有履行结婚登记手续的两性结合方式纳入法律关系调整，规定同居当事人的权利义务关系、同居解除的条件、子女抚养权、同居期间所得财产的处理原则、债务处分原则，并明确照顾妇女、儿童的利益原则。二是，对仅缺少结婚登记条件的无配偶者以夫妻名义同居关系予以一定程度的法律保护。虽然这种同居关系不是我们倡导的家庭生活形态，法律对其保护程度不宜提高到与合法婚姻相同的高度，但处于这种同居关系的男女双方对“婚姻”的付出和期盼与一般夫妻没有区别，所以不能等同于一般的同居关系。建议立法对这种同居关系加以特别规定，界定其成立要件，除适用一般同居关系条款外，要特别规定双方之间的经济帮助义务，对于一方生活困难的，可请求有能力支付这笔费用的另一方给予适当的经济帮助。

有的提出，现在老年人同居关系很普遍。同居在国外有一定的法律效力，但是在我们国家没有。这个问题要好好研究。

（六）其他

1. 有的建议，明确婚姻登记机关对婚姻登记进行形式审查，并明确审查的边界。有一段时间婚姻登记行政复议、诉讼的案件比较多，当事人提出登记证件是虚假的或者对方有隐瞒疾病的情况，认为婚姻登记机关不应该登记，但是婚姻登记机关只能确认当事人意思表示是真实的，其他的很难审查。

2. 一些同志建议，建立统一的婚姻信息登记制度。实践中，结婚登记可以在民政部门，也可以在驻外使领馆；离婚可以在民政部门，也可以在法院；同时，结婚离婚可以在任何一方当事人经常居住地或者国家进行。所以现在国家没有哪一个部门能够全面掌握公民的婚姻状况。建议在法律中明确规定，公民婚姻状况发生变化以后应当在一定时期内在国家规定的登记机关进行登记。

3. 有的建议，一是明确违法失信责任人应当承担法律责任。实践中存在欺骗婚姻登记机关或者用假证件办理婚姻登记的情况，这实际上是诚信问题，要不要承担法律责任，现行法律没有规定。二是明确婚姻登记可以异地办理。婚姻登记条例规定内地居民男女双方应当到一方民政部门登记。现在身份证都可以在异地办理了，人口流动这么大，明确婚姻登记可以异地办理是一项惠民工作，建议在法律中明确规定。

三、关于夫妻财产关系

（一）总的意见

有的提出，应当坚持以夫妻共同财产制为法定财产制。现行婚姻法规定的夫妻财产制，经实践证明完全符合中国国情，有利于维持夫妻共同生活，有利于实现夫妻家庭地位平等。中国目前不具备以分别财产制为法定财产制的社会基础,现行制度符合婚姻家庭的本质和当事人意思自治的原理。那些愿意采取分别财产制的夫妻可以通过订立财产约定,排除法定共同制的适用。

有的建议,明确规定夫妻财产婚后所得共同制和夫妻共有财产推定制度,增加规定:“婚姻关系存续期间,夫妻一方或者双方所得财产,除夫妻另有约定或本法另有规定的外,属于夫妻共有财产。”“婚姻关系存续期间夫妻一方取得财产的权属不明确时,推定为夫妻共有财产。”

(二)家事代理权

有的建议,专条规定家事代理权问题:在日常家庭事务范围内,夫妻互为代理人。夫妻一方滥用代理权时,另一方可予以限制,但不得对抗善意第三人。在审判实践中,如何认定“日常家庭事务”的范围,法官需根据案件的具体情况作出判断。某一事项是否属于日常家事,应当从夫妻共同生活的状态(如双方的职业、资产、收入等)以及当地一般生活水平、习惯等予以认定。婚姻法司法解释一第十七条规定:“婚姻法第十七条关于‘夫或妻对夫妻共同所有的财产,有平等的处理权’的规定,应当理解为:(一)夫或妻在处理夫妻共同财产上的权利是平等的。因日常生活需要而处理夫妻共同财产的,任何一方均有权决定。(二)夫或妻非因日常生活需要对夫妻共同财产做重要处理决定,夫妻双方应当平等协商,取得一致意见。他人有理由相信其为夫妻双方共同意思表示的,另一方不得以不同意或不知道为由对抗善意第三人。”这一司法解释对指导审判实践效果良好,建议立法时予以吸收采纳。

有的建议,创设家事代理权制度,增加规定:“在日常家庭事务范围内,夫妻互为代理人。夫妻非因日常生活需要对共同财产作重要处理决定,应当平等协商,取得一致意见,但紧急情况下除外。夫妻一方滥用代理权,另一方可予以限制,但不得对抗善意第三人。”

(三)夫妻共同债务

有的提出,2003年前后,出现夫妻通过离婚恶意转移财产给另一方,借以逃避债务的现象,一度还比较严重。为此最高人民法院出台了婚姻法司法解释二第二十四条,从当时的社会效果看,夫妻联手损害债权人利益的现象得到了有效遏制。但随着社会的发展,配偶一方利用此条损害另一方利益的情况开始出现,主要有几种情况:(1)有的夫妻一方借债但并未用于夫妻共同生活或者经营,另一方并不知情也未受益,甚至在分居期间或者离婚诉讼期间一方恶意举债,但统统被简单以“夫妻关系存续期间”一条标准推定为夫妻共同债务。(2)有的债务是虚假或者非法债务,如恶意高利贷、假借条、赌债等,但由于未举债一方难以证明,仍被认定为夫妻共同债务。(3)有的配偶借债后玩失踪或者与债权人恶意串通,使巨债只落在未举债一方头上。这些情况产生了很大的危害：一是从婚姻家庭权益看，夫妻一方隐瞒另一方大额举债，严重侵犯了夫妻对共同财产平等处分的权利；二是从社会影响看，造成了未婚青年对婚姻的恐惧；三是从市场经济秩序看，降低了债权人合理评估债务风险的注意义务，助长了形式合法但实质为高利贷等扰乱市场秩序的交易行为，不利于建立健康的借贷秩序；四是使受害人陷入绝望，影响社会稳定。

针对实践中存在的问题，建议平衡夫妻债务对外、对内两个关系，审慎完善夫妻共同债务规则，在法律中作如下规定：一是明确日常家事代理制度，通过列举确定家事代理的范围，即因共同生活、承担赡养抚养扶养义务、维护共同财产、双方共同侵权、被监护人侵权等所承担的债务，夫妻一方行为的法律后果由夫妻双方共同承担。在代理中，当代理人滥用代理权的行为构成表见代理时，为了更好地维护交易安全，保护善意第三人的利益，应把代理责任直接归于被代理人。如果第三人为恶意，则不能主张夫妻承担连带责任。二是对以生产经营为目的的大额债务，可考虑两个方案：(1)需要夫妻共同偿还的生产经营债务，应体现夫妻双方的知情或者合意，如规定“应当共同签字确认或者未签字一方事后追认，否则为一方债务”，以适当提高债权人对大额举债的风险评估意识和在交易安全中应负的责任，明确了债权人希望债务为一人承担还是夫妻双方承担的真实意思表示，有效防范虚假债务和非法债务，同时有效弥补家事代理的有限性，以形式公平实现结果公平，避免诉累，也防止不合理地加重任何一方当事人的举证责任。(2)如果以共同受益为承担共同债务的基础，则共同债务以共同财产为限清偿，即夫妻离婚的，举债人承担无限责任，未举债一方仅以离婚时分得的共同财产承担连带清偿责任，未举债一方在承担连带责任后如果确不知情且不同意，可向举债人追偿。以此保障未举债一方婚前和离婚后取得的个人财产权益不受侵犯。

有的建议，关于夫妻共同债务，有两个方案。方案一是明确规定：“夫妻基于双方合意，或者为共同生活、共同生产、经营和履行扶养、赡养义务所负的债务，是共同债务，离婚时应当共同偿还。”方案二是明确规定：“在婚姻关系存续期间，夫妻共同债务包括：(一)基于夫妻合意产生的债务；(二)为夫妻共同生活所负的债务；(三)夫妻分享了利益的债务。”“除夫妻共同债务外，夫妻一方以个人名义所负的债务，为该方个人债务。”

（四）其他

1. 有的建议，明确规定夫妻有关财产问题的约定不直接产生物权效力。比如，夫妻约定一方赠与另一方不动产，在变更产权登记之前，赠与人有权撤销。这样规定与合同法、物权法的规定相吻合。

2. 有的提出，夫妻实行约定财产制的，可能仅限于当事人双方知道，建议引入公证制度，降低夫妻双方或者他们与第三方关于婚姻财产方面的争议，也能够让交易对方当事人充分掌握夫妻之间财产关系的信息，保护当事人的合法权益。在大陆法系国家，通过公证程序约定和公示夫妻财产的情况是比较常见的，像意大利、法国、瑞士民法典都规定夫妻财产协议必须经过公证才能生效。如果民法典能够规定夫妻财产约定要经过公证才生效，现在公证行业协会就可以参照全国公证遗嘱信息库的模式，构建全国夫妻财产约定信息库和备案查询平台，在确保当事人隐私的前提下，提供公示信息的查询服务。

四、关于离婚

（一）登记离婚的“审查期”

有的建议，登记离婚增设一个月的审查期间，从婚姻登记机关受理离婚申请之日起算。目前社会上离婚率高涨，轻率离婚多。特别是受到一些政策的影响，以假离婚规避政策责任、逃避债务，目的达到以后再复婚。这是对我们的道德价值观的否定。立法上应予重视，要增加离婚成本，至少增加一些负担。

有的提出，可以增设登记离婚的缓冲期或者冷静期，不要叫审查期，婚姻登记机关对当事人是否具备离婚条件不具备实质审查的条件。现在社会生活压力非常大，人们离婚的时候往往非常冲动，离婚率持续攀升，对维护社会和谐家庭稳定有不利的影响，缓冲期或者冷静期能够缓解冲动离婚的情况。近些年来，民政部门积极开展婚姻家庭的辅导和结婚登记的颁证工作，已经有将近1000家婚姻登记机关开展这项工作，效果非常明显。浙江省所有的县级婚姻登记机关都开展了婚姻家庭辅导工作，2016年共辅导了13.5万人次，离婚劝导和调解成功率达到了33.5%。山东省2015年开展的婚姻家庭辅导达到14万人次，离婚劝导和调解成功率达到了30%。经过辅导最后仍然坚持离婚的，在当事人情绪、心理上以及对财产和子女等问题的处理上也起到了比较正面的积极作用。

有的提出，同意设审查期，或者叫冷静期。现在离婚太随意了。我们既要强调婚姻自由，死亡的婚姻就应该离；但同时也要强调面对现实。现实社会是草率离婚、政策离婚多，要针对这个情况制定相应的措施，而这个措施就是恢复以前审查期的规定。给当事人一个冷静的时间，实践当中有很多人过了这个时间就不离了。

有的提出，现在离婚确实太随意了，两个人一吵架就去离婚，当天就可以办。实践中虚假离婚的现象也不少。建议从维系婚姻家庭稳定的角度考虑，设立一个办理离婚登记的期限。

有的建议，增设离婚登记的审查期间，将现行婚姻法第三十二条规定的“婚姻登记机关查明双方确实是自愿并对子女和财产问题已有适当处理时，发给离婚证”修改为：“婚姻登记机关在审查期间内查明双方确实是自愿并对子女和财产问题已有适当处理的，应当在审查期间届满后予以登记，向双方签发离婚证，并注销结婚证。”“前款审查期间为一个月，从婚姻登记机关受理离婚申请之次日起计算。审查期间内，当事人双方均有权向婚姻登记机关撤回离婚申请。”

（二）苛刻条款

有的提出，是否判决离婚应当依照法定离婚标准进行审查，“苛刻条款”似乎违反了离婚自由的基本原则，建议不规定。

有的提出，现在诉讼离婚和登记离婚是不平衡的，登记离婚太容易了，诉讼离婚是很难的，不是起诉到法院就可以判离的，法院很慎重。因此，对苛刻条款的问题要认真研究，要考虑到婚姻自由和离婚诉讼的实际情况。

（三）离婚经济补偿

有的提出，现行婚姻法第四十条规定的离婚经济补偿仅限于夫妻实行分别财产制的情形，审判实践中适用该条的情况少之又少，不利于对妇女权益的保护。建议夫妻实行共同财产制也适用该规定。

有的建议，完善离婚经济补偿制度，将现行婚姻法第四十条修改为：“一方因抚育子女、照料老人、协助另一方工作等付出较多义务的，离婚时有权向另一方请求补偿，另一方应当予以补偿。确定离婚经济补偿数额时，人民法院可以参考以下因素酌情确定：一方付出与对方收益之间的比例关系；一方人力资本减值和对方增值的比例关系；双方婚后的收入对比；其他人民法院认为应当考虑的因素。”

（四）离婚经济帮助

有的提出，离婚经济帮助，是我国传统的离婚救济方式，有助于消除婚姻关系中经济地位较低一方离婚时的顾虑，保障离婚自由的实现。应当继续坚持这一制度，但应适当扩大适用范围，既不以婚姻期间一方对家庭生活付出较多义务为条件，也不以对方有婚姻过错为必要，仅以一方因婚姻导致生活水平明显下降为前提，从而与离婚补偿、离婚损害赔偿相区别。建议将现行婚姻法第十二条修改为：“一方生活水平因离婚明显下降的，离婚时有权要求另一方给予适当经济帮助，该经济帮助数额可根据双方婚姻存续时间、年龄及身体状况、就业能力等因素综合考虑。有权要求经济帮助一方再婚后，不再享有此项权利。”有的建议修改为：“离婚时，如一方生活困难，另一方有经济能力提供帮助，有能力提供帮助者应从其住房等个人财产中给予适当帮助。具体办法由双方协议；协议不成时，由人民法院判决。”

（五）其他

1. 有的建议，明确规定离婚后由直接抚养未成年子女的一方为该子女的法定监护人。目前双方离婚后共同监护未成年子女的现状，容易导致一些重大事项无法协商一致，从而损害未成年子女的利益。比如，实际生活中一方有条件送子女出国留学或者旅游，另一方因为感情上的怨恨拒不同意，导致无法办理有关手续。

2. 有的建议，将夫妻离婚后的探望权修改为全面交往权。规定子女有权与任何一方交往，但严重损害子女利益的除外；父母离婚的，不与子女共同生活的一方有权探望子女、有正常交往的权利，另一方有协助的义务；子女有权与祖父母、外祖父母、兄弟姐妹交往，但与子女利益相抵触的除外。

五、关于父母子女关系

（一）亲子关系推定的否认制度

有的建议，增设亲子关系推定的否认制度："在婚姻关系存续期间受胎或者出生的子女，以其母亲的丈夫为父亲。有下列情形之一的，父母及成年子女有权向人民法院提起亲子关系推定的否认之诉：（一）通过医学方法证明子女不可能是被推定父亲的亲生子女；（二）有其他事实证明子女不可能是被推定父亲的亲生子女。提起否认之诉的期限为一年，自知道或者应当知道否认事由之日起计算。"

（二）亲子认领制度

有的建议，增设亲子认领制度，包括自愿认领、强制认领："亲子认领制度，包括自愿认领和强制认领。生父认领未成年亲生子女的应当征得亲生母亲的同意，生父认领成年亲生子女的，应当征得子女本人同意。未成年子女的生母或者其他法定代理人有权向人民法院提起认领之诉，成年子女也可以提出强制认领之诉。"有的建议强制认领表述为："未成年子女的生母或者其他法定代理人，有权向人民法院提出强制生父认领之诉。"

（三）其他

1. 有的建议增加规定："依法采用人工生殖技术生育的子女，以同意采取该方式生育子女的男女为父母。"

2. 有的提出，目前非法人工代孕的问题普遍。非法代孕涉及分娩者与卵子提供者不一致的情况，会产生亲子关系确认、财产继承等一系列法律问题。建议婚姻家庭编对此问题予以考虑。

六、关于收养

（一）总的意见

有的建议，将现行收养法修订后纳入婚姻家庭编。有的建议，将收养制度单列一章，规定在"父母子女"一章之后。

（二）收养的条件

1. 总的意见

有的提出，收养条件要适当放宽，这是一个大趋势。家庭中的独生子女出现意外后，父母有收养子女的需要，被收养人也有被收养的需求。通过放宽收养条件，使得这些群体可以通过收养重新组建家庭。

2. 被收养人的范围

有的提出，增加规定成年人可以作为被收养人，这符合我国的现实情况。

有的提出，被收养人条件应当放宽，不宜局限于未成年人。目前单一的收养类型不能满足老年人出于情感和照料原因收养成年子女的需求。中国目前已进入老龄化社会，居家养老和家庭照料仍是主要的养老方式。因此，收养成年子女应予鼓励。

有的提出，对被收养人的条件要作出一些限制性规定。收养不是为了别的目的，是为了解决儿童的问题，解决家庭的问题。

3. 收养人的条件

有的提出，因我国计划生育政策和相关立法已经发生变化，应当对收养人的条件作出调整，删除收养法要求收养人须无子女的规定。

有的提出，收养法要求收养人须无子女的规定是和计划生育政策相关的，现在提倡二胎政策，收养政策能否放宽。建议不再把收养人子女的数量和计划生育政策挂钩。

有的建议，一方面要放宽收养人的收养条件，比如收养人须无子女、只能收养一个子女以及年龄限制等条件。另一方面应当明确对收养人是否具备收养能力作出评估。

有的提出，为保障未成年人利益，对收养人资格应作严格限制。现行收养法对收养人的条件只有无子女、有抚养教育被收养人的能力以及年满三十五周岁的要求，没有考虑到收养人的人格及道德品质对未成年人的影响。如果收养人有家庭暴力史、吸毒、赌博等恶习以及有犯罪前科，都不适合直接抚养未成年人。建议对收养人条件进行相应限制。

有的建议，对收养人条件作进一步限定，将有无前科、有无违法犯罪记录、有无吸毒史和戒毒史等增加进去。实践中发现，有的收养人有这样的情况，特别是外国人到中国收养中国籍儿童，有些外国人是存在犯罪前科的，他们收养有其他的非法目的，这方面的条件要加以限定。

(三)事实收养

有的建议，不规定事实收养。为了保护收养关系当事人的利益，强化身份变动的公示性，现今各国立法例就收养行为均采取登记成立主义，如果承认事实收养的效力，将会给审判实践带来收养关系认定上的困难，给一些当事人借事实收养之名牟利提供可乘之机。

(四)不完全收养

有的提出，现行收养法规定的是完全收养制度，这一点应当继续坚持。自收养关系确立之日起,养父母与养子女间的权利义务关系适用法律关于父母子女关系的规定,养子女与养父母的近亲属间的权利义务关系,适用法律关于子女与父母的近亲属关系的规定。如果规定不完全收养,会对收养的效力产生影响。

有的建议,不具体规定不完全收养。这些问题可由收养关系当事人之间自行协商确定。

有的提出,国家应当鼓励不和亲生父母解除亲子关系下的不完全收养。

(五)试收养

有的建议,不规定试收养制度。即使规定试收养,也要与收养能力评估制度相衔接,确保被收养儿童利益的最大化。

有的建议,不具体规定试收养。这些问题可由收养关系当事人之间自行协商确定。

(六)其他

1. 有的提出,为了更好地保护未成年人的利益,应当鼓励继父或者继母收养继子女。但继父或者继母收养继子女后,继子女和亲生父母及其近亲属间的权利义务关系不因收养关系的成立而消除。

2. 有的建议,增加收养监督的规定,赋予民政部门和儿童保护组织提起解除收养关系之诉的权利。

3. 有的建议,对查找不到亲生父母的打拐解救儿童以及亲生父母出卖自己的子女的情况,规定相应的收养及解除收养的程序。

七、其他

1. 有的提出,婚姻家庭作为重要的社会细胞,婚姻家庭的和谐稳定关系到社会稳定。建议将婚姻家庭教育辅导的内容纳入婚姻家庭编。

2. 有的提出,建议婚姻家庭编对人民调解的职能作出规定,进一步发挥人民调解在化解婚姻家庭矛盾纠纷中的重要作用。

3. 有的建议,明确规定婚姻行为能力制度,以达到"法定婚龄"作为其一般判断标准,以精神状况作为补充标准。

民法典婚姻家庭编夫妻财产制及夫妻债务问题专家座谈会简报

2018年1月12日，民法室召开座谈会，就民法典婚姻家庭编夫妻财产制及夫妻债务问题，听取中国社会科学院、中国政法大学、中国人民大学、北京大学有关专家的意见建议。现将有关情况简报如下：

一、总的意见

有的提出，民法典婚姻家庭编要解决夫妻财产制和夫妻债务问题，首先应着力解决以下三点：一是夫妻的财产公示。男女双方进行结婚登记时，除进行身份关系登记外，应同时进行财产关系登记。二是约定财产制。除鼓励更多适用约定财产制之外，还须强调对约定财产制的登记公示。三是明确对个人财产的保护范围。范围的明确有助于债务清偿规则的设计。在立法技术方面，法律应侧重原则性规定，具体问题交由司法解释规定。

有的提出，立法对夫妻债务问题的解决，首先要有一个明确的立足点。是为了平息婚姻法司法解释二第二十四条产生的争议，还是要着眼于民法典婚姻家庭编整体的制度设计？如果选择后者，就应考虑中国婚姻家庭关系的常态，以法定共同财产制为原则，以约定财产制为例外，并在此基础上设定相应的义务和责任。同时，立法应当明确个人财产的具体范围，准确把握家庭关系的复杂性。

有的提出，婚姻家庭立法一定要强调伦理性，考虑民众的生活习惯、可接受程度等，具体应注重以下几点：一是要将国人的生活习惯、民众心理以及认同感作为婚姻家庭立法的基础。二是中国的家庭关系和家庭生活较为复杂，立法应当只规定基本规则，不宜过细。三是婚姻家庭编的规则要注意与物权法、合同法等规则相衔接。四是要注意平衡保护配偶双方与债权人的利益。

有的提出，第一，共同财产制是我们的法定财产制，应以此为核心来建构相应的法律规则。这个规则应当充分反映共同财产制的性质和要求。共同财产制之下，所形成的法律后果也应该与此相关。第二，中国家庭夫妻间的财产关系极为复杂，且具有很强的灵活性和主观性,当事人可以通过不同方式规避法律规定,实现自己的特殊目的。制度设计时应当充分考虑这一特点。第三,夫妻财产关系本质上是一种合伙关系,具有合伙财产关系的相应特点。

二、关于夫妻共同债务的范围

有的提出,关于夫妻共同债务的范围,婚姻法第四十一条规定,离婚时,原为夫妻共同生活所负的债务,应当共同偿还。从这一规定看,为共同生活所负债务应当属于共同债务。婚姻法规定的为共同生活所负债务大致可以分为两个方面:一是与日常家事代理范围一致的、为日常家庭生活所负债务;二是因履行抚养、赡养义务等所负债务。最高人民法院后来通过司法解释扩大了夫妻共同债务的范围,将一定情形下双方共同经营所负债务也作为夫妻共同债务,即当共同经营的收益作为夫妻共同财产时,因经营产生的债务属于共同债务,反之则不属于共同债务。除此之外,夫妻双方的合意之债也应该属于共同债务的范畴。综合以上几个方面,婚姻关系存续期间所欠的下列债务属于夫妻共同债务:(1)夫妻双方共同合意产生的债务;(2)夫妻因共同生活、共同经营所负的债务;(3)夫妻因共同侵权所负的债务;(4)夫妻因被监护人侵权所负的债务;(5)其他应由夫妻共同承担的债务。有的赞同以上对夫妻共同债务范围的规定,同时提出,对于夫妻一方侵权的,不宜完全作为夫妻一方的个人债务。

有的提出,应在共同财产制的前提下把握夫妻共同债务的准确范围。婚姻法司法解释二第二十四条最大的问题在于扩张了这一范围,消灭了夫妻个人的独立主体资格,这与法理不符。在共同债务认定方面,不宜强化经营与非经营的区分。此外,夫妻一方个人所负的法定抚养、赡养义务以及一方因犯罪、侵权等违法行为所负债务,不宜当然推定为夫妻共同债务。立法上可以考虑将共同债务作为一般原则,同时规定法定和约定个人债务的情形,这样比较清晰。

有的提出,夫妻为共同生活所负债务与夫妻共同债务的范围并不一致。前者是基于夫妻共同生活状态下的身份所产生的债务,而后者则不仅因身份而产生,也包括双方的合意之债。有的提出,夫妻共同生活所负债务,其中的“共同生活”应作广义理解。只要处于夫妻关系存续期间这样一种状态,所负债务都属于共同债务。从这个意义上说,夫妻为共同生活所负债务与夫妻共同债务没有区别。

有的提出,关于共同债务的范围,立法上有两种不同方式加以规定。一种是正面列举哪些债务属于共同债务,没有列举的,都不属于共同债务;另一种是从反面规定哪些情况下产生的债务不属于共同债务。结合我们所采取的法定共同财产制,建议首先从正面规定夫妻共同财产制存续期间所产生的债务都属于共同债务,无论是以个人名义还是双方名义发生。其次,规定不作为共同债务的除外情形。这一规定要有兜底条款,赋予法官一定的自由裁量权。最后,要明确规定共同债务的清偿规则,清偿范围是限于共同财产还是扩展到双方的个人财产。

有的提出,第一,婚姻家庭领域区分夫妻共同债务和夫妻为共同生活所负债务是有意义的。从服务于家庭命运共同体的存续和发展角度,将夫妻共同生活过程中产生的债务作为夫妻共同债务,在婚姻家庭领域中有其正当性和合理性。第二,在具体规则方面,建议规定夫妻一方非为共同生活需要举债,原则上认定为夫妻一方的个人债务。如果另一方配偶从中获益,则在债务清偿方面考虑与民法中的相关规则进行对接。比如,可以考虑在一定期限内将另一方获益的部分作为责任财产用于清偿。如果以夫妻双方名义对外举债,也要进一步区分情形:如果一方以夫妻双方名义对外从事民事活动,另一方明示或者默示认可,此时产生的债务应作为共同债务;如果一方以夫妻双方名义对外从事民事活动,另一方没有明示或者默示认可,就要看是否构成表见代理。如果不能构成,则不应认定为共同债务。

三、关于夫妻共同债务的清偿

有的提出,夫妻共同债务的清偿,应以共同财产清偿为基本原则。有的提出,共同财产不足清偿的,应由导致该债务产生一方的个人财产清偿;另一方仅以夫妻共同财产为限承担清偿责任。夫妻双方对该债务的产生都负有责任的,夫妻共同财产不足以清偿时,由双方的个人财产连带清偿,但抚养费、赡养费、医疗费等人身性质的共同债务除外。有的提出,共同财产不足清偿的,由引起债务发生的一方负担。双方合意举债的,应承担连带清偿责任。

有的提出,日常家事代理范围内产生的债务一般数额不大,能够为家庭共同生活所负担。因此,这种债务应一律作为夫妻共同债务,由双方承担无限连带清偿责任。对于其他共同债务的清偿,应区分情形,不可一概而论。比如,夫妻一方因生产经营所负债务在进行清偿时,可以考虑先以共同财产负担;共同财产不足清偿的,剩余部分由双方各自承担一半,或者均由举债一方承担。

有的提出,第一,一方因生产经营所负债务应由共同财产清偿。在举证责任方面,可以采用表见代理制度解决,即债权人须证明自己有理由相信债务属于夫妻共同债务。第二,一方为共同生活所负债务的清偿要区分情况。如果一方负债是为另一方履行法定抚养、赡养义务,则非举债方配偶仍应以个人财产负清偿责任;如果一方负债是为自己治疗疾病或者履行自己的法定抚养、赡养义务,则非举债方配偶不应以个人财产负清偿责任。第三,对于共同侵权的债务以及因被监护人所产生的债务,共同财产清偿后,不足清偿的,应以个人财产承担无限责任。

有的提出,在采用共同财产制的前提下,夫妻共同债务首先应以夫妻共同财产承担,不足部分由夫妻个人财产承担。从整个民法领域来看,夫妻可以参与民事活动的范围和目的远比婚姻家庭领域广泛和复杂得多，如果夫妻不是因家庭共同生活目的参与民事活动，应当根据其参与民事活动的具体类型来判断法律适用规则，不应在婚姻家庭领域直接回应。

有的提出，在共同财产制下，夫妻共同债务的清偿应当以无限连带责任作为基本原则。如果仅以共同财产为限，会导致大量共同财产转变为个人财产，最终影响共同财产制作为法定财产制的地位。因此，夫妻共同债务的清偿不能太过强调以共同财产承担，而应以每个人的全部财产承担；不能太过强调双方的分担，而应该强调双方的连带。这应当是共同财产制之下债务清偿的应有之义。此外，因共同经营所负债务，夫妻双方应承担无限连带责任。实践中，共同经营的认定较为复杂，不能因为形式上是夫妻一方投资而必然否定其共同经营的属性。因此，在法定财产制下，除特别约定外，只要夫妻关系存续，期间发生的经营行为都应属于共同经营，利益由双方共享，因此产生的债务应由双方承担无限连带责任。

四、关于个人债务范围及其清偿

有的提出，因一方原因产生的债务，如果完全没有用于共同生活，应该属于个人债务，由个人财产予以清偿。

有的提出，立法应明确个人债务的范围及其清偿规则。对于一方婚前所负且婚后没有用于共同生活的债务，一方因个人侵权、犯罪所负债务，一方以个人财产担保所负债务等，均应作为个人债务。个人债务原则上由个人财产清偿。除此之外，立法还应规定个人债务清偿后的补偿规则。即如果非举债方配偶以其个人财产或者以夫妻共同财产为举债方清偿了个人债务，非举债方配偶享有补偿请求权。

五、其他

有的建议增加共同债务举证责任的规定。

有的建议增加约定财产制登记的规定。

有的建议针对一方因生产经营巨额举债的情况，在其他法律中增设个人破产制度。

有的建议增加规定，配偶一方进行经营活动实施处分行为时，应当取得另一方配偶的书面同意。

民法典婚姻家庭编事实婚姻和收养问题部门座谈会简报

2018年10月30日，民法室召开座谈会，就民法典婚姻家庭编中的有关问题，听取最高人民法院、司法部、民政部、卫生健康委、全国妇联等部门的意见建议。现将有关情况简报如下：

一、关于事实婚姻

有的说，在婚姻登记领域并不存在事实婚的概念。从登记实践看，目前绝大多数当事人都选择到婚姻登记机关办理结婚登记，不办理登记的主要原因包括未达到法定婚龄、地处偏远法律意识不强、依据风俗或者宗教习俗结婚等。现行婚姻法虽然规定了可以补办婚姻登记，但实践中这类情况并不多，主要存在于一些年龄较大的当事人在需要办理房屋买卖、户口迁移等事项时才会补办，所补办的结婚证上的日期是补办登记当天的日期。关于补办登记的婚姻效力从何起算，婚姻法司法解释一明确为"从双方均符合婚姻法所规定的结婚的实质要件时起算"，我们认为由司法部门对此认定是合适的。

有的说，由于结婚登记和补办的婚姻登记在表现形式上没有任何不同，因此无法专门统计补办婚姻登记的准确数量。现行婚姻法所规定的"未办理结婚登记的，应当补办登记"，在当年主要针对的是一些因不同原因未及时办理登记的群体，如一些老年人仅依风俗结婚而不办理登记手续等。由于我们国家施行的是登记婚，并不承认事实婚，因此补办登记的规定在目前没有太大存在价值，可以取消这一规定，这同时也有利于促使当事人更多地选择通过登记确认婚姻效力。从工作层面来看，民政部目前正在探索异地登记的问题，全国6000多家的婚姻登记机构也能够满足不同地区、不同人群的登记需求。我们应该做的是尽可能宣传婚姻法的立法本意，而不是退回到承认事实婚的老路。

有的说，事实婚的问题已经存在很多年了，婚姻法司法解释一对此作出过规定，即："未按婚姻法第八条规定办理结婚登记而以夫妻名义共同生活的男女，起诉到人民法院要求离婚的,应当区别对待:(一)1994 年 2 月 1 日民政部《婚姻登记管理条例》公布实施以前,男女双方已经符合结婚实质要件的,按事实婚姻处理;(二)1994年 2 月 1 日民政部《婚姻登记管理条例》公布实施以后,男女双方符合结婚实质要件的,人民法院应当告知其在案件受理前补办结婚登记;未补办结婚登记的,按解除同居关系处理。"也就是说,自 1994 年 2 月 1 日婚姻登记管理条例出台后,我们国家就不再认可事实婚的存在了,这一点应该坚持。

有的说,事实婚的效力不应得到承认,但目前刑事领域依然将事实婚作为可以认定构成重婚罪的要件,这一点应该与民事领域保持一致。

有的说,可以从计划生育角度对事实婚的存在合理与否作一参考。尽管二胎政策放开后,大城市的人群生育意愿并没有显著增强,但在我国不少地方,仍然存在早于法定婚龄结婚的情况,甚至是先生育、后结婚的情况。在这些情况下,男女双方虽未进行结婚登记,但实际上早以夫妻之名生活甚至生育了子女,如果一律不承认这种事实婚姻的状态,如何保护已出生的孩子的权益?婚姻法司法解释一以一定的时间节点为限有区别地承认这种事实婚,肯定也是考虑了这种情况。

有的说,通过查阅全国妇联信访系统,近三年同居类纠纷每年全国平均 6300 件,数量比较稳定。这其中,按照信访人所陈述的双方已举行过结婚仪式或者同居达十年以上的"事实婚"纠纷,占到此类纠纷的 8%。在这些纠纷中,男方因不愿承担责任,配合女方办理结婚登记的意愿较低。不办理结婚登记的原因除一方没有登记意愿外,还包括:(1)偏远地区特别是少数民族地区流行仪式婚,举行完仪式后,不重视办理登记手续;(2)因不符合结婚实质要件而无法登记;(3)一些年轻人受西方思想影响,崇尚自由,不愿受婚姻束缚;(4)老年人离异或丧偶后,因子女反对或者担心牵涉法律问题而选择不登记;(5)离婚后有复婚意愿,但未履行复婚登记手续,继续以夫妻名义生活;(6)大城市的流动人口,未回原籍登记;(7)其他一些特殊人群在某一时间范围内无法亲自办理登记。在我国采取法定登记婚的前提下,立法价值取向应该朝着否定事实婚效力的方向发展。但从保障妇女儿童利益的角度考虑,应在某些特殊情况下承认事实婚的效力。比如,以夫妻名义共同连续生活 10 年以上,或者共同生活 3 年以上且育有子女的,在财产分割、子女抚养、继承等方面可以按照婚姻关系处理,这在国际上也是一种普遍做法。鉴于非婚同居关系在实践中一定量地存在,建议民法典婚姻家庭编能够借鉴司法解释,对此作出原则性规定。

二、关于收养

(一)试收养及收养监督

有的建议慎重考虑规定试收养及收养监督制度。原因在于:试收养不利于家庭正确对待收养;试收养后,如果试收养家庭不愿收养试收养的儿童,将会对儿童造成心理上的伤害;收养登记机关难以判定试收养期间儿童与家庭的融合情况。在监督方面,现有制度已可实现对收养后的有效监督,且增设收养监督制度,不符合我国国情。

有的提出,应当将儿童利益最大化原则贯穿于收养立法的全过程,试收养及收养监督制度都有利于被收养人合法权益的保护,应当在法律中加以规定。

(二)收养评估

有的建议,应当在民法典婚姻家庭编中增加规定:"民政部门办理收养登记前,应对收养人抚养、教育和保护被收养人的能力进行评估。"理由包括:一是,现有模式已经不可持续。当前,党中央、国务院正在推进简政放权、简化各类证明,现有模式要求当事人以及由村(居)委会出具的证明均要取消。取消相应证明后,如不进行评估,对收养人抚养、教育和保护被收养人的能力无从把握,无法保障被收养儿童的权益。二是,评估更具科学性。收养人抚养、教育和保护被收养人的能力包括当事人教育、成长背景、送养动机、家庭、性格、心理等诸多方面,只有通过相关具有专业背景的人员的综合评估才能把握。三是,实践已证明评估的实效性。当前,其他主要国家均采用评估制度,我国港澳台地区也采用这一制度。民政部自 2012 年起开始推行收养评估试点,全国有 30 个省开展了这项工作,取得了较好成效。

有的说,相比原来村(居)委会出具的较为笼统的有收养能力的证明,收养评估对收养人的考察更为全面。目前,外国人来中国收养、港澳居民来内地收养以及台湾居民来大陆收养,都要求提供收养能力评估报告,国内也已在多个省市推行收养能力评估试点。应当允许具备条件的地方开展收养能力评估,并在实践中对评估标准进行完善。对于暂不具备条件的地方,仍可沿用现行出具证明的办法。

有的提出,赞同在法律中规定收养评估制度。通过收养评估对收养人进行收养资格调查是非常重要的,收养人或者收养家庭成员中有影响未成年人健康成长的违法犯罪的,不适宜作收养人。

(三)私自抚养

有的建议,婚姻家庭编"收养"一章应当增加规定:"任何个人或机构发现来历不明儿童后,应及时向公安机关报案。严谨个人或民间机构收留抚养来历不明的儿童。"理由是,我国宪法、民法、未成年人保护法等法律明确了民政部门对儿童所承担的兜底性监护的国家责任,如对来历不明儿童不报案查找其生父母或其他监护人而收留抚养,将导致对儿童生父母或其他监护人、民政部门监护权的侵害。同时,也将使该儿童脱离合法监护人的监护,侵害该儿童的人身及财产权益,容易滋生买卖儿童等违法犯罪行为。其他国家也均对此持严格禁止的态度。

有的提出,因捡拾弃婴、计划外生育、收买被拐卖儿童等原因,民间存在一定数量的非社会福利机构抚养现象。1999年《中国公民收养子女登记办法》规定此类儿童由发现地收养登记机关办理收养登记，把关的方式是通过公安机关出具捡拾证明。2008年、2013年民政部分别会同有关部门下发《关于解决国内公民私自收养子女有关问题的通知》《关于进一步做好弃婴相关工作的通知》，要求公民捡拾弃婴和儿童的，一律向公安机关报案，一律送交社会福利机构抚养。根据上述规定，实际上已经停止直接为非社会福利机构抚养的弃婴和儿童办理收养登记。对于是否允许为私自抚养人办理收养登记，应以是否有利于最大程度保障弃婴和儿童利益为原则，建议在收养登记办法中删除为私自抚养人办理收养登记的规定。理由包括：一是，私自抚养人尤其是捡拾儿童者、收买被拐卖儿童者抚养条件有好有坏，抚养动机复杂，并不一定能很好地保障儿童成长。二是，删除这一规定不会影响弃婴和儿童的合法权益。三是，保留这一规定客观上为拐卖儿童、违反计划生育等违法行为通过收养登记“洗白”留下空间，会助长违法行为。四是，删除这一规定后，如果私自抚养人将弃婴和儿童送到社会福利机构，社会福利机构有能力承担抚养义务。

民法典婚姻家庭编亲子关系确认及亲子鉴定座谈会简报

2019年4月18日，民法室就民法典婚姻家庭编亲子关系确认及亲子鉴定问题召开座谈会，听取有关部门、单位的意见建议。最高人民法院、公安部、民政部、司法部、北京市司法局、司法鉴定科学研究院、解放军总医院第七医学中心的有关同志参加了会议。现将有关情况简报如下：

一、亲子鉴定的有关情况

（一）亲子鉴定机构概况

有的同志介绍，根据《全国人民代表大会常务委员会关于司法鉴定管理问题的决定》（以下简称决定），司法部主管全国司法鉴定登记管理工作。在登记管理的鉴定机构中，有权开展亲子鉴定工作的是具有从事法医物证鉴定资格的鉴定机构。据统计，2019年，全国已经公告的具有法医物证鉴定资格的鉴定机构394家，具有法医物证鉴定资格的鉴定人2241人。根据决定要求，鉴定机构向社会提供法医物证类的鉴定服务，必须获得司法部的行政许可。从事法医物证鉴定的机构性质不一，法人或者其他组织只要符合决定规定的条件以及相关登记管理办法规定的条件，司法行政部门就予以登记，许可其开展法医物证鉴定业务。目前，394家鉴定机构中，百分之六十几的机构为科研机构和大学院校，百分之三十几的机构则属于社会上的第三方机构。

（二）亲子鉴定的案件数量

有的同志介绍，据统计，近几年全国鉴定机构每年办理亲子鉴定的业务量大概在28万件左右，在所有司法鉴定业务类别中占比为15%左右。司法部以浙江、湖北两省为样本作过具体统计，有关情况是：浙江省现有法医物证鉴定机构14家，法医物证鉴定人68人。自2018年至今，全省法医物证鉴定机构接受的亲子鉴定的案件数量是15,202件，其中公安委托377件，法院委托190件，检察院委托3件，其他委托（包括律师事务所、民政部门、卫生计生部门等的委托）数量共计14,000多件，占绝大多数。湖北省现有法医物证鉴定机构18家，法医物证鉴定人74人。自2018年至今，共接受委托亲子鉴定的案件数量7000件左右，其中公检法等办案机关委托鉴定的数量为300多件，其他委托鉴定的数量为6000多件。两省的样本基本能反映全国的情况，即公检法等办案机关之外的委托鉴定数量占比最多，在90%左右。

（三）亲子鉴定的有关规范

有的同志介绍，2016年6月21日，司法部办公厅出台《关于规范司法鉴定机构开展亲子鉴定业务有关工作的通知》（司办通〔2016〕40号），进一步加强对司法鉴定机构开展亲子鉴定业务的规范管理。该通知对亲子鉴定的受理范围作了明确规定，即司法鉴定机构可以依法接受人民法院、人民检察院、公安机关、民政、卫生计生等有关部门的亲子鉴定委托。亲子鉴定的委托为当事人的，司法鉴定机构应当对委托鉴定事项、鉴定材料进行严格审查，发现鉴定用途不合法或者违背社会公德的，不得受理。实践中，对于公检法等办案机关以及民政、卫生计生部门的鉴定委托，鉴定机构都是全部受理的；但对于当事人个人委托的，则严格审查，谨慎受理。此外，该通知还明确规定司法鉴定机构不得接受当事人委托对孕妇开展产前亲子鉴定或者进行胎儿性别鉴定。关于鉴定材料的提取，司法鉴定机构开展亲子鉴定业务，应当认真核对当事人身份信息，复印有效身份证件，并对当事人进行拍照。提取检材时，应当要求当事人本人到司法鉴定机构提取。当事人确有困难无法到司法鉴定机构的，司法鉴定机构可以指派至少二名工作人员到现场提取检材，其中至少一名应为该鉴定事项的鉴定人。严禁司法鉴定机构通过邮寄、快递、当事人自行送检等方式获取亲子鉴定的鉴定材料，严禁委托其他鉴定机构或其他单位、个人代为提取鉴定材料。

二、有关部门、单位涉亲子鉴定的情况介绍

有的提出，法院目前遇到的涉及亲子鉴定的案件主要包括以下几类：一是在离婚案件中，男方请求否认亲子关系，并进而要求返还抚养费或者向女方主张精神损害赔偿。法院对此类案件把握的原则是，婚姻关系存续期间出生的子女视为婚生子女，除非一方有其他证据可以推翻这一认定。其中，最有力的证据就是亲子鉴定结论。实践中，最常见的情况是另一方不配合鉴定。对此，最高人民法院在婚姻法司法解释三中确立了一项推定的原则，即：夫妻一方向人民法院起诉请求确认亲子关系不存在，并已提供必要证据予以证明，另一方没有相反证据又拒绝做亲子鉴定的，人民法院可以推定请求确认亲子关系不存在一方的主张成立。当然，法院对“必要证据”的审查非常严格，不能随便推定。二是在抚养费纠纷案件中，子女作为原告，女方以子女法定代理人的身份起诉请求男方支付抚养费。此时，也涉及首先确认亲子关系是否存在的问题。女方如果提供了当时的同居证明、孩子的出生证

明等必要证据，男方对亲子关系予以否认却又不配合进行亲子鉴定，法院可以推定原告的主张成立，判决男方支付抚养费。三是在继承纠纷案件中，不同主体因主张享有继承权或者否认他人享有继承权而需要进行亲子鉴定。如被继承人的妻子主张被继承人在上一次婚姻关系中所生子女不是其亲生子女，或者有人主张与被继承人存在亲子关系，要求通过与被继承人的其他子女进行亲缘鉴定以确认亲子关系，进而获得继承权。对于此类案件，法院均不予支持鉴定申请，认为能够提起确认或者否认亲子关系之诉的主体仅限于父母和子女，其他人不享有这一权利。从案件的总体数量上看，涉亲子鉴定的诉讼案件并不多，每年也就几千件。这相较于每年 160 多万件的离婚案件来说，数量非常少了。

有的提出，民政部门工作中涉及亲子鉴定的情况，主要有以下几种：一是对进入儿童福利院的儿童进行统一的 DNA 采集，如果属于走失或者被拐儿童，便于其父母通过鉴定确认亲子关系。目前遇到的问题是，有的父母基于各种原因一开始并不寻找子女，等到其子女已经被其他家庭收养后，再申请通过亲子鉴定要回孩子。对于这种情况，我们认为，即使亲子鉴定结论确认存在亲子关系，依然要尊重已经形成的收养家庭关系，否则会在很长时间内使家庭关系处于一种不稳定的状态。二是在孩子上户口时，需要亲子鉴定结论作为前提。实践中，很多情况下孩子出生时没有医学证明，但按照公安的落户政策要求，要首先通过亲子鉴定确认亲子关系，否认不予落户。由于亲子鉴定需要付出时间和经济成本，有的父母拒绝进行鉴定，从而导致孩子无法上户口。此外，在有的情况下，亲子鉴定揭示出生物学上真实的亲子关系，有可能对既已形成的家庭关系产生冲击。

有的同志介绍，法医物证鉴定主要分两个大的方向，一是个体识别，二是亲缘关系鉴定。亲缘关系鉴定目前在技术方面已经非常成熟，但社会民众对此还有一些认识上的误区，如认为亲子鉴定确定的是当事人之间存在亲子关系的准确率。事实上，亲子鉴定所确定的，是当事人之间存在亲子关系的一种可能性，是一个确信度，而非准确度。从受理的鉴定案件情况来看，当事人申请鉴定的目的多种多样，除用于诉讼外，还包括继承、公证等，甚至在进行器官移植的时候，也需要进行亲子鉴定。在鉴定技术方面，除了父子之间，隔代亲属之间也可以进行鉴定。

有的提出，公安机关司法鉴定中心 DNA 实验室主要承担 DNA 个体识别、亲缘鉴定及 DNA 数据库建设，亲缘鉴定主要承担失踪人员的身份鉴定、未知名尸体的身源鉴定、灾难事故中罹难人员的身源鉴定、被拐卖儿童身源鉴定及福利院儿童、非婚生子女落户是否为被拐儿童的检索工作。截至 2018 年年底，公安机关已建成部、省、市、县区四级 DNA 实验室 760 家，2018 年利用 DNA 技术检验了案件 80 万起，检材数达 321 万件，发挥作用并侦破包括命案在内的各类案件 21.6 万余起。特别是子库失踪人员库、灾难事故库和打拐库更是在寻找失踪人员、打击拐卖妇女儿童中发挥了重要作用。2018 年，打拐库新增 DNA 信息 9 万余条，DNA 信息总量达到 91 万条，比中被拐卖/失踪儿童 300 余名，累计比中解救被拐卖/失踪儿童 5500 余名。根据《公安机关鉴定规则》，公安机关司法鉴定机构受理公安系统内部机关委托的鉴定；人民法院、人民检察院、国家安全机关、司法行政机关、军队保卫部门以及监察、海关、工商、税务、审计、卫生计生等其他行政执法机关委托的鉴定；金融机构保卫部门委托的鉴定；其他党委、政府职能部门委托的鉴定。不受理律师事务所、自然人个人申请的亲子鉴定工作。

有的提出，截至 2019 年 4 月，北京市从事亲子鉴定的机构共 13 家，具有法医物证相关资格的鉴定人 83 名。2016—2018 年，每年受理亲子鉴定的数量分别为 27,474 件、15,761 件、23,337 件，分别占当年鉴定案件总量的 36%、23%、27%。从目前掌握的情况看，由机构委托鉴定和个人委托鉴定的数量大体上各占一半，但个人委托所占比重近些年不断上升。在机构委托的案件中，法院委托的数量最多，多集中在离婚、继承、抚养费纠纷等案件。

有的提出，解放军总医院第七医学中心的前身是原来的陆军总医院，下设一个司法鉴定所，主要从事法医物证鉴定中的亲子鉴定。从案件来源看，主要接受个人委托从事鉴定业务。基本流程是当事人到鉴定所后，首先签订鉴定委托书，在委托书里明确鉴定用途，如落户、迁户、开具出生证明、出国移民等。除此之外，还有一项是法律用途，但具体内容没有明确界定。实践中，对于当事人在鉴定用途上填写法律用途的，鉴定所一般也不便多问，即使当事人拿着鉴定结论做一些有悖伦理或者公德的事情，鉴定所也无从判断。有的情况下，父亲或者母亲单方带孩子做亲子鉴定，鉴定所告知委托人要取得另一方配偶的知情同意才能进行鉴定。

三、相关立法建议

有的建议，法律应对提起亲子鉴定的主体范围加以限定，这一范围不能无限扩张。有的建议应该限于父母和成年子女，其他人不允许提起。

有的建议，法律应当明确禁止自然人个人或者律师事务所申请亲子关系鉴定，因为无论鉴定结论如何，对亲子关系、夫妻关系等都会造成很大伤害，而且有可能泄露个人隐私，造成不良社会影响。

有的提出，草案关于亲子关系确认或否认之诉的规定，可以实现对婚姻关系中权益受损一方的保护，但同时，应当对条文中“父母或者成年子女”的含义予以明确，到底是指法律意义上的父母子女，还是指生物学意义上的父母子女？此外，非婚生子女能否提起确认或否认之诉？如果允许提起，是否会造成对婚生子女或者婚姻关系中无过错方合法权益的侵害？这些问题都要统筹考虑。

部分单位对《民法典婚姻家庭编（草案）》的意见

2019 年 4 月 17 日，民法室召开座谈会，听取最高人民法院、民政部、司法部、国家卫健委和全国妇联对《民法典婚姻家庭编（草案）》一审稿的意见。现将主要意见简报如下：

一、关于一般规定

1. 近亲属

草案第八百二十二条第三款规定，共同生活的公婆、岳父母、儿媳、女婿，视为近亲属。

有的建议，删除本款中的“共同生活”。对近亲属范围的规定，要重视血缘，也应当重视亲缘。是否“共同生活”不应成为亲属关系确定的影响因素，且“共同生活”含义不清，容易引起误解。

2. 婚姻家庭的倡导性规定

草案第八百二十一条规定，夫妻应当互相忠实，互相尊重；家庭成员间应当敬老爱幼，互相帮助，维护平等、和睦、文明的婚姻家庭关系。

有的提出，我国即将面临老龄化问题，对老年人权益的保护势在必行。实践中子女不赡养老人致使老人生活困难的报道时有出现，农村地区尤为突出。因此，建议在本条增加倡导性内容，如“家庭成员应当尊重、关心和照料老年人”。

二、关于结婚

1. 结婚年龄

草案第八百二十四条规定，结婚年龄，男不得早于 22 周岁，女不得早于 20 周岁。

一些意见提出，应适当降低婚龄。

2. 隐瞒疾病的可撤销婚姻

草案第八百三十条第一款规定，一方患有严重疾病的，应当在结婚登记前如实告知另一方；不如实告知的，另一方可以向婚姻登记机关或者人民法院请求撤销该婚姻。第二款规定,撤销婚姻的请求,应当自知道或者应当知道撤销事由之日起一年内提出。

有的提出,本条中"严重疾病"的概念不明确,婚姻登记员在实际办理过程中,对"严重疾病"程度的鉴别以及一方是否"如实告知另一方"的取证核实有相当大的难度。因此,建议删除本条规定,或者明确此类婚姻登记撤销通过民事诉讼由法院处理。

有的提出,根据本条规定,到了法院走什么程序也是一个问题。应该是走特别程序,但目前法律没有这方面的规定。让双方当事人走离婚途径解决问题可能更合理。

三、关于家庭关系

1. 总的意见

有的建议,进一步细化和充实"家庭关系"一章,分别规定家庭人身关系和财产关系,充实家庭财产制的相关内容。理由是:第一,结构上,草案共分五章,分别为一般规定、结婚、家庭关系、离婚、收养,其中第五章"收养"占 27 条,分为三节;前四章共占 53 条,仅第三章分两节。而实践中从数量上看,与收养纠纷案件相比,属于前四章,尤其是"家庭关系"和"离婚"的案件在家事纠纷中占绝大多数,其中财产纠纷又占绝对多数。比如,2014 年全国法院共审结一审离婚后财产纠纷案件 23,848 件,2015 年共审结 26,533 件,2016 年共审结 34,086 件,家事案件往往最终演变成财产争夺战。因此,草案在条款比重上与实践需要不甚相符,建议再调整,细化和充实"家庭关系"一章,对家庭财产关系作出详细规定。第二,从调研的情况看,理论上和实践中争议比较大的问题,比如夫妻婚后所得共同财产"共同所有"的含义、夫妻约定财产制和赠与之间的关系、夫妻债务的清偿等,都属于家庭财产制的内容,建议充实夫妻财产关系的内容,积极回应当前社会发展夫妻关系存续期间财产关系日益复杂的实际,对夫妻财产关系的内容作细化全面的规定,从而真正在供给侧给司法裁判以明确规则,给人民群众以具体指引。

2. 家事代理

草案第八百三十七条第一款规定,夫妻一方因家庭日常生活需要而实施的民事法律行为,对夫妻双方发生效力,但是夫妻一方与相对人另有约定的除外。第二款规定,夫妻之间对一方可以实施的民事法律行为范围的限制,不得对抗善意相对人。

有的建议,增加一款明确界定"家庭日常生活需要":"家庭日常生活需要是指家庭在日常生活中必须发生的各种事项,包括日常生活基本开支、家庭日用品购买、医疗服务、子女抚养和教育、父母赡养等。"以减少理解上的分歧,更好地指导司法实践。

3. 约定财产制

草案第八百四十一条第一款规定，男女双方可以约定婚姻关系存续期间所得的财产以及婚前财产归各自所有、共同所有或者部分各自所有、部分共同所有。约定应当采用书面形式。没有约定或者约定不明确的，适用本法第八百三十九条、第八百四十条的规定。第二款规定，夫妻对婚姻关系存续期间所得的财产以及婚前财产的约定，对双方具有约束力。

有的建议，在第一款中增加规定“约定应当遵守诚信原则，不得违背社会良俗”。在第二款的“对双方具有约束力”前增加“经婚姻登记机关备案后”。

4. 婚内析产

草案第八百四十二条规定，婚姻关系存续期间，有下列情形之一的，夫妻一方可以向人民法院请求分割共同财产：(1)一方有隐藏、转移、变卖、毁损、挥霍夫妻共同财产或者伪造夫妻共同债务等严重损害夫妻共同财产利益行为的；(2)一方负有法定扶养义务的人患重大疾病需要医治，另一方不同意支付相关医疗费用的。

有的建议，将第二项修改为“一方本人或者其负有法定扶养义务的人患重大疾病需要医治，另一方不同意支付相关医疗费用的”。

5. 夫妻对共同财产的知情权

有的建议，增加规定夫妻对共同财产的知情权：“在婚姻关系存续期间，夫妻双方对夫妻共同财产享有知情权，一方有权了解财产状况，另一方不得隐瞒。夫妻一方查询夫妻关系存续期间登记在另一方名下财产状况的，有关部门应当予以协助。”夫妻知情权基于夫妻忠实义务产生，是夫妻关系的重要内容。平等地享有知情权有利于防止夫妻一方向另一方隐匿重大事项，侵害对方合法权益，也可以督促夫妻相互关心、照顾，促进家庭和谐稳定。在共同财产夫妻知情权立法上，地方已有实践，2009 年《广东省妇女权益保障条例》、2017 年《河北省妇女权益保障条例》、2018 年《江苏省妇女权益保障条例》都已作出相关规定。

6. 子女的赡养义务

草案第八百四十三条第二款规定，成年子女不履行赡养义务的，无劳动能力或者生活困难的父母，有要求成年子女给付赡养费的权利。

有的提出，我国对于老年人养老还是坚持以居家为基础的原则，草案关于老年人权益保护的内容仅有本条规定，建议在本条或者草案第八百四十六条中增加“子女应当履行对老年人经济上供养、生活上照料和精神上慰藉的义务，照顾老年人的特殊需要”，“赡养人不得以放弃继承权或者其他理由，拒绝履行赡养义务”等内容。

7. 继父母和继子女间的权利义务关系

草案第八百四十九条规定，继父母与继子女间，不得虐待或者歧视。继父或者继母和受其抚养教育的继子女间的权利义务关系，适用法律关于父母子女关系的规定。

有的提出，近年来再婚家庭的数量日趋上升，有关继父母与继子女之间的纠纷也越来越多。婚姻法对继父母与继子女的关系问题规定得过于简单和笼统，审判实践中认定困难，标准不一，基层法院反映强烈。比如，在何种情形下可以认定继父母和继子女之间成立拟制血亲关系？形成拟制血亲关系需要“形成抚养教育关系”，抚养教育关系存续是否需要一个年限限制？是否需要考虑继父母与继子女之间的合意？一个继子女可以有几个继父母？继父母和生父母离婚后，继父母可否解除和继子女之间的父母子女关系？对上述问题，亟须立法予以明确或完善。建议：第一，“形成抚养教育关系”应规定一个年限限制。第二，在“形成抚养教育关系”这个标准之外，还需考虑“双方的合意”，即继父母与继子女之间有没有形成父母子女关系的意愿。第三，除了形成拟制血亲的认定标准外，其他有关继父母和继子女之间人身权利、财产权利的内容，也建议进行研究。比如，继父母和继子女之间是否成立拟制血亲关系，是否一定要和法定继承权相关联。如果不相关联，实践中会减少很多继父母和继子女之间的纠纷。

四、关于离婚

1. 离婚冷静期

草案第八百五十四条第一款规定，自婚姻登记机关收到离婚登记申请之日起一个月内，任何一方不愿意离婚的，可以向婚姻登记机关撤回离婚申请。第二款规定，前款规定期间届满一个月内，双方应当亲自到婚姻登记机关申请发给离婚证；未申请的，视为撤回离婚登记申请。

有的提出，一是“一个月”的概念容易引起歧义，建议修改为“三十日”，更加便于执行。二是建议将第二款中的“申请发给离婚证”修改为“申请办理离婚登记”，这时婚姻登记机关还要先依据草案第八百五十五条规定进行审查，而不是直接发给离婚证。

有的提出，“一个月”的时间有点短，建议延长一些。

2. 离婚登记

草案第八百五十五条规定，婚姻登记机关查明双方确实是自愿离婚，并已对子女抚养、财产及债务处理等事项协商一致时，予以登记，发给离婚证。

有的提出，婚姻登记机关没有实质审查的义务和手段，查明“双方确实是自愿离婚，并已对子女抚养、财产及债务处理等事项协商一致”有难度，建议将本条修改为：“双方自愿离婚，并已对子女抚养、财产及债务处理等事项协商一致时，婚姻登记机关予以登记，发给离婚证。”这样表述更为准确。

3. 复婚登记

草案第八百六十条规定，离婚后，男女双方自愿恢复婚姻关系的，应当到婚姻登记机关进行复婚登记。

有的提出，“复婚”并无明确界定，在实践中也是按照重新办理结婚登记程序操作。建议将“复婚登记”修改为“重新办理结婚登记”。

4. 离婚时的财产处理

草案第八百六十五条第一款规定，离婚时，夫妻的共同财产由双方协议处理；协议不成时，由人民法院根据财产的具体情况，照顾子女、女方和无过错方权益的原则判决。第二款规定，夫或者妻在家庭土地承包经营中享有的权益等，应当依法予以保护。

有的建议，增加一款，规定离婚时不动产分割问题：“婚前一方支付首付款，婚后用夫妻共同财产偿还贷款的不动产，离婚时，该不动产由双方协议处理。协议不成的，由人民法院根据首付款占总款项的比例、夫妻对偿还贷款的贡献等因素和照顾子女、女方权益原则，判决该不动产的产权归属，尚未归还的贷款为取得不动产所有权人的个人债务。双方婚后共同还贷支付的款项及其相对应财产增值部分，离婚时由取得不动产所有权一方对另一方进行补偿。”

5. 夫妻债务偿还

草案第八百六十七条规定，离婚时，夫妻共同债务，应当共同偿还。共同财产不足清偿或者财产归各自所有的，由双方协议清偿；协议不成时，由人民法院判决。

有的提出，有关夫妻债务偿还的规定亟须立法层面予以细化、完善和明确。目前此问题是婚姻家庭编中实务界和理论界争议最大的问题，婚姻家庭编应当回应这种现实需求和呼声。建议：一是取消“离婚时”这个时间限制，共同债务不仅存在于离婚的情形，在婚姻关系存续期间依然存在债务清偿问题；二是明确夫妻共同债务和夫妻一方债务的认定标准；三是明确责任财产的范围。

有的建议，在本条后增加规定：“夫或者妻一方超出家庭日常生活需要范围负债的，为个人债务，但夫妻双方共同签字、夫妻另一方事后追认的，或者债权人能够证明该债务用于夫妻共同生活、共同生产经营的除外。”“夫妻双方恶意串通损害债权人利益，或者夫妻一方与第三人串通伪造债务企图侵占另一方财产构成犯罪的，依法追究刑事责任。”随着经济社会的发展，夫妻共同债务纠纷处置成为司法实践的难题。2018 年 1 月，最高人民法院发布了夫妻债务司法解释。该司法解释强调夫妻共同债务形成时的“共债共签”原则，引导民事商事主体主动规范交易行为，加强风险防范，对于保障交易安全和夫妻一方合法权益，发挥了积极作用。据了解，夫妻债务司法解释发布后，受到社会各界的普遍欢迎，多起案件中的债权人提出了撤诉申请，基本平息了争议和热点。建议吸纳夫妻债务司法解释的内容，在婚姻家庭编中对夫妻共同债务认定问题作出明确规定。同时,关于夫妻共同债务纠纷中的行为认定,要采取民刑分开的立法态度并加大刑事方面的立法研究。首先,在民事上,确立夫妻共同债务的认定标准,并根据标准确定所涉债务是否属于夫妻共同债务。对于夫妻串通假离婚逃避债务的行为,债权人可以将假离婚夫妻作为共同被告提起民事诉讼,请求人民法院判令两人财产约定无效,由假离婚夫妻对债务共同偿还。对于夫妻一方与第三人串通伪造共同债务的行为,判决所涉债务人无需承担债务清偿责任。其次,在刑事上,要加大对不诚信行为的刑事追究力度,对于夫妻串通假离婚逃避债务的行为,如果假离婚夫妻有能力执行而拒不执行法院判决裁定的,可以按拒不执行生效的判决裁定罪追究两人的刑事责任,而且不免除其履行债务的义务。对于夫妻一方与第三人串通伪造夫妻共同债务的,可以根据2018年10月1日施行的《最高人民法院、最高人民检察院关于办理虚假诉讼刑事案件适用法律若干问题解释》第一条"与夫妻一方恶意串通,捏造夫妻共同债务"的规定,追究其虚假诉讼罪的刑事责任。采取民刑分开,并加大刑事的追究力度,能够有效预防违法行为的发生,推动形成社会诚信机制。

6. 离婚经济帮助

草案第八百六十八条规定,离婚时,如一方生活困难,有负担能力的另一方应当给予适当帮助。具体办法由双方协议;协议不成时,由人民法院判决。

有的建议,参考最高人民法院婚姻法司法解释一的规定,在"给予适当帮助"后增加规定"以个人财产中的住房对生活困难者进行帮助的,可以是房屋的居住权或者房屋的所有权"。

五、关于收养

1. 收养原则

草案第八百七十一条第一款规定,收养应当有利于被收养人的健康成长,保障被收养人和收养人的合法权益。第二款规定,禁止借收养名义买卖儿童。

有的建议,一是增加一款规定:"收养应当坚持被收养儿童利益优先原则。"理由是:儿童福利优先是联合国《儿童权利公约》和《跨国收养方面保护儿童及合作公约》中明确的重要原则,为国际社会普遍认可和遵行。在我国收养领域还普遍存在一种错误认识,即将被收养儿童作为满足收养人需求的"物品",放在从属地位,不利于被收养儿童权益保障。在民法典中明确被收养儿童利益优先原则,可以更好地指导收养实践。二是增加一款规定:"任何个人或者机构发现来历不明儿童后,应及时向公安机关报案。严禁个人或者民间机构收留抚养来历不明的儿童。"理由是:如对来历不明儿童不报案查找其生父母或其他监护人而收留抚养,将导致对儿童的生父母或其他监护人、民政部门监护权的侵害。同时,也将使该儿童脱离合法监护人的监护，侵害该儿童的人身和财产权益，并直接影响儿童的教育、医疗等权益。此外，还将滋生买卖儿童等违法犯罪行为。从其他国家立法情况看，均对此持严格禁止的态度，如日本、新西兰等国家法律明确规定，私自将儿童安排收留在自己家中是犯罪行为。民法典作为国家重要的基础性法律，应旗帜鲜明地明确此方面规定。

2. 被收养人和送养人

草案第八百七十二条规定，下列未成年人，可以被收养：(1)丧失父母的孤儿；(2)查找不到生父母的儿童；(3)生父母有特殊困难无力抚养的子女。草案第八百七十三条规定，下列个人、组织可以作送养人：(1)孤儿的监护人；(2)儿童福利机构；(3)有特殊困难无力抚养子女的生父母。

有的建议，将这两条合并为一条并作修改，第一款规定："下列未成年人，可以被收养：(一)丧失父母的孤儿；(二)查找不到生父母的儿童；(三)父母有特殊困难无力抚养的子女。"第二款规定："孤儿由其监护人送养。查找不到生父母的儿童由抚养该儿童的儿童福利机构送养。父母有特殊困难无力抚养子女的子女，由其父母送养。"理由主要是：第一，这两条规定并不能涵盖实践中所有的被收养人、送养人，不是一般条款，其和草案第八百七十四条、第八百七十八条应当是并列关系。这两条目前的表述容易引起对相关条文理解上的歧义，不利于基层的执行。第二，第八百七十二条和第八百七十三条规定的主体之间的关系，应该是一对一的，但是实践中还是存在一些异议。这两条规定合并在一起，把可以送养的儿童和送养主体对应起来说，就可以明确这一问题。第三，第八百七十二条和第八百七十三条的第三项规定的都是"生父母"，但在实践中，确实有一些养父母收养子女后，家庭发生重大变故，如一方患有重病，另一方死亡，无法抚养养子女，为养子女考虑，产生了送养养子女的愿望。如不允许，也不利于未成年人的健康成长和权益保障。建议将"生父母"修改为"父母"。

3. 未成年人监护人送养的限制

草案第八百七十四条规定，未成年人的父母均不具备完全民事行为能力的，该未成年人的监护人不得将其送养，但是父母对该未成年人有严重危害可能的除外。

有的建议，一是将本条修改为："未成年人的父母均不具备完全民事行为能力、且对该未成年人有严重危害可能的，该未成年人的监护人可以将其送养。"从实践中大量的案例来看，未成年人的父母均不具备完全民事行为能力的，大多属于极端困难的家庭，其监护人往往也年事已高，难以照顾自己，且还需要照顾未成年人不具备完全民事行为能力的父母，绝大多数未成年人的成长发展等权益难以保障。将本条从"禁止"的角度修改为"可以"的角度，给此类家庭和未成年人以"出路"，具有鲜明的导向性，也有利于实践操作时掌握，更有利于保障此类未成年人的权益。二是在本条后增加一条："父母被依法剥夺监护权，且无其他监护人或者其他监护人不愿意履行监护义务的儿童，由承担起监护责任的儿童福利机构送养。"当前，我国未成年人保护工作正逐步深入发展，人民群众剥夺"无良"父母对其子女监护权的呼声日渐高涨，也认同剥夺监护权后将此类儿童送养，最高人民法院、最高人民检察院、公安部、民政部2014年已联合印发《关于依法处理监护人侵害未成年人权益行为若干问题的意见》。但此部分儿童无法归到当前可以送养的三类未成年人之中，建议从法律层面予以明确。

4. 生父母送养子女

草案第八百七十六条规定，生父母送养子女，应当双方共同送养。生父母一方不明或者查找不到的，可以单方送养。

有的提出，第一，对一方不明的认定将直接影响被认定方的重大权益，如存在问题，也将对收养关系的稳定性产生影响。各地收养登记机关普遍反映需要明确"生父母一方不明"的认定主体和标准，以增强可操作性。第二，实践中，有一些患有精神疾病的女性流浪乞讨人员，其自身不具备说明自身身份和所生育子女生父信息的能力，且完全不具备抚养、教育和保护所生育子女的能力。但将其子女送养目前没有法律依据，只能长期滞留在儿童福利机构。因此，建议增加规定："生父母一方不明，一方身份不能确定且不具备完全民事行为能力的未成年人，可以由承担其监护责任的儿童福利机构送养。"

5. 收养人的条件和收养人数

草案第八百七十七条规定，收养人应当同时具备下列条件：(1)无子女或者只有一名子女；(2)有抚养、教育和保护被收养人的能力；(3)未患有在医学上认为不应当收养子女的疾病；(4)年满三十周岁。草案第八百七十九条第一款规定，无子女的收养人可以收养两名子女；有一名子女的收养人只能收养一名子女。第二款规定，收养孤儿、残疾儿童或者儿童福利机构抚养的查找不到生父母的儿童，可以不受前款和本法第八百七十七条第一项规定的限制。

有的提出，草案尽量不要涉及计划生育相关限制性规定，像这两条规定虽然没有写计划生育的内容，但是等于把现在全面两孩的条件写进去了。未来国家生育政策还是有调整的空间，民法典出台后，如果生育政策又有变化了，是不是这两条规定还要修改。现在被收养人数量较少，有收养意愿的人很多，如果草案是考虑为了保障儿童的权益，对收养数量有一个限制，那可以。如果是跟计划生育政策相关联的，建议作修改。

有的建议，在草案第八百七十七条增加一项条件"无不利于被收养人健康成长的违法犯罪记录"。国家鼓励有违法犯罪记录的人重返社会，但是，不能以损害未成年人的权益为代价。有故意杀人、强奸等暴力犯罪或因吸毒、猥亵、虐待家庭成员等受过治安处罚的人,对于未成年人健康成长不利,不能成为收养人。

6. 华侨收养

草案第八百七十八条第一款规定,收养三代以内同辈旁系血亲的子女,可以不受本法第八百七十二条第三项、第八百七十三条第三项和第八百八十条规定的限制。

有的建议,第一,将本款规定中的“子女”修改为“未满十八周岁的子女”。从实践掌握情况看,近亲属间的收养目的多数都是为了往大城市迁移户口,是为了钻法律空子,实现与收养不相关的其他利益诉求。如果不加限制,将对国家经济社会发展秩序造成不利影响。第二,增加规定:“收养双胞胎或者多胞胎的,可以一并收养。”使收养更人性化。

7. 配偶收养子女

草案第八百八十一条第二款规定,配偶一方为无民事行为能力人或者被宣告失踪的,可以单方收养。

有的建议,将本款修改为:“配偶一方被宣告失踪的,可以单方收养。”理由:一是从儿童利益考虑,配偶一方为无民事行为能力人的,与正常家庭相比,被收养儿童所得到的关爱必然是不完整的。且此类家庭多数收养儿童是存有将来由此儿童去赡养无民事行为能力人的想法,与儿童利益优先原则不符。二是从社会稳定和谐的考虑出发,随着人们生育观念的深刻调整以及社会保障水平的不断提升,可被收养儿童的数量呈不断减少趋势,而同时想收养子女的家庭却不断增多,两者之间的关系已经十分紧张。如规定配偶一方为无民事行为能力人的可以单方收养,由于此类家庭收养诉求往往十分强烈,但实践中又难以收养到儿童,极有可能成为新的不稳定因素。

8. 收养补办登记

草案第八百八十四条第一款规定,收养应当向县级以上人民政府民政部门登记。收养关系自登记之日起成立。未办理收养登记的,应当补办登记。

有的建议,增加规定“收养关系自补办之日起成立”,以便于社会各界、当事人、收养登记工作人员把握。否则,将对现有收养管理秩序造成冲击,极有可能诱导收养人选择补办时间,使收养人和被收养儿童关系长期处于不稳定状态,不利于保护被收养儿童的权益。

9. 收养评估

有的建议,增加规定:“对收养人抚养、教育和保护被收养人的能力,民政部门应当组织评估。”理由:一是现有模式已经不可持续。当前,党中央、国务院正在推进简政放权、简化各类证明,现有模式要求当事人所在单位以及由村(居)民委员会出具或提供的证明均要取消。取消相应证明后,如不进行评估,收养人抚养、教育和保护被收养人的能力无法把握，难以保障被收养儿童的权益。二是评估更具科学性。收养人抚养、教育和保护被收养人的能力包括当事人教育、成长背景、送养动机、家庭、性格、心理等诸多方面，只有通过相关具有专业背景的人员的综合评估才能把握。三是实践已经证明收养评估的实效性。当前，其他主要国家均采用评估制度，我国香港、澳门、台湾地区也采用评估制度。民政部自2012年开始推行收养评估试点，全国已有30个省开展了收养能力评估试点工作，取得了较好成效。上海、重庆、江苏、山东、宁夏、北京等多个省份已经在本辖区全面推开。四是开展评估不会增加财政负担。2018年中国公民（含港澳台）国内收养13，506人，分散到全国2851个县平均还不到5个人。按需评估收养家庭是可被收养儿童的5倍计算，只需评估25个家庭。按一个家庭需花费3000元计算，一个县一年评估仅需支出7.5万元。

有的提出，现行收养法重形式审查、轻实质审查，不利于实现儿童利益最大化。各国收养法发展的国际趋势是加强对收养行为的法律监督，强调国家公权力的介入。我们有必要吸收和借鉴外国的立法经验，引入对于收养制度的实质审查。从实践看，民政部先后确定两批收养评估试点单位，取得了一定的成果和经验，应在婚姻家庭编中将该成果和经验吸收进来。

有的提出，评估本来应该是民政部门做，可是基层民政部门人数少、任务重，难以评估。目前试点采取的是委托社会上第三方组织的办法，这就涉及财政支出，目前各方面对此还有一定的争议。

10.其他

有的建议，增加规定试收养和收养监督回访制度。

部分学者对《民法典婚姻家庭编(草案)》的意见

2019年4月17日,民法室召开座谈会,听取中国人民大学、北京大学、中国社科院法学研究所、中央民族大学、中华女子学院、北京科技大学的有关专家学者对《民法典婚姻家庭编(草案)》一审稿的意见。现将主要意见简报如下:

一、关于一般规定

有的建议,在本编的第一条后增加规定:"国家保护婚姻家庭成员的合法权益。"

有的建议,对"婚姻"作出界定,即婚姻是指男女双方依法设立的夫妻关系。

一些专家建议,增加有关"家庭"定义的规定。有的建议定义为:"家庭是配偶、子女和其他近亲属共同生活的单位。"有的建议定义为:"家庭是由配偶、父母、子女和其他共同生活的近亲属组成的生活单位。"

有的建议,增加有关亲等的规定。

二、关于结婚

1. 法定婚龄

草案第八百二十四条规定,结婚年龄,男不得早于22周岁,女不得早于20周岁。

一些专家提出,20世纪80年代的婚姻法之所以提高法定婚龄,是为了计划生育的需要,但目前计划生育政策进行了重大调整,如果还保持现有的法定婚龄不变,将不能适应婚姻的现实状况以及计划生育政策的最新变化,建议降低法定婚龄。

有的建议,将法定婚龄统一降为20周岁,或者降为男20周岁、女18周岁。

2. 结婚登记

草案第八百二十六条规定,要求结婚的男女双方应当亲自到婚姻登记机关申请结婚登记。符合本法规定的,予以登记,发给结婚证。完成结婚登记,即确立婚姻关系。未办理结婚登记的,应当补办登记。

有的建议，明确补办结婚登记后婚姻效力的起算时间，即从双方均符合婚姻法所规定的结婚实质要件时起算。

3. 无效婚姻

草案第八百二十八条规定，有下列情形之一的，婚姻无效：(1)重婚的；(2)有禁止结婚的亲属关系的；(3)未到法定婚龄的；(4)以伪造、变造、冒用证件等方式骗取结婚登记的。

有的提出，伪造、变造、冒用证件等方式骗取结婚登记的情形作为无效婚姻不合适，建议作为可撤销婚姻处理，可规定为："以伪造、变造、冒用证件等方式骗取结婚登记的，受害人一方可以向婚姻登记机关或者人民法院请求撤销该婚姻登记。"

4. 可撤销婚姻

草案第八百二十九条第一款规定，因胁迫结婚的，受胁迫的一方可以向婚姻登记机关或者人民法院请求撤销该婚姻。

有的建议增加因欺诈撤销婚姻的规定。

5. 婚姻无效或者被撤销的法律后果

草案第八百三十一条规定，无效的或者被撤销的婚姻自始没有法律约束力。当事人不具有夫妻的权利和义务。同居期间所得的财产，由当事人协议处理；协议不成时，由人民法院根据照顾无过错方的原则判决。对重婚导致的婚姻无效的财产处理，不得侵害合法婚姻当事人的财产权益。当事人所生的子女，适用本法有关父母子女的规定。

有的提出，婚姻无效或者被撤销后是否一律自始无效，建议斟酌。此外，建议增加导致婚姻无效或者被撤销的过错方责任的规定。

6. 其他

有的建议对同居关系作出规定。有的建议，对同居关系的财产处理问题作出规定："同居关系解除时的财产处理，双方有约定的，按约定处理；没有约定的，按照按份共有的财产关系处理。"

有的建议，对婚约和彩礼作出规定："男女双方可以自愿订立婚约，婚约不具有法律效力。婚约解除的，给付彩礼或者嫁妆的一方有权请求返还。"

三、关于家庭关系

（一）夫妻关系

1. 夫妻共同财产

草案第八百三十九条第一款规定，夫妻在婚姻关系存续期间所得的下列财产，为夫妻的共同财产，归夫妻共同所有：(1)工资、奖金和其他劳务报酬；(2)生产、经营、投资的收益；(3)知识产权的收益；(4)继承或者受赠所得的财产，但是本法第八百四十条第三项规定的除外；(5)其他应当归共同所有的财产。

有的提出，对于夫妻共同财产的范围是否继续采取列举式规定，建议斟酌。有的建议，对夫妻共同财产的范围作概括性规定。

有的提出，在现今的社会背景下，本款第四项的规定可能违背了大多数人的意愿。建议将一方通过继承或者受赠所得的财产原则上推定为一方个人财产，除非遗嘱或者赠与合同中明确归双方所有。

2. 夫妻个人财产

草案第八百四十条规定，下列财产为夫妻一方的个人财产：(1)一方的婚前财产；(2)一方因受到人身损害获得的损害赔偿和补偿；(3)遗嘱或者赠与合同中确定只归夫或者妻一方的财产；(4)一方专用的生活用品；(5)其他应当归一方的财产。

有的提出，草案第八百三十九条关于夫妻共同财产范围的列举已经有兜底规定，本条关于夫妻个人财产范围的列举不应再作兜底规定。建议删除第五项，凡不属于第一项至第四项的，都推定为夫妻共同财产。

有的提出，现行婚姻法颁行之前的司法解释曾有婚前财产经过一定期限可转化为共同财产的规定，是否在草案中增加这一规定，建议进一步研究。

3. 约定财产制

草案第八百四十一条第一款规定，男女双方可以约定婚姻关系存续期间所得的财产以及婚前财产归各自所有、共同所有或者部分各自所有、部分共同所有。约定应当采用书面形式。没有约定或者约定不明确的，适用本法第八百三十九条、第八百四十条的规定。

有的建议，删除本款有关约定财产制具体种类的规定，只要约定不违法，都应该有效。

4. 婚内析产

草案第八百四十二条规定，婚姻关系存续期间，有下列情形之一的，夫妻一方可以向人民法院请求分割共同财产：(1)一方有隐藏、转移、变卖、毁损、挥霍夫妻共同财产或者伪造夫妻共同债务等严重损害夫妻共同财产利益行为的；(2)一方负有法定扶养义务的人患重大疾病需要医治，另一方不同意支付相关医疗费用的。

有的建议，增加规定婚内析产的情形，包括"一方实施家庭暴力，受害方要求分割共同财产的"以及"一方要求用夫妻共同财产从事投资经营活动，另一方不同意的"等。

5. 其他

有的建议，增加三条规定：第一，夫妻双方有平等的生育权，应当协商处理生育事宜。第二，夫妻双方有共同生活、互相扶养的权利与义务。第三，夫妻对于共同生活的家庭事务享有知情权。

有的建议增加夫妻财产知情权的规定。

(二)父母子女关系和其他近亲属关系

1. 抚养费给付

草案第八百四十三条第一款规定,父母不履行抚养义务的,未成年子女或者不能独立生活的成年子女,有要求父母给付抚养费的权利。

有的提出,实践中,有的父母在子女未成年时没有给付抚养费,子女成年后能否要求父母给付?建议草案予以明确。

2. 父母子女间的相互继承权

草案第八百四十七条规定,父母和子女有相互继承遗产的权利。

有的提出,继承编已有父母子女相互继承遗产的规定,建议删除本条规定。

3. 非婚生子女的抚养费

草案第八百四十八条第二款规定,不直接抚养非婚生子女的生父或者生母,应当负担未成年子女或者不能独立生活的成年子女的抚养费。

有的提出,成年子女只有因残疾不能独立生活时,父母才应承担给付抚养费的义务,建议予以明确。

4. 继父母子女关系

草案第八百四十九条第二款规定,继父或者继母和受其抚养教育的继子女间的权利义务关系,适用法律关于父母子女关系的规定。

有的提出,实践中认定继父或者继母与继子女间是否存在抚养教育关系非常困难,本款规定不具有可操作性。建议对于继父母子女采收养标准认定亲子关系,即办理了收养手续的,适用父母子女关系的规定;未办理收养手续的,不适用父母子女关系的规定。

5. 亲子关系

草案第八百五十条规定,对亲子关系有异议的,父、母或者成年子女可以向人民法院提起诉讼,请求确认或者否认亲子关系。

有的建议,增加关于亲子关系的推定、亲子关系推定的否认、非婚生子女的认领等规定。

有的建议,增加关于人工生殖辅助技术所生子女法律地位的规定。

四、关于离婚

1. 离婚冷静期

草案第八百五十四条第一款规定,自婚姻登记机关收到离婚登记申请之日起一个月内,任何一方不愿意离婚的,可以向婚姻登记机关撤回离婚申请。第二款规定,前款规定期间届满一个月内,双方应当亲自到婚姻登记机关申请发给离婚证;

未申请的,视为撤回离婚登记申请。

有的提出,目前草案对离婚冷静期的期间规定过于刚性,建议区分不同情形,对期间作出弹性规定。比如,离婚时双方已有子女的,可以将冷静期规定为三个月;对双方婚姻关系确已无法维系的,可不适用冷静期的规定,立即为当事人办理离婚手续。

2. 诉讼离婚

草案第八百五十六条第五款规定,经人民法院判决不准离婚后,又分居满一年,一方再次提起离婚诉讼的,应准予离婚。

有的建议,将“一年”修改为“半年”。

3. 离婚后子女抚养

草案第八百六十一条第三款规定,离婚后,不满两周岁的子女,以由母亲直接抚养为原则。已满两周岁的子女,如双方因抚养问题发生争执不能达成协议时,由人民法院根据双方的具体情况,按照最有利于未成年子女的原则判决。

有的建议,明确对于两周岁以上的限制民事行为能力的子女的抚养,是否需征求子女本人的意见。

4. 夫妻共同债务

草案第八百六十七条规定,离婚时,夫妻共同债务,应当共同偿还。共同财产不足清偿或者财产归各自所有的,由双方协议清偿;协议不成时,由人民法院判决。

有的提出,夫妻共同债务应当包括法定之债和约定之债。法定之债主要有三项:一是夫妻为家庭日常生活需要所负债务;二是夫妻因侵权行为所负债务;三是一方以个人名义负债,但确用于共同生活的债务。约定之债是夫妻双方共同签字所举债务,即共债共签。建议草案在清偿责任方面界定清楚夫妻对哪些债务负无限连带责任,对哪些债务仅以共同财产为限承担清偿责任。

有的建议,确立债务认定的基本原则,即为夫妻共同生活所负债务,原则上属于共同债务,例外情况下属于个人债务;为夫妻共同生活之外所负的债务,原则上属于个人债务,例外情况下属于共同债务。

有的建议,明确一方以个人名义举债,另一方从中获益的,应以获益部分为限对债务承担清偿责任。

五、关于收养

1. 收养原则

草案第八百七十一条第一款规定,收养应当有利于被收养人的健康成长,保障被收养人和收养人的合法权益。

有的建议,将“有利于被收养人的健康成长”修改为“有利于实现被收养人的最佳利益”。

2. 未成年人送养的禁止与例外

草案第八百七十四条规定，未成年人的父母均不具备完全民事行为能力的，该未成年人的监护人不得将其送养，但是父母对该未成年人有严重危害可能的除外。

有的建议增加规定，未成年人的父母虽具有完全民事行为能力，但怠于履行监护职责或者滥用监护权对未成年人进行侵害的，应当允许送养该未成年人。

3. 单方送养

草案第八百七十六条规定，生父母送养子女，应当双方共同送养。生父母一方不明或者查找不到的，可以单方送养。

有的建议，将本条修改为：“生父母送养子女，应当双方共同送养。有下列情形之一的，可以单方送养：（一）生父母一方不明；（二）生父母一方无民事行为能力；（三）生父母一方死亡或者被宣告死亡、宣告失踪；（四）未缔结婚姻关系的生父母一方未与子女建立抚养关系，且拒绝承担抚养义务。”

4. 收养的效力

草案第八百九十条第二款规定，养子女与生父母及其他近亲属间的权利义务关系，因收养关系的成立而消除。

有的建议，增加除外规定：“当事人另有约定的，依其约定。”这样可以给近亲属间的收养开一个口子，允许收养后保留被收养人与生父母之间的亲子关系。

5. 其他

有的建议，增加有关收养能力评估、试收养及收养回访监督的规定。

六、其他

1. 有的提出，本编应当保留民族地区可以根据地方实际对婚姻家庭编作出变通规定的规定。

2. 有的提出，不同民族的婚姻家庭习惯存在差异，为体现民族平等，应当增加规定：“处理婚姻家庭纠纷时，有法律规定的，依照法律规定；没有法律规定的，可以按照习惯处理，但是不得违反公序良俗。”

3. 有的提出，如果本编无法系统规定监护制度，建议在民法总则关于监护制度的规定中区分无行为能力人和限制行为能力人，分别规定监护和辅助制度，以最大限度体现对限制行为能力人自主决定权的尊重。此外，还应增加有关监护监督人的规定。

部分学者对民法典婚姻家庭编（草案）二次审议稿的意见

2019年8月29日，法工委民法室召开座谈会，听取有关部门、专家学者对民法典婚姻家庭编（草案）二次审议稿的意见建议。来自最高人民法院、民政部、司法部、全国妇联的有关同志以及中国人民大学、中国政法大学、社科院法学所的专家学者参加了座谈。现将有关情况简报如下：

一、关于一般规定

1. 基本原则

草案二审稿第八百一十九条第二款规定，保护妇女、未成年人和老年人的合法权益。

有的建议，将本款修改为："保护未成年人、老年人和妇女的合法权益。"

2. 收养的原则

草案二审稿第八百二十一条之一第一款规定，收养应当有利于被收养人的健康成长，保障被收养人和收养人的合法权益。第二款规定，禁止借收养名义买卖未成年人。

有的建议，将第一款修改为："收养应当有利于被收养人的健康成长，优先保障被收养的未成年人的利益，保障被收养人和收养人的合法权益。"同时增加一款，作为第三款："任何个人和机构发现来历不明的儿童后，应当及时向公安机关报案，严禁个人或民间机构收留抚养来历不明的儿童。"

3. 家庭成员

草案二审稿第八百二十二条第四款规定，配偶、父母、子女和其他共同生活的近亲属为家庭成员。

有的建议增加规定"家庭"的定义。

4. 其他

有的建议增加同居关系的规定，即："同居期间，双方对财产关系有约定的，依照约定；没有约定的，适用按份共有的规定。双方生育子女的，适用有关父母子女关系的规定。”

二、关于结婚

1. 结婚自愿

草案二审稿第八百二十三条规定，结婚应当男女双方完全自愿，禁止任何一方对另一方加以强迫或者任何组织、个人加以干涉。

有的建议将“强迫”修改为“胁迫”。

2. 无效婚姻

草案二审稿第八百二十八条规定，有下列情形之一的，婚姻无效：(1)重婚的；(2)有禁止结婚的亲属关系的；(3)未到法定婚龄的；(4)以伪造、变造、冒用证件等方式骗取结婚登记的。

有的建议明确无效婚姻由人民法院根据当事人或者利害关系人申请，通过民事诉讼依法宣告无效。

有的提出，第四项不应作为婚姻无效的情形，可以考虑单独规定，有这种情形的，由婚姻登记机关撤销其婚姻登记。

有的提出，我国对于婚姻效力的审查就是二元的，应该保留婚姻登记机关认定婚姻无效或者可撤销的权限，赋予其在一定情形下主动作为的义务。

3. 因疾病撤销婚姻

草案二审稿第八百三十条第一款规定，一方患有重大疾病的，应当在结婚登记前如实告知另一方；不如实告知的，另一方可以向婚姻登记机关或者人民法院请求撤销该婚姻。

有的建议，将本款修改为：“一方患有严重疾病的，应当在结婚登记前如实告知另一方；如不如实告知且婚后尚未治愈的，另一方可以向人民法院提起民事诉讼请求撤销该婚姻。”

三、关于家庭关系

(一)夫妻关系

1. 夫妻共同财产

草案二审稿第八百三十九条第一款规定，夫妻在婚姻关系存续期间所得的下列财产，为夫妻的共同财产，归夫妻共同所有：(1)工资、奖金和其他劳务报酬；(2)生产、经营、投资的收益；(3)知识产权的收益；(4)继承或者受赠的财产，但是本法第八百四十条第三项规定的除外；(5)其他应当归共同所有的财产。

有的提出，第四项中一方继承或者受赠的财产，原则上应属于一方的个人财产。

2. 夫妻共同债务

草案二审稿第八百四十条之一第一款规定,夫妻双方共同签字或者夫妻一方事后追认等共同意思表示所负的债务,以及夫妻一方在婚姻关系存续期间以个人名义为家庭日常生活需要所负的债务,属于夫妻共同债务。第二款规定,夫妻一方在婚姻关系存续期间以个人名义超出家庭日常生活需要所负的债务,不属于夫妻共同债务,但是债权人能够证明该债务用于夫妻共同生活、共同生产经营或者基于夫妻双方共同意思表示的除外。

有的提出,本规定对债权人的保护不力,实践中债权人对于债务是否用于夫妻共同生活、共同生产经营等很难举证证明。

有的建议增加关于债务清偿责任的规定。

3. 约定财产制

草案二审稿第八百四十一条第一款规定,男女双方可以约定婚姻关系存续期间所得的财产以及婚前财产归各自所有、共同所有或者部分各自所有、部分共同所有。约定应当采用书面形式。没有约定或者约定不明确的,适用本法第八百三十九条、第八百四十条的规定。

有的提出,双方如采用约定财产制,在进行结婚登记时,可以考虑由登记机关对此予以登记。

4. 其他

有的建议增加以下规定:一是夫妻对唯一住所的共同居住权,即属于夫妻一方个人所有的房屋是夫妻唯一住所的,双方有共同使用居住的权利,所有权人不得自行处分。二是夫妻知情权,即在婚姻关系存续期间,夫妻均有权知悉涉及婚姻、家庭利益以及共同财产的重要信息,有关部门应当予以协助。

(二)父母子女关系和其他近亲属关系

1. 继父母子女关系

草案二审稿第八百四十九条第二款规定,继父或者继母和受其抚养教育的继子女间的权利义务关系,适用本法关于父母子女关系的规定。

有的提出,实践中对于如何认定继父母与继子女间形成抚养教育关系一直存在争议,建议立法对此予以明确。

2. 亲子关系确认和否认之诉

草案二审稿第八百五十条第一款规定,对亲子关系有异议且有正当理由的,父、母可以向人民法院提起诉讼,请求确认或者否认亲子关系。第二款规定,对亲子关系有异议且有正当理由的,成年子女可以向人民法院提起诉讼,请求确认亲子关系。

有的建议,一是增加规定亲子关系推定的内容,即:"采用自然生育方式生育子女的妇女，是所生子女的母亲。”“在婚姻关系存续期间受胎或者出生的子女，以其母亲的丈夫为父亲。非婚同居期间受胎或者出生的子女，以与其母亲同居的男子为父亲。”“采用人工辅助生育技术出生的子女，是同意采取该方式生育子女的男女双方的亲生子女。”二是将父母及成年子女提起亲子关系否认之诉的期限规定为一年。三是增加自愿认领及强制认领的规定。

有的建议将“有正当理由”修改为“有一定初步证据”，同时增加有关亲子关系推定及除斥期间的规定。

3. 兄弟姐妹间的抚养义务

草案第八百五十二条第一款规定，有负担能力的兄、姐，对于父母已经死亡或者父母无力抚养的未成年弟、妹，有扶养的义务。第二款规定，由兄、姐扶养长大的有负担能力的弟、妹，对于缺乏劳动能力又缺乏生活来源的兄、姐，有扶养的义务。

有的建议，将本条修改为：“兄弟姐妹之间有抚养关系的，相互之间有相互扶养的义务。”

四、关于离婚

1. 协议离婚

草案二审稿第八百五十三条第一款规定，男女双方自愿离婚的，准予离婚。双方应当订立书面离婚协议，并亲自到婚姻登记机关申请离婚登记。第二款规定，离婚协议应当载明双方自愿离婚的意思表示以及对子女抚养、财产及债务处理等事项协商一致的意见。

有的建议，一是将第一款修改为：“男女双方自愿离婚的，应当订立书面离婚协议，并亲自到婚姻登记机关申请离婚登记。”二是将第二款中的“财产”修改为“财产分割”。

2. 离婚冷静期

草案第八百五十四条第一款规定，自婚姻登记机关收到离婚登记申请之日起30日内，任何一方不愿意离婚的，可以向婚姻登记机关撤回离婚登记申请。

有的提出，离婚冷静期制度应当设置除外规定，在有的情况下不应适用。

3. 离婚登记

草案二审稿第八百五十五条规定，婚姻登记机关查明双方确实是自愿离婚，并已对子女抚养、财产及债务处理等事项协商一致时，予以登记，发给离婚证。

有的建议，将本条修改为：“双方自愿离婚，并已对子女抚养、财产分割及债务处理等事项协商一致时，婚姻登记机关予以登记，发给离婚证。”

4. 离婚后子女抚养

草案二审稿第八百六十一条第三款规定，离婚后，不满两周岁的子女，以由母亲直接抚养为原则。已满两周岁的子女,父母双方因抚养问题发生争执不能达成协议的,由人民法院根据双方的具体情况,按照最有利于未成年子女的原则判决。

有的建议,将本款第一句话修改为:“离婚时,不满两周岁的子女,以由母亲直接抚养为原则,双方自愿协商一致的除外。”

有的建议增加规定:“父母在离婚过程中,任何一方不得藏匿未成年子女。情节严重,给未成年子女身心健康造成损害的,应当承担不利后果。”

5. 隔代探望权

草案第八百六十四条规定,祖父母、外祖父母探望孙子女、外孙子女,如果其尽了抚养义务或者孙子女、外孙子女的父母一方死亡的,可以参照适用前条规定。

有的提出,为保障未成年子女和直接抚养子女一方的生活稳定,隔代探望权的范围不宜规定过宽。同时,通常情况下,祖父母、外祖父母可以随同孙子女、外孙子女的父母一方探望孙子女、外孙子女。建议删除“尽了抚养义务”的探望条件。

有的建议删除本条规定,或者不对祖父母、外祖父母的隔代探望权施加限制。

有的建议本条从近亲属间会面交往权的角度加以规定。

6. 离婚经济帮助

草案二审稿第八百六十八条规定,离婚时,如一方生活困难,有负担能力的另一方应当给予适当帮助。具体办法由双方协议;协议不成的,由人民法院判决。

有的建议,将本条第一句话修改为:“离婚时,如一方生活困难或者生活水平显著下降,有负担能力的另一方应当以住房、财物等方式给予适当帮助。”同时增加两款规定:“违反婚姻义务的一方请求经济帮助的,不予支持。”“有下列情形之一的,经济帮助应当终止:(一)受帮助方已再婚的;(二)帮助方丧失负担能力的;(三)原定经济帮助执行完毕的;(四)帮助方有证据证明不需要给付经济帮助的其他情形。”

五、关于收养

1. 被收养人

草案二审稿第八百七十二条规定,下列未成年人,可以被收养:(1)丧失父母的孤儿;(2)查找不到生父母的未成年人;(3)生父母有特殊困难无力抚养的子女。

有的提出,本条采用列举的方法规定哪些人可以被收养,但列举得并不全面,容易在实践中给人造成只有这几类人才可作为被收养人的误解,与实际不符。建议将本条与第八百七十三条合并规定,明确这两条规定的送养人与被收养人之间的一一对应关系。此外,建议将本条第三项与第八百七十三条第三项中的“生父母”修改为“父母”。

2. 父母不具备完全民事行为能力的未成年人的送养

草案二审稿第八百七十四条规定，未成年人的父母均不具备完全民事行为能力的，该未成年人的监护人不得将其送养，但是父母对该未成年人有严重危害可能的除外。

有的建议，将本条修改为："未成年人的父母均不具备完全民事行为能力，且对该未成年人有严重危害可能的，该未成年人的监护人可以将其送养。"

3. 单方送养

草案二审稿第八百七十六条规定，生父母送养子女，应当双方共同送养。生父母一方身份不明或者查找不到的，可以单方送养。

有的建议明确"生父母一方身份不明或者查找不到"的认定主体和标准。

4. 收养人条件

草案二审稿第八百七十七条规定，收养人应当同时具备下列条件：(1)无子女或者只有一名子女；(2)有抚养、教育和保护被收养人的能力；(3)未患有在医学上认为不应当收养子女的疾病；(4)无不利于被收养人健康成长的违法犯罪记录；(5)年满30周岁。

有的建议，一是从有利于被收养人健康成长的角度，适当放开收养人无子女或者只有一名子女的限制，以促使更多的孩子可以被收养。二是将第四项的表述修改为"品行良好"，或者删除"违法"。

5. 收养三代以内同辈旁系血亲的子女

草案二审稿第八百七十八条第一款规定，收养三代以内同辈旁系血亲的子女，可以不受本法第八百七十二条第三项、第八百七十三条第三项和第八百八十一条之一规定的限制。

有的建议，将本款修改为："收养三代以内同辈旁系血亲的未满十八周岁的子女，可以不受本法第八百八十条规定的限制，收养双胞胎或者多胞胎的可以一并收养。"

有的提出，收养三代以内同辈旁系血亲的异性子女，应当受到40周岁年龄差的限制。

6. 有配偶者收养子女的原则及例外

草案二审稿第八百八十一条第一款规定，有配偶者收养子女，应当夫妻共同收养。第二款规定，配偶一方为无民事行为能力人或者被宣告失踪的，可以单方收养。

有的建议删除第二款。

7. 收养登记

草案二审稿第八百八十四条第一款规定，收养应当向县级以上人民政府民政部门登记。收养关系自登记之日起成立。未办理收养登记的，应当补办登记。

有的建议增加规定，收养关系自补办之日起成立。

8. 外国人收养

草案第八百八十八条规定了外国人收养。其中第二款最后一句话规定，该收养人应当与送养人订立书面协议，亲自向省级人民政府民政部门登记。

有的建议，将“省级”修改为“省、自治区、直辖市”。

9. 养子女的姓氏选择

草案二审稿第八百九十一条规定，养子女可以随养父或者养母的姓氏，经当事人协商一致，也可以保留原姓氏。

有的建议，养子女的年龄达到一定标准的，应当就姓氏选择征求养子女的意见。

10. 收养无效

草案第八百九十二条第一款规定，有本法总则编关于民事法律行为无效规定情形或者违反本编规定的收养行为无效。

有的建议，将本条修改为：“有本法总则编关于民事法律行为无效规定情形或者违反本编规定的收养实质要件的收养行为无效。”

11. 其他

有的建议增加规定收养能力评估。

有的建议增加规定试收养。

有的建议对非福利机构收养子女的问题予以规范。

六、其他

有的建议专章规定监护。

部分学者对民法典婚姻家庭编(草案)三次审议稿的意见

2019年11月1日,民法室举办座谈会,听取部分学者对民法典婚姻家庭编(草案)三次审议稿的意见。简报如下:

一、一般规定

(一)基本原则

草案三次审议稿第八百一十九条第一款规定,实行婚姻自由、一夫一妻、男女平等的婚姻制度。第二款规定,保护妇女、未成年人和老年人的合法权益。

有的建议,将本条修改为:"实行婚姻自由、一夫一妻、男女平等、保护未成年人、妇女和老年人合法权益的婚姻家庭制度。"

有的建议,将第二款修改为:"保护未成年人、妇女和老年人的合法权益。"将未成年人置于首位,以体现儿童利益最大化原则。

(二)婚姻家庭的倡导性规定

草案三次审议稿第八百二十一条第二款规定,夫妻应当互相忠实,互相尊重,互相关爱;家庭成员间应当敬老爱幼,互相帮助,维护平等、和睦、文明的婚姻家庭关系。

有的建议,在第二款中的"互相关爱"后增加"互守诚信"。理由是:第一,诚信原则是民法总则第七条中确定的所有民事主体在从事民事活动中均需遵循的基本原则。夫妻作为民事主体,在婚姻和家庭领域内从事民事活动,也应当恪守诚信原则。第二,本编已经在多条规定中明确了夫妻违背诚信原则所导致的法律后果,将"夫妻互守诚信"写入夫妻行为准则中,体现了本编法律规则的协调性和科学性。

(三)近亲属及家庭成员

草案三次审议稿第八百二十二条第二款规定,配偶、父母、子女、兄弟姐妹、祖父母、外祖父母、孙子女、外孙子女为近亲属。第三款规定,共同生活的公婆、岳父母、儿媳、女婿,视为近亲属。第四款规定,配偶、父母、子女和其他共同生活的近亲属为家庭成员。

有的提出，本条列举的亲属称谓应相互对应，如第二款应修改为："配偶、父母子女、兄弟姐妹、祖父母孙子女、外祖父母外孙子女为近亲属。"

有的提出，一是近亲属的范围仅限于三代以内不妥当，建议起码拓宽到四代以内。二是建议增加规定家庭的定义。

有的建议，增加关于亲等的规定："亲属的亲等顺序按照下列情形确定：（一）配偶为一亲等亲属；（二）父母子女互为二亲等直系血亲；（三）祖孙互为三亲等直系血亲；（四）兄弟姐妹互为二亲等的旁系血亲；（五）叔、伯、姑、舅、姨与侄子女、外甥子女互为三亲等旁系血亲；（六）侄子女、外甥子女之间互为四亲等的旁系血亲，其他亲属的亲等顺序，依此类推。"理由是：第一，亲属范围制度的基本内容是亲系和亲等，这是外国民法中亲属法规范的标准立法配置，反映了亲属法的立法历史规律和亲属间权利义务实现的"人伦有序"的法理逻辑。第二，民法总则第二十七条和第二十八条中规定的亲属担任监护人的顺序规则与继承法第十条中规定的法定继承人继承遗产的顺序规则，都是亲等原理和规则的具体体现。

（四）其他

有的建议，增加规定："家庭和婚姻受到国家的保护。"理由是：一方面，婚姻家庭编作为规范婚姻家庭关系的基本法，应以法律规范的形式明示婚姻家庭立法价值与法律理念，充分反映和体现社会主义核心价值观。另一方面，宪法第四十九条规定："婚姻、家庭、母亲和儿童受国家的保护。"有必要将宪法所确立的客观价值秩序在婚姻家庭关系的基本法中予以具体化和充分体现。

有的建议，增加规定："保护自然人依法行使生育权。"并同时在草案第八百二十条中相应增加规定"禁止自然人生育的性别歧视"。理由是：第一，生育是家庭生活幸福和谐和民族昌盛富强的客观需要。第二，生育权是宪法性基本人权，保障自然人的生育权是中国民法典必须遵循的宪法要求。第三，生育权作为自然人的一项人格权，是产生父母子女及其他亲属身份权关系的法律前提，理应在法律保护之下。第四，人格权编（草案）规定了"自然人享有生命权"，而生命源于生育行为。因此，保护自然人依法行使生育权，是保障"自然人享有生命权"的逻辑前提和客观现实需求。第五，妇女权益保障法已规定保护妇女享有与男子平等的生育权，相应的司法实践也为保护妇女的生育权提供了有效的司法保护经验。

有的建议，增加有关法律适用的规定："其他法律规定与本编相抵触的，适用本编的规定。"

有的建议，在民法典总则编中对监护仅作原则性规定，在婚姻家庭编中设专章规定监护制度。

二、结婚

(一)结婚年龄

草案三次审议稿第八百二十四条规定,结婚年龄,男不得早于22周岁,女不得早于20周岁。

一些专家建议,将男女的法定婚龄统一规定为20周岁。理由是:第一,法定婚龄仅为结婚的最低年龄,不宜过高;第二,现行婚姻法中规定的法定婚龄已到国际最高程度,并无科学性依据;第三,当代中国民间(包括少数民族在内)的结婚习俗也多在20周岁;第四,应当去除结婚行为中的男女性别歧视。

有的建议,将男女的法定婚龄统一降低为18周岁。理由是:第一,法定婚龄是法律对男女缔结婚姻资格的年龄限制,不应与男女初婚年龄混为一谈。而且其意义在于赋予男女缔结婚姻的资格,没有以性别为标准作出区分的必要性和合理性。第二,民法总则规定的自然人成年年龄均为18周岁,并无男女性别的区分,也意味着他们对结婚这一民事法律行为的性质和意义有独立的判断能力。第三,法定婚龄的降低,势必延长夫妻生育周期,使他们可以更加充分自由地协商生育的时间和胎次,有利于缓解我国人口生育率过低问题,遏制人口老龄化进程。

(二)禁止结婚的情形

草案三次审议稿第八百二十五条规定,直系血亲或者三代以内的旁系血亲禁止结婚。

有的提出,“三代以内的旁系血亲”并无具体法律边界,老百姓只知习俗约定,建议将本条修改为:“直系血亲和四亲等以内的旁系血亲禁止结婚。”

(三)无效婚姻

草案三次审议稿第八百二十八条规定,有下列情形之一的,婚姻无效:(1)重婚的;(2)有禁止结婚的亲属关系的;(3)未到法定婚龄的;(4)以伪造、变造、冒用证件等方式骗取结婚登记的。

有的提出,第四项不是违反了婚姻的实质要件,而是违反了婚姻的形式要件,不属于婚姻无效的情形。建议单列一条,规定由婚姻登记机关予以撤销。

有的建议,增加一款规定:“以重婚、未达法定婚龄申请宣告无效的,如法定无效的情形已经消失,人民法院不予支持。”

(四)隐瞒疾病的可撤销婚姻

草案三次审议稿第八百三十条第一款规定,一方患有重大疾病的,应当在结婚登记前如实告知另一方;不如实告知的,另一方可以向婚姻登记机关或者人民法院请求撤销该婚姻。第二款规定,请求撤销婚姻的,应当自知道或者应当知道撤销事由之日起一年内提出。

有的提出，“重大疾病”太过宽泛，司法操作中自由裁量权太大，建议修改为“损害另一方身体健康的严重疾病”。

有的提出，撤销婚姻涉及人身关系的重大形成权利，只应由人民法院通过司法程序进行，建议删除“婚姻登记机关”。

（五）同居

有的建议，对民间普遍存在的不违背一夫一妻制度的非婚同居关系进行规范。理由是：第一，在人口老龄化时代，丧偶或离异的老年人非婚同居，有益身心健康，安度晚年，法律不必禁止。第二，民事法律应更多体现友善价值观和人文关怀。

有的提出，认同同居关系是婚姻关系的替代或者补充形式，同样构成家庭关系，这已经是我国很多民众的共识和实践。在系统规范同居关系条件尚不成熟时，可在婚姻家庭编中先行规定同居财产关系，以解决日益增长的同居财产纠纷。建议增加规定：“双方未经结婚登记自愿共同生活的，其财产关系有约定的，按照约定；没有约定的，适用按份共有的规定。”“同居关系的一方在同居期间发生重大疾病或者因伤残等导致生活困难的，另一方应适当救济。在同居关系解除时，生活困难一方享有对另一方一定的经济帮助请求权。”

（六）婚约和彩礼

有的建议，增加规定：“当事人订立的婚约，对双方没有法律约束力。当事人因订立婚约而给付的财物依法应当返还，不能返还的承担赔偿责任。”理由是：第一，在中国民间，订立婚约已成普遍习俗，历史悠久，影响面广。如果不认可婚约的法律效力，就应当将该法律理念宣示全社会，以正世俗。第二，因婚约而给付财物已产生实际财产后果，在解除婚约后返还该等财物，也已成为习惯，在不违背公序良俗时，返还该财物是公平合理的。

有的建议，增加规定婚约解除之后彩礼纠纷如何处理的规定。

三、家庭关系

（一）夫妻相互扶养义务

草案第八百三十六条第一款规定，夫妻有相互扶养的义务。第二款规定，需要扶养的一方，在另一方不履行扶养义务时，有要求其给付扶养费的权利。

有的建议，将本条修改为：“夫妻双方都有共同生活和互相扶养的权利和义务。一方无正当理由不履行共同生活和互相扶养义务时，另一方有要求对方共同生活和给付扶养费的权利。”

（二）夫妻共同财产

草案三次审议稿第八百三十九条第一款规定，夫妻在婚姻关系存续期间所得的下列财产，为夫妻的共同财产，归夫妻共同所有：（1）工资、奖金和其他劳务报酬；

(2)生产、经营、投资的收益;(3)知识产权的收益;(4)继承或者受赠的财产,但是本法第八百四十条第三项规定的除外;(5)其他应当归共同所有的财产。第二款规定,夫妻对共同财产,有平等的处理权。

有的建议,将第二款修改为:"夫妻对共同财产,有平等的占有、使用、收益和处分的权利。"

有的建议,增加规定:"婚姻关系存续期间夫妻一方取得的财产,不能证明为夫妻特有财产的,推定为夫妻共有财产。"

(三)夫妻债务

草案三次审议稿第八百四十条之一第一款规定,夫妻双方共同签字或者夫妻一方事后追认等共同意思表示所负的债务,以及夫妻一方在婚姻关系存续期间以个人名义为家庭日常生活需要所负的债务,属于夫妻共同债务。第二款规定,夫妻一方在婚姻关系存续期间以个人名义超出家庭日常生活需要所负的债务,不属于夫妻共同债务,但是债权人能够证明该债务用于夫妻共同生活、共同生产经营或者基于夫妻双方共同意思表示的除外。

有的建议,对夫妻共同债务的范围作出明确规定:"下列债务属于夫妻共同债务:(一)夫妻双方合意所负的债务;(二)夫妻因共同生活所负的债务;(三)夫妻因共同财产的维护所负的债务;(四)夫妻因共同侵权所负的债务;(五)夫妻因被监护人侵权所负的债务。夫妻一方在婚姻关系存续期间以个人名义为家庭日常生活需要所负的债务,视为夫妻共同债务。"

有的提出,应当体系化构建夫妻债务制度,建议将本条和草案第八百六十七条修改为:"婚姻关系存续期间,夫妻双方或者一方与相对人形成的下列债务为夫妻共同债务:(一)为日常家事所负债务;(二)履行法定扶养义务所负债务;(三)共同合意所负债务;(四)管理维护夫妻共同财产所负债务;(五)其他与共有财产取得行为相关的债务。夫妻共同债务以夫妻共同财产偿还为原则;共同财产不足清偿或者财产归夫妻各自所有的,夫妻以各自财产均等偿还。""下列债务属于夫妻一方的个人债务:(一)一方婚前所负债务,但债务用于婚后家庭共同生活的除外;(二)除法律另有规定的外,一方在婚姻关系存续期间以自己名义负担的不属于法定共同债务的合同之债;(三)一方在婚姻期间因实施侵权或者犯罪行为所生之债;(四)一方以个人名义或者财产为他人提供担保所生之债;(五)其他应当由夫或者妻一方承担的债务。夫妻一方的个人债务,由个人偿还;个人财产不足以偿还的,可以用夫妻共同财产或者对方的个人财产偿还。""婚姻关系存续期间,一方以夫妻共有财产清偿个人债务的,离婚时另一方可以请求补偿。婚姻关系存续期间,一方以个人财产清偿夫妻共同债务的,除本编第　条第(一)、(二)项外,离婚时可以请求补偿。"

(四)约定财产制

草案三次审议稿第八百四十一条第一款规定,男女双方可以约定婚姻关系存续期间所得的财产以及婚前财产归各自所有、共同所有或者部分各自所有、部分共同所有。约定应当采用书面形式。没有约定或者约定不明确的,适用本法第八百三十九条、第八百四十条的规定。

有的建议,将本款中的"书面形式"修改为"公证形式"。同时,增加规定:"夫妻可以自愿选择办理夫妻财产约定的登记。夫妻财产约定未经登记,不得对抗第三人。夫妻财产约定的登记机关和登记程序,由法律另行规定。"

有的提出,"归各自所有、共同所有或者部分各自所有、部分共同所有"这样的列举不妥当,没有穷尽分别财产制的类型,建议删除。

(五)父母子女间的抚养费和赡养费

草案三次审议稿第八百四十三条第一款规定,父母不履行抚养义务的,未成年子女或者不能独立生活的成年子女,有要求父母给付抚养费的权利。第二款规定,成年子女不履行赡养义务的,缺乏劳动能力或者生活困难的父母,有要求成年子女给付赡养费的权利。

有的建议,将本条修改为:"父母应当履行对未成年子女或者不能独立生活的成年子女抚养、教育、保护的义务。父母不履行抚养义务的,未成年子女或者不能独立生活的成年子女,有要求父母给付抚养费、教育费和提供保护的权利。""成年子女应当履行对父母经济供养、生活照料和精神慰藉的赡养义务。成年子女不履行赡养义务的,无劳动能力或者生活困难的父母,有要求成年子女给付赡养费、照料生活和看望问候的权利"。

(六)保障老年人婚姻权利

草案第八百四十六条规定,子女应当尊重父母的婚姻权利,不得干涉父母离婚、再婚以及婚后的生活。子女对父母的赡养义务,不因父母的婚姻关系变化而终止。

有的建议,在本条最后增加规定"也不得以预先放弃继承父母遗产的权利为理由而拒绝履行"。

(七)非婚生子女与婚生子女的权利平等

草案三次审议稿第八百四十八条第一款规定,非婚生子女享有与婚生子女同等的权利,任何组织、个人不得加以危害和歧视。

有的建议,将本款修改为:"亲生子女均视为婚生子女,享有同等的权利,任何组织、个人不得加以危害和歧视。亲生子女包括:婚生子女、非婚生子女。夫妻双方同意采用人工辅助生殖技术生育的子女,是婚生子女。"

有的提出,以父母是否存在婚姻关系而对子女划分为"婚生子女"和"非婚生子女",有悖于平等、不歧视原则。

(八)亲子关系确认或者否认之诉

草案三次审议稿第八百五十条第一款规定,对亲子关系有异议且有正当理由的，父、母可以向人民法院提起诉讼，请求确认或者否认亲子关系。第二款规定，对亲子关系有异议且有正当理由的，成年子女可以向人民法院提起诉讼，请求确认亲子关系。

有的建议，将本条修改为："当事人对亲子关系的确认、否认和认领提出请求的，可以向人民法院依法提起诉讼。对亲子关系有异议的，父、母或者成年子女可以自亲子关系发生之日起二十年内向人民法院提起诉讼。"

有的提出，第一，"正当理由"的表述过于模糊，难以直接适用，且本条规定未体现家庭稳定高于血缘真实的立法导向，也未以未成年子女利益最大化作为判断标准。第二，亲子关系确认制度是亲子制度的逻辑起点，仅规定纠纷解决途径，无法满足制度供给。建议对亲子关系的推定、认领、人工生育子女法律地位等实体规则作出明确规定。

有的提出，第一，"确认"一词不准确，应当修改为"认领"；第二，将否认之诉和认领之诉合并规定不妥当，两者的构成不同，应当分别规定；第三，建议增加规定否认权的有效期间。

有的提出，第一，"正当理由"的表述容易产生误解，建议修改为"有初步证据的"；第二，在否认权人范围中排除子女不妥当；第三，建议增设亲子关系的推定规则。

（九）祖父母、外祖父母与孙子女、外孙子女的抚养、赡养义务

草案三次审议稿第八百五十一条第一款规定，有负担能力的祖父母、外祖父母，对于父母已经死亡或者父母无力抚养的未成年孙子女、外孙子女，有抚养的义务。第二款规定，有负担能力的孙子女、外孙子女，对于子女已经死亡或者子女无力赡养的祖父母、外祖父母，有赡养的义务。

有的建议，在第一款中规定："履行抚养义务适用本法第八百四十三条第一款和第八百四十四条的规定。"在第二款中增加规定："履行赡养义务适用本法第八百四十三条第二款的规定。"

（十）兄弟姐妹间的扶养义务

草案三次审议稿第八百五十二条第一款规定，有负担能力的兄、姐，对于父母已经死亡或者父母无力抚养的未成年弟、妹，有扶养的义务。第二款规定，由兄、姐扶养长大的有负担能力的弟、妹，对于缺乏劳动能力又缺乏生活来源的兄、姐，有扶养的义务。

有的建议，在第一款中增加规定："履行扶养义务，适用本法第八百四十三条第一款和第八百四十四条的规定。"在第二款中增加规定："履行扶养义务，适用本法第八百四十三条第二款的规定。"

（十一）其他

有的提出，一是增加规定："夫妻应当互相忠实，共同生活，有互相扶养的义务。"二是增设夫妻之间的知情权，明确在婚姻关系存续期间，夫妻应当享有知悉、了解涉及本人、婚姻利益和家庭利益的各种信息的权利。三是建议将民法总则第二十六条移至本节最前面，明确父母子女权利义务的内容，才能继续规定违反义务应承担的责任。四是建议将亲子关系单列一章，以强化对未成年人利益的保护。五是现有规定依然存留父母本位痕迹，父母对子女权利义务的规定过于概括、简略，且父母抚养、教育子女的内涵、边界及法律责任不明确、不具体、不周延，比如父母对子女的财产是否享有权利，应承担何种义务等。

有的建议，增加关于生育权的规定："夫妻双方平等享有生育权。夫妻双方对终止妊娠发生纠纷，应当协议处理；协议不成的，由女方决定是否终止妊娠。"有的建议，增加规定："夫妻双方平等享有生育子女的权利。夫妻对是否生育协商不能达成一致的，妻子一方有权作出决定。"

有的建议，增设婚姻住所商定权："婚姻住所由双方平等协商确定。属于夫妻一方个人所有的房屋是唯一婚姻住所的，双方有共同使用的权利，所有权人不得自行处分。"

四、离婚

（一）离婚冷静期

草案三次审议稿第八百五十四条规定，自婚姻登记机关收到离婚登记申请之日起 30 日内，任何一方不愿意离婚的，可以向婚姻登记机关撤回离婚登记申请。前款规定期间届满后 30 日内，双方应当亲自到婚姻登记机关申请发给离婚证；未申请的，视为撤回离婚登记申请。

有的建议，将离婚冷静期延长至"三个月"。一个月尚不足以给当事人重新考虑是否以离婚方式解决夫妻矛盾较充分的时间。

（二）离婚时的财产处理

草案三次审议稿第八百六十五条第一款规定，离婚时，夫妻的共同财产由双方协议处理；协议不成的，由人民法院根据财产的具体情况，照顾子女、女方和无过错方权益的原则判决。

有的建议，一是明确夫妻离婚时，财产应当以均等分割为首要原则；二是将"子女"修改为"直接抚养子女方"。

（三）父母的探望权

草案三次审议稿第八百六十三条规定，离婚后，不直接抚养子女的父或者母，有探望子女的权利，另一方有协助的义务。行使探望权利的方式、时间由当事人协议;协议不成的,由人民法院判决。父或者母探望子女,不利于子女身心健康的,由人民法院依法中止探望;中止的事由消失后,应当恢复探望。

有的提出,探望权是父母的权利,也是儿童的权利,实为儿童利益所设。本条规定将探望权确立为父母的权利,未体现儿童的主体性。

有的建议,取消"探望权"的概念,规定离婚后的"血亲会面交往权",以体现未成年子女的权利主体地位。

有的建议,恢复三审稿关于祖父母、外祖父母探望权的规定。

(四)夫妻债务偿还

草案三次审议稿第八百六十七条规定,离婚时,夫妻共同债务,应当共同偿还。共同财产不足清偿或者财产归各自所有的,由双方协议清偿;协议不成的,由人民法院判决。

有的建议,将"由人民法院判决"修改为"由人民法院判决双方承担连带责任"。

有的建议,增加规定:"夫妻共同财产不足以清偿债务的,由导致该债务产生的一方以个人财产清偿,另一方仅以夫妻共同财产为限承担清偿责任,但抚养费、赡养费、医疗费等人身性的共同债务除外。夫妻双方对该债务的产生都负有责任的,夫妻共同财产不足以清偿时,由夫妻双方以个人财产清偿。夫妻一方清偿共同债务超出协议约定或者法院判决其应当承担的份额部分,有权向另一方追偿。"

五、收养

有的建议,本章应当进行简化,主要规定收养成立、效力和解除的条件以及相应的收养当事人的实体权利。有关收养成立与解除的程序性规则,应当由国务院另行制定颁布收养条例。

有的提出,草案目前存在以下不足:第一,收养类型单一,缺失不完全收养制度,不符合中国目前因独生子女政策引发的空巢家庭以及老龄化严重状况对收养的需求。第二,收养程序不足,缺少试养期的规定,不利于保护未成年人利益,维护收养关系的稳定。第三,无效收养制度存在不足,没有明确无效收养行为的范围及其法律后果。第四,缺乏对收养人的监督机制,不利于保护被收养人。

有的建议,一是增设试收养和收养监督机制。二是赋予成年的被收养人知情权,增加规定:"被收养人年满十八周岁后,要求查阅收养登记信息的,收养登记机关应当予以披露。"三是有限开放不完全收养通道,将草案第八百九十条修改为:"养子女与生父母及其近亲属间的权利义务关系,因收养关系的成立而解除,但是继父母收养继子女的除外。有下列情形之一,当事人另有约定的,从其约定:(一)收养四亲等以内同辈盘系血亲的子女;(二)继父母收养继子女。"

部分学者对民法典(草案)婚姻家庭编的意见

2020年1月19日,民法室召开座谈会,听取部分学者对民法典(草案)婚姻家庭编有关问题的意见建议。现将有关情况简报如下:

一、总的意见

有的提出,婚姻家庭关系的基础性太强,牵扯面也太大,一旦改了之后,整个习惯都会跟着变。因此,婚姻家庭编还是应当维持现行有效的制度,不要轻易作出改变。

二、关于一般规定

1. 基本原则

草案第一千零四十一条第二款规定,保护妇女、未成年人和老年人的合法权益。

有的建议,将本款修改为:“保护未成年人、妇女和老年人的合法权益。”将未成年人置于首位,以体现儿童利益最大化原则。

2. 视为近亲属

民法典婚姻家庭编(草案)三审稿第八百二十二条第三款规定,共同生活的公婆、岳父母、儿媳、女婿,视为近亲属。草案第一千零四十五条删除了这一规定。

有的建议恢复这一规定。

三、关于结婚

1. 互为家庭成员

草案第一千零五十条规定,登记结婚后,按照男女双方约定,女方可以成为男方家庭的成员,男方可以成为女方家庭的成员。

有的建议删除本条规定。

2. 婚姻无效

草案第一千零五十一条规定,有下列情形之一的,婚姻无效:(1)重婚;(2)有禁止结婚的亲属关系;(3)未到法定婚龄。

有的提出,草案删除“以伪造、变造、冒用证件等方式骗取结婚登记”为无效婚姻的规定,这一修改是正确的,但是应将此种情形规定为可撤销。

有的建议,本条应增加规定宣告婚姻无效的请求权人以及宣告婚姻无效的法定事由。

3. 胁迫婚姻的撤销

草案第一千零五十二条第一款规定,因胁迫结婚的,受胁迫的一方可以向婚姻登记机关或者人民法院请求撤销婚姻。

一些专家建议,不再保留婚姻登记机关撤销婚姻的权力。

4. 隐瞒疾病的婚姻撤销

草案第一千零五十三条第一款规定,一方患有重大疾病的,应当在结婚登记前如实告知另一方;不如实告知的,另一方可以向人民法院请求撤销婚姻。第二款规定,请求撤销婚姻的,应当自知道或者应当知道撤销事由之日起一年内提出。

有的建议,明确列举第一款中“重大疾病”的具体类型。

有的建议删除本条规定。如果存在本条的情形,可以通过离婚途径解决。

四、关于家庭关系

(一)夫妻关系

1. 夫妻共同财产

草案第一千零六十二条规定了夫妻共同财产的范围,其中第一项为“工资、奖金和其他劳务报酬”。

有的提出,工资、奖金不属于劳务报酬,建议删除“其他”。

2. 夫妻个人财产

草案第一千零六十三条规定了夫妻个人财产的范围,其中第三项为“遗嘱或者赠与合同中确定只归一方的财产”;第五项为“其他应当归一方的财产”。

有的提出,第三项中应增加“遗赠”;第五项的兜底条款与第一千零六十二条的兜底性规定,从立法技术上看是不协调的,只能保留其中之一。

(二)父母子女关系和其他近亲属关系

1. 夫妻双方对未成年子女的权利义务

草案第一千零五十八条规定,夫妻双方平等享有对未成年子女抚养、教育和保护的权利,共同承担对未成年子女抚养、教育和保护的义务。

有的建议,将本条中的“未成年子女”修改为“未成年子女和不能独立生活的成年子女”。

2. 父母子女义务

草案第一千零六十七条第一款规定，父母不履行抚养义务的，未成年子女或者不能独立生活的成年子女，有要求父母给付抚养费的权利。第二款规定，成年子女不履行赡养义务的，缺乏劳动能力或者生活困难的父母，有要求成年子女给付赡养费的权利。

有的建议，增加一款规定，作为第一款："父母对子女有抚养教育的义务；子女对父母有赡养扶助的义务。"

3. 子女姓氏选取

民法典各分编草案第八百四十五条规定，子女可以随父姓，可以随母姓。草案删除了这一规定。

有的建议恢复这一规定。

4. 亲子关系的确认和否认

草案第一千零七十三条第一款规定，对亲子关系有异议且有正当理由的，父或者母可以向人民法院提起诉讼，请求确认或者否认亲子关系。第二款规定，对亲子关系有异议且有正当理由的，成年子女可以向人民法院提起诉讼，请求确认亲子关系。

有的提出，本条规定过于简单，建议进一步补充完善。

有的建议，将第二款中的"确认"修改为"确认或者否认"，即应当允许成年子女提起否认亲子关系之诉。

5. 其他

有的建议，增加规定采用人工生育技术所生子女法律地位的规定，即："采取人工生殖技术生育的子女，以同意采取该方式生育子女的男女为父母。"

有的建议，增加规定"家庭生活权"。

五、关于离婚

1. 协议离婚

草案第一千零七十六条第一款规定，男女双方自愿离婚的，应当订立书面离婚协议，并亲自到婚姻登记机关申请离婚登记。

有的建议将"男女"修改为"夫妻"。

2. 离婚冷静期

草案第一千零七十七条第一款规定，自婚姻登记机关收到离婚登记申请之日起 30 日内，任何一方不愿意离婚的，可以向婚姻登记机关撤回离婚登记申请。第二款规定，前款规定期间届满后 30 日内，双方应当亲自到婚姻登记机关申请发给离婚证；未申请的，视为撤回离婚登记申请。

有的建议删除本条规定。

有的提出,离婚冷静期的规定很好,不应增加除外规定。

有的建议,将第一款修改为:“离婚冷静期为三十日,自婚姻登记机关收到婚姻登记申请之日起开始计算。”

3. 协议离婚的处理

草案第一千零七十八条规定,婚姻登记机关查明双方确实是自愿离婚,并已对子女抚养、财产及债务处理等事项协商一致的,予以登记,发给离婚证。

有的建议,将“并已对子女抚养、财产及债务处理等事项协商一致的”修改为“并符合本法规定的”。

4. 诉讼离婚

草案第一千零七十九条第一款规定,男女一方要求离婚的,可以由有关组织进行调解或者直接向人民法院提起离婚诉讼。

有的建议,将“男女”修改为“夫妻”。

5. 男方提出离婚的限制规定

草案第一千零八十二条规定,女方在怀孕期间、分娩后一年内或者终止妊娠后六个月内,男方不得提出离婚;但是,女方提出离婚或者人民法院认为确有必要受理男方离婚请求的除外。

有的建议,将“女方”修改为“妻子”,将“男方”修改为“丈夫”。

6. 离婚时共同财产分割

草案第一千零八十七条第一款规定,离婚时,夫妻的共同财产由双方协议处理;协议不成的,由人民法院根据财产的具体情况,按照照顾子女、女方和无过错方权益的原则判决。

有的提出,离婚时共同财产分割的首要原则是均等分割,但是本条没有体现,建议修改为:“离婚时,夫妻的共同财产由双方协议处理;协议不成的,由人民法院以均等分割为原则,必要时按照照顾子女、女方和无过错方权益的原则判决。”

7. 离婚经济补偿

草案第一千零八十八条规定,夫妻一方因抚育子女、照料老年人、协助另一方工作等负担较多义务的,离婚时有权向另一方请求补偿,另一方应当给予补偿。具体办法由双方协议;协议不成的,由人民法院判决。

有的建议,将“照料”修改为“赡养”;同时,应当明确离婚经济补偿与共同财产分割的规定单独适用。

8. 离婚经济帮助

草案第一千零九十条规定,离婚时,如一方生活困难,有负担能力的另一方应当给予适当帮助。具体办法由双方协议;协议不成的,由人民法院判决。

有的建议，本条应恢复现行婚姻法的规定，即将“有负担能力的另一方应当给予适当帮助”修改为“另一方应从其住房等个人财产中给予适当帮助”。

有的建议，具体采取何种方式可在司法解释中规定，本条可不作规定。

9. 离婚损害赔偿

草案第一千零九十一条规定，有下列情形之一，导致离婚的，无过错方有权请求损害赔偿：（1）重婚；（2）与他人同居；（3）实施家庭暴力；（4）虐待、遗弃家庭成员；（5）有其他重大过错。

有的提出，离婚损害赔偿与财产分割照顾无过错方的原则重复，建议删除本条规定。

六、关于收养

1. 生父母送养子女

草案第一千零九十七条规定，生父母送养子女，应当双方共同送养。生父母一方不明或者查找不到的，可以单方送养。

有的建议，增加规定生父母一方为无行为能力人的，另一方也可以单方送养。

2. 收养行为无效

草案第一千一百一十三条第一款规定，有本法总则编关于民事法律行为无效规定情形或者违反本编规定的收养行为无效。

有的建议，将“违反本编规定”修改为“违反本编规定条件”，同时增加收养无效请求权人及收养无效程序的规定。

一些国家和地区法定结婚年龄的情况

法定结婚年龄，是指法律规定的男女能够结婚的最低年龄。到达法定结婚年龄，是婚姻成立的要件之一。基于不同的法律制度、立法技术和文化背景，各个国家和地区对于法定结婚年龄的规定不尽相同。

一、有关国家和地区法定结婚年龄的基本情况

有学者对193个国家和地区的法定结婚年龄进行了统计分析[①]，绝大多数国家和地区都对男女结婚年龄作出了明确规定，只有极少数国家和地区未作出明确规定。其中，146个国家和地区男女法定结婚年龄是一致的，33个国家和地区的男性法定结婚年龄比女性高2～3岁，个别国家和地区的男性法定结婚年龄比女性高1岁或者4岁，只有喀麦隆一个国家的女性法定结婚年龄高于男性。

明确规定男性结婚年龄的国家和地区有187个。男性法定结婚年龄最高的为22岁，多数国家和地区处于18～22岁之间。其中，采用18岁标准的有130个，占69.5%。明确规定女性结婚年龄的国家和地区有185个。女性法定结婚年龄最高的为21岁，多数国家和地区处于18～21岁之间。其中，采用18岁标准的有121个，占65.4%。

一些国家和地区还规定了经过父母或者监护人同意，或者在特殊情况下，经过法庭等批准的最低结婚年龄，一般比不附加任何条件的最低结婚年龄低2岁左右。

二、一些国家和地区的法定结婚年龄

（一）欧洲

法国的男女法定结婚年龄均为18岁；检察官可以基于重大理由同意免除结婚年龄的限制。

---

① 参见邓希泉：《青年结婚年龄的国际比较研究》，载《北京青年研究》2017年第4期。

德国的法定结婚年龄为达到成年年龄，即年满 18 岁。一方已满 16 岁，另一方已成年的，家庭法院可以根据当事人申请免除 18 岁的结婚年龄限制。

意大利的法定结婚年龄为达到成年年龄，即年满 18 岁。在有重大理由的情况下，法院可以基于当事人的请求，准许年满 16 岁的未成年人结婚。

西班牙的法定结婚年龄为达到成年年龄，即年满 18 岁。

俄罗斯的法定结婚年龄为 18 岁。在有正当理由的特殊情况下，地方自治机构可以根据当事人的申请，准许年满 16 岁的人结婚。

瑞士的法定结婚年龄为 18 岁。

英国的法定结婚年龄为 16 岁。

（二）亚洲

我国台湾地区的法定结婚年龄为男 18 岁，女 16 岁；未成年人（成年年龄为 20 岁）结婚须经法定代理人同意。

我国香港特别行政区的法定结婚年龄为 16 岁。男女任何一方或者双方已满 16 岁未满 21 岁，且该方或者双方并非鳏夫或者寡妇的，其结婚须经父母或者监护人同意。

我国澳门特别行政区的法定结婚年龄为 16 岁。未成年人（成年年龄为 18 岁）结婚，须经父母或者监护人同意，或者获得法院批准。

日本目前的法定结婚年龄为男 18 岁、女 16 岁，未成年人结婚须征得父母同意（成年年龄为 20 岁）。2018 年，日本国会通过修改民法部分内容的法律案，将成年年龄从 20 岁降到 18 岁，同时将男女结婚年龄统一为 18 岁，并相应删去了关于未成年人结婚须征得父母同意的规定。该新规定将于 2022 年 4 月 1 日起施行。

韩国的法定结婚年龄为 18 岁，但是未成年人（成年年龄为 20 岁）或者禁治产人结婚须经父母或者监护人同意。

菲律宾的法定结婚年龄为男 16 岁，女 14 岁。

（三）美洲和大洋洲

美国《统一结婚离婚法》规定，16 岁以下的公民缔结婚姻需要得到父母或者监护人的同意，同时把对最低结婚年龄的立法权限授予各个州。每个州对法定结婚年龄的规定有所不同，多数州规定最低结婚年龄为男 21 岁，女 18 岁。

加拿大的法定结婚年龄为 16 岁，各省可以对结婚年龄作出特别规定。

智利的法定结婚年龄为 18 岁，未满 18 岁的人结婚须经父母同意。

巴西的法定结婚年龄为成年年龄，即年满 18 岁；年满 16 岁的未成年人结婚，须经过父母或者法定代理人批准。

澳大利亚的法定结婚年龄为 18 岁；年满 16 岁但未满 18 岁的公民，可以向其所在州或者地区的法官或者婚姻登记官申请，准许其和特定的已经达到法定婚龄的公民结婚。

三、新中国成立后法定结婚年龄的历史变化

1950 年通过施行的婚姻法规定的法定结婚年龄为男 20 岁、女 18 岁。1980 年修订并于 1981 年 1 月 1 日起施行的婚姻法,将法定结婚年龄修改为男 22 周岁、女 20 周岁。2001 年 4 月修正的婚姻法对男女法定结婚年龄未作出修改,这个规定一直延续至今。

第六部分

继 承 编

地方人大、中央有关部门和单位以及有关方面对民法典各分编草案（征求意见稿）继承编的意见

2018 年 3 月中旬，法制工作委员会将民法典各分编草案（征求意见稿）印发省、自治区、直辖市的人大常委会，以及中央有关部门、有关人民团体和社会组织、部分高等院校和研究机构、基层立法联系点和一些全国人大代表征求意见。现将对继承编的主要意见简报如下：

一、总的意见

有的部门提出，继承编征求意见稿从中国国情出发，在保留原有继承法行之有效条文的基础上，吸收了各方面的意见，具有一定的创新性，基本符合当前需求，但在个别制度创设、条文细化方面还需要进一步完善。目前的四章制安排，比较符合实际，基本赞成整体框架安排。鉴于遗赠、遗赠扶养协议等是双方法律行为，与法定继承、遗嘱继承有别，建议将遗赠、遗赠扶养协议、继承协议单列一章。建议进一步细化遗产管理人制度、遗产分割及清偿对象、顺序、放弃继承与利害关系人保护等条文，以回应司法实务需求。

有的单位提出，继承法颁布至今已有 30 多年，随着人民生活水平的提高，人们拥有财产的数量和种类都有了大幅提升，参与的法律关系也更为复杂，应对现行继承法进行系统修改，并根据社会发展需要对相关制度予以细化和增加，建议对法定继承顺序、继承人范围、遗产管理规则、遗产债务清偿规则等学界提出较多修改建议的问题作实质性修改。

有的单位提出，遗嘱继承优先于法定遗嘱，建议调整第二章与第三章的顺序。

二、关于一般规定

（一）适用范围

征求意见稿第一条规定，因继承产生的民事关系，适用本编。

有的地方建议，将本条修改为："除涉外继承外的因继承产生的民事关系，适用本编。"有的地方建议，将本条修改为："因继承和遗产处理产生的民事关系，适用本编。"

（二）国家依法保护自然人的私有财产继承权

征求意见稿第二条规定，国家依法保护自然人的私有财产继承权。

有的地方和单位提出，本条属于宣示条款，且与民法总则第一百二十四条的内容重复，建议删除。

有的地方提出，继承权的客体不限于财产及财产权利，建议删除"私有财产"的表述。

有的单位提出，将本条修改为两款："继承人可以请求确认自己的继承人资格，以对抗任何一个以继承人名义或者无任何名义地对遗产占有、管理、处分的人，从而获得遗产返还。""继承人仅请求确认继承人资格的，不适用诉讼时效。"

（三）继承开始时间

征求意见稿第三条第一款规定，继承从被继承人死亡时开始。第二款规定，相互有继承关系的数人在同一事件中死亡，难以确定死亡时间的，推定没有其他继承人的人先死亡。都有其他继承人，辈份不同的，推定长辈先死亡；辈份相同的，推定同时死亡，相互不发生继承。

有的地方建议，将第一款"被继承人死亡时"修改为"被继承人生理死亡或者被宣告死亡时"。

有的单位提出，死亡顺序推定规则保险法也有相关规定，为避免法律适用上的模糊，建议第二款增加规定"法律另有规定的，依照其规定"。

有的单位建议，将第二款修改为："相互有继承关系的数人在同一事件中死亡，不能确定死亡先后的，推定同时死亡，相互不发生继承关系。"

有的单位建议，将第二款修改为两款："相互有继承权的数人于同一事件中死亡，不能确定死亡先后的，推定没有生存继承人的人先死亡；各自都有继承人的，推定同时死亡。""但是，数死者之一有直系卑亲属，且准许代位继承的，该直系卑亲属可以代位于其被继承人继承其他同一事件死亡人的遗产。"

有的地方建议，增加一款规定："被继承人宣告死亡的，以判决书认定的死亡日期为继承开始的时间。如果判决书中没有确定死亡时间，以判决宣告之日为死亡日期，但若有反证推翻的除外。"

（四）遗产范围

征求意见稿第四条规定，遗产是自然人死亡时遗留的一切个人合法财产，但法律规定或者依其性质不得继承的除外。

有的单位提出，概括式规定能更全面地涵盖遗产范围，更能适应市场经济的发展和社会生活的变化，也是世界各国的普遍做法。

有的地方和单位建议，采用列举加兜底方式规定遗产范围。有的部门建议，将本条修改为："遗产是自然人死亡时遗留的一切个人合法财产和财产性权益，但专属被继承人人身的财产以及法律规定不得继承的财产除外。包括：（一）动产；（二）不动产；（三）建设用地使用权；（四）财产性债权；（五）知识产权中的财产权益；（六）有价证券；（七）股权和其他投资性权利；（八）网络虚拟财产；（九）其他合法财产和财产性权益。"

有的地方建议，删除"一切"的表述。有的单位建议，删除"一切"和"或者依其性质"的表述。

有的地方和单位提出，"合法"为遗产的应有之义，凡属于法律承认为个人所有的财产，当然是合法财产，其他国家和地区的立法均没有使用"合法"，建议删除"合法"的表述。

有的地方建议，将"合法财产"修改为"财产权益"。

有的单位提出，遗产既包括财产权益也包括相关的义务，建议将"财产"修改为"权利与义务"。有的地方建议，将"财产"修改为"财产及财产权益"。

一些地方、部门和单位建议，明确农村宅基地、承包土地以及拆迁补偿等是否能够继承。

有的地方建议，明确规定死亡赔偿金和精神损害抚慰金不属于遗产范围。

有的单位提出，虽然从学理上看死亡赔偿金、抚恤金并不属于严格意义上的遗产，但司法实践中此类财产归属的纠纷较多，建议增加规定："因被继承人死亡而获得的死亡赔偿金、补偿金、抚恤金等财产，视为遗产。"

（五）法定继承、遗嘱继承和遗赠

征求意见稿第五条规定，继承开始后，按照法定继承办理；有遗嘱的，按照遗嘱继承或者遗赠办理；有遗赠扶养协议的，按照协议办理。

有的地方和单位建议，将本条修改为："继承开始后，有遗赠扶养协议的，按照遗赠扶养协议处理。有遗嘱的，按照遗嘱继承或者遗赠处理。没有遗赠扶养协议和遗嘱的，按照法定继承处理。"

有的单位建议，将本条修改为："继承开始后，按照下列顺序进行：（一）遗赠扶养协议或继承扶养协议；（二）遗嘱继承或遗赠；（三）法定继承。"

（六）胎儿享有继承权

征求意见稿第六条规定，胎儿享有继承权，由其法定代理人代为行使。胎儿娩出时为死体的，所得遗产由其他继承人继承。

有的地方建议，明确胎儿的认定标准。

有的地方和单位建议，将"继承权"修改为"继承权和受遗赠权"。

有的部门建议，将“胎儿享有继承权”修改为“胎儿享有的遗产继承利益”；有的单位建议修改为“胎儿享有继承利益”；有的单位建议修改为“继承开始时已孕育的胎儿具有继承能力”。

有的单位建议，将本条修改为“胎儿有继承权利能力，娩出时为死体的除外”，并在“遗产的处理”一章中保留胎儿必留份的规定。

有的单位提出，不宜直接赋予胎儿民事主体的法律地位。

有的部门提出，胎儿无法按照民法总则的相关规定确定监护人，建议将“由其法定代理人代为行使”修改为“应当为胎儿保留必要的财产份额，胎儿的继承权由其父亲与母亲或者母亲的法定代理人代为行使”。

有的地方建议，将“由其法定代理人代为行使”修改为“应当为胎儿预留必要份额”。

有的地方建议，将本条修改为：“胎儿享有继承权，其继承的份额由遗产管理人代为保管。胎儿娩出时为活体，其遗产交其法定代理人。”

有的单位建议，把本条修改为：“胎儿有继承权利能力，娩出时为死体的除外。”

一些地方和单位提出，胎儿娩出时为死体的，其民事权利能力自始不存在，没有继承权，也不会有遗产。

有的地方建议，将“所得遗产由其他继承人继承”修改为“所预留财产份额重新由其他继承人分配继承”；有的单位建议，修改为“其民事权利能力自始不存在，为其保留的遗产由其他继承人继承”；有的地方建议，修改为“其应继承的份额由被继承人的其他继承人继承”。

有的单位建议，将“所得遗产”修改为“遗产”。

有的地方建议，增加规定“经被继承人生前同意，于继承开始后两年内通过人工生殖技术孕育并出生的自然人享有继承权。由其法定代理人代为行使”。

有的单位建议，增加规定“继承人必须为继承开始时生存的自然人”。

（七）放弃继承和遗赠

征求意见稿第七条第一款规定，继承开始后，继承人放弃继承的，应当在遗产处理前，向遗产管理人作出放弃继承的表示。没有表示的，视为接受继承。第二款规定，受遗赠人应当在知道受遗赠后两个月内，向遗产管理人作出接受或者放弃受遗赠的表示。到期没有表示的，视为放弃受遗赠。

一些单位建议，将第一款“应当在遗产处理前，向遗产管理人作出放弃继承的表示”修改为“应当在知道继承开始后两个月内或遗产处理前，向遗产管理人以书面方式作出放弃继承的表示”。

有的部门建议，将第一款“应当在遗产处理前”修改为“应当自知道或者应当知道被继承人死亡之日起二个月内”；有的地方和单位建议，修改为“应当在知道自己为继承人时起两个月内”。

有的全国人大代表建议,将第二款“两个月”修改为“六个月”,并增加规定“但遗嘱人明确声明受遗赠人不需要作出表示的除外”。

有的地方建议,将第二款“在知道受遗赠后两个月内”修改为“在遗产处理前”。

一些地方和单位建议,将第二款“遗产管理人”修改为“继承人或遗产管理人”,将“视为放弃受遗赠”修改为“视为接受遗赠”。

有的单位建议,将“向遗产管理人”修改为“书面向继承人或遗产管理人等”。

有的地方建议,将“遗产管理人”修改为“遗产管理人或者被继承人”。

有的地方建议,增加一款规定:“继承人和受遗赠人为被监护人的,接受或者放弃继承、受遗赠的意思表示由其监护人代为作出,但该意思表示不得损害被监护人的利益。”

有的地方、部门和单位提出,放弃继承或者遗赠损害配偶利益的,配偶应当有权撤销放弃继承或者遗赠的表示,建议明确规定撤销放弃继承或者遗赠的情形。

有的部门建议,增加规定:“继承人放弃继承或者丧失继承权的,其效力追溯至继承开始之时。”

(八)丧失继承权

征求意见稿第八条第一款规定,继承人有下列行为之一的,丧失继承权:(1)故意杀害被继承人的;(2)为争夺遗产而杀害其他继承人的;(3)遗弃被继承人的,或者虐待被继承人情节严重的;(4)伪造、篡改、隐匿或者销毁遗嘱,情节严重的;(5)以欺诈、胁迫手段迫使或者妨碍被继承人设立、变更或者撤回遗嘱,情节严重的。第二款规定,被继承人知道继承人有前款第三项至第五项行为,对该继承人表示宽恕或者事后在遗嘱中明确将其列为继承人的,该继承人不丧失继承权。第三款规定,受遗赠人有本条第一款规定情形的,丧失受遗赠权。

有的单位建议,将第一款第一项修改为“故意杀害被继承人并受刑事处罚的”。有的单位建议,第一项增加规定“或者为争夺遗产使被继承人丧失遗嘱能力的”。有的地方建议,将第三项“虐待被继承人情节严重的”单列为第四项。有的地方建议,在第四项“情节严重的”前增加规定“可能损害其他继承人利益”。有的部门和单位建议,删除第三项、第四项、第五项“情节严重的”表述。有的单位建议,删除第四项“情节严重的”表述。有的单位建议,删除第四项、第五项“情节严重的”表述。有的地方建议,增加一项作为第六项:“诬告或作伪证陷害被继承人而被判处刑罚的。”

有的单位提出,第二款可能会鼓励违法,对年老体弱等群体带来极大道德风险隐患,且宽恕作为一种主观态度,法官或第三人很难从法律上作出判断,建议删除。有的部门提出,故意杀人如果仅是预备、未遂或者是因主观原因中止犯罪而没有造成严重伤害的,可以适用宽宥制度,建议第一项也可以适用宽宥制度。有的地方提出,考虑到独生子女家庭的现状以及对未成年人利益的保护,建议未成年子女故意杀害被继承人未遂的,其继承权为相对丧失。有的单位建议,第二款后增加一款规定:“因前款第一项情形,继承人不具备完全民事行为能力,或者未造成严重后果、确有悔改表现的,经被继承人表示宽恕或者事后在遗嘱中明确将其列为继承人的,可以确认其继承权恢复。”有的地方提出,第四项规定的情形,行为人不仅侵害了被继承人的合法权益,更严重的是侵害了其他继承人的合法权益,不能仅因被继承人宽恕而享有继承权,建议将“第三项至第五项”修改为“第三项、第五项”。有的地方建议,在“对该继承人表示宽恕”前增加规定“以书面形式”。有的单位建议,将“该继承人不丧失继承权”修改为“该继承人恢复继承权”。有的地方建议,增加规定被继承人宽恕后是否丧失受遗赠权。

有的地方建议增加一款规定,有第一款第三项至第五项规定的行为但未达到情节严重的,应当少分遗产。

有的单位建议增加一款规定,被继承人死亡时,撤销婚姻诉讼或离婚诉讼已经系属的,被继承人配偶丧失对被继承人的继承权。

有的单位建议增加一条规定:“在被继承人生前,因感情破裂而分居,或提起离婚诉讼、协议离婚,生存配偶对先逝配偶的遗产不享有继承权。但被继承人遗嘱确定生存配偶有继承权的除外。”“有证据证明在被继承人生前,配偶有不忠实于被继承人的行为,或对被继承人实施经常性家庭暴力的,准用前款规定。”

(九)其他

有的地方提出,继承开始的地点涉及遗产的调查、诉讼管辖、遗产处理的便捷程度,建议增加规定:“继承于被继承人的生前最后住所地或主要遗产所在地开始。”

有的部门建议,增加规定继承、继承权、被继承人的概念。

有的单位建议,增加规定:“对继承权发生争议的,继承人可以请求确认其权利。”“继承人可以请求无权占有遗产的人返还财产。”

三、关于法定继承

(一)继承权男女平等

征求意见稿第九条规定,继承权男女平等。

有的地方提出,男女平等原则应是民法总则的基本原则之一,不必在法定继承中再次强调,建议将本条作为继承应遵循的原则在第一章中规定。

有的单位建议,将本条并入第一条作为第二款。有的单位建议删除本条。

有的地方和单位提出,本条与民法总则第四条“民事主体在民事活动中的法律地位一律平等”重复，继承权的平等并非限于男女之间，也包括婚生子女与非婚生子女、长子或者幼子等，建议删除本条或修改为“继承权人人平等”。

（二）继承人顺序和范围

征求意见稿第十条第一款规定，遗产按照下列顺序继承：第一顺序：配偶、子女、父母。第二顺序：兄弟姐妹、祖父母、外祖父母。第二款规定，继承开始后，由第一顺序继承人继承，第二顺序继承人不继承。没有第一顺序继承人继承的，由第二顺序继承人继承。

有的地方和单位提出，将父母列入第一顺位继承人不符合人们将遗产留给出于己身的晚辈直系血亲的意愿，可能导致在有子女情况下遗产违背意愿向旁系血亲流转，建议规定父母为第二顺位继承人，配偶为无固定继承顺位，同时建立相关配套的制度，包括：赋予父母居住权；继承遗产的子女、配偶对父母负有支付生活费债务、必留份制度。

有的单位建议，将本条修改为三款：“第一顺序：子女及其晚辈直系血亲，以亲等近者优先。第二顺序：父母。第三顺序：兄弟姐妹、祖父母、外祖父母。第四顺序：四亲等以内的其他亲属。”“配偶与第一、二、三顺序的血亲继承人共同继承。”“配偶与第一顺序血亲继承人共同继承时，其应继份为遗产的二分之一；与第二顺序血亲继承人共同继承时，其应继份为遗产的三分之二；与第三顺序血亲继承人共同继承时，其应继份为遗产的四分之三。在无第一、二、三顺序血亲继承人时，配偶继承全部遗产。”

有的单位建议，将第一顺序修改为“配偶、晚辈直系血亲（世代近者为先）、父母”。有的单位建议，将第一顺序继承人修改为“配偶、父母、子女及其晚辈直系血亲，以亲等近者优先”。

有的地方建议，赋予尽了赡养义务的孙子女、外孙子女等亲属法定继承资格。

有的全国人大代表建议，将第一款“祖父母、外祖父母”修改为“孙子女、外孙子女”。

有的部门、单位建议，将孙子女、外孙子女规定为第二顺序法定继承人。

有的地方建议，增加一款规定：“对被继承人尽了主要抚养义务的祖父母、外祖父母，尽了主要扶养义务的兄弟姐妹，或者尽了主要赡养义务的孙子女、外孙子女应当作为第一顺序继承人。”

有的地方提出，本条规定的法定继承人的范围，易导致无人继承遗产的情况，建议扩大。一些地方、部门和单位建议，第一款增加规定：“第三顺序：四亲等内的旁系血亲”；“第三顺序：曾祖（外曾祖）父母、曾孙（曾外孙）子女、伯、叔、姑、舅、姨、侄子女”；“第三顺序：伯、叔、姑、舅、姨、侄子女、外甥子女”；“第三顺序：关系密切的四等亲亲属”。

有的单位建议，增加规定："在下列情形下，配偶不作为继承人：（一）被继承人与其配偶已同意离婚的；（二）被继承人已向法院提出离婚诉讼，且符合婚姻家庭编第三十八条所列情形的。"

有的单位建议，将第二款修改为"继承开始后，有前一顺序继承人的，后一顺序的继承人不得继承"。

有的地方建议，将第二款"没有第一顺序继承人继承的"修改为"没有第一顺序继承人及代位继承人继承的"。

一些地方、单位和全国人大代表建议，明确规定子女、父母、兄弟姐妹、祖父母、外祖父母等概念的内涵和外延。

有的地方、单位提出，"兄弟姐妹"应包括堂兄弟姐妹和表兄弟姐妹。

（三）代位继承

征求意见稿第十一条第一款规定，被继承人的子女先于被继承人死亡的，由被继承人的子女的晚辈直系血亲代位继承。第二款规定，被继承人的兄弟姐妹先于被继承人死亡的，由被继承人的兄弟姐妹的子女代位继承。第三款规定，代位继承人一般只能继承被代位继承人有权继承的遗产份额。

有的地方建议，将第一款修改为："被继承人的子女先于被继承人死亡的，由被继承人的死亡子女的晚辈直系血亲代位继承。"

有的单位建议，在第一款、第二款"先于被继承人死亡"后增加规定"或丧失继承权"，并删除第三款。

有的单位建议删除第二款。

有的地方建议删除第三款"一般"的表述。

有的地方建议增加规定"转继承"。

（四）遗产分配

征求意见稿第十二条第一款规定，同一顺序继承人继承遗产的份额，一般应当均等。第二款规定，对生活有特殊困难的缺乏劳动能力的继承人，分配遗产时，应当予以照顾。第三款规定，对被继承人尽了主要扶养义务或者与被继承人共同生活的继承人，分配遗产时，可以多分。第五款规定，继承人协商同意的，也可以不均等。

有的地方提出，按照立法精神处于同一顺序的继承人应当均分遗产，建议删除第一款中"一般"的表述。

有的部门建议，第一款与第五款合并。

有的部门建议，将第二款中"应当予以照顾"修改为"适当多分"。

有的单位建议，第二款后增加规定"继承人是否缺乏劳动能力且生活困难，应当根据继承开始时的具体情况确定"。

有的地方建议，将第二款"对生活有特殊困难的缺乏劳动能力的继承人"修改为“依靠被继承人扶养的继承人”,并删除第三款“或者与被继承人共同生活”。

有的单位建议,将第三款修改为:“对被继承人尽了主要扶养义务的继承人,分配遗产时应当多分;对与被继承人共同生活的继承人,分配遗产时可以多分。”

有的单位提出,第五款的规定不妥,继承人协商不均等是在均等分配前提下继承人的处分。

有的地方建议,将第五款移至本条第一款作为第二句,有利于强调私法自治和民俗性的继承。

(五)丧偶儿媳和丧偶女婿的遗产分配

征求意见稿第十三条第一款规定,丧偶儿媳对公、婆,丧偶女婿对岳父、岳母,尽了主要赡养义务的,应当分给合理份额的遗产。第二款规定,对继承人以外的依靠被继承人扶养的人,或者继承人以外的对被继承人扶养较多的人,可以分给适当的遗产。

有的地方、单位建议,将第一款修改为:“对公、婆或岳父、岳母尽了主要赡养义务的丧偶儿媳、丧偶女婿,应当分给合理份额的遗产。”

有的部门提出,本条修改不利于鼓励丧偶儿媳、丧偶女婿赡养公婆、岳父母,可能会对我国传统的孝道观念造成一定的冲击,不利于充分发挥家庭在老年人养老中的作用,建议对该规定可能产生的社会影响再作研究。

一些地方和单位建议,将第一款“应当分给合理份额的遗产”修改为“应当按照子女的份额分给遗产”;“应按第一顺位继承人分给遗产”;“作为第一顺序继承人”。

有的地方建议,增加规定丧偶儿媳、丧偶女婿“无论是否再婚”。

有的地方提出,“合理份额”在实践中不易确定,建议明确份额应为相当于应继份的额度。

有的部门提出,尽了赡养义务的均应当分给合理份额的遗产,建议删除“主要赡养义务”中“主要”的表述。

有的单位建议,将赡养公婆、岳父母的儿媳、女婿作为可以酌情分得遗产的人,实践中可按第二款“继承人以外的对被继承人扶养较多的人”处理,不必专门规定。

有的地方建议,在第二款“可以分给适当的遗产”后增加规定“可以不少于法定继承人的平均份额”。

有的地方建议,将第二款“扶养较多”修改为“尽扶养义务较多”。

有的单位建议,第二款沿用继承法第十四条的规定,增加限制性描述,减少不劳而获的情形。

有的单位建议,将“合理份额的遗产”“分给适当的遗产”统一规定为“酌情取得遗产”。

(六)处理继承纠纷

征求意见稿第十四条规定,继承人应当本着互谅互让、和睦团结的精神,协商处理继承问题。遗产分割的时间、办法和份额，由继承人协商确定。协商不成的，可以由人民调解委员会调解或者向人民法院提起诉讼。

有的地方提出，人民调解委员会是在特定时代背景下成立的群众性组织，应将人民调解委员会在内的相关机构都并入组织调解的范畴，建议将“人民调解委员会”修改为“相关机构”。

有的单位建议，将“由人民调解委员会调解”修改为“申请人民调解委员会调解”。

有的地方、单位提出，本条是对遗产分割的倡导性规定，属于民法基本原则的应有之义，且规定的是遗产分割问题，放在本章引起体系混乱，建议删除本条。

四、关于遗嘱继承和遗赠

（一）遗嘱

征求意见稿第十五条第一款规定，自然人可以依照本法规定立遗嘱处分个人财产，并可以指定遗嘱执行人。第二款规定，自然人可以立遗嘱将个人财产指定由法定继承人的一人或者数人继承。第三款规定，自然人可以立遗嘱将个人财产赠给国家、集体或者法定继承人以外的人。

有的地方建议，将第一款“并可以指定遗嘱执行人”修改为“并安排有关事务”。

一些单位提出，民法总则未规定“集体”这一民事主体类型，建议修改为“法人或者其他组织”“法定继承人以外的其他民事主体”，或者直接删除国家、集体。

有的地方建议，增加一款规定：“遗嘱不得损害国家、集体和他人的合法权益，不得违反公序良俗。”

有的地方建议，增加委托他人指定遗嘱执行人的规定。有的地方、单位建议，增加禁止代理设立遗嘱和遗嘱能力的规定。

（二）自书遗嘱

征求意见稿第十六条规定，自书遗嘱由遗嘱人亲笔书写、签名，注明年、月、日。

有的单位提出，自书遗嘱应当要求遗嘱人书写全部内容。有的地方提出，实践中很多人不知道遗嘱相关法律知识，但在遗书、日记、信件中对身后财产进行处分，应当视为自书遗嘱。

有的地方提出，房管部门、银行、保险公司等在办理被继承人房产权属转移、存款、保险金支取过程中，不认可自书遗嘱的法律效力，要求当事人必须办理继承权公证，不利于保障公民的继承权，建议进一步明确自书遗嘱的法律效力，任何单位和个人都不得要求当事人必须办理继承权公证。

（三）代书遗嘱

征求意见稿第十七条规定，代书遗嘱应当有两个以上见证人在场见证，由其中一人代书，并由遗嘱人、代书人和其他见证人签名，注明年、月、日。

有的单位提出，为防止利用空白签名伪造遗嘱，建议增加遗嘱人、代书人和其他见证人必须亲笔书写自己的身份地位并签名，注明年、月、日。有的单位建议，见证人应有两人，且代书人不得为见证人。

有的地方建议，增加规定代书人、见证人应当逐页签名。

有的地方提出，在紧急情形下设立遗嘱，将遗嘱内容通过微信发送朋友的，其朋友应可作为合格的见证人见证其遗嘱。

（四）打印遗嘱

征求意见稿第十八条规定，打印遗嘱应当有两个以上见证人在场见证。遗嘱人和见证人应当在遗嘱每一页签名，注明年、月、日。

有的地方建议将“每一页”修改为“逐页”。有的单位提出，遗嘱人在每页签名就足以证明其真实意思表示，且立遗嘱具有一定私密性，建议删除见证人的要求。有的单位提出，为防止伪造遗嘱，建议增加规定打印遗嘱应当注明遗嘱人、代书人或见证人字样。

有的单位提出，打印遗嘱并非独立的遗嘱形式，应当视为自书遗嘱或代书遗嘱的一种。

有的地方提出，打印遗嘱容易伪造，入法条件不成熟，建议删除本条。

（五）录音录像遗嘱

征求意见稿第十九条规定，以录音录像形式立的遗嘱，应当有两个以上见证人在场见证。遗嘱人和见证人应当在录音录像中记录其姓名或者肖像，以及年、月、日。

有的单位建议，录音录像遗嘱不必有见证人。有的地方建议，将“姓名或者肖像”修改为“姓名和肖像”。

有的地方建议，在第一句后增加规定：“见证人应当在录音录像中明确表示所见证事实的真实、自愿、合法。”

有的单位提出，随着人民群众受教育水平的提高，不能书写者已不多见，没有必要再规定代书遗嘱，外国立法也未规定代书、打印、录音录像的遗嘱形式，建议删除第十七条至第十九条。

有的地方、单位建议，增加电子数据、电子文档等其他遗嘱形式。

（六）口头遗嘱

征求意见稿第二十条规定，遗嘱人在危急情况下，可以立口头遗嘱。口头遗嘱应当有两个以上见证人在场见证。危急情况解除后，遗嘱人能够用书面或者录音录像形式立遗嘱的，所立的口头遗嘱经过三个月无效。

有的地方建议，将“三个月”修改为“一周”。

有的单位建议，将“无效”修改为“失效”。

有的单位建议，紧急情况下见证人无法在场的，应当允许遗嘱人以合理方式告知见证人即可。

有的地方建议，明确规定在失火现场、落水河中或者战场上等特殊情形，见证人只有一个时是否能够立口头遗嘱。

有的地方提出，实践中认定口头遗嘱存在难度，现今科技发达，紧急状态完全可以采取录音方式记录被继承人的意愿，建设取消口头遗嘱方式。

(七)公证遗嘱

征求意见稿第二十一条第二款规定，公证机构办理遗嘱公证，应当由两个以上公证员共同办理。特殊情况下只能由一个公证员办理的，应当有一个以上见证人在场。

有的地方建议，在最后一句增加规定“见证人应当在遗嘱和笔录上签名”。

有的部门建议，将本款修改为“自书、代书、打印、口头遗嘱及录音录像等其他形式所立遗嘱，不得撤销、变更公证遗嘱”，并删除关于遗嘱公证办理程序的规定。

有的单位提出，征求意见稿已删除了公证遗嘱效力优先的规定，没有必要再对公证遗嘱的形式要件、程序等要求作出规定，由其他法律法规规定即可，建议删除本款。

有的地方建议，增加关于公证遗嘱的程序、费用的规定。有的单位建议，将公证遗嘱区分为公开公证遗嘱和密封公证遗嘱。

(八)遗嘱见证人

征求意见稿第二十二条规定，下列人员不能作为遗嘱见证人：(1)无民事行为能力人、限制民事行为能力人以及其他不具有见证能力的人；(2)继承人、受遗赠人；(3)与继承人、受遗赠人有利害关系的人。

有的地方建议，将第一项中“其他不具有见证能力的人”修改为“客观上不具有见证能力的人”。

有的部门建议，对“见证能力”作明确规定。有的地方建议，将第三项“利害关系”修改为“直接利害关系”。

有的地方、全国人大代表建议，增加规定公证人的配偶、近亲属、同居人、受雇人，信托遗嘱的受托人、受益人，以及与其有利害关系的人不得作为见证人。

(九)保留必要的份额

征求意见稿第二十三条规定，遗嘱应当对缺乏劳动能力又没有生活来源的继承人保留必要的遗产份额。

有的部门建议，将“必要的遗产份额”修改为“不低于法定继承的遗产份额”。

有的单位提出，保留的份额不得超过该继承人的法定应继承份额。

有的单位提出，本条规定的请求权主体范围过窄，且标准过低，建议修改为"遗嘱人以遗嘱处分财产的，应当为依靠其扶养的继承人保留适当的遗产份额"。

有的地方建议，明确规定保留必要份额不得设置负担，事先放弃必要份额的意思表示无效。

有的地方、部门建议，增加规定遗嘱未保留必要的遗产份额的救济途径。

（十）遗嘱的撤回

征求意见稿第二十四条第二款规定，立遗嘱后，遗嘱人实施与遗嘱内容相反行为的，视为对遗嘱相关内容的撤回。

有的地方建议，将"实施"修改为"依据自身真实意思表示实施"。

有的地方建议，明确"相反行为"的内涵。有的地方建议，增加规定因客观情况导致继承标的发生性质变化，遗嘱人未作新的意思表示的，视为遗嘱撤回。

有的地方提出，本款规定很难操作，也容易造成遗嘱不严肃，建议删除。

（十一）数份遗嘱之处理

征求意见稿第二十四条第三款规定，立有数份遗嘱，内容相抵触的，以最后的遗嘱为准。

有的单位建议，将"以最后的遗嘱为准"修改为"以最后合法有效的遗嘱为准"。

一些地方、部门和单位提出，公证遗嘱能够提示立遗嘱人法律风险，更好地维护遗嘱人的真实意思，效力应当高于其他形式的遗嘱，建议对其效力作特别规定，除非当事人在事后遗嘱中明确表示废除先前的公证遗嘱；恢复继承法第二十条第三款的规定；规定"自书、代书、打印、录音录像、口头遗嘱，不得撤销、变更公证遗嘱"；"以最后所立的公证遗嘱为准，但有相反证据证明的除外"；"以最后的遗嘱为准；数份遗嘱中有公证遗嘱的，以最后的公证遗嘱为准"。

有的单位提出，遗嘱内容的增减、涂改较为常见，建议增加一条规定："遗嘱有增减、涂改而变更遗嘱内容的，应当在增减、涂改之处另行签名或按指印，否则变更部分不发生效力"。

（十二）遗嘱的效力

征求意见稿第二十五条第一款规定，无行为能力人或者限制行为能力人所立的遗嘱无效。第二款规定，遗嘱必须表示遗嘱人的真实意思，受胁迫、欺骗所立的遗嘱无效。第三款规定，伪造的遗嘱无效。第四款规定，遗嘱被篡改的，篡改的内容无效。

有的地方建议，将第一款中的"行为能力"修改为"民事行为能力"。

一些地方和部门提出，限制行为能力人所立遗嘱全部认定无效不妥，如间歇性精神病人在未发病期间，能够对自己行为负责，其所立遗嘱应当受到法律承认和保护,也与民法总则关于限制行为能力人法律行为效力的规定不一致,建议将第一款修改为“无行为能力人所立的遗嘱无效。限制行为能力人所立的与其年龄、智力、精神健康状况不相适应的遗嘱无效”。

有的单位建议,将第二款“欺骗”修改为“欺诈”。有的单位提出,受胁迫、欺诈的遗嘱应属于可撤销的民事法律行为。

有的单位提出,民法总则对民事法律行为的效力已经作了规定,建议删除本条。

一些地方和单位建议,增加规定委托他人订立的遗嘱,代理设立的遗嘱,不符合法定形式的遗嘱,遗嘱处分属于国家、集体或者他人所有的财产的部分,遗嘱内容或者附加的条件违反法律的禁止性规定或者公序良俗等遗嘱无效法定事由。

有的单位建议,增加规定遗嘱相对无效的内容。

(十三)附义务的遗嘱继承或遗赠

征求意见稿第二十六条规定,遗嘱继承或者遗赠附有义务的,继承人或者受遗赠人应当履行义务。没有正当理由不履行义务的,经利害关系人或者有关组织申请,人民法院可以取消其接受附义务部分遗产的权利。

有的单位建议,增加规定:“非因继承人或者受遗赠人原因导致义务不能履行的,附义务部分的遗产按照法定继承办理。”

有的单位建议,增加一款规定:“遗嘱继承或者遗赠附有条件或期限的,对应部分的遗产由遗产管理人妥善保管。条件成就或期限届满时对应部分的遗产由继承人或者受遗赠人继承。”同时在第三十六条增加规定一项“遗嘱继承或者遗赠附有条件,条件无法成就的”。

有的单位建议,增加一款规定:“继承人或者受遗赠人所应履行的义务,以其所受利益为限。”有的地方提出,所附义务不得违反法律,同时明确所附义务违反法律的后果。

(十四)其他

有的单位建议,增加律师见证遗嘱的形式,并且规定律师见证遗嘱的效力高于其他形式的遗嘱。

一些地方、部门、单位和全国人大代表建议,增加规定夫妻共同遗嘱制度,明确共同遗嘱的形式要件和效力,尤其是一方去世后,另一方变更共同遗嘱内容的法律效果等内容。

一些地方、部门、单位和全国人大代表建议,增加规定遗嘱信托:“自然人可以立遗嘱将其个人财产设立信托。遗嘱信托除了符合本法规定外,还应符合信托法有关规定。”

五、关于遗产的处理

（一）遗产管理人

征求意见稿第二十七条规定，继承开始后，遗嘱执行人为遗产管理人；没有遗嘱的，继承人应当及时推选遗产管理人；继承人未推选的，由继承人共同担任遗产管理人；没有继承人或者继承人均放弃继承的，由被继承人生前住所地的民政部门担任遗产管理人。

有的单位建议，将"没有遗嘱的"修改为"没有遗嘱或者遗嘱指定的遗产管理人不愿意担任的"，有的地方建议修改为"没有遗嘱执行人或者遗嘱执行人不履行或者不能履行遗产管理人义务的"。

有的单位提出，继承人丧失继承权时，也应当由民政部门担任遗产管理人。

有的地方提出，民政部门担任遗产管理人不妥，建议修改为被继承人生前住所地的居民委员会、村民委员会。

有的单位建议，增加规定村民委员会、居民委员会可以担任遗产管理人。

有的地方提出，遗产管理人应当具有完全民事行为能力。有的地方建议明确担任遗产管理人的条件。

有的地方建议，增加规定遗产管理人的指定、责任范围、撤销以及遗产管理费等内容。

一些地方和单位建议，增加有关遗产管理人的辞任、卸任的规定。

有的部门提出，遗产管理涉及诸多利害关系人的权益，有必要将其交由特定主体统一管理，但是否与民间群众的做法相吻合，仍需认真研究。

（二）遗产管理人的职责

征求意见稿第二十九条规定，遗产管理人应当履行的职责包括：（1）清理遗产并制作遗产清单；（2）保管遗产；（3）处理债权债务；（4）按照遗嘱或者依照法律规定分割遗产。

有的地方、部门建议，增加规定遗产管理人应当在就任后六个月内清理遗产并制作遗产清单，并明确利害关系人发现清单有误，可以请求人民法院予以变更。

有的地方提出，应当明确遗产管理人开始履职的时限，并对公告申报债权的期限、效果等作出规定。

有的地方建议，增加规定一项："在遗产分割前，支付丧葬费和缴纳所欠税款。"

有的地方建议，增加规定一项，即协调遗产继承和财产分配的争议。

有的单位建议，增加规定遗产管理人有就遗产分割向法院起诉的权利。

有的单位提出，增加规定查明是否有遗嘱、查明并通知继承人和受遗赠人等职责。

有的单位建议，明确规定遗产管理费用包括与遗产相关的诉讼费用、管理或者分割遗产的费用、遗产管理人执行职务的费用、报酬和聘用工作人员的费用。

有的部门建议，明确遗产管理人的认证方式、职责范围及边界，如"保管遗产"是否包括前往金融机构查询、领取、划转被继承人在金融机构的资产，金融机构是否有协助义务，遗产管理人保管遗产是否有例外和限制等。

（三）遗产管理人的责任

征求意见稿第三十条规定，遗产管理人应当依法履行职责，因故意或者重大过失造成继承人、受遗赠人、债权人损失的，应当承担民事责任。

有的单位提出，遗产管理人的责任应当根据其是否获得报酬作出区分，取得报酬的遗产管理人未按照法律规定、遗嘱的规定、与继承人的约定履行职责的，应当承担民事责任；未取得报酬的遗产管理人因故意或者重大过失造成继承人、受遗赠人、债权人损失的，应当承担民事责任。

有的单位建议，在本条最后增加规定"但当事人另有约定的除外"。

有的部门、单位建议，增加规定："继承人及其他利害关系人可以向人民法院申请撤销遗产管理人的资格。"

（四）遗产管理人的报酬

征求意见稿第三十一条规定，遗产管理人可以依照法律规定或者按照约定获得报酬。

有的地方、单位提出，本条规定过于原则。有的地方、单位建议，将本条修改为"遗产管理人可以依照法律规定或者按照遗嘱规定、与继承人的约定获得报酬"。

有的地方建议，将"遗产管理人"修改为"继承人和遗嘱执行人以外的人担任遗产管理人的"。

有的部门、单位建议，增加有关管理人报酬合理范围和优先受偿的规定。

有的单位建议，调换本条与第三十条的顺序。

（五）遗产保管

征求意见稿第三十三条规定，存有遗产的人，应当妥善保管遗产，任何人不得侵吞或者争抢。

有的单位建议，将"存有"修改为"占有"。有的地方建议，增加规定："遗产管理人因故意或者重大过失造成遗产损害的，应当承担赔偿责任。"

有的单位提出，本条没有实质内容，建议删除。

（六）遗产的确定

征求意见稿第三十五条第一款规定，夫妻共同所有的财产，除有约定的以外，分割遗产的，应当先将共同所有的财产的一半分出为配偶所有，其余的为被继承人的遗产。第二款规定，遗产在家庭共有财产之中的，遗产分割时，应当先分出他人的财产。

有的单位提出,夫妻共同财产并非都是一人一半,建议将第一款“应当先将共同所有的财产的一半分出为配偶所有”修改为“应当先将共同所有的财产中属于配偶的部分析出”。

有的地方建议,将第二款中的“他人”修改为“财产共有人”。有的地方建议,增加规定配偶对自有房屋和家庭用具享有优先支配权。

有的单位提出,本条内容属于婚姻家庭编的内容,建议不在继承编中规定。

(七)遗产中的有关部分按照法定继承办理的情形

征求意见稿第三十六条规定,有下列情形之一的,遗产中的有关部分按照法定继承办理:(1)遗嘱继承人放弃继承或者受遗赠人放弃受遗赠的;(2)遗嘱继承人丧失继承权或者受遗赠人丧失受遗赠权的;(3)遗嘱继承人、受遗赠人先于遗嘱人死亡的;(4)遗嘱无效或者被撤销部分所涉及的遗产;(5)遗嘱未处分的遗产。

有的地方、单位建议,第二项增加规定“遗嘱继承人有子女可代位继承的除外”。

有的地方建议,第三项增加规定“受遗赠的法人、非法人组织于继承人死亡时已经终止的”。

有的地方建议,将第四项中的“撤销”修改为“撤回”。

有的地方、单位建议,将本条移至第二章法定继承中规定。

(八)遗产分割的原则和方法

征求意见稿第三十七条第一款规定,遗产分割应当有利于生产和生活需要,不损害遗产的效用。第二款规定,不宜分割的遗产,可以采取折价、适当补偿或者共有等方法处理。

有的单位建议,将第一款修改为“遗嘱对遗产分割方式有规定的,依照其规定;没有规定的,遗产分割应当有利于生产和生活需要,不损害遗产的效用”。

有的地方建议,第二款明确哪种处理方法优先,建议优先采取折价、补偿的方式,折价、补偿确有困难的,按照共有处理。

有的部门建议,增加规定遗产分割的限制、分割效力等内容,明确遗产分割对继承人和债权人的效力,继承人之间的瑕疵担保责任,并增加规定利害关系人的代位权。

(九)遗赠扶养协议

征求意见稿第三十九条第一款规定,自然人可以与扶养人签订遗赠扶养协议。按照协议,扶养人承担该自然人生养死葬的义务,享有受遗赠的权利。第二款规定,自然人可以与继承人以外的组织或者个人签订遗赠扶养协议。按照协议,该组织或者个人承担该自然人生养死葬的义务,享有受遗赠的权利。

一些地方和单位提出，第一款与第二款规定重复，建议删除第一款。

有的单位建议，增加一款规定："扶养人依据遗赠扶养协议履行了义务后，该部分遗赠不得撤回。"

有的单位建议，增加一款规定："扶养人对被扶养人生前债务不负清偿义务。"

有的单位建议，明确规定遗赠抚养协议的解除："扶养人与自然人订有遗赠扶养协议，扶养人无正当理由不履行，致协议解除的，不能享有受遗赠的权利，其支付的供养费用不能要求补偿；遗赠人要求解除协议的，扶养人可以要求补偿已支付的供养费用，但当事人另有约定的除外。"

有的地方建议，应当明确遗嘱抚养协议必须采用书面形式。

有的地方建议，增加关于遗赠抚养协议的订立、效力等基本问题的规定。

有的单位建议，将遗赠抚养协议修改为"养老合同"。一些单位建议，单设一章规定遗赠抚养协议的内容。

（十）遗产分割前的义务

征求意见稿第四十条规定，遗产分割前，应当支付丧葬费、遗产管理费，清偿被继承人的债务，缴纳所欠税款；但应当为缺乏劳动能力又没有生活来源的继承人保留适当的遗产。

一些地方和单位建议，明确规定遗产债务的清偿顺序为：合理的丧葬费用；遗产管理费或遗嘱执行费等继承费用；被继承人生前欠缴的税款；被继承人的生前债务及家庭债务中应当由遗产承担的债务。

有的部门提出，本条未明确各种费用之间的清偿顺序，不足清偿是否按比例清偿等问题。

有的地方、单位建议，增加规定债权通知、催告与申报程序。

（十一）无人继承遗产的归属

征求意见稿第四十一条规定，无人继承又无人受遗赠的遗产，归国家所有，用于社会公益事业。

有的地方、单位建议，删除"用于社会公益事业"的规定。有的地方建议，明确"归国家所有的遗产"的管理部门。

有的单位提出，无人继承的遗产应当由民政部门支付丧葬费、遗产管理费、清偿债务和税费后归国家所有。

有的单位建议，保留集体经济组织接受无人继承遗产的规定。

有的地方建议，吸收现行司法解释的具体规定，增加可操作性。

有的地方、单位建议，将本条规定在本章最后。

（十二）继承遗产清偿税款和债务

征求意见稿第四十二条第一款规定，遗产已经分割的，继承人清偿被继承人的债务、缴纳所欠税款以所得遗产实际价值为限。超过遗产实际价值部分，继承人自愿偿还的不在此限。第二款规定，继承人放弃继承的，对被继承人的债务和所欠税款可以不负偿还责任。

有的部门建议删除第二款中的“可以”。

有的地方建议，明确继承人放弃继承后债权人起诉的对象。

有的单位建议，增加一款规定：“遗产管理人在遗产债务清偿前分割的，债权人有权请求停止分割遗产，但确有分割必要且继承人为遗产债务清偿提供担保的除外。”

一些地方和单位建议，增加一款规定：“继承人主张被继承人遗产不足以缴纳其所欠税款和清偿其所负债务的，应提交经过公证的遗产清单，或者有债权人代表参与制作的遗产清单，以资证明。”

（十三）既有法定继承又有遗嘱继承、遗赠的债务清偿

征求意见稿第四十四条规定，既有法定继承又有遗嘱继承、遗赠的，由法定继承人清偿被继承人的债务、缴纳所欠税款；超过法定继承遗产实际价值的，由遗嘱继承人和受遗赠人清偿。

有的地方建议，将“由遗嘱继承人和受遗赠人清偿”修改为“由遗嘱继承人和受遗赠人按所得遗产比例清偿”。

有的地方建议，在“法定继承人”和“遗嘱继承人和受遗赠人”后增加规定“用其所继承的遗产”。

有的地方建议，债务应先由全部遗产承担，余额再按遗嘱、遗赠或法定继承予以分配。

有的单位建议删除本条。

（十四）继承人隐匿主要遗产的责任

征求意见稿第四十五条规定，继承人隐匿主要遗产，侵害其他继承人、受遗赠人利益的，分配遗产时，应当不分或者少分；侵害被继承人债权人利益的，应当全额清偿债务；造成损害的，还应当承担损害赔偿责任。

有的地方建议，在“侵害被继承人债权人利益的”前增加“故意”二字。

有的部门提出，“全额”所指不明，是全部债权还是全部所得遗产的实际价值。

有的地方建议，删除“全额”的表述。

有的地方、单位提出，全额清偿债务过于严苛，也不符合权利义务一致的原则，建议修改为“在隐匿财产限额内应当全额清偿债务”。

有的单位提出，继承人隐匿遗产的情形比较复杂，建议进一步细化相关规定。

六、其他

1. 一些地方、部门和单位建议，增加规定替补继承制度，明确前位遗嘱继承人、

受遗赠人死亡或者丧失继承权时的替补遗嘱继承人、受遗赠人。

2. 有的单位建议,增加规定后位继承制度,自然人可以在遗嘱中指定前位继承人和后位继承人。继承开始时,先由前位继承人取得遗产,在遗嘱指定的条件成就或期限到来时,后位继承人取得前位继承人所取得的遗产。

3. 一些部门和单位建议,增加规定继承协议制度,被继承人可以和继承人签订继承协议,约定由继承人扶养被继承人,被继承人死后,由承担扶养义务的继承人继承遗产。

4. 有的部门、单位建议,增加规定归扣制度,继承人接受被继承人生前赠与的财产,依据被继承人生前的意思表示或者风俗习惯,属于提前处分遗产的,应当在遗产分割时从该继承人的应继承数额中扣除。但超过应继承数额的部分不必返还。

5. 一些地方、部门和单位建议,增加规定特留份份额的确定以及特留份的丧失等内容。

6. 有的单位提出,为确保遗嘱的真实性、合法性,建议增加遗嘱检验、开启的程序性规定。

7. 有的地方、部门提出,实践中独生子女在父母双亡继承遗产时往往遇到难以查清遗产状况等障碍,建议增加规定独生子女系唯一继承人的确认制度。

地方人大、中央有关部门和单位以及有关方面对民法典各分编(草案)继承编的意见

十三届全国人大常委会第五次会议对《民法典各分编(草案)》进行了初次审议。会后,法制工作委员会将草案印发省、自治区、直辖市的人大常委会,以及中央有关部门、有关人民团体和社会组织、部分高等院校和研究机构、基层立法联系点征求意见。现将对继承编(草案)的主要意见简报如下:

一、关于一般规定

(一)适用范围

草案第八百九十八条规定,因继承产生的民事关系,适用本编。

有的地方建议,统一各编第一条的表述。

(二)国家保护自然人的继承权

草案第八百九十九条规定,国家保护自然人的继承权。

有的地方建议,将“国家”修改为“法律”。有的地方建议,在“继承权”前增加“合法”。

一些地方和单位提出,本条与民法总则第一百二十四条重复,建议删除。

有的地方提出,除自然人的继承权应受保护外,自然人处分遗产的权利、受遗赠的权利和法人或非法人组织受遗赠的权利都应平等保护,建议对本条作相应修改。

(三)继承开始时间

草案第九百条第二款规定,相互有继承关系的数人在同一事件中死亡,难以确定死亡时间的,推定没有其他继承人的人先死亡。都有其他继承人,辈份不同的,推定长辈先死亡;辈份相同的,推定同时死亡,相互不发生继承。

有的地方、单位建议,将第二句修改为:“都有其他继承人的,推定同时死亡,相互不发生继承。但是,辈份不同,且晚辈有子女的,该子女可以代位继承。”

有的单位提出，保险法第四十二条也规定了推定死亡的内容，建议增加规定："法律另有规定的，依照其规定。"

（四）遗产的范围

草案第九百零一条规定，遗产是自然人死亡时遗留的个人合法财产，但法律规定或者依其性质不得继承的除外。

一些单位提出，可以继承的财产就是合法的，且应当将财产性义务等"消极财产"纳入遗产范围，建议将"个人合法财产"修改为"一切财产上的权利和义务"。

有的地方、单位建议，删除"合法"二字。

有的地方建议，增加一款明确遗产包括个人的收入，房屋、储蓄和生活用品，林木、牲畜和家禽，文物和图书资料，法律允许公民所有的生产资料，著作权、专利权中的财产权，社交账号、游戏账号、游戏装备等网络虚拟财产，其他合法财产。有的地方建议，增加规定虚拟财产、冷冻胚胎为遗产。

有的单位建议，明确死亡赔偿金、补偿金、抚恤金等财产视为遗产。有的地方建议，明确死亡赔偿金、精神损害抚慰金等不属于遗产。

有的地方、单位建议，明确规定哪些财产不得继承。

有的部门建议，将本条修改为："遗产是自然人死亡时遗留的个人合法财产。遗体、骨灰、人体器官等参照遗产处理。下列权利不得作为遗产继承：（一）被继承人的人身权利；（二）与被继承人人身有关的专属性债权；（三）因被继承人死亡而发放的死亡赔偿金；（四）法律规定不得继承的其他财产。"

（五）法定继承、遗嘱继承和遗赠

草案第九百零二条规定，继承开始后，按照法定继承办理；有遗嘱的，按照遗嘱继承或者遗赠办理；有遗赠扶养协议的，按照协议办理。

一些单位建议，将本条修改为："继承开始后，按照下列顺序进行：（一）遗赠扶养协议或继承扶养协议；（二）遗嘱继承或遗赠；（三）法定继承。"

有的部门建议，在"继承开始后"前增加"清偿遗产债务后"；同时增加一款："剩余遗产不足以同时满足遗嘱继承和遗赠的，优先清偿被继承人最后意思表示的遗嘱继承或遗赠。"

（六）放弃继承和遗赠

草案第九百零三条第一款规定，继承开始后，继承人放弃继承的，应当在遗产处理前，作出放弃继承的表示。没有表示的，视为接受继承。第二款规定，受遗赠人应当在知道受遗赠后两个月内，作出接受或者放弃受遗赠的表示。到期没有表示的，视为放弃受遗赠。

一些地方、部门和单位建议，在第一款明确规定继承人放弃继承的，应当在知道继承开始后两个月内向遗产管理人以书面方式作出放弃继承的表示。

一些地方和单位建议，除附条件的遗赠外，纯获利的遗赠，如果受遗赠人到期没有表示的，应当视为接受遗赠，并明确应当以书面方式作出接受或者放弃的表示。

有的单位建议，增加一款："继承开始前的放弃无效，但是因分家析产原因而作出的放弃意思表示，对当事人产生法律约束力。"

有的部门建议，增加一条："因受欺诈、受胁迫、重大误解等原因，继承人作出接受或者放弃继承表示，继承人有权请求人民法院撤销其接受或放弃继承行为。""前款撤销权消灭情形适用民法总则第一百五十二条规定。"

（七）丧失继承权

草案第九百零四条第一款规定，继承人有下列行为之一的，丧失继承权：（1）故意杀害被继承人的；（2）为争夺遗产而杀害其他继承人的；（3）遗弃被继承人的，或者虐待被继承人情节严重的；（4）伪造、篡改、隐匿或者销毁遗嘱，情节严重的；（5）以欺诈、胁迫手段迫使或者妨碍被继承人设立、变更或者撤回遗嘱，情节严重的。第二款规定，被继承人知道继承人有前款第三项至第五项行为，对该继承人表示宽恕或者事后在遗嘱中明确将其列为继承人的，该继承人不丧失继承权。第三款规定，受遗赠人有本条第一款规定情形的，丧失受遗赠权。

有的单位建议，删除第一款各项中的"的"字。一些单位建议，删除第四项、第五项中的"情节严重"。有的地方建议，在第五项中的"以欺诈、胁迫"后增加"等"字。有的地方建议，增加一项："诬告或者作伪证陷害被继承人而被判处刑罚的。"

有的单位建议，将第二款中的"该继承人不丧失继承权"修改为"该继承人恢复继承权"。有的地方建议，明确宽恕应当以书面形式作出。福建建议，宽恕仅适用于第一款中第三项、第五项行为。

有的单位建议，在第二款后增加一款："因前款第一项情形，而继承人不具备完全民事行为能力，或者未造成严重后果、确有悔改表现的，经被继承人表示宽恕或者事后在遗嘱中明确将其列为继承人的，可以确认其继承权恢复。"

有的单位提出，宽恕制度可能会鼓励违法，对年老体弱等群体带来极大道德风险隐患，宽恕作为一种主观态度，法官或第三人很难从法律上作出判断，且立遗嘱人有可能在不知道继承人有本条所述的违法行为的情况下仍将行为人列为遗嘱继承人，建议删除第二款。

有的地方提出，第二款的规定也应当适用于受遗赠人，建议将第三款修改为"本条前二款的规定适用于受遗赠人"。

（八）其他

有的部门建议，增加规定："占有遗产的人否认继承人的继承权的，继承人可以请求确认继承权并返还遗产。"

有的单位建议，增加规定："继承人可以请求确认自己的继承人资格，以对抗任何一个以继承人名义或者无任何名义地对遗产占有、管理、处分的人，从而获得遗产返还。继承人仅请求确认继承人资格的，不适用诉讼时效。"

二、关于法定继承

（一）继承权男女平等

草案第九百零五条规定，继承权男女平等。

有的地方、单位建议，将本条作为继承法的基本原则，规定在第一章"一般规定"中。

（二）继承人的顺序和范围

草案第九百零六条第一款规定，遗产按照下列顺序继承：第一顺序：配偶、子女、父母。第二顺序：兄弟姐妹、祖父母、外祖父母。第二款规定，继承开始后，由第一顺序继承人继承，第二顺序继承人不继承。没有第一顺序继承人继承的，由第二顺序继承人继承。

一些地方和单位提出，第一款规定的法定继承人范围较窄，继承顺序也不合理，不利于遗产往下代传承，建议调整继承顺序，扩大法定继承人的范围。

有的单位建议，将父母作为第二顺序继承人。一些地方和单位建议，将配偶由第一顺序修改为与第一、二顺序的继承人共同继承。一些部门和单位建议，增加规定孙子女、外孙子女为第二顺序继承人。一些地方和单位建议，增加规定其他四等亲以内的亲属为第三顺序继承人。有的地方建议，增加规定曾祖父母、曾孙子女、伯、叔、姑、舅、姨、侄子女为第三顺序继承人。

有的单位建议，在第二款中的"没有第一顺序继承人继承"后增加"或者第一顺序的继承人丧失继承或者放弃继承"。

有的地方建议，增加一款："没有第一、第二顺位继承人或者第一、第二顺位继承人放弃继承的，由其他家庭成员继承。"

有的部门建议，增加一款："父母将主要财产赠与子女个人或者子女夫妻的，在一定期限内（赠与后五年或者十年内）子女遗产中父母赠与的财产由父母继承。"

（三）代位继承

草案第九百零七条第一款规定，被继承人的子女先于被继承人死亡的，由被继承人的子女的晚辈直系血亲代位继承。第二款规定，被继承人的兄弟姐妹先于被继承人死亡的，由被继承人的兄弟姐妹的子女代位继承。第三款规定，代位继承人一般只能继承被代位继承人有权继承的遗产份额。

有的地方、单位建议，有条件地将丧失继承权列为代位继承的发生原因。

有的部门建议，将第二款中的"兄弟姐妹的子女"修改为"兄弟姐妹的晚辈直系血亲”。

有的地方建议,将第二款修改为:“没有第一顺位继承人和前款规定的代位继承人,且被继承人的兄弟姐妹先于被继承人死亡的,由被继承人的兄弟姐妹的子女代位继承。”

有的单位提出,第二款是对代位继承制度的重大颠覆,建议删除。

一些地方和单位建议,删除第三款中的“一般只能”的表述。

(四)丧偶儿媳和女婿的继承顺序

草案第九百零八条规定,丧偶儿媳对公、婆,丧偶女婿对岳父、岳母,尽了主要赡养义务的,作为第一顺序继承人。

一些地方和单位提出,将对公婆、岳父岳母尽了主要赡养义务的丧偶儿媳、女婿作为第一顺序法定继承人不合适,建议修改为可酌情分得一定数量的遗产。

(五)遗产分配

草案第九百零九条第一款规定,同一顺序继承人继承遗产的份额,一般应当均等。第二款规定,对生活有特殊困难的缺乏劳动能力的继承人,分配遗产时,应当予以照顾。第五款规定,继承人协商同意的,也可以不均等。

有的地方建议,删除第一款中的“一般”二字。

有的部门建议,将第二款中的“应当予以照顾”修改为“适当多分”。

有的单位建议,第二款增加规定“继承人是否缺乏劳动能力且生活困难,应当根据继承开始时的具体情况确定”。

有的地方建议,将第五款与第一款合并。

(六)继承纠纷的处理

草案第九百一十一条规定,继承人应当本着互谅互让、和睦团结的精神,协商处理继承问题。遗产分割的时间、办法和份额,由继承人协商确定。协商不成的,可以由人民调解委员会调解或者向人民法院提起诉讼。

一些地方建议,将“由继承人协商确定”修改为“由全体继承人协商确定”或者“由继承人和其他有权分得遗产的当事人协商确定”。

有的单位建议,将“由人民调解委员会调解”修改为“申请人民调解委员会调解”。

有的地方、单位建议删除本条。

三、关于遗嘱继承和遗赠

(一)总的意见

有的单位建议,将第三章与第二章顺序调换。

(二)遗嘱和遗赠

草案第九百一十二条第二款规定,自然人可以立遗嘱将个人财产指定由法定继承人的一人或者数人继承。第三款规定，自然人可以立遗嘱将个人财产赠给国家、集体或者法定继承人以外的人。

有的地方建议，在第二款中的“法定继承人”后增加“中”字。

有的单位建议，删除第三款中的“国家、集体或者”。

(三)代书遗嘱

草案第九百一十四条规定，代书遗嘱应当有两个以上见证人在场见证，由其中一人代书，并由遗嘱人、代书人和其他见证人签名，注明年、月、日。

有的单位建议，在本条后增加“并注明遗嘱人或代书人或见证人字样”。

(四)打印遗嘱

草案第九百一十五条规定，打印遗嘱应当有两个以上见证人在场见证。遗嘱人和见证人应当在遗嘱每一页签名，注明年、月、日。

有的单位建议，在本条后增加“并注明遗嘱人或代书人或见证人字样”。

一些地方和单位提出，打印遗嘱本质上是代书遗嘱或自书遗嘱的特殊形式，不宜单独作为一种遗嘱形式，建议删除。

(五)录音录像遗嘱

草案第九百一十六条规定，以录音录像形式立的遗嘱，应当有两个以上见证人在场见证。遗嘱人和见证人应当在录音录像中记录其姓名或者肖像，以及年、月、日。

有的单位建议，将“录音录像”修改为“录音或者录像”。

有的地方提出，录音录像遗嘱真实性不好判断，建议删除。

(六)口头遗嘱

草案第九百一十七条规定，遗嘱人在危急情况下，可以立口头遗嘱。口头遗嘱应当有两个以上见证人在场见证。危急情况解除后，遗嘱人能够用书面或者录音录像形式立遗嘱的，所立的口头遗嘱经过3个月无效。

有的单位建议，将“解除”修改为“消除”。

有的地方提出，在特殊情形下可能难以找到两个见证人，建议增加规定例外情形：“遗嘱人遭遇火灾、落水等特殊情况下，也可以仅有一个见证人在场。”

(七)公证遗嘱

草案第九百一十八条第二款规定，公证机构办理遗嘱公证，应当由两个以上公证员共同办理。特殊情况下只能由一个公证员办理的，应当有一个以上见证人在场。

有的地方建议，在“应当有一个以上见证人在场”后增加“见证人应当在遗嘱和笔录上签名”。

有的单位建议删除本款。

（八）保留必要的份额

草案第九百二十条规定，遗嘱应当对缺乏劳动能力又没有生活来源的继承人保留必要的遗产份额。

有的地方建议，将“对”修改成“为”。

有的部门建议，将“必要的遗产份额”修改为“不低于法定继承的遗产份额”。

有的地方、部门建议，增加规定未保留必要份额的后果。有的地方建议，增加一款：“如遗嘱中没有保留缺乏劳动能力又没有生活来源的遗产份额，则该遗嘱无效。”

（九）遗嘱的撤回

草案第九百二十一条第一款规定，遗嘱人可以撤回、变更自己所立的遗嘱。

有的单位建议，将“撤回”修改为“撤销”。

（十）数份遗嘱的处理

草案第九百二十一条第三款规定，立有数份遗嘱，内容相抵触的，以最后的遗嘱为准。

有的单位建议，将“以最后的遗嘱为准”修改为“以最后合法有效的遗嘱为准”。

有的单位建议，将本款修改为：“立有数份遗嘱，内容相冲突的，冲突部分以最后的遗嘱为准，但是不影响此前遗嘱中不存在内容冲突部分的遗嘱效力。”

有的地方、单位提出，和其他形式遗嘱相比，公证遗嘱在订立程序上确实更为严谨，对于立遗嘱人真实意思表示的记载通常也更为准确，有必要在一定限度内继续赋予公证遗嘱的优先效力，建议将本款修改为：“立有数份遗嘱，内容相抵触的，以最后设立的公证遗嘱为准，但有相反证据证明的除外。”

（十一）遗嘱的效力

草案第九百二十二条第一款规定，无民事行为能力人或者限制民事行为能力人所立的遗嘱无效。第二款规定，遗嘱必须表示遗嘱人的真实意思，受欺诈、胁迫所立的遗嘱无效。第三款规定，伪造的遗嘱无效。第四款规定，遗嘱被篡改的，篡改的内容无效。

有的地方建议，第一款增加规定：“但其在丧失完全民事行为能力前所立的遗嘱除外。”

有的单位建议，将第一款修改为：“不具有相应的行为能力的人所立的遗嘱无效。”

有的部门、单位提出，限制行为能力人所立遗嘱全部认定无效不妥，建议将第一款修改为：“无行为能力人所立的遗嘱无效。限制行为能力人所立的与其年龄、智力、精神健康状况不相适应的遗嘱无效”或者“无行为能力或限制行为能力人有设立遗嘱的意愿的，监护人应当在尊重其真实意愿的情况下代为设立遗嘱；根据其年龄、智力及精神健康状况可以独立设立遗嘱的,监护人不得干预"。

有的地方建议,在第二款中的"欺诈、胁迫"后增加"等"字。有的单位提出,受欺诈、胁迫而为的法律行为属于可撤销的法律行为,而非无效的法律行为,建议将受欺诈、胁迫规定为遗嘱的撤销事由。

有的单位建议,增加规定遗嘱绝对无效的情形,包括"遗嘱涉及无权处分的内容""遗嘱的内容或方式违反法律、行政法规强制性规定"等和遗嘱相对无效的内容。

有的单位建议删除本条。

(十二)附义务的遗嘱继承或者遗赠

草案第九百二十三条规定,遗嘱继承或者遗赠附有义务的,继承人或者受遗赠人应当履行义务。没有正当理由不履行义务的,经利害关系人或者有关组织请求,人民法院可以取消其接受附义务部分遗产的权利。

有的地方建议,将"可以"修改为"应当"。

有的地方建议,将本条修改为:"遗嘱继承或者遗赠附有义务的,继承人或者受遗赠人须履行义务后方享有继承相应财产的权利。"

有的单位建议,增加条件不能成就时的遗产处理规则:"非因继承人或受遗赠人原因导致义务不能履行的,附义务部分的遗产按照法定继承办理。"

(十三)其他

一些地方、部门和单位建议,增加规定夫妻共同遗嘱的遗嘱形式,明确共同遗嘱的设立和效力。

有的部门、单位建议,增加规定后位遗嘱制度。

有的部门、单位建议,增加规定电子数据遗嘱形式。

有的单位建议,增加规定遗嘱生效时间、遗嘱的增减和涂改等内容。

有的单位建议,增加一条:"受遗赠人在遗嘱生效前死亡的,遗赠不发生效力。"

有的单位建议,增加一条:"遗嘱人死亡时处于离异状态,且继承人中有未成年子女的,遗嘱人可以通过遗嘱的方式为未成年的继承人指定财产代管人,但应当事先取得财产代管人的同意。财产代管人根据遗嘱的要求履行管理遗产的职能,保护未成年人子女的利益。财产代管期限以遗嘱设定代管期限为准,代管行为是否获得劳务报酬依遗嘱内容确定。"

四、关于遗产的处理

(一)遗产管理人

草案第九百二十四条规定,继承开始后,遗嘱执行人为遗产管理人;没有遗嘱执行人的,继承人应当及时推选遗产管理人;继承人未推选的,由继承人共同担任遗产管理人;没有继承人或者继承人均放弃继承的,由被继承人生前住所地的民政部门担任遗产管理人。

一些单位建议,在“没有遗嘱执行人”后增加“、遗嘱执行人拒绝或不适合担任遗产管理人”。

有的单位建议,增加规定被继承人生前住所地的村民委员会、居民委员会、其他社会组织担任遗产管理人。

(二)指定遗产管理人

草案第九百二十五条规定,对遗产管理人的确定有争议的,利害关系人可以向人民法院申请指定遗产管理人。

有的单位建议,将本条修改为:“有下列情形之一的,经利害关系人申请,人民法院可以指定遗产管理人:(一)遗嘱未指定遗产执行人,继承人对遗产管理人的选任有争议的;(二)遗嘱中没有指定遗嘱执行人,且没有继承人或者继承人下落不明的;(三)继承人放弃继承致使遗产债权人无法启动清偿债务诉讼程序的;(四)遗产债权人有证据证明继承人的行为已经或将要损害其利益的;人民法院在指定遗产管理人之前,经利害关系人申请,可以对遗产采取必要的保全措施。”并增加一款:“人民法院可以指定前条规定以外的人为遗产管理人。”

(三)遗产管理人的职责

草案第九百二十六条规定,遗产管理人应当履行的职责包括:(1)清理遗产并制作遗产清单;(2)保管遗产;(3)处理债权债务;(4)按照遗嘱或者依照法律规定分割遗产。

有的单位建议,将第一项修改为“遗产管理人应当在就任后六个月内清理遗产并制作遗产清单”,并增加一款:“利害关系人有证据证明遗产清单错误的,可以请求人民法院予以变更。”

有的地方提出,遗产管理人的职责规定过于笼统,建议细化。

一些地方、部门和单位建议,增加规定遗产管理人申请人民法院按照公示催告程序公告被继承人的债权人申报债权、通知债权人、处置遗产、以自己的名义提起诉讼或参与诉讼、协调遗产继承和财产分配中产生的争议等职责。

有的单位建议,将遗产管理人分为两类:清算管理型遗嘱执行人的职责包括查询和清理遗产、制作财产目录、占有遗产、管理遗产、代理有关遗产的诉讼、清偿遗产债务等;监督保全型遗嘱执行人的职责包括可采取有利于顺利执行遗嘱的保全措施、督促继承人查询遗产和制作遗产清单等。

有的单位提出,遗产管理人可能有两人以上,需要有决议规则,建议增加一条:“遗产管理人有数人的,处理债权债务、分割遗产应当由全体遗产管理人过半数决定,但遗嘱中另有意思表示的除外。其他职责,每一遗产管理人可以单独履行。”

(四)遗产管理人的责任

草案第九百二十七条规定,遗产管理人应当依法履行职责,因故意或者重大过失造成继承人、受遗赠人、债权人损失的,应当承担民事责任。

有的单位提出,遗嘱指定或者继承人推选的遗产管理人可能具有一定专业知识,应承担更高的注意义务,建议增加规定“但当事人另有约定的除外”。

有的单位建议,区分遗产管理人为有偿或无偿而分别规定其责任,将本条修改为:“遗产管理人应当依法履行职责,有偿的遗产管理人因过错造成继承人、受遗赠人、债权人损失的,应当承担民事责任;无偿的遗产管理人因故意或重大过失造成继承人、受遗赠人、债权人损失的,应当承担民事责任。”

(五)遗产管理人的报酬

草案第九百二十八条规定,遗产管理人可以依照法律规定或者按照约定获得报酬。

有的单位提出,“法律规定”的具体引致对象不清楚,建议修改为:“遗嘱人可以在遗嘱中确定遗嘱执行人的报酬,否则遗嘱执行人不得请求报酬。继承人和遗嘱执行人以外的人担任遗产管理人的,有权请求与其执行职务相当的报酬,其报酬列入继承费用。”

有的地方提出,民政部门、继承人担任遗产管理的,不适合取得报酬。

一些部门和单位建议,增加更换、解聘遗产管理人和遗产管理人辞任的规定。

(六)继承开始的通知

草案第九百二十九条规定,继承开始后,知道被继承人死亡的继承人应当及时通知其他继承人和遗嘱执行人。继承人中无人知道被继承人死亡或者知道被继承人死亡而不能通知的,由被继承人生前所在单位或者住所地的居民委员会、村民委员会负责通知。

有的单位建议删除“单位或者”。

一些地方和单位建议,将本条移至第九百二十四条前,并在本条后增加规定公告寻找继承人的内容。

(七)遗产保管

草案第九百三十条规定,存有遗产的人,应当妥善保管遗产,任何人不得侵吞或者争抢。

一些地方和单位建议,将“存有”修改为“占有”。

有的单位建议,增加规定没有保管遗产的人的,由居民委员会或者村民委员会等机构担任临时遗产保管人。

有的单位建议删除本条。

(八)转继承

草案第九百三十一条规定,继承开始后,继承人于遗产分割前死亡,并没有放弃继承的，该继承人应当继承的遗产转给其继承人，但遗嘱另有安排的除外。

有的单位建议，增加一款作为第一款："继承人有数人的，在遗产分割前，遗产及其孳息由全体继承人共同共有。但遗嘱、继承扶养协议或遗赠扶养协议将特定遗产指定继承人或扶养人继承的除外。"

(九)遗产的确定

草案第九百三十二条第一款规定，夫妻共同所有的财产，除有约定的以外，分割遗产的，应当先将共同所有的财产的一半分出为配偶所有，其余的为被继承人的遗产。第二款规定，遗产在家庭共有财产之中的，遗产分割时，应当先分出他人的财产。

有的地方提出，第二款已经包含第一款的情况，建议删除第一款。

(十)遗产中的有关部分按照法定继承办理的情形

草案第九百三十三条规定，有下列情形之一的，遗产中的有关部分按照法定继承办理：(1)遗嘱继承人放弃继承或者受遗赠人放弃受遗赠的；(2)遗嘱继承人丧失继承权或者受遗赠人丧失受遗赠权的；(3)遗嘱继承人、受遗赠人先于遗嘱人死亡或者终止的；(4)遗嘱无效部分所涉及的遗产；(5)遗嘱未处分的遗产。

有的单位建议，在第二项后增加"遗嘱继承人有代位继承人的除外"，在第三项后增加"遗嘱指定了替补继承人、替补受遗赠人的除外"。

(十一)保留胎儿的继承份额

草案第九百三十四条规定，遗产分割时，应当保留胎儿的继承份额。胎儿娩出时是死体的，保留的份额按照法定继承办理。

有的地方建议，将"按照法定继承办理"修改为"按原继承方法继承"。

有的单位建议，将本条修改为："胎儿有继承权利能力，娩出时为死体的除外。"

(十二)配偶的处分权

草案第九百三十六条规定，夫妻一方死亡后另一方再婚的，有权处分所继承的财产，任何人不得干涉。

有的地方建议删除本条。

(十三)遗赠扶养协议

草案第九百三十七条规定，自然人可以与继承人以外的组织或者个人签订遗赠扶养协议。按照协议，该组织或者个人承担该自然人生养死葬的义务，享有受遗赠的权利。

一些地方和单位建议，进一步完善遗赠扶养协议制度，增加规定遗赠扶养协议的订立、效力、解除、撤销等内容。

一些单位建议，增加一条："继承人之间关于其对被继承人赡养义务和遗产继承的约定，准用前款相关规定，但不得违反公序良俗。"

（十四）遗产分割前的义务

草案第九百三十八条规定，遗产分割前，应当支付丧葬费、遗产管理费，清偿被继承人的债务，缴纳所欠税款；但应当为缺乏劳动能力又没有生活来源的继承人保留适当的遗产。

有的单位建议，删除“丧葬费”，并明确被继承人的债务包括被继承人应承担的抚养费和赡养费。

有的地方建议，将本条和第九百四十条、第九百四十一条中的“缴纳所欠税款”修改为“缴纳所欠税款及其他费用”。

有的地方提出，征收税款应当由税法规定，不宜在民法中规定，且税收债务也属于被继承人的债务，建议删除“缴纳所欠税款”。

一些地方和单位建议，明确遗产债务的清偿顺序：合理的丧葬费用、遗产管理费或遗嘱执行费等继承费用、被继承人生前欠缴的税款、被继承人的生前债务及家庭债务中应当由遗产承担的债务等。

有的部门提出，应当优先支付的费用还包括变价和分配遗产的费用、为保护遗产支出的诉讼费用等必要费用、为保护遗产所承担的共益债务、遗产管理人报酬等。

（十五）无人继承遗产的归属

草案第九百三十九条规定，无人继承又无人受遗赠的遗产，归国家所有，用于公益事业；死者生前是集体所有制组织成员的，归所在集体所有制组织所有。

有的地方建议，将“集体所有制组织”修改为“集体经济组织”。

一些地方和单位建议，将本条作为继承编的最后一条。

有的地方建议，增加规定对无人继承又无人受遗赠的遗产设立公告期，并明确归国家所有遗产的具体管理部门，便于实践操作。

有的单位建议，为保护债务人利益，应强调无人继承又无人受遗赠的遗产，在清偿债务后，剩余部分才归国家所有。

有的部门建议，增加规定：“新发现的被继承人债务，可以向国家、集体所有制组织主张在剩余财产范围内清偿。新发现的继承人、受遗赠人可以向国家、集体所有制组织主张剩余遗产归还。”

（十六）继承遗产清偿税款和债务

草案第九百四十条第一款规定，遗产已经分割的，继承人清偿被继承人的债务、缴纳所欠税款以所得遗产实际价值为限。超过遗产实际价值部分，继承人自愿偿还的不在此限。第二款规定，继承人放弃继承的，对被继承人的债务和所欠税款可以不负偿还责任。

有的单位建议，增加规定：“遗产债务的清偿，以遗产清单载明的遗产实际价值为限。继承人对被继承人遗产不足以缴纳其所欠税款和清偿其所负债务负证明责任。”

（十七）既有法定继承又有遗嘱继承、遗赠的债务清偿

草案第九百四十二条规定，既有法定继承又有遗嘱继承、遗赠的，由法定继承人清偿被继承人的债务、缴纳所欠税款；超过法定继承遗产实际价值的，由遗嘱继承人和受遗赠人按比例以所得遗产清偿。

有的地方建议，在“超过法定继承遗产实际价值的”后增加“部分”二字。

（十八）其他

有的地方建议，增加规定遗产管理人侵害相关权利人的权益，应当重新指定遗产管理人。

有的部门建议，增加规定：“继承人及其他利害关系人可以向人民法院申请撤销遗产管理人的资格。”

有的地方建议，增加规定：“被继承人生前通过各种手段导致遗产不当减少，对债权人造成侵害的，债权人可以行使撤销权。”

有的地方、单位建议，细化本章内容，增加规定关于被继承人债务的清偿、遗产分割的详细规定，同时细化遗产债务的处理规则，增加规定债权催告和申报制度、债权人的救济规则以及未到期、条件未成就的债务或有争议的债务的处理规则。

五、其他

1. 有的地方、单位建议，在本编对居住权进行补充性规定，与物权编相互衔接。
2. 一些地方、部门和单位建议，增加规定特留份制度。
3. 有的部门建议，增加规定归扣制度。

地方人大、中央有关部门和单位以及有关方面对民法典（草案）继承编的意见

2020年1月，法制工作委员会将《中华人民共和国民法典（草案）》印发省、自治区、直辖市的人大常委会，以及中央有关部门、有关人民团体和社会组织、基层立法联系点征求意见。现将对继承编的主要意见简报如下：

一、关于一般规定

1. 国家保护自然人的继承权

草案第一千一百二十条规定，国家保护自然人的继承权。

有的地方提出，是权利就要保护，没必要规定，建议删除本条。

2. 法定继承、遗嘱继承和遗赠

草案第一千一百二十三条规定，继承开始后，按照法定继承办理；有遗嘱的，按照遗嘱继承或者遗赠办理；有遗赠扶养协议的，按照协议办理。

有的地方建议，增加一款规定遗嘱继承和遗赠扶养协议的冲突处理。

3. 放弃继承和遗赠

草案第一千一百二十四条第一款规定，继承开始后，继承人放弃继承的，应当在遗产处理前，以书面形式作出放弃继承的表示。没有表示的，视为接受继承。第二款规定，受遗赠人应当在知道受遗赠后两个月内，作出接受或者放弃受遗赠的表示。到期没有表示的，视为放弃受遗赠。

有的地方建议，将第二款中的“两个月”修改为“十五日”或者“一个月”，同时将遗赠附负担时受遗赠人沉默推定为放弃受遗赠，未附负担时受遗赠人沉默推定为接受遗赠。有的单位建议，将第二款修改中的“视为放弃受遗赠”修改为“视为接受遗赠”。

有的地方、部门提出，本条没有明确应向谁作出放弃或者接受的意思表示，建议明确。

有的部门建议，将本条修改为："继承开始后，继承人放弃继承的，应当在遗产处理前，向遗产管理人作出放弃继承的表示。没有表示的，视为接受继承；继承开始后，受遗赠人应当在知道受遗赠后两个月内，向遗嘱执行人或其他继承人作出接受或者放弃受遗赠的表示。到期没有表示的，视为放弃受遗赠。"

有的地方建议，增加一款规定："继承开始前，因处分其他权利进行的放弃继承的书面约定，继承开始后反悔的，不予支持。"

4. 丧失继承权

草案第一千一百二十五条第一款规定，继承人有下列行为之一的，丧失继承权：(1)故意杀害被继承人；(2)为争夺遗产而杀害其他继承人；(3)遗弃被继承人，或者虐待被继承人情节严重；(4)伪造、篡改、隐匿或者销毁遗嘱，情节严重；(5)以欺诈、胁迫手段迫使或者妨碍被继承人设立、变更或者撤回遗嘱，情节严重。第二款规定，继承人有前款第三项至第五项行为，确有悔改表现，被继承人表示宽恕或者事后在遗嘱中将其列为继承人的，该继承人不丧失继承权。

有的地方建议，将第一款第三项修改为"遗弃或者虐待被继承人，情节严重"，并在第一款中增加一项"故意伤害致人重伤或者死亡"。

有的地方建议，将第二款中的"该继承人不丧失继承权"修改为"该继承人恢复继承权"。

有的单位建议，增加一款规定："法定继承中，有扶养关系的继父母子女、继兄弟姐妹的继承权因生父母与继父母婚姻关系的消灭而丧失。"

二、关于法定继承

1. 继承人的顺序和范围

草案第一千一百二十七条第一款规定，遗产按照下列顺序继承：(1)第一顺序：配偶、子女、父母；(2)第二顺序：兄弟姐妹、祖父母、外祖父母。

有的地方建议，将孙子女、外孙子女纳入继承人范围。有的地方建议，将孙子女、外孙子女、曾孙子女、外曾孙子女列为第二顺序继承人。

有的单位提出，法定继承人范围过窄，建议增加规定："除第一、二顺序继承人外的四等亲以内的亲属为第三顺序继承人。"

2. 遗产分配

草案第一千一百三十条第二款规定，对生活有特殊困难又缺乏劳动能力的继承人，分配遗产时，应当予以照顾。

有的单位建议，将本款中的"应当予以照顾"修改为"适当多分"。

3. 对继承人以外的人的遗产分配

草案第一千一百三十一条规定，对继承人以外的依靠被继承人扶养的人，或者继承人以外的对被继承人扶养较多的人,可以分给适当的遗产。

有的单位提出,同居现象越来越普遍,应当允许同居者获得部分遗产,建议增加规定"或者长期共同生活相互扶助、相互照顾的人"也可以分得适当的遗产。

三、关于遗嘱继承和遗赠

1. 遗嘱和遗赠

草案第一千一百三十三条第一款规定,自然人可以依照本法规定立遗嘱处分个人财产,并可以指定遗嘱执行人。

有的地方建议,增加规定遗嘱执行人的职责。

2. 代书遗嘱

草案第一千一百三十五条规定,代书遗嘱应当有两个以上见证人在场见证,由其中一人代书,并由遗嘱人、代书人和其他见证人签名,注明年、月、日。

有的地方建议,将"签名"修改为"在遗嘱每一页签名"。

3. 打印遗嘱

草案第一千一百三十六条规定,打印遗嘱应当有两个以上见证人在场见证。遗嘱人和见证人应当在遗嘱每一页签名,注明年、月、日。

有的地方建议,将本条中的"遗嘱人和见证人应当在遗嘱每一页签名"修改为"遗嘱人和见证人应当各自在遗嘱每一页亲笔写明立遗嘱人、见证人的身份并签名"。

有的单位提出,很多遗嘱系立遗嘱人自己打印的,不宜一律规定因无见证人而无效,建议在本条后增加规定"有充分证据表明打印遗嘱系遗嘱人亲自打印的,适用本法第一千一百三十四条的规定"。

4. 录音录像遗嘱

草案第一千一百三十七条规定,以录音录像形式立的遗嘱,应当有两个以上见证人在场见证。遗嘱人和见证人应当在录音录像中记录其姓名或者肖像,以及年、月、日。

有的地方建议,将第一句修改为:"以录音录像形式立的遗嘱,应当由遗嘱人自主完整表达遗愿并有两个以上见证人在场见证。"

有的单位建议,将本条修改为两款,分别规定录音遗嘱和录像遗嘱。

5. 口头遗嘱

草案第一千一百三十八条规定,遗嘱人在危急情况下,可以立口头遗嘱。口头遗嘱应当有两个以上见证人在场见证。危急情况消除后,遗嘱人能够以书面或者录音录像形式立遗嘱的,所立的口头遗嘱无效。

有的地方建议,将本条中的"无效"修改为"失效"。

有的地方建议,适当限制口头遗嘱无效的条件,更好地保障遗嘱人的真实意思。

有的地方提出,应适应现代科技发展趋势,建议将本条修改为:"遗嘱人在危急情况下,可以立口头遗嘱。口头遗嘱一般应当有两个以上见证人在场见证。若情况紧急且没有见证人在场的,遗嘱人可以通过视频等现代科技方式同时向两个以上见证人立口头遗嘱。"

6. 公证遗嘱

草案第一千一百三十九条规定,公证遗嘱由遗嘱人经公证机构办理。

有的部门建议,在本条后增加规定:"公证遗嘱应当以公证形式撤销、变更。遗嘱人立有公证遗嘱的,以最后的遗嘱公证为准。"

7. 保留必要的份额

草案第一千一百四十一条规定,遗嘱应当为缺乏劳动能力又没有生活来源的继承人保留必要的遗产份额。

有的单位提出,应当明确遗嘱中未留下必要遗产份额的法律后果,建议在本条末增加规定"除保留必要的遗产份额外,遗嘱的其他内容仍然有效"。

有的单位建议,将本条中的"保留必要的遗产份额"修改为"保留不低于法定继承的遗产份额"。

8. 遗嘱的效力

草案第一千一百四十三条第一款规定,无民事行为能力人或者限制民事行为能力人所立的遗嘱无效。第二款规定,遗嘱必须表示遗嘱人的真实意思,受欺诈、胁迫所立的遗嘱无效。

有的单位提出,限制民事行为能力人所立遗嘱一律无效不妥,建议将第一款修改为:"无民事行为能力人所立的遗嘱无效。限制民事行为能力人所立的与其年龄、智力、精神健康状况不相适应的遗嘱无效。"

有的地方建议,增加规定因重大误解所立遗嘱的效力。

四、关于遗产的处理

1. 遗产管理人

草案第一千一百四十五条规定,继承开始后,遗嘱执行人为遗产管理人;没有遗嘱执行人的,继承人应当及时推选遗产管理人;继承人未推选的,由继承人共同担任遗产管理人;没有继承人或者继承人均放弃继承的,由被继承人生前住所地的民政部门或者村民委员会担任遗产管理人。

有的地方建议,明确规定遗嘱执行人的选任及其职责。

有的地方提出,为了加大对债权人利益的保护,建议规定债权人有权向法院提出申请,要求遗产管理人在一定期限内开展遗产清算。

有的单位提出,遗产管理程序应依法启动,建议将本条修改为:“当遗产分割或遗产债务清偿存在争议时,继承人、受遗赠人或被继承人的债权人均可以向法院提出进入遗产管理程序申请,由法院裁定是否准予。”

2. 指定遗产管理人

草案第一千一百四十六条规定,对遗产管理人的确定有争议的,利害关系人可以向人民法院申请指定遗产管理人。

有的单位建议,将本条修改为:“法院裁定进入遗产管理程序后,应当按以下顺序及时选任遗产管理人:(一)遗嘱执行人;(二)继承人共同推选;(三)没有继承人或者继承人均放弃继承或继承人推选有争议的,由人民法院指定。在遗产管理人选任之前,存有遗产的人,应当妥善保管遗产,任何人不得侵吞或者争抢。”

3. 遗产管理人的职责

草案第一千一百四十七条规定,遗产管理人应当履行下列职责:(1)清理遗产并制作遗产清单;(2)向继承人报告遗产情况;(3)采取必要措施防止遗产毁损;(4)处理被继承人的债权债务;(5)按照遗嘱或者依照法律规定分割遗产;(6)实施与管理遗产有关的其他必要行为。

有的单位建议,将第一项、第二项分别修改为“公示催告遗产相关权利人进行申报”“清理遗产并制作财产清单”。

有的地方建议,将第二项中的“向继承人报告遗产情况”修改为“向继承人、受遗赠人报告遗产情况”。

有的地方建议,增加规定赋予遗产管理人以诉讼主体地位。

4. 遗产管理人的责任

草案第一千一百四十八条规定,遗产管理人应当依法履行职责,因故意或者重大过失造成继承人、受遗赠人、债权人损害的,应当承担民事责任。

有的单位建议,将本条修改为:“遗产管理人应当依法履行职责,因故意或者重大过失造成继承人、受遗赠人、债权人损失的,继承人、受遗赠人、债权人可以其为被告提起诉讼,确认其资格丧失并请求损害赔偿,由法院重新指定遗产管理人。”

有的地方建议,在遗产管理人出现本条规定的情形时,继承人等利害关系人可以重新指定遗产管理人。

有的地方建议,在本条后增加一条:“遗产管理人因故意或重大过失造成无民事行为能力和限制民事行为能力的继承人损失的,或者未经遗产管理人同意处分遗产的行为,在该无民事行为能力人或限制民事行为能力人具有完全民事行为能力后三年内可以向人民法院申请确认该处分行为无效。”

5. 遗产管理人的报酬

草案第一千一百四十九条规定，遗产管理人可以依照法律规定或者按照约定获得报酬。

有的地方建议，明确遗产管理人可以与谁约定报酬，约定的报酬金额应有所限制，避免损害债权人利益。

6. 遗产保管

草案第一千一百五十一条规定，存有遗产的人，应当妥善保管遗产，任何组织或者个人不得侵吞或者争抢。

有的地方建议，将本条中的“存有”修改为“占有”。

7. 转继承

草案第一千一百五十二条规定，继承开始后，继承人于遗产分割前死亡，并没有放弃继承的，该继承人应当继承的遗产转给其继承人；但是遗嘱另有安排的除外。

有的单位提出，但书中“遗嘱另有安排”所指不明，建议修改为“原遗嘱和该继承人的遗嘱另有安排”。

8. 遗产的确定

草案第一千一百五十三条第一款规定，夫妻共同所有的财产，除有约定的外，遗产分割时，应当先将共同所有的财产的一半分出为配偶所有，其余的为被继承人的遗产。

有的单位建议，将本款中的“应当先将共同所有的财产的一半分出为配偶所有”修改为“应当先将共同所有的财产分割出配偶所有的财产”。

9. 保留胎儿的继承份额

草案第一千一百五十五条规定，遗产分割时，应当保留胎儿的继承份额。胎儿娩出时是死体的，保留的份额按照法定继承办理。

有的地方建议，将本条修改为：“遗产分割时，胎儿的继承权由其孕母作为法定代理人代为行使。胎儿娩出时是死体的，孕母应交出胎儿继承的遗产，按照法定继承办理。”

有的地方建议，将本条修改为：“继承中涉及遗产继承、接受赠与等胎儿利益保护的，胎儿视为具有民事权利能力；但是胎儿娩出时为死体的，除因不法侵害导致外，其民事权利能力自始不存在。”

有的单位建议，将本条修改为两款：“依本编规定归胎儿的遗产，由遗产管理人保管。”“胎儿出生后，其代理人有权要求遗产管理人向自己移交相应遗产。胎儿娩出时为死体的，相应遗产作为未分割遗产予以处理。”

有的地方建议，在本条后增加一条：“无民事行为能力人、限制民事行为能力人继承或接受遗赠获得财产的，其近亲属或者遗产管理人应当推选无利害关系的组织或者个人担任未成年人的财产监督人，保障对无民事行为能力人、限制民事行为能力人财产的管理和处分不损害其合法权益。经过诉讼获得继承财产的，人民法院有权指定财产监督人。财产监督人有权监督监护人对无民事行为能力人、限制民事行为能力人财产的使用、收益、处分。”

10. 遗赠扶养协议

草案第一千一百五十八条规定，自然人可以与继承人以外的组织或者个人签订遗赠扶养协议。按照协议，该组织或者个人承担该自然人生养死葬的义务，享有受遗赠的权利。

有的地方提出，实践中很多老人和有继承权的亲属签订遗赠扶养协议，建议尊重遗赠人的个人意愿，规定遗赠人既可以与继承人以外的人签订遗赠扶养协议，也可以与继承人签订扶养协议。

11. 遗产分割前的义务

草案第一千一百五十九条规定，分割遗产，应当清偿被继承人依法应当缴纳的税款和债务。但是，应当为缺乏劳动能力又没有生活来源的继承人保留适当的遗产。

有的单位建议，将本条修改为两款：“分配费用、共益债务和丧葬费清偿完毕后遗产分割前，应当优先为被抚养人保留必要的生活费，其次清偿被继承人欠缴的税款、社会保险费用，最后清偿被继承人的债务。”“在先顺序优先分配，同一顺序按比例分配。”

12. 继承遗产清偿税款和债务

草案第一千一百六十一条第二款规定，继承人放弃继承的，对被继承人依法应当缴纳的税款和债务可以不负清偿责任。

有的地方建议，删除本款中的“可以”。

13. 执行遗赠清偿税款和债务

草案第一千一百六十二条规定，执行遗赠不得妨碍清偿遗赠人依法应当缴纳的税款和债务。

有的地方建议删除本条。

14. 其他

有的地方建议，在本章中增加一条：“遗产管理人不能适当地履行职责时，遗嘱继承人、受遗赠人以及其他利害关系人可以申请人民法院撤销遗产管理人的职务。遗产管理人在执行遗嘱过程中因不可归责于自己的事由而受到损害的，可以请求继承人赔偿。”

有的单位建议，对遗产管理中发生的费用、债务的承担等作出规定，增加规定被继承人的担保债务优先受偿。

民法典继承编海南调研简报

2017年11月,民法室同志就民法典继承编修改,赴海南省海口市、琼中黎族苗族自治县、文昌市调研,召开座谈会,实地走访,了解情况,听取人大、政府部门、法院、企业等有关方面意见。现将有关继承编的调研情况简报如下:

一、关于总则

(一)遗产范围

有的同志建议,用列举加概括的方法,规定具体遗产的范围。增加列举集体土地经营权、宅基地使用权、特许经营权、取水权、采矿权、捕捞权等用益物权,股权、债券、资产份额等其他财产性权利凭证,数据、网络虚拟财产,再兜底规定"其他被继承人的财产权利,但是专属于被继承人自身,因继承开始而消灭的除外"。

有的法官提出,随着社会经济的发展,财产的形态日益多样化,为了实现对私人财产的充分保护,继承法应当尽可能扩大遗产的种类和范围。财产按照性质可以分为专属性财产和非专属性财产,专属性财产的性质决定了其不能被继承,建议明确规定。

有的同志、法官提出,经济的发展使个人财富形式多样化,继承法规定的遗产范围已经远远小于当下社会生活中的财产种类,包括公积金、保险金、股票、拆迁款等多种有形物和虚拟货币、网络虚拟财产、有限公司的股份、债权、他物权等财产性权利。有的同志建议,适当扩大遗产范围,增加种类形式,采用概括式、列举式和排除式的方式对遗产范围进行规定。有的法官建议细化相关财产的种类。

有的同志、法官建议,明确规定农民子女在城市落户后是否有权继承农村的房屋、宅基地和土地承包经营权。

(二)丧失继承权

有的同志建议,区分继承权的绝对丧失和相对丧失:将"故意杀害被继承人的、为争夺遗产杀害其他继承人的"规定为继承权绝对丧失的情形;将"遗弃或虐待被继承人情节严重的;伪造、篡改或销毁遗嘱情节严重的;以欺诈、胁迫手段,迫使或者妨碍被继承人设立、变更或撤销遗嘱,情节严重的"规定为继承权相对丧失的情形。

继承权相对丧失后,取得被继承人自愿原谅的,可以重新取得继承权。

(三)诉讼时效

有的法官提出,继承权纠纷诉讼时效为 2 年,从知道或应当知道权利被侵害时起算,继承法同时规定,在继承人未表示放弃继承的情况下,应视为接受继承。根据这些规定,在继承开始后,被继承财产应视为各继承人的共同共有财产。如果其中一个继承人在知道权利被侵害之日起 2 年后起诉确认共有并分割被继承人财产,对方当事人提出时效抗辩,是否应认定超过诉讼时效。建议明确规定与继承有关的物权纠纷和析产纠纷是否适用诉讼时效,在物权法或者继承法中作出衔接规定。

二、关于法定继承

(一)法定继承人的范围

一些法官、同志提出,法定继承人范围过窄,可能导致遗产无人继承的现象,建议适当扩大继承人的范围。有的法官建议,增加规定其他旁系血亲为第三顺序法定继承人。有的同志建议,增加规定兄弟姐妹的子女为法定继承人。

有的法官提出,根据收养法的规定,登记是收养关系的生效要件。当今社会尤其在农村地区,有部分人拾到弃婴后收养但未办理收养手续,但已构成事实上的扶养关系,这种情况下子女是否有继承权,还是作为继承法第十四条规定的"对继承人以外的依靠被继承人抚养的缺乏劳动能力又没有生活来源的人"对待。

(二)法定继承人的份额

有的同志提出,法定继承中第一顺序继承人平均分配财产的规定是否合理,建议给直系未成年亲属更多的继承份额。

三、关于遗嘱继承和遗赠

(一)遗嘱的生效和形式

有的法官提出,继承法明确规定了各种遗嘱的形式要件,如果遗嘱的形式要件缺失,将导致遗嘱无效。司法实践中,遗嘱仅存在形式上的细小瑕疵时是否无效成为难题。建议在遗嘱形式多样化的背景下,不固定于传统的遗嘱形式,采取多样化的遗嘱形式,只要能满足遗嘱行为的生效要件,就应当认可其效力,如对电子遗嘱、打印后签字的遗嘱等均应该采取开放的态度。

有的法官提出,遗嘱内容为打印,被继承人签名的能否作为自书遗嘱。如被继承人立遗嘱时处于重病期间,是否属于丧失行为能力,所立遗嘱是否有效。建议增加规定遗嘱的形式和效力相关内容,尊重被继承人的真实意思表示。

有的同志建议,适当扩大遗嘱方式,增加规定信件和数据电文的遗嘱形式,包括电报、传真、电子数据交换和电子邮件等可以有形地表现所载内容,能够反映立遗嘱人真实意思表示的遗嘱。

（二）公证遗嘱

有的法官提出，遗嘱只涉及行为人对自己财产的处分，并不涉及与第三人的交易。公证不是法定的公示方法，只不过是增强了证据效力。由于公证遗嘱办理程序的烦琐性，当事人可能因各种原因未再去订立公证遗嘱，但并不能否认公证遗嘱后当事人以其他形式订立的遗嘱非当事人真实的意思表示。建议不赋予公证遗嘱效力绝对优先的地位，而更关注行为人的主观意愿。

有的法官建议，鼓励遗嘱公证，规定社区、养老机构、公证机构等社会服务机构有义务引导、支持、指导被继承人订立遗嘱，将公证后的遗嘱进行司法确认，以减少继承纠纷。

（三）遗嘱能力

有的法官提出，继承法第二十二条规定了无行为能力或者限制行为能力人所立的遗嘱无效。遗嘱能力和一般的行为能力之间存在一定的联系，但为进一步贯彻私法自治原则，尊重当事人的遗嘱自由，建议以16周岁作为认定遗嘱能力的最低年龄界限。

四、关于遗产的处理

（一）遗产管理人

有的同志、法官建议，增加规定遗产管理人制度，对遗产管理人的选任和指定、职责、报酬请求权，遗产管理的授权书，遗产清单的制作，被继承人的债权债务清偿，继承开始时债权的通知与公告，遗产分割与债务清偿顺序，债权人的撤销权等内容作出明确规定，通过遗产管理人制度强化对被继承人债权人的保护。

（二）放弃继承权

有的法官提出，继承法规定继承人放弃继承需要明示，但未规定明示的方法及明示的对象，建议明确。有的同志建议，明确规定继承人作出接受继承或放弃继承的意思表示的时间限制。

（三）遗赠扶养协议

有的法官提出，遗赠扶养协议制度是符合我国习惯的，也是具有鲜明中国特色的法律制度。建议民法典继续规定遗赠扶养协议制度，并增加规定以下几个方面的内容：一是区分遗赠扶养协议和遗赠。遗赠是无偿的法律行为，而遗赠扶养协议则是有偿的法律行为。二是明确遗赠扶养协议的基本内容。遗赠扶养协议的重要内容是对被继承人提供扶养，法律为了保护被扶养人的权益，应当对其内容作出规定。三是明确遗赠扶养协议并非遗嘱，不需要受到遗嘱形式规则的约束。四是完善遗赠扶养协议的各项具体规则，如无效、撤销、解除等。

有的法官提出，针对老龄化社会及独生子女、“失独”老人等社会问题，应完善遗赠扶养协议的规定，鼓励被继承人通过订立遗赠扶养协议解决养老问题，引导、鼓励社会养老机构通过与被继承人签订遗赠扶养协议，使遗赠扶养更加普遍化、社会化、市场化。

（四）其他

有的法官建议，进一步完善遗产的分配制度，具体包括以下内容：一是明确遗产共有的规则。二是以特留份制度取代现有的必留份制度。三是强化被继承人债权人利益的保护。

五、其他

1. 有的同志建议，增加规定被继承人的生存配偶对婚姻住房的居住权，原本与被继承人共同居住的父母、子女对共用住房的居住权，有利于稳定社会关系。

2. 有的同志建议，增加规定关于数据、网络虚拟财产的继承、分配和管理问题，网络服务提供者的管理以及配合执行的规则。

3. 有的同志提出，继承的税收问题是缩小贫富差距、实现国家宏观调控的重要手段之一，建议在继承法中明确规定。

4. 有的法官、同志建议，增加规定继承回复请求权，即继承权被分割时，继承人请求回复的权利。

5. 有的同志提出，目前政府在行政管理中较少介入继承问题，但我国老百姓还是有“有事找政府”的传统，建议在适当的程序和情形中设定政府调整继承关系的权利、义务和程序。

6. 有的法官建议，鼓励和支持婚内财产、自有财产、家庭财产的登记、公证，减少被继承人的遗产争议。

7. 有的法官提出，随着我国居民涉外置业、投资置产人幅度加快，涉外继承案件会越来越多，建议细化涉外继承、无人继承财产处理的相关规定。

民法典继承编内蒙古自治区调研简报

2017 年 11 月，民法室同志就民法典物权编和继承编修改，赴内蒙古自治区呼和浩特市、呼和浩特市和林格尔县、包头市土默特右旗调研，召开座谈会，实地走访，了解情况，听取人大、政府部门、法院、企业等有关方面意见。现将有关继承编的调研情况简报如下：

一、关于总则

（一）遗产范围

有的法官提出，列举式的立法方式无法穷尽所有，使遗产的范围太窄，随着时代的发展，无法涵盖一些重要的新型遗产。对遗产范围的限制性规定，造成立法条文本身的不协调甚至矛盾，遗产毋庸置疑指的是被继承人死亡时的个人合法财产，无需特别规定范围，建议修改。

有的同志提出，继承编应兼具政策弹性和前瞻性，对遗产范围用定性加罗列的方式规定，比较符合实际需要。随着经济社会的发展，许多未来不可预期的个人财产形式还会继续出现，因此不宜将遗产规定得过死，通过定性可以进行性质描述，预留空间。一些新的财产如网络虚拟财产、公租房使用权等是否纳入遗产，建议明确。

有的法官提出，网络财产属于近年来出现的新型财产，建议扩大遗产范围增加相关规定。有的同志提出，网络游戏币等虚拟财产、特殊手机号能否被继承等是实践中存在的难题。

有的同志提出，继承法第三条第五项规定的“法律允许公民所有的生产资料”的限制规定受到计划经济的影响。第四条的规定否定了土地承包经营权的用益物权属性，与物权法的规定冲突。有的法官提出，承包人死亡时其承包的土地未被征收，土地补偿款还未发放，死后其承包土地被征收且土地补偿款发放，是否属于承包人死亡时尚未取得的承包收益，建议明确。

有的法官建议，明确农村宅基地上的房屋如何确权以及农村宅基地上的房屋如何继承。有的同志提出，农村宅基地使用权为农民重要的财产权利之一，但法律并未明确其能否继承，实践中只能依据继承法的规定对宅基地上的房屋进行继承，但如果宅基地上房屋发生严重毁损或灭失，继承人是否有权对原宅基地上房屋进行翻修或重建而继续使用该宅基地，建议明确。有的法官提出，最初登记的宅基地使用人去世后，往往存在子女继承问题，有的子女在原有的宅基地上翻建房屋，翻建时村里一般不管，但翻建后其他子女要求继承，建议明确规定如何处理。

有的同志提出，根据公司法第七十五条的规定，当自然人股东死亡后，其股东资格可以被继承，但是公司章程另有规定的除外。本条规定过于原则，在法律实践中存在诸多障碍。被继承人死亡后，股东资格的认定是解决继承问题的前置性条件，但实践中对股东资格的概念以及如何认定、具体操作流程及保障等问题急需明确，尤其是股权代持情形下，股权及股东资格如何继承问题更存在司法裁判不一、有失公平的现象。

（二）丧失继承权

有的同志建议，区分继承权的绝对丧失和相对丧失，增加规定继承权丧失的事由和继承权回复条件，尊重被继承人的意愿。

二、关于法定继承

（一）法定继承人的范围

有的同志提出，一是将配偶规定为第一顺序继承人，不利于保护血亲继承人的利益，建议规定配偶采取无固定继承顺序，兼顾对配偶与血亲的保护。二是将父母与子女规定在同一法定继承顺序，不能将遗产集中保留在被继承人后代的家庭中实现育幼功能，导致了遗产同时向上、向下流动，不符合遗产流转的规律。

有的法官、同志提出，我国实行计划生育政策后，被继承人没有法定继承人遗产被收归国有的情况时有发生，不利于保护自然人的继承权，不符合宪法的相关规定，建议扩大法定继承人的范围，使遗产尽可能保留给血亲。有的同志建议，扩大法定继承人范围，增加规定四亲等的直系或旁系血亲为第三顺序继承人。

（二）丧偶儿媳和丧偶女婿的继承顺序

有的同志提出，丧偶儿媳和丧偶女婿不是血亲而是姻亲，被列为第一顺序法定继承人不科学也不合理，如果其子女通过代位继承也继承一份遗产，实际上取得双份遗产，会导致不公平。

三、关于遗嘱继承和遗赠

（一）遗嘱形式

有的同志提出，随着社会的进步与发展，产生了许多新型遗嘱形式，如打印遗嘱，录像遗嘱，通过手机短信、QQ 留言、电子邮件、博客或微博等形式订立的遗嘱。

因遗嘱的“要式性”要求，使新型遗嘱被排斥在合法有效的范围之外，建议认真研究，科学归类，增设新的遗嘱形式。有的法官、同志提出，继承法关于遗嘱的形式、效力的规定过于简单，建议增加规定打印遗嘱、录像遗嘱、密封遗嘱等形式。

有的同志提出，继承法规定自书遗嘱应由遗嘱人亲笔书写，实践中出现打印遗嘱内容，手签姓名，公证机构不予公证的情形。遗嘱的形式应适应现在人们的习惯，建议允许自书遗嘱的打印版和电子版的遗嘱，只要能体现遗嘱人的真实意思。代书遗嘱和录音遗嘱如果有全程录音录像，只要能证明遗嘱人所立遗嘱的真实性，也不必有两个以上的见证人。

有的同志建议，增加规定口头遗嘱的有效期，以3个月时间为限，逾期效力自动丧失。有的法官提出，继承法明确规定口头遗嘱应当有两个以上的见证人在场见证，且规定了不能作为遗嘱见证人的范围。口头遗嘱在基层十分常见，但当被继承人生命危急时，一般是最亲近的人即大部分是继承人在场，这种情况下所立遗嘱可能不符合法律规定，但确实是被继承人的真实意思表示。老百姓对继承法了解不多，有的继承人会以被继承人所立遗嘱无效为由提起诉讼。建议规定只要有两名见证人在场，包括两名继承人，即应当予以认定口头遗嘱成立，除非其他继承人有明确的证据予以反驳。

(二)公证遗嘱

有的法官提出，规定公证遗嘱具有最高效力，无法保证被继承人的遗嘱自由。有的同志提出，继承法规定公证遗嘱的法律效力高于其他遗嘱，但遗嘱的形式只是公民表达遗产分配意愿的方式，本质上并不存在效力高低之分，建议对多种遗嘱形式给予同等法律效力。

(三)遗嘱能力

有的法官提出，继承法仅规定无民事行为能力人或限制民事行为能力人所立的遗嘱无效，不能适应当代社会的需求，建议规定遗嘱能力的最低起点。

(四)遗嘱的撤回

有的法官提出，继承法第二十条规定了遗嘱的撤销、变更，但是没有规定遗嘱的撤回，建议增加相关规定。

四、关于遗产的处理

(一)遗产管理人

有的同志建议，增加规定遗产管理人和执行人制度，并建立遗产清单和债权债务清算规则，保障继承人和债权人的利益。有的法官建议，增加规定遗产管理人的具体制度，包括遗产管理人的选任和指定程序、职责、报酬请求权等。

(二)放弃继承权

有的同志建议，放弃继承的时间过长将使继承活动处于不确定状态，建议参照受遗赠人的选择权规定放弃继承时间限制。

有的同志提出，物权法第二十九条规定，因继承或者受遗赠取得物权的，自继承或者受遗赠开始时发生效力。根据物权法的规定，在继承开始后，遗产已经转变为继承人的财产，而在继承人得到财产的同时，该财产权又转化为夫妻共同财产，即在继承开始后放弃继承是对夫妻共同财产的放弃，理论上应经配偶同意，法律之间存在冲突，建议完善。

（三）遗产中的有关部分按照法定继承办理的情形

有的同志提出，遗嘱继承人、受遗赠人先于遗嘱人死亡的，遗嘱中指定的遗产应当由遗嘱继承人和受遗赠人的继承人获得，而不应该按照遗嘱人的法定继承处理。继承法第二十七条第三项的规定违背了遗嘱人的意愿，建议删除。

（四）遗赠扶养协议

有的法官提出，遗赠扶养关系中，双方当事人的权利和义务应依遗赠扶养协议的约定确定，不能作为普通合同完全由合同法调整，建议对遗赠扶养协议的订立、效力、生效的实质要件和形式要件等基本问题作出规定。

有的同志提出，现实中遗赠扶养协议大部分是与家庭成员之外的人签订，这类协议从签订到最终遗产所有权转移要经历比较长的时间。考虑到协议双方的特殊性，在较长的时间里没有人监督协议的履行，除一方有重大过错外该类协议又不能单方变更或者终止。被扶养的老年人能否得到预期的待遇，老年人生病时扶养人能否全力配合治疗都存在不确定因素。有时扶养人完全履行了协议，被继承人的子女可能会干扰遗赠扶养协议的最后履行。建议加强对该类协议的监管，由有关部门、机构或者社区等监督实施遗赠扶养协议，为发挥其设立目的提供法律保障。

（五）债权人的保护

有的同志建议，增加规定继承开始后的公示催告程序和申报程序，加强对遗产债权人的保护。有的法官提出，根据继承法第三十二条的规定，无人继承又无人受遗赠的遗产，归国家所有。但现实中遗产由哪个国家机构接收，债权人如何实现债权，是通过诉讼还是找接收遗产的国家机关申报债权，建议明确规定相关制度。

有的同志建议，在限定继承中增加程序条件，即在继承开始后的一定时间内，债权人有权向有关部门申请，要求出具被继承人遗产清单、继承人财产清单，如果继承人在出具时有欺诈行为，则负有无限责任。同时平衡继承人负担，考虑具体程序的可操作性、规范化、便民化。

五、其他

1. 有的同志提出，遗嘱是公民对于自身遗产分配和继承意愿的直接体现，建议将遗嘱继承规定在法定继承前。

2. 有的法官建议，增加规定夫妻共同遗嘱、后位继承与补充继承等制度，为被继承人满足遗嘱意愿提供足够的选择路径。

3. 有的法官建议，增加规定继承恢复请求权，即继承人享有正当的继承权的前提下，遗产被他人侵夺或被他人继承时，被侵权人有继承恢复请求权，取回财产。

4. 有的法官建议，增加规定继承协议制度，即继承人可以与法定继承人协商继承事实，并于继承开始前发生法律效力的制度。

5. 有的同志建议，增加规定遗嘱检验制度，继承开始后，先通过法定程序来确定遗嘱的真伪与效力，只有经过检验的遗嘱才能执行。

6. 有的同志建议，增加继承开始的地点的规定，解决遗产纠纷的属地管辖问题。

7. 有的同志建议，增加规定特留份制度。

民法典继承编虚拟财产继承问题座谈会简报

2019 年 8 月 26 日，民法室召开座谈会，听取最高人民法院、中国人民银行、工业和信息化部、国家互联网信息办公室、北京互联网法院、中国银行、中国移动公司、阿里巴巴公司、腾讯公司以及有关专家学者对虚拟财产问题的意见。现将主要意见简报如下：

一、关于虚拟财产的范围及性质

有的法官提出，从实践情况来看，虚拟财产的范围主要包括支付宝、微信、QQ 等账号以及游戏装备等道具。虚拟财产作为数字化的新型财产，主要表现出虚拟性、技术性、稀缺性和合法性特征。就其性质而言，目前并无定论，司法实务中对此一般也不作判断。

有的学者、法官提出，虚拟财产的范围主要包括四类：一是网络账号等地址类；二是储存的内容；三是虚拟的动产，主要包括游戏道具装备和比特币等；四是虚拟的不动产，主要是指网络商铺等。其中，第三类和第四类应明确为个人财产。

有的学者提出，虚拟财产的概念和范围均不清晰，是不是财产都有争议。比如账号、QQ 号和电子邮箱，它不属于某个人，只是网络平台提供的一种服务，不属于财产，无法构成财产关系；游戏装备也不是财产，因为没有现实对应，玩家买的是服务和体验，且依赖于平台；网络店铺并不等同于店铺，只是电子交易系统，是程序化的东西，主要的配送物流在线下，不能当作财产分割，所以不是财产。

有的学者提出，虚拟物品的性质因类型不同而有差异，具体可分为两大类：一是电话号码，不属于有体物，既非动产也非不动产，且号码资源属于国家所有，用户只享有使用权，而这个使用权具有财产权和个人信息双重性质；二是网络账户，其类型很多，功能各不相同，基于开通网络账户"后台实名、前台自愿"的刚性要求，网络账户与特定自然人有极强的联系，属于个人信息范畴。

有的同志认为，虚拟财产中的比特币，具有财产性质。

有的同志提出，虚拟财产可以分为以下几类：一是电子邮箱、社交账号等网络账号，具有非常直接的人身属性，当前越来越多账号注册与手机号码的实名认证绑定；二是网络虚拟商品，如游戏装备、虚拟游戏币等，按照民法总则第三条的规定，可以作为合法权益对待。从虚拟财产性质的角度来讲，属于集财产权、信用权、商誉以及知识产权于一身的综合类权利。这种综合权利的抵押、担保、继承、分割和处分，都是单一物权法或合同法所不能涵盖的。

有的同志提出，数字财产是趋势，应当引起重视。数据代码、账号等虚拟财产的属性体现出高度的复杂性，既具有财产属性，又涉及个人隐私，财产性和人格性混同。

有的同志提出，银行的客户账户本身无价值，有价值的是里面的财产，但账户起着联系作用，具有唯一特定、不可复制、可支配等特点，与作为虚拟财产的网络账号类似。虚拟财产的类型应当根据是否实名等情况，进行分类规范。

有的同志提出，依照相关规定，电话号码属于国家所有，个人享有的是使用权，该使用权与姓名权类似，具有严格的人身属性。

有的同志提出，按照产品类型或功能，虚拟财产可分为账号类、道具类和积分类三大类。一是账号类虚拟财产，以邮箱、社交产品的账号为典型，核心在于身份识别功能，在法律属性上一方面像是著作权许可合同对应的债权凭证，另一方面具有极强的人身属性。二是道具类虚拟财产，以网络游戏道具、直播打赏道具、社交产品为代表，核心在于发挥道具作用，实现特定功能，在法律属性上是互联网企业向用户提供的网络服务的组成部分。三是积分类虚拟财产，以金币、积分为典型，核心在于确定用户在特定网络服务中累积的积分数据或等级，在法律属性上可以理解为互联网企业和用户之间的权利义务的载体，属于网络服务合同关系的组成部分。

二、关于虚拟财产能否成为继承的客体

（一）可以继承

有的学者提出，各类虚拟财产均有价值，应当可以成为继承的客体。

有的学者提出，手机号码是机主基于与电信公司的电信服务合同而享有的使用权客体，机主对此享有合法财产权，当然可以继承。至于各种账号，虽然账号及其密码本身并无经济价值，但是通过账号可取得对具有经济价值的数据、信息等的控制力。考虑账号的继承问题，重要的是考虑账号背后凝聚的各种利益形态，比如支付宝的账号，对应的是账号中存放的资金，这种账号的继承，实质是资金的继承，是没有问题的。

有的同志提出，通过交易购买的虚拟财产，具有经济价值，同时具有稀缺性、支配性和可转让性，建议可成为继承的客体。

有的同志提出，网络账号里面的财产、比特币、网络游戏币以及经过长期经营具有品牌价值的网店等，均有一定的经济价值，应当可以作为继承的客体。

（二）需要区分不同的类别、情况考虑继承问题

有的法官提出，作为自然人的网络用户死亡后网络虚拟财产的处理方式，主要有三种模式：一是网络服务商依据协议控制和取得虚拟财产；二是网络遗产托管，即托管商将账号密码告知用户的家人或朋友；三是用户直接把账号密码写入遗嘱。就目前的用户协议来看，大多不支持继承。从司法实践的情况来看，具有经济价值的虚拟财产属于可继承财产的范围，主要理由有：其一，虚拟财产的定性之争并没有否认其财产属性；其二，虚拟财产的基本特征显示其应属于财产的范畴；其三，目前继承法的规定为虚拟财产继承提供了开放的法律适用空间。如果涉及精神性质的虚拟财产，应当不可继承。

有的学者提出，作为财产，需具备可分割和有价值两个基本要件，账号、QQ 号、电子邮箱、游戏装备和网店都不是财产，不能作为继承的客体。同时，比特币具有典型性、绝对性和公开性，可以成为继承的客体。

有的学者提出，可独立支配和有现实价值的虚拟财产，可以成为继承的客体，账号不应该成为继承的客体。

有的同志提出，虚拟财产主要分为人身性网络账户、经营性网络账户和网络商品三类：具有人身性网络账户，微信、微博账号、QQ 号、电话号码、电子邮箱，个人使用，涉及用户隐私，其披露受到一定限制；经营性网络账户，公众号、淘宝店铺，需考虑到信用等级的公示性、网络经营秩序的问题，平台一般对其转让进行限制；网络商品，网络游戏装备、货币，与账户主体依附性较低，其转让、继承一般不受限制。

有的同志提出，手机号码作为码号资源，其所有权属于国家，用户只有使用权，不能继承；对于域名的权利属性及其法律地位，在理论与实务上都还处于不断探索阶段，目前为域名创设独立权利还不成熟，更谈不上继承问题。

有的同志提出，通过电话号码，可以清晰发现一个人的人生轨迹，属于人格权范畴，原使用人去世后，原则上不可以继承。

有的同志提出，从实际情况来看，虚拟财产越来越受到各方面的关注，但虚拟财产本身比较复杂，能否继承，还需要慎重研究。现阶段解决一些当事人想要继承账号类虚拟财产的诉求，可以考虑通过其他方式解决。

有的同志提出，虚拟财产能否继承，关键看该虚拟财产的授权合同的约定，确定是否能够继承以及如何继承。

三、关于继承虚拟财产是否会侵害被继承人的隐私权

（一）不会侵害隐私权

有的学者、同志提出，在实践中，社交账号、电子邮箱等的继承，会涉及被继承人

的隐私,但不影响继承。就像死者的信件,即使涉及死者隐私,同样不妨碍信件被继承。至于账号中涉及的其他人的隐私,如果继承人披露的话,则构成侵权,用侵权法规范即可,不应该限制账号或电子邮箱等的继承。

有的法官提出,社交账号、电子邮件中涉及使用者隐私信息的内容,主要体现在使用者隐私权、名誉权、个人信息等人格利益,在继承人继承后,适当限制其流转和分割,原则上不会侵害被继承人的隐私权。

有的同志提出,由于继承人与被继承人的特殊关系,即使继承了携带有隐私的虚拟财产,被继承人的隐私也并不必然会被侵犯。

(二)可能侵害隐私权

有的同志提出,虚拟遗产的继承可能会涉及隐私,应当尊重遗嘱。如果遗嘱未就虚拟财产是否可以继承作出安排,应当不可以继承。

有的同志提出,根据我国宪法和网络安全法的相关规定,通信自由和通信秘密受法律保护。因此,通信记录不可以告诉第三人。电话号码本身无价值,是人赋予的价值,如果可继承,查询之前的通信记录,会突破规范限制,增加社会矛盾。

四、关于民法典是否应当规定虚拟财产的继承

(一)不应当规定

与会的多数同志不赞成在民法典中规定虚拟财产的继承问题。

有的法官提出,目前,在司法实践中,虚拟财产继承的案件极少,现实需求不强,建议民法典对此不予规定,可先通过指导性案例或者司法解释进行规范,待经验成熟后,再通过立法作出规定。

有的学者提出,对于虚拟财产的继承问题,目前尚无成熟的理论基础,立法条件不成熟,建议民法典不规定为宜。

有的同志提出,虚拟财产继承所涉及的并非仅是财产问题,更多的是死者隐私利益保护、网络服务提供者责任和互联网技术伦理等问题,这些问题涉及人格权处分的限制,难以通过继承解决,建议民法典不规定虚拟财产的继承问题。

有的同志提出,在整个虚拟财产的权利流转制度,以及更基础的虚拟财产的权利归属等制度还没有完全建立的情况下,虚拟财产继承的有关问题尚未研究透彻,建议立法不作规定,交由企业和用户在合同中进行约定。

有的同志提出,由于虚拟财产的立法条件尚不成熟,可以先从下位的法规、规章入手尝试进行规范,不宜直接在民法典中规定。

有的同志提出,如果通过立法对虚拟财产的继承问题进行规定,应当考虑其基本理论的成熟度和现实的必要性。鉴于目前这两个条件都不具备,民法典无需对这一问题进行规定。

(二)应当规定

与会的少数同志提出,民法典应当对虚拟财产的继承问题进行规定。

有的学者、法官提出,《民法典继承编(草案)》应在“死者的合法财产”条款中,增加规定可以继承的虚拟财产类型。为防止在虚拟财产继承过程中泄露隐私,建议规定被继承人应当在遗嘱中写明是否可以继承虚拟财产。

有的同志提出,使用者享有账号类虚拟财产的使用权,在实践中有财产意义,就此类财产的继承问题,希望民法典作出规定。

部分单位和学者对《民法典继承编（草案）》的意见

2019年4月17日，民法室召开座谈会，听取最高人民法院、民政部、司法部、国家卫健委、全国妇联等单位和部分专家学者对民法典继承编（草案）一审稿的意见。现将主要意见简报如下：

一、关于一般规定

（一）国家保护自然人的继承权

草案第八百九十九条规定，国家保护自然人的继承权。

有的学者建议，增加一款，规定继承权的概念："本法所称继承权是指自然人依法享有的，依照法律规定或者被继承人所立遗嘱的指定取得被继承人遗产的民事权利。"

（二）遗产的范围

草案第九百零一条规定，遗产是自然人死亡时遗留的个人合法财产，但法律规定或者依其性质不得继承的除外。

有的学者提出，"法律规定或者依其性质不得继承的除外"已经涵盖了不合法的财产不能继承，建议删去本条中的"合法"二字。

（三）丧失继承权

草案第九百零四条第一款规定，继承人有下列行为之一的，丧失继承权：（1）故意杀害被继承人的；（2）为争夺遗产而杀害其他继承人的；（3）遗弃被继承人的，或者虐待被继承人情节严重的；（4）伪造、篡改、隐匿或者销毁遗嘱，情节严重的；（5）以欺诈、胁迫手段迫使或者妨碍被继承人设立、变更或者撤回遗嘱，情节严重的。第二款规定，被继承人知道继承人有前款第三项至第五项行为，对该继承人表示宽恕或者事后在遗嘱中明确将其列为继承人的，该继承人不丧失继承权。

有的学者提出，故意杀害被继承人有既遂、未遂和预备等不同形态，一律不允许宽恕过于严苛。对于没有杀死被继承人的继承人，被继承人进行宽恕的，应当也不丧失继承权。

二、关于法定继承

(一)继承人的顺序和范围

草案第九百零六条第一款规定,遗产按照下列顺序继承:第一顺序:配偶、子女、父母。第二顺序:兄弟姐妹、祖父母、外祖父母。

有的学者提出,一是孙子女的继承权如果采用代位继承来解决,在子女丧失继承权时会剥夺孙子女的继承权,不符合遗产向下流转的原则,建议将本款中的"子女"修改为"子女及其晚辈直系血亲"。二是将父母列为第二顺序继承人。三是继承顺序越少无人继承的遗产就越多,越有可能归国有或者集体所有,私人的财产应尽量保持在私人手中,建议增加规定第三顺序、第四顺序继承人,将继承范围扩大为四代以内的近亲属。

有的学者提出,祖孙在特定条件下互相承担抚养和赡养义务,孙子女在父母死亡的情况下有赡养祖父母的义务,但没有直接继承的权利,其代位继承的权利还可能因为父母丧失继承权而消灭,权利义务不匹配,建议将孙子女、外孙子女列入法定继承人范围。

有的同志提出,应当坚持配偶、子女、父母的第一顺序继承人地位。

(二)代位继承

草案第九百零七条第二款规定,被继承人的兄弟姐妹先于被继承人死亡的,由被继承人的兄弟姐妹的子女代位继承。

有的学者提出,遗产流转的原则应是基本向下、偶尔向上,本款赋予兄弟姐妹的子女代位继承权,使遗产往旁系流转,不妥当,建议删除本款。

(三)丧偶儿媳和女婿的继承顺序

草案第九百零八条规定,丧偶儿媳对公、婆,丧偶女婿对岳父、岳母,尽了主要赡养义务的,作为第一顺序继承人。

有的学者提出,对公婆、岳父母尽了主要赡养义务的丧偶儿媳、女婿,可以适当分得遗产,但不应作为第一顺序继承人,其他国家立法例也不认为丧偶儿媳、女婿可以作为继承人。

有的学者提出,丧偶儿媳、女婿作为第一顺序继承人在实践中存在一些问题,如果老人有几个子女,其中一个子女先于老人去世,该子女的孩子可以代位继承,该子女的配偶作为丧偶儿媳或者女婿也可以作为第一顺序继承人参与继承,会出现该家庭拿到两份遗产的情况。

(四)分给继承人以外的人适当遗产的情形

草案第九百一十条规定,对继承人以外的依靠被继承人扶养的人,或者继承人以外的对被继承人扶养较多的人,可以分给适当的遗产。

有的学者建议,将草案第九百零八条移作本条第二款并修改为:“丧偶儿媳对公、婆,丧偶女婿对岳父、岳母尽了主要赡养义务的适用前款规定。”

三、关于遗产的处理

(一)总的意见

有的学者提出,被继承人死亡后遗产的处理跟公司破产相似,遗产清理、遗产登记、遗产造册、债权征集等跟清算类似,目前的规定太简单,可以规定得更细一些。

(二)遗产管理人

草案第九百二十四条规定,继承开始后,遗嘱执行人为遗产管理人;没有遗嘱执行人的,继承人应当及时推选遗产管理人;继承人未推选的,由继承人共同担任遗产管理人;没有继承人或者继承人均放弃继承的,由被继承人生前住所地的民政部门担任遗产管理人。

有的学者提出,遗产管理人为多人时意见不统一怎么办,建议增加规定决议程序等。

有的学者建议,增加一款:“继承开始后保管遗嘱的人负有公布遗嘱的义务”,并规定隐匿遗嘱的要对继承人承担赔偿损失的法律责任。对于保存遗嘱的机构,在法律中设置规则,要求被继承人或者遗赠人在立遗嘱时列清继承人范围或者受遗赠人信息,以明确保管机构公布遗嘱的范围。

(三)遗产管理人的职责

草案第九百二十六条规定,遗产管理人应当履行的职责包括:(1)清理遗产并制作遗产清单;(2)保管遗产;(3)处理债权债务;(4)按照遗嘱或者依照法律规定分割遗产。

有的学者建议,增加规定遗产管理人发布继承公告、接受债权债务申报等职责。

(四)遗产分割前的义务

草案第九百三十八条规定,遗产分割前,应当支付丧葬费、遗产管理费,清偿被继承人的债务,缴纳所欠税款;但应当为缺乏劳动能力又没有生活来源的继承人保留适当的遗产。

有的学者提出,为缺乏劳动能力又没有生活来源的继承人保留适当的遗产,与支付丧葬费、遗产管理费,清偿被继承人的债务,缴纳所欠税款之间的顺位如何,建议梳理细化。

四、其他

1. 有的法官建议,增加规定继承回复请求权。

2. 有的学者建议，一是增加规定继承协议制度，尊重当事人之间的意思自治。二是增加规定后位继承、替补继承、密封继承等内容，给予当事人更多选择，避免遗嘱因法律没有规定而被认定为无效。三是增加规定特留份制度。

3. 有的学者提出，中华遗嘱库应当受法律约束，建议增加规定："其他社会组织为自然人设立遗嘱的，应当依照本法的规定。"

4. 有的学者建议，研究是否规定共同遗嘱制度。

部分学者对民法典（草案）继承编的意见

2020年1月19日，民法室举办座谈会，听取部分学者对民法典（草案）婚姻家庭编、继承编的意见。现将关于继承编的意见简报如下：

一、总的意见

有的学者提出，民法典继承编的规定已经比较完善，有些制度虽然与国外立法例有所差别，但能够逻辑自洽、前后和谐，体现中国特色。

二、关于法定继承

（一）总的意见

有的学者提出，本章中“扶养”一词在不同条文中含义不同，有的仅指平辈之间的扶养，有的包含长辈对晚辈的抚养、晚辈对长辈的赡养以及平辈之间的扶养三种关系，建议梳理各条中“扶养”一词的使用是否合适。

（二）法定继承人范围

草案第一千一百二十七条第一款规定，遗产按照下列顺序继承：（1）第一顺序：配偶、子女、父母；（2）第二顺序：兄弟姐妹、祖父母、外祖父母。

有的学者提出，继承法规定的法定继承人范围较窄，民法典（草案）中孙子女、外孙子女的继承仍用代位继承制度，在一些情形下其继承权会受到限制，建议将孙子女、外孙子女与子女合并放在第一顺序继承人中，具体规定为“直系晚辈血亲，以亲等近者优先”。

（三）对继承人以外的人的遗产分配

草案第一千一百三十一条规定，对继承人以外的依靠被继承人扶养的人，或者继承人以外的对被继承人扶养较多的人，可以分给适当的遗产。

有的学者提出，在第一顺序继承人继承、第二顺序继承人不继承的情况下，第二顺序继承人不属于本条规定的“继承人以外的对被继承人扶养较多的人”，符合本条规定的条件时不能依据本条分得适当的遗产，建议将“继承人以外”修改为“应召继承人以外”。

三、遗嘱继承和遗赠

(一)打印遗嘱

草案第一千一百三十六条规定,打印遗嘱应当有两个以上见证人在场见证。遗嘱人和见证人应当在遗嘱每一页签名,注明年、月、日。

有的学者提出,打印遗嘱要求在遗嘱每一页签名,但是自书遗嘱和代书遗嘱没有这一要求,建议统一。有的学者提出,打印遗嘱由于每一页容易被替换,因此需要求每一页签名,在自书遗嘱、代书遗嘱中,由于笔迹具有身份识别性,因此不需要每一页签名。

(二)录音录像遗嘱

草案第一千一百三十七条规定,以录音录像形式立的遗嘱,应当有两个以上见证人在场见证。遗嘱人和见证人应当在录音录像中记录其姓名或者肖像,以及年、月、日。

有的学者提出,录音录像遗嘱到底是一种遗嘱还是两种遗嘱会产生歧义,建议将"录音录像"修改为"视听"。

四、关于遗产的处理

(一)转继承

草案第一千一百五十二条规定,继承开始后,继承人于遗产分割前死亡,并没有放弃继承的,该继承人应当继承的遗产转给其继承人;但是遗嘱另有安排的除外。

有的学者建议,将本条放在第二章"法定继承"中。

(二)遗产的确定

草案第一千一百五十三条第一款规定,夫妻共同所有的财产,除有约定的外,遗产分割时,应当先将共同所有的财产的一半分出为配偶所有,其余的为被继承人的遗产。第二款规定,遗产在家庭共有财产之中的,遗产分割时,应当先分出他人的财产。

有的学者提出,第一款中的"一半"过于通俗直白,并且婚姻法规定夫妻共同财产分割时也不一定是一人一半,建议将第一款和第二款合并为:"遗产在家庭共有财产之中的,遗产分割时,应当先分出配偶及他人的财产,其余的为被继承人的遗产。"

(三)遗产中的有关部分按照法定继承办理的情形

草案第一千一百五十四条规定,有下列情形之一的,遗产中的有关部分按照法定继承办理:(1)遗嘱继承人放弃继承或者受遗赠人放弃受遗赠;(2)遗嘱继承人丧失继承权或者受遗赠人丧失受遗赠权;(3)遗嘱继承人、受遗赠人先于遗嘱人死亡或者终止;(4)遗嘱无效部分所涉及的遗产;(5)遗嘱未处分的遗产。

有的学者提出,第四项、第五项在语言习惯上不属于“情形”,且与前三项表述不一致,建议统一。

(四)继承遗产清偿税款和债务

草案第一千一百六十一条第一款规定,继承人以所得遗产实际价值为限清偿被继承人依法应当缴纳的税款和债务。超过遗产实际价值部分,继承人自愿偿还的不在此限。

有的学者提出,民法总则第一百八十七条规定,民事主体因同一行为应当承担民事责任、行政责任和刑事责任的,民事主体的财产不足以支付的,优先用于承担民事责任。本条从表述上看是先缴纳税款后偿还债务,建议与民法总则的精神保持一致。

第七部分

侵权责任编

地方人大、中央有关部门和单位以及有关方面对民法典各分编草案（征求意见稿）侵权责任编的意见

2018年3月中旬，法制工作委员会将民法典各分编草案（征求意见稿）印发省、自治区、直辖市的人大常委会，以及中央有关部门、有关人民团体和社会组织、部分高等院校和研究机构、基层立法联系点和一些全国人大代表征求意见。现将对侵权责任编的主要意见简报如下：

一、关于一般规定

（一）适用范围

征求意见稿第一条规定，侵害人格权、身份权、物权、知识产权、股权、继承权等人身、财产权益的，应当依照本法和其他法律的规定承担侵权责任。

有的单位提出，列举民事权益类型意义不大。建议修改为："侵害他人人身、财产权益的。"有的地方建议在"继承权"后增加"数据、网络虚拟财产"。有的单位建议删除本条。

（二）教唆、帮助他人实施侵权行为的责任

征求意见稿第六条第一款规定，教唆、帮助他人实施侵权行为的，应当与行为人承担连带责任。第二款规定，教唆、帮助无民事行为能力人、限制民事行为能力人实施侵权行为的，应当承担侵权责任；该无民事行为能力人、限制民事行为能力人的监护人未尽到监护职责的，应当承担相应的责任。

有的单位、地方提出，应当区分教唆、帮助的对象和情形作出不同的规定。对于教唆无民事行为能力人，教唆人应当承担全部侵权责任。教唆限制行为能力人实施侵权行为的，为共同侵权。对于帮助行为，因为帮助人在加害行为中起辅助性作用，可以根据各自过错和原因力承担责任。建议将第二款修改为：教唆无行为能力人实施侵权行为的，应当承担侵权责任。教唆限制行为能力人实施侵权行为的，应当承担连带责任。帮助无民事行为能力人、限制民事行为能力人实施侵权行为的，

应当根据其过错及行为的原因力等确定相应的责任。该无民事行为能力人、限制民事行为能力人的监护人未尽到监护职责的,应当承担相应的责任。

(三)无意思联络的分别侵权行为

征求意见稿第九条规定,二人以上分别实施侵权行为造成同一损害,能够确定责任大小的,各自承担相应的责任;难以确定责任大小的,平均承担赔偿责任。

有的单位提出,本条与民法总则第一百七十八条重复,建议删除。

(四)过失相抵原则

征求意见稿第十条规定,被侵权人对同一损害的发生有过错的,可以减轻侵权人的责任。

有的地方和单位提出,不能将“发生”扩张解释为包括“扩大”。建议在“发生”后增加“扩大”。

二、关于责任承担

(一)人身损害赔偿的项目

征求意见稿第十四条规定,侵害他人造成人身损害的,应当赔偿医疗费、护理费、交通费等为治疗和康复支出的合理费用,以及因误工减少的收入。造成残疾的,还应当赔偿残疾生活辅助具费和残疾赔偿金。造成死亡的,还应当赔偿丧葬费和死亡赔偿金。

有的单位和地方建议将“生活辅助具费”修改为“辅助器具费”,以与残疾人保障法中的相关表述保持一致。

(二)人身损害赔偿的确定依据

征求意见稿第十五条第一款规定,残疾赔偿金的确定以国家上年度职工平均工资为基础,并可以综合考虑被侵权人丧失劳动能力的程度、受伤时的年龄、受伤前的收入状况、被扶养人的生活状况等因素。第二款规定,死亡赔偿金的确定以国家上年度职工平均工资为基础,并可以综合考虑被侵权人死亡时的年龄、死亡前的收入状况、被扶养人的生活状况等因素。

有的地方提出,征求意见稿规定的全国标准使计算数额过高,西部省区的侵权责任人难以承受。有的地方提出,征求意见稿的规定可能会加剧“同命不同价”的矛盾,建议再行斟酌。有的地方和单位提出,我国幅员辽阔,各地区之间的经济发展水平和职工收入存在较大差距,全国采用单一的全国统一标准不利于解决实际的个案纠纷。建议将“国家上年度职工平均工资”修改为“受诉法院所在地上年度职工平均工资”。有的单位提出,本条规定的各种考虑因素,有主观的,也有客观的,实践中情况差异很大。如何判断这些因素需要进一步明确。建议对人身损害赔偿的标准再作研究。有的地方建议增加“伤残等级”作为考虑因素。

（三）同一侵权行为中死亡赔偿金的确定

征求意见稿第十六条规定，因同一侵权行为造成多人死亡的，可以以相同数额确定死亡赔偿金。

有的单位提出，征求意见稿第十五条规定死亡赔偿金的计算基数是“国家上一年度职工平均工资”，已不存在城乡二元差别问题，故不必再规定“可以以相同数额确定死亡赔偿金”，建议删除本条。

（四）被侵权人分立、合并的请求权人的确定

征求意见稿第十七条第一款规定，被侵权人死亡的，其近亲属有权请求侵权人承担侵权责任。被侵权人为组织，该组织分立、合并的，承继权利的组织有权请求侵权人承担侵权责任。第二款规定，被侵权人死亡的，支付被侵权人医疗费、丧葬费等合理费用的人有权请求侵权人赔偿费用，但侵权人已支付该费用的除外。

有的地方提出，继承权利的有组织也有自然人。建议在第一款“合并”后增加“终止”，在“承继权利的组织”后增加“或者自然人”。

（五）侵害人身权利造成财产损害赔偿的计算

征求意见稿第十八条规定，侵害他人人身权益造成财产损失的，按照被侵权人因此受到的损失或者侵权人因此获得的利益赔偿；侵权人因此获得的利益难以确定，被侵权人和侵权人就赔偿数额协商不一致，向人民法院提起诉讼的，由人民法院根据实际情况确定赔偿数额。

有的地方和单位建议，将“侵权人因此获得的利益难以确定”修改为“被侵权人因此受到的损失以及侵权人因此获得的利益均难以确定”。有的地方和单位提出，只有在损失难以确定的情况下才按照侵权人的获利赔偿。二者不是并列适用关系，有先后顺序。建议恢复侵权责任法的规定。

（六）精神损害赔偿

征求意见稿第十九条规定，侵害自然人人身权益或者具有人格象征意义的特定物品造成严重精神损害的，被侵权人可以请求精神损害赔偿。

有的单位提出，为逻辑明晰，建议将本条规定的两种情形分两款规定。有的地方和单位提出，实践中及司法解释中的象征意义特定物品，是“身份”的延伸保护。建议将“人格象征意义”修改为“人格、身份象征意义”。有的单位提出，只有侵权人明知是“具有人格象征意义的特定物品”而故意侵害、造成严重精神损害后果时，才承担侵权责任，建议在这一情形前增加“故意”。

（七）精神损害赔偿的考量因素

征求意见稿第二十条规定，精神损害赔偿的数额可以根据以下因素确定：（1）侵权人的过错程度；（2）侵害的手段、场合、行为方式等具体情节；（3）侵权行为所造成的后果；（4）侵权人的获利情况；（5）侵权人承担责任的经济能力。

有的单位提出，第五项的规定是执行阶段的内容，并非审判阶段确定数额时的考量因素，建议删除。

(八)损失分担

征求意见稿第二十二条规定，受害人和行为人对损害的发生都没有过错的，可以依照法律的规定，由双方分担损失。

有的单位提出，在实践中该条滥用的情况非常严重，建议删除本条。有的地方建议将本条放在第三条之后。

(九)其他

有的地方和单位建议增加受害人同意、自愿承受风险、自助行为等规定。

有的地方建议统一第十八条、第二十一条、第二十三条、第二十四条中“损失”“损害”的用语。

三、关于责任主体的特殊规定

(一)监护人的侵权责任

征求意见稿第二十五条第一款规定，无民事行为能力人、限制民事行为能力人造成他人损害的，由监护人承担侵权责任。监护人尽到监护职责的，可以减轻其侵权责任。第二款规定，有财产的无民事行为能力人、限制民事行为能力人造成他人损害的，从本人财产中支付赔偿费用。不足部分，由监护人赔偿。

有的单位提出，需要厘清监护人责任与以被监护人财产支付赔偿费用之间的关系。有的地方和单位建议将本条修改为：“无民事行为能力人、限制民事行为能力人造成他人损害的，从本人财产中支付赔偿费用。本人无财产或者赔偿不足部分，由监护人赔偿。监护人尽到监护职责的，可以减轻其赔偿责任。”有的单位提出，征求意见稿第二十七条规定完全民事行为能力人在特殊情况下只承担适当的补偿责任，而本条规定的责任更重，是完全赔偿责任，不利于保护无民事行为能力人、限制民事行为能力人的权益。有的单位提出，第二款的规定不利于对被监护人的保护，特别是在单位作为监护人的情况下，易怠于履行监护职责。有的单位建议删除第二款。

(二)委托监护的侵权责任

征求意见稿第二十六条规定，无民事行为能力人、限制民事行为能力人造成他人损害，监护人将监护职责部分或者全部委托给他人的，由监护人承担侵权责任；受托人确有过错的，承担相应的侵权责任。

有的单位建议将“受托人确有过错的”明确为“受托人未履行监护职责的”，因为受托人在此处不是过错责任问题，而是因违反监护职责导致的替代责任问题。

(三)用人单位的侵权责任

征求意见稿第二十八条第一款规定，用人单位的工作人员因执行工作任务造成他人损害的，由用人单位承担侵权责任。第二款规定，劳务派遣期间，被派遣的工作人员因执行工作任务造成他人损害的，由接受劳务派遣的用工单位承担侵权责任；劳务派遣单位有过错的，承担相应的补充责任。

有的地方、单位、部门和人大代表建议在第一款中增加用人单位追偿权的规定。

（四）个人劳务关系中的侵权责任

征求意见稿第二十九条第一款规定，个人之间形成劳务关系，提供劳务一方因劳务造成他人损害的，由接受劳务一方承担侵权责任。提供劳务一方因劳务自己受到损害的，根据双方各自的过错承担相应的侵权责任。第二款规定，因第三人的行为造成提供劳务一方损害的，提供劳务的一方可以请求第三人承担侵权责任，也可以请求接受劳务的一方承担侵权责任。接受劳务的一方承担侵权责任后，可以向第三人追偿。

有的部门和单位提出，在个人劳务关系中，提供劳务的一方因劳务使自己受到损害的，征求意见稿的规定采用过错责任原则，不利于对提供劳务一方的保护，建议对接受劳务一方适用无过错责任原则，将第一款中"根据双方各自的过错承担相应的侵权责任"修改为"由接受劳务一方承担侵权责任。"有的单位建议在"提供劳务一方因劳务造成他人损害的，由接受劳务一方承担侵权责任"后补充规定："但接受劳务一方已进行相应安全提示，提供劳务一方有故意或重大过错的，接受劳务一方承担侵权责任后，可向提供劳务一方追偿。"有的单位和地方建议将本条的适用范围从"个人之间"扩大到"个人与组织之间"。

（五）承揽关系中的侵权责任

征求意见稿第三十条第一款规定，承揽人在完成工作过程中对第三人造成损害或者造成自身损害的，定作人不承担侵权责任。但定作人对定作、指示或者选任存在过错的，应当承担相应的侵权责任。第二款规定，承揽人的工作人员在执行工作任务的过程中因安全生产事故遭受人身损害，定作人知道或者应当知道承揽人没有相应资质或者安全生产条件的，应当与其承担连带责任。

有的地方、单位和代表提出，第二款中要求定作人承担连带责任，定作人的责任过重、要求过高。有的地方建议将"承担连带责任"修改为"承担相应的责任"，有的地方建议修改为"承担补充责任"，有的地方建议删除第二款。有的部门建议将"安全生产事故"修改为"生产安全事故"，以与安全生产法中的表述保持一致。有的部门建议删除第二款最后一句中的"与其"。

（六）虚假诉讼的侵权责任

征求意见稿第三十一条规定，行为人以捏造的事实提起虚假诉讼，侵害他人合法权益的，应当承担侵权责任。

有的单位提出，法律对事实的否定和虚假事实之间的关系较为复杂。有些虚构行为对诉讼结果并无影响，有些诉讼主张和事实成立，但理由是虚构的。建议对本条再作研究，以避免影响当事人的诉权行为和造成滥诉。有的单位和地方建议删除本条。有的部门和单位建议在“诉讼”后增加“或者仲裁”。

（七）网络侵权责任

征求意见稿第三十二条至第三十四条规定了网络侵权责任。

有的地方和单位建议将第三十四条第二款中的“被侵权人”修改为“权利人”，以保持称谓一致。有的单位提出，部分侵权内容实际上是算法自动生成的，如在搜索引擎中搜索某甲自动提示中便有可能提示“某甲婚外情”等内容，应由网络服务提供者承担侵权责任。目前，算法监管制度尚不完善，算法普遍存在黑箱，算法歧视也普遍存在。建议在第三十三条增加一款：“由算法生成的信息侵害他人民事权益的，网络服务提供者应当承担侵权责任。”

（八）安全保障义务人的侵权责任

征求意见稿第三十五条第一款规定，宾馆、商场、银行、车站、娱乐场所等经营场所、公共场所的经营者、管理者或者群众性活动的组织者，未尽到安全保障义务，造成他人损害的，应当承担侵权责任。第二款规定，因第三人的行为造成他人损害的，由第三人承担侵权责任；经营者、管理者或者组织者未尽到安全保障义务的，承担相应的补充责任。第三款规定，经营者、管理者或者组织者承担补充责任后，可以向第三人追偿。

有的单位提出，只有第二款规定的情形下，安全保障义务人承担了补充责任后才能享有追偿权，建议将第三款并入第二款。

（九）其他

有的地方提出，民法总则并没有规定补充责任这种责任承担方式，此外，从司法实践数据分析，补充责任在诉讼程序和实体认定上与按份责任并无太大区别。基于此，建议将第二十八条第二款、第三十五条第二款、第三十八条第一款中“相应的补充责任”修改为“相应的侵权责任”。

四、关于产品责任

（一）产品缺陷的侵权责任

征求意见稿第四十二条规定，因产品缺陷危及他人人身、财产安全的，被侵权人有权请求生产者、销售者承担排除妨碍、消除危险等侵权责任。

有的单位提出，征求意见稿第四条已明文规定停止侵害、排除妨碍、消除危险等责任方式，适用于产品缺陷情形，不必重复规定，建议删除本条。

（二）产品缺陷的惩罚性赔偿

征求意见稿第四十四条规定，明知产品存在缺陷仍然生产、销售，或者没有依照前条规定采取补救措施，造成他人死亡或者健康严重损害的，被侵权人有权请求相应的惩罚性赔偿。

有的单位和地方建议规定惩罚性赔偿的具体计算方式或者标准。

五、关于机动车交通事故责任

（一）网络预约机动车发生交通事故的责任

征求意见稿第四十七条规定，网络预约机动车发生交通事故造成损害，属于机动车一方责任，依照下列方式承担赔偿责任：(1)网络预约平台提供机动车及驾驶人的，由网络预约平台承担赔偿责任；(2)网络预约平台仅提供机动车的，依照前条规定承担赔偿责任；(3)网络预约平台仅提供媒介服务的，由机动车使用人承担赔偿责任；网络预约平台对损害的发生有过错的，承担补充责任。

有的部门和单位认为，网络预约平台对损害的发生有过错的，机动车使用人与网络预约平台应当承担连带责任。有的地方建议将第三项中的“媒介”修改为“中介”。有的部门建议将“属于机动车一方责任”修改为“属于该机动车一方责任”。有的单位建议将第三项中的“承担补充责任”修改为：“机动车为巡游出租汽车时，承担补充责任；机动车为非巡游出租汽车时，承担相应的赔偿责任。”

（二）未经允许驾驶他人机动车发生交通事故的责任

征求意见稿第五十条规定，未经允许驾驶他人机动车发生交通事故造成损害的，机动车使用人应当承担赔偿责任。机动车所有人或者管理人有过错的，承担相应的赔偿责任，但法律另有规定的除外。

有的单位建议在“发生交通事故造成损害的”后增加“属于该机动车一方责任的”。

（三）好意同乘发生交通事故的责任

征求意见稿第五十一条规定，非营运机动车发生交通事故造成无偿搭乘人损害，属于该机动车一方责任的，除机动车使用人存在故意或者重大过失以外，应当减轻或者免除其赔偿责任。

有的单位建议，将“非营运”修改为“处于非营运状态下”，因为除了上下班途中好意搭乘亲朋好友外，在客运合同中存在免票、允许无票等情形。这种无偿搭乘人与其他乘客处于相同的法律地位，只不过基于特殊事由免除支付票价的义务，也可以适用好意同乘的规则。

（四）保险人的追偿权

征求意见稿第五十三条规定，因下列情形之一发生交通事故造成损害，保险人在机动车强制保险责任限额范围内依法向受害人赔偿后，有权向侵权人追偿：(1)未取得驾驶资格驾驶机动车的；(2)醉酒、服用国家管制的精神药品或者麻醉药品驾驶机动车的;(3)故意制造交通事故的。

有的地方提出,第二项的表述应当与本编第二十七条"醉酒、滥用麻醉药品或者精神药品"保持一致。有的部门提出,机动车驾驶人发生交通事故后逃逸,会延误被害人救治、加重事故后果、扰乱交通秩序,追缴逃逸人员耗费警力资源。建议增加"发生交通事故后逃逸的"情形。有的地方建议增加"追逐竞驶,情节恶劣的"情形。

(五)驾驶人逃逸时对被侵权人的救济

征求意见稿第五十六条规定,机动车驾驶人发生交通事故后逃逸,该机动车参加强制保险的,由保险人在机动车强制保险责任限额范围内予以赔偿;机动车不明、该机动车未参加强制保险或者抢救费用超过机动车交通事故责任强制保险责任限额,需要支付被侵权人人身伤亡的抢救、丧葬等费用的,由道路交通事故社会救助基金垫付。道路交通事故社会救助基金垫付后,其管理机构有权向交通事故责任人追偿。

有的部门和地方提出,在被侵权人身份不明的道路交通事故中,没有明确的索赔主体,造成索赔难、赔偿不积极,也容易出现冒领、骗领赔偿金的情况。建议增加规定:"被侵权人身份不明的,由道路交通事故社会救助基金代为行使赔偿请求权并保管赔偿金。被侵权人身份确定后,将赔偿金交付权利人。"

(六)其他

有的部门、地方和单位建议规定驾驶培训、试乘、代驾期间发生道路交通事故的侵权责任。

六、关于医疗损害责任

(一)近亲属范围的扩大

征求意见稿第五十八条、第五十九条规定了医疗机构的说明义务,第六十三条规定了医疗机构不承担责任的情形。

有的地方提出,为落实民法总则规定的监护制度,同时与精神卫生法、母婴保健法、老年人权益保障法的相关规定相衔接,建议在第五十八条第一款、第五十九条和第六十三条中"近亲属"后增加"监护人"。

(二)推定医疗机构过错的情形

征求意见稿第六十一条规定,患者有损害,因下列情形之一的,推定医疗机构有过错:(1)违反法律、行政法规、规章以及其他有关诊疗规范的规定;(2)隐匿或者拒绝提供与纠纷有关的病历资料;(3)遗失、伪造、篡改或者销毁病历资料。

有的地方建议将第三项中"销毁"修改为"未达规定的保管期限销毁"。有的单位提出,本条所列举的三项行为,与患者的损害之间没有因果关系。因此"因"并不恰当，建议修改为“有”。有的地方提出，存在违反法律法规及有关规定的诊疗行为、伪造篡改销毁病历资料等行为本身即构成过错，无须推定存在过错。有的地方建议删除第一项。有的地方建议将“患者有损害，因下列情形之一的，推定医疗机构有过错”修改为：“有下列行为，造成患者损害的，医疗机构应当承担过错赔偿责任。”

（三）产品责任和输入不合格血液的侵权责任

征求意见稿第六十二条规定，因药品、消毒药剂、医疗器械的缺陷，或者输入不合格的血液造成患者损害的，患者可以向生产者或者血液提供机构请求赔偿，也可以向医疗机构请求赔偿。患者向医疗机构请求赔偿的，医疗机构赔偿后，有权向负有责任的生产者或者血液提供机构追偿。

有的部门提出，为避免“药品”与“消毒药剂”产生混淆，建议根据原卫生部《消毒管理办法》中“消毒产品包括消毒剂、消毒器械、卫生用品和一次性使用医疗用品”的规定，将“消毒药剂”修改成“消毒产品”。有的地方和单位建议在两处“生产者”后增加“销售者”。有的地方和代表建议在两处“生产者”后增加“仓储者、运输者”。

（四）院外会诊的侵权责任

征求意见稿第六十六条规定，院外会诊活动中造成患者损害，受邀请的医疗机构仅提供咨询意见的，由邀请的医疗机构承担侵权责任；属于共同医疗行为的，由邀请的医疗机构和受邀请的医疗机构承担连带责任。

有的单位提出，规定“受邀请的医疗机构仅提供咨询意见的，由邀请的医疗机构承担侵权责任”，可能会导致实践中出现大量推卸责任的情形。共同医疗行为造成患者损害的，本来就应当承担连带责任，无需专门规定。建议删除本条。有的单位建议在“院外会诊”后增加“远程医疗”。有的部门建议明确执业医师以个人名义受邀参与其所属医疗机构以外的其他医疗机构的会诊活动造成损害的，侵权责任如何承担。有的地方和单位提出，受邀请的医疗机构虽然只是提供咨询意见，但有过错也应当承担侵权责任。建议将“仅提供咨询意见的”修改为“受邀请的医疗机构有过错的”。

七、关于污染环境和破坏生态责任

（一）污染环境、破坏生态的修复责任

征求意见稿第七十三条规定，污染环境、破坏生态造成损害，有修复可能的，被侵权人、法律规定的机关或者组织有权请求侵权人承担修复义务。侵权人在期限内未履行义务的，被侵权人、法律规定的机关或者组织可以自行或者委托他人进行修复，所需费用由侵权人承担。

有的部门建议将本条中的两处“义务”修改为“责任”。有的单位建议增加一款:“侵权人造成的生态环境损害无法修复的,其赔偿资金作为政府非税收入,全额上缴地方国库,纳入地方预算管理。受害区域结合其生态环境损害情况开展替代修复。”原因:一是与中办、国办印发的《生态环境损害赔偿制度改革方案》保持一致,有利于民法典落实中央政策要求。二是本条第一款规范的是有修复可能的情形,补充第二款规定无修复的情形,使得逻辑更加严谨、体系更加完善。有的地方和单位建议增加一款“污染环境、破坏生态造成损害,无法修复的,应当赔偿损失”。有的地方和单位建议参考司法解释,规定民事侵权责任优先于公益诉讼责任:“侵权人因污染环境、破坏生态在公益诉讼和侵权诉讼中均应承担赔偿责任,其财产不足以全部履行的,应当先承担侵权诉讼中的责任,但法律另有规定的除外。”

(二)生态环境修复费用

征求意见稿第七十四条规定,被侵权人、法律规定的机关或者组织有权请求侵权人赔偿因污染、破坏行为造成的人身损害、财产损失以及为消除污染、恢复生态或者防止损害的发生和扩大而采取必要措施所支出的合理费用。

有的部门提出,中办、国办印发的《生态环境损害赔偿制度改革方案》规定:“生态环境损害赔偿范围包括清除污染费用、生态环境修复费用、生态环境修复期间服务功能的损失、生态环境功能永久性损害造成的损失以及生态环境损害赔偿调查、鉴定评估等合理费用。”建议根据该规定在“财产损失”后增加“生态环境修复期间服务功能的损失、生态环境功能永久性损害造成的损失、生态环境损害调查、鉴定评估费用”。

八、关于高度危险责任

(一)高度危险作业的一般规定

征求意见稿第七十五条规定,从事高度危险作业造成他人损害的,应当承担侵权责任。

有的单位建议补充主体“具备特定高度危险活动资质的人”。有的单位建议补充主体“作业人”。有的单位提出,本章应补充完善高度危险责任一般条款的规定,除了危险作业责任,还应规定危险物品责任。建议在本条后增加规定:“高度危险物品造成他人损害的,物品的所有人或使用人应承担侵权责任。”

(二)民用核设施损害责任

征求意见稿第七十六条规定,民用核设施、核材料或者放射性核废料发生核事故造成他人损害的,民用核设施的经营者应当承担侵权责任,但能够证明损害是因战争、武装冲突、暴乱等情形或者受害人故意造成的,不承担责任。

有的单位提出,为与核安全法保持一致,建议将“经营者”修改为“营运单位”。

九、关于饲养动物损害责任

(一)饲养动物未采取安全措施的损害责任

征求意见稿第八十五条规定,违反管理规定,未对动物采取安全措施造成他人损害的,动物饲养人或者管理人应当承担侵权责任,但能够证明损害是因被侵权人故意造成的,可以不承担或者减轻责任。

有的单位提出,虽然被侵权人故意造成的损害,但动物饲养人或者管理人"违反管理规定"在先,不应全部免责其责任。建议删除"不承担责任"的免责情形。

(二)动物园动物造成损害的责任

征求意见稿第八十七条规定,动物园的动物造成他人损害的,动物园应当承担侵权责任,但能够证明尽到管理职责的,不承担责任。

有的部门和单位提出,本条规定动物园承担过错推定责任缺乏正当性依据。动物园作为饲养和管理动物的专业机构,应当比征求意见稿第八十四条规定的个人饲养动物的责任更严。有的部门和单位建议删除本条,适用本编征求意见稿第八十四条的规定。有的单位和地方建议将"不承担责任"修改为"可以减轻责任"。有的单位提出,应该区分在动物园隔离区外和隔离区内受损两种情形。在动物园隔离区外受损属于特殊的饲养动物致害责任,适用无过错责任原则;而隔离区内受损是动物园未尽防止进入隔离区义务侵权责任,适用过错推定责任。建议增加一款:"未经许可进入动物园隔离区之内受到损害,动物园不能证明已经采取足够安全措施并尽到充分警示义务的,应当承担相应的侵权责任。"

十、关于建筑物和物件损害责任

(一)建筑物、构筑物或者其他设施倒塌的损害责任

征求意见稿第九十二条第一款规定,建筑物、构筑物或者其他设施倒塌造成他人损害的,由建设单位与施工单位承担连带责任,但建设单位与施工单位能够证明不存在质量缺陷的除外。建设单位、施工单位赔偿后,有其他责任人的,有权向其他责任人追偿。第二款规定,因第三人的原因,建筑物、构筑物或者其他设施倒塌造成他人损害的,由第三人承担侵权责任。

有的单位建议增加"因所有人、使用人的原因",使建筑物、构筑物或者其他设施倒塌造成他人损害的责任承担。原因:第一款规定"其他责任人"主要是指与建筑物、构筑物或者其他设施的建设、施工相关的主体,如建设单位、施工单位、监理单位、勘查单位等;第二款规定了第三人的原因,缺少所有人或者使用人原因导致倒塌造成他人损害的情形。有的部门建议将"超出设计使用年限"作为除外情形之一。

（二）妨害道路通行的责任

征求意见稿第九十五条第一款规定，在公共道路上堆放、倾倒、遗撒妨碍通行的物品造成他人损害的，由行为人承担侵权责任。公共道路管理人未尽到安全保障义务的，承担相应的补充责任。第二款规定，公共道路管理人承担补充责任后，可以向行为人追偿。

有的单位提出，公共道路管理人的责任与安全保障义务人的补偿责任有一定区别。公共道路涉及公共安全的重大利益，防止第三人在公共道路上堆放、倾倒、遗撒物品造成他人损害，是公共道路管理人的法定职责。建议参考司法解释的规定，将第一款中“公共道路管理人未尽到安全保障义务的，承担相应的补充责任”修改为“公共道路管理人不能证明已尽到清理、防护、警示等义务的，应当承担相应的责任”。

（三）不明抛掷物、坠落物的损害责任

征求意见稿第九十三条规定，从建筑物中抛掷物品或者从建筑物上坠落的物品造成他人损害，难以确定具体侵权人的，除能够证明自己不是侵权人的外，由可能加害的建筑物使用人给予补偿。

有的地方建议将“给予补偿”修改为“给予适当补偿”以强调公平责任。有的单位提出，本条是道义补偿而非侵权责任，属于公平责任的一个类型，适用前提是“受害人无法得到充分救济”。此外，还需要明确责任人是建筑物区分所有单元的管理人。建议将“除能够证明自己不是侵权人的外，由可能加害的建筑物使用人给予补偿”修改为“如果受害人无法得到充分救济，除能够证明物品并非来源于自己管理的建筑物区分所有单元的，由可能加害的建筑物区分所有单元管理人，根据各方的经济状况等实际情况对受害人给予适当补偿”。有的地方建议将本句修改为“由可能加害的建筑物使用人或者管理人、所有人给予赔偿”。有的单位提出，实践中“可能加害的建筑物使用人”对承担赔偿责任有明显的抵触情绪，因为绝大多数人都不是责任人。由于是多数人之诉，被告众多，生效判决也面临执行难的问题。要求物业管理人先承担责任，可以督促激励物业管理人安装监控设施，提高对抛掷物、坠落物责任主体的发现能力。建议将本句修改为“由建筑物的物业管理人予以补偿”并增加一款：“物业管理人承担补偿责任后，可以向建筑物的业主追偿。”有的单位提出，实践中建筑物使用人难以证明自己不是侵权人，对无辜者并不公平；也无法起到预防功能，可能导致受害人、相关管理人怠于查找侵权人的情况。本条在实践中存在的问题多、理论争议大，建议删除本条。

地方人大、中央有关部门和单位以及有关方面对民法典各分编(草案)侵权责任编的意见

十三届全国人大常委会第五次会议对《民法典各分编(草案)》进行了初次审议。2018年9月,法制工作委员会将《民法典各分编(草案)》书面征求中央有关部门、有关单位、地方人大、部分法学教学研究机构、基层立法联系点和有的全国人大代表的意见。各方面对草案的规定总体赞成,并提出了意见。现将主要意见简报如下:

一、关于一般规定

(一)立法目的

草案第九百四十三条规定,本编调整侵害民事权益产生的民事法律关系。

有的地方和部门建议将"民事法律关系"调整为"民事关系"。

(二)过错责任

草案第九百四十四条第一款规定,行为人因过错损害他人民事权益,应当承担侵权责任。第二款规定,根据法律规定推定行为人有过错,行为人不能证明自己没有过错的,应当承担侵权责任。

有的单位和地方建议,将第一款中的"损害"修改为"侵害",在"民事权益"后增加"造成损害的"。

(三)无过错责任

草案第九百四十五条规定,行为人损害他人民事权益,不论行为人有无过错,法律规定应当承担侵权责任的,依照其规定。

有的单位和地方建议将"损害"修改为"侵害"。有的单位建议将"侵权责任"修改为"损害赔偿责任"。

(四)过错相抵原则

草案第九百五十二条规定,被侵权人对同一损害的发生有过错的,可以减轻侵权人的责任。

有的单位提出，过错相抵仅适用于损害赔偿责任，其他责任方式不存在过错相抵。为防止司法实践中误解误用，建议将“责任”修改为“损害赔偿责任”。有的单位建议在“被侵权人对同一损害的发生有过错的”后增加“应当根据过错程度及其影响大小”的表述。有的单位建议在“发生”后增加“或者扩大”。

（五）第三人原因的侵权责任

草案第九百五十四条规定，损害是因第三人造成的，第三人应当承担侵权责任。

有的单位提出，第三人造成的侵权不一定能够免除关联人的责任，有时候还需两者分担责任，比如第三人环境侵权、第三人导致的动物侵权等。建议增加规定：“但法律另有规定的除外。”

二、关于责任承担

（一）章名

有的单位提出，本章各条的内容，实际上都涉及损害赔偿，建议将章名修改为“损害赔偿的承担”。

（二）侵害人身权益造成财产损失的计算

草案第九百五十九条规定，侵害他人人身权益造成财产损失的，按照被侵权人因此受到的损失或者侵权人因此获得的利益赔偿；被侵权人因此受到的损失以及侵权人因此获得的利益难以确定，被侵权人和侵权人就赔偿数额协商不一致，向人民法院提起诉讼的，由人民法院根据实际情况确定赔偿数额。

有的单位和地方提出，本条与侵权责任法赔偿制度所奉行的补偿原则不吻合。财产损失应当首先按照被侵权人受到的损失计算，无法计算损失时，才按照侵权人获得的利益计算，两者是有先后顺序的，侵权责任法的规定是合理的，建议恢复侵权责任法的规定。有的单位建议将两处“损失”均修改为“损害”。

（三）精神损害赔偿

草案第九百六十条第一款规定，侵害自然人人身权益造成严重精神损害的，被侵权人有权请求精神损害赔偿。第二款规定，故意侵害自然人具有人身意义的特定物品造成严重精神损害的，被侵权人有权请求精神损害赔偿。

有的单位提出，第一款中“自然人”的表述可能使人误认为将死者近亲属要求精神损害赔偿的情形排除在外。建议恢复侵权责任法“他人”的表述。

有的单位提出，第二款中的“物品”通常仅指动产，难以涵盖侵害不动产致人精神损害的情形，如故意毁人墓碑。建议将“物品”修改为“物”。有的单位建议将“故意”扩大到“故意或者重大过失”。

（四）财产损失的计算

草案第九百六十一条规定，侵害他人财产的，财产损失按照损失发生时的市场价格或者其他合理方式计算。

有的单位建议将第九百六十一条中的“损失”修改为“损害”。有的地方建议增加“被侵权人取得财产时的价格”。有的地方提出,“其他合理方式”具体类型不明确,可操作性不强。建议增加“判决作出时价格”作为财产损失确定标准,以尽可能弥补受害人的损失。

(五)公平责任原则

草案第九百六十二条规定,受害人和行为人对损害的发生都没有过错的,可以依照法律的规定,由双方分担损失。

有的单位和地方提出,公平责任适用范围不明确,在适用中争议很大,可能被滥用。该条所调整的法律关系不属于侵权法规范调整,建议删除。

三、关于责任主体的特殊规定

(一)无民事行为能力人、限制民事行为能力人的侵权责任

草案第九百六十四条第一款规定,无民事行为能力人、限制民事行为能力人造成他人损害的,由监护人承担侵权责任。监护人尽到监护职责的,可以减轻其侵权责任。第二款规定,有财产的无民事行为能力人、限制民事行为能力人造成他人损害的,从本人财产中支付赔偿费用。不足部分,由监护人赔偿。

有的单位和地方提出,直接将无民事行为能力人、限制民事行为能力人造成他人损害的责任归于监护人不妥,监护人可以因为其履行监护职责不力承担连带赔偿责任,但是监护人不是侵权人,不应承担侵权责任。建议修改为:“无民事行为能力人、限制民事行为能力人造成他人损害的,从本人财产中支付赔偿费用。不足部分,由监护人赔偿。监护人尽到监护职责的,可以减轻其责任。”

(二)网络侵权责任

草案第九百六十条第二款规定,网络用户利用网络服务实施侵权行为的,权利人有权通知网络服务提供者采取删除、屏蔽、断开链接等必要措施。通知应当包括构成侵权的初步证据及权利人的真实身份信息。

有的部门提出,为与网络安全法有关规定保持一致,建议在“屏蔽”后增加“停止传输”。

(三)个人之间劳务关系造成损害的责任承担

草案第九百六十八条第一款规定,个人之间形成劳务关系,提供劳务一方因劳务造成他人损害的,由接受劳务一方承担侵权责任。提供劳务一方因劳务自己受到损害的,根据双方各自的过错承担相应的责任。

有的地方提出,个人与单位之间形成的劳务关系较为多样,包括退休职工返聘等情形,这些情形在司法实践中通常不被认定为“用人单位的工作人员”。建议增

加规定“个人与单位之间形成劳务”的情形。有的地方建议规定，提供劳务一方因故意或重大过失造成他人损害应承担的责任。

(四)安全保障义务人的责任

草案第九百七十三条第二款规定，因第三人的行为造成他人损害的，由第三人承担侵权责任；经营者、管理者或者组织者未尽到安全保障义务的，承担相应的补充责任。经营者、管理者或者组织者承担补充责任后，可以向第三人追偿。

有的单位和地方提出，安全保障义务人未尽安全保障义务的，应当就未尽义务部分自己承担侵权责任，不能再向第三人追偿。建议删除追偿的规定。

(五)教育机构的追偿权

草案第九百七十六条第二款规定，幼儿园、学校或者其他教育机构承担补充责任后，可以向第三人追偿。

有的单位和地方提出，教育机构未尽安全保障义务的，应当就未尽义务部分自己承担侵权责任，不能再向第三人追偿。建议删除第二款的规定。

四、关于产品责任

(一)有关概念的规定

有的单位提出，民法典是基本法，适用时援引特别法不合适。产品的范围、产品缺陷、免责事项在产品质量法第二条、第二十九条和第三十四条中有规定，作为产品责任的必要构成条件，应当在民法典中作出规定。建议将产品质量法中关于产品、缺陷、免责事由的规定吸收到本章进行规定。

(二)产品责任中的惩罚性赔偿

草案第九百八十一条规定，产品投入流通后发现存在缺陷的，生产者、销售者应当及时采取警示、召回等补救措施。未及时采取补救措施或者补救措施不力造成损害的，应当承担侵权责任。第九百八十二条规定，明知产品存在缺陷仍然生产、销售，或者没有依照前条规定采取补救措施，造成他人死亡或者健康严重损害的，被侵权人有权请求相应的惩罚性赔偿。

有的地方提出，第九百八十一条“未及时采取补救措施或者补救措施不力造成损害的，应当承担侵权责任”的表述容易使人造成误解，认为采取了补救措施或者采取有力措施，即使存在损害的，也不需承担侵权责任。有的单位建议删除第九百八十二条中的“造成他人死亡或者健康严重损害的”的表述。理由：一是，惩罚性赔偿适用的正当性主要在于行为人的主观恶性程度较高，通过惩罚达到行为预防的目的，填平损失由一般的损害赔偿责任实现。二是，本条规定的损害后果要求过高，高于食品安全法第一百四十八条“生产不符合食品安全标准的食品或者经营明知是不符合食品安全标准的食品，消费者除要求赔偿损失外，还可以向生产者或者经营者要求支付价款十倍或者损失三倍的赔偿金”的规定,不利于发挥惩罚性赔偿在产品质量、食品安全、消费者保护等敏感、关键领域的规制作用。三是,在造成他人死亡的情况下,被侵权人已经无法提出请求。有的地方提出,第九百八十二条规定的惩罚性赔偿,既要由生产者、销售者证明明知产品有缺陷,又要造成他人死亡或者健康严重损害的后果,构成要件太苛刻。建议删除第九百八十二条,将第九百八十一条中的“应当承担侵权责任”修改为“被侵权人有权请求相应的惩罚性赔偿”即可。

五、关于机动车交通事故责任

(一)承担责任的依据

有的单位和地方提出,民法典是基本法,援引特别法不合适,建议将道路交通安全法第七十六条规定在本章。

(二)好意同乘责任减免

草案第九百九十二条规定,非营运机动车发生交通事故造成无偿搭乘人损害,属于该机动车一方责任的,应当减轻或者免除其赔偿责任,但是机动车使用人有故意或者重大过失的除外。

有的部门提出,道路交通安全法和道路交通安全法实施条例对道路交通事故赔偿责任分担原则予以明确,未规定非营运驾驶人可以减轻或者免除赔偿责任。有的地方提出,非营运机动车造成搭乘人员损害也完全符合侵权行为的构成要件,减轻或者免除责任似有不妥。有的部门和地方建议删除本条。

六、关于医疗损害责任

(一)承担医疗损害责任的原则

草案第九百九十三条规定,患者在诊疗活动中受到损害,医疗机构及其医务人员有过错的,由医疗机构承担赔偿责任。

有的单位提出,医疗机构、医务人员只需其中一个有过错就可以适用本条,两者应是选择关系,而不是同时成立关系。建议将“及”修改为“或者”。有的部门提出,根据过错责任的构成要件,本条表述上应当明确诊疗行为与损害后果之间的因果关系。建议修改为“医疗机构及其医务人员有过错,致使患者在诊疗活动中受到损害的,由医疗机构承担赔偿责任”。

(二)医务人员的说明义务

草案第九百九十四条第一款规定,医务人员在诊疗活动中应当向患者说明病情和医疗措施。需要实施手术、特殊检查、特殊治疗的,医务人员应当及时向患者具体说明医疗风险、替代医疗方案等情况,并取得其书面同意;不宜向患者说明的,应当向患者的近亲属说明，并取得其书面同意。

有的部门提出，在患者昏迷等情形下，是“不能”向患者说明，建议将“不宜”修改为“不能或者不宜”。

（三）紧急医疗措施的实施

草案第九百九十五条规定，因抢救生命垂危的患者等紧急情况，不能取得患者或者其近亲属意见的，经医疗机构负责人或者授权的负责人批准，可以立即实施相应的医疗措施。

有的部门提出，草案的规定无法解决实践中近亲属的意见明显不利于患者时，是否有权采取相应医疗措施的问题，医疗机构及其医务人员因缺乏法律依据不敢采取医疗措施。建议在“不能取得患者或者其近亲属意见的”后增加规定“或者近亲属的意见明显不利于患者的”。

（四）推定医疗机构过错的情形

草案第九百九十七条规定，患者有损害，因下列情形之一的，推定医疗机构有过错：(1)违反法律、行政法规、规章以及其他有关诊疗规范的规定；(2)隐匿或者拒绝提供与纠纷有关的病历资料；(3)遗失、伪造、篡改或者销毁病历资料。

有的部门提出，关于第三项，一是“伪造、篡改或者销毁”均有主观恶意，“遗失”没有，建议删除。二是，根据原国家卫计委的病历管理规定，医疗机构保管的病历超过一定保存期限就可以按规定销毁。因此，建议在“销毁”前增加“违规”。

（五）药品、消毒产品、医疗器械的缺陷及不合格血液输入责任

草案第九百九十八条规定，因药品、消毒产品、医疗器械的缺陷，或者输入不合格的血液造成患者损害的，患者可以向生产者或者血液提供机构请求赔偿，也可以向医疗机构请求赔偿。患者向医疗机构请求赔偿的，医疗机构赔偿后，有权向负有责任的生产者或者血液提供机构追偿。

有的部门建议，一是在“生产者”后增加“经营者”，因为随着我国医药卫生体制的改革，医疗机构仅是医疗用品的使用单位，而不应视为经营者。二是将“也可以向医疗机构请求赔偿”修改为“也可以向生产者、经营者、医疗机构或者血液提供机构共同请求赔偿”。因为不作为共同被告，致使有的医疗机构败诉后承担的赔偿金额过高。

七、关于生态环境损害责任

（一）章名

有的单位和地方提出，污染环境责任侧重于普通侵权诉讼，破坏生态责任侧重于公益和国益侵权诉讼。建议将本章“生态环境损害责任”分开表述为“污染环境和破坏生态责任”，在具体条文中也分别表述。

(二)举证责任

草案第一千零五条规定,因损害生态环境发生纠纷,侵权人应当就法律规定的不承担责任或者减轻责任的情形及其行为与损害之间不存在因果关系承担举证责任。

有的单位和地方提出,抗辩事由本就应当由侵权人承担举证责任,不需要特别规定。建议删除“法律规定的不承担责任或者减轻责任的情形及”的表述。

(三)承担责任的确定因素

草案第一千零六条规定,两个以上侵权人损害生态环境,承担责任的大小,根据污染物的种类、排放量以及损害行为对损害后果所起的作用等因素确定。

有的部门提出,本条确定的因素仅表述了环境污染部分,没有表述破坏生态部分,不完整。建议修改为:“两个以上侵权人污染环境,承担责任的大小,根据污染物的种类、浓度、排放量以及污染行为对环境污染后果所起的作用等因素确定。”有的地方提出,本条为两个以上侵权主体内部责任的划分,对外责任应该适用第一章的相关条款。建议在“承担责任的大小”前增加“侵权人之间”。

(四)赔偿范围

草案第一千零七条规定,被侵权人有权请求侵权人赔偿因损害行为造成的人身损害、财产损失。

有的单位提出,本条内容在第一章“一般规定”中已有明确规定,为避免重复,建议删除本条。

(五)生态环境损害中的惩罚性赔偿

草案第一千零八条规定,侵权人故意违反国家规定损害生态环境的,被侵权人有权请求相应的惩罚性赔偿。

有的地方建议明确惩罚性赔偿的标准。有的单位提出,“国家规定”的表述过于笼统,建议明确。

(六)生态环境的修复与赔偿

草案第一千零一十条规定,损害生态环境,能够修复的,法律规定的机关或者组织有权请求侵权人承担修复责任。侵权人在期限内未修复的,法律规定的机关或者组织可以自行或者委托他人进行修复,所需费用由侵权人承担。无法修复的,侵权人应当依法赔偿损失。

有的地方提出,可修复的生态环境损害依然会产生修复期间服务功能损失、损害赔偿调查、鉴定评估等费用。不论是否可修复,侵权人都应当赔偿损失。建议将“无法修复的”修改为“对生态环境造成损害的”。

(七)公益诉讼的赔偿范围

草案第一千零一十一条规定,法律规定的机关或者组织有权请求侵权人赔偿下列损失:(1)生态环境修复期间服务功能的损失;(2)生态环境功能永久性损害造成的损失;(3)生态环境损害赔偿调查、鉴定评估费用;(4)为清除污染、修复生态环境或者防止损害的发生和扩大所支出的合理费用。

有的地方提出,生态服务功能的损失包括两段,第一段是从生态环境被破坏起至着手修复期间的损失,第二段是从着手修复到生态功能完全恢复期间的生态服务功能损失。对该两段期间的生态服务功能损失,都应该有权主张赔偿。建议将第一项修改为:“生态环境受到损害至恢复原状期间服务功能的损失。”有的地方建议在第三项增加规定“监测检测”。有的地方建议,增加诉讼费、律师费等其他费用。有的地方建议规定,赔偿款只能用于修复生态环境。

(八)其他

有的地方建议在第一千零一十条前增加规定:“侵权人因同一环境污染、生态破坏行为同时造成他人合法权益和社会公共利益受到损害的,应分别承担相应的责任”,将民事侵权与公益诉讼进行过渡。有的单位建议在本章最后增加规定:“同一污染环境、破坏生态的行为应当承担生态环境损害赔偿责任的,不影响依法对被侵权人承担侵权责任。侵权人的财产不足以全部支付的,先承担侵权责任。”有的部门建议在本章增加规定“生产经营活动存在较高生态环境风险的,应当投保环境污染强制责任保险”。理由:环境污染强制责任保险制度有利于维护污染受害者合法权益,有效防范生态环境风险。中共中央、国务院印发的《生态文明体制改革总体方案》和《关于全面加强生态环境保护 坚决打好污染防治攻坚战的意见》均明确要求在环境高风险领域建立环境污染强制责任保险制度。目前,推行环境污染强制责任保险的主要问题是缺乏上位法依据,宜结合制定民法典,对此作出明确规定。

八、关于高度危险责任

(一)核事故侵权

草案第一千零一十三条规定,民用核设施、核材料或者放射性核废料发生核事故造成他人损害的,民用核设施的营运单位应当承担侵权责任,但是能够证明损害是因战争、武装冲突、暴乱等情形或者受害人故意造成的,不承担责任。

有的单位和地方提出,本条前半部分列举了“民用核设施、核材料或者放射性核废料”三种,后面的营运单位的定语只列举了“民用核设施”一种,前后不一致,建议统一。

(二)易燃、易爆、剧毒、放射性等高度危险物致害责任和非法占有高度危险物损害责任

草案第一千零一十五条规定,占有或者使用易燃、易爆、剧毒、高放射性、强腐蚀

性等高度危险物造成他人损害的，占有人或者使用人应当承担侵权责任，但是能够证明损害是因受害人故意或者不可抗力造成的，不承担责任。被侵权人对损害的发生有重大过失的，可以减轻占有人或者使用人的责任。第一千零一十八条规定，非法占有高度危险物造成他人损害的，由非法占有人承担侵权责任。所有人、管理人不能证明对防止他人非法占有尽到高度注意义务的，与非法占有人承担连带责任。

有的单位提出，为与物权法上的占有相互区分，建议将“占有”修改为“持有”。

九、关于饲养动物损害责任

（一）动物园动物造成损害的侵权责任

草案第一千零二十四条规定，动物园的动物造成他人损害的，动物园应当承担侵权责任，但是能够证明尽到管理职责的，不承担责任。

有的单位和地方提出，动物园的设施与措施高于一般动物饲养人，动物园中动物的危险性也比一般动物高。因此，动物园的责任应当重于一般的饲养动物损害责任。建议将本条修改为无过错责任。有的单位建议增加一款，作为第二款：未经许可进入动物园隔离区之内受到损害，动物园不能证明已经采取足够安全措施并尽到充分警示义务的，应当承担相应的侵权责任。

（二）饲养动物不得妨碍他人生活

草案第一千零二十七条规定，饲养动物应当遵守法律，尊重社会公德，不得妨碍他人生活。

有的单位和地方提出，民法总则第八条规定了公序良俗原则，本条系重复，且无规范意义，建议删除。

十、关于建筑物和物件损害责任

草案第一千零三十条规定，从建筑物中抛掷物品或者从建筑物上坠落的物品造成他人损害，难以确定具体侵权人的，除能够证明自己不是侵权人的外，由可能加害的建筑物使用人给予补偿。

有的单位提出，本条实践中争议较大，可能被滥用，执行上也有较大难度，还可能引起对法律规定的不满及对法院的不信任，此类问题首先应该由公安机关侦查破案，而不是交给民事审理程序处理，建议删除本条。

地方人大、中央有关部门和单位以及有关方面对民法典(草案)侵权责任编的意见

2020年1月,法制工作委员会将《中华人民共和国民法典(草案)》印发省、自治区、直辖市的人大常委会,以及中央有关部门、有关人民团体和社会组织、基层立法联系点征求意见。现将对侵权责任编的主要意见简报如下:

一、关于一般规定

1. 过错责任

草案第一千一百六十五条第一款规定,行为人因过错侵害他人民事权益造成损害的,应当承担侵权责任。

有的地方建议删除“造成损害”,理由:排除妨害、消除危险等侵权责任的承担方式,是基于物权、人格权等绝对权而产生的保护性请求权,不要求有损害结果。

2. 侵权责任的承担

草案第一千一百六十七条规定,侵权行为危及他人人身、财产安全的,被侵权人有权请求侵权人承担停止侵害、排除妨碍、消除危险等侵权责任。

有的地方建议将“被侵权人有权请求”修改为“被侵权人或者法律规定的机关和组织有权请求”。

3. 自甘风险

草案第一千一百六十七条第一款规定,自愿参加具有一定风险的文体活动,因其他参加者的行为受到损害的,受害人不得请求其他参加者承担侵权责任,但是其他参加者对损害的发生有故意或者重大过失的除外。

有的地方建议删除“文体”二字。

4. 自力救济

草案第一千一百七十七条第一款规定,合法权益受到侵害,情况紧迫且不能及时获得国家机关保护,不立即采取措施将使其合法权益受到难以弥补的损害的,受

害人可以在必要范围内采取扣留侵权人的财物等合理措施；但是，应当立即请求有关国家机关处理。

有的地方提出，公民的财产权利受法律保护，任何人无权扣留或者处分，建议删去本条。

有的单位提出，自力救济存在相对复杂的边界限制问题，正当的私力救济符合法的秩序、自由、正义和效率等价值基本理念，但泛化与异化的自力救济则与法的基本价值相违背，容易引发新的问题。本条应加以明确规定。

有的地方建议，将第一款“采取扣留侵权人的财物”修改为“采取排除侵害、扣留侵权人的财物”。有的地方建议，将第一款但书中的“立即”修改为“及时”或者“有条件时立即”。

二、关于损害赔偿

1. 财产损失的赔偿

草案第一千一百八十二条规定，侵害他人人身权益造成财产损失的，按照被侵权人因此受到的损失或者侵权人因此获得的利益赔偿；被侵权人因此受到的损失以及侵权人因此获得的利益难以确定，被侵权人和侵权人就赔偿数额协商不一致，向人民法院提起诉讼的，由人民法院根据实际情况确定赔偿数额。

有的地方建议，恢复侵权责任法第二十条的规定，即“侵害他人人身权益造成财产损失的，按照被侵权人因此受到的损失赔偿；被侵权人的损失难以确定，侵权人因此获得利益的，按照其获得的利益赔偿；侵权人因此获得的利益难以确定，被侵权人和侵权人就赔偿数额协商不一致，向人民法院提起诉讼的，由人民法院根据实际情况确定赔偿数额”。

2. 公平分担损失

草案第一千一百八十六条规定，受害人和行为人对损害的发生都没有过错的，依照法律的规定由双方分担损失。

有的地方建议，恢复现行侵权责任法的规定，即“受害人和行为人对损害的发生都没有过错的，可以根据实际情况，由双方分担损失”。

三、关于责任主体的特殊规定

1. 用人单位责任

草案第一千一百九十一条第一款规定，用人单位的工作人员因执行工作任务造成他人损害的，由用人单位承担侵权责任。用人单位承担侵权责任后，可以向有故意或者重大过失的工作人员追偿。

有的单位提出，雇主对雇员责任的追偿不应扩大化，应持保守限制立场。建议将“可以向有故意或者重大过失的工作人员追偿”修改为“可以向有故意或者重大过失的工作人员适当追偿”。

2. 网络侵权责任

草案第一千一百九十五条第一款规定,网络用户利用网络服务实施侵权行为的,权利人有权通知网络服务提供者采取删除、屏蔽、断开链接等必要措施。通知应当包括构成侵权的初步证据及权利人的真实身份信息。第二款规定,网络服务提供者接到通知后,应当及时将该通知转送相关网络用户,并根据构成侵权的初步证据和服务类型采取必要措施;未及时采取必要措施的,对损害的扩大部分与该网络用户承担连带责任。

有的单位建议,斟酌完善“通知—反通知规则”,作适当原则性规定即可。

有的地方建议,将第二款修改为“网络服务提供者接到通知后,根据构成侵权的初步证据、权利类型和服务类型采取必要措施;未及时采取必要措施的,包括未及时将该通知转送相关网络用户的,对损害的扩大部分与该网络用户承担连带责任”。

有的地方提出,在侵权行为发生前,很多网络侵权人并不知道被侵权人的真实身份信息,而实施侵权行为后如果权利人将真实身份信息告知网络用户后,还可能会导致新的侵权行为,不利于保障权利人的合法权益。建议对第二款关于应将权利人的真实身份信息通知转送网络用户的规定再研究。

草案第一千一百九十六条第二款规定,网络服务提供者接到声明后,应当将该声明转送发出通知的权利人,并告知其可以向有关部门投诉或者向人民法院提起诉讼。网络服务提供者在转送声明到达权利人后的合理期限内,未收到权利人已经投诉或者提起诉讼通知的,应当及时终止所采取的措施。

有的地方建议,将该款修改为“网络服务提供者接到声明后,应当及时终止所采取的措施,将该声明转送发出通知的权利人,并告知其可以向有关部门投诉或者向人民法院提起诉讼”。理由:将民法典(草案)的网络侵权规则与中美第一阶段经济贸易协定进行切割,避免协定中的严苛规则影响到民法典网络侵权规则。

3. 安全保障义务

草案第一千一百九十八条条第二款规定,因第三人的行为造成他人损害的,由第三人承担侵权责任;经营者、管理者或者组织者未尽到安全保障义务的,承担相应的补充责任。经营者、管理者或者组织者承担补充责任后,可以向第三人追偿。

有的地方建议,删除本款或者将本款开头修改为“因第三人的故意行为造成他人损害的”。理由:第三人过失的情况下,经营者、管理者同样具有过失,不应当补充承担责任。只有在第三人是故意的情况下,补充责任才正当。有的地方建议,删除第二款关于追偿权的规定。

4. 教育机构责任

第一千二百零一条第二款规定,幼儿园、学校或者其他教育机构承担补充责任后,可以向第三人追偿。

有的地方建议删除追偿权的规定。

四、关于产品责任

1. 产品责任的归责原则

草案第一千二百零三条第一款规定,因产品存在缺陷造成他人损害的,被侵权人可以向产品的生产者请求赔偿,也可以向产品的销售者请求赔偿。

有的单位建议,将“被侵权人可以向产品的生产者请求赔偿”修改为“被侵权人或者法律规定的机关和组织可以向产品的生产者请求赔偿”。

2. 追偿权

草案第一千二百零四条规定,因运输者、仓储者等第三人的过错使产品存在缺陷,造成他人损害的,产品的生产者、销售者赔偿后,有权向第三人追偿。

有的地方提出,为保证民法典内部概念的一致性,建议将“运输者、仓储者”修改为“承运人、保管人”。

3. 侵权责任的承担方式

草案第一千二百零五条规定,因产品缺陷危及他人人身、财产安全的,被侵权人有权请求生产者、销售者承担停止侵害、排除妨碍、消除危险等侵权责任。

有的单位建议,将本条修改为:“因产品缺陷危及他人或者不特定多数人的人身、财产安全的,被侵权人或者法律规定的机关和组织有权请求生产者、销售者承担停止侵害、排除妨碍、消除危险等侵权责任。”

4. 惩罚性赔偿

草案第一千二百零七条规定,明知产品存在缺陷仍然生产、销售,或者没有依据前条规定采取补救措施,造成他人死亡或者健康严重损害的,被侵权人有权请求相应的惩罚性赔偿。

有的单位建议,将“被侵权人有权请求相应的惩罚性赔偿”修改为“被侵权人和法律规定的机关和组织有权请求相应的惩罚性赔偿”。

五、关于机动车交通事故责任

1. 挂靠中的侵权责任

草案第一千二百一十一条规定,以挂靠形式从事道路运输经营活动的机动车,发生交通事故造成损害,属于该机动车一方责任的,由挂靠人和被挂靠人承担连带责任。

有的单位提出，本条来源于司法解释的规定。考虑到挂靠可能涉及具有道路运输经营许可证的被挂靠人向不具备道路运输经营资格的人或单位变相转让、出租道路运输经营许可证，建议删除本条，不规定在民法典中。

2. 好意同乘

草案第一千二百一十七条规定，非营运机动车发生交通事故造成无偿搭乘人损害，属于该机动车一方责任的，应当减轻其赔偿责任，但是机动车使用人有故意或者重大过失的除外。

有的单位建议，删除本条，由司法实践和司法解释成熟完善后再上升到法律规定。

有的地方提出，无偿提供搭乘便利的机动车一方仍应当依法保证通行安全，建议将"应当"修改为"可以"。有的地方建议，将"应当减轻其赔偿责任"修改为"应当减轻或者免除其赔偿责任"。

六、关于医疗损害责任

1. 医务人员的说明义务

草案第一千二百一十九条第一款规定，医务人员在诊疗活动中应当向患者说明病情和医疗措施。需要实施手术、特殊检查、特殊治疗的，医务人员应当及时向患者具体说明医疗风险、替代医疗方案等情况，并取得其明确同意。

有的地方建议，将"医务人员应当及时向患者具体说明医疗风险、替代医疗方案等情况，并取得其明确同意"修改为"医务人员在诊疗活动中应当向具有医疗同意能力的成年患者说明病情和医疗措施并经本人同意"。

2. 推定医疗机构有过错的情形

草案第一千二百二十二条第四项规定，患者在诊疗活动中受到损害，因遗失、伪造、篡改或者违法销毁病历资料的，推定医疗机构有过错。

有的部门建议，将本项修改为"伪造、篡改或者故意遗失、销毁病历资料"。

3. 医疗机构不承担责任的情形

草案第一千二百二十四条第一款规定了患者在诊疗活动中受到损害，有四种情形之一的，医疗机构不承担赔偿责任。

有的部门建议，增加一种情形："患者或者其近亲属在充分了解病情、治疗方案以及预后等信息情况下自愿放弃治疗或者拒绝治疗的。"

4. 不得实施不必要的检查

草案第一千二百二十七条规定，医疗机构及其医务人员不得违反诊疗规范实施不必要的检查。

有的部门建议，将"实施不必要的检查"修改为"提供不必要的诊疗服务"。理由：表述更规范，因为诊疗活动不仅包括检查，还包括治疗等行为。

七、关于环境污染和生态破坏责任

1. 环境污染和生态破坏的归责原则

草案第一千二百二十九条规定，因污染环境、破坏生态造成他人损害的，侵权人应当承担侵权责任。

有的单位建议，增加规定："排放水污染物、大气污染物、固体废物以及其他有毒有害物质造成损害的，应当承担侵权责任；排放噪声、光、振动、电磁波能量或强度超过法定标准造成损害的，应当承担侵权责任。"理由：对排放污染物质造成损害的，不以"违法性"为构成要件，实行无过错责任；对于排放噪声污染、放射性污染的行为，环境噪声污染防治法、放射性污染防治法等法律要求超过国家标准才构成污染行为。

2. 举证责任

草案第一千二百三十条规定，因污染环境、破坏生态发生纠纷，行为人应当就法律规定的不承担责任或者减轻责任的情形及其行为与损害之间不存在因果关系承担举证责任。

有的单位提出，因环境公益诉讼存在一些特殊规则，建议增加但书"法律另有规定的除外"。

有的部门建议，将本条修改为"因污染环境、破坏生态发生纠纷，行为人应当就其行为与损害之间不存在因果关系，或者虽然存在因果关系但具有法律规定的不承担责任、减轻责任的情形举证"。

3. 惩罚性赔偿

草案第一千二百三十二条规定，侵权人故意违反国家规定污染环境、破坏生态造成严重后果的，被侵权人有权请求相应的惩罚性赔偿。

有的单位建议，将"被侵权人有权请求相应的惩罚性赔偿"修改为"被侵权人和法律规定的机关和组织有权请求相应的惩罚性赔偿"。

有的单位提出，私益诉讼中惩罚性赔偿仅适用于人身损害，财产损失不宜纳入。建议将本条修改为"侵权人故意违反法律法规造成严重污染环境、破坏生态的，或者因此造成他人死亡或者健康严重损害的，被侵权人有权请求相应的惩罚性赔偿"。

4. 生态环境损害的修复义务

草案第一千二百三十四条规定，违反国家规定造成生态环境损害，生态环境能够修复的，国家规定的机关或者法律规定的组织有权请求侵权人在合理期限内承担修复责任。侵权人在期限内未修复的，国家规定的机关或者法律规定的组织可以自行或者委托他人进行修复,所需费用由侵权人负担。

有的部门建议,在尾句增加“由此引发的争议,当事人应当通过民事诉讼解决”。

有的单位提出,“国家规定的机关”并非法律用语;本条应当明确修复实施主体,建议修改为:“违反法律法规规定造成生态环境损害,受损生态环境能够修复的,法律规定的机关和社会组织有权请求侵权人在合理期间内承担修复责任。受损生态环境无法修复或者无法完全修复的,法律规定的机关和社会组织有权请求侵权人赔偿生态环境功能永久性损害造成的损失。”

八、关于高度危险责任

1. 民用航空器致害责任

草案第一千二百三十八条规定,民用航空器造成他人损害的,民用航空器的经营者应当承担侵权责任;但是,能够证明损害是因受害人故意造成的,不承担责任。

有的部门建议,将“民用航空器造成他人损害的”修改为“民用航空器在飞行中造成他人损害的”,因为如果民用航空器不在飞行中,如停放在库房中或在维修中,则不具有高度危险。

2. 高空、高压、地下挖掘活动或者使用高速轨道运输工具致害责任

草案第一千二百四十条规定,从事高空、高压、地下挖掘活动或者使用高速轨道运输工具造成他人损害的,经营者应当承担侵权责任;但是,能够证明损害是因受害人故意或者不可抗力造成的,不承担责任。被侵权人对损害的发生有重大过失的,可以减轻经营者的责任。

有的部门提出,将减轻经营者责任的条件调整为“重大过失”,不仅提高了电网经营者的责任义务,也不利于促进公民提高保护电力安全的意识。建议沿用侵权责任法的规定,将“重大过失”修改为“过失”。

九、关于饲养动物损害责任

草案第一千二百五十一条规定,饲养动物应当遵守法律法规,尊重社会公德,不得妨碍他人生活。

有的地方建议,将“尊重社会公德”修改为“遵守社会公德”。

十、关于建筑物和物件损害责任

1. 高空抛物坠物责任

草案第一千二百五十四条第二款规定,物业服务企业等建筑物管理人应当采取必要的安全保障措施防止前款规定情形的发生;未采取必要的安全保障措施的,

应当依法承担未履行安全保障义务的侵权责任。

有的部门建议删除本款,理由:行为人实施高空抛物行为随意性大、防不胜防,物业服务企业甚至公安机关均难以预测、防范和采取必要的安全保障措施。物业服务企业除了进行必要的提示警示和配合调查取证外,别无他法。因此,法律不应当将对高空抛物行为采取必要的安全保障措施作为物业服务企业的法定义务。

2. 其他

有的部门建议,在本章增加规定:道路建设施工单位未按照国家有关规定和标准设计、施工,致使道路存在缺陷,导致发生交通事故的,应当承担侵权责任。道路经营单位未按照国家有关规定和标准管理、维护道路及交通安全设施,致使道路及交通安全设施存在缺陷,导致发生交通事故的,应当承担侵权责任。

民法典侵权责任编广东、福建调研简报

2017年10月，全国人大常委会法工委领导带领民法室的有关同志，就民法典侵权责任编的有关问题赴广东省广州市、深圳市和福建省厦门市、福州市调研，召开座谈会，实地走访，了解情况，听取人大、政府部门、法院、企业等有关方面意见。现将调研情况简报如下：

一、关于责任构成和责任方式

1. 残疾赔偿金、死亡赔偿金

有的认为，如何确定死亡赔偿金和残疾赔偿金的数额是有争议的问题，侵权责任法第十六条对此并未予以明确，建议吸收最高人民法院人身损害赔偿司法解释的规定，并明确被扶养人的生活费应予赔偿，同时将残疾赔偿金等赔偿项目的起算时间统一修改为“侵权行为发生时”。此外，根据现实发展情况，建议取消残疾赔偿金和死亡赔偿金的城乡二元标准，以全国上年度职工平均工资作为计算赔偿金的全国统一标准，且赔偿的年限在20年的基础上应适当提高。

有的建议，明确残疾赔偿金、死亡赔偿金与被扶养人生活费之间的关系问题。有的建议，明确残疾赔偿金、死亡赔偿金的具体计算方法，并将被侵权人所抚养子女的生活费纳入赔偿范围，同时死亡赔偿金还应当包括精神损害赔偿部分。有的建议，提高残疾赔偿金、死亡赔偿金的计算标准和年限。有的认为，应借鉴国家赔偿法第三十四条以“国家上年度职工平均工资”为计算标准，并将最高赔偿年限延长至30年甚至40年。

有的建议，立法应规定“同伤同价”“同命同价”的原则。有的认为，随着我国城镇化进程的不断推进，城乡二元结构正发生深刻改变，以“户籍确定命价”的做法没有法理基础，违背公平原则，建议实行统一的计算标准。有的认为，单纯以户籍作为认定城乡的唯一标准早已不符合国情，希望最高人民法院能统一标准，细化规定，明晰如何按照收入水平、住所地、经常居住地、收入来源等因素综合考量。有的认为，如对赔偿金之性质仍采用收入丧失说，则残疾赔偿金可区分农村与城市的标准；但死亡赔偿金应城乡统一标准。有的认为，侵权责任法第十七条“可以以相同数额确定死亡赔偿金”的规定给法官过大的自由裁量权，建议改为“应当”。

有的介绍，在广东省，农村居民因交通事故残疾或者死亡的，只要其在城镇居住一年以上且有固定收入、经常居住地在农村但收入主要来源于城镇，一般按城镇居民的标准确定其残疾赔偿金和死亡赔偿金数额。

2. 精神损害赔偿

有的认为，现行法律欠缺关于精神损害的认定主体及认定依据的规定，建议吸收司法解释的相关规定，将可主张精神损害赔偿的权利类型适当扩大，将侵害他人具有特殊意义的财产权也纳入赔偿范围。有的建议，增加请求精神损害赔偿的主体，将间接受害人也纳入其中。

有的建议，明确精神损害赔偿的性质、适用条件和赔偿标准。有的建议，可考虑以不同伤残等级对应不同赔偿等级，细化赔偿范围；同时，残疾赔偿金、死亡赔偿金与精神损害抚慰金可并行支持。有的认为，我国目前的精神损害赔偿数额较小，建议提高该抚慰金的标准，并考虑引入惩罚性赔偿机制。

有的认为，对于行为人被追究刑事责任的，还应否承担精神损害赔偿的问题，现行刑事诉讼法及其司法解释的规定与侵权责任法第四条、第二十二条的规定存在矛盾，应统一法律适用。侵权人被国家追究刑事责任并不能成为免除其对公民个人的民事精神损害赔偿责任的理由。有的建议，立法应进一步明确，在侵权人与赔偿责任人不一致的情形，若依刑事诉讼法司法解释侵权人不承担精神损害赔偿责任，那么赔偿责任人是否应承担精神损害赔偿责任的问题。

有的建议，扩大精神损害赔偿的适用范围，并放宽适用条件，不以严重精神损害作为条件。

3. 公平责任

有的提出，为防止公平责任的泛化，建议将公平责任的适用类型化，参照民通意见第一百五十七条的规定对公平责任的法律适用作出修订。

二、关于不承担责任和减轻责任的情形

有的认为，有必要增加规定受害人同意、自助行为等作为不承担责任和减轻责任的情形。有的认为，考虑到实践中受害人同意、自助行为等类型的案件数量极少，遇到此种案件可直接依照第三章的规定进行认定，没有必要增加规定上述内容。

有的提出，侵权责任法第三章“不承担责任和减轻责任的情形”所规定的抗辩事由基本是必要与合理的，但尚不够完整，应增加以下三类抗辩事由：一是依法行使权利或执行职务；二是自助行为；三是受害人同意。有的认为，公民有权在特殊情况下利用自己的力量来保护自己的权利，但须有特殊的和极其严格的前提条件的约束，建议立法在增加自助行为作为法定抗辩事由时明确规定其构成要件；对于超

出必要限度的自助行为，行为人应当承担相应的责任，同时也要对错误的自助行为进行抽象性概括，明确实施了错误的自助行为应承担相应的侵权责任。

有的提出，受害人所同意的被侵害的权利必须是法律规定可自由抛弃的权利。有的认为，受害人必须具有同意能力，包括识别能力和控制能力，且同意能力不同于民事行为能力，在同意能力的判断上不应以年龄为标准予以类型化；该同意需在侵权行为发生前作出；同意的内容不得违背公序良俗。有的提出，在规定受害人同意作为抗辩事由时，还需要与现行合同法第五十三条规定的合同免责条款无效做好衔接。

三、关于责任主体的特殊规定

1. 补充责任

有的认为，侵权责任法在第三十四条第二款、第三十七条第二款及第四十条规定了“相应的补充责任”，建议立法明确该责任方式的性质、适用及其与连带责任、按份责任等的区别。

2. 网络侵权责任

有的认为，侵权责任法关于网络侵权责任的规定条文太少，难以应对复杂的网络侵权情况。有的建议，有必要将网络侵权独立成章纳入侵权责任法体系。

有的认为，由于网络传播不受地域限制的特征和网站之间的无限链接，导致实践中确定网络侵权行为实施地和损害结果发生地相当困难，这给法院确定管辖地也带来了困境，建议在吸收最高人民法院关于网络侵权司法解释的基础上，完善网络信息司法鉴定体系，建立相应的网络证据收集、识别和采信规则，强化网络服务提供商的管理责任和协助义务。

有的建议，对侵权责任法第三十六条中关于网络服务提供商采取措施是否及时以及何为损害扩大部分等问题予以明确，并明确举证责任的分配。

有的认为，实践中网络侵权存在核实侵权者身份困难、处理案件送达和应诉困难等问题，建议规定网络服务者不配合法院调查的相应法律责任以及原告滥用诉权的民事责任。

有的建议，对网络服务提供者这一概念的内涵与外延予以明确，并将不同网络服务提供者与网络用户之间关系的远近作为判断责任承担与否及责任大小的标准。有的建议，根据控制力理论对网络运营商进行区别对待，对部分网络侵权采取过错推定责任。

有的认为，在网络侵权人及网络虚拟财产之价值等方面认定存在较大困难，建议立法对网络财产价值评估、侵权人身份认定、服务商义务等内容进行规范。

有的认为，应对网络侵权的侵权行为进行列举、对证据的收集、证据标准等予以明确。

有的建议，对于网络侵权领域的损害结果应适度扩张，并对网络隐私侵权引入惩罚性赔偿。

3. 用人单位责任和个人劳务责任

有的提出，考虑到侵权责任法第三十五条与最高人民法院人身损害赔偿解释第十一条在归责原则、责任减轻条件、责任承担方式等方面的不同，建议统一雇佣关系和劳务关系的认定标准，如从关系主体是否确定、主体地位是否平等、工作条件的提供方、关系存续期间的长短及受国家干预的程度等方面予以细化。

有的建议，对以下问题予以明确：一是厘清雇佣关系和劳务关系的边界；二是厘清侵权责任与工伤保险责任的关系。

有的建议，明确承揽、劳务、雇佣、劳动四种关系产生的侵权责任彼此间的界限；此外，目前只规定了个人劳务中，提供劳务方因劳务造成自己损害的，按过错承担责任，应明确个人为单位提供劳务的是否也采纳过失相抵原则。

有的认为，侵权责任法第三十五条规定接受劳务方承担替代责任，一方面忽视了对提供劳务方合理注意义务的要求，另一方面有违公平原则，建议增加但书内容，规定提供劳务一方对损害后果的发生若存在故意或重大过失的，应当与接受劳务的一方承担连带赔偿责任或接受劳务一方承担责任后可依法向其追偿。

4. 安全保障义务

有的建议，明确侵权责任法第三十七条中承担安全保障义务的“公共场所”的概念与本质特征，回应住宅小区是否属于本条规定的“公共场所”及相关物业服务公司是否应承担责任、如承担责任应承担何种程度的安全保障义务的现实争议。

四、关于特殊的侵权责任

1. 产品责任

有的建议，应明确“产品”及“产品责任”的定义及产品责任的免责事由。

2. 机动车交通事故责任

有的建议，将第六章“机动车交通事故责任”修改为“道路交通事故责任”，即针对道路上发生的所有交通事故的侵权责任都予以规范，从而形成完善的道路交通事故责任规则体系。有的建议，应明确区分交通事故中机动车和非机动车的责任承担；此外，还需明确电动自行车的认定标准，规定严重超标的电动车应认定为机动车，并按机动车要求承担责任。有的认为，考虑到因电动车造成死亡的交通事故比例逐渐增长，建议结合实际研究，对电动车实施类似于“交强险”的保险管理机制。有的建议，对于在非道路发生的交通事故，应进一步明确“路外”的交通事故侵权责任。有的建议从保护被侵权人角度出发，对“非道路”进行严格限定。

有的提出，从审判实践看，机动车交通事故责任案件越来越多，涉及的情形也越来越复杂，侵权责任法虽说设专章对此作了规定，但是不能完全满足现实需要，建议：一是吸收最高人民法院关于道路交通事故司法解释的相关内容；二是从立法层面解决电动车无法购买交强险而导致受害人无法及时获得赔偿，侵权人负担加重的情形；三是考虑到医疗费用快速上涨的现状，可从立法层面增加交强险医疗费用的赔偿额度；四是增加对网约车责任主体认定及好意同乘的规定。有的建议，明确规定对交强险赔偿的受害人不分项限制赔偿数额，应在总额度内赔偿死亡伤残、医疗费用和财产损失。

有的建议，对交通事故责任认定的属性予以明确。有的认为，道路交通安全法第七十三条将事故认定书定性为证据的做法不够准确；公安机关交通管理部门出具的责任认定书并非纯粹客观反映案件事实的材料，具有一定的主观性，故建议对交通事故责任认定的性质作出进一步研究并加以明确。有的建议，对道路交通事故成因无法查清而出具交通事故证明的，予以明确具体的侵权责任分担原则。

有的认为，机动车与行人、非机动车发生交通事故，机动车一方无过错的，道路交通安全法规定其承担不超过10%的责任不利于社会公正，建议对此予以修改。有的认为，考虑到现今医疗费用的高昂支出及通货膨胀等因素，建议提高交强险的最高赔偿额度。有的提出，侵权责任法第五十二条的规定，免除了保险公司的赔付义务，仅规定保险公司在机动车强制保险责任限额内垫付抢救费用，但对受害人的保护不够完整，对其不够公平。有的建议，明确如何界定商业三者险保险合同中免责条款的告知义务；同时明确交强险或商业三者险合同约定不承担鉴定费、诉讼费、非医保用药费用的，该几项费用可否判令由保险公司承担。有的建议，对“交通事故第三者”的范围可予以明确列举规定。有的提出，在交通事故纠纷中，对车上人员的认定标准应以事故发生瞬间人员是否在车上为判断标准，因事故被从车上摔下又被本车撞上等情况不应认定位车上人员；同时，建议扩大交强险中受害人的范围，将驾驶人以外的本车人员也纳入保护范围。

有的认为，应当扩充机动车交通事故责任，增加非机动车和行人发生事故的责任如何承担的相关规定。有的介绍，截至2016年12月31日，广东省省级道路交通事故社会救助基金专户共收到资金58,468万元，资金使用额仅占资金总数的12.8%，因为救助基金限制使用于抢救阶段，而不能用于治疗阶段。建议对救助基金支付后，基金管理机构能否向侵权人主张权利追回垫付的基金的问题予以明确；同时建议明确规定无名尸的死亡赔偿金确定由救助基金管理机构提存，代为保管，待确定死者身份后交还家属。

有的认为，目前网约车平台与驾驶员的关系主要有三种类型：劳动合同关系、劳务合同关系、其他协议关系（即网约车平台为信息服务提供者），前两种类型按侵权责任法第三十四条和第三十五条的规定，网约车平台应承担侵权责任；第三种类型中网约车平台只有在违反审核监督的注意义务造成损失的，才承担相应的侵权责任。有的认为，因网约车导致的交通事故责任承担顺序应为：首先由第三者责任强制保险赔付，保险赔付不足的由网约车平台赔付，网约车平台赔付后再向有过错的驾驶员追偿。有的认为，网约车平台和网约车驾驶员是雇佣关系，应当按雇佣关系来确定二者的责任分担。

有的提出，网约车等发生交通事故的，由于涉及网络平台和司机之间的法律关系，有可能被认定为劳动关系、委托关系、雇佣关系、居间关系等，而不同的法律关系将导致网络平台承担不同的责任，因目前处理规则比较模糊，没有统一的裁判规则，故建议立法时予以明确。有的认为，从经营模式上看，网约平台所收取费用更类似于管理服务费，网约平台与车主之间的法律关系与挂靠关系接近，故建议可按挂靠法律关系，由网约平台与车主连带承担侵权责任。有的认为，乘客可基于承运法律关系，要求司机与网络平台承担连带赔偿责任，赔偿因交通事故所造成的人身及财产损失；也可依据交通事故侵权责任纠纷，向事故责任人主张民事赔偿责任。有的认为，网约车等发生交通事故的，由保险公司赔偿；若司机与网约车平台等存在管理与被管理的关系，则公司应承担相应的赔偿责任。有的认为，网约车驾驶人应属于承揽性质，因此，若网约车纠纷中，格式条款约定搭车人系代驾人雇主的，该类条款宜认定为无效。

有的认为，代驾应区分为车主自主约代驾人员并直接付款与车主通过网约平台约代驾人员的情形；对于车主自主约人并直接付款的情形，建议认定车主与代驾人员之间是雇佣关系，可按侵权责任法第三十五条处理；对于网约的情形，建议认定网约平台与代驾人员之间系劳务关系，车主与网约平台之间建立的是服务合同关系，从网约平台获利角度考虑，应由网约平台承担超出保险赔偿部分的侵权责任。有的认为，对于车主临时花钱雇请人员的情形按照雇佣关系处理；除按照车主投保的险种由保险人承担保险责任外，超出部分由车主负责。若代驾司机存在故意或者重大过失，则应承担连带赔偿责任。如果是正规的代驾公司承接的代驾，则认定双方系委托合同关系，在保险赔偿不足的部分由代驾公司承担。若机动车车主未参加交强险，则由车主在交强险责任范围内先行赔偿。有的认为，如果是服务场所提供的泊车代驾服务，基于控制权而由服务提供方承担赔偿责任；如果是车主因酒后、疲劳等不宜自行开车而找代驾的，则应区分有偿与无偿。有偿代驾发生损害的，由代驾者承担赔偿责任；无偿代驾则参照最高人民法院关于义务帮工人致人损害的相关规定来确定赔偿责任。

有的认为，代驾在实践中分为四种类型：无偿代驾、雇人代驾、公司代驾和酒店代驾，对于在这四种不同代驾关系中发生的侵权责任承担问题应分别按帮工关系、雇佣关系、委托合同关系和消费合同关系来处理。有的认为,对于代驾过程中发生的侵权责任承担应当区分有偿和无偿来处理。

有的认为,对于好意同乘发生机动车交通事故责任的,如驾驶人非故意或重大过失,应免除责任或减轻责任的规定,否则无法鼓励社会美德。有的还认为,若同乘者有过错,可根据其过错程度适当减轻驾驶人的责任;若同乘者有重大过失或损失事由其故意造成的,机动车驾驶人可免责。

有的认为,好意同乘过程中的道路交通事故归责应以过错责任为原则,以公平原则为补充。有的认为,好意同乘过程中发生的侵权责任,应当根据过错原则来确定责任。有的认为,好意同乘只是学理概念,并非法律概念,即通常所说的“搭顺风车”。驾驶者负有安全注意义务,造成搭乘人损害的,只要其未尽到安全注意义务就应承担相应的侵权责任。

3. 医疗损害责任

有的提出,医疗损害责任纠纷中,存在医疗机构随意拒绝接受鉴定、选择性接受鉴定、鉴定时间过长、鉴定人员资质参差不齐等问题,建议在立法层面规定统一的医疗鉴定制度,严格医疗鉴定机构及从业人员准入门槛,规范医疗鉴定程序和鉴定人员出庭作证机制。

有的提出,侵权责任法关于医疗机构应当履行告知义务的对象、告知内容、告知方式及“不宜向患者说明”的内容等规定不够明确,建议立法予以明确界定;知情同意权的具体赔偿内容及标准应予以明确规定;规定“当时的医疗水平相应的诊疗义务”中“当时的医疗水平”的具体标准,明确以地区、医院等级、类别还是其他指标为参考标准;“不必要检查”的规定对于医疗机构太苛刻,建议改为“明显不必要的检查”。同时,医疗损害赔偿是参照道路交通损害赔偿,但考虑到患者是特殊群体,其生存期往往不能按照正常人的生存年限计算,故在计算患者死亡赔偿金时,建议应考虑患者原有疾病与其存活时间,不能完全参考正常人群平均寿命。

4. 饲养动物损害责任

有的认为,侵权责任法第八十二条的前提是能找到原动物饲养人或管理人,但是未指明若原动物饲养人或管理人不明情况下的损害由谁赔付的问题,建议立法予以修改完善,使其具有实际可操作性及现实意义。

5. 侵权责任编与特别法的衔接

有的认为,目前存在一些特别法在民事法律制度和责任的规定与民法相关法律不一致的情况,如侵权责任法规定从事高度危险作业的经营者承担严格责任,而在电力法、铁路法等法律中则将经营者责任规定为过错责任;再如,医疗机构的告知义务在侵权责任法及医疗机构管理条例中的规定不一致,建议立法者及时进行修改,统一法律适用。

民法典侵权责任编浙江省调研简报

2018 年 9 月，法工委民法室的同志到浙江省调研，走访了阿里巴巴（中国）有限公司并召开座谈会，听取对侵权责任编（草案）关于网络侵权责任规定的意见和建议；实地考察丽水市生态修复示范基地并在丽水市召开座谈会，听取人大、法院、检察院系统，林业局、水利局、环保局等相关部门，人大代表及律师对侵权责任编（草案）关于生态环境损害责任规定的意见和建议。现将有关情况简报如下：

一、关于网络侵权责任

（一）阿里巴巴电商平台保护知识产权的情况

1. 基本数据

有的介绍，2018 年上半年阿里巴巴电商平台接到知识产权侵权投诉超过 500 万起，商标权投诉占 67%，著作权投诉占 27%，专利权投诉占 5%，其他类型总计占 1%。在所有投诉中，经平台审核查实的约 400 万起，涉及约 110 万个卖家，投诉通过率约为 75%。剩余 25% 投诉不通过的原因主要有：投诉方未提供侵权判定依据、投诉方提供的侵权判断依据不足、投诉方通知错误、恶意投诉等。对于投诉，卖家申诉的约 60 万起，经平台审核申诉成立的约 10 万起。

2. 阿里巴巴电商平台保护知识产权的操作流程

有的介绍，阿里巴巴电商平台在保护知识产权的流程上，采取了“通知—删除”和“通知—反通知”两种流程规则。权利人向平台投诉，提交含有初步侵权证据的通知。平台判定投诉不成立的，退回投诉，不将通知转送卖家，这一般限于恶意投诉和初步证据不充分的情形。判定投诉成立的，将通知转送卖家，下一步分为两种流程：一是“通知—删除”规则，平台直接采取必要措施，如断开链接，然后卖家提交反通知进行申诉。平台对反通知进行判断，申诉成立的，终止必要措施；不成立的，维持必要措施。二是“通知—反通知”规则，即反通知申诉前置程序，一般针对涉嫌恶意投诉及专利投诉的情形。平台先不采取措施，而是由卖家提交反通知申诉，平台判断申诉不成立的，采取必要措施；申诉成立的，平台不采取措施。两种流程中，对卖家反通知能否成立的判断，仅接受完整有效的证据，但没有设置 15 日的期限。

“通知—删除”规则是法律明确规定的;“通知—反通知”规则的核心是“反通知前置”,目前没有明确的法律依据,是阿里巴巴电商平台自创的。有的介绍,阿里巴巴之所以创设该规则,一是权利人发出侵权通知的准确性难以保证,不应让卖家承担不利后果。二是对于无法自证清白的卖家,平台在下一步会采取必要措施,可以实现在合理期限内达到制止侵权的效果。三是电商平台商品销售具有“流量第一”的特殊性。有些恶意竞争者利用“通知—删除”规则,使其他卖家的商品链接被删除。商品链接一旦被删除,即使再恢复,损失的流量、销量无法弥补。经营能力较强的卖家可能需要数月甚至更长时间恢复原本的流量和销量,如果在“双十一”等重要销售时点被断开,损失更大。

3. 阿里巴巴在审核“通知”方面遇到的问题及做法

有的介绍,实践中在审核投诉方的通知时,遇到恶意投诉的主要情况有:一是资质造假、抢注商标。投诉方提供的初步证据存在明显造假痕迹,或者经真正的品牌方确认材料为冒用。同一权利人批量抢注商标然后发起投诉,以达到讹诈目的。二是对著作权恶意登记、恶意官网投诉,以达到控制商品售价和渠道管控的目的。三是虚假陈述、真假对比材料造假,以达到不正当竞争的目的。平台的经验做法有:一是退回。通过人工审核发现投诉方存在资质造假的,退回该通知,并不再受理该资质下的投诉。同时将相关信息共享有关部门进行线下打击。二是采取反通知前置规则。三是不受理。对批量抢注商标、著作权恶意登记以及恶意官网投诉的,对没有司法判决的投诉不受理,仅仅转通知。四是投诉理由限制。投诉方恶意发起大量虚假陈述或者真假对比投诉的,限制该投诉方的同类型投诉。

(二)对侵权责任编(草案)网络侵权责任的意见和建议

草案第九百七十条至第九百七十二条规定了网络侵权责任。

有的建议,一是分层界定网络服务提供者,明确云服务器等基础网络服务提供商不适用“通知—删除”规则。云服务器租赁业务属于基础设施服务,向客户提供虚拟计算机、储存、网络等计算资源,提供访问云计算基础设施的服务接口,对用户利用云基础设施开发的网站和网络应用中的储存的信息无法进行控制。根据《信息安全技术　云计算服务安全指南》(GB/T 31167—2014)和行业伦理的要求,云服务器提供者负有极为严格的安全保护义务、隐私保护义务和保密义务,不允许接触用户储存的信息内容,因此无法对内容进行核实、处理和删除。二是允许网络服务提供者对“通知—删除”规则灵活处理,赋予平台一定的审查空间,为特定情况下的反通知前置留下空间。各种网络服务商对应的商业场景不同,“一刀切”的规则并不合理。权利人诚信度不一,恶意通知成为一些商家恶意打击卖家的手段,并且15日的“等待期”为恶意权利人牟利创造了时间窗。三是规定“通知—冻结”的诉前保全程序,通过司法途径解决纠纷。权利人在发出通知的同时提供担保,向法院申请诉前财产保全，由法院对卖家在平台上的财产或权益采取保全措施。电子商务平台经营者对于法院的保全裁定依法配合执行的，视为已经采取了必要措施。投诉人为诉前保全而提供担保，卖家的财产（阿里巴巴平台上主要是支付宝账户）被冻结。实践中，是否侵权卖家比平台更清楚；财产被冻结，卖家比平台更着急，更急于解决问题。因此，"通知—冻结"程序使双方都受到经济杠杆的制约，形成有效博弈。

二、关于生态环境侵权责任

（一）丽水市生态环境修复的有关情况

2017 年以来，丽水市检察机关共办理生态环境领域公益诉讼案件 87 件。其中，刑事附带民事 8 件，结案 5 件；行政公益诉讼案件 79 件，均磋商解决。结合公益诉讼工作的开展，检察机关开始建设生态环境检察教育基地。调研组实地参观的丽水市莲都区丽新乡黄弄村生态修复示范基地，是莲都区检察院、林业局、森林公安局共同建设的第二块示范基地，主要用于辖区内因森林失火、滥伐盗伐林木、非法占用林地等行政违法或者刑事案件的违法行为人进行异地集中补植树木。基地占地 50 余亩，为黄弄村集体所有土地，目前基地已经基本补植完毕，有树种 4000 余株，在实现生态修复的基础上兼顾了景观美化和警示教育的功能。

据介绍，除少部分用于现场修复外，该基地重点解决不符合现场修复条件案件的替代性修复。由于个人自行补植树木存在成本高、成活率低、最佳栽植时限紧等问题，目前采取了在司法机关主导下，对破坏环境资源行政违法或者刑事案件的行为人，在对其科以刑罚、处以行政处罚的同时，通过行为人自愿缴纳生态修复资金的方式，委托专门的苗木种植合作社代为补植树木、抚育幼株。同时，也可视情况安排违法行为人补植部分树木。2017 年以来，莲都区收取并支出生态修复资金 44.25 万元，用于黄弄村基地的为 26.78 万元。生态破坏和修复需要鉴定。实践中，每一起案件都聘请鉴定机构鉴定，操作难度大、鉴定费用高。莲都区检察院和林业局根据以往补植工作的实际支出情况，确定鉴定标准统一为 5000 元/亩。随着生态修复案件数量的增长，丽水市七部门联合印发了工作指导意见，对破坏林业资源、渔业资源和污染环境三类案件的修复标准和修复方式进行统一，以规范生态修复工作。对滥伐盗伐、涉及国家重点保护植物的刑事案件，根据情节分别处以 1～2 倍、3～5 倍、5～10 倍标准缴纳生态修复资金。对于全面履行生态修复义务的行为人，法院综合考虑犯罪情节从轻处理。

实践中，生态环境损害赔偿和生态环境修复也面临一些问题，主要有：一是评估鉴定难。鉴定机构少，鉴定周期长，程序烦琐、费用高。二是生态修复落实难。出具生态修复的具体方案普遍存在难度；即使出具方案，也因为费用高、企业破产等实际原因难以修复。三是资金缺乏统一管理。生态损害补偿金没有集中统一的财政专用账户、收取标准、管理制度。四是跟踪监督不完善。由于生态修复时间长、见效慢,实践中往往重视当事人是否履行修复行为,对修复效果缺乏有效监督和长期跟踪。五是政府赔偿磋商需要加强。政府赔偿磋商能够有效突破鉴定评估瓶颈,弥补司法程序时间长、证据要求高等弊端。

(二)对侵权责任编(草案)生态环境损害责任部分的意见和建议

1. 关于章名

草案第七章的章名为"生态环境损害责任"。

有的提出,实践中损害环境主要有两种情况,一是污染环境,二是破坏生态。草案关于章名的提法既有可能使人理解为仅指"生态环境破坏"一种情形,也与环境保护法的提法不一致。建议修改或者作出明确界定。

2. 关于惩罚性赔偿

草案第一千零八条规定,侵权人故意违反国家规定损害生态环境的,被侵权人有权请求相应的惩罚性赔偿。

有的建议,扩大有权提起惩罚性赔偿主体的范围,并对惩罚性赔偿倍数规定一个区间,以便于操作。

3. 关于生态环境损害修复

草案第一千零一十条规定,损害生态环境,能够修复的,法律规定的机关或者组织有权请求侵权人承担修复责任。侵权人在期限内未修复的,法律规定的机关或者组织可以自行或者委托他人进行修复,所需费用由侵权人承担。无法修复的,侵权人应当依法赔偿损失。

有的提出,草案规定了"侵权人在期限内未修复的"的情形及处理方式,未规定侵权人明确表示不修复或者怠于履行修复责任的情形,建议补充。有的提出,实践中有的企业委托没有修复资质或者设立空壳企业进行修复,规避修复责任。建议法律对被委托的主体进行资格限制。有的提出,修复生态环境是完全修复到损害前的状态,还是修复到有关环境指标许可的范围内,实践中存在不同的认识,有些情况下修复的成本很高。建议将"无法修复的"修改为"无法修复或者修复成本过高的"。

4. 关于法律规定的机关或者组织有权请求赔偿范围

草案第一千零一十一条规定了法律规定的机关或者组织有权请求侵权人赔偿的损失。

针对第三项"生态环境损害赔偿调查、鉴定评估费用",有的提出,实践中评估鉴定难的问题很突出。鉴定机构少、周期长、费用高,影响办案效率。有的案件鉴定费用远超修复费用本身。有的提出,实践中评估鉴定部门往往不提供书面鉴定意见，影响公益诉讼正常进行。有的提出，本项规定的是为实现损害赔偿而支出的费用。除了调查、鉴定费用外还可能有其他费用产生，建议最后增加“等”字以兜底。

5. 其他

有的提出，草案的规定较侵权责任法有了进一步的细化和丰富。但是因为全国各地情况不一样，建议“生态环境损害责任”一章规定得“宜粗不宜细”，先做起来，看实践效果再完善。

民法典侵权责任编重庆、西安调研简报

2018年10月，法制工作委员会民法室有关同志就民法典侵权责任编生态环境损害责任有关问题赴重庆市和陕西省进行调研，召开座谈会，听取了两地人大、法院、检察院、环境保护部门以及学者、律师等对生态环境损害责任的意见和建议，听取了西南片区高级人民法院部分法官的意见和建议。现将主要情况简报如下：

一、生态环境损害责任在实践中的主要问题

调研中，普遍认为，侵权责任法实施以来，在处理生态环境损害责任方面遇到以下问题：

一是损害事实认定难。在实践中，由于环境污染行为本身具有复杂性、隐蔽性、扩散性等特点，环境损害事实的认定，特别是噪声、光、室内装修、电磁辐射等不可量物侵权的认定问题较多，实践中审判难度和争议较大。

二是损害赔偿金额计算难。损害赔偿金额的确定需考虑环境损害的认定和评估、相应环境的修复等多种因素，较为复杂。相对于普通侵权，环境侵权缺乏明确、权威或法定的计算标准。环境损失计算还面临着缺乏被侵害前较为精确的环境原始状况数据问题。大气污染、水体污染、土壤污染具有很强的弥散性、复合性和累积性，在具体案件中依据环境基础数据所作出的损害鉴定难以作精确的定量分析，使得鉴定报告往往面临精确性不够的质疑。尽管环境保护部制定了《环境污染损害数额计算推荐方法（第Ⅰ版）》《环境损害鉴定评估推荐方法（第Ⅱ版）》，但使用现有评估方法和标准确定的损害赔偿金额是否充分实现了环境权益的保护，都有待商榷。

三是鉴定难。具有鉴定资质的鉴定机构数量不足，目前主要是依据环境保护部发布的环境损害评估鉴定机构名录中的评估鉴定机构。由于环境损害鉴定需要动用的科技手段较一般司法鉴定远为复杂，导致环境损害案件鉴定费用普遍较高，部分案件鉴定费接近甚至超过诉讼赔偿金额，致使受害者难以承担。此外，实践中，生态环境损害鉴定评估费用往往是由违法污染企业支付，势必影响生态环境损害鉴定评估机构独立作出客观的鉴定评估结论，需要从机制上堵住该漏洞。

有的提出，环境污染的损害结果具有潜伏性、滞后性等特点，污染行为导致的某些后果虽然在短期内未能显现，但将长期影响人类及其他物种并对其造成损害。现行侵权责任法缺乏惩罚性赔偿机制，难以使被侵权人和生态环境的损害得到充分、有效的救济，同时也使侵权成本较低，难以有效遏制环境污染行为。

有的提出，现行侵权责任法主要针对环境污染行为造成私益损害作了规定，而对环境污染行为、破坏生态行为造成公益和国家利益损害缺乏明确规定。实践中的主要问题是，环境民事公益诉讼与生态环境损害赔偿诉讼之间如何区别；在发生生态环境损害时，环境公益诉讼、生态环境损害赔偿诉讼、私益诉讼之间如何协调和衔接。

有的提出，对于生态环境损害赔偿案件，在磋商阶段，省政府和赔偿义务人达成的协议能否直接向人民法院申请司法确认，还是须按照人民调解法的相关规定由第三方主持调解达成的协议才能向人民法院申请司法确认。实践中，当事人双方均希望能直接向人民法院申请司法确认，以减少烦琐的程序，提高纠纷解决效率。

二、环境公益诉讼案件的审理情况及工作经验

有的提出，截至目前重庆共审理了 3 起环境公益诉讼案件，有 2 件是环境民事公益诉讼，1 件是环境行政公益诉讼。此外，还有 1 件是重庆市政府提起的生态环境损害赔偿诉讼。从诉讼情况看，有以下两个问题需要重视：一是，关于正确处理环境公益诉讼和生态环境损害赔偿诉讼的关系。2017 年年初，重庆某环保组织针对两家污染企业提起环境民事公益诉讼，重庆市政府也针对该两家污染企业提起生态环境损害赔偿诉讼。经多次酝酿商议，考虑到两原告基于不同规定而享有各自诉权，均应依法予以保护，对两案分别立案受理。但鉴于两案案件事实相同，诉讼目的一致、被告相同、诉讼请求基本相同，确定将两案合并审理。重庆的经验是，对于出现多主体同时具有诉权及如何进行诉讼顺位设计的问题，可以明确政府为第一顺位起诉人。二是，关于合理确定两个以上侵权人的责任承担。两个以上行为人实施环境侵权行为如何承担责任是实践中的突出问题，要根据行为人是否存在意思联络以及污染行为对损害的影响程度考虑如何处理。在确定行为人内部责任份额时，还应当将有无排污许可证、污染物的种类、排放量、污染物的危害性以及是否超过污染物排放标准等作为法定的考量因素。重庆市的生态环境损害赔偿案件判决两个污染企业构成共同侵权，是在综合考虑了排污企业的主体责任、排污企业与环境第三方治理企业的民事合同关系、双方有无意思联络以及污染物的种类、排放量、污染物的危害性等多项因素后确定的。

有的提出，截至目前云南省共受理环境民事公益诉讼案件 11 件（含不予受理 1

件），其中检察院提起的环境民事公益诉讼案件3件，社会组织提起的环境民事公益诉讼案件8件（含不予受理1件），涉及土地、水域、大气污染，野生动植物保护等多个领域。目前，社会组织提起的环境民事公益诉讼案件在云南省呈逐步上升的趋势，受保护的环境范围延伸到更加广泛的领域。目前，现行法律法规及司法解释对公益诉讼赔偿款项的使用管理还不明确，各地对环境公益诉讼赔偿款的使用管理存在不同做法。对此，昆明市已经有一套较为成熟的机制，具体做法为，建立了环境公益诉讼专项资金制度，即在昆明市财政局设立了"环境公益诉讼救济资金账户"，将环境赔偿金专款用于恢复环境、修复生态、维护环境公共利益。同时出台环境公益诉讼资金管理使用办法，严格资金的使用范围和审批程序，并采取招投标的市场运行模式，组织市场主体修复受损的生态环境，该账户目前由昆明市环保局代管。

有的提出，自2015年起至今，陕西省法院系统共受理检察机关和有关组织提起的公益诉讼案件110起，审结81件，其中环境民事公益诉讼案件8件。陕西省法院以"绿色共识"创新环境资源审判工作机制建设。一是建立环境资源审判技术专家库，以聘请的环境资源审判技术专家提供咨询意见、作为专家辅助人参加庭审的方式，使环境资源纠纷中的突出问题有了明确的专业技术支持，有效解决了审判工作中的难点问题。二是创建联动机制，加强与有关机关的沟通协调。省法院与省国土厅、省环保厅等各机关建立了沟通会商、信息共享、工作交流、化解纠纷、联动措施五大机制，加强司法审判与行政执法的有效衔接。三是完善环境公益诉讼环境修复制度。创新环境资源修复裁判方式，将审理环境资源案件与生态恢复性司法有机结合，推动建立分别适用土壤、大气、水域等领域的"补种复绿""放鱼治污"等多样化修复方式，形成多层修复、立体保护的生态修复模式，实现诉讼的目的和效果。四是积极推动建立环境资源公益诉讼基金账户。为了更好地管理并使用环境修复资金，西安铁路运输中级法院正在积极推动在西安市建设公益诉讼专项资金账户。

三、对侵权责任编（草案）关于生态环境损害责任的意见和建议

（一）总的意见

有的提出，一是侵权责任编调整的是侵害民事权益产生的民事法律关系，而自然资源损害是否属于侵害民事权益的范围有待进一步研究。二是对私益诉讼、公益诉讼、国家机关基于国家利益提起的国益诉讼，草案区分不明显，清晰度不够，建议进一步明确。

有的提出，公益诉讼、生态损害赔偿诉讼与私益诉讼相比，所保护的利益及诉讼制度的设计都会有较大差异，此外还面临程序如何衔接等问题。侵权责任法应主要解决私益问题，公益诉讼、生态损害赔偿诉讼适合单独立法。

有的提出，本章应处理好私益诉讼、公益诉讼、国益诉讼之间的关系，明确私益诉讼应当优先，即侵害人的财产不足以支付私益诉讼、公益诉讼或者国益诉讼赔偿责任的，应当优先承担私益诉讼赔偿责任。

（二）生态环境侵权责任的成立

草案第一千零四条规定，损害生态环境的，侵权人应当承担侵权责任。

有的提出，一是对于生态环境损害的含义、范围是否需要单独设置一个条款进行明确界定，建议斟酌。二是应当将损害生态环境的行为进一步确定为环境污染行为（排放废水、废气、废渣等）和不可量物排放行为（噪声、光、电磁辐射等行为）。对环境污染行为造成损害的行为，不以"违法性"为构成要件，实行无过错责任；对于不可量物排放行为，环境噪声污染防治法、放射性污染防治法等法律要求超过国家标准才构成污染行为。基于此，建议将本条修改为："排放污染物损害生态环境的，侵权人应当承担侵权责任。超过规定的标准排放不可量物损害生态环境的，侵权人应当承担侵权责任。"

有的建议，增加规定："侵权人损害生态环境行为违法的，应当承担生态环境损害赔偿责任。"

（三）共同侵害生态环境的责任承担

草案第一千零六条规定，两个以上侵权人损害生态环境，承担责任的大小，根据污染物的种类、排放量以及损害行为对损害后果所起的作用等因素确定。

有的建议，扩大共同侵害生态环境承担连带责任的适用范围，即除了在严格比例因果关系下才适用按份责任外，其他情形均适用连带责任。

（四）惩罚性赔偿责任

草案第一千零八条规定，侵权人故意违反国家规定损害生态环境的，被侵权人有权请求相应的惩罚性赔偿。

有的建议，删除"故意"。有的建议，一是增加"重大过失"；二是明确只有造成严重损害的，才承担惩罚性赔偿责任。

有的建议，明确惩罚性赔偿的具体标准，如3倍以下。

有的建议，增加规定："惩罚性赔偿的数额可以根据侵权人的主观过错程度、补偿性赔偿数额、侵权人获得利益的情况等因素确定。"

有的提出，造成自然资源损害的，惩罚性赔偿如何确定，建议明确。

（五）生态环境修复责任

草案第一千零一十条规定，损害生态环境，能够修复的，法律规定的机关或者组织有权请求侵权人承担修复责任。侵权人在期限内未修复的，法律规定的机关或者组织可以自行或者委托他人进行修复，所需费用由侵权人承担。无法修复的，侵权人应当依法赔偿损失。

有的建议,一是将"法律规定的机关或者组织可以自行或者委托他人进行修复"中的"或者组织"删去。有关组织在生态环境损害修复过程中受到的制约较小,且目前尚无明确的监督机制,如有关组织可以自行或者委托他人进行修复,可能产生负面效果。二是将"无法修复的"修改为"对生态环境造成损害的"。可修复的和不可修复的生态环境损害,侵权人都应赔偿损失。

有的提出,对生态环境的修复,可以明确修复结果是区域生态环境功能性的恢复与修复,相较损害地而言,异地替代性修复可以成为修复方式。有的建议,明确生态环境损害赔偿金由谁管理,是上交国库还是由法院管理。

(六)损害赔偿范围

草案第一千零一十一条规定,法律规定的机关或者组织有权请求侵权人赔偿生态环境损害赔偿调查、鉴定评估费用等。

有的建议,增加"修复效果后评估费用"。有的建议增加"法律服务费用"。

部分学者和单位对侵权责任编(草案)二次审议稿的意见

十三届全国人大常委会第七次会议对《民法典侵权责任编(草案)》进行了二次审议。2019年7月9日,法制工作委员会民法室召开会议,听取部分学者、有关单位对侵权责任编(草案)二次审议稿的意见和建议。现将主要意见简报如下:

一、关于一般规定

(一)自甘风险

草案二次审议稿第九百五十四条之一规定,自愿参加具有危险性的活动受到损害的,受害人不得请求他人承担侵权责任,但是他人对损害的发生有故意或者重大过失的除外。

有的提出,本条关于"但是他人对损害的发生有故意或者重大过失的除外"的规定过于绝对,建议修改为:双方都有过错的,各自按照过错程度承担相应的责任。

(二)自助行为

草案二次审议稿第九百五十四条之二第一款规定,合法权益受到侵害,情况紧迫且不能及时获得国家机关保护的,受害人可以在必要范围内采取扣留侵权人的财物等合理措施。第二款规定,受害人实施前款行为后,应当立即请求有关国家机关处理。

有的提出,草案规定的自助行为制度具有重要的理论和实践意义,但第二款中"立即请求"的规定似乎过于严格,建议修改为"及时"。

二、关于损害赔偿

(一)死亡赔偿金

草案二次审议稿第九百五十七条规定,因同一侵权行为造成多人死亡的,可以以相同数额确定死亡赔偿金。

有的提出,中共中央、国务院《关于建立健全城乡融合发展体制机制和政策体系的意见》要求"改革人身损害赔偿制度,统一城乡居民赔偿标准"。建议侵权责任编对此作出宣示性、原则性规定,具体赔偿标准可由司法解释规定。

(二)精神损害赔偿

草案二次审议稿第九百六十条第一款规定,侵害自然人人身权益造成严重精神损害的,被侵权人有权请求精神损害赔偿。

有的提出,被侵权人的近亲属能不能主张精神损害赔偿,不够明确,建议予以明确。

(三)惩罚性赔偿

草案二次审议稿第九百六十一条之一规定,故意侵害知识产权,情节严重的,被侵权人有权请求相应的惩罚性赔偿。

有的提出,惩罚性赔偿不应限于知识产权,只要是故意侵害他人权益的,都可以请求惩罚性赔偿。

三、关于网络侵权

草案二次审议稿第九百七十条至第九百七十二条规定了网络侵权。

有的提出,鉴于实践发展的需要,为了有效遏制网络侵权行为的发生,建议明确网络服务提供者在网络空间需要履行安全保障义务。

有的单位提出,不同网络服务提供者提供的服务不一样,第九百七十条统一规定删除、屏蔽、断开链接等措施,实践中可能会遇到问题,建议作出原则规定或者明确服务类型的不同可以采取不同措施。

有的单位提出,云服务提供商不同于传统网络服务提供商,传统网络服务提供商可以直接对涉嫌侵权的数据、链接等采取删除、断链等措施,而云服务提供商负有保障用户数据安全、商业秘密和隐私的义务,没有办法对涉嫌侵权的数据采取类似措施,只能要么清空用户的全部数据,要么全部断开链接。建议扩大"必要措施"的范围,不限于删除、屏蔽、断开链接,还可以包括转通知。对于云服务提供商,接到侵权通知后,只要及时转送给用户,就可以免责。

有的单位提出,民法典作为基本法,作出原则规定即可,不必太细,第九百七十一条规定的反通知制度和15日期间等规定,难以适用不同业态,建议删去;并增加规定"其他法律另有规定的除外",以与其他法律相衔接。

四、关于产品责任

有的提出,"产品"和"缺陷"是产品质量中的两个重要概念,建议明确"产品""缺陷"的定义。

五、关于机动车交通事故责任

有的提出，民法典作为基本法，应当规定道路交通事故责任的归责原则，建议将道路交通安全法相关规定移过来，如果不移过来，建议将表述修改为“本法和道路交通安全法”。

六、关于损害生态环境责任

(一)总的意见

有的提出，本章同时规定了私益救济和公益救济，一些用语不统一，容易造成混淆。比如，第一千零四条用的是“破坏生态环境”，第一千零五条至第一千零九条用的是“损害生态环境”，第一千零一十条和第一千零一十一条用的是“造成生态环境损害”。建议作相应修改：从行为角度规定为“污染环境、破坏生态”，从结果角度规定为“环境污染、生态破坏”；私益性损害规定为“他人损害”，公益性损害规定为“生态环境损害”。

有的单位提出，政府作为权利人主张赔偿时，不应适用举证责任倒置，建议增加规定，行政机关作为赔偿权利人时，应就侵权行为与生态环境损害之间的关联性承担举证责任。

(二)多人侵害生态环境

草案二次审议稿第一千零六条规定，两个以上侵权人损害生态环境，承担责任的大小，根据污染物的种类、浓度、排放量，破坏生态的方式、范围、程度，行为对损害后果所起的作用等因素确定。

有的提出，两人以上侵权的情形较为复杂，有的是每个人的行为都足以造成全部损害，有的是每个人的行为都不足以造成全部损害，有的是部分人的行为足以造成全部损害，部分人的行为不足以造成全部损害。不同情形下多个行为人如何承担责任，需要进一步研究。

(三)环境公益诉讼

草案二次审议稿第一千零一十条规定，违反国家规定造成生态环境损害，能够修复的，法律规定的机关或者组织有权请求侵权人在合理期限内承担修复责任。侵权人在期限内未修复的，法律规定的机关或者组织可以自行或者委托他人进行修复，所需费用由侵权人承担。无法修复或者无修复必要的，侵权人应当依法赔偿损失。第一千零一十一条规定，违反国家规定造成生态环境损害的，法律规定的机关或者组织有权请求侵权人赔偿下列损失和费用：(1)生态环境修复期间服务功能丧失导致的损失；(2)生态环境功能永久性损害造成的损失；(3)生态环境损害调查、鉴定评估等费用；(4)清除污染、修复生态环境费用；(5)防止损害的发生和扩大所支出的合理费用。

有的提出，这两条的关系不够明确，侵权人承担修复责任后是否承担第一千零一十一条的损失不清楚。建议在第一千零一十条中增加规定，生态环境能够修复的，侵权人还应赔偿生态环境修复期间服务功能丧失导致的损失。

有的单位建议，将第一千零一十条修改为，违反国家规定造成生态环境损害，能够修复的，该区域相关生态环境监督管理部门有权请求侵权人承担修复责任并赔偿修复期间环境功能损失。侵权人在期限内未修复的，权利人可以自行或者委托他人进行修复，所需费用由侵权人承担。无法修复或者无修复必要的，侵权人赔偿损失后，由相关生态环境监督管理部门组织开展替代修复。

七、关于高空抛物致人损害

草案二次审议稿第一千零三十条规定，从建筑物中抛掷物品或者从建筑物上坠落的物品造成他人损害，难以确定具体侵权人的，除能够证明自己不是侵权人的外，由可能加害的建筑物使用人给予补偿。

有的提出，这一规定对于解决中国面临的现实问题具有重要意义，建议予以保留。但从实践情况看，在难以确定具体侵权人的情况下，由物业管理公司赔偿更有利于促使物业管理公司积极采取安全保障措施，例如安装摄像头，以防止该类行为的发生。前几年，深圳法院判决就作过类似判决，物业管理公司根据判决安装摄像头后没有再发生过高空抛物，效果很好。基于此，建议修改为，难以确定具体侵权人的，由物业管理公司给予补偿。此外，建议将损害限制在“人身损害”。最后，解决高空抛物问题，公安机关不能回避职责，构成犯罪的，要立案侦查。

有的提出，治理高空抛物，公权力不应该缺位，公安机关要担负起应有职责，建议在草案说明中明确指出公安负有侦查义务。从民法上讲，还应当区别物业管理公司与加害人的责任，加害人要负全部责任，但在找不到加害人的情况下，物业管理公司尽管不是加害人，但负有服务、管理、提供证据的义务，可以参照安全保障义务，让其承担一定的责任。

有的提出，本条实践效果不错，总体上讲没有大问题，法官一般酌情由可能的加害人给予适当补偿。

有的提出，首先应当由建筑物所有人承担责任，无法确定具体加害人的，可以由物业承担责任，最后由可能的加害人给予补偿。

有的提出，不能指望侵权法能够解决所有纠纷，要认识到不同法律之间有分工，高空抛物属于刑事案件，应当由公安机关立案侦查。赞成借鉴深圳法院的判决，由物业管理公司承担一定的责任，但还要考虑有的小区没有物业管理公司怎么办的问题。

部分学者对民法典侵权责任编（草案）三次审议稿的意见

2019年10月31日上午，法工委民法室召开座谈会，听取中国人民大学、中国政法大学、清华大学、北京航空航天大学、对外经济贸易大学等有关专家学者对民法典侵权责任编（草案）三次审议稿的意见。专家学者普遍认为，侵权责任编（草案）修改得越来越好，已经比较成熟。现将主要意见简报如下：

一、自力救济

草案第九百五十四条之二第一款规定，合法权益受到侵害，情况紧迫且不能及时获得国家机关保护，不立即采取措施将使其权益受到难以弥补的损害的，受害人可以在必要范围内采取扣留侵权人的财物等合理措施，但是应当立即请求有关国家机关处理。

有的提出，“难以弥补”的表述不严谨，损害通过赔偿都可以弥补。有的提出，民事诉讼法、专利法等法律均使用了“难以弥补”的表述，为保持法律之间的一致性，该表述是可以的。

二、公平责任

草案第九百六十二条规定，受害人和行为人对损害的发生都没有过错的，可以依照法律的规定，由双方分担损失。

有的建议，将本条放在侵权责任编“一般规定”一章中，并删除“可以”二字，将“由双方分担损失”修改为“由双方公平分担损失”。

三、委托监护时侵权责任的承担

草案第九百六十五条规定，无民事行为能力人、限制民事行为能力人造成他人损害，监护人将监护职责部分或者全部委托给他人的，由监护人承担侵权责任；受托人有过错的，承担相应的责任。

有的提出，监护职责带有强烈的身份性，能否全部委托很敏感，建议作灵活处理，删除“部分或者全部”的表述。

四、网络侵权责任

草案第九百七十条至第九百七十二条规定了网络侵权责任。

有的提出，侵权责任编对网络侵权责任规定的篇幅和内容是合适的，不要再规定过多的内容。

草案第九百七十条之一第二款规定，网络服务提供者接到通知后，应当及时将该通知转送相关网络用户，并根据服务类型的不同采取必要措施；未及时采取必要措施的，对损害的扩大部分与该网络用户承担连带责任。

有的提出，本款应增加规定网络服务提供者的审查义务。

草案第九百七十一条第二款规定，网络服务提供者接到声明后，应当将该声明转送发出通知的权利人，并告知其可以向有关部门投诉或者向人民法院提起诉讼。网络服务提供者在转送声明到达权利人后15日内，未收到权利人已经投诉或者提起诉讼通知的，应当及时终止所采取的措施。

有的提出，“15日”的期间明显过长，建议修改。有的提出，民法典规范的是所有网络侵权行为，与规范经济交易关系的电子商务法有所不同。对网络侵权名誉权等情形，没有必要规定“15日”的等待期。

五、第三人污染环境、破坏生态责任的承担

草案第一千零九条规定，因第三人的过错污染环境、破坏生态的，被侵权人可以向侵权人请求赔偿，也可以向第三人请求赔偿。侵权人赔偿后，有权向第三人追偿。

有的建议，将“被侵权人可以向侵权人请求赔偿”修改为“被侵权人可以向侵权人就自己的损失请求赔偿”，以与公益诉讼的赔偿请求范围有所区别。

六、高空抛物坠物责任的承担

草案第一千零三十条第一款规定，禁止从建筑物中抛掷物品。从建筑物中抛掷物品或者从建筑物上坠落的物品造成他人损害的，由侵权人依法承担侵权责任；经调查难以确定具体侵权人的，除能够证明自己不是侵权人的外，由可能加害的建筑物使用人给予补偿。可能加害的建筑物使用人补偿后，有权向侵权人追偿。

有的提出，为了避免歧义，建议在句末“有权向侵权人追偿”前增加“事后又发现侵权人的”的表述。

部分学者对民法典(草案)侵权责任编的意见

2019 年 12 月,十三届全国人大常委会第十五次会议对《中华人民共和国民法典(草案)》整体进行了审议。为进一步做好草案的修改完善工作,2020 年 1 月 16 日下午,法工委民法室召开座谈会,听取部分学者对民法典(草案)侵权责任编的意见和建议。现将主要意见简报如下:

一、关于一般规定

(一)危及他人的责任承担方式

民法典草案第一千一百六十七条规定,侵权行为危及他人人身、财产安全的,被侵权人有权请求侵权人承担停止侵害、排除妨碍、消除危险等侵权责任。

有的建议,将本条修改为:被侵权人为维护其人身财产权益,有权请求侵权人承担停止侵害、排除妨碍、消除危险、返还财产等侵权责任。

(二)自助行为

民法典草案第一千一百七十七条规定第一款规定,合法权益受到侵害,情况紧迫且不能及时获得国家机关保护,不立即采取措施将使其合法权益受到难以弥补的损害的,受害人可以在必要范围内采取扣留侵权人的财物等合理措施;但是,应当立即请求有关国家机关处理。

有的提出,应当把自助的目的揭示出来,建议在“受害人可以在必要范围内采取扣留侵权人的财物等合理措施”前增加“为了保护自己的合法权益”。

二、关于损害赔偿

(一)侵害知识产权的赔偿责任

民法典草案第一千一百八十五条规定,故意侵害他人知识产权,情节严重的,被侵权人有权请求相应的惩罚性赔偿。

有的提出,本条规定跟民法的平等原则是不完全一致的,建议修改为,故意侵害他人人身、财产权益,情节严重的,被侵权人有权请求相应的惩罚性赔偿。

(二)公平责任

民法典草案第一千一百八十六条规定,受害人和行为人对损害的发生都没有过错的,依照法律的规定由双方分担损失。

有的赞同草案的规定。有的建议,恢复现行侵权责任法的规定,即"受害人和行为人对损害的发生都没有过错的,可以根据实际情况,由双方分担损失"。

三、关于责任主体的特殊规定

民法典草案第一千一百九十二条第一款规定,个人之间形成劳务关系,提供劳务一方因劳务造成他人损害的,由接受劳务一方承担侵权责任。接受劳务一方承担侵权责任后,可以向有故意或者重大过失的提供劳务一方追偿。提供劳务一方因劳务自己受到损害的,根据双方各自的过错承担相应的责任。

有的提出,"因劳务自己受到损害的"中的"自己"系赘语,建议删除。

四、关于产品责任

民法典草案第一千二百零六条第二款规定,依据前款规定采取召回措施的,生产者、销售者应当负担被侵权人因此支出的必要费用。

有的提出,在实践中,由于生产者应该履行召回义务而没有履行,销售者履行后,其因履行召回义务而支出的费用应当有权要求生产者承担,建议作出规定。

五、关于建筑物和物件损害责任

民法典草案第一千二百五十三条规定,建筑物、构筑物或者其他设施及其搁置物、悬挂物发生脱落、坠落造成他人损害,所有人、管理人或者使用人不能证明自己没有过错的,应当承担侵权责任。所有人、管理人或者使用人赔偿后,有其他责任人的,有权向其他责任人追偿。

有的建议,在"脱落、坠落"后增加"等情形"以兜底。

惩罚性赔偿制度的有关情况

惩罚性赔偿也称惩戒性赔偿，是加害人给付受害人超过其实际损害数额的一种金钱赔偿。作为一种集补偿、制裁、遏制等功能于一身的制度，自20世纪以来，该制度在一些国家得到了广泛运用。现将惩罚性赔偿制度的有关情况简报如下：

一、国外的立法情况

一些英美法系国家承认惩罚性赔偿制度，比较典型的是美国。英美法中的惩罚性赔偿制度起源于1763年英国的哈克勒诉蒙尼案。早期的美国法不承认精神损害赔偿，但当受害人遭受精神痛苦与情绪受挫等精神损害时，可以请求惩罚性赔偿，其主要被适用于诽谤、诱奸、恶意攻击、诬告、非法拘禁等使受害人遭受名誉损失及精神痛苦的案件。19世纪以前美国的惩罚性赔偿基本是对精神损害的赔偿。19世纪以后，惩罚性赔偿主要转向制裁和遏制极其恶意的不法行为。20世纪以来，一些大公司制造的不合格商品对消费者造成了严重损害。尽管消费者可以通过一般损害赔偿获得补救，但由于大公司财大气粗，补偿性赔偿难以对其制造和销售不合格甚至危险商品的行为起遏制作用，这就需要通过惩罚性赔偿的方法保护广大消费者的利益。基于此，惩罚性赔偿已逐渐被广泛用于产品责任领域。目前，美国除路易斯安那州、马萨诸塞州、内布拉斯加州、华盛顿州未采纳惩罚性赔偿制度外，其他州均已采纳这一制度。美国的一些联邦法案如《谢尔曼法案》《克莱顿法案》《联邦消费者信用保护法》《联邦职业安全与健康法案》等都对惩罚性赔偿作了规定。美国的《侵权法重述第二版》也对惩罚性赔偿制度作了规定。

大陆法系国家在民事立法、司法实践中普遍不接受惩罚性赔偿制度，例如根据《德国民法典》第249条至第255条的规定，德国学界的一般观点认为损害赔偿的唯一目的就是纯粹的补偿性。主要原因是：这些国家严格区分公法与私法，强调公法私法具有不同的职能。行政法、刑法等公法的任务是惩罚犯罪和不法行为，维护社会公共利益；私法的任务是协调私人之间的利益纷争，对受害人所受损害进行补偿和救济，维护个体之间的利益平衡，私法责任（即民事责任）具有完全补偿性，不具有惩罚性。惩罚性赔偿制度实质是一种公法责任而非私法责任，将其作为民事责任纳入私法体系，与公、私法的严格划分观念及私法的基本原则不相符。然而，近年来，情况发生了一些变化。法国、德国、西班牙以及欧盟等国家和地区已经开始接受惩罚性赔偿并逐步执行有惩罚性赔偿的美国判决，例如德国法院就常常将惩罚性的因素加入损害赔偿中，通常这样的做法被视为例外，但是这样的例外有逐渐泛化的趋势。

二、惩罚性赔偿的功能

传统民法认为，损害赔偿的功能在于填补受害人的损害。惩罚性赔偿制度的产生和发展没有否认传统的补偿性赔偿制度的合理性，只是在一般损害赔偿制度之外发展了一种例外的赔偿制度。一般认为惩罚性赔偿主要具有以下功能：

（一）制裁功能

对不法行为人来说，补偿其故意行为所致的损害如同一项交易，只要付出一定的补偿性赔偿，即可任意实施民事违法行为，这将使不法行为人特别是富人享有太大的损害他人的权利，只有通过惩罚性赔偿才能使被告刻骨铭心，从而达到制裁的效果。过错是惩罚的重要根据。惩罚性赔偿就是对故意或者恶意的不法行为实施惩罚，这种惩罚与补偿性损害赔偿所体现的制裁作用有所不同。它通过给不法行为人强加更重的经济负担，使其承担超过被害人实际损失的赔偿来制裁不法行为。

（二）遏制功能

遏制是对惩罚性赔偿合理性的传统解释。惩罚性赔偿的目的在于惩罚过去的过错行为，并“以此作为一个样板遏制未来的过错行为”，这概括了惩罚性赔偿的两项功能，即制裁和遏制。制裁只是手段，遏制才是真正的目的。关于惩罚性赔偿遏制功能的合理性，学者曾经有许多论述。例如，有学者从道德伦理角度论述其合理性，也有学者从社会正义角度阐述其合理性，还有学者从经济效率的角度解释了其合理性。从经济学的观点来看，惩罚性赔偿通过给不法行为人增加经济上的负担使其为自己的不法行为付出一定的代价，这就可以促使行为人采取较为安全的措施以防止损害的发生或者将事故发生的危险降到最低程度。许多学者认为，惩罚性赔偿对滥用权利的大公司是“强制性的教训”。在某些情况下，受害人获得补偿性赔偿的数额与其因提起诉讼而花费的时间和精力极不相称，从而不能在利益上形成一种使受害人提起诉讼的激励机制。惩罚性赔偿可以鼓励受害人为获得赔偿金而提起诉讼，以揭露不法行为并对不法行为予以遏制，这也有利于阻吓未来潜在的危险和不法行为。

三、惩罚性赔偿责任的构成要件

在美国，适用惩罚性赔偿责任一般要具备以下要件：

1. 主观要件。美国各州对惩罚性赔偿主观要件的规定不完全相同，主要包括以下几种：(1)具有恶意。恶意指行为人行为时不但具有故意，而且在动机上是恶劣的。动机恶劣指行为人的目的在道德上应当受到谴责。目前，美国有 14 个州规定，行为人只有具有恶意才能适用惩罚性赔偿。加利福尼亚州要求更为严格，规定只在行为人有胁迫、欺诈等行为且具有恶意的情况下，才能适用惩罚性赔偿。(2)故意，即行为人明知自己的行为会发生损害他人的后果而故意为之，或者放任结果的发生。美国一些法院在判定惩罚性赔偿责任时，强调故意的要件，如故意殴打他人、无正当理由拘留购物者、欺诈他人、无故在公共场合恶毒辱骂他人都可能导致惩罚性赔偿。(3)毫不关心他人的权利。美国有 23 个州规定，行为人鲁莽而轻率地漠视他人权利致他人损害的，应当承担惩罚性赔偿责任。有时法官也使用“轻率地不顾他人权利”的表述。美国《1982 年产品责任法》规定，如果有明确的证据证明损害是由于行为人毫不顾及受害人安全造成的，行为人应负惩罚性赔偿责任。也有一些州的法院认为，如果行为人的行为严重违反注意义务，即推定其毫不关心他人权利。(4)重大过失。重大过失与毫不关心他人权利相比，在过错程度上要低一些。如果行为人具有重大过失，则可能被施加惩罚性赔偿。目前，对重大过失是否适用惩罚性赔偿，美国学术界和司法界仍有不同意见。美国一些州如南卡罗来纳州、新泽西州、佛罗里达州对重大过失的行为不适用惩罚性赔偿。

2. 造成损害后果。适用惩罚性赔偿时，受害人必须首先证明已经发生了实际损害。美国《侵权法重述第二版》第 908(2)条规定，在确定惩罚性赔偿的数额时，应考虑行为人给受害人造成的或希望造成的损害的性质和范围。

3. 因果关系的存在。在请求惩罚性赔偿的案件中，受害人不仅要证明损害的发生，而且还要证明该损害是由行为人的行为导致的。

4. 惩罚性赔偿必须依附于一般损害赔偿。惩罚性赔偿不是独立的请求权，必须依附于补偿性的一般损害赔偿。

除上述要件外，美国法院在适用惩罚性赔偿时一般还考虑以下因素：(1)行为人的经济条件；(2)行为人行为的影响程度；(3)行为人与受害人的关系；(4)行为的持续时间；(5)行为人是否从该行为中获利以及获利的数额；(6)受害人为避免损失承担的费用。

四、对惩罚性赔偿额的限制

20 世纪 70 ~ 90 年代，美国惩罚性赔偿制度发展的总趋势是赔偿数额不断提高，但在大多数案件中，行为人应当赔偿多少并没有明确的标准。美国不少学者主张对惩罚性赔偿的数额进行限制。根据这些建议，各州采取以下措施对惩罚性赔偿额进行限制：

1. 确定惩罚性赔偿额与一般损害赔偿额的比例或者对惩罚性赔偿的最高额进行限制。如科罗拉多州规定,惩罚性赔偿额不得超过一般损害赔偿额;康涅狄格州规定,在产品责任中惩罚性赔偿额不得超过一般损害赔偿额的 2 倍;印第安纳州规定,惩罚性赔偿额不得超过一般损害赔偿额的 3 倍或者 5 万美元;弗吉尼亚州规定,惩罚性赔偿额不得超过 35 万美元;美国国会在《1998 年产品责任改革法案》中规定,对资产 50 万美元以下的个体经营户和年营业额 500 万美元以下、雇员 25 人以下的小企业施加的惩罚性赔偿额不得超过一般损害赔偿额的 2 倍或者最高不得超过 25 万美元。

2. 对受害人获得惩罚性赔偿的限制。惩罚性赔偿的批评者认为完全将惩罚性赔偿交给受害人,使受害人获得其不应获得的金钱是不公正的,应将全部或部分赔偿额交给政府。一些州采纳了这种观点。如犹他州规定,惩罚性赔偿额超过 2 万美元的,50% 归州政府所有;佛罗里达州规定,惩罚性赔偿额的 65% 归受害人,35% 归州政府;佐治亚州规定,惩罚性赔偿额的 75% 归州政府,其余归受害人;伊利诺伊州规定,法官有权决定惩罚性赔偿的数额,但全部上交给州政府。

五、国内立法状况

民法总则对惩罚性赔偿作了原则性规定。我国现行法律对惩罚性赔偿的具体规定主要体现在消费者权益保护法、合同法、侵权责任法、食品安全法、商标法和电子商务法。消费者权益保护法对欺诈消费者的行为规定了惩罚性赔偿,该法第五十五条规定,经营者提供商品或者服务有欺诈行为的,应当按照消费者的要求增加赔偿其受到的损失,增加赔偿的金额为消费者购买商品的价款或者接受服务的费用的 3 倍;增加赔偿的金额不足 500 元的,为 500 元。法律另有规定的,依照其规定。经营者明知商品或者服务存在缺陷,仍然向消费者提供,造成消费者或者其他受害人死亡或者健康严重损害的,受害人有权要求经营者依照本法第四十九条、第五十一条等法律规定赔偿损失,并有权要求所受损失 2 倍以下的惩罚性赔偿。合同法第一百一十三条第二款规定,经营者对消费者提供商品或者服务有欺诈行为的,依照消费者权益保护法的规定承担损害赔偿责任。侵权责任法第四十七条规定,明知产品存在缺陷仍然生产、销售,造成他人死亡或者健康严重损害的,被侵权人有权请求相应的惩罚性赔偿。食品安全法第一百四十八条第二款规定,生产不符合食品安全标准的食品或者经营明知是不符合食品安全标准的食品,消费者除要求赔偿损失外,还可以向生产者或者经营者要求支付价款 10 倍或者损失 3 倍的赔偿金;增加赔偿的金额不足 1000 元的,为 1000 元。但是,食品的标签、说明书存在不影响食品安全且不会对消费者造成误导的瑕疵的除外。商标法第六十三条第一款规定,侵犯商标专用权的赔偿数额,按照权利人因被侵权所受到的实际损失确定;实际损失难以确定的,可以按照侵权人因侵权所获得的利益确定;权利人的损失或者侵权人获得的利益难以确定的,参照该商标许可使用费的倍数合理确定。对恶意侵犯商标专用权,情节严重的,可以在按照上述方法确定数额的一倍以上五倍以下确定赔偿数额。赔偿数额应当包括权利人为制止侵权行为所支付的合理开支。电子商务法第四十二条规定,因行为人通知错误造成电子商务平台内经营者损害的,依法承担民事责任。恶意发出错误通知,造成平台内经营者损失的,加倍承担赔偿责任。

六、专家学者的意见

(一)美国专家学者对惩罚性赔偿制度合理性的争议

20 世纪 80 年代以来,美国学术界和司法界掀起了一场对惩罚性赔偿制度合理性的讨论。争论的主要内容是:

1. 惩罚性赔偿对社会的作用。一般性损害赔偿只具有补偿性,即行为人以同等数额的财产弥补给他人造成的损害。但是,在贫富悬殊的情况下,这种赔偿对富人的不法行为不能形成有效的遏制。所以,许多美国学者主张发挥惩罚性赔偿制度的制裁和遏制功能来维护社会秩序。反对者认为,根据财力大小确定惩罚的方法,很难体现遏制作用。例如,公司无论大小都不愿意从事高成本的行为,因此无论对大公司还是对小公司施加惩罚性赔偿,所起的遏制作用都是相同的。同时,遏制功能主要依靠行政责任和刑事责任来完成,不能通过惩罚性赔偿来替代行政和刑事责任。

2. 惩罚性赔偿是否符合正当程序。一些美国学者认为,惩罚性赔偿制度违反正当程序。其理由是:第一,根据美国宪法第十四修正案的规定,剥夺行为人的财产应当符合正当的法律程序。但是,惩罚性赔偿的金额多寡完全由陪审团决定,缺乏明确的标准,违反正当程序。第二,适用惩罚性赔偿规避了刑事程序。刑事责任具有制裁和遏制的功能,而民事责任主要是补偿,惩罚性赔偿混淆了这两种界限,发挥了刑事至少是准刑事的功能。同时,由于其只适用于民事诉讼程序,因此缺乏一套严格的刑事程序对行为人予以保护。第三,要求行为人支付一般损害赔偿后,还要支付惩罚性赔偿,是对行为人的重复制裁,违反了美国法的正义原则。

3. 惩罚性赔偿对经济的影响。支持者认为,在产品责任中适用惩罚性赔偿,可以有效提高产品的质量,防止危险产品投入市场损害消费者的安全。现代社会,发生侵权时,若损害赔偿额太小,大公司容易将其计人公司成本,或由责任保险金来支付,这无法有效制止侵权行为。只有加大处罚力度,施以高额的惩罚性赔偿,才能遏制侵权行为的继续发生。反对者认为,惩罚性赔偿对经济的发展弊大于利,甚至会造成重大损害。理由是:第一,惩罚性赔偿会给企业强加过重的经济负担,甚至可能导致这些企业破产，这对经济的发展没有好处；第二，在产品责任领域，惩罚性赔偿有可能使生产商不敢开发新产品和新技术，从而影响产业的发展；第三，惩罚性赔偿并不能真正解决产品的安全问题。许多产品的缺陷是公司事先不知道的，只有在公司事先知道未来损害的情况下，惩罚性赔偿对其才是有效的。

4. 对受害人的保护。支持者认为，惩罚性赔偿可以形成一种利益激励机制，有利于鼓励受害人提起诉讼。此外，受害人可以以民事诉讼的方式使加害人承担惩罚性赔偿，这既避免了私力救济的发生，也有助于社会的安宁。反对者认为，惩罚性赔偿使受害人得到了意外之财，这可能导致滥诉，对社会并无益处。

反对者还提出了以下批评意见：第一，陪审团和法官享有过大的裁量权。由于惩罚性赔偿在适用中缺乏明确的标准，在许多案件中，陪审团不是根据行为人的过错及其行为造成的实际损失来决定是否适用惩罚性赔偿和赔偿多少，而是以行为人的财富为标准来决定这一问题，行为人财产越多赔得越多，这可能导致惩罚性赔偿在某些案件中被滥用。第二，不利于鼓励当事人之间达成和解。由于法官判给受害人的惩罚性赔偿额一般都比较高，受害人可能因对惩罚性赔偿具有强烈的期待，从而不愿和解。

（二）国内专家学者的意见

1. 是否明确规定惩罚性赔偿制度

对是否明确规定惩罚性赔偿制度，主要有三种意见：

（1）有的认为，惩罚性赔偿在本质上属于公法责任，在形式上属于私法责任。对这种"以公法责任为本、私法责任为形"的公私法责任混合物，是否适合纳入我国法律，取决于我国民法典立法的基本思路是更注重公私法划分，更强调民法典的私法属性，还是更注重法律的实用功能。从我国法律发展的实际情况看，过去不注重公私法划分，严重妨碍了我国法治现代化。因此，制定民法应坚持近几年理论界普遍主张的公私法严格区分观念，不宜将惩罚性赔偿这种公私法不分的法律责任纳入民法。

（2）有的认为，从我国实际情况看，恶意侵权行为频繁发生，如出售假药导致患者死亡。对这些恶意侵权人若不施以惩罚性赔偿，将无法惩罚侵权人，也不能有效遏制恶意侵权行为的发生。因此，民法应对惩罚性赔偿作一般性规定，体现民法的惩罚、遏制功能。

（3）有的认为，为制裁严重侵权行为，民法应当规定惩罚性赔偿。但是惩罚性赔偿不同于普通民事责任（即补偿性民事责任），它不是以补偿受害人所受损害为目的，主要是对严重不法行为进行惩罚和制裁，实际上属于民事制裁或者私人罚款。对这种民事制裁手段应设定严格的适用条件和适用范围，不宜作一般性规定。适用惩罚性赔偿的主观条件应当是侵权人具有故意，客观条件是侵权人对他人的生命或者健康造成了重大损害。此外，惩罚性赔偿的适用应限于部分侵权行为，如产品侵权责任，不应适用于全部侵权行为。

2. 如何协调惩罚性赔偿与行政及刑事责任的关系

若将惩罚性赔偿作为民事责任纳入民法，必然涉及与行政责任及刑事责任的协调问题，如何协调，有三种意见：

（1）同时适用。持这种观点的认为，很多恶意侵权行为既违反了民事法律，也有可能违反行政、刑事法律。只要同时具备这些责任的要件，就可以同时适用。这可以有效制止恶意侵权行为，保护受害人的权益。

（2）择一适用。持这种观点的认为，对侵权行为同时适用民事责任、行政责任和刑事责任，会对行为人施加不合理的惩罚。例如，根据刑法或治安管理处罚法对行为人处以罚金或罚款后，如受害人还可以主张惩罚性赔偿，则行为人就受到了二次惩罚。对于同一行为，不得为二次惩罚，为各国法律和法理所公认。所以，同时适用显然不合理，应当择一适用，即若已适用了行政责任、刑事责任，就不应当适用惩罚性赔偿。

（3）互为补充。即当一种行为同时涉及惩罚性赔偿、行政责任和刑事责任时，应既允许受害人追究惩罚性赔偿责任，也允许国家追究公法上的责任。但是，如果行为人已经承担了公法责任，则在承担惩罚性赔偿责任时，就要考虑先前已承担的责任。若已承担的责任足以实现对行为人的制裁，后一种责任即不再追究；若已承担的责任尚不足以制裁行为人，在追究后一种责任时应考虑行为人先前已受到的惩罚，仅在惩罚不足的范围内追究行为人的责任，起补充作用。

网络预约汽车交通事故赔偿责任基本情况

近年来,网络约车软件在我国得到了迅猛发展。网络约车具备找车方便、有效减少出租车空载率等优势,改变了大众出行方式,也改变了出租车巡游揽客方式。网络约车是伴随互联网发展而衍生出的新事物,目前没有专门法律对此予以规范,近年来,由此引发的诉讼案件也逐渐增多,其中最主要的纠纷是因网约车交通事故引发的交通事故受害人与司机、网约车平台之间的侵权纠纷。2018 年 3 月,民法室部分同志专门赴滴滴出行公司调研,听取意见和建议。现将有关情况报告如下:

一、滴滴出行公司业务发展和交通事故案件诉讼现状

2012 年 6 月滴滴打车成立,2014 年 3 月成立不到两年,用户数已突破 1 亿,2015 年 2 月滴滴和快的两大平台合并,2016 年 3 月日订单突破 1000 万,当年 6 月突破 1500 万,2016 年 8 月滴滴并购优步中国,2017 年完成新一轮百亿美元级融资。当前,滴滴出行公司的业务覆盖全球 400 多个城市,拥有 4.5 亿注册用户,日订单超过 2500 万,平台活跃司机超过 2100 万,已经成为中国最大的"独角兽"企业之一,估值已达 560 亿美元。

根据滴滴出行公司提供的数据,2016 年至 2017 年间,涉及滴滴快车的交通事故诉讼案件共计 390 件,其中,调解、和解结案 303 件,占 78%;判决滴滴承担责任的 61 件,占 15%;判决滴滴不承担责任的 26 件,占 7%。在承担责任的 61 件中,法院分别以承运人责任(14 件,52%)、用工责任(5 件,18%)、连带责任(4 件,15%)、补充责任(3 件,11%)、过错责任(1 件,4%)作为判决基础。为减轻因保险拒赔、司机赔付能力有限而影响受害者赔付,滴滴实施了网约车交通事故补充责任主动保障机制,即在司机缺乏赔付能力时,平台根据司机申请,垫付赔偿受害者损失,仅 2017 年相关支出即高达上亿元。

根据上述数据分析,以滴滴出行公司为代表的网约车平台,借助互联网技术等新兴科技手段,短时间内在出行市场中占据举足轻重的地位。但由于其在客运服务、道路交通事故中的身份不清晰,在赔偿受害人方面,法院判决依据不一,责任承担类型差别较大。目前交通运输部等七部委联合制定的《网络预约出租汽车经营

服务管理暂行办法》(以下简称暂行办法)第十六条规定:“网约车平台公司承担承运人责任,应当保证运营安全,保障乘客合法权益。”第二十三条规定:“网约车平台公司应当依法纳税,为乘客购买承运人责任险等相关保险,充分保障乘客权益。”根据上述规定,乘客因搭乘网约车受到损害的,网约车平台承担承运人责任,承运人责任险不足部分,由网约车平台承担。暂行办法第十八条中规定:“网约车平台公司应当保证提供服务的驾驶员具有合法从业资格,按照有关法律法规规定,根据工作时长、服务频次等特点,与驾驶员签订多种形式的劳动合同或者协议,明确双方的权利和义务。”根据这一规定,网约车平台应当与司机签订劳动合同或者协议,但在不同运营模式下,签订的协议也有所不同,一般而言,只有在网约车平台自有车辆的情形下,才会与司机签订劳动合同,其他情形下,有的采用派遣用工方式,有的签订合作协议等。对暂行办法的相关规定,目前理论界和实务界都争议较大。有必要结合行业运营模式、管理方式,认真探讨其在道路交通事故中是否应当承担责任,承担何种责任。

二、网约车的运营模式和责任承担分析

根据市场定位不同,网约车大致可以分为网约专车、网约私家车、网约顺风车、网约出租车等。从司机、网约平台、车辆所有人等主体之间的法律关系来看,大致有三种模式。网约车发生交通事故责任承担的特殊性在于,传统出租车司机绝大多数都隶属于某个出租车公司,交通事故赔偿责任都由出租车公司最终承担,而网约车因运营模式不同,司机与网约车平台的法律关系不同,是否都一概由网约车平台承担,存在争议。

(一)自有车辆直接雇佣模式

这是指网约车平台出资购买车辆并直接雇佣司机,目前首汽约车、神州专车主要采取这种模式。

从网约平台角度,这种模式资产最重,车辆自有、驾驶员自雇,网约车平台与司机签订劳动合同。根据神州专车网站介绍,神州专车司机,按公司规定的工作时间,使用神州公司统一提供的车辆和智能系统接受客户订单,并按公司服务规范要求为客户提供高质量的驾驶服务,公司提供五险一金+雇主责任险。

从民事法律关系角度,这与传统出租车运营模式一样,司机作为网约车平台的员工,根据民法总则第一百七十条的规定,执行法人或者非法人组织工作任务的人员,就其职权范围内的事项,以法人或者非法人组织的名义实施民事法律行为,对法人或者非法人组织发生效力。侵权责任法第三十四条规定,用人单位的工作人员因执行工作任务造成他人损害的,由用人单位承担侵权责任。因此,交通事故造成的所有损失,都由网约车平台承担赔偿责任,包括第三人人身损失、网约车以及

网约车以外的财产损失。

(二)租赁车+劳务派遣模式

车辆从汽车租赁公司租赁,司机由劳务派遣公司派遣,网约车平台与乘客签订用户服务协议,将自己作为一个信息中介平台。目前滴滴专车部分采取这种模式。可以用一个真实案例来说明:在一个滴滴专车交通事故案件中,涉案滴滴专车系北京安吉第一站汽车租赁有限公司所有,滴滴专车司机罗某由北京冠华英才劳务服务有限公司派遣,罗某从滴滴平台接单搭载乘客,其收入与其接单数量直接挂钩,没有固定工资。

这一模式涉及的民事法律关系较为复杂,普遍涉及四方主体,分别是提供机动车的汽车租赁公司、提供司机的劳务派遣公司、网约车平台、司机。司机加入不同网约车平台,所签署的协议也不一样。例如,在前述滴滴专车交通事故案中,北京冠华英才劳务服务公司与罗某签署劳动合同,将罗某派遣至滴滴公司从事网约车司机工作;北京安吉第一站汽车租赁公司与滴滴签署汽车租赁合同,约定租赁期内车辆由滴滴占有使用;罗某从滴滴车管处取得车辆并上路接单,每月向滴滴交纳租金。在此案中,滴滴答辩称,其仅是一个提供互联网信息服务的平台,在网上将用户的用车需求提供给运营方,撮合两方的交易,不应承担任何责任;劳务公司答辩称,滴滴公司利用其劳务派遣资质获得司机,劳务公司仅得到很少的服务费,不应承担责任;租车公司答辩称,滴滴作为车辆占有使用人,应该赔偿损失。

(三)私家车加盟模式

一些私家车主连人带车直接加入网约车平台,目前神州专车的优驾开放平台采取这种模式,滴滴专车也部分采取这种模式。

这一模式与租赁车+劳务派遣模式类似,不同之处主要在于司机不是以劳务派遣加入平台,车辆既可以是自有,也可以通过汽车租赁公司取得。神州优驾开放平台是这样介绍的:神州专车倾力打造优驾开放平台,加入后可免费获取神州专车订单流量,无车司机可以选择分期付款购车加盟,也可通过租赁神州提供的车辆加盟。

这一模式因政策变化经历过发展变化,在暂行办法出台前,各地普遍禁止私家车从事营运业务,很多公司安排私家车挂靠在正规租车公司名下,取得营运资质;引入劳务派遣公司,将司机派遣到租车公司;网约车平台再与司机签订协议,约定双方权利义务,如报酬由网约车平台按照比例分成后发放等。在暂行办法和各地细则出台后,私家车可以直接接入网约车平台,省却了租车公司这一角色,网约车平台直接与司机签订协议。

网约车平台的责任承担有些复杂:(1)如果网约车平台与劳务派遣公司签署劳务派遣协议的,网约车平台作为用工单位,根据侵权责任法第三十四条第二款承担替代责任；（2）如果网约车平台没有采取劳务派遣方式使用司机，而是与司机签订综合服务协议、合作协议等，这就涉及对这类协议的性质如何定性的问题，也就是说，将网约车平台与司机之间的关系界定为劳动关系、劳务关系、合作关系或者其他关系。

根据劳动法、劳动合同法的相关规定，认定劳动关系基于两个事实：一是双方依法签订了劳动合同；二是双方没有签订劳动合同，但一方为他方提供了事实劳动。根据原劳动和社会保障部 2005 年下发的《关于确立劳动关系有关事项的通知》，认定事实劳动关系需同时满足以下条件：（1）用人单位和劳动者符合法律、法规规定的主体资格；（2）用人单位依法制定的各项劳动规章制度适用于劳动者，劳动者受用人单位的劳动管理，从事用人单位安排的有报酬的劳动；（3）劳动者提供的劳动是用人单位业务的组成部分。这一标准是各级法院和劳动仲裁机构判断是否存在劳动关系的重要依据。根据这一标准，网约车平台与司机难以被认定为劳动关系，这也是网约车平台与司机之间签订合作协议，实现轻资产运营的初衷。网约车平台与司机之间并不存在传统劳动关系中那样强有力的管理与被管理关系，司机通过网约车平台接单的时间和地点灵活，是否接单、何时接单具有较大的自主决定权；车辆运营产生的汽油、保险、保养等各项费用都由司机自行负责；尽管网约车平台与司机之间存在报酬支付，但这与劳动关系中的工资支付差别较大。因此，有的观点认为属于合同法中的承揽关系，有的认为是劳务关系，有的认为是介于劳动关系和劳务关系之间的新型“经济依赖型劳务关系”等。

关于窨井致害、地面塌陷致人损害的民事责任规定

一段时间以来，一些地方发生窨井盖丢失、地面塌陷等致人损害事件。造成这些事件的原因比较多，正在编纂中的民法典（草案）侵权责任编在现行侵权责任法的基础上，针对不同原因导致的窨井致害、地面塌陷的侵权责任作了规定，现简报如下：

一、窨井等地下设施造成他人损害

窨井等地下设施造成他人损害的，可以分为行为人故意破坏窨井设施和窨井设施的管理者未到尽管理职责两种情况。

1. 行为人故意破坏窨井盖等窨井设施的，可以依照侵权责任中过错责任规则原则，由侵权人承担侵权责任。民法典（草案）第一千一百六十五条第一款规定，行为人因过错侵害他人民事权益造成损害的，应当承担侵权责任。

2. 对于窨井等设施的管理者未到尽管理职责的侵权责任，民法典（草案）第一千二百五十八条第二款规定，窨井等地下设施造成他人损害，管理人不能证明尽到管理职责的，应当承担侵权责任。本款规定意在督促管理人依法积极履行职责，避免侵权事件发生。

二、地面塌陷造成他人损害

地面塌陷造成他人损害的，可分为地下挖掘等工程施工中造成、道路施工过程中造成以及突发的地面塌陷三种情况。

1. 在地下挖掘等工程施工过程中造成他人损害的，适用高度危险作业的无过错责任原则。民法典草案第一千二百四十条规定，从事高空、高压、地下挖掘活动或者使用高速轨道运输工具造成他人损害的，经营者应当承担侵权责任；但是，能够证明损害是因受害人故意或者不可抗力造成的，不承担责任。被侵权人对损害的发生有重大过失的，可以减轻经营者的责任。

2. 在道路施工过程中造成他人损害的，适用过错推定责任原则。民法典草案第一千二百五十八条第一款规定，在公共场所或者道路上挖掘、修缮安装地下设施等造成他人损害，施工人不能证明已经设置明显标志和采取安全措施的，应当承担侵权责任。

3. 日常生活中突发地面塌陷等问题，如果系工程质量问题造成的，可以适用民法典草案第一千二百五十二条的规定，即：建筑物、构筑物或者其他设施倒塌造成他人损害的，由建设单位与施工单位承担连带责任，但是建设单位与施工单位能够证明不存在质量缺陷的除外。建设单位、施工单位赔偿后，有其他责任人的，有权向其他责任人追偿。因所有人、管理人、使用人或者第三人的原因，建筑物、构筑物或者其他设施倒塌造成他人损害的，由所有人、管理人、使用人或者第三人承担侵权责任。如果地面塌陷是由于自然灾害等不可抗力造成的，适用民法典草案第一百八十条规定，因不可抗力不能履行民事义务的，不承担民事责任。法律另有规定的，依照其规定。不可抗力是不能预见、不能避免且不能克服的客观情况。

对于找不到任何原因的地面塌陷事故，在民事法律中一般视为不可抗力造成的损害，对此也要适用上述民法典草案第一百八十条的规定，可以考虑通过社会救济、购买商业人身意外保险等方式进行救济或者赔偿。